잃어버린 계몽의 시대

역사도서관 025

잃어버린 계몽의 시대

중앙아시아의 황금기, 아랍 정복부터 티무르 시대까지

S. 프레더릭 스타 지음 | 이은정 옮김

도서출판 길

지은이 **프레더릭 스타**(S. Frederick Starr, 1940~)는 미국의 러시아·유라시아 문제 전문가로 1962년 예일 대학을 졸업했으며, 영국 케임브리지 대학 킹스칼리지에서 석사학위를, 미국 프린스턴 대학에서 박사학위를 받았다. 아울러 그는 툴레인 대학(Tulane University) 부총장(1979~82)과 오벌린 대학(Oberlin College) 총장(1983~994)을 역임했으며, 중앙아시아-코카서스 연구소(Central Asia-Caucasus Institute & Silk Road Studies Program)의 설립자이자 회장이기도 하다. 아프가니스탄과 중앙아시아, 코카서스, 러시아 지역 전문가로서 미국 대통령들의 자문을 맡아왔고, 미국외교정책위원회(APEC)를 비롯해 안보개발정책연구소(ISDP) 등 다양한 기관에서 자문 및 연구 활동을 펼치고 있는 그는 각종 저널과 신문에 200여 편의 글을 기고했고 20여 권의 책을 펴내기도 했다. 저서로 *Decentralization and Self-Government in Russia, 1830~1870*(1972), *Melikov: Solo Architect in a Mass Society*(1978), *Red and Hot: The Fate of Jazz in the Soviet Union 1917~1980*(1983) 등이 있다.

옮긴이 **이은정**(李銀貞)은 한국외국어대 터키어과를 졸업하고, 터키 국립 앙카라 대학 사학과에서 18세기 오스만 제국에 끼친 프랑스의 영향에 관한 연구로 석사학위를, 서울대 대학원 서양사학과에서 오스만 제국의 황실 하렘 여성에 관한 연구로 박사학위를 받았다. 서양과의 갈등과 교류로 혼란스러웠던 오스만 제국의 19세기 역사와 오스만 여성 문제에 많은 관심을 가지고 있으며, 최근에는 터키에서의 정치 이슬람의 부상이 여성의 사회적 지위 변화에 끼친 영향에 대해 연구 중이다. 서울대와 연세대, 서울과학기술대 등에서 강의를 하고 있다. 저서로 『서양 여성들, 근대를 달리다』(공저, 푸른역사, 2011), 『지도자들』(공저, 역사비평사, 2013), 『러시아와 세계정치』(공저, 사회평론아카데미, 2019) 등이 있으며, 역서로는 『오스만제국은 왜 몰락했는가』(에디터, 2004), 『아랍: 오스만 제국에서 아랍혁명까지』(까치, 2016) 등이 있다.

역사도서관 025

잃어버린 계몽의 시대
중앙아시아의 황금기, 아랍 정복부터 티무르 시대까지

2021년 5월 10일 제1판 제1쇄 인쇄
2021년 5월 20일 제1판 제1쇄 발행

지은이 | S. 프레더릭 스타
옮긴이 | 이은정
펴낸이 | 박우정

기획 | 이승우
편집 | 이남숙
전산 | 최원석

펴낸곳 | 도서출판 길
주소 | 06032 서울 강남구 도산대로 25길 16 우리빌딩 201호
전화 | 02) 595-3153 팩스 | 02) 595-3165
등록 | 1997년 6월 17일 제113호

한국어판 ⓒ 도서출판 길, 2021. Printed in Seoul, Korea
ISBN 978-89-6445-234-9 93900

앎을 쫓는 것은 모든 무슬림의 의무이다.
—10세기 티르미즈(Tirmidh(테르메즈(Termez)) 출신의 학자,
아부 이사 무함마드 티르미지(Abu Isa Muhammad Tirmidhi,
824~892))가 기록한 예언자 무함마드의 말씀(하디스)으로,
통치자이자 천문학자였던 울루그베그가 사마르칸트에 지은
마드라사 입구에 1420년경 새겨넣은 구절이다.

지혜가 제일이니 지혜를 구하라.
네가 구한 모든 것으로 깨달음을 얻을지니.
—『구약성서』,「잠언」제4장 제7절(흠정역)

서문

이 책은 내가 제기한 질문에 대한 답을 알고 있거나 또는 다루고 있는 수많은 주제 및 분야에 대해 특별한 지식을 가지고 있어서가 아니라 나 자신이 이런 책을 읽고 싶었기 때문에 썼다. 다른 누군가가 썼더라면, 그래서 굳이 내가 쓰지 않고도 읽는 즐거움을 만끽할 수 있었더라면 더 좋았을, 그런 책 말이다. 그런데 아무도 이 일에 응하지 않았다. 아직까지 중앙아시아는 케임브리지 클레어 칼리지의 위대한 역사가 조지프 니덤(Joseph Needham)—그의 27권짜리 대작 『중국의 과학과 문명』(*Science and Civilization in China*)은 민족이나 지역을 연구한 전 세계의 그 어떤 저작과도 비교할 수 없을 만큼 독보적이다—에 비견할 만한 연대기 사가(史家)를 낳지 못하고 있다. 그래서 나는 중앙아시아나 또는 해외 학자들 가운데서 나올 미래의 니덤들에게 이 책이 영감을 줄 수 있기를 바라며 이 작업에 뛰어들었다.

이 책에서 제기한 질문들은 거의 20년간, 그리고 중앙아시아 구석구석을 수십 차례 여행하는 동안—모든 것을 태워버릴 듯한 더위 속에서 투르크메니스탄의 카라쿰 사막을 장시간 걷거나 영하 40도의 눈 덮인 파미르고원에 거의 일주일간 고립되었던 일들을 포함하여 — 언제나 나와 함께했던 의문들이다. 디지털화되지 않은 문서 더미 때문에 연구실로 들어서는 일 자체가 하나의 도전이었다. 책이 마무리된 지금 나는 『로마 제국 쇠망사』(*The Decline and Fall of the Roman Empire*) 서문에서 에드워드 기번(Edward Gibbon)이 한 말, 즉 "어느 모로 보나 불완전하다는 욕을 먹을 게 뻔한 작품을 너무 서둘러 출판해 버린 것 같다"[1]라고 혼자 중얼거리고 있다. 내가 기번이 아니라는 것을 잘 알지만 말이다.

내게 이 책을 쓸 자격이 있다고 말한다면, 그것은 과장일 것이다. 그렇지만 적어도 오랫동안 이 주제에 관심이 있었다고 감히 말할 수는 있다. 페르시아 세계는 예일(Yale)에서, 아버지가 샤(Shah) 정부 아래 테헤란 시장을 지낸 후샹 나스르(Hooshang Nasr)라는 신입생 룸메이트를 만난 열여덟 살 때에 처음 나에게 열렸다. 이 친구는 학업을 계속해 조국에 충성을 다하는 헌신적인 의사가 되었다. 튀르크 세계와의 첫 만남은 알렉산드로스 대왕이 고르디우스의 매듭을 끊었던 터키의 고르디움(Gordium)에서 진행된 고고학 작업에 참여하면서 시작되었다. 그리고 몇 차례의 계절이 지나고 이 작업은 아나톨리아의 고대 도로에 대한 지도 제작으로 이어졌다. 물론 이러한 인연이 어떤 분야에 대한 전문가로서의 자격을 갖추게 하는 것은 아니지만, 자연스럽게 나는 그 첫 만남에서부터 오늘날에 이르기까지 페르시아와 튀르크 세계를 유난히도 흥미로운 사람들 — 이들 중에는 나의 좋은 많은 친구도 포함된다 — 이 살았던 장소로 기억하게 되었다.

이 책의 고랑 하나하나를 일군 학자들과 전문가들의 숫자는 어마어마하다. 일부 사람들 사이에서는 지난 2세기 간의 서구 및 러시아 학자들의 '오리엔탈리즘'을 나무라는 것이 유행처럼 되었다. 그러나 이들이 공들여 연구하지 않았다면 이슬람 동쪽 세계의 지적 활기에 대한 이야기 가운

---

1) Edward Gibbon, *The Decline and Fall of the Roman Empire*, 8 vols. (London, 1854), 1: XIX.

데 상당 부분은 결코 세상에 알려지지 못했을 것이다. 이는 철저한 국제적 공조 덕에 가능했다. 참여자 중에는 1922년 이래 프랑스 아프가니스탄 고고학 위원회(Délégation archéologique française en Afghanistan)에서 발간한 수많은 출판물의 저자들은 말할 것도 없고, 장-피에르 아벨-레뮈자(Jean-Pierre Abel-Rémusat)와 파리드 자브르(Farid Jabre), 에티엔 드 라 베지에르(Étienne de La Vaissière), 프란츠 그르네(Frantz Grenet) 같은 프랑스 학자들이 있다. 독일에서는 하인리히 주터(Heinrich Suter)와 아담 메즈(Adam Mez) 등이 이러한 전통을 마련했으며, 요제프 판 에스(Josef van Ess)나 고트하르트 스트로마이어(Gotthard Strohmaier), 구(舊) 동·서독 출신의 수많은 젊은 학자들에 의해 오늘날까지 이어지고 있다. 한편, 체코 공화국에서는 위대한 인문학자 얀 리프카(Jan Ripka)가 이에 기여했다.

영국 해협 건너에서는 헝가리에서 이주한 탐험가 아르미니우스 뱀버리(Arminius Vambery)와 아우렐 스타인 경(Sir Aurel Stein)이 대(大)중앙아시아에서의 탐사를 설명하는 가운데 영어권과 전(全) 유럽인들의 상상력을 자극하였다. 그 뒤를 에드워드 그랜빌 브라운(Edward Granville Browne) 같은 언어학자와 번역가 에드워드 피츠제럴드(Edward FitzGerald, 1809~83)가 이었는데, 이들은 모두 지역 문학의 보고(寶庫)를 더 많은 이들에게 알리는 데 큰 역할을 했다. 20세기에는 놀라울 정도로 많은 저작을 남긴 맨체스터 출신의 클리퍼드 에드먼드 보스워스(Clifford Edmund Bosworth)가 본서(本書) 같은 책에 꼭 필요한 많은 주제에 관해 통찰력 있는 글을 썼으며, 조지나 헤르만(Georgina Herrmann)과 그 동료는 이러한 전통을 고고학까지 확대했다. 퍼트리샤 크론(Patricia Crone)과 다른 영국 학자들은 중앙아시아 지역 출신의 많은 철학자에 대한 연구를 진척시켰으며, 에드워드 S. 케네디(Edward S. Kennedy)는 과학자들에 대한 권위 있는 작업을 했다. 미국 학자들도 주목해야 하는데, 특히 니샤푸르와 부하라, 그 외 방대한 지역에 대한 리처드 N. 프라이(Richard N. Frye)와 리처드 W. 불리엣(Richard W. Bulliet)의 연구는 그 세대의 역사학자들에게 큰 영감을 주었다. 로버트 댄코프(Robert Dankoff)나 딕 데이비스(Dick Davis)처럼 재능 있는 언어학자와 번역가들은 그간 알려지지 않았거나 인정받지 못했던 대작을 세상에 알렸다. 디미트리 구타스(Dimitri Gutas)와 다른 뛰어난 학자들은 아랍어로 글을 썼던 아부 나스르 무함마드 알 파라비(Abu Nasr Muhammad al-Farabi, 870~950)와 다른 중앙아시아 사상가들의 글들을 분석했다. 빵을 만드는 데 쓰인 첫 곡물의 자취를 좇아 오늘날의 투르크메니스탄까지 추적한 래피얼 펌펠리(Raphael Pumpelly)와 프레드릭 하이버트(Fredrik Heibert)의 선구적인 고고학적 연구에 대해서도 경의를 표해야 한다. 이 모든 이와 더불어 일군의 젊은 학자들 — 특히 유럽과 미국에서 — 도 중앙아시아 지역과 이 시대에 대한 우리의 이해를 완전히 바꾸어놓고 있다.

이란 학계도 중요한 기여를 계속하고 있다. 테헤란의 학자들은 이븐 시나(Ibn Sina)와 계몽 시대의 여러 다른 주요 사상가의 전작(全作)을 찾아내고 편집하여 출판하는 기념비적인 과업을 수행하고 있다. 또 그들은 수피즘의 다양한 전통에 대한 중요한 연구도 진행하고 있다. 페르시아 관련 연구는 이민자들 사이에서도 활발히 진행되고 있는데, 미국 조지 워싱턴 대학의 세예드 호세인 나스르(Seyyed Hossein Nasr) 같은 훌륭한 전문가는 말할 것도 없고 뉴욕에서 만들어진 『이란 백과사전』(*Encyclopedia Iranica*) 같이 가치 있는 저작도 탄생시켰다. 중앙아시아와 깊은 문화적 연대를 가지고 있는 인도 아대륙(印度亞大陸)도 중앙아시아 저자들이 쓴 아랍어 저작들의 중요한 판본이나 영문 번역본을 내놓았으며, 특정 인물에 대한 소중한 연구도 산출하고 있다. 카슈미르(Kashmir)에서 시간을 보냈던 아부 라이한 알 비루니(Abu Rayhan al-Biruni)에 대한 연구가 대표적이다. 한편 일본의 학자들은 언어 및 언어학 연구에서 강력한 토대를 마련했으며, 중앙아시아 불교에 관한 그들의 최근 연구는 그 규모와 깊이에서 세계 제일이다.

러시아 학계의 연구가 바실리 바르톨트(Vasilii Bartold, Wilhelm

Barthold, 1869~1930)와 함께 시작된 것은 아니지만, 그로 인해 러시아 학계의 수준은 급상승했고 그 이후로도 그 수준이 대체로 유지되고 있다. 정밀한 연대학에 대한 열망으로 지칠 줄 모르던 뛰어난 언어학자 바르톨트는 진중하게 중세 아랍어와 페르시아어로 쓰인, 잊힌 문헌을 연구하고 잃어버린 역사의 윤곽을 복원하는 데 일생을 바쳤다. 그의 연구는 오늘날까지도 이 지역에 대한 황금률로 남아 있다. 1930년 그가 세상을 떠난 이후에는 그의 제자들이 그의 연구를 계속 이어나갔을 뿐만 아니라 새로운 분야, 특히 고고학과 과학사로 그 영역을 확장했다.

소련의 해체를 애석해하는 이는 거의 없을 테지만, 그럼에도 소련의 과학아카데미가 지원했던 중앙아시아에 대한 연구를 기리는 기념비는 세워져야 한다. 이러한 연구의 특별한 힘이 과학과 문학, 그리고 고고학의 역사에 축적되었다. 다년간의 기획은 방치되었던 필사본을 수집하고 고고학 유적을 찾기 위해 이 지역 전체를 조사했으며, 과거 유명 인사들의 삶과 저작에 대한 윤곽을 복원했다. 미하일 마손(Mikhail E. Masson)과 갈리나 A. 푸가첸코바(Galina A. Pugachenkova), P. G. 불가코프(P. G. Bulgakov), 유리 A. 자바돕스키(Iurii A. Zavadovskii) 같은 이들이 중앙아시아를 망각으로부터 구해 낸 저명한 소비에트 학자들이다. 이들을 계승한 중앙아시아 학자들도 여러 전선에서 중요한 연구를 계속 진척시키고 있다. 우즈베키스탄의 아쉬라프 아흐메도프(Ashraf Akhmedov), B. A. 압두칼리모프(B. A. Abdukhalimov), 에드바르트 르트벨라제(Edvard Rtveladze), 오타나자르 마티야쿠보프(Otanazar Matyakubov), 투르크메니스탄의 구르트니야즈 한미라도프(Gurtnyyaz Hanmyradov), 타지키스탄의 K. 올리모프(K. Olimov)와 N. N. 네그마토프(N. N. Negmatov) 등 이들 모두가 최고 수준의 학문 전통을 이어가며 점점 더 현지의 언어로 유용한 과실을 맺고 있다. 그들과 그 외 많은 이들 덕에 능력이 뛰어난 젊은 세대의 학자들이 중앙아시아 지역 곳곳에서 등장하고 있다. 소련 세대의 대표적인 학자들에게 훈련을 받은 이 재능 있는 젊은 연구자들은 유럽이나 미국, 이란, 중동 측의 학자들과 정기적으로 교류하면서 새로운 문제를 제기하고 예상 밖의 답을 찾아가고 있다. 틀림없이 다음 이야기는 향후 수십 년 동안 진척될 그들 연구가 결실을 맺음에 따라 심화되고 수정되어 매우 달라져 있을 것이다.

이 책을 쓰면서 수많은 동료와 친구들로부터 조언과 도움을 받았다. 보훔 루르 대학(Ruhr-Universität Bochum)의 안나 아카소이(Anna Akasoy), 인디애나 대학의 크리스토퍼 벡위스(Christopher Beckwith), 캘리포니아 공과대학의 제드 Z. 부치왈드(Jed Z. Buchwald), 런던 이스마일파 연구소의 파르하드 다프타리(Farhad Daftary)와 하킴 엘나자로프(Hakim Elnazarov), 투르크메니스탄 국립 대학 총장인 구르트니야즈 한미라도프, 오스트리아 빈 대학의 데보라 클림부르크-잘터(Deborah Klimburg-Salter), 스탠퍼드 대학의 아짐 난지(Azim Nanji), 컬럼비아 대학의 모리스 로사비(Morris Rossabi), 우즈베키스탄 과학아카데미의 에드바르트 르트벨라제, 타지키스탄 과학아카데미의 폴라트 쇼지모프(Pulat Shozimov), 일본 와세다(早稲田) 대학의 나탄 카밀로 시돌리(Nathan Camillo Sidoli), 보스턴 대학의 사산 타바바타이(Sassan Tababatai) 등이 바로 그들이다. 이들 각각은 개인적인 조언과 도움을 아낌없이 주었으며, 가장 먼저 내가 알아야 할 것들을 가르쳐주기 위해 자주 시간을 내주었다. 많은 경우 그들이 날카로운 통찰력으로 원고를 읽어준 덕에 사실과 해석상의 오류를 수정할 수 있었다. 틀림없이 여전히 많은 오류가 남아 있겠지만, 이것은 모두 저자인 나의 책임이지 그들과는 아무 상관이 없다.

도움을 준 이들의 명단은 끝도 없이 길지만 요점은 간명하다. 이 책이 가지고 있는 강점이 무엇이든지 간에, 그것은 모두 여러 나라에서 헌신적으로 연구에 매진한 수많은 학자 덕분이라는 것이다. 그들은 모두 나의 스승이었다. 진심으로 감사하는 바이다.

전성기를 누리고 있는 미국 출판의 역사는 훌륭한 편집자들의 역사나 다름없다. 2006년 이 기획을 시작하도록 다정하지만 단호하게 격려해 준 케임브리지 대학 출판부의 피터 도허티(Peter Dougherty)는 이 분야의 진정한 주역 중 한 명이다. 그의 동료이자 나의 편집자인 롭 템피오(Rob Tempio)는 창의적인 상상력과 고도의 전문성을 멋지게 결합해서 최종 수정과 디자인을 거친 이 책을 만들어냈다. 그는 따분할 수도 있었던 이 일을 정말이지 재미있는 과정으로 만들었다. 내륙 아시아를 전공한 서지학 전문가 마랴 옥사자르비 스니더(Marja Oksajärvi Snyder)는 뛰어난 기량과 안목으로 삽화에 적합한 이미지를 찾아 의뢰하고 엄선하여 모으는, 그리고 필요한 복제권을 구하는, 시간이 많이 소모되는 일들을 처리해 주었다. 아니타 오브라이언(Anita O'Brien)은 인내심과 끈기로 정확한 원고의 교열 작업을 해주었다.

이 책에 참조한 저작 중 극히 일부분만을 온라인으로 이용할 수 있었다. 따라서 존스 홉킨스 대학 국제관계학 대학원의 도서관 직원들과 그중에서도 특히 전 세계에서 수많은 자료를 찾아 모아준 도서관 상호대차실의 바버라 프로펫(Barbara Prophet)과 케이트 피커드(Kate Picard)에게 감사하는 바이다. 수년 동안 중앙아시아-코카서스 연구소의 직원들, 특히 카타리나 레산드리크(Katarina Lesandric)와 파울레테 펑(Paulette Fung)도 이 기획에 시의적절한 지원을 해주었다.

무엇보다도 아내 크리스티나(Christina)와 아이들, 안나(Anna)와 엘리자베스(Elizabeth), 그들의 배우자인 패트릭 타운센드(Patrick Townsend)와 홀거 샤펜베르크(Holger Scharfenberg), 그리고 그들의 자녀들, 즉 나의 손주들이 그 누구보다도 훨씬 오랫동안 이 전 작업을 인내하며 지켜보아야만 했다. 이 책을 깊은 애정과 감사로 그들 모두에게 바친다.

이름과 철자법, 음역에 관한 비고(備考)

이 책은 우선적으로 페르시아어와 튀르크어, 아랍어권에 그 뿌리를 두고 있다. 이 세 언어 모두 고유명사 및 특정 용어를 영어로 번역하고자 하는 이들에게 상당한 어려움을 야기한다. 영어와 프랑스어, 독일어, 러시아어로 집필한 학자들의 저작을 통해 주로 알려진 많은 관련 이름 및 용어들을 자신들이 사용하는 언어의 특정 규칙에 따라 표준화하는 과정 속에서 종종 본딧말이 깨짐에 따라 이 작업이 심히 복잡해졌기 때문이다. 한 가지 예를 들면 이런 식이다. 북동부 이란과 남부 투르크메니스탄, 서부 아프가니스탄 지역을 페르시아어 용례에 따라 'Khwarism' 또는 'Khwarizm', 'Khwarasm'이라고 부를 것인가, 아니면 러시아어로 음역된 것처럼 'Khorezm'이라고 할 것인가? 첫 세 지명은 페르시아학(學) 전문가들이 쓴 책의 색인을 샅샅이 뒤지는 데는 유용할 것이다. 하지만 러시아어로 된 색인을 찾기 위해서는 'Khorezm'이 사용되어야 한다. 중앙아시아 지역 언어들로 쓰인 또는 지역어를 쓰는 학자들이 양산한 자료가 점점 더 중요해짐에 따라 나는 '호라즘'(Khwarazm)이라는 어형을 선택했다. 그렇다면 우리는 예언자의 손자를 'Hosain', 'Hossein', 'Husain', 'Husayin', 'Husein', 'Huseyin', 'Hussain', 'Hussayin', 'Huseyn', 'Hussein', 'Husseyin', 'Husseyn' 중에서 뭐라고 칭해야 할까? 이러한 경우 나는 영어를 쓰는 독자들에게 가장 친숙한 형태를 사용하기로 했다.

특히 인명이 문제였다. 상트페테르부르크의 위대한 오리엔탈리스트는 러시아에서 경력을 쌓았고 저서들에도 바실리 바르톨트(Vasilii Bartold)라고 서명했지만, 영역판 저서들에서는 세례명인 빌헬름 바르톨트(Wilhelm Barthold)를 이름으로 사용했다. 나는 독일어 본래 철자법에 따라 표기한 영문판을 인용한 경우를 제외하고는 '바르톨트(Bartold)'를 그의 이름으로 사용하기로 했다. 무시무시한 몽골의 칸이자 정복자의 이름 역시 문헌 속에서 'Gengis', 'Genghis', 'Genghiz', 'Gengiz', 'Chinggis', 'Chingiz' 등 다양하게 등장한다. 전문가들에게 비공식적으로 여론조사를 해본 결과, 나는 '칭기스'(Chinggis)를 택하기로 했다. 거의 모든 언어에는 영어로 음역할 때 용인되는 법칙이 존재하지만, 이는 종종 언어학자만이 해독할 수 있는 철자로 표기되곤 한다. 따라서 나는 이 모든 다양한 문제를 해결하기 위해 영어권 독자들에게 가장 친숙한 어형을 선택했다.

아랍어나 페르시아어 이름은 특별한 문제를 제기한다. 어떤 이의 신원이 아버지나 아들, 출생지(nisba)로 식별되던 무렵에는 이름에 무려 여섯 개가 넘는 수식어가 붙기도 했다. 그 결과 아부 알리 알 후사인 이븐 압드 알라 이븐 시나(Abu Ali al-Husayn ibn Abd Allah ibn Sina)나 기야트 알 딘 아불 파트 우마르 이븐 이브라힘 알 니샤푸리 알 하이야미(Ghiyath al-Din Abu'l-Fath 'Umar ibn Ibrahim Al-Nishapuri al-Khayyami) 같은 이름이 등장한다. 하지만 짧은 이름을 원하는, 현대의 비(非)전문가 영어권 독자들에게는 이븐 시나(Ibn Sina)나 오마르 하이얌(Omar Khayyam) 같은 이름이 친숙할 것이다. 이와 마찬가지로 당대인들은 당연히 그 유명한 『대수학』(Algebra)의 저자를 무함마드 이븐 무사(Muhammad ibn Musa)로 언급했지만, 수백 년 동안 학자들은 그의 출생지에 의거해 그를 '콰리즈미'(Khwarizmi)로 불렀다. 나 역시 그들의 관행을 따랐다. 라틴어 식 이름을 인용하기는 했지만, 본문에서 많이 쓰지는 않았다. 세상에 잘 알려진 인물을 언급할 때는 일반적인 영어 용례를 따랐으며, 그렇기에 이븐 시노(Ibn Sino)가 아니라 이븐 시나(Ibn Sina)로 표기했다.

아랍어나 페르시아어 고유명사의 음역이나 표기에 관해 굉장히 많은 책들이 쓰여왔다. 하지만 언어학자들에 의해 고안된 다양한 언어로의 음역 공식은 많은 학자를 만족시킬 수는 있어도 일반 독자들에게는 거의 이해할 수 없는 문자와 표기, 철자로 다가올 뿐이다. 그런 이유로 이 책에서는 영어 맞춤법이나 관례적인 영어 용법에 따를 필요가 있을 때면, 수정을 가해 간단하게 로마자로 표기했다. 따라서 독자들은 사상가 'Umar Hayyam'이나 'Omar Chajjam'이 아니라 'Omar Khayyam'(오마르 하이얌)을 만나게 될 것이다.

틀림없이 언어학자들이나 다른 분야의 전문가들은 본문 전체에 나오는 대부분의 단어나 이름 위에 발음을 구별하기 위한 부호가 없는 것을 유감스럽게 여길 것이다. 겹온음표나 강세부호, 곡절 악센트, 하체크 기호, 분음부호표 같은 표시는 발음하는 데 큰 도움을 준다. 반면 그것들은 별 소득도 없이 독자의 열기를 식게 만들 수도 있다. 따라서 발음을 구별하기 위한 부호를 중앙아시아의 이름들에서 지워버렸다. 그것을 열망하는 독자라면 중세의 필경사들이 했던 것처럼 손수 덧붙여 보아도 좋을 것이다.

등장인물*

가잘리(Abu Hamid Muhammad al-GHAZALI, 1058~1111) 지금의 이란 호라산에 있는 투스(Tus) 출신 신학자이자 철학자로, 합리주의에 도전장을 던진 『철학자들의 부조리』(*The Incoherence of the Philosophers*)를 썼다. 주요 후원자들이 사망한 후에 신경쇠약을 겪은 그는 수피즘으로 돌아섰다. 일련의 뛰어난 저작들을 통해 신앙에 대한 자신의 견해를 이슬람 주류 사상으로 통합했으며, 종국에는 기독교에도 영향을 끼쳤다.

가즈니의 마흐무드(MAHMUD OF GHAZNI, 971~1030) 튀르크계 노예 출신으로 인도에서부터 이란에 이르는 정통 수니파 제국을 건설했다. 비루니와 페르도우시 외에도 400명에 달하는 시인을 후원했다. 동시에 그는 모든 종교적 이설(異說)을 적대시했다.

고사카(GHOSAKA) 발흐(Balkh) 출신으로 숭상받던 불교 신학자이자 저술가이다. 기원후 1세기 카슈미르에서 열린 제4차 불교심의회에서 중요 역할을 수행했다.

**나바이(NAVAI, 니잠 알 딘 알리셰르 하라위(Nizam al-Din Alisher Harawi)의 필

---

* 날짜는 모두 근사치이다.

명, 1441~1501) 티무르 왕조의 관료로, 예술을 후원했으며, 홀로 자신의 모국어인 튀르크계(系) 차가타이어를 페르시아어처럼 높은 수준으로 고양시킨 시인이다.

나이사부리(Al-Hakim al-NAYSABURI, 821~875) 니샤푸르 출신으로 아샤리(Ashari) 학파의 전통주의 신학을 추구했다. 2,000개의 하디스를 모아 발표했고 그 진위성을 두고 부하리 등과 논쟁을 벌였다.

낙쉬반드(Bahaudin al-Din NAQSHBAND Bukhari, 1318~1389) 중요한 수피 교단의 설립자로 수피즘과 전통주의 이슬람 국가를 재결합하는 데 기여했다.

네스토리우스(NESTORIUS) 콘스탄티노플의 대주교(428~431)이자 오랫동안 중앙아시아 기독교도의 삶과 학문을 지배한 시리아 기독교 분파의 창시자이다.

니잠 알 물크(NIZAM AL-MULK, '왕국의 질서'라는 의미, 1018~1092) 투스 출신으로 셀주크 왕조의 강력한 재상이었던 아부 알리 알 하산 이븐 알리(Abu Ali al-Hasan ibn Ali)의 경칭이다. 그는 『통치의 서(書)』(*Siyasatnama*)를 통해 이스마일파를 비난했으며, 정통 이슬람을 위협한다고 여겨지던 것들에 맞서 가잘리를 옹호했다.

다키키(Abu Mansur Muhammad DAQIQI) 발흐 출신의 열성적인 애국자로 조로아스터교의 지난 시절을 대변했으며, 페르도우시의 『샤나메』에 포함된 페르시아 서사시의 일부를 시작(始作)하였다. 976년 다키키가 세상을 떠나자, 페르도우시가 이 기획을 인계받았다.

데바슈티치(DEWASHTICH, 재위 721~722) 이슬람 정복 이전에 지금의 타지키스탄에 있는 판지켄트(Panjikent)를 다스린 마지막 통치자이다. 8세기 초 아랍 군대가 쳐들어오기 전에 피난을 가면서 그는 커다란 항아리에 공식문서 더미를 숨겨 무그산(Mount Mug)에 묻었다. 1933년 양치기에게 발견된 무그 문서 덕에 학자들은 소그드의 통치체제와 사회에 관한 세부적인 내용을 재구축할 수 있었다.

라비아(RABIA Balkhi) 지금의 아프가니스탄 발흐 출신으로 10세기에 활동한 여성 시인이자 루다키(Rudaki)의 친구이다. 튀르크 노예를 사랑하여 이를 알게 된 오빠에게 죽임을 당했다.

라완디(Abu Hasan Ahmad Ibn al-RAWANDI, 820~911) 아프가니스탄 출신
으로 다작(多作)한 사상가이다. 유대교와 이슬람을 버리고 철저한 무신론자가 되
어 자유로운 사유를 주장하였다.

라지(Muhammad ibn Zakariya al-RAZI, 865~925) 지금의 테헤란 인근 라이
(Rayy) 출신이지만, 메르브(Merv)에서 중앙아시아의 스승들에게 교육을 받았다.
그의 유업을 이은 주요 학자들도 중앙아시아 출신이다. 그는 최초의 진정한 실험
주의적 의학자였으며, 이븐 시나가 등장하기 전까지 가장 학식이 높은 의사였다.
종교적으로는 철저한 회의론자였다.

루미(Rumi, 1207경~1273) 아프가니스탄 발흐 출신의 매우 대중적인 시인이었
던, 자랄룻딘(자랄 알 딘) 무함마드 발히(Jalaluddin(Jalal al-Din) Muhammad
Balkhi)의 속명이다.

마나스(MANAS) 전설적인, 또는 누군가에게는 역사적인 키르기스의 지도자로 키
르기스족의 대(大)구비 서사시인 『마나스』(Manas)의 주요 소재이다. 키르기스스
탄 공화국 정부는 1995년에 마나스 1,000주년을 경축했다.

마문(Caliph Abu Jafar Abdullah MAMUN, 786~833) 초기에는 수도 메르브
에서 활동하다가 후에 바그다드로 근거지를 옮겼고, 과학과 철학을 장려했다. 이
슬람 전통주의자들에 대한 심문을 단행했으나 성공하지 못했다.

마투리디(Abu Mansur Muhammad al-MATURIDI, 853~944) 사마르칸트 출
신으로 직역주의적이고 전통주의적인 이슬람을 다소 공격적이면서도 강력하게 옹
호했으며, 합리주의나 다른 오류에 맞서 전투적인 '반박문'을 다수 썼다.

바누 무사(BANU MUSA) 메르브 출신의 자파르(Jafar), 아흐마드(Ahmad), 하산
이븐 무사(Hasan ibn Musa) 형제들은 '무사의 아들들'(Banu Musa)로 알려졌다.
그들은 칼리프 마문(Mamun)과 그의 후계자들이 통치하던 9세기에 바그다드의
과학계를 지배했다. 기하학과 천문학에서의 업적 외에도 아흐마드는 기계공학 분
야에서 선구적인 저작 『기발한 장치에 관한 서(書)』(Kitab al-Hiyal)를 썼다.

바르마크가(家)(BARMAKIDS) 지금의 아프가니스탄 발흐에서 기원한 불교 왕실
의 일원들이다. 이슬람으로 개종한 후에는 여러 아바스 칼리프의 재상(vizier)으로

재임했다. 막대한 부를 이용해 그들은 그리스어와 산스크리트어 저작을 아랍어로 번역하는 작업을 후원했다. 803년 칼리프 하룬 알 라시드(Harun al-Rashid)에 의해 숙청당했다.

발라사구니(Yusuf BALASAGUNI, 발라사군의 유수프) 통치자들을 위한 안내서 이자 도덕론인 『행운을 가져오는 지혜』(Kutadgu Bilig, 1069)의 저자이다. 튀르크 어 방언으로 쓰인 유수프의 책 덕분에 처음으로 튀르크어가 지중해 문명 및 사상 의 주류로 편입되었다. 지금의 키르기스스탄 발라사군에서 태어난 그는 중국 신 장(新疆)의 카슈가르(Kashgar) 근방에서 세상을 떠났다.

베이하키(Abolfazl BEYHAQI, 995~1077) 자립심이 강했던 아프가니스탄 가 즈니의 궁정사가이다. 서른 권이나 되는 가즈니의 마흐무드(Mahmud)와 마수드 (Masud) 치세에 관한 연구서를 썼다. 이 중 세 권만이 전해진다.

보조르그메르(BOZORGHMER, 531~578) 메르브 출신으로 이슬람 이전 시대에 활약한 유명한 중앙아시아 사상가이다. 조로아스터교의 이원론을 따랐던 그는 이 슬람 시대의 사상가들에게도 깊은 영향을 준 윤리론을 제기했다. 재상을 지냈던 그는 주사위 놀이를 발명하기도 했다.

부즈자니(Abul-Wafa BUZJANI, 940~998) 아프가니스탄 출생으로 바그다드 와 구르간지에서 활동한 선구적인 연구자이다. 사인과 코사인 표를 개발한 그의 계산법 덕택에 소수점 여덟 번째 자리까지 정확하게 계산할 수 있게 되었다. 또 사인 정리를 구면체 삼각형에 적용함으로써 부즈자니는 새로운 방식으로 바다를 항해할 수 있는 길도 열어주었다.

부하리(Muhammad al-BUKHARI, 810~870) 부하라 태생으로 이슬람에서 『꾸 란』 다음으로 가장 숭앙받는 책인 『예언자와 그의 언행, 그 시대에 속하는 문제에 관한, (전승의) 연결 고리가 있는 정통 하디스 요약 모음집』*의 편찬자이자 편집자 이다.

---

* 부하리 하디스 또는 부하리본. 간단히 『정통 하디스 모음집』(Sahih al-Bukhari)으로 불린다.

비루니(Abu Rayhan al-BIRUNI, 973~1048) 호라즘 출신의 석학으로 처음에는 지금의 투르크메니스탄 구르간지(Gurganj)의 호라즘 샤의 궁정에서, 후에는 아프가니스탄 가즈니의 마흐무드 궁정에서 활약했다. 천문학, 측지학, 역사, 사회과학 저작을 남긴 그는 단언컨대 고대와 유럽 르네상스 시기 사이에 등장한 가장 위대한 과학사상가이다.

비흐자드(Kamal al-din BIHZAD, 1450~1537) 헤라트(Herat)에서 활동한 티무르 왕조 시대의 예술가로 관료이자 시인인 나바이(Navai)의 후원을 받았다. 그가 그린 책 삽화와 단독 풍경화, 고위 관료들의 초상화는 전 이슬람 세계의 예술적 이상을 재정의했다.

사마니(Ismail Ibn Ahmad SAMANI, 849~907) 한 세기 동안 중앙아시아의 문화적 자원을 부하라로 끌어모은 사만 왕조의 창립자이다.

산자르(Ahmad SANJAR ibn Malikshah, 1085~1157) 셀주크 수도를 중앙아시아로 옮긴 후 비록 제한적이었지만 마지막 전성기를 주관한 술탄이다. 메르브에 지어진 거대한 이중 돔으로 된 그의 영묘는 그가 구가한 전성기의 상징물이다.

시지스타니(Abu Sulayman al-SIJISTANI, 932~1000) 고향인 호라산을 떠나온 그는, 바그다드에서 인문학 세미나를 이끌며 과학과 인문학을 종교로부터 엄격하게 분리할 것을 주창했다.

아루디(Nizami ARUDI) 12세기 사마르칸트 출신의 시인이자 호라즘과 고르(Ghor) 통치자의 조신(朝臣)이었으며, 『네 가지 담론』(Four Discourses)의 저자이다. 그는 이 책에서 훌륭한 통치자의 마구간에는 대신들과 시인, 점성술사, 의사가 있어야 한다고 주장했다.

아사디(Abu Mansur Ali ASADI) 투스 출신의 11세기 시인으로 페르도우시(Ferdowsi)의 추종자였다. 아제르바이잔 궁전에서 일한 그는 페르시아 서사시 가운데 페르도우시의 『샤나메』(Shahnameh)에 버금가는 「가르샤스프 서사시」(Garshaspnameh)를 지었다.

아타르(Farid al-Din ATTAR, 1145~1221) 매력적인 작가적 재능과 신비주의를 결합한 니샤푸르 출신의 약사이자 수피 시인이다. 그가 쓴 『새들의 회의』

(*Conference of the Birds*)는 세상의 새들이 진리를 찾아 날아갔지만 결국 자신들 안에서 진리를 찾게 된다는 우화이다.

안바리(Awhad al-Din ANVARI, 1126?~1189) "못 믿겠으면 와서 나를 시험해 보라. 난 준비가 되어 있다"라고 쓸 정도로 방대한 지식을 뽐낸 시인으로, 메르브 의 술탄인 산자르(Sanjar)의 막역한 친구였다.

알렉산드로스 대왕(Alexander the Great, 기원전 356~기원전 323) 마케도니아 통치자로 기원전 329년 중앙아시아를 침략한 후에 이 지역에서 3년을 보내는 동 안 9개 도시를 건설하거나 개명했다. 종국에는 그 영토가 인도까지 팽창한 그리스 박트리아 왕국 — 발흐에 본거지를 두었다 — 을 후세에 남겼다.

야사위(Ahmad YASAWI, 1093~1166) 이스피자브(Isfijab) —오늘날 남부 카자 흐스탄의 사이람(Sayram) — 출신의 수피 신비주의자이자 시인이다. 튀르크어로 된 그의 4행시는 개인 기도와 신에 대한 사색의 메시지를 그때까지 개종하지 않 은 많은 튀르크 유목민들에게 전달했다.

야쿱(YAKUB ibn Laith, '구리 세공인', 840~879) 이란과 아프가니스탄 경계에 있는 시스탄(Sistan) 출신으로 단명한 왕조를 창립했으며, 중앙아시아와 이란에서 의 패권적인 아랍 통치와 아랍어에 정면으로 도전했다.

운수리(Abul Qasim UNSURI, 968~1039) 발흐 출신으로 아프가니스탄 가즈니 (Ghazni)의 무함마드 궁정에서 활동하면서 엄청난 분량의 작품을 남긴 '시인들의 왕'이다.

울루그베그(ULUGHBEG, 1394~1449) 미르자 무함마드 타라가이(Mirza Muhammad Taraghay)의 경칭이다. 티무르의 손자 울루그베그는 잠시 중앙아시 아를 통치한 교육자이자 천문학자이다. 그가 작성한 천문표는 오랫동안 그 정확성 에서 단연 으뜸이었다. 또한 수학 및 과학 연구에 대한 그의 독려는 이 분야에 관 한 이슬람 세계 최후의 대(大)후원이었다.

이라크(Abu Nasr Mansur IRAQ, 960~1036) 호라즘 왕실의 왕자이자 구면기 하학에서 선구적인 업적을 남긴 수학자·천문학자였던 그는 구면기하학을 적용하 여 천문학 문제에 대한 답을 찾았다.

이븐 시나(Abu Ali al-Husayn IBN SINA, 980~1037) 박식한 철학자이자 신학자로 500년 동안 이슬람 세계 및 유럽 전역에서 최고의 의학 교과서로 여겨졌던 『의학정전』(*al-Qanun fi al-Tibb*)의 저자이다. 신학을 다룬 『치유의 서(書)』(*Kitab al-Shifa*)와 『구원의 서(書)』(*Kitab al-Najat*)는 이성과 믿음에 대한 난해한 긍정 덕분에 이슬람 세계뿐만 아니라 기독교 유럽에도 강력한 영향을 끼쳤다. 가잘리는 그가 신학에 남긴 유산에 정면으로 도전했다.

자라투스트라(ZARATHUSTRA, 기원전 1100?~기원전 1000) 대략 기원전 11세기에 이슬람이 등장하기 전까지 중앙아시아 도시들의 핵심 종교였던 일신교를 창시했다. 개인의 판단(자유의지), 천국과 지옥, 육체의 부활과 같은 교리는 훗날 기독교와 이슬람 모두에 반영되었다.

자미(Nuradin JAMI, 1414~1492) 티무르 왕조 치하의 헤라트에서 낙쉬반디야(Naqshbandiyya) 수피 교단을 이끈 그는 시인이자 수피적 상징으로 가득한, 난해한 신비주의 우화들의 저자이다.

자이하니(Abu Abdallah al-JAYHANI) 지리학자이며, 914년부터 918년까지 사만 왕조의 재상을 지냈다. 그 범위와 상세함으로 높이 평가되는 방대한 『길과 왕국의 서(書)』(*Book of Roads and Kingdoms*)의 저자이다.

주르자니(Zayn al-Din JURJANI, 1040~1136) 개업의에게 필요한 의학 지식을 중점적으로 간추린 방대한 『호라즘 샤의 보고(寶庫)』(*Khwarazm Shah's Treasure*)를 쓴 구르간지의 저자이다.

칭기스칸(CHINGGIS KHAN) 몽골 통치자로 '미수에 그친 집단학살'이라고 불리는 대대적인 파괴를 1218년에서 1221년까지 중앙아시아에서 자행했다. 그는 중앙아시아에서 불어온 새로운 지적 흐름으로 중국과 페르시아를 이끌기도 했다.

카니슈카 1세(KANISHKA I) 기원후 2세기 중앙아시아의 대부분을 지배한 쿠산 왕조의 강력한 통치자이다. 그는 불교와 고대 그리스 종교, 조로아스터교를 종합하여 수도 베그람(Begram)과 아프가니스탄의 여러 지역에 불상을 만들었다.

카슈가리(Mahmud al-KASHGARI) 11세기 튀르크어 및 구비문학에 대한 종합 안내서인 『튀르크 방언 개요』(*A Compendium of the Turkic Dialects*)의 저자이다.

카슈가리의 저작은 언어학, 인류학, 사회학 자료의 위대한 보고로 튀르크 문화도 이슬람 세계에서 아랍 및 페르시아 문화 못지않게 중요함을 주장하기 위해 집필되었다.

카지니(Abu al-Rahman al-KHAZINI, 1130경 사망) 천문학자이자 박식가이다. 메르브에서 쓴 그의 『지혜의 균형에 관한 서(書)』(*Kitab Mizan al-Hikmah*)는 '중세시대의 모든 문화권에서 [측량]에 관한 한 가장 종합적인 저작'이라고 불렸다.

콰리즈미(Abu Abdallah Muhammad al-KHWARIZMI, 780~850) 호라즘 출신으로 바그다드에서 활동했다. 그는 대수학을 체계화했고 명명했으며, 구면삼각법을 아랍인과 서구인들이 이해하는 데 도움을 주었다. 또 십진법을 주창했으며, 지구상의 2,402개 지역에 대한 위치 정보도 집대성했다. 그의 이름에서 '알고리듬'(algorithm)이 나왔다.

쿠쉬지(Ali QUSHJI, 1402~1474) 울루그베그의 매사냥꾼 아들로 태어나 천문학자로 명성을 날렸으며, 오스만 천문학의 창시자가 되었다. 철학으로부터 천문학의 자율성을 강력하게 주장하는 글을 썼다.

쿠스라우(Nasir KHUSRAW, 1004~1088) 셀주크 왕조의 관료였으나, 이스마일파 선교사이자 시인으로 변신했다. 아프가니스탄 발흐 지방 출신인 그는 타의 추종을 불허하는 아름다운 철학적 시와 여행에 관한 저작들을 남겼다.

쿠잔디(Abu Mahmud KHUJANDI, 945~1000) 타지키스탄 쿠잔드(Khujand) 출생으로 그 이전의 누구보다도 더 정확하게 지구의 자전축 기울기를 측정할 수 있는 천문학 기구를 설계했다.

타메를란(티무르) (TAMERLANE(TIMUR), 1336~1405) 한 세기 동안 지속된 왕조를 설립하고 지중해에서 인도에 이르는 영토를 정복한 튀르크계 약탈자로, 수도 사마르칸트에 장인과 예술가들을 불러모았다.

타히르(Abdallah ibn TAHIR) 호라산과 중앙아시아 전체를 지배한 9세기 중반 타히르 왕조의 통치자로, 사회의 안녕은 민중의 안녕에 달려 있다는 이유로 보통 교육을 주창했다.

타히르(TAHIR ibn Husayn, 822년 사망) 821년에서 873년 사이 독립국으로서 사실상 중앙아시아를 통치한 타히르 왕조의 창립자로 수도 니샤푸르의 지적 활동을 후원했다.

테오도르(THEODORE) 540년 메르브에 임명된 기독교 네스토리우스파의 대주교이자 언어학자이다. 아리스토텔레스 전문가였던 그는, 특히 아리스토텔레스 '논리학'에 정통했다.

투시(Nasir al-Din al-TUSI, 1201~1274) 호라산 투스 출신의 석학으로 몽골 치하에서 마라가(Maragha) 천문관측소를 세웠다. 그는 모든 운동은 직선 또는 원형의 형태로 이루어진다는 아리스토텔레스의 개념에 이의를 제기했다.

티르미지(Abu Isa Muhammad TIRMIDHI, 824~892) 티르미즈(Tirmidh) ─ 오늘날 우즈베키스탄의 테르메즈(Termez) ─ 출신의 하디스 수집가이다. 티르미즈는 일찍이 불교 수도승들이 종교 문헌을 수집하는 작업을 수행했던 곳이다.

파라비(Abu Nasr Muhammad al-FARABI, 870~950) 지금의 카자흐스탄 오트라르(Otrar) 출신으로 서양에서는 '알파라비우스'(Alfarabius)로 알려졌으며, 동양에서는 아리스토텔레스에 이어 '제2의 스승'으로 숭앙받았다. 논리학의 위대한 해설자였던 파라비는 모든 지식 분야의 기초를 놓았다.

파루키(Abul Hasan ibn Julugh FARUKHI) 가즈니의 마흐무드 궁정에서 일했던 시스탄 출신의 11세기 시인이자 음악가이다. 정원의 상징적 이미지를 주축으로 지어진 명쾌하지만 복잡 미묘한 시들을 썼다. 마흐무드의 죽음을 애도한 그의 시는 페르시아어로 쓰인 가장 정교한 비가(悲歌) 중 하나이다.

파르가니(Ahmad al-FARGHANI, 797경~860) 오늘날 우즈베키스탄에 위치한 페르가나 계곡 출신의 천문학자이다. 그의 『원소들』(The Elements)은 아랍어로 쓰인 천문학에 관한 초기 저작 중 하나이다. 두터운 독자층을 가진 '아랍' 천문학자였던 그는 서양에서는 '알프라가누스'(Alfraganus)로 알려졌고 독자 중에는 크리스토퍼 콜럼버스(Christopher Columbus)도 있었다.

페르도우시(Abolqasem FERDOWSI, 934경~1020) (오늘날 이란에 있는) 호라산 투스 출신의 작가로 30년 동안 ─ 부하라의 사만 왕조의 후원 아래에서는 행복하게, 가즈니의 마흐무드 후원 아래에서는 불행하게 — 페르시아 서사시 『샤나메』를 완성하기 위해 고생했다. 전설과 역사적 사실을 엮어 50명의 통치자를 다루고 있는 그의 서사시는 아랍 정복에도 불구하고 페르시아적 가치를 강하게 긍정한 저작이다.

하바쉬(HABASH al-Marwazi, 769~869) 메르브 출신의 천문학자이자 수학자로, 바그다드에서 연구팀을 꾸려 지구 자오선을 산출해 지구 둘레를 계산했고 행성운동의 좌표를 표시한 도표도 만들었다.

하이얌(Omar KHAYYAM, 1048~1131) 니샤푸르 출신의 수학자이자 천문학자, 철학자, 기술자, 시인이다. 그는 대표작인 「대수학 문제 입증에 관한 논고」(Treatise on the Demonstration of Problems of Algebra)에서 처음으로 3차 방정식에 관한 일반이론을 고안했다. 그의 새로운 태양력이 1079년에 소개되었다.

한발(Ahmad ibn HANBAL, 780~855) 메르브 출신의 아랍인으로 하디스를 수집했다. 칼리프 마문의 '합리주의 심문'에 끝까지 굴복하지 않았던 그는 샤리아(Sharia)를 기반으로 한 이슬람 전통주의의 초기 순교자가 되었다.

히위(HIWI al-Balkhi) 9세기 말 호라산 출신의 회의론자이자 논객이다. 『구약성서』를 신랄하게 공격했는데, 기독교나 이슬람 경전 역시 그의 날카로운 비판을 피하지 못했다.

연대표*

기원전 3500 ~3000년	아프가니스탄에서 채굴한 청금석(靑金石)이 인도와 이집트로 수출되다. 복잡한 도심지들이 중앙아시아에서 등장하다. 청동기 중앙아시아인들이 처음으로 빵을 만들 곡물을 재배하다.
기원전 1100 ~1000년	가장 널리 인정되는, 조로아스터교의 창시자 자라투스트라의 생몰연대이다. 박트리아의 낙타가 중앙아시아에서 지역 및 대륙 수송의 근간이 되다.
기원전 563년	인도에서 고타마 붓다(Gautama Buddha)가 탄생하다.
기원전 329 ~326년	페르세폴리스를 파괴한 후 알렉산드로스 대왕이 중앙아시아와 아프가니스탄에서 3년 동안 전쟁을 수행하다.
기원전 180년	그리스 박트리아 왕국이 인도를 침략하다. 헬레니즘 시대의 그리스 박트리아 왕국이 중앙아시아에서 절정기를 맞다.
기원전 127년	쿠샨 왕조의 통치자이자 불교를 후원했던 카니슈카 1세의 치세가 대략 이 무렵 시작되다.

---

* 모든 연도는 근사치이다.

기원전 114년 중국의 비단이 서쪽으로 수출되기 시작하다. 종내에는 중앙아시아
에서 토종 양잠이 등장하다.

기원전 53년 중앙아시아의 파르티아 군대가 로마 장군 크라수스(Crassus)를 제
압하고 레반트를 장악하다.

(기원후)

540년 수개 언어에 능통한 시리아 기독교도이자 학자, 철학자인 테오도르
가 메르브의 대주교로 지명되다.

570년 이슬람교의 예언자 무함마드(Muhammad)가 탄생하다.

651년 사산 왕조의 마지막 통치자 야즈데게르드 3세(Yazdegerd III)가
메르브에서 살해되다.

660년 아랍의 중앙아시아 정복이 시작되다.

743년 우마이야 왕조의 칼리프 아부 하심(Abu Hashim)이 사망하
고 아바스 반란, 즉 '이슬람 내전'이 촉발되다. 아부 무슬림(Abu
Muslim)의 아바스 군대가 타라즈(Taraz, 탈라스) 전투에서 당나
라 군대를 패퇴시키다.

762년 칼리프 만수르가 메르브를 참조하여 아바스 칼리프 제국의 수도
로 바그다드를 세우다.

780년 아부 압달라 무함마드 알 콰리즈미가 태어나다.

797년 중앙아시아의 천문학자 아흐마드 알 파르가니가 태어나다.

810년 가장 널리 인정되는 예언자의 하디스 전서의 수집가인 무함마드
알 부하리가 태어나다.

810~819년 중앙아시아의 메르브가 칼리프 제국의 수도가 되다.

813~833년 호라산의 총독으로 재직(809~813)하던 칼리프 하룬 알 라시드의
아들 아부 자파르 압둘라 마문이 칼리프가 되다.

820년경 이슬람과 그 외 다른 계시종교에 대해 급진적으로 비판한 아부 하
산 아흐마드 이븐 알 라완디가 태어나다.

822년	호라산의 총독 타히르 이븐 후사인(Tahir ibn Husayn)이 주화에 새겨지던, 그리고 금요예배에서 불리던 칼리프의 이름을 일소하고 독립을 선언하다.
824년	우즈베키스탄의 티르미즈(테르메즈)에서 저명한 예언자의 하디스 수집가 아부 이사 무함마드 티르미지가 태어나다.
833~848년	칼리프 마문의 '합리주의 심문'이 바그다드에서 벌어지다.
849년	사만 왕조의 창립자 이스마일 이븐 아흐마드 사마니가 태어나다.
850년	알 칸디(al-Kandi)의 제자이자 육지 지도를 그리는 혁신적인 방법을 개척한 아부 자이드 알 발히가 태어나다.
865년	의학계의 대부이자 대석학 무함마드 이븐 자카리야 알 라지(라제스, Rhazes)가 태어나다.
870년경	철학자 아부 나스르 무함마드 알 파라비가 태어나다.
875~876년	이스마일 사마니가 부하라에 왕조를 세우다.
900~934년경	이스마일 사마니의 무덤을 부하라에 조성하다. 이집트의 파티마 왕조와 이란의 부이 왕조가 그 전형을 보여 준, 이른바 '시아파의 세기'(900~1000)가 시작되다.
934년경	『샤나메』의 저자 아볼카셈 페르도우시가 태어나다.
940년	아프가니스탄의 수학자 아불 와파 부즈자니가 태어나다.
960년	부즈자니의 제자이자 천문학자, 수학자인 아부 나스르 만수르 이라크가 태어나다.
977~978년	팀(Tim)에 영묘가 조성되다.
980년	아부 알리 알 후사인 이븐 시나(아비센나)가 태어나다.
986년	가즈니의 마흐무드가 인더스 계곡을 처음으로 침략하다.
993년	가즈니의 마흐무드가 사만 왕조를 호라산에서 몰아내다.
995년	가즈니 왕조의 역사가 아볼파즐 베이하키가 태어나다. 마문 1세의

아들 아부 하산이 호라즘의 샤가 되다.

998년 가즈니의 마흐무드가 술탄이라고 자칭하다.

998~999년 비루니와 이븐 시나가 서신 교환을 시작하다.

1000년경 알 하킴 알 나이사부리가 법과 종교 분야의 지역 학자들과 니샤푸르 출신의 다른 학자들의 삶에 대해 여덟 권의 책을 쓰다.

1002년 사만 왕조가 몰락하다.

1004년 이스마일파 학자이자 시인인 나시르 쿠스라우가 태어나다.

1005년 페르도우시가 『샤나메』를 완성하다.

1010년 이븐 시나가 구르간지의 관료로 일하기 위해 부하라를 떠나다.

1017년 호라즘의 샤, 아부 아바스가 쿠데타를 일으킨 장교들과 귀족들에 의해 살해당하다. 가즈니의 마흐무드의 정복과 구르간지의 파괴, 마문 아카데미의 폐쇄가 뒤따르다.

마흐무드가 인더스 계곡 전체를 장악하다.

1018년 니잠 알 물크로 알려진 셀주크 재상 아부 알리 알 하산 이븐 알리가 태어나다. 이븐 시나가 『의학정전』을 완성하다.

1027년경 마흐무드 알 카슈가리가 태어나다.

1037년 비루니가 천문학 및 수학 개요서인 『마수드 정전』(*Al-Qanun al-Masudi*)을 완성하다.

1040년 가즈니의 마흐무드의 아들인 마수드가 발흐 인근의 단다나칸(Dandanaqan) 전투에서 셀주크 군에게 패하고 인도로 도망치다.

1048년 수학자이자 천문학자, 시인인 오마르 하이얌이 태어나다.

1055년 셀주크가 전(全) 중앙아시아에서 압승을 거두다.

1065년 아부 하미드 무함마드 알 가잘리(알가젤, Algazel)가 최초의 니자미야(Nizamiyya) 마드라사를 바그다드와 니샤푸르, 카르기르드(Khargird)에, 그리고 나서는 시라즈(Shiraz)에도 설립하다.

1066년	노르만족이 잉글랜드를 침공하다.
1069년	유수프 발라사구니가 『행운을 가져오는 지혜』를 완성하다.
1072년	노르만족이 시칠리아에 유럽의 통치권을 재구축하다.
1077년	마흐무드 알 카슈가리가 『튀르크 방언 개요』를 완성하다.
1079년	술탄 말리크샤와 재상 니잠 알 물크가 하이얌의 새로운 태양력을 도입하다.
1092년	니잠 알 물크가 10월 14일에 이스마일파의 암살자에게 살해당하다.
1093년	오늘날 카자흐스탄 동부 도시 침켄트(Chimkent) 남부에 접해 있는 이스피자브(사이람)에서 수피 아흐마드 야사위가 태어나다.
1095년	인기 정상에 있던 가잘리가 심각한 병에 걸리다.
1118년	술탄 말리크샤가 사망하자, 아흐마드 산자르가 메르브에서 권력을 잡다.
1127년	'죽음의 미나렛'으로도 알려진 칼리안(Kalyan) 미나렛이 부하라에 세워지다.
1135년	이베리아반도 출신의 이집트 사상가 마이모니데스(Maimonides)가 태어나다.
1141년	카라키타이(서요)가 사마르칸트 북서쪽 황무지에서 셀주크 군을 완전히 궤멸시키다.
1145년	수피 시인 파리드 알 딘 아타르가 니샤푸르에서 태어나다.
1180년경	이븐 시나의 『의학정전』을 크레모나의 제라르두스(Gerardus of Cremona)가 라틴어로 번역하다.
1201년	천문학자 나시르 알 딘 알 투시가 태어나다.
1207년	관례적으로 이해에 위대한 수피 시인 자랄 알 딘 루미가 태어난 것으로 추정되다.

1219년	오트라르의 통치자가 몽골의 대상들을 죽이고 칭기스칸의 사신을 살해하자, 칭기스칸이 몽골 침략을 시작하다.
1270년대	마르코 폴로(Marco Polo)가 두 차례에 걸쳐 베네치아에서 베이징으로 여행하다.
1300년경	동투르키스탄에서 목판 인쇄술이 등장하다.
1308~21년	단테 알리기에리(Dante Alighieri)가 『신곡』(La Divina Commedia)을 쓰다.
1318년	낙쉬반디 교단의 창립자인 수피 바하웃딘 알 딘 낙쉬반드 부하리가 태어나다.
1336년	타메를란(절름발이 티무르)이 태어나다.
1350년대	흑사병으로 페르시아와 코카서스 전역에서 인구가 감소하다.
1380년	모스크바 공국이 몽골의 황금군단(Golden Horde)을 패퇴시키다.
1389년	바하웃딘 낙쉬반드가 사망하자 부하라의 통치자가 그의 학교와 사원에 영구 기금을 기부하다.
1402년	티무르가 오스만 튀르크를 공격하여 술탄 바예지드를 포로로 잡다. 사마르칸트에서 천문학자 알리 쿠쉬지가 태어나다.
1414년	페르시아 시인 누라딘 자미가 태어나다.
1417년	울루그베그가 사마르칸트에 마드라사를 설립하다.
1436년	필리포 브루넬레스키(Filippo Brunelleschi)가 피렌체에서 산타 마리아 델 피오레 성당(Basilica of Santa Maria del Fiore)을 완성하다.
1439년	스트라스부르와 마인츠에서 활동하던 요하네스 구텐베르크(Johannes Gutenberg)가 인쇄에 활자를 이용하다.
1441년	모국어인 차가타이어를 페르시아어와 같이 높은 수준으로 이끄는 데 큰 역할을 한 니잠 알 딘 알리셰르 하라위 ─ 세칭 '나바이' ─ 가 태어나다.

1449년	티무르 왕조의 통치자이자 천문학자인 울루그베그가 살해되다.
1450년	화가 카말 알 딘 비흐자드가 태어나다.
1470년	후사인 바이카라(Husayn Bayqara)가 헤라트의 통치자가 되어 1506년 사망할 때까지 집권하다.
1483년	인도의 정복자이자 무굴 제국의 시조인 자히르 웃딘 무함마드 바부르(Babur)가 태어나다.
1493년	오스만이 세파르디 유대인들에게 유대 법전을 히브리어로 인쇄하는 것을 허용하다.
1506년	중앙아시아에서 티무르 왕조가 종식되다.
1556년	예수회 선교사들이 인도에 활판 인쇄술을 소개하다.
1575년	무굴 황제 악바르(Akbar)가 페르시아어로 책을 인쇄할 수 있는 활자들을 관람하지만 새로운 기술을 뒤쫓지는 않다.
1576년	다마스쿠스 출신의 타키 알 딘(Taqi al-Din)이 울루그베그를 본받아 콘스탄티노플에 천문대를 설립하는 데 자금을 대도록 술탄을 설득하다.
1600년	조르다노 브루노가 다수의 세계가 있다고 주장하였다는 이유로 화형당하다.
1620년대경	로마 교황청이 아랍어 활자를 갖춘 인쇄기를 이스파한으로 보내다.

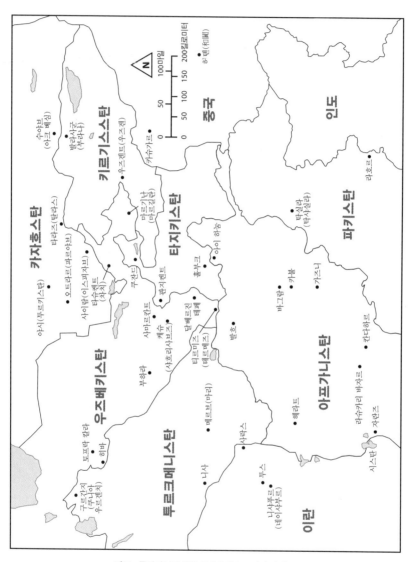

지도 중앙아시아 황금 시대의 주요 도시와 지역들

차 례

■■일러두기

• 각주 1, 2, 3 ······은 원주이고, *, **, *** ······은 옮긴이 주이다.

제1장

세상의 중심

999년 403킬로미터도 더 떨어져 있는, 오늘날의 우즈베키스탄과 투르크메니스탄에 살던 두 청년이 편지를 주고받게 되었다. 그들은 그 무렵 자주 이용되던 비둘기로 서신 왕래를 할 수도 있었지만 그러기에는 편지가 너무 길고 무거웠다. 서신 교환은 스물여덟 살로 연장자이던 이가 약간의 친분이 있던 열여덟 살의 청년에게 과학과 철학에 관계된 다양한 주제의 질문을 보내면서 시작되었다. 그가 던진 거의 모든 질문은 오늘날에도 여전히 강렬한 반향을 불러일으킬 만한 주제였다. 두 사람은 적어도 네 차례의 긴 서신을 주고받으면서 한바탕 논쟁을 벌였다. 이는 마치 오늘날 인터넷상의 학술논쟁 같았다.

그들은 별들 가운데 또 다른 태양계가 존재하는지, 아니면 우주에는 우리 행성만이 존재하는지를 물었다. 이로부터 600년 후 조르다노 브루노(Giordano Bruno, 1548~1600)는 다수의 세계가 존재한다고 주장했다는 이유로 화형에 처해졌지만(실제 죄명은 범신론이었다), 이 두 사람에게는 우리만 존재하는 것이 아니라는 사실 — 특별할 수는 있어도 유일하지는 않다 — 이 분명해 보였다. 또 그들은 지구가 온전하고 완전하게 창조되었는지, 아니면 시간의 경과와 함께 진화된 것인지에 대해서도 의문을 가졌다. 이 문제에 대해 그들은 천지창조의 개념은 받아들이되 그 후로 지구가 심오한 변화를 겪어왔다는 데에 절대 동의했다. 지질학적 진화에 관한 이 같은 노골적인 지지는 중세 기독교에서와 마찬가지로 그들이 속한 이슬람교에서도 이단 행위였다. 두 젊은 학자 중 한 명은 이에 개의치 않았지만 그럴 수 없었던 다른 한 명—이븐 시나—은 서둘러 좀 더 신학적으로 용납될 수 있는 방향으로 미세한 수정을 가했다. 그럼에도 두 사람이 무려 8세기나 앞서 진화론적 지질학은 물론 다윈주의(Darwinism)의 요점까지 논했다는 사실에는 변함이 없다.

흔히 벽지(僻地)로 치부되거나 지적인 성과보다는 주로 그곳의 천연자원으로만 평가되는 지역에서 있었던 1,000년 전의 대화가 오늘날 이처럼 부각되는 경우는 과학 역사상 흔치 않다. 우리가 이를 알게 된 것은 필사본 형태로 전해진 사본이 거의 1,000년이 지나 출간되었기 때문이다. 일반적으로 '비루니'로 알려진, 아랄해 인근 출신의 스물여덟 살의 아부 라이한 알 비루니(Abu Rayhan al-Biruni, 973~1048)는 지리학과 수학, 삼각법, 비교종교학, 천문학, 물리학, 지질학, 심리학, 광물학, 약물학 분야에서 명성을 떨쳤다. 그보다 어린 상대는 간단하게 이븐 시나로 알려진, 아부 알리 알 후사인 이븐 시나(Abu Ali al-Husayn ibn Sina, 980~1037)였다. 그는 오늘날 우즈베키스탄의 위대한 학문의 중심지이자 장엄한 도시 부하라에서 성장했으며, 장차 의학과 철학, 물리학, 화학, 천문학, 신학, 임상약물학, 생리학, 윤리학, 음악이론에서 이름을 남길 터였다. 이븐 시나의 권위 있는 저작인 『의학정전』이 라틴어로 번역되고 나서야 서양에서는 근대 의학이 시작될 수 있었으며, 1,500년 전에 이미 12쇄가 발행된 이 책은 이 분야의 경전(經典)이 되었다. 인도인들은 오늘날에도 존속하는 한 의과대학의 총체적인 발전을 위해 이븐 시나의 『의학정전』을 활용했다. 많은 이들은 비루니와 함께 이븐 시나를 고대와 르네상스—비록 근대는 아니지만—사이에 출현한 최고의 과학자라고 평가한다.

때가 되면 이 두 사람 간에 원한의 찌꺼기를 남긴 이 서신을 다시 살펴볼 것이다. 하지만 이와 관련해 한 가지 사실만은 특별히 먼저 언급할 만하다. 한 번은 이븐 시나가 다른 분야의 관련 전문가들과 함께 비루니의 주장을 검토한 후 그들이 동의하는지의 여부를 알아보겠다며 협박 비슷한 것을 한 적이 있었다. 그런데 이는, 각각의 학문 분야는 독립적으로 존재하며 그 영역만의 전문가 집단이 형성되어 있기에 철학자이자 의학 전문가인 자신이 반드시 모든 분야에 대해 판단할 자격을 갖춘 것은 아님을 인정하는 참으로 혁신적인 태도이다. 이에 못지않게 중요한 또 다른 사실은 그가 오늘날 동료 평가(peer review)라고 불리는 검증과정을 요구하고 있다는 점이다. 이는 능력 있고 상호 교류하는 상당한 규모의 과학자와 사상가들의 공동체가 존재했음을 보여 주는 분명한 표지(標識)이다. 이븐 시나와 비루니 말고도 과학적 열정에 사로잡혀 있던 이들은 도처에 존재했다. 두 사람 모두 박식한 동료들과 지적인 언쟁을 벌이며 실력을 키웠다. 이는 빈번하게 "감히 어떻게 ……"와 같은 비난이 튀어나오는 그들의 대화가 직설적이고 거침없는 어조를 띠게 만들었다. 하지만 두 사람 모두 비굴하게 권위에 기대고자 하지 않았다. 중요한 것은 증거이지 권위가 아니었기 때문이다.

논쟁 내내 가장 쟁점이 되었던 것도 다름 아닌 한 저술가, 즉 아리스토텔레스(Aristoteles)의 권위 문제였다. 바그다드의 시리아 기독교도들이 그의 「천체론」(De caelo)을 아랍어로 번역한 지 얼마 되지 않던 때였다. 편지를 주고받던 두 사람도 이 번역본을 읽은 후에 관찰 가능한 증거가 이 책의 주장을 뒷받침하는지, 아니면 논박하는지에 관해 논쟁을 벌였다. 아리스토텔레스의 견해와 자신의 관찰이 일치하지 않음을 지적한 것은 비루니였다. 반면 이븐 시나는 이러한 우려에 아랑곳하지 않고 아리스토텔레스의 이론 틀 안에서 그것들을 해명하고자 했다. 비록 그 자신도 의심의 여지가 있음을 내비치기는 했지만 말이다.

실제로 비루니와 이븐 시나 모두 매우 중요한 과학적 발견에 관여했다. 토머스 쿤(Thomas Kuhn)도 권위 있는 분석 연구서인 『과학혁명의 구조』

(*The Structure of Scientific Revolutions*)에서 지적했듯이, 과학적 돌파구가 '유레카!'(Eureka!)를 외치는 순간에 마련된 경우는 극히 드물다. 오히려 과학은 관측된 현실과 용인된 이론 — 잘 알려졌다시피 그는 이를 '패러다임'(paradigm)이라 불렀다 — 간의 괴리가 서서히 축적되는 누적의 과정이라고 쿤은 설명했다. 돌파구는 이러한 괴리인 '이상'(異常)의 축적이 새로운 이론, 즉 패러다임의 발전으로 귀결될 때 마련된다. 새로운 패러다임 아래 이전에는 비정상적인 것으로 여겨졌던 것이 정상적인 것이 된다. 이븐 시나와 비루니는 이 이상들을 규명하고 선별하며 실험한 것이다. 그들과 중앙아시아의 많은 동료의 노력은 아주 훗날 마련되는 위대한 돌파구에 직접적으로 기여했으며, 따라서 그들은 이러한 돌파구를 만들어내는 과정에서 반드시 필요한 존재였다. 중세의 중앙아시아인들은 독자적이면서도 본질적인 몇몇 발견 그 이상의 것들을 창출해 냈다. 그렇기에 우리는 이러한 과학자들과 학자들이 이루어낸 업적을 모색하는 가운데, 단순히 '유레카!'를 외쳤던 순간만이 아니라 그들이 통달했던 과학의 형성과정에도 똑같은 관심을 기울여야 한다.

가장 놀라운 것은 서신 교환을 하던 이들이 — 분명 유명 인사들이었음은 확실하지만 — 1,000년 전 중앙아시아에서 활동했던 수많은 위대한 과학자나 사상가 무리 가운데 단 두 명에 지나지 않는다는 사실이다. 중앙아시아인들이 포함된 학문적 교류의 또 다른 수많은 사례는 얼마든지 열거할 수 있다. 어떤 경우에는 친밀하면서도 우애적이기까지 했다. 공동연구는 낯설지 않았으며, 수십 명 이상의 연구진이 함께했던 천문학과 지리학 분야에서는 더욱 그러했다. 경우에 따라서는 평생 지속되는 공동작업도 있었다. 물론 경우에 따라 오용과 형편없는 인신공격이 남발되기도 했다. 그럼에도 그 분위기가 어떠하든 간에, 이븐 시나와 비루니 간에 벌어진 것과 같은 논쟁을 즐기고 가능한 한 사리에 맞게 이러한 논란이 해결되기를 바라는 수백 명의 학자가 중앙아시아 곳곳에 존재했다.

무리를 이룬 과학자와 사상가들은 외부와 단절된 채 일하지 않았다. 철학자와 종교학자들은 때로는 혁신가들을 응원하며, 또 어떤 때는 그들에 맞서 자신들의 입장을 고수하며 최신 견해의 함의에 살을 붙였다. 이 학자들은 철저하면서도 엄밀하게 이성을 통해 인지할 수 있는 것뿐만 아니라 그럴 수 없는 것들에 대해서도 계속해서 질문했다. 그야말로 지적이고 철학적인 난상토론이 벌어졌다. 이러한 환경에 한층 활력을 불어넣은 이들이 있었으니, 같은 시대에 같은 공간에서 불후의 명작을 만들어내던 재능 있는 시인과 음악가, 예술가 무리들이다. 과학자나 학자들 못지않게 창작 활동을 한 이들도 오늘날까지 숭배되고 찬양받는 걸작들을 남겼다.

이 시기는 진정 중앙아시아가 세계의 지적 허브로서 수세기 동안 문화적 전성기를 누리던 계몽의 시대(Age of Enlightenment)였다. 인도와 중국, 중동, 유럽 모두 관념의 영역에서 풍성한 전통을 뽐냈지만, 중앙아시아야말로 기원후 1000년을 전후로 한 400~500년 동안 이 모든 중심지와 교류하며 대두한 세계의 유일한 지역이었다. 이러한 과정 속에서 중앙아시아는 지리적으로뿐만 아니라 시간적으로도 교량 역할을 하며 고대와 근대 세계를 연결하는 위대한 고리가 되었다. 그렇기에 오늘날의 유럽인이나 중국인, 인도인, 중동인들은 자신들이 인지하고 있는 것보다 훨씬 더 광범위하게 이븐 시나와 비루니 시대에 절정에 이르렀던 중앙아시아의 비범한 문화적·지적 활력을 계승했다고 할 수 있다.

시간과 공간

이 위대한 창조 시대의 시작과 끝을 시간적으로 정확하게 못 박기는 힘들다. 관례적으로 그것의 기점은, 기원후 670년에 시작되었으나 실질적으로 750년에야 마무리되는 이 지역에 대한 아랍 정복으로 잡는다. 따라서 중앙아시아의 계몽의 시대는 750년에 시작되었다고 하는 것이 더 정확할 것이다. 750년 중앙아시아에 기반한 세력은 다마스쿠스의 아랍인들과 그들이 세운 우마이야 칼리프 제국을 제압하고 바그다드에 새로운 수도를 수립했다. 이어 중앙아시아에 세력 기반을 가진 칼리프가 819년 즉위했다. 마치 동쪽에 의해 이슬람 세계가 재정복되는 것 같았다. 그리고 그 결과 어마어마한 문화적 에너지가 발산되었다.

이러한 에너지는 어디에서 왔을까? 실망스럽게도 우리는 이슬람 이전 중앙아시아의 지적 환경에 대해 구체적으로 아는 바가 거의 없다. 하지만 파편적인 증거들은 모두 한 방향을 가리킨다. 중앙아시아는 세속 및 종교 영역 모두에서 풍부하게 축적된 문화적·지적 경험을 가지고 황금기에 진입했다. 앞으로 살펴보겠지만 중앙아시아에서의 이슬람화 과정은 매우 천천히 진행되었으며, 많은 다른 지적 전통이 1,000년 이후에도 이슬람 사상과 나란히 꽃을 피웠다. 이는 모든 방면에서 상호 교류가 이루어질 수 있는 충분한 시간이었다.

이븐 시나와 비루니 시대에 꽃을 피웠던 문화적·지적 삶에 관한 질문 가운데 그 종료 시점에 대한 문제가 가장 골치 아프다. 가장 보편적으로 받아들여지는 종착점은 1219년 봄에 칭기스칸이 시작한 몽골의 침략이다. 하지만 이는 너무 이르면서도 한편으로는 너무 늦은 시점임이 판명되었다. 이때가 너무 이르다고 주장하는 이유는 이후로도 여러 차례의 찬란한 문화적 폭발이 있었기 때문이다. 한편 이 시기가 너무 늦다고 주장하는 근거는 몽골 침략이 있기 한 세기 훨씬 전부터 합리적인 연구와 논증, 이슬람 인문주의와 같은 총체적인 기획을 의문시하는 문화적·종교적 파동이 발생했기 때문이다. 이 무렵 가잘리라는 중앙아시아 신학자는 논리와 추론을 활용하는 데 엄격한 제한을 가하고 일반적으로 인정되던 원인과 결과에 관한 추정을 무너뜨리며, '철학자들의 부조리'[1]라고 생각되던 것들을 가차 없이 공격했다. 그 자신이 예리하면서도 미묘한 사상가였고

---

1) Arthur Hyman and James J. Walsh, eds., *Philosophy in the Middle Ages* (Indianapolis, 1973), 283~92에서 인용.

동시에 경건한 삶을 진정으로 주창한 이였기에, 그의 공격은 더욱더 효과적이었다.

이와 같은 유보 조건만 염두에 둔다면, 이 위대한 지적 활력의 시대의 시작과 끝을 750년과 1150년으로 정하는 것이 타당해 보인다. 물론 이 시기 전후로도 상이한 규모와 특징을 가진 중요한 발전이 있었지만 말이다.

한편, 이 문화적 전성기의 지형도를 확정하는 것도 중요하다. 이 역시 쉬운 문제는 아니다. 중앙아시아를 아랍의 종교사 및 정치사의 렌즈를 통해 보는 이들은 이 지역을 이란 동부의 어딘가에서 시작해 저 멀리 동쪽, 또는 남쪽의 허공 속으로 사라지는 모호한 '이슬람 동부'쯤으로 생각한다.[2] 그리고 이러한 접근법은 대부분의 학문이 아랍이든 유럽이든 간에 지중해 세계에서 발생했으며, 그곳에서 다른 지역으로 확산되었다고 정의한다. 이와 같은 관점을 옹호하는 이들도 이제는 중앙아시아에 '도시들과 그 배후지들을 연결하는 망[3]'이 존재했다고 쓰기는 한다. 그러면서도 여전히 서쪽의 다른 정착지들과는 다른, 이 도시들과 배후지들만의 분명한 정체성을 인정하지 않는다.

그러는 가운데 우리는 어느새 소비에트 체제가 유지된 3.5세대 동안 이 지역을 1991~92년에 독립국이 된 소련의 5개 공화국, 즉 카자흐스탄, 키르기스스탄, 타지키스탄, 투르크메니스탄, 우즈베키스탄만을 포괄하는 중앙(Srednaia)아시아*로 생각하는 데 익숙해졌다. 하지만 지난 2,000여 년간

---

2) Elton L. Daniel, "The Islamic East", in *The Formation of the Islamic World, Sixth to Eleventh Centuries*, ed. Chase F. Robinson, *The New Cambridge History of Islam* (Cambridge, 2010), 1: 459~79은 이러한 틀을 깨려는 노력을 보여 준 주목할 만한, 하지만 미완의 저작이다. S. Frederick Starr, "In Defense of Greater Central Asia", Policy Paper, Central Asia-Caucasus Institute / Silk Road Studies Program, 2008, http://www.silkroadstudies.org/new/docs/Silkroadpapers/0809GCA.pdf도 참조.

3) Daniel, "The Islamic East", 449.

* 소비에트 지리학자들은 우즈베키스탄, 투르크메니스탄, 타지키스탄, 키르기스스탄

대부분의 관찰자들은 오늘날의 중앙아시아 신생국들 외에도 더 넓은 지역을 포괄하는, 광범위한 문화권이 아시아의 중심부에 존재했음을 인지하고 있었다.

아프가니스탄은 오늘날 파키스탄 북부 지방의 인접 지역과 마찬가지로 이 광범위한 문화권의 핵심적인 구성원으로 여겨졌다. 중국의 신장(新疆) 지역도 그러한데, 이곳은 1949년 공산주의자들의 점령이 있기까지 압도적으로 튀르크-이슬람적인 지역이었다. 고대의 호라산(Khurasan) 지역, 즉 '해 돋는 땅' 역시 중앙아시아 문화권의 일부로서 밀접한 관계가 있었다. 지금은 이란 북동부 지역의 먼지 날리는 보잘것없는 지방으로 전락했지만, 호라산은 한때 서부 아프가니스탄의 대부분은 물론이고 투르크메니스탄의 남부까지 포괄했던 지역이다. 문화적으로도 호라산은 훗날 소비에트의 지배를 받게 되는 지역과 아프가니스탄, 종래의 신장 지역과 불가분의 관계였다. 언어와 인종, 민족, 지형의 차이에도 불구하고, 이 모든 지역의 주민들은 매우 다원적인 하나의 문화권에 속해 있었다.

중세 중앙아시아에서 분출된 지적 활기에 대한 간결하면서도 균일적인 설명을 기대한 사람이라면, 이 지역이 보여 주는 지형적 다양성에 큰 당혹감을 느낄 것이다.[4] 풀로 뒤덮인 북쪽의 스텝 지대는 사실상 시르다리야(Syr Darya)강까지 뻗어 있다. 사막과 관개(灌漑) 오아시스로 이루어진 중앙지대도 중간중간 끊어질 듯 아프가니스탄까지 이어지다가 헬만드(Helmand) 계곡에서부터는 그 기세를 회복한다. 또 중앙아시아의 남쪽 지역은 오늘날 중국의 서쪽 국경을 따라 북쪽으로 돌출된 단일 대산괴(大山塊)를 형성하고 있는 산악지대로 덮여 있다.

지역을 중앙아시아(러시아로는 Srednaia Azia)로 명명했다.

4) B. A. Litvinsky and Zhang Guang-da, "Historical Introduction", in *History of Civilizations of Central Asia*, ed. B. A. Litvinsky (Paris, 1992~2005), 3: 25~26.

이 같은 극명한 대비 말고도 각각의 지대가 포괄적으로 보여 주는 지리적 전형도 눈에 띈다. 카자흐스탄의 스텝 지대는 지구상 가장 넓은 초원의 일부를 이룬다. 타클라마칸 사막을 포함하고 있는 중앙의 사막지대는 매우 건조하여 그 모래 속의 사과 심부(core)가 무려 3,000년 동안이나 보존될 정도이다. 한편 산악지대에는 알프스산맥보다 훨씬 높은 파미르고원과 카라코람산맥이 포함되어 있다. 파키스탄이 지배하고 있는 카슈미르의 카라코람 봉우리 가운데 하나인 K2는 에베레스트보다 겨우 237미터 낮을 뿐이고, 8,000미터가 넘는 수많은 인근 봉우리 중 하나에 지나지 않는다. 이 일대는 세계에서 이 정도 규모의 봉우리가 가장 많이 집중되어 있는 곳이다.

완곡히 말해 이곳의 풍광은 너그럽지 않다. '대(大)중앙아시아'[5] 문화권 전체는 미국 동부나 서유럽보다 작다. 하지만 이곳을 구성하는 세 지대 모두 사람이 살 수 없는 곳이 대부분이다. 또한 이곳을 흐르는 가장 큰 강 3개, 즉 시르다리야강과 아무다리야강, 헬만드강 모두 예전에는 운송에 이용되었지만, 지금은 외부 세계로 연결되는 직접적인 물길을 제공하지 않는다. 이보다 심각한 것은 개방된 지형과 산맥의 위치로 인해 지역 전체가 외부 침략에 노출됨으로써, 이 지역의 군대가 다른 지역을 침략한 만큼이나 외부의 침략도 빈번했다는 사실이다.

이 세 지대 중 관개 사막지대에서 가장 활발한 지적 활동이 전개되었지만, 이는 결코 다른 두 지대와 무관한 일이 아니었다. 실제로 사막지대와 스텝 지대 간에 경제적·사회적 상호작용이 지속적으로 이루어지지 않았다면, 이 같은 지적 모험은 결코 온전히 전개될 수 없었을 것이다.

---

5) Starr, "In Defense of Greater Central Asia."

배우 소개

'중앙아시아의 계몽 시대'라는 길고 복잡한 드라마로 뛰어들기에 앞서, 요한 볼프강 폰 괴테(Johann Wolfgang von Goethe)가 자신의 희곡 『파우스트』(*Faust*)에서 그랬던 것처럼 등장인물인 일부 주요 배우에게 무대 첫 인사를 들어보자. 그들을 모두 한꺼번에 등장시키는 대신에 그들이 각자 괄목할 만한 기여를 한 학문 분야별로 소환해 보겠다. 하지만 이 와중에도 절대 잊지 말아야 할 두 가지 중요한 주의사항이 있다.

첫째, 이 시기가 박학다식한 사람들의 시대였다는 사실이다. 각각의 사상가들은 어마어마하게 방대한 양의 백과사전적인 지식을 축적했으며, 무려 여섯 개 이상의 학문 분야에서 독창적인 공헌을 했다. 사실 분과학문이라는 개념은 훗날 더 특화된 시대의 산물로서, 당시 이들의 사고에는 낯선 것이었다. 우리가 살펴볼 몇백 년은 알려진 것들을 온전히 사전에 담고 그것들을 합리적인 범주로 체계화하려는 호기심으로 팽배해 있던 시기였다. 비슷한 충동에서 기원후 77년에 고대 문인 대(大)플리니우스(Gaius Plinius Secundus, 23~79)가 백과사전을 집필했으며, 6세기 중반에는 시칠리아의 플라비우스 마그누스 아우렐리우스 카시오도루스(Flavius Magnus Aurelius Cassiodorus, 490?~585?)가 비슷한 작업을 했다. 하지만 백과사전 집필자로서 중앙아시아인들이 양산한 결과물의 숫자와 다양성을 고려했을 때 그 어느 누구도 이들을 능가할 수 없었다. 꼼꼼한 편집과 분석 연구에 도달하려는 그들의 열정은 일체의 자연과 인간의 삶으로까지 확장되었다. 확실히 중앙아시아의 계몽 시대는 프랑스의 드니 디드로(Denis Diderot)가 그 유명한 『백과전서』(*Encyclopédie*)를 발행하고 스웨덴의 카를 폰 린네(Carl von Linné)가 모든 식물을 깔끔하게 분류했던 18세기 유럽의 계몽주의 시대를 예기했다.

둘째, 개개의 사상가나 과학자에 대한 우리의 판단이, 알려진 그들의 저작 중 극히 일부만이 우리에게 전해지고 있기 때문에 심각하게 왜곡될 수 있다는 점이다. 지적 세계의 주역으로 여겨지는 과학자와 사상가들의 작품들은 완전히 소실되었거나 다른 이들의 저작 속에서 이따금씩 인용되는 식으로 알려져 있을 뿐이다. 우리는 이븐 시나가 수쪽짜리에서부터 여러 권에 이르는 다양한 분량의 책과 논문을 400권 넘게 썼음을 알지만, 그 가운데 겨우 240권만이 어떤 형태로든 전해지고 있고 또 그중 극히 일부만이 편집·출판되었다. 비루니도 180권의 작품을 썼다고 알려져 있지만, 그 가운데 겨우 22권만이 전해지고 있다.[6] 문제는 여기에서 끝나지 않는다. 간신히 살아남은 방대한 양의 필사본이 여전히 문서고(文書庫)에서 썩고 있으며, 오늘날의 과학용어로의 번역은 고사하고 아랍어나 페르시아어 원전의 형태로도 전사(傳寫)되거나 편집·발행된 적이 없다. 최근 빛을 보게 된 작품들의 질에 따라 무엇을 편집하고 번역할지를 판단하는 일이 중요한 이유이다. 비루니의 저작 중 13권만이 출판되었는데, 이는 그의 전작 중 7퍼센트에 불과한 양이다. 많은 나라의 헌신적인 학자들이 이와 같은 방대한 작업을 진척시키고 있지만 여전히 할 일은 산적해 있다. 상황이 그렇다보니 우리 역시 어쩌다 살아남아 현대의 출판물 형태로 발간된 저작에 얽매일 수밖에 없는 처지이다.

이제 간단한 소개를 시작해 보자. 천문학에서는 오늘날의 우즈베키스탄 서부 출신으로 지구각의 길이를 측정하는 대형 프로젝트를 계획하고 정확하게 위도에 맞춰 조정한 수평 해시계를 구축하기 위해 표를 개발한, 중앙아시아의 천문학자 아부 압달라 무함마드 알 콰리즈미(Abu Abdallah Muhammad al-Khwarizmi, 780~850)로 시작할 수 있을 것이다.[7] 그는 구

6) John J. O'Connor and Edmund F. Robertson, "Abu Ali al-Husain ibn Abdallah ibn Sina (Avicenna)", http://www-history.mcs.st-andrews.ac.uk/ Biographies/Avicenna.html; E. S. Kennedy, "Al-Biruni (or Beruni), Abu Rayhan", in *Dictionary of Scientific Biography*, ed. C. G. Gillispie (New York, 1981), 2: 152.
7) D. 킹은 최근 이 기획에 대한 콰리즈미의 참여 여부에 의문을 제기했지만 이 쟁점

면천문학 문제에 대한 수치 해법을 도출하기 위해 사분의(sine quadrants)를 활용한 기구를 고안했다. 그는 비루니의 천문학 연구 덕분에 행성의 궤도가 원형이 아니라 타원형일 수도 있음을, 그리고 태양의 원지점은 예측 가능한 방식으로 달라진다는 결론에 이를 수 있었다. 한편 그는 과학적 문제들을 해결하기 위해 '자연철학'에 의존한 아리스토텔레스나 그의 추종자들에 맞서 이러한 문제들은 오직 수리천문학으로만 해결할 수 있다고 과감한 주장을 펼치기도 했다. 최근 우리 은하계에서 다른 항성을 도는 행성 중에도 타원궤도를 가진 행성이 존재한다는 사실이 밝혀지면서 생명체가 서식할 수 있는 '외계 행성'의 예상 숫자는 대폭 축소되었다. 비루니의 스승이자 가까운 친구였던 아부 나스르 만수르 이라크(Abu Nasr Mansur Iraq)는 '제2의 프톨레마이오스'(Ptolemaeos)로 알려졌지만 그의 방대한 천문학 저작 가운데 전해지는 것은 거의 없다.

북서 타지키스탄 출신의 아부 마흐무드 쿠잔디(Abu Mahmud Khujandi, 945~1000)는 커다란 벽면에 그려 제작한 육분의(六分儀)를 통해, 지축에 수직인 면이 만든 각이나 상호관계 속에서 움직이는 지구와 태양의 각도 같은 황도경사각에 대해 전례가 없던 정확한 여러 수치를 산출해 냈다. 물론 그는 여전히 태양이 지구 주변을 돈다고 추정했지만, 그의 측정치들은 이러한 관계 연구에 중요한 도움을 주었다. 또한 그는 천문학 문제에 구면삼각법을 적용할 수 있는 기구도 개발했다.

오늘날 우즈베키스탄에 위치한 페르가나 계곡 출신의 아흐마드 알 파르가니(Ahmad al-Farghani, 797경~860)는 중세의 중요한 천문학 기구였던 아스트롤라베(astrolabe)에 관한 논문을 썼는데, 이 글은 훗날 유럽에서도 널리 읽혔다. 또한 그는 유럽에서 가장 잘 알려진 천문학 분야의 '아랍' 저

은 여전히 논의 중이다. 어떤 경우일지라도 콰리즈미가 이 시기 이슬람 천문학 분야에서 핵심적인 인물이었음은 확실하다. D. King, "Two Many Cooks … A New Account of the Earliest Muslim Geodetic Measurements", *Suhayl* 1 (2000): 207~41.

작도 집필했는데, 그의 독자 가운데에는 크리스토퍼 콜럼버스(Christopher Columbus)도 있었다. 콜럼버스는 파르가니 사후 500년이 지난 후 지구 둘레의 1도(°)를 56과 2/3마일로 계산한 중앙아시아인들의 성과를 자신의 작업에 활용했다. 그러나 가능하면 최대한 유럽과 중국 간의 거리를 줄이고 싶었던 그는 파르가니의 계산이 아랍 마일(Arabic mile, 약 1,830미터)로 측정된 것임에도 불구하고 성급하게 로마 마일*을 사용한 것이라고 결론지었다. 이는 또 다른 여러 계산 오류와 함께 콜럼버스가 항해해야 할 거리를 25퍼센트나 축소했다. 이러한 계산 착오로 '해양 제독'은 버진 아일랜드(Virgin Islands)와 거의 같은 자오선에서 '지팡구'(Cipango), 즉 일본을 발견할 수 있을 것이라는 큰 기대를 품게 되었던 것이다. 짧아진 거리 측정치는 몹시 부정확했지만 콜럼버스가 포르투갈 왕에게, 그리고 이후 에스파냐 왕실에 재정 지원의 필요성을 입증하는 강력한 논거가 되었다.[8]

중앙아시아인 몇몇은 놀라울 정도로 정확한 천문학 산술표를 만들어냈다. 평생 천문학을 향한 열정을 좇았던 사마르칸트의 통치자 울루그베그(Ulughbeg, 1394~1449)는 니콜라우스 코페르니쿠스(Nicolaus Copernicus)보다 훨씬 더 정확하게 항성년**의 길이를 밝혀냈다. 지구의 자전축 기울기도 매우 정확하게 측정했는데 이 수치는 오늘날에도 여전히 인정되고 있다. 울루그베그의 제자였던 알리 쿠쉬지(Ali Kushji)는 혜성운동이 지구 자전의 가능성을 보여 주는 경험적 증거를 제공한다고 생각했으며, 처음으로 '자연철학'으로부터 천문학의 완전한 독립을 선언했다.

수학에서는 콰리즈미가 최초로 근호(根號, 즉 루트[√])를 통해 답을 구할 수 있는 방정식 이론을 상세히 설명했다. 이 이론은 산술적인 또는 기하학적인 다양한 문제 해결에 적용할 수 있었다. 이러한 연구 결과가 담긴 『대

---

* 고대 로마인이 사용한 길이 단위로, 1,000파스(Roman pace), 약 1,480미터이다.
8) Samuel Eliot Morrison, *Admiral of the Ocean Sea*, 2 vols. (Boston, 1942), 1: 87.
** 지구가 태양의 둘레를 한 바퀴 도는 데 걸리는 시간으로, 365일 6시간 9.54초이다.

수학』(*Algebra*)에서 이 분야의 이름이 기원했으며, 알고리듬(algorithm)이라는 용어도 그의 이름이 변형된 단어이다. 콰리즈미는 구면천문학 분야를 발전시켰고 인도에서 발명한 십진법을 대중화하는 데도 앞장섰다. 그의 친구인 투르크메니스탄 메르브 출신의 하바쉬 알 마르와지(Habash al-Marwazi, 769~869)는 탄젠트와 코탄젠트에 대해 선구적인 연구를 했다. 비루니는 인도에서 유래한 영(0)의 개념과 음수(陰數)의 도입을 주창한 몇몇 중앙아시아인 가운데 한 명이었으며, 그 분야에서 신기원을 세웠다. 또한 여러 중앙아시아인이 17세기 이탈리아에서 재조명되는 삼각법을 발전시키고 독립적인 분야로 그것을 안착시키고자 서로 앞다투었다.[9]

시인(그렇다, 시인!) 오마르 하이얌이 세운 3차 방정식의 기하학 이론은 그의 산술학적 언어를 비율로까지 확장한 진정한 약진이었다. 하이얌은 처음으로 14개 유형의 3차 방정식을 찾아내 분류했으며, 이전부터 전문가들을 당황스럽게 만들었던 기하학적 증거를 대중에게 제시했다. 또 그는 무리수를 수로 받아들인 선구자 ─ 최초의 사람은 아니지만 ─ 가운데 하나였다. 평행선은 만날 수 없다는 유클리드(Euclid) 공리를 입증하는 가운데, 그는 새로운 평행이론을 창출해 냈다. 두 명의 소련 과학사가(科學史家)는 하이얌이 평행이론에서 도출한 문제들은 "니콜라이 이바노비치 로바쳅스키(Nikolai Ivanovich Lobachevski)와 베른하르트 리만(Bernhard Riemann)[10] ─ 두 사람 모두 하이얌보다 700년 후에 살았던 사람들이라는 사실을 반드시 주목해야 한다 ─ 의 최초 비(非)유클리드 기하학 정리(定理)와 본질적으로 같다"라고 결론내렸다.

광학에서는 오늘날 투르크메니스탄과 이란 사이의 접경 지역 출신인 이

G. B. Nicolosi and J. L. Berggren, "The Mathematical Sciences", in *History of Civilizations of Central Asia*, ed. M. S. Asimov and C. E. Bosworth (Paris, 1992~2005), 4: 192.

10) A Youschkevitch and B. A. Rosenfeld, "Al-Khayyami (or Khayyam)", in *Dictionary of Scientific Biography*, 7: 330.

58 ● 잃어버린 계몽의 시대

븐 사흘(Ibn Sahl)이 빛을 모으기 위해 사용한 만곡형 거울에 관해 중요한 논문을 썼다. 또 그는 전임자들의 작업에 기반해 어떤 고대 과학자들도 정확하게 다루지 못했던, 빛을 한 초점으로 모으는 렌즈 사용에 관한 문제를 해결했는데, 이 과정에서 굴곡의 법칙을 발견했다. 의학에서는 이븐 시나의『의학정전』이 건강에 끼치는 환경의 영향에 대한 중요한 내용을 담고 있으며, 오늘날 예방의학이라고 불리는 매우 놀라울 정도로 정확한 내용도 실려 있다. 그는 모든 유형의 정신질환을 포함해 수백 가지의 질병에 대한 치료 원리를 숙고했다. 이븐 시나 외에도 여러 다른 중앙아시아인이 실용적이고 이론적인 수많은 의학전서를 집필했다. 그 가운데 한 명으로 중앙아시아에서 훈련을 받은 무함마드 이븐 자카리야 알 라지(Muhammad ibn Zakariya al-Razi, 865~925)는 중세의 가장 과감한 진단 전문의이자 외과의였다. 약물학 역시 의술과는 전혀 관계 없던 이들을 포함해 이 지역의 수많은 선구적인 과학자들을 매료시켰다.[11] 생물학에서는 비루니가 인도에 관한 한 저서에서 토머스 맬서스(Thomas Malthus)보다 훨씬 앞서 종(種)의 확산과 몰락을 단도직입적으로 예견했다.[12]

화학 분야에서는 식물의 약리 효과를 분석하려는 대대적인 노력이 광물의 경도 및 다른 특성을 규명하려는 연구와 병행되었다. 비루니는 아르키메데스(Archimedes)의 연구에 기반해 이 분야를 선도했다. 또 그는 광물의 경도와 비중을 최초로 측정했다. 중앙아시아 과학자들의 페르시아인 제자가 처음으로 역반응을 규명했다. 지역 도처에서 벌어졌던 대규모의 채굴 역시 화학 분야의 선구적인 연구를 자극했으며, 수많은 지역 연구자들 ─ 문헌에 등장하는 이따금씩의 언급으로 그 존재를 확인할 수 있을 뿐이다 ─ 이 이 연구에 매진했다.

11) A. Dzhalilov, *Iz istorii kulturnoi zhizni predkov tadzhiksgogo naroda I tadzhikov v rannem srednevekove* (Dushanbe, 1973), 50~56.

12) Edward Sachau, *Alberruni's India*, 2 vols. (London, 1887), 1: 400.

지질학과 지구과학 또한 이 시기에 놀라운 발전을 거듭했다. 이븐 시나와 비루니는, 겨우 몇 세기 전에야 용인된 산맥 형성에 관한 이론이자 해저에서 대륙이 출현한 과정에 관한 중요한 가설인, 퇴적이론을 최초로 주장한 사람들로 인정받는다.

지리학 역시 발전했는데, 마흐무드 알 카슈가리(Mahmud al-Kashgari)는 일본을 보여 주는 최초의 지도를 발간했으며, 수많은 천문학자와 삼각법 전문가들은 인도와 지중해 사이에 있는 수백 곳의 경도와 위도를 정확하게 묘사하기 위한 기술을 겸비했다. 아프가니스탄 발흐의 한 연구자가 응용 구면기하학과 수학에 근거해 지도를 그리는 혁신적인 방법을 찾아내면서 다수의 지리학자가 탄생했다.

의심의 여지없이 이 시대의 가장 위대한 지리학적 업적은 대서양과 태평양 사이 어딘가에 사람이 사는 땅덩어리가 존재함을 주장하기 위해 천문학적 자료를 활용한 우리의 친구 비루니의 작업이다. 이 놀라운 과정은 제11장에서 상세하게 설명할 최초의 '아메리카 발견'으로 귀결되었다. 이는 형이상학자와 신학자들에 대한 수학자이자 기하학자의 승리를 의미했다. 동시에 이는 수평선으로 육지가 나타날 것이라는 희망을 끝까지 버리지 않았던 용감무쌍한 항해사만큼이나 세속과 격리된 과학자도 용감한 탐험가일 수 있음을, 그리고 합리적인 분석이 발견을 위한 도구로서 항해보다 더 효과적일 수 있음을 보여 주었다.

중앙아시아는 재능 있는 역사학자들도 많이 배출했다. 호라산 출신의 아볼파즐 베이하키(Abolfazl Beyhaqi, 995~1077)는 이 지역에서 흥기한 많은 대국 중 하나였던 가즈니의 마흐무드 왕조—가즈니 왕조의 영토는 인도에서 중동까지 뻗어 있었다—에 대해 매우 재치 있는 역사를 썼다. 그리고 훗날 타메를란(티무르)의 후손인 자히르 웃딘 무함마드 바부르(Zahir ud-din Muhammad Babur, 1483~1530)는 중앙아시아에서의 자신의 부상과 아프가니스탄의 정복 및 통치, 그리고 궁극적으로 인도에 창출한 무굴제국에 대한 비범한 역사서를 썼다. 그러나 대부분의 중앙아시아 역사가들의 관심은 문화적 삶이 번성하던 자신들의 출신도시와 지역의 운명을 바꾼 위대한 지도자들에게 온통 쏠려 있었다. 그 결과 세계 최초의 보편 사를 쓰는 과업은 중앙아시아의 경계를 넘어 하마단(Hamadan) 출신의 페르시아인 라시드 알 딘(Rashid al-Din)의 몫이 되었다.[13]

중앙아시아의 가장 영민한 사회학 연구자는 인류학 분야의 기초를 세우고 이종(異種)문화학 및 비교종교학 분야를 개척한 비루니이다.[14] 비루니가 투키디데스(Thucydides)와 근대 사이에 활약한 가장 위대한 사회과학자라는 주장은 결코 과장이 아니다. 그에 비해 휘호 흐로티위스(Hugo Grotius, 1583~1645)와 토머스 홉스(Thomas Hobbes, 1588~1679), 자무엘 폰 푸펜도르프(Samuel von Pufendorf, 1632~94), 존 로크(John Locke, 1632~1704)는 사회를 있는 그대로 연구하기보다는 사회의 본질을 이론화하는 데 더 관심이 많았다. 오늘날 중국 신장에 위치한 카슈가르 출신의 마흐무드 알 카슈가리는 사실상 비교언어학 분야를 창출한 뛰어난 튀르크 학자이자 민족지학자였으며, 오늘날의 키르기스스탄에 위치한 발라사군 (Balasagun) 출신의 유수프 발라사구니(Yusuf Balasaguni)와 호라산 니샤푸르 출신의 니잠 알 물크(Nizam al-Mulk)는 지도자들을 위한 안내서에서 정치 현실과 철학적 원리를 매우 능숙하게 연계시켰다.[15] 남부 카자흐스탄 오트라르 출신의 대석학 파라비(Farabi)는 이상(理想)도시에 대한 중요한 이론적 논문을 썼는데, 그 글에서 그는 무리 중의 사상가들을 활용하는 데 실패한 사회는 그 누구도 탓해서는 안 된다고 경고했다.[16]

---

13) Lenn E. Goodman, *Islamic Humanism* (Oxford, 2003), 202~03.

14) 이 책 제11장 참조. Akbar S. Ahmed, "Al-Beruni, The First Anthropologist", *RAIN*, Royal Anthropological Institute of Great Britain and Ireland, 60 (February 1984): 9~10.

15) Yusuf Khass Hajib, *Wisdom of Royal Glory (Kutadgu Bilig): A Turko-Islamic Mirror for Princes*, trans. Robert Dankoff (Chicago, 1983); Nizam al-Mulk, *The Book of Government or Rules for Kings*, trans. Huburt Darke (London, 1960).

또 다른 중앙아시아의 지적 자랑거리는 당대의 그 누구도 능가할 수 없었던 혁신적인 열정으로 무장한 이 지역 출신들이 추구한 철학이다. 그들의 글은 전 세계의 무슬림은 물론이고 기독교 서방 지역에도 결정적인 영향을 끼쳤다. 세계주의적이고 개인주의적이며 매우 인본주의적이었던 중앙아시아의 철학은 비평가들이 보기에도 회의적이고 불경하며 세속적이었다. 이는 아리스토텔레스 이래 '제2의 스승'이라고 불렸던, 그리고 이븐 시나와 더불어 많은 이들이 이성과 계시, 논리와 형이상학, 아리스토텔레스와 신플라톤주의를 조화시키는 데 성공했다고 생각한 파라비와 함께 정점에 이르렀다.[17] 독일의 위대한 학자 아담 메츠(Adam Mez)는 중앙아시아에서 이처럼 일찍부터 폭발적인 철학적 탐구가 없었더라면, 유럽 르네상스의 인문주의는 불가능했을 것이라고 단언했다.[18]

오늘날 대체로 등한시되는 논리학은 중세에 지적인 바리케이드를 치고 싸웠던 모든 이의 필수불가결한 도구였다. 파라비와 중앙아시아의 다른 논리학자들 덕분에 진실을 획득하기 위한 주요 도구로서 엄중한 원칙이 정립되거나 재정립될 수 있었다. 이븐 시나와 다른 학자들은 어떻게 논리학이 수리과학에도 적용될 수 있는지를 입증하는 데까지 나아갔다. 반면 서구에서는 아리스토텔레스 논리학이 스콜라 철학에 의해 밀려났다.

이 모든 과학자와 학자들의 필수적인 도구였던 도서관이 중앙아시아에는 넘쳐났다. 이븐 시나의 작업은 부하라의 왕실 도서관을 이용할 수 있게 되면서 큰 진전을 보였고, 중동 학자 야쿠트(Yaqut, 1179~1229)는 오늘날 투르크메니스탄의 메르브에 있는 12곳의 도서관을 이용하기 위해 유라시아를 반이나 가로질러 건너왔다. 훌륭한 컬렉션이 북쪽의 구르간지

---

16) Goodman, *Islamic Humanism*, 8.

17) M. J. L. Young, J. D. Latham, and R. B. Serjeant, eds., *Religion, Learning and Science in the Abbasid Period* (Cambridge, 1990), 395.

18) Adam Mez, *Die Renaissance des Islams* (Heidelberg, 1922), Joel Kraemer, *Humanism in the Renaissance of Islam* (Leiden, 1986), 3에서 인용.

(Gurganj)와 남쪽의 발흐, 서쪽의 니샤푸르, 사마르칸트에도 존재했다. 당대의 모든 주요 중앙아시아 도시는 정부나 개인이 설립한 하나 이상의 도서관을 뽐냈다. 한편, 중앙아시아인들은 중앙아시아 학자들이 대거 참여해 조성한 바그다드의 칼리프 도서관도 활발히 이용했다. 서양에도 이 무렵에, 특히 샤를마뉴(Charlemagne) 대제가 뛰어나거나 희귀한 책의 복사본을 간청한 780년 이후에 도서관이 등장했다.[19] 하지만 고서들의 숫자나 그 풍성함에서는 비교도 안 될 정도로 빈약했다. 뿐만 아니라 서양에는 중앙아시아의 모든 주요 도시에 존재하던 수많은 서적상이나 돈 많은 구매자들을 끌어들여 늘 사람들로 붐비던 서적 및 필사본 경매에 비교할 만한 그 어떤 것도 존재하지 않았다.

이렇게 모인 사상가들을 하나의 무리로 뭉뚱그려 설명하는 것은 과연 옳은 일일까? 이 황금 시대의 중앙아시아 지식인들은 추론과 논리적 논증, 직관, 실험, 관찰 등 과학적 사실에 도달하는 방법은 하나가 아니라 여럿이라고 단언했다. 그런 식으로 그들은 과학 분야를 대거 확장하고 심화했다.[20] 또한 각각의 분야에서 정해진 원칙은 가사(家事) 문제처럼 간단하든 천체의 운동처럼 당혹스러울 정도로 복잡하든 간에 어디에나 적용할 수 있다고 그들이 생각했다는 사실도 매우 중요하다. 이와 같은 보편성(universality) 개념은 대개 과학혁명이나 아이작 뉴턴(Isaac Newton) 시대의 소중한 업적으로 여겨졌다.[21] 하지만 중앙아시아의 계몽 시대를 이끈

19) Rosamond McKitterick, "Eighth Century Foundations", in *The New Cambridge Medieval History*, ed. McKitterick (Cambridge, 1995), 2: 709.

20) Seyyed Hossein Nasr, "The Achievements of Ibn Sina in the Field of Science and His Contributions to Its Philosophy", *Islam and Science* 1, 2 (December 2002), http://find.galegroup.com/itx/printdoc.do?contentSet=IAC-Documents&docType-IAC&isll.

21) Peter Dolmnick, *The Clockwork Universe: Isaac Newton, the Royal Society, and the Birth of the Modern World* (New York, 2011)에 이러한 생각이 잘 표명되어 있다.

주요 인물 대부분이야말로 이러한 개념을 당연하게 생각했다.

신학 역시 계몽 시대 동안 중앙아시아에서 최고 절정에 다다랐다. 이븐 시나는 계시와 신앙의 신비로움을 인정하면서도 종교의 합리적인 기초를 탐색한 이 지역의 수많은 사상가 가운데 한 명에 지나지 않는다. 일부는 종교의 합리성을 강하게 주장했는데, 특히 이른바 무타질라파(Mutazilism)가 이슬람 신학에 이성을 가장 단호하게 적용하고자 했다. 중요하면서도 논란이 많은 이 사조의 기초를 중앙아시아인들이 세운 것은 아니었지만, 가장 열성적인 지지자들이었던 것은 맞다. 이들 외에도 중앙아시아 지역은 노골적인 종교 회의론자이거나 완전한 무신론자였던 히위 알 발히(Hiwi al-Balkhi), 아부 바크르 알 라지(Abu Bakr al-Razi), 이븐 알 라완디(Ibn al-Rawandi)에게 안식처가 되어주었다.

한편 수세기 동안 전수된 예언자의 말씀이나 오로지 계시에 근거하여 믿음의 기초를 세우려는 사람들 역시 가장 실질적인 대변자를 중앙아시아에서 찾았다. 이슬람에서 두 번째로 신성시하는 책, 즉 예언자 무함마드의 격언집인 하디스(Hadith) 모음집은 중앙아시아 출신의 무함마드 알 부하리(Muhammad al-Bukhari, 810~870)의 작품이다. 이외에도 수니 무슬림(대부분의 시아파도)이 정본이라고 여기는 여섯 개의 하디스 모음집 가운데 무려 다섯 개가 중앙아시아인의 작품이다.[22] 네 개의 수니 이슬람 법학파 가운데 하나는 중앙아시아인이 설립했으며, 다른 또 하나도 이곳에 가장 안락한 안식처를 마련했다. 또한 공식적으로 가장 열렬한 정통 수니파 옹호자였던 호라산 출신의 니잠 알 물크는 지금까지도 마드라사가 이어가고 있는 형식과 목표를 제시한 이였다. 합리주의자나 전통주의자와는 매우 대조적으로 수피즘으로 알려진 신비주의 풍조에 천착한 이들도 있었다. 이 운동 역시 중앙아시아에서 처음 출현해 가장 큰 영향력을 발휘했으며,

---

22) C. E. Bosworth, "Legal and Political Sciences in the Eastern Iranian World", in *History of Civilizations of Central Asia*, 4: 133.

세계적인 주요 수피 교단 중 여럿이 나즈무딘 쿠브라(Najmuddin Kubra, 1145~1220), 아흐마드 야사위(Ahmad Yasawi, 1093~1166), 바하웃딘 알 딘 낙쉬반드 부하리(Bahaudin al-Din Naqshband Bukhari, 1318~89) 같은 이들에 의해 세워졌다.

계몽 시대는 문예에서도 훌륭한 업적을 양산했다. 아프가니스탄 발흐 출신의 루미(Rumi)나 오마르 하이얌 같은 수피 시인들은 오늘날까지도 전 세계적으로 많은 독자를 거느리고 있다. 루다키(Rudaki)나 아스자디(Asjadi) 같은 초기 시인들은 위대한 페르시아 문학 전통의 원조이다. 이란 민족문명의 방대한 파노라마인 페르도우시의 『샤나메』(Shahnameh)는 다른 민족 서사시에 세계적 표준을 제시했다. 호라산 출신의 페르도우시가 쓴 대부분의 서사시는 오늘날의 이란을 구성하는 지역이 아니라 중앙아시아를 배경으로 하고 있다. 이븐 시나를 포함해 거의 모든 과학자는 하다 못해 자신들의 저작 일부를 운문으로 썼다.

건축 예술과 회화도 발전했다. 1157년에 설계된 셀주크 술탄 산자르(Sanjar)의 영묘는 오늘날 대대적으로 복구되었고, 1108~09년 우즈베키스탄 자르쿠르간(Jarkurgan)에 세워진 놀라울 정도로 아름다운 구운 벽돌의 다원주 첨탑도 고즈넉이 서 있다. 두 작품 모두 투르크메니스탄과 이란 국경에 있는 사락스(Sarakhs) 출신의 건축가들 ─영묘는 무함마드 이븐 아트시즈 알 사라시(Muhammad Ibn Atsiz al Sarakhsi)가, 첨탑은 알리 이븐 무함마드가─ 이 설계했다. 기원후 2세기 초에 로마 건축가들이 판테온(Pantheon) 건설에 이중 돔을 사용했으나, 그 후 얼마 지나지 않아 이 혁신적인 기법에 대한 지식은 사라져버린 것 같다. 그런데 이 기술이 11세기 메르브에 조성된 거대한 산자르의 영묘와 호라산의 작은 건축물에서 다시 등장했다. 그리고 종내 이 기술은 이란과 중동을 가로질러 피렌체 두오모(Duomo) 성당의 필리포 브루넬레스키(Filippo Brunelleschi) 돔과 유럽 및 아메리카 곳곳의 다른 이중 돔에 사용되었다. 마찬가지로 12세기에 부하라에 지어진 칼리안(Kalyan) 첨탑 외벽 벽돌에 쓰인 다이아몬드 문양도 훗

날 베네치아 두칼레 궁전 벽에 그대로 사용되었다.[23]

회화는 이슬람 이전부터 이 지역문화에 깊이 자리잡고 있었다. 인간의 형상을 그리지 못하게 한 이슬람의 금기에도 불구하고, 이러한 관행은 이슬람 시대에도 계속되었으며 계몽 시대 말기에는 대대적인 부흥을 맞았다. 중세 말 가장 위대한 화가 가운데 한 명인 아프가니스탄 헤라트 출신의 카말 알 딘 비흐자드(Kamal al-din Bihzad, 1450~1537)의 정교한 도서 삽화와 세밀화는 오늘날 이슬람 예술 최고의 업적 가운데 하나로 여겨진다. 한편, 장인들은 대개 자신의 작품에 서명하지 않지만, 중앙아시아의 수많은 은세공업자와 청동 주물업자들은 자신들이 만든 가장 실용적인 작품에 당당한 자부심을 드러내며 이름을 남겼다. 서구에서 귀하게 대접받은, 정교하게 잘 짜인 중앙아시아의 직물은 오늘날에도 유럽의 많은 대성당의 금고에서 발견된다.

과학·사상·예술에 이러저러한 중요한 기여를 한 사람들은 익명의 노동자나 내향적인 수도자들이 아니었다. 그와는 반대로 그들은 널리 여행을 하고 후원자에게 술책을 부리며 동료들과 날카로운 논쟁을 벌이던 활동가들이었다. 이슬람의 명령을 어기며 거의는 아닐지라도 많은 이들이 와인을 마셨으며, 시인 아와드 알 딘 안바리(Awhad al-din Anvari, 1126?~89)는 현대의 한 무슬림 편집자가 "그의 글 대부분은 번역에 부적합하다"라고 공표했을 정도로 저속했다.[24] 다시 말해, 그들은 정력적이었고 세속적이었으며 기지가 뛰어났다. 이런 부류의 사람들은 자연스럽게 자신들의 작품 속에서 그리고 주변 사람들에게 자신만의 개성을 물씬 풍겼다.

저명한 스위스 역사가 야코프 부르크하르트(Jacob Burckhardt)는 이른바

---

23) 로자몬드 맥(Rosamond Mack)은 *Bazaar to Piazza: Islamic Trade and Italian Art, 1300~1500* (Berkeley, 2002)에서 이와 더불어 다른 중요한 영향력도 언급했다.

24) K. B. Nasim, *Hakim Aiuhad-ud-Din Anwari* (Lahore, n.d), 167n.

'개인의 발견'이야말로 진작에 가버린 중세와 활력의 시대를 구분하는, 이탈리아 르네상스의 특징이라고 주장했다. 물론 그는 그리스인들과 로마인들에 한정해 이러한 표현을 사용했지만, 우리 앞의 무대에 선 중앙아시아 사상가와 예술가들이야말로 레오나르도 다 빈치(Leonardo da Vinci) 시대보다 500년이나 앞서 개인을 발견하거나 재발견한 공로를 인정받아야 한다. 이것이 그 무엇보다도 그들이 이루어낸 가장 획기적인 업적일지도 모르기 때문이다.[25]

지식인 계층

비록 명단과 업적 목록은 피상적이고 불완전하지만, 그럼에도 이를 통해 중세 중앙아시아인들이 고대 그리스의 과거 업적을 단순히 전달한 것이 아니고 다양한 분야에서 중요한 새로운 지식을 만들어냈음을 확인할 수 있다. 그들의 업적 규모와 범위는 "이 사람들은 과연 누구지?"라는 의문을 갖게 만든다. 그들은 하나의 정형화된 이미지에 부합하지는 않지만, 어느 정도의 일반화는 가능하기에 그들의 민족 정체성을 알아보는 것에서부터 출발해 보자.

대부분은 아닐지라도 많은 서구인들이 오늘날에도 이븐 시나나 비루니, 콰리즈미, 파라비, 가잘리 등을 아랍인으로 규정하며 글을 쓴다. 이 같은 엄청난 착오가 가장 권위 있는 유럽 및 미국의 철학과 과학사 서술에서조차 종종 발견된다.[26] 모두는 아니지만 대부분의 중앙아시아 사상가들이

25) J. Burckhardt, *The Civilization of the Renaissance in Italy* (New York, 1958), 143; *Humanism in the Renaissance of Islam*, 11~12에서 이 문제에 대한 조엘 L. 크래머(Joel L. Kraemer)의 흥미로운 논의와 비교하라.

26) 예를 들면 Peter Adamson and Richard C. Taylor, eds., *The Cambridge Companion to Arabic Philosophy* (Cambridge, 2005); Roshdi Rashed, ed.,

이 시대에 아랍어로 글을 썼음은 사실이다. 실제로 이슬람 세계 전역에서 지적 교환을 위한 하나의 공용어로 아랍어를 채택한 것은 국제적인 사고의 장을 형성하는 데 매우 중요했다. 아랍어가 낯선 개념을 흡수하고 과학 및 기술 소통의 요구에 적응해 나간 속도는 매우 인상적이다. 하지만 다작(多作)을 통해 새로운 개념과 용어로 아랍어를 풍요롭게 만드는 과정에 가장 앞장섰던 이들은 바로 중앙아시아인들이었다. 이는 서구의 라틴어가 보편어의 지위에서 단지 종교와 사상의 언어로 축소되어 가던 때와 거의 같은 시기에 발생했다. 프랑스 학자 자크 부사르(Jacques Boussard)의 지적처럼 "라틴어는 서서히 변형되어 간소화되었고 결국에는 새롭고 매우 거칠며 점잖지 않은 언어, 즉 통속 라틴어에 자리를 내주었다."[27]

500년 전에 아랍어로 글을 썼던 중앙아시아인들은 영어로 책을 쓴 일본인이 영국인이 아닌 것처럼 아랍인이 아니다. 앞에서 언급한 작가나 사상가 대부분이 아랍어를 쓰는 직업 세계에서 전문가의 삶을 살았지만, 아랍어는 그들의 모국어가 아니었고 그들 역시 아랍인이 아니었다. 하버드의 리처드 N. 프라이가 장난스럽게 말했듯이, "몇몇 예외가 있기는 하지만 종교학과 지적 학문 분야의 무슬림 학자 대부분이 비(非)아랍인이라는 사실은 매우 놀랍다."[28] 11세기에 한 아랍인 학자가 아랍어로 글을 쓴 '시대의 위인들'의 명단을 집대성했는데, 그가 열거한 전체 415명 가운데 1/3이 중앙아시아 출신이었다.[29] 그리고 나머지 2/3 중 절반 이상이 오늘날의 이란 지역 출신의 페르시아인이었다. 중앙아시아인들의 주도권은 과학과 철학,

---

Encyclopedia of the History of Arabic Science, 3 vols. (London, 1996); Jim al Khalili, *The House of Reason: How Arabic Science Saved Ancient Knowledge and Gave us the Renaissance* (London, 2011) 참조.

27) Jacques Boussard, *The Civilization of Charlemagne* (New York, 1968), 18.

28) Richard N. Frye, *The Golden Age of Persia* (London, 1975), 150.

29) Abu Mansur al-Thalibi (961~1039), cited in A. Afsahzod, "Persian Literature", in *History of Civilizations of Central Asia*, 4: 370.

68 ● 잃어버린 계몽의 시대

수학 분야에서 더욱 두드러졌는데, 이들 분야 전체의 90퍼센트를 그들이 차지했다.[30] 대부분은 어느 정도 이란인의 피가 섞여 있었고 다양한 이란 어를 사용했지만, 시간이 지나면서 튀르크계도 많아졌다. 많은 이들의 모 국어가 이란 또는 튀르크어족에 속해 있었다.

그렇다면 그들은 오늘날 우리가 생각하는 것처럼 이란인이나 튀르크인 들인가? 500년 전에는 이란도 터키도 국가로 존재하지 않았다. 이란 및 튀 르크어족에 속하는 다양한 언어와 방언을 쓰던 사람들이 오늘날 이란의 동쪽까지 펼쳐져 있는, 그리고 11세기까지는 지금의 터키에 해당되는 그 어떤 지역도 포함하고 있지 않은 방대한 지역에 흩어져 살았다. 현대의 튀 르크인들이 10세기 중앙아시아의 튀르크어를 이해할 수 없는 것처럼 테헤 란의 시민도 결코 소그드어(Sogdian)나 박트리아어(Bactrian) 또는 호라즘 어(Khwarazmian) ─모두 이란어임에도 불구하고─ 를 이해할 수 없다. 이 렇게 다양한 이란 및 튀르크인들이 다른 곳도 아닌 대(大)중앙아시아라는 지역에서 만나 어울렸으며, 그러는 가운데 그들은 일찍이 다원적이나 매우 실질적이고 독특한 그들만의 정체성을 가지게 되었다.

이란 혈통의 중앙아시아인과 오늘날의 이란 주민을 구별하기 위해 학 자들은 'Persianate' 또는 'Iranic'이라는 용어를 전자를 칭하는 데 사용 해 왔다. 중앙아시아의 지리적 위치는 특별한 정체성을 형성하는 데 중요 한 역할을 했다. 지리적 근접성으로 인해 이곳의 주민들은 중동뿐만 아니 라 인도 및 중국과도 직접적인 교역 관계를 맺었다. 반면 이란어나 튀르 크어를 사용할지라도 더 서쪽에 살던 사람들은 주로 중동이나 코카서스 (Caucasus), 유럽과 관계를 맺었다.[31] 따라서 기원후 1000년경 이란어나

---

30) 이 책 제6장 참조. Dzhalilov, *Iz istorii kulturnoi zhizni predkov tadzhikskogo naroda i tadzhikov v rannem srednevekove*, 42.

31) 중앙아시아와 이란 사이에 차이가 발생하게 된 선사 시대적 기점과 중앙아시아 의 일원으로서 호라산이 가지고 있는 정체성에 대해서는 Fredrik T. Hiebert and Robert H. Dyson, Jr., "Prehistoric Nishapur and the Frontier Between

튀르크어로 말한다는 것은 오늘날과는 상당히 다른 의미였다.

일찍부터 중앙아시아의 페르시아인들은, 대부분이 오늘날의 이란에 포함되는 지역에 살며 페르시아어로 말하던 사람들과는 다르다고 여겨졌다. 헤로도토스(Herodotos)의 기록에 의하면, 다리우스(Darius)와 크세르크세스(Xerxes)의 페르시아 제국은 '페르시아인'으로 간주되는 사람들에게 과세하지 않았다. 하지만 이란어족에 속하는 언어를 사용하던 중앙아시아인들은 페르시아 제국이 이방인 취급을 하며 과세할 정도로 충분히 다르다고 간주되었다.[32] 지금은 이란 시민과 다리어(Dari)나 타지크어(Tajik)를 쓰는 중앙아시아인들 간의 차이가 전자는 모두 시아파이지만 중앙아시아인과 아프간 일족은 대개가 수니파라는 사실로 인해 더욱 뚜렷해졌다. 이와 마찬가지로 중앙아시아에 유목민으로 정착한 튀르크인들도 새로운 관계와 생활방식을 서서히 받아들이면서, 오늘날의 시베리아 및 동부 카자흐스탄에 해당되는 그들의 머나먼 고향 알타이(Altai)에 사는 사람들은 말할 것도 없고 대부분의 튀르크 일족과도 식별되었다.

페르시아어와 튀르크어를 사용한 저자 및 지식인에게 거의 보편적으로 나타났던 두 번째 공통점은 그들이 주로 도시 환경의 영향을 받았고 경력을 대도시에서 쌓았다는 것이다. 하지만 안타깝게도 그들이 살았던 중앙아시아 도시들을 오늘날 직접 보는 것은 물론이고 상상하기도 매우 힘들다. 이는 중앙아시아 전역에서 사용된 건축자재가 주로 햇볕에 말린 비영구적인 벽돌이었기 때문이다. 아도비 점토처럼 이러한 자재들은 저렴하고 견고했지만 비바람에 의해 쉽게 부식되었다. 중세 작가들이 상세히 묘사한 기념비적인 건축물과 수많은 소박한 건축물 거의 대부분이 겨우 흙더미만 남겨놓은 채 오래전에 사라졌다. 그것들이 돌로 지어졌더라면 오늘날까지도 남아 있었을 것이고, 그 결과 대부분의 건축물이 돌로 지어진 이탈리아

Central Asia and Iran", *Iranica Antiqua* 37 (2002): 113~29 참조.
32) Herodotus, *The Histories*, trans. Robin Waterfield (Oxford, 1998), 210.

나 인도에서처럼 관광객들은 중앙아시아나 아프가니스탄으로 몰려들었을 것이다. 중앙아시아 건축물의 막강한 또 다른 적(敵)은 지진 활성지대인 중앙아시아 전역에서 놀라울 정도로 빈번하게 발생하던 지진이었다. 지진은 한 세대 동안(1115년과 1145년)[33] 두 차례나 대도시 니샤푸르를 황폐화시켰으며, 대규모 지진이 발생하면 중앙아시아 중세 건축가와 공학자들이 고안해 낸 기발한 내진 기술조차도 무용지물이 되었다.

중앙아시아 지역에서 진행된 광범위한 고고학적 작업 덕택에 우리는 이제 중세의 중앙아시아 도시를 머리에 그릴 수 있게 되었다. 다른 지역의 거대한 상업 중심지처럼 이 도시들도 산업 및 상업 활동의 중심지였고 무역업자로 넘쳐났으며, 평온과 휴식을 위한 구석은 거의 찾아볼 수 없었다. 대표적인 예로 위대한 종교학자 부르한 알 딘 알 마르기나니(Burhan al-din al-Marghinani)는 자신의 글 대부분을 시골의 수도원이 아니라 오늘날의 우즈베키스탄에 위치한 자신의 고향인 마르길란(Marghilan)을 지나는 동-서 주요 대상로에서 겨우 몇 걸음 떨어져 있는 도심의 자택에서 집필했다. 마르길란과 다른 중앙아시아 도시들은 서구 오리엔탈리스트 학자들이 발명해 낸 일반적인 '이슬람 도시'의 특징을 거의 띠지 않았다. 실제로 중앙아시아의 도시들은 이슬람 세계 내에서도 형태상으로나 구조상으로나 매우 독특했다. 이는 결코 놀라운 일이 아니다. 왜냐하면 그 도시들은 아랍 군대가 도착하기 3,000년 전부터 존재해 왔고 이는 그들 특유의 공간 계획과 건축양식을 발전시키기에 충분한 시간이었기 때문이다.

그렇다면 중세 중앙아시아 지식인들이 앉아 깊은 사고에 전념할 수 있도록 비용을 댄 이들은 누구였을까? 비루니는 왕이 이를 해야 한다고 생각했는데, "왜냐하면 그만이 의식주에 대한 학자들의 일상적인 근심을 없애고 인간 본성의 핵심, 즉 명성과 인정을 구하고자 하는 에너지를 자극

33) Charles K. Wilkinson, *Nishapur: Some Early Islamic Buildings and Their Decoration*, Metropolitan Museum of Art (New York, 1986), 43.

할 수 있기 때문이다."[34] 이 시대의 몇몇 위대한 인물은 왕실의 후원을 받기도 했지만, 결코 후원자와 사상가 간의 관계는 평온하지 않았다. 우리의 사상가들은 평화롭게 작업할 수 있도록 도와줄 왕실의 후원자나 재력 있는 미케네인(Mycenaean)을 찾는 데 실패하는 경우가 잦았다. 지속적인 지원을 받지 못한 학자들은, 후원을 받기 위해 이 궁전에서 저 궁전으로 옮아다녀야 했던 중세 유럽의 서정시인에 관해 헬렌 와델(Helen Waddell)이 1927년에 쓴 책 제목을 인용하자면 '방황하는 학자들'이었다. 처세에 능했던 몇몇은 관료로서 입신의 기회를 얻기도 했다. 예를 들면 우리가 만났던 조숙한 과학자이자 철학가인 이븐 시나는 사만(Samanid) 왕조의 후원을 향유했고, 후에는 몇 년간 부이(Buyid) 왕조의 통치자 샴스 알 다울라(Shams al-Dawla)의 재상을 지내기도 했다. 군주를 위한 유명한 조언서를 썼던 니잠 알 물크도 셀주크 제국에서 같은 지위를 점했던 유력한 정치인이었다. 한편, 어떤 이들은 튀르크 작가 유수프 발라사구니처럼 통치자가 자신들을 '발굴'해 장려금으로 보상해 주기를 바라며 두꺼운 분량의 책을 쓰기도 했다. 발라사군의 유수프는 이러한 후원을 실제로 받게 된 경우였다. 하지만 위대한 시인 페르도우시는 호메로스(Homeros)의 『일리아드』(Iliad)의 몇 배나 되는 분량의 민족 서사시를 쓴 작가였지만, 평생 후원자가 주기로 약속한 돈을 기다려야 했고 죽고 나서야 그 돈을 받을 수 있었다.

사상가들이 만족할 만큼 상황이 잘 풀리든 그렇지 않은 간에, 중앙아시아 지성사에는 기꺼이 자신의 부(富)의 일부를 학문과 예술을 후원하는 데 썼던, 재력과 권력을 겸비한 후원자들의 이야기가 종종 등장한다. 운이 좋게도 수세기 동안 이 지역의 거의 모든 통치자 — 물론 그들 중에는 정신이상의 잔인한 폭군도 몇몇 있다 — 는 현자에 대한 후원을 왕이 감당

---

34) Biruni, *Alberuni's India*, ed. Edward C. Sachau, 2 vols. (London, 1910), 1: XV.

해야 할 의무라고 생각했다. 최악의 경우에 왕의 후원이 일종의 과시 행위로 전락하기도 했는데, 공명심에 젖은 한 통치자는 자신의 재기를 과시하기 위해 작가나 사상가들을 불러 모아 고상한 연회를 열기도 했다. 그러나 진심으로 지식인의 삶을 이해하고 자신의 측근으로 적합한 인재를 알아보는 비범한 능력을 가진 왕이나 귀족 후원자들도 있었다. 넓은 식견과 인내심을 갖춘 그들의 관대한 재정 지원 덕분에 몇몇 뛰어난 과학자와 사상가들은 생계유지에 대한 걱정 없이 ― 이는 어떤 사회에서든 놀라운 뜻밖의 행운이다 ― 수년 동안 안정적으로 기량을 발휘할 수 있었다.

이러한 후원자 대부분은 하나의 도시나 유역 또는 구역을 지배하던 통치 가문이나 왕조의 수장으로 그 지역의 토박이였다. 지식인들과 예술가들은 대(大)중앙아시아 지역을 지배하던 다양한 제국의 통치자들에게 더 큰 규모의 후원을 바라기도 했다. 이들 중 일부는 초기의 쿠샨이나 박트리아, 호라즘 왕조처럼, 그리고 후기의 이스마일 이븐 아흐마드 사마니(Ismail ibn Ahmad Samani, 849~907)나 가즈니의 마흐무드, 타메를란(티무르)의 왕조처럼 중앙아시아 지역에 기반을 두었다. 반면 바그다드의 칼리프 제국을 포함해 다른 나라들은 이 지역 밖에서 발원해 무력으로 지방 궁정이나 지역 왕조에 대한 종주권을 행사했다. 대부분은 가혹하고 잔인한 통치자였지만, 그들 중에도 사상가와 예술가를 후원하는 것이 자신의 통치를 영예롭게 할 뿐만 아니라 유약함이 아닌 강력함의 원천이 될 수 있음을 재빨리 간파한 술탄이나 군주가 있었다.

앞에서 열거한 모든 지식인과 아직 언급하지 않은 더 많은 수의 지식인들은 일반적으로 '무슬림' 또는 '이슬람교도'라는 범주 아래 분류된다. 실제로 전부는 아니지만 대부분이 이슬람 신자였고 일부는 신앙심이 매우 깊었다. 그런데 이것이 그들의 정체성을 정의하는 특성이 될 수 있을까, 아니면 그저 편리한 꼬리표에 지나지 않을까? 좀 더 깊이 들여다보면 그들은 정통 수니파이거나 시아파, 이교도 또는 18세기 계몽주의 시대의 많은 이처럼 신을 조물주로 인정하기는 하나 반드시 물질계에 존재할 필요는 없다고 생각한 이신론자에 불과하지 않았을까? 우리는 중앙아시아의 이슬람화가 300여 년에 걸쳐 서서히 진행되었으며, 그동안 다른 많은 종교 및 지적 흐름도 계속해서 번영했음을 알고 있다. 그렇다면 당시 이곳에서 탄생한 모든 작품을 '이슬람적'이라고 특징짓는 것은 과연 옳을까? 혹시 『뉴욕 타임스』(New York Times)에 실린 런던 대형 전시회에 대한 어느 비평처럼 '이슬람 예술'이라는 개념은 서구 오리엔탈리스트들이 만들어낸 '근거 없는 신화'가 아닐까?[35] 만일 그렇다면 다른 종교가 끼친 영향은 무엇이며, 과학자와 철학자들 가운데 존재했던 회의론자와 자유사상가, 불가지론자, 무신론자들은 또 어떤 영향을 끼쳤을까?[36]

제기하기는 쉬우나 답하기는 어려운 세 가지 질문

수백 년간 중앙아시아를 지적 세계의 중심으로 만들었고 저술 활동을 통해 동서양의 학문과 문명에 깊은 영향을 끼친 이 창조적인 사상가들을 살펴보고 있노라면 이러저러한 수많은 질문에 필연적으로 직면하게 된다. 따라서 이러한 의문을 무한대로 증식해서 지엽적인 문제 속에서 갈피를 잡지 못하고 헤매느니, 차라리 질문을 세 가지로 한정하는 것이 도움이되었다. 그리고 그 덕분에 작업은 매우 간소해졌다. 첫째, 중앙아시아의 과학자와 철학자, 그리고 그 외 사상가들은 수백 년이라는 시간 동안 무엇을 이루었는가? 둘째, 왜 이런 일들이 발생했는가? 셋째, 이 풍성하고 떠들썩

35) Souren Melikian, "Islamic Culture: Groundless Myth", *New York Times*, Special Report, November 5~6, 2011.

36) Judah Rosenthal, "Hiwi al-Balkhi, A Comparative Study", *Jewish Quarterly Review*, New Series, 38, 3 (January 1948): 317~42; Sarah Stroumsa, "Ibn al Rawandi and His Baffling 'Book of the Emerald'", *Freethinkers of Medieval Islam* (Leiden, 1999), chap. 2.

한 사상운동은 결국 어떻게 되었는가?

각각의 질문은 심각한 문제를 제기한다. 첫 번째 질문은 천문학에서부터 인식론, 이슬람 신학에 이르기까지 어지러울 정도로 다양한 분야와 학문의 세계로 우리를 이끈다. 게다가 이 모든 분야 및 학문이 동일하게 또는 동시에 꽃을 피웠던 것도 아니다. 어떤 기준으로 한 분야에서의 발전과 침체를 비교·검토할 것인가? 그리고 사실 더 우려되는 문제지만, 다른 분야와의 비교·검토는 어떻게 할 것인가? 그리고 발전은 장기적인 영향이라는 측면에서 평가되어야 하는가, 아니면 동시대인들의 사고에 끼친 영향에 기초해 평가되어야 하는가? 전적으로 타당한 후자의 접근법을 따르면, 오늘날에도 여전히 인정받을 만큼 기량이 뛰어났던 쿠잔디나 파르가니 같은 천문학자들만큼이나 이슬람 세계에서 가장 유명했던 점성술사이자 서구에서도 존경받았던 아부 마샤르 알 발히(Abu Mashar al-Balkhi, 787~886)에게도 우리는 똑같이 주목해야 한다.

왜 이런 일들이 발생했는가라는 두 번째 질문은 더욱더 답하기 힘들다. 왜냐하면 그것은 인류 역사의 인과작용이라는 근본적인 질문 속으로 우리를 끌고 들어가기 때문이다. 소설 『전쟁과 평화』(*War and Peace*)의 두 번째 발문(跋文)에서 레프 톨스토이(Lev Tolstoy)도, 1812년 보로디노(Borodino) 전투에서 보인 나폴레옹(Napoleon)의 행동을 설명하기 위해 이 위험한 영역에 발을 들여놓은 바 있다. 하지만 상대적으로 최근에 있었던 단 한 차례의 유럽 전투를 설명하기란 저 먼 시공간에서 벌어졌던 지적·문화적 활기의 원인을 해명하는 작업에 비한다면 훨씬 쉬운 일이다.

마찬가지로 우리는, 페리클레스 시대의 아테네나 르네상스 시대의 피렌체, 왕정복고 시대의 런던, 고전주의 시대의 바이마르, 황금기의 나라(奈良), 또는 이런 측면에서 랠프 월도 에머슨(Ralph Waldo Emerson)이나 헨리 데이비드 소로(Henry David Thoreau), 올컷(Alcott) 시대의 매사추세츠주(州) 콩코드가 어떻게 그토록 눈부신 지적 활력을 성취할 수 있었는지를 물을 수 있다. 각각의 이 같은 특정 사례가 보여 주는 문화적 웅대함의 기저에는 — 중앙아시아의 계몽 시대 역시 — 인간 독창성의 근원 및 인간 행동의 동기를 도저히 가늠할 수 없게 만드는 시대 초월적인 무언가가 존재한다. 그렇기에 차라리 오늘날 우리 각자로 하여금 알고 싶어 하고 생각에 잠기도록 하는 것이 무엇인지를 묻는 편이 훨씬 나을지도 모른다!

세 번째, 즉 어떻게 되었는지에 관한 질문은 특히 흥미진진하다. 왜냐하면 이는 중앙아시아 지역 및 세계의 시사 문제와 직접적인 관계가 있기 때문이다. 중앙아시아인들은 신중하게 서로에게 물었고, 타 지역의 분석가도 중앙아시아에서부터 서쪽의 중동까지 뻗어 있는 원호 모양의 이 지역에 대해 토론할 때면 언제나 이 질문을 던졌다. 다른 시공간에서의 광명의 시기에 관해서도 이와 같은 질문이 제기되어 왔다. 이는 에드워드 기번으로 하여금 『로마 제국 쇠망사』라는 여섯 권의 저서를 집필하게 만든 간명한 의문이기도 하다. 판단에 있어 일말의 주저함도 없이 기번은 공중도덕의 침체, 특정 군부대의 부패, 기독교 내세관의 영향 등 수많은 멋진 가설을 제시했다. 하지만 결과적으로 이는 여섯 개의 메인 코스가 나오는 연회처럼 그의 방대한 분량의 책에 지친 사람들을 나가떨어지게 만들었다. 고인이 된 조지프 니덤(Joseph Needham)과 그의 동료들은 『중국의 과학과 문명』이라는 26권 분량의 완벽한 대작을 마무리하면서, 결론이라기보다는 심사숙고에 가까운 『일반 결론과 숙고』(General Conclusions and Reflections)라는 마지막 권을 덧붙여야만 했다. 이러한 측면에서 중국의 풍성한 과학 및 기술 전통이 사라지도록 만든 국면을 깊이 논한 질의에 붙여진 '니덤 문제'(Needham Question)라는 명칭은 적확하다. 비록 답은 여전히 찾지 못하고 있지만 말이다.

가지 않을 길

위의 질문들은 우리 작업이 전념할, 그리고 대중앙아시아에 존재했던 계몽 시대에 깊이 천착하려는 이러저러한 시도가 궁극적으로 고심해야 할 커다란 문제들이다. 어쩌면 확실한 답을 찾기 힘들 수도 있다. 그러나 질문 속에서 또 다른 질문을 증식하는 일은 시련을 자초할 뿐이다. 연구가 전체적인 형태를 갖추지 못한 채 가시 돋은 수많은 가지와 잔가지로 뒤덮인, 전지되지 않은 가시투성이의 관목을 닮게 되는 것은 매우 위험하다. 따라서 무수한 색과 형태에 대한 잔상만을 남겨놓는 만화경처럼 우리의 연구가 너무 많은 초점을 갖지 않도록, 앞으로 포함시키지 않을 것들을 명시할 필요가 있다.

첫째, 시와 더불어 예술의 왕으로 간주되는 음악의 문제이다. 음악 제작, 특히 음악이론 분야만큼 중앙아시아인들이 헬레니즘 시대의 그리스인 스승을 누르고 극적인 완승을 거둔, 그리고 뒤에 올 유럽인들을 위해 길을 열어준 분야도 드물다.[37] 이슬람이 도래하기 훨씬 오래전부터 중앙아시아인들은 현에서 소리를 끌어내기 위한 수단으로 활을 발명했다. 그리고 중국과 인도, 서양으로 빠르게 확산된 이 발명품 덕분에 중앙아시아는 바이올린의 유전적 고향으로 간주되곤 한다.[38] 시간이 흘러도 여전히 매력적인 시인 루다키는 뛰어난 음악가였다. 재능 있는 류트 연주자였던 철학자 파라비는 일반적으로 중세 최고의 음악이론서 — 라틴어로 번역되어 음악에 관한 유럽의 사고에 깊은 영향을 끼쳤다 — 로 알려진 『음악대전』(*Kitab al-Musiqa*)의 저자였다.[39] 다른 중앙아시아인들도 파라비가 놓은 토대 위

---

37) Dzhalilov, *Iz istorii kulturnoi zhizni predkov tadzhiksgogo naroda i tadzhikov v rannem srednevekove*, 128ff.; Jean-Claude Chabrier, "Musical Science", in *Encyclopedia of the History of Arabic Science*, 2: 594ff.

38) 티보르 바흐만(Tibor Bachmann)은 *Reading and Writing Music* (Ann Arbor, 1969), 1: 137~54에서 이러한 주장을 제기했다. Harvey Turnbull, "A Sogdian Friction Chordophone", in *Essays on Asian and Other Musics Presented to Laurence Picken*, ed. D. R. Widdess (Cambridge, 1981), 197에서 인용.

39) Henry George Farmer, *Al-Farabi's Arabic-Latin Writings on Music* (New York, 1965).

에서 기반을 다졌다. 그러나 17세기까지는 체계적인 표기법이 부재했기에 우리는 파라비 시대의 음악을 들을 수 없다. 더 심각한 문제는 설령 당시의 음악을 들을 수 있다고 할지라도, 음계와 반음(半音)을 가진 중앙아시아 음악과 12음계의 서양음악 간의 심리적 간극이 음악의 진정한 이해와 공감을 방해한다는 사실이다. 이러한 이유로 음악은 마땅히 맡아야 할 배역에 선발되지 못했다.

민중문화 역시 앞으로의 서술에서 거의 언급되지 않을 것이다. 철학과 과학 논문을 양산한 바로 그 문예사조 속에서 일화(逸話)나 주문(呪文), 묘책, 부적 모음집은 물론이거니와 이야기꾼과 퇴마사, 곡예사, 마술사에 관한 글들, 그리고 주근깨부터 경련에 이르기까지 온갖 소재로 구성된 책들이 나왔다. 『유능한 여자』(The Capable Woman)[40]나 첩과 동성애자에 관한 크고 작은 책들은 말할 것도 없고 심지어는 페르시아어와 인도어, 그리스어, 아랍어 책에서 수집한 성적으로 자극적인 이야기 전서도 있었다.[41] 하지만 민중문화의 이러한 발현이 우리 연구의 주제인 고급문화에 영향을 끼쳤던 것 같지는 않다. 물론 추가적인 연구가 이러한 판단에 변화를 가져올 수도 있겠지만 말이다. 통속적인 가치가 지적 변화의 동인이 된 분명한 한 가지 사례로는 신자를 신과 직접 소통하게 함으로써 세속적인 모든 근심을 떨쳐버리게 만드는 신비주의적이고 무아지경의 수피즘이 있다. 이 경우 '아래로부터의' 운동이 결국 지식인들의 이목을 잡아끌었고 그들은 영구적으로 이슬람 신앙을 변화시킬 방식으로 이에 응답했으며, 기독교에도 큰 영향을 끼쳤다.

일부 독자들은 앞으로의 설명이 기원전 1000년부터 기원후 15세기에

---

40) Al-Nadim, *The Fihrist of al-Nadim*, ed. and trans. Bayard Dodge, 2 vols. (New York, 1970), 2: 735~36.

41) 보아즈 쇼샨(Boaz Shoshan)의 연구 "High Culture and Popular Culture in Medieval Islam", *Studia Islamica* 73 (1991): 67~107은 중앙아시아에 초점을 맞추고 있지는 않지만 추가 조사를 위한 흥미로운 방안을 제안하고 있다.

이르기까지 중앙아시아 지역을 휩쓸고 지나간 수많은 유목민족 — 이란인이든, 몽골인이든, 튀르크족이든 간에 — 을 충분히 다루어주기를 바랄지도 모르겠다. 이슬람이 도래하기 전인 6세기에 중앙아시아를 장악한 튀르크 종족은 자신들의 영역 수호에 매우 열성적이었기에 비잔티움 및 중국과 공식적인 외교 관계를 맺었다. 다른 유목 제국들도 마찬가지로 방대한 영토와 다양한 민족을 아우르고 있었는데, 이러한 제국을 경영하기 위해서는 지속적인 관심과 막대한 에너지 소모가 요구되었다. 게다가 유목민의 지성은 예리한 아리스토텔레스적 인식론보다는 면밀하면서도 복잡한 우주론적 체계와 신념으로, 그리고 노래와 시의 형식으로 표현되었다고 해도 과언이 아니다.

어쨌든 이 유목 사회들도 중앙아시아 도시에 확산되어 있던 보편적이고 다문화적인 지적 생활에 동참하고 이러한 담론에 나름의 기여를 한 지식인들을 계속해서 배출했다. 그러나 유목민 종교와 세계관, 사회관, 기념비적 문학작품에 관한 흥미로운 많은 질문은 우리 연구의 범위에 포함되지 않을 것이다. 우리의 연구는 정착도시에서 양산된 공식적인 문서와 진중한 예술작품으로 한정될 것이기 때문이다.

이 지역의 남쪽과 서남쪽, 동남쪽 경계와 인접해 있는 주요 문화권과 중앙아시아가 주고받은 매우 복잡한 문화 및 지적 교류를 상세하게 분석할 지면도 허용되지 않을 것이다. 기원전 5세기부터 15세기의 타메를란(티무르) 시대까지 인도와 중국, 중동에서 유입된 새로운 관념이 가장 지속적이고 생산적으로 신선한 발상을 자극했음은 의심의 여지가 없다. 인도에서 온 영(zero)의 개념처럼 어떤 것들은 수학이나 과학과 관계가 있었다. 아프가니스탄 헤라트의 예술가들이 15세기 중국의 동업자들로부터 빌려온 물결 장식처럼 또 어떤 것들은 심미적 영역에 해당되었다. 이 주제는 이러한 영향이 쌍방향으로 이루어졌기에 더욱 흥미롭다. 에드워드 H. 셰이퍼(Edward H. Schafer)는 중국 당나라 황실에 활기와 자극을 더했던 이국적인 중앙아시아산(産) 물건을 열거하는 데 책 전체를 할애했다.[42]

이 같은 위대한 문명과의 지적·문화적 상호 교류 및 균형이라는 주제는 우리의 연구에도 매우 중요하다. 왜냐하면 그것은 중앙아시아의 삶과 사고의 특징을 규정하는 데 크게 도움이 될 것이기 때문이다. 그러나 그 범위가 너무 방대하기에 철저하게보다는 간략하게 다룰 수밖에 없을 것이다. 중앙아시아인들이 외부에서 유입된 이러한 사상을 어떤 방식으로 처리했는지, 그리고 그 과정에서 재가공을 했는지, 했다면 어떻게 했는지 등을 살펴볼 것이다.

또한 우리는 중앙아시아 사상가들의 특정 작품과 사상이 대개는 힌디어나 중국어, 라틴어로의 번역을 통해서였지만, 동서양 양쪽 독자들에게 다가갔던 수많은 방법에 대해서도 피상적인 수준에서 다루게 될 것이다. 많은 연구가 중요한 이 질문에 천착하고 있지만, 아직은 시작 단계일 뿐이다. 그럼에도 저명한 예술사가 올레그 그라바(Oleg Grabar)와 그의 동료들이 전성기 동안 문화는 동쪽에서 서쪽으로, 즉 중앙아시아에서 이슬람 및 지중해 세계로—그 반대가 아니라—이동했음을 주장한 것에 우리는 주목할 필요가 있다.[43] 다른 지역 출신의 이슬람 사상가들—이븐 루시드 (Ibn Rushd)나 이븐 할둔(Ibn Khaldun), 그 외 수십 명의 사상가들—에게 중앙아시아인들이 끼친 방대한 영향은 제쳐놓더라도, 피에르 아벨라르 (Pierre Abélard)부터 토마스 아퀴나스(Thomas Aquinas, 1225~74), 단테에 이르기까지 기독교 서구 세계에 끼친 깊은 영향만 다루어도 그 분량은 엄청날 것이다. 니덤 덕에 중국에 끼친 그들의 영향에 대한 연구는 매우 진척된 상태이지만, 인도에 관한 작업은 여전히 초기 단계에 머물러 있다. 중앙아시아 출신의 많은 사상가들이 인도에서 살았고 작업을 했음에도 말이다.

42) Edward H. Schafer, *The Golden Peaches of Samarkand: A Study of T'ang Exotics* (Berkeley, 1985).

43) Richard Ettinghausen, Oleg Grabar, and Marilyn Jenkins-Madina, *Islamic Art and Architecture 650~1250* (New Haven, 2001), 135.

앞으로 제시할 남성 사상가들의 행렬을 보면서 "여성들은 어디에 있는가?"라고 묻는 독자가 있을지 모르겠다. 12세기 독일 대수도원의 학식 있고 유능한 수녀원장이었던 빙엔의 힐데가르트(Hildegard of Bingen)나 10세기에 고전 양식으로 여섯 편의 희곡을 써서 200년 후의 연극의 부활을 예견했던 베네딕트회 세속 수녀*이자 천재적인 작곡가 간더스하임의 흐로스비타(Hrotsvitha of Gandersheim)에 비견할 만한 중앙아시아 여성은 어디에 있는가?[44] 하고 말이다. 실제로 아프가니스탄의 북부 중앙에 위치한 국제적인 대도시 발흐의 라비아(Rabia)는 열정적이고 섬세한 시로 모든 이의 숭앙을 받았다.[45] 그러나 중앙아시아에서 체계적인 사상 영역에 중요한 유산을 남긴 여성을 찾는 것은 헛된 일이다. 여기에 가장 근접한 이들이라고 해야 4행시에 수피적 경험을 담은 후대의 신비주의 종교 시인들이 전부이기 때문이다.[46]

이러한 상황의 원인을 이슬람 사회에서의 여성의 지위, 그리고 십중팔구 이슬람 이전 사회에서의 여성의 지위에서 찾는 이들이 있다. 초기 이슬람 사회에서의 「여성과 젠더, 그리고 섹슈얼리티」라는 글을 쓴 마누엘라 마린(Manuela Marín)은 "여성이 글을 쓰는 것은 위험한 것으로 여겨졌는데, 왜냐하면 이러한 능력을 남자와의 부정한 연락 수단으로 이용할 수 있기 때문이었다"[47]라고 결론지었다. 이는 학술 활동을 남성들이 독점하는 상황으로 귀결되었고 이슬람법을 해석하는 직종 역시 마찬가지였다.

---

*   수도 서원 없이 일정 규율 아래 공동생활을 하는 수녀를 말한다.

44) Frances Gies and Joseph Gies, *Women in the Middle Ages* (New York, 1978), chap. 5.

45) 이 책 제8장 참조.

46) Camille Adams Helminski, ed., *Women of Sufism: A Hidden Treasure* (Boston, 2003), 46ff.

47) Manuela Marín, "Women, Gender and Sexuality", in *Islamic Cultures and Societies to the End of the Eighteenth Century*, ed. Robert Irwin, *New Cambridge History of Islam* (Cambridge, 2010), 4: 372.

물론, 여성들도 재산을 소유하거나 상속할 수 있었고 실제로 가족 내에서 자금 관리자로서의 역할도 수행했다. 유대교 율법처럼 조로아스터교의 상속법도 그것을 대체한 이슬람법보다 여성에게 더 우호적이었기 때문에 배움이나 학문 분야가 아닌 다른 영역에서는 중앙아시아 여성의 역할이 더 강화되었을지도 모른다. 중앙아시아 여성들이 은밀하게 중요한 정치적 역할을 수행했음은 확실하다.[48] 그랬기에 아랍 군대가 새로운 종교를 가지고 약탈을 하러 사마르칸트 초입에 도착했을 때, 어린 아들을 대신해 통치하던 강철 의지의 현지인 여성과 맞닥뜨렸던 것이다.[49] 부하라의 사만 왕조가 지적으로 정점에 이르렀던 10세기에도 전(前) 통치자의 아내로서 성공적으로 통치한 또 다른 여성이 있었다. 더 서쪽에 위치한 중앙아시아의 한 도시에서는 얄궂게도 '귀부인'(The Lady)으로 알려진 미망인 여왕이 무자비한 가즈니의 마흐무드와 대적했다. 그녀는 항복하는 대신에 자신이 이기면 시대 최고의 사령관을 꺾은 것이지만, 그가 승리한다면 그것은 한낱 한 여자를 이긴 것에 불과하다며 그를 도발했다.[50]

이 황금기 대부분 동안에 중앙아시아는 유목민 정복자들의 지배 아래 있었는데, 정복자의 여자들은 남편의 장기적인 부재 시에 늘 국정을 운영하곤 했다. 그 결과 한 여성이 11세기에 강성했던 카라한(Karakhan) 왕조를 8년 동안이나 이끌었으며, 무시무시한 타메를란의 어머니와 누이, 제1부인(senior wife)은 전장 밖에서의 그의 삶을 쥐락펴락했다.[51] 13세기 중

48) Richard N. Frye, "Women in Pre-Islamic Central Asia: The Khatun of Bukhara", in *Women in the Medieval Islamic World: Power, Patronage, and Piety*, ed. Gavin R. G. Hambly (New York, 1999), 63~64.

49) Richard N. Frye, *Narshaki, The History of Bukhara* (Cambridge, 1954), 37~39; W. Barthold (V. V. Bartold), *Turkestan Down to the Mongol Invasion*, trans. T. Minorsky and C. E. Bosworth (London, 1928), 252; Frye, "Women in Pre-Islamic Central Asia", 65~67.

50) Lenn E. Goodman, *Avicenna* (London, 1992), 27.

51) Priscilla Soucek, "Timurid Women: A Cultural Perspective", in *Women in*

앙아시아 몽골 통치자의 딸이 무장하고 싸워 자신을 이길 수 있는 남자와만 결혼하겠다고 선포했을 때 사람들은 별반 놀라지 않았다.[52] 하지만 여성의 정치적 힘을 분명하게 보여 주는 이 같은 증거들에도 불구하고, 이 유목민 사회 어느 곳에서도 여성이 가시적인 지적 인물로 부상한 경우는 없었다.

마지막으로 이 이야기의 등장인물들이 헌신한 수많은 과학적 지식 분야와 철학적 관심, 신학적 의문에 대해 이야기할 필요가 있을 것 같다. 이들 각각은—많은 경우 이미 그래왔지만—특별 연구의 대상이 될 만한 가치가 충분하다. 하지만 그것을 하나하나 더 깊이 파고드는 작업은 이 연구의 경계를 넘어서는 일일 뿐만 아니라 확실히 나의 능력 밖의 일이다. 중앙아시아의 과학과 철학, 신학, 건축, 예술에 관한 상세한 역사를 알고 싶거나 이러한 주제 연구를 자신의 평생의 업으로 삼았던 비범한 사람의 신상정보를 더 얻고 싶은 독자들은 서문에서 짧게 언급했고 주석에서 인용한 다양한 언어로 쓰인 풍성한 전문적인 문헌을 참조해야 할 것이다.

지금까지 등장인물에 대한 소개와 함께 몇 가지 주의사항을 언급했으니, 이제 12세기까지 지속된 대중앙아시아의 계몽 시대로 방향을 돌려보자. 그리스 신화 속의 지혜의 여신인 아테나(여담이지만 초기 중앙아시아에도 그녀의 헌신적인 추종자들이 있었다)와는 달리, 이 문화적 개화기는 제우스의 머리에서 갑자기 튀어나와 형성되지 않았다. 그러기는커녕, 그것은 고대의, 그러나 매우 선진화된—수세기 동안 경기 호황과 풍성한 지적 삶을 누렸던—땅에서 꽃을 피웠다. 따라서 먼저 이슬람 이전의 중앙아시아라는 사라진 세계로 향해 보자.

---

the Medieval Islamic World, 199~226.

52) Michal Biran, *Qaidu and the Rise of the Independent Mongol State in Central Aisa* (London, 1997), 2.

제2장

세속적인 도시계획 전문가들과
고대의 땅

660년 중앙아시아를 공격한 아랍 유목민 군대는 텅 빈 지역과 마주하게 되리라고는 전혀 예상하지 못했다. 그들은 이 지역이 부유한 곳이라고 들었다. 이곳 주민들이 새로운 신앙으로 개종할지 말지는 중요하지 않았다. 군대는 이 땅이 약속한 전리품에 대한 욕망에 사로잡혀 있었고, 아랍 군 사령관들이 병사들의 수고를 보상하던 유일한 수단이 약탈이었기 때문에 이는 결코 사소한 문제가 아니었다. 중앙아시아인들에게 외적의 침입은 새삼스러운 일이 아니었다. 수세기 동안 그들은 이러한 충격을 어떻게 흡수해야 하는지, 그리고 그 결과에 어떻게 대처해야 하는지 익혀 왔다. 또 자신들의 오래된 땅이 보유한 자원과 문화에 대한 확신으로 차 있던 그들은 침략자들이 가져올 유용한 것들을 받아들이고 소화할 자신도 있었다.

무엇보다도 중앙아시아에는 도시가 많았다. 아랍의 침략이 있기 오래전인 기원전 1세기에 가장 유명했던 그리스 지리학자 스트라본(Strabon)은 중앙아시아 중심부를 '1,000개의 도시로 이루어진 땅'이라고 묘사했다. 훗날 어느 비잔티움 작가도 한 명의 중앙아시아 통치자, 즉 박트리아 왕이 다스리는 '100개의 도시'에 대해 언급했다.[1] 중앙아시아 도시에는 고도로 도시화된 중동에서 온 방문객들조차 경탄하게 만드는 무언가가 있었다.

대다수의 중앙아시아 도심지는 이러한 반응을 불러일으킬 만한 다양한
특징을 보여 주지만 그중에서도 오늘날의 아프가니스탄과 우즈베키스탄을
갈라놓는 아무다리야강(고대의 옥수스강) 남쪽으로 70킬로미터 떨어져 있
는 발흐를 중점적으로 살펴보는 것이 도움이 될 듯하다. 확실히 발흐는 고
대 후기의 전형적인 대도시였다. 도시의 성벽은 대략 1,000에이커 정도의
대지를 둘러싸고 있었으며, 교외 지역과 전원지대를 보호하고 있는 가장
바깥의 성벽 길이만도 120킬로미터가 넘었다.[2] 외벽으로 둘러싸인 풍요로
운 들판에서 고대의 여행객은 흐드러지게 핀 꽃과 채소밭은 물론이고 오
렌지 숲과 사탕수수밭, 잘 정돈된 포도밭을 마주할 수 있었다. 그리고 교
외 주택과 시장이 있었으며, 이른바 라바트(rabat) 지구에는 방문 무역업자
를 위한 구역도 있었다. 곧 방문객은 어렴풋이 보이는 독특한 대도시의 성
벽과 마주하게 된다. 수많은 다른 중앙아시아의 도시와 마찬가지로 발흐
의 성벽도 지중해 세계나 이란 대부분 지역에서 보편적으로 볼 수 있었던
난간이 달린 단순한 수직벽이 아니라 내화벽돌을 표면에 붙인 일건(日乾)
벽돌로 지어진 비스듬한 대형 구조물이었다. 그 위에는 내화벽돌로 쌓은
또 다른 높은 성벽이 있었는데, 그 꼭대기는 발포를 위한 구멍이 중간중간
에 나 있는 긴 통로와 이 통로들을 보호하고 주변의 전원지대 전경을 내려
다볼 수 있는 탑들로 점점이 덮여 있었다. 이 성벽이 1~2층의 주택과 시장,
다양한 종교 사원이 들어선 빽빽한 도심 지역인 샤흐리스탄(shahristan)*의

1) V. M. Masson, *Strana tysiachikh gorodov* (Moscow, 1966); Pierre Leriche,
"Bactria, Land of a Thousand Cities", in *After Alexander: Central Asia before
Islam*, ed. Joe Cribb and Georgina Herrmann, *Proceedings of the British
Academy*, no. 133 (London, 2007), 124~25.
2) 프랑스 아프가니스탄 고고학 파견단(Délégation archéologique Française en
Afghanistan, DAFA)의 필리프 마르키스(Philippe Marquis)의 추정치. 2012년
6월 4일 인터뷰.
* 이슬람 초기 도시는 아르크(성채), 샤흐리스탄(성내), 라바트(교외)의 세 부분으로 이
루어졌다.

경계를 정했다. 샤흐리스탄 내에는 더 높은 자체 성벽을 가진 주요 성채, 즉 아르크(ark)가 있었고, 이곳에 통치자의 궁전과 주요 관청이 자리 잡았다.

발흐의 크기는 성채만으로도 충분히 짐작할 수 있다. 발라 히사르(Bala Hisar)라고 불리던 성채는 터키 해안에 위치한 전형적인 헬레니즘 시대의 도시인 프리에네(Priene)의 저지대 전체 크기의 두 배였으며, 고대 트로이 전체 면적의 열 배였다.[3] 그런데 이 성채는 겨우 발흐 전체의 1/10도 안 되는 지역을 차지하고 있었다! 발흐의 모든 것이 밀과 쌀, 감귤류를 기반으로 호황을 누리던 농업 분야와 금속제 공구 및 도자기류 가정용품, 터키석, 정교한 가죽 상품 생산, 그리고 인도와 중동, 중국에 이르는 국제무역으로 축적된 어마어마한 부의 내음을 물씬 풍겼다. 실제 발흐는 아프가니스탄을 지나 인도로 가는, 그리고 지중해를 향해 서쪽으로 이어지는 간선도로의 최적지에 자리 잡고 있었다.[4]

심지어 오늘날에도 발흐의 표층에서는 기원후 100~400년 시기에 생산된 로마와 인도의 도자기류와 똑같은 자기류 파편이 발견된다. 이미 로마 작가들이 발흐를 엄청나게 부유한 곳으로 묘사한 것이나[5] 다마스쿠스나

---

3) 연대 추정을 위해 집중적인 조사가 성벽을 중심으로 이루어졌다. Rodney S. Young, "The South Wall of Balkh-Bactra", *American Journal of Archaeology* 59, 4 (October 1955): 267~76; M. Le Berre and D. Schlumberger, "Observations sur les remparts de Bactres", in *Monuments preislamiques d'Afghanistan, Memoires de la Délégation archéologique Française en Afghanistan*, ed. Bruno Dagens, Marc le Berre, and Daniel Schlumberger (Paris, 1964), 9: 67ff. 참조.

4) 한 로마 작가의 주장에 따르면, 발흐를 지나 옥수스강(아무다리야강)으로 이어지는 작은 지류에는 여전히 배가 다녔고 덕분에 상인들은 인도산(產) 제품을 카스피해까지 막힘 없이 운송할 수 있었다. B. V. Lunin, *Zhizn i deiatelnost akademika V. V. Bartolda* (Tashkent, 1981), 43ff.; 바르톨트의 설명은 "Khafiz-i Abru i ego sochineniia", *Muzafariia, sbornik statei uchennikov barona Victora Romanovicha Rozena ko dniu dvatsatiletiia ego pervoi lektsii* (St. Petersburg, 1897), 1~28, reprinted in V. V. Bartold, *Sochineniia* (Moscow, 1983), 8: 74~97 참조.

5) Young, "The South Wall of Balkh-Bactra", 275.

안티오크, 카이로의 시장과 궁전을 익히 알고 있던 훗날의 아랍 방문객들이 이곳을 '도시들의 어머니'[6]로 언급한 것으로 미루어보아 이는 놀랄 일이 아니다. 그런데 주목해야 할 점은 이 아랍 저자들이 묘사하고 있는 도시가 아랍의 침략이 있기 바로 한 세대 전부터 경제적 쇠락을 겪고 있던, 그리고 당시 아랍 군대에 의해 무참히 약탈당한 곳이라는 것이다.[7] 이 사건 이후에도 중동의 방문객들은 '아름다운 발흐'라며 도시들의 어머니인 발흐에 계속해서 경의를 표했다.

중앙아시아의 수많은 다른 대도시가 그 크기를 두고 발흐와 경쟁했다. 오늘날 우즈베키스탄에 있는 사마르칸트의 전신인 아프라시아브(Afrasiab)도 그중 하나였는데, 대량생산된 직물 및 다른 상품으로 부유해진 이 도시는 빽빽하게 건축물이 들어선 500에이커가 넘는 지역을 아우르고 있었다.[8] 또 다른 도시는 아프가니스탄 너머 아무다리야강의 우즈베키스탄 쪽에 있는 하항(河港)도시 티르미즈(테르메즈)로, 그 크기가 1,000에이커에 달했다.[9] 오늘날 남부 투르크메니스탄에 있는 메르브도 이러한 도시 가운데 하나인데, 기원후 500년경에 이미 오래된 대도시 단지를 이루고 있었다.[10]

---

6) 발흐에 관한 아랍인들의 설명은 Schwartz, "Bemerkungen zu den arabischen Nachrichten über Balkh", in *Oriental Studies in Honor of Cursetji Erachji Pavry* (London, 1933), 434~43 참조.

7) W. Barthold, *An Historical Geography of Iran*, ed. C. E. Bosworth (Princeton, 1984), 17.

8) G. V. Shishkina, "Ancient Samarkand: Capital of Soghd", *Bulletin of the Asia Institute*, New Series, 8 (1994): 81~100. 이들 자료에 대한 권위 있는 검토는 A. M. Belenitskii, I. B. Bentovich and O. G. Bolshakov, *Srednevekovyi gorod Srednei Azii* (Leningrad, 1973) 참조.

9) Y. F. Buryakov et al., *The Cities and Routes of the Great Silk Road* (Tashkent, 1999), 54ff.

10) 아래에 인용된 조지나 헤르만의 연구 이외에도 N. G. Bulgakov, "Iz arabskikh istochnikov o Merve", *Trudy iuzhno-turkmenistanskoi arkheologicheskoi kompleksnoi ekspeditsii*, vol. XII, Ashgabad, 1963, 213~24은 유용한 출발점이다.

이들 도시 여럿이 당대에 세상에서 가장 큰 도시로 불리며, 성벽이 25킬 로미터나 뻗어 있던 중국의 시안(西安, 옛 이름은 장안(長安))과 경쟁했다. 중 국의 도시와는 달리 중앙아시아의 도시는 여러 겹의 원형 성벽으로 둘러 싸여 있었는데, 가장 바깥쪽의 성벽은 유목민의 침략과 밀려오는 모래바 람을 막기 위한 것이었다. 오아시스 도시 메르브의 가장 바깥쪽 성벽은 그 길이가 250킬로미터가 넘었는데, 이는 잉글랜드와 스코틀랜드를 분리하는 하드리아누스 성벽 길이의 세 배에 달한다. 이 거리를 낙타를 타고 가려면 최소한 열흘은 걸렸을 것이다.[11] 이 성벽은 집약농업 지대와 다양한 제조 업에 종사하던 작은 도시들, 그리고 그 크기나 인구 면에서 발흐를 능가하 는 도심을 보호했다.[12] 메르브를 에워싼 것과 같은 위성도시와 마을들이 모든 다른 대도심지에서도 발견된다. 지금의 카자흐스탄 남부에 있는 오트 라르는 거의 100곳에 이르는 인근 소도시와 마을을 자랑했는데, 이 모두 가 느슨한 형태로 하나의 지역 경제에 묶여 있었다.

카스피해 해안가에서부터 동쪽으로 지금의 중국 신장 지역까지, 그리 고 아프가니스탄을 가로질러 남동쪽으로 인더스 계곡에 이르는 지역 곳 곳에 흩어져 있던 조금 더 작은 규모의 도시들 역시 중요했다.[13] 이 가운

11) A. B. Yazbderdiev, "The Ancient Merv and Its Libraries", *Journal of Asian Civilizations* 23, 2 (December 2000), 138.

12) 오늘날의 이 건축물에 대한 포괄적인 개요는 Georgina Herrmann, *Monuments of Merv: Traditional Buildings of the Karakum* (London, 1999) 참조.

13) 중앙아시아 도시생활에 관한 연구로는 V. A. Litvinskii, "Drevnii sredneaziatsii gorod", in *Drevnii vostok, Goroda i torgovlia (I~III tysiachiletiia do n. e.)* (Yerevan, 1973), 99~125; V. M. Masson, "Protses urbanizatsii vi drevnei istiorii Srednei Azii", in *Drevnii gorod Srednei Azii: Tezisi i doklady* (Leningrad, 1973), G. A. 페도로프-다비도프(G. A. Fedorov-Davydov) 의 낮아 보이는 인구 추정치(메르브 인구 15만 명, 부하라 인구 8만 명 등) 는 "Archaeological Research on Central Asia of the Muslim Period", *World Archaeology* 14, 3 (February 1983): 394에 요약되어 있다. 호라즘의 특수 사례는 S. Tolstov, *Drevnii Khwarizm* (Moscow, 1948)와 *Po sledam drevnekhorezmiiskoi tsivilizatsii* (Moscow, 1948) 참조.

데 일부 ─ 차치(Chach, 지금의 타슈켄트)[14]나 이란의 사락스, 신장의 카슈
가르, 허톈(和闐), 투르판(Turfan), 아프가니스탄의 카불, 헤라트, 가즈니 같
은 중심지들 ─ 는 지금도 존재한다. 반면 페르가나 계곡의 아흐시켄트
(Akhsikent)나 이란 북동부 주(州)인 호라산의 투스와 니샤푸르, 투르크메
니스탄의 구르간지(쿠니아 우르겐치(Kunia Urgench)), 카자흐스탄의 오트라
르[15]와 수야브(Suyab), 타지키스탄의 기사르(Gissar) 같은 곳은 인구 감소
와 함께 겨우 버티고 있거나 완전히 자취를 감추어버렸다.

이 같은 중간 규모의 도시 가운데 대다수는 아랍인들이 모습을 드러내
기 수천 년 전부터 안정된 상업 및 도시생활을 위한 중심지를 갖추고 있
었다. 수십 개의 도시를 발굴한 결과에 따르면 주민들은 편의시설을 누리
고 최신 유행을 접하기 위해 굳이 대도시로 나갈 필요가 없었다. 오늘날
사이람(Sayram)이라 불리는 남부 카자흐스탄의 이스피자브(Isfijab)가 전형
적이었는데, 다양한 출신의 그곳 주민들은 지중해와 인도, 중국, 그리고 그
중간의 어느 지역에서인가 가져온 최신 유행품을 얼마든지 향유할 수 있
었다. 이스피자브의 인구를 4만 명으로 잡은 최초의 추정치는 수세기 후
에 계산된 것이지만, 남아 있는 성벽은 시장이 서던 이 소도시가 아랍 정
복 당시에 이미 유구한 도시였음을 보여 준다. 중앙아시아에 존재하던 많
은 작은 교역 중심지들의 전형이었던 이스피자브의 인구는 중세 초 파리
(Paris)의 인구와 비슷했다.[16]

대도시나 중간급의 도시 외에도 중앙아시아의 서부와 북부 외곽에는
대지주, 즉 디칸(dihkan)이 소유한 견고하게 건설된 성채나 요새화된 영주
의 저택이 산재해 있었다. 적어도 세 가지 다른 유형의 웅장한 저택이 존

---

14) D. A. Alimova and M. I. Filanovich, *Toshkent tarikhi/Istoriia Tashkenta*
(Tashkent, 2009), 89, 122ff.

15) K. M. Baipakov, *Srednevekovye goroda Kazakhstana na Velikom Shelkovom
puti* (Almaty, 1998), 47~60, 145~48.

16) Buryakov et al., *The Cities and Routes of the Great Silk Road*, 106.

90 ● 잃어버린 계몽의 시대

재했다. 북쪽 사막지대의 암석 노두 위에는 발흐나 다른 도시들에서 볼 수 있었던 성채도시의 축소판인, 작은 소도시들을 아우르는 높은 성벽의 요새가 수십 개 있었다. 오늘날 투르크메니스탄의 남부와 서부 지역에 해당하는 평평한 사막지대에는 총안(銃眼)이 설치된 외벽을 갖춘 사각 형태의 거대 구조물이 많이 있었다. 코슈크(koshk)라고 불린 이 거대한 벽돌 저택은 인근 도시에 연고가 있던 명사들이 소유했다.[17] 그리고 타지키스탄과 아프가니스탄의 구릉 정상에는 지역의 통치자나 귀족, 그리고 그의 조신(朝臣)들이 열변을 토하던 성채들이 있었다. 튼튼한 성벽으로 둘러싸인 타지키스탄의 훌부크(Khulbuk)는 이러한 유형의 보조 요새를 보여 주는 매우 인상적인 예이다. 세 가지 유형의 저택을 조사한 고고학적 결과에 따르면 이러한 벽지의 주민들도 대도시 중심부의 주민들만큼이나 상당히 높은 생활수준을 향유했다.[18] 오아시스 도시의 교역 중심지였던 부하라 파이칸드(Paykand)의 한 주방에서 발굴된 250개의 정교한 점토 포도주잔은 풍족한 생활이 대도시에서만 향유된 것이 아니었음을 잘 보여 준다.[19]

중앙아시아 도시들의 인구밀도는 상당히 높았는데, ─ 한 전문가의 추정에 의하면 일반적으로 에이커당 230~70명 정도였다.[20] ─ 전(全) 주택의

---

17) 잘 알려진 메르브의 예들 이외에도 G. A. Pugachenkova, *Puti razvitiia arkhitektury iuzhnogo Turkmenistana pory rabovladeniia i feodalizma* (Moscow, 1958), 149~67 참조.

18) 타지키스탄 우라 티우베(Ura Tyube)에 있는 6~8세기의 빈자카트(Binjakat) 성채에 관한 묘사는 N. N. Negmatov, "Utrushana, Ferghana, Chach, and Ilak", in *History of Civilizations of Central Asia*, 3: 259, 264 참조.

19) G. L. Semenov, "Excavations at Paikend", in *The Art and Archaeology of Ancient Persia*, ed. Vesta Sarkhosh Curtis, Robert Hillenbrand, and J. M. Rogers (London, 1998).

20) K. M. Baybakov, *Srednevekovaia gorodskaia kultura iuzhnogo Kazakhstana i Semirechia* (Moscow, 1986), 88. 메르브, 부하라, 테르메즈 등의 인구밀도에 대한 O. G. 볼샤코프(O. G. Bolshakov)의 추정치는 *Goroda iuzhnogo Kazakhstana i Semirechiia (vi~xiiiv)* (Alma Ata, 1973), 256~68 참조.

4/5가 115제곱미터 정도의 작은 집들이었다. 비록 대개의 집들이 2~3층에 여섯 명까지 거주할 수 있는 공간을 제공했지만 말이다. 이러한 수치는 이슬람 통치 아래 국가의 군사화가 진행되면서 급속히 팽창한, 그러나 수세기 전부터 현지의 생활에 이미 자리 잡고 있던 노예제의 확산을 반영하는 것일 수도 있다. 기원후 2세기 초에 이미 중앙아시아의 부유한 4인 가구는 최소한 열일곱 명의 노예의 시중을 받고 있었음이 밝혀졌다.[21] 이들 가구 중 몇몇은 방이 쉰 개나 딸린 매우 큰 저택에서 살았다.

노예를 포함해 집안 사람이라면 누구든지 수돗물[22]을 사용할 수 있었고 내장된 벽돌 침대에서 잠을 잤다. 침대는 겨울이면 숯불로 데워진 열기가 벽돌 안에 깔끔하게 설치된 통로를 따라 전달되면서 안락해졌다. 아프가니스탄과 호라산의 무더운 지역에서는 저택 밖으로 한여름의 열기를 배출하기 위한 냉각탑이 설치되었고, 또 다른 지역에서는 특별 제작된 지하층이 태양과 열기로부터 도피처를 제공했다. 벽돌과 종종 늑재(肋材)로 보강한 돔(리브 돔)은 공기와 빛의 순환을 확보하는 데 큰 도움이 되었다. 중앙아시아인들은 궁전과 상업용 건물에서부터 호화로운 개인 저택에 이르기까지 모든 건물의 지붕을 리브 돔으로 덮었다. 돔은 이슬람 건축의 특징이 되기 수세기 전부터 페르시아어를 사용하는 세계 곳곳에서 모든 건축물에 적용되었고, 고도로 도시화된 중앙아시아 세계에서는 특히 그러했다. 메스 아이나크(Mes Aynak)의 불교 대중심지와 아프가니스탄 및 아무다리야강 계곡의 다른 여러 지역에서도 종래의 반원 아치뿐만 아니라 첨두형 아치를 볼 수 있다.

---

21) Baybakov, *Srednevekovaia gorodskaia kultura iuzhnogo Kazakhstana i Semirechia*.

22) V. A. Litvinsky, "Cities and Urban Life in the Kushan Kingdom", in *History of Civilizations of Central Asia*, ed. J. Harmatta (Paris, 1992-2005), 2: 291~312. 소그드의 노예제에 관해서는 V. G. Gafurov, ed., *Istoriia tadzhikskogo naroda* (Moscow, 1964), 1: 471ff. 참조.

유럽의 첨두형 고딕 아치의 기원은 보통 노르망디 지방의 캉(Caen)에 지어진 11세기 생테티엔 대수도원 성당으로 거슬러 올라간다.[23] 밀라노의 성 암브로시오 대성당과 북부 이탈리아의 다른 교회들에서 볼 수 있는 좀 더 이른 시기의 전례는 이러한 아치가 동쪽에서 들어온 것일 수도 있음을 암시한다. 그런데 그 동쪽은 어디일까? 자그마한 첨두형 아치를 몇 안 되는 중동의 고대 건물과 이슬람 초기의 초창기 건물 여럿, 그리고 아르메니아의 7세기 교회 한 곳에서 발견할 수 있다.[24] 이러한 첨두형 아치는 이란 쪽으로 갈수록 그 숫자가 많아지는데, 서쪽의 다른 어떤 지역보다도 아프가니스탄과 중앙아시아의 불교 지역에서 눈에 자주 띈다. 눈에 띄는 첨두형 아치를 가진 많은 지역 가운데 한곳이 카불 인근의 굴다라(Guldara)이다. 물론 이들 지역은 이란 땅이나 중동과 지속적인 무역 관계를 맺고 있었다. 따라서 고딕 아치의 계보가 불교의 중앙아시아까지 거슬러 올라갈 수 있었던 것이다. 그러나 이것이 그 길의 끝이 아닐 수도 있는데, 왜냐하면 불교 건축의 이러한 특질은 인도에서 기원한 것이 거의 확실하기 때문이다.

중앙아시아의 도시 건축으로 되돌아가 보자. 커다란 방들의 높은 회벽은 경쾌한 디자인과 인물화로 장식되어 있었다. 이러한 관행은 부유층에서 중산층의 도시민들에게로 확산되면서 이슬람 시대까지 계속되었다. 일반 주택의 벽과 바닥조차도 어디에나 있는 직조 카펫이나 풍성한 색감으로 염색된 벽걸이로 꾸며져 더 온화하고 덜 진부해 보였다. 많은 중앙아시아 도시민들은 좌식을 선호했지만 의자도 흔했다.

집안의 편의시설 말고도 도시생활은 아랍 정복 1,000년 전부터 상당히

---

23) 상세한 논의는 Eric Gustav Carlson, "The Abbey Church of Saint-Etienne at Caen in the Eleventh and Early Twelfth Centuries", PhD dissertation, Yale, 1967 참조.

24) Peter Draper, "Islam and the West: The Early Use of the Pointed Arch Revisited", *Architectural History* 48 (2005): 1~9.

높은 수준으로 발전해 왔다. 도로가 포장되었고 공중목욕탕은 널찍했으며, 일반적으로 사원이나 성지 인근에 위치한 대규모의 소매상 구역 — 종종 외부에서 방문한 무역업자들을 위한 숙박시설과 연계되어 있었다 — 이 존재했다.

이러저러한 편의시설은 중앙아시아에 뿌리 깊고 세련된 도시적 생활방식이 오래전부터 존재해 왔음을 보여 준다. 사실, 이 지역의 도시화 전통은 목축업자들이 대집단으로 무리 짓기 시작한 거의 5,000년 전으로까지 거슬러 올라간다. 4,000년 전 무렵 고누르데페(Gonurdepe)나 마르구쉬 (Margush) — 두 도시 모두 투르크메니스탄의 (오아시스 도시) 메르브에 있다 — 같은 청동기 시대의 성벽도시가 번성했다.[25] 최근의 발굴로 이와 같은 커다란 직사각형의 성벽도시들이 발견되면서 그곳의 궁전과 사원, 공공시설, 시장, 주거 지역도 알려지게 되었다. 이러한 발견은 건축물이 이미 오래전부터 단순히 실용적인 목적으로만 지어지지 않았음을 보여 주었다. 겨우 몇 세기도 지나지 않아 아프가니스탄 칸다하르(Kandahar) 근방의 문디각(Mundigak)에 정착한 공상적인 청동기 도시민들은 메소포타미아의 지구라트와 꼭 닮은 거대한 사원을 건설하고 있었던 것이다.[26]

이 모든 일이 인더스 계곡의 하라파(Harappa) 문명과 메소포타미아의 수메르 대문명이 출현한 지 얼마 되지 않아 일어났다. 실제로 마르구쉬와 고누르데페를 발굴한 투르크메니스탄의 고고학자 빅토르 사리아니디 (Victor Sarianidi)는 이는 중앙아시아의 아무다리야강 계곡이 나일, 인더스, 티그리스-유프라테스 계곡과 더불어 제4의 도시문명 발생지임을 보여 주는 증거라고 주장했다. 발굴 결과에 따르면, 매우 이른 시기에 이미 중

---

25) Viktor Sarianidi, *Gonurdepe, Turkmenistan* (Ashgabat, 2006), 36; *Margush, Turkmenistan* (Ashgabat, 2009).

26) Jim G. Shaffer, "The Later Prehistoric Periods", in *The Archaeology of Afghanistan from Earliest Times to the Timurid Period*, ed. F. R. Allchin and Norman Hammond (London, 1978), 114.

앙아시아인들은 세계문명의 중심지 세 곳 모두와 광범위한 무역 및 문화적 접촉을 하고 있었다. 그리고 적어도 한 분야에서는 중앙아시아인들이 선두를 달리고 있었다. 미국의 창의적인 고고학자 두 명, 즉 1900년경의 라파엘 펌펠리와 한 세기 후의 프레드릭 하이버트의 연구 덕분에 우리는 청동기 시대의 중앙아시아인들이 여러모로 빵을 굽기 위해 곡식을 재배한 최초의 인류였음을 알게 되었다.[27]

물론 중동이나 중국, 아메리카 등지에도 고대와 중세 초에 대도시들이 있었다. 고고학자들은 기원전 3000년 무렵 메소아메리카에 최소한 25개의 복합 도심지가 있었다고 말한다.[28] 하지만 대규모의 관개시설이 요구하는 조직적 정교함을 수출지향적인 농업 및 제조업과 결합하고, 세계 곳곳을 여행하는 대규모의 무역업자와 무역을 관장하는 사업가를 양성한 것은 중앙아시아 대도시만의 고유한 업적이었다.

기온 상승이 있었는가

오늘날 발흐를 방문하는 이들은 슬픈 경험을 하게 된다. 고대의 방문객들이 이야기하던 포도밭과 감귤 숲, 사탕수수밭은 이따금 저지대에서 보이는 접시꽃이 그나마 단조로움을 덜어줄 뿐 온통 산쑥과 먼지로 뒤덮여 있다. 중앙아시아 저 멀리 북쪽으로 한때 농지로 둘러싸인 성채로 생기가

27) Fredrik T. Hiebert with Kakamurad Kurbansakhatov, *A Central Asian Village at the Dawn of Civilization: Excavations at Anau, Turkmenistan*, University Museum Monograph, no. 116 (Philadelphia, 2003); Peggy Champlin, *Raphael Pumpelly, Gentleman Geologist of the Gilded Age* (Tuscaloosa, 1994); S. Frederick Starr, "Raphael Pumpelly: Founder of U.S.-Turkmen Cultural Ties", *Miras* 2 (2010): n.p.

28) Daron Acemoglu and James A. Robinson, *Why Nations Fail: The Origins of Power, Prosperity, and Poverty* (New York, 2012), 148.

넘쳐났던 광활한 우즈베키스탄의 호라즘이나 투르크메니스탄의 데히스탄 (Dehistan) 역시 지금은 식물을 거의 찾아볼 수 없는 적막한 사막일 뿐이다. 중앙아시아의 문화적·지적 번영은 지금은 이 지역에서 일상화된 여름의 무더위와 겨울의 강추위가 없던 한시적인 시기에 온화한 날씨와 풍부한 강우량 덕분에 촉진되었던 것일까? 혹은 창의적 삶이 삭막한 기후 속에서도 그나마 촉촉하고 안락한 시기에 우연히 분출되어 짧지만 활기찬 문화생활이 가능했던 것일까?

이러한 이론은 매력적이지만 아직까지는 이를 입증할 만한 증거가 없다. 반면 대부분의 전문가들은 연간 강우량을 포함해 중앙아시아의 기후가 기원전 100년부터 기원후 1200년까지 거의 한결같았을 뿐만 아니라 오늘날과 별반 다르지 않았다고 주장한다. 어떤 이들은 열건성 위기가 기원전 3000년 중반에 그리스에서부터 인도에 이르기까지 전역에서 발생했으며, 그 결과 수세기 동안 가혹한 가뭄이 지속되었다고 확신한다.[29] 그러나 이 사건 후에 오늘날 우리가 알고 있는 기후와 비슷해졌고 고대를 지나 오늘날까지 지속되고 있다는 것이다.[30] 한 세기 전 네덜란드의 오리엔탈리스트인 미카엘 얀 더 구여(Michael Jan de Goeje)는 오늘날의 건조함이 상대적으로 더 푸릇푸릇했던 계몽 시대 이전부터 있었다는 주장의 신빙성을 떨어뜨리는 10세기 아랍 지리학자들의 저작을 출판하였다.[31] 이에 이의를 제기한 이는 호라산의 사막화 확산이 11세기 셀주크의 대두를 설명하는 데 도움이 될 수도 있다고 최근 주장한 컬럼비아 대학의 리처드 W. 불

---

29) Sarianidi, *Gonurdepe, Turkmenistan*, 35.

30) Sophia R. Bowlby, "The Geographical Background", in *The Archaeology of Afghanistan*, 17; Fredrik T. Hiebert, *Origins of the Bronze Age Oasis Civilization in Central Asia* (Cambridge, 1994), 10~11.

31) *Bibliotheca geographorum Arabicorum* (Leiden, 1870-1894)에 게재. 바르톨트는 더 구여의 결론에 동의했다. V. V. Barthold, *Four Studies on the History of Central Asia*, trans. V. and T. Minorsky (Leiden, 1956), 1: 13.

리엇뿐이다.[32] 그럼에도 당분간은 이러한 가설이 입증된 것이 아님을 반드시 염두에 두어야 한다. 하여튼 우리가 주목하는 시대 내내 중앙아시아의 기후는 지금만큼이나 건조하고 척박했던 것 같다. 오늘날 이 지역의 농부들은 4,000년 전 물(Water)에 신전을 지어 바쳤던 마르구쉬 조상들의 심정을 충분히 이해할 것이다.[33]

그렇다면 무엇이 이 같은 뚜렷한 변화를 야기했던 것일까? 지붕보에 쓸 목재의 소실로 인해 3,000년 된 투르크메니스탄의 고누르데페 같은 초기 도시 중 일부에서는 건축업자들이 건물의 지붕을 벽돌 돔으로 덮을 수밖에 없었다.[34] 심지어는 아프라시아브나 메르브, 구르간지에서도 예전에는 흔하게 쓸 수 있었던 목재가 귀해졌다. 산비탈 아래의 울창했던 숲에 무슨 일이 일어난 것일까? 그리고 한때 배가 드나들 정도로 풍성한 수량을 뿜내며 발흐에서 아무다리야강까지 흘렀던, 그러나 지금은 완전히 말라버린 발흐강에는 무슨 일이 일어난 것일까?

두 변화 모두 기후가 아니라 인간 행동에서 기인했다. 미국 학자 나오미 밀러(Naomi Miller)에 따르면, 삼림 파괴의 기원은 대장간이 많이 생기면서 엄청난 양의 땔감이 필요해진 2,400년 전 청동기 시대로까지 거슬러 올라간다.[35] 이러한 주장은 건축, 난방, 요리에 필요한 벌목과 함께 대(大)중앙아시아 전역에서 삼림지대가 사라지게 된 원인을 설명하는 데 크게 일조했다.

32) Richard W. Bulliet, *Cotton, Climate, and Camels in Early Islamic Iran* (New York, 2009).

33) Sarianidi, *Margush, Turkmenistan*, 264~67.

34) Muhammed Mamedov, *Drevnaia arkhitektura Baktrii i Margiani* (Ashgabat, 2003).

35) Naomi F. Miller, "Paleoethnobotanical Evidence for Deforestation in Ancient Iran: A Case Study of Urban Malyan", *Journal of Ethnobiology* 5 (1985): 1~21.

풀을 고사시킬 정도로 짧게 뜯어 먹을 수 있는 이빨을 가진 양과 염소의 방목 또한 물 위기를 재촉했다. 수세기 동안 이 방목 가축들이 토양을 지탱하는 산비탈 아래쪽의 풀밭과 다른 종류의 식물들을 고사시켜 버린 것이다. 그 결과 지형은 황폐해졌고 지층 아래의 암반을 노출시키는 대대적인 침식으로 이어졌다. 예전에는 소나기 덕에 풀이 자라고 정상류의 물줄기가 공급되었다면, 이제는 봄장마에 내린 비가 급류가 되어 구릉 중턱까지 휩쓸었고 뒤이어 가뭄이 찾아왔다.

요컨대, 중앙아시아의 환경은 문화 황금기 이후 수세기 동안 극적으로 달라졌다. 그러나 이러한 변화의 동인은 자연 그 자체가 아니라 인간이었다. 특히 연료로 사용할 목재를 찾아 끈질기게 돌아다니고 목동이 양과 염소를 살찌우기 위해 푸른 목초지를 끊임없이 탐색한 결과였다. 누군가는 이러한 변화가 재러드 다이아몬드(Jared Diamond)의 『문명의 붕괴: 사회의 몰락과 성공은 어떻게 선택되는가』(*Collapse: How Societies Choose to Fail or Succeed*)에 나오는 이론 — 문명은 사람들이 의존하고 있는 환경을 파괴할 때 소멸한다 — 의 적용을 정당화한다고 피상적인 결론을 내릴지도 모르겠다.[36] 하지만 이 경우 앞의 변화들은 계몽 시대의 시작이나 끝을 설명하기에 충분하지 않다.

'집약'문명

이 같은 부정적인 요인들 외에도 중요한 긍정적인 힘이 중앙아시아 전역에서 문명 및 고급문화의 발전과 유지를 가능하게 했다. 이 역시 그 동인은 자연이 아니라 인간이었는데, 특히 사람들이 기예와 관개기술에 점점

---

36) Jared Diamond, *Collapse: How Societies Choose to Fail or Succeed* (New York, 2005).

더 능통해진 결과였다. 척박한 중앙아시아의 일부 지역에 문명이 대두한 것은 다름 아닌 관개 덕분이었다. 이러한 측면에서 당연히 희귀한 자원, 즉 물에 대한 보존과 분배, 총체적인 관리를 위해 복잡한 시스템을 구축하고 유지하는 데 사회적 에너지를 집중시킨 중앙아시아를 '수리문명'(hydraulic civilization)이라고 불러야 한다.[37] 이 용어는 상당히 논쟁적이었던 『동양적 전제주의』(Oriental Despotism, 1957)라는 제목의 책에서 독일계 미국인 학자 카를 비트포겔(Karl Wittfogel)이 처음으로 사용했다. 그는 중국과 인도, 멕시코와 메소포타미아 등을 성격상 '수력으로 움직이는' 사회라고 규정했지만, 그의 개념은 중세 중앙아시아의 일부 측면에도 들어맞는다. 시간이 흐르면서 관개가 강조될수록 고도로 규범적인 사회질서와 엄격하게 위계적인 정치문화가 만들어졌는데, 비트포겔은 이를 전제주의라고 불렀다. 정부는 대규모의 복잡한 관개 체계를 전적으로 책임졌으며, 그것을 유지하기 위한 노동력의 동원과 관리라는 극도로 중요한 책무도 수행했다.

그러나 모든 관개가 관영화와 중앙집권화, 상의하달 방식의 관리로 이어진 것은 아니라는 점에 주목할 필요가 있다. 고대 그리스도 물이 부족했지만, 그것의 구릉성 지형은 중앙아시아에 널리 퍼져 있던 정부가 조직한 대규모의 관개시설 구축을 방해했다. 대신 개개의 농부들이 소규모의 활동을 통해 물 문제를 해결하고자 지역 수준에서 이웃들과 함께 작업을 했다. 이는 공동의 책임의식과 시민의식을 조성함으로써 그리스의 도시 및 정치 생활에 중요한 함의를 가지게 되었다.

전체적으로 중앙아시아의 관개 조직은 비트포겔의 모델과 상당 부분 유사했지만 중요한 한 가지가 달랐다. 그의 주요 관심 대상이었던 중국이나

---

37) 수리문명에 관한 개념은 Karl A. Wittfogel, "The Hydraulic Civilizations", in *Man's Role in Changing the Face of the Earth*, ed. William L. Thomas, Jr. (Chicago, 1956), 152~64 참조.

메소아메리카에서는 '수리'문명이 개개의 오아시스나 집단 또는 도시-국가가 아니라 국가 전체를 아울렀다. 그러나 중앙아시아에서는 고도의 조직화나 관영화가 하나의 오아시스를 넘는 규모로 이루어진 적이 거의 없었다. 오아시스 간의 거리가 엄청나게 멀 뿐만 아니라 따로 떨어진 수력시설 하나하나를 관리하는 데 필요한 조직 능력도 겸비해야 했기 때문이었다. 그러다 보니 오아시스별로 집약적인 공무(公務)가 이루어졌고 지역적 또는 국제적 수준의 군정(軍政)은 미약하고 한정적으로 존재할 뿐이었다. 제국들 ─ 대다수가 중앙아시아에서 기원했다 ─ 이 연달아 이 지역에 대한 패권을 쥘 수 있었던 배경이다. 그럼에도 불구하고 중앙아시아의 주요 수력시설은 2,000년이 넘도록 별다른 문제없이 13세기 몽골 침략 때까지 잘 유지되었던 것 같다.[38]

중앙아시아에서는 철기 시대에 이미 도시생활에 필수적이었던 관개시설이 구축되기 시작했다.[39] 페르시아와 그리스, 그리고 다른 외부의 침략자들이 침입하기 오래전부터 이러한 관개시설이 이곳 오아시스 문명의 삶을 규정했다. 충분한 자격이 있다고 인정받은 수문학자(水門學者)이자 기술자였을 기사들은 시설 운영을 감독하는 두 가지 기초 기술을 이용했다.

첫 번째 기술은 산천이 평원에 연못이나 호수를 형성하는 지점에 댐을 건설하는 것이었다. 이러한 댐들은 대개 점토를 안에 덧바른 대규모의 조적식 구조물이었지만 지붕이 덮인 작은 규모의 댐도 있었다. 발흐의 발흐강과 부하라의 자리루드(Zarirud)강, 메르브의 무르가브(Murghab)강, 아프

---

38) 콜럼버스 이전에 이곳과 다른 지역에서 중앙아프리카가 이룬 성취에 관해서는 Charles C. Mann, *1491: New Revelations of the Americans before Columbus* (New York, 2005) 참조.

39) 오트라르 오아시스에 초점을 맞춘 개요는 Renata Sala, "Historical Survey of Irrigation Practices in West Central Asia", Laboratory of Geo-Archaeology, Centre of Geologo-Geographical Research, Ministry of Education and Science, Kazakhstan, http://lgakz.org/Texts/LiveTexts/7-CAsiaIrrigTextEn. pdf 참조.

라시아브의 자라프샨(Zarafshan)강, 구르간지의 아무다리야강의 댐은 사계절 내내 꾸준히 물이 도시를 통과해 흐르도록 하기 위해 개폐식의 거대한 수문과 밸브를 갖추고 있었다.[40] 당연히 적군은 댐을 파괴하는 것만으로도 쉽게 도시를 침수시킬 수 있었고, 이러한 일이 발흐와 구르간지에서 실제로 벌어졌다. 이 댐들은 농지를 둘러싸고 도시까지 연결된 6개 정도의 주요 개수로에 차례차례 물을 공급했다. 발흐에는 이 같은 수로가 20개나 있었다. 주요 운하의 길이가 96킬로미터에 달하거나 정교하게 제작된 수도교(水道橋)가 있는 경우도 드물지 않았다.

증발을 최소화하기 위해 중앙아시아인들은 수로를 더 깊이 파서 태양에 노출되는 면적을 줄이고자 했다. 또한 누수로 인한 손실을 방지하기 위해 수로 안을 덧대기도 했다. ─ 이 두 기술을 무시한 소비에트 기술자들은 처참한 결과를 초래했다. ─ 이렇게 만들어진 작은 강들은 대개 아귀가 딱 맞는 구운 점토 배관을 통해 지하로 흘려 보내졌다. 아프라시아브 도심을 지나는 주요 공급 배관은 납으로 만들어졌는데, 초창기 한 방문객은 이것이야말로 '세계 8대 불가사의'라고 묘사했다.[41]

두 번째 기술은 도시 인근 고지에 물을 모아 정밀하게 판 지하수로, 즉 카레즈(kariz)를 통해 정착지나 농지로 보내는 것이었다. 들판에 물을 대기 위해 개발된 이 장치는 통풍과 접근을 위해 일정하게 배치된 수직 통로 건설뿐만 아니라 긴 지하도의 굴착도 필요로 했다. 이러한 수로들의 길이는 보통 수킬로미터에 달했고 깊이도 90미터가 넘었다. 도시 전체 바로 밑을 통과했음을 고려하면 이 역시 공학기술의 경이로 여겨져야 한다.

두 형태의 수력장치는 일정한 간격으로 세심하게 설치·제작된 다양한

---

40) 발흐댐의 파괴와 전체적인 발흐 관개 조직에 관해서는 Akhror Mukhtarov, *Balkh in the Late Middle Ages* (Bloomington, 1993), 70~79 참조.

41) A. M. Mukhamedzhanov, "Economy and Social System in Central Asia in the Kushan Age", in *History of Civilizations of Central Asia*, 2: 272.

형태의 리프팅 기계의 순조로운 작동과 더불어 정상류를 담보하기 위해 정확하게 조정된 경사도도 필요로 했다. 공중목욕탕이나 가정집에 물을 공급하던 도시 내의 지하 배관은 구운 점토로 만들어졌고 미로처럼 얽히고설켜 있었다. 그런데 이 배관들은 극심하게 변화하는 경사도로 인해, 그리고 밸브와 집수구, 청소를 위한 접근 지점까지 설치되면서 더욱더 뒤얽히게 되었다.[42] 이러한 시설을 설계하고 만들어 유지하는 데 필요한 기술이 지천으로 넘쳐났다. 12세기 메르브 한 도시에만도 수력장치를 유지하기 위해 1만 2,000명의 직원이 일하고 있었으며, 그 가운데 300명이 잠수부였다고만 말해 두자![43] 이 시기 메르브는 중국의 항저우(杭州)보다 더 큰, 세상에서 가장 큰 도시였고,[44] 이슬람 시대 이전부터 이미 오래된, 그리고 상당히 발전한 상수도 시설을 갖춘 대도시였다.

중앙아시아 도시에 대해 쓴 일부 저자들은 자신의 의제를 설명하기 위해 '이슬람 도시'라는 포괄적인 개념을 적용했다.[45] 그도 그럴 것이, 12~13세기가 되면 중앙아시아의 도시들은 많은 면에서 이슬람 세계의 다

---

42) 카자흐스탄 악퇴베(Aktobe)의 급수시설에 관한 철저한 조사는 U. Kh. Shalekenov and A. M. Orazbaev, "Nekotorye dannye o vodoprovodnoi sisteme srednevekovogo goroda Aktobe", in *Istoriia materialnoi kultury Kazakhstana* (Alma-Ata, 1980), 24~48 참조.

43) 이 정보를 위해 클리퍼드 에드먼드 보스워스는 10세기의 아랍 지리학자 이븐 하우칼(Ibn Hawqal)과 알 마크디시(al-Maqdisi, 954~1000?)를 인용했다. "Merv", in *Historic Cities of the Islamic World*, ed. Clifford Edmund Bosworth (Leiden, 2007), 401ff.

44) 이 책 제12장 참조.

45) 이 같은 견해에 대한 가장 전면적인 설명은 Louis Gardet, *La cité musulmane, vie sociale et politique* (Paris, 1954); Eckart Ehlers, "The City of the Islamic Middle East: A German Geographer's Perspective", in *Papers in Honor of Professor Ehsan Yarshater, Iranica Varia, Textes et mémoirs* (Leiden, 1990), 16: 167~76; Gustave E. von Grunebaum, *Islam and Medieval Hellenism: Social and Cultural Perspectives* (London, 1976) v, 25~37; R. B. Sergeant, ed., *The Islamic City* (Paris, 1980)의 논문 참조.

른 도시들과 비슷해졌다. 그러나 이 무렵의 중앙아시아 대도시들은 이미 아랍 정복이 있기 수세기 전부터 형성해 온, 그리고 그 후에도 수세기 동안 계속 유지해 온 그들만의 특성을 지니고 있었다. 이러한 특수성은 무엇보다도 일상을 가능케 한 관개시설과 또 이들 시설이 기능할 수 있도록 만든, 철저히 위계적이면서도 엄격하게 규제된 사회체제에서 기인했다.

오아시스 문명은 풍부한 농산물과 고품질의 상품을 생산했고, 그 결과 부가 창출되었다. 하지만 그것은 물과 관개지의 부족 속에서 만들어진 것이었다. 이용 가능한 물을 세심하게 모아 수로로 운반한 후 효율적으로 배치해야 했기에, 많은 연구 분야에서 중앙아시아인들은 거대한 도전에 직면했다. 그들은 집중력과 상상력으로 응수했다. 이슬을 모으기 위해 번뜩이는 고효율적인 기술을 적용한 여러 대상 숙소(카라반사라이)나 도시 거주지에 음용수를 제공하는 복잡한 지하 파이프 배관 정도만 일단 적어 두겠다. 이러한 지략은 자원을 광범위하게보다는 집약적으로 이용한 문명의 전형을 보여 준다. 일본의 전통사회를 대표적인 예로 들 수 있는 집약문명은 더 많은 자원을 손에 넣고자 하기보다는 제한된 현존 자원으로부터 '본전'을 확실히 뽑아 생산성을 증대하고자 한다. 이와는 반대로 차르의 러시아와 소련은 자원을 광범위하게 이용한 전형적인 예로, 기존의 임야 및 농업 노동력을 효율적이고 생산적으로 이용하여 농사를 짓기보다는 토지와 노동력을 끊임없이 추가함으로써 농업 생산성을 향상시켰다. 당연히 중앙아시아 오아시스 농업의 집약적인 특성은 그들의 삶과 문화 전반에도 영향을 끼쳤다.

고부가가치를 양산하던 무역업자들

중앙아시아 부의 두 번째 원천인 장거리 무역과 상업 역시 지리적 현실과 인간의 진취성이 결합하여 결정되었다. 지도를 얼핏 들여다보는 것만으로도 이 지역의 지리적 위치가 매우 독특하다는 것을 알 수 있다. 유라시아 대륙의 위대한 문명은 모두 중앙아시아에서 접근 가능하며, 이들 문명 또한 중앙아시아를 거쳐야만 육로를 통해 서로 접촉할 수 있다. 그야말로 역사의 여명기 이래 수송과 무역이라는 견지에서 중앙아시아는 중심에 있어왔다. 천지창조가 가져온 이와 같은 뜻밖의 횡재를 이용하기 위해 이 지역의 주민들은 단지 거리를 극복할 수 있는 방법만 찾으면 되었다.

기원전 8세기에 그들은 이 일을 해냈다. 이 시대 이전부터 바퀴는 널리 통용되었는데, 주로 전차에 사용되었고 우차(牛車)에도 쓰였다. 낙타는 역축(役畜)으로 이용되었다. 그런데 기원전 1000년이 시작될 무렵에 대두한 기병(騎兵)이 전차를 무용지물로 만들었다. 나중에는 중동의 고대 로마 도로가 쇠락하면서 차륜 차량의 가치가 더욱 줄어들었다. 대개의 경우와는 완전히 반대로, '거만한 900파운드의 근육 덩어리에 불과할 수도 있지만 그 진가를 알아보는 자들에게는 기품 그 자체[46]'라고 숭앙받던 낙타가 바퀴를 대체했다. 낙타는 단순한 지형을 가진 이 지역에서 상품과 사람을 수송하는 가장 효율적인 수단이었다. 곧 단봉낙타라고 불리는 혹이 하나인 큰 낙타가 중동에서 운송을 위해 사육되었다. 하지만 쌍봉낙타가 가진 장점 때문에 중앙아시아인들은 이 짐승을 단봉낙타보다 더 유용하다고 생각했다. 추위에 둔감한 것이 장점 가운데 하나였는데, 긴 털을 가진 교배종은 특히 추위에 강했다. 또 다른 장점은 중앙아시아 곳곳에서 흔히 볼 수 있는 산골짜기에서도 발을 단단히 딛고 설 수 있다는 것이었다. 그 결과 중동의 단봉낙타가 아니라 바로 이 '박트리아의 토종 낙타'가 지역과 대륙 수송의 근간이 되었다.

그런데 이 동물들은 무엇을 실어 날랐을까? 답은 무게와 질량의 문제에

---

46) E. E. Kuzmina, *Prehistory of the Silk Road* (Philadelphia, 2008), 66ff.; Richard W. Bulliet, *The Camel and the Wheel* (New York, 1990), 27. 이 논의는 리처드 W. 불리엣의 연구에 기반한 것이다.

달려 있다. 박트리아 낙타 한 마리는 500파운드까지 짐을 실어 나를 수 있었고, 따라서 1,000마리의 낙타로 이루어진 대상단(大商團)은 약 50만 파운드의 짐을 운송할 수 있었다. 오늘날의 기준으로 컨테이너가 약 5만 파운드를 싣는다고 상정하면, 이는 중간 규모의 대상단일지라도 10~12칸의 화물열차만큼 운송할 수 있었음을 의미한다. 물론 과도한 무게나 용량은 수익을 해칠 수 있다. 따라서 이상적인 화물은 가치는 높고 무게와 질량은 적게 나가는 것이었다. 최근에는 이런 식의 이해타산이 많은 아프가니스탄 사람이나 중앙아시아인들을 마약 거래로 끌어들이고 있다. 그러나 기원전 3500년에 유라시아 대륙에서 가장 수익이 높았던 단 하나의 무역 상품은 아프가니스탄에서 채굴되던 눈부신 청금석(靑金石)이었다.

5,000년 전 아프가니스탄의 청금석은 파라오의 이집트와 인도의 하라파 문명에서 모두 유명했고 대단히 귀하게 여겨졌다. 그 외 다른 보석과 광물도 귀한 대접을 받았기에, 아프가니스탄은 동서양 모두에 사치품을 제공하는 최고의 공급처가 되었다. 오늘날 신장에 있는 허톈의 비취(翡翠)와 지금은 아프가니스탄과 타지키스탄에 있는 바다흐샨(Badakhshan) 지역의 에메랄드, 그리고 오늘날 우즈베키스탄의 노다지에서 채굴된 금과 아프가니스탄의 구리가 고수익을 창출하던 수출 품목으로서 청금석과 어깨를 나란히 했다. 보석 및 금속 수출에서 시작된 무역이 높은 수익을 창출하는 상품과 제품 거래로 확대되었다.

머지않아 수백, 수천 마리의 박트리아산 낙타로 구성된 대상단이 인도와 중국, 중동으로 향했다.[47] 고가의 상품과 제품을 중앙아시아의 작업장과 시장에서 실어 날랐으며, 고향이 되었든, 정반대편의 머나먼 지역이 되었든 간에, 시장에서 판로를 찾을 수 있는 상품이면 무엇이든지 가지고 돌아왔다. 수천 가지의 다양한 품목이 이내 말안장 주머니를 가득 채웠다.

---

47) A. Foucher, *La vieille rue de l'Inde de Bactres à Taxila, Mémoires de la Délégation archéologique Française en Afghanistan* (Paris, 1942), vol. 1.

긴 대상단 행렬은 하루에 약 32킬로미터가량을 이동했고 더운 날에는 밤에 움직였다.[48) 낙타는 포장도로를 필요로 하지 않았기 때문에 대상단 우두머리는 날씨나 시장, 정치적 변화에 따라 언제나 노선을 변경할 수 있었다. 이 같은 대상단 무역의 엄청난 유연성 때문에 동-서/남-북 간선도로의 명확한 통행로를 밝히려는 최근의 노력이 큰 어려움을 겪고 있다.[49) 한편 중앙아시아의 무역업자들은 우리가 오늘날 상상할 수 있는 것보다 훨씬 더 큰 규모로, 지역의 주요 3대 강을 이용해 크고 튼튼하게 만들어진 배로 상품을 실어 날랐다.[50) 카자흐스탄의 오트라르 박물관에 보존된 5미터 길이의 멋진 화물선은 이런 종류의 목선(木船)이 한때 아무다리야강과 시르다리야강을 왕복했음을 넌지시 알려 준다.

이 얽히고설킨 노선과 운송 방식이 19세기 독일의 지리학자가 '비단길'(실크로드, Seidenstrasse)이라고 부적절하게 명명한 바로 그것이다. 이 용어를 만든 페르디난트 폰 리히트호펜(Ferdinand von Richthoven, 1833~1905)이 대략 기원전 100년부터 기원후 1500년까지 이 노선을 따라 중국에서 서쪽으로 이동한 비단에 주목한 것은 옳았다. 그러나 그는 비단이 유일한, 아니면 주된 무역 상품이었음을 암시하는 실수를 범했다. 그는 쉽게 아프가니스탄에서 이집트와 인도로 향하는 '청금석길', 허톈에서 중국으로 가는 '비취길', 아프가니스탄과 타지키스탄의 파미르고원에서 동서로 뻗어 있는 '에메랄드길', 또는 중동의 수도로 이어지는 '황금길'이나 '구리길'이라고 말할 수도 있었다. 또 그는 주요 운송로들이 주로 중국으로 이어졌고 인도로는 향하지 않았다고 추정하는 우를 범했다. 게다가 비단이

---

48) Barthold, *Turkestan Down to the Mongol Invasion*, 137.

49) 비교적 성공한 이 같은 지도 제작의 시도는 Buryakov et al., *The Cities and Routes of the Great Silk Road* 참조.

50) Denis Sinor, *Inner Asia and Its Contacts with Medieval Europe* (London, 1977), chap. 4; Edvard Rtveladze, *Civilizations, States, and Cultures of Central Asia* (Tashkent, 2008), 258ff.

중국에서만 생산된다고 생각하는 오류도 저질렀다. 사실 중앙아시아 사업가들이 다른 이들이 생산한 비단을 옮겨 나르느니 직접 비단을 생산하는 것이 더 낫다고 판단하는 데는 그리 오랜 시간이 걸리지 않았다. 10세기경 메르브는 이미 서쪽으로 비단을 수출하는 동시에 생산하는 유일한 대도시였으며, 심지어는 비단 생산 연구를 위한 일종의 '양잠(養蠶) 기관'도 갖추고 있었다.[51] 마지막으로 그가 저지른 또 다른 실수는 중앙아시아나 서쪽 지역에서는 중국과 인도로 실어 나를 만한 귀중한 상품이 없었다고 본 것이다.[52]

전 대륙에 걸친 복합적인 교역 체제가 중앙아시아 문화를 어떻게 주조했는지를 살펴보기 위해서는 이곳 지역민들과 매우 밀접한 연관이 있던 별개의 세 가지 기능에 초점을 맞추는 것이 유용할 듯하다. 첫째, 지역도시들의 물산(物産) 집산지로의 부상과 둘째, 먼 지역까지 뻗어 있는 네트워크를 가진 노련한 전문 무역업자 계층의 형성, 끝으로 수준 높은 지역 산업과 제조업에 기반한 수출 위주의 경제성장이 그것이다.

대륙무역은 그 특성상 다양한 지역에서 온 화물운송업자와 판매상을 수반한다. 예를 들면, 인도의 상인들은 중앙아시아의 주요 도시에 상주했다. 심지어는 동남쪽이 아닌 동서(東西)로 향하는 간선도로가 지나가는 북부의 호라즘에도 인도 상인이 많았다. 그 결과 호라즘인들은 십진법이 중동에 알려지기 오래전부터 인도의 십진법에 익숙했다. 훗날 호라즘 출신의 한 학자는 바그다드의 아랍인들이 십진법을 채택하는 데 중요한 역할을 했다.[53] 시리아에서 온 무역업자나 방문객들도 많았다. 이들 대다수는 오로지 네스토리우스파 기독교를 추종했는데, 그 가운데 많은 이들이 대략

---

51) Bosworth, "Merv", 402.

52) 발레리 한센(Valerie Hansen)의 흥미로운 *The Silk Road: A New History* (New York, 2012)는 중국 교역에만 집중하고 있다. 중앙아시아에서 인도로 이어진 교역로에 관한 역사는 아직 쓰이지 않았다.

53) 이 책 제6장 참조.

400년 이후 중앙아시아 도처에 정착했다.

중국과 오고간 방대한 무역량을 고려한다면, 중국 상인들 자체는 대상 무역에서 거의 아무런 역할도 하지 않았다. 니덤은 인상적이게도 "중국인들은 자신들이 자연적·지리적 경계라고 느끼는 선 밖으로 여행하기를 꺼려하는 경향이 뚜렷했다"[54]라고 언급한 바 있다. 문화적 경계에 대한 중국인들의 이러한 성향으로 인해 소그드인들과 호라즘인, 동투르키스탄의 위구르 무역업자, 중앙아시아에 기반을 둔 네스토리우스파 기독교도, 그 외 다른 모든 중앙아시아인들에게 매우 중요한 기회가 열렸던 것이다.

이와 같은 상인들 —그들 대다수는 지역에 기반을 두었다— 이 이른 시기부터 존재했기 때문에 중앙아시아 도시들은 중국과 인도, 중동 간의 교역을 위한 금융업의 주요 중심지가 될 수 있었다. 지금의 카자흐스탄에 있는 고대 도시 타라즈(Taraz)는 교역과 매우 밀접한 관계가 있었고 도시 이름 자체도 '저울'을 의미한다. 호스텔, 즉 대상 숙소나 시장, 창고시설을 포함해 다양한 서비스 산업도 등장했다. 그 결과 도시들은 전 유라시아 대륙의 주요 국제 물산 집산지, 즉 세상 만물의 집합지가 되었다.

중앙아시아인들은 필연적으로 유능한 상인이자 무역업자가 될 수밖에 없었다. 급기야 중국인들이 빠지면서 중앙아시아인들은 어떤 경쟁자보다도 매우 유리한 위치를 차지하게 되었다. 기원전 3세기경 그들은 이미 인도나 이라크, 시리아, 지중해 연안 중심지들의 단골손님이 되어 있었다. 지형이 일정 정도의 특화를 창출해 냈다. 발흐의 상인들은 인도 무역을 장악했고 메르브의 무역업자들은 서쪽으로 향했으며, 소그디아나(Sogdiana)라고 불리던 사마르칸트 인근이나 호라즘으로 불리던 카트(Kath) 인근의 북부 지역민들은 동투르키스탄을 비롯해 중국과의 무역 대부분을 장악했다. 모두가 한몫했고, 그 결과 페르가나 계곡의 아흐시켄트 같은 중심지의

---

54) Needham, *Science and Civilization in China*, 1: 195.

사업가들은 메르브나 발흐 출신의 동료들만큼이나 다마스쿠스나 라호르 (Lahore)에 대해 소상히 알고 있었다. 중세 중국의 문인이었던 이연수(李延壽, 618~676)가 부하라의 통치자가 낙타 형태의 왕좌에 앉아 있다고 생각한 것은 참으로 의미심장하다.[55]

아랍 침략이 있기 전 400년 내내 유라시아 상업의 선두에 있었던 이들은 사마르칸트와 판지켄트(Panjikent), 그리고 인근 도시들의 소그드 상인들이었다.[56] 소그드인 무역업자들은 어디서나 활약한 것으로 보인다. 초창기에는 동투르키스탄에, 그리고 그 후에는 내몽골에 발판을 마련한 그들은[57] 이후 중국으로 향하는 노선을 따라 상당한 규모의 디아스포라 — 식민지라고 부르는 것이 정확할지도 모르겠다 — 를 세웠다. 덕분에 그들은 수세기 동안 중국 무역을 장악할 수 있었다.[58] 지금의 카자흐스탄과 키르기스스탄의 동부 지역에는 소그드 상인들의 식민지로 출발한 고대 도시들의 잔재가 산재해 있다.[59] 소그드인들은 인도로 가는 모든 주요 노선에서

---

55) B. Y. Bichurin, *Sobranie svedenii o narodax obitavshikh v Sredneii Azii v drevnie vremena* (Moscow, 1950), 2: 272.

56) 유용한 참고문헌 소개는 Frantz Grenet, "The Pre-Islamic Civilization of the Sogdians", *The Silk Road Newsletter* 1, 2: 1~13; http://www.silk-road.com/newsletter/december/pre-islamic.htm; B. I. Marshak and N. N. Negmatov, "Sogdiana", in *History of Civilizations of Central Asia*, 3: 233~80; Étienne de la Vaissière, *Sogdian Traders: A History*, trans. James Ward (Leiden, 2005)는 이 주제에 관심 있는 사람에게 최고의 출발 지점이다.

57) Edwin G. Pulleyblank, "A Sogdian Colony in Inner Mongolia", *T'oung Pao*, 2nd series, vol. 41, bk. 4/5 (1952): 318~56.

58) Jonathan Karam Skaff, "The Sogdian Trade Diaspora in East Turkestan during the Seventh and Eighth Centuries", *Journal of the Economic and Social History of the Orient* 46, 4 (2003): 475~524; Étienne de la Vaissière, "Sogdians in China: A Short History", in *Science and Civilization in China*, 1: 187.

59) B. I. Marshak and V. I. Raspopova, "Sogdiitsy v Semirechie", in *Drevnii i srednevekovyi Kyrgyzstan*, ed. K. I. Tashkaeva et al. (Bishkek, 1996), 124~43.

도 같은 방식을 따랐다.[60] 이 상인 가문들의 무한한 야망은 중개상이 덜 필요하다는 이점이 있는 해로로까지 확대되었다. 소그드인들은 흑해를 건너 콘스탄티노플로, 그리고 이라크의 바스라(Basra)에서 인도양을 건너 스리랑카와 광둥(廣東)으로 가는 노선을 열었으며,[61] 양 지역에 모두 사무소를 두었다. 이 교역의 유일한 결점은 일정표가 시장이 아니라 몬순에 의해 결정되었다는 것인데, 이는 왕복 항해에 거의 1년이 걸렸음을 의미한다.[62]

소그드인들은 행상의 기술을 포함해 세상의 이치를 잘 알고 있었다. 중국으로 행상을 왔던 한 수완 좋은 판매상은 연금술 의식을 치르기 위해 도교(道敎) 신자의 예복을 입고 마시기만 하면 누구든지 영생을 누릴 수 있다는 물약을 만들었다. 그리고 그는 잘 속아 넘어갈 만한 중국 평민들에게 불로장생의 약을 팔러 돌아다녔다.[63]

이렇게 수세기 동안 폭발적으로 성장한 상업을 주도하면서 중앙아시아의 모든 도시에서는 활동적이고 부유한 대규모의 상인 계층이 형성되었다. 이 사람들은 정부보다 세상물정을 더 잘 알았고 독자적으로 결정을 내리는 데 익숙했으며, 정부가 자신들에게 의지할 만큼 넉넉한 세금을 냈다.

아랍 침략이 있기 수세기 전부터 계속된 무역 호황의 또 다른 결과는

---

60) Nichlas Sims-Williams, "The Sogdian Merchants in China and India", in *Cina e Iran da Allesandro Magno alla Dinastia Tang* (Florence, 1996), 45~67; Rtveladze, *Civilizations, States, and Cultures of Central Asia*, 258~65.

61) Needham, *Science and Civilization in China*, 1: 179.

62) DeLacy O'Leary, *How Greek Science Passed to the Arabs* (London, 1979), 70~71에서 로마 선원들을 염두에 두고 한 말이었지만 이러한 상황은 이 시대에도 여전했다.

63) Needham, *Science and Civilization in China*, 1: 187. 최근 중국에서 발견된 소그드인에 관련한 일화에 대해서는 Judith A. Lerner, "Les Sogdiens en Chine-Nouvelles découvertes historiques, archéologiques et linguistiques", *Bulletin of the Asia Institute*, New Series, 15 (2001): 151~62 참조.

지역 제조업의 활성화이다. 도시마다 수출무역에 일조하는 특화 산업이 발달하기 시작했다. 그리하여 풍부한 매장량의 석탄과 철을 쉽게 얻을 수 있었던 페르가나 계곡의 도시들은 칼을 생산해 중동과 인도로 수출하여 수익을 남겼다.[64] 금속가공을 하던 아흐시켄트와 팝(Pap), 메르브, 그리고 다른 중앙아시아 중심지에서 쓰이던 기술은 온도를 섭씨 1,600도까지 유지할 수 있는 도가니를 필요로 했는데, 현지에서 생산되던 점토에 대해 정교한 지식을 가지고 있던 중앙아시아의 이쪽 주민들은 이러한 도가니를 생산할 줄 알았다. 중앙아시아 중심부에서 계발된 도가니강(鋼)은 다마스쿠스로, 그리고 종국에는 서구로까지 전파되었다.[65] 프랑스 고고학자 베누아 밀(Benoît Mille)과 다비드 부르가리트(David Bourgarit)가 중앙아시아와 인접한 북부 파키스탄 지역까지 그 자취를 추적한 로스트왁스(정밀) 주조도 중앙아시아 금속 세공업자들의 주특기였다.[66] 이집트에서 메르브와 다른 중심지들로 유리 세공 기술을 가져온 유대인 공예가들은 4세기 말경 자신들이 생산한 상품을 발흐에서 중국으로 수출하고 있었다.[67]

중앙아시아인들은 나사나 액체용 밀펌프, 크랭크축 같은 기술적 성과도 중국에 소개했다.[68] 중앙아시아에서 중국으로 대량 수출되었으나 눈에 덜

---

64) Abdukakhor Saidov et al., "The Ferghana Valley: The Pre-Colonial Legacy", in *Ferghana Valley: The Heart of Central Asia*, ed. S. Frederick Starr (Armonk, 2011), 18.

65) 메르브에 관해서는 Dafydd Griffiths and Ann Feuerbach, "Early Islamic Manufacture of Crucible Steel at Merv, Turkmenistan", *Archaeology International* (1999-2000): 36~38 참조. 앤 포이어바흐(Ann Feuerbach)는 도가니강 초기 역사에 관한 책을 마무리 중이다.

66) 중앙아시아의 초기 야금학(冶金學)에 관한 모든 논의는 Benoît Mille and David Bourgarit, "The Development of Copper Metallurgy before and during the Indus Civilization", Centre de Recherche de Restauration des musées de France (Paris, 1993) 참조.

67) Needham, *Science and Civilization in China*, 4: 108~09; Samuel Kurinsky's interesting *The Glassmakers: An Odyssey of the Jews*, New York, 1991, 267ff.

띄었던 물품 중에는 류트, 하프, 가로피리, 발현악기와 찰현악기, 심지어는 중앙아시아의 춤도 있었다.[69] 이 모두가 중앙아시아에서 기원했고 중국 문화의 원료가 되었다. 이것들이 소그드어나 박트리아어, 그 외 이란어를 쓰는 이들 가운데에서 기원한 사실로 인해 일부 저자는 그것이 '이란'에서 중국으로 수출되었다고 결론지었다. 물론, 오늘날의 이란 지역이 이러한 기술적·문화적 수출과정과 무관하지는 않다. 하지만 전파의 주요 거점은 이란이 아니라 중앙아시아였다. 심지어 의자도 박트리아(!)에서 중국으로 수입되었던 것으로 보인다.[70] 석류나 참깨, 재스민, 완두콩, 누에콩 같은 다양한 작물도 이것을 심고 쟁기질하는 데 필요한 파종기나 써레와 마찬가지로 중앙아시아에서 전해져 중국 요리에 사용되었다.[71]

기업가 정신과 편의주의가 중앙아시아의 상업 세계에서 중요시되었다. 현지 회사들은 향수에서 약물, 보석 완제품, 미세금속, 다양한 실용적 물품에 이르기까지 모든 것을 생산했으며, 중국과 인도, 중동에서 언제든지 물건을 살 구매자를 찾을 수 있었다. 말과 야생동물, 이국적인 새를 수출하던 이들의 사업 역시 번창했다.[72] 최초의 비단이 2세기에서 4세기 사이에 중국에서 동투르키스탄으로 전해졌고, 얼마 지나지 않아 중앙아시아 전역으로 전파되었다.[73] 하지만 이것이 진공 상태에서 이루어진 것은 아니

68) Needham, *Science and Civilization in China*, 1: 243.

69) Peter B. Golden, *Central Asia in World History* (Oxford, 2011), 41~42.

70) Needham, *Science and Civilization in China*, vol. 4, pt. 3, 136~37. 프랜시스 우드(Frances Wood)는 중국 최초의 의자를 2세기의 것으로 추정하면서 전파과정에 대한 고려 없이 그 출처를 로마와 비잔티움이라고 주장했다. *The Silk Road: Two-Thousand Years in the Heart of Asia* (Berkeley, 2002), 86~87.

71) Needham, *Science and Civilization in China*, 6: 71, 163, 235, 271, 425, 516. 파종기는 메소포타미아에서 유래했지만 중앙아시아가 중국에 수출하는 품목이 되었다.

72) Schafer, *The Golden Peaches of Samarkand*.

73) Rtveladze, *Civilizations, States, and Cultures of Central Asia*, 220~21.

었다. 현지에서 직조된 모든 종류의 섬유는 늦어도 기원전 1000년에 시작되어 중앙아시아의 모든 도시에 커다란 수익을 안겨주는 수출 품목이었다. 카불, 부하라, 메르브를 비롯해 그 외 지역 중심지는 모두 비단이 자신들의 지역에 전해지기 수세기 전부터 동양과 서양에 그들만의 특색 있는 직물을 수출하고 있었다. 그렇기에 섬유사업에 정통한 많은 전문 종사자는 비단을 독자적으로 생산하고 수출하여 수익을 거둘 수 있는 방법을 쉽게 간파할 수 있었다. 4세기경 그들은 이 일을 해냈고, 몇 세대도 지나지 않아 생산성을 향상시킨 중앙아시아인들은 중국의 업자들을 제치기 위해 열심히 움직였다.[74]

이 이야기는 중국의 또 다른 발명품인 종이의 경우에도 되풀이된다. 제지술은 아랍 군대가 지금의 카자흐스탄과 키르기스스탄 국경에 위치한 타라즈(탈라스)에서 중국 군대를 패퇴시킨 751년 이후에야 사마르칸트와 대(大)중앙아시아의 여러 곳에 도입된 것으로 오랫동안 여겨졌다. 포로로 잡힌 중국인들 가운데 제지업자가 있었고 그가 이 기술을 사마르칸트에 소개했다는 것이다. 그러나 고고학적 증거에 의하면, 3세기경에 이미 투르판이나 허텐, 둔황(敦煌) 같은 동투르키스탄 도시들은 모두 종이를 생산하고 있었다. 이 도시들은 소그드인 무역회사들의 활동 덕택에 톈산(天山)산맥 서쪽의 중앙아시아인들과 친밀한 상업 교류를 나누고 있었다. 이 상인들은 새로운 발명품에 열정적으로 달려들어 고향으로 돌아가 그 과정을 재현하기 위해 상세한 제조과정을 알아내고자 긴박하게 움직였다.[75]

---

74) Svetlana V. Lyovushkina, "On the History of Sericulture in Central Asia", in *Silk Road Art and Archaeology* (1995/1996): 4: 143~49. 가게야마 에쓰코 (影山悦子)는 6세기, 즉 탈라스 전투 이전에 생산된 소그드산(産) 비단을 확인해주었다.: "Use and Production of Silks in Sogdiana", *Webfestschrift Marshak* (2003), http://www.transoxiana.org/Eran/Articles/kageyama.html.

75) 니덤은 *Science and Civilization in China*, 5: 297ff.에서 전통적으로 주장되던 시기인 8세기를 고수했다.

중앙아시아인들은 독자적으로 종이를 생산할 수 있게 되자마자 상품의 질을 급격히 향상시켰다. 초기 중국의 종이는 뽕나무 섬유질이나 대나무 섬유질 또는 둘을 섞어 만들었다. 그런데 이것으로는 뻣뻣하고 조잡한 상품이 만들어졌다.[76] 중앙아시아인들은 즉시 자신들이 가지고 있는 긴 섬유질의 목화 섬유가 중국인들이 팔고 있는 것보다 더 영구적이고 부드러운 종이를 만들어낼 수 있음을 알아챘다. 게다가 목화 공급이 사실상 무제한적으로 가능했기 때문에 중국의 상품보다 더 저렴한 비용으로 개량된 종이를 생산할 수 있었다. 그 후 수세기 동안 중국이 아니라 사마르칸트의 종이가 양질의 세계적 표준이 되었다. 실제로 종이는 그 자체가 중앙아시아 제품으로 간주되었다. 바그다드와 다마스쿠스, 카이로, 페즈, 코르도바의 장인들이 곧 독자적으로 종이를 생산하게 되었지만, 중앙아시아 제품은 오랫동안 고가품 시장을 계속 장악하였다. 대조적으로 유럽인들은 13세기가 되어서야 종이를 제조하기 시작했다.[77]

아랍 부족들이 침략하기 1,000년 전에 이미 중앙아시아에는 자랑할 만한 성공적인 수출 위주의 경제가 자리 잡고 있었다. 제2차 세계대전 이후의 일본이나 20세기 말의 중국처럼 그곳의 제조업자들은 시장을 거쳐 가는 외국 상품을 연구해 품질이 좋고 저렴하게 생산할 수 있는 제품을 찾아냈다. 이는 그들이 원료 및 관련 기술을 이해하고 생산과정에 통달했음을 의미한다. 이 자체가 중앙아시아의 계몽 시대에 팽배해 있던 탐구정신을 자아낸 것은 아니지만 열린 마음과 혁신을 장려했음은 확실하다.

76) A. A. Hakimov, "Arts and Crafts in Transoxonia and Khurasan", in *History of Civilizations of Central Asia*, vol. 4, pt. 2, 440.

77) Jonathan M. Bloom, "Lost in Translation: Gridded Plans and Maps along the Silk Road", in *The Journey of Maps and Images on the Silk Road*, ed. Philippe Forêt and Andreas Kaplony (Leiden, 2008), 84~85.

제국의 지대 추구자들

7세기 말 아랍의 정복으로 중앙아시아 역사는 대격변을 겪었지만, 그렇다고 이것이 미증유의 사건도 아니었다. 실제로 외부 세력은 반복적으로 이 지역의 도시국가들을 정복했고 자신들의 지배 아래 두었다. 고전기나 고대 말기에 가장 강력했던 제국 중 일부도 중앙아시아를 침략했다. 그러나 그들 중 그 누구도 자신들이 무력으로 획득한 영토를 통치하지 못했고 완전한 장악에도 성공하지 못했다. 그들의 경험 — 근래 이 지역의 패권을 장악하고자 했던 이들도 마찬가지의 경험을 했다 — 은 정복한 영토는 언제나 강점이 아니라 약점의 근원이라고 언급한 기번의 말이 타당했음을 보여 준다. 그 이유는 분명한데, 길고 험난한 역사 내내 중앙아시아인들이 정복자를 다루는 기술을 완전히 익혔기 때문이다. 이러한 재능은 아랍 정복 이후에도 유감없이 발휘되었다.

이러한 침략 가운데 역사에 기록된 최초의 사건은 기원전 523년에 아케메네스 왕조 페르시아의 황제 다리우스 대제가 발흐와 인근 지역으로 진군한 일이었다. 그리스의 역사가 헤로도토스는 정복의 결말에 대해 전하면서 다리우스가 서쪽에서 페르시아 군과 함께 싸울 수만 명의 젊은이를 파병할 것을 발흐와 인근 지역에 요구했다고 썼다. 이리하여 그리스 문명의 운명이 페르시아에 맞서 싸운 테르모필라이(Thermopylai)와 다른 역사적인 전투에서 결정되는 동안, 아테네와 다른 그리스 도시국가들의 군대는 중앙아시아인들과도 대적해야 했다. 페르시아는 중앙아시아의 도시민들과 인근 교외 지역의 스키타이인들이 서쪽에서 나란히 싸우도록 강제했다.[78] 그러나 훗날 도시 통치자들은 스텝 유목민들을 고용해 싸우게 하는 것이 더 이치에 맞다고 생각했고, 이는 계몽 시대 내내 그리고 16세기까지

---

78) Herodotus, *The Histories*, 420, 554, 587.

도 지속된 통상적인 관례가 되었다.

다리우스의 페르시아 제국은 흔히 '중앙집권국가'[79]로 묘사된다. 그러나 고대 동쪽 지역에서의 지배란 로마의 경우처럼 통치 지역에 대한 법체계 확립은커녕 주어진 영토와 그 정부에 대한 전적인 통제권 행사를 의미하지 않았다. 그보다는 차라리 조공을 받아내는 능력을 뜻했다. 조공을 통해 소도읍이나 속령에서부터 제국의 수도까지 이어지는 분명한 권력 위계가 확립되었다. 심지어 중국조차도 포악한 훈족의 접근을 막기 위한 수단으로 조공을 바쳤다.[80] 그러나 조공의 수취가 매일매일의 통제권 행사를 의미하지는 않았다. 사실 조공은 힘에 의해 강제된, 이른바 경제학자들이 '지대 추구'(rent-seeking)라고 부르는 행위의 체계화된 방식일 뿐이었다.

페르시아의 경우에 속령은 태수 관할지(satrapy)*로 불렸는데, 상당히 많은 양의 조공 요구를 충족하는 한 대개는 자치령이었다. 예를 들면, 중앙아시아는 메소포타미아나 소아시아에 요구했던 것보다 약간 적은 은(銀) 2만 5,000킬로그램에 상응하는 조공을 바쳐야 했다.[81] 이 수치는 중앙아시아가 위의 지역보다 더 멀지 않았다면 확실히 더 높았을 것이다. 거리로 인해 이 지역 통치자로 임명된 태수, 즉 사트라프(satrap)는 페르세폴리스로 갈 납입금을 착복하거나 심지어는 분리 독립할 조짐을 보이는 등 쉽게 유혹에 흔들렸다.[82] 중앙아시아에 파견된 제국의 태수들은 '현지인화(化)' 하려는 성향을 보이며 자치 요구를 반복적으로 제기했는데, 처음에는 그리스인들이, 그리고는 아랍 정복자들이, 후에는 몽골인들이 그러했다. 늘

79) Richard N. Frye, "Achaemenid Centralization", in *The Heritage of Central Asia from Antiquity to the Turkish Expansion* (Princeton, 1996), chap. 5.

80) Buryakov et al., eds., *The Cities and Routes of the Great Silk Road*, 9.

*   고대 아케메네스 왕조 페르시아의 속주를 다스리던 태수를 사트라프라고 하고, 사트라프가 다스리는 영역을 '사트라피'라고 한다.

81) Herodotus, *The Histories*, 210.

82) *Ibid.*, 587.

그렇듯이 아케메네스 왕조 페르시아는 금화 주조에 대한 독점권을 주장했지만 중앙아시아에서 그것을 통용시키는 데는 대체로 실패했다. 그러나 발흐나 그 외 다른 도시들의 사업가들은 이러한 혁신—금속화폐—이 마음에 들었고 아케메네스 왕조 태수에게 고유 화폐를 발행해 사용하자고 설득했다. 이 화폐는 오랫동안 현지인들 사이에서 양질의 통화로 통용되었다.[83]

페르시아의 수도 페르세폴리스를 파괴한 마케도니아의 알렉산드로스는 기원전 329년에 중앙아시아와 아프가니스탄으로 진격했고 박트리아와 소그드, 마르기아나(Margiana) 사람들(예를 들면 발흐 지역과 아프라시아브, 메르브의 주민들), 다시 말해 중앙아시아 지역 일대의 주요 도시 토착민들에 맞서 3년간 피비린내 나는 전쟁을 벌였다.[84] 훗날, 다시 말해 323년 알렉산드로스 사후에 그의 장군들은 자기들끼리 영토를 나누어 가졌고, 그중 셀레우코스(Seleucos)는 중앙아시아 대부분을 포함해 메소포타미아에서 인도까지 뻗어 있는 광대한 영토를 손에 넣었다. 발흐에 수도를 두고 있던 박트리아 왕국의 그리스계 통치자들은 처음에는 이 셀레우코스 제국에 예속되었지만, 바빌론의 셀레우코스와 그의 계승자들이 조공을 바치도록 강제할 힘이 없다는 것을 곧 눈치챘다. 이를 인지하자마자 그들은 사실상의

---

83) 동투르키스탄의 도시들은 독자적인 통화를 발행하지 않았다. 리처드 N. 프라이가 통화 확산에 있어 후대의 쿠샨인 역할을 강조한 것은 지당하다. Richard N. Frye, *Notes on the Early Coinage of Transoxonia* (New York, 1949); Joe Cribb, "Money as a Marker of Cultural Continuity and Change in Central Asia", in *After Alexander*, 333~45; E. V. Zeimau, "The Circulation of Coins in Central Asia during the Early Medieval Period (Fifth-Eighth Centuries AD)", *Bulletin of the Asia Institute*, New Series, 8 (1994): 248~65; Rtveladze, *Civilizations, States, and Cultures of Central Asia*, 112~23.

84) 박트리아 왕조의 형성에 관해서는 H. Sidky, *The Greek Kingdom of Bactria: From Alexander to Eurcratides the Great* (Lanham, 2000); Frank L. Holt, *Alexander the Great and Bactria* (Leiden, 1988), esp. 3 참조. W. W. Tarn, *The Greeks in Bactria and India* (Cambridge, 1938)는 여전히 그 가치가 높다.

독립을 주장하며 멋진 금화를 독자적으로 주조하기 시작했다. 독립한 그리스 박트리아 왕국의 군대가 기원전 180년에 인도 침략에 성공하면서 이 왕국은 대륙 국가로 변모했고 중앙아시아에 기반을 둔 그리스-인도 제국이 되었다. 머잖아 박트리아 상인들이 이집트의 알렉산드리아나 인도 남부처럼 멀리 떨어져 있는 시장에도 출몰하기 시작했다. 이 같은 광범위한 접촉은 중앙아시아의 그리스 국가가 역사에서 사라진 이후에도 계속되었다. 그렇기에 로마의 서정시인 섹스투스 프로페르티우스(Sextus Propertius)는 수차례 박트리아로 여행을 떠나야 했던 애인을 둔 한 젊은 여자에 대한 시를 자연스럽게 쓸 수 있었던 것이다.[85]

이 자랑스러운 중앙아시아의 그리스 헬레니즘 왕국은 유목민 침략으로부터 보호를 받기 위해 중국에 의존하다가 결국 기원전 129년에 사라졌다.[86] 존속 기간이 2세기가 채 안 되었다. 위험을 감지한 그리스 박트리아 왕국의 마지막 통치자 에우크라티데스(Eucratides)는 도망치기 전에 궁전의 금고에 경이로운 인도산 황금 수집품과 실용적인 물건을 숨겨 놓았다. 쳐들어온 훈족은 에우크라티데스를 붙잡아 살해했다. 그의 애석한 운명은 미래의 작가들로부터, 그중에서도 조반니 보카치오(Giovanni Boccaccio)의 『유명인의 운명에 관하여』(*De Casibus Virorum Illustrium*)와 제프리 초서(Geoffrey Chaucer)의 『기사 이야기』(*Knight's Tale*)에서 공감을 얻었다.[87] 게다가 에우크라티데스가 도주한 지 2,000년 만에 프랑스 고고학자들은 그의 보물의 일부를 찾아냈다.

기원전 100년에서 기원후 100년 사이에 중국과 로마는 중앙아시아에 주목하기 시작했다. 얼마 후에는 티베트인들도 이 경쟁에 참여했다.[88] 중

85) Needham, *Science and Civilization in China*, 1: 233.
86) *Ibid.*, 1: 195.
87) Sidky, *The Greek Kingdom of Bactria*, 222~26.
88) 이 책에서 다루지 않은 이 관계는 Christopher I. Beckwith, *The Tibetan*

국이 처음 관심을 갖게 된 것은 이 지역이 중국을 실질적으로 위협하고 있던 유목 부족의 활동무대가 되는 것을 막기 위해서였다.[89] 이외에도 여행가들이 중국 조정에 이 지역에 잠재된 상업성을 알려 주면서 기원전 114년경 비단 교역로가 곧장 개통되었다. 비록 잠깐 동안 중국은 이 지역으로 여러 군부대를 파병하기도 했지만 일찍이 중앙아시아에서 결코 진정한 패권자가 되지 못했으며, 지역의 자치는 그대로 유지되었다. 그러나 중국의 문화적 영향력은 상당했는데, 7세기 사마르칸트와 중앙아시아의 여러 도시에서 주조된 네모난 구멍의 중국형 동전처럼 실용적인 물품에까지 그 영향이 미쳤다.[90]

중앙아시아에 대한 로마의 정치적 관심은 스트라본의 주장처럼 저 먼 곳의 파르티아 왕국이 로마의 경쟁자가 되어 위협을 제기할지도 모른다는 자각에서 기인했다.[91] 호라산에 정착한 이란 부족에서 기원한 파르티아 왕국은 수송과 상업의 주요 동-서 회랑지대에 대한 장악력을 꾸준히 강화했다. 첫 수도 니사(Nisa) ─ 오늘날 투르크메니스탄의 아시가바트(Ashgabat)에서 서쪽으로 18킬로미터 떨어져 있다 ─ 는 이 중요한 무역로에 자리 잡고 있었다. 아프가니스탄과 호라산에 남아 있던 그리스 식민지들을 정복한 파르티아인들은 서쪽으로 이동하기 시작했고 마침내 로마의

Empire: A History of the Struggle for Great Power among Tibetans, Turks, Arabs, and Chinese during the Early Middle Ages (Princeton, 1987)에 상세히 열거되어 있다.

89) Rtveladze, *Civilizations, States, and Cultures of Central Asia*, 130~39, 272~82는 고전 시대 중앙아시아에서의 중국을 훌륭하게 개관한 저작 중 하나이다.

90) 신장에서의 중국 통화는 중앙아시아 서부 지역에서 페르시아 통화가 기능한 동일한 역할을 수행했다. Helen Wang, "How Much for a Camel? A New Understanding of Money on the Silk Road before AD 800", in *The Silk Road: Trade, Travel, War and Faith*, by Susan Whitfield et al. (London, 2004), 24~33.

91) Masson, *Strana tysiachikh gorodov*, 75.

동부 군단과 대면하게 되었다. 그러는 사이 로마는 중국 및 인도와의 무역에서 외국 상인들을 배제하려는 파르티아의 노력에 강력하게 반발했다.[92]

스트라본의 우려는 충분히 그럴 만했다. 파르티아 군대는 기원전 53년에 로마 장군 크라수스(Crassus)에게서 완승을 거두었고 레반트의 대부분을 손에 넣었다. 마르쿠스 안토니우스(Marcus Antonius)가 반격에 나서 파르티아인들을 고향 땅으로 돌려 보냈지만 그들을 패퇴시키지는 못했다. 이대치 기간 동안에 파르티아는 1만 명의 로마 병사를 포로로 잡았는데, 대부분이 라인 지방 출신의 게르만족이었던 그들은 인질이 되어 메르브로 호송되었다. 오늘날 투르크메니스탄에 위치한 이곳에서 게르만인 포도주 제조업자들은 2,000년 전 현지의 와인 산업을 구축하는 데 기여했다. 한 세기 후에는 또 다른 로마 포로병들이 오늘날 우즈베키스탄의 아무다리야 강 바로 북쪽에 있는 카라 마마르(Kara Mamar) 마을에서 로마의 미트라스 의식을 위한 동굴 예배당을 짓기도 했다.[93]

파르티아 왕실은 니사에 있었다. 파르티아 왕은 그리스-헬레니즘 양식의 2층으로 된 거대한 방에서 대사들을 맞았다. 궁전 중앙에 있는 알현실은 빨강색, 검정색, 흰색으로 칠해져 있었고, 로마의 저택에 있음직한 코린트 양식 기둥과 아칸서스 무늬가 새겨진 장식, 고대 그리스-로마 조각상으로 꾸며져 있었다. 왕은 그 일부가 투르크메니스탄의 국립 박물관에 보존되어 있는, 상아를 화려하게 조각해 만든 왕좌에 앉아 열변을 토했다.[94] 하지만 이 왕좌를 두고 경쟁하던 상속자 간의 싸움이 서서히 파르티아 정권을 약

---

92) Rtveladze, *Civilizations, States, and Cultures of Central Asia*, 236.

93) *Ibid.*, 244~45.

94) *Ibid.*, 79ff.; Antonio Invernizzi, "The Culture of Parthian Nisa between Steppe and Empire", in *After Alexander*, 163~73; "New Archaeological Research in Old Nisa", in *The Art and Archeology of Ancient Persia*, ed. Vesta Sarkosh Curtis, Robert Hillenbrand, and J. M. Rogers (London, 1998), 8~13. 뿐만 아니라 안토니오 인베르니치(Antonio Invernizzi)와 카를로 리폴리스(Carlo Lippolis) 등이 쓴 저널 *Parthica*의 연례 보고서도 참조.

화시켰다. 바로 이것이, 로마와의 계속된 충돌과 유목민의 습격과 함께, 중앙아시아의 대국을 기원후 3세기 초에 파멸시킨 원인이었다.

중앙아시아의 파르티아인들과 동시대에 살았던 또 다른 유목민 부족으로는 다른 유목민들에 의해 서남쪽으로 밀려난 쿠샨(Kushan)족이 있다. 쿠샨족은 얼마 후 아프가니스탄에 기반을 둔 방대한 제국을 형성했다. 기원전 100년에서 기원후 200년 사이에 그들은 호라산에서 인도의 편자브(Punjab)까지 펼쳐져 있는 방대한 영토를 지배했으며, 잠시 신장의 일부도 손에 넣었다. 그들은 유럽까지 상권을 확장해 로마의 원로원 의원을 비롯해 그들의 부인들에게 호화로운 직물을 공급했고, 그 결과 진정한 '실크로드'가 창출되었다.

그들 전후의 수많은 정복자들처럼 쿠샨족도 '현지화'되었고 주요 도시들에 정착했으며, 아프가니스탄의 베그람(Begram)에 수도를 세웠다.[95] 또한 그들은 조로아스터교와 그 지역에서 부상하던 종교인 그리스 제례의식과 불교 등 현지의 많은 신앙과 관습도 차용했다. 그들이 통치했던 중앙아시아 영토는 종내 불교가 중국으로 전파되는 주요 경로가 되었다.[96]

쿠샨족은 도시생활에 대한 경험이 없었음에도 열정을 가지고 그것을 받아들였다. 도시의 거대한 팽창이 그들의 통치 아래 이루어졌고, 도시계획과 건축 분야에서의 헬레니즘 유산을 바탕으로 한 새로운 도시가 건설되었다.[97] 이와 밀접한 연계 속에서 관개시설의 대대적인 확장도 이루어졌는

---

95) 베그람에 관한 연구를 만족스러우면서도 비판적으로 논평한 글은 Pierre Cambon, "Begram: Alexandria of the Caucasus, Capital of the Kushan Empire", in *Afghanistan: Hidden Treasures of the National Museum, Kabul*, ed. Fredrik Hiebert and Pierre Cambon (Washington, 2008), 145~208; R. Ghirshman, *Bégram: Recherches archéologiques et historiques sur les Kouchans, Mémoires de la Délégation archéologique Française en Afghanistan* (Paris, 1946), vol. 12; J. Hackin, *Nouvelle recherché archeologique a Bégram* (Paris, 1954) 참조.

96) L. A. Borovkova, *Tsarstva "Zapadnogo kraia"* (Moscow, 2001); *Kushanskoe tsarstvo po kitaiskim istochnikam* (Moscow, 2005).

데, 쿠샨 시대의 중앙아시아인들은 여기에 수많은 혁신적인 기술을 적용했다.[98] 또 주민들은 안정적이고 널리 통용 가능한 화폐의 중요성을 쿠샨 지배자에게 납득시켰는데,[99] 쿠샨인들이 통화의 가치를 로마의 아우레우스(aureus)*에 맞춰 조정한 것도 아마 그들 때문이었던 것 같다.[100] 이러한 조치로 그들이 누리게 된 경제적 호황은 북부 아프가니스탄에 위치한 쿠샨의 소(小)수도 가운데 하나에서 발굴된 눈부신 황금 보석들과 조각, 장신구들에 잘 나타나 있다.[101]

로마가 쇠퇴와 몰락의 길로 접어들고 있을 무렵, 쿠샨 제국은 발전과 성숙의 절정에 서 있었다. 중앙아시아 신민들에 의해 철저한 세계주의자로 변모한 제국의 지도자들은 '바실레우스'(Basileus)**나 '데바푸트라'(Devaputra, 천자) 같은 그리스 혹은 인도의 고귀한 칭호를 과시하고 외교관을 로마나 중국, 인도와 같이 먼 곳까지 파견하는 것이 자신들의 권리라고 생각했다.[102]

중앙아시아를 통제하고자 한 전통적인 유형의 마지막 제국은 미래의 바그다드 지역 바로 남쪽에 위치한 크테시폰(Ctesiphon)에 고귀한 수도를 두었던 이란의 사산 왕조였다. 정상으로 가기 위한 싸움에 수세기의 시간을

97) B. A. Litvinsky, "Cities and Urban Life in the Kushan Kingdom", in *History of the Civilizations of Central Asia*, ed. Janos Harmatta (Paris, 1994), 2: 291~312.

98) Mukhamedzhanov, "Economy and Social System in Central Asia in the Kushan Age", 265ff.

99) Frye, *The Heritage of Central Asia from Antiquity to the Turkish Expansion*, 154.

*   고대 로마의 금화.

100) Rtveladze, *Civilizations, States, and Cultures of Central Asia*, 118.

101) Victor Sarianidi, *The Golden Hoard of Bactria from to Tillya-Tepe: Excavations in Northern Afghanistan* (New York, 1985).

**   비잔티움 황제의 칭호.

102) B. N. Puri, "The Kushans", in *History of Civilizations of Central Asia*, 2: 261; Rtveladze, *Civilizations, States, and Cultures of Central Asia*, 77.

쓰고 나서야 사산인들은 기원후 224~226년에 파르티아 군대를 패퇴시킬 수 있었다. 그 후 그들이 호라산과 소그디아나에 종주권을 세우는 데에는 수십 년이 더 소요되었고, 그마저도 중앙아시아와 인더스 계곡에 있던 옛 쿠샨 영토의 나머지에 대해서는 부분적인 통제권만 간신히 손에 넣을 수 있었다. 전쟁으로 바빴던 지난날에도 불구하고 사산인들은 상업을 선호했으며, 그 결과 중앙아시아와 중동 간의 무역장벽 대부분은 해소되었다. 651년 아랍 침략군의 손에 제국이 종말을 맞을 때까지 이 새로운 페르시아 제국 정부는 중앙아시아 곳곳의 지역 통치자들로부터 세금—일부는 직물 형태로—을 거두었지만, 그것 말고는 이 지역에 특별히 간섭하지 않았다. 그리고 발흐와 사마르칸트, 메르브, 부하라 등 제국의 주요 도시에서 화폐가 발행되었지만, 중앙아시아 대부분 지역의 통치자들은 독자적으로 주화를 발행하는 데 전혀 주저하지 않았다.

말(馬), 등자, 그리고 유목민

중앙아시아에서 자신의 존재를 각인했던 전통 제국은 거리와 인력 부족 때문에 현지인들의 삶에 적극적으로 개입할 수 없었다. 기껏해야 통화를 보호하고 지역의 무역장벽을 제거하는 것이 전부였다. 그 외에는 지대를 추구하는 제국으로서의 역할에 만족해야 했다. 하지만 그들 말고도 이 지역에서 활약한 이들이 있었다. 기원전 2000년부터 기원후 1500년까지 중앙아시아는, 오늘날의 카자흐스탄과 러시아에 위치한, 흑해 북쪽 지역의 알타이산맥과 동투르키스탄, 중국 북부와 몽골에서 이 지역으로 서서히 이동하다가 갑자기 밀려드는 기마민족 무리들에게 반복적으로 제압당했다. 대도시의 주민들 못지않게 이들 유목민도 중앙아시아의 역사적 특성을 규정했다.

중앙아시아 도시의 권역에서 보이는 노마디즘(유목성)의 정도와 강도에 대해서는 약간의 설명이 필요하다.[103] 이번에도 지형이 본질적인 조건을 형성했다. 관개 오아시스 주변 너머의 대부분 지역은 사막이나 풀로 덮인 스텝 지대 또는 이 둘이 결합된 형태로 이루어졌다. 힌두쿠시(Hindu Kush) 산맥이나 파미르고원, 톈산(天山)산맥 같은 거대한 산악지대조차도 관개되지 않은 골짜기들은 초원이나 사막 상태였다. 인구가 많았던 페르가나 계곡에서도 유목민들은 수많은 도시 사이의 광활한 비(非)관개지 이곳저곳을 계속해서 배회하고 다녔다.

말과 등자(鐙子)가 없었다면 이 지역은 목동과 양떼의 평온한 땅으로 남았을지도 모른다. 그러나 이러한 상황은 기원전 1000년 후 언젠가부터 사람들이 말을 타기 시작하면서 극적으로 변했다. 말의 초창기 역사와 관계된 모든 것이 논란에 휩싸여 있다. 최근 한 연구자는 오늘날 카자흐스탄의 수도인 아스타나(Astana)[104] 인근의 한 현장을 최초로 말들이 길들여진 장소로 지명하면서 그 시기를 기원전 3500년으로 잡았다. 연구자들에 따라 그 시기는 1,000년 이상 앞당겨 제시되기도 한다.[105] 그럼에도 이 획기적인 사건이 중앙아시아의 스텝 지대에서 발생했다는 데는 대부분의 학자들이 동의한다.

수천 년 동안 중앙아시아인들은 말을 짐수레나 병거(兵車)를 끄는 동물로 이용했다. 기원전 1000년이 지나고 어느 시점이 되어서야 사람들은 그

---

103) 이들 무리에 대한 권위 있는 설명은 Christopher I. Beckwith, *Empires of the Silk Road* (Princeton, 2009), 데니스 시노르(Denis Sinor)의 강의 요강인 *Inner Asia: History, Civilization, Languages* (The Hague, 1971); Rene Grousset, *Empire of the Steppes* (New Brunswick, 1970) 참조. 에프탈족과 키다르족 등에 관한 전문적인 연구가 다수 있다.

104) Sandra L. Olsen, "The Exploitation of Horses at Botai, Kazakhstan", in *Prehistoric Steppe Adaptation of the Horse*, ed. Marsha Levine, Colin Renfrow, and Katie Boyle (Cambridge, 2003), 83~103.

105) 최근의 우수한 연구로는 David Anthony, *The Horse, the Wheel, and Language: How Bronze-Age Riders from the Eurasian Steppes Shaped the World* (Princeton, 2007) 참조.

것을 타기 시작했다.[106] 마침내 기수들이 말 위에 올라탔고 19세기 철도 증기기관차의 발명에 버금가는 속도 혁명이 일어났다. 이때까지 정주생활을 하던 스텝 지대의 많은 사람들이 이제 유목민이 되었다. 그러나 진짜로 결정적인 변화가 일어난 것은 이번에도 중앙아시아 어디에선가 아마도 기원전 300년경 발명된 단단한 안장과 등자가 등장하면서였다. 이 단순한 장치 덕분에 기수의 손이 자유로워졌고 뒤쪽을 포함해 어느 방향으로든 활과 화살을 쏠 수 있게 되었으며, 기수가 하루 종일 안장에 앉아 있는 것도 가능해졌다. 곧장 유목민들은 속도와 화력의 이동성 및 기동성에서 도시 정주민뿐만 아니라 구식의 병거와 보병을 갖춘 제국 군대에 비해서도 결정적인 이점을 갖추게 되었다.[107]

이는 유럽인들이 화약을 효율적으로 사용하는 방법을 알게 되는 15세기 이전의 군사 혁신 가운데 가장 획기적인 것이었다. 갑자기 스텝 지대에서 온 튀르크 또는 몽골-튀르크 부족들이 도시들 간에 비어 있던 땅을 지배하고 관개 농지들을 완전히 폐허로 만들며, 도시 자체를 포위할 수 있는 능력을 갖춘, 지구상에서 가장 강한 군대가 되었다. 이러한 사태가 16세기까지 계속되었다. 또한 중앙아시아의 유목민들은 세계 최고의 말 사육자가 되었으며, 그 결과 중국이나 인도, 중동으로 말을 수출하는 새로운 거대 산업이 창출되었다.

아랍 침략이 있기 전 수백 년 동안 중앙아시아의 도시문명을 위협했던 기마 전사들의 부족 집단이나 연합을 여기서 모두 열거할 필요는 없다.[108] 그 가운데 하나였던 훈족은 유목민 침략자들에게 파괴된 이 지역의

---

106) Ute Luise Dretz, "Horseback Riding: Man's Access to Speed", in *Prehistoric Steppe Adaptation of the Horse,* 197.

107) Robert Drews, *Early Riders: The Beginnings of Mounted Warfare in Asia and Europe* (London, 2004), chap. 5.

108) 초창기 유목생활에 관해서는 Claude Rapin, "Nomads and the Shaping of Central Asia: From the Early Iron Age to the Kushan Period", in *After*

수많은 도시 중 하나인 북부 아프가니스탄의 그리스계 도시 아이 하눔(Ai Khanoum)을 공격했다. 쿠샨 통치자들은 유목민들의 공격을 막기 위해 오늘날 타지키스탄의 히사르(Hissar) 지역 곳곳에 작은 탑이 딸린 거대한 성벽을 세웠다.[109] 심지어 상대적으로 평화로웠던 5세기에도 메르브의 통치자는 훈족의 접근을 막기 위해서는 카스피해 쪽으로 이어지는 방어벽을 건설할 필요가 있다고 느꼈다.[110] 발흐와 사마르칸트, 다른 도시들의 지배자들도 같은 생각을 했고 오아시스 전체를 보호하기 위해 외륜벽을 서둘러 건설했다. 사마르칸트의 성벽은 그 길이가 거의 65킬로미터에 달했으며, 96킬로미터가 넘는 오아시스 성벽도 많았다.[111] 모든 도시와 읍을 둘러싼 총안을 갖춘 높은 성벽은 위협적인 제국이 아니라 말을 탄 유목민 전사들을 겨냥한 것이었다.

유목민 전사들의 효율성은 부족장과 그의 충성스러운 지지자들에게 중점을 둔 특유의 조직 형태에서 기인한 측면도 있다. 이 진심 어린 전사들은 혈통이 아니라 통치자에 대한 절대적인 충성심에서 동력을 얻었다. 코미타투스(comitatus)*라고 불리는 이 방식은 종내 유목민 정복자들로부터

Alexander, 29~72 참조. 전체적인 유목 이동과 통치에 관해서는 Peter B. Golden, *Nomads and Sedentary Societies in Medieval Eurasia* (Washington, DC, 1998); Beckwith, *Empires of the Silk Road* 참조.

109) Rtveladze, *Civilizations, States, and Cultures of Central Asia*, 62.

110) S. A. Viazigin, "Stena Antiokha Sotera vokrug drevnei Margiany", in *Trudy iuzhno-Turkmenistanskoi arkheologihcheskoi kompleksnoi ekspeditsii* (Ashgabat, 1949), 1: 260~75; Andrei N. Bader, Vassif A. Gairov, and Gennadij A. Koselenko, "Walls of Margiana", in *In the Land of the Gryphons*, ed. Antonio Invernizzi (Florence, 1995), 39~50; Parvanch Pourshariati, "Iranian Traditions in Tus and the Arab Presence in Khurasan", PhD dissertation, Columbia University, 1995, 119~20.

111) Barthold, *Turkestan Down to the Mongol Invasion*, 76~77.

* 목숨을 걸고 주군을 지키기로 맹세한 주군의 친구들로 구성된 전투 부대, 즉 친위 부대.

자신들이 지배하게 된 이슬람 국가로 이전되었지만, 이는 훨씬 훗날의 일이었다. 이 체제의 약점은 최고 지도자의 자리가 혈족의 영향을 계속해서 받았다는 것이다. 따라서 지도자가 사망할 때마다 남자 친족들은 계승권을 둘러싸고 싸움을 벌였으며, 이는 보통 세습재산을 나누는 방식으로 해결되었다. 이와 같은 반복적인 부족의 분열과정은 유목민 정복자들이 형성한 제국에 치명적인 영향을 끼쳤다.[112]

이전에도 많은 유목민 집단이 이 지역에 정착하여 도시나 농경생활의 일부가 되었다. 쿠샨족이나 파르티아인은 이러한 과정에 참여한 이들 중 가장 두각을 드러냈다. 5세기경 페르가나 계곡에서 몇몇 초기 튀르크 유목민이 농사를 짓고 정착생활을 시작했다. 6세기에는 하나의 튀르크족으로 이루어진 두 집단이 잠시 흑해에서 한반도에 이르는 전 영토에 통치권을 확립했다. 그 후 중앙아시아에 자리 잡은 이 집단의 통치자, 즉 카간(kagan)은 정치 및 도시생활에 적극적으로 참여했다. 실제로 사마르칸트의 궁전 벽화에는 튀르크 카간이 우호적이고 존경받는 지배자로 묘사되어 있다. 그런데 너무 우호적이었던 것인지, 7세기경 중국의 새로운 당(唐) 왕조가 사산 왕조와 튀르크인들의 권리를 부정하고 중앙아시아에 대한 종주권을 다시 천명했다.

이러한 예외에도 불구하고 대개의 유목민들은 —그들 후손이 근래까지도 그랬던 것처럼— 확 트인 스텝 지대에서 유르트*나 천막에서 계속 살았다. 일평생 칭기스칸이나 타메를란(티무르) 모두 궁전보다는 텐트를 선호했다. 그러나 그들은 솥이나 면직물 같은 도시의 상품이 필요했으며, 마찬가지로 도시민들은 유목민만이 제공할 수 있는 신선한 고기와 카펫, 안장을 구하고 싶었다. 그 결과 스텝 지대와 도시 간에, 목부와 농부 간에, 튀

---

112) Beckwith, *Empires of the Silk Road*에 이러한 논지가 철저하고 상세하게 설명되어 있다.

* 몽골·시베리아 유목민들의 전통 텐트.

르크인과 페르시아인 간에 상호 의존적이면서도 매우 실용적인 타협이 이루어졌다. 시간이 흐르면서 이러한 횡(横)문화적 교류는 두 집단을 모두 변화시켰고 철저히 공생하는 관계로 결합시켰다.[113]

그러나 아랍의 침략이 있고 수백 년이 지날 때까지도 이 과정에 실질적인 탄력은 붙지 않았다. 그때까지 유목민들은 대부분 스텝 지대에 고립되어 지냈으며, 도시와의 상호작용은 공물의 수합이나 시장의 방문 정도로 제한되었다. 조공에 대한 대가로 유목민들은 방대한 도시 간(間) 공간에서 평온하게 지낼 것을, 그리고 대상을 괴롭히지 않을 것을 약속했다.[114] 엄밀히 말하면, 일종의 지대 추구였던 이와 같은 방식 또한 안정과 평화의 이름으로 제공된 노골적인 뇌물로 간주할 수 있을 것이다.

그리고 그것은 효과가 있었다. 결국 골(Gaul)족과 프랑크족, 훈족, 고트족이 반복적으로 가한 타격 탓에 붕괴한 고대 로마와는 달리, 중앙아시아의 도시들은 대개 침략한 유목민들과 각각이 생존하고 모두가 공존할 수 있는 타협안을 만들어냈다. 아마도 육상무역에 깊이 연루되었기 때문에, 그리고 이것이 수반한 계속적인 타협과 거래 덕분에 동쪽에서 급성장한 도시들은 서쪽 도시보다 더 큰 흡인력을 가졌던 것 같다. 지역의 어느 시장에서든 명백하게 나타나는 도시 거주민과 유목민 간의 편안한 상호작용은 중앙아시아 도시들이 아랍인들이 도래하기 전에도, 그리고 그 이후로

---

113) Claude Cahen, "Nomades et sedentaires dans le monde muselman du milieu du moyen age", in *The Islamic City*, 1: 93~104; David Christian, "Silk Roads or Steppe Roads? The Silk Roads in World History", *Journal of World History* 11, 1 (Spring 2000): 1~25; Philip D. Curtin, *Cross Cultural Trade in World History* (Cambridge, 1985); Sh. S. Kamoliddin, "Etnokulturnoe vzaimodeistvie iranskikh i tiurkskikh narodov na velikom shelkovom puti", in *Identichnost i dialog kultur v epokhu globalizatsii* (Tashkent, 2003), 33~36.

114) Peter B. Golden, "War and Warfare in the Pre-Cinggisid Western Steppes of Eurasian", in *Warfare in Inner Asian History (500~1800)*, ed. Nicola DiCosmo (Leiden, 2002), 153~57.

도 번영할 수 있게 만들어준 일종의 상호적인 수용능력을 보여 준다.

도시문화

중앙아시아와 마찬가지로 고대 로마에서도 민중의 삶과 염원을 표현하는 역할은 대체로 시인과 역사가들의 몫이었다. 카툴루스(Catullus), 베르길리우스(Vergilius), 호라티우스(Horatius), 오비디우스(Ovidius)와 같은 우아한 라틴 시인들은 모두 도시인이었고 제국 수도의 부산한 삶에 푹 빠져 있었다. 그러나 그들은 모두 목가적인 꿈을 꾸었고 가능할 때면 자신들의 전원주택으로 피신해 시골의 평온함을 맛보며 세상을 살폈다.[115] 중세 초에는 서방의 지방 수도원들이 혼란으로부터의 도피를 도와주는 역할을 했다. 그런데 이러한 전원적인 목가시를 쓴 이들이 중앙아시아의 시인이나 지식인들 사이에서는 드물거나 거의 보이지 않는다. 관개 오아시스의 쾌적한 환경과 사막이나 스텝 지대의 열악한 환경 간의 놀라운 대조가 이들로 하여금 도시의 일상생활에 완전히 집중하도록 만들었던 것이다. 중앙아시아 문화는 심지어 로마보다, 그리고 중세 초 유럽보다 더 도시적이었다.

비록 그들은 이란어족에 속하는 모든 이가 공유하던 전통 서사시를 말하고 또 말했지만, 중앙아시아 지역의 저자들은 자신들의 정체성의 뿌리를 당대의 도시에 확실히 두고 있었다. 이는 중앙아시아의 도시들이 수적으로 더 많았고 그 규모도 대부분의 서쪽 도시들보다 훨씬 더 컸기 때문에 너무도 당연한 것이었다. 영국의 역사가 피터 브라운(Peter Brown)에 따르면, "지중해의 소도시들은 너른 전원 속의 작고 추한 사마귀였다."[116] 이

---

115) 길버트 하이트(Gilbert Highet)의 통쾌하면서도 심오한 *Poets in a Landscape* (New York, 1957) 참조.

116) Peter Brown, *The Making of Late Antiquity* (Cambridge, 1978), 3.

와는 대조적으로 아랍 정복이 있기 전부터 중앙아시아의 작가들은 도시의 역사를 쓰고 시로 칭송했다.[117] 정복 후에는 아랍인들이 자신들에게 강요한 정체성과는 아주 다른 독자적인 정체성을 확고히 하는 수단으로 그렇게 했다. 그러나 시인들은, 누군가가 그 대가를 지불한다면 모를까, 칸국이나 공국, 제국을 위해서는 그만한 노력을 기울이지 않았다.

그들이 지향한 것은 지역적이고 고유한 것을 소중히 여기는 교구 애국주의(patriotisme de clocher), 즉 '종탑 애국주의'였다. 이 자체가 특별하지는 않지만 중앙아시아의 도시 애국주의에는 강렬한 지역주의와 철저한 세계시민주의가 혼합되어 있었다. 이러한 측면에서 이 지역의 대도시들은 이스파한(Isfahan) 같은 미래의 내륙 아시아 중심지보다는 중세의 베네치아에 훨씬 더 가까웠다. 그들이 '자치'라는 용어를 사용하지는 않았지만 지역 군주의 강력한 통치와 디칸, 즉 상류층의 힘과 급성장한 상업 계층의 부덕택에 그렇게 하는 것이 당연시되었을 것이다. 이슬람의 도래 이전에 사마르칸트에서 가장 두려운 처벌 중 하나는 도시에서 추방되는 것이었다.[118]

중앙아시아 지역을 연구한 러시아의 위대한 역사가 바실리 바르톨트는 심지어 지방 영주의 권력이 칸이나 지역 통치자의 상의하달식 전제주의 체제 내에서 일종의 자유를 만들어냈다고 주장하기까지 했다.[119] 이는 확실히 도시적 삶의 강도와 의식을 강화했지만 지역감정의 약화를 대가로 한 것이었다. 아마도 호라즘의 북부 지역에서는 그나마 지역주의의 불꽃이 타올랐던 것 같지만, 그곳에서조차도 그것은 호라즘 자체에 초점을 맞춘 것이지 중앙아시아 전체를 향한 것은 아니었다. 대부분의 지역에서 중앙아시아인들은 매우 분열되어 있었고 그 결과 아랍의 공격에 성공적으로 저항

---

117) Von Grunebaum, "Observations on City Panegyrics in Arabic Prose", in *Islam and Medieval Hellenism*, 65ff.는 좀 더 이후의 아랍어로 된 찬가들을 논했지만, 그 대부분이 중앙아시아나 페르시아 도시에 관한 것이었다.

118) Gafurov, ed., *Istoriia tadzhikskogo naroda*, 2: 85.

119) Barthold, *Turkestan Down to the Mongol Invasion*, 180~81.

하지 못했다. 그러나 싸움이 끝나자마자 그들은 자신들의 특정 이익을 극대화하는 데 얼마나 유능한지를 여실히 보여 주었다.

이외에도 아랍의 침략을 받은 중앙아시아인들은 자신들의 땅이 고대의 땅임을 잘 알고 있었다. 곳곳의 고대 유적들은 이곳에서 제국들이 흥망성쇠했음을 알려 주었다. 이러한 과정은 발흐와 티르미즈, 부하라 모두가 기울고 있던, 하지만 호라산의 투스나 메르브처럼 다른 도시 중심지는 번창하던 7세기에도 진행 중이었다. 과거는 그 자체로 중요할 뿐만 아니라 현재를 위한 교훈도 내포하고 있다는 생각에서 11세기 시인 페르도우시는 지역 서사시『샤나메』를 쓰기로 결심했다. 그리고 얼마 지나지 않아 비루니가 지역의 오래된 과거를 담은『고대국가들의 연표』(Al-Athar al-Baqiyya)라는 두툼한 책을 쓰고, 당대의 긴급 사안을 해결할 수 있는 통찰력을 갖고자 과거를 살펴보기로 결심한 숨은 진짜 이유도 바로 이 같은 생각에서였을 것이다.

중앙아시아의 도시 거주민들도 외부 세력이 자신들의 지역을 탐내고, 또한 자신들이 도시 간의 스텝 지대나 사막에 거주하는 유목민들을 영구적으로 포용할 수밖에 없는 처지에 있다는 사실이 달갑지는 않았을 것이다. 그러나 그들은 양측과의 관계에서 이득을 취할 수 있는 방법을 너무나 잘 알고 있었다. 이방의 종주국과 지역의 유목민은 모두 중앙아시아의 도시들이 독자적으로 대군을 조직할 필요성을 줄여 주었다. 종주국은 군복무 대신에 기꺼이 대납금을 받으려 했고 유목민들은 기꺼이 용병이 되려 했기에, 도시민들은 자신들이 가장 잘할 수 있는 일—제조, 교역, 수익 창출, 알고 보니 창의적이었던 생각들—을 할 수 있었다.

유라시아의 중심이자 인도와 중국, 중동 문명에 둘러싸여 있던 중앙아시아인들은 지속적으로 새로운 일의 방식 및 관념과 마주쳤다. 수세기 동안 그들은 자신들의 면전에 무엇이 나타나든 간에, 유용한 것과 그렇지 못한 것을 찾아내는 데 달인이 되었다. 뛰어난 기술뿐만 아니라 강력한 자신감도 있었던 그들은 외부로부터 알게 된 것을 그대로 쓰기보다는 고쳐 쓰는 법을 배웠다. 이것이야말로 앞으로 우리가 살펴볼 관념의 세계에서 특히 중요한 능력이었다.

제3장

기술과 사상,
종교의 도가니

문해력과 산술 능력

아랍 침략이 있기 한 세기 전에 사마르칸트를 방문한 한 중국인은 그곳의 젊은이들에 대한 자신의 인상을 다음과 같이 기록했다. "[사마르칸트]의 모든 주민은 장사꾼으로 길러진다. 어린 소년이 다섯 살이 되면 읽기를 가르치기 시작하고, 그 아이가 읽을 수 있게 되면 장사를 배우게 한다."[1] 또 다른 중국인 방문객 역시 매우 놀라워하며, 젊은 중앙아시아 남자들은 스무 살이 될 때까지 국외로의 장사 여정에 참여하지 못하도록 하는데, 이는 배움과 훈련에 몰두하도록 하기 위함이라고 말했다.[2]

이와 같은 당대의 목격자들 덕분에 우리는 아랍 침략이 있기 전의 중앙아시아라는 잃어버린 세계에 관해 매우 중요한 사실, 즉 그곳에 높은 수준의 문해력이 자리 잡고 있었음을 알게 되었다. 아랍인들이 자행한 책과 문

---

1) Dzhalilov, *Iz istorii kulturnoi zhizni tadzhikskogo naroda*, 38에서 인용.
2) Bichurin, *Sobranie svedenii o narodakh, obitavshikh v Srednei Azii v drevnie vremena*, 2: 310.

헌에 대한 대량 파괴로 인해, 우리는 특히 이 같은 외부인들의 보고서에 의지할 수밖에 없다. 때마침 고고학적 발견 역시 이 두 중국인의 기록이 사실임을 보여 주었다. 한 세기 전에 매우 건조한 지역인 간쑤(甘肅) 지방의 중국 망루 유적지를 돌아다니던 헝가리계 영국인 탐사가 아우렐 스타인은 너무도 잘 보존된 한 무더기의 고대 문서를 우연히 발견했다. 그 가운데에는 둔황에 살던 한 젊은 중앙아시아 여성이 매우 화가 나서 사마르칸트에 있던 남편에게 쓴 기원전 313년경의 개인 서신이 있었다. 그녀는 인적이 끊긴 머나먼 곳에 3년이나 자신과 어머니를 오도 가도 못하게 만들어놓고 자신의 행동거지 하나하나를 지시한 그에게 비난을 퍼부었다. "[심지어] 나의 아버지 집에서도 당신이 강제한 그런 종류의 구속을 받지 않았어요. 나는 어머니와 형제들을 외면하고 당신의 명령에 따라 둔황에 갔어요. 그날 신들이 나에게 화가 난 게 분명해요 ……! 차라리 당신보다는 개나 돼지와 결혼하는 편이 훨씬 나았겠어요!"[3] 이렇게 격렬한 비난을 퍼부은 이는 업무를 수행하고 있던 관리나 상인이 아니라 하녀의 신세로 전락시킨 남편의 무심함을 질책하기 위해 자신의 읽고 쓰기 능력을 가장 효과적으로 이용한 젊은 필부(匹婦)였다. 이러한 기록들 — 이런 종류의 문서들이 많다 — 을 검토한 한 타지크인 소비에트 학자는 이슬람 통치 시기보다 오히려 그 이전 시기에 중앙아시아의 문해력이 더 높았다는 결론에 이르렀다.[4]

사마르칸트가 주도였던 소그디아나 지방 사람들의 산술 능력은 매우 뛰

---

3) Nicholas Sims-Williams, *The Silk Road: Trade, Travel War, and Faith*, ed. S. Whitfield with U. Sims-Williams (London, 2004), 248~49의 권위 있는 번역을 기반으로 저자가 영어로 축약한 것이다. 이 문헌과 이어지는 내용 모두 대니얼 D. 워(Daniel C. Waugh)의 서문과 함께 http://depts.washington.edu/silkroad/texts/sogdlet.html에서 이용 가능하다. 또한 W. B. Henning, "The Date of the Sogdian Ancient Letters", in *W. B. Henning Selected Papers* (Leiden, 1977), 2: 315~29 참조.

4) Dzhalilov, *Iz istorii kulturnoi zhizni tadzhikskogo naroda*, 27.

어났는데, 실용적인 이유로 그럴 수밖에 없었다. 기원전 313년에 쓰인 또 다른 편지는 신장에서 사마르칸트의 한 상인이 고향에 있는 동업자에게 쓴 것이었다. 그는 딱딱하게 "자네는 바르자크(Varzakk)에게 이 예치금을 찾아가야 한다고 알려야 하네. 계산을 해놓게. 그리고 만약 그가 계속 예치하길 원한다면 자금에 이자를 붙여 양도 문서에 기입하게"라고 썼다.[5] 유사한 서신들을 박트리아와 호라즘, 마르기아나, 중앙아시아의 다른 지역 곳곳에서 매일 상인들이 쓰고 있었음이 틀림없다. 어떻게 선적처리업자가 보낸 선하증권과 신용장, 첨부 서류를 읽을 수 없는 사람이 무역업자로 행세할 수 있었겠는가? 곱셈을 모르는 이가 어떻게 하나의 소포 무게를 이용해 수백 개의 소포 무게를 계산할 수 있었겠는가? 또한 상품을 일정 비율로 나누어야 할 경우에는 등분도 할 수 있어야 했다.

무엇보다도 계약을 성사시키고 집행하는 법, 투자자를 끌어들이는 법, 자금을 다른 통화로 바꾸는 법, 수천 킬로미터에 걸쳐 이루어지는 복잡한 금융거래를 집행하는 방법을 이해해야만 했다. 이러한 기술은 유럽에서도 보편화되었다. 단지 500년 이상의 시간이 지난 후였지만 말이다. 장거리 교역이 주로 이방인들에게 맡겨졌던 중국에서도 이러한 기술은 서서히 발전했다. 반면 중앙아시아의 원주민들은 기량을 갖추고 있음에도 불구하고 혁신이나 변화를 자극하는 방향으로 이러한 능력을 계발하는 데는 실패했다.[6] 중앙아시아에서 이 같이 정교한 수준의 기술이 연마된 것은 결코 놀라운 일이 아니었다. 왜냐하면 이곳은 조그마한 강점이나 사소한 실수가 곧 손익을 결정하던 경쟁 세계였기 때문이다.

사업 특성상 상인과 무역업자들은 의식적이든 그렇지 않든 간에 그들

5) Nicholas Sims-Williams "The Sogdian Ancient Letter II", in *Philologica et Linguistica. Historia, Pluralitas, Universitas. Festschrift für Helmut Humbach zum 80. Geburtstag, a, 4. Dezember 2001* (Trier, 2001), 267~80의 권위 있는 번역을 기반으로 저자가 영어로 축약한 것이다.

6) Acemoglu and Robinson, *Why Nations Fail*, 144~52.

앞에 놓인 모든 문제를 실용적인 눈으로 바라보며, 상품뿐만 아니라 지식도 전수하는 전달자 역할을 했다. 상인 간에, 더 나아가서는 문화 전 영역에 걸쳐 만들어진 이와 같은 실용적인 사고방식을 하버드 대학의 역사학자 리처드 N. 프라이는 '상업적 세속주의'[7]라고 불렀다. 무슬림들이 수 세기 후에 경쟁을 벌이던 최소 네 개의 이슬람 법제 가운데 하나를 선택해야만 했을 때, 중앙아시아인들은 대다수가 일상 문제에서 가장 실용적인 접근법을 취하고 현행 교역 규범에 대해서도 가장 포용적이던 하나피(Hanafi) 법학파를 선택했다. 실제로 중앙아시아는 이슬람 세계의 그 어느 곳보다도 더 열정적으로 하나피 방식의 접근법을 지지했으며, 오늘날에도 마찬가지이다.

문해력과 산술 능력은 교역 세계에서만 필요한 것이 아니었다. 성문법이 중앙아시아의 대부분 지역에서 사회 및 경제생활을 규제했다.[8] 중국 자료에 의하면, 이슬람 이전의 소그디아나법이 명문화되어 한 사원에 보관되었다.[9] 결혼, 이혼, 재산, 조세에 관한 문제가 모두 성문법에 의해 규제되었다. 복잡한 사회가 그렇듯이 중앙아시아의 국가들도 정교한 법이 필요했다. 관개처럼 경제적으로 중요한 기능은 재산권과 수용권, 지주에 대한 보상 등의 측면에서 규정되었다. 또 일부다처제가 이슬람이 도래하기 오래전부터 널리 행해졌기 때문에 문서화된 상속법은 더 복잡했을 것이다.[10] 무명의 관리들이 모든 사법 처리과정에 대한 세심한 기록을 남겼다. 필요하면 그들은 ―오늘날 관료가 그렇듯이 ― 서신을 주고받았으며, 민중 전반과도

7) Richard N. Frye, "Pre-Islamic and Early Islamic Cultures in Central Asia", in *Turko-Persia in Historical Perspective*, ed. R. L. Canfield (Cambridge, 1991), 37.

8) 일례로서 Nicholas Sims-Williams, "A Bactrian Deed of Manumission", in *Silk Road Art and Archaeology* 5 (1997/1998): 191~93 참조.

9) Gafurov, ed., *Istoriia tadzhikskogo naroda*, 2: 84.

10) Frye, *The Heritage of Central Asia from Antiquity to the Turkish Expansion*, 195.

그러했다.

사라진 세계에 관한 이 같은 상세한 내용을 우리는 어떻게 알게 되었을까? 이는 1933년 남부 타지키스탄의 산꼭대기에서 한 목동이 항아리 뚜껑처럼 보이는 무언가를 먼지더미 속에서 발견한 덕분이다. 그것은 아랍 기병이 들이닥치기 전 데바슈티치(Dewashtich, 재위 721~722)라는 판지켄트의 통치자가 도주하면서 무그산에 1,500년 전 묻어둔 커다란 도자기 그릇을 덮고 있었다. 그 항아리에는 금은보화가 아니라 양피지에 쓰인 많은 공식기록물이 담겨 있었다. 밀랍과 송진으로 세심하게 밀봉한 덕에 1933년 그날까지 그 내용물은 잘 보존될 수 있었다.[11]

법이나 규정에 관한 오래된 논의들을 읽다보면, 아랍 침략 전의 중앙아시아 문명이 전문적인 역량이나 지식 등에 상당히 높은 가치를 두었음을 곧 알게 된다. 오아시스 도시들의 생존 자체가 여기에 달려 있었기에 어쩌면 이는 당연한 일이었다. 교역과 제조업, 건설, 도시의 관리 모두가 독자적인 전문 지식의 체계를 갖추고 있었다. 예를 들면, 관개시설은 흐르는 물의 양을 조절하기 위해 용수로의 폭과 깊이, 지하수로의 지름, 출구 수문의 크기를 계산할 수 있는 상당히 합리적인 평균치가 필요했다.

밭에 물을 주거나 가정용수를 충당하기 위해 또는 공중목욕탕의 급수를 위해 매일 수백 톤의 물을 길어 올려야 했던 사회에서 지식과 전문적인 숙련도가 대접받은 것은 당연했다. 이 작업 하나를 위해 중앙아시아인들은 독자적으로 발명했거나 다른 지역에서 차용한 풍차를 포함해 무려 아홉 개나 되는 다른 종류의 기계를 이용했다.[12] 1920년대 소비에트의 한 기술자가 계산한 결과에 따르면, 한때 수천 개에 달했던 고대 중앙아시아

---

11) A. A. Freiman, *Opisanie, publikatsiia i issledovanie dokumentov s gory Mug* (Moscow, 1962).

12) A. R. Mukhmejanov, "Natural Life and the Manmade Habitat in Central Asia", in *History of Civilizations of Central Asia*, vol. 4, pt. 2, 294~97.

의 수차(charkh)는 중력 기반 장치와 같은 수준의 관개 능력을 갖추었음에
도 물은 30~50퍼센트 정도 덜 필요로 했다.[13] 그리고 균등하나 비효율적
인 급수 대신에 돋움화단에 관개를 집중함으로써, 이 고대의 시설은 소비
에트 시대에 많은 중앙아시아 경지를 파괴했던 염류화를 방지했다. 자연히
이러한 장치를 책임지던 기술 전문가들은 그 사회에서 존경받았다.

중동이나 아시아, 멕시코 또는 남아메리카 지역의 주민들도 이즈음 정교
한 관개시설을 만들었다고 이의를 제기하는 이들이 있을 수 있다. 예를 들
면, 중앙아메리카인들도 상수도 시설을 관리하기 위해 대규모의 전문화된
인부들을 두고 있었다. 그러나 중앙아메리카나 아시아, 중동의 그 어디에
서도 이러한 활동이 수세기 동안 지속되지 못했음은 물론이거니와 수력공
학 같은 체계적인 분야로 연계되지도 못했다.

고가 수출품의 원산지로서 지역의 지위를 유지하기 위해서는 일련의 기
술 발달이 필요했다. 중앙아시아의 철기상과 구리 세공인, 청동 중개상은
모두 자체 제작한 연장과 도구, 무기의 우수함으로 유라시아 전역에서 명
성을 얻었다. 각 세대는 관련 기술을 터득하고 효과적인 교수 방법을 통해
후속 세대에게 이를 전달했다. 이는 특정 소집단이나 종족이 특정 기술을
독점하고 있는 경우 더 용이했다. 예를 들면, 4세기경의 주요 지역 수출 산
업을 구성했던 유리 제조업은 아프라시아브(사마르칸트), 차치(타슈켄트), 페
르가나 계곡에 용광로를 보유한 유대인들이 거의 대부분 독점하던 업종
이었다.[14] 그러나 소수 민족이 독점한 극히 예외적인 직종일지라도 특수
한 전문 기술에 대한 전반적인 관심과 경의를 불러일으켰다. 이러한 역량
모두가 금속공학과 광업, 화학 등과 같은 분야에 대한 확고한 지적 기초에
달려 있었기 때문이다. 그렇다고 이 지역이 금속공학자나 기하학자, 천문학

13) B. V. Tsizerling, *Oroshenie na Amudare* (Moscow, 1927), 588ff.

14) Samuel Kurinsky, *The Glassmakers: An Odyssey of the Jews* (New York, 1991),
     282~88.

자로 와글거렸다고 말하려는 것은 아니다. 하지만 경제적 현실은 이 모든 분야에 대한 높은 수준의 역량과 지식을 요구했다.

좀 더 철학적인 언어로 바꿔 말하자면, 중앙아시아는 아리스토텔레스가 없는 아리스토텔레스적인 땅이었고 많은 이들이 그리스 사상가들이 테크네(Techne), 즉 '사물이 만들어지는 방식 또는 목적이 실현되는 방식'이라고 불렀던 것에 지대한 관심을 가졌던 곳이었다. 현대의 많은 갑남을녀의 일개의 관심사가 되었다는 이유로 이러한 자질을 무시하는 것이 오늘날 유행처럼 되었다. 그러나 곧 보게 되겠지만 1,500년 전 중앙아시아에서는 그렇지 않았다.

과학

현대에 '과학'으로 규정하는 것과 중앙아시아에 널리 확산되어 있던 다양한 기술적인 전문 지식을 구분하는 명확한 경계선은 없다. 실무자에게서 대개 누락된 요소는 일반화하고, 경우에 따라서는 관찰된 현상의 원인을 추측하려는 충동이다. 측량술은 실무에서 이론으로의 전이를 잘 보여 준다.

관개는 경작지를 정확하게 구획된 가치 있고 희소성 있는 상품으로 만들었다. 수세기 동안 땅을 일구는 과정 속에서 여러 오아시스 지역의 측량 전문가들은 정형이든 비정형이든 간에, 밭을 측정하고 전체 면적을 계산하는 방법 등을 산출해 냈다. 중앙아시아인들이 알려진 기하학 기술을 집대성하고, 최초의 실용적인 대수학 체계를 생각해 내며, 삼각법 분야를 창안한 것은 당연한 수순이었다. 이러한 방향에서 중요한 진전이 —가장 집중적으로 관개화된 지역인 호라즘의 축적된 경험을 기반으로— 9세기에 일어났다. 이 일대와 그 외 중앙아시아 지역의 후대 수학자들이 2차·3차 대수방정식의 풀이법칙을 쉽게 만들 수 있었던 것은 실무 현장 작업의 필요를 충족하기 위해 축적해 온 정량화 역량 덕이 컸다.

마찬가지로 밤길을 가야 했던 대상도 계절에 따른 태양과 달, 별들의 순환에 관한 실용적인 지식을 방대하게 축적했다. 이러한 지식은 천체운동을 측정하고 이해하고자 하는 천문학의 문턱으로 그들을 이끌었다. 또한 이는 하늘에서 관찰된 현상과 세상사 간의 연계성에 초점을 맞춘 점성술의 비밀을 탐구하도록 그들을 고무했다. 사기행각쯤으로 일축되곤 했지만, 점성술은 이른바 천문력이라는 정확한 행성운동표의 준비를 필요로 했으며, 정확하게 일식(日蝕)과 월식(月蝕)을 예측할 수 있는 능력도 필요로 했다.

불행하게도 이슬람 이전 중앙아시아의 문서가 철저하게 파괴되어 우리는 9세기 이전의 천문학과 다른 과학 분야에 대한 파편적인 정보만을 알고 있다. 그럼에도 이 정보들은 매우 흥미롭다. 현지의 과학자가 2,000년도 훨씬 전에 아프가니스탄의 그리스계 도시 아이 하눔의 주요 장소에 설치한 반구형 해시계 — 석회암을 쪼아 만든, 정교하고 정확하게 눈금이 새겨진 것이었다 — 를 관할했던 것일까?[15] 천문학을 포함해 여러 분야에서의 능통함을 자랑했던 모조(Modjo)라는 사람의 통솔 아래, 발흐 지역에서 기원후 719년 중국으로 파견된 것으로 알려진 사절단은 어떠한가?[16] 소그드어에서 중국어로 번역된 마흔 권의 책 가운데에는 천문학과 다른 과학 분야에 대한 글들도 있었을까?[17] 조심스럽게 접혀 무그산의 문서 더미 속에 묻힌 7세기 점성술 문헌들로부터 우리는 무엇을 알 수 있을까? 천문학 연구소가 설립된 제국의 동쪽 수도 메르브로 진출한 사산인 치하에서 제작된 천문학표에서는 또 무엇을 알 수 있을까?[18] 마지막으로 호라즘과

---

15) National Museum, Afghanistan.

16) N. S. Asimov, "Nauka srednei Azii kushanskoi epokhi i puti ee izucheniia", *Mezhdunarodnaia konferentsiia UNESCO po istorii, arkheologii, i kultury Tsentralnoi Azii v kushanskuyu epokhu* (Dushanbe, 1968), 11.

17) Needham, *Science and Civilization in China*, 3: 205.

18) O'Leary, *How Greek Science Passed to the Arabs*, 56.

박트리아, 파르티아, 토하라국(吐火羅國), 소그디아나에서 사용되고 있던 고도로 정교한 역법은 이슬람 도래 이전의 중앙아시아의 과학 현황에 대해 우리에게 무엇을 이야기해 줄까? 11세기 초반에 이루어진 비루니의 역법 연구가 호라즘의 달력을 그 출발점으로 삼았다는 점은 확실히 주목할 만한 가치가 있다.[19] 30일을 한 달의 기준으로 한 중앙아시아의 역법이, 더 널리 알려진 바빌론이나 히브리, 인도의 역법 못지않거나 그 이상으로 뛰어나다고 비루니는 결론지었다.[20]

역법만큼이나 천문학의 모든 영역에서 체계화하고 일반화하려는, 또 더 뛰어난 정확성을 추구하려는 추진력도 중요했다. 이는 지역의 과학자들이 그리스 과학의 주요 저작과 처음으로 조우하게 되는 10세기에 중앙아시아에서 시작된 대(大)탐색으로 발전했다. 후대의 중앙아시아 천문학자들이 수세대 동안 이러한 목표를 열정적으로 추구할 수 있었던 것은 이슬람 이전 시대에 놓인 튼튼한 기초 덕분이었다. 심지어 그들이 구면기하학 같은 새로운 문제 제기를 빠르게 받아들일 수 있었던 것도 오래전부터 이 지역 문화의 일부였던 실용기하학에 정통했기 때문이다.

비슷한 과정이 의학 분야에서도 진행되었다. 어느 고대 사회에서든 의학은 권력과 가까웠는데, 의사들이 통치자와 그의 가족의 건강을 위협하는 요인을 제거할 수 있었기 때문이다. 박트리아 출신의 한 의사가 두개골 수술로 아들의 실명을 치료했을 때, 인도의 통치자 아소카(Ashoka)가 느꼈을 감사의 마음을 충분히 상상할 수 있을 것이다.[21] 우발적인 이러한 기적 말

---

19) Henning, "Zum soghdischen Kalendar", in *W. B. Henning Selected Papers*, 5: 629~37; Dzhalilov, *Iz istorii kulturnoi zhizni tadzhikskogo naroda*, 40; Nicholas Sims-Williams and François de Blois, "The Bactrian Calendar", *Bulletin of the Asia Institute*, New Series, vol. 10, Studies in Honor of Vladimir A. Lifshits (1996): 149~53.

20) 이 책 제8장과 제9장 참조.

21) Needham, *Science and Civilization in China*, 2: 204ff.

고도 이슬람 이전 중앙아시아에서의 일상적인 의료 행위란 방대한 일반적 상식을 찾아보고 필요하면 임시방편이라도 마련하려는 의지를 의미했다. 고대의 상업 중심지였던 부하라 인근의 파이칸드에서 발굴된 5세기경의 한 약제상 가게는 치료 준비와 새로운 약물 개발을 위한 설비를 완벽하게 갖추고 있었다.[22] 부산한 무역 중심지의 한복판에 위치한 것으로 판단하건대, 이 약국의 고객은 대체로 일반 대중이었을 것이다. 파이칸드 약국에 있던 것과 유사한 장비들이 호라산에서부터 북쪽의 호라즘에 이르기까지 다른 여러 지역에서도 발견되었다. 이는 의료업이 대거 확산되어 있었음을 암시한다.

의사들은 번역되었거나 현지에서 출판된 의료 관련 서적들 ―그 일부분이 신장에서 발견되었다 ― 을 꼼꼼히 읽었을 것이다.[23] 이슬람 이전 중앙아시아의 의사들은 서방의 관행과 인도의 베다 의술에 대해서도 잘 알고 있었다. 신장의 고대 도시인 쿠처(庫車)의 유적지를 덮고 있던 건조한 모래 사장에서 산스크리트어로 쓰인 27개의 의학 문서가 발견되었다.[24] 인도와 밀접한 통상 관계를 맺고 있던 발흐는 인도 의학에 대한 지식을 얻기에 특히 좋은 위치에 있었다. 이슬람 시대의 바그다드에서 수년 동안 가장 부유했던 가문은 발흐에 깊은 역사적 뿌리를 두고 있고 불교에서 개종한 바르마크(Barmak) 가문이었다. 칼리프 제국의 수도에 새로운 병원을 기부하면서 그들은 병원 책임자로 인도 의사 ―아마도 발흐 출신이었을 것이다 ― 를 데려왔다.[25]

---

22) Semenov, "Excavations at Paikend", in *The Art and Archaeology of Ancient Persia*, 117.

23) Nicholas Sims-Williams, "The Sogdian Fragments of the British Library", *Indo-Iranian Journal* 18 (1976): 44.

24) B. N. Mukherjee, *India in Early Central Asia* (New Delhi, 1996), 27.

25) Biruni, *Alberuni's India*, 1: xxxii.

수많은 문자 언어들

극찬을 아끼지 않으며 외부인들은 으레 중앙아시아가 한때 '문명의 교차로'였다고 열광적으로 이야기한다. 어느 면에서 이는 진실일 뿐만 아니라 지구상의 그 어느 지역보다도 중앙아시아에 잘 어울리는 말이다. 중동과 유럽, 중국, 인도 문화의 연결점이었으며, 그러한 이유로 미국의 오언 래티모어(Owen Lattimore)의 말을 인용하자면 '아시아의 축'[26]이었다. 하지만 엄격히 말해 교차로는 독자적인 어떤 정체성도 띠지 않은 채 실질적인 네 장소 사이에 위치한 추상적인 장소를 의미할 뿐이다. 초창기 중앙아시아는 이러한 경우에 결코 해당되지 않는다. 이곳이 '문명의 교차로'였음은 부정할 수 없다. 하지만 좀 더 엄밀한 의미에서 중앙아시아는 고유의 변별적 특징을 가진 길목문명(crossroads civilization)이었다. 초창기부터 이러한 성격은 다양한 분야에서 명백히 나타났고, 특히 언어와 종교에서 그러했다.

이 지역의 핵심적인 어계(語系)인 이란어에는 조로아스터 경전의 고대 언어와 박트리아어, 소그드어, 호라즘어 같은 개별 언어가 모두 포함되었다. 알렉산드로스 대왕(기원전 356~기원전 323) 때, 혹은 그 이전 시기에 그리스인들이 도래하고 나서야 이들 어군은 자신들의 알파벳이나 문자를 발전시킬 수 있었다. 그 후 알렉산드로스 대왕이 세운 셀레우코스 왕국의 박트리아는 발흐에서 사용하던 현지 박트리아어에 맞게 그리스 문자를 차용했다.[27] 아프라시아브(사마르칸트)의 소그드인들이나 북부 스텝 접경지대에 위치한 여러 소도시의 호라즘인들도 비슷한 과정을 따랐다. 단, 그들은 그리스 문자 대신에 유대 탈무드의 주요 언어이자 그리스도(Christ)가 사용

---

26) 래티모어는 이 관용구를 신장에만 사용했다. Lattimore, *Sinkiang and the Inner Asian Frontiers of China and Russia* (Boston, 1950) 참조.

27) 박트리아와 다른 지역 언어에 관해서는 J. Harmatta's through review, "Languages and Literature in the Kushan Empire", in *History of Civilizations of Central Asia*, 2: 417~44 참조.

한 언어인 아람 문자를 차용했다. 중앙아시아에서 아람 문자가 사용되었다는 사실은 얼핏 드는 생각처럼 그리 놀라운 일이 아니다. 아람어의 한 형태인 시리아어는 수천 명의 시리아 상인과 정착민, 후에는 중앙아시아에 왔던 기독교 선교사들이 사용한 언어였기에 이 지역 곳곳에 널리 알려져 있었다.

초창기에 튀르크인들 역시 매우 정교한 룬(Rune) 문자를 고안해 냈는데, 이 문자는 그릇과 가정용품에 장식으로 새겨졌을 뿐만 아니라 튀르크어나 위구르어로 아름다운 시를 표현하기 위해서도 쓰였다. 유목민들은 외국의 문자를 동화시키는 과정에 적극적으로 참여했다. 최근에는 아람어로 세심하게 옮겨 적은 스키타이어와 튀르크어로 쓰인 글 일부가 발견되기도 했다.[28] 초창기 튀르크 유목민의 문해력 수준을 단정짓는 것은 불가능하지만, 서서히 드러나고 있는 증거들은 그 수준이 상당했으며, 이슬람 도래 이전 수세기 동안의 튀르크 문화를 평가하는 데 이러한 점들이 충분히 고려되어야 함을 보여 주고 있다.

외국 문자를 차용한 토착어들이 강경한 외부 세력의 언어에 압도당하기는커녕 번창할 수 있었다는 사실은 페르시아적인 동시에 튀르크적인 양식을 띤 중앙아시아 문명의 근본적인 특징을 여실히 보여 준다. 또한 중앙아시아가 문화의 교차로라기보다는 국제적인 관계에 의해 온전히 영향을 받으면서도 결국에는 수세기 동안 형성된 토착적인 힘이 더 크게 작용하는

---

28) 호라즘어에 관해서는 Henning, "The Choresmian Documents", in *W. B. Henning Selected Papers*, 2: 645~58; Dzhalilov, *Iz istorii kulturnoi zhizni tadzhikskogo naroda*, 19~32, 박트리아어에 관해서는 Henning, "The Bactrian Inscription", in *W. B. Henning Selected Papers*, 2: 545~53; Ilya Gershevitch, "Bactrian Literature", in *The Cambridge History of Iran*, ed. Ehsan Yarshater (Cambridge, 1983), vol. 3, pt. 2, 1250~58 참조. "미지의 문자들"에 관해서는 J. Harmatta, "Languages and Literature in the Kushan Empire", in *History of Civilizations of Central Asia*, 2: 417~42; Rtveladze, *Civilizations, States, and Cultures of Central Asia*, 39 참조.

가운데 특징지워진 길목의 문화였음을 보여 주는 증거이기도 하다.

아랍 침략 이전 중앙아시아에서 출판된 서적 수나 유통망을 추정하는 것은 불가능하다. 소비에트의 고고학자들과 소비에트 및 서구의 언어학자들이 이 문제를 파헤치기 시작한 1950년대까지도 문자로 남겨진 소그드어와 박트리아어, 호라즘어의 존재조차 알지 못했다는 사실만 일단 언급해 두자. 그러나 이제 문서의 일부분일지라도 그 숫자는 10년마다 크게 증가하고 있다. 최근 소그드어로 쓰인 시 한 줄이 발견되었다. 진흙으로 빚은 그릇 가장자리에 새겨진 글은 러시아 번역가 블라디미르 리브쉬츠(Vladimir Lifshits)에게 11세기 시인 오마르 하이얌의 시구를 연상시키기에 충분했다. "손해를 알아차리지 못한 자, 결코 부를 보지 못할지니 …… 그러니 마시게, 이런!"[29]

이슬람 이전의 중앙아시아 전역에 책들이 널리 유포되어 있었다고 생각할 만한 근거는 차고 넘친다. 한 세기 전에 아우렐 스타인은 동투르키스탄의 건조한 동굴에서 이 일대에 정착한 튀르크계 위구르인들과 다른 무리들이 남긴 1만 5,000권의 서적을 우연히 발견했다. 산스크리트어와 히브리어, 페르시아어, 시리아어(아람어), 소그드어로 쓰인 책들에는 번역본과 원작 모두가 포함되어 있었다. 이 중 대부분은 9~10세기에 쓰였지만 불교와 마니교, 기독교가 이 지역에 전파된 무렵까지 거슬러 올라가는 것도 있었다. 발레리 한센은 최근 연구서인 『실크로드』(The Silk Road)에서 아프가니스탄과 파키스탄의 간다라 지방에서 온 불교도 이주자들이 기원후 3세기경에 ─지금의 신장 지역에 위치한─ 오랫동안 잊혀진 누란(樓蘭) 왕국(Kroraina)으로 문서들을 어떻게 가져왔는지에 관한 이야기를 상세하게 들려준다.[30] 침공한 아랍인들이 톈산산맥 서쪽 지역에 자신들의 언어와 가

29) Vladimir Lifshits, "A Sogdian Precursor of Omar Khayyam in Transoxonia", *Iran and the Caucasus* 8, 1 (2004): 18의 번역을 다소 축약한 것이다.

30) Hansen, *The Silk Road*, 25ff.

치를 강제한 이후로도 오랫동안 동투르키스탄에서는 활기차고 상당히 다원적인 지적 환경이 유지되었으며, 읽고 쓰기의 중심지로서의 역할도 계속했다. 하지만 우리는 이러한 동투르키스탄의 도시들보다 중앙아시아 심장부의 대(大)상업 중심지들이 더 크고 번영했음을 잘 알고 있다. 따라서 이슬람이 도래하기 이전에 중앙아시아의 대도시들은 동투르키스탄의 도시들보다 더 많은 책을 자랑하고 있었을 것으로 추정함이 사리에 맞는다. 또한 틀림없이, 그들 사회는 지식의 생산과 교환을 높이 평가했을 것이다.

이처럼 서적—그리고 읽고 쓰기—이 확산되는 데는 일반적으로 우리가 생각하는 것보다 종이의 대량생산이 기여한 바가 크다. 페르가나 계곡 출신의 7세기 시인인 사이피 이스파란기(Saifi Isfarangi)는 자신의 1만 2,000편의 2행 연구 시를 값비싼 수입 양피지나 짐승 가죽으로 정교하게 만든 양피지에 필사했기 때문에 작품의 보존이 가능했을 것이다.[31] 그럼에도 종이는 값싸고 실용적인 대체품이었다. 앞서 보았던 것처럼 중앙아시아인들은 생산성을 향상시키고 수출을 위한 대량생산을 가능하게 함으로써 적어도 중국인들 못지않게 이 산업에서 중요한 역할을 수행했다. 초기 산업을 면밀히 분석한 조너선 M. 블룸(Jonathan M. Bloom)은 모든 주제에 관한 문헌이 확산될 수 있었던 것을 "기존에는 전반적으로 높았던 수준의 문화와 번영의 탓으로 설명했지만 …… 내 생각에는 이러한 성취의 상당 부분은 이전보다 더 많은 독자들이 읽고 쓰기에 접근할 수 있도록 만들어준 종이의 손쉬운 가용성에서 기인한다"[32]라고 설득력 있는 주장을 폈다. 물론 블룸은 9~10세기의 아바스 사회와 바그다드를 언급한 것이지만, '종이 혁명'은 아랍 정복 이전에 시작되었을 뿐만 아니라 다른 어느 곳보다도

31) Saidov et al., "The Ferghana Valley", 23.
32) Bloom, "Lost in Translation", 85. 이 문제에 관한 심도 있는 논의를 보려면 블룸의 뛰어난 저작인 *Paper before Print: The History and Impact of Paper in the Islamic World* (New Haven, 2001) 참조.

중앙아시아에서 집중적으로 일어났음이 점점 더 분명해지고 있다. 블룸의 주장처럼 '비단길'은 '종이길'과 다르지 않았으며, 중국이 아닌 중앙아시아에서 시작되었다.

종교는 이슬람 이전의 중앙아시아에서 서적 양산의 가장 강력한 자극제 중 하나였기에 여기에서 이 지역 주요 종교의 놀라운 역사를 좀 더 면밀하게 살펴보고자 한다.

자라투스트라와 빛과 어둠의 세계

중앙아시아의 종교는 지층에 퇴적물이 쌓이듯 꼬리에 꼬리를 물고 이어졌다. 하나의 종교는 이전의 종교 위에 세워졌지만, 격동의 시기에는 아래층이 표면으로 떠올라 예상 밖의 방식으로 자신의 존재감을 과시하기도 했다. 가장 밑바닥에는 나나(Nana)나 시야부시(Siyavush) 같은 이름의 신을 추종하는 다양한 지역 종파가 존재했다.[33] 이들을 하나로 통합한 이들은 빛이나 불을 숭배했는데, 아프가니스탄에서 북부 카자흐스탄에 이르기까지 이 지역 곳곳에 존재하던 수많은 불의 제단으로 그 모습을 드러냈다. 청동기 시대 도시의 불의 제단은 주변의 다른 예배소들 사이에 있던 일종의 교환원으로서 도시 한복판에 위치했다.[34] 초창기부터 영원한 불의 보존은 중앙아시아 전역에서 종교적 실천의 핵심적인 요소였다. 불교와 기독교가 이 지역에 전파된 한참 후에도 불의 제단은 발흐처럼 불교의 대중심

---

33) Guitty Azarpay, *Sogdian Painting: The Pictorial Epic in Oriental Art* (Berkeley, 1981), 132~39; N. B. Diakonova and O. U. Smirnova, "K voprosu o kulte nany (Anakhity) v Sogde", *Sovetskaia arkheologiia* (1967): 74~83; M. M. Diakonov, "Obraz Siivasha", *Kratkie soobshcheniia instituta materialy* 1 (1951): 34~44.

34) Sarianidi, *Margush, Turkmenistan*, 276ff.

지에서조차 계속 세워졌고 그 기능을 수행했다.[35]

근원적인 투쟁 속에 빛과 어둠, 선과 악을 병치시킨 세계관은 기층에 깔려 있던 이러한 숭배의식과 관련이 있었다. 이 같은 열망을 새로운 종교, 즉 조로아스터교로 전환시킨 이가 바로 예언자 자라투스트라(Zarathustra)였다. 전문가들은 그가 살았던 시기가 기원전 11세기인지, 아니면 기원전 6세기인지 합의를 보지 못했다. 하지만 현재로서는 전자가 선호되는 편이다.[36] 조로아스터교의 신인 아후라마즈다(Ahuramazda)는 어둠의 원리인 아흐리만(Ahriman)과의 영원한 투쟁에 갇혀 있다고 여겨졌다. 그러나 무한한 갈등은 아흐리만이 아후라마즈다만큼 힘을 행사할 수 있음을 의미하지 않을 뿐만 아니라 진정한 유일신으로서의 아후라마즈다의 위상을 침해하지도 않는다. 인간을 창조하고 선과 악 가운데 선택할 수 있는 자유를 부여한 이가 바로 그였다. 아후라마즈다를 향한 칭송과 구원 및 천국에서의 영원한 생명에 대한 갈망은 세상에 만연한 악에 대한 경고와 함께 많은 찬가와 자라투스트라가 그의 추종자들에게 남긴 교리문서를 통해 울려 퍼졌다. 발흐에서의 첫 설교 이후 자라투스트라는 곧 중앙아시아 전역과 더 서쪽에 위치한 페르시아 땅에서 지지자들을 끌어모았다.

조로아스터교는 생각보다 덜 중요하기도, 더 중요하기도 하다.[37] 중앙아시아의 조로아스터교 신자들은 오로지 이 신앙에만 헌신하지 않았지만, 그렇다고 자신들이 주목한 다른 종교를 일제히 수용하지도 않았다. 그리

---

35) A. D. H. Bivar, "Fire-Altars of the Sassanian Period at Balkh", *Journal of the Warburg and Courtauld Institutes* 17, 1~2 (1954): 182~83.

36) 자라투스트라의 생몰 연대는 조로아스터교와 연계된 많은 문제와 마찬가지로 매우 논란이 많다. C. F. Lehmann-Haupt, "Wann lebte Zarathustra?", in *Oriental Studies in Honour of Curseti Erachji Pavry*, ed. Jal Dastur Cursetji Pavry (London, 1933), 251~80.

37) 조로아스터교와 그 미학에 관한 뛰어난 개관은 K. Olimov and A. A. Shomolov, eds., *Istoriia tadzhikskoi filosofii (sdrevneishikh vremen do. xv v.)* (Dushanbe, 2012), 1: 105~57, 383~427 참조.

고 조로아스터교를 국교로 선포한 사산 왕조 제국은 더 간소하고 덜 교조적인 신앙을 소중히 여겼던 많은 이들을 확실하게 쫓아내 버렸다. 그럼에도 조로아스터교는 세계에서 가장 오래된 계시종교이자 인류 최초의 일신론적 신앙이었고 최초의 구원 종교였다. 메리 보이스(Mary Boyce)의 말을 인용하자면, 이 도외시된 신앙의 대가는 "개인의 심판, 천국과 지옥, 미래의 육체의 부활, 전면적인 최후의 심판, 재결합된 영혼과 육체의 영원불멸한 삶에 관한 교리를 최초로 가르쳤다."[38]

이 모든 개념이 '바빌론의 유수' 동안 그들과 조우한 유대인 사상가들에게 큰 영향을 주었다. 그 후에는 유대인들이 이러한 개념을 기독교와 이슬람에 건네주었다. 후대의 중앙아시아 무슬림 가운데 자신들의 낙원(기독교의 천국뿐만 아니라) 개념이 모든 페르시아계 언어에서 '정원'(garden)을 의미하는, 조로아스터교의 파라다이스(Paradise)에서 직접 기원했음을 아는 이는 거의 — 설령 있었다 할지라도 — 없었다. 조로아스터교는 "아마도 어떤 다른 단일 신앙보다도 직간접적으로 인류에게 가장 많은 영향을 준 종교"라는 보이스의 주장은 결코 과장이 아니었다. 따라서 독일의 철학자 프리드리히 니체(Friedrich Nietzsche)가 근대 세계에서의 선악의 죽음을 선언하고자 "차라투스트라는 이렇게 말했다"(Thus spoke Zarathustra)라는 장중한 선언문에서 자라투스트라를 불러내 그로 하여금 고대의 계시를 포기하도록 종용한 것은 결코 놀라운 일이 아니다.

실제의 자라투스트라가 언제 어디서 살았는지는 여전히 논쟁 중이지만, 처음 중앙아시아의 발흐에서 자신의 신앙관을 선포했다는 증거는 있다. 현존하는 조로아스터교 찬가와 다른 문헌에 실려 있는 모든 장소를 꼼꼼하게 분석한 결과, 그의 포교 사업이 정확하게 중앙아시아의 서쪽 방면, 특히 호라산 지역에서 이루어졌음이 밝혀졌다. 자라투스트라보다 적어도

---

38) Mary Boyce, *Zoroastrians, Their Religious Beliefs and Practices* (London, 1979), 29.

1,500년은 앞서지만 장차 그의 종교의식과 연계될, 가장 오래되었다고 알려진 불의 제단이 오늘날 투르크메니스탄의 오아시스 도시 메르브에서 발견되었다. 고고학자 빅토르 사리아니디는 우연히 발굴하게 된 청동기 시대의 도시 마르구쉬와 고누르데페에서 자라투스트라가 활동했다고 강력하게 주장했다. 자라투스트라의 이미지와 상징이 이란과 아제르바이잔의 다른 일부 지역에서뿐만 아니라 중앙아시아와 아프가니스탄 전역, 신장 지구 한복판에서도 발견되었다.

기원후 3세기에 등장한 사산 왕조 페르시아 제국이 조로아스터교를 국교로 수용하는 과정에서 조로아스터교는 고위 성직자들의 통제 아래 놓이게 되었다. 이 성직자 계층에 의해 종교문서가 성문화되고 체계화되면서 중앙아시아의 통속적인 조로아스터교와는 잘 조화되지 않는 형식주의와 정설이 만들어졌다. 그 결과 이미 한물간 종교가 되어버린 조로아스터교는 쇠퇴하였고 곧 중앙아시아 전역에 확산될 다른 종교가 들어설 공간이 창출되었다.[39]

기원후 3세기에 또 다른 순회설교자이자 기적을 행하는 자가 조로아스터교의 근본인 이원론을 빌려 주된 실존극으로 고양시켰다. 페르시아 서부 출신인 마니(Mani, 216~274)[40]는 조로아스터교와 기독교 양쪽 모두에서 개념을 차용했다. 11세기의 한 중앙아시아 학자에 따르면, 그는 여행을 떠난 인도에서 힌두교 신자로부터 윤회사상(영혼의 환생)을 배웠고 그것을 자신의 새로운 사상 체계에 결합했다.[41] 지금은 행방불명되었지만 그의 가

---

39) R. C. Zaehner, *The Dawn and Twilight of Zoroastrianism* (New York, 1991), chap. 8.

40) Henning, "The Dates of Mani's Life", in *W. B. Henning Selected Papers*, 2: 505~19; "Manichaeism and Its Iranian Background", in *The Cambridge History of Iran*, vol. 3, pt. 2, 963~90.

41) Samuel N. C. Lieu, *Manichaeism in the Later Roman Empire and Medieval China* (Manchester, 1985), 56.

르침을 담은 여섯 권의 책은 히포의 아우구스티누스(Augustinus of Hippo, 354~430)가 읽고 추종자가 되었을 만큼 충분히 흥미로웠다. 그가 기독교로 개종하고 성 아우구스티누스로 시성(諡聖)되도록 만들어준 작업에 착수한 것은 그 후 한참이 지나서였다.

'마니교도'라고 불리는 마니의 추종자들은 곧 무역로를 따라 중앙아시아로, 그리고 종국에는 동투르키스탄(신장)과 그 너머로까지 진출했다.[42] 모든 주요 도시에 그들은 공동체를 세운 후, 숙련자와 지식인들을 끌어모으던 학자들에게 그것을 일임했다.[43] 조로아스터교처럼 그들의 신앙도 사람들에게 빛을 향해 싸워나갈 것을 촉구했다. 미래의 이슬람 수피들처럼 마니의 추종자들은, 소수의 엘리트는 금욕적인 생활과 참회, 반복적인 찬양을 통해 자기 자신을 정화할 수 있다고 믿었다.[44] 조로아스터교도들처럼 마니교도들도 자신들의 교리와 찬가를 기록으로 남겼는데, 열성적인 선교사들은 철학적인 이야기나 우화들을 비롯해 이 문서들을 곧 중앙아시아의 언어로 번역했다. 종내 중국과 인도로 이어지는 무역로 전역에 우후죽순처럼 세워진 마니교 공동체는 서에서 동으로, 그리고 동에서 서로 문화를 전달하는 일종의 컨베이어 벨트의 기능을 했다.[45] 4세기경이면 이미 마니교도는 중앙아시아의 모든 주요 물산 집산지에 상당한 수의 추종자를 거느리게 되었다. 향후 몇 세기 동안 동투르키스탄 전역으로 확산된 마니교는 심지어 몽골의 위구르 지역에까지 전파되었다.

그 사이 튀르크 및 페르시아 유목민들은 독자적인 종교생활을 영위했는

---

42) O. M. Chunakova, ed., *Manikheiskie rukopisi iz Vostochnogo Turkestana: srednepersidskie i parfianskie fragmenty* (Moscow, 2011).

43) V. A. Lifshits, "Sogdian Sanak, a Manichaean Bishop of the 5th-Early 6th Centuries", *Bulletin of the Asia Institute*, New Series, 14 (2000): 47~54.

44) 마니교에 대해서는 Lieu, *Manichaeism in the Later Roman Empire and Medieval China*, 5~33 참조.

45) Henning, "Sogdian Tales", in *W. B. Henning Selected Papers*, 2: 169~71.

데, 인간의 운명은 어디에나 존재하는 둥근 모양의 창대한 하늘에 의해 결정된다는 핵심교리를 따랐다. 현대 학자들은 이를 튀르크족의 천상의 최고신인 텡그리(Tengri)의 이름을 따서 '텡그리 신앙'(Tengrianism) 또는 '텡그리즘'(Tengrism)이라고 명명했다. 이 같은 광대한 자연의 신성화는 도그마(교리)를 필요로 하지 않았으며, 성문화된 교리가 초래할 수 있는 논쟁의 영향도 받지 않았다. 이는 유목민들이 좀 더 형식에 얽매인 종교 사이를 쉽게 오갈 수 있도록 만들어주었지만, 그와 동시에 체계화된 종교의 왕성한 전도 대상이 되게도 하였다. 일찍이 튀르크인들은 다른 종교에 매우 개방적인 모습을 보여 주었고, 특히 마니교와 기독교에 그러했다.[46]

세계의 시조 종교 가운데 하나이자 오늘날까지도 세계 인구의 반 이상이 믿는 종교들에 막강한 영향력을 행사한 조로아스터교의 존재는 중앙아시아가 단순히 여러 문화의 교차로서가 아니라 그 자체로 하나의 문명적 성격을 띠었음을 보여 준다. 그렇다고 이 지역이 외부의 종교사상으로부터 아무런 영향도 받지 않았음을 말하려는 것은 아니다. 그와는 반대로 오히려 위대한 종교적·철학적 전통 중 셋이 모두 중앙아시아에 뿌리를 내렸고 번창했다. 인도의 불교와 고대 그리스 종교, 동부 지중해 지역에서 유래한 기독교가 바로 그것이다.

이 중 고대 그리스 종교만이 군사 정복의 결과로 중앙아시아에 진출했다. 그리스 신 숭배를 포함해 이 세 종교 모두 종종 선교사로도 활약한 무역업자나 대상(隊商)에 의해 전파되었다.[47] 한편, 이 지역의 종교생활에 대한 설명에서 일반적으로 도외시되곤 하지만, 세 종교 모두 인도나 그리스, 시리아 같은 타지에서 중앙아시아로 이주한 정착 이주민들이 자신의 신앙

---

46) Henning, "A Fragment of the Manichean Hymn-Cycle in Old Turkish", in *W. B. Henning Selected Papers*, 2: 537~39.

47) 이 주제는 Richard Foltz, *Religions of the Silk Road: Pre-Modern Patterns of Globalization* (New York, 2010)에 의해 전개되었다.

을 동반하면서 장려되었다는 사실 역시 중요하다.

　처음에는 분명 낯설었을 사상에 위협을 느끼기는커녕, 많은 중앙아시아 인은 수입된 이들 종교에 오히려 매료되었다. 아랍 침략이 있기 전의 눈부셨던 시절에 이 세 종교는 모두 마니교, 조로아스터교, 텡그리 신앙과 더불어 중앙아시아에서 열성적인 지지자들을 끌어모았다. 지구상의 다른 어떤 지역도 이곳보다 더 큰 종교적 다양성을 경험하지 못했다. 게다가 이러한 다원성이 일련의 종교적 게토(ghetto)로 이어지지도 않았다. 심지어는 하나의 종족 또는 영역 집단 내에서도 다양한 종교 종사자를 발견할 수 있었다. 예를 들면, 소그드인들은 마니교 신자나 기독교도, 불교도, 전통적인 지역 신을 숭배하는 자들로 구성되어 있었다.[48] 대부분의 경우 다양한 종교 제도와 추종 집단이 별다른 충돌 없이 공존했던 것 같다.

　다양한 종교가 보편 정신이라고 설명할 만한 요소를 서로로부터 자유롭게 차용하고 있었음이 확실하다. 그리고 그 과정 속에서 종교적 공생의 수많은 사례가 만들어졌다. 이는 아마도 모든 신앙이 추구하는 바는 같으며, 각각의 신앙 체계는 인간의 운명을 결정짓는 것이 무엇인지, 즉 선과 악의 본질, 올바른 삶의 정의, 우주의 기원과 운명과 같은 질문에 심오한 답을 주고 있다는 공감대가 형성되었기 때문에 가능했을 것이다. 다양한 신앙이 도출한 답을 비교하고 평가하는 과정을 통해 이슬람 이전 중앙아시아의 지적 삶은 진중하고 심오해졌으며 훗날 계몽 시대에 나타날 보편적 개방성을 예비하게 되었다.

---

48) Frantz Grenet, "Religious Diversity among Sogdian Merchants in Sixth Century China: Zoroastrianism, Buddhism, Manichaeism, and Hinduism", *Comparative Studies of South Asia, Africa, and the Middle East* 27, 2 (2007): 463~78.

신들을 대동한 그리스인들

학생이라면 누구든지, 알렉산드로스 대왕의 페르시아 침공과 중앙아시아를 지나 인더스 강둑까지 진군한 사실에 대해 배운다. 또 학생들은 그가 아프가니스탄과 중앙아시아에 9개 식민도시를 남겼다는 것도 기억할지 모른다.[49] 전문가들은 이 사건을 그리스의 영향이 중앙아시아에 끼치기 시작한 시점으로 본다. 하지만 이제 이 시점은 150년 전으로 더 거슬러 올라가야 한다. 왜냐하면 헤로도토스가 『역사』(Historiae)에서 페르시아의 왕 다리우스(기원전 550~기원전 486)가 리비아의 해안도시 주민 전체를 강제로 박트리아에 이주시켰다고 기록하고 있기 때문이다. 바르카(Barca)라고 알려진 도시의 주민들은 페르시아 장군 캄비세스(Cambyses, 기원전 530~기원전 522)를 지지하던 자신들의 통치자를 죽였다. 이 죄의 대가로 다리우스는 도시를 파괴하고 오늘날의 아프가니스탄 또는 투르크메니스탄에 인접한 지역으로 전 주민을 이주시켰다.[50] 바르카 그 자체가 새로운 땅에 세워진 헬레니즘의 전초기지였듯이, 그들은 틀림없이 이곳에도 일종의 식민지를 건설했을 것이다.

이 같은 또 다른 식민지가 아폴론 신전 사제에 의해 오늘날 터키 지중해 연안에 위치한 그리스의 대중심지인 밀레투스(Miletus)에 건설되었다. 여러 고대 작가들에 따르면, 이 개척자들은 투르크메니스탄의 칼리프(Kalif) 또는 우즈베키스탄 남부의 카쉬카 다리야(Kashka Darya) 지역 등 다양하게 추정되는 곳에도 새로운 도시를 세웠다. 많은 그리스인이 이곳으로 이주했으며, 알렉산드로스의 군대가 150년 후 도착했을 때 주민들은

---

49) 피에르 르리쉬(Pierre Leriche)는 "Bactria, Land of a Thousand Cities", 122에서 중앙아시아에 건설된 그리스 중심지들이 여전히 확인되지 않은 상태라고 지적했다. 그리스의 메르브에 대해서는 *Strana tysiachi gorodov*, 100~22 참조.
50) Herodotus, *The Histories*, 210, 301.

그리스어와 박트리아어가 혼합된 기이한 언어를 여전히 사용하고 있었다.[51]

알렉산드로스 대왕이 마침내 중앙아시아를 뒤로하고 떠난 기원전 326년 무렵이면 그와 6만 명에서 10만 명의 병사는 이미 3년째 아프가니스탄 대부분과 우즈베키스탄, 투르크메니스탄, 타지키스탄을 휘젓고 돌아다니며 싸우고 있는 중이었다. 페르시아인들과는 달리, 알렉산드로스 대왕은 주민들로부터 조공을 받는 것 이상의 일에 관심을 보였다. 그는 떠나기 전에 적어도 7개 도시에 그리스 군의 파견대를 식민시켰고 아이 하눔에서는 여덟 번째로 무(無)에서 유를 창조했으며, 발흐에 그리스 박트리아 왕국의 상설 수도를 건설했다. 알렉산드로스는 이 모든 도시에 겸허하게도 자신의 이름을 붙였다.

그리스적인 중앙아시아는 어떤 '그리스'였을까? 알렉산드로스 대왕은 마케도니아를 비롯해 겨우 1만 5,000명의 그리스 기병과 함께 아시아 원정을 시작했기 때문에 9개 도시 각각에 기껏해야 1,500명 정도의 마케도니아 분견대를 남겨놓을 수밖에 없었을 것이다.[52] 이것도 1만 5,000명 전원이 앞서 벌어진 페르시아와의 전투에서 모두 생존했다는 전제 아래서이지만 말이다. 하지만 우리는 많은 병사가 아프가니스탄에 도착하기 전에 사망했음을 잘 알고 있다. 이는 150년 전부터 그리스 식민지들이 중앙아시아에 존재했으며, 상당수의 새로운 이민자들이 그리스 분견대에 충원되었음을 의미한다. 현재 우리는 이처럼 중요한 서에서 동으로의 인적 이동에 관해서 거의 아무것도 모르지만, 고고학 유물은 그 구성원 가운데 예술가,

---

51) 밀레투스 출신의 '브란키다이'(Branchidae)가 세운 이 식민지에 관해 논하면서 르트벨라제는 Strabo, Arrian, Quintus Curtius Rufus를 인용했다. Rtveladze, *Civilizations, States, and Cultures of Central Asia*, 43.

52) 이 수치들은 Micah Greenbaum, "An Ancient Coalition: The Composition of Alexander the Great's Army", 13, 17, http://ebookbrowse.com/greenbaum-doc-d32027256에서 참고하였다.

조각가, 건축가, 언어학자, 장인, 사상가는 물론 다양한 종교 성직자들도 있었음을 보여 준다.

그리스 신들에게 바쳐진 사당들이 얼마 지나지 않아 서부 중앙아시아에 서부터 인도에 이르기까지 곳곳에서 나타나기 시작했다. 타지키스탄의 신전 주랑 현관에 이오니아 식 기둥이 추가되었으며,[53] 유명한 이오니아 식 신전이 파키스탄과 아프가니스탄 국경 인근의 탁샤실라(Takshashila) —오늘날의 파키스탄 탁실라(Taxila) — 에 건설되었다.[54] 그리스 조각들도 중앙아시아 지역에 뿌리를 내렸으며, 탁실라와 이 일대의 다른 현장에서는 예술가들이 조형 예술에서 세계적인 위대한 업적 중 하나로 평가되는 그리스-인도 양식이라는 놀라운 통합을 이루어냈다. 중앙 아프가니스탄의 한 현장에서는 고고학자들이 헤라클레스와 아프로디테, 티케 등의 신 조각상을 발견했다.[55] 남부 우즈베키스탄의 다른 현장에서도 인근의 아무다리야강과 관계가 있던, 그리스 강의 신에게 바쳐진 조각상이 발견되었다.[56] 헤라클레스는 그리스 중앙아시아 전역에서 특히 인기가 있었던 것 같다. 또한 로물루스(Romulus)와 레무스(Remus)에게 젖을 먹이는 로마 늑

---

53) 타흐테 산긴(Takht-e-Sangin)에 있는 이 신전 정면 건너편으로 네 개의 기둥이 있다. I. R. 피치키안(I. R. Pichikian)이 1976~79년 모스크바 총서인 *Arkheologicheskie otkrytiia*에 실은 연례 보고서 참조. R. A. Litvinskii and I. R. Pichikian, "The Hellenistic Architecture and Art of the Temple of the Oxus", *Bulletin of the Asia Institute*, New Series, 8 (1994): 47~66; I. Pichikian, *Kultura Baktrii* (Moscow, 1991), 138ff.

54) J. H. Marshall, *An Illustrated Account of Archaeological Excavations Carried out at Taxila under the Orders of the Government of India between the Years 1913 and 1934* (Cambridge, 1951), 222~29.

55) J. Hackim, *Nouvelles recherches archéologiques à Begram (ancienne Kâpici), 1939~1940, rencontre de trois civilisations, Inde, Grèce, Chine. Mémoires de la Délégation archéologique française en Afghanistan* (Paris, 1954), 91ff.

56) B. A. Litvinskij and I. R. Picikian, "River-Deities of Greece Salute the God of the River Oxus-Vakhsh; Achelous and the Hoppocampess", in *In the Land of the Gyrphons*, 129~37.

대를 표현한 조각상이 불교와 그리스, 조로아스터교의 신상과 함께 타지키스탄의 판지켄트에서 나오기도 했다.[57] 심지어는 그리스의 성애(性愛) 예술도 유라시아 중심부에서 열성적인 관람객을 끌어모았다.[58]

헬레니즘의 영향력은 지속되었다. 지금의 투르크메니스탄에 위치한 니사(Nisa)에 최초의 수도를 정한 파르티아인들은 그리스어 명문이 새겨진 동전 발행을 기원후 1세기까지도 계속했다. "적어도 200년 동안 중앙아시아에서 그리스어는 중세 유럽에서 라틴어가 국제어로 통용되었던 것처럼 그런 역할을 수행했다"라는 우즈베키스탄의 에드바르트 르트벨라제의 결론을 뒷받침할 증거는 충분하다.[59] 또한 철학에서는 사물의 마술적이고 주술적인 성질을 탐구하고 훗날 아랍과 유럽 양쪽에 대대적인 영향을 끼칠 헬레니즘 시대의 그리스 신비주의 운동이 메르브에서 열성적인 지지를 받았다. 메르브에서는 아랍 침략 이전까지 박물학(natural history)의 한 분야로서 이 운동이 번창했다.[60]

그러나 이렇게 확산된 헬레니즘에는 한계가 있었다. 이는 그리스인들이 이 지역에서 무(無) 위에 건설한 도시, 즉 아프가니스탄의 아이 하눔[61]

---

57) National Museum of Tajikistan, Dushanbe.

58) B. A. Litvinskii, "Kushanskie eroty-odin iz aspektov antichnogo na tsentralnoaziatskuyu kulturu", *Vestnik drevnei istorii* 2, 148 (1979): 89~109.

59) Rtveladze, *Civilizations, States, and Cultures of Central Asia,* 233; 러시아어 원본을 기반으로 하여 영어로 수정한 것이다.

60) S. H. Nasr, "Life Sciences, Alchemy, and Medicine", in *The Cambridge History of Iran*, ed. Richard N. Frye (Cambridge, 1975), 4: 403.

61) 아이 하눔을 가이 르쿠요(Guy Lecuyot)는 다음과 같이 설명했다(UMR 8546 CNRS-ENS).
컴퓨터 그래픽(CG) 이미지는 오늘날 우리 일상의 일부분이 되었다. 몇 해 전 일본 NHK에 의해 방영된 다큐멘터리 영화 「환상에 불과한 알렉산드리아」가 마사히로 기쿠치(菊池正浩)에 의해 제작될 당시, 르쿠요의 고고학적 감수 아래 '3D Studio Max' 소프트웨어를 사용하여 TAISEI 사(社)의 선임 건축가 오사무 이시자와(石澤脩)가 CG 이미지를 만들었다. 이를 위해 우리는 1964~78년 폴 베르나르(Paul Bernard)의 지휘 아래 프랑스의 아프가니스탄 고고학 파견단

에서 분명히 드러났다. 이곳은 아테네에서 4,000킬로미터 떨어진 틀림없
는 그리스 폴리스였다. 광장, 즉 아고라와 6,000명의 관객을 수용할 수 있
는 극장, 제우스 신전, 고대 세계에서 가장 널찍한 체육관을 완비하고 있
었다.[62] 두 개의 축구장이 들어가고도 남을 궁정의 넓은 앞마당 측면에는

(DAFA)이 발굴한 아프가니스탄 북동부의 아이 하눔 유적지에서 수집한 문서들
을 활용하였다(이 발굴에 관한 상세한 보고서는 P. Bernard, *Comptes rendus de
l'Académie des Inscriptions et Bells-Lettres (CRAI)*, 1965~72, 74~76, 78 and 80;
Bulletin de l'Ecole Française d'Éxtrême-Orient (BEFEO), LXIII (1976) and
LXVIII (1980)에 게재, 최종 발표물은 *Mémoires de la Délégation archéologique
française en Afghanistan(MDAFA), Fouilles d'Aï Khanoum*에 게재).
우리는 기원전 145년경 코크샤(Koksha)강과 다리아 이-판즈(Daria-i-Panj)강이
합류하는 지점에 건설된, 그리스와 동양적인 특색이 어우러진 건축양식으로 이루
어진 이 그리스 도시의 전경을 보여 주고자 했다. 도시의 여러 가상 풍경을 만들어
내기 위해 하나하나의 건축물 복원도를 모아 결합했다. 그렇지만 이 이미지들은 실
제 존재하지 않았을 수도 있는 가상현실을 제공할 뿐임을, 그리고 많은 가설에 근
거한 것임을 반드시 명심해야 한다(G. L., Paris, March 25th, 2013).

참고문헌
G. Lecuyot, "Essai de restitution 3D de la Ville d'Aï Khanoum", dans
O. Bopearachchi et M.-Fr. Boussac (éd.), *Afghanistan ancien carrefour
entre l'est et l'ouest, Actes du colloque international de Lattes 5~7 mai 2003,
Indicopleustoi. Archaeologies of the Indian Ocean* 3, Turnhout, 2004, pp.
187~96.
G. Lecuyot et O. Ishizawa, "Aï Khanoum, ville grecque d'Afghanistan en 3D",
Archéologia 420, mars 2005, pp. 60~71.
G. Lecuyot, "Ai Khanum reconstructed", dans J. Cribb et G. Herrmann (éd.),
After Alexander. Central Asia Before Islam, Proceedings of the British Academy
133, Oxford, 2007, pp. 155~62 et pl. 1~4.
G. Lecuyot, "La 3D appliquée à la citée gréco-bactrienne d'Aï Khanoum
en Afghanistan", *L'art d'Afghanistan de la préhistoire à nos jours. Nouvelles
données*, Actes d'une journée d'étude du 11 mars 2005, CEREDAF, Paris,
2005, pp. 31~48.
G. Lecuyot et O. Ishizawa, "NHK, TAISEI, CNRS: une collaboration
franco-japonaise à la restitution 3D de la ville d'Aï Khanoum en
Afghanistan", dans R. Vergnieux et C. Delevoie (éd.), *Actes du Colloque
Virtual Retrospect 2005, Archéovision* 2, Bordeaux, 2007, pp. 121~24.

순수 코린트 양식의 기둥머리로 장식된 108개의 기둥이 방문객을 대(大)영접실과 왕의 처소 — 이곳은 90개도 넘는 도리아 양식의 기둥으로 이루어졌다 — 로 안내하며 늘어서 있었다.[63]

디자인적인 측면에서 신전은 강력한 그리스의 영향력을 보여 주지만, 전체적인 설계는 그리스적이기보다는 페르시아적이었으며, 봉헌한 신도 제우스를 제외하고는 인도나 동양의 신들이었다. 상치되어 보이는 요소들이 융합한 그리스-인도-중앙아시아적 내용과 그리스적 양식의 결합이 중앙아시아 전역에서 실재했다.

그렇다고 헬레니즘적 가치가 중앙아시아에서 아무런 반향을 일으키지 못했다고 말하려는 것은 아니다. 아이 하눔의 극장에서 관중이 지역에서 인기 있던 신의 이야기인 에우리피데스(Euripides)의 비극 『헤라클레스』(Heracles) — 지금은 분실되었다 — 의 의미를 되새겨보거나, 그리스인들을 페르시아의 지배를 받고 있는 노예로 묘사한 아리스토파네스(Aristophanes)의 희극 『바빌로니아인』(The Babylonians) — 이 또한 분실되었다 — 을 관람하며 허벅지를 치고 껄껄대는 모습을 상상하는 것은 매력적일 뿐만 아니라 아마도 어느 정도는 타당한 일일 것이다. 그러나 우리는 그들이 체조선수나 마술사, 레슬링 선수, 그 외 삼류 광대의 익살에도 그에 못지않게 혹은 그 이상으로 열광했을 것이라고 확신할 수 있다.

아이 하눔에서 발견된 벽돌담장에 새겨진 철학적 대화의 일부는 고대 중앙아시아에 그리스 사상이 존재했음을 단정적으로 보여 준다. 전문가들은 관념의 세계와 물질적 실체 간의 연계성을 분석한 이 놀라운 기록이

62) D. W. MacDowall and M. Taddei, "The Greek City of Ai-Kahnum", in *The Archaeology of Afghanistan*, 216~32; Paul Bernard, "The Greek Colony at Ai-Khanoum and Hellenism in Central Asia", in *Afghanistan: Hidden Treasures of the National Museum, Kabul*, 81~130; Guy Lecuyot, "Ai Khanum Reconstructed", in *After Alexander*, 155~62.

63) Claude Rapin, *Indian Art from Afghanistan* (Manohar, 1996), 9ff.

아리스토텔레스의 사라진 작품에서 발췌된 것인지 아니면 아이 하눔의 현지 철학자가 쓴 것인지를 두고 논쟁을 벌였다.[64] 또한 1964년에서 1978년까지 아이 하눔에서 발굴 작업을 했던 프랑스의 아프가니스탄 고고학 파견단에 의해 중앙광장 유적지에서 발견된 명문도 있다. 도시 설립자에게 봉헌된, 거대하나 오래전에 사라진 조각상의 기저에는 다음과 같은 격언이 새겨 있었다.

아이일 때는 품행이 바르게 하소서
청년일 때는 자기 수양을 하게 하소서
중년에는 공정하게 하소서
노년에는 분별 있게 하소서
죽음에 다다랐을 때는 애석함이 없게 하소서.[65]

헬레니즘적인 평정심을 물씬 풍기는 이 격언은 클레아르코스(Clearchos)라는 그리스 이주민이 새긴 것으로 이 문구를 그곳에 새긴 자가 누구인지도 함께 적혀 있었다. 사실 클레아르코스는 이 글귀를 델피에 있는 한 신전 벽에서 그대로 차용했다. 클레아르코스는 자신이 곧 아프가니스탄으로 이주해야 함을 알고, 그리스를 떠나기에 앞서 그리스에서 가장 신성시되는 신전을 방문했던 것일까? 그는 유라시아를 가로지르는 고된 여행길을 떠나면서 서에서 동으로 전할 철학 선물로 이 글귀를 자신의 짐 안에 넣어갔던 것이다.

---

64) Jeffrey D. Lerner, "The Ai Khanoum Philosophical Papyrus", *Zeitschrift für Papyrologie und Epigraphik* 142 (2003): 45~51.
65) 카불 국립 박물관에 보존되어 있다.

불교도의 수도생활

탈레반이 파괴한 아프가니스탄 바미안(Bamiyan)의 거대한 부처 석상을 연상할 때를 제외하면, 중앙아시아가 오늘날 이슬람적인 것만큼이나 과거에는 1,000여 년 동안 불교에 심취해 있었음을 상상하기란 쉽지 않다. 그러나 기원전 2세기 또는 기원전 1세기 전부터 아랍 정복 때까지 실상은 그러했다. 기원전 3세기 중반에 이미 인도의 아소카 왕은 선한 행동, 즉 불교의 진리(dharma)를 어떻게 확산시킬 수 있는지에 관한 칙령을 게재한 거대한 돌기둥과 현판을 아프가니스탄의 칸다하르는 물론 다른 여러 도시에 세웠다. 그는 신민들에게 "경건함과 자기절제는 모든 철학계에 존재한다. 그러나 가장 침중한 사람은 자신의 혀를 통제할 수 있는 자이다. 그는 쓸데없이 자화자찬을 하거나 결코 동료들을 깎아내리지 않는다. …… 서로를 존중하고 상대방의 가르침을 받아들이는 것이다. 이를 행하는 자는 다른 이들이 알고 있는 것을 공유함으로써 지혜를 넓힐 수 있다"라고 충고했다.[66] 고무적인 이런 말은 불교도가 되기 이전에 벌인 전쟁에서 무려 10만 명을 죽음으로 내몰았던 자신의 과거를 또 다른 현판에 새겨 솔직하게 자인한 평화주의자이자 채식주의자인 통치자가 건넨 것이다. 이제 그는 커다란 선의로 아프가니스탄과 박트리아를 바라보았다. 가능하면 많은 현지 민중에게 전달하고자 그는 자신의 메시지를 그리스어와 아람어로 새겨넣었다. 이는 이 언어들이 그 당시 중앙아시아 남부 지역에서 중요한 위상을 점하고 있었음을 보여 주는 놀라운 증거이다.[67] 앞에서 언급한 박트리아 출신의 의사가 아소카 왕의 아들의 실명한 눈을 치료한 것이 도움이 되었을

---

66) J. 하르마타(J. Harmatta)의 번역물을 저자가 편집상 수정한 것이다. J. Harmatta, "Languages and Scripts in Graeco-Bactria and the Saka Kingdom", in *History of Civilizations of Central Asia*, 2: 406.

67) 카불 국립 박물관이 소장하고 있던 칸다하르의 비문들은 탈레반 점령 시 사라지거나 파괴되었다.

지도 모른다.[68] 이유가 무엇이든 간에 중앙아시아인들에게 건넨 아소카 왕의 훈계는 적어도 기원전 2세기 초 무렵부터 이 지역 곳곳을 휩쓸기 시작한 새로운 불교 신앙의 강력한 공세의 시작을 알렸다.[69]

불교는 중앙아시아의 종교적 지형을 바꿨다.[70] 이전에는 지역의 신들에게 봉헌된 네모난 사당 — 열린 뜰이 있던 조로아스터교의 불의 사원과 다양한 신에게 봉헌된 그리스-페르시아 양식의 사당 — 뿐이었으나, 이제 끝이 뾰족한 불교의 고층 탑이 스카이라인을 점점이 장식하게 되었다. 그중 하나인 중앙 아프가니스탄의 아이벡(Aybek)에 있는 타흐테 루스탐 (Takht-e Rustam)은 자연석으로 된 지면을 깊이 파서 만든 사찰이었다. 또다시 저명한 러시아 고고학자가 '창조적인 동화(同化)'라고 칭한 융합의 기운이 감돌았다.[71] 그리스적인 요소가 이 사찰 곳곳에서 보였고, 아소카 왕의 말을 그리스 철학 전문용어에 조예가 깊은 누군가가 그리스어를 사용하는 현지 주민들을 위해 번역하였다.[72]

부처를 시각적으로 표현하려는 발상은 인도에서 기원했지만 그곳에서는 부처가 헐벗은 고행자의 행색으로 묘사되었다. 반면 중앙아시아인들은 부처에게 깊은 주름이 잡힌 늘어진 겉옷을 입힘으로써 이러한 이미지를 변형시켰다. 그리스 조각가들이 수세기 동안 능수능란하게 표현한 바로 그

---

68) Needham, *Science and Civilization in China*, 2: 204ff.

69) 확산 정도는 덜 했지만 그럼에도 중요한 힌두교의 영향력에 관해서는 Banerjee, "Hindu Deities in Central Asia", in *India's Contribution to World Thought and Culture*, ed. Lokesh Chandra (Madras, 1970), 281~90 참조.

70) 소비에트 연구자의 탄탄한 개관은 B. A. Litvinsky's *Outline History of Buddhism in Central Asia* (Moscow, 1968); B. N. Puri, *Buddhism in Central Asia* (Delhi, 1987) 참조.

71) B. Stavisky, "Kara Tepe in Old Termez", in *From Hecataeus to Al-Huwarizmi*, ed. J. Harmatta (Budapest, 1984), 134.

72) A. N. Dani and Bernard, "Alexander and His Successors in Central Asia", in *History of Civilizations of Central Asia*, 2: 96.

차림새였다. 이와 같은 동서 문화의 혼합은 그리스 조각가와 그리스 양식을 훈련받은 중앙아시아 조각가들 — 아마도 그들은 불교 신자이거나 인도 또는 현지 출신의 불교 수도승이었을 것이다 — 사이의 협업의 산물이었다.[73] 이러한 융합은 이 일대 전역에서 일어났지만 특히 오늘날 파키스탄의 국경이자 아프가니스탄 북부의 이슬라마바드 인근 무역로를 따라 펼쳐져 있던 간다라(Gandhara) 왕국에서 최고의 절정을 맞이했다. 수많은 중앙아시아의 탑과 화폐에 그려진 초기의 부처 모습이 후에 중국과 한반도, 일본으로 전파되었다.[74] 또한 이것이 오늘날 우리가 시각적으로 떠올리는 부처의 이미지이기도 하다. 이런 식의 재현을 '구상한 이들은 중앙아시아인이었고' 다른 지역이었다면 결코 출현 불가능했을 표현 양식이었다.

중앙아시아의 종교적 지리 또한 바뀌었다. 바미안이나 메스 아이나크와 같은 인상적인 불교 유적이 위치한 북부 및 동부 중앙 아프가니스탄이나 우즈베키스탄의 발흐 또는 티르미즈(테르메즈)의 대중심지에서뿐만 아니라 투르크메니스탄의 메르브[75]와 우즈베키스탄 북동부의 티르미즈에 있는 달베르진 테페(Dalverzin Tepe), 그 외에도 이 지역 곳곳의 많은 현장에서 거대한 불탑 유적들이 발견되었다.[76] 고고학자들은 북부 키르기스스탄에서만 네 개의 도량(道場)* 대단지와 세 개의 사찰[77]을 발견했으며, 카자

73) Deborah Klimburg-Salter, *Buddha in India: Die Frühindische Skulpture von König Asoka bis zur Guptazeit* (Milan, 1995), 111~24; Joe Cribb, "The Origins of the Buddha Image – the Numismatic Evidence", in *South Asian Archaeology*, 1981, ed. Bridget Allchin (Cambridge, 1984), 243.

74) A. Foucher, "Greek Origins of the Buddha Type", in *The Beginnings of Buddhist Art* (Paris, 1917), 111~37.

75) F. A. Pugachenkova and Z. Usmanova, "Buddhist Monuments in Merv", in *In the Land of Gryphons*, 51~84.

76) B. A. Turgunov, "Excavations of Buddhist Temple at Dal'verzin-tepe", *East and West* 42 (1992): 131~53.

* 부처나 보살이 도를 얻기 위해 수행하는 곳으로, 절을 일컫는다.

흐스탄에서는 도량과 탑이 동부의 중국 국경에서부터 나라 한복판에 있는 카라간다(Karaganda) 인근의 키질켄트(Kizilkent)까지 604킬로미터 길이의 전 노선을 따라 발견되었다.

가즈니와 카불, 북부 아프가니스탄 주변의 많은 불교 순례지와 도량은 아랍 침략 150년 전에 있었던, 중앙아시아에서 인도로 가는 주요 무역로의 변화와 함께 지어졌다. 예전에는 무역상들이 힌두쿠시산맥을 가로지르려 하지 않았는데, 6세기 중반에 중앙아시아 중심부로 갈 수 있는 산길이 발견된 것이다.[78]

많은 새로운 형태의 건축물이 석고 세공의 조각과 장식으로 꾸며졌다. 물살이 센 아무다리야강에 의해 침식되어 지금은 그 높이가 낮아진 절벽 위에 세워진 티르미즈 인근의 아이르탐에서 발견된 기막히게 아름다운 프리즈(frieze) — 현재 러시아 상트페테르부르크의 에르미타주(Hermitage) 박물관 소장 — 에는 그리스와 페르시아 악기를 연주하고 있는 부처를 닮은 얼굴의 악사들과 함께 인도 악기를 연주하고 있는 페르시아인 얼굴의 악사들이 웃는 모습으로 묘사되어 있다.[79] 타지키스탄의 아지나-테페(Ajina-Tepe, '마녀들의 언덕')에서 출토된 13미터 높이의 와불상(臥佛像) — 두샨베(Dushanbe) 국립 박물관 소장 — 과 바미안 불상, 그리고 다른 많은 조각상은 모두 밝게 채색되어 있다. 불교는 오색영롱한 종교였고 지금도 그러하다.

불교는 기원후 2세기 쿠샨 왕조의 강력한 통치자 카니슈카 1세(Kanishka I)

---

77) Stobdan, "The Traces of Buddhism in the Semirech'e", *Himalayan and Central Asian Studies* 7, 2 (April-June 2003): 3~24.

78) Deborah Klimburg-Salter, "Corridors of Communication across Afghanistan 7th to 10th Centuries", in *Paysages du Centres de l'Afghanistan: Paysages naturels, paysages cuturel* (Paris, 2010), 167~85.

79) Galina A. Pugachenkova's "The Buddhist Monuments of Airtam", *Silk Road Art and Archaeology* 2 (1991/1992): 23~41는 이 유적지에 대한 전문적인 글이라기보다는 총람으로서 더 유용하다.

가 대대적으로 장려하였다. 유목민 출신의 카니슈카는 불교와 일부 고대 그리스 종교를 수용했고 동시에 조로아스터교와도 중요한 유대를 구축했다.[80] 카니슈카의 대(大)융합 정책은 여름 수도였던 아프가니스탄의 베그람과 힌두쿠시산맥 북벽의 수르흐 코탈(Surkh Kotal)에 있는 산허리 사찰에 그가 지은 놀라운 왕실 성역 복합단지 — 대부분 자신을 기리고자 함이었다 — 곳곳에서 관찰된다.[81]

불교 승려들을 위한 공동체가 이 일대 곳곳에서 생겨났다. 부하라는 심지어 이러한 불교 도량 중 하나였던 비하라(vihara)에서 그 이름이 유래했다. 카불이라는 도시는 고리 형태를 이룬 약 40여 개의 불교 도량으로 둘러싸여 있었다. 훗날 한 무슬림 시인은 이들 중 하나였던 호화로운 수바하르(Subahar) 사찰을 열광적으로 묘사하며, "그것은 아름다움의 샘이었다. 오닉스로 된 보도와 대리석 벽, 세공된 황금 문과 자연은(自然銀)으로 만들어진 바닥. 별들이 사방에 그려져 있었고 커다란 아치(iwan) 주변으로는 총안(crenellation)이 배치되어 있었다. 또 사자자리 한가운데의 태양은 반짝이는 루비와 담수진주로 장식되어 있었으며 현관에는 보석이 박힌 왕좌 위로 달만큼이나 아름다운 황금 신상이 자리 잡고 있었다"라고 토로했다.[82]

초창기에는 인도에서 온 이주민들이 발흐와 티르미즈의 대형 불교 도량 생활에서 지적으로 중요한 역할을 수행했을 것이다. 큰 대(大)자로 자리 잡은 티르미즈 불교 사찰에서 나온 3개의 언어 — 박트리아어와 브라흐미(Brahmi) 문자, 카로스티(Kharosthi) 문자(둘은 인도어이다) — 로 쓰인 명문

80) Rtveladze, *Civilizations, States, and Cultures of Central Asia*, 169.

81) Daniel Schlumberger, Marc le Berre, and Gerard Fussman, *Surkh Kotal en Batriane; les temples, architecture, sculpture, inscriptions, Memoires de la Délégation archéologique française en Afghanistan* (Paris, 1983), vol. 25, pt. 1, 144~52. 쿠샨 시대의 박트리아 종교에 관해서는 B. Ia. Stavinskii, *Kushanskaia Baktriia: Problemy, istorii, i kultury* (Moscow, 1977), chap. 8 참조.

82) Asadi Tusi, *Garshaspnameh*, quoted in Bijan Omrani and Matthew Leming, *Afghanistan* (London, 2007), 579.

은 그곳의 승려─모두가 뛰어난 번역가였다─가운데 일부가 인도 출신이었음을 보여 준다. 하지만 이곳 수도원 가운데 하나의 벽에 낙서된 수많은 박트리아계 페르시아어 이름은 의심의 여지없이 이 지역의 주민들도 곳곳에서 불교생활에 적극적이었음을 알려 준다.[83]

한편 중앙아시아의 불교 신자들은 인도와는 다른 새로운 유형의 사찰을 개발하고자 자신들의 전통유산을 이용해 건축과 예술 활동에 분주했다.[84] 그들은 도량과 연계된 선원(禪院)에 참석했고 정진 공동체에 참여했으며, 다양한 불교 분파 간의 논쟁에 가담했다. 이러한 활동에 참여했던 고사카(Ghosaka)라는 한 승려는 권위 있고 깊은 존경을 받는 불교 신학자가 되어 카슈미르에서 열린 제4차 불교심의위원회에서 중요한 역할을 수행하기 위해 고향인 발흐를 떠났다.

중앙아시아인들은 어떤 불교 학파를 선호했을까? 여러 학파가 활동했지만 발흐와 이 일대 여러 중심지에서는 비바사사(黑婆沙師, Vaibhasika) 학파가 독보적이었다. 고사카도 중앙아시아의 또 다른 저명인사인 다르마트라타(Dharmatrata)처럼 이 학파의 주창자였다.[85] 주요 4개 학파 중 비바사사 학파는 오직 현재만이 실존한다고 주장하는 경쟁 학파와는 달리, 인간은 과거와 미래를 포함해 외적 현실에 대한 직접적인 지식을 가지고 있다고 주장하며 세상과 가장 많은 관계를 맺은 유파였다.

---

83) B. Stavinsky, "Bactria and Gandhara", in *Gandharan Art in Context: East-West Exchanges at the Crossroads of Asia*, ed. Raymond Allchin et al. (New Delhi, 1997), 51, 160.

84) B. Stavinsky, "On the Formation of Two Types of Buddhist Temples in Central Asia", in *Orient und Okzident im Spiegel der Kunst; Festschrift Heinrich Gerhard Franz zum 70. Geburtstag* (Graz, 1986), 381~86.

85) Boris J. Stavisky, "The Fate of Buddhism in Central Asia", in *Silk Road Art and Archaeology* (1993/1994), 3: 132~33. 중앙아시아와 관련하여 언급되기도 하는 사르바스티바다(Sarvastivada)는 비바사사의 하위 그룹을 이르는 후대의 용어이다.

중앙아시아의 불교도들이 아랍 정복 직후에 벌인 활동 가운데 산스크리트어로 된 불교 원본 문서를 수집해 편집하고 어떤 경우에는 소그드어나 다른 지역 언어들, 그중에서도 특히 중국어로 번역한 것이 가장 필연적이고 중요하다. 부처는 몸소 만인에게 자신의 언어로 성스러운 글을 암송할 것을 명했다. 소련 학자 보리스 A. 리트빈스키(Boris A. Litvinsky)의 계산에 따르면, 중국어로 불교 저작을 번역한 것으로 알려진 이들 중 여섯은 인도인이었고 예닐곱이 중국인이었으며, 무려 열여섯 명이 중앙아시아인이었다.[86] 당대인들이 그들에 관한 전기를 썼을 만큼 많은 이들이 번역과 절대적인 신앙심으로 명성을 얻었다.[87] 특히 중앙아시아인들은 '해설'을 뜻하는 산스크리트 용어인 비바사(Vibhasa, 廣解) 식의 글쓰기를 선호했고 이것으로 명성을 얻었다.[88] 번역가이자 해설가이며 중국어로의 번역 활동을 통해 명성을 얻은 한 파르티아인 — 중국인들에게 치첸(Chi Ch'ien)으로 알려진 — 은 '서양의 책'을 읽었고 6개 언어를 구사했다고 한다.[89] 또 다른 번역가이자 편집자였던 강성후이(K'ang Serng-Hui)라는 소그드인은 자신의 저서에 천문학과 점성술에 대한 전문 지식을 결합했다.[90] 그 외의 사람들도 독창적인 저작을 양산했다. 티르미즈 태생의 다르마미트라(Dharmamitra)는 불교 도량생활의 계율을 정리한 문서인 비나야수트라(Vinayasutra)에 관한 해설서를 썼다. 그동안에 덕망 높은 고사카는 심신의 과정을 지배하는 기본 원칙인 아비다르마피타카(Abidharmapitaka, 논장)에

86) Litvinsky, *Outline History of Buddhism in Central Asia*, 13.
87) Siroj Kumar Chaudhuri, *Lives of Early Buddhist Monks: The Oldest Extant Biographies of Indian and Central Asian Monks* (New Delhi, 2008).
88) Anykul Chandra Banerjee, "The Vaibhasika School of Buddhist Thought", http://himalaya.socanth.cam.ac.uk/collections/journals/bot/pdf/bot_1982_02_01.pdf.
89) *Ibid.*, 69.
90) *Ibid.*, 59.

관한 방대한 해설 ─ 지금은 소실되었다 ─ 을 썼다.[91]

중앙아시아인 포교자 가운데 저명한 이로는 아버지의 죽음 이후 왕위를 포기하고 불교 승려가 되어 불교를 포교하고자 중국으로 떠난 파르티아 출신의 왕자가 있다. 안세고(安世高, ?-170?)라는 이름의 이 왕자는 기원후 148년부터 중국의 수도에서 설법을 시작했고 불교 교리에 관한 책을 썼다. 개종한 또 다른 파르티아의 왕자도 포교승이 되어 안비금(安費金)이라는 중국 이름으로 지금은 소실된 여러 권의 책을 썼다.[92]

이슬람 시대에도 중요시되는 집대성을 향한 이와 같은 중앙아시아인들의 열정이 불교와 함께 시작되었는지, 아니면 시기적으로 더 과거로 거슬러 올라가는지는 알 수 없다. 우리가 아는 것은 대(大)중앙아시아 출신의 불교 승려들이 불교 문헌을 편집하거나 편찬한 저명 인사 및 가장 활동적인 번역가 가운데 상당히 중요한 부분을 차지하고 있다는 사실이다. 편집 과정에서 때때로 그들은 문헌을 부연하거나 이해하기 힘든 부분을 보충 설명했다. 이러한 활동이 고전 그리스 사상을 담은 저작을 아랍어로 번역하고 이슬람 문헌이나 전통을 집대성하기 시작하는 수세기 전부터 있어왔으며, 또한 중앙아시아인이 여기에서 핵심적인 역할을 했음을 강조하는 것은 매우 중요하다.

이후 중앙아시아에서 불교의 운명이 어찌 되었는지는 명확하지 않다. 최근까지도 사산 왕조 페르시아 제국이 기원후 3세기 말 새롭게 '공인한' 조로아스터교를 강제하고자 조로아스터교 외의 모든 종교를 엄중히 단속하

---

91) M. A. Abuseitova, "Historical and Cultural Relations between Kazakhstan, Central Asia, and India from Ancient Times to the Beginning of the Twentieth Century", *Dialogue* 6, 2 (December 2004), http://www.asthabharati.org/Dia_Oct04/Abuseitova.htm.

92) Ali Asghar Mostafavi, "Iranians' Role in Expansion of Buddhism", Circle of Ancient Iranian Studies, http://www.cais-soas.com/CAIS/Religions/non-iranian/budhiran.htm.

면서 불교의 쇠퇴가 시작되었다고 여겨졌다. 사산인들의 양심은 훗날 무슬림이 그랬던 것처럼 특히 불교도들을 향했고 이 시기에 여러 불교 도량이 폐쇄되었다. 그러나 불교도와 마니교도, 유대교도, 기독교도에 맞선 이러한 조치는 고집 세고 독립적인 동부의 태수를 통제하고자 애썼던 사산인들의 또 다른 노력과 마찬가지로 별 다른 효력이 없었다.[93] 한때 침체되었던 불교는 다시 활기를 되찾고 번영했다. 누군가는 불교가 이슬람 등장 이전에 빠르게 소멸했다고 주장하고, 또 다른 누군가는 쇠퇴의 원인을 잇달아 등장한 유목민 침략자 에프탈족 — 불교를 탄압했다고 한다 — 에게서 찾는다.[94] 그러나 7세기 또는 8세기경 타지키스탄의 문크(Munk)에 세워진 거대한 불탑의 발견은 불교가 결코 중앙아시아에서 사라지지 않았음을 암시한다.[95] 실제로 우리는 방사성 탄소 연대 측정을 통해 무함마드가 계시를 설파하고 있던 때와 같은 시기인 기원후 600년경에 56미터 높이의 거대한 바미안 불상이 만들어졌음을 확인했다.[96]

아랍인들은 이 지역을 정복하자마자 불교 사찰에서 발견한 '우상' 때문에 특히나 잔인하게 불교와 불교 신자들을 공격했다. 그렇지만 수많은 불교 사찰을 파괴하고 외관을 훼손했을지는 몰라도 바미안 불상의 얼굴을 난도질한 것은 그들이 아니었다. 이는 이 지역의 오랜 관습으로 얼굴에 휴

---

93) J. Duchesne-Guillemin, "Zoroastrian Religion", in *The Cambridge History of Iran*, vol. 3, pt. 2, 882ff.; Stavisky, "The Fate of Buddhism in Middle Asia", 15~133.

94) Mariko Namba Walter, "Sogdians and Buddhism", *Sino-Platonic Papers* 74 (November 2006): 32.

95) Buryakov et al., *The Cities and Routes of the Great Silk Road*, 83.

96) Deborah Klimburg-Salter, "Buddhist Painting in the Hindu Kush c. VIIth to Xth Centuries: Reflections of the Co-existence of Pre-Islamic and Islamic Artistic Cultures during the Early Centuries of the Islamic Era", in *Islamisation de l'Asie Centrale: Processus locaux d'acculturation du VIIe au XIe siècle*, ed. Étienne de la Vaissière, *Cahiers de Studia Iranica* (Paris, 2008), 39: 140~42.

대용 금속 가면을 씌우려는 독자적인 노력의 결과물이었다.[97] 실제로 데보라 클림부르크-잘터는 고고학적 증거에 대한 밀착 연구를 바탕으로 불교가 10세기 말까지 아무다리야강 남쪽 지역의 일상 속에서 지속적으로 중요한 일부분을 차지했다는 설득력 있는 주장을 폈다.[98] 다른 불교 공동체도 동남부 키르기스스탄의 제티수(Zhetysu, '일곱 개의 강'이라는 의미) 일대와 아마도 그 밖의 지역에서도 몽골 침략 때까지 계속 버티었다. 아랍인들과 무슬림들이 불교에 대한 공격을 강화함에 따라 불교의 지리적 중심지는 침략자의 손길이 미치지 않는 중앙아시아의 동부로 옮아갔다. 결국 동투르키스탄의 대상 대도시들이 중앙아시아의 불교와 마니교의 새로운 중심지로 부상했다. 카슈가르와 허톈, 투르판 등지의 도량에서 위구르인과 소그드인 등 이 일대 주민들이 계속해서 불교의 교리를 집대성하고 번역하여 동북아시아 전역에 확산시켰다.[99]

헬레니즘의 대변자, 기독교도

중앙아시아의 사상 및 종교의 역사가 인도에 대한 깊은 고찰을 필요로 하듯이, 서쪽으로 수천 킬로미터 떨어진 지중해의 레반트 연안에서 벌어진 전개에도 세심한 주의를 기울일 필요가 있다. 기독교는 로마 제국의 경계 내에서 처음 등장했다. "나는 로마의 시민이다"라는 바울의 선언을 상

---

97) Deborah Klimburg-Salter, *The Kingdom of Bāmiyān: The Buddhist Art and Culture of the Hindu Kush* (Naples-Rome, 1989), 87~92, figs. 21~22.

98) 클림부르크-잘터는 다양한 가닥의 이 같은 주장을 *Zones of Transition: Reconsidering Early Islamic Art in Afghanistan*(근간)에 망라했다.

99) 신장의 수많은 주요 불교 유적지는 "The Nature of the Dunhuang Library Cave and the reasons for Its Sealing", *Cahiers d'Extrême-Asie* 11 (1999~2000): 247~75 참조.

기해 보라. 그러나 2세기경이면 대형 기독교 공동체들이 최근 건설된 사산 왕조 페르시아 제국의 도시들이 자리한 더 동쪽에서도 등장했다. 4세기 초에는 기독교 공동체들이 헤라트, 투스, 메르브, 사락스, 발흐를 비롯해 호라산의 주요 도시 전역에서 나타났다. 그런데 이 지역에서 발견된 최초의 기독교 문헌은 훨씬 더 오래된 것으로 기원후 250년에 작성된 것으로 추정된다.[100] 박트리아어로 쓰인 『국법들에 관한 서(書)』(*A Book of Laws of the Countries*)라는 제목의 이 작품이 중앙아시아의 후대 무슬림 학자들이 속속 양산해 낼 법과 행동규범 모음집과 같은 종류였다는 사실은 매우 흥미롭다.

로마-페르시아 국경 양쪽에 분포한 초기 기독교도들은 신학적 문제에 관해 매우 독자적인 관점을 가지고 있었다. 주류 정통파와의 불화는 그들 무리 가운데 한 명이었던 네스토리우스가 콘스탄티노플의 주교좌까지 올랐을 무렵 절정에 이르렀다. 그는 동부 지중해의 다른 많은 기독교도가 마리아의 신성을 축소한다는 이유로 반대한 관점을 옹호하였다. 설상가상으로 네스토리우스는 그리스도의 이중적 본성을 확실히 수용하면서 그리스도의 신성을 깎아내렸다고 생각하는 이들이 있을 정도로 그리스도의 인성을 강조했다. 결국 네스토리우스의 적들은 그를 431년에 주교좌에서 몰아냈고, 451년 칼케돈(Chalcedon)에서 열린 제4차 공의회를 설득하여 그의 관점을 규탄하도록 종용했다. 시리아어를 사용하던 그의 많은 추종자들이 위험을 감지하고 로마-비잔티움의 국경을 넘어 페르시아 영토로 이주했다.[101] 그곳에서 그들은 처음에는 시리아의 니시비스(Nisibis)에, 그 후에는 메소포타미아의 군데샤푸르(Gundeshapur)에 대(大)기독교 중심지인 학문의 전당을 설립했다.

---

100) Rtveladze, *Civilizations, States, and Cultures of Central Asia*, 188~90.

101) Peter Brown, *The Rise of Western Christendom* (Oxford, 2003)의 제10장은 간결하면서도 권위 있는 개요를 담고 있다.

이렇게 페르시아적인 환경에 처하게 된 기독교도들 ─ 이들은 네스토리우스파라고 불리게 되었다 ─ 은 자신들 앞에 펼쳐진 동쪽 지역으로 믿음을 전파하는 일에 눈을 돌렸다. 그들은 5~6세기에 호라산의 주요 도시에 공동체를 건설했다. 사마르칸트와 발흐, 헤라트, 니샤푸르 등의 도시에 주교 관할구를, 그리고 메르브에는 대도시 주교구인 대주교구를 설립했다.[102] 다수의 시리아 네스토리우스파 기독교도가 '새로운' 지역으로 이주하는 동안에 소교구들은 조로아스터교와 불교에서 개종한 현지인들로 곧 채워졌다. 활력에 찬 소교구들이 작은 중심지에서 성장했으며, 특히 동투르키스탄(신장)을 가로질러 중국으로 향하는 북부와 남부 노선 위의 많은 무역도시들에서 그러했다.[103] 서둘러 그들은 신앙의 교리와 다른 주요 문서를 소그드어와 다른 지역 언어들로 번역했다.[104] 많은 튀르크 종족이 새로운 종교로 개종했다. 어느 군주(kagan)는 자기 휘하의 모든 병사들과 함께 이슬람 군대가 이 지역에 도달하기 거의 한 세대 전인 644년에 개종하기도 했다.[105] 네스토리우스파의 영향력은 계속 확산되었다. 심지어는 인도에서 중국으로 가는 길에 있는 외딴 라다크(Ladakh) 절벽에 새겨진

102) O'Leary, *How Greek Science Passed to the Arabs*, 63~64; Rtveladze, *Civilizations, States, and Cultures of Central Asia*, 184~86. 기독교 공동체들은 14세기 티무르의 대대적인 파괴가 있기까지 번창했다. J. Asmussen, "Christians in Iran", *The Cambridge History of Iran*, vol. 3, pt. 2, 947~48. 고고학적 증거의 시기 정보가 부족한 문제에 관해서는 Maria Adelaide Lala Comneno, "Nestorianism in Central Asia during the First Millennium: Archaeological Evidence", *Journal of the Assyrian Academic Society* 11, 1 (1997): 20~67 참조.

103) 투르판 기독교도들이 쓴 글의 예시는 Nicholas Sims-Williams, "The Christian Sogdian Manuscript C2", in *Schriften zur Geschichte und Kultur des Alten Orients, Berliner Turfantexte* (Berlin, 1985), vol. 12 참조.

104) I. Gillman and H. Klimkeit, *Christians in Asia before 1500* (Ann Arbor, 1999), 252~53.

105) B. A. Litvinsky, "Christianity, Indian, and Local Religions", in *History of Civilizations of Central Asia*, 3: 424~25. 이 군주의 신원은 미상이다.

매우 독특한 그들의 십자가가 발견되기도 했다.[106] 그리고 채 200년이 지나지도 않아 투르키스탄의 위구르족은 자신들의 말을 문자로 표기하기 위해 네스토리우스파의 시리아(아람) 문자를 채택했다.

중앙아시아에서의 기독교 확산은 불교처럼 건축이나 미술, 공예에 대한 새로운 접근법의 유입을 동반하지는 않았다. 그러나 상당한 규모의 기독교 공동체가 전역에서 등장했다. 때로는 메르브 같은 오래된 도시 안에서, 또 경우에 따라서는 차치(타슈켄트)와 사마르칸트처럼 비옥한 인근의 시골 지역에서 모두 신자들을 위한 교회나 회합장소를 건설했다.[107] 수도원들이 사마르칸트의 남쪽 우르구트(Urgut)와 메르브 등 많은 중심지에서 번창했고 교구 교회와 주교 관구 대성당도 지어졌다. 중앙아시아에서의 기독교의 고고학적 종적은 거의 탐구되지 않았지만, 많은 수의 기독교 관련 물품이 투르크메니스탄(괵데페(Gökdepe))에서부터 키르기스스탄과 그 너머 안쪽의 신장에 이르기까지 여기저기에서 발견되었다.

중앙아시아에 기독교가 남긴 물리적 유산에 관해서는 거의 알려진 바가 없지만, 네스토리우스파 기독교도들의 지적 발자취는 꽤나 알려져 있다. 교리적 논란으로 탄생한 네스토리우스파 기독교도들은 당연히 교육을 받았고, 따라서 상당히 많은 기록을 남겼다. 아랍인들이 이 지역 곳곳에서 이슬람 시대 이전의 도서관을 파괴했음에도 불구하고, 그들이 시리아어로 쓴 저작의 일부가 많은 곳에서 발견되었고 아랍인들의 손길이 미치지 않았던 신장에서는 저작들이 온전한 상태로 보존되었다.

아랍 정복을 전후로 한 수세기 동안에 중앙아시아 기독교 공동체 출신을 포함해 수천 명의 학생이 니시비스에 있는 네스토리우스파 대학에 입

---

106) Brown, *The Rise of Western Christendom*, 76~77.

107) 일례로서 G. Ia. Derevianskaia, "Obvalnyi dom khristianskoi obshchiny v starom Merve", *Trudy arkkheologicheko-komplektnoi ekspeditsii* 15 (1974): 155~81 참조.

학했다. 그런데 사산 왕조 페르시아와 비잔티움 그리스인들 간의 초기 전투과정에서 수천 명의 네스토리우스파 기독교도 시리아인이 페르시아의 포로 신세가 되었다. 이에 바그다드에서 동남쪽으로 482킬로미터 떨어진 군데샤푸르에 새롭게 정착한 네스토리우스파 공동체는 갈수록 정착민의 수가 많아지면서 네스토리우스파 기독교 학문과 사상의 발전에 헌신한 또 다른 동쪽 중심지로 성장했다. 비잔티움에 반대하는 기독교도라면 누구든지 돕는다는 발상이 마음에 들었던 페르시아 황제들이 군데샤푸르를 아낌없이 지원하면서, 이곳은 6세기 중엽부터 번영을 누렸다.

이 세 중심지 모두에서 신학뿐만 아니라 철학·의학·과학에 대한 교육이 이루어졌다. 페르시아 황제는 그리스어 및 시리아어 문헌을 군데샤푸르의 학자들에게 널리 쓰이고 있던 팔레비 페르시아어로 번역하도록 장려했다. 머지않아 이 열성적인 번역가들은 수학과 점성학, 천문학에 대한 인도의 저작과 중국어로 된 의학 문헌으로도 관심을 돌렸다. 그럼에도 그들의 전문 분야는 그리스 고전 문헌을 페르시아 독자들을 위해 번역하는 일이었다. 훗날 이슬람의 통치를 받게 되면서 번역어는 아랍어로 바뀌었다. 그리고 이는 앞으로 보겠지만 엄청난 사상적 혁신을 초래할 터였다.

현재로서는 군데샤푸르와 그 외 동쪽 기독교 세계에서 진행된 일종의 번역과 학문 활동이 중앙아시아에 끼친 영향에 주목하는 것이 중요하다. 메르브의 대주교 가운데 가장 높이 칭송받은 이들 중 한 명이었던 테오도르(Theodore, 기원후 540년에 임명)는 아리스토텔레스 전반에 대해, 특히 그의 논리학(Logic)에 대해 철저히 교육받은 전문가였다고 알려져 있다. 테오도르가 누군가는 의심스럽다고 생각했을 신학적 관점을 고수하고 있었음에도 이렇게 높은 자리에 오를 수 있었던 것은, 헬레니즘 추종자로서 그의 위상이 높았음을 보여 주는 증거이다.[108] 중앙아시아 최고의 기독교 성직

---

108) 테오도르는 그리스도의 두 본성을 인성(人性)의 측면에서 접근한 네스토리우스파와는 달리, 신성(神性)의 측면에서 접근한 단성(單性)론자였다. O'Leary, *How*

자였고 다국어를 구사하는 능력자였으며 학자이자 인식론의 대전제에 천착한 철학자였던 바로 이 사람은 4세기 후 메르브에서 교육을 받고 아리스토텔레스 논리학을 훌륭하게 연구한 파라비의 뇌리를 사로잡을 터였다. 테오도르 같은 학자라면 기본 문헌은 물론 동종 신도들이 최근에 번역한 저작까지 모두 갖춘 서재를 가지고 있었을 것이다. 또한 자신의 작업을 도와줄 조교와 학생들도 모집했을 것이다. 학구적인 노력을 기울였던 테오도르는 고전 산스크리트어 문헌과 우화(寓話)를 현지어로 번역한 메르브 출신의 불교도 번역자들의 족적을 따랐다.[109]

그리스어를 시리아어로 번역한 초기의 중앙아시아 저작들이 전혀 남아 있지 않기 때문에 우리는 그것들이 진정한 의미의 번역이었는지, 아니면 종종 있는 경우처럼 알기 쉽게 단순히 부연한 것이었는지, 또 번역자가 덧붙인 주석은 포함하고 있었는지 등에 대해 단지 추정할 수 있을 뿐이다. 그럼에도 우리는 군데샤푸르에서 이루어지던, 그리고 테오도르가 메르브에서 후원하던 대대적인 연구와 번역 작업이 중앙아시아의 다른 주요 대주교구에서도 진행되고 있었을 것이라고 확신한다. 그리고 군데샤푸르에서와 마찬가지로 철학과 의학 분야의 저작도 번역되었을 것이다.

메르브 출신의 시리아(네스토리우스파) 기독교도인 알리 이븐 사흘 알 타바리(Ali ibn Sahl al-Tabari, 838~70)는 이러한 중앙아시아 시리아 기독교도의 전형으로서 그들이 점하고 있던 중요한 위상을 잘 보여 준다. 아랍 정복 한 세기 전에 살았던 타바리는 수세기 전부터 축적된 기초에 정확하게 근거해 자신의 작업을 진척시켰다. 유클리드의 『기하학 원론』(Stoicheion)을 그리스어에서 아랍어로 처음 번역하고, 아랍어로 최초의 종합적인 의학 백과사전을 집필한 이도 바로 타바리였다. 의학 분야에서의 계보는 타바리에서 시작하여 그의 훌륭한 제자인 라지를 지나 이븐 시나와 그의 『의학정

Greek Science Passed to the Arabs, 37.

109) Yazberdiev, "The Ancient Merv and Its Libraries", 142.

전』으로 이어졌다. 또한 타바리는 인간 심리 및 그것이 건강에 끼치는 영향에 대한 연구를 일찍이 열렬히 지지했던 학자 가운데 한 명이었다.[110]

앞에서 언급한 많은 특성들은 유대인 정착민들의 특징이기도 했는데, 그들의 중앙아시아로의 진출 지점 역시 메르브였다. 기원전 2세기에 작성된 「에스더서」(Esther)는 박트리아와 파르티아, 소그디아나, 마르기아나, 호라즘을 포함했음을 '페르시아 전 지역'[111]에 유대인들이 존재했음을 확인해 준다. 우리는 4세기 초 바빌로니아의 탈무드에서 저명한 유대 문헌 해설자인 슈무엘 바르 비세나(Shmuel bar Bisena)에 대한 언급을 찾을 수 있다. (오늘날 이라크에 있는) 품베디타(Pumbedita)의 종교 학교에서 메르브를 방문한 비세나는 동쪽에서 코셔(kosher)법이 제대로 준수되지 않고 있다고 불평했다.[112]

아랍 정복 수세기 전부터 상당수의 유대인이 호라즘에서 아프가니스탄에 이르기까지 중앙아시아의 주요 도시 대부분에 정착했으며, 그중 일부는 동투르키스탄까지 진출했다.[113] 최근 아프간 동굴에서 발견된 귀중한 필사본 자료는 학식 높은 대규모 유대인 공동체가 1,000년도 더 이전부터 그곳에 존재했음을 보여 준다.[114] 비세나의 시대로까지 거슬러 올라가는 배움의 전통은 훗날 중세 여행가인 투델라의 베냐민(Benjamin of Tudela)이 외딴 히바(Khiva)에 살고 있는 7,000명의 유대인과 사마르칸트의 5만 명의 유대인 가운데는 많은 저명한 학자들이 존재한다고 공언했을 정도로

110) Amber Haque, "Psychology from an Islamic Perspective: Contributions of Early Muslim Scholars and Challenges to Contemporary Muslim Psychologists", *Journal of Religion and Health* 43, 4 (2004): 357~77.

111) 「에스더서」, 3:6; 8; 8:5; 12; 9:20.

112) Rtveladze, *Civilizations, States, and Cultures of Central Asia*, 47~48.

113) Walter J. Fischel, "The Rediscovery of the Medieval Jewish Community at Firuzkuh in Central Afghanistan", *Journal of the American Oriental Society* 85, 2 (April-June 1965): 148~53.

114) *Daily Mail*, January 9, 2013.

활력을 띠고 있었다.[115]

정체성과 유산

아랍의 중앙아시아 정복 직후에 새로운 지배자들은 최초의 모스크 건설을 명령했다. 지역 건축가들은 예배 장소로 적합하다고 생각한 정육면체 구조 위에 돔을 얹는, 즉 수세기 동안 조로아스터교 사원을 건축한 방식 그대로 모스크를 지었다.[116] 3세기 후에 초(超)정통파 무슬림이었던 가즈니의 마흐무드(Mahmud of Ghazni)는 아프가니스탄의 수도에 궁전을 건설하기로 결심했다. 이번에도 건축가는 자신에게 익숙한 오래된 지역 모델에 따라 인도 사원에서 약탈한 물품으로 궁전을 장식했다.[117] 두 기획은 모두 어느 곳에서나 사람들은 가까이 있고 가장 잘 아는 것을 동원하여 새로운 도전에 응한다는 사실을 보여 준다.

건축은 중앙아시아의 과거가 미래에 유용한 유산을 남겨준 여러 분야 가운데 하나에 지나지 않는다. 법 분야에서도 아랍 정복자들은 중앙아시아 식의 접근법을 대개 채택할 수밖에 없었는데, 관개 같은 중요한 영역에서는 특히 더 그러했다. 왜냐하면 『꾸란』은 물론이고 아랍인들의 유목 경험 역시 이에 대한 지침을 제공하지 못했기 때문이다. 심지어는 정복 이후에도 『꾸란』에 자주 언급되는 결혼이나 이혼과 관련된 법 영역에서조차 실질적인 관행은 어느 정도 계속해서 이슬람 이전의 원칙[118] ─ 이 경우

---

115) Itzhak Ben-Zvi, *The Exiled and the Redeemed* (Philadelphia, 1957), 69~71.

116) Arthur Upham Pope, *Persian Architecture* (London, 1978), 78.

117) 이와 그 외 다른 영향에 관한 논의는 Boris A. Litvinskij and Tamara I. Zejmal, *The Buddhist Monastery of Ajina Tepa, Tajikistan* (Rome, 2004), 66ff. 참조.

118) Nargis Khidzhaeva, "Vliianie Zoroastrizma na formirovanie statusa

는 조로아스터교—에 근거해 만들어졌다. 또 위대한 학자 이븐 시나가 학창 시절 조로아스터교 신자였을 뿐만 아니라 그 자신이 조로아스터교 문헌을 아랍어로 번역했다는 사실에도 주목할 가치가 있다.[119)]

아랍 정복자들도 천체나 인체 건강과 같은 주제에 관한 전통적인 구전(口傳) 지식을 가져왔다. 이러한 민간 지식은 때때로 천문학이나 의학 등 여러 분야에 영향을 끼쳤지만, 근본적인 탐구를 위한 기초를 제공할 수는 없었다. 그런데 아랍인들이 도착하기 오래전부터 페르시아인들뿐만 아니라 중앙아시아인들도 이러저러한 분야의 지식을 체계화하는 작업에 착수했다. 그 결과 천문학 연구는 호라즘 지역에서 이미 선진 수준에 도달해 있었으며, 의학 역시 부분적으로는 인도 및 군데샤푸르에 있는 대형 병원과 일찍이 접촉한 덕분에 호라산과 박트리아에서 번창하고 있었다. 우리는 중앙아시아의 비공식적인 수도였던 메르브가 바빌론에 뒤지지 않는 수준의 병원과 천문관측소를 가지고 있었다고 확신한다. 수학은 무역업자들이 필요로 했던 곳이라면 어느 곳에서나 발전했던 것 같다. 고도로 발달한 수학적 유산을 가지고 있던 인도와 항시적 접촉을 했던 지역에서는 특히 더 그러했다. 실제로 많은 분야의 공식 연구에서 초창기 중앙아시아인들이 전문성을 갖추게 된 한 가지 우발 요인이 있었다면, 그것은 더 서쪽에 있던 사람들이 인도 아대륙과 산발적인 지적 접촉만을 했던 반면에, 중앙아시아인들은 중동 및 인도 모두와 교류하고 있었다는 점이다. 이러한 상호 교류가 페르시아에 없었던 것은 아니지만 밀접한 무역 관계가 존재한 덕분에 아랍 침략 훨씬 이전부터 상호 교류는 중앙아시아의 부단한 현실이었다.

zhenshchiny v islame (brak i razvod)", in *Samanidy, epokha, istoki, kultury, n.e.* (Dushanbe, 2007), 61~70.

119) Iu. N. Zavadovskii, *Abu Ali Ibn Sina: zhizn i tvorchestvo* (Dushanbe, 1980), 82.

이러한 맥락에서 보면, 중앙아시아인들이 중국의 상품을 시장에서 손쉽게 구할 수 있던 때조차 중국의 과학 및 사상에 사실상 거의 무심했다는 사실은 더욱더 의아하다. 이러한 연유로 중앙아시아의 학자들은 불교와 기독교, 마니교를 동쪽으로 전파하는 데는 중요한 역할을 하였지만 동양의 지식을 서방으로 전달하는 역할은 거의 하지 않았다. 부분적으로는 이러한 치명적인 공백의 책임이 서양에도 있다. 중국과 인도 학문을 활용하지 못했을 뿐만 아니라 심지어는 군데샤푸르의 네스토리우스파 기독교도들의 과학 및 의학 지식을 이용하는 데도 실패했기 때문이다.[120] 이유가 무엇이든 간에 중국의 학문이 중앙아시아를 거쳐 서구로 전달되지 못한 것은 양쪽 모두에게 치명적이었다.

이슬람 이전의 중앙아시아적 유산과 정복 후의 지적 성과를 단 하나의 직선으로 연결하려는 사람은 입증 불가 상태에 빠질 수도 있다. 그러나 일부 영역에서는 이러한 양상이 두드러지게 나타난다. 훗날 발흐에서 선구적인 지리학파가 발전한 것은 상당 부분 대륙의 창고로서 도시가 오랫동안 점하고 있던 위상과 도처에서 온 사람들이 늘 존재했던 덕분이었다. 부하라의 대신이자 지리학자였던 아부 압달라 알 자이하니(Abu Abdallah al-Jayhani)는 길과 왕국에 관한 중요한 개설서를 썼는데, 그는 그저 동향(同鄕)의 판매상들이 수세기 동안 구축한 지리적 지식의 보고를 이용했을 뿐이었다.[121] 그리고 호라즘과 호라산의 위대한 무슬림 천문학자들은 천문학표를 작성하고 정교한 달력을 만들었으며, 매우 정확하게 일식과 월식을 예측한 전임자를 칭찬하는 데 결코 인색하지 않았다. 후대의 많은 중앙아시아 천문학자들이 아스트롤라베와 천문학 사분의의 디자인 및 제작에 천착했던 것도 광활한 사막 공간에서 자신의 위치를 찾으려는 노력과 이

---

120) Needham, *Science and Civilization in China*, 1: 220~21.

121) 자이하니의 연구 방법에 관해서는 Barthold, *Turkestan Down to the Mongol Invasion*, 12 참조.

지역에서 오랫동안 번창해 온 기계 수리라는 두 가지 전통문화에서 기인한 것이었다.[122] 이러한 이슬람 이전 시대의 유산은 9세기 발흐 출신의 사상가 아부 마샤르 알 발히의 글에서 다시 등장한다. 그는 오래전부터 지역에서 전승되던 그리스-인도-이란의 비학(祕學)*을 활용해 이슬람 세계에서 저명한 천문학자가 되었고 유럽의 점성술에도 큰 영향을 끼쳤다.[123]

가장 선명하게 각인된 이슬람 이전 시대의 중앙아시아 사상가이자 후대 세계를 형성하는 데 도움을 준 이가 보조르그메르(Bozorghmer, 531~578)이다. 메르브 출신의 보조르그메르는 이슬람 시대의 사상가들에게 깊은 영향을 줄 윤리학에 관한 개념을 상세히 설명했다. 중앙아시아에 축적된 풍성한 점성술의 전통 속에서 교육받은 그는 페르시아 샤(황제)의 꿈을 매우 성공적으로 풀이한 덕에 티그리스강 유역에 위치한 크테시폰 궁전으로 부름을 받아 곧 최고 고문인 재상에 임명되었다.

후대의 많은 중앙아시아 사상가처럼 메르브의 보조르그메르도 많은 분야에 관여했다. 방문 중이던 인도의 한 통치자가 인도의 오락거리인 체스를 페르시아 궁전에 소개하자, 보조르그메르는 손님의 전략을 역이용해 승리를 거두는 빠른 습득력을 과시했다. 그러더니 그는 인도의 게임을 개선할 수 있는 몇몇 방법을 제안하고 한술 더 떠서 인도인들에게 주는 일종의 답례 선물로 주사위 놀이(nardy)를 발명해 냈다.[124] 이러한 만남으로

---

122) A. K. Tagi-Zade and S. A. Vakhalov, "Astroliabi srednevekovogo Vostoka", *Istoriko-astronomicheskie issledovaniia* 12 (1975): 169~225; A. K. Tagi-Zade, "Kvadranty srednevekovogo Vostoka", *Istoriko-astronomicheskie issledovaniia* 13 (1977): 183~200.

* 연금술·점성술·마법·수상술(手相術) 등을 말한다.

123) David Pingree, "Abu Mashar", in *Dictionary of Scientific Biography*, 1: 31~39.

124) 종합적이지만 많은 논란의 여지가 있는 보조르그메르에 관한 연구로는 A. Christensen, "Le sage Buzurjmihr", *Acta Orientalia* 8 (1930): 18~128; *Encyclopaedia Iranica*, "Bozorgmehr-e Boktagān", http://www. iranicaonline.org/articles/bozorgmehr-e-boktagan의 보조르그메르 항목은

오늘날의 체스와 주사위 놀이가 페르시아 세계에 진출하게 되었고 이어 아랍과 중국에는 서방으로까지 전해졌다. 4세기 후에는 오늘날 투르크메니스탄과 이란 사이의 국경 지역 출신의 또 다른 중앙아시아인인 아술리(Assuli)가 최초로 체스를 분석한 고전을 집필했다.[125] 이 같이 아랍 정복을 전후로 중앙아시아인들은 왕들의 게임(Game of Kings)의 주요 우승자이자 심판자로서 자리를 잡았다.

비록 보조르그메르의 글은 그 일부만이 전해지지만, 그는 중요한 사상가로 평가된다. 그의 윤리학은 조로아스터교의 기저를 이루는 이원론에 흠뻑 빠져 있었다.[126] 그는 선(善)을 숭배했지만, 마찬가지로 인간의 어리석은 공명심과 인류의 업적으로 칭송되는 대제국이나 대도시의 덧없는 속성에도 마음이 끌렸다. 속세에서의 활동은 삶의 유일한 확실성, 즉 최후의 심판을 갑남을녀가 대비하도록 하는 데 성공할 수 없다고 썼다. 구원은 이성의 발휘와 이해를 통해, 그리고 좋은 생각과 좋은 말, 선한 행동으로 이루어진 삶을 통해서만 성취될 수 있다고 보조르그메르는 생각했다. 그는 결국 사형에 처해졌는데, 아마도 기독교에 너무 근접한 탓인 듯하다. 후대 중앙아시아 사상가들이 보여 준 합리주의와 빈번히 쏟아내던 세속성에 대한 맹비난 속에서 보조르그메르가 남긴 흔적을 포착하기란 어렵지 않다.

어떤 특정 개인이나 이슬람 이전 시대의 성과보다는 중앙아시아가 고도의 학식을 갖춘 지식을 추구했고 수리적 사고를 하였으며, 세속적이고 자신감에 찬 사회로 확고하게 자리 잡았다는 사실이 중요하다. 무역과 농업에 쏟은 노고를 통해 얻은 번영은 운이 좋은 소수 몇몇과 그들이 후원한 사람들에게 여유를 주었다. 많은 이들이 적어도 이렇게 얻은 자유의 일부

좀 더 균형 잡힌 시각을 보여 준다.

125) 술(Sul) 출신 — 이런 이유로 '아술리'라 불렀다 — 의 아부베크르 무함메드 이븐 야히아(Abubekr Muhammed ibn Yahya)는 10세기 전반 사람이다.

126) 이 설명의 출처는 "Buzurgmehr Batakhon", *Istoriia tadzhikskoi filosofii s drevneishikh vremen do XV v.*, 3 vols. (Dushabe, 2010), 1: 465~70 참조.

를 미술이나 음악에, 또는 천문학과 수학, 의학 분야 등의 지적인 활동에 할애했다. 또 어떤 이들은 인간 존재의 목적과 목표, 그리고 인간과 시간 및 우주와의 관계에 대한 커다란 질문을 숙고하는 데 심취했다.

겹겹이 쌓인 지층처럼 형성된 중앙아시아의 종교는 특히나 그곳에서 주목하지 않을 수 없었던 모든 존재론적 질문을 만들어냈다. 선과 악 사이의 투쟁이라는 극적인 세계관을 가진 조로아스터교가 이러한 투쟁에서 이기기 위해 갑남을녀는 자유의지를 발휘할 수 있다는 근본 원리를 상정함으로써, 중앙아시아 전역에서 구원의 종교가 번창할 수 있는 토양이 마련되었다. 불교, 마니교, 기독교는 모두 그들 간의 차이에도 불구하고 만물의 신성한 질서와 조화를 이룬다고 생각되던 일상에 대한 지침을 제공했다. 그리고 이 세 종교는 모두 일반인도 종교 의식에 참여할 수 있고 구원받을 여지가 있다고 간주했다.

아랍 침략 전 1,000년 동안 중앙아시아인들은, 유목민들의 신앙을 굳이 헤아리지 않더라도 4~5개의 새로운 신앙체계를 접했다. 그들은 각각의 종교를 대조해 보고 그 특징적 요소와 공통점을 찾아내는 데도 노련해졌다. 그리고 이러한 평가를 통해 그들은 인간 지식의 원천, 즉 형식 철학이 인식론이라고 부르는 심리(審理)를 생각하게 되었다. 훗날 계몽 시대에 파라비 같은 중앙아시아인들이 고전논리학은 물론 이 분야에서도 압도적이었던 것은 결코 놀랄 일이 아니다. 누군가가 이러한 도구를 진리를 확립하기 위한 뛰어난 수단이라고 일컬었다면, 또 어떤 이들은 세상에서 가장 영향력 있게 논리학을 비판하거나 신앙을 위해 싸우는 투사가 되었다.

중앙아시아인들이 기원전 300년에서 기원후 670년 사이에 등장한 다양한 종교를 수용한 방식에서 나타나는 공통 요소를 찾아내기란 어렵지 않다. 매번 그들은 매우 개방적이었고 진정한 호기심을 보여 주었다. 사산 왕조 페르시아가 '공인한' 조로아스터교를 제외하고는 이슬람 이전의 그 어떤 종교도 다른 종교의 관행을 제약하려 하지 않았다. 세계에 열린 마음으로 별다른 두려움 없이 새로운 것과 대면한 중앙아시아인들은 상업에서와 마찬가지로 종교 영역에서도 자유로운 거래에 전념했다. 그들은 활력과 변화를 정상적인 것으로 받아들였고 까다롭게 선별하는 과정을 매우 자연스러운 것으로 생각했으며, 다양한 종교의 바람직한 요소를 결합해 독창적이면서도 예상 밖의 융합을 만들어냈다. 우리는 조로아스터교의 영원한 불꽃과 그리스 신에 대한 숭배가 타지키스탄의 판지켄트에 세워진 하나의 신전 안에 결합되어 있는 것을 보고 놀랄지도 모른다.[127] 그러나 이러한 혁신적인 융합은 중앙아시아에서 결코 특별한 일이 아니었다.

자신들을 엄습한 종교와 사상을 이해하려는 노력 속에서 중앙아시아인들은 새로운 신앙의 성서들을 성문화하고 분석하며 편집·해설하는 데 능란해졌다. 조로아스터교가 중앙아시아 한복판에서 성장했기에 그들은 그 교리를 상세하게 잘 알고 있었다. 그들은 종교와 철학에 관한 그리스 문헌을 두고 씨름했고, 어쩌면 직접 관련 저서를 집필했을지도 모른다. 불교 역시 중앙아시아인들로 하여금 주요 문헌을 편집하고 번역하려는 노력을 다각적으로 기울이게 만들었다. 그 과정에서 그들은 자신만의 기호를 강하게 피력했고 독자적인 주해와 부연도 덧붙였다.[128] 이 같은 과정은 기독교와 마니교의 주요 문헌을 흡수·분석하여 일반에게 널리 알리는 과정에서도 그대로 반복되었다.

이 모두는 중앙아시아의 종교·철학의 역사가 조로아스터교, 불교, 헬레니즘, 기독교, 마니교, 이슬람교라는 주제별로 또는 시대별로 명확하게 구분된 것이 아니라 그 발전이 단일한 하나의 과정일 가능성을 암시한다. 이와 같은 측면에서 보면, 중앙아시아인들이 다른 모든 무슬림을 합친 것보다 더 뛰어난 활약을 보여 주며, 예언자 무함마드의 하디스를 집대성한 것

---

127) V. G. Shkoda, "The Sogdian Temple: Structure and Rituals", *Bulletin of the Asia Institute*, New Series, 10 (1996): 195~201.

128) 일례로서 신장에서 쓰인 인도 문서에 관한 부연 설명은 Mukherjee, *India in Early Central Asia*, 29 참조.

도 불교, 그리고 그 정도는 덜 해도 마니교 및 네스토리우스파 기독교 문헌에 대한 대대적인 편집 기획의 연장이라 할 수 있을 것이다.

감각지각을 수용하고 과거와 미래를 포용하며 권위 있는 해설을 강조한, 좀 더 실용적인 불교의 비바사사 학파를 선호한 중앙아시아인들이 훗날 이슬람 법학파 가운데 실리적인 하나피 법학파에 끌리고 고대 그리스 사상가의 저작 번역물에 주석을 다는 일에 매력을 느낀 것이 과연 우연의 일치일까?[129] 중앙아시아 관료들에 의해 본격화되고 보급되었던 이슬람 교육기관인 마드라사의 전형적인 물리적 설계가 줄줄이 늘어선 방과 집회장으로 이루어진 중앙아시아의 불교 도량 양식에 직접적으로 의거한 것은 또 어떠한가?[130]

11세기 시아파 철학자 미스카와이흐(Miskawayh) ─그의 아버지는 조로아스터교에서 개종한 사람이었다 ─는 윤리학에 대한 자신의 견해를 뒷받침하기 위해 옛 신앙으로부터 많은 자료를 인용하는 데 주저하지 않았다.[131] 조로아스터교와 불교, 기독교에서도 중요한 자리를 점하고 있던 자유의지에 관한 신조가 중앙아시아인들의 사고방식에 확고하게 각인되면서, 중앙아시아인들은 이슬람이 도래한 이후에도 오랫동안 무타질라파 ─무타질라파는 정통파 무슬림이 호되게 질책했을 정도로 자유의지와 규제 없는 이성의 발휘를 옹호했다 ─교리를 열렬히 지지했다. 마찬가지로 중앙아시아 풍경을 점점이 수놓은 이슬람 성인의 묘지도 이 지역 곳

---

129) 하나피 법학파의 창시자인 아부 하니파(Abu Hanifa)에 관해 W. 마델룽(W. Madelung)은 *Religious Trends in Early Islamic Iran* (Albany, 1988), 18에서 "발흐 주민은 모두 '아부 하니파' 교리의 지지자였다"라고 기록한 초기 자료를 인용했다.

130) 보리스 리트빈스키(Boris Litvinskij)와 타마라 제말(Tamara Zejmal)은 *The Buddhist Monastery of Ajina Tepa, Tajikistan*, 66~67에서 이러한 관련성을 옹호했고 이 가설이 바르톨트에게서 기원했음을 정확하게 밝혀냈다.

131) Seyyed Hossein Nasr and Mehdi Aminrazavi, eds., *An Anthology of Philosophy in Persia*, 2 vols, (New York, 1999), 1: 274~75.

곳에서 살았던 불교와 기독교 성인을 찾아 그들의 삶을 기리고자 했던 충동이 훗날 그대로 발현된 것이라 할 수 있다.

최초라고 알려진 수피 무슬림 신비주의자는 호라산의 소도시 비스탐(Bistam) 출신의 아부 야지드 비스타미(Abu Yazid Bistami, 804~874년경)이다. 오늘날 7,000명 정도가 사는 소도시 비스탐에는 불교 건축물이 전혀 없지만, 한때 불교가 번창했음이 틀림없다. 비스타미는 의심할 여지 없이 구도자 가문 출신이었다. 그의 아버지는 조로아스터교에서 이슬람으로 개종했지만, 비스타미는 자신의 새 신앙을 현지의 불교 대가로부터 전수받은 요가의 실행과 신비주의적 가르침으로 풍성하게 만들고자 했다.[132] 과연 자아를 멸(滅)하고 세속적이고 현세적인 것으로부터의 해탈(解脫)을 추구하며 영원에 귀의하려는 중앙아시아 수피즘의 정신적·영적 수련은 열반(Nirvana)의 최고 경지인 '마하파리니르바나(大滅度)에 들어가는 부처'(Buddha entering Mahaparinirvana)를 타지키스탄에 거대한 조각상으로 남긴 불교의 행동양식과 얼마나 다를까? 마찬가지로 중앙아시아 수피들의 종교시(宗敎詩)도 조로아스터교 『아베스타』(Avesta)의 초기 종교시의 연장일지도 모른다. 10세기 사만 왕조 부하라의 풍성하고 복잡한 음악이 남부 우즈베키스탄의 아이르탐에서 발견된 1,000년 전의 프리즈 조각에 새겨진 불교 음악가의 직계비속이듯이 말이다.[133]

불교 신비주의가 중앙아시아를 거쳐 이슬람 속으로 흘러들어 갔다면, 이 지역 곳곳의 수많은 불교 도량에서 중요하게 여겨졌던 경전에 대한 편

---

132) H. Ritter, "Abū Yazīd (Bāyazīd) Tayfur b. Īsā b. Surūshān al-Bistāmī", in Encyclopaedia of Islam, 2nd ed. (Leiden, 2009), http://www.brillonline.nl/subscriber/entry?entry=islam_SIM-0275.

133) 중앙아시아의 불교 음악이 아시아에 끼친 영향에 관해서는 Bo Lowergren, "The Spread of Harps between the Near and Far East during the first Millennium AD", Silk Road Art and Archeology 4 (1995~1996): 233~76 참조.

집 활동 역시 그러했을 것이다. 무함마드의 하디스를 모았던 가장 저명한 초창기 수집가 가운데 대(大)불교 중심지였던 우즈베키스탄 티르미즈[134] — 마찬가지로 이곳의 불교 승려들도 오랫동안 불교 문헌을 집대성하는 데 열심이었다 — 에서 태어나 사망한 아부 이사 무함마드 티르미지(Abu Isa Muhammad Tirmidhi, 824~892)가 있었다. 오늘날에도 티르미지의 하디스 모음집은 이슬람 세계 전역에서 신앙의 정전(正典) 가운데 하나로 인정된다.

이견(異見)이나 이설(異說)도 이슬람 이전 시대에서 이슬람 시대로 이어지는 가운데 계속 존재했을 것이다. 아랍 정복 이후 유구한 불교 중심지인 발흐는 유명한 『꾸란』 주석가를 배출했는데, 이슬람 정통파 성직자들은 그의 신인동형설(神人同形說)을 호되게 비판했다.[135] 이는 발흐에 많았던, 불교에 호의적이라고 여겨지던 이들에 대한 정공법이었다. 이보다 뒤에 활약한 발흐 출신의 히위 알 발히는 『꾸란』과 전반적으로는 계시종교의 권위를 공격한, 이슬람 세계 최고의 회의론자였다.[136] 9세기에 그는 이슬람을 비롯해 모든 종교의 주장이 틀렸음을 밝히기 위해 조로아스터교와 기독교, 본인의 신앙인 유대교를 포함해 지역의 다른 모든 계시종교의 주장을 열거하는 글을 썼다. 다음 몇 세기 동안 발흐에서 니샤푸르에 이르기까지 이 지역은 회의주의와 불복종, 이단(異端)의 풍성한 전통을 키워나갔다. 어떤 뛰어난 해명도 이를 설명하기에 충분하지 않겠지만, 이 지역의 수많은 경쟁 종교가 자신들의 주장을 펴고 열성적인 신도들을 끌어들이기 위해 열심이었다는 것은 주목할 만한 가치가 있다. 이 모든 주장이 똑같은 효력을 발휘할 수 없었기에, 이러한 환경은 당연히 철저한 회의주의와 자

---

134) Al-Hakim Al-Tirmidhi, *The Concept of Sainthood in Early Islamic Mysticism*, ed. Bernd Radtke and John O'Kane (London, 1996), 서문.

135) G. Gilliot, "Qu'ranic Exegesis", in *History of Civilizations of Central Asia*, vol. 4, pt. 2, 98~103.

136) Judah Rosenthal, *Hiwi al-Balkhi, a Comparative Study* (Philadelphia, 1949).

유사상이라는 형식의 고유한 항체를 만들어냈다.

단연코 중앙아시아 교차문명의 영적 삶의 가장 두드러진 특징은 다원
성과 다양성이었다. 이는 아랍 정복에도 사라지지 않았으며, 앞으로 보겠
지만 이슬람이 도래한 후에도 거의 4세기 동안 계속해 번성했다. 개종은
매우 천천히 진행되었다. 실제로 무슬림 신학자들도 다른 종교를 가진 많
은 사람들이 명목상 이슬람을 수용했을 뿐 이전의 신앙을 버리지 않았다
고 인정했다.[137] 영국의 고대 그리스·로마 연구가인 피터 브라운은 이슬람
이 매우 다양한 종교적 풍경 위에 '사뿐히, 마치 엷은 안개처럼' 내려앉았
다고 말한다.[138] 전투적인 11세기가 되어서야 다원성은 악이자 일반적인
정설에 위협적인 것으로 간주되었다. 이러한 생각이 강력해질 무렵이면 이
미 계몽 시대는 저물고 있었다.[139]

신선한 사고와 혁신적인 개념은 어디에서 오는 것일까? 이러한 질문은
수세기 동안 저녁식사 후의 철학적인 대화와 학문 연구의 주제였다. 최근
이 주제에 천착한 스티븐 존슨(Steven Johnson)은 좋은 생각은 이미 알려
진 것보다 단지 한두 걸음 더 나아갈 때, 또는 서로 교감하는 사색적인 개
인의 '유동적인 관계망'이 집중적으로 작동할 때 나온다고 주장한다.[140]
중앙아시아의 지적 생활은 이슬람이 도래하기 전 수세기 동안 두 종류의

---

137) F. Gilliot, "Theology", in *History of Civilizations of Central Asia*, vol. 4,
pt. 2, 121~22. 또한 Davlat Dovudi, "Zoroastrizm i Islam posle arabskogo
zavoevaniia i v epokhu samanidov", in *Samanidy: epokha, istoki, i kultura*,
35ff.도 참조.

138) Brown, *The Rise of Western Christendom*, 189.

139) 6,000개의 전기(傳記)와 500개의 가계도에 관한 연구에 근거하여 결론을 도출한
불리엣은 10세기 초에 이르면 완전한 이슬람화가 거의 마무리되었다고 보았다.
하지만 중앙아시아 전역을 놓고 보았을 때 이러한 시기 상정은 확실히 너무 이르
다. Richard W. Bulliet, *Conversion to Islam in the Medieval Period: An Essay
in Quantitative History* (Cambridge, 1979), 19~23.

140) Steven Johnson, *Where Good Ideas Come from: The Natural History of
Innovation* (London, 2011).

혁신이 가능한 분위기를 성숙시켰다. 이곳은 복잡하고 활기 넘치는 실용적인 사고와 추상적인 관념, 즉 이성과 종교의 세상이었고 문해력과 수리력을 갖춘 많은 사람이 세상 물정에 관해, 그러나 또한 엄밀한 의미의 사상에 관해서도 서로 소통하는 세계였다. 도서관들의 파괴로 우리는 기원후 670년 이전의 철학과 과학, 종교에 나타난 신사고가 어떠했는지 확신할 수 없다. 그리고 아랍 침략에 이은 혼란은 그 후 한 세기 동안 새로운 사상의 출현을 방해했다. 하지만 일상으로 복귀한 후에는 지구상의 그 어느 곳보다도 중앙아시아에서 가장 신선하고 혁신적인 사고가 만개했다.

제4장

어떻게 아랍은 중앙아시아를 정복했고, 또한 중앙아시아는 바그다드 정복을 준비했는가

7세기경 대(大)중앙아시아의 주민들은 이미 외부 세력에 의한 정복에 매우 익숙해 있는 상태였다. 지난 1,000년 동안 페르시아와 그리스, 쿠샨, 에프탈, 파르티아, 중국, 튀르크 군대가 이곳을 휩쓸고 지나갔고 지역 통치자들의 항복을 받아냈다. 하지만 그 뒤 곧 정복자들은 곤란한 일에 직면했다. 매번 인력 부족과 같은 여러 제약으로 인해 정부의 역할을 자신들이 막 패배시킨 이들에게 위임할 수밖에 없었던 것이다. 그리고 그들은 지역민들에게 규칙을 강제할 수 있을 만큼의 군대만 남겨놓고 떠나버렸다. 승자들의 목적이 공물을 차출하고 세금을 징수하는 것이었더라도 다른 대안이 없었다. 따라서 정복이 있을 때마다 다시 시작해야 했지만 중앙아시아인들은 서서히 자신들의 자치권과 종교, 가치를 되찾았다.

660년에 시작된 아랍의 침략은 늘 그렇듯이 파괴와 고통, 일시적인 교역 붕괴를 초래했다. 그러나 그것은 중요한 세 가지 면에서 기존의 침략과 달랐다. 첫째, 현지 주민들이 당시 거칠고 지속적인 저항을 했다는 점이다. 아랍인들은 어떤 정복전쟁에서도 중앙아시아인들처럼 자신들에게 집요하게 저항한 이들을 본 적이 없었다.[1] 둘째, 아랍 침략자들은 머지않아 서로 으르렁대며 싸웠는데, 분쟁 중인 파당 무리들이 한때 동지였던 이들에게 맞서기 위해 다양한 현지 세력과 동맹을 체결했다. 셋째, 이러한 두 가지 요인 때문에 정복은 매우 서서히 그리고 불확실하게 진행되었으며, 당면 목표를 달성하는 데에 거의 한 세기가 걸렸다. 그리고 이 무렵이면 이미 지역 문화와 자치 정부가 다시 영향력을 행사하고 있었다. 완전히 이슬람화되는 데는 그 후로도 몇 세기가 더 걸렸다.

모든 문제에도 불구하고 아랍의 공격은 결국 두 가지 주요 측면에서 성공적이었다. 공식적인 의사소통과 지적 교류를 위한 새로운 언어, 즉 아랍어와 새로운 종교인 이슬람을 뒤에 남겼다는 측면에서 말이다. 아랍의 중앙아시아 정복은 다양한 분야에서 대규모의 문화적 파괴를 수반했지만, 그래도 어느 정도는 문화적 풍요를 가져온 중요하고도 지속적인 요인에 의해 상쇄되었다. 향후 350년 동안 중앙아시아에서 사상과 문화가 꽃을 피울 수 있었던 것은 중동에서 소개된 이 같은 혁명적인 변화 덕분이었다. 따라서 이 장(章)에서는 최초의 공격이 시작된 650년대부터 한 세기 동안 계속된 정복의 동력과 현지인들의 대응에 초점을 맞추고자 한다.

정복 직전의 중앙아시아: 개요

아랍 정복 직전의 중앙아시아는 자치 지역이었다. 점점 튀르크계 인구가 증가하고 있었지만 이곳 주민들 대부분은 여전히 이란계였고 다양한 이란어 및 튀르크어를 사용했다. 또한 이곳은 공식적으로는 페르시아(사산 왕조) 제국과 정복이 시작되기 한 세기 전 이 지역으로 밀려온 튀르크족에게 복종할 의무가 있던 얽히고설킨 지역 왕국들로 나뉘어 있었다. 이처럼 이

---

1) Hugh Kennedy, *The Great Arab Conquests* (London, 2007), 225. 이어지는 설명은 가장 권위 있는 동시에 복잡한 사건들의 시기를 종합적으로 기록한 휴 케네디(Hugh Kennedy)의 세심한 연대표에 근거한 것이다. *The Arab Conquest of Central Asia* (London, 1932)도 참조.

무렵에 중앙아시아는 페르시아와 튀르크에 종속된 데다가 동부는 중국 당나라의 보호를 받는 처지였지만, 실상은 유명무실했다. 튀르크와 사산 왕조 모두 7세기경부터 빠르게 쇠퇴하고 있었으며, 당나라는 더 동쪽에 위치한 오늘날의 신장 지역에 갈수록 주력하고 있었기 때문이다.

튀르크인들은 중국의 만리장성을 넘어 이 지역으로 밀고 들어온 이른바 백색 훈족(White Hun)이라고 불리던 에프탈족을 패퇴시킴으로써 550년대에 패권을 장악했다. 초기에 거둔 성공과 함께 이후 많은 튀르크 지배자가 중앙아시아 한복판에서 복속시킨 왕국의 통치자로서의 역할을 수월하게 수행했다. 정교한 모든 국가적 격식은 차렸지만 상업이나 문화에 개입하지는 않았다.[2] 그러는 가운데 튀르크인들은 중앙아시아에 대한 사산 제국의 권리를 크게 약화시켰다. 여러 차례 사산 왕조 페르시아와 튀르크는 결판이 날 때까지 중앙아시아에서 싸웠고, 중앙아시아인들은 어정쩡한 구경꾼이 되어 지켜보아야 했다.[3] 그러면서도 튀르크인들은 동쪽에서 닥칠 새로운 위협에 대한 걱정으로 항상 어깨너머를 의식해야만 했다. 티그리스 강변에 자리한 호화로운 수도 크테시폰으로 돌아온 사산인들도 콘스탄티노플의 그리스인들에 맞선 군사작전이 야기한 엄청난 재정 문제로 인해 중앙아시아에 대한 지배력이 약화되고 있음을 자각했다.

이러한 상황 때문에 중앙아시아에 대한 권리 위축을 감내해야 했던 사산 왕조 페르시아와 튀르크는 뜯어갈 수 있는 공물은 다 받아내려 했지만, 그것 말고는 이 지역을 그대로 내버려둘 수밖에 없었다. 티베트와의 싸움에 정신없던 당나라 역시 이름뿐인 신민들에게 별다른 요구 없이 종주국으로서 인정받는 것에 만족했다. 실제로 7세기경 중앙아시아 지역 그 어느 곳에도 이방의 통치자가 보낸 총독은 없었다.[4] 3세기부터 8세기까지

---

2) 이 시기에 제작된 판지켄트와 사마르칸트의 벽화에 관해서는 아래를 참조.

3) G. A. Pugachenkova and E. V. Rtveladze, *Severnaia Baktriia-Tokharistan* (Tashkent, 1990), 131ff.

중앙아시아의 왕국들은 기능적인 측면에서 독립국가였다. 그 결과 현지 왕과 지주 귀족(dikhan)들의 빈틈없는 감독 아래, 활력에 찬 지역 통치가 창출되었다. 대륙무역이 번창했고 도시들이 급증했다. 자신감에 차 있던 통치자들은 방어 요새의 유지비를 삭감했다. 마찬가지로 종교 영역에서도 이러한 느긋한 분위기가 만연했다. 오늘날 전해지는 수많은 도시의 주화 견본에 새겨진 그림은 새로운 종교 탐색에 나선 바로 그 순간에도 중앙아시아인 대부분이 여전히 지역의 고대 신을 숭배하고 있었음을 보여 준다.[5]

이 모든 동향이 메소포타미아 동쪽의 가장 큰 도심지였던 메르브에서도 분명하게 나타났다. 거대한 이 물산 집산지는 수세기 전에 건설된 성벽 너머로까지 확대되었다.[6] 다수의 산업 지구가 존재했는데, 그곳에서 숙련공들이 제조한 상품 가운데는 1세기 그리스의 역사가 플루타르코스(Ploutarchos)가 칭찬한 경화강(硬化鋼)도 있었다.[7] 또 이곳에서는 중국에서부터 지중해에 이르기까지 수요가 많았던, 다채롭게 날염된 메르브산(産) 면직물(tiraz)도 생산되었다. 이러한 모든 상업 활동과 더불어 조로아

4) C. E. Bosworth, "Barbarian Incursions: The Coming of the Turks into the Islamic World", in *The Medieval History of Iran, Afghanistan and Central Asia* (London, 1977), chap. 23; Barthold, *Turkestan Down to the Mongol Invasion*, 183.

5) 지역 신들에 관해서는 B. I. Marshak and F. Grenet, "Le myhe de Nana dans l'art de la Sogdiane", *Arts Asiatiques* 53 (1998): 5~18; N. V. Diakonova and O. U. Smirrnova, "K voprosu o kulte Nany (Anakhity) v Sogde", *Sovetskaia arkheologiia* 1 (1967): 74~83; Azarpay, *Sogdian Painting*, 132~39 참조. 주화에 관해서는 Barthold, *Turkestan Down to the Mongol Invasion*, 180ff. 참조.

6) V. A. Zavyalov, "The Fortifications of the City of Graur Kala, Merv", in *After Alexander*.

7) A. I. Kolesnikov, "Social and Political Consequences of the Arab Conquest", in *History of Civilizations of Central Asia*, 3: 483; Swetlana B. Lunina, "Die Stadt Merw, ein Zentrum des Kunsthandwerk im Mittelalterichen Orient", in *Orient und Okzident im Spiegel der Kunst*, ed. Guenter Brucher et al. (Graz, 1986), 221~27.

스터교 사원도 도심을 비롯해 인근 교외 지역 모두에서 번창했으며,[8] 메르브에 기반을 둔 기독교 및 마니교 선교사들은 저 멀리 중국까지 돌아다녔다.[9]

천문학자와 수학자, 의사 등 메르브의 과학자들은 이 도시가 고전 시대 말기의 지중해 세계는 물론, 인도와도 갖고 있던 친밀한 과학적 유대로 인한 혜택을 보았다. 천문학 연구는 오래전에 도시에 세워진 천문대에서 이루어졌다. 또한 아랍인들을 피해 도망쳐 온 마지막 페르시아 군주가 크테시폰의 황실 도서관에서 가져온 어마어마한 장서 덕분에 오래전부터 존재했던 메르브의 여러 주요 도서관은 더욱 풍성해졌다.[10]

사마르칸트 왕궁의 한 방과 (오늘날 타지키스탄에 있는) 판지켄트의 왕궁 및 사택의 영접실, 남부 우즈베키스탄의 발라릭테페(Balalyk-tepe)의 벽을 장식하고 있는 벽화보다 이 사라진 세계를 더 극적으로 대면하게 만드는 것은 없다.[11] 기적적으로 보존된 이 대작들은 사진처럼 우아한 궁정생활과 호사스러운 집안 분위기, 그리고 조만간 공격의 예봉을 체감하게 될 지역 엘리트가 누린 풍요로운 학문적·종교적 환경을 고스란히 보여 준다. 그들은 굳이 교화를 내세우지도 않았고, 그저 얼마 남지 않은 풍족한 삶을 즐겁게 찬양할 뿐이었다.

판지켄트 벽화 중에서 어떤 것은 종교 의식을 묘사하고 있지만 다른 어떤 것은 설화나 페르시아 서사시, 특히 『샤나메』에 나오는 로스탐(Rostam) 이야기를 그리고 있다. 후자는 귀족 저택의 영접실에 많이 그려졌는데, 마치 오늘날의 만화책처럼 연속적으로 배열된 장면으로 이루어졌다.[12] 조금

---

8) 조로아스터교의 기원을 인접한 카라쿰 사막에서 찾아야 한다는 것이 Sarianidi, *Margush, Turkmenistan*의 논지이다.

9) Yazberdiev, "The Ancient Merv and Its Libraries", 141.

10) R. M. Bakhadirov, *Iz istorii klassifikatsii nauk na srednevekovom musulmanskom vostoke* (Tashkent, 2000), 6, 19ff., 144.

11) Azarpay, *Sogdian Painting*, plate 3.

더 이른 시기에 지어진 판지켄트 왕궁에서는 단 끝에 대비를 이루는 직물로 테두리를 댄 커다란 옷깃의 의상을 몸에 딱 달라붙게 입고 자신만만한 표정을 짓고 있는 소그드 남녀들과 마주하게 된다.

사마르칸트 왕궁의 방 벽화에는 튀르크 호위병의 경호를 받으면서 왕좌에 앉아 있는 지역 통치자 바르후만(Varkhuman)이 노브루즈(Novruz)* 신년 명절을 맞아 대부분의 분석가들이 외국 사절들이라고 추정하는 이들을 맞고 있는 모습이 그려져 있다. 깃털로 장식된 두건을 쓴 고구려인(高句麗人)을 제외하고 모두가 선물을 가지고 있다. 검은 모자를 쓴 중국인은 비단을 가져왔고, 화려한 카프탄을 입은 페르시아인은 목걸이와 자수를 내놓았으며, 주름 옷깃이 달린 옷을 입고 있는 파미르고원에서 온 산사람은 야크 꼬리를 바쳤다. 다른 벽화에는 물속에서 학(鶴)과 난쟁이가 벌인 싸움에 관한 인도 이야기가 묘사되어 있는데, 이는 정복 이전의 중앙아시아가 서쪽만큼이나 동쪽에도 주시하고 있었음을 보여 주는 또 다른 증거이다. 이 장면에는 류트와 산투르(santur)를 연주하는 음악가들도 묘사되어 있다. 이처럼 세속적인 삶을 묘사한 그림일지라도 종교를 도외시하지는 않았다. 조로아스터교 성직자는 자신의 숨결로부터 신성한 불을 지키기 위해 얼굴 위에 천을 덮은 모습으로 묘사되어 있을 뿐만 아니라 소그드어

---

12) 판지켄트 벽화에 관해서는 *Arts Asiatiques* 53(1988)에 실린 V. I. 마르샤크(V. I. Marshak)의 기고문과 A. N. Belenitskii et al., eds., *Drevnosti Tadzhikistana* (Dushanbe, 1985), 264ff.; B. I. Marshak and V. I. Raspapova, "Wall Paintings from a House with a Granary, Panjikent", *Silk Road Art and Archaeology*, 1: 123~76 참조. 사마르칸트의 벽화에 관해서는 Azarpay, *Sogdian Painting*; L. I. Albaum, *Zhivopis Afrasiaba* (Tashkent, 1975); Sergei A. Yatsenko, "The Costumes of Foreign Embassies and Inhabitants of Samarkand on Wall Painting of the 7th c. in the 'Hall of Ambassadors' from Afrasiab as a Historical Source", *Transoxonia* (June 2004), http://transoxonia.com.ar/0108/yatsenko-afrasiab_costume.htm 참조.

* 새해의 봄을 맞이하여 축하하는 날로서, '새 날'(new day)을 의미하는 민속 절기를 말한다.

로 적힌 글은 관람인들에게 '사마르칸트의 신을 보호'할 의무가 있음을 상기시킨다.[13]

총체적으로 이 벽화들은 몰락 직전 처절하게 마지막 꽃을 피운 '폼페이 최후의 날'과 같은 이미지를 보여 준다. 하지만 달리 생각해 보면 그것들은 중앙아시아의 문화와 그곳에 살았던 사람들의 활력을 보여 주는 증거로 해석할 수도 있다. 수십 년 후 아랍 군대의 전면적인 공격을 받았을 때, 비록 새로운 지배자로부터 가치 있는 혁신을 수용하기도 했지만, 항복해 선처를 구함으로써 자신들의 것을 지키려 하기보다는 투쟁하기로 선택한 사람들이 가지고 있던 활력 말이다.

종교와 약탈: 동쪽으로 밀려드는 아랍인들

예술가들이 이 벽화들을 그릴 무렵, 장차 예언자가 될 무함마드(Muhammad)가 서부 아라비아 사막 고원의 작은 마을인 메카(Mecca)에서 태어났다. 그의 예언이 낳은 새로운 일신교 신앙은 수만 명의 베두인을 정복의 회오리바람 속으로 몰아넣었다. 종교적인 열정과 세속적인 부에 대한 기대로 이 아랍 군대는 서쪽으로는 북아프리카 해안을 따라, 북쪽으로는 코카서스산맥을 향해, 그리고 동쪽으로는 페르시아로 돌진했다. 두 차례의 초기 전투와 636년의 대전투 이후, 기진맥진한 사산 제국과 그 군대는 아랍인들에게 페르시아 영토로 진군하여도 별 저항에 부딪치지 않으리라는 확신을 심어주었다. 사산 왕조의 마지막 통치자 야즈데게르드 3세(Yazdegerd III)는 왕실 일족과 가능한 한 모든 금은보화를 그러모아 긴 마차 행렬에 싣고 메르브로 도망쳤다. 그는 그곳에서 현지 지지자들을 규합

---

13) Frantz Grenet and Masud Samidaev, "Hall of Ambassadors' in the Museum of Afrasiab" (Samarkand, 2002).

해 반격에 나설 수 있기를 기대했다. 그러나 생명의 위협을 느낀 한 가난한 방앗간 주인이 그를 배신하면서 야즈데게르드 3세는 651년에 살해되었다.[14]

절망에 빠진 페르시아의 샤는 아랍에 맞서기 위해 중국 당나라에 지원을 호소했지만 장안(長安, 지금의 시안)의 조정은 이를 거절했다.[15] 그도 그럴 것이 중앙아시아의 튀르크 부족처럼 중국인들도 자신들의 문제로 골치를 앓고 있었기 때문이다. 쇠락한 제국들이 처한 이 같은 최악의 상황은 중앙아시아 전역에 엄청난 권력 공백을 만들었는데, 아랍 군대가 몰려와 그 공백을 메웠다.[16] 그들이 중앙아시아로 이어지는 주요 도로를 따라 진군하면서 페르시아 서북부 전역을 제압하자 동쪽의 중앙아시아까지 두려움과 공포의 충격파가 전달되었다. 군사를 동원할 시간조차 없었던 호라산은 거센 저항을 시작조차 못했다. 651년 말경에 아랍 군대는 투스의 옛 수도인 니샤푸르와 사락스, 그중에서도 최고의 보배인 메르브를 포함해 호라산의 모든 주요 도시에 진을 쳤다.

당연히 다음 단계는 아무다리야강(옥수스강)을 건너 이슬람의 깃발을 중앙아시아 중심부에 꽂는 것이었다. 그러나 아라비아반도 후방에서 벌어진 사건으로 인해 아랍 군대는 호라산 점령 후에 진군을 멈출 수밖에 없었고, 더 중요한 것은 정복을 대단히 지체시킬 만큼 아랍 군대 지도부의 성격이 달라졌다. 이 사건의 전말은 경쟁관계에 있던 무슬림이 아랍인들의 제4대 지도자, 즉 무함마드의 사촌이자 사위인 칼리프 알리(Ali)를 661년에 살해하면서 촉발되었다. 뒤따른 내전은 알리의 상속자들을 지지하는

---

14) *The Cambridge History of Iran*, 4: 18~26. 간편한 요약은 Hugh Kennedy, *The Prophet and the Age of the Caliphates: The Islamic Near East from the 6th to the 11th Century*, 2nd ed. (London, 2004), 112~22 참조.

15) Needham, *Science and Civilization in China*, 1: 214.

16) Kennedy, *The Great Arab Conquests*, 171, 183, 187; Richard N. Frye, "The Islamic Conquests in Iran", in *The Great Age of Persia*, chap. 4.

이들과 예언자가 속한 하심 가문의 방계인 우마이야 가문을 지지하는 이들 간의 싸움이었다. 우마이야가의 선조가 처음에 무함마드의 계시에 반대했고 예언자의 세력에 맞서 전투를 벌였다는 사실로 인해, 내부 세력 간의 다툼은 신랄한 종교적 색채까지 띠게 되었다. 우마이야가의 승리로 내전은 끝났다. 하지만 우마이야 왕조의 신임 칼리프에게는 통치 첫날부터 위법의 오명이 따라다녔다. 그리고 이 시기의 쓰디쓴 분열의 유산은 오늘날에도 수니파와 시아파 간의 분열로 계속되고 있으며, 시아파는 여전히 순교의 깃발을 높이 쳐들고 있다.

시아파의 피비린내 나는 거친 봉기도 우마이야 병사들의 진군을 막지 못했다. 서쪽과 동쪽에서 갓 이루어낸 정복을 기리기 위해 우마이야 왕조는 수도를 다마스쿠스로 옮겼으며, 한 세대도 지나지 않아 이베리아반도의 거의 대부분을 자신들의 지배 아래 두게 되는 군사작전을 개시했다. 동부전선에서 아랍 군대가 옥수스강을 건너 공격을 시작한 시기가 650년대 중반인지, 아니면 약간 더 후인 661년 이후인지에 대해서는 합의가 이루어지지 않고 있다.[17] 확실한 것은 정복의 첫 국면이 약탈을 위한 일시적인 습격에 지나지 않았다는 것이다.[18] 정복이 이슬람 국가의 요체일지라도,[19] 이러한 습격은 중앙아시아인들로 하여금 침략자 대부분이 탐욕에 사로잡혀 공격에 나서고 있다고 확신하게 만들었고 이는 거센 저항으로 이어졌다. 한편, 호라산 주둔군 가운데 종교적으로 이견을 가진 병사들이, 새로운 칼리프와 더불어 그의 장성들을 위법을 저지른 자라고 생각하며 무장

---

17) 기브(Gibb)는 The Arab Conquests of Central Asia, 15에서 최초의 침략 시기를 652년으로 추정했다. 바르톨트는 Turkestan Down to the Mongol Invasion, 6에서 이 일이 650년대 중반에 일어났다고 주장했다. 반면 A. H. 잘릴로프(A. H. Jalilov)는 "The Arab Conquest of Transoxonia", in History of Civilization of Central Asia, 2: 456에서 시작 시기를 680년대로 산정했다.

18) Barthold, Turkestan Down to the Mongol Invasion, 182~83.

19) Marshall G. S. Hodgson, The Venture of Islam, 2 vols. (Chicago, 1961), 1: 208.

봉기에 나선 것도 아랍인들에게는 불길한 징조였다.

반체제적인 양대 세력의 출현은 충분히 예측 가능했음에도 불구하고, 초기의 이 같은 저항은 아랍인들을 깜짝 놀라게 했다. 호라산의 메르브와 시스탄에서 아랍 분견대가 폭동을 일으키자, 아랍의 주력 부대는 잠시 퇴각해 재정비를 해야 했다. 이에 지역 주민들의 저항의 중심이 약탈에 대한 분노에서 지역의 종교 수호로 확장되었다. 아랍 총독이 지역민들이 모시는 신상의 팔을 부러뜨리고 그 눈에서 루비를 파내자, 시스탄에서 폭동이 발생했다는 사실은 매우 시사적이다. 시스탄의 주민들은 완강하게 맞서 싸웠고 덕분에 복원된 우상은 3세기 후에도 여전히 그곳에서 참배되었다.[20]

이와 같은 아랍 총독의 거만함과 문화적 무지는 아랍 수비대 내에서 또 다른 폭력 사태를 촉발했다. 뒤따른 불화 속에서 어느 측도 후대의 연대기 사가들이 칭송했던 베두인 전사의 불굴의 용기와 고귀함을 보여 주지 않았다. 다마스쿠스로부터 사실상 독립을 선언한 호라산의 아랍 총독이 한번은 자신을 반대한 아랍 부족 출신이라는 이유만으로 병사 두 명에게 죽도록 매질을 가했다. 이에 부아가 치민 이 부족 출신의 병사들이 죗값을 치르게 하고자 아프가니스탄의 헤라트에서 총독의 아들을 붙잡아 묶어 놓았다. 휴 케네디(Hugh Kennedy)의 기록에 의하면, 총독의 아들은 "그날 밤 주둔지에 묶여 있었다. '적의를 품은 아랍 부족민들'은 빈둥거리며 술을 마셨고, 그러다가 소변이 보고 싶으면 포로 위에 그대로 방뇨했다. 그들은 동이 트기 전에 그를 죽여버렸다."[21]

다마스쿠스의 칼리프는 걱정스럽게 전개되고 있는 이 모든 상황에 대처하기 위해 더 많은 군대를 중앙아시아로 파병했다. 사마르칸트를 공격하던 초창기에 발생한 무함마드 사촌의 죽음으로 우마이야인들의 결의에는 경건함이라는 요소까지 더해지게 되었다. 곧 페르시아만(灣)의 항구도시 바

---

20) Kennedy, *The Great Arab Conquests*, 195.
21) *Ibid.*, 239.

스라에서 주로 징집된 5만 명의 아랍 기병으로 이루어진 대군이 메르브로 출정했다. 이번 목표는 정복이었다.

그러나 아랍인들의 더해진 사명과 새로 다져진 결의에도 불구하고 처절한 낭패가 이어졌다. 동지들로부터는 느긋하고 관대하다는 말을 들었고 적들에게는 나약하다는 소리를 들었던 메르브의 신임 총독이 부하라를 목표로 한 군사작전을 개시했다. 많은 아랍 장교가 풍요로운 약탈의 계절이 되리라 희망하면서 이번 전투를 준비하기 위해 엄청난 빚을 졌다. 그런데 군대가 메르브를 떠나 옥수스강을 건너자마자, 부총독이 반란을 일으켰다. 강을 되짚어 건너온 그는 메르브를 장악하러 출발하기 전에 배들을 불태워버렸다.

최악의 패주가 오늘날의 아프가니스탄 땅에서 발생했다. 시스탄에 나타난 아랍 군대가 헬만드강의 계곡 아래 동쪽으로 막 진군하기 시작했을 때였다. 그들이 칸다하르에 도달하기도 전에 아프가니스탄 전역이 무기를 들었다. 북쪽의 발흐를 향한 전도유망한 진격으로 시작되었으나 결국 파국으로 끝났다. 증원된 아랍군 대분견대가 간신히 발흐를 제압했지만 도시들의 여왕(Queen of Cities)인 발흐의 주민들은 즉시 반란을 일으켰고, 아랍인들은 철수할 수밖에 없었다. 이에 맞서기 위해 그들은 '격멸 부대'(Army of Destruction)를 조직했지만 이들 역시 강력한 저항의 장벽에 부딪혔다.[22] 3만 명의 아랍 병사 가운데 2만 5,000명이 죽임을 당했고 살아남은 사람들은 또다시 퇴각의 나팔을 불 수밖에 없었다. 아프간 전투는 아랍 군대가 이제까지 겪지 못했던 최악의 패배로 끝났다.

아랍인들이 중앙아시아에 강력한 발판을 만드는 데 실패하면서 이 지역 일대는 한숨을 돌리게 되었다. 인력 부족에 시달리던 침략자들에게는 지역 통치자와 협상을 하거나 아니면 그들을 그대로 내버려두는 것 외에는

---

22) *Ibid.*, 195~96.

다른 선택의 여지가 없었다. 부득이하게 선택한 이 방식은 호라산을 포함해 중앙아시아 전역에서 아랍의 영구적인 기본 전략이 되었다. 향후 150년 동안 아랍인들은 지역의 왕과 귀족, 그들을 지지하던 부유한 상인들에 대한 수많은 정면공격에 나섰다. 하지만 예외 없이 초기의 맹공격은 모두 퇴각과 후퇴로 끝나 버렸다. 그리고 매번 이는 이 지역에서 정치적·문화적 연속성이 힘을 발휘할 수 있는 커다란 기회를 만들어냈다.

쿠타이바의 문명전(戰)

처음에는 아랍인들도 중앙아시아 정복이 쉬울 것이라고 착각했다. 손쉽게 호라산에 입성하고 옥수스강 곳곳에서 약탈을 노린 초창기 습격이 성공을 거두자, 그들은 더 야심찬 군사작전에 착수했다. 그러나 이러한 시도는 모두 재앙으로 끝났다. 그런데 설상가상 그들은 반체제적인 아랍 관리들과 중앙아시아의 현지 통치자들이 또다시 칼리프의 군에 맞서 무기를 들도록 부추겼다.

태형 사건을 촉발한 호라산의 아랍 총독의 아들이 이번에는 우즈베키스탄과 아프가니스탄 국경에 위치한 오래된 불교 도량의 중심지이자 비누를 수출하던 티르미즈(테르메즈)에서 대(大)도적단을 끌어모았다. 민간전승 속에서 무사(Musa)로 기억되는 그는 그곳에서 부하라를 습격—비록 실패했지만—한 후, 우둔한 지역 통치자가 어리석게도 그에게 도시의 문을 열어준 사마르칸트로 진군했다. 그런데 사마르칸트에 잠시 머무는 동안 무사의 측근 중 한 명이 '소그디아나의 기사'(Knight of Sogdiana)를 기리는 연례 축제에 자신을 귀빈으로 모시도록 강요하면서 지역 민심을 잃게 되었다. 쫓겨난 무사는 티르미즈로 돌아와 대군을 일으킨 후에 자신을 이 지역 일대의 모든 반(反)아랍 세력의 지도자로 천명했다. 하지만 얄궂게도 이러한 주장은 몹시 화가 난 사마르칸트 왕과 티르미즈의 야심찬 통치자뿐만 아니라 폭동에 가담하지 않은 아랍 병사들, 심지어는 무사가 아니라 자신이야말로 반(反)아랍 저항세력의 지도자라고 생각하던 튀르크계 통치자들과도 대립하게 만들었다.[23]

무사는 계략과 폭력을 동원해 이 모든 적을 제압했다. 반란을 일으킨 이 아랍인은 15년간 지속적으로 그 수가 증가하던 자신의 지지자들과 함께 중앙아시아의 중심부를 통치했고 칼리프의 총독과 그 후원자들을 몰아냈다. 이 반란으로 무사는 11세기에 아랍에 맞서 싸웠던 에스파냐의 엘시드(El Cid, 1043~99)에 비견되는 전설적인 영웅이 되었다. 무사의 반란이 장기적으로 끼친 영향은 매우 컸다. 첫째, 아랍인일지라도 지역의 대의를 대변하는 자이자 다마스쿠스의 칼리프에 반대하는 지역 저항세력의 지도자로 인정받을 수 있었음이 판명되었다. 둘째, 이러한 상황은 결국 칼리프로 하여금 지금까지의 아랍인들의 모든 노력은 미온적이었고, 효력도 없었다고 확신하게 만들었다. 결정적인 확전 없이는 유라시아 중심부에서의 이슬람의 목표는 실패로 끝날 것이 뻔했다.

이 같은 두려움으로 칼리프는 705년 이 지역의 새로운 총독으로 쿠타이바(Qutayba, 669~715)라는 냉철한 아랍 장군을 임명했다.[24] 메르브에 집결한 병사들 앞에 처음 나섰을 때부터 그는 자신의 사명은 옥수스강 너머의 중앙아시아 땅과 호라산의 무신앙자들을 겨냥한 성전(聖戰), 즉 지하드(Jihad)를 수행하는 것이라고 천명했다. 정복과 약탈은 이러한 목적에 필요한 수단일 뿐, 그가 『꾸란』을 여러 차례 인용하면서 선언했듯이 목표는 합심한 아랍 군이 모든 불신자를 개종시키거나 전멸시키는 것이었다. 그리고 이 같은 성스러운 대의를 위해 죽는 자는 주(主)와 영원히 함께하게 될 터

---

23) Gibb, *The Arab Conquests in Central Asia*, chap. 4.

24) 이외에도 Kennedy, *The Great Arab Conquests*, 255~76; Barthold, *Turkestan Down to the Mongol Invasion*, 184ff.; Gibb, *The Arab Conquests in Central Asia*, chap. 3 참조.

였다.[25]

 향후 10년 동안 열렬한 형제들의 조력을 받은 쿠타이바는 발흐에서 시작하여 부하라, 사마르칸트, 그리고 멀찍이 떨어진 호라즘, 차치(타슈켄트), 페르가나로 이동하며 신앙을 거부하는 중앙아시아의 대중심지를 대상으로 가차 없는 전쟁을 벌였다. 부하라 서쪽으로 60킬로미터 떨어져 있는 파이칸드라는 대(大)상업 중심지의 성벽을 폭파한 방식에서 알 수 있듯이, 그는 능력 있는 야전 사령관이었다. 그러나 이러한 전술적인 감각도 그가 무자비하면서도 명석하게 보여 준 다른 두 기술 앞에서는 그 색이 바랬다.

 첫째, 지금까지 그 어떤 아랍 지도자도 그만큼 지역의 경쟁 구도를 이용해 중앙아시아인들 간에 싸움을 붙이고 자신에게 협력할 준비가 되어 있는 정도에 따라 보상과 처벌을 배분하는 데 노련하지 못했다. 그는 일단 자신의 편이 되면 중앙아시아 통치자에게 병사들을 요구했다. 심지어는 군사작전 초기에도 쿠타이바의 병사 여덟 명 가운데 한 명은 현지인이었다.[26] 전쟁이 끝날 무렵, 그 비율은 당연히 더 높아졌다.

 둘째, 쿠타이바는 대가답게 전술적으로 공포심을 잘 이용했다. 예를 들면, 파이칸드를 대상으로 한 초기 작전에서 그는 수비군 전원을 학살하고 여성과 아이들을 모두 포로로 삼았다. 4년이 넘는 포위 끝에 드디어 사마르칸트로 밀고 들어갔을 때는 3만 9,000명의 주민을 노예로 삼았다. 또 다른 현장에서는 적의 수급(首級)을 가져오는 병사에게 두(頭)당 은화 100닢을 주었고, 남은 지역 주민들을 위협하기 위해 커다란 피라미드 형태로 두개골을 쌓아두었다.[27] 저항에 나섰던 오늘날 타지키스탄 두샨베 인근의 한 도시 통치자는 쿠타이바로부터 엄청나게 시달린 끝에 중앙아시

25) Kennedy, *The Great Arab Conquests*, 256.

26) *Ibid.*

27) V. G. Gafurov, *Tadzhiki: Drevneishaia, drevnaia, i srednevekovaia istoriia* (Moscow, 1972), 311.

아에서 보편적으로 인정되던 전시 법규에 따른 안전통행권을 수용했다. 하지만 그 통치자가 아랍 진영에 이르자마자 쿠타이바는 보란 듯이 그를 죽여버렸다. 한편 쿠타이바가 직접 나서지 않더라도 그의 수하 장군들이 그를 대신했다. 한 아랍 장군은 패주한 군대 전원을 십자가형에 처했고, 또 다른 장군은 패배한 병사 전원의 옷을 벗겨 죽도록 방치했다.[28] 이러한 행동은 저항을 망설이던 모든 이에게 명백한 메시지를 전달했다. 이 같은 처리 방식을 간추리면서 호라산의 한 아랍 총독은 이 지역은 '오로지 칼과 채찍으로만' 통치할 수 있다고 말했다.[29]

이 모든 전략이 지역 종교를 말소하고 무함마드의 종교를 확산시키려는 목적을 위한 수단이었다. 이를 위해 쿠타이바는 사마르칸트에 있는 조로아스터교의 주요 사원을 파괴하고 그 안의 보물들을 녹여버렸으며, 다른 도시에서도 이러한 행동을 자행했다. 발흐와 사마르칸트에서 그는 주민들이 직접 모스크를 세우도록 강요했으며, 그 후에는 예배에 참석하도록 만들기 위해 갖은 수단을 동원했다. 노골적인 강요가 사마르칸트에서 실패하자, 그는 금요예배에 참석하는 이들에게 현금으로 보상해 주는 '기도 대금 지불' 계획을 채택했다.[30] 쿠타이바는 그의 동생이 넘겨준 4,000명의 포로를 죽이는 데 주저하지 않았고,[31] 실크로드 도시 이스피자브(사이람)에서는 저항에 나섰던 1만 명의 기독교도를 죽여 버리라는 명령을 아무렇지도 않게 병사들에게 내렸다.[32]

---

28) Frye, *The Golden Age of Persia*, 95.

29) Barthold, *Turkestan Down to the Mongol Invasion*, 188.

30) Francis Henry Skrine and Edward Denison Ross, *The Heart of Asia* (London, 1899), 66.

31) G. Bulgakov, "Al Biruni on Khwarizm", in *History of Civilizations of Central Asia*, 3: 229.

32) Dagmar Schreiber, *Kazakhstan: Nomadic Routes from Caspian to Altai* (Hong Kong, 2008), 293.

쿠타이바가 자행한 서적과 종교 문헌의 체계적인 파괴는 장기적인 영향을 남겼다. 부하라에서도 그는 중요한 도서관을 파괴했지만 호라즘의 수도인 카트(오늘날 우즈베키스탄의 아랄해 인근에 위치)에서는 천문학, 역사, 수학, 계보학, 문학에 관한 작품을 포함하여 호라즘 언어로 된 모든 문헌을 없애 버렸다. 11세기의 대(大)과학자 비루니는 이러한 파괴를 고대 문화에 대한 범죄라며 한탄하는 글을 남겼다. 쿠타이바는 특히 조로아스터교에 반감을 품었다.[33] 그는 이 신앙을 가진 다양한 작가들을 죽였을 뿐만 아니라 조로아스터교 신학과 문학 관련 문헌 대부분도 파괴했다. 이는 전 인류에게 비극적인 손실이었다.[34]

중앙아시아 문화에 대한 공격이 다른 지역에서의 일반적인 아랍 정복의 관행을 넘어섰기에, 누군가는 쿠타이바의 동기가 궁금할지 모르겠다. 메르브에서 병사들에게 한 연설을 제외하고는 쿠타이바가 특별히 신앙심이 깊었음을 보여 주는 자료는 없다. 게다가 정도는 덜 했어도 중앙아시아에서 그를 전후로 활약했던 잔인한 아랍인들 가운데도 경건한 무슬림들은 있었다. 쿠타이바의 주요 관심사는 적어도 이 순간에는 자신의 출세와 관련된 좀 더 현실적인 문제였던 것 같다. 대부분의 아랍 장군이나 총독과는 달리, 그는 다마스쿠스의 칼리프 조정에 강력한 영향력을 행사할 수 있는 힘이 없는 변변치 않은 아랍 부족 출신이었다. 게다가 그는 칼리프가 직접 임명한 것이 아니라 칼리프의 이라크 총독이자 사실상 동부의 총독인 하자즈 이븐 유수프(Hajjaj ibn Yusuf)의 명(命)으로 지휘권을 갖게 된 인물이었다. 하자즈도 호라산에서 싸운 적이 있었기 때문에 쿠타이바가 무슨 문제에 봉착할지 잘 알고 있었다. 그럼에도 그는 성과를 기대했을 것이다. 이에 노심초사하던 부하로서 쿠타이바는 성공할 수 있는 유일한 길은 열정

33) A. Biruni, *Pamiatniki minuvshikh pokolenii*, ed. M. A. Sale (Tashkent, 1957), 48, 63.
34) Rtveladze, *Civilizations, States, and Cultures of Central Asia*, 167.

이나 가혹함에서 자신의 보스를 능가하는 것뿐이라고 확신하게 되지 않았을까? 동기가 무엇이든 간에, 중앙아시아에서 그가 벌인 전쟁은 보통 문명전(戰)이라고 말하는 문화의 말살과 다름없었다.

쿠타이바의 최후가 이러한 가설에 더욱 힘을 보탠다. 714년 하자즈의 사망 소식을 듣자마자, 그는 메르브에 병사들을 모아놓고 자신에게 직접 충성을 맹세할 것을 요구했다. 결코 중앙아시아의 아랍 동지들을 신뢰할 수 없었던 그는 가족들을 사마르칸트로 이주시키기까지 했다. 이제 그는 '신도들의 사령관'이 아니라 자신에게 충성서약을 하도록 요구함으로써 칼리프에게 반란을 일으켰던 무사와 같은 아랍인들과 동일한 위치를 점하게 되었다. 병사들이 냉담한 침묵으로 일관하자, 쿠타이바는 분노로 이성을 잃고 자신 앞에 정렬해 있던 아랍 부족 하나하나에게 말도 안 되는 욕설을 퍼부었다. 며칠 지나지 않아 쿠타이바는 부하들에게 살해당했다.[35]

중앙아시아의 반격

쿠타이바가 아랍 무슬림의 통치를 중앙아시아에 정착시키는 데 실패했음이 명백해졌다. 중앙아시아인들은 반란을 일으킨 아랍인들이 부족 간의 경쟁관계로 분기(憤氣)한 자들인지, 아니면 우마이야 왕조가 자신들의 신뢰를 채갔다고 생각하여 떨쳐 일어난 자들인지 분명히 구분했다. 결국 쿠타이바는 자신이 처음 마주했던 그대로, 즉 내부적으로도 그리고 이슬람 세계 및 아랍인들과의 관계에서도 답이 없는 갈등 지역으로 중앙아시아를 남겨둘 수밖에 없었다. 이러한 긴장이 종국에는 내전과 변화의 회오리바람이 되어 갑자기 소용돌이 치기 시작했다. 중동의 몇몇 지점에서 불거진 갈

---

35) Kennedy, *The Great Arab Conquests*, 273~74.

등은 중앙아시아를 거치면서 어마어마하게 세를 불렸고, 결국 전 아랍 세계를 집어삼키며 새로운 왕조의 이슬람 지도자, 즉 아바스 칼리프를 등장시켰다. 역설적이게도 아바스 왕조는 전임자들이 통제하거나 통치하는 데 완전히 실패한 바로 그 지역의 덕을 크게 보았지만 말이다.

이슬람 초기 역사에서 발생한 여러 '내전' 중 하나였던 이 충돌은 744~751년에 폭발했지만, 여기에 반드시 필요했던 중앙아시아적 요소는 쿠타이바의 시신이 715년 메르브의 들판에 누워 있을 때 이미 모두 갖춰진 상태였다. 이 가운데 가장 중요한 구성 요소는 아랍인들 간의 분열이었다. 이 무렵 메르브의 아랍인 수는 최소 5만 명까지 증가했는데,[36] 이는 이 지역에서 그 규모가 두 번째로 큰 주둔군의 몇 배가 되는 수치였다. 정복 지역을 장악하고 통제하기 위해서는 파괴적인 무기와 즉각적인 통신 수단을 지척에 두고 있는 오늘날의 군대일지라도 여전히 수적 우세를 필요로 한다. 8세기 중앙아시아를 점령한 아랍 군은 정복의 사명을 성공적으로 수행하기에는 그 수가 너무 적었고 전력도 약했다.

동쪽으로 향한 이 아랍인들 가운데 지하드라는 이상에 진심으로 고무된 무명(無名)의 수많은 전사가 있었음은 의심할 여지가 없다. 이러한 부류는 최소한 네 명의 진정한 '예언자의 교우들', 즉 무함마드의 수행원이었고 중앙아시아 원정에 참여했던 선별된 일원들을 떠받들었다.[37] 하지만 대다수는 지하드와 상관없이 약탈과 더 나은 삶을 찾아나선 가난한 베두인족들이었다. 700년경이면 크고 작은 모든 아랍 부족이 양 집단의 상당 부분을 차지하게 되었다. 이들의 고향인 아라비아에 존재했던 내부 구성원 간

---

36) K. Athamina, "Arab Settlement during the Umayyad Caliphate", *Jerusalem Studies of Arabic and Islam* 8 (1986): 187~89. 여러 저자는 이 수치를 5만 가구로 등식화했다.

37) Venetia Porter, "Inscriptions of Companions of the Prophet in the Merv Oasis", in *Islamic Reflections. Arabic Musings: Studies in Honour of Alan Jones*, ed. R. Hoyland and Kennedy (Oxford, 2004), 290ff.

의 모든 반목이 새로운 터전으로 옮아간 것은 어쩌면 당연했다.

아랍 병사들 중에는 우마이야가(家)를 지지하는 사람들도 많았지만 칼리프를 반대하는 이들의 수도 갈수록 많아졌다. 이들은 우마이야가 사람들을 무함마드에 맞서 싸웠고 후에는 예언자의 사촌이자 사위의 직계 후손인 합법적인 계승자로부터 칼리프직을 탈취한 가문 출신의 방만하고 사악한 찬탈자라고 비난했다. 대다수는 이 같은 계보적인 사실은 모른 채 그저 우마이야가 사람들이 탐욕스럽고 부패했으며 술 취한 한량 무리라 생각했기에 증오했다. 이슬람 점령지를 넓히고 『꾸란』 표준판을 편찬하기 위해 위원회를 소집한 칼리프 우스만(Uthman)의 한 친척이 취중에 예배를 보려 했다는 소문이 퍼지면서 상황은 더 악화되었다.

중앙아시아의 몇몇 지주 귀족은 아랍인들과 손을 잡았지만 대부분은 단호하게 저항했다. 호라산 서부 지방의 대(大)귀족 가문은 여전히 자신들의 신앙인 조로아스터교에 헌신했고, 부하라와 사마르칸트에서도 상황은 대체로 비슷했다.[38] 불교 신자들도 자신의 신앙생활을 고수했으며 튀르크인들은 샤머니즘을 계속 신봉했다. 설상가상으로 이슬람으로 개종한 현지 주민들도 곧 아랍 무슬림들과 동일한 방식으로 분열되면서 우마이야가에 반대하는 이들의 수는 점점 늘어났다. 양측에 속한 많은 이들이 개종 시 약속한 금전적인 보상이 주어지지 않자 정권에 등을 돌렸다. 종교 그 자체보다는 세금과 실정이 반(反)우마이야 정서의 핵심을 이루었다. 중앙아시아의 모든 지역은 어떤 방식으로든 공물을 바쳐야 했다. 예를 들면, 오늘날 타지키스탄의 고대 도시 이스파라(Isfara)는 철괴를 공물 징수원에게 넘겨주어야 했으며, 카불과 사마르칸트, 여러 다른 중심지도 각각 수천 명의 노예를 제공해야 했다.[39] 칼리프로부터 어떤 급여도 받지 못한 채 짧은

---

38) 중앙아시아와 이란에서의 복잡한 이슬람화에 대한 생생한 설명은 Jamsheed K. Choksy, *Conflict and Cooperation: Zoroastrian Subalterns and Muslim Elites in Medieval Iranian Society* (New York, 1997) 참조.

임기로 부임한 아랍 총독들은 할 수만 있다면 무엇이든지 손에 넣으려 했다.[40] 호라산 출신의 한 아랍 총독은 카불에서 바그다드로 2,000명의 노예를 보내는 것으로 연납 세금을 대신했다. 중앙아시아 도시에 살던 많은 교양인이 아랍 정복자들을 야만인이라고 여긴 것도 어찌 보면 당연했다.[41]

아랍 통치 아래에서 과세와 종교는 밀접하게 얽혀 있었다. 한때 총독들은 개종자들을 향해 앞으로 세금 면제를 받을 것이라고 선포했다. 모든 도시에서 주민들은 즉각 자신들이 신실한 무슬림이 되었다고 선언함으로써 증오하던 징세로부터 벗어났다.[42] 우마이야의 회계 담당자들이 의도치 않게 칼리프의 세금 기반을 파괴했다는 사실을 깨닫는 데는 그다지 오랜 시간이 걸리지 않았다. 이에 그들은 모든 새로운 무슬림은 할례 형태로 개종 증거를 제시해야 한다는 끔찍한 요구를 했고, 이는 상황을 더욱 악화시켰다.[43]

이 같은 서투른 통치의 이면에는 우마이야가의 새로운 이슬람 질서는 대부분 아랍인들을 위한 것이며 중앙아시아인들은 그저 돈만 내면 된다는, 도시에 만연하던 시각이 자리 잡고 있었다. 게다가 별도의 구역에서 자기들끼리만 꼭 붙어 살려는 아랍 정착민들의 성향도 전혀 도움이 되지 않았다.[44] 공물과 세금에 대한 아랍인들의 요구는 도시 밖에 살던 튀르크 유목민들에게도 비록 다른 방식이기는 하지만 부정적인 영향을 끼쳤다. 아랍인들이 튀르크인들을 대신해 지역 패권자로 부상한 지정학적 현실 말고

---

39) 이스파라에 관해서는 Saidov et al., "The Ferghana Valley", 18 참조.

40) Barthold, *Turkestan Down to the Mongol Invasion*, 203.

41) 이러한 비난에 관해서는 G. Le Strange, *Baghdad during the Abbasid Caliphate* (Oxford, 1924), 3 참조.

42) Barthold, *Turkestan Down to the Mongol Invasion*, 191.

43) 9세기 페르시아 역사가 타바리에 준거하여 *ibid.*, p. 188 참조.

44) Le Strange, *Baghdad during the Abbasid Caliphate*에는 분기별로 조사한 기록이 실려 있다.

도, 그들의 공물 요구로 사실상 튀르크인들의 주요 수입이 끊어졌기 때문이다. 당연히 튀르크인들은 맞서 싸웠고, 이에 맞서 아랍인들도 그들을 더욱더 가혹하게 대했다. 쿠타이바의 몰락 직후에 수년 동안 부하라에서만 튀르크와 아랍 군대는 세 차례에 걸쳐 대전투를 치렀다.[45] 복수에 불타던 많은 튀르크인은 지역의 페르시아 귀족들과 함께 싸우기 위해 협약을 맺었으며, 또 어떤 이들은 중국 군대에 합류하기도 했다.

이처럼 강한 분노가 끓어넘칠 무렵 하필 아랍인들 역시 최악의 상황에 처해 있었다. 쿠타이바가 부하라에 대한 공격을 개시할 즈음 마침 우마이야 군대도 에스파냐 곳곳을 불태우며 남부 프랑스로 파고들던 참이었다. 그런데 중앙아시아인들이 방어를 위해 다시 무기를 든 732년경에 샤를 마르텔(Charles Martel, 689~741)이 이끄는 프랑크 및 부르고뉴 군대가 투르(Tours) 전투에서 무슬림 군대를 궤멸한 것이다. 이러한 역사적 전환점이 있기 이전에 이미 중앙아시아인들은 피 냄새를 감지했지만 말이다.

초창기에 메르브의 아랍인들은 중앙아시아로의 침략 재원을 조달하기 위해 지역 상인들로부터 돈을 빌릴 수 있었다.[46] 그렇지만 이제 소그디아나 지역도시들의 독립적인 통치자들은 오래된 적대심을 제쳐두고 아랍인들의 힘이 미치지 않는 안전한 호라즘에서 해마다 비밀회의를 열며 상호협력을 꾀했다.[47] 전형적인 정치인답게 한자리에 모인 통치자들은 힘을 합칠 것이고 계속 만나기로 합의했다며 모임의 결과를 장중하게 발표했다. 한편, 아랍인들에게 맞서기 위한 좀 더 실현 가능한 방안으로 당나라 황제의 원조를 요청하기 위해 중국으로 대사를 파견하기도 했다. 713년에서 726년 사이에만 중앙아시아인들은 도움을 구하고자 중국으로 적어도 열 차례 사절단을 파견했다.[48] 그런데 사절단을 동쪽으로 파견한 것은 쿠타

---

45) Kennedy, *The Great Arab Conquests*, 197~200.

46) Beckwith, *Empires of the Silk Road*, 132.

47) Barthold, *Turkestan Down to the Mongol Invasion*, 182.

이바가 먼저였다. 당나라 황제는 아무것도 하지 않는 것으로 중앙아시아인들의 간청에 답했다.

결집한 중앙아시아의 군주들은 자신들이 세운 중국 책략이 실패했음을 인정하며 지금까지는 서튀르크 일족이 일찍이 정착한 곳이라는 이유로 이 지역과는 거리를 유지해 왔던 동튀르크족에게도 연락을 취했다. 이에 부응해 동튀르크족은 이 지역 서쪽 대부분을 제외한 나머지를 우선 점령한 후에 소그디아나의 통치자들과 차치(타슈켄트), 페르가나의 군주들이 새롭게 형성한 연합체와 연대했다.[49] 이러한 외교적 책략으로 대담해진 연합세력의 전에 없던 자신감은 곧 대중 전체로 확산되었다.

721년 중앙아시아 곳곳에서 반란이 일어났다. 즉시 아랍 관리들은 지역 동쪽에서 쫓겨났다.[50] 한편, 중심도시인 판지켄트에서는 지역 통치자 데바슈티치가 아랍인들과 체결한 평화협정을 파기하고 차치의 동튀르크족의 도움을 받아 자신의 왕국에서 아랍인들을 몰아내기로 결심했다.[51] 데바슈티치의 대사는 자신의 상관에게 차치의 튀르크인들이 지금쯤이면 이미 아랍인들과 자체 거래를 성사시켰을 것이라고 설명하며 "오! 폐하. 당신이 심히 걱정스럽습니다"[52]라는 연민의 편지를 썼다. 아랍 군대가 반란을 일으킨 판지켄트를 포위했다. 데바슈티치와 조정은 오늘날 타지키스탄에 있는 무그산 정상에 위치한 인근 요새로 피신했다. 그는 곧 영토를 수복해 돌아갈 수 있으리라 확신하며, 1933년에 밀봉된 채로 발견된(제3장 참조)

---

48) Needham, *Science and Civilization in China*, 1: 214, 713, 726.

49) 이 무렵의 중앙아시아와 튀르크족과의 관계는 Nargiz Akhundova, *Tiurki v sisteme gosudarstvennogo upravleniia arabskogo khalifata* (Baku, 2004), chap. 1; Barthold, *Turkestan Down to the Mongol Invasion*, 188 참조.

50) Barthold, *Turkestan Down to the Mongol Invasion*, 186.

51) Frantz Grenet and Étienne de La Vaissière, "The Last Days of Panjikent", *Silk Road Art and Archaeology*, 8: 155~81 참조.

52) Gafurov, ed., *Istoriia tadzhikskogo naroda*, 2: 21.

바로 그 공식 문서도 한 짐 가져갔다.[53] 싸움은 격렬했으나 결국 아랍 군이 승리했고 판지켄트는 약탈 후 불태워졌다. 십자가형에 처해진 데바슈티치의 잘린 머리는 다마스쿠스의 칼리프에게 보내졌다.

새로운 반(反)아랍 저항이 동튀르크족이 730년 탈환한 사마르칸트에서 다시 집중적으로 일어났다.[54] 아랍인들도 지난 반세기 동안 장악하려 애썼던 이 도시를 되찾기 위해 또다시 싸웠지만, 튀르크인들과 소그드 지역민들의 연합세력은 한 번 더 그들을 몰아내는 데 성공했다. 이 지역이 완전히 진정되는 730년대에 아랍군은 메르브와 호라산의 일부를 제외하고는 쿠타이바의 사망 이후에 간신히 재탈환한 몇몇 중심지만 통제할 수 있었다. 그 외에는 중앙아시아와 아프가니스탄, 심지어는 호라산에서도 그들의 상황은 위태로웠다. 공정한 관찰자라면 사반세기 동안의 아랍의 투쟁이 헛된 것이었다고 결론내렸을 것이다. 설상가상으로 내전 내내 아랍인들은 의도치 않게 중앙아시아 주민 대다수가 가지고 있던 반(反)아랍 정서를 고조시켰으며, 이는 한 세대 후에 심각한 결과로 나타날 터였다.

중앙아시아의 테르미도르 동안에 성립된 거래

현실을 인정할 수밖에 없었던 아랍 통치자들은 군사적 수단을 통해서는 대(大)중앙아시아를 결코 손에 넣을 수 없으며, 외교적·종교적·경제적 양보가 필요하다고 결론지었다. 그래서 그들은 739년 차치 및 페르가나의 통치자들과 소그드 지역의 왕들, 그리고 그들에게 협력했던 튀르크인들과 일련의 거래를 했다.[55] 여기저기에서 얻어낸 양보 덕분에 종래의 지역 통

---

53) *Ibid.*, 2: 107. 무그 문서에 관해서는 이 책 제3장 참조.

54) I. M. Muminov, ed., *Istoriia Samarkanda*, 2 vols. (Tashkent, 1969), 1: 83~115.

55) Gafurov, ed., *Istoriia tadzhikskogo naroda*, 2: 111; Barthold, *Turkestan Down*

치자들의 권위는 강화되었다.

이슬람과 관련해서도 아랍인들은 새로운 개종자들에게 요구한 무모한 할례 검사를 포기했고, 부과하려던 세금도 철회했다. 나스르(Nasr)라는 새로운 총독은 한 발 더 나아가 배교자는 죽음으로 처벌한다는 『꾸란』의 명령을 무시하고 예전 종교로 다시 돌아간 이들에 대한 모든 처벌을 폐지하기로 소그드인들과 타협을 보았다. 뿐만 아니라 정부에 대한 사전 채무를 무효화하고 심지어는 모든 민간 채무도 말소했다. 칼리프는 이러한 양보에 강력하게 반대했지만, 정치적으로 영민한 총독은 이보다 약한 조치로는 또 다른 반란이 야기될 것임을 잘 알고 있었다. 오히려 그는 오랫동안 이 지역에 존재해 온 징세와 크게 다르지 않는, 보통의 토지세(하라즈)를 강조했다. 이 같은 정책 덕분에 상업이 부활하고 아랍인들이 여러 도시에서 주조하기 시작한 주화가 안정적으로 통용되기 시작했다.[56]

장대한 발흐에서 정치와 경제가 결합되어 이루어진 이러한 타협의 결과로, 한 세대가 흘러 밝혀질 테지만 엄청나게 중요한 한 가지 거래가 성사되었다. 초창기의 아랍 공격으로 도시의 대부분이 황폐해졌다. 내전이 잦아들면서 아랍인들은 옛 중심지로부터 몇 킬로미터 떨어진 동쪽에 새로운 도시를 건설하기로 합의했다. 야심찬 이 개발 사업을 선두에서 지휘한 이는 오랫동안 발흐의 유명한 불교 도량이자 학문의 중심지 역할을 한 나우바하르(Naubahar), 즉 신(新)비하라(Vihara)*의 관리자이자 보호자였던 부유한 바르마크 가문이었다. 이 합의는 영향력 있는 이 가문과 아랍인들 간의 동맹 관계를 견고하게 만들었을 뿐만 아니라 바르마크 가문이 칼리프 제국의 최전성기 동안 정치권력의 중심이자 전 세계에서 가장 강력한 문

---

to the Mongol Invasion, 192.

56) 세금에 관해서는 Frye, The Great Age of Persia, 89, 주화에 관해서는 Barthold, Turkestan Down to the Mongol Invasion, 205ff. 참조.

* 불교 사원에서 승려들이 수행하거나 생활하는 구역을 말하며, 정사(精舍)라고도 한다.

화적 후원자가 되도록 만든 직접적인 요인이었다.

이 같은 교묘한 타협을 지켜본 다른 지역의 왕이나 귀족들도 아랍 총독과 독자적으로 협상에 나섰다. 이는 매우 성공적이었고 아프가니스탄 헤라트의 한 페르시아 명사는 아랍인과의 협상에서 '비난의 여지가 전혀 없는' 경험을 했으며, 실제로 그들은 '훌륭한 지배자들'이라고 공언하기도 했다. 지역 통치자들이 적들에 맞서고자 아랍인들에게 도움을 요청하는 데 전혀 주저하지 않았다는 사실은 새롭게 형성된 우의를 보여 주는 증거이다.[57] 일시적이지만 불화의 중단이 가져온 좀 더 지속적인 결실은 모든 공식 문서를 아랍어로 쓰도록 명령한 아랍의 칙령으로 맺어졌다. 741년에 발포된 이 법령은 전반적으로 수용되었던 것 같다.[58]

시기적절한 타협에 이은 아랍 군의 철수로 정상화를 반기는 분위기가 조성되었다. 결국 일종의 이슬람의 테르미도르는 환상에 불과했음이 드러날 테지만 그래도 한동안은 실재했다. 일상이 정상화되었다는 믿음을 가장 통렬하면서도 자명하게 보여 준 곳은 부하라에서 서쪽으로 45킬로미터 떨어진 부하라 오아시스 언저리에 위치한 바락샤(Varakhsha)의 부하라 왕궁이었다.[59] 자라프샨강을 따라 성벽으로 중무장한 요새를 부하라의 소

---

57) Barthold, *Turkestan Down to the Mongol Invasion*, 191, 184~85.

58) A. K. Mirbabaev et al., "The Development of Education: Maktab, Madrasa, Science, and Pedagogy", in *History of Civilizations of Central Asia*, vol. 4, pt. 2, 33.

59) 바락샤 발굴에 관해서는 중요한 연구 업적인 V. A. Shishkin, "Nekotorye itogi arkheologicheskoi raboty na gorodishche Varakhsha (1947~1953 gg.)", in *Trudy instituta istorii i arkheologii Akademii Nauk Uzbekskoi SSSR* (Tashkent, 156), 8: 3~42 참조. 특히 그의 *Varakhsha* (Moscow, 1963) 참조.; A. N. Beleinitskii and B. I. Marshak, "Voprosy Khronologii zhivopisi rannosrednevekovogo Sogda", *Uspekhi Sredneaziatskoi arkheologii* 4 (1979). 공들여 탄생한 설득력 있는 연대표로는 Aleksandr Naymark, "Returning to Varakhsha", http://www.silk-road.com/newsletter/december/varakhsha.htm 참조.

그드인 왕은 오랫동안 궁전터로 이용해 왔다. 아마도 고대부터 이 터에는 왕궁이 자리했을 것이다. 하지만 1936년에서 1991년 사이 소비에트 고고학자들이 발굴한 이 웅장한 궁전은, 아랍 침략 이후 건립되어 쿠타이바 사후 해빙기 동안에 크게 확장된 건축물이었다.

바락샤 궁의 몇몇 알현실 벽화에 그려진 왕의 모습은 아랍 공격이 있기 전 수년 동안 사마르칸트와 판지켄트에서 사용된 바로 그 생동감 있는 색채로 표현되었다. 예술가들이 사용했던 기법, 즉 마른 회반죽 위에 그림을 그리는 방식은 인도에서 유입된 수법이었다.[60] 이들 벽화에는 재규어와 신화 속의 동물, 사냥 장면, 의례, 민족 서사시 속의 통치자와 영웅이 사실적으로 묘사되었다. 다시 말해, 아랍인들이 등장하기 전에 그려지곤 하던 바로 그런 유형의 벽화였다. 주요한 차이점—그리고 중요한 차이점—이 있다면, 바락샤 궁의 벽화에는 왕의 이미지가 끊임없이 반복적으로 나타나고 있다는 것이다. 소비에트 고고학자 가운데 한 사람은 옛 예술가들이 지역 통치의 지속적인 활력을 분명히 보여 주기 위해 자신이 '이솝'의 언어라고 칭했던 방법을 사용한 것이라고 주장했다.[61] 건축 장식과 비슷하게 그려진 테두리 안에 자리한 이 거대한 벽화들은 당황스러울 만치 다양한 종교에서 도출된 수많은 요소를 포함하고 있다. 부하라의 왕들은 조로아스터교의 배화단(拜火壇)에서 예배를 드리는 모습으로 묘사되었다. 코끼리에 올라타 야수들과 싸움을 벌이고 있는, 아마도 부처인 것 같은 나신(裸身)의 인도 신도 그려졌다. 그리고 벽화에는 의기양양한 소그드족의 전쟁 신도 포함되었다. 이러한 그림을 의뢰한 이가 누구이든 간에, 분명한 것은 그가 자신의 신앙을 완곡하게 표현하거나 암호화할 필요성을 느끼지 않았다는 점이다.

우리는 이것이 도전의 표현이었는지 아니면 부하라의 왕들이 실제로 아

---

60) Shishkin, *Varakhsha*, 150.
61) Naymark, "Returning to Varakhsha", 8~9.

랍인들이 이제 자신들을 가만히 놓아둘 것이라고 믿었다는 증거인지 알 길이 없다. 벽화가 그려진 이 시기부터 새로운 방어 성벽이 건설되지 않았다는 사실은 후자의 견해를 뒷받침한다. 중국에는 포교자이자 장군이고 카리스마 있는 지도자였던 아부 무슬림(Abu Muslim)이 호라산에 도착한 이후 중앙아시아 전역과 이어 이슬람 세계 전체를 휩쓴 새로운 돌풍 속으로 집어삼켜질 터였지만 말이다. 그럼에도 옛 신앙은 부하라 궁전에서 한 세기를 더, 다시 말해 아랍인들이 침략을 개시한 지 2세기가 지난 후에도 굳건히 버티고 있었다.[62]

아부 무슬림과 아바스의 후손들

743년 우마이야 왕조의 칼리프인 아부 하심(Abu Hashim)의 갑작스러운 사망으로 중앙아시아와 칼리프위(位)에 내재해 있던 미해결 문제가 일시에 표면화되었다. 누가 그를 계승할 것인가? 우마이야 가문을 언제나 강탈자로 생각하던 무슬림들이 행동에 나섰다. 강력한 도전자는 무함마드의 외손자인 후사인(Husayn)의 자손이었겠지만, 이러한 방침을 주장한 시아파는 사실 거의 모든 지역에서 소외되었다. 또 다른 반대파는 무함마드의 막내 숙부인 아바스(Abbas)의 후손들을 지지했다. 아바스가 이슬람을 받아들였던 것 같지는 않지만, 그의 아들이 예언자의 수많은 하디스를 전하면서 아버지의 경건함을 입증했으니 이에는 개의치 말자. 중요한 것은 메카와 이라크 쿠파(Kufa)에 결집한 아바스 도당이 싸울 준비가 되어 있었다는 사실이다.

우선 그들은 첫 조치로 호라산과 그 외 중앙아시아의 중요한 권력 중심

---

62) *Ibid.*, 160.

지에 사절단을 파견하여 자신들의 주장을 알렸다. 그들이 선택한 사람은 입증된 선전원이자 전사라는 것 말고는 전혀 알려지지 않은 인물이었다. 아부 무슬림이라는 가명을 쓰던 그는 편의상 자신의 출신을 감추었다. 많은 이들은 그가 개종한 아랍인의 아들일 것이라고 추정했다. 하지만 오늘날 학계에서는 그가 이란계 중앙아시아 원주민이자 메르브 인근 출신이라는 확실한 증거를 제시했다.[63]

747년 호라산에 도착하자마자 아부 무슬림은 현지의 아랍인들은 물론, 지역의 일부 귀족들까지 자신의 편으로 끌어들였다. 그는 현지의 아랍인들과 조로아스터교 지배층 모두가 위협으로 여기던 반체제적인 조로아스터교 종파를 능수능란하게 진압함으로써 그들의 지지를 확보했다. 그다음에는 메르브로 진군해 몇 해 전에 지역 통치자와 비신자들에게 많은 양보를 기획했던 인물인 우마이야 가문의 총독 나스르를 간단히 해치워 버렸다. 그러더니 이제는 야심찬 아부 무슬림이 정책적 절충에 나섰다. 그는 대(大)기독교 공동체에 손을 내밀었고 조로아스터교 신도들의 지지를 환영했으며, 이교적인 무슬림의 환심까지도 사고자 했다. 또 그는 지역의 토속신앙이나 힌두교로부터 윤회(輪廻)와 사후 환생에 대한 힌트도 얻었다. 아부 무슬림이 여러 종교에서 빌려온 이러한 요소를 이용하자 일부 사람들은 그의 신앙심을 의심하기 시작했다. 그를 지지하든 비방하든 간에, 그가 이라크의 아바스가 위임한 권한을 넘어선 욕망을 품고 있다고 의심할 만한 근거는 충분했다.

부하라의 아랍인들이 그에 맞서 반란을 일으켰을 때, 이러한 의심은 사실로 판명되었다.[64] 그들은 지역의 왕과 나스르가 체결한 거래로부터 이

---

63) 아부 무슬림에 관해서는 Elton L. Daniel, "The 'Ahl Al-Taqadum' and the Problem of the Constituency of the Abbasid Revolution in the Merv Oasis", *Journal of Islamic Studies* 7, 2 (1996): 162~63 참조.

64) Barthold, *Turkestan Down to the Mongol Invasion*, 95.

득을 보고 있었기 때문에 당연히 아부 무슬림이 부하라 오아시스에서의 자신의 입지를 약화시킬 것이라고 생각했다. 아부 무슬림은 지체 없이 반란을 일으킨 아랍인들에게 반기를 든 현지 세력과 손을 잡았다. 우마이야 가문에 맞서 싸우려는 아랍인들의 반란으로 시작된 정황이 이제는 전 지역에서 다마스쿠스로부터의 아랍 지배라면 어떤 형태이든지 간에 맞서려는 양상으로 발전하는 조짐이 보였다.[65]

아부 무슬림의 경이로운 시절, 750~751년

750년과 751년에 아부 무슬림은 자신에 맞서 정렬한 모든 군대를 철저히 파괴했다. 한 세기 동안 아랍 침략자들이 이루지 못한 이 놀라운 개가를 올리기 위해 그는 우선 중앙아시아 자체를 손에 넣었다. 그러고 나서는 다마스쿠스의 우마이야가를 제거한 후 마지막으로 오름세에 있던 중국의 위협을 차단했다.

아부 무슬림이 중앙아시아에 도착했을 때, 그의 가장 완고한 적은 오랫동안 아랍의 통치에 맞서 싸워온 서(西)튀르크족과 지역 통치자들이 다마스쿠스에 맞서기 위해 용케도 도움을 청했던 동(東)튀르크족이었다. 아부 무슬림은 아랍인과 현지에서 모집한 신병으로 충원한 군대를 이끌고 서튀르크족에 여러 차례 결정적인 일격을 가했고 중앙아시아 중심부에서 동튀르크족을 쫓아냈다. 동쪽에서의 싸움은 앞으로도 수십 년 더 계속될 터였지만 아부 무슬림은 튀르크 세력의 배후를 깨부수었다.[66] 이러한 상황을

---

65) 아부 무슬림이 일으킨 반란의 아랍적 성격이 많은 학자에 의해 오랫동안 주장되어 왔으나 E. L. 대니얼(E. L. Daniel)의 연구인 "The Ahl Al-Taqadum", 130~79은 이러한 주장을 설득력 있게 반박했다.

66) Barthold, *Turkestan Down to the Mongol Invasion*, 192.

받아들일 수밖에 없었던, 그리고 자신들을 패퇴시킨 아랍인이 사실 현지 민들의 대의를 옹호한다는 것을 알아차린 수천 명의 튀르크 전사가 이제 아부 무슬림의 군대에 지원했다. 이는 빠르게 전 지역으로 확산되던 성전의 아랍적 색채를 희석시켰다.

아부 무슬림이 전투에서 보여 준 기량에 주목한 이라크 아바스 가문의 추종자들은 그를 중동으로 재소환해 사기가 꺾인 우마이야가를 제거하는 일을 돕도록 했다. 중앙아시아와 이란을 가로지르는 강행군을 마친 아부 무슬림은 750년 1월에 이라크 티그리스강의 지류인 대(大)자브(Zab) 강둑에서 우마이야 전군과 마주했다. 그는 우마이야 군대를 궤멸시키자마자, 다마스쿠스로 진군해 우마이야 왕조의 마지막 칼리프를 손쉽게 무너뜨렸다.

하지만 아부 무슬림의 세력 기반인 중앙아시아의 상황은 다시 나빠졌다. 그가 튀르크족 부대들을 패퇴시키기도 전에 이미 중국이 중앙아시아 동부 지역에서 발생한 권력의 공백을 이용하기 위해 신속히 움직였던 것이다. 748년경 튀르크 병사들로 충원된 당나라 군대는 오늘날 카자흐스탄과 키르기스스탄의 제티수('일곱 개의 강'이라는 의미이다) 유역뿐만 아니라 신장 전역과 차치(타슈켄트), 인근 도시 대부분을 점령했다.[67] 한 세대 전만 해도 무관한 것으로 치부되었던 중국의 당나라가 이제 중앙아시아 대부분의 지역에서 새로운 지역 패권국으로 자리매김할 태세였다. 아부 무슬림과 그의 군대는 이러한 위험을 분쇄하기 위해 동쪽으로 서둘러 진군했다.

전환점은 키르기스스탄과 카자흐스탄의 경계에 있는 오늘날 탈라스(Talas)로 불리는, 오래된 무역도시 타라즈 남동쪽의 탈라스강 계곡의 경사가 완만한 스텝 지대에서 찾아왔다. 751년 7월, 이곳에서 중국의 군대

---

67) 중국, 티베트, 아랍 간의 상호작용에 관한 설명은 Christopher I. Beckwith, *The Tibetan Empire in Central Asia*, 108~42; Barthold, *Turkestan Down to the Mongol Invasion*, 195ff. 참조.

가 아부 무슬림의 야전 사령관인 지야드 이븐 살리흐(Ziyad ibn Salih)가 이끄는 군대에 참담한 패배를 당했다. 이로 인해 당나라 황제는 또다시 중앙아시아 도시 간의 연합 도움 요청을 거절할 수밖에 없었지만, 싸움은 아직 끝나지 않았다. 실제로 중국의 위협은 대규모의 반란과 미수에 그친 쿠데타가 중국의 북동쪽 국경에서 일어난 755년까지도 계속되었다. 이 반란을 이끈 중국의 무장(武將) 안녹산(安祿山)은 중국으로 이주한 소그드인—그의 중국 이름은 '부하라인'(Bukharan)이라는 의미다—과 튀르크인 어머니 사이에서 태어났다. 봉기로 인한 인명 피해는 끔찍했는데, 그 수가 3,600만 명에 이른다고 추정된다. 최근 한 저자는 단일 사건으로는 역사상 가장 잔혹한 참극에 준한다고 주장했다.[68] 그 규모가 실제 어떠했든지 간에, 안녹산의 반란은 황제가 병력 전체를 중앙아시아에서 서둘러 철수시키도록 만들었으며, 그 결과 아부 무슬림의 군대는 최후의 승자가 될 수 있었다.

승자는 누구인가

탈라스강 계곡에서의 중국의 패배는 대개 아랍과 무슬림의 승리로 간주된다. 일반적인 의미에서 이는 사실이지만, 중앙아시아의 승리였던 것도 분명하다. 명목상으로는 아랍 군대였지만 어차피 이 무렵이면 이란과 튀르크 출신의 중앙아시아인들이 군대의 대부분을 차지하고 있었다. 비록 야전 사령관인 지야드 이븐 살리흐는 아랍인이었지만, 그들의 최고 지도자인 아부 무슬림은 이 지역 출신이었다. 게다가 그는 초기에 자신을 후원한 아

---

68) 안녹산에 관해서는 Edward G. Pulleyblank, *The Background of the Rebellion of An Lu-shang* (London, 1982) 참조. 원자료는 R. des Retours, *Histoire de Lgan Lou-chan* (Paris, 1962) 참조; 스티븐 핀더(Steven Pinder)는 논란의 여지가 있는 *The Better Angels of Our Nature* (New York, 2011)에서 이러한 주장을 제기했다.

랍인들의 이해관계에 역행하며 점점 더 중앙아시아 지역의 이해관계에 영합했다. 그리고 아랍인 핵심 간부를 제외하고는 병사 대부분은 사실상 무슬림이 아니었는데, 대(大)중앙아시아에서의 개종과정이 매우 서서히 진행되었기 때문이었다. 심지어는 2세기가 지난 후에도 무슬림들은 가까스로 이 지역 인구의 10분의 1 정도를 차지하고 있을 뿐이었다.[69] 이를 고려했을 때 아랍인이자 무슬림이라고 추정되었던 탈라스 들판 위의 병사들 대부분은 종교적인 지하드 정신보다는 이 지역에서 외국 군을 쫓아내겠다는 열망에 사로잡혀 있었다고 보는 것이 훨씬 타당할 것이다. 이슬람의 이름으로 행해졌든 아랍의 지배라는 명분 아래 이루어졌든 간에, 그들의 목적이 순수하게 정복이었다면 아부 무슬림의 야전 사령관은 승리의 기세를 확실히 이용해 튀르크 신장 지역으로 동진했을 것이다. 그러나 그는 그렇게 하지 않았고, 실제로 자신 앞에 활짝 열려 있던 페르가나 계곡이나 광활한 제티수 유역을 평정조차 하지 않고 회군했다.

탈라스 이후 아부 무슬림의 이념적 진화는 그의 제1의 충성 대상이 다마스쿠스에서 중앙아시아로 바뀌고 그 과정에서 정통 무슬림이라면 대부분이 극도로 혐오했을 다양한 견해를 수용하는 것으로 나타났다. 물론 아부 무슬림의 군대는 아바스 가문의 검은 깃발 아래 진군했으며, 그들의 종교적 목표는 전적으로 합법적인 왕조에 칼리프직을 위임하는 것이었다. 그런데 점점 아부 무슬림은 지역에서 부상하고 있던 시아운동의 주창자가 되어갔다. 뿐만 아니라 그는 불교나 다른 종교에서 파생된 완전히 이교적인 많은 토착신앙에도 호감을 표했다. 이러한 상황은 별로 놀랍지 않은데, 왜냐하면 아부 무슬림은 호라산에 도착한 그 순간부터 마치 강력한 토네이도처럼 모든 문화적 에너지를 휘감아 빨아들였고, 그리고 그 과정에서 더 강해졌기 때문이었다.

---

69) Kennedy, *The Prophet and the Age of the Caliphates*, 117.

아부 무슬림의 이교 포용은 영혼에 관한 교리에만 머물지 않았다. 많은 동시대인은 카리스마 있고 겉보기에 절대 과오를 저지를 것 같지 않은 이 지도자가 자신을 일종의 신의 화신이라 여기는 동양적 개념을 포용하는 쪽으로 나아가고 있다고 생각했다.[70] 아부 무슬림은 확실히 중앙아시아와 이란 대부분 지역의 강력한 독립군주로 행세하였다. 그는 자신을 위해 건립한 메르브 궁전의 4개의 돔이 있는 방 중앙에 마치 자신이 사방 도처를 지배하고 있음을 천명하려는 듯이 통치자의 왕좌를 놓았다.[71] 말할 것도 없이 이러한 상황은 이즈음 기세등등하던 이라크의 아바스가 후원자들의 깊은 우려를 자아냈다.

754년 아바스 왕조는 가문의 일원이었던 만수르(Mansur)를 칼리프로 임명했다. 그는 일편단심 모든 적대 세력과 이단적 징후를 분쇄하는 데 전념했다. 만수르는 중앙아시아를 지배하던 아부 무슬림을 그의 권력 기반으로부터 분리하고자 그를 시리아 총독으로 임명했다. 올가미가 자신을 옥죄어 오고 있음을 인지한 아부 무슬림은 자신의 수많은 이단적 견해를 철회하는 비굴한 편지를 썼다.[72] 하지만 이 같은 가련한 처신도 만수르를 만족시키지 못했다. 여전히 쿠데타가 걱정스러웠던 그는 모략을 동원해 중앙아시아 출신의 경쟁자를 죽이고 그 시신을 티그리스강에 던져버렸다. 그러고 나서는 알리의 아들이자 무함마드의 손자인 후사인(Husayn)의 후손들을 추적해 가능한 한 많이 죽였다. 만수르는 섬뜩하게도 예언자 후손들

---

70) 이에 대한 주요 자료의 출처는 13세기 역사가 이븐 할리칸(Ibn Khallikan, 1211~81)이다. Edward G. Browne, *A Literary History of Persia*, 4 vols. (London, 1908), 3: 320; Richard N. Frye, "The Role of Abu Muslim in the Abbasid Revolt", in *Iran and Central Asia (7th~12th Centuries)* (London, 1979), 29.

71) R. A. Jairazbhoy, "The Taj Mahal in the Context of East and West: A Study in the Comparative Method", *Journal of the Warburg and Courtault Institutes* 24, 1~2 (January~June 1961): 98.

72) Skrine and Ross, *The Heart of Asia*, 88~89.

의 시신을 모두 말려 귀에 꼬리표를 말끔하게 부착한 후 궁전 내 밀폐된 아치형 방에 안치했다.[73] 이러한 조치로 아바스 가문의 새로운 칼리프는 중앙아시아에서 부상하던 권력자의 목을 베었고, 또 시아파와 모든 다른 형태의 이교를 처단했다고 생각했다. 하지만 그의 생각은 모두 틀렸다.

새로운 칼리프가 아부 무슬림을 죽였다는 소문이 삽시간에 호라산과 다른 중앙아시아 지역으로 퍼졌다. 그 누구도 예측하지 못했을 정도로 아부 무슬림의 카리스마는 사망 후에도 대단했다. 30년 동안 그것은 이 지역을 떠다니는 구름 같았고 이 지역에서 출현한 모든 새로운 대중 영합적인 지도자나 이견을 가진 설교자에 의해 점유되고 도용되었다. 실제로 아바스 왕조의 초창기 — 바그다드에서 문화가 번창한 시기 — 는 중앙아시아의 많은 지역이 해방자로 자처하는 이들에게 넋을 잃었던 시기이기도 했다.

초창기 반란은 아부 무슬림이 죽지 않고 하얀 비둘기로 변했다고 주장하면서 10만 명의 군대를 일으킨 조로아스터교 신자 신바드(Sinbad, 또는 Sunpad)라는 사람에 의해 호라산에서 시작되었다.[74] 또다른 중앙아시아의 반역자는 아부 무슬림을 추종하며 자신을 자라투스트라의 후계자로 선포한[75] 문맹의 '튀르크인', 즉 이스학(Ishak)이라는 자였다. 그리고 페르시아의 전통 복장을 한 메르브 출신의 노동자 하심(Hashim)은 아부 무슬림 아래서 장군의 지위까지 올랐던 하킴(Hakim)의 아들로, 모세와 그리스도, 무함마드, 그리고 의미심장하게도 아부 무슬림에 이르기까지 모든 예언자의 계승자임을 자처했다. 아마도 흉측한 얼굴을 가리기 위해 녹색 천을 드리웠을 알 무칸나(al-Muqanna), 즉 '베일 쓴 자'는 진정한 신앙의 이름으로 아바스 가문에 복수하기 위해 부하라에서 오늘날 타지키스탄을

---

73) Hugh Kennedy, *When Baghdad Ruled the Muslim World* (London, 2004), 16.
74) Browne, *A Literary History of Persia*, 3: 361; Frye, *The Great Age of Persia*, 128.
75) Barthold, *Turkestan Down to the Mongol Invasion*, 198ff.

지나 이 일대의 민중을 규합했다.[76] 대참사를 예언한 이 반역자에 대한 기억이 워낙 흥미진진하다 보니 그의 이야기는 19세기 아일랜드 시인인 토머스 무어(Thomas Moore)의 시와 아르헨티나 작가 호르헤 루이스 보르헤스(Jorge Luis Borges)의 이야기, 미국의 세인트루이스의 축제 구성 등에도 영감을 주었다. 어쨌든 아부 무슬림의 사망 이후 거의 한 세기 동안 중앙아시아인들은 아랍 지배에 맞서 대중 영합적인 반란의 깃발을 드는 자라면 누구에게든지 지속적인 지지를 보냈다.

다른 어떤 지역보다도 중앙아시아가 다마스쿠스의 우마이야 칼리프 제국을 붕괴시키고 아바스 아랍 왕조를 안착시키는 데 가장 중요한 역할을 했다. 우마이야 왕조는 중앙아시아를 함락시킬 만큼의 충분한 힘이 있었으나, 최고의 무장 쿠타이바의 무자비하고 잔인한 노력에도 불구하고 그것을 지킬 수 없었다. 지역 통치자와 문화가 요구하는 양보를 어떻게든 들어주는 것 말고는 그들이 할 수 있는 것은 아무것도 없었다. 아부 무슬림은 이러한 전술적 필요를 우선 전략으로 바꿔놓았고 그 덕분에 짧지만 놀라운 그의 통치 기간 동안 중앙아시아인들의 강력한 조력을 받을 수 있었다. 탈라스강에서 중국 군대를 물리친 이들은 다름 아닌 중앙아시아 병사들이었고, 750년 마지막 우마이야 군대를 패퇴시킨 것도 아부 무슬림의 중앙아시아 부대였다. 중앙아시아가 행사한 힘과 권위가 없었더라면 아바스 가문의 부상이나 그에 이은 이슬람 세계의 극적인 변화도 결코 불가능했을 것이다.

유라시아 중심부에 대한 아랍-이슬람의 정복은 전통적으로 서쪽에서 동쪽으로 밀려와 결국 중앙아시아라는 광대한 땅을 강타한 정치적·문화적 물결로 간주되어 왔다. 하지만 이는 실제로 일어난 상황을 왜곡한 것인데, 왜냐하면 뉴턴의 제3법칙, 즉 '힘은 같지만 방향은 정반대인' 반발력이

---

76) 종합적인 마르크스주의적 설명은 A. Iu. Iakubovskii, "Vosstanie Mukanny-dvizhenie liudei v 'belykh odezhdakh'", *Sovetskoe vostokovedenie* 5 (1948) 참조.

아랍의 초기 급습 후 중앙아시아에서 서쪽의 아랍 세계로 밀려왔기 때문이다. 쿠타이바와 그의 병사들은 중앙아시아 문명의 귀한 보고들을 파괴했지만, 그와 동시에 바로 그 원천으로부터 엄청난 문화적·정치적 에너지를 방출시켰고 결국 이것들은 널리 퍼져나갔다. 이 에너지는 중앙아시아 자체 내에서는 물론이고 칼리프의 새로운 수도인 바그다드에서도 배출구를 발견할 수 있었다.

이러한 문화적 폭발과 아부 무슬림이 관여해 그 에너지를 전달했던 낯설지만 효율적인 방식 덕분에, 그의 사망 후에 재임한 아바스 가문의 칼리프들은 중동의 아랍 본거지뿐만 아니라 이란을 비롯해 튀르크 동쪽 지역, 즉 대(大)중앙아시아의 중심부에도 큰 신세를 지게 되었다. 물론 여기에는 사산 왕조 페르시아 제국으로부터 전수받은 수많은 관행과 태도를 새로운 칼리프 제국에 쏟아낸, 엄밀한 의미의 이란인들도 크게 일조했다. 비록 이 제국이 아랍의 압박 아래 붕괴되었지만 그것에 대한 기억은 편재했고, 특히나 제국의 옛 수도 크테시폰이 바그다드 동남쪽으로 겨우 32킬로미터밖에 떨어져 있지 않았기 때문이었다.

중앙아시아의 페르시아인과 튀르크인들에 대한 아바스 왕조의 의존도는 더욱 심했다. 이란인들과 달리, 아부 무슬림의 치세 동안 중앙아시아인들은 강력한 지역 군대를 구축하여 아바스 가문이 직면해 있던 주요 위협 세력, 즉 우마이야 가문과 중국의 군대를 궤멸시키는 데 동원했다. 그 후에도 아바스 정권은 계속해 중앙아시아의 병력과 인력에 상당히 의존했다. 칼리프가 중앙아시아와 중앙아시아인들에게 이처럼 의존하고 있었기 때문에 아랍인들이 정복한 모든 영토 중 유일하게 이 지역만이 자신들의 사회적·경제적 제도를 사실상 온전히 지킬 수 있었다. 그 결과 중앙아시아의 문화는 꽤나 오랫동안 번성했고 옛 영향력과 특성 대부분을 유지했으며, 결국 칼리프 제국에도 강력한 영향을 끼쳤다. 이렇게 종국에는 그리스 문화가 승리를 거둔 로마를 정복한 방식 그대로 중앙아시아의 문화도 아바스 제국과 그들의 새로운 수도 바그다드를 정복할 위치를 점하게 되었다.

제5장

바그다드에 부는 동풍

『천일야화』(*Alf laylah wa laylah*)의 시대적 배경이 된 바그다드의 황금 시절에 대해 모르는 이가 과연 있을까? 당시 칼리프였던 하룬 알라시드(Harun al-Rashid)라는 이름은 이야기를 들려주던 셰흐라자데(Sheherazade)와 호화로운 정원에서 청명한 저녁을 한가로이 보내던 궁중 시인들의 이미지를 떠올리게 한다. 좀 더 성실한 친구라면 9세기의 바그다드가 알려진 바에 의하면 '아랍 과학'이 화려한 정점에 도달한 지적 생활의 중심지였다는 것도 우리에게 상기시켜 줄 것이다. 이 모든 것이 전무후무한 칼리프 제국의 경제적·정치적 힘으로 유지되었다. 너무도 부유했던 초기 아바스 칼리프 가운데 한 명은 동시대에 살았던 저 먼 곳의 기독교도 샤를마뉴에게 사소한 선물로 화려한 장비를 갖춘 전투 코끼리를 보냈다. 사실 인도 왕에게 받았으나 다시 선물로 보내진 이 가여운 짐승은 덴마크 북해에서 이교도 스칸디나비아인들과 싸우다 생을 마쳤다.[1] 샤를마뉴도 바그다드의 군대가 자신은 그저 꿈만 꾸고 있을 뿐인, 즉 보석으로

---

1) Paul Kriwaczek, *Yiddish Civilization* (New York, 2006), 67~68.

장식된 콘스탄티노플을 공격할 수도 있음을 잘 알고 있었다.

아바스 가문의 치세 동안 꽃피웠던 바그다드의 전성기에 관한 이야기는 수많은 언어로 무수히 전해지면서 하나의 정전(正典) 형태로 굳어졌다. 근래에 학자들은 이 이야기를 관통하는 주제 중 많은 내용을 재평가했고 또 그 과정 중에 있다. 그런데도 몇몇 최근 연구를 포함해 수많은 일반적인 연구에 나타난 주요 서사는 이 시대를 '아랍' 학문의 황금기로 특징짓는다. 이 시기 아랍과 페르시아의 사상적 전통이 상호적인 농축과정을 거쳐 결합되었다는 사실에 고개를 끄덕이면서도 전자가 여전히 지배적인 요인, 즉 동인으로 간주된다. 많은 연구가 페르시아적인 요소를 공정하게 다루고자 했음에도 여전히 학문 전반에 적절히 반영되지 못하고 있는 실정인 것이다. 더 중요한 것은 설령 있다 할지라도, 중앙아시아의 특별한 기여를 세분화하여 주제를 분석하는 경우가 매우 드물다는 점이다. 그리고 이 시대가 보여 준 종교적 다양성에 대한 인식이 높아졌음에도 전체적인 동향은 주로 이슬람적인 성격을 띠었던 것으로 이해되고 있으며, 철두철미한 세속주의나 무신론적 조류는 물론이고 다른 종교적 전통에도 고작 단역이 주어지고 있을 뿐이다. 대체로 수세기 동안의 오랜 침체에서 벗어나 다방면에 걸친 르네상스를 촉발하는 데 동원할 그리스 고전을 번역하여 보존하고, 감사하게도 서구 유럽에 전달한 것이 아바스 시대 아랍 사상가들의 위대한 업적으로 꼽힌다.

원근화법에 의하면, 관찰자에게 가까운 것은 크게 보이고 먼 것은 작게 보이기 마련이다. 서쪽의 저자들 — 유럽인과 지중해 아랍인 모두 — 의 눈에 중앙아시아는 소실점 근처 어딘가에 위치했기에 칼리프 제국에 관한 이야기 속에서도 그곳의 비중은 줄어들 수밖에 없었다. 그러나 만약 관점이 서에서 동으로, 즉 지중해에서 바그다드로 또는 중앙아시아로 — 이것이 더 좋다 — 바뀐다면 완전히 다른 그림이 등장한다.

우리는 이와 같은 관점의 문제가 우마이야 칼리프 제국의 몰락과 아바스 가문의 득세 동안 어떤 방식으로 나타났는지 보았다. 처음 남부 이라크에서 변화를 촉구한 이들이 아바스의 후손들이었던 것은 사실이다. 하지만 이 운동이 추동력을 얻은 것은 카리스마 넘치는 아부 무슬림이 성공적으로 수많은 중앙아시아 동료를 이 운동에 가담시키고나서였다. 새로운 칼리프들은 종족적으로는 확실히 아랍인이었지만 그들의 권력 기반은 이제 동쪽—이란과 한층 더 중앙아시아—에 있었다. 칼리프 만수르는 아부 무슬림과 그의 중앙아시아 군대가 자신에 맞서 행사할 수 있는 힘의 크기를 너무도 잘 알고 있었기에, 메르브의 이 카리스마 있는 지도자를 죽여 그 시신을 티그리스강에 처넣은 것이다. 그럼에도 불구하고 호라산과 트란스옥시아나(Transoxania, 아무다리야강 너머의 땅)의 힘을 약화시키는 데 실패한 만수르와 그의 후계자들은 타협과 호선(互選)에 의존해야만 했다. 이 과정에서 칼리프 제국 전체는 눈에 띄는 중앙아시아 출연진들을 얻게 되었다. 엘턴 대니얼(Elton Daniel)은 "중앙권력과 지역 자치권의 문제가 이들 사건의 핵심이었음이 매우 확실하다"라고 단언했다.[2]

이슬람 세계의 경제, 그리고 그로 인한 조세 기반이 동쪽으로 이동하면서 이러한 경향은 강화되었다. 게다가 아바스 가문을 권좌에 앉힌, 대개가 튀르크계 중앙아시아인들로 이루어진 군대가 여전히 칼리프 군사력의 근간을 이루었다. 칼리프는 동쪽에서 온 이 전사들이 자신이 그들에게 끼치는 것보다 더 큰 영향력을 자신에게 행사하고 있음을 잘 알고 있었다.

우리는 문화 역시 동쪽에서 불어온 이 강력한 바람의 영향을 받았으며, 그 훌륭한 '아랍' 과학자들의 상당수가 아랍인이 아니라 아랍어로 글을 쓴 중앙아시아인들이었음을 보게 될 것이다. 앞에서 우리는 중앙아시아가 새로운 칼리프 제국에 끼친 문화적 충격이 고전 그리스 문명이 로마에 거둔 승리에 비견할 만한 것이었다고 주장했다. 하지만 한 가지 중요한 차이가 있었다. 그리스인들은 로마의 문화생활을 구체화했지만 군대나 경제를 장

---

2) Daniel, "The Islamic East", 469, 475.

악하지는 못했다. 반면 칼리프 제국 치하의 중앙아시아인들은 식자층뿐만
아니라 군대와 경제 대부분도 지배했다.

바그다드

762년 7월 30일, 한 무리의 사람이 페르시아의 옛 수도인 크테시폰에서
32킬로미터 떨어진, 그리고 고대 바빌로니아 유적에서는 북쪽으로 88킬로
미터 떨어진 티그리스 강변의 한 적막한 장소에 모였다. 설립자가 마디나
트 알 살람(Madinat al-Salam), 즉 '평화의 도시'라고 칭한 이슬람 세계의
새로운 수도인 원형의 바그다드를 조성하기 위해서였다. 치세 8년차를 맞
고 있던 칼리프 만수르는 신앙에 대한 외골수적인 헌신으로 종종 불필요
한 폭력까지 동원하며 자신의 관심사를 좇기로 명성이 자자했다. 그런데
도 시리아 기독교의 수도원이 여럿 있던 근방에 부지를 선정하는 문제를,
극진히 존경받던 메르브 출신의 학자가 이끄는 점성술사단에게 위임했다
는 사실은 매우 흥미롭다. 이 사람은 바로 아부 사흘 알 파들 나우바크트
(Abu Sahl al-Fadl Nawbakht)였는데, 바그다드가 존재하기 오래전부터 메
르브에서 서적 번역에 참여한 학자였다.[3] 나우바크트의 아들은 훗날 칼리
프의 새로운 도서관의 책임자가 될 터였다. 이슬람 세계 전역에서 선택할

---

3) Dimitri Gutas, *Greek Thought, Arabic Culture: The Graeco-Arabic Translation Movement in Baghdad and Early Abbasid Society (2nd~4th, 8th~10th centuries)* (New York, 1998), 33. 이 학자 가문의 후대 자손들이 남긴 글은 K. van Bladel, "The Arabic History of Science of Abu Sahl ibn Nawbakht (fl. ca 770~809) and Its Middle Persian Sources", in *Islamic Philosophy, Science, Culture, and Religion: Studies in Honor of Dimitri Gutas*, ed. David Reisman and Felicitas Opwis (Leiden, 2012), 41~62 참조. 또 다른 점성술사는 바스라 출신의 페르시아인이자 수학과 천문학에 관한 책을 여러 권 — 이 중 일부는 그리스 사상의 영향을 명백히 보여 준다 — 저술한 마샬라 이븐 아타리(Mashallah ibn Athari)이다. O'Leary, *How Greek Science Passed to the Arabs*, 103.

수 있었음에도 만수르가 유력한 지식인이 필요했을 때 굳이 중앙아시아 출신의 점성술사에게 의지했다는 사실은 참으로 의미심장하다.

나우바크트가 당시 도움을 받은 유일한 중앙아시아인은 아니었다. 소대 병력에 의해 배치될, 10만 명의 건설 노동자 중 많은 이가 시리아와 이라크에서 왔다.[4] 하지만 숙련된 기술을 요하는 일은 메르브에서 건설 현장까지 긴 여행을 해야 했던 한 무리의 기능공과 장인들이 주로 담당했다. 메르브에서 온 이들의 수가 워낙 많다 보니 그들에게는 원형 신도시 내에 병영 하나가 통째로 할당되었다. 이는 다른 지역에서 온 어떤 무리에게도 허용되지 않았던 특별 대우였다. 아바스 가문의 승리와 새로운 수도 설립에 메르브가 기여한 바가 매우 컸기에 원형도시의 간선도로는 중앙아시아 수도의 이름을 따서 붙여졌다. 칼리프 제국에서 이러한 영예가 주어진 유일한 도시가 메르브였다. 반면 다른 거리들은 칼리프의 경호원이나 치안관, 물지게꾼, 기도 제창자의 이름을 따서 지어졌다.[5] 메르브 출신의 무리 중에 한발(Hanbal) 모(某)라는 자가 있었는데 이주 후에 곧 사망했다. 하지만 그의 아들은 훗날 칼리프 제국 태반을 뒤덮을 신학논쟁에서 핵심적인 역할을 하게 될 터였다.

바그다드 건설에 끼친 메르브의 영향력이 점성술사와 장인들에게만 한정된 것은 아니었다. 도시의 구상 자체는 메르브 출신인 할리드 이븐 바르마크(Khalid ibn Barmak)[6]의 작품으로 알려졌다. 불교에서 개종한 지 얼마 안 된 이 사람은 아프가니스탄 발흐에서 태어났는데, 그의 가문은 오랫동안 이 도시에서 서쪽으로 겨우 1.6킬로미터 정도 떨어진 광활하고 부유한

4) J. Lassner, "The Caliph's Personal Domain: The City Plan of Baghdad Re-Examined", in *The Islamic City in Light of Recent Research*, ed. A. H. Hourani and S. M. Stern (Oxford, 1970), 104.

5) Saleh Ahmad El-Ali, "The Foundation of Baghdad", in *The Islamic City*, ed. A. H. Hourani and S. M. Stern, *Papers on Islamic History* (Oxford, 1973), 1: 94.

6) Kennedy, *When Baghdad Ruled the Muslim World*, 38ff.

불교 중심지 나우바하르의 관리인이었다. 바르마크 가문은 카슈미르에서 이주한 불교 신자의 후손이라고 알려졌지만, 나우바하르가 이미 수세기의 역사를 가진 곳인 만큼 그들도 발흐에서 상당한 시간을 보낸 끝에 지배층 꼭대기에 올라섰을 것이다. 어쨌든 바르마크 가문이 관리하던 부유한 성지는 초기 아랍 공격의 목표물[7] 중 하나였기에 그들은 새로운 권부(權府)와의 협력을 고려하지 않을 수 없었다.[8] 의미심장하게도 마침내 옛 도시 재건에 관심을 갖게 된 아랍인들은 할리드 이븐 바르마크에게 이 일을 의뢰했다.[9] 발흐의 재건과정에서 할리드는 아랍인들과 함께 일할 수 있겠다는 결론에 이르렀다. 그리하여 메르브로 간 그는 마침 아부 무슬림이 이 도시를 근거지 삼아 우마이야 칼리프 통치에 맞서 반란을 일으키면서 자신도 유명 인사가 되었다.[10]

부유할 뿐만 아니라 권력을 생득권으로 당연시했던 할리드는 재빨리 이슬람으로의 개종을 선포하고 아부 무슬림이 우마이야 가문과 그들이 지향하던 강력한 아랍적·시리아적 태도에 맞서도록 선동하는 지역의 신흥 세력과 교묘히 제휴를 맺었다. 아부 무슬림과 타협을 보기 위해 미래의 칼리프 만수르가 몸소 메르브를 찾았다. 이 일은 비록 실패로 돌아갔지만 메르브에 있는 동안 만수르는 학자이자 점성술사인 나우바크트를 만났고, 또한 그곳에서 알게 된 유능하고 야심찬 할리드 이븐 바르마크를 장차 자

---

7) Le Strange, *Baghdad during the Abbasid Caliphate*, 422.
8) 이 가문에 관한 권위 있는 설명은 Kevin van Bladel, "The Bactrian Background of the Barmakids", in *Islam and Tibet: Interactions along the Musk Routes*, ed. Anna Akasoy, Charles Burnett, and Ronit Yoeli-Tlalim (Farnham, 2010), 43~88; Lucien Bouvat, "Les Barmécides d'après les historens Arabes et persans", *Revue du Monde Musselman* 20 (1912): 1~131 참조.
9) Barthold, *Turkestan Down to the Mongol Invasion*, 77.
10) 드 라시 오리어리(De Lacy O'Leary)는 바르마크 가문이 처음에는 조로아스터교로 개종했다고 주장—그럴 가능성은 없어 보인다—하기 위해 아랍어 자료를 인용한 학자 중 한 명이다. O'Leary, *How Greek Science Passed to the Arabs*, 104.

신의 편으로 만들어야 할 사람으로 낙점했다.

할리드가 직접 관여했다는 사실 외에 바그다드를 설계하는 데 그가 어떤 역할을 했는지에 대해서는 알려진 바가 없다. 그가 이 일에 투신했을 때에는 이미 성벽과 궁전, 사원의 정렬이 정해져 지표 위에 회분으로 표시되어 있었다. 설계도 자체의 궁극적인 단순성이 깊은 인상을 준다. 초창기의 바그다드는 중앙의 건물로 이어지는 4개의 문을 갖춘 높은 환상(環狀) 성곽과 그보다는 좀 더 낮은 외벽으로 둘러싸인 기하학적으로 완벽한 원형 형태였다. 도시 정중앙에는 모스크가 아니라 녹색 돔의 칼리프 궁이 위치했고 궁전 꼭대기에는 손에 창을 든 기수의 인물상이 세워졌다.

새로운 수도를 이처럼 철저히 균형 잡힌 원형의 형태로 설계하려는 생각은 어디에서 나왔을까? 물론, 처음부터 만수르의 고문 가운데 한 명의 생각이었거나 칼리프 자신의 창작물이었을지도 모른다. 그런데 만약 그랬다면 동시대의 연대기 사가들은 이를 분명히 언급했을 것이다. 하지만 그들은 할리드 이븐 바르마크가 이 과정에 관여했다고만 전할 뿐이다. 알려진 도시계획 설계자나 도안자가 없으므로 본보기가 되었을지도 모를 원조도시 찾기로 관심을 돌려보자. 세 곳이 전거(典據)로 선택 가능하다.

우선, 설계가 티그리스강 계곡에 이미 존재하고 있던 원형 성벽을 가진 여러 도시에서 기인했을 것으로 추정할 수 있다. 이 가운데 가장 유명한 원형도시인 아르다시르 쾨라(Ardashir Khwarrah) ─ 오늘날 이란의 피루자바드(Firuzabad) ─ 는 500년 전 페르시아의 수도였으나 무슬림 군대가 파르스(Fars) 지방 전역을 휩쓸기 전에 이미 폐허가 된 상태였다.[11] 당대 최

---

11) Kennedy, *The Great Arab Conquests*, 183. 파르스에 있는 구르(피루자바드) 원형도시에 관해서는 Sheila Blair and Jonathan Bloom, "History", in *Islam Art and Architecture*, ed. Markus Hattstein and Peter Delius (London, 2001), 96 참조. 고대 중동과 중앙아시아의 원형도시 계획에 관한 조사는 B. Brentjes, "The Central Asian Square in a Circle Plan", *Bulletin of the Asia Institute*, New Series, 5 (1991): 180~83 참조.

강의 제국이 패전국이 된 제국의 황폐해진 고대 수도를 모델 삼아 수도를 건설했을 것이라고 상상하기는 힘들다.

두 번째와 세 번째 가설은 모두 중앙아시아로 우리를 다시 데려간다. 메르브를 방문해 할리드 이븐 바르마크를 만났던 바로 그 무렵에 만수르는 1,000년이나 된 고대 수도의 거대한 성채 에르크 칼라(Erk Kala)에 친숙해졌을 것이다. 오늘날에도 24미터가 넘는 높이로 우뚝 솟아 있는 이 거대한 성벽은 궁전과 주요 도시의 건물을 보호하는 완벽한 원형 형태를 분명히 보여 준다.[12] 미래의 칼리프는 이 요새에 틀림없이 깊은 인상을 받았을 테고, 자신이 속한 아랍 가문을 권좌에 앉힌 대격변이 발생한 메르브의 것이었으니 더욱더 그러했을 것이다. 단지 이 유망한 추측에 한 가지 남는 의문점이 있다면, 94에이커의 에르크 칼라가 때론 그 크기가 740에이커였다고 주장되는 만수르의 바그다드보다 훨씬 작다는 것이다.[13] 그러나 바그다드의 크기에 관한 이 추정치는 오늘날 매우 과장된 것으로 드러났다. 정말이지 이 수치는 전성기 때인 다마스쿠스보다 무려 세 배나 큰 규모이다.[14] 만수르의 원형도시는 사실상 도시가 아니라 궁전 복합 단지였고 행정 중심지였다.[15] 그리고 이는 정확히 에르크 칼라가 메르브에서 수행한 기능이었다. 따라서 에르크 칼라와 만수르의 평화의 도시(City of Peace)는 거의 비슷한 크기였을 것이다.

세 번째 가설은 원형 설계의 기원을 발흐에 있는 바르마크 가문의 고대 불교 중심지에서 찾는다. 원형으로 건설된 나우바하르 도량은 메르브

---

12) O'Leary, *How Greek Science Passed to the Arabs*, 103.

13) 바그다드의 규모를 더 크게 추정하는 이들 중에는 E. Hertzfeld, *Archaeologische Reise im Euphrat und Tigris Gebiet* (Berlin, 1922), chap. 2가 있다. Richard Ettinghausen and Oleg Grabar, *The Art and Architecture of Islam 650~1250* (New Haven, 1987), 75~79와 비교.

14) Ross Burns, *Damascus: A History* (New York, 2005), 280n44.

15) Lassner, "The Caliph's Personal Domain", 108, 115.

의 성채보다 작았다.[16] 불교 사원의 정중앙에는 깃발로 덮인 탑의 첨두가 우뚝 서 있었다. 크기 외에 나우바하르와 만수르의 도시 간에 보이는 주요 차이점은 나우바하르가 엄격하게 부챗살 모양으로 설계되었다면, 원형도시의 내부 공간은 그 대부분을 에르크 칼라처럼 기묘하게도 원형 내에 비대칭적인 방식으로 배치된 직선의 궁전 복합 단지가 차지하고 있었다는 것이다.

에르크 칼라와 나우바하르 가설 모두 설계과정에서 할리드 이븐 바르마크가 했다고 알려진 역할과 모순되지 않는다. 그러나 엄격한 무슬림이었던 만수르가 실제로 본 적도 없는 불교 사원을 본떠 자신의 수도를 만들었을 것으로 상상하기는 힘들다. 그런 면에서 에르크 칼라가 원형이었을 가능성이 더 커 보인다. 어쨌든 메르브는 아바스 가문이 권좌에 오르게 된 기반이었다. 또 만수르가 이 도시에 여러 방식으로 경의 ─ 예를 들면, 칼리프 제국의 모든 도시 중 유일하게 이 도시의 이름을 따서 거리나 구역을 명명했다 ─ 를 표한 것도 메르브가 모델로서 한 역할에 걸맞은 행동이었다. 게다가 만수르는 실제로 에르크 칼라를 방문한 적도 있었다.

이처럼 앞으로 2세기 동안 세계에서 가장 위대한 도시가 될 바그다드의 계보는 곧바로 중앙아시아까지 거슬러 올라간다. 비록 만수르의 원형도시는 세계에서 가장 급성장한 대도시가 곧 집어삼킬 테지만, 그럼에도 동쪽에서 바그다드로 불어온 새로운 문화적 산들바람의 세기를 짐작케 하는 살아 있는 표본이다. 유럽 도시 가운데 미래에 여왕이 될 저 멀리 서쪽의 베네치아는 만수르가 바그다드를 건설한 후 60년이 지나서야 독립해 진지한 발전을 시작했다. 건립 후 첫 150년 동안 바그다드를 집어삼킨 문화적 활력의 소용돌이는 그 어디에서도 맞수를 찾을 수 없었다.

16) Christopher T. Beckwith, "The Plan of the City of Peace: Central Asian Iranian Factors in Early Abbasid Design", *Acta Orientaliae Academiae Scientarum Hungaricae* 38 (1984): 126~47.

하룬 알 라시드: 지하드를 외친 한량

만수르가 776년 죽고 평화로운 승계를 거쳐 그의 아들 하룬 알 라시드가 스무 살에 '신자들의 선도자'가 되었다. 아랍어로 아론(Aaron)을 뜻하는 하룬은 거의 4반세기 동안 통치했고 '의인 하룬'이라는 훌륭한 별명을 후세에 남겼다. 그를 '부의 창출자 하룬'으로 기억해도 좋을 것이다. 왜냐하면 그의 치세 동안 바그다드는 세상에서 가장 부유한 도시로 알려졌고 그의 통치는 관대함의 귀감으로 떠올랐기 때문이다. 하룬은 자신의 부를 잘 활용했다. 그 결과, 서로에게 칼끝을 겨누곤 하는 역사가들조차 하나의 목소리로 바그다드 황금기의 주요 후원자 가운데 한 명이자 고대와 르네상스 사이에 가장 큰 지적 호황을 일으킨 원동력으로 그를 일컫는다.[17]

그러나 하룬이 그의 이름과 오랜 시간 연계되어 온 문화적 활력을 실제로 야기했는지, 아니면 단순히 다른 이들의 계도 아래 그것이 일어나도록 허락했을 뿐인지는 불분명하다. 어느 면에서 이러한 질문은 영웅적인 인물의 콧대를 꺾으려는 역사 수정주의자들의 예상 가능한 한낱 무례한 태도로 보일 수도 있다. 엄밀한 의미에서 우리가 이 질문에 관심을 가질 필요는 없다. 하지만 또 다른 차원에서 이 질문은 너무도 중요하다. 왜냐하면 대중앙아시아 출신의 바르마크 가문 ─가문의 수장은 이미 만나봤다─ 이 바그다드에서 보여 준 결정적으로 중요한 활약에 눈을 뜨게 해주기 때문이다.

한 가지는 확실하다. 전대(前代) 칼리프들 ─열네 명의 우마이야 왕조 칼리프이던지 또는 선대 네 명의 아바스 통치자이던지 간에─ 가운데 그 누구도 하룬만큼 철저하게 교육의 덕을 본 사람은 없었다. 그의 아버지는 그를 할리드 이븐 바르마크의 박식하고 총기 있는 아들 야히아(Yahya)에

---

17) 일례로서 Andre Clot, *Harun al-Rashid and the World of the Thousand and One Nights* (London, 1986), 33ff. 참조.

게 맡길 만큼의 분별력이 있었다.[18] 바르마크 가문 자손의 개인 교습 프로그램은 고금의 문헌에 대한 폭넓은 독서와 그에 못지않게 중요한 이론의 실제 적용에 관한 긴 토론으로 이루어졌다. 야히아 이븐 바르마크(Yahya ibn Barmak)는 이 두 업무에 만만찮은 경험을 가지고 있었다. 고전교육 외에 전대 칼리프 때 재상(vizier)으로 재직하며 쌓은 경험도 적극 활용했다.

하지만 하룬에게 문화 창조자로서의 배역을 맡기기 전에 우선 그의 출랑대는 성격 일면을 주목해 보는 것이 좋을 듯하다.[19] 『천일야화』에 기록된 그에 관한 이야기의 절반은 사실이 아니라고 해도 그 나머지인 절반가량이 남는다. 이러저러한 이야기들은 그가 열정적인 여성을 찾아 밤에 바그다드를 배회했다고 전한다. 언제나 자신의 신분을 숨기고 나선 이러한 야행에 젊은 하룬은 종종 스승의 아들이자 동년배의 가까운 친구였던 자파르 이븐 바르마크(Jafar ibn Barmak)를 동반했다. 아름다운 가수들을 만나 밤새 진탕 마시고 놀러 티그리스강 하류까지 내려간 일을 포함해 자신들의 모험을 자파르가 아버지에게 알렸을 것이라고 생각할 근거는 전혀 없다. 남편이 절단해 유기한 여인의 시신을 발견한 일처럼, 몇몇 전해지는 이야기의 구체성은 진위 여부를 의심할 여지를 주지 않는다.

비록 우리가 이 모든 기록을 비방으로 치부한다 할지라도, 하룬이 완전히 새로운 장르의 음주에 관한 시의 등장과 매우 밀접한 연관이 있다는 사실에는 여전히 변함이 없다. 그리고 그의 여성편력을 보여 주는 신뢰할 만한 자료에는 하룬의 커다란 하렘에 살던 여인들 무리의 이름 ― '애교점', '매력덩어리', '휘황찬란' 같은 이름들이다 ― 이 기록되어 있다.[20]

하룬은 무력을 통해 신앙을 전파하는 지하드 원칙에 대한 헌신에서는

---

18) *Ibid.*, 36; Kennedy, *When Baghdad Ruled the Muslim World*, 53.

19) C. E. Bosworth, *The Abbasid Caliphate in Equilibrium*, vol. 30 of *The History of al-Tabari* (Albany, 1989), xviiff.

20) Clot, *Harun al-Rashid*, 218, 46.

매우 진중했다.[21] 그는 엄청난 액수를 군에 투자했고 모든 전투를 직접 지휘했다. 그에게는 칼리프가 되기 전부터 비잔티움 기독교 제국의 수도 콘스탄티노플을 정복해야 한다는 강박관념이 있었다. 포위가 실패로 돌아갔음에도 비잔티움과의 싸움은 그의 뇌리를 떠나지 않았다. 이 목표를 위해 사령부를 북부 시리아에 있는 도시 락까(Raqqah)로 옮긴 그는, 10년이 넘도록 바그다드를 방치했다. 그리고 그는 이 모든 용단의 대가를 크게 치렀다. 하룬은 제국의 경영을 소홀히 했을 뿐만 아니라 그가 벌인 수많은 전투로 칼리프 제국의 재원을 서서히 고갈시키면서 북아프리카에서 중앙아시아에 이르는 제국 곳곳에서 불만과 원심성의 동요를 촉발했다. 따라서 아바스 제국의 쇠퇴의 씨앗은 칼리프 제국의 황금 시기인 바로 이때에 나타났다고 할 수 있다.[22]

바르마크 가문은 처음부터 쿠데타와 다를 바 없는 조치를 통해 하룬이 권좌에 오르도록 도왔다. 그 후에는 바그다드를 오랫동안 비웠던 하룬을 대신해 그의 대리인으로서 도시를 전적으로 돌봤다. 세 명의 칼리프 아래서 그들은 재상직과 왕의 수석 보좌관을 역임했고 하룬 밑에서도 계속하여 일했다. 이처럼 명목상은 아니지만 실질적인 칼리프 제국의 통치자는 중앙아시아인들이었다.

권력과의 유착 덕분에 바르마크 가문은 엄청난 부자가 되었지만 이것이 결국 파멸의 원인이기도 했다. 하여튼 한동안은 그들 멋대로 돈을 썼다. 야히아는 저택의 방 하나를 금 타일로 장식했으며, 하룬과의 배회로 기억되는 그의 아들 자파르는 저택에 2,000만 금화를 썼다고 한다. 여흥을 위한 그들의 낭비벽은 『천일야화』에 등장하는 '겉만 번지르르한 향연'(Barmacide feast)이라는 표현으로 기억된다. 그 가운데에도 이 가문은 중앙아시아와

---

21) 이것이 순수한 내면의 과정으로서의, 완전히 다른 의미의 지하드를 부정한다는 의미는 아니다.

22) Kennedy, *When Baghdad Ruled the Muslim World*, 211.

의 연계를 포기하지 않았다. 이 지역이 또다시 동요의 기미를 보이기 시작하자, 야히아는 선조들이 대대로 살았던 발흐를 포함한 전 중앙아시아의 총독이 되어 이 지역으로 돌아왔다. 그는 모든 세입을 지역 밖으로 반출하지 않음으로써 — 이는 바그다드에 대한 충격적인 도전 행위였고 결국 그는 이 지역이 착취와 저항이라는 예전의 궤도로 돌아가게 되는 원인을 제공할 사람으로 교체되었다 — 이 지역에 대한 신의를 보여 주었다.[23] 더욱더 중요한 사실은 중앙아시아의 지식인들이 바르마크 가문의 응접실(살롱)을 자주 찾는 귀빈이었고 이 저명한 가문의 일원들이 수많은 저녁 토론 행사를 주최했다는 점이다.

문화 분야에서 비공식적인 노동 분업이 하룬 알 라시드와 바르마크 가문 사이에서 이루어졌다. 칼리프는 거의가 아랍 출신이었던 시인이나 음악가를 후원한 반면, 바르마크 가문은 이란이나 튀르크계 사람들 — 주로 중앙아시아인들 — 이 더 출중했던 자연과학과 인문학에 집중했다. 야히아 바르마크와 그의 아들 자파르, 그리고 그 가운데 가장 진지했던 둘째 아들 파들(Fadl)은 새로운 사고의 철학·수학·천문학·의학을 바그다드에서 가장 적극적으로 후원했다.[24] 이 분야의 핵심적인 인물 가운데 다수 또는 경우에 따라서는 대부분이 오늘날의 이란 중심부가 아니라 중앙아시아 출신이었다.

세계문명에 기여한 바르마크 가문의 가장 중요한 업적은 고대 그리스어 번역에 대한 후원이다. 칼리프 만수르도 몇몇 번역을 후원했지만 그의 관심사는 점성학 수준을 넘지 못했다.[25] 만약 바르마크 가문과 그들이 바그다드에 가져온 훨씬 폭넓은 안목이 없었더라면 하룬 알 라시드도 이러한 맥락에 계속 머물렀을 것이다. 수세기 동안 불교도였던 바르마크 가문은

23) Kennedy, *The Prophet and the Age of the Caliphates*, 145.

24) Clot, *Harun al-Rashid*, 54~56.

25) Gutas, *Greek Thought, Arabic Culture*, 33.

인도와 중앙아시아 사이에서 문화적 중재자로서의 역할을 해왔다. 소그디아나 및 호라산의 여러 중심지와 더불어 나우바하르의 도량 공동체도 인도의 불교 문헌을 번역하고 편집하여 동쪽의 중국으로 전파한 중심지 가운데 하나였다. 이제는 무슬림으로서 이 전통을 이어나가게 된 바르마크 가문은 동쪽의 학문과 바그다드 사이에 연결고리를 구축했다. 인도의 의학서 번역 작업을 주관했고 후에는 바그다드 의학을 후원한 이도 다름 아닌 야히아 이븐 바르마크였다.

수세기에 걸쳐 누적된 바르마크 가문의 경험은 그들을 철저한 세계주의자로 만들었다. 중앙아시아의 불교도로서 그들은 어떤 문화는, 그중에서도 특히 인도의 업적은 자신들보다 앞서 있으며 따라서 현지인들은 세계로의 폭넓은 접근을 통해 이득을 취할 수 있다고 확신했다. 또한 그들은 메르브에서 진행된 산스크리트어, 바빌로니아어, 그리스어 문헌 번역 작업을 익히 알고 있었으며, 이들 문헌을 접함으로써 삶이 얼마나 풍족해지는지도 잘 알고 있었다.[26] 바그다드에 와서는 앞서 이 지역에 있었던 대제국 사산 왕조 페르시아가 수세기 동안 다른 민족이 거둔 업적에 바로 이 같은 방식으로 접근했었음을 알게 되었다. 이미 3세기에 사산인들이 주로 그리스어와 시리아어로 된 고대 문헌의 번역과 연구를 위한 중앙시설을 군데샤푸르에 설립했다는 사실도 함께 말이다. 마지막으로 그들이 알게 된 것은 이 번역가들이 비록 비잔티움 영토에서 쫓겨나 기꺼이 페르시아인들 사이에서 피난처를 찾은 기독교인들이었음에도 사산인들은 이들의 번역 활동을 후원하는 데 전혀 주저하지 않았다는 사실이었다.[27]

이들 번역가의 임무는 고전 그리스어를 비롯해 시리아어 문헌을 페르

---

26) D. I. Evarnitsky, cited by Yazberdiev, "The Ancient Merv and Its Libraries", 142.

27) Gutas, *Greek Thought, Arabic Culture*, 13; Cyril Elgood, *A Medical History of Persia* (Cambridge, 1951).

시아 궁의 언어인 팔라비어로 번역하는 것이었기 때문에 그들은 바르마크 가문 사람들이 항상 주창했던, 즉 세계시민주의에 근접한 모델을 제공했다. 군데샤푸르의 주요 관심사가 바르마크 가문이 특별히 관심을 가졌던 분야인 의학이었다는 것도 나쁘지 않았다. 곧 첫 네스토리우스파 기독교도 번역가들이 바르마크 가문의 보호 아래 일하기 위해 바그다드로 속속 도착하기 시작했다.

한편 바르마크 가문은 산스크리트어 번역가들도 후원했다. 바르마크 가문의 활동을 세밀하게 조사한 케빈 반 블라델(Kevin van Bladel)은 계몽의 시대 내내 산스크리트어 번역의 '거의 모두'가 한때 불교도였던 발호 출신의 이 가문의 주도로, 그중에서도 야히아에 의해 이루어졌다고 결론내렸다.[28] 번역 작품의 목록에는 여러 천문학 편람이 포함되어 있었으며, 바르마크 가문의 병원에서 사용되었을지도 모르는 의학서는 특히 출중했다. 이와 같은 중앙아시아 통로 덕분에 인도 사조의 주요 저작들이 그리스 고전이 유입되던 바로 그 시기에 이슬람 세계에 소개될 수 있었다.

바르마크 가문이 후원한 번역에는 종교적 의제도 있었을까? 이들 가문이 나우바하르에서 진행했던 번역 작업은 이 같은 의도, 즉 불교를 발전시키려는 목적이 확실히 있었다. 조로아스터교 신자들 역시 자신의 신앙을 전파하는 수단으로 종교 문헌의 일부를 아랍어로 번역했다.[29] 그러나 바르마크 가문과 바그다드 왕정은 의학·과학·철학에 관한 책을 주로 번역서로 채택했다. 그리스 사상을 아랍어로 번역하는 운동이 과도한 종교적 의제를 가지고 있지 않았다는 주장은 맞을 수도 있지만, 그렇다고 번역이 종교와 아무 연관이 없지는 않았다. 결국 철학자 존 M. 쿠퍼(John M.

---

28) Van Bladel, "The Bactrian Background of the Barmakids", 43, 82~83.

29) Gutas, *Greek Thought, Arabic Culture*, 46~47; Kennedy, *When Baghdad Ruled the Muslim World*, 44; Ahmad Shalaby, *History of Muslim Education* (Beirut, 1954), 26ff.

Cooper)의 지적처럼 "고대인들은 철학을 권위 있는 유일한 토대이자 인간 삶 전체를 위한 안내자로 만들었다. …… 철학은 누군가의 전생(全生)의 키잡이가 되어주곤 했다."[30] 그렇다. 바로 이것이 자신들의 계시종교에 대해 기독교도들이 주창하는 바였고 이제는 무슬림들이 자신들을 안내하는 계시에 대해 이야기하는 바였다. 다시 말해, 그리스 철학과 이슬람의 충돌은 불가피했다. 시간이 흐르면서 기독교와 이슬람 사상가 모두는 그리스 고전 시대의 유물론적 사상가들과는 달리, 영적 세계와 영혼을 강조하는 후대의 플라톤 추종자들에게 더 주목하게 되었다. 기독교도와 무슬림들은 이와 같은 신(新)플라톤주의자들의 저작을 자신들이 택했다고 생각했지만, 그 반대일 수도 있다. 처음부터 두 종교의 경건한 신자들은 철학이 종교에 대한 보완물이 아니라 대안이 될 수도 있음을 우려했다. 이러한 걱정이 서서히 많은 무슬림을, 특히 중앙아시아의 무슬림을 사로잡았음은 확실하다. 그리고 결국 이 같은 생각이 완전히 뿌리 내렸을 때, 이슬람 세계에서 철학의 고전 전통뿐만 아니라 개괄적으로는 그리스 사조도 쇠퇴하게 되었다.

번역의 후원자로서 바르마크 가문은 곧 출판 사업에도 뛰어들었다. 그들이 의뢰한 번역서가 살롱의 발표 주제가 되었고 당연히 참석자들은 복사본을 원했다. 이러한 수요를 충족하기 위해 바르마크 가문은 바그다드에 처음으로 제지공장을 세웠다.[31] 심지어 한 고급 제지에는 바르마크 가문의 일원의 이름이 붙여졌다.[32] 책에 대한 수요가 증가하면서 필사(筆寫) 사업도 발전하였다. 곧이어 서점을 비롯해 책 경매도 이루어졌으며, 그 결과 바그다드는 머지않아 문자 언어의 생산과 판매의 중심지로 부상했다.[33]

---

30) John M. Cooper, *Pursuits of Wisdom; Six Ways of Life in Ancient Philosophy, from Socrates to Plotinus* (Princeton, 2012), 6~7.

31) Clot, *Harun al-Rashid*, 209.

32) Gutas, *Greek Thought, Arabic Culture*, 13.

33) Shalaby, *History of Muslim Education*, 26ff.

바르마크 가문이 이끈 번역운동의 사각지대

바그다드에서 바르마크 가문이 착수한 번역운동은 최고의 문화적 성취였다. 빠르게 늘어난 아랍어권 독자층은 처음으로 고대 지중해 세계의 고전 시대 작가들에게 접근할 수 있었다. 다음 세기에 번역된 저작의 저자 중에는 아리스토텔레스, 프톨레마이오스, 유클리드, 아리스타르코스(Aristarchos), 니코메데스(Nicomedes), 히파르코스(Hipparchos), 헤론(Heron)이 있었다. 이러한 과업의 달성을 위해 칼리프 제국은 자신들의 전임자였던 조로아스터교 기반의 사산 왕조(페르시아 제국)가 오랫동안 후원했던 군데샤푸르의 번역 및 연구 센터를 모델로 삼았다. 이 센터는 역사나 순수문학이 아니라 유용하다고 생각한 저작에 주력했다.

페르시아의 선례만큼이나 바르마크 가문이 수행한 결정적인 역할도 중요했다. 그들의 세계시민주의 정신과 발흐 및 메르브에서 쌓은 번역과 과학적 상호 교류에 대한 오랜 경험 덕분에 그들은 바그다드에 이슬람의 군데샤푸르, 또는 나우바하르를 창설할 필요성을 잘 인지하고 있었고 이를 실현하기 위해 상당한 재원을 사용했다. 역사학자 피터 브라운은 현명하게도 바그다드 및 페르시아에 있던 이 같은 다양한 번역 센터를 언급하면서 지중해 고전문명의 마지막 전성기의 표상이라며 논평한 바 있다.[34] 중앙아시아와 중앙아시아인들이 이러한 전성기 구가에 핵심적인 역할을 했다고 덧붙였다면 더 좋았을 테지만 말이다.

시리아의 아랍 기독교도들과는 달리, 거의 대부분의 아랍 무슬림이나 중앙아시아인은 라틴어는 물론이고 그리스어를 배우기 위해 사서 고생하지 않아도 되었다. 당시에 적어도 몇몇 분야에서는 굳이 그렇게 할 필요가 없었다. 바르마크 가문과 수많은 다른 후원자 덕분에 학자들은 수학과 기

---

34) Peter Brown, *The World of Late Antiquity* (London, 1971), 201.

하학, 천문학, 물리학, 지리, 의학 등 고전 학문 분야의 현존하는 거의 모든 자료를 가까이 둘 수 있었다. 아랍어로 번역된 고대 저작 중에는 프톨레마이오스 1세(기원전 323~기원전 283) 시대에 그리스어를 사용하던 이집트 알렉산드리아 출신의 과학자들이 특히 유명했다. 그중에서도 유클리드가 많은 주목을 받았는데, 그의 『기하학 원론』이 수학과 기하학에 관한 모든 후속 작업을 위한 기본적인 출발점이었기 때문이다. 바르마크 가문이 후원한 『기하학 원론』의 번역 덕에 아랍어권 독자들은 처음으로 '기하학의 아버지'를 알게 되었다. 유클리드는 메르브 출신의 또 다른 중앙아시아 학자인 알리 이븐 사흘 알 타바리에 의해서도 번역되었다.[35]

문자 그대로 세상을 바꾼 번역 작업을 후원한 바르마크 가문과 특히 하룬의 친구이자 재상이었던 자파르 이븐 바르마크를 칭찬하면서도, 그들과 그들의 후손들이 번역하려 하지 않은 저작에 주목하는 것 역시 중요하다. 바그다드의 번역가들은 군데샤푸르의 전임자들의 예를 따라 실용적이고 공리주의적인 가치가 있는 책들에만 주력했고 나머지는 무시했다고 주장되어 왔다.[36] 이것은 분명 과장이다. 그럼에도 배제된 책들의 목록은 매우 인상적이다. 그들은 그리스 저자 가운데 수학자나 과학자, 철학자들은 선호했지만 위대한 비극작가, 즉 아이스킬로스(Aeschylos), 소포클레스(Sophocles), 에우리피데스 등은 의도적으로 무시했다. 만약 무슬림들이 인간의 삶에서 운명의 작용으로 나타나는 비극이나 치명적인 결함에 대한 인식을 발전시켰더라면 이슬람 세계는 어떻게 달라졌을까? 그들은 아리스토파네스의 희극이 보여 주는 현명하지 못하고 불손하며 때로는 호색적인 익살에 배를 잡고 웃게 되었을까? 우리는 결코 알 길이 없다. 왜냐하면 비

---

35) O'Leary, *How Greek Science Passed to the Arabs*, 110.

36) Gutas, *Greek Thought, Arabic Culture*, chap. 5; Bernard Lewis, *What Went Wrong? The Clash Between Islam and Modernity in the Middle East* (New York, 2002), 139.

극에 대한 관념이 조로아스터교와 기독교, 이슬람이라는 일신교론적인 신앙—이 세 종교의 지지자들이 번역운동을 이끈 당사자들이다—과는 모두 모순되기 때문이다.

더욱 당황스러운 것은 바르마크 가문과 그의 동시대인들이 그리스 역사학자들, 특히 헤로도토스와 투키디데스 그리고 또 가장 중요한 그리스 정치사상서인 아리스토텔레스의 『정치학』(Politika)을 다루지 않았다는 사실이다. 어쩌면 역사학자들에 대한 무시는 페르시아 통치를 무너뜨리고 알렉산드로스 대왕의 선도 아래 페르시아 첫 제국과 그 수도 페르세폴리스를 파괴한 민족을 향한 쉽게 사라지지 않던 페르시아인들의 편견이 원인이었을지도 모른다. 바그다드도 그곳에 살던 많은 페르시아인들로부터 이러한 편견을 학습했거나 독자적으로 적대심을 키웠을지 모른다. 그것도 아니라면 이 저자들이 쓴 그리스 문헌에 접근하는 것이 쉽지 않았던 데서 기인한 단순한 문제였을 수도 있다. 원인이 무엇이든지 간에, 그 결과는 엄청났다. 헤로도토스를 읽었더라면 아랍인들은 크로이소스(Kroisos, ?~기원전 546)*나 미다스(Midas)**처럼 겉으로는 전능한 통치자처럼 보일지라도 실상은 나약한 존재에 불과함을 잘 이해했을지도 모른다. 반면 투키디데스로부터는 군대나 전쟁을 중심으로 조직된 국가가 맞게 되는 끔찍한 결과—이는 하룬 알 라시드가 통치하던 칼리프 제국에 닥칠 바로 그러한 상황이었다—에 대해서도 배울 수 있었을 것이다.

아리스토텔레스의 『정치학』을 번역하지 않은 결과 역시 지대했다. 정치적 사고에 반대해서 벌어진 그런 일은 아니었다. 왜냐하면 어떤 면에서 모든 이슬람 사상은 정치적이기 때문이다. 9세기 중반이면 이미 도덕적 안내자로서 '철학자-왕'의 통치를 받는 국가를 이상화한 플라톤의 『국가』

---

*   리디아 최후의 왕으로, 엄청난 부(富)를 가졌던 것으로 유명하다.
**   그리스 신화에 나오는 소아시아의 왕으로, 손에 닿는 것을 모두 금으로 변하게 하는 능력이 있다.

(*Politeia*) 번역본이나 최소한 의역본 정도는 나와 있었다. 그런데 무슨 이유 때문인지 다양한 배경 속의 실제적인 정치적 삶이나 시민권에 관한 섬세한 연구에 확고히 입각한 아리스토텔레스의 『정치학』은 근대까지도 아랍의 독자들에게 다다르지 못했다. 반면 토마스 아퀴나스는 그리스어에서 번역된 라틴어본 덕에 12세기경 『정치학』에 대해 심사숙고할 수 있었다.[37]

끝으로 바르마크 가문의 주도 아래 바그다드에서 일어났던 페르시아어-아랍어 번역운동이 왜 라틴어로 쓰인 거의 모든 문헌을 무시했는지도 질문해 보아야 한다. 페르시아인들과 아랍인들이 문헌 작업 시 엄청난 도움을 받았던 시리아 기독교도들이 번역을 시작했을 무렵, 이미 라틴어 문헌들은 동부 지중해 그리스정교도 지식인들의 짐 보따리에서 사라져버린 상태였다. 그럼에도 불구하고 주요 라틴어 문서들이 아랍어로 번역되었더라면 바그다드나 부하라에 끼쳤을 영향에 대해 추측해 보는 것은 흥미로운 일이다. 로마 원로원 앞에서 했던 키케로(Cicero)의 심오한 시민 연설이나 선행에 관한 인본주의적 관심을 담은 세네카(Seneca)의 에세이, 또는 달리 보면 의미 없는 세상이지만 그럼에도 개인의 의연함이 필요함을 역설한 마르쿠스 아우렐리우스(Marcus Aurelius)의 금욕주의적 명상론 같은 저작들 말이다.

아무리 매력적인 질문일지라도 사실 이러한 의문은 바그다드 전문가들이 번역하는 데 성공한 방대한 저작의 글을 생각하면 분명 부당하다.[38] 이러한 번역서들은 신장에서 대서양 연안에 이르기까지 사람들의 사고에 깊은 영향을 끼쳤다. 그리고 이러한 영향은 그 어느 곳보다도 바그다드와 중앙아시아에서 가장 즉각적으로 나타났다.

---

37) Thomas Aquinas, *Commentary on Aristotle's Politics*, trans. Richard J. Regan (Indianapolis, 2007).

38) Gutas, *Greek Thought, Arabic Culture*, 152ff.

바르마크 가문의 몰락

권력은 광기를 동반한다. 그리고 하룬 알 라시드는 자신에게 할당된 몫보다 훨씬 많이 양자(兩者)를 향유했다. 젊어서는 육체적 쾌락에, 나이 들어서는 비잔티움과 서쪽의 다른 적에 맞선 지하드라는 엄중한 일 — 이는 10년간 그가 바그다드를 방치하도록 만들었다 — 에 정신이 팔렸다. 그러는 동안 바르마크 가문의 권력은 급상승해 이제 하룬의 오랜 친구인 자파르가 수도에서 권력을 휘두르기 위해 사병(私兵)을 거스리는 지경에 이르렀다. 백성들이 갈수록 칼리프인 자신을 바르마크 가문의 꼭두각시로 생각하고, 바르마크 가문의 일원들이 속세의 부유함과 허세에서 감히 칼리프를 넘어서려 한다는 소문이 하룬의 귀에까지 들렸다. 설상가상 하룬의 대군과 계속된 전쟁이 초래한 경제적 곤궁으로 제국의 많은 지방이 세금을 내지 않고 버텼다. 특히 반란의 기운이 중앙아시아의 지주 귀족들 사이에서 만연했는데, 하룬은 아니나 다를까 이를 바르마크 가문의 탓이라고 생각했다.

분명치 않은 이러저러한 동기로 하룬은 803년에 바르마크 가문을 파멸시켰다. 그는 자신의 늙은 스승이자 오랫동안 재상으로 재직했던 야히아뿐만 아니라 파들도 즉각 투옥했다. 최악은 하룬 알 라시드가 그의 옛 친구인 자파르를 살해한 후에 티그리스강 다리 위에 잘린 시신 일부를 효시(梟示)한 사건이었다.[39] 이제 권력은 확실하게 다시 왕좌로 돌아왔다. 그런데 과연 누가 칼리프가 되려 할까? 오랜 시간 딴 데 정신이 팔려 성미마저 급해진 하룬은 마지막 사명을 위해 길을 나섰다. 지역 통치자들의 어리석은 판단 탓에 벌어진 난처한 추문들을 해소하고, 노기에 찬 칼리프가 바르마크 가문 탓으로 돌렸던 한바탕 소요를 가라앉히기 위해 메르브와 사

---

39) 바르마크 가문의 몰락에 관해서는 Clot, *Harun al-Rashid*, 85ff. 참조.

마르칸트로 서둘러 떠난 것이다.[40] 하지만 하룬 알 라시드는 그 여정을 견디내지 못하고 호라산의 투스에서 세상을 떠났다.

마문: 독단적인 이성의 옹호자

하룬의 마지막 처신 중 하나는 정말이지 어리석음의 극치였다. 그는 후계자로 두 아들, 즉 아민(Amin)과 마문(Mamun) 가운데 하나를 지명하는 대신에 칼리프 제국을 나누어 두 형제가 공동으로 통치할 것을 메카의 카바(Kaaba)*에서 맹세하도록 지시했다. 확실한 이 내전(內戰) 공식은 문화적 차원을 지녔는데, 아민의 어머니는 아랍인이었고 마문의 어머니는 페르시아인이었기 때문이다.[41] 아바스 칼리프 제국의 권력이 탄생한 메르브에 이미 거처를 정한 칼리프 마문은 이제 그곳에서 재기할 수 있기를 희망했다.

마문의 도착은 아바스(Abbas)라는 메르브 출신의 시인이 지은 송시(頌詩)로 환영받았다. 아바스는 아랍어를 유창하게 쓰는 작가였음에도 불구하고, 이 중요한 임무를 위해 자신의 모국어인 떠오르는 신(新)페르시아어를 선택했다.

> 지금까지 그 어떤 시인도 이런 식으로 송시를 읊은 적이 없습니다.
> 페르시아 말은 이런 방식의 시를 시작하는 법조차 모릅니다.
> 그러나 바로 그것이 이 언어로 당신을 칭송하기로 선택한 이유입니다.
> 이렇게 전하를 찬양하고 칭송함으로써 저의 시는 우아함과 참된 매력을 얻

---

40) Kennedy, *When Baghdad Ruled the Muslim World*, 79.
* 메카에 있는 이슬람 신전을 말한다.
41) Clot, *Harun al-Rashid*, 82~84; Kennedy, *When Baghdad Ruled the Muslim World*, 70ff.

게 될 테니까요.[42]

중앙아시아인들은 아바스와 함께 바그다드에 있는 권력에 맞서 이 지역을 위해 싸울 진정한 투사, 즉 새로 온 아부 무슬림이지만 왕관을 가진 마문을 환영했다. 그의 형이자 경쟁자인 아민이 중앙아시아로 과감히 진군했을 때 대부분이 튀르크인으로 구성된 마문의 군대는 낙승을 거두었다. 아민을 처리한 마문은 군대를 이끌고 바그다드로 쳐들어갔다. 이에 아랍 주민과 도시민들은 연합해 중앙아시아로부터의 침략에 맞섰고 대치 국면은 812년 8월부터 813년 9월까지 포위 상태가 계속되었다. 공성군과 농성군이 대치하는 가운데 도시 내에서는 계급 간의 충돌로 잔혹한 싸움이 벌어진 지독한 한 해였다. 결국 도시는 마문의 군대에 함락당했고 주민들은 대량학살되었으며, 주택과 궁전은 파괴되었다. 그사이 마문은 메르브에서 때를 기다렸고 이러한 기다림은 819년까지 계속되었다. 이렇게 이 중요한 10년 동안 중앙아시아의 메르브는 칼리프가 머무는 곳이자 이슬람 세계의 수도로 기능했다.

선대 칼리프 만수르나 아부 무슬림처럼 마문도 메르브가 마음에 들었다. 그는 천년고도의 성벽 바로 밖에 자신이 머물 새로운 궁전도 이미 지어놓은 상태였다.[43] 남아 있는 건물 잔해는 그 규모가 방대했음을 보여 준다. 처음에는 수도를 다시 바그다드로 옮길 의향이 마문에게 없었음이 확실하다. 그의 수석 고문이자 재상이며 군사령관이었던, 이슬람으로 개종한 이라크인 파들 이븐 사흘(Fadl ibn Sahl) 역시 그러했기에, 그는 호라산의 지주 귀족들의 지지를 모으는 일에 즉각 착수했다. '스벵갈리(Svengali)* 같

---

42) A. V. 윌리엄 잭슨(A. V. Williams Jackson)의 번역(*Early Persian Poetry* (New York, 1920), 17)을 저자가 자유롭게 각색한 것이다.

43) Le Strange, *Baghdad during the Abbasid Caliphate.* 성벽은 사실 알렉산드로스 대왕의 후임자가 기원전 250년에 건설한 것이다.

* 최면술사를 일컫는 말로, 남의 마음을 조종하여 악한 일을 행하는 사람을 말한다.

은' 이 강력한 인물에 대해서 알려진 바는 거의 없지만[44] 그 역시 바르마크 가문의 수하였다고 전해진다. 종내 819년에 수도를 다시 바그다드로 옮기려고 마음먹은 마문은 우선 이븐 사흘을 죽이라는 명령을 내렸다. 서른세 살의 칼리프는 부유하고 고집 센 재상의 보조 노릇이나 할 생각이 전혀 없었다.

메르브에서 지내는 동안 마문은 아버지 하룬 알 라시드를 능가하는, 학문에 대한 진심 어린 관심을 보였다. 지역의 오래된 유명 천문대가 그의 후원 아래 발전을 거듭했으며, 공학이나 공기역학(空氣力學)을 포함해 수많은 분야에 대한 연구도 지원했다. 20세기에 공기역학 계기 장비가 도입되기 전까지 그의 후원으로 만들어진 장치의 성능은 최고였다.[45] 또 그는 메르브에서 바그다드 건설 이전부터 계속되어 온 번역 작업도 진척시켰다. 따라서 바그다드의 공(功)으로 여겨지던 중요한 과학 번역서의 상당수는 실상 메르브 학계가 한 것으로 보아야 한다. 실제로 고(故) 드 라시 오리어리가 알려진 모든 증거를 바탕으로 확언했듯이, "호라산은 천문학과 수학 자료를 바그다드로 흘려보내는 수로였다."[46] 하지만 결국 마문은 바그다드로 옮기지 않는다면 제국 전체를 잃을 위험이 있다는 것을 인정할 수밖에 없었다. 마침내 길을 나선 그와 함께 바그다드로 동행한 수행단에는 중앙아시아 출신의 과학자와 학자들로 이루어진 어마어마한 수행원도 포함되어 있었다.

문화 후원자로서 마문과 그의 아버지가 보여 준 가장 큰 차이점은 바르마크 가문이나 다른 누군가가 아니라 이제는 칼리프 자신이 이러한 기획을 주도했다는 것이다. 이와 같은 결정은 향후 매우 중요한 요인으로 드러

---

44) Kennedy, *When Baghdad Ruled the Muslim World*, 88ff., 154.

45) D. R. Hill, "Physics and Mechanics, Civic and Hydraulic Engineering", in *Civilizations of Central Asia*, vol. 4, pt. 2, 252.

46) O'Leary, *How Greek Science Passed to the Arabs*, 83.

날 마문의 성격의 한 단면, 즉 자신의 능력에 대한 절대적인 확신을 보여 준다. 그는 매력적이고 지적이며 자신의 일에 헌신적이었다. 하지만 자기중 심적이고 행동에 앞서 계획을 충분히 세울 만한 인내심이 부족하기도 했 다. 자화자찬하는 성향은 예루살렘의 바위 돔 사원(Dome of Rock) 벽에 자신의 이름을 새기라고 명령했을 때 만천하에 드러났다.[47] 그는 메르브 와 바그다드 양쪽 모두에서 칼리프 제국의 지적 생활을 광범위하게 고양 시켰다. 하지만 그의 성급함과 편협한 자기 확신은 이슬람 세계에 커다란 위기를 초래했으며, 이는 중앙아시아 전역에서 강력한 반향을 불러일으 켰다.[48]

이슬람 등장 이후 몇백 년 동안 칼리프들은 자신들이 세속 권력과 종교 권력 모두를 행사하는 것이 자명할 뿐만 아니라 당연하다고 생각했다. 칼 리프를 '신자들의 사령관'으로 부르는 것도 이러한 전제 아래에서였다. 사 실 개인적 성향과 전쟁 요구, 그날그날의 통솔력에 따라 종교 활동을 자신 의 의례적 소임을 다하는 것으로 국한하는 칼리프도 있었다. 하지만 이는 절대 마문이 자신의 책무에 접근하던 방식이 아니었다. 그는 처음부터 모 든 종교 문제의 주도자이자 최고 결정권자가 되어야 한다는 책임감을 느 꼈다. 그리고 이는 울라마(ulama)라는 종교학자 계층 전체에 대한 영적·지 적 권위의 행사를 의미했다. 이러한 생각은 자신들이 이슬람에 관해 가장 많이 알고 있고, 따라서 신자들을 안내할 책임이 있다고 생각하던 사람들 과의 불화를 초래했다. 마문은 가차 없이 자신의 입장을 밀어붙였지만, 결 국에는 반발을 초래하여 종교학자들이 세속 권력이라고 간주하던 것에 맞 서도록 만들었다. 이슬람은 더 이상 예전의 이슬람이 아니었다.

아부 무슬림 시대 이후 아바스 가문의 깃발은 검은색이었다. 하룬 알 라

---

47) Kennedy, *When Baghdad Ruled the Muslim World*, 209.

48) 상당히 재치 있게 쓰인 마문의 전기로는 Michael Cooperson, *Al-Ma'mun* (Oxford, 2005) 참조.

제5장 바그다드에 부는 동풍 ● 249

시드가 콘스탄티노플의 성벽까지 가지고 갔던 깃발의 색깔도 검은색이었다. 그런데 메르브에 있는 동안 마문은 돌연히 깃발의 색상을 녹색으로 바꾸었다. 그도 녹색 깃발 아래 조만간 시아파가 될 세력이 행진했다는 사실을 잘 알고 있었다. 마문에게 최근 불거진 수니파와 시아파 무슬림 간의 분열 와중에 어느 한편을 들 의도는 없었을지도 모른다. 그저 반목하고 있던 두 당파 사이에서 균형을 잡고 싶었을 뿐. 그러나 많은 이들은 깃발 색상의 갑작스러운 변경을 중앙아시아 및 페르시아에서 시아파를 지향하는 사람들을 자신의 형이자 경쟁자인 아민을 지지하는 바그다드의 아랍인과 수니 경향의 지배층에 맞서 동원하기 위한 터무니없는 시도라고 생각했다.

한발 더 나아가 마문은 메르브에 있는 동안 메디나에서 저명한 종교학자인 알리 알 리다(Ali al-Rida) ─ 페르시아어로는 알리 레자(Ali Reza)로 알려져 있다 ─ 를 불러와 그를 왕위 계승자로 지명하는 의식에 수천 명의 사람을 집결시켰다. 이 같은 뜻밖의 조치로 마문에 대한 종교적 지지는 강고해졌지만, 칼리프 제국 전체를 분극화(分極化)하고 바그다드를 소외시킨 대가를 치러야 했다. 그런데 마문이 불쑥 방침을 다시 바꾸어버렸다. 아바스 가문의 수도를 되찾기 위해 움직이기 시작한 바로 그때, 그는 최근 조성된 아버지의 무덤에서 그리 멀지 않은 투스에 잠시 머물게 되었다. 그리고 그곳에서 부하들에게 사주하여 알리 리다를 독살한 후 범죄 증거를 없애기 위해 그 부하들도 모두 죽여버렸다. 이 같은 잔악한 돌변은 모두를 경악하게 만들었고 훗날 시아 전통의 핵심적인 요소가 되는 순교라는 강력한 표상이 탄생하였다. 오늘날 마슈하드(Mashhad)에 있는 알리 리다의 사당은 시아파의 가장 성스러운 순례 장소이자 이라크의 유명한 관광명소이다.

마문의 지혜의 집

칼리프 마문을 떠올릴 때면 그가 설립하고 후원했다고 전해지는 '지혜의 집'(House of Wisdom)이 가장 먼저 생각난다. 그 이름만 들어도 수염을 기르고 예복을 입은 중동의 현자가 아스트롤라베를 응시하거나 수학과 형이상학의 이점을 논의하기 위해 엄숙한 비공개회의(majlis)에 모여 있는 장면을 떠올리게 된다.[49] 2세기 동안 존재했다고 전해지는 이 기관은 과학자와 학자들이 관대한 칼리프의 후원 덕에 기탄 없이 기초 연구를 할 수 있었던 일종의 과학 아카데미로 그려져 왔다.[50]

이 기관의 아랍어 이름의 어원은 옛 불교 중심지인 테르메즈 출신의 학자 티르미지가 수집한 예언자 무함마드의 금언으로까지 거슬러 올라간다. 진짜가 아닌 것으로 비판받으면서 이 하디스는 훗날 편집본에서 축출되었지만 말이다. 보아하니 이 질문을 빼고는 마문의 '지혜의 집'에 관한 모든 것이 비슷비슷한 검토를 거쳐 비슷비슷한 결론에 도달한 것 같다. 지혜의 집은 연구 대학이나 아카데미처럼 실제 공식적인 기관이었을까? 확신하건대, 결코 그렇지 않았다. 역사에는 지혜의 집의 수장의 이름이 전혀 기록되어 있지 않을 뿐만 아니라 회원 명단도, 건물이며 정기적인 소집에 관한 언급도 없다.

그 대신에 밝혀진 사실은 칼리프나 고관의 후원을 받은, 격식에 얽매이지 않고 끊임없이 옮아다니는 학자 무리들이 대(大)도서관 주변에 모여 있었다는 것이다. 이곳은 바르마크 가문이 소장했던 것이 거의 확실한 장서들이 아마도 가문이 몰락한 이후 칼리프의 도서관으로 변형되어 형성되었

---

49) 따라서 조너선 라이언스(Jonathan Lyons)는 *The House of Wisdom: How the Arabs Transformed Western Civilization* (New York, 2009)에서 이 기관명을 아랍 성취의 보편적 상징으로 사용하였다.

50) 좀 더 균형 잡힌 시각을 보려면 Gutas, *Greek Thought, Arabic Culture*, 5 참조.

을 것이다. 바그다드 봉헌식에 참석했던 메르브에서 온 점성술사의 아들인 파들 이븐 나우바크트(Fadl ibn Nawbakht)는 초창기 도서관의 사서를 지냈다. 파들은 아버지가 몸담았던 점성술을 직업으로 삼았을 뿐만 아니라 그리스어 번역도 했다. 이전에는 안 그랬을지 몰라도 마문 치하에서는 칼리프의 예산에서 이븐 나우바크트와 다른 몇몇 학자의 봉급이 지불되었고 번역 비용도 조달되었다. 번역 작업은 국제적인 전문가 집단에 의해 이루어졌는데, 그중 시리아 기독교도들이 그리스어와 아랍어 모두를 안다는 이유만으로 그 명성이 자자했다. 이들 번역가 중 여럿은 군데샤푸르의 옛 중심지에서 이곳으로 유인되어 온 이들이었다. 때때로, 왕실은 새로운 필사본을 확보하기 위한 여행 자금도 조달했는데, 적어도 하룬 알 라시드의 치세 초기에 있었던 콘스탄티노플로의 원정 때는 그러했다. 도서관 외에도 칼리프는, 마문이 메르브에서 보았던 성대한 옛 천문대를 모방하여 바그다드에 세웠다는 천문관측소의 자금도 제공했다. 천문학과 다른 학술 분야가 서로서로 밀접하게 통합되어 있었기 때문에 양쪽 중심지의 학자 간에 친밀한 관계가 있었을 것으로 추정해도 무방할 것이다.

이것이 당시 그 유명한 지혜의 집의 실상이었다. 시설 면에서는 후대인들이 상상했던 것보다 훨씬 대단치 않았지만 그럼에도 '도서관이자 번역 집단'이었던 지혜의 집은 학자적인 삶에 가장 중요한 하나를 제공했다. 집중할 수 있는 시간과 물질적 궁핍 및 외부 간섭으로부터의 해방이 바로 그것이다.

아무리 재원이 넉넉할지라도 이러한 후원은 인재 발굴과 모집이 최고의 수준에서 이루어질 때나 성공할 수 있다. 따라서 지혜의 집의 수장은 자신이 이 일의 대가임을 증명해야 했다. 적어도 한 세대 동안 그들이 바그다드로 불러 모은 과학 권위자들의 숫자가 이집트 알렉산드리아 도서관이 수많은 편집자와 과학자들을 유치했던 기원전 3세기부터 기원전 1세기까지와, 런던의 왕립협회(Royal Society for Improving Natural Knowledge)가 협회장 아이작 뉴턴의 감독 아래 존 로크, 로버트 보일(Robert Boyle), 크리스토퍼 렌(Christopher Wren), 조너선 고더드(Jonathan Goddard), 로버트 훅(Robert Hooke) 같은 이들을 불러 모으기 시작한 1660년 사이의 그 어느 때보다 많았다고 해도 과언이 아니다.

학문하기에 좋은 환경을 창출하는 데 있어 마문의 역할은 얼마나 중요했을까? 직접적인 증거는 매우 부족하고 결정적이지도 않다. 그러나 출중했던 메르브 출신의 삼형제의 삶과 이 중앙아시아인들이 지혜의 집에서 행했던 핵심적인 역할은 지적 전선에서 마문이 보여 준 행동주의를 얼핏 엿볼 수 있게 한다. 무함마드 아부 자파르 이븐 무사(Muhammad Abu Jafar ibn Musa), 아흐마드(Ahmad), 하산 이븐 무사(Hasan ibn Musa) 삼형제는 기하학·천문학·역학 분야에서 서로 긴밀히 일했다. 그들은 한데 묶여 '무사의 아들들'(Banu Musa)이라고만 알려져 있는데, 그들의 아버지인 무사 이븐 샤키르(Musa ibn Shakir)는 심경의 변화로 과학 연구를 시작하기 전까지 중앙아시아에서 대상 약탈을 생업으로 삼던 자였다. 마문은 메르브에 있는 동안 이 가족을 알게 되었는데, 아들들의 뛰어난 능력에 감명받은 그는 부친 사망 이후 그들의 후견인을 자처했다. 마문이 819년 바그다드로 떠날 당시, 무사의 아들들도 수행단 가운데 있었고 칼리프가 사망할 때까지 관계가 유지되었다. 그들은 마문 도서관의 발전과 번역 사업에서 중요한 역할을 했다. 마문 통치 시기의 과학적 발전의 대부분은 이 뛰어난 형제들의 주도로 힘차게 시작되었다. 그러나 이러한 준비 작업도 학문에 그들이 기여한 직접적인 공로에 비하면 별거 아니었다.

무사 형제의 기하학은 위대한 시칠리아의 수학자이자 발명가인 아르키메데스에서 출발했다. 그러나 두 선의 산물을 평면으로 생각했던 고대의 스승과는 달리, 바누 무사는 그것들에 숫자를 붙여 면적을 계산하는 데 이용했다. 달리 말해, 그리스 수학자들이 복잡한 도형의 면적과 부피를 좀 더 간단한 도형으로 분할해 표현했다면, 무사 형제는 그것들을 어떤 선들의 결과물로 표현했다. 그들은 특수 '아랍' 수학학교를 설립했다. 2세기 후에 그들이 쓴 『평면과 구면 측량의 지식서』(Kitab Ma'rifat Misahat al-Ashkal

al-Basita wa al-Kuriyya) 사본이 에스파냐의 한 도서관에서 발견되었고 크
레모나의 제라르두스(Gerardus of Cremona)가 라틴어로 번역하였다.[51]

바그다드의 학자들이 온전히 연구에만 몰두했을 것이라고 추정하는 것
은 물론 옳지 않다. 무사 형제가 새로운 도시를 위한 운하 설계에 동원되
었을 때처럼 당국은 그들에게 종종 현실적인 문제 해결을 위해 도움을 청
했다. 편한 마음으로 기획한 일도 있었다. 예를 들면, 무사 형제 가운데 아
흐마드는 약 100여 가지의 장난감 기계와 자동장치를 기술한『기발한 장
치에 관한 서(書)』(*Kitab al-Hiyal*)를 쓰기도 했다. 방치된, 그러나 놀라운 이
저서는 대담하고 복잡한 장치를 묘사한 레오나르도 다 빈치의 스케치북에
비견할 만하다. 여기에는 일방의 또는 쌍방의 공압식 밸브와 피드백에 반
응하는 자동장치, 매우 창의적이면서도 엄정하고 실용적인 공학 정신을 보
여 주는 기발한 수많은 장치가 담겨 있었다.[52] 증기로 움직이는 아흐마드
의 기계 플루트는 프로그램이 가능한 최초의 기계로 일컬어져 왔지만, 이
러한 명성은 형제가 고안한 교체 가능한 실린더(원통)를 통해 프로그램이
설정되는 수력 오르간의 도전을 받고 있다.[53] 이 두 장치에서 발휘된 아흐
마드의 독창성은 1,000년 후 자카드식 문직기와 자동 피아노, 종국에는
천공카드 프로그램 컴퓨터로까지 이어졌다. 또한 형제는 뚜껑이 달린 굴
삭기와 광산이나 우물에서 공기를 제거하는 풀무, 풀무가 작동하지 않을
때 사용하기 위한 방독면, 허리케인 램프, 자급식 램프, 자동 전지 램프 등
을 발명했다.

---

51) John J. O'Connor and Edmund F. Robertson, "Banu Musa Brothers",
   MacTutor History of Mathematics Archive, University of St. Andrews, http://
   www.history.mcs.standrews.ac.uk/Biographies/Banu_Musa.html.

52) Donald R. Hill, trans. and ed., *Book of Ingenious Devices* (Dordrecht, 1978),
   19~25.

53) Teun Koetsier, "On the Prehistory of Programmable Machines: Musical
   Automata, Looms, Calculators", in *Mechanism and Machine Theory*
   (Amsterdam, 2001), 589~603.

아흐마드의 위대한 발명서는 이슬람 세계 전역에서 읽혔지만 서구까지는 도달하지 못한 듯하다. 그나마 그에 근접하게 된 것도 11세기 안달루시아의 수리공이자 놀라운 기계장치를 만든 알 무라디(al-Muradi) 덕분이었다. 2세기 후에 아나톨리아 출신의 쿠르드인 알 자자리(al-Jazari, 1136~1206)도 이 같은 전통에서 여전히 현대의 공학자들에게 도전의식을 북돋우는 수많은 기계장치를 고안해 냈다. 초보적인 스케치로 책에 삽화를 그려넣었던 아흐마드 이븐 무사와는 달리, 재능 있는 예술가였던 알 자자리는 자신의 발명품을 매우 상세하게 묘사했다.[54] 흔히 아랍 세계 출신으로 알려진 기술자이자 발명가였던 이 두 사람은 아흐마드로부터 직접적인 영감을 받았고, 자신들이 형제의 발자취를 따랐음을 기꺼이 인정했다. 하지만 그들이 발명한 장치는 더 후에 만들어졌음에도 불구하고 중요한 부분에서 무사 형제 중 맏형이 발명한 것에 비해 세련됨이나 정교함에서 여전히 뒤처져 있었다.

이 모든 활약 가운데에는 품평회에 나갈 애견(愛犬)에 붙은 머릿니마냥 학계를 오염시킨 내부 다툼의 시간도 있었다. 무사 형제의 경우 가장 싫어했던 정적(政敵)은 위대한 철학자이자 대학자였던 아랍인 동료 킨디(Kindi)였다. 모든 증거는 이라크 바스라 출신의 이 학자가 조용하고 정치에 무심했으며 심지어는 금욕주의적인 품성을 가졌음을 보여 준다. 그리스의 현자(賢者) 에픽테토스(Epiktetos, 55?~135?)*의 추종자였던 킨디는 내면의 평온함을 키우는 동시에 진실에 대한 궁극적인 잣대로서 이성을 지치지 않고 옹호했다. 또한 그는 기하학·의학·음악·암호학 등 다양한 분야에서

---

54) 잔존하는 원고에 실린 인상 깊은 그림이 자자리의 원본을 복제한 것이 아니라 중세 필경사나 동료가 개발한 것일 가능성도 배제할 수 없다. 도널드 루틀리지 힐 (Donald Routledge Hill)은 *A History of Engineering in Classical and Medieval Times* (Düsseldorf, 1973)에서 아흐마드 이븐 무사(Ahmad ibn Musa)와 자자리의 작품에 첨부된 그림들을 능숙하게 설명했다.

* 그리스의 스토아 학파 철학자.

200편이 넘는 논문을 쓴 다작 연구자였다. '아랍 제일의 철학자'로 일컬어지는 킨디는 이 분야에서 명성을 얻은 유일한 아랍인으로 평가받는다.

무사 형제가 이렇게 온화한 심성의 사람과 충돌하게 된 이유에 대해서는 알려진 바가 없다. 종족적 경쟁심을 배제할 수 없으며 이념적·정치적 차이 역시 고려해야 한다. 마문이 사망하고 몇 년이 지난 후 행동에 나선 메르브 출신의 삼형제는 기어이 킨디를 매질하고 장서까지 몰수했다. 전직(前職) 대상 강도였던 바누 무사 아버지의 그림자가 사건 내내 따라다녔다.

무타질라파(Mutazilism)

결과 면에서 더 심각하고 지속적이었던 사건은 마문 자신이 촉발한 이념논쟁이었다. 수세기 전부터 계속되어 온 일신론적 신학이 가지고 있는 몇몇 난해한 점에 관한 논쟁에서 출발했으나, 이는 곧 종교적 진리의 기초로서 이성을 옹호하는 자와 전통을 옹호하는 자 사이의 전면적인 대립으로 폭발했다. 결국 이러한 충돌이 완전히 소진될 즈음 신앙의 영역 주변으로는 방어 장벽이 설치되었고 구속 없는 사유를 옹호하는 자 앞에는 경고의 깃발이 나부꼈으며, 관념 세계에서의 칼리프의 권위는 영원히 파괴되었다.

유대인이나 기독교도들처럼 무슬림도 오랫동안 인간 이성의 범위와 한계, 인간이 자유의지를 향유할 수 있는 정도, 세상의 악의 기원, 성서를 문자 그대로 해석해야 하는지 아니면 비유적으로 해석해야 하는지에 대해서 논쟁했다. 이미 이슬람력(曆) 첫 세기에 이라크 바스라의 수많은 학자는 이 모든 문제에 대해서 급진적인 입장을 채택했다.[55] 그러나 이러한

---

55) 무타질라파에 관해서는 Richard C. Martin and Mark R. Woodward, *Defenders of Reason in Islam: Mutazilism from Medieval School to Modern*

입장을 처음으로 체계화하고 가장 효과적으로 주창한 사람은 중앙아시아 아프간-우즈베크 국경에 위치한 티르미즈에 연고가 있는 간단히 '자흠'(Jahm)이라고 불리던 자흠 이븐 사프완 알 티르미지(Jahm ibn Safwan al-Tirmidhi)[56]였다. 이 중앙아시아인은 최소주의적 신앙관이라 할 수 있는 입장을 표명함으로써 심한 비난을 받았다. 그러나 티르미지의 견해는 급속하게 호라산과 호라즘, 그 외 중앙아시아 지역 대부분으로 확산되었다. 즉물적 입장의 하나피 법학파를 지지한 대부분의 사람들처럼 지역의 많은 군주들도 티르미지의 견해를 지지했는데 덕분에 그의 주장은 이 지역에서 더 오래 살아남을 수 있었다.

아랍어 동사 "무엇에서 자신을 분리하다"는 말에서 파생된 단어로 '무타질라파'라고 불리던 이들은 인간의 이성으로 신의 창조를 이해할 수 있으며, 신은 남녀에게 선과 악의 의지를 가질 자유를 부여했고, 악은 사물의 본질에서가 아니라 나쁜 선택에서 기인하며, 성서의 비유적인 읽기와 합리적인 해석은 허용될 뿐만 아니라 바람직하다고 주장하는 티르미지의 교리를 따랐다. 따라서 무타질라파는 개개인은 자신의 죄에 대해 책임이 있다고 진술하며 예정설 교리를 거부했다. 이는 확실히 종교학자(울라마)를 따르고 더 높은 지식으로 가는 유일한 길이자 일상의 안내자로서 계시와 믿음을 채택한 모든 이에 대한 정면도전이었다. 동시에 그것은 고대 그리스의 저작을 읽고 감탄해 마지않으며 엄격한 합리적 방법을 모든 의문에 적용하고자 한 지식인을 위한 새로운 전망도 열어주었다. 그리스 스승들처

Symbol (London, 1997); Henry Corbin, *History of Islamic Philosophy* (London, 1993), chap. 3 참조. 퍼트리샤 크론(Patricia Crone)은 무타질라파의 무정부주의에 관한 논제를 *From Kavad to al-Ghazali: Religion, Law, and Political Thought in the Near East, 600~1100* (London, 2005), chap. 10에서, 무타질라파 사상과 조로아스터교 간의 연계성에 관한 의견은 *The Cambridge History of Iran*, 4: 555~59에서 제시했다.

56) 티르미지에 관한 최고의 자료는 Wilferd Madelung, *Origins of the Controversy Over the Createdness of the Qu-ran* (Leiden, 1973) 참조.

럼 무타질라파도 철학적으로 '원자론자들'이었다. 그러나 더 이상 나눌 수 없는 물질에 대한 믿음은 일종의 유물론으로 귀결될 수도 있었지만, 그들은 창조의 역할과 그에 따른 세상사에서의 신의 역할—비록 좀 더 제한적이기는 하나—에 대한 생각을 버리지 않았다.[57]

무타질라파를 반대한 무슬림들 대다수가 종교 영역에서 일종의 이성의 역할을 부정하지 않던 시기에는 그들도 분명 신도로 인정받았다.[58] 무타질라파가 개진한 마지막 주장만 아니었다면 적어도 교리적인 수준에서 그들은 몇몇 공통점을 찾았을지도 모른다. 주류 무슬림은 『꾸란』에 구체화된 신의 말씀을 창조자만큼이나 영원한 것으로, 따라서 '자존'(自存)하는 것으로 간주했다. 티르미지가 처음에 제기한 일련의 주장을 따르던 무타질라파도 신의 단일성이 '영원히 공존하는 존재들'[59]의 가능성을 배제한다는 주장에는 반대했다. 이는 『꾸란』이 '창조되었고' 신과 공존하지 않음을 의미했기 때문이다. 그럴 경우 『꾸란』은 합리적이면서도 비유적으로 해석될 수 있었다.

왜 마문이 이렇게 난해하고 매우 논쟁적인 교리 반목의 진앙지에 몸을 맡기기로 했는지는 여전히 미스터리이다.[60] 가장 가능성 있는 세 가지 요인이 그가 이 싸움에 뛰어들기로 결심한 계기와 관련이 있을 것 같다. 첫째, 마문이 직접, 그리고 그에 앞서서는 바르마크 가문이 후원한 많은 번역본이 이성 작용에 관한 새로운 모델을 제시하며 지적 세계로 쇄도했다. 많은 지식인이 무타질라파의 견해에 신빙성을 더해 주었고, 그중에서도 특히

---

57) 요제프 판 에스(Josef van Ess)의 명석한 논의는 *The Flowering of Muslim Theology*, trans. Jane Maria Todd (Cambridge, 2006), chap. 3 참조.

58) A. N. Nader's *Le système philosophique des mu'tazila* (Beirut, 1956)는 무타질라파의 교리를 가장 명석하게 설명한 저작이다. 또한 G. E. von Grunebaum, *Classical Islam: A History, 600~1258* (Chicago, 1970), 94ff. 참조.

59) O'Leary, *How Greek Science Passed to the Arabs*, 98.

60) Kennedy, *When Baghdad Ruled the Muslim World*, 250ff.

중앙아시아 출신들이 눈에 띄었다.[61] 대체로 절충적인 신학 체계를 따르던 마문은 아마도 무타질라파의 교리 속에서 자신이 후원한 번역 작업의 결과로 얻게 된 고대 그리스에서 발원한 새로운 지식을 변호할 수 있는 이슬람적 기초를 보았던 것 같다. 그래서 개인적으로 그리고 적극적으로 이에 관심을 가졌던 것이다. 바그다드 도서관과 연구 센터에서 중요한 역할을 한 유명 인사 킨디는 무타질라파 논쟁과는 거리를 두었지만 그리스 사상을 강력히 옹호했기에 이성 주창자들의 대표 주자가 되었다.[62]

둘째, 메르브 시절 알리 리다와 도모했던 마문의 모험은 아득한 과거의 실패담으로 남았지만 그는 여전히 시아 신학이라 불릴 견해의 몇몇 측면에 대해서는 공감하였으며, 특히 모두를 위해 경전을 해석할 현명한 이맘이 필요하다는 주장에 동감했다.

셋째, 마문이 바그다드의 종교학자들과 벌인 장기간의 전투는 칼리프 마음에 깊은 분노의 앙금과 심지어는 편집증을 남겼다. 그는 전통주의자들과 직역주의자들을 후원금으로 매수하려 했지만 그들은 돈만 받고 입장은 바꾸지 않았다.[63] 이제는 그들이 권위의 유일한 원천은『꾸란』과 예언자의 하디스에 기록된 신의 말씀이라는 주장으로 주도권을 잡은 듯 보였다. 마문은 세속 권력과 종교 권력은 모두 칼리프 일인에게 집중되어 있다는 오래된 주장을 고집 세게 반복하며 이에 맞섰다. 마문은 칼리프이자 이맘으로서[64] 종교 교리를 선언하고 법, 즉 샤리아의 내용을 규정할 수 있는

---

61) *The Civilizations of Central Asia*, vol. 4, pt. 2, 109.

62) 피터 애덤슨(Peter Adamson)은 이러한 관계를 "Al-Kindi and the Mu'tazila: Divine Attributes, Creation and Freedom", *Arabic Sciences and Philosophy* 13 (2003): 45~77에서 검토했다.

63) Nimrod Hurvitz, *The Formation of Hanbalism: Piety into Power* (London, 2002), 120.

64) 이러한 관점은 존 A. 나와스(John A. Nawas)의 연구와 일맥상통한다. "The Mihna of 218 AH/833 AD Revisited: An Empirical Study", *Journal of the American Oriental Society* 116, 4 (1996): 698~708. 마문의 전제주의적 의

절대 통치자이고자 했다. 마문은 이것이야말로 정해진 규범으로 회귀하는 것이라고 생각했다. 반면 전통주의적인 종교 지도자들은 이를 자신들의 역할에 대한 강탈로 여겼고 칼리프의 변론을 이단의 헛소리라고 비난했다.

오늘날 터키에 있는 타르수스(Tarsus)에서 병사들과 함께 전투를 치르던 마문은 이 모든 문제를 곰곰이 생각한 끝에 행동할 때가 왔다고 결론을 내렸다. 바그다드의 종교학자들 개개인을 간단하게 시험하여 자신의 편인지 아닌지를 명백히 할 작정이었다. 이 심문(mihna)의 주요 질문은 매우 단도직입적이었다. 선생은 『꾸란』이 창조되었다고 믿는가, 아니면 그렇지 않다고 믿는가?[65] 만약에 전자라면 그 응답자는 이성의 추종자일 테고, 따라서 전 무슬림의 영적 지도자가 되려고 하는 칼리프의 운동을 지지할 공산이 크다. 반면 후자라면 응답자는 자신이 전통과 비이성의 노예이자 영적 권위를 추구하는 마문의 적임을 인정하는 것이리라. 그는 바그다드의 수하들에게 일련의 편지를 보내 본인이 대심문관으로서 주재할 '합리주의 심문[66]'을 추진하라고 명령했다.

마문 시대가 지나고 300년 뒤 시작된 중세 가톨릭 심문처럼 이는 단순한 학문적 활동이 아니었다. 마문은 심문을 통해 개인의 충성심을 테스트했을 뿐만 아니라 마땅히 자신의 것인 종교 권력을 명확히 행사하고자 했다. 어느 쪽도 이성이나 전통이 가지고 있는 권위에 기대지 않고는 자신의 입장을 옹호할 수 없었기 때문에 이는 궁극적으로 소신 간의 전쟁이었다. 결국 소신은 도그마가 되었으며, 그것의 타당성은 이성이나 전통에 의해서

도에 관해서는 Hodgson, *The Venture of Islam*, 1: 280ff.와 Gardet, *La cité muselmane, vie sociale et politique*, chap. 2 참조.

(65) 추가적인 연구로는 John A. Nawas, "A Reexamination of Three Current Explanations for Al-Mamun's Introduction of the Mihna", *International Journal of Middle East Studies* 26 (1994): 615~29 참조.

(66) 월터 멜빌 패튼(Walter Melville Patton)의 번역이다. *Ahmad ibn Hanbal and the Mihna* (Leiden, 1897), 56ff.

가 아니라 그것을 주창한 자의 신념의 깊이와 행사하는 힘에 의해 추인되었다. 신학적 충돌로 시작된 일은 곧 노골적으로 힘을 겨루는 시험장으로 발전했다.

마문의 주도로 처음 시작된 심문은 지성적이지는 않았지만 타협적이었던 그의 동생, 즉 칼리프 무타심(Mutasim) 때까지 무려 20년 동안이나 계속되었다. 피고인 몇몇이 두세 명으로 구성된 심문단 앞으로 사슬에 묶인 채 끌려나왔다. 기록 담당자가 남긴 메모에 따르면, 대부분은 재빨리 자신들은 당연히 『꾸란』은 창조되었다고 믿으며 따라서 그것은 자격 있는 관계자에 의해 해석될 수 있다고 단언했다. 단지 두 명의 피고인만이 감히 이러한 명제에 반기를 들었다. 그 가운데 한 명이었던 아흐마드 이븐 한발(Ahmad ibn Hanbal)은 수년간 투옥되었다가 나중에 태형(笞刑)을 받았다.

이븐 한발은 아랍인이었고 무슬림들이 중앙아시아를 정복한 초창기에 메르브에 정착한 가문 출신이었다.[67] 그의 할아버지는 오늘날 투르크메니스탄과 이란 국경에 위치한 사락스의 지사직을 지냈다. 만수르가 바그다드를 건설한 후에 그의 가족도 중앙아시아에서 새로운 수도로 이주했지만 소년의 아버지는 곧 세상을 떠났다. 관직에 잠시 몸을 담기도 했지만, 젊은 이븐 한발은 예언자 무함마드의 하디스를 모으고 공부하는 것이야말로 자신의 진정한 소명임을 깨달았다. 그는 수도자가 되어 아버지의 이른 죽음으로 자신에게 허용되지 않았던 권위 있는 가르침의 말씀을 찾아 세계 곳곳을 떠돌아다녔다. 그는 그 누구보다도 예언자와 그의 동료들의 말씀에 충실했고 종교 및 법과 관련해서는 이성의 판단이나 경합하는 다른 모든 권위를 철저히 거부했다.[68] 이는 (국가가 내세우던) 이슬람 교리와는 명백하

---

67) 한발에 관한 인물 정보는 Muhammad Abu Zahra, *The Four Imams* (Dar al Taqwa, 2001), 391ff.; Christopher Melchert, *Ahmad ibn Hanbal* (Oxford, 2006), 1~22 참조.

68) N. J. Coulson, *A History of Islamic Law* (Edinburgh, 1964), 91; Susan A. Spectorsky, "Ahmad Ibn Hanbal's Fiqh", *Journal of the American Oriental*

게 모순되는 입장으로, 신에 대한 이븐 한발의 관점이 전적으로 의인관에 따른 것이었음을 보여 준다.[69)

심문이 있기 전부터 이븐 한발은 다른 종교학자들 사이에서뿐만 아니라 마문이 어느 서신에선가 무례하고 무지하다고 일축한 바로 그 경건한 대중 사이에서도 매우 큰 영적 영향력을 행사했다. 권력자 때문에 겪은 이븐 한발의 고통은 이제 그를 순교자로 변모시켰다. 심문이 종결되고 몇 해가 지난 후 그는 세상을 떠났지만, 이미 오래전부터 그의 주변에 모여 규제 없는 사유를 반대하던 무리들이 이슬람 4대 법학파 가운데 하나를 형성할 것이 자명했다. 이 법학파가 국가에 대해 극히 신중함을 보인 것도 이븐 한발이 심문으로 인해 겪은 아픈 경험에서 직접 기인했다.[70)

무타질라파 논쟁을 무례하고 가차 없이 처리함으로써 칼리프 마문과 그를 계승한 무타심은 정통 전통주의자들의 지극히 정상적이면서도 강력한 방어적인 태도를 야기했다. 1,000년 후의 장 자크 루소(Jean-Jacques Rousseau)처럼 마문은 "인간은 자유롭게 태어났지만 모든 곳에서 족쇄에 매여 있는" 실상을 극복하기 위한 필수 도구로서 이성과 자유의지를 진심으로 옹호했다. 그러나 루소처럼 그 역시 자신의 과업을 '그들이 자유로워지도록 만드는 것'이라 생각했다. 이로써 '신의 칼리프'[71)는 벽에 부딪히게 되었다. 과거 학자들의 통찰력으로 이슬람을 풍성하게 확장하고자 시작한 일이 오히려 신앙을 편협하게 만들었고 자유와 이성의 사용에 관한 문제

Society 102, 3 (1982): 461~65.

69) Wesley Williams, "Aspects of the Creed of Imam Ahmad ibn Hanbal: A Study of Anthropomorphism in Early Islamic Discourse", *International Journal of Middle East Studies* 34 (2002): 441ff.

70) Nimrod Hurvitz, "Schools of Law and Historical Context: Reexamining the Hanbali *Madhhab*", *Islamic Law and Society* 7, 1 (2000): 47.

71) 퍼트리샤 크론과 마틴 힌드(Martin Hind)의 뛰어난 연구서 제목이다(Cambridge, 1986).

에서 무슬림의 입장을 양분시켰기 때문이다. 이러한 논쟁의 최종 결론은 수세기 동안 도출되지 않았고 그사이 지적 삶은 이슬람 세계, 특히 중앙아시아에서 전에 없던 번영을 누렸다. 그러나 이성을 거부하는 강력한 반동의 씨앗 역시 순교자인 메르브의 이븐 한발이 지조와 의연함으로 마문의 폭정에 조용히 맞섰을 때 이미 뿌려졌다.

후주(後奏)

칼리프 마문은 이븐 한발과의 결정적인 대결이 있고 나서 수개월이 지난 833년에 세상을 떠났다. 그의 계승자 무타심은 이븐 한발을 계속해 박해했고, 기독교 비잔티움 제국에 맞서 햇수를 거듭하던 지하드와 20개에 달하는 궁전 건설에도 매진했다. 마문처럼 무타심도 중앙아시아인들에게 크게 의존했는데, 그의 최고 고문이자 군사령관은 사마르칸트 인근 우스트루샤나(Ustrushana)의 전(前) 통치자, 아프신(Afshin)이었다. 무타심은 상당한 대가를 치르고 주목할 만한 몇몇 성과를 거두었지만 재원이 줄어드는 것을 속수무책으로 지켜보아야 했다. 그로 인한 사회적 소요가 바그다드 거리에서 발생하자 칼리프 무타심은 바그다드 북쪽으로 125킬로미터 떨어진 사마라(Samarra)의 새 부지로 거처를 옮겨야 했다. 바그다드에서 그의 튀르크 노예 병사들이 보여 준 망나니 같은 행동이 사마라로의 이주를 결심하게 된 무타심의 동기 중 하나였든 아니었든 간에, 이 노예 병사 대연대도 그와 함께 그곳으로 옮아갔다.[72] 사마라에 건립된 광대하고 정확하게 계획된 직선도시는 무타심이 자신 앞에 던져진 다양한 도전을 극복하기 위한 일종의 방안을 가지고 있었음을 보여 준다. 그러나 그는 이를 실

---

72) 이 군대에 관한 상세한 논의는 Matthew Gordon, *The Breaking of a Thousand Swords: A History of the Turkish Military of Samarra* (New York, 2001) 참조.

행에 옮길 수 없었다. 버림받은 옛 수도 바그다드의 관개시설이 부식되었고 그 결과 식료품 가격이 급등하면서 머지않아 전면적인 반란으로 이어질 또 한 차례의 폭동이 야기되었기 때문이다. 이번에도 반란을 이끈 지도자 중에는 중앙아시아인들이 눈에 띄었다. 그러나 무타심은 속절없이 몸부림 치며 자신의 권위가 추락하는 것을 지켜볼 수밖에 없었다.

재위 기간이 짧았던 무타심도, 그를 계승한 잔악한 무타와킬(Mutawakkil) 도 이슬람 칼리프 제국을 잡아 뜯는 분권적인 압력을 무시할 수 없었다. 무타질라파 논쟁 당시 양측 모두에서 중요한 활약을 했던 중앙아시아인들은 자신들의 삶에 끼치는 칼리프의 영향력을 줄이는 데 특히 능수능란했다. 그러면서도 이따금 바그다드에 동의를 보내는 것도 잊지 않았다. 마문 사망 후 한 세대 만에, 아랍 군대가 지난 200년 동안 힘겹게 진압한 중앙아시아 전역이 사실상 독립국가로서의 기능을 재개했다.

중앙아시아의 영향력 확대는 다른 영역에서도 감지되었다. 마문 사망후 바그다드는 자유인으로 구성된 정규군을 유지하려는 허식조차 포기했다. 권력 유지를 위해 칼리프들은 이제 중앙아시아 출신의 튀르크 노예 병사들에게 전적으로 의존했다.[73] 그중 몇몇은 장군의 지위까지 올랐고, 칼리프에게 정책 조언을 하는 이들도 있었다. 그러나 대다수의 튀르크 병사들은 사실상 폭도가 되어 때때로 바그다드를 완전히 장악하기까지 했다. 아바스 가문이 흥기한 지 한 세기도 되지 않아 칼리프 제국은 사실상 기울어가고 있었다.

마문과 무타심이 사망하자마자, 무타질라파를 향한 마문의 불운한 지지도 움츠러들기 시작했다. 칼리프 무타와킬은 심지어 합리주의를 뒷받침

---

73) Akhundova, *Tiurki v sisteme gosudarstvennogo upravleniia arabskogo khalifata*, 161ff.; Daniel Pipes, *Slave Soldiers and Islam* (New Haven, 1981), 145ff. 대니얼 파이프스(Daniel Pipes)는 이 군대의 예속적 지위를 강조한 반면, 휴 케네디 는 이를 중요하게 생각하지 않았다. Kennedy, *When Baghdad Ruled the Muslim World*, 214.

한다고 판단되는 저작의 번역가들을 투옥하기까지 했다. 바그다드의 위대한 지성의 시대가 그 정점을 지났음이 확실했다. 교리가 도그마로 경화됨에 따라 불관용이 시작되었다. 바그다드는 건립 후 한 세기 동안 다른 종교를 가진 사람들에게 열려 있었다. 조로아스터교 저술 작업은 제한 없이 계속되었고 유대교 회당도 많았으며, 성모 마리아 수도원(Monastery of the Virgin)을 포함하여 주요 기독교 기관과 여러 대성당이 바그다드 성벽 안에서 번창했다.[74] 그러나 이제까지 없던 불안한 환경이 조성되면서 정부 당국은 교회와 유대교 회당을 폐쇄했고 신자들을 탄압했다.

바그다드와 그 외 지역에서 사회적 결속력이 약화되는 것을 걱정하던 아바스 당국은 쇠퇴하고 있는 제국의 사회적·경제적 삶을 더욱 가까이서 규제하고자 모든 민간 활동을 이슬람에 맞추어 조정하는 작업에 주력했다. 이는 이슬람법(샤리아) 영역의 대대적인 팽창을 의미했다. 곧 이슬람 법학자들은 이븐 한발을 추종하는 전통주의자들의 선도 아래, 개인과 가족, 일상생활과 관련한 모든 세부적인 사항을 이슬람의 입장에서 정확하게 규정하기 위해 노력했다. 여느 권위주의적 통치자처럼 아바스 가문도 법과 종교적 제약을 결합함으로써 위로부터 사회를 통제할 수 있기를 원했다. 그러나 이러한 노력은 사회를 양분화하고 혁신에 재갈을 물렸으며, 지식의 중심지가 갈수록 자립의 길을 가던 동쪽의 중앙아시아 사회로 옮아가는 가장 중요한 요인 중 하나가 되었다.

이처럼 방어적이고 위축된 분위기 속에서 새로운 정설을 뒷받침할 교리의 근거 개발을 자신의 책무로 받아들인 두 명의 사상가가 등장했다. 그 가운데 한 명인 이라크 바스라 출신의 아부 알 하산 알 아샤리(Abu al-Hasan al-Ashari)는 개종자의 열정으로 자신의 임무를 다했다. 바그다드에 거주하던 아샤리는 마흔 살까지는 그 누구보다도 무타질라파를 열렬히 지

---

74) Le Strange, *Baghdad during the Abbasid Caliphate*, 82.

지했다. 그랬던 그가 깨달음을 얻은 후—또는 정치적 향방이 바뀌는 것을 보고—옛 동료들을 공격하는 100여 편의 소논문을 썼다. 그가 세운 아샤리(Ashari) 학파는 수세대 동안 반(半)휴지기 상태였으나, 2세기 후 중앙아시아의 위대한 신학자이자 철학자인 아부 하미드 무함마드 알 가잘리(Abu Hamid Muhammad al-Ghazali, 1058~1111)가 합리주의와 '철학'의 허식을 잘라내기 위해 아샤리의 뛰어난 논쟁술을 사용하면서 크게 성공할 터였다.[75]

마문의 끔찍한 심문 후에 등장한 또 다른 위대한 반합리주의자는 사마르칸트 인근 출신의 호기심 많고 박식한 중앙아시아 사상가이자 '안내하는 이맘'(Imam of Guidance)으로 알려진 아부 만수르 무함마드 알 마투리디(Abu Mansur Muhammad al-Maturidi, 853~944)였다. 아샤리처럼 그도 자유의지 문제에서는 수용적이었으나 다른 면에서는 강경론자였다. 그는 무타질라파뿐만 아니라 마니교의 이원론이나 다양한 모든 다신교를 포함해 인지된 위협으로부터 정설을 방어하고자 했다. 그는 대결을 즐겼고 이러저러한 악을 '반박'하는 글쓰기를 좋아했으며, 『무타질라파의 오류를 폭로하는 서(書)』(A Book Exposing the Errors of Mutazilism)와 같이 호전적인 제목을 선호했다. 이슬람의 진리를 이해하기 위해 신이 주신 정신력을 사용하는 데 실패한 자들의 끝은 결국 지옥행이라고 마투리디는 확신했다. 글의 신랄함 때문인지, 아니면 그럼에도 아랑곳하지 않은 것인지는 모르겠지만, 이 중앙아시아인의 글들은 터키에서 인도에 이르기까지 이슬람 직역주의자와 전통주의자들 사이에서 500년 동안 인기가 있었다.

이처럼 쏟아지는 비판의 폭풍에도 불구하고, 많은 이가 계속하여 지식을 여는 가장 중요한 열쇠로 이성을 수용하고 자유의지를 신이 인간에게 준 선물이라고 단언했다. 엄밀한 의미의 무타질라파는 퇴색했지만 적잖은

---

75) Majid Fakhry, *A History of Islamic Philosophy* (New York, 1983), chap. 7.

사상가들이 이 파의 주요 개념을 지속적으로 발전시켰다. 바그다드 무타질라파 전통의 주요 상속자는 이번에도 역시 중앙아시아인으로, 발흐 출신의 아부 알 라반 알 발히(Abu al-Rabban al-Balkhi)였다. 그는 정통파의 비판자들보다는 오히려 의심과 무신앙에 빠진 합리주의자들을 꾸짖었다. 이성과 자유의지 진영 중에서도 이 같은 급진파의 전형은 마찬가지로 중앙아시아인이었던 아부 하산 아흐마드 이븐 알 라완디(Abu Hasan Ahmad Ibn al-Rawandi, 820~911)였다. 그의 노골적인 무신론은 그가 태어난 호라산 지역과 그곳의 신흥 수도인 니샤푸르를 다룰 때 살펴볼 것이다.

공인된 무타질라파 상속자들 외에도 마문의 심문에서는 신중한 결론을 도출했지만 계속해서 합리적 질의의 깃발을 높이 든 다수의 예리한 사상가가 있었다. 대부분은 계시의 진리를 받아들인 선량한 무슬림이었다. 후대의 존 로크처럼 그들도 믿음의 영역을 인정했고 그것이 이성보다 위에 있다고 생각했다. 그러나 그들 역시 로크처럼 그 외 창조물은 이성으로 접근 가능한 영역으로 간주했기에 기꺼이 열의와 준엄한 지성으로 탐구하기 시작했다. 이와 같은 위대한 지적 모험에서 앞으로 우리가 주목할 중앙아시아인들을 능가할 자는 아무도 없었다.

제6장

유랑하는 학자들

　대(大)중앙아시아는 물리적 이동성과 가장 밀접한 관계에 있던 지역이
다. 유목민들은 계절에 따라 옮아다녔고 대도시 집산지의 경제는 대륙 교
역의 토대에 기대고 있었다. 중동·인도·중국·유럽으로 가는 장거리 노선
은 마문이 자신의 도서관에 직원을 두기 시작할 무렵이면 이미 구축된 지
거의 1,000년이 되어가고 있었다. 여행이 떠나고 싶어 안달이 난 사람이라
면 누구나 완행열차처럼 느릿느릿 오아시스 사이의 황무지를 빈번히 오고
가는 카라반 중 하나에 붙으면 그만이었다. 일찍이 기원전 5세기에 소그디
아나나 호라즘 같은 지역 출신의 중앙아시아인들은 저 멀리 페르시아 수
도 페르세폴리스나 이집트의 멤피스, 심지어는 누비아(Nubia)와 접하고 있
는 나일강 상류의 외딴 엘레판티네(Elephantine)섬에도 나타났다.[1]
　시인이나 점성술사, 학자, 음악가, 춤꾼들에게 여행은 낯설지 않았다. 점
성술사들은 미래를 예언할 수 있는 누군가를 필요로 하는 궁정이라면 어
디든지 찾아갔다. 또한 수십 명의 류트 연주자들과 춤꾼들이 중앙아시아

---

1) N. N. Negmatov, "States in North-Western Central Asia", in *History of Civilizations of Central Asia*, 2: 443.

를 떠나 중국 왕실로 향하기도 했다. 유랑하는 학자라는 개념이 중세 유럽에서도 깊이 뿌리를 내리게 될 터이지만[2] 대개는 자신이 태어난 계곡이나 마을, 수도원을 떠나지는 않는 것이 일반적이었다. 하지만 중앙아시아에서는 그렇지 않았다. 기원전 300년부터 그리스 사상가들과 그에 이어 인도 학자들이 중앙아시아에 도착했고, 그 후에는 유대인 점성술사와 마니교 현자, 네스토리우스파 수도승들이 여행을 왔으며, 이는 언제나 중앙아시아인들의 답례 방문으로 이어졌다. 칼리프 마문이 도서관과 연구 센터를 발전시키기 수세기 전부터 물리적 이동과 그 밑바탕에 깔려 있는 이상주의와 기회주의가 결합되어 중앙아시아 전역의 정신적 삶을 규정했다.

이 순회 사상가들이 돌아다니도록 추동한 것은 무엇이었을까? 정치적 불안과 격변이 적잖은 이들을 고향에서 몰아냈다. 수학자이자 천문학자인 콰리즈미의 고향 호라즘은 이 어린 학생이 고향을 떠날 무렵 여전히 아랍 침략으로부터 회복되지 못한 상태였다. 젊은 의사 이븐 시나가 부하라를 떠날 무렵에 사만 왕조는 최후의 발악을 하고 있었고, 훗날 수피 시인 루미가 호라산에서 도망쳤을 무렵 역시 이 지역은 몽골의 정복으로 몸부림치고 있었다.

연구 가능성이나 순전한 호기심에서 중앙아시아 사상가들은 확실한 길을 선택하기도 했다. 아부 자이드 알 발히(Abu Zayd al-Balkhi, 850~934)는 매우 중요한 지도에 쓰일 정보 수집을 위해 여행했고, 예언자 무함마드의 하디스 편찬자 무함마드 알 부하리는 유명한 전서 집필을 위해 구술 인터뷰를 하며 수년을 길에서 보냈다. 그리고 비록 이 문제에 있어서 선택권은 없었지만 대학자 비루니는 수년 동안 인도에서 연구하고 여행할 수 있는 기회를 분명히 환영했다.

위대한 사상가 가운데 운이 좋았던 몇몇은 사재를 모았고, 또 여럿은 벌

---

2) Helen Wadell's classic, *The Wandering Scholars of the Middle Ages* (London, 1926).

이가 괜찮은 관료가 되었다. 그렇지만 대부분은 후원을 받기 위해 왕실 궁정에 의존할 수밖에 없는 처지였다. 많은 이들이 신앙과 무관하거나 심지어는 종교를 적대시한다고 생각하는 학문을 후원할 의도가 일반 무슬림 후원자들에게는 없었기 때문이었다.

이 지역의 기후가 전반적으로 온화했으므로 학자나 과학자들의 물질적 필요는 덜했을 것이다. 그럼에도 그들은 여전히 후원과 보장을 필요로 했으며, 지식인 동지들과의 교류도 원했다. 바르마크 가문의 시대와 칼리프 마문의 통치 시기, 그리고 그 후 이어진 두 세대 동안 바그다드는 당당하게 이러한 요구를 충족시키면서 중앙아시아인들을 매료시켰다.

중앙아시아 고유의 문화적 요인이 이러한 과정을 강화했다. 한 세기 동안의 혼돈이 지나고 아바스 통치 아래 상대적인 평화가 수립되면서 이 일대 전역에서 지적 활동이 활발히 전개되었다. 중앙아시아 사상가들이 빠르게 아랍어를 익힌 덕분에 이러한 호황은 더욱 촉진되었지만, 굳이 그것이 아니더라도 페르시아어 구사 능력을 갖춘 그들은 자리를 쉽게 잡을 수 있었다. 또한 바그다드로 향한 중앙아시아 지식인들이 낯선 땅으로 떠나는 촌뜨기처럼 위축되지 않았다는 사실도 중요하다. 어쨌든 중앙아시아인들은 아바스 가문이 칼리프 자리에 오르는 데 핵심적인 역할을 수행했고, 따라서 그들의 후예들은 바그다드가 자신들의 의견에 마땅히 귀를 기울여야 한다고 생각했다. 더욱이 바르마크 가문과 무사 형제는 자신들의 고향에서 온 학자들과 과학자들에게 문호와 지갑을 활짝 열었고, 이러한 후원 방식은 사람들로 하여금 바그다드에서는 재능만 있으면 얼마든지 출세할 수 있다고 생각하도록 만들었다.

한동안 티그리스 강변의 수도가 중앙아시아 지식인들의 삶의 중심이었다는 것은 그리 놀랄 일이 아니다. 중앙아시아 지역 출신의 학자와 과학자들은 수도의 주요 인사가 되었을 뿐만 아니라 10세기 한 아랍 작가가 관찰했듯이, "호라즘에서 온 학생을 문하에 두지 않은 과학자도 시인도 바그다드에는 없었다."[3) 비슷한 무렵에 야심찬 아랍 학자들이 바그다드로 유입되었을 때도 같은 상황이 벌어졌다. 하다못해 한 아랍 학자는 수도의 학자들과 동석하기 위해 안달루시아(에스파냐)에서부터 그 먼 길을 달려왔다.[4] 그러나 아랍인들의 수적인 우세와 탁월함에도 불구하고, 과학과 철학 대부분의 영역에서 중앙아시아인들이 그들을 능가했다.

바그다드의 중앙아시아인들

라이프치히 출신의 독일 학자가 수행한 선구적인 연구 덕분에 바그다드 살롱으로 몰려든 중앙아시아인들의 숫자를 추정할 수 있게 되었다. 20세기 초 하인리히 주터는 아바스 초기부터 가장 큰 집단을 이루던 수학자와 천문학자 가운데 이슬람 중세기에 활동한 약 515명의 출신지를 공들여 작성해 출판했다.[5] 그들이 아랍어로 글을 썼기 때문에 전문가들을 제외한 대부분의 사람들은 당연히 그들을 중앙아시아인이 아니라 실제 아랍인이라고 결론내렸다.

주터는 유독 이 두 학문 분야에서 높은 성취를 이룬 이들의 명단에 압도적으로 많은 중앙아시아인 —그들 대부분이 이란계였다 — 이 포함되어 있음을 발견했다. 그의 방법은 간단했다. 아랍어로 된 개개인의 이름에 붙은 니스바(nisba), 즉 출신 지명을 추적한 것이다. 그의 발견이 별거 아닌 듯 보일 수도 있지만 중세의 지적 지도를 대대적으로 수정할 필요성을 제기한 것만으로도 그 의미는 충분하다.

주터의 노력이 최근 타슈켄트 출신의 학자인 바흐롬 압두할리모프

---

3) *Khorazm Mamun Akademiiasi 1000 yil* (Tashkent, 2006), 2.

4) Kraemer, *Humanism in the Renaissance of Islam*, 57.

5) Heinrich Suter, *Die Mathematiker und Astronomen der Araber* (Leipzig, 1900, 65ff.

(Bakhrom Abdukhalimov)에 의해 더욱 구체화되었다. '지혜의 집'——그는 이 용어를 썼다——에 대한 그의 연구는 잘 알려진 중앙아시아 과학자와 학자 가운데 바그다드에서 일했던 열다섯 명에 중점을 두고 있다. 그는 그들이 이 도시의 지적 생활의 중심에 있었음을 보여 주었다.[6] 또한 바그다드에 자리 잡은 다수의 중앙아시아 학자가 충분한 자질을 갖추고 있었음도 확인해 주었다.

중앙아시아인들의 천재성은 여러 분야와 학문에 골고루 분포되어 있었을까? 바그다드의 중앙아시아인 가운데 시로 명성을 얻은 이는 없었다. 왜냐하면 궁전의 공식 언어는 아랍어였으며, 시는 무엇보다도 읽히는 것이 아니라 읊어지는 것이기 때문이었다. 잘 알려진 음악가 대부분도 아랍인이었다. 비록 음악이론에 대한 연구를 개척하고 어느 의미에선 500년 동안 동서양 음악이론을 규정한 주요 문제와 명제를 선정한 이가 중앙아시아의 파라비였음에도 말이다. 다수의 중앙아시아인들이 건축 분야의 혁신가로 떠올랐고 책에 세밀화를 그리는 화가로도 활약했다. 그렇지만 이와 같은 분야에서 최고로 인정받던 예술가 대부분은 고향에서 후원자를 찾을 수 있었기에 굳이 의뢰인을 찾아 바그다드까지 갈 필요가 없었다.

이로써 중앙아시아인들이 특별히 두각을 드러낸 분야로 두 개의 넓은 활동 영역——수학과 천문학을 중심으로 한 과학, 그리고 '철학'이라는 표제 아래 묶일 수 있는 영역——이 남는다. 과학에는 문화인류학을 포함해 사회과학의 특정 분야나 과학적 계측과 일반적인 기술 분야도 포함될 수 있다. 이들 분야가 모두 고대와 근대 세계의 발원 사이에 존재한 과학적·인문학적 학문의 주요 범주를 포괄하게 된 것은 결코 우연이 아니다.

몇몇 경우에는 중앙아시아인들이 아랍인 발명가들과 일반적으로 연계되는 기술에 중요한 기여를 하기도 했다. 예를 들면, 지난 1,000년간 고대

---

6) Bakhrom Abdukhalimov, *"Bait al-Khikma"va urta osie olimplarining bagdoddagi ilmii faoliiati* (Tashkent, 2004), chap. 5.

그리스인들이 발명한 아스트롤라베 — 따라서 그 이름은 그리스어 아스트롤라본(astrolabon)*에서 유래했다 — 를 아랍 과학자들과 과학 전문 기술자들이 완성했다고 추정되어 왔다. 어느 적격의 기술자에 의해 품질이 개선된 황동 기구는 정확한 구성과 우아한 장식을 겸비하고 태양과 달, 행성, 별의 위치를 알아낼 뿐만 아니라 심지어는 예측도 가능했으며, 특정 위도에서의 시간을 측정하고 산의 높이와 우물의 깊이를 계산할 수도 있었다. 바그다드 인근 출신의 아랍 과학자 바타니(Battani, 858?~929) — 라틴어화된 그의 이름은 알바테니우스(Albatenius)이다 — 가 처음으로 이 기구의 수학적 운용을 계산해 냈지만, 최초의 '아랍' 아스트롤라베를 만든 이는 파르스 출신의 페르시아인 과학자 파자리(Fazari)로 알려져 있다. 게다가 구(球)가 축과 직각인 평면으로 투사되는 법을 발견함으로써 아스트롤라베에 새로운 전망을 열어주었다고 하여 '아스트롤라베를 만든 이'(al-Astulabi)[7]라는 별명까지 얻은 사가니(Saghani)는 오늘날 투르크메니스탄의 메르브 지역 출신이었다. 또한 이 중요한 기구의 정교화를 위해 많은 일을 한 이들도 중앙아시아인이었다.[8] 그들은 같은 시기에 천문학 사분의를 개발하는 데도 마찬가지로 중요한 역할을 했다.[9]

메르브의 사가니는 고대 그리스 과학자와 자신이 살던 시대의 과학자 간의 차이를 다음과 같은 인상적인 구절로 대담하게 요약했다.

---

* 어원은 그리스어 'ἄστρον'(별)과 'λαβ-'(붙잡는 것)으로 '별을 붙잡는 것'이라는 의미이다.

7) R. Lorch, "Al Saghani's Treatise on Projecting the Sphere", in *From Deferent to Equant: A Volume of Studies in Honour of E. S. Kennedy,* ed. D. A. King and G. Salibam (New York, 1987), 237ff.

8) Richard Lorch, *Al-Farghani on the Astrolabe* (Wiesbaden, 2005).

9) A. K. Tagi-Zade and S. A. Vakhalov, "Astroliabi srednevekovogo Vostoka", *Istoriko-astronomicheskie issledovaniia* 12 (1975): 169~225; A. K. Tagi-Zade "Kvadranty srednevekovogo Vostoka", *Istoriko-astronomicheskie issledovaniia* 13 (1977): 183~200.

고대인들은 기본적인 원리를 우연히 발견하거나 개념을 발명하여 유명해졌다. 반면 오늘날의 학자들은 다량의 과학적 세부 문제를 생각해 내고 어려운 '문제'를 간소화하며, 흩어진 '정보'를 조합하고, '이미 존재하고 있는 물질'을 논리정연하게 설명함으로써 명성을 날린다. 고대인들이 오늘날 학자들에게 할 일을 얼마나 많이 남겨놓았는지 ……![10]

바그다드의 중앙아시아인들이 철학과 과학, 인문학 분야에 업적을 남길 수 있었던 것은 역시 중앙아시아 출신이었던 아부 술라이만 알 시지스타니(Abu Sulayman al-Sijistani, 932~1000)가 매주 주관한 인문학 세미나 덕분이었다. 시지스타니는 인간 자석 같은 사람이었는데, 그가 없었다면 지적 발전은 불가능했을 것이다. 매주 금요일 저녁, 그의 집에 많은 중앙아시아 동료를 포함해 다양한 지역에서 온 여러 무리가 모였다. 이 야연(夜宴)에서 행해진 그의 비평은 흥미롭고도 매력적이었다. 이에 한 참석자는 이를 적어두었다가 500쪽에 달하는 책으로 발표했다. 『기쁨과 취흥의 서(書)』(A Book of Pleasures and Conviviality)라는 책 제목은 그곳의 분위기를 잘 압축해 보여 준다.[11]

시지스타니는 오늘날 아프가니스탄과 이란 사이의 국경 지역 인근에 있는 시지스탄이라는 소도시 출신이었다. 그가 처음으로 그리스어 필사본을 접하게 된 곳도 바로 이 시골 벽지에서였다. 어른이 되면서 그는 수학·의학·논리학·음악·우주론을 포함해 철학의 모든 구성 분야에 흥미를 갖게 되었다. 그는 추론과 배움의 삶을 즐겼으며, 저녁 토론 내내 끊임없이 제기되는 열린 질문에 사로잡혔다. 그러면서도 그는 종교와 그 토대인 계시에

---

10) Franz Rosenthal, "Al-Asturlabi and as-Samaw'al on Scientific Progress", *Osiris* 9 (1950): 555~64.

11) 이 세미나를 기록한 아부 하이얀 알 타위디(Abu Hayyan al-Tawhidi, 930년경 ~1023)의 두 권의 책에는 바그다드뿐만 아니라 이란 라이의 부이 궁정에서 열리던 모임 이야기도 담겨 있다. 하지만 이 자료를 서구권 언어로는 이용할 수 없다.

지나친 경외심을 보이면서 예언자가 철학자나 과학자보다 더 높은 지위를 점한다고 단언했다.[12]

누군가는 이러한 발언이 상당히 임기응변적이라며 미심쩍어 한다. 이 같은 발언을 했음에도 불구하고, 시지스타니는 종교와 철학은 완전히 분리된 영역에 속하며 사실상 상호 양립이 불가하다는 주장을 했기 때문이다. 그가 종교법(샤리아)과 동일시한 종교는 추론이나 '왜'라는 곤란한 질문을 필요로 하지 않을뿐더러 던지지도 않는다. 어차피 종교의 목적은 신에 대한 인간의 복종을 단언하고 신에 대한 두려움을 고취하는 것이지, 논증에 관여하는 것이 아니기 때문이다. 반대로 학문 세계('철학') 역시 종교를 필요로 하지도, 그 자리를 염두에 두지 않아도 된다. 시지스타니는 『지혜의 창고』(Siwan al-Hikma)에서 종교 전문가들이 모든 합리적인 사고와 거리를 두어야 하는 것처럼 철학자와 과학자도 종교와 완전히 분리되어야 한다는 놀라운 결론을 제시했다.

시지스타니에게 냉정한 면이 있었던 것은 분명하다. 그가 주최한 모임에서 부하라 출신의 한 젊은 학자가 배움에 매진하는 자는 생계를 걱정해서는 안 된다고 떠벌리면서 막상 자신이 받고 있는 재정적 도움에 대해서는 불평하는 만용을 부렸다. 이에 시지스타니는 부하라 사람은 덜 쓰고 대신 지혜와 덕성을 쌓는 데 집중해야 한다고 장난치듯 답했다. 그런데 이 젊은 부하라인이 이즈음 역사에서 사라졌다. 이는 그가 받던 보조금이 갱신되지 않았음을 암시한다.[13]

---

12) 시지스타니에 관한 논문으로는 *Istoriia tadzjikskoi filosofii*, 119~22; Kraemer, *Humanism in the Renaissance of Islam*가 있다.

13) Kraemer, *Humanism in the Renaissance of Islam*, 68.

아랍 동료들

'아랍 르네상스'에 중앙아시아인들이 기여한 역할을 인정했다고 해서 바그다드의 아랍 과학자들의 업적이 폄하되는 것은 결코 아니다. 그들은 처음부터 그곳에 있었고 주목할 만한 역할을 수행했다. 앞서 언급한 바 있는, 무타질라파 논쟁 당시에 무사 형제 때문에 고난을 겪었던 킨디야말로 과학과 철학에 종사하던 바그다드 아랍 학자들의 대부임이 틀림없다. 쿠파 출신의 이 아랍인은 일종의 잡식성 지식인의 초창기 표본이었다. 얼마 지나지 않아 아랍 지역에서는 이런 유형의 지식인들이 급증했고 중앙아시아에는 그 숫자가 훨씬 많았다. '아랍 제일의 철학자'(the Philosopher of the Arabs)로 알려졌지만 킨디는 과학 분야에서도 가치 있는 기록을 남겼다. 지리학에 관한 그의 저작은 혁신적인 육상 지도 제작 방식을 개척한 아프가니스탄 발흐 출신의 저명한 제자인 아부 자이드 알 발히에게 영감을 주었다. 또 광학 분야에서 남긴 두 연구논문은 영국의 대학자 프랜시스 베이컨(Francis Bacon, 1561~1626)이 우연히 그것들을 발견하게 되는 700년 후에도 여전히 높은 평가를 받았다.

바그다드에서 활동한 여러 아랍 유명 인사들에 관한 학구적인 전기는 중앙아시아와의 강한 연계성을 잘 보여 준다. 예를 들면, 바그다드 철학운동의 창시자는 서양에서 '지베르'(Geber)라고 알려진 복잡하고 수수께끼 같은 아부 무사 자비르 이븐 하이얀(Abu Musa Jabir ibn Hayyan, 721~815)이었다. 자비르는 아랍계였지만 호라산의 고대 수도 투스에서 성장하고 교육을 받았다. 그의 정체가 더욱 복잡해진 것은 그의 저작 대부분이 중앙아시아에서 지내던 시절에 쓰였고 호라산 과학자들의 관심사를 반영하고 있기 때문이었다. 철학이 일체중생을 포함한다고 믿었던 자비르는 화학·천문학·물리학·야금술·약물학·의학에서 획기적인 성과를 거두었다. 호라산의 아들로서 바르마크 가문에 의해 바그다드로 초청받은 그는 많은 저작을 그들에게 헌정했다.[14]

자비르가 주력한 학문 분야는 연금술이었다. 18세기까지는 연금술이 마법의 기운을 풍기는 사이비 과학이 아니라 정규 과학의 일부로 간주되었다. 그런데 그는 영어로 '횡설수설'(gibberish)이라는 말을 탄생시킬 만큼 이해 불가한 암호화된 언어를 종종 사용하며 독자들을 혼란에 빠뜨리기도 했다. 물론 자비르의 이상(異常) 행동에는 나름의 사정이 있었지만 말이다. 결국 그는 고대의 피타고라스 학설로 가득한 새롭고 신비로운 이슬람 우주론을 주창하는 데 성공했다.[15]

내심 실험주의자이자 실용적인 발명가였던 자비르는 방수지(防水紙)나 방철강(防鐵鋼) 같은 획기적인 물건을 생각해 냈다.[16] 또한 자비르는 물약을 혼합하다가 결정화가 효과적인 정제과정임을 발견하기도 했다. 그가 '화학의 아버지'이자 실험실에 기반한 실험과학의 아버지라는 영예를 갖게 된 것은 조금도 이상하지 않다.[17] 유럽에 끼친 그의 영향력이 너무도 컸기에 그가 쓴 것으로 알려진 2,500편의 저작 가운데 상당수가 '가짜-지베르'의 글로 밝혀진 서양의 위작(僞作)이었다.

---

14) 후대 아랍 저자들은 다른 많은 이들과 더불어 자비르가 호라산 출신이 아니라 사실은 아랍인이라며 아랍 연고성을 주장했다. 하지만 분명 자비르는 바르마크 가문과 밀접한 관계가 있었고 그의 아버지는 수년을 호라산에서 보냈으며, 초기 자료들도 아랍 이주민들이 거의 없었던 투스에 그의 뿌리가 닿아 있음을 명백히 보여 준다. 반대되는 시각은 William Newman, "New Light on the Identity of Geber", *Sudhoffs Archiv* 69 (1985): 76ff. 참조.

15) Seyyed Hossein Nasr, *An Introduction to Islamic Cosmological Doctrines* (Albany, 1993), 37.

16) 접근성이 좋은 개괄서로는 E. J. Holmyard, *Makers of Chemistry* (Oxford, 1931); E. J. Holmyard, ed., *The Arabic Works of Jabir ibn Hayyan* (New York, 1928) 참조.

17) 이 예외적인 인물에 대한 최고의 자료로는 고인이 된 프라하의 학자 파울 크라우스(Paul Kraus)가 쓴 *Jâbir ibn Hayyân - Contribution à l'histoire des idées scientifiques dans l'Islam - Jâbir et la science grecque* (Paris, 1986)가 있다.

중앙아시아의 위력 : 의학과 수학, 그리고 천문학

과학 내에서도 몇몇 분야가 특히 바그다드 중앙아시아인들의 관심을 끌었다. 이 목록의 상위에는 바르마크 가문 시절부터 이론 및 실용 지식의 결합으로 최고의 지성인을 매료시켰던 의학이 자리했다. 실제로 중앙아시아파로 뚜렷이 분류할 수 있는 의료 전문가들이 있었는데, 이븐 시나와 그의 『의학정전』이 그 정점을 찍었다. 이러한 흐름을 이끈 선구자들은 이번에도 역시 메르브 출신이었는데, 구체적으로 말하면 지적으로 세련된 큰 규모의 네스토리우스파 기독교 공동체에서 온 이들이었다. 알리 이븐 사흘 알 타바리의 아버지는 메르브의 유명 의사였고 다른 과학 분야에도 조예가 깊었다. 군데샤푸르의 시리아 번역가들과 같은 분야에서 일한 그는 초창기에 클라우디오스 프톨레마이오스(Claudios Ptolemaeos)의 획기적인 저작 『알마게스트』(Almagest)*를 아랍어로 번역했다. 아버지 밑에서 공부를 마친 타바리는 바그다드로 갔고 그곳을 다스리던 칼리프에 의해 이슬람교로 개종했다. 메르브에서의 교육은 타바리에게 시리아어와 그리스어에 대한 확고한 지식을 제공했고 그 덕에 그는 번역 없이도 두 언어로 된 풍부한 구전(口傳)의학 지식에 직접 접근할 수 있었다. 바그다드에 있는 동안 그는 아랍어로 된 초기 의학 백과전서 중 하나인 『지혜의 천국』(Firdous al-Hikmah)을 편찬하기 시작했다.[18] 더 많은 독자를 확보하기 위해 그는 시리아어로도 이를 발표했다.

타바리가 쓴 방대한 책을 무작위로 통독하다 보면,[19] 그가 반복적으로 표명한 육체와 정신 건강은 매우 밀접하게 상호 연관되어 있다는 확신에

---

* 140년경 쓰여진 중세의 천문학·연금술학 저서이다.

18) Max Meyerhof, "Ali at-Tabari's 'Paradise of Wisdom', One of the Oldest Arabic Compendiums of Medicine", *Isis* 6, 1 (1931): 7~12.

19) M. Z. Siddiqi, *Firdausy'l-Hikmat, or "Paradise of Wisdom", by Ali b. Rabban at-Tabari*, 8 vols. (Berlin, 1928).

깊은 감명을 받게 된다. 그의 진단 어휘는 심리적 통찰로 가득했고 환자와의 상담을 포함해 일종의 원시-심리요법을 종종 처방하곤 했다. 정신과 육체 간의 연관성에 대한 관심으로 인해 타바리는 아동 발달과 소아학(小兒學)에도 중점을 두었다. 이러한 것들 모두가 중앙아시아의 수많은 유명 의료 전문가의 화두였음을(제7장 참조) 고려한다면, 이를 호라산 지역의 네스토리우스파 기독교도 의사들의 과업에 그 뿌리를 두고 있는 명백한 지역적 관심사로 보아도 큰 무리가 없을 듯하다.

의학 외에도 중앙아시아인들이 전적으로 두각을 드러냈던 분야는 수학 및 그와 연계된 학문, 그리고 천문학이었다. 주터의 세심한 연구는 이를 양적인 측면에서 뒷받침해 주지만 왜 이럴 수밖에 없었는지에 관한 흥미진진한 질문은 던지지 않는다. 중앙아시아 출신의 수학자 및 천문학자 동료들을 양성하고 보조금을 주기 위해 자유롭게 칼리프의 금고를 유용할 수 있었던 무사 형제의 막후 술책 때문이었을까? 아니면 숫자나 공간 관계, 천공 문제에 특별히 절박함을 가질 만한 무엇인가가 중앙아시아 문화에 있었던 것일까?

막연한 추측보다는 바그다드에서 이 분야의 주요 대표 주자로 활약했던 중앙아시아인 여러 명을 살펴보는 것이 훨씬 도움이 될 것이다. '아랍' 수학과 천문학의 선구자로 인정받는—그저 하바쉬로만 알려진—메르브 출신의 하바쉬 알 마르와지보다 더 좋은 출발점은 없다. 오늘날 투르크메니스탄에 있는 대대적인 과학 중심지에서 나고 교육받은 하바쉬 역시 819년 칼리프 마문의 수행단과 함께 바그다드로 이주한 중앙아시아인이었다. 그는 당시 대부분의 동료들보다 나이가 많은 쉰다섯 살이었지만, 앞으로도 백 살까지 일을 계속할 터였다. 바그다드에 도착하자마자 그는 메르브의 관측소를 모델 삼아 마문이 세운 관측소에서 다른 천문학자들과 함께 일했다.

바그다드로 이주하고 10년이 지난 후에 하바쉬는 처음으로 식(eclipse)을 이용해 태양의 고도를 통해 정확한 시간을 알아내는 방법을 찾아냈다.[20]

10년 동안 그는 행성의 위치와 식, 월상(月相), 정확한 달력 정보 계산을 용이하게 만든 세 쌍의 천문학표를 개발한 과학 연구진 중 핵심적인 인물로 활약했다. 그는 자신의 연구를 촉진한 이른바 멜론 아스트롤라베(melon astrolabe)라고 불리는 완전히 새로운 기구의 개발도 도왔다. 이 기구는 고정 지평선상의 천구(天球) 일일운동을 모사한 시스템을 통해 방위각-등거리 지도를 제작하는 장치였다.[21]

지구 둘레를 1도(°) 단위로 측정하는 연구에 참여하면서 하바쉬는 지구 둘레를 32,444킬로미터(실제 적도에서의 둘레는 40,030킬로미터)로, 반경은 5,151.61킬로미터(실제는 6,378킬로미터)로, 지름은 10,327.2킬로미터(실제는 12,756.27킬로미터)로 추산했다. 비루니와 다른 중앙아시아 천문학자들은 곧 이 수치들을 개선해 오늘날의 측정값에 근접한 결과를 산출해 냈다. 그는 달과 태양, 지구와의 거리, 궤도 크기 같은 수치를 계속해 개발했다. 위대한 콰리즈미가 곧 이 모든 추정치를 크게 개선할 터이지만, 하바쉬와 그의 동료들이야말로 바그다드에서 처음으로 이와 같은 정밀성을 추구한 사람들이었다.

한편, 하바쉬는 수학자로서 오늘날 삼각법의 탄젠트처럼 기능하는 본영(本影),* 즉 그림자 개념을 가정한 후 코탄젠트 개념을 도입하여 그에 관한 최초의 표를 만들어냈다. 뿐만 아니라 처음으로 과학과 공학, 항해에 필수적인 보조 삼각함수의 표를 산출하기도 했다.[22]

---

20) Y. Tzvi Langermann, "The Book of Bodies and Distances of Habash al-Hasib", *Centaurus* 28 (1985): 108~13. 하바쉬의 *Book of Bodies and Distances*를 번역한 랭저맨의 글은 122~27 참조.

21) E. S. Kennedy and Richard Lorch, "Habash al-Hasib on the Melon Astrolabe", in *Astronomy and Astrology in the Medieval Islamic World*, ed. Edward S. Kennedy (Aldershot, 1998), 1~13.

* 일식·월식 때 지구나 달에서 가장 어두운 부분을 말한다.

22) J. L. Berggren, "The Mathematical Sciences", in *History of Civilizations of Central Asia*, 4: 189.

하바쉬보다 두 세대가량 어렸던 또 다른 중앙아시아 천문학자 아흐마드 알 파르가니는 오늘날 우즈베키스탄 타슈켄트 동남쪽에 위치한 페르가나 계곡 출신이었다. 하바쉬처럼 그도 칼리프 마문과 자신의 후원자이자 협력자였던 무사 형제와 가까운 관계였으며, 아마도 신임 칼리프와 함께 메르브에서 바그다드로 이주한 듯하다. 파르가니는 마문의 천문학 사업을 진행하던 하바쉬와 여러 다른 중앙아시아인과도 친분이 있었다. 가장 널리 알려진 그의 저서 『천체운동에 관한 기초 천문학』(*Kitab fi Jawami Ilm al-Nujum*)은 항성 및 행성 경로의 복합운동에 관한 2세기 프톨레마이오스의 그리스어 논문인 『알마게스트』를 훌륭하게 요약한 것이었다. 바그다드의 최신 연구 결과에 기초해 프톨레마이오스의 정보를 갱신한 파르가니의 저작은 아랍어로 쓰인 천문학에 관한 초기 저작 중 하나이다.[23] 큰 미덕으로 칭송받는 명료성 덕분에 그의 저서는 서구에서도 엄청난 주목을 받았다. '알프라가누스'로 알려진 파르가니는 크리스토퍼 콜럼버스를 포함해 서구에서 가장 많은 독자를 거느린 '아랍' 천문학자였다. 『천체운동에 관한 기초 천문학』은 12세기부터 16세기까지 수차례 번역되었으며, 단테가 『신곡』(*La Divina Commedia*)과 『향연』(*Convivio*)에서 여러 번 언급한 천문학 자료의 출처였다.[24]

프톨레마이오스처럼 파르가니도 사람이 살고 있는 세계의 일곱 기후대의 천문학적 기반을 설명하고자 했다. 서양이나 아랍 저자들과는 달리, 그는 동쪽에서 서쪽으로 이동하면서 세 기후대를 대(大)중앙아시아와 동일

23) I. Iu. Krachkovskii, *Arabskaia geograficheckaia literatura; izbrannye proizvedeniia*, 4 vols. (Moscow, 1957), 4: 86.

24) 파르가니의 작품은 아직도 영어로 번역되지 않았다. 간략하지만 그에 대한 최고의 연구로는 Bahrom Abdukhalimov, "Ahmad al-Farghani and His Compendium of Astronomy", *Journal of Islamic Studies* 10, 2 (1999): 142~58; O. Buriev, *Al-Fargonii va uning namii merosi* (Tashkent, 1998)와 A. I. Sabra, "Al Farghani", in *Dictionary of Scientific Biography*, 4: 541~45가 있다.

시했다. 훗날 카이로에 새로운 운하를 건설하기 위해 무사 형제가 파견한 사람도 파르가니였다. 이 사업은 거의 재앙으로 끝났는데, 파르가니가 기획한 운하의 경사도가 너무 완만하여 역류를 막지 못했기 때문이다. 이 경우에 중앙아시아의 기술이 실질적으로 유용하지 않았던 것이다. 하지만 파르가니는 그 유명한 나일강 수위계(Nilometer)를 구축함으로써 이러한 실수를 만회했다. 이는 이집트인들이 자신들의 생존이 걸린 강의 깊이와 흐름을 정확하게 측정한 덕분이었다.

최고의 과학자 콰리즈미

하바쉬와 파르가니의 이력은 흔히 아바스 시대의 아랍 수학 또는 천문학으로 여겨지는 분야에서 중앙아시아인들이 수행한 중요한 역할을 보여준다. 하지만 아랍 동료들은 물론이거니와 하바쉬와 파르가니, 그리고 중앙아시아에서 바그다드로 이주한 다른 많은 과학자들은 간단히 콰리즈미로 불리는 위대한 아부 압달라 무함마드 알 콰리즈미라는 태양 주변을 도는 행성에 불과했다. 그의 이름이 암시하듯 콰리즈미는 아랄해 동남쪽의 중앙아시아 북쪽 경계에 있는 광활한 사막과 구릉지대로 이루어진 호라즘 출신이었다.

거의 반세기 가까이 바그다드에서 망명자로 지내며 고생스럽게 일한 이 재능 있는 위대한 과학자는 대수학을 체계화하고 명명했으며, 그 과정에서 500년 동안 사실상 대수학을 정의했던 1차, 2차 방정식을 풀 수 있는 방법을 제시했다. 그는 구면삼각법이라는 분야를 개척했고, 또한 아랍인들과 유럽인들이 인도(Hindu) ─ 오늘날 아라비아(Arabic)라고 잘못 칭해지고 있지만 ─ 의 십진법과 영(zero)이라는 혁신적인 개념 ─ 멕시코의 올멕인(Olmecs)*도 이런 개념을 발명했다 ─, 그리고 음수(陰數)를 쓰도록 설득한 주요 주창자였다. 그가 인도('아랍') 숫자를 이용한 연산과정을 개발했기 때문에, 유용한 데이터 출력에 도달하기 위해 방대한 양의 데이터를 컴퓨터가 면밀히 검토하도록 하는 정확한 명령어로 오늘날 가장 잘 알려진 알고리듬(algorithm)이라는 개념에 ― 이미 변형된 라틴어 형태에서 또 변형된 ― 그의 이름이 붙게 되었다. 이외에도 콰리즈미의 수많은 업적 중에는 지구상의 2,402개 지역의 경도와 위도에 관한 정확한 데이터를 집대성해 편찬한 저작이 있는데, 이 책은 기존의 그 어떤 작업보다도 많은 정보를 담고 있었다.

과학사 연구를 선도한 벨기에 학자 조지 사턴(George Sarton)은 콰리즈미를 "당대뿐만 아니라 역대 최고의 수학자 중 한 명이다"[25]라고 평했다. 콰리즈미 시대의 필경사들은 수학과 천문학, 지리에 관한 그의 네 개의 주요 저작 아랍어 원본의 사본들을 진저리 칠 정도로 수없이 필사했으며, 인도에서 에스파냐에 이르기까지 열렬한 독자층이 형성되었다. 그러나 시간이 지나면서 콰리즈미의 원본 필사본들은 모두 사라졌고 유일하게 대수학과 지리에 관한 아랍어 원본을 필사한 사본 한 부씩만이 오늘날까지 전해지고 있다. 다른 저작들의 슬픈 운명은 계몽 시대 말기부터 근대까지 그간 발생한 아랍 세계와 중앙아시아 대다수 지역의 특징이 되어버린 혼란과 문화적 단절, 그리고 쇠퇴를 보여 준다. 실제로 호기심 많고 대담무쌍한 세 명의 중세 학자 ― 두 명은 영국인이었고 한 명은 이탈리아인이었는데, 바그다드에서 마문이 전성기를 누린 지 300년이 지난 뒤 살았던 인물들이다 ―가 없었더라면, 우리는 오늘날 이 대작 가운데 그 어느 것도 마주하지 못했을 것이다.

전형적인 중세 학자로 인생의 첫발을 내딛은 바스의 애덜라드(Adelard of Bath, 1080~1152경)는 옛 문헌을 탐독했다. 하지만 아랍어로 글을 쓴 과

---

* 중앙아메리카의 멕시코를 중심으로 번성했던 민족이다.

25) Georges Sarton, *Introduction to the History of Science*, 3 vols. (Baltimore, 1927~1948), 1: 667.

학자들로부터 얻은 뜻밖의 새로운 통찰력을 득문(得聞)하였을 때, 그 역시 유랑하는 학자가 되어 있었다. 그는 특유의 긴 녹색 망토를 입고 수년을 여행하며 보냈다. 처음에는 프랑스와 이탈리아로, 그리고 후에는 안티오크와 동지중해의 여러 도시로 떠돌아다녔다. 그리고 산수에 관한 콰리즈미 저서의 사본과 함께 에스파냐의 한 아랍인이 제작한 콰리즈미의 천문학표 축약본을 들고 돌아왔다. 곧 그는 이것들을 모두 라틴어로 번역했다. 번역본은 즉각 잉글랜드와 유럽 대륙에서 고전이 되었으며, 수학에 관한 콰리즈미의 저서는 16세기까지 유럽의 주요 수학 교재로 쓰였다. 이러한 작업 가운데 애덜라드는 아랍 스승들의 열렬한 지지자가 되었고 독자들에게 '아랍의 대의를 나의 것처럼 옹호'할 것임을 선언했다.[26]

애덜라드보다 한 세대 후에 '새로운' 학문 — 이미 3세기 전의 것이었지만 — 에 열광한 또 다른 영국인 체스터의 로버트(Robert of Chester)가 필사본을 찾아 에스파냐로 떠났다. 그리고 그곳에서 그는 콰리즈미의 『대수학』 아랍어 원본을 우연히 발견했다. 로버트의 아랍어 실력은 완벽하지 못했는데, 그 결과 그는 각의 함수를 이르는 힌두어 단어에 대응하는 아랍어를 오역(誤譯)하여 우리에게 사인(sine)이라는 삼각법 용어를 남겨주었다. 그럼에도 불구하고 로버트의 번역서 덕에 유럽인들은 실용적인 동시에 이론적인 학문으로 기하학과 삼각법에 관심을 갖게 되었다.[27] 거의 비슷한 시기에 크레모나 출신의 한 이탈리아인이 아랍어를 배우고 동방으로부터 역시 '새로운' 학문을 받아들이기 위해 가장 확실한 길인 에스파냐로 떠났다. 다시 기독교의 지배를 받게 된 톨레도(Toledo)의 아랍 연구 센터에서 크레모나의 제라르두스는 아랍어로 된 여든다섯 권의 저서는 물론 『대수

---

26) 콰리즈미와 애덜라드의 관계에 관한 개관은 Lyons, *The House of Wisdom*, 121, etc.

27) L. C. Karpinski, *Robert of Chester's Latin Translation of the Algebra of Al-Khowarizmi: With an Introduction, Critical Notes and an English Version* (London, 1915).

학』과 콰리즈미의 천문학표도 직접 번역했다.[28]

이 세 명의 위대한 번역가 덕분에 콰리즈미의 주요 저작들은 거의 모든 아랍어 원본이 사라진 수세기 후에도 라틴어로 보존되었다. 두 개의 아랍어 원본과 더불어 이들 번역본 덕에 우리는 콰리즈미의 업적을 더 깊이 이해할 수 있게 되었다.

먼저 『대수학』으로 알려진 『복원과 상쇄를 활용한 계산법에 관한 서(書)』(Al-Kitab al-mukhtasar fi hisab al-gabr wa'l-muqabala)을 살펴보면, 처음부터 콰리즈미가 대상으로 삼은 독자를 규정하는 방식에 감명을 받게 된다. 그는 이 책을 학자가 아니라 현장 실무자들을 위해 썼으며, 따라서 그 안에 "상속과 유산, 분배, 소송, 통상의 경우나 모든 상호 거래 시 또는 토지 측량, 수로 건설, 기하학적 계산 등 다양한 목적과 관련하여 사람들이 항시 필요로 하는 산술에 가장 도움이 되고 쉬운 방법을" 담고자 애썼다.[29]

그는 근본적인 개념도 제대로 이해하지 못하는 독자들을 수십 쪽에 달하는 기호나 숫자의 기술적인 조작으로 압박해 봐야 아무 소용이 없음을 잘 알고 있었다. 6세기 전에 이미 그리스 수학자 디오판토스(Diophantos)가 수학 기호를 발명하여 비약적인 발전이 이루어졌지만,[30] 콰리즈미는 이를 알지 못했거나 아니면 자신의 실용적인 목적에 그것이 유용하지 않다고 생각했을 공산이 크다. 대신에 그는 아바스의 화폐 단위인 디르함(dirham)을 거론하곤 했다. 더 중요한 사실은 실용적이고 교육적인 목적을 위해 콰리즈미가 『대수학』 전문을 숫자나 방정식 하나 없이 매우 명료한 산문체로 서술했다는 점이다. 그의 글은 매우 간명하고 단도직입적이어서

---

28) Barnabas Hughes, "Gerard of Cremona's Translation of al-Khwārizmī's al-Jabr: A Critical Edition", *Medieval Studies* 48 (1986): 211~63.

29) Muhammad ben Musa, *The Algebra of Mohammed ben Musa*, trans. Friedrich August Rosen and Charles Theophilus Metcalfe (London, 1813), 3~4.

30) John Derbyshire, *Unkn(o)wn Quantity: A Real and Imaginary History of Algebra* (New York, 2006), 49.

어느 분야에 종사하는 독자이든 즉각 몰입할 수 있었다.

예를 들면 이런 식이다. 미망인과 세 명의 아들을 남기고 떠난 고인이 아들들이 미망인 몫의 2/3를 받고 큰 아들이 나머지 아들 각각에게 할당된 액수의 두 배를 받도록 하길 원했다면 당신은 유산을 어떻게 배분하겠는가? 노예와 관련한 ─그는 이러한 유형의 문제를 열두 개 이상 망라했다─ 또 다른 예는 이러하다. 병든 한 남자가 노예를 해방했는데, 이미 그 노예는 예속 신분에서 벗어나기 위해 대가를 지불했다. 그런데 그 노예가 두 아이를 남기고 주인보다 먼저 죽었고 한 아이가 다른 아이에게 갈 액수의 1/3을 받아야 한다고 가정해 보라. 누가 누구에게 얼마를 지불해야 하는가?[31] 누구나 이해할 수 있는 언어로 콰리즈미는 이 같은 1차 방정식을 만들고 풀이하는 과정을 설명한 후에, 2차 방정식을 필요로 하는 다른 문제로 넘어갔다.

콰리즈미의 『대수학』은 그가 '축약'(reducing)과 '균형'(balancing)이라고 부른 두 개의 기본적인 과정을 중심 주제로 삼고 있다. 축약은, 오늘날 모든 학생이 알고 있듯이, 음의 항을 방정식 양변에서 빼는 과정이다. 균형은 방정식 양변에 생긴 양의 동류항을 축약하는 과정이다. 예를 들면, $x^2 = 40x - 4x^2$를 축약하면 $5x^2 = 40x$로 균형을 이룬다. 간단한 것에서 복잡한 것으로 넘어가면서 콰리즈미는 여섯 개 유형의 1차, 2차 방정식(제곱은 근과 같고 제곱은 숫자와 같다 등)을 제시 ─역시 명확한 산문체로─ 하고 각각의 답을 구하기 위한 간단하나 효과적인 과정을 제안하였다.

어떤 면에서 콰리즈미는 혁신가가 아니었다. 고대 중국인들은 1차 방정식을 풀 줄 알았고, 고대 바빌로니아인들도 2차 방정식을 이해했다. 콰리즈미 본인도 자신보다 거의 2세기 앞서 여러 범주의 1차 방정식을 푼 그리스 사상가들뿐만 아니라 인도 수학자 브라마굽타(Brahmagupta, 598~668)

---

31) *The Algebra of Mohammed ben Musa*, 150ff.

에게도 빚지고 있음을 인정했다. 그러나 브라마굽타의 방식은 인기를 끌지 못했고 다른 선구적인 고대 수학자들도 마찬가지였다. 그 이유는 그리스인들의 경우는 기하학, 브라마굽타의 경우는 정수론(整數論)이라는 수학의 다른 지류에 밀려 대수학을 이해하기 어렵게 만들었기 때문이다.[32] 콰리즈미의 위대한 업적은 명쾌한 설명과 함께 수많은 중요한 문제에 대한 독창적인 풀이법을 제시하여 대수학이 제대로 된 평가를 받게 한 점이었다. 전반적으로 그는 — 스코틀랜드 출신의 중세 수학 권위자 존 J. 오코너(John J. O'Connor)와 에드먼드 F. 로버트슨(Edmund F. Robertson)이 묘사했듯이 — "대수학을 유리수와 무리수, 기하학적 크기 등 모든 것을 '그 연구 대상'으로 하는 통합이론"으로 변모시켰다. "이는 수학이 전반적인 새로운 발전의 길, 즉 기존의 것보다 더 넓은 개념을 갖도록 만들었다."[33] 비록 콰리즈미의 시작 방정식(starting equation)은 우리에게 초보적인 느낌을 줄 수도 있지만 그것은 '엄밀한 의미의 대수적 연산을 위한 최초의 시도'였으며, 직접적으로 2차 방정식 이론과 대수적 연산, 불확정적 분석, 많은 실용 문제에 대한 대수학의 적용으로 이어졌다.[34] 이 놀라운 혁신으로 미래의 광활한 지평이 열렸다.[35] 말 그대로 그것은 미래의 과학이 일어설 견고한 기초가 되었다.

콰리즈미는 수학에 관한 별도의 무제(無題) 작품에서 인도의 10자리 기

32) John Stillwell, *Mathematics and Its History* (New York, 1989), 48~49.

33) John J. O'Connor and Edmund F. Robertson, "Muhammad ibn Musa al-Khwarizmi", MacTutor History of Mathematics Archive, University of St. Andrews.

34) Roshdi Rashed, "Algebra", in *Encyclopedia of the History of Arabic Science*, 2: 352~53.

35) Roshdi Rashed, "Where Geometry and Algebra Intersect", in *From Five Fingers to Infinity*, ed. Frank J. Swetz (Chicago, 1994), 275. 니덤은 *Science and Civilization in China*, 3: 147에서 중국 수학자들이 수세기 전에 이미 이를 계산했다고 주장했다.

수법 도입을 주장하면서 수학에 적용하기 위한 규칙을 제시했다. 바스의 애덜라드가 라틴어로 번역한 이 저작은 "Dixit Algoritmi", 즉 "알 콰리즈미가 말씀하시길"이라는 문구로 시작한다. 이 때문에 이 '새로운 수학' — 연산 시 절망하게 만들던 옛 로마 숫자 사용에 대비되는 것으로서 — 으로 전향한 중세 학자들은 자신들을 '알고리듬주의자'라고 칭했다.[36] 인도 숫자의 사용에 대한 콰리즈미의 설명은 말 그대로 수학에 대한 옹호로 이해되었으며, 그러한 역할 속에서 그의 이름은 알고리듬과 연계되기에 이르렀다.[37]

콰리즈미는 마문이 지구의 경도를 측정하기 위해 모은 연구진 속에서 하바쉬, 파르가니 등과 함께 핵심적인 역할을 했다. 그 결과 그의 이름은 하바쉬를 비롯해 이전의 학자들이 제시한 추정치보다 훨씬 정확한 천체의 크기 및 지구로부터의 거리에 관한 연산과도 연결되었다.

콰리즈미는 의심의 여지없이 실천하는 천문학자였다. 마문의 대기획은 콰리즈미와 연구진에게 지역 간 거리와 천체 각도에 대한 정확한 현장 계측을 하도록 요구했다. 실생활에서 정확하게 조정된 자료를 도출하려는 강렬한 그의 호기심은 아스트롤라베의 디자인과 기능에 관한 두 권의 책(모두 소실되었다)과 천문학 자료를 이용해 때와 장소를 정했던 또 다른 측정 기구인 사분의를 완벽하게 만들려는 노력으로 표출되었다. 모든 자료가 수합되자, 그것은 이제 기하학과 삼각법의 문제가 되었다. 콰리즈미로 하여금 지구처럼 곡면을 가진 삼각형에 대한 문제를 다루는 구면삼각법 분야를 개척하도록 촉발한 것도 마문의 기획이었음이 확실하다.[38]

36) Derbyshire, *Unkn(o)wn Quantity*, 48.
37) 이 과정에 대한 최고의 개관은 A. Allar, "Al-Khorezmi i proiskhozhdenie latinskogo algorizma", in *Mukhamad ibn Musa al-Khwarazmi*, ed. Iu. Iushkevich (Moscow, 1983), 53~67 참조. Menso Folkerts, *Die älteste lateinische Schrift über das indische Rechnen nach al-Hwārizmī* (Munich, 1997)이 유일한 유럽어 번역본인 것 같다.

그럼에도 불구하고 천문학에 이바지한 콰리즈미의 업적은 현장 관찰보다는 라자스탄 출신의 7세기 인도 천문학자 브라마굽타의 최신작에 대한 연구와 분석에서 나왔다. 그는 대수학이나 삼각법, 음수와 관련한 분야에서 중국 과학자들의 저작에서 도움을 받을 수도 있었지만 그것들은 아직 중국 밖으로 알려져 있지 않은 상태였다.[39] 브라마굽타와 다른 인도 학자들은 오래전부터 고대 그리스 천문학에 친숙했으며, 많은 면에서 훨씬 뛰어난 천문학표를 독자적으로 산출했다. 콰리즈미 시대는 아랍어로 글을 쓰던 과학자와 학자들이 고대 그리스 학문을 재발견한 때로 간주되곤 한다. 하지만 이 시기는 바그다드와 동쪽의 다른 중심지에서 활동하던 번역가와 과학자들이 방대하나 도외시되어 온 인도의 대수학과 삼각법, 기하학, 천문학 자료를 발견하여 번역하고 분석해 동료들에게 전파한 때이기도 했다. 콰리즈미와 다른 중앙아시아 과학자들은 이렇게 중요한 이종문화 간의 사업을 추진한 주요 동인이었다.

콰리즈미의 천문학 저작의 표제는 『신드힌드(Sindhind)*에 기반한 천문표』(*Zij al-Sindhind al-Kabir*)이다.[40] 이는 온전한 형태로 오늘날까지 전해지고 있는, 천문학에 관한 최초의 아랍어 저작이다. 천체운동과 월출 시각에서부터 사인값과 탄젠트, 점성술에 이르기까지 이 모든 것을 다루고 있는 100개가 넘는 표가 실려 있는 책의 규모가 매우 인상적이다. 이 '천문표'만 있으면 누구나 식과 태양적위(太陽赤緯)를 계산할 수 있고 태양과

---

38) Boris A. Rozenfeld, "Sfiricheskaia geometriia Al-Khorezmi'a", in *Istoricheskie materialyi issledovaniia* (Moscow, 1990), 32~33: 325~39.

39) Needham, *Science and Civilization in China*, 3: 81~82, 112ff., 146~55; 4: 48~52.

* 인도의 천문학서.

40) A. Akhmedov, B. A. Rozenfeld, and N. D. Sergeeva, "Astronomicheskie I geograficheskie trudy al-Khorezmi", in Iushkevich, in *Mukhamad ibn Musa al-Khwarazmi*, 141~91; M. N. Rozanskaia, "O znachenii 'Zidzha' al-Khorezmi v istorii, astronomii", in *ibid.*, 192~212.

달, 알려진 다섯 개 행성의 위치를 정확히 찾을 수 있으며, 구면삼각법 문제도 풀 수 있었다. 그런데 이상하게도 콰리즈미는 이 저서에서 자신의 소임을 주로 보고자의 역할로 한정했고, 그 결과 인도의 값(해)을 자신이 산출한 더 정확한 수치로 수정하지 않은 경우도 있었다.[41] 그렇다고 해서 그가 혁신적인 표 사용법과 직접 관찰한 결과 및 표를 연계하는 방법을 강구하지 않았던 것은 아니다.

이슬람 천문학은 대개 일출 및 일몰과 관련해 정확한 기도 시간을 정하고 기도 방향(키블라, qiblah)[42]의 길잡이인 메카의 정확한 위치를 명시하려는 이슬람의 필요성에서 발달했다고 주장되어 왔다. 실제로 후대의 여러 천문학자가 이러한 문제에 주력했고 그렇게 함으로써 재정적 지원과 독자들을 확보했던 것도 사실이다. 그들은 이를 추구할 가치가 있는 유용한 응용 사안으로 생각했는데, 왜냐하면 후원자들이 이 문제에 관심이 있었기 때문이었다. 이와 같은 문제는 콰리즈미가 『대수학』에서 사례연구로 활용했던 다른 실용적인 문제만큼이나 중요했다. 이러한 주제를 다룬 필사본 단편들이 콰리즈미의 것이라는 주장이 있기는 하지만 진위 여부는 확실하지 않다.

콰리즈미는 유라시아 전역의 2,402곳의 위도와 경도에 대한 방대한 정보 수집을 통해 자신의 또 다른 연구 분야인 지리학에 크게 기여했다. 또다시 그는 편집자로 나섰는데, 3세기 프톨레마이오스의 『지리학』 (Geographiko Hyphegesis)이 그 대상이었다. 하지만 이번에는 원본을 개선하는 일에 결코 주저하지 않았다. 자신과 다른 학자들이 이룬 방대한 일련의 최근 연구에 의거해 지중해에 대한 프톨레마이오스의 측정치를 수정하고

---

41) 전반적으로 부정적인 G. J. 투머(G. J. Toomer)의 논평은 "Al-Khwarazmi, Abu Ja'far Muhammad Ibn Musa", in *Dictionary of Scientific Biography*, 361 참조.

42) David A. King, "Al-Khwarazmi and New Trends in Mathematical Astronomy in the Ninth Century", Hagop Kevorkian Center, *Occasional Paper* no. 2 (New York, 1983).

카나리아제도를 더 정확한 위치에 표기했으며, 인도양과 대서양을 처음으로 내해(內海)가 아니라 개방 수역으로 제시했다. 태평양을 최초로 세계 지도 위에 등장시켰고, 중앙아시아와 중동 지역 수백 곳을 부가해 우리가 알고 있는 세계를 엄청나게 확장했다.[43] 또한 그는 일곱 개의 기후대에 대해 논했으며, 파르가니보다 앞서 중앙아시아에 대한 유용한 새로운 정보를 제공했다.[44] 과거와 현재의 지리학적 지식을 분명하고 종합적으로 요약한 콰리즈미의 『지구의 표면』(Kitab Surat al-Ard)은 훗날 아랍과 서양에서 이루어질 모든 지리학 연구의 초석이 되었다.

콰리즈미는 정말 중앙아시아의 아들이었는가

콰리즈미의 대작들을 이 같이 간결히 정리하고 나면, 그가 어떤 과정을 거쳐 당대에 가장 혁신적인 사상가가 되었는지 탐색하고 싶어진다. 우리의 커다란 관심사와 관련하여 과연 그는 중앙아시아 및 그 문화와 의미 있는 연관이 있었던 것일까, 아니면 그저 호라즘 왕국의 북쪽 변경에서 태어났을 뿐 전적으로 바그다드에서의 삶의 산물이었을까? 그의 초기 성장 과정과 교육은 특히 이러한 문제를 다루는 데 있어 매우 중요하다. 그런데 콰리즈미의 명성을 고려하면 놀랍게도 대개의 저명한 동서의 중세 사상가들에 비해 그의 삶에 관해서는 알려진 바가 별로 없다. 출생 및 사망 날짜, 마문이 후원하던 바그다드의 과학자나 학자들과의 유대, 841년 하자르(Khazar)* 유대교 제국을 위해 수행했다고 알려진 임무 외에 그의 삶은 완

---

43) Akhmedov, Rozenfeld, and Sergeeva, "Astronomicheskie I geografichestie trudy al-Khorezmi", 160~90.

44) Hubert Daunicht, "Der Osten nach der Erdkarte al-Huwārizmīs: Beiträge zur historischen Geographie und Geschichte Asiens", *Bonner orientalistische Studien* 19 (1968~1970).

전히 백지상태이다.

그렇다고 해서 믿을 만한 정보가 전혀 없는 것은 아니다. 단편적인 증거에서 그의 교육과 초기 성장과정에 대해 그럴듯한 윤곽을 그려볼 수 있기 때문이다. 우리는 콰리즈미가 780년에 태어났음을 알고 있다. 이는 그가, 칼리프 마문으로부터 무자비한 수모를 겪으며 행동을 저지당한 메르브 출신의 이슬람 법학자 이븐 한발과 정확히 같은 시기에 살았음을 보여 준다. 그의 출생지는 오늘날 우즈베키스탄과 투르크메니스탄 국경지대를 흐르는 시르다리야강 하류를 따라 사방팔방 뻗어 있던 호라즘 지역이다. 호라즘 도시 주민들은 조로아스터교 신자들이 『아베스타』를 썼던 고대 언어와 관련이 있는, 고대 페르시아어의 지류인 호라즘 방언을 여전히 사용하고 있었다. 비록 어렸을 때 아랍어와 아마 중기 페르시아어(Middle Persian)*도 배웠을 것이 확실하지만, 이 페르시아어가 콰리즈미의 모국어였다.

아랍 장군 쿠타이바에 의해 712년에 호라즘의 수도가 초토화되자, 살아남은 지방 유지들은 북부 스텝 지대에서부터 카스피해 남부 해안까지 뻗어 있는 대(大)남-북 대상로를 따라 들어선 데히스탄의 도시들로 이주했다. 750년대에 아바스 가문이 부상하면서 호라즘은 커다란 호라산 주(州)로 편입되었는데, 이곳 최초의 주도(州都)는 메르브였으나 후에 니샤푸르로 옮아갔다.[45] 이렇게 호라즘이 재건되면서 중동, 인도, 중국, 카스피해 북쪽의 하자르 유대교 왕국과의 교역도 되살아났다.

콰리즈미가 호라산을 떠나 바그다드로 이주한 시기는 언제였을까? 이는 사상가로서 콰리즈미의 정체성과 관련된 매우 중요한 질문이다. 마문이 마침내 조정을 메르브에서 칼리프 제국의 수도로 옮기기로 결정한 819년 전

---

* 6~9세기 남부 러시아의 초원지대에서 활동한 튀르크계 유목민.

* 기원전 300년경부터 쓰이기 시작한 페르시아어와, 3~7세기의 팔라비어를 포함하는 페르시아어를 말한다

45) N. N. Negmatov, ed., *Khorezm i Mukhamad al-Khorezmi v mirovoi istorii i culture* (Dushanbe, 1983), 19.

에 그가 이라크에 도착했다는 증거는 없다. 콰리즈미가 자신의 가장 유명한 저서 두 편을 모두 마문에게 헌정했다는 사실은 칼리프와 이 위대한 수학자이자 천문학자의 사이가 돈독했음을 보여 준다. 마문의 행정가와 과학자, 지식인들의 행렬이 메르브를 떠나 바그다드로 향했을 때 콰리즈미의 나이는 스물아홉 살이었다.

802년부터 819년까지 메르브는 야심찬 젊은 과학자에게 최고의 장소였을 것이 틀림없다. 하룬 알 라시드는 호라산의 총독으로 총명한 아들 마문을 임명했고, 젊은 총독은 즉시 넉넉한 자금을 동원하여 그곳에 훌륭한 궁전을 건설하기 시작했다. 그사이에 바그다드는 피로 얼룩진 812~813년 포위와 마문의 형이자 경쟁자였던 아민의 참수로 절정에 이른 내전의 충격에 빠져 있었다. 그 후에도 수년 동안 폐허 상태였던 바그다드는 후원자를 찾던 신진 지식인들에게 매력적인 장소는 결코 아니었다. 중요한 것은 809년 3월 24일에 칼리프 하룬 알 라시드가 사망한 이후 비공식적으로, 그리고 813년 아민의 죽음 이후에는 공식적으로 바그다드가 아닌 메르브가 칼리프 제국의 수도였고 — 이는 메르브가 거의 모든 이슬람 세계의 수도였다는 의미이기도 하다 — 마문이 819년 서둘러 티그리스강으로 떠날 때까지 그 지위를 누렸다는 사실이다.

이러한 사실에 의거해 우리는 젊은 콰리즈미가 802년과 810년 사이 어느 시점에서인가 메르브로 이주했고 그곳에서 마문을 비롯해 유명한 지식인들과 교류하게 되었으며, 칼리프와 그의 조정이 819년 메르브를 떠나자 그제야 그도 바그다드로 출발했다는 가설을 자신 있게 세울 수 있다.[46]

우리는 앞에서 콰리즈미가 『대수학』을 학자들이 아니라 법과 상업, 심지

---

46) R. 바카디로프(R. Bakhadirov)는 *Iz istorii klassifikatsii nauk na srednevekovom musulmanskom vostoke* (Tashkent, 2000), 21에서 이러한 결론에 독자적으로 도달했지만 이를 전혀 입증하지 못했다.

어는 수력공학처럼 다양한 분야에 종사하는 현장 전문가들에게 헌정하면서 표명한 실용적이고 공리적인 성향에 주목했다. 이는 그가 삶의 어느 시점에서인가 이 같은 실용 분야에서 직접적인 지식을 얻은 적이 있었음을 시사한다. 혼란의 시기를 보내던 바그다드에서는 이러한 경험을 할 기회가 거의 없었겠지만, 호라즘의 신진 수도나 데히스탄, 메르브의 대상업 중심지에서라면 얼마든지 가능했을 것이다. 특히 그도 '수로 건설'에 참여한 기술자 가운데 한 명이었음을 상기해 보라. 콰리즈미가 태어난 유서 깊은 호라즘은 어느 전문가가 "고대 관개시설 중 가장 고도로 발달되었다"[47]라고 평한 시설을 수세기 동안 유지해 왔다. 앞에서 보았듯이, 메르브는 이 복잡한 관개시설을 유지하기 위해 수천 명의 사람을 고용했다. 또 수량과 수로의 깊이 및 강하율을 계산하는 데뿐만 아니라 댐과 분수로(分水路) 등을 건설하는 데서도 높은 수준의 공학기술이 요구되었다. 콰리즈미가 대작을 계획할 수 있었던 것은 호라즘과 메르브에서 습득한 이 같은 실용적인 경험 덕분이었다.

실용적인 경력을 쌓는 것 외에 콰리즈미는 메르브에서 수학자이자 천문학자로 성장하는 과정도 경험했을까? 정황상 그랬을 것이라는 결론은 불가피해 보인다. 왜냐하면 그곳에는 마문의 후원 속에 번창하던 오래된 천문대가 있었고, 하바쉬, 노상강도에서 과학자로 변신한 젊은 칼리프의 막역한 친구 무사 이븐 샤키르 같은 천문학자들이 — 어쩌면 파르가니도 포함해 — 모두 당시 그곳에서 일하고 있었기 때문이다. 지구상의 그 어떤 도시도 이 무렵에 천문학을 비롯해 수학과 관련한 분야에서 메르브의 맞수가 될 수 없었다. 심지어 콰리즈미가 인도의 과학과 수학에 깊은 관심을 갖게 된 것도 메르브에서였을 공산이 크다. 불교가 호라즘 지역에 확산되었던 것 같지는 않다.[48] 하지만 호라즘 달력의 주요 세부 사항에까지 영

47) A. R. Mukhamedjanov, "Economy and Social System in Central Asia in the Kushan Age", in *History of Civilizations of Central Asia*, 2: 268.

향을 끼쳤을 정도로 인도 문화 및 예술의 여러 측면이 호라즘에서 강한 영향력을 행사했다.[49] 호라즘 출신이면서 콰리즈미의 후임자였던 위대한 비루니도 기회가 닿는 대로 인도에서 수학하고 싶어 했을 만큼 인도 학문에 심취해 있었다. 그리고 콰리즈미에게 큰 영감을 주었던 인도의 천문학 저서인 『신드힌드』가 아랍어로 처음 번역된 곳이 바그다드였던 것은 확실하지만, 어쩌면 더 이른 시기에 호라산에서 나온 페르시아어 번역서를 참조했을지도 모른다.[50] 야히아 이븐 바르마크가 정확하게 이 무렵 출세했고 바르마크 가문이 인도 학문을 한결같이 옹호했음을 상기한다면, 콰리즈미가 메르브에 있는 동안 인도 수학과 과학에 대한 연구를 시작했다고 추정해도 큰 무리는 없어 보인다.

콰리즈미의 삶에 대한 확실한 정보를 하나 더 언급해야 할 듯하다. 841년 칼리프 와티크(Wathiq)가 유대교로 개종하고 오늘날 우크라이나 남부에 해당하는 지역에 스텝 왕국을 건설한 튀르크계의 하자르족 원정에 그를 파견했다는 사실 말이다. 하자르족과 이미 두 차례의 전쟁을 치른 아랍인들은 조만간 세 번째 전쟁이 나지 않을까 우려하고 있었다. 원정의 목적이나 결과에 대해서는 알려진 바가 거의 없다.[51] 그러나 호라즘 사람들이 하자르족과 친밀한 무역 관계를[52] 이어왔고 그런 이유로 호라즘 출신

48) Rtveladze, *Civilizations, States, and Cultures of Central Asia*, 166~69.

49) A. Akhmedov, "The Persian and Indian Origins of Islamic Astronomy", in *History of Civilizations of Central Asia*, vol. 4, pt. 2, 195, 204.

50) O'Leary, *How Greek Science Passed to the Arabs*, 106.

51) 원정의 목적이 외교가 아니라 알렉산드로스 대왕이 곡(Gog)과 마곡(Magog)에 맞서기 위해 세웠다고 알려진 성벽 찾기에 있었다고 생각할 만한 확실한 근거가 있다. Emeri van Donzel and Andrea Schmidt, *Gog and Magog in Early Christian And Islamic Sources: Sallam's Quest for Alexander's Wall* (Leiden, 2010). 이 원점을 세심하게 설명한 Travis Zadeh, *Mapping Frontiers across Medieval Islam: Translation Geography and the Abbasid Empire* (London, 2011) 참조.

52) Negmatov, *Khorezm i Mukhamad al-Khorezmi v mirovoi istorii i culture*,

인 콰리즈미가 그들을 잘 알고 있을 것이라고 칼리프가 판단했다는 사실은, 이 위대한 수학자이자 과학자가 교육을 받고 원숙한 성인으로서 넓은 식견을 얻을 만큼 충분히 오랫동안 고향에 머물렀음을 보여 주는 또 다른 증거이다.

850년 세상을 떠나기 전 수십 년 동안 콰리즈미는 바그다드 과학계의 원로로 인정받았다. 아랍어를 읽을 수 있는 미래의 천문학자나 수학자에게 콰리즈미는 어느 곳에서나 모범적인 대석학으로 일컬어졌다. 그는 적잖은 아랍 추종자뿐만 아니라 동향인이었던 중앙아시아 출신의 많은 천문학자에게도 큰 영감을 주었다. 후자 중에는 알렉산드로스 대왕이 장래의 아내 록산나(Roxanna)를 발견했고 오늘날 타지키스탄 북부에 위치하며 포도밭이 가득했던 고대 독립도시인 쿠잔드(Khujand) 출신의 아부 마흐무드 쿠잔디가 가장 유명하다. 쿠잔디의 절대적인 명성은 튀르크인으로서 최초의 고전천문학 전문가였다는 사실에서 기인한다. 중앙아시아 심장부 출신의 튀르크 지도층 후손인 이 사람이 처음에는 아스트롤라베와 혼천의(渾天儀)를, 그다음에는 세계에서 가장 큰 천문학 기구를 만든 야심찬 설계자로서 어떻게 성공하게 되었는지에 관해서는 알려진 바가 전혀 없다. 그러나 그가 부하라에서 천문학자들과 함께 수학했으며, 그 후 오늘날 테헤란 교외에 있는 라이(Rayy)의 시아 왕조 부이 조정에 들어갔음은 거의 확실하다. 쿠잔디 역시 유랑하는 학자였던 것이다.

그는 라이 인근에 지구의 궤도면과 지구의 적도면 간의 각도('황도 경사각')를 알아내기 위해 새로운 종류의 육분의(六分儀)를 설치했다. 두 지점(至點, 하지[점]과 동지[점])에서 태양의 자오선 높이를 측정함으로써, 쿠잔디는 그 이전까지의 어떤 추정치보다도 정확한 자전축 기울기를 계산해 냈다. 하지만 이 계산에는 결함이 있었는데, 또 다른 중앙아시아 학자 비루

19~20.

니는 육분의가 설치된 건물 모퉁이가 침하되었기 때문이라고 결론지었다.[53] 천문학 외에도 쿠잔디는 구면삼각형의 사인법칙, 즉 삼각형 변의 길이를 각의 사인값에 연계한 등식을 만들어낸 유력한 창안자로 일컬어지기도 한다.

철학적인 질문들

고대 그리스 문헌을 재발견하고 아랍어로 번역하는 과정에서 많은 답을 찾았던 것만큼이나 또 많은 의문이 제기되었다. 왜냐하면 고대 문인들이 무함마드의 계시로 잠재웠다고 생각된 많은 철학적인 문제를 다시금 끄집어냈기 때문이다. 세상은 어떻게 창조되었는가? 영혼은 불멸하는가? 이상적인 인간 사회는 무엇이고 어떻게 통치해야 하는가? 그리고 특히, 만약 있다면 인간 이성의 한계란 무엇인가? 그런데 신기하게도 이러한 질문은 바그다드의 학자들이 인도 저자들의 번역서를 읽으면서는 들지 않던 의문이었다. 아마도 인도와 아랍 세계 간의 문화적 간극이 그야말로 너무 컸기 때문이었을 것이다. 하지만 그리스어 문헌을 새롭게 번역한 작품을 읽은 이라면 누구에게나 이러한 의문이 긴박하고 강렬하게 다가왔다. 번역서를 읽은 독자들은 아리스토텔레스와 다른 그리스 문인들의 작품을 선별해 과학적이고 실용적인 관점은 수용하되, 그들이 제기한 성가신 철학적인 문제는 제쳐둠으로써 이러한 의문을 피해갈 수 없었다. 그리스 사상의 두 가지 측면이 이와 관련하여 불가분하게 상호 연관되어 있었기 때문이었다.

---

53) 쿠잔디에 관해서는 Sevim Tekeli, "Al-Khujandi", in *Dictionary of Scientific Biography*, 7: 352~54; A. Akhmedov, "Astronomy, Astrology, Observatories and Calendars", in *History of Civilizations Central Asia*, 4: 202~03 참조. 그의 육분의에 관해서는 J. Frank, "Über zwei astronomische arabische Instrumente", *Zeitschrift für Instrumentenkunde* 41 (1921): 193~200 참조.

수세기 동안 계속될, 아랍어로 '팔사파'(Falsafa), 즉 '철학'으로 알려질 논쟁은 이렇게 시작되었다. 이러한 명명이야말로 이슬람 바그다드에 끼친 고대 그리스의 엄청난 영향력을 반증하는 사례이다. 이는 삶에 대한 빈틈없는 인본주의적이고 세계주의적인 접근법과 진보 개념에 대한 확신을 전제로 한다.[54] 팔사파 주창자들은 추론 방식을 열렬히 지지했다. 관습이나 전통, 신앙보다는 이성이 우주와 그 안에서의 인간의 위상을 이해할 수 있는 인류 최고의 도구라는 것이다. 팔사파를 수용한 사람들도 대개는 종교 원칙을 인정했고 심지어는 이성이 그것을 입증할 것이라고 생각했다. 그러나 이슬람의 계시에 적합하도록 고전주의 유산을 수정하려는 것인지, 아니면 그리스인들의 통찰력에 정확하게 부합하도록 무슬림의 사고를 바꾸려는 것인지 시작부터 논점이 분명치 않았다. 어느 쪽이었든 간에, 이슬람 세계는 그리스 사상을 결코 수동적으로 수용하지 않았다. 매 순간 날카로운 토론이 벌어졌고 팔사파의 의미를 둘러싼 논쟁이 갈수록 격화되었다.

이들 문제가 논란을 야기할 사안임이 무타질라파의 엄격한 합리주의에 동의하지 않는 이들을 모두 제거하려 했던 칼리프 마문의 잘못된 처신 가운데 이미 명백해졌다. 철학, 인식론, 형이상학, 윤리학, 물리학, 신학 등 다양한 분야에서 논쟁이 벌어졌다. 논쟁은 오늘날 카자흐스탄 지역 출신으로 서양에서는 알파라비우스(Alfarabius)로 알려진 이슬람 세계 최고의 철학자 파라비의 글로 절정에 이르렀다. 그리고 이 논쟁은 총명하고 전투적인 또 다른 중앙아시아인인 가잘리가 합리주의자들의 주장을 초토화시키기 위해 싸웠던 3세기 후에나 막을 내릴 터였다.

---

54) Joel L. Kramer, "Humanism in the Renaissance of Islam: A Preliminary Study", *Journal of the American Oriental Society* 104, 1 (January~March 1984), 138ff.

킨디의 복잡하고 골치 아픈 문제

이어진 논쟁의 격렬함을 감안하면, 이렇게 어마어마한 사상전쟁이 과학과 철학 분야에서 아랍인들의 긍지로 여겨지던 점잖은 킨디의 글에서 촉발되었다는 사실은 참으로 아이러니하다.[55] 킨디는 신의 단일성과 영원성에 대한 아리스토텔레스의 주장에 대해서는 긍정적으로 언급했지만 당연히 물질 역시 만고불역(萬古不易)하다는 그리스 스승의 견해에는 딴죽을 걸었다. 결국 이러한 주장은 신이 무로부터 우주를 창조했다는 유대교, 기독교, 이슬람교의 공통된 도그마를 부정하는 것이기 때문이었다. 게다가 창조에 나서기 전의 신이 다소 불완전한 듯 묘사되었다는 점도 문제였다. 무타질라파와 킨디, 그리고 그의 계승자들이 모두 이 난제를 숙고했다. 그리고 본질(essence)과 실존(existence) 간의 미세한 차이를 중심 주제로 하여, 신만이 본질을 구현할 수 있고 물질세계는 다소 하위의 실존으로 강등시키는 노련한 해결책이 제시되었다. 이외에도 킨디는 인간 영혼에 대한 아리스토텔레스의 확언을 기꺼이 받아들였지만, 무슬림으로서 영혼이 육체와 별개로 존재할 수 없다는 그리스인들의 주장은 수용할 수 없었다. 결정적으로 그는 이슬람에는 필수적이지만 그리스의 사상적 전통에는 부재한 것, 즉 직접적인 계시를 통해 진리에 다가갈 수 있는지에 관한 근본적인 의문도 고심해야만 했다.

킨디는 그리스 사상과 이슬람 간에 명백히 충돌하는 이러저러한 핵심 문제에 이성과 신앙이라는 두 가지 도구를 동원했다. 이성을 논하며 그는 편의대로 아리스토텔레스와 플라톤 간의, 그리고 플라톤과 후대의 이집트

---

55) 킨디에 관한 가장 권위 있는 연구로는 Peter Adamson, *Al-Kindi* (London, 2006); Amos Bertolacci, "From al-Kindi to Al-Farabi: Avicenna's Progressive Knowledge of Aristotle's Metaphysics According to His Autobiography", in *Arabic Sciences and Philosophy* 2 (2001): 289ff.; Corbin, *History of Islamic Philosophy*, 154~58 참조.

신플라톤주의자들 간의 근본적인 차이 위를 활공했다. 대신에 자신의 논문 「최고의 철학」(Fi al-Falsafah al-Ula)[56]과 다른 저작들에서 이성은 진리를 입증하는 논리적인 두 가지 방법 중 하나이며, 나머지 하나는 예언자들의 계시라는 주장을 그저 반복했다. 그는 자신의 저작에서 직관에 대해 언급하지 않았지만 킨디의 후계자 중 여럿은 앞으로 제3의 '앎의 방식'으로 일컬어질 직관을 제안했다. 한편, 킨디의 가장 중요한 발언 중 하나인 이성과 신앙은 완전히 양립 가능하다는 주장도 제기되었다.

그는 이성이 계시나 신학 못지않게 자연의 진리를 분명히 밝힐 수 있다고 주장했다. 이성의 발휘는 인간 존재 의미의 본질이자 불멸하는 영혼의 구성 요소이다. 킨디 이전과 이후의 사상계를 비교하면, 그가 이성이 작동할 수 있는 영역을 크게 확장하는 데 성공했음이 분명하다.[57] 그를 비판한 이들이나 훗날 팔사파를 공격한 사람들은 모두 이러한 논증이 계시를 훼손한 결과임을 간파했다. 다른 무엇보다도 평온함을 소중히 여겼던 이 아랍 철학자가 수세기 동안 계속될 열띤 논쟁을 초래했다는 사실은 참으로 모순적이다.

킨디가 죽고 얼마 지나지 않아 이 같은 지적 불꽃 놀이가 시작되었다. 그의 주요 제자 세 명은 모두 중앙아시아인이었는데 킨디 자신이 지켰던 범위 내에서 무탈하게 작업했다. 다음 장에서 이 3인조를 다룰 예정이니 여기서는 그들과 킨디가 남긴 유산과의 관계만을 간단하게 설명하겠다. 발흐 출신의 아부 마샤르 알 발히는 우여곡절 속에 점성술 분야에서 경력을 쌓았다. 비밀의 보고(寶庫)를 바치는 대신에 아리스토텔레스의 견고한 합

---

56) 뛰어난 해설과 함께 R. Rashed and J. Jolivet, *Oeuvres philosophiques et scientifiques d al-Kindi*, 2 vols. (Leiden, 1998), 2: 1~117 참조. 또한 영어로 이용할 수 있는 자료로는 Al-Kindi, *Al-Kindi's Metaphysics: A Translation of Ya'qub ibn Ishaq al-Kindi's Treatise "On First Philosophy"*, ed. Alfred L. Ivry (New York, 1974) 참조.

57) Adamson, *Al-Kindi*, 45~48.

리주의로 귀의한 아부 마샤르 알 발히는 자신의 방대한 글에 스승이 쓴 긴 문구와 주해들을 포함시켰다. 덕분에 훗날 라틴 독자들에게 '알부마사르'(Albumasar)로 알려진 그는, 아랍어로 된 아리스토텔레스의 원작이 기원후 1100년경에 번역될 때까지 한 세기 동안 중세 서양에서 그리스인 스승에 대한 정보의 주요 출처가 되었다.[58]

킨디의 두 번째 제자는 현재 투르크메니스탄과 이란 국경 사이에 위치한 메르브 남부의 오래된 무역도시인 사락스 출신이었다. 피렌체에서 발견된 필사본에 따르면, 아흐마드 알 사락시(Ahmad al-Sarakhsi, 833/37~899)는 바그다드에서 기독교 주교와 세련되게 갈고닦은 실력으로 신학논쟁을 벌이면서 그는 도그마가 아닌 면밀한 추론과 논리에 기반해 자신의 주장을 관철했다.[59] 뛰어난 교육자였던 사락시는 칼리프 무타디드(Mutadid) 아들의 개인교사로 지명되었다. 칼리프 무타디드의 좋은 말벗이었던 사락시는 훗날 무타질라파와 시아파에 동조한 죄로 고발당했고, 또한 부업으로 축적한 상당한 재산으로 인해 기소되었다. 사실이든 날조된 것이든 간에, 이러한 비행 때문에 그는 매를 맞고 처형되었다.[60] 킨디의 세 번째 제자는 아프가니스탄과 이란 국경지대에 위치한 고향을 떠나 걷고 걸어 이라크까지 온 또 다른 유랑 학자 아부 자이드 알 발히였다. 박식가의 전형이었던 킨디에게 영감을 받은 아부 자이드는 지리학자로서, 그리고 앞으로 보겠지만 정신 건강 분야의 개척자로서 명성을 떨쳤다.[61]

---

58) Richard Lemay, *Abu Ma'shar and Latin Aristotelianism in the 12th Century*, American University of Beirut, Publications of the Faculty of Arts and Sciences. Oriental Series, no. 38, 1962; Pingree, "Abu Mashar al-Balkhi, Ja'far ibn Muhammad", 32~39.

59) Matti Moosa, "A New Source on Ahmed ibn al-Tayyib al-Sarakhsi: Florentine MS Arabic 299", *Journal of the American Oriental Society* 92, 1 (January~March 1972): 19ff. 사락시에 관한 최고의 연구서인 Franz Rosenthal, *Ahmad b. at-Tayyib as-Sarahsi* (New Haven, 1943) 참조.

60) Rosenthal, *Ahmad b. at-Tayyib as-Sarahsi*, 334~36.

킨디의 유산을 둘러싼 위기는 성실하고 대세를 이루었던 그의 제자들에 의해서가 아니라 킨디가 야기한 이성 영역의 확장에 영감을 받은 다른 이들에 의해 촉발되었다. 킨디의 주장처럼 만약 이성이 예언자의 계시와 마찬가지로 깨달음으로 가는 유효한 진입로라면, 왜 이성이 종교의 진리에 적용되어서는 안 된다는 말인가? 당연히 이 같은 완벽한 논리적 명제를 제기한 이들이 있었고, 실제로 분별 있는 많은 이들이 그러했다. 킨디처럼 대부분은 다른 학자들을 위해 쓴 성실한 논문을 통해 자신의 견해를 펼치는, 세상물정에 어두운 철학자들이었다. 그러나 공공연하게, 그리고 불타는 열정으로 자신의 의견을 밀어붙이는 이들도 있었다. 다음 장에서 보게 되겠지만 오늘날 북서 아프가니스탄과 북동 이란, 서남 투르크메니스탄에 위치한 호라산 지역은 이 같은 급진적 자유사상의 온상지였다.

논리와 이성이라는 도구를 가장 대담하게 종교에 적용한 이는 무함마드 이븐 자카리야 알 라지였다. 서양에 라제스(Rhazes)로 알려진 라지는 의학 분야 최초의 진정한 실험주의자이자 이븐 시나가 등장하기 전까지는 최고의 학식을 갖춘 의료 전문가로 널리 알려졌고 당연히 깊은 존경을 받았다. 라지는 삶의 대부분을 자신이 태어난 오늘날의 테헤란 인근의 라이(Rayy)에서 보냈기 때문에, 어쩌면 그는 우리 연구의 지리적 범주를 벗어나 있는 듯 보일 수도 있다. 하지만 그는 교육의 전 과정을 메르브에서 마쳤고, 따라서 그의 스승들은 모두 중앙아시아인이었다. 또한 그에게 방대한 의학 전서 집필을 의뢰한 이도 부하라의 사만 왕조가 파견한 총독이었다. 마지막으로 라지가 의학 분야에 남긴 유산을 당당하게 발전시키고 변형한 사람 또한 중앙아시아 출신의 이븐 시나였다. 다시 말해 라지는 전 생애를 중앙아시아라는 지적 영향권 안에서 보냈다.

라지가 쓴 여덟 권 분량의 의학 백과사전이 이런 유형의 최초의 전서는

61) 이 책의 제7장 참조.

아니었다. 이 영예는 그의 두 번째 스승이자 호라산 출신의 또 다른 중앙 아시아인인 알리 이븐 사흘 라반 알 타바리의 것이었다. 그는 상술했듯이, 소아과 분야의 개척자이기도 했다. 한 가지 면에서는 메르브의 저명한 유대인 가문의 후손인 무슬림 타바리가 자신의 제자를 넘어섰는데, 이른바 심리요법이 바로 그것이다. 그는 정신 건강과 특정 질병의 심리적 원인, 의사와 환자 간의 면담 치료과정을 통한 일부 질환의 치료 가능성에 전적으로 초점을 맞추었다.[62] 면역학의 아버지인 라지는 최초로 홍역과 천연두를 구분했고 알레르기에 대한 글을 처음으로 썼으며, 『소아 질병』(Diseases of Children)을 통해 소아학에 대해서도 최초로 언급했다. 매사에 라지는 환자의 복지에 전념했고, 지역사회에 바친 그의 헌신은 깊은 존경을 받았다. 심지어 오늘날에도 이란에는 그의 이름을 딴 대학이 있고 이란의 약사들은 매해 '라지의 날'(Razi Day)을 기념한다.

반면 의학 연구와는 대조적으로 종교 분야에서 라지는 욕만 실컷 먹었다.[63] 라지가 쓴 종교에 관한 세 편의 논문 제목이 그 모든 것을 말해 준다. 「예언자의 기만적인 속임수」(The Prophets' Fraudulent Tricks), 「예언자라고 주장하는 이들의 술수」(The Stratagems of Those Who Claim to Be Prophets), 「계시종교에 관한 반론」(On the Refutation of Revealed Religions)이 그것이다. 라지는 노골적으로 이렇게 말했다.

'특정' 종교의 신자는 그들 종교의 온당함을 입증해 보라는 요구를 받으면 발끈 화를 내고 이러한 문제로 자신들에 맞서는 이는 누구든지 죽여 버린다. 그들은 합리적인 추측을 금하고 적을 죽이기 위해 분투한다. 이것이 진리가

---

(62) M. Steinschneider, *Die arabische Literatur der Juden* (Frankfurt, 1902), 23ff.
(63) 라지에 관해 간결하면서도 균형 잡힌 평가를 보여 주는 글로는 Richard Walzer, *Greek into Arabic: Essays on Islamic Philosophy* (Cambridge, MA, 1962), 15~17 참조.

철저히 침묵하고 은폐되는 이유이다.[64]

또 그는 『꾸란』 자체에도 몹시 격분했다.

　당신들은 증거의 구성 요소를 갖춘 기적이 존재하고 유효하다고 주장한다. 『꾸란』 말이다. 당신들은 "누구든지 이를 부정하는 사람이 있다면 그에게 유사한 것을 만들어보게 하라"고 말한다. 사실 우리는 더 적절하게 표현하고 훨씬 간단명료하게 문제를 서술한 수사학자나 달변가, 대담한 시인의 작품을 이용해 수천 개의 유사본을 만들어낼 수 있다. …… 하나님 맙소사, 당신들의 말은 우리를 깜짝 놀라게 한다! 당신들은 고대 신화를 이야기하고 모순으로 가득 찬 동시에 어떤 유용한 정보나 설명도 담고 있지 않은 작품에 대해 이야기한다. 그러고 나서 당신들은 "그와 같은 것을 만들어보지?"라고 말한다.[65]

　라지가 쓴 이러한 구절—이와 비슷한 대목이 많다—이 신실한 무슬림들을 격분하게 만들었다. 하지만 라지는 훗날 일부 주제에 관해서는 재고했고 전체적으로도 더 온건해졌으니 염려하지 마라. 심지어 그는 중요한 『꾸란』 주해서까지 썼다. 그러나 이미 일은 벌어졌고 그는 영원한 이단자가 되었다.
　훗날 이븐 시나는 라지가 철학을 공격하고 자유의지를 환상이라며 내던져버린 두 편의 긴 글 때문에 속을 끓였다. 그는 라지가 종기나 소변, 대변 검사나 하면서 "자신의 능력 범위를 벗어나는 문제는 파고들지 말았어야"[66] 했다고 단언했다. 라지를 맨 처음 비판한 이들 중 두 사람은 발흐

64) Jennifer Michael Hecht, *Doubt: A History: The Great Doubters and Their Legacy of Innovation from Socrates and Jesus to Thomas Jefferson and Emily Dickinson* (San Francisco, 2003), 227~30.

65) *Ibid.*

66) Muhammad Abdus Salam and H. R. Dalafi, *The Renaissance of Science in*

출신이었다.[67] 그들의 공격으로부터 자신을 방어하기 위해 그는 솔직하면서도 논쟁적인 『철학자의 태도』(*Al-Syrat al-Falsafiah*)를 저술했다. 그러나 맹렬한 비판이 반박하기 위함만은 아니었다. 요컨대, 라지는 자신이 의학에 사용한 합리적이고 분석적인 접근법을 종교에도 그대로 적용했을 뿐이었다. 이성의 역할에 대한 그의 신념은 굉장히 단호했다. 그는 이성은 "지배하되 지배받지 않는, 통제하되 통제되지 않는, 선도하되 선도되지 않는, 최고의 권위"[68]라고 썼다. 이렇게 해결책은 제시하지 않은 채 라지는 합리주의와 신앙이 정면충돌로 치닫는 상황을 조성했다.

파라비, 불가능한 일을 해내다

라지의 날개를 꺾고 절대적이고 비타협적인 헌신을 이성에 쏟아부은 사람들이 모두 틀렸다고 입증한 사람은 서구에서 알파라비우스로 알려진 아부 나스르 무함마드 알 파라비였다. 파라비의 사고 영역은 모든 학문을 아울렀고 덕분에 그는 "학문을 철저히 분류하여 각각의 경계를 설명하고 학문 분과별로 기초를 확고하게 다진 이슬람 최초의 인물"이 될 수 있었다.[69] 그의 위대한 업적은 합리적인 연구가 이루어질 수 있는 영역을 보존하고 확장하면서도 명확한 종교 영역의 경계를 규정했다는 점이다. 이로 인해 무슬림들은 그를 '두 번째 스승'(the Second Teacher) ── 첫 번째 스승은 아리스토텔레스이다 ──으로, 그리고 현대 철학자들은 최초의 논리

Islamic Countries (Singapore, 1994), 252.

67) 특히 바그다드에서 가장 유명한 무타질라파였던 아부 알 라반 알 발히를 말한다.

68) Young, Latham, and Serjeant, *Religion, Learning, and Science in the Abbasid Period*, 371.

69) Seyyed Hossein Nasr, *Science and Civilization in Islam* (Cambridge, 1987), 47.

학자이자 이슬람 신플라톤주의의 아버지로 칭송한다. 원동자(原動者, First Mover)로서 신의 개념을 발전시킨 파라비는 중세의 유대인 사상가인 모세스 마이모니데스(Moses Maimonides, 1135~1204)[70]뿐만 아니라 토마스 아퀴나스, 단테, 심지어는 이마누엘 칸트(Immanuel Kant)에게까지 직간접적으로 상당한 영향을 끼쳤다. 세계적으로 중요한 문인인 파라비는 동서(東西) 중세 사상의 황태자였다.[71]

파라비 역시 탁월하나 유랑하는 학자였다. 중앙아시아에서 태어난 그는 젊었을 때 아스칼론(Askalon, 현재 이스라엘 중부의 아슈켈론)과 북부 메소포타미아(현재의 터키)의 하란(Harran), 이집트 등지를 돌아다녔다. 그는 40년을 바그다드에서 보냈고 이후 알레포로 이주했으며, 마지막으로 옮긴 다마스쿠스에서 죽음을 맞았다.[72] 현대적인 잣대로 보면, 그에게는 세속적인 야망이 부족했다. 바그다드의 칼리프 궁전이나 그곳에 모여 있던 과학자 및 사상가 무리들과의 교류를 보여 주는 어떤 증거도 없다. 파라비는 바그다드나 다마스쿠스에서 — 이 무렵이면 이미 그의 저작들이 유명세를 타고 있었음에도 잠시 정원사로 일한 것을 빼고는 — 확인된 어떤 후원도 받지 않았다. 그의 인간미에 대해 오늘날까지 전해지는 진귀한 이야기에 따르면, 그는 음악을 사랑했고 류트를 연주할 줄 알았다. 우리는 음조직 수학에 관한, 그리고 일반적으로는 음악이론에 관한 최고의 아랍어 저작으로 평가되는 『음악대전』에서 이 사실을 확인할 수 있다. 파라비의 음악 연구는 서양음악학의 초석이 되었다.[73]

---

70) Gad Freudenthal, "Ketav Na-da'at or Sefer na Sekhel We-Ha-Muskalot: The Medieval Hebrew Translations of Al-Farabi's Risalah FIL-AQL", *Jewish Quarterly Review* 93, 1~2 (2002): 30~66.

71) G. Quadri, *La philosophie Arabe dans l'Europe medievale* (Paris, 1969), chap. 4.

72) 파라비의 전기는 Dimitri Gutas, "Farabi I, Biography", in *Encyclopedia Iranica*, http://www.iranica.com/articles/farabi-i 참조.

73) 파라비와 음악에 관해서는 Askarali Radzhabov, "K istokam muzykalnoteoreticheskoi

이러한 사실은 가장 뜨거운 논란 중 하나 ―그는 페르시아인이었을까, 아니면 튀르크인이었을까? ― 이지만 사소한 문제라고도 할 수 있는 파라비의 삶에 관한 실마리 하나를 제공한다. 열성적인 튀르크 전기작가인 이븐 할리칸이 파라비가 사망한 지 2세기도 더 지나 그가 튀르크인이었다고 주장하는 글을 쓰지 않았더라면, 지극히 세계주의적인 인문학자에 관한 이런 식의 질문은 제기되지 않았을 것이다.[74] 출신 종족을 둘러싼 이같은 주장은 튀르크계 왕조들이 중앙아시아의 대부분 지역과 페르시아를 지배하게 되는 12세기경이면 흔히 들을 수 있던 이야기였다.

튀르크족 출신이라는 가설을 뒷받침할 만한 확실한 증거가 부재한 가운데 파라비가 세심하게 분석한 조현법으로 연주한 악기가, 지브롤터에서 중국에 이르기까지 프렛(fret)*이 달린 뜯는 악기의 원조인, 중앙아시아와 이란 특유의 페르시아 류트임이 확실하다는 사실은 주목할 만하다. 그는 음악 분석 시에도 소그드어와 그 외 이란어에 공통된 용어를 많이 사용했지만 튀르크어 기원을 가진 용어는 전혀 사용하지 않았다. 그리스 및 아랍 철학의 대가인 디미트리 구타스는 파라비가 다른 저작에서도 수많은 소그드어 단어를 사용했지만 튀르크어에서 기원한 단어는 전혀 쓰지 않았다고 언급했다.[75]

콰리즈미의 경우와 같이 파라비와 중앙아시아 간의 인연도 단순히 그

---

myslin epokhi samanidov", in *Samanidy: epokha i istoki kultury*, 234~46 참조. 그리고 좀 더 철저한 Saida Daukeeva, *Filosofiia muzyki Abu Nasra Mukhammada al-Farabi* (Almaty, 2002) 참조.

74) 이븐 할리칸이 제기한 튀르크인 가설은 Goshtasp Lohraspi, "Farabi's Sogdian Origins", http://sites.google.com/site/ancientpersonalitiesofkhorasan/soghdian-farabi/farabi-soghdian-origin에 의해 반박되었다.

* 현악기의 지판(指板)을 구획하는 작은 돌기.

75) Gutas, "Farabi I, Biography"; Lohraspi, "Farabi's Sogdian Origins". Interesting and provocative alternative views on Farabi's Sogdian origins are to be found in *Istoriia tadzhikskoi filosofii*, 2: 396ff.

곳에서 태어났다는 사실 이상을 의미하는지 살펴보아야 한다. 그리고 이는 콰리즈미가 그랬던 것처럼 그의 교육과정과 바그다드로 이주한 시기에 달려 있다. 구체적인 증거의 부족으로 그가 티그리스 강변의 수도에서 성장했고 교육과정도 그곳에서 모두 마쳤다는 주장이 제기되어 왔다. 그러나 몇몇 사실에 의하면 이러한 주장은 그 타당성이 떨어진다. 파라비는 자신이 네스토리우스파 기독교도인 논법가이자 학자인 유한나 이븐 하일란(Yuhanna ibn Haylan)과 함께 공부했다고 썼다.[76] 그런데 메르브 출신의 이븐 하일란은 고향에서 908년까지 학생들을 가르쳤고 그 무렵 서른 살이 넘었던 파라비도 학문 정진을 위해 새로운 스승을 맞을 나이는 아니었다. 따라서 대부분의 학자들이 함께 내린 확실한 결론은 파라비가 이븐 하일란과 함께 메르브에서 공부를 시작했고 아마도 여행에 빠져 있던 몇 년간의 공백 후에 다시 바그다드에서 그와 마주치게 되었다는 것이다.[77] 이러한 계산에 따르면 파라비는 꽉 찬 사반세기를 중앙아시아에서 보냈고, 교육과정 대부분을 그곳에서 마쳤으며 전문 경력 역시 그곳에서 시작했다. 이것이 앞에서 보았듯이 오랫동안 중앙아시아 지역의 공용어였지만 바그다드에는 거의 알려지지 않았던 소그드어를 그가 능숙하게 사용할 수 있었던 이유이기도 하다.

한편, 이는 남부 카자흐스탄의 오래된 약사르테스강(Jaxartes River, 시르다리야강의 옛 이름)에 위치한 7만 5,000개의 도시 중 하나였던 대륙무역의 대중심지, 파르야브(Faryab, 오늘날의 오트라르) 인근 마을에서 파라비가 태어났음을 보여 주는 증거이기도 하다.[78] 파르야브는 중국과 유럽 간을 오

---

76) 소실된 파라비의 *On the Rise of Philosophy* 중 일부에서 Majid Fakhry, *Al-Farabi, Founder of Islamic Neoplatonism* (Oxford, 2002), 7 참조.

77) Muhsin Mahdi, "Al Farabi, Abu Nasr Muhammad ibn Muhammad ibn Tarkhan ibn wzalagh", in *Dictionary of Scientific Biography*, 4: 523.

78) 파라비 생애에 관한 다른 정보들과 마찬가지로 이 역시 논란이 있지만 북부 아프가니스탄의 파르야브 인근에서 그가 태어났다는 증거는 빈약할 뿐만 아니라 상반

가던 교통량이 많은 동서 대(大)회랑지대의 핵심 지역을 내려다보고 있는, 약사르테스강 중심 여울의 해수 소택지 한가운데에 위치해 있었다.[79] 파르야브의 서쪽 길은 호라즘으로 연결되었고, 동쪽으로 향하면 발라사군의 튀르크 수도를 지나 오늘날 중국에 속하는 카슈가르에 다다를 수 있었다. 종족적인 구성 면에서 파라비가 살았던 시절 오트라르는 페르시아계의 소그드인이 근간을 이루었으나, 수세기 후에는 주민의 대다수가 튀르크인으로 바뀌었다. 이것이 파라비 역시 튀르크인이었을 것이라고 후대인들이 추측하게 된 원인이다.

살펴볼 마지막 사실은 파라비의 교육과 관련해서이다. 여러 저자의 주장에 의하면 그는 오트라르에서 남쪽으로 향하는 간선도로로 쉽게 접근할 수 있는 부하라에서 초기 교육을 받았다. 이는 마땅한 결정이었을 것이다. 왜냐하면 9세기 전환기의 부하라는 선도적인 지적 요람이자 페르시아어를 사용하던 사만 제국의 수도로서 급속히 성장하고 있었기 때문이다. 또 그곳은 신앙으로 공인받지 못한 시아 이슬람이 용인될 뿐만 아니라 문화생활에도 강력한 영향을 끼치던 장소로도 유명했다. 파라비는 만년의 방랑 끝에 그 무렵 이스마일 시아파가 세운 파티마 왕조의 지배 아래 개화하기 시작한 이집트로 향했다. 친시아파적인 지지자로 자주 비난받던 그가 노년을 보낸 다마스쿠스 역시 파티마 왕조, 즉 이스마일 시아파의 지배를 받고 있었다. 이 모든 것이 결코 우연은 아닐 것이다.[80]

되는 내용의 초기 자료들과도 모순된다.

79) 오트라르와 그곳의 교역에 관한 유용한 자료로는 K. M. Baibakov, *Srednevekovye goroda Kazakhstana na Velikom Shelkovom puti* (Almaty, 1998), 47~61 참조.

80) H. 다이버(H. Daiber)는 "The Isma'ili Background of Farabi's Political Philosophy: Abu Hatim al Razi as a Forerunner of al-Farabi", in *Gottes ist der Orient, Gottes ist der Okzident,* ed. U. Tworuschka (Cologne, 1991), 143~50에서 설득력 있는 주장을 펼쳤다.

신중한 혁신가

성격상 라지와는 정반대의 인물이었던 파라비는 활동적이고 충동적이며 지시적인 대신 성실하고 진득하며 내성적이었다. 6개 언어를 구사하던 실력으로 갈고닦은 그의 문체는, 파장을 일으키지 않으면서도 엉뚱한 생각을 세상에 내놓기를 즐기던, 하지만 자신은 단지 생각들을 논리적인 순서로 배치하는 사람일 뿐이라고 여기던 자에게 딱 어울리는 스타일이었다. 열성적인 파일라수프(faylasuf), 즉 팔사파 지지자였던 그는 처음에는 아리스토텔레스에 관해서, 그리고 나서는 플라톤에 관해서, 종국에는 신비주의를 지향한, 플라톤의 고대 계승자들인 신플라톤주의자들에 관해서 긴 소논문을 썼다.[81] 각주라는 현대적 개념에 개의치 않고 파라비는 통으로 또는 인용된 부문 전체를 자료에서 가져다 썼다.[82] 절제된 어조와 고대 대가들에게 보인 공공연한 존경심에도 불구하고 파라비는 고색창연한 고전을 간추리는 것 못지않게 다듬기도 했다. 그 결과 한 학자는 그가 "아테네인들과 절연했다"[83]라고 주장하기도 했다. 이것이 사실이든 아니든 간에 파라비가 널리 퍼져 있던 이슬람 사상의 중요한 요소를 거부했음은 확실하다.

파라비가 신실한 무슬림이었다는 것은 의문의 여지가 없다. 하지만 주류 수니파는 "어떤 유형의 무슬림?"이라고 물을지도 모른다. 조물주로 신을 정의하며 이 신으로부터 온 누리가 "유출되었다"(emanated)는 그의 사

---

81) 이 소논문들은 무흐신 마흐디(Muhsin Mahdi)를 포함해 많은 학자들에 의해 훌륭하게 분석되었다. *Alfarabi's Philosophy of Plato and Aristotle* (Glencoe, 1962); F. W. Zimmerman, ed., *Alfarabi's Commentary and Short Treatise on Aristotle's "De Interpretayione"* (London, 1981).

82) Zimmerman, *Alfarabi's Commentary*, lxii~lxxiii.

83) Christopher A. Colmo, *Breaking with Athens: Alfarabi as Founder* (Lanham, 2004), chap. 1.

고는 아리스토텔레스로부터 직접 기인했다. "유출"(emanation)은 합리주의 이슬람 사상가들이 창조에 관한 모든 논쟁을 교묘하게 피하기 위해 사용하던 신플라톤주의적인 용어였다. 이성의 우위성을 옹호함으로써 파라비는 이슬람 도그마의 경계를 깨버렸다. 그는 인간의 최고 미덕이 이성이라고 주장했고 감각이나 '상상력', 즉 직관력보다 더 높이 평가했다. 신은 전지전능하다. 그럼에도 인간은 행동하거나 행동하지 않을, 생각하거나 생각하지 않을 자유를 누린다. '영혼'의 사명은 자각과 상상을 넘어 "이성과 규율된 사고" 속에서 완벽한 경지에 다다르는 것이다.[84]

이성의 범주와 개인 행동에 대한 인간의 자유 및 책임을 정의함에 있어 파라비는 당대 주류 종교학자들이 주장하는 신의 전능함과 관련한 이슬람 핵심 교리에 동의하지 않았다. 위의 두 의제와 그 외 중요한 문제에 있어 이 위대한 사상가는 위험하게도 많은 비난을 받았던 무타질라파에 가까웠다.

하지만 예언자들이 언명한 진리란 과연 무엇인가? 오늘날 파라비 연구자 중 가장 뛰어난 전문가인 독일 태생의 리처드 월저(Richard Walzer)는 신중하면서도 뱃심이 느껴지는 파라비의 답을 정확하게 포착하여 다음과 같이 훌륭하게 풀이했다. 파라비에게 예언이란,

> 깨어 있는 속에서도 완벽한 상상력의 최고 경지에 이른 자는 예언(nubuwwa)에 재능이 있는 사람이라고 할 수 있다. 그는 세부적인 사실의 현황과 전망을 인지하고 있기 때문에 뛰어난 아름다움과 완벽함의 상징으로 신성한 것을 시각화할 수 있다. "(파라비의 말에 의하면) 이는 '상상력'이 도달할 수 있는 최상의 완벽함이고 이러한 능력을 가진 사람이 접근할 수 있는 최고의 경지이다." 따라서 예언은 합리적으로 그리고 더 나아가 "추리력의 보조원"으로 이해해야 한다. 철학은 어떤 종교보다 높은 위상을 가지며 어느 곳에서

---

84) Walzer, *Greek into Arabic*, 208.

나 동일한 진리를 표명하지만 특정 집단과 연계된 예언자의 상상력이 생산한 종교적 상징은 지역마다 다르다.[85]

조물주는 우주를 지배하지만 인간의 삶을 규정하고 통제하는 것은 이성이다. 종교는 기껏해야 이성의 진리에 대한 상징적인 번역을 제공할 뿐이다.

이렇게 놀라운 입장이 파라비 사고에 내재하던 강력한 시아적 요소에서 기인한 것인지 따질 계제가 아니다.[86] 중요한 것은 그가 신앙이 아니라 정신적 삶을 인간 경험의 정점으로 규정했다는 사실이다. 그러나 그는 거기서 멈추지 않았다. "선한 종교들"에 관한 긴 글에서 파라비는 예언 종교 사이의 상호 모순에 주목했다.[87] 라지처럼 그도 만천하를 향해 소리 내어 종교가 모두 옳지는 않다고 지적했다. 그러면서도 한발 뒤로 물러서며, 인간 능력을 분석하면서 사용한 것과 같은 종류의 서열화를 계시종교에 적용했다. 이슬람은 그 목록 가장 상단에 위치했는데, 이슬람의 진리가 철학의 그것에 딱 들어맞았기 때문이다. 덕분에 그는 곤경에서 벗어날 수 있었다.

파라비가 뛰어난 지력을 발휘하여 연구한 수많은 분야를 요약하기란 사실 불가능하다. 불완전하게나마 주제만 나열해도 음악은 물론 형이상학, 인식론, 종말신학, 윤리학, 물리학, 점성학, 심리학 등이 있다. 각각은 10세기부터 오늘날에 이르기까지 수많은 언어로 쓰인 다양한 연구 주제였다. 그런데 그가 각 분야에서 사용한 놀라운 방법을 요약하기란 훨씬 더 어렵

---

85) Richard Walzer, "Al-Farabi's Theory of Prophesy and Divination", in *Greek into Arabic*, 216.

86) Ian Richard Netton, *Alfarabi and His School* (Richmond, 1999), 28.

87) Joshua Parens, *An Islamic Philosophy of Virtuous Religions* (Albany, 2006), introduction, chap. 5; Joshua Parens, *Metaphysics as Rhetoric: Alfarabi's "Summary of Plato's Laws"* (Albany, 1995).

다. 그가 지식의 세계를 열기 위해 사용한 주요 도구, 즉 마스터키가 논리학이었다고만 일단 말해 두자. 파라비와 그의 위대한 후계자 이븐 시나에게 논리학은 사물의 근원적인 진리에 도달하기 위해 모든 학문과 신학에 똑같이 적용할 수 있는 추론이라는 정밀한 방법을 제공했다. 유한나 이븐 하일란과 함께한 연구를 기반으로 파라비는 이전의 그 누구보다도 효과적으로 논리학을 사용했을 뿐만 아니라 중동과 유럽 모두에서 오래 사용될 주제에 대한 명확한 논술법도 남겼다.[88] 생각을 전달함에 있어 파라비가 사용한 절제되고 온화한 목소리와 결합된 논리의 힘은 팔사파(철학)가 대접받던 곳이라면 어디서든지 깊은 존경심을 자아냈다.

현혹될 정도로 비정치적으로 보였던 파라비의 정치관

파라비는 950년 사망하기 바로 직전에 『덕의 소시민들에 관한 소고』(*Ara' Ahl al-Madinah al-Fadilah*)라는 제목의 두툼한 책의 작업을 마쳤다.[89] 물론 이전에도 격언 모음집과 같은 작품에서 정치에 관해 수차례 언급했다.[90] 하지만 그는 간단히 『덕의 도시』라고 불리는 이 저작에서 형이상학과 자연과학에서 가져온 연관 개념으로 시작해, 엄밀히 시민 영역이라 할 수 있는 분야에 관한 네 개의 장으로 마무리를 지으면서 심층적으로 이 주제를 다루었다. 그를 매우 흠모하던 현대 학자조차 『덕의 도시』는 '대단

---

88) D. M. Dunlop, "Al-Farabi's Introductory Sections on Logic", *Islamic Quarterly* 2 (1966): 264~82; Nicholas Rescher, "Al-Farabi on Logical Tradition", *Journal of the History of Ideas* 24, 1 (January~March 1963): 127ff.

89) Abu Nasr al-Farabi, *On the Perfect State*, trans. Richard Walzer (Chicago, 1998). 파라비의 정치사상에 관한 견실한 개설서로는 Miriam Galston, *Politics and Excellence: The Political Philosophy of Alfarabi* (Princeton, 1990) 참조.

90) Alfarabi, *The Political Writings: Selected Aphorisms and Other Texts*, trans. Charles E. Butterworth (Ithaca, 2001).

히 딱딱한 철학'을 제의하고 있다고 인정했다.[91] 이러한 혐의를 받게 된 데는 파라비 특유의 철저함이 원인이었다. 또한 사회의 목적을 논한 난해하고도 복잡한 문답인 플라톤의 『법률』(Nomoi)과 『국가』의 강력한 영향 아래 글을 썼기 때문이기도 하다. 더욱더 책이 '딱딱하면서도' 표면상 비정치적으로 보이는 이유는 대부분이 동(東)지중해 출신의 기독교도였던 6세기 신플라톤주의 저자들의 두툼한 저서들을 힘들게 읽어나가며 파라비가 『국가』를 이해했기 때문이다. 『덕의 도시』는 『국가』를 비롯한 플라톤의 다른 정치적 글을 이슬람이라는 맥락 안에서 '받아들이려는' 파라비의 조심스러운 시도의 표현이었다.[92]

사회는 시민의 '행복'을 목표로 한다는 파라비의 공언은 어쩌면 오늘날의 독자로 하여금 중세에 분출된 제퍼슨주의를 기대하게 만들지도 모른다. 그러나 파라비의 '행복'은 즐거움이 아니라 이성의 완전한 발휘를 의미했다. 그리고 그는 이 같은 행복은 소수의 엘리트만이 획득할 수 있다고 애써 지적했다. 그는 인간 능력과 다양한 계시종교의 등급을 매겼던 것과 대체로 같은 방법으로 시민의 순위를 정했다. 플라톤처럼 파라비도 민주주의자는 아니었다. 왜냐하면 민주주의는 사회를 별볼일없는 일반 대중의 수준으로 끌어내리기 때문이었다. 그러나 그는 철저히 도시적인 사람이었고 시민 간의 자발적인 협력을 칭송했으며, 모든 인간은 도시생활에 참여해야만 최고의 잠재력을 발휘할 수 있다고 주장했다. 사회의 목표는 바로 이를 가능하게 만드는 것이다.

현명하고 전지적인 지도자의 항시적이고 근엄한 안내를 받는다면 적어도 몇몇은 꿈을 이룰 수 있을 것이다. 플라톤처럼 파라비도 상명하달식의 세계를 기정사실로 받아들였다. 이상적인 지도자는 자문위원회로부터 조언을 받지만 결국 모든 피치자의 삶을 규정하고 방향을 제시하며 힘을 실

---

91) Farabi, *On the Perfect State*, 8.
92) *Ibid.*, 5.

어 주는 것은 오로지 그 자신뿐이다.

『덕의 도시』에서 가장 눈길을 끄는 몇몇 구절이 이러한 유형의 지도자상을 설명하는 데 할애되었다.[93] 플라톤은 사회의 목표인 '정의'(正義)는 도덕적이고 온전히 현명한 '철학자-왕'의 영도 아래에서만 실현될 수 있다고 주장했다. 파라비는 철학자-왕을 만물의 신성한 질서의 인간적 구현으로 보았다. 그는 모든 죄악으로부터 자유롭고 판단에 오류가 없다. 그는 끊임없이 반대와 논쟁을 불러일으키고 종국에는 어떤 궁극적인 진리도 없다는 잘못된 믿음에 이르게 만드는 '상징'[94](즉 종교적 도그마)을 통해서가 아니라 '엄격한 실증'을 통해 가르친다. 이와 같은 현명한 지도자가 부재한 '무지한 도시'는 온통 명예와 부를 좇느라 바쁘고 그 시민들은 말 못하는 짐승의 수준으로까지 추락한다. 설상가상으로 이러한 도시는 끊임없이 이웃과 전쟁을 벌이며 적을 제압하는 자만이 가장 행복하다고 믿는 착각에 빠진다.[95] 이로써 정의는 "길을 막아서는 온갖 무리를 완력으로 물리치는 것"으로 그 의미가 축소되고 만다.[96]

'정도(正道)를 상실한 도시'의 시민은 무지 속에서 인간 결속의 기초로 혈통, 민족성 또는 거주지 같은 공통된 유대감을 형성한다. 심지어 몇몇은 인생의 전투장에서 성공으로 이끌어줄 사람 간의 연대를 만들어내고자 종교를 울타리 안으로 끌어들이기도 한다. 이와 같은 '속임수와 재간'은 "치열하고 공개적인 싸움에서 힘으로 이러한 재화를 획득할 수 없는 유약한 자들"의 마지막 수단이다.[97]

당시에는 이것이 참된 지도자의 지혜로 인도받지 못한 도시의 운명이었

---

93) *Ibid.*, chap. 15.

94) *Ibid.*, 281, 285, 289.

95) *Ibid.*, 291.

96) *Ibid.*, 299.

97) *Ibid.*, 305.

다. 그렇다면 누가 참된 지도자가 될 수 있을까? 파라비가 생각하는 철학자-왕은 다름 아닌 신도들의 지도자이자 이슬람 공동체의 정치-종교 우두머리인 이맘이었다.[98] 여기서 그가 말한 이맘이란 시아파가 기다리는 그 이맘이 아니라 그저 완벽한 통치자를 의미한다. 이렇게 이해한다면『덕의 도시』는 9세기 중엽 타락한 이슬람 칼리프에게 보내는 혹독한 고소장으로 읽힐 수 있다. 또한 그 무렵 바그다드가 실행에 옮기던 지하드 원칙에 대한 정면공격이기도 했다.[99] '신자들의 사령관'인 칼리프가, 막상 자기 집안 꼴은 엉망진창이면서 희망을 주는 종교 및 정치 질서를 거론하는 것이 정말 가능한 것인지 파라비는 물었다. 그러면서도『덕의 도시』는 이슬람 국가와 그 칼리프를 구원하고 회생시키는 데 필요한 버거운 대안도 제시했다. 항시 신중했던 파라비이기에 그가 과연 개혁이 가능하다고 생각했는지는 알 수 없지만 실현 불가능함을 강력하게 시사하기는 했다. 알다시피 그는 바그다드를 떠나 파티마 왕조가 통치하던 다마스쿠스에서 신변이 안전해질 때까지『덕의 도시』의 저술을 시작하지 않았다.

파라비가 놓친 기회

잠시 그리스 저작을 번역한 그 많은 학자들의 작업으로 돌아가보자. 그들이 번역한 작품의 목록을 정독하다 보면, 한 권의 특정 도서가 의아하게도 부재하다는 사실을 깨닫게 된다. 아리스토텔레스의『정치학』말이다.『덕의 도시』에는 파라비가 이 훌륭한 책을 접했는지를 알 수 있는 증거가 없는데, 이는 결코 놀랄 일이 아니다. 왜냐하면 이 저작은 근대 이전에 아

---

98) *Ibid.*, 15.

99) 조슈아 페어런스(Joshua Parens)는 *An Islamic Philosophy of Virtuous Religions*, 5~6, chap. 2에서 이러한 주장을 펼쳤다.

랍어로 번역되지 않았기 때문이다.[100] 실제로 우리의 대(大)아리스토텔레스 연구가조차도 정치학에 관한 자신의 저서에서 아리스토텔레스의 이름을 언급하지 않았다. 사실 정치에 관한 아리스토텔레스의 견해와 이 주제에 있어 파라비의 영원한 스승이었던 플라톤의 생각 사이에는 많은 유사점이 있음에도 그 기저에는 큰 차이가 있었다.

플라톤이 추상적이라면, 아리스토텔레스는 실용적이었다.[101] 플라톤이 이론적이었다면, 아테네 민주주의에 대한 직접적인 정보와 그리스 세계의 수십 개 도시국가에 대한 현장 연구에 기반한 아리스토텔레스는 경험적이었다. 플라톤이 이 주제에 철학자로서 접근했다면, 아리스토텔레스는 다양한 병리 증상을 찾아내고 실행 가능한 치료법을 처방하는 임상의처럼 행동했다. 아리스토텔레스는 종교(철학)와 정치를 분리하지 않았지만, 플라톤처럼 또는 대놓고 그랬던 파라비처럼 그것들을 병합하지도 않았다. 아리스토텔레스는 플라톤이 제시한 것과 같은 '가짜 유토피아'에 격분했다. 무엇보다도 아리스토텔레스는 플라톤(그리고 파라비)과는 달리, 시민 간의 상호작용을 안내하고 입법자가 보호할 책임이 있는 불문율 ─그리스어로 'politeia', 즉 '정체'(政體) ─ 에 집중했다. 파라비나 플라톤에게 지도자는 유사 종교사상가였지만, 아리스토텔레스에게는 오히려 입법과 통솔이라는 실용적인 기술을 발휘하는 장인이었다. 그러나 지도자는 이를 홀로 하지 않는다. 왜냐하면 자격을 갖춘 모든 이가 자유시민으로 참여하는, 그리고 그들 가운데 지도자를 선출하는 심의기구가 있어야 하기 때문이다.

아리스토텔레스의 『정치학』에는 비현실적인 내용이 많다. 또한 아리스

100) Rémi Brague, "Note sur la traduction arabe de la Politique d'Aristote. Derechef, qu'elle n'existe pas", in *Aristote politique*, ed. Pierre Aubenque (Paris, 1993), 423~33.

101) 다음 단락은 Fred D. Miller, Jr. *Nature, Justice, and Rights in Aristotle's Politics* (Oxford, 1995); Richard Kraut, *Aristotle: Political Philosophy* (Oxford, 2002)에 의거한 것이다.

토텔레스의 귀족정에서 그가 혹독하게 비판한 민주주의는 물론이고 대의 정치를 옹호하는 주장을 찾는 것도 잘못이다. 그러나 파라비의 위대한 논문이 아리스토텔레스의 『정치학』 전체를 관통하던 일종의 경험주의와 실천적인 접근 방식을 완전히 결여하고 있는 점은 정말이지 매우 유감스럽다. 파라비의 글에는 통치에 필요한 실용기술과 개선이 이루어지는 점진적인 단계, 그리고 정체를 규정하는 구조적인 이해 — 이슬람에 의해 지도되는 국가이든 아니든 간에, 이에 관해서는 통달할 필요가 있는 중요한 문제들이다 — 에 대한 인식이 결여되어 있다. 군데샤푸르와 바그다드, 메르브, 그 외 중심지의 번역가들이 수많은 치적에도 불구하고 아리스토텔레스의 『정치학』을 아랍어로 번역하지 않은 사실을 탓하도록 하자. 누가 뭐라 해도 파라비의 『덕의 도시』가 위대한 업적임은 틀림없다. 그럼에도 결국 그것은 놓친 기회였다.[102]

중앙아시아는 두뇌 유출로 고통받았는가

콰리즈미와 파라비는 중앙아시아 출신의 유랑 학자 중에서 상위권을 차지하고 있지만, 불면불휴의 영예로운 역할은 그들의 이름으로 시작하지도 끝나지도 않았다. 중세 지성을 이끈 또 다른 두 사람, 즉 비루니와 이븐 시나도 모두 유랑하는 삶을 살았고 비루니는 동쪽의 인도까지, 이븐 시나는 오늘날 이란에 있는 서쪽 도시까지 진출했다. 그들과 경쟁하던 또 다른 많은 이들도 서서히 움직이는 카라반에 기식(寄食)하며 수많은 나날을 보냈고 별 아래 노숙하며 또는 시끄러운 대상(隊商) 숙소에서 수많은 밤을 지새웠다.

---

102) 제한적인 형태의 이러한 논지는 Larbi Sadiki, *The Search for Arab Democracy* (New York, 2004), 208~18 참조.

출생도시나 심지어는 지역 전체에서 그렇게 많은 학자가 떠났다면 혹시 두뇌 유출의 가능성이 있지는 않았을까? 바그다드의 전성기가 결국에는 중앙아시아의 지적 환경을 황폐하게 만들지는 않았을까? 중앙아시아 학자들의 유랑은 학문의 몇몇 중심지, 특히 바그다드가 가지고 있던 끌어당기는 힘을 증명한다. 그러나 바그다드는 끌어당기는 힘만큼이나 밀어내는 힘 역시 막강했다. 이븐 시나는 바그다드에서의 생활을 좋게 말하지 않았으며 가능한 한 서둘러 그곳을 떠났다. 파라비도 확실한 추후 계획 없이 바그다드를 떠났다. 젊은 부하리 역시 무함마드의 하디스에 관한 현장 인터뷰 수행을 마치자마자, 그의 저작 초안을 이븐 한발에게 제출하기 위해 바그다드에 잠시 한차례 들렀을 뿐이었다. 마흐무드 알 카슈가리도 튀르크인들의 품위가 수도 곳곳에서 추락하는 모습을 목격하게 되자 그곳이 싫어져 튀르크인에 관한 걸작을 쓰기 위해 오늘날 중국에 있는 자신의 고향으로 돌아갔다. 위대한 비루니는 아프가니스탄으로 원치 않은 이주를 하기 전에 수년을 타지에서 일했지만 결코 바그다드에서는 일하지 않았다. 그리고 가능한 한 빨리 호라즘에 있는 자신의 고향으로 돌아왔다. 중앙아시아의 모든 주요 도심지에는 부하리처럼 타지에서 돌아온 동향인들로 북적였다.

한두 사례를 제외하고는 이렇게 귀향한 지식인이나 중앙아시아 출신의 어떤 이들도 따뜻한 가정에 대한 낭만적인 간절한 바람으로 고향으로 돌아왔던 것 같지는 않다. 그들은 모두 철저한 세계주의자들이었고 세계시민이었다. 일시적이든 영구적이든 간에, 그들이 중앙아시아를 떠난 것은 야심과 유동성, 때로는 필요에 의해서였다. 귀향하든 계속 머물든 또는 지역 내에서 다른 곳으로 이주하든 간에, 그들의 결정 역시 그러했고 이는 갈수록 보편화되었다. 바그다드의 부상은 짧으나마 폭발적인 지식인의 이주를 가져왔고, 그 결과 새로운 수도의 살롱에 등장할 결정적인 중앙아시아 출연자들이 공급되었다. 이로 인해 짧은 동안이었지만 중앙아시아 현장에서 중요한 인재들이 유출되었다. 그러나 결국 이는 중앙아시아 지역을 풍요롭게 만들었고 이 오래된 땅의 지적 전성기를 야기한 또 다른 요인이 되었다. 따라서 이러한 과정을 '두뇌 유출'로 특징짓는 것은 전혀 이치에 맞지 않는다.

칼리프 마문이 세상을 떠난 지 한 세대도 지나지 않아 중앙아시아의 도시는 또다시 학문의 주요 중심지로 부상했으며, 다 함께 또는 각각이 바그다드를 넘어서는 지적 중력을 만들어냈다. 향후 2세기 동안에 니샤푸르, 부하라, 발라사군, 구르간지, 메르브, 아프가니스탄의 가즈니는 모두 영광의 날을 맞았고, 이어서는 사마르칸트와 헤라트가 그러했다. 각각의 도시에서 새로운 후원의 출처와 연구 및 저술을 위한 새로운 장소가 등장했으며, 이러한 환경은 대도서관과 재기 넘치는 살롱, 번영하던 필경사 업계, 책이 잘 갖추어진 책방에 의해 보강되었다. 아랍인들과 다른 민족 출신의 사람들도 이 일에 가담하기 위해 동쪽으로 향하던 사람들의 대열에 합류하면서 예전에 중앙아시아인들이 바그다드를 풍요롭게 했던 것처럼 이번에는 이들이 중앙아시아 중심지를 더욱 풍요롭게 만들었다.

그러면 이제 정점에 도달한 바그다드에 이어 등장한 최초의 위대한 중앙아시아 지성의 중심지로 눈을 돌려보자. 사실상 독립 상태였던 중앙아시아의 수도, 호라산의 니샤푸르로 말이다.

호라산: 중앙아시아의 떠오르는 별

눈가가 촉촉해지도록 『천일야화』를 읽은 독자와 이슬람 근본주의자 간에는 공통점이 거의 없지만, 양측 모두 아바스 칼리프 시대와 그 당시의 수도 바그다드를 이상화한다는 점에서는 비슷하다. 그러나 이 도시의 절정기는 짧았고 쇠퇴기는 길었다. 몇 세대도 지나지 않아 철학·과학·예술 분야에서의 선도자 역할은 동쪽에 있는 중앙아시아 도시들이 단연코 맡게되었다. 이러한 과정은 바그다드 내에서 벌어진 끊임없는 내부 반목과 피로 얼룩진 쿠데타, 사회적인 갈등으로 촉발되었다. 그러나 이는 중앙아시아 자체의 새로운 정치적·문화적 활력의 산물이기도 했다.

이 같은 동쪽으로의 이동은 충분히 예견된 일이었다. 왜냐하면 아바스 시대의 '아랍 르네상스'를 주도한 대다수의 선구자가 사실은 아랍인이 아니라 주로 중앙아시아에서 온 이란계의 다양한 원주민이거나 다른 동부 지역민이었기 때문이다. 무기력한 우마이야 칼리프를 타도하기 위해 아부 무슬림 측에 합류한 종족 가운데에 중앙아시아인들이 끼어 있지 않았다면? 또 그들이 중앙아시아 지역과 밀접하게 연계된 마문을 재건된 칼리프 제국의 왕위에 앉히지 않았다면? 그리고 최종적으로 군대를 구성하고 있던 중앙아시아 출신의 수천 명의 튀르크 노예 병사 덕에 안심할 수 있던 이는 칼리프 본인이 아니었던가?

바그다드에서 중앙아시아로의 이와 같은 힘의 이동은 칼리프 마문이 메르브에서 바그다드에 도착한 순간 이미 시작되었다. 그는 자신이 떠나온 지역—오늘날 이란과 투르크메니스탄, 아프가니스탄 국경지대에 위치—이 이슬람 세계에서 가장 중요하면서도 가장 불안정한 곳임을 잘 알고 있었다. 페르시아어를 사용하는 이들은 이곳을 '해 돋는 땅'인 호라산이라 불렀다. 이곳은 당시 전 이슬람 제국의 핵심 축이다.

호라산 지역이 칼리프권(權)에 맞서 행사할지도 모르는 가공되지 않은 힘이 신경 쓰였던 마문은, 바그다드에 경의를 표하는 대가로 이 지역 일대에 상당한 자치권을 보장해 줘야 한다는 사실을 잘 인지하고 있었다. 또 그는 자신이 교언(巧言)이나 실질적인 자치보다 못한 무언가로 호라산을 매수하려 한다면, 중앙아시아 전역이 다시 반란을 일으킬 수 있음을 개인적인 경험으로 터득했다. 이 모든 것을 감안하면서 칼리프는 단호하게 행동했고 난국(亂局)이 용납하는 한도 내에서 나름 성공을 거두었다.

우선, 마문은 호라산 구역을 확장해 북부 스텝 지대와 신장을 제외한 사실상 모든 중앙아시아를 여기에 포함시켰다. 그는 부하라나 사마르칸트처럼 주요 도시를 여러 다른 사람의 통제 아래 두는 것이 적절치 않다고 판단했다. 왜냐하면 메르브와 니샤푸르에서 여하한 일이 있더라도, 그것은 이 지역 전체에 영향을 끼칠 테고 그 역도 마찬가지일 것이기 때문이었다. 이에 그는 위로는 북부 스텝 지대를, 그리고 동으로는 페르가나 계곡을 아우르는 사실상 중앙아시아 전체에 해당하는 지역을 하나의 커다란 독립 개체로 만들어 한 명의 통치자 아래 두었다. 이어 그는 메르브—나중에는 니샤푸르를—를 이렇게 새롭게 조성된 중앙아시아 주(province)—오히려 국가(state)에 가깝지만—의 수도로 지정했다. 그리고 나서 그는 이 '국가 내의 국가'에 대한 통제권을 지역 엘리트들도 기꺼이 받아들이리라 생각되던 강력하고 능력 있는 지도자, 즉 애당초 마문을 권좌에 앉혔던 군 사령관 타히르 이븐 후사인(Tahir ibn Husayn) 장군에게 위임했다. 마지막으로 장차 칼리프 제국의 제2인자가 될 호라산의 총독인 타히르에게 실질적인 권력을 줄 수밖에 없었던 마문은 그렇게 했다.

지금은 아프가니스탄에 속해 있는 헤라트 외곽의 소도시에서 태어난 타히르는 중앙아시아 전역에서 막강한 정치적 정당성을 누린 중앙아시아의 진정한 아들이었다. 그는 매우 아랍화된 사람이었으며, 피보호인이 이름뿐인 주인을 조정하는 교묘한 방법도 잘 알고 있었다.[1] 구도(舊都)인 메르브 — 후에는 니샤푸르 — 에서 총독 업무를 처음 시작한 타히르는 곧 질서를 수립하는 데 착수했으며, 처음에는 아부 무슬림을, 이후에는 활달한 조로아스터교 사제였던 신바드(Sinbad the Magi)와 내세적이었던 알 무칸나를 지지한 바로 그 주민들로부터 지지를 받게 되었다. 타히르는 공정하면서도 능력 있는 지도자임을 입증해 보였고, 그 결과 고향에서나 바그다드에서나 그의 영향력은 더욱 강해졌다.

자신의 힘을 온전히 자각한 타히르는 조폐국이 찍어낸 번쩍이는 새 주화에서 칼리프 이름을 지워버리면서 822년 독립을 선언했다. 동시에 그는 호라산 전역의 금요 설교에서 마땅히 '신자들의 사령관'으로 불리던 칼리프에 관한 모든 칭송도 과감하게 없애 버리는 공격적인 조치를 단행했다. 이렇게 아랍 정복 3세대 만에 중앙아시아는 바그다드에 공물을 계속 바쳤지만 다시 자치권을 손에 넣었다. 칼리프가 직접 임명한 타히르라는 인물을 통해 중앙아시아는 오히려 칼리프 체제를 조롱한 것이다.

그런데 타히르가 금요 설교에서 칼리프의 이름을 지우라는 명령을 내린 날 저녁 갑자기 사망했다. 타히르의 전면적인 도전에도 불구하고 자신에게는 아버지를 계승한 타히르의 아들을 임명하는 것 외에는 다른 선택의 여지가 없음을 마문은 잘 알고 있었다. 이후로 중앙아시아 통치권에 대한

1) Gafurov, ed., *Istoriia tadzhikskogo naroda* 2: 129~32; Barthold, *An Historical Geography of Iran,* trans. Svat Souchek (Princeton, 1984), chap. 5; Bosworth, *The Medieval History of Iran, Afghanistan, and Central Asia,* 51~56; Richard N. Frye, *The Golden Age of Persia* (London, 1975), 188~94.

세습은 보장되었고 실질적으로 중앙아시아의 승리가 확정되었다. 타히르의 계승자들이 칼리프권을 인정했을 뿐만 아니라 어떤 면에서는 강화했음은 분명하다. 그들은 바그다드에 조공을 바쳤고 그곳 고위 관리들에게 선물 공세를 퍼부었으며, 겉으로나마 칼리프에게 존경심을 표했다. 그러나 그들은 칼리프 제국이 파편화된 상태이고 타히르를 계승한 자신들이야말로 사실상 독립국으로서 가장 강력한 지역을 통치하고 있음을 너무도 잘 의식하고 있었다. 타히르 왕조는 극적이고 급작스러운 정치적 사건이 난무하던 시대에 찾아보기 힘든 확고한 신중함과 효율성으로 통치되었다.[2]

새로운 수도 니샤푸르는 오늘날 이란의 동북쪽 구석에 위치한 메르브에서 남서쪽으로 257킬로미터 떨어진 곳에 위치했다. 그곳은 인도와 중국에서 서쪽으로 가는 대로(大路) 위에 자리 잡고 있었기에 새로운 역할 속에 급성장할 수 있었다. 타히르가 사망한 822년부터 왕조가 몰락한 873년까지 니샤푸르는 전 이슬람 세계에서 바그다드 다음으로 막강한 정치적인 힘을 행사했으며, 지적·문화적 명성에서도 바그다드에 결코 뒤지지 않았다. 니샤푸르는 이슬람 세계의 철학 중심지[3]로 누구에게나 인정받았고, 한 세기도 지나지 않아 아볼카셈 페르도우시(Abolqasem Ferdowsi, 934경~1020)라는 문인 덕분에 문예의 수도로 부상했다. 또 니샤푸르는 몽골 군에 의해 1219년에 파괴될 때까지 종교 연구와 사색, 정치사상, 수학, 그리고 전반적인 과학이 현저히 발달한 중심지이기도 했다. 현지의 한 공보 담당이 『호라산의 자존심 문제』(The Subjects of Pride of Khurasan), 또는 『타히르 왕조의 선행』(The Good Deeds of the Tahir Dynasty)[4] 같은 제목의 홍보용 책자를 대량으로 만들어낸 것은 결코 놀랄 일이 아니다. 이 같은 선전업자

---

2) 타히르 왕조의 적법성 추구에 관해서는 Bosworth, *The Medieval History of Iran, Afghanistan, and Central Asia*, chap. 7 참조.

3) *The Cambridge History of Iran*, 4: 420.

4) 양 책자의 저자는 Abu'l-Qasim Abdallah b. Ahmad al-Balkhi al-Ka'bi이었다. 그에 관해서는 Barthold, *Turkestan Down to the Mongol Invasion*, 11 참조.

들이 흔히 그러하듯이, 저자 본인 역시 발흐 출신의 열성적인 이주민이었다.

니샤푸르의 문화적 명성의 비결은 무엇이었을까? 한 가지는 확실하다. 문화적 풍요로움이 정치적 힘에서만 나오지는 않았다는 사실이다. 이 도시가 중앙아시아의 정치 수도로 기능한 기간은 겨우 50년에 불과했고 이 동안에도 항시적인 정치적 격변을 겪었다. 그 후에는 다른 정치 중심지 — 처음에는 오늘날 이란과 아프가니스탄 국경 인근의 자란즈(Zaranj), 그 후에는 부하라, 가즈니, 아프가니스탄의 고르(Ghor), 그리고 또다시 메르브 — 에 종속된 '제2의 도시'이자 주도(州都)로 그 지위가 강등되었다. 이 방인 침략자들이 타히르 왕조 몰락 이후 한 세기 동안에 이 도시와 주 전체를 한 번도 아닌 무려 세 차례나 정복했다. 그럼에도 수백 년 동안 넓은 지역을 아우르던 이 사막의 대도시는 세계의 주요 문화 및 사상의 중심지였다.

니샤푸르는 풍요로웠다. 적어도 초창기에는 그랬다. 그곳은 대륙무역과 제조업, 농업 덕에 자랑할 만한 막강한 조세 기반을 갖추고 있었으며, 또한 수천 명의 튀르크인 — 일부는 칼리프에게 조공으로, 나머지는 지역 정권에 이익이 되는 일종의 천연자원 수출품으로 — 을 매해 서쪽으로 수출하는 수익성 있는 노예무역도 장악하고 있었다.[5] 각종 교역이 훗날 안트베르펜, 브뤼셀, 암스테르담을 규정했던 것처럼 니샤푸르를 규정했다. 교역이 발달하면서 500년 후 유럽의 이 중심지들을 특징지을 실용기술에 대한 장려나 도그마보다는 이성을 선호하는 풍조가 자리 잡았다.

그러나 초창기의 호황 이후 니샤푸르의 경제는 그 위대한 시절 내내 활기를 띠지 못했다. 실제 이 대중심지의 사회생활을 지배한 주요 테마는 성장이 아닌 쇠퇴, 즉 장기화된 그러나 문화적으로는 풍요로운 황혼기에 관

---

5) Richard N. Frye, "The Period from the Arab Invasion to the Saljuqs", in *The Cambridge History of Iran*, 4: 98~99.

한 것이었다. 그 결과 규모는 제한적이더라도 계속해서 번창하던 건실한 지역 주민들의 관심사와는 근본적으로 다른 태도와 관념이 자리 잡게 되었다. 로마나 알렉산드리아, 베네치아, 바그다드처럼 경제적으로 발전한 문화 수도의 전형에 도전하며, 니샤푸르와 그 이웃도시 투스는 미네르바의 부엉이는 밤에 날아오른다는 헤겔(G. W. F. Hegel)의 입담을 확인해 주었다.

학문의 도시 니샤푸르: 자연 물리적 환경

니샤푸르 주민은 대개가 이란계였다. 일부 튀르크인이 이 도시와 주변 교외 지역에 정착한 것은 사실이나 그들은 지역적인 어떤 풍조도 조성하지 않았다. 아랍 침략자들도 정복 후 이곳에 주둔군을 남겨 놓았다. 조로아스터교를 신봉하던 대다수 엘리트는 아랍인과 그들의 종교에 분노했는데, 이를 보여 주는 고약한 페르시아 시 몇 편이 오늘날까지도 전해지고 있다.[6] 그러나 아랍인들은 메르브나 부하라에서처럼 수적으로 많지 않았고 시간이 흐르면서 통혼(通婚)하거나 현지의 문화에 혼화(混化)되었다. 결국 아랍인들이 세운 가장 큰 공은 시골의 소도시를 대도시 단지로 바꾼 변화에 시동을 걸고 지역민들이 종교적이든 세속적이든 간에 밀물처럼 쏟아지던 아랍어 작품에 접근할 수 있는 기회를 제공한 것이었다. 지역의 많은 조로아스터교 신자들이 종국에는 이슬람으로 개종했지만 무슬림들과 타협하지 않은 이들도 있었다.

그렇다면 니샤푸르의 크기는 얼마나 됐을까? 자료의 양이 많음에도 대개 무시되었던 이 도시에 관한 중세 문헌을 불러내어, 미국 학자 리처드

---

6) François De Blois, "A Persian Poem, Lamenting the Arab Conquest", in *Studies in Honour of Clifford Edmund Bosworth*, ed. Carole Hillenbrand (Leiden, 2000), 2: 82~95.

W. 불리엣은 니샤푸르의 인구와 지형을 재구성하는 대가다운 작업을 수행해 많은 구역과 지구를 확인하면서 궁전과 전원주택지, 빈민가의 정확한 위치를 찾아냈다. 그의 결론에 따르면, 10~11세기경 정점에 있던 니샤푸르는 거의 12제곱킬로미터가 넘는 넓은 지역에 걸쳐 있었고 대도시 중심부에 사는 주민 수는 20~50만 명에 달했다. 이 추정치는 많은 위성도시의 주민이나 언제가 되었든 니샤푸르의 시장에서 함께 일했을 것이 틀림없는 수천수만의 단기 체류자와 무역업자는 포함하지 않은 수치였다.[7] 균형적인 시각으로 보기 위해 숫자를 낮춰 잡아도 니샤푸르 인구는 중세 로마보다 네 배 많았고 당시의 파리보다도 훨씬 많았다. 이는 노르만 정복 시기에 인구가 거의 1만 명도 되지 않았던 런던을 초라하게 만드는 수치이다. 낮게 잡은 추정치도 일본 중세 나라(奈良)의 인구수와 거의 같았다. 반면 불리엣이 더 높게 제시한 수치는 콘스탄티노플의 것을 넘어섰으며, 당시 중국의 장안(長安)이나 바그다드의 인구보다 겨우 1/3이 적을 뿐이었다.

의식주라는 측면에서 니샤푸르는 지구상의 그 어느 도시와도 경쟁이 가능했다. 정교한 관개시설은 지하수로를 통해 인근의 언덕에서 도시의 중심부로 물을 공급했는데, 이 수로는 때때로 그 깊이가 53미터에 달했다. 1930년대 뉴욕 메트로폴리탄 박물관이 지휘한 발굴 작업으로 대궁전과 웅장한 사원들, 부자들이 살던 도심의 대저택, 방 2~3개를 갖춘 일반 서민 주택으로 이루어진 수많은 구역이 빽빽하게 들어선 도시의 복합 단지가 모습을 드러냈다.

니샤푸르는 해발고도가 1.6킬로미터에 육박하는 곳에 위치했기 때문에 계절에 따른 기후의 변화가 극심했다. 이에 맞춰 귀족들은 바닥 밑의 배관을 통해 도심 저택을 데웠다. 아주 소박한 집에도 요리와 난방을 위한 화로가 바닥에 설치되었고 여기로 지하 통풍구를 통해 운반되는 공기가 주

---

7) Richard W. Bulliet, *The Patricians of Nishapur* (Cambridge, MA, 1972), 9~12.

입되었다. 좀 더 나은 주택에는 수돗물이 충분히 공급되었으며, 여름 열기를 피해 한숨을 돌리기 위한 넓고 화려한 칠을 한 지하방도 있었다.[8] 이주택들은 복잡하게 조각된 치장벽토 판과 선명하게 빨강, 노랑, 파랑으로 칠해진 창문틀을 특징으로 했다.[9]

개인 주택과 대청사의 벽을 장식하고 있는 수많은 인간 형상은 사람을 묘사하지 못하게 한 이슬람의 금기가 엄격한 명령이라기보다는 온건한 권고로 수용되었음을 보여 준다. 가정에서의 경건함은 수많은 모스크와 교회, 조로아스터교 사원뿐만 아니라 방안에 모신 작은 사당의 모습에서도 분명히 확인된다.

물질문화라는 측면에서 니샤푸르의 선량한 사람들은 확실히 잘 살았다. 도공이 생산한 유약을 바른 도자기류는 세계의 박물관이나 수집가들로부터 높은 평가를 받았으며, 그 결과 현지의 도굴꾼들이 그것을 찾고자 도시의 유적 상당 부분을 파괴했다. 이 중 최고의 작품은 니샤푸르 장인이 개발한 기술인 투명한 유약 아래 칠한 슬립(slip)*과 쿠픽체로 쓰인 우아한 글자를 특징으로 했다.[10] 호라산은 또한 자신들의 작품에 자랑스럽게 서명을 남긴 저명한 예술가들이 생산한, 상감 장식의 청동 및 놋쇠 제조업의 중심지이기도 했다.[11]

---

8) Wilkinson, *Nishapur: Some Early Islamic Buildings and Their Decoration*, 82, etc.; M. S. Dimand et al., "The Iranian Expedition, 1937: The Museum's Excavations at Nishapur", *Metropolitan Museum of Art Bulletin* 33, 11, pt. 2: 1~23.

9) M. S. Dimand, "Samanid Stucco Decoration from Nishapur", *Journal of the American Oriental Society* 58, 2 (June 1938): 258~61.

* 도자기 생산에 사용되는 고체 입자의 현탁액(懸濁液).

10) Charles K. Wilkinson, "The Glazed Pottery of Nishapur and Samarkand", *Metropolitan Museum of Art Bulletin*, New Series, 20, 3 (October 1961): 102~15.

11) James W. Allan, *Nishapur: Metalwork of the Early Islamic Period* (New York, 1982), 17~20.

상류층 사람들은 편지를 쓸 때 현지에서 제조한 유리 잉크병을 사용했고 소유주의 초상화나 "행복하세요!" 같은 권고가 복잡하게 새겨진 도장을 찍어 서명했다.[12] 또한 현지의 유리 제조업자들은 우아한 램프와 손전등, 장미수나 대추야자열매 와인을 증류하는 정화 장치도 만들었다.[13] 고급 주택 대부분은 판유리 창문을 달았다. 니샤푸르의 의사들은 자랑할 만한, 세심하게 공들여 제작된 유리 또는 놋쇠로 된 의료 기구를 갖추고 있었다. 지역 의료 공동체는 매우 컸고 높은 평가를 받았다. 이에 한 동시대인은 『니샤푸르 의학의 역사』(History of Medicine in Nishapur)라는 두툼한 저서를 썼다. 불운하게도 지금은 사라졌지만 말이다.[14]

교육과 정신적 삶, 그리고 사회적 갈등

발전 정도가 니샤푸르의 문화적 명성의 조건—정확히 말하자면 필요조건—이었을지 모르지만 그 자체가 원인은 아니었다. 개화된 지도자들이 결정적인 역할을 수행했음은 틀림없다. 니샤푸르를 기반으로 새로운 중앙아시아를 조직한 최초의 지배자는 타히르의 아들 압달라(Abdallah)였다. 그는 어느 시대가 되었든 쉽게 눈에 띄었을, 사려 깊고 현명한 지도자였다. 압달라는 국사(國事)를 돌보지 않을 때는 시를 썼다. 또 그는 당시로서는—아니 다른 어떤 시대였어도—상당히 평범하지 않은 입장을 취하고 있었는데, 국가의 발전은 근본적으로 소작농에 달려 있다고 생각했다. 그는 "신은 그들의 손을 통해 우리를 먹이시고 그들의 입을 통해 우리를

---

12) Jan Rypka, *History of Iranian Literature* (Dordrecht, 1968), 33.

13) Jens Kroeger, *Nishapur: Glass of the Early Islamic Period*, Metropolitan Museum of Art (New York, 1995), 176~88.

14) Charles K. Wilkinson, "Life in Early Nishapur", *Metropolitan Museum of Art Bulletin*, New Series, 9, 2 (October 1950): 64.

환대하시며 그들에 대한 혹사를 금하셨다"라고 말했다. 이러한 생각은 그로 하여금 놀라운 결론에 이르도록 했다. 즉 국가는 보통교육을 장려해야 한다는 것이었다. "지식은 가치 있는 자(즉 엘리트)든 무가치한 자(즉 소작농)든 간에, 반드시 모두에게 접근 가능해야 한다"라고 단언했다. 압달라의 통치 아래, 이러한 정책이 니샤푸르뿐만 아니라 중앙아시아 전역에도 적용되었다. 압달라가 실행한 정책을 면밀히 살펴본 저명한 러시아 학자 바르톨트는 그의 치세 동안 가난한 소작농의 아이들조차 공부하러 읍에 보내졌다는 증거를 찾아냈다.[15]

향후 수세기 동안 지속된 압달라의 인상적인 교육 확대정책은 사회적 격동기라고 묘사할 수밖에 없는 상황과 공존했다. 니샤푸르의 사회 무대에서 활약한 주역 배우로는, 한편의 토지 귀족 — 즉 디칸 — 과 다른 한편의 장인과 무산자 계급(프롤레타리아)이 있었다. 각각은 좀 더 세심하게 살펴볼 필요가 있다.

지금까지 전해 내려온 수많은 가계도와 지역 가족사를 끈질기게 조사한 불리엣의 연구 덕에 우리는 니샤푸르의 정치와 문화생활을 지배했던 디칸의 삶을 자세히 들여다볼 수 있게 되었다.[16] 부유한 이들 대가족은 우선 큰 재산을 모았다. 그 후에는 문화적 우위를 주장함으로써 지역적 입지를 단단히 다졌다. 후원을 자신의 소명으로 생각한 이들이 있는가 하면, 또 사상가나 저자로 — 특히 종교법 분야에서 — 자리 잡기를 선택한 이들도 있었다. 도시생활 전반을 다루는 중요한 이 분야에서 귀족들은 절대 화해할 수 없는 두 진영으로 쪼개졌다. 개인적인 해석의 여지를 좀 더 허용한 8세기 이라크 출신의 학자 아부 하니파를 따르는 사람들은 좀 더 '자유주의적'이고 '합리주의적'인 이들로 여겨졌고 지금도 그러하다.[17] 그들에 맞

---

15) Barthold, *Turkestan Down to the Mongol Invasion*, 213.

16) 다음은 Bulliet, *The Patricians of Nishapur*에서 발췌한 것이다.

17) *Ibid.*, 30ff.

선 이들은 법적 문제에서 신학적인 직역주의를 두둔하던 9세기 초반의 가자 출신 학자 샤피이(Shafi'i)를 추종했다.

이러한 차이는 사실 허울에 지나지 않았다. 그 이면에는 자유의지와 합리주의, 심지어는 무타질라파 신학도 옹호하던 이들로 하여금 전통주의자와 강경노선의 신학자들에게 등을 돌리게 만든 깊은 분열이 도사리고 있었다. 전자가 예리한 지성의 통찰력을 환영했다면, 후자는 신이 모든 물질의 미립자를 창조하고 통제하기 때문에 합리적인 원인과 결과에 관한 모든 이야기 — 과학의 기본 전제 — 는 무의미하다고 주장했다.

니샤푸르에서 나온 도시의 기록에 의하면, 한 법학 교수가 997년에 500명의 청중을 끌어모았다. 이는 쌍방 간 벌어진 반목의 격렬함과 대중이 이에 적극적으로 관여했음을 보여 주는 명백한 증거이다.[18] 수차례 이루어진 이러한 집회는 폭동이나 공개적인 충돌로 폭발했는데, 쟁점은 법이나 신학적인 세부사항이 아니라 누가 지역 정치를 통제할 것인가와 관련이 있었다. 적대적인 두 파당에 의한 분열은 하나의 계급으로서 귀족들이 보유할 수도 있었던 힘을 지속적으로 약화시켰다. 불리엣의 유감 섞인 표현에 따르면, 그들의 힘은 "길고 완만하게, 그러나 꾸준히 짙어지는 땅거미"[19] 같았다. 다른 구절에서는 더 직설적으로 계급으로서 귀족은 '자살'했다고 주장했다.[20]

귀족들이 서로 치고받는 동안 니샤푸르의 상인들은 자신들만의 급진적인 대중 영합적 전통주의를 내세우며 상류층의 양 파당에 맞서 개입에 나섰다. 7세기 남부 이라크에서 운동의 기초를 세운 무리의 이름을 따서 카와리지파(Kharijites)라 불리던 그들은, 종교 및 시의 지도자 직은 알리의

---

18) Adam Mez, *Die Renaissance des Islams* (Hildesheim, 1968) (reprint of 1922 edition), 247.

19) Bulliet, *The Patricians of Nishapur*, 22.

20) *Ibid.*, 81.

계승자가 아니라 죄가 없는 이에게 주어져야 하며 이렇게 훌륭한 인품은 귀족에게서만큼이나 서민에게서도 나타날 수 있다고 주장했다. 이러한 논거에 따르면, 도덕적으로 순결한 노예는 시끄러운 두 무리의 귀족 중 어느 한쪽이나 심지어는 예언자의 후손이라고 주장하는 이에 못지않게 신자들을 이끌 권리가 있었다. 수천 명의 니샤푸르의 평민은 이렇게 대놓고 이단적 견해를 공언했으며, 귀족 파당 중 어느 한쪽이 도를 넘어 반대 주장을 강요할 때면 싸울 준비가 된 군중을 집결시켰다. 카와리지파를 이끌던 아부 압달라 카람(Abu Abdallah Karram)은 경건한 금욕주의자였는데, 니샤푸르 당국은 주기적으로 그를 투옥했다. 하지만 이는 그를 좌절시키기는커녕 중앙아시아 전역의 도시에서 출현한 카라미야(Karramiyya)라고 불리는 추종자들을 끌어모았다.[21]

이와 같은 삼자 간의 투쟁이 니샤푸르의 황금기 동안 지속되었고 서서히 공동체의 에너지를 소진시켰다. 하지만 동시에 다양한 관념이 진지하게 끼어들 수 있는 환경이 조성되기도 했다. 1000년경 알 하킴 알 니샤푸리(al-Hakim al-Nishapuri, 933~1014)는 지역 출신의 법학자와 종교학자, 그리고 여러 분야의 학자들의 삶에 관해 여덟 권이나 되는 방대한 저서를 남겼다. 과연 다른 도시였다면 이 같은 작업이 가능했겠는가?[22]

이러한 정황은 다른 도시들과의 치열한 경쟁을 야기했다. 자신들도 법학자와 문인들을 환대한다는 것을 보여 주고 싶었던 타히르 왕조의 메르브 지역 대표자들은 이를 입증하고자 몇몇 시집과 법학 모음집의 간행을 후원했다.[23]

---

21) 니샤푸르의 카라미야는 이라크 바스라에서 이슬람 초창기에 처음 출현한 카와리지파가 후대에 변형된 것이다.

22) Barthold, *Turkestan Down to the Mongol Invasion*, 16. 이러한 역사를 기록한 필사본은 여섯 권 또는 여덟 권, 열두 권의 형태로 존재한다. Richard N. Frye, ed., *The Histories of Nishapur* (Cambridge, MA, 1965), 10ff. 참조.

23) Gafurov, *Istoriia tadzhikskogo naroda*, 2: 50.

지적 전통의 창시자들

니샤푸르의 활기찬 지적 풍토는 단순히 법적·신학적 논쟁과 사회적 갈등의 산물만은 아니었다. 깊이 침잠된 불교 전통과 인도와의 지속적인 지적 접촉과 마찬가지로 그곳에 뚜렷한 족적을 남긴 조로아스터교와 기독교 신자들도 중요한 역할을 수행했음이 틀림없다. 니샤푸르를 기반으로 활동한 발흐 출신의 학자가 천문학을 공부하고자 했을 때, 바그다드가 아닌 인도의 바라나시(Varanasi) ── 옛 이름은 베나레스(Benares) ──로 갔다는 사실은 주목할 만하다.[24]

니샤푸르가 배출한 최초의 철학자는 리처드 N. 프라이의 말처럼 "이슬람 시대에 철학에 관심을 처음으로 표명한" 아부 알 아바스 이란샤흐리(Abu al-Abbas Iranshahri)[25]였다. 뒤에 등장하는 이들처럼 그도 대학자였고 종교와 철학 못지않게 과학에도 관심이 많았다. 그가 최초로 식(蝕)을 보고한 것이 839년으로 알려져 있기 때문에, 그가 9세기 전반기에 활동했음을 추정할 수 있다. 그가 썼다고 알려진 철학과 천문학에 관한 두 저작 가운데 그 어느 것도 아직 발견되지 않고 있다. 뜻밖의 발견이 있지 않는 한 우리는 다른 사상가들이 그의 글에서 발췌해 자신들의 저작에 수록한 구절이나 비루니 같은 위대한 인물이 경외심으로 그를 인용했다는 사실에 근거하여 이란샤흐리를 판단할 수밖에 없다.

이란샤흐리는 기독교와 조로아스터교, 특히 마니교에 관한 심오한 지식을 철학적으로 논했다.[26] 우주는 영원하고 신의 권능의 현현이라는 이란샤흐리의 주장은 당연히 의문을 제기했지만, 우리는 그가 어떻게 답했는지 알 수가 없다. 또한 그는 아리스토텔레스나 다른 그리스 사상가들의 원

---

24) 아부 마샤르 알 발히에 관해서는 아래 참조.

25) Frye, "The Period from the Arab Invasion to the Saljuqs", 420.

26) Shamolov, ed., *Istoriia tadzhikskoi filosofii*, 2: 39ff.

자론을 포용한 것으로 알려져 있으나, 이내 그가 받아들였던 종교적 주장과 그것을 어떻게 조화시켰는지는 알 수가 없다. 그러나 분명한 것은 이란샤흐리가 존재에 관한 거대한 문제를 합리적인 지성으로 다룰 수 있으며 그러해야 한다고 믿었다는 사실이다. 이란샤흐리가 역대 최고의 임상의(臨床醫)이자, 앞에서 보았듯이 철학 분야에서 굉장한 대범함과 불손함을 보여 주었던 자유사상가 무함마드 이븐 자카리야 알 라지 같은 뛰어난 제자를 적어도 한 명 이상은 두었다는 사실이 결코 놀랍지 않다.

이 지역 출신의 철학 혁신가들이 만든 긴 행렬 앞에 서양에 '지베르'로 알려진 자비르(Jabir)도 이란샤흐리와 나란히 서 있었다. 우리는 이미 점성술사에서 실험주의적 과학자로 변신하여 바르마크 가문의 후원 아래 바그다드에서 일한 이 사람의 선구적인 연구에 주목한 바 있다. 자비르의 직계 상속인인 호라산의 연금술사 아부 마샤르 알 발히도 서구에 아리스토텔레스의 저작을 전달한 주요 인물로 살펴보았다. 1500년 이전까지 그의 저작에 대한 15개의 유럽 판본이 출판되었다는 사실은 유럽에 끼친 그의 영향력이 매우 컸음을 보여 준다.[27] 마샤르는 그리스 대가들의 도발적인 언사를 추려내는 데 재주가 있었는데, 이는 한 세기 후 아리스토텔레스를 향한 파라비의 관심을 일깨우는 데 중요한 역할을 했다. 물론, 파라비와 달리 마샤르는 그리스 자료를 자신이 경멸한 아랍 사상이 틀렸음을 증명하는 데 이용한 문화적 이단아였지만 말이다.[28]

9~10세기에 활동한 호라산 출신의 철학자 대부분은 아리스토텔레스주의자들이었다. 평생 니샤푸르를 단 한 차례 떠났다고 알려진 아부 하산 아미리(Abu Hasan Amiri)는 합리주의 철학과 이슬람 모두를 옹호했는데, 그 결과 현지의 자유사상가들과 사이가 좋지 않았다.[29] 니샤푸르의 또 다른

27) Pingree, "Abu Ma'shar al-Balkhi, Ja'far ibn Muhammad", 36~37.

28) David Pingree, *The Thousands of Abu Ma'shar* (London, 1968), introduction.

29) *The Cambridge of History of Iran*, 4: 427.

아리스토텔레스주의자인 아흐마드 알 사락시는 평판이 매우 좋아 어린 칼리프의 개인교사로 초빙되기도 했다.

호라산의 회의론자와 자유사상가들

급진주의자들의 목소리에 기반해 어느 지역의 지적 풍토를 판단하는 것이 형평성에 어긋나 보일 수도 있겠지만, 그렇다고 그것을 무시한다면 전체 그림은 왜곡되거나 손상되기 쉽다. 호라산은 자신의 몫보다 훨씬 많은 회의론자와 급진적인 자유사상가들을 배출했다. 당시 이러한 목소리들은 불가피하지만 많은 이들에게 전반적인 환경에 달갑지 않은 부분으로 여겨졌다. 라지가 이 지역에서 교육을 받았고 그의 우수한 제자들도 모두 이곳에서 발굴했기 때문에 그를 이 지역의 총명한 아들로 여긴다면—누군가는 반드시 그렇겠지만—신생 이슬람 세계에서 그 어떤 지역도 자유사상가나 이단, 명백한 무신론자와 관련하여 호라산을 뛰어넘지 못했다고 말해도 좋을 것이다. 이 지역 사람들이 수세기 동안 다양한 종교 문헌을 번역하고 편집했다는 사실을 고려하면 이 급진적인 사상가들이 종교 문헌에 대한 엄밀한 읽기를 바탕으로 공격에 나선 것은 그리 놀랄 일이 아니다.

저명한 회의론자 대다수는 무슬림이었지만 그렇다고 그들이 모두 무슬림은 아니었다. 발흐 출신의 히위(Hiwi)라는 사람은 유대교의 핵심적인 주장을 맹렬히 공격했다.[30] 자신이 종교적 기만이라고 생각했던 것에 대해 거침없는 독설을 퍼부었던 히위는 유대인으로 추정된다. 그는 다양한 종교 경전에 대해 거침없는 비판을 제기했는데, 특히 유대교 경전인 모세5경에 초점을 맞췄다. 그는 모순적이고 모호하며 부조리한 정보나 우스운 환상,

---

30) S. Schechter, "The Oldest Collection of Bible Difficulties, by a Jew", *Jewish Quarterly Review* 13 (1901): 345~74.

또는 도덕적 무지라고 생각되는 최소한 100개 이상의 사례를 하나하나 분석했다. 혹평투성이인 데다가 주된 공격 대상이 유대교의 『구약성서』였다는 사실로 인해 히위는 결국 모세5경을 신의 영감에 의한 것으로 인정한 무슬림의 분노를 피해 갈 수 없었다.

호라산 출신의 다른 급진적인 자유사상가들은 이슬람을 정면으로 비판하는 데 주력했다. 그중 하나가 오늘날 북부 아프가니스탄에 있는 소(小)메르브(Marv-al-Rud)에서 820년경에 태어난 아부 하산 아흐마드 이븐 알라완디였다.[31] 그의 아버지는 이슬람으로 개종한 유대인이었다. 양심을 품고 유대교에 등을 돌린 그는 유대교에 반하는 가르침을 적극적으로 전파했다. 유대교도로 태어난 라완디는 청년 시절에 정통 이슬람으로 개종한 후 무타질라파가 되었으나 훗날 이를 버리고 시아파 교의를 택했다.[32] 종국에는 자신이 무신론자임을 공언했는데 그때 이미 그는 모든 계시종교에 대한 비판을 담은 글의 제목이기도 한 '신성한 지혜의 무용성'(The Futility of Divine Wisdom)을 보여 주기 위한 방법으로 성경은 성경 논박에, 『꾸란』은 『꾸란』 논박에 사용하는 기술을 터득한 상태였다.

라완디는 철학·정치·음악·문법에 관한 114권의 책과 논문을 썼지만, 그 가운데 어느 것도 전해지지 않고 있으며 그의 시도 마찬가지이다. 우리

---

31) 라완디의 니스바는 그가 이란 출신임을 암시하지만 여러 초기 자료들은 그의 뿌리가 소(小)메르브에 있음을 보여 준다. 가까운 발흐에 존재했던 크고 세련된 유대 공동체는 이러한 가능성에 신빙성을 더해 준다. 그의 출생연도는 815년 또는 827년 등 여러 가지로 추정된다. 소메르브의 정확한 위치는 논쟁 중이다. 확실한 것은 이곳이 사라스에서 발흐로 가는 동서 간선도로가 무르가브강(Murghab River)과 교차하는 지점에 위치했다는 사실이다. Paul Wheatley, *The Places Where Men Pray Together: Cities in Islamic Lands, Seventh through Tenth Centuries* (Chicago, 2000), 175~76.

32) 논쟁을 좋아하던 이 인물에 대한 간략한 소개는 *Encyclopedia of Islam*, 3: 905. Sarah Stroumsa, *Freethinkers of Medieval Islam: Ibn al-Rawandi, Abu Bakr al-Razi, and Their Impact on Islamic Thought, Islamic Philosophy, Theology, and Science* (Leiden, 1999), vol. 35 참조.

는 다른 저자들의 글에 삽입된 몇몇 발췌문을 통해 라완디의 『에메랄드 서(書)』(Book of the Emerald)를 알고 있을 뿐이다. 종교학과 세속 학문 간에 관통할 수 없는 벽을 세웠던 진중한 시지스타니와는 달리, 라완디는 종교의 본질을 파헤치기 위해 논리와 이성을 사용했다. 실제로 그는 이슬람 담론에서 논증과 토론을 매우 비판적으로 사용하는 칼람(kalam)의 대가로 인정받았다. 이러한 기술은 이슬람뿐만 아니라 모든 예언자적 종교에 대한 맹렬한 비판을 개시하기 위해 자신과 스승 간의 대화라는 서사를 사용하면서 발휘되었다.

라완디는 인간의 이성을 찬양하는 진심 어린 말로 시작했다. 그러고 나서 그는 공인된 종교에 대한 정면공격으로 나아갔다. 또한 그는 예언이라 하는 것은 요행수 맞추기에 지나지 않는다고 주장했으며, 신의 여러 사자들이 서로 모순되는 것이 말이 되는지도 물었다. 우주는 영원하다고 확신한 그는 그것을 출현시킨 창조주를 발명할 필요성을 느끼지 않았다. 바드르(Badr) 전투에서 적과 대면한 무함마드를 대신해 관여한 천사들은 그가 패배했을 때는 과연 어디에 있었단 말인가? 더 나아가 라완디는 아브라함, 모세, 예수, 무함마드가 수행한 모든 기적은 그저 잘 속는 이들에게 사기를 치기 위해 고안된 영악한 마술 묘기에 지나지 않는다고 주장했다.[33] 그리고 끝으로 인간이 거짓과 사기가 나쁘다는 것을 이해하는 데 신이 선물로 주신 지능을 사용할 수 있다면, 그들에게 똑같은 것을 이야기하는 계시종교가 군이 왜 필요하단 말인가?

이 모든 것에 맞서 라완디는 사람이 천부적으로 가지고 있는 관찰 및 추론 능력을 활용하고, 또한 누구에게나 내재한 언어 능력을 통해 이성을 표현할 것을 제안했다.

니샤푸르 출신의 또 다른 철학자는 자신이 유물론자임을 솔직히 표명

---

33) 라완디에 관한 논의는 *Istoriia tadzhikskoi filosofii*, 2: 82~101; Hecht, *Doubt: A History*, 223~27 참조.

하면서 이슬람에서는 극단적인 이단으로 간주되는 행위인 신의 속성을 부정했다. 이 무명의 인물은 체포되어 투옥되었으나 가까스로 탈옥하여 중국으로 피신했다. 그곳에서 황제에게 매우 깊은 인상을 남긴 그는 재상(vizier)에 임명되었다. 이 성난 니샤푸르인이 중국 황실에 전달한 전갈은, 이슬람은 지금 매우 허약한 상태이기에 소규모 중국 군의 분견대로도 중앙아시아 전역을 정복할 수 있다는 내용이었다.[34]

바그다드에서 자신의 살롱을 열었던 시지스타니는 말할 것도 없고 라지·히위·라완디, 그리고 신의 속성을 부정한 무명의 이단의 사례는 호라산과 중앙아시아 인근 지역이 자유사상과 회의론이 판을 치고 성역 없이 여러 관념이 교류하던 매우 개방적인 시장이었음을 암시한다. 그러나 이설(異說)에는 결과가 따랐다. 신의 속성을 부정한 무명인은 고향을 떠나야 했다. 앞에서 설명한 다른 주요 회의론자 세 명도 모든 종파의 독실한 신자들로부터 가차 없는 비판과 위협을 받았다. 라지와 라완디의 경우 오늘날에도 무슬림 사이에서 계속 비판을 받고 있다. 단지 인자하고 사교적이었던 시지스타니만이 그의 견해에 대한 공격을 간신히 모면할 수 있었다.

전통주의자들의 충동

호라산이 우세하던 시절 내내 중앙아시아의 많은 사상가는 쇄신하려는 과감한 기개와 경계를 허물려는 열의, 새로운 분야로 나아가려는 모험심을 보여 주었다. 하지만 완고한 전통주의자들도 있었다. 니샤푸르의 울라마 공동체 내에는 한층 정통적이고 전통주의적인 견해를 가진 열렬한 신봉자

---

34) C. E. Bosworth, "An Alleged Embassy from the Emperor of China to the Amir Nasr. B. Ahmad", in *The Medieval History of Iran, Afghanistan and Central Asia*, 2.

들이 포함되어 있었다. 귀족 계층의 법률학자 가운데에는 거칠 것 없는 아샤리 학파나 직역주의파도 있었다. 이런 진영에 속한 이들은 학생과 추종자들을 모아놓고 공개적으로 강연하면서 지역사회 일상에서 존재를 과시했다.

라완디와 동시대인이며, 자신의 생을 예언자 무함마드의 격언을 모으고 평가하는 데 바친 알 하킴 알 나이사부리(al-Hakim al-Naysaburi, 821~875)처럼 하디스를 수집하고 편집한 여러 저명인사도 이러한 장면의 일부분을 이루었다. 나이사부리의 위대한 사업은 성공을 거두었다. 그는 죽을 때까지 약 2,000개의 하디스를 공표했으며, 그 출처와 당대까지 전파된 경로를 하나하나 꼼꼼하게 검토했다. 나이사부리가 (하디스) 모음집을 발표하자마자, 동시대인이자 지역 내의 맞수였던 압둘 후사인 무슬림(Abdul Husain Muslim)도 큰 명성을 얻게 해줄 경쟁작인 전서를 발표했으며, 이는 오늘날 그의 스승인 부하리—그 역시 니샤푸르에서 수년을 보냈다—의 작품 다음으로 권위를 인정받는 모음집이 되었다.

니샤푸르는 전통주의자들이 깃든 소굴이 되었지만 결코 행복한 곳은 아니었다. 나이사부리는 동료들과의 관계에서 하디스 수집이라는 고상한 목적과는 전혀 어울리지 않게 싸움을 좋아하고 복수심에 불타는 근성을 보여 주었다. 부하리는 나이사부리의 괴롭힘 때문에 결국 호라산을 떠났다. 니샤푸르 내에서 전통주의의 대표 주자로 활약했던 카와리지파는 나이사부리나 그의 동료들보다 더 급진적이었다. 그들은 아바스 가문의 찬탈자들이 타락시킨 신앙의 전통을 회복할 대중에 의해 선출된 칼리프를 요구했다. 나이사부리가 단지 말로만 하는 형태의 싸움을 선호했다면 카와리지파는 주먹다짐을 하곤 했다.

발히와 하산 나이사부리, 그리고 불합리

니샤푸르의 사상가들을 혁신가와 전통주의자로 양분하는 것은 양쪽 모두에게 민폐인데, 왜냐하면 이는 양 진영이 고정적이고 안정적이었음을 의미하는 것이기 때문이다. 사실 그들은 끊임없이 변화했다. 이러한 분류의 더 심각한 문제점은 종종 단순한 범주화를 거부하는, 중요한 개인의 철학적 정수를 반영하지 못하는 좁은 개념 안에 그들을 가두는 것이다.

아리스토텔레스의 깃발 아래 결집한 니샤푸르의 지성인들은 매우 다양한 진로를 따라갔다. 이에 딱 들어맞는 좋은 사례로 아미트리(Amitri)의 스승인 아부 자이드 알 발히가 있다. 오늘날 아프가니스탄의 시스탄 동쪽 마을에서 성장한 그는 한 독일 학자가 감탄하며 "냉철하고 견고하다"라고 평가한 『꾸란』 경전 해석을 세상에 내놓았다. 이는 아리스토텔레스가 다른 자연 현상을 다루었음직한 방식으로 문헌을 취급하고, 있는 그대로 그것을 받아들이며, 무타질라파나 골치 아프게 따지기 좋아하는 학자연하는 이들이 내놓은 유형의 '해석'에 반대함을 의미했다.[35] 이러한 점에서 발히는 아리스토텔레스적 전통주의자라는 기이한 잡종으로 알려져 있다. 그러나 그는 연구 방법뿐만 아니라 주제에서도 아리스토텔레스주의자였다. 자연계 전체에 관심이 있었던 그는 이를 보여 줄 수 있는 새로운 방법을 고안하기에 이르렀다. 그는 자신의 연구 성과를 전 이슬람 세계를 포괄하고 가장 멀고 외딴 지역에 대한 정확한 정보를 제시하는 ― 이것도 아리스토텔레스의 영향이다 ― 일련의 지도 제작 연습인 『기후 도표들』(Suwar al-aqalim)에 담았다.

발히는 장소만큼이나 인간에 대한 연구와 분류에도 관심이 많았는데, 이러한 관심은 정신이상자를 포함해 각양각색의 사람에게까지 확장되었

---

35) Mez, *Die Renaissance des Islams*, 264~65.

다. 이 같은 호기심은 그를 아무도 가지 않을 길로 안내했다. 그 결과 그는 인지심리학의 선구자가 되었고 실질적인 면에서 심리요법의 창시자이기도 하다. 그 이전에도 그랬고 그 이후로도 500년 동안 오늘날 '심신'(心身)의 관계라고 부르는 문제에 대해 그만큼 통찰력을 가지고 글을 쓴 이는 없었다. 그가 열거한 우울증, 공격성, 걱정과 분노 등은 오늘날의 도시민에게는 익숙한 증상이다. 그리고 발히는 이런 증상 각각을 몸 안에서 기인한 것인지, 아니면 몸 밖에서 기인한 것인지의 여부에 따라 두 가지 하위 범주로 분류했다.

신경증과 정신병 사이의 중요한 차이를 제시한 후, 발히는 각각에 대한 최고의 치료방법을 고민하는 단계로 나아갔다. 환경으로 인한 이상에 대해 그는 '긍정적 사고'와 일종의 대화요법의 결합을 제안하면서 각각을 정확하고 상세하게 열거했다. 생리학적인 원인으로 인한 정신이상에 대해서는 건강한 사고가 비록 원인을 제거하지는 못할지라도 종종 완화할 수 있음을 인정했다. 만성적인 우울증으로 고통받는 환자의 경우에는 발히도 약물 치료를 꺼리지 않았다.[36]

이는 오늘날 지구상에서 두 번째로 가난한 나라에서 850년에 태어난, 그것도 그에 대해 들어본 소수의 몇몇 사람에게조차 지리학자로 알려진 사람에게서 나온 생각이기 때문에 파격적이다. 또한 이 같은 생각은 서술 및 지시적 도구로서 이성에 대한 신뢰를 담담하게 보여 주는 동시에 증거 외에는 그 어떤 것에도 구속받지 않겠다는 의지를 표명한다.

발히는 우리가 니샤푸르 사상가 집단의 특징으로 지목한 전통적인 경계선을 파괴하려는 성향을 구현했다. 그러나 심리학에 관한 선구적인 그의 저작에는 그 이상의 뭔가가 있었다. 불합리를 인정하고 여느 다른 자연현상에 상응하는 관심과 경의를 기꺼이 부여하려는 엄격한 합리주의 철학

---

36) Nurdeen Deuraseh, Mansor Abu Talib, "Mental Health in Islamic Medical Tradition", *International Medical Journal* 4, 2: 76ff.

자의 면모랄까. 이 역시 니샤푸르의 지적 전통의 일부였을까? 아니면 발히가 바그다드에 있는 동안 갖게 된 생각이었을까? 답은 모르지만 한 가지는 확실하다. 발히가 호라산에서 정신 건강과 정신이상 여부의 정의에 관심을 가진 유일한 사람은 아니었다는 사실이다. 한 세기가 흘렀을 무렵에 하산 알 나이사부리도 같은 주제의 다양한 문제를 거론했고 예상치 못한 결과를 가져왔다. 젊은 시절에는 나이사부리도 무산층의 전투적인 종파를 지지했으나, 후에는 좀 더 귀족적이고 비교적 전통주의적인 샤피이 법학파 편에 섰다. 그럼에도 신학자이자 역사가, 종합 문필가로서 나이사부리는 도시의 서민들에게 설교를 계속했다.

무엇이 정신이상에 대한 나이사부리의 관심을 자극했는지 확실치 않지만 모든 것을 책임지는 신께서 그의 백성 일부로 하여금 광기에 시달리도록 했다는 사실이 신경 쓰인다고 그는 명확히 밝혔다. 아치볼드 매클리시(Archibald MacLeish, 1892~1982)*의 연극 「JB」의 남자주인공 잡(Job)처럼 나이사부리도 "만약 신이 신이라면 그는 선량하지 않다. 만약 신이 선량하다면 그는 신이 아니다"라는 주장에 직면했다. 나이사부리가 상세하게 이야기한 이러한 반추를 통해 『현명한 광인들』(Wise Madmen)이라는 제목의 소책자가 탄생했다. 한 동시대인은 나이사부리의 이 작은 책이 "지식과 명성의 지평선에 도달했다"라고 썼다.[37] 그리고 이는 사실이었다.

광기의 문제에 관해 나이사부리는 우리 모두는 약간 미쳐 있고 "정상인이라 할지라도 미친 구석이 없는 사람은 없다"라는 말로 입을 열었다. 그는 만족스러운 듯이, 자신의 (건강) 상태에 대한 질문에 "나는 질병으로 얼룩진 건강한 상태이며, 건강은 소멸로 나아가고 있다"라고 답한 철학자의

---

* 미국의 시인이자 극작가.

37) 나이사부리에 관한 이 구절은 Shereen El Ezabi, "Al-Naysaburi's *Wise Madmen*: An Introduction", *Alif: Journal of Comparative Poetics* 14 (1994): 192~205에 근거한 것이다.

말을 인용했다.[38] 분명 재치 있는 입담이지만 정상 상태와 광기 사이의 구분을 모호하게 함으로써 나이사부리는 아리스토텔레스의 핵심적인 지침과 합리주의의 기둥 자체, 즉 관찰하고 사고하는 정신은 열정에 의해 뒤틀리지 않는다는 전제를 훼손했다. 종국에 그는 진정 미친 사람만이 "세속적인 삶을 신뢰하고 추구하며 삶을 즐긴다"라고 주장한 신비주의자들이 옳다고 판단했다.

발히와 하산 나이사부리 같은 사상가의 영향으로 서서히 이성과 감정 간의 경계선이 사라졌다. 우리는 그들의 동료 학자들이 어느 정도까지 이를 수용할 준비가 되어 있었는지 알지 못한다. 그러나 주요 정치 파당 세 개가 모두 이성의 명령이나 엄격한 종교법에 부합하기보다는 원초적인 감정에 따라 행동하며 서로를 비난하기 바쁘던 도시에서 등장했기 때문에, 어쩌면 철학자들의 새로운 통찰력은 그리 놀랄 만한 것이 아니었을지도 모른다.

11세기 내내 이러한 가정은 니샤푸르에 이어 전 이슬람 세계에서 널리 수용되었다. 그러다 보니 종교 자체도 당연한 것으로 추정되던 그(그녀)의 합리성이 아니라 개개인 신도의 마음이나 감정에 더 들어맞도록 재구축되었다. 더 이상 성서를 읽고 신학자들의 주장을 통달하는 것만으로는 참된 신앙심을 가질 수 없게 된 것이다. 이제 이야기는 외부 세계에서 내면의 세계로, 특히 신도의 영혼이나 신과 신자와의 관계로 옮아갔다.

이렇게 획기적인 과정의 첫 번째 주요 단계는 정적주의(quietism)*를 지향하는 새로운 형태의 이슬람인 수피즘의 발달이었다. 두 번째 단계는 맹렬히 따지기를 좋아하고 머리에서 가슴으로의 초점 이동을 지지하고 정당화한 또 다른 니샤푸르 출신의 철학자이자 신학자인 가잘리가 쓴 일련의 기념비적인 논문의 등장이었다. 우리는 이 두 전개과정을 우리의 관심

---

38) *Ibid.*, 196.

* 상황을 바꾸려 하지 않고 묵묵히 그대로 받아들이는 삶의 자세를 말한다.

이 다시 한 번 호라산 — 이 무렵 호라산은 셀주크 제국의 지배 아래 있었다 — 으로 향하게 되는 제12장에서 탐색해 볼 것이다.

시스탄에서 들려오는 페르시아인들의 봉기

바그다드의 시선으로 보면, 중앙아시아와 그곳의 수도 니샤푸르는 정치적·문화적 자치권을 고집스럽게 행사하려는 성미가 고약한 지역이었다. 그러나 중앙아시아 하층민의 눈에는 니샤푸르의 통치자나 그들의 편이던 귀족들이 아랍 지배자의 환심을 사기 위해 자신들의 문화적 유산을 외면하는 것처럼 보일 뿐이었다. 공익은 무시한 채 주요 귀족 파벌이 서로 간의 갈등에만 매몰되어 있는 정황이 민중의 이러한 소외감을 더욱 부추겼다. 850년대의 이 같은 불안정한 상황은 결국 민중봉기로 폭발했다. 그런데 봉기는 니샤푸르의 거리나 호라산 지역에서가 아니라 니샤푸르의 동남쪽에 위치한 외딴 지역 시스탄에서 발생했다. 이 '엄청나지만 일시적이었던' 봉기는 곧 호라산과 중앙아시아 인근 지역을 압도했고 종국에는 칼리프마저도 위협했다.[39] 이 사건 덕분에 장기적으로는 페르시아적인 중앙아시아의 독특한 정체성과 문화가 재확인되었고, 즉각적으로는 페르도우시가 서사시 『샤나메』를 쓸 수 있는 토대가 만들어졌다.

중세의 시스탄 지역은 현재 이란 동쪽 국경에서부터 동부 아프가니스탄의 칸다하르까지 막힘없이 쭉 뻗어 있는, 산으로 둘러싸인 헬만드강 유역으로 경계 지어진, 바람이 강하게 부는 황량한 곳이다. 오늘날 이곳의 삶을 지배하고 있는 이들은 서사시의 영웅이 아니라 마약 밀매업자들이다. 그러나 1,000년 전의 시스탄은 헬만드강과 그 지류들이 형성한 여

---

39) *The Cambridge of History of Iran*, 4: 107.

러 커다란 호수로부터 운하로 끌어온 관개수로 비옥해진 들판이 널린 극도로 발전한 지역이었다. 튀르크인이나 아랍인과 거의 섞이지 않은 오래된 이란계의 지역 주민들이 시스탄의 많은 도시와 마을로 모여들었다.[40] 1889~90년 이 지역을 지나던 미래의 조지 커즌 경(Lord George Curzon)은 이 세상 그 어느 곳에서도 이렇게 많은 고대 유적지를 볼 수 없을 것이라고 썼다.[41]

중앙아시아와 이란 곳곳에 살던 이란 민족의 수많은 분파와 무리에게 시스탄은 신성한 땅이었다. 조로아스터교 경전인 『아베스타』에 나오는 수많은 장소가 이곳에 있었다. 또한 이곳은 고대 페르시아 왕조의 창시자인 신화 속의 잘(Zal)과 그의 영웅적인 아들 로스탐 — 동쪽의 '투란'(Turan) 왕국에 맞서 피로 얼룩진 전쟁을 끊임없이 치르던 페르시아의 왕들을 800년 동안 평생 도와줬다 — 의 출생지이기도 했다.

나의 청춘을 피로 얼룩진 전투로 보냈네.
그리고 지금도 나의 시대는 여전히 피범벅 된 채 전쟁 중이라네.
결코 이 잔혹한 삶은 끝나지 않으리.

어둡고 감동적인 시 「소흐랍과 로스탐」(Sohrab and Rostam)에서 매슈 아널드(Matthew Arnold)가 이야기한 로스탐의 비극은 중앙아시아 전투에서 아들을 몰라 보고 살해한 사건을 말한다. 1,000년 전 중앙아시아와 이란 전역의 고대 벽화에서 추모되었을 정도로 로스탐의 명성은 대단했다. 이에 페르시아계의 거의 모든 통치자는 자신의 혈통이 그에게 닿아 있음을 밝히기 위해 안간힘을 썼다.

---

40) Barthold, *An Historical Geography of Iran*, 68.

41) George N. Curzon, *Persia and the Persian Question*, 2 vols. (London, 1892), 1: 227.

이와 같은 영웅 시대에 대한 기억은 시스탄의 몇몇 지명으로만 남아 있을 뿐이다. 그러나 예전에는 반짝거리는 호수였던 곳 위로 우뚝 솟은 현무암 정상의 웅대한 요새와 궁전의 폐허는 아랍 침략 이전의 이 지역의 영광을 넌지시 보여 준다.[42] 아프간 국경에서 얼마 떨어져 있지 않은, 오늘날 디와네 마을 남서쪽에 위치한, 이곳 쿠흐 이 콰즈미(Kuh-e-Khwazmi)에는 기원후 2세기에 그려진 우아하고 활기 넘치는 벽화가 남아 있다. 불교와 고대 그리스, 페르시아 자료를 바탕으로 제작된 벽화는 시스탄 주민들이 훗날 아랍인들과 그들의 협력자들을 왜 상스러운 사기꾼으로 여겼는지를 이해하는 데 도움을 준다.

시스탄의 수도는 오늘날 아프가니스탄 국경 바로 위에 있는, 니샤푸르에서 남동쪽으로 약 603킬로미터 떨어진 해자에 둘러싸인 도시 자란즈였다. 인근의 헬만드강에 의해 조성된 모래 습지에 둘러싸인 자란즈는 거대한 장벽을 세워 비사(飛砂)를 막았고, 중앙에서 이어지는 길을 따라 1.6킬로미터나 길게 늘어선 상점과 13개의 출입문을 뽐냈다.[43]

아랍 침략 내내 이 도시는 저항의 주요 중심지였다. 이후 지역민들은 앞에서 보았듯이, 이슬람 세속 권력은 혈통이 아니라 능력에 근거해야 한다고 주장한 남부 이라크의 과격한 종파인 카와리지파의 인민주의적 깃발 아래 조직을 꾸렸다. 그들은 칼리프의 권위를 부정했으며, 무슬림이더라도 무함마드의 진정한 계율에서 벗어났다면 그에 맞서 무장봉기를 일으킬 권

---

42) Fred H. Andrews, *Catalogue of Wall Paintings from Ancient Shrines in Central Asia and Seistan* (Delhi, 1933), 57~59; Trudy S. Kawami, "Kuh-e Khwaja, Iran, and Its Wall Paintings: The Records of Ernst Herzfeld", *Metropolitan Museum Journal* 22 (1987): 13~41.

43) 초기 자료에 기반한 좋은 묘사로는 G. Le Strange, *The Lands of the Eastern Caliphate* (New York, 1973), 333~51 참조. 시스탄과 사파르 왕조에 관한 모든 면면은 보스워스가 쓴 선구적인 저작인 *The History of the Saffarids of Sistan and the Maliks of Numruz (247/861 to 949/1542~43), Columbia Lectures on Iranian Studies* 8 (1994): 30~65 참조.

리가 있다고 주장했다. 지방에서 삼형제 — 첫째는 구리 세공인이었고, 둘째는 노새몰이꾼이었으며, 셋째는 목수였다 — 가 자란즈에 도착하기 전부터 이미 카와리지파는 승승장구하며 인근 지역을 정복하고 바그다드의 칼리프를 위협했다. 야쿱 이븐 라이스(Yakub ibn Laith, 840~879)라는 이 구리 세공인은 아랍 지배의 멍에를 벗어버리기로 작정한 의용군의 우두머리로 떠올랐다. 구리 세공인을 가리키는 페르시아어 단어가 사파르(Saffar)였기에 야쿱의 왕조는 사파르 왕조(Saffarids)로 알려졌다.

야쿱 자신도 한때는 카와리지파였지만, 이 무렵에는 그들과 반대 입장에 서 있었다. 그럼에도 그는 이 급진적인 전통주의자들을 대부분 자신의 군대로 끌어들이는 데 성공했다.[44] 열성적인 이 인민주의자들은 867년 시스탄을 장악한 후에 발흐와 불교 중심지인 카불과 바미안을 함락하기 위해 동쪽으로 향했다. 니샤푸르의 거만한 칼리프 대리인이 바그다드에서 발행한 야쿱의 신임장을 보기를 원하자,[45] 야쿱은 검을 휘두르며 그가 필요로 하는 인가증은 이게 전부라고 공언했다. 곧 야쿱의 군대는 바그다드 성문에 도달했다.[46] 칼리프는 당황했다. 야쿱은 카불에서 가져온 불교와 힌두교의 '우상들'을 그에게 보냈는데, 이는 칼리프가 순순히 받아들일 수밖에 없었던 야쿱의 힘과 영향력을 향한 욕망의 전조에 불과했다. 야쿱은 873년에 호라산을 손에 넣었지만 6년 후에 사망했다. 이에 시스탄 병사들은 그의 동생이자 '모루'(Anvil)로 알려진 노새몰이꾼인 아므르(Amr)를 자신들의 지도자로 선포했다. 아므르가 또다시 바그다드를 위협하자, 칼리프는 중앙아시아 전체에 대한 통제권 이양을 약속하며 그를 매수하고자 애썼다. 바로 이때가 구리 세공인(사파르) 왕조가 정점에 다다른 순간이었다.

44) Barthold, *Turkestan Down to the Mongol Invasion*, 216~20.

45) Bosworth, *The History of the Saffarids of Sistan and the Maliks of Numruz*, 119.

46) 이와 관련한 역사가 *The Cambridge History of Iran*, 4: 107ff.에 간략히 요약되어 있다.

그러나 이번에는 칼리프의 군대가 아므르를 가까스로 붙잡아 죽이는 데 성공했다.

야쿱과 동생 아므르의 통치 아래 겨우 27년간 중앙아시아 일대에 존속했던 이 국가는 혁신적인 통치 모델은 아니었다. 속속들이 군사화된 이 국가는 칼리프 행정의 잔재를 던져버리고 모든 사람으로부터 공물을 받아내기 위해 첩자와 튀르크 노예들의 관계망에 의존했다.[47] 하지만 덕분에 시스탄은 타히르 왕조보다 더 독립적이고, 또한 사파르 왕조는 궁전을 짓고, 시스탄에서 가다보면 헤라트 인근의 헬만드강 지류 위로 오늘날에도 여전히 서 있는 26개의 아치를 가진 장엄한 다리도 건설할 수 있었다.[48]

구리 세공인 야쿱과 그의 동생의 급진적인 문화적 의제가 없었다면, 굳이 이 사건을 언급하지 않았을 것이다. 두 사람은 평민과 군인 사이에서 폭넓은 인기를 누렸는데, 그 이유를 찾기란 어렵지 않다. 칼리프의 대사가 야쿱을 바그다드로 소환하자 야쿱은 그에게 무산자들의 부추와 보리빵을 먹인 후 다음과 같은 지령을 내렸다.

> 가서 칼리프에게 전하시오. 나는 구리 세공인으로 태어났소. …… 내가 지금 향유하고 있는 통치권과 금은보화는 나 자신의 진취성과 …… 대담함을 통해 얻은 것이오. 나는 그것을 아버지에게서 유산으로 받지 않았고 당신으로부터 받은 것도 아니오. 나는 당신의 머리를 마디야(Mahdiyya, 칼리프의 경쟁자인 파티마 왕조의 수도, 카이로)*로 보내고 당신의 집을 파괴할 때까지

---

47) Frye, *The Golden Age of Persia*, 194~99과 사파르 왕조를 사려 깊게 변호한 소비에트의 Gafurov, *Istoriia tadzhikskogo naroda*, 2: 132ff. 간에 관찰되는 유사한 논의 내용에 주목하라.

48) Barthold, *An Historical Geography of Iran*, 64.

* 튀니지 동부의 해안도시이다. 파티마 왕조의 초창기 수도였으며, 현재는 마디아 주의 치소(治所)이다. 도시의 이름은 파티마 왕조의 초대 칼리프인 알 마흐디(구세주)에서 유래했다.

결코 안주하지 않을 것이오.[49]

이러한 허세의 밑바탕에는 아랍인들이 파괴한 문화적 유산에 대한 맹렬한 집념이 자리 잡고 있었다. 야쿱과 가까웠음이 분명한 동시대의 한 시인은 다음과 같은 말을 입에 올렸다.

페르시아 왕의 유산이 나의 손에 떨어졌으니
나는 긴 세월과 함께 소실되고 지워진 영광을 부활시키리라.
또한 나는 공개적으로 그들을 위해 복수를 다짐하노라. 다른 이들이 그들의 제왕적 권리를 인정하지 않을지라도 나는 그러지 않으리라.
오히려 '아바스인들에게' 말하노니, "서둘러 왕위에서 물러나라, 후회하기 전에 ……!"
우리는 긴 창으로 찌르고 날카로운 검으로 베어 당신들을 제압했다.
우리의 선조들이 당신들에게 왕권을 허했지만 당신들은 결코 우리의 선행에 적절한 사의를 표하지 않았다.
히자즈(즉 아라비아)에 있는 당신들의 고향으로 돌아가 도마뱀을 먹고 양이나 기르라.[50]

마지막 지도자 아므르는 사파르의 통치자답게 이슬람 영향의 흔적이 거의 느껴지지 않는, 이슬람 이전의 왕실 의례에 전적으로 기반한 즉위식을 요구했다.[51]

장래에 끼친 영향력이라는 측면에서 야쿱이 페르시아어의 옹호자였다는 사실은 매우 중요하다. 모든 동방의 강력한 통치자와 마찬가지로 야쿱

---

49) Bosworth, *The History of the Saffarids of Sistan and the Maliks of Numruz*, 13.

49) Bosworth, *The History of the Saffarids of Sistan and the Maliks of Numruz*, 13.
50) Bosworth, *The Medieval History of Iran, Afghanistan and Central Asia*, 59~60.
51) Barthold, *Turkestan Down to the Mongol Invasion*, 220.

도 자신을 맹종적으로 칭송하려는 열의로 가득 찬 시인을 끌어모았다. 한 번은 한 가지 말밖에 모르는 야쿱이 아랍어로 자신을 찬미하던 시인을 저지하며 퉁명스럽게 "왜 당신은 내가 이해하지도 못하는 것을 읊조리는 것이오?"[52]라고 물었다고 한다. 이러한 불만은 장래에 시인이 되고자 하는 모든 이에게 강력한 신호가 되었다. 당장에 페르시아어를 사용하는 수많은 신참내기 시인이 오늘날 이란 지역의 심장부에서가 아니라 시스탄과 호라산, 중앙아시아 여러 지역에서 출현했다. 이 시인 가운데 어떤 이들은 여전히 아랍어 형식에 기댔지만, 다른 이들은 처음으로 당대의 새로운 페르시아어를 사용하여 청아한 소리로 시를 읊조렸다.[53] 이들 가운데 제일은 투스 출신의 페르도우시였다.

투스: 전위적인 벽지(僻地)

투스는 니샤푸르에서 북동쪽으로 겨우 24킬로미터 떨어진, 두 계곡을 가르는 산등성이 끝자락에 위치해 있다. 지금까지 이곳은 우리의 이야기에서 거의 언급할 가치가 없었다. 정치 중심지로서의 위상과 대륙적인 무역 역량, 그리고 순전히 그 규모 자체만으로도 니샤푸르는 문화가 만들어지고 지적 생활이 꽃피우는 멋진 장소처럼 보였고 실제로도 그러했다. 반면 투스는 벽지보다도 못한 황량한 곳이었다. 발흐의 시인 샤히드(Shahid)는 페르도우시가 태어났을 무렵에 이곳을 방문하고 다음과 같은 4행시를 남겼다.

지난밤 나는 우연히 폐허가 된 투스에 가게 되었다.

---

52) Rypka, *History of Iranian Literature*, 129.
53) *Ibid.*, 136.

올빼미 한 마리가 한때 수탉이 꼬기오 하고 울었을 횃대에 앉아 있었다.

내가 말했다. "이 폐허는 당신에게 어떤 메시지를 전하나요?"

그가 말했다. "'애통하다, 애통하다. 모든 게 애통하다'라는군요."[54]

그럼에도 불구하고 시대의 가장 위대한 인물인 시인 페르도우시를 탄생시킨 곳은 눈부신 니샤푸르가 아니라 황폐한 투스였다. 물론 새로운 페르시아어와 문자가 상당 부분 니샤푸르의 문학 엘리트에게 빚졌음은 사실이다. 또한 11세기 과학과 학문의 본거지는 니샤푸르였지, 투스가 아니었다. 그렇지만 투스 출신의 작가와 사상가, 심지어는 정치인들의 기여가 그곳의 소박한 규모에 비해 너무 컸기 때문에 이에 대한 설명이 필요하다. 아니면 페르도우시를 비롯해 다수의 시인과 사상가들이 이곳 출신인 것은 그저 우연에 불과했을까?

우리는 중세의 투스가 두 개의 주요 지구로 나누어져 있었고 터키석을 비롯한 준보석 연마 및 교역의 중심지였으며, 사기그릇을 수출했고 수많은 위성 소도시로 둘러싸여 있었다는 사실 외에는 아는 것이 거의 없다.[55] 그러나 니샤푸르가 아닌 투스가 아랍 침략 이전에는 호라산의 주도였다는 압도적인 정치적 사실 하나만으로도 이 모든 사실은 무색해진다.[56] 이곳은 나이 지긋한 조로아스터교 명사들이 페르도우시 시대까지, 아니 그 이후에도 자신들의 신앙생활을 계속하며 살았던 곳이다. 또한 이곳은 아랍 침략에 맞서 자신들의 고대 신앙의 이름으로 대반란을 일으켰던 곳이기도 하다.[57] 끝으로 사산 왕조 페르시아라는 구체제에 대한 기억과 전통을 향

---

54) *Early Persian Poetry*, 26, trans. Jackson,

55) Le Strange, *The Lands of the Eastern Caliphate*, 388~90.

56) 투스에 관한 이 같은 사실을 비롯해 다른 모든 통찰은 Parvanch Pourshariati, "Iranian Traditions and the Arab Presence in Khurasan"(PhD diss. Columbia University, 1995)에서 얻었다.

57) 비하파르 조로아스터교 운동에 관해서는 Gholam Hossein Sadighi, *Les mouvements*

제7장 호라산: 중앙아시아의 떠오르는 별 ● 353

한 충성심이 가장 강렬했던 곳도 바로 여기였다. 니샤푸르보다 훨씬 적은 수의 아랍인들 —9세기 초 겨우 일흔 명이 있었다[58] —이 투스에 정착 했다는 사실도 고도의 문화적 연속성을 보장해 주었다. 지역민들은 중앙 아시아를 정복한 아랍인들이 니샤푸르를 편들고 자신들의 도시는 냉대하는 가운데 예전 수도를 퇴영적인 유적의 지위로 강등시킨 것에 대해서도 극도로 분개했다.

우리는 그저 투스의 많은 주민들이 구리 세공인 야쿱의 부상을 환영하며 내심 느꼈을 기쁨을 상상할 수 있을 뿐이다. 투스는 어떻게 해서든지 자신들의 목적에 중앙아시아를 이용하려는 신분이 미천한 아랍인들이라 생각하면서 항상 메르브의 아바스인들을 경멸의 시선으로 바라보았다. 물론 그들은 야쿱이 무산자 출신인 것도 업신여겼다. 하지만 투스에는 야쿱처럼 이슬람을 공격할 준비가 되어 있는 자가 없었다. 그러니 어떻게 투스인들이 주로 자신들의 노래를 부르는 자를 흠모하지 않을 수 있었겠는가? 투스의 누군가는 개인적으로 야쿱에 대해 서사시에서처럼 동쪽에서 온 튀르크인들은 아니지만 서쪽에서 온 아랍인들에 맞서 강력한 검을 휘두른 일종의 현대판 로스탐으로 생각했을 가능성도 크다. 게다가 야쿱은 옛 영웅과 같은 지역 출신이 아니던가?

야쿱과 단명한 그의 왕조에 대한 생각이 어떠했든지 간에 투스의 주민들은 그들에게 가담할 시간이 거의 없었다. 왜냐하면 900년 야쿱의 계승자들이 부하라에 기반한 새로운 페르시아계 왕조의 통치자인 이스마일 이븐 아흐마드 사마니에 의해 호라산과 투스에서 쫓겨났기 때문이다. 10세기 중반 무렵에 사만 왕조의 통치자는 투스 출신의 재능 있는 아부 만수르 압드 알 라자크(Abu Mansur Abd al-Razzaq)를 호라산의 총독으로 임명했다. 그의 초기 사업 가운데 하나는 민족 서사시 『샤나메』, 즉 『왕의 서

religieux Iraniens au IIe et au III siècle de l'Hégire (Paris, 1938), 116ff. 참조.

58) Pourshariati, "Iranian Tradition in Tus", 177.

(書)』(Book of Kings)로 알려진 모든 문헌을 수집하는 것이었다.

우리는 라자크가 이 위대한 사업을 독자적으로 시작했는지, 아니면 부하라의 명령으로 개시한 것인지 알지 못한다. 상황이 어떠하든 간에, 그는 유능한 연구자들로 팀을 꾸려 서사시를 짓는(creating) 것이 아니라 수세기 동안 구전으로 전해진 무수한 단편들로부터, 그리고 이전의 저자들이 만들어놓은 다양한 문헌으로부터 하나의 서사시를 조립해 만들어내는 (assembling) 일을 맡겼다. 적어도 발흐 출신의 두 명의 조로아스터교 학자와 메르브 출신의 한 학자가 라자크보다 먼저 이 위대한 편찬 작업에 착수했다.[59] 게다가 안성맞춤으로 이 연구팀이 참조할 수 있는 수많은 사산 왕조 페르시아의 역사 기록물도 있었다.

청년 시절에 페르도우시가 라자크의 사업에 참여했음은 거의 확실하다. 투스 인근의 파즈(Paj) 마을에서 태어난 그는 검소하지만 재력 있는 귀족 (디칸)이었던 아버지의 입지 덕분에 철저한 교육을 받을 수 있었다. 그가 라자크 연구진에 가담한 정도나 그 안에서 어떤 일을 했는지는 알 수 없지만, 오늘날 우리가 연구보조원(조교)이라고 부를 수 있는 역할을 그가 했을 것으로 추정된다. 적어도 그가 갑자기 이 사업이 중단될 때까지 점점 더 많은 관심을 보이며 이 연구진의 진행 상황을 쫓았음은 확실하다.

라자크 팀의 핵심요원은 라자크가 서사시 전체를 산문으로 옮기도록 의뢰한 아부 만수르 알 무아메리(Abu Mansur al-Muameri)였다.[60] 현존하는 문헌이 고대 페르시아어인 팔라비어로 쓰였기 때문에 무아메리는 그것들을 당대 페르시아어로 번역하는 것을 도울 네 명의 조로아스터교 신자를 고용해야 했다. 그들의 작업은 957년 이후의 어느 시점에서인가 완료되었다. 이 문헌도 종내 페르도우시의 손에 들어왔다. 라자크 사업과 가까운

59) Rypka, *History of Iranian Literature*, 151~53; Pourshariati, "Iranian Tradition in Tus", 23.

60) Pourshariati, "Iranian Tradition in Tus", 107.

인연이 있었던 또 다른 사람은 본래 발흐 출신으로 열성적인 애국자이자 조로아스터교 역사의 대변자이며 아마도 그 자신이 이 신앙의 지지자였던 것으로 짐작되는 젊은 시인 아부 만수르 무함마드 다키키(Abu Mansur Muhammad Daqiqi)였다. 페르도우시와 같은 시대에 살았던 다키키는 최대한 인생을 열심히 살고자 했다. 그는 다음과 같이 자신에 대해 썼다.

> 세상의 선하고 악한 모든 것 가운데
> 다키키의 선택은 이 네 가지였네.
> 붉은 입술과 류트의 슬픈 멜로디,
> 선홍빛 와인과 자라투스트라의 구전 지식.[61]

라자크의 위대한 사업에 전념했던 다키키는 방대한 서사시의 긴 구절을 대구(對句)로 만들었으며, 페르도우시는 그 가운데 거의 1,000개가량을 자신의 『샤나메』에 포함시켰다.[62]

페르도우시의 외로운 사명

라자크는 그의 사업을 끝까지 마무리짓지 못했다. 부하라의 튀르크 장교들이 사만 왕조의 통치자에게 그를 해고하고 대신에 자기 측 사람인 노예 출신의 알프테긴(Alptegin)을 임명하도록 강요했기 때문이다. 라자크의 파면으로 '서사시 사업'에 대한 지원은 끊어졌다. 다행히도 무아메리는 산

---

61) 잭슨의 번역을 약간 수정했다. *Early Persian Poetry*, 60~61. 또 다른 번역본으로는 Biruni, *The Chronology of Ancient Nations*, trans. and ed. C. Edward Sachau (London, 1879), xiii 참조.

62) 다키키에 관해서는 G. Lazard, *Les premiers poètes persans (IXe~Xe siècles)* (Tehran, 1964), 94~126; Rypka, *History of Iranian Literature*, 153~54 참조.

문 번역 작업을 마무리할 수 있었다. 수년 동안 다키키도 운문화 작업에 노고를 아끼지 않았지만, 그 결과물은 솜씨는 좋으나 영감이 결여되어 있다. 그런 와중에 976년 다키키가 총애하던 튀르크 노예가 이 젊은 시인을 살해하면서 운문화 작업은 갑자기 중단되고 말았다.[63] 그 무렵 30대 후반이 된 페르도우시의 손에 별안간 상당한 규모였을 것이 틀림없는 서사시에 관한 기록이 들어오게 되었다. 정상적인 야망을 가졌고 타고난 시적 재능까지 가진 사람이라면 과연 누가 평생에 단 한 번뿐인 이러한 기회에 등을 돌릴 수 있겠는가?

페르도우시가 자신만의 『샤나메』를 쓰는 데 헌신하기까지는 수년이 더 흘러야 했다. 아마도 그는 이 시간을 자신의 전임자들이 남겨놓은 초고를 활용할 수 있는 권한을 획득하는 데 보냈을 것이다. 아니면 그는 이 기념비적인 사업에 공을 들이기 위해 다른 활동을 현저히 줄일 만한 재정적인 상황이 아니었을지도 모른다. 페르도우시가 『샤나메』 전체를 운문화하기로 결정하기란 쉽지 않았을 것이다. 그는 당시 결혼해서 두 아이가 있었지만 먹고살기에 충분한 돈을 상속받지 못한 상태였다. 그럼에도 다키키가 사망한 지 채 몇 년이 지나지 않아 투스 출신의 이 시인은 향후 30년 동안 매일매일 몰두하게 될 작업에 착수했다.

페르도우시가 이 힘겨운 일을 마친 1010년, 그는 일흔한 살이었고 그동안 쌓인 분노는 극에 달했다. 투스의 계몽된 관료들이 그에게 음식과 의복을 제공하고 심지어는 세금 면제도 해준 것은 맞다. 하지만 지역의 어떤 고관은 그에게 저작권료를 지불하지도 않고 그의 문헌 구절을 도용했으며, 또 어떤 이들은 지갑은 닫은 채 싱거운 칭찬의 말들만 쏟아낼 뿐이었다. 그의 표현에 의하면, "나의 분노 주머니는 폭발하기 일보 직전이었다."[64]

---

63) Rypka, *History of Iranian Literature*, 154.

64) Abolqasem Ferdowsi, *Shahnameh: The Persian Book of Kings*, trans. Dick Davis (Washington, DC, 1997), 853.

페르도우시가 1,000년 전에 완성한 위대한 시에서 우리가 여전히 큰 즐거움을 얻고 있다는 사실은 이 작품의 불멸성을 보여 준다. 실제로 오늘날 대부분의 나라에서 『샤나메』는 적어도 세계문화유산의 일부로 여겨지는 예술작품에 합당한 공식적인 예우를 받고 있다. 그럼에도 페르도우시의 '불멸의 서사시'에 붙는 의례화된 상투적인 문구는 이 대작에 대한 본질적인 평가를 결코 대신할 수 없다. 심지어 그의 작품을 영어로 처음 번역한 작가조차 의문을 제기했음을 고려할 때,[65] 페르도우시 업적의 규모를 확인하기 위해 잠시 멈출 필요가 있을 듯하다.

규모가 어마어마하다고 해서 예술이 되는 것은 아니지만, 페르도우시 이전의 다른 어느 세계적인 서사시도 세심하게 구성된 5만 개의 2행 연구시 ─호메로스의 『일리아스』(Ilias)의 일곱 배, 베르길리우스의 『아이네이스』(Aeneis)의 열 배가 넘는다 ─를 따라가지 못한다. 이는 사실 그 규모를 축소해 말한 것인데, 왜냐하면 페르도우시의 시구 하나하나는 호메로스나 베르길리우스보다 이내 반 이상이 더 길기 때문이다.[66] 그렇기에 순전히 생산성만 놓고 본다면, 어떤 시인도 페르도우시를 이길 수 없다.

『샤나메』의 길이는 페르도우시가 자신에게 부과한 방대한 과업의 불가피한 결과였다. 대부분의 서사시는 아득한 과거의 전설에 대한 장황한 이야기로 구성된다. 『샤나메』도 이러한 구성을 보여 주지만, 페르시아 민족이 세계무대에 처음 등장한 때부터 거의 작가가 속한 시대에 이르기까지 페르시아의 포괄적인 역사라는 방대한 틀 안에 옛 전설들을 끼워넣었기 때문이다. 이는 페르도우시가 적어도 쉰 명의 통치자의 삶과 시대를 다루어야 함을 의미했다. 이들 중 절반은 문자 기록이 남아 있지 않은 시대의 인물이었고, 나머지 절반은 역사적으로 기록된 실제 인물들이었다. 초창기의

---

65) Edward G. Browne, *A Literary History of Persia from Firdawsi to Sa'di* (New York, 1906), 142ff.

66) Davis, in Ferdowsi, *Shahnameh*, xiii.

치세를 구성하기 위해 페르도우시는 분산된 구술 자료나 구전에 기반한 초기 기록에 의존해야 했다. 후대 스물다섯 명의 치세를 다룰 때에도 그는 역사 기록을 발굴하고 증거를 면밀히 검토하면서 공식 사가의 과장을 뚫고 헤쳐 나가야만 했다.

당대의 백과사전 편집자들처럼 페르도우시도 모든 정보를 수집해 그 안에 숨은 의미를 드러내고자 했다. 한술 더 떠서 그는 자신이 이해한 대로 이 장대한 역사를 보여 주고자 고군분투했다. 건조한 골동품 연구나 속이 텅 빈 설교가 아닌 살아 있는 드라마로서 말이다.

현실적인 『왕의 서(書)』

페르도우시의 대작은 특성상 매우 중앙아시아적이다. 기원후 224년 사산 왕조의 등장과 함께 페르시아의 수도가 아프간-이란의 국경 지역에서 이란 남서쪽에 위치한 원형도시 아르다시르 콰라(오늘날의 피루자바드)로, 그 후에는 미래에 바그다드가 들어설 지역에서 유프라테스강을 따라 아래로 내려가다 보면 만나게 되는 크테시폰으로 옮겨졌음에도 불구하고, 이는 사실이다. 그러나 『샤나메』의 지리적 중심지는 오늘날의 이라크도, 이란 중심부도 아니다. 오히려 아무다리야강 너머에 있는 중앙아시아의 일부가 그 무대이다. 서사시에서 '투란'(Turan)이라고 칭해지는 곳이 대(大)문화 전쟁이 발생한 작품의 지리적 중심부이다. 『샤나메』는 동쪽의 베이징에서부터 서쪽의 로마에 이르기까지 수백 개의 역사적 지명을 호명하지만, 작품의 확실한 지리적 중심은 호라산과 시스탄, 아프가니스탄, 사마르칸트, 호라즘, 동투르키스탄을 포함하는 중앙아시아이다. 페르도우시에게 이란 문명의 운명은 튀르크와 이란 세계 간의 단층선을 따라 중앙아시아에서 결정되었다.

『샤나메』는 왕들의 책이기에 연대순으로 마흔아홉 명의 페르시아 통치자가 연이어 등장한다. 그렇다고 이 책이 민족의 영광에 무조건적인 경의를 표한 것은 아니었다. 그러기는커녕, 저자는 당당하게 수많은 페르시아 왕의 극심한 무능력을 통렬히 묘사했다. 마치 민중의 고난은 신이 아니라 사람에게서 기인한다는 것을 말하려는 듯이 말이다. 또 페르도우시는 의도적으로 당대 시류에 관한 명백한 암시를 피하려 했음에도, 『샤나메』는 처음부터 끝까지 페르도우시가 살던 당시 지도층의 실패에 대한 엄중하고 심오한 비판을 담고 있다. 비록 당대에 대한 언급은 은밀하거나 우의적이었어도 한 가지 사실, 즉 저자가 자신이 속해 있는 시대를 위해 기획된 책을 쓰고 있다는 것을 온전히 의식하고 있었음은 분명하다.

순수한 열정으로 가득한 페르도우시의 비판 일부는 이를 잘 보여 준다. 그는 전설적인 왕 노우자르(Nowzar)에게 경멸을 실컷 퍼부었는데, 어리석게도 귀족들과 소원해지면서 이란을 동쪽으로부터의 침략 — 이로 인해 노우자르 자신도 죽음을 맞았다 — 도 막지 못하는 무능 상태로 만들었기 때문이다. 이는 사만 왕조의 종말에 대한 하나의 우화였다. 또 다른 통치자들도 혹평의 대상이 되었는데, 그들의 죄상과 실패담은 모두 당대인들에게는 매우 익숙한 것이었다.

페르도우시가 자신의 시대를 말하기 위해 역사를 이용한 가장 명백한 사례 중 하나는 구리 세공인 야쿱과 전설적인 영웅 소흐랍 — 속세에서의 그의 사명은 이란 왕들을 자신들이 저지른 어리석은 행동의 결과로부터 구하는 것이었다 — 의 고향인 시스탄 지방에 대한 극진한 대우였다. 페르도우시는 시스탄이 다른 모음집에서는 언급조차 되지 않았으나, 페르시아 왕권의 강점과 약점을 모두 전형적으로 보여 준 전설적인 통치자들의 왕조가 자리 잡았던 곳임을 우리에게 상기시킨다. 페르도우시와 동시대에 살았던 이라면 그 누구라도 철퇴로서 세상의 수많은 사악한 괴물을 물리친 시스탄의 위대한 왕인 파리둔(Faridun)에 대한 그의 묘사를 읽으면서 역사적 인물인 구리 세공인 야쿱을 떠올렸을 것이다.

이러한 관련성은 왕들을 무분별한 모험에서, 그리고 이란 민족을 어리석은 전쟁에서 구하는 데 필요한 근원적인 힘을 전형적으로 보여 준 로스탐에게서 더욱 강력하게 드러난다. 서투른 카보스(Kavos) 왕이 적들에게 사로잡혔을 때, 즉 자신이 만든 하늘을 나는 기계가 적진으로 곤두박질쳤을 때 소흐랍만이 그를 구할 수 있었다. 소흐랍은 왕족 혈통이 아니었기에(그의 어머니는 아프간인이었다), 며칠이고 흥청거리며 술에 취해 보낼 수도 있었다. 하지만 그는 진정 민중을 위하는 사람이었고 그가 없었더라면 나라는 그 어떤 구원의 길도 찾을 수 없었을 것이다.

때때로 페르도우시는 혈통보다는 능력에 기반한 지도자 선출을 옹호하는 것처럼 보이기도 한다.[67] 하지만 아무리 따져보아도 이는 그에게 상상도 할 수 없는 일이었다. 왜냐하면 페르도우시가 이러한 생각을 품었다면 그는 카와리지파 이단과 함께 했었을 것이기 때문이다. 뿐만 아니라 그는 통치자로 태어난 자만이 진정한 지도자가 될 수 있다고 믿는, 즉 왕권신수설의 열렬한 지지자였다. 늘 그렇듯 지도자들이 오만과 탐욕, 여러 형태의 자만에 빠졌을 때 자구책을 찾는 것이야말로 그 사회에는 하나의 도전이었다.

노골적으로 그는 통치자가 어리석거나 악의적일 때 선인은 무엇을 해야 하는지에 관해 반복적으로 의문을 제기했다.[68] 합법성에 관한 자신의 보수적인 견해에 위배되었기 때문에 반란은 페르도우시에게 논외였다.[69] 또한 그는 부당한 왕의 고귀한 신민들이 힘을 모아 군주권에 제한을 가하는 잉글랜드 식의 마그나 카르타(대헌장)의 실행 가능성에 대해서도 생각하지 않았다. 이러한 길들이 그에게는 닫혀 있었기에 페르도우시는 어떻게 해서든 훌륭한 조언자가 등장하던지, 아니면 소흐랍 같은 영웅이 곤궁에서 벗

---

67) 『샤나메』의 이러한 차원을 가장 날카롭게 분석한 이는 페르도우시의 번역가인 딕 데이비스이다. Dick Davis, *Epic and Sedition: The Case of Ferdowsi's "Shahnameh"* (Fayetteville, 1992), 65.

68) *Ibid.*, 21.

69) *Ibid.*, 20.

어나게 도와주던지 요행을 바랄 수밖에 없었다. 이처럼 해야 할 일이 산적한 상황에서 로스탐이 수백 년을 살았다고 주장하는 민간전승을 페르도우시가 받아들인 것은 전혀 놀랄 일이 아니다.

리더십에 대한 페르도우시의 심사숙고는 얼핏 보기에는 공민의 선은 보상을 받고 악은 벌을 받는다는 깔끔한 결론에 이르는 듯 보일 수도 있다. 하지만 그는 그렇게 순진하지 않았다. 이러한 견해를 정면으로 반박하는 일화가 고쉬타스프(Goshtasp)와 에스판디야르(Esfandyar)에 관한 이야기이다. 두 사람 모두 왕의 아들이었기에 적자였고 옳고 정당한 일을 하려는 선한 의지를 가지고 있었다. 한 사람은 양심의 부름에 따랐고, 다른 한 사람은 의무의 호소에 귀를 기울였다. 그러나 결국 두 사람 모두 파국을 맞았다. 페르도우시의 세계에서는 선한 의도가 긍정적인 결과를 결코 보장하지 않았으며, 운과 기회가 종종 해로운 방식으로 자신의 뜻을 관철하곤 했다.

부계 지배의 모순들

왕권과 합법성에 관해 깊은 관심을 가지고 있던 페르도우시는 권력 자체의 성격에 대해서도 심도 있게 사고했다. 그에 따르면, 사회는 권위를 필요로 하지만 권위는 종종 변덕스럽고 부당하다. 권위는 충성심을 요하지만 이것을 얻기란 매우 힘들다. 권위에 대한 급진적인 비판으로 해석될 수밖에 없는 이러한 주장 속에서도[70] 페르도우시는 단호하게 통치자의 배신에도 불구하고 충성심을 버리지 않는 조언가나 조력자의 편을 들었다.

이렇게 칭찬할 만한 행동을 보여 준 귀감은 다름 아닌 바로 투스의 능

---

70) 이것이 데이비스의 명석한 분석이 간파한 핵심이다. *ibid.*, 23.

력 있는 총독이자 『샤나메』 기획의 발기인이고 사만 통치자의 파면으로 튀르크 노예에게 자리를 내어준 라자크였을 공산이 크다. 페르도우시는 라자크와 그의 식견에 여전히 충성을 바쳤고, 그렇게 함으로써 자신을 사회와 문화의 구원자인 굳건한 종복의 대열에 합류시켰다. 따라서 페르도우시의 저작을 옮긴 재능 있는 미국인 번역가 딕 데이비스가, 무슨 수를 써서라도 권위 유지를 필요로 하는 시(詩)의 공식적인 윤리와 고결한 원칙을 향한 헌신이 가지는 상쇄적 가치를 인정한 시인 자신의 견해를 대비한 것은 매우 적확했다. 서사시에 등장하는 모든 왕 가운데 가장 고결한 이 중한 명이었던 호스로(Khosrow)가 자신의 영혼을 위해 권력을 단념한 것은 결코 우연이 아니었다.

그러나 결국 이조차도 페르도우시가 만물의 자연의 이치라고 생각했던 것에 어긋나는 답이었다. 내심 그는 왕의 권위는 한 가정의 아버지의 권위의 연장이라고 생각했다. 그리고 이는 페르도우시의 서사시 전체에 은사(銀絲)처럼 퍼져 있던 주제였다. 『샤나메』 이전에 쓰인 작품 중 이보다 자주, 그리고 강렬하게 부자 관계 — 지크문트 프로이트(Sigmund Freud)도 분명히 인식하지 못했던 사실이다 — 에 초점을 맞춘 저작은 없었다.

분별력 또는 지혜가 없는 세상

여기에서 또다시 페르도우시는 판에 박힌 단순한 공식을 피해 갔다. 아버지의 권위는 정치적 권위의 모범이 될 수 있지만 무한한 힘에서 기인하는 변덕스러움으로 인해 이 역시 결함을 지니고 있다.[71] 설상가상으로 아버지의 권위는 예측하기 어려울 정도로 부침이 심하다. 『샤나메』에서 가장

---

71) 아버지의 권위에 관한 데이비스의 논의는 *ibid.*, chap. 3 참조.

극적으로 묘사되는 영웅 로스탐이 전장에서 아들 소흐랍을 죽인 사건이 아버지나 아들의 악행 때문이 아니라 순전히 사고에 의한 우연의 결과였다는 사실은 위안거리가 되지 못한다.

페르도우시는 풍요로우나 오만했던 사산 제국(224~651) 치하에서 페르시아의 힘이 속절없이 위축되었고, 그 결과 아랍 군의 침략으로 몰락할 수밖에 없었음에 주목했다. 비록 자신은 무슬림이었지만 이러한 재앙에 대한 조로아스터교의 책임을 면제해 주었고, 실제로 페르시아 민족의 위대한 일신교를 마음에서 우러나오는 존경심으로 대했다. 권력의 부패가 분명 한 요인이었지만 페르도우시는 무제한적인 권력 행사로 인한 실수보다는 지도자들의 무능함과 유약함에 더 짜증이 났다. 결국 그는 체념한 듯 순순히 인간사에 있어 운명, 즉 포르투나(fortuna)의 역할을 강조했다. 왕의 점성술사들은 마지막 황제 야즈데게르드 시대에 페르시아의 자치가 끝날 것이라 예언했고 통치자에게는 그것을 저지할 힘이 없었다.

마흔아홉 명의 통치자—그들 대부분은 틀림없이 위대한 인물이었다—의 삶을 서술한 후에, 페르도우시는 감동적이고 정중한 태도로 불운한 야즈데게르드를 다루었다. 그는 중앙아시아의 메르브에서 군대의 재편을 도모할 생각이었던 왕의 도주를 추적했다. 그는 '정직하고 관대하다고 믿었던'[72] 메르브의 악하고 불성실한 통치자 마후이(Mahuy)에게 보낸 야즈데게르드의 절절한 편지를 인용했다. 황제를 정중하게 맞이한 마후이는 사마르칸트 출신의 야심찬 한 제후에게 아첨하며, '꿩의 깃털처럼 광채를 발하며' 메르브에 다다른 군대로 야즈데게르드를 치라고 꼬드겼다. 총독은 사마르칸트의 군대를 일단의 튀르크인들이라고 속여 자신의 배신 행위를 숨겼다.

그사이 허름한 방앗간으로 몸을 피한 야즈데게르드에게 점잖은 방앗간

---

72) Ferdowsi, *Shahnameh*, 845.

주인이 먹을 것과 안식처를 제공했다. 그런데 방앗간에 머물고 있는 한 전사에게 "영광의 광채를 발하고 그 자체로 봄날 같다"라는 이야기를 들은 마후이는 방앗간 주인에게 그를 죽이라고 명하며, 만약 명을 받들지 않으면 즉시 목을 베겠다고 협박했다. 가여운 방앗간 주인은 야즈데게르드를 죽일 수밖에 없었다. 마지막 숨을 내쉬며 페르시아 민족의 마지막 통치자는 다음과 같이 말했다.

> 세상을 이해한 사람이라면 곧 이렇게 말하겠지.
> 나름의 분별력도 지혜도 없다고 ⋯⋯
> 천국은 말도 안 되는 방식으로
> 적의와 선의를 섞어놓았네.
> 그렇기에 분노와 사랑에 동요하지 않고,
> 그것들이 변하는 것을 지켜볼 수만 있다면, 그것이 최선일 테지.[73]

운명의 힘 앞에서 야즈데게르드가 내뱉은 처절한 체념의 말은 인생의 절대적인 불확실성을 어떻게 다루는 것이 최선인지에 대한 페르도우시 자신이 내린 결론이 아니었을까?

프라하에 동양연구소를 설립한 사려 깊은 체코의 페르시아 어문학자인 얀 립카(Jan Rypka)는 이러한 생각을 단호히 부정했다. 오히려 립카는 『샤나메』 전체를 격렬한 삶에 대한 찬가이자 행동지침으로 보았다. 페르시아의 위대함은 끊임없는 투쟁과 계속되는 전투, 항구적인 반란에서 기인했고, 따라서 『샤나메』에는 페르도우시가 전하고자 하는 교훈의 본질이 구체적으로 나타나 있다고 주장했다. 더 나아가 립카는 페르도우시의 대작이야말로 당시 중앙아시아의 무슬림들에게 수피 교주들이 설교하고 다니

---

73) *Ibid.*, 849.

던 정적주의와 탈속에 대한 반박이라고 결론지었다.[74]

부정할 수 없는 것은 결국 페르도우시가 이 모든 것이 부질없다고 말했다는 사실이다.[75] 그 어디에도 희망적인 전망은 없었다. 페르도우시는 "지금의 이 끔찍한 세상을 그들은 태초에 어떻게 장악했는가?"[76]라고 물었다. 어떤 행위도 성공적인 결과로 이어지지 않았다. 이란은 더 이상 존재하지 않는다. 그리고 제국의 종말로 지금의 세대는 비참해졌다.[77] 암울한 상황인 것은 확실하다. 그렇다고 능동적인 삶에 대한 호소력 있는 변호 이상으로 수피즘의 수동성에 대한 공격을 찾아보기도 힘들다. 현실은 훨씬 안 좋은 법이다. 활기찬 활약에 대한 페르도우시의 치하로 페르시아의 서사 영웅들은 호메로스의 오디세우스나 베르길리우스의 아이네아스와 어깨를 나란히 하게 되었지만, 결국 우울한 결말로 인해 서사 영웅 모두에게는 미겔 데 세르반테스(Miguel de Cervantes)의 돈키호테의 아우라가 덧씌워졌다.

이를 인지한 데이비스는 『샤나메』가 자신과 불화하는 시(詩)라는 타당한 결론을 내렸다.[78] 행위를 치하하는 동시에 그것의 절망적인 최후를 인정함으로써, 페르도우시의 서사시는 해결되지 않는 모순적인 전망을 독자에게 제시한다. "『샤나메』가 탄생하게 된 대기획의 중심에는 침묵이 있다"라고 관찰한 데이비스는 정곡을 찌른 셈이다.[79]

시 전체를 훼손하지 않으면서도 영웅 행위와 운명의 힘 사이에 해소되지 않는 긴장 관계는 『샤나메』를 예리하고 웅장하며 깊이 있게 만드는 수

---

74) Rypka, *History of Iranian Literature*, 161.

75) Davis, *Epic and Sedition*, 193.

76) Ferdowsi, *Shahnameh*, quoted by Davis, *Epic and Sedition*, 19.

77) Davis, *Epic and Sedition*, 179.

78) *Ibid.*, 187.

79) 이 문장은 *ibid.*, 171을 약간 수정한 것이다.

많은 요소 가운데 하나이다. 그 언어는 풍성하고 어떤 때는 극적인 사건에 흠뻑 빠져 있으며, 또 어떤 때는 아이러니와 활기 넘치는 유머로 가득하고 때로는 서정적이면서도 간결하기까지 하다. 대부분의 묘사는 하나의 극적인 장면에서 다음 장면으로 활기차게 전환되며 놀라운 추진력으로 앞으로 나아간다. 페르도우시의 '카메라'는 높은 곳에서 내려다보는 파노라마적인 전경과 날카로운 클로즈업, 행위 자체에서 발산된 촘촘한 이미지를 제공한다. 또한 그는 반복적으로 시의 정수로 보이는 냉소적인 방백(傍白)이나 능란한 이미지를 덧붙이기 위해 순간순간 장면을 멈추곤 한다.

이 모든 것이 현대의 독자들로 하여금 문화의 전성기였던 10세기와 11세기 초의 투스와 니샤푸르, 호라산, 중앙아시아 전역에 존재한 예술적인 탁월함과 정신적 깊이, 철학적 섬세함을 느끼도록 한다. 페르도우시의 대작이 가지고 있는 이 같은 특성은 시인이 살았던 시절 못지않게 1,000년이 지난 후에도 여전히 매력적으로 다가온다. 그의 다음과 같은 예언은 옳았다.

세상천지가 나에 관한 이야기로 가득할 것이다.
나는 소멸하지 않을 것이다. 내가 뿌린 이 씨앗들이
무덤으로부터 나의 이름과 명성을 구하리라.[80]

---

80) Ferdowsi, *Shahnameh*, 854.

제8장

중앙아시아의 전성기: 사만 왕조

서유럽 작가들이 여전히 라틴어를 아는 소수의 독자 무리를 대상으로 글을 쓰고 대부분의 중국 저자들은 관료들을 위해 글을 쓰던 940년경, 부하라의 시인이자 소리꾼이었던 아부 압둘라 루다키(Abu Abdullah Rudaki)는 사회에서의 자신의 역할을 '펜과 하프'라는 간결한 세 개의 2행 연구로 치하했다.

인생이 말이고 당신이 조련사라면 당신의 선택은 전속력으로 달리는 것이다.
인생이 공이고 당신이 타구봉이라면 당신의 선택은 공을 치는 것이다.

하프 연주자가 섬세한 손을 가지고 있다 할지라도
펜을 쥔 손에게 제물로 바쳐지리니.

당신 덕분에 압박감과 질투심은 줄고
당신 덕분에 의로움과 관대함은 더해졌소.[1]

---

1) 이 번역본은 시인 사산 타바타바이(Sassan Tabatabai)의 *Father of Persian Poetry:*

그는 다음과 같이 썼다. 펜은,

걸어다니는 불구자, 귀는 없지만 말을 한다.
유창한 벙어리, 눈 없이도 세상을 본다.
칼처럼 날카롭다. 뱀처럼 움직인다.
연인의 몸과 어두운 얼굴을 하고 있다.[2]

봄같이, 세월이 흘러도 변치 않는 주제를 대가답게 류트(barbak)나 하프 (chang)의 반주에 맞춰 읊조리는 그를 흠모하며 환호하는 청중을 상상하기란 어렵지 않다.

저 구름을 보라, 비통해하는 사람처럼 어떻게 울부짖는지
비탄에 젖은 연인처럼 천둥이 신음하는구나.
이따금 구름 뒤로 얼핏 보이는 태양.
간수를 피해 숨는 죄수 같구나.
한동안 고통 속에 있던 세상은
재스민 향기의 바람을 맞으며 치유 받는구나.
반짝이는 새 비단결 같은 나뭇잎 위에서
사향 내음이 파도를 이루며 흠뻑 흘러내리는구나.

눈으로 덮인 틈 사이로 장미가 자라고

Rudaki and His Poetry (Leiden, 2010), 58에서 가져온 것이다. 타바타바이의 선구적이면서도 막중한 작업을 전적으로 인정하는 가운데 저자가 약간의 수정을 가했다. 그의 박사학위논문인 "Rudaki, the Father of Persian Poetry", Boston University, 2000도 참조.

2) Tabatabai, *Father of Persian Poetry*, 84.

말랐던 하천도 어느덧 냇물로 그득하구나.[3]

물론 그도 종종 사랑을 노래했다.

사랑의 취기를 아는 자에게
잠시라도 깨어 있는 것은 부끄러운 일일지니.[4]

루다키의 친구 중에는 한 노예에 대한 짝사랑을 격렬한 열정의 시로 표현한 발흐 출신의 여류 귀족 시인 라비아(Rabia)가 있었다.

신에게 드리는 나의 기도는 이것이니
나무토막과 돌처럼 움직이지 않는
누군가와 당신이 사랑에 빠지게 하소서.

고통과 이별이라는
사랑의 통증을 겪고 나서야
당신은 당신을 향한 나의 사랑을 느끼고
그 가치를 알게 될 테니.[5]

루다키의 마음도 라비아를 향하고 있었는데, 그녀의 무분별한 행동을 탓하던 오빠가 그녀를 그만 죽여버렸다.
당연히 루다키도 훗날의 수피 시인처럼 신에 도취된 인류의 상징으로서

---

3) *Ibid.*, 100.
4) *Ibid.*, 98.
5) Mohammed H. Razi, "Rabiah Balkhi: Medieval Afgani Poet", in *Middle Eastern Muslim Women Speak*, ed. Elizabeth Warnock Fernea and Basima Qattan Bezirgen (Austin, 1977), 81.

가 아니라 우울증에서 벗어나게 하는 음료로서 와인을 노래했다.

> 와인은 인간에게서 품위를 끌어내며
> 돈으로 산 자와 자유인을 구분한다오.
>
> 와인은 야비한 자와 고귀한 자를 가려낸다오.
> 다양한 재능이 이 와인병에 담겨 있소.
>
> 당신이 와인을 마시고 있을 때면 아주 기쁘구려
> 특히 재스민이 만개하면 더욱더.
>
> 와인은 수많은 성벽을 올랐고
> 새로이 안장을 얹은 수많은 수망아지를 길들였소.
>
> 비열한 수전노조차도 와인을 마시면
> 세계 전역에 관대함을 보인다오.[6]

오늘날의 타지크어에 해당하는 새로운 페르시아어(New Persian)로 쓰인 루다키의 매혹적이면서도 신선하고 세속적인 시는 사만 가문이 수도 부하라에서 전(全) 중앙아시아와 동부 이란 및 아프가니스탄 대부분을 통치하던 당시의 놀라운 시대적 분위기를 물씬 풍긴다. 13세기 중앙아시아 출신의 한 문인은 기원 후 800년경에서 1200년까지 지속되었던 이 황금기를 선망의 눈으로 회고하며 다음과 같이 열변을 토했다. 부하라는

> 의사와 법학자들의 밝은 등불로 개화되었고

---

6) Tabatabai, *Father of Persian Poetry*, 108.

그 주변은 가장 진귀한 최고의 성취로 꾸며졌다.

고대 이래 언제나 이곳은 각지에서 온 위대한 학자들의 집합소였다.[7]

오늘날 타지키스탄 북부의 한 마을에서 태어난 루다키는 10대 무렵에 이미 부하라의 사만 통치자에 의해 궁으로 초대받았을 만큼 소리꾼이자 악기 연주자로 명성을 떨쳤다. 그 뒤를 이은 나스르 2세(Nasr II, 914~943)는 루다키를 자신의 공식 시인이자 절친한 친구로 삼았고, 이사할 당시 가재도구를 옮기는 데만 200마리의 낙타가 필요했을 정도로 시인에게 부(富)를 안겨주었다. 루다키는 통치자를 칭송하는 고결한 찬가와 진심 어린 시로 이에 화답했고, 연회나 공식 행사에서 시를 읊곤 했다. 기성 형식 속에서도 그는 전쟁이나 사랑에 대한 통치자의 기량을 칭송하는 흔해빠진 빈말은 피하고 대신에 정신적 삶에 대한 나스르의 적극적인 관심을 담아냈다. 그는 단 한 번도 통치자를 사회에서 종교적 역할을 수행하는 자로 묘사하지 않았다.[8] 실제로 루다키는 이스마일파의 대의를 지지했음에도 불구하고, 그의 시는 철저히 세속적인 성격을 띠었다.[9] 한 2행 연구에서는 "신께서는 기도를 위해서가 아니라 연인의 유희를 위해 우리를 창조하셨다"라는 의견을 피력하기도 했다.[10] 그는 이슬람적인 이미지보다는 고대

---

7) Ata-Malik Al Juwaini, *Genghis Khan: The History of the World-Conqueror*, trans. John Andrew Boyle (Manchester, 1958), 97~98.

8) "그는 현자의 지혜를 늘리고 지식으로 세력가를 풍요롭게 한다." I. S. Bragitskii, *Abu Abdullakh Dzhafar Rudaki* (Moscow, 1989), 26.

9) 사만 왕실에서 동료로 지냈던 발흐의 시인 마루피(Marufii)는 파티마 왕조가 이집트를 지배한 이스마일파와 관련 있음을 보여 주는 다음과 같은 시를 남겼다(이 시구를 저자에게 알려 준 하킴 엘나자로프가 번역한 것이다).

시인들의 스승 루다키는
"파티마 왕조 외에는 그 누구에게도 충성을 바치지 말라"고 하셨다.

Rudaki, *Divan*, ed. Qodiri Rustam (Almaty, 2007), 79.

이란이나 조로아스터교적인 이미지를 더 풍겼던 것 같다.

루다키는 능수능란한 재주가 있었다. 그의 군주가 아프가니스탄의 헤라트에서 휴양차 수개월이나 머물며 부하라로 돌아오지 않자, 루다키는 나스르의 동의도 없이 그의 귀환을 알리는 시를 발표하여 귀환을 종용했다.

> 아미르(amir)는 한 그루의 사이프러스, 부하라는 정원이라네.
> 사이프러스가 정원으로 돌아오고 있다네.[11]

시인이 읊은 이 시구를 듣자마자 나스르는 옷도 제대로 걸치지 않은 채 말에 올라 즉시 집으로 돌아왔다.

사만 왕조의 부상은 그 무렵 바그다드의 칼리프 힘이 약화되면서 매우 쉬워졌다. 861년에 한 튀르크 노예가 술판을 벌이고 있던 편협하고 천박한 칼리프 무타와킬을 살해했다. 이로써 드디어 바그다드에서의 무타질라파 논쟁은 종식되었지만, 대신에 도시의 기독교도와 유대인들에 대한 공격이 이어졌다. 그들은 모두 벌꿀색의 의상을 입어야 했고 당나귀나 노새만 탈 수 있었으며, 대문 위에 악마상(像)을 설치해야 했다.[12] 이 무렵 정부는 전적으로 튀르크 병력에 의지하고 있었는데, 다루기 힘든 군 장교와 일반 사병들의 요구가 갈수록 심해졌다. 폭동이 빈번했고 869년에는 에티오피아 노예들이 반란을 일으켜 바그다드의 전 구역을 폐허로 만들었다. 이러한 폭동이 향후 수세대 동안 점점 더 일상화되어 갔다. 이윽고 폭우와 천둥번개가 치던 어느 초여름밤에 무시무시하면서도 경이로운 사건이 발생했다. 칼리프 권위의 상징이자 바그다드 원형도시의 구심점인 칼리프 만수르 궁

---

10) *Ibid.*, 91.

11) Tabatabai, *Father of Persian Poetry*, 56.

12) Browne, *A Literary History of Persia from the Earliest Times until Firdawsi*, 343~44.

의 우뚝 솟은 녹색 타일 돔이 무너진 것이다.[13] 최고의 교육을 받은 이들 조차 미래의 징후를 점치기 위해 점성술사를 찾던 시대에, 비극적인 이 사건의 의미는 너무도 자명했다.

그사이 호라산의 구리 세공인 야쿱 왕조의 갑작스러운 부상과 몰락은 중앙아시아에서 사만 왕조의 유일한 잠재적 경쟁자였던 니샤푸르 정부의 마지막 힘까지 소진시켰다. 니샤푸르는 호라산은 물론 아무다리야강 너머 중앙아시아 대부분 지역에 대한 통치권을 바그다드로부터 인정받았기 때문에, 걸린 판돈은 중앙아시아 전역에 대한 통제권과 다를 바 없었다. 니샤푸르의 통치자들이 더 이상 할 수 없었던 일 — 바그다드로부터의 독립과 교역을 위한 안정적인 환경 제공, 동쪽 튀르크족의 저지 — 을 실질적으로 할 수 있는 새로운 왕조가 등장한 것이다.

이 모든 것, 아니 그 이상을 해낸 이들이 바로 사만 가문이었다. 이 가문의 본관은 아프가니스탄의 발흐에서 멀지 않은 곳이었는데, 수세대 동안 니샤푸르 정부를 대표하는 고관을 배출했다. 이슬람으로 개종하기 전에 사만 가문은 불교도였다. 이는 왜 훗날 그들이 태양의 상징(만다라*)이나 다른 불교 도상학적 특징을 보여 주는 동전을 일부 아프가니스탄 조폐국이 발행할 수 있도록 허용했는지를 설명해 준다.[14] 또한 불교가 사만 왕조가 저물어 가던 1000년경까지도 힌두쿠시에서 계속 번창했기 때문에 이러한 상황이 가능했을 것이다.[15]

---

13) Ibrahim b. Makhla al-Qadl Ismail b. Ali al Khuitabi, quoted in "Baghdad in the Tenth Century", http://www.eduplace.com/ss/hmss/7/unit/act2.1blm. html.

* 불교에서 우주 법계의 모든 덕을 표현한 불화(佛畵)를 말한다.

14) S. Kamoliddin, "On the Religion of the Samanid Ancestors", Transoxonia 11 (July 2006), http://www.transoxonia.com.ar/11/kamoliddin-samanids.htm.

15) Klimburg-Salter, "Buddhist Painting in the Hindu Kush c. VIIth to Xth Centuries."

사만 가문의 발흥(그리고 훗날의 몰락)은 그들의 다산성(多産性) 덕분에 앞당겨졌다. 니샤푸르의 지배력이 약화되던 시기에 일곱 명의 사만 가문 형제는 사마르칸트, 페르가나, 차치(타슈켄트), 부하라를 포함해 중앙아시아 주요 도시의 수장직을 손에 넣었다. 그 결과 그들은 병사들의 자그마한 도움만으로도 권력을 장악할 수 있었다. 그러나 이러한 행운도 사만 가문 형제 중 누가 실제로 새로운 왕조를 이끌지에 대한 문제는 해결하지 못했다. 결국 이 문제는 형제 중 가장 재능 있는 이스마일 이븐 아흐마드 사마니가 해결하였다. 그의 부상은 구리 세공인 야쿱의 마지막 계승자가 이끌던 군대를 격파한 발흐에서 시작되었다. 그 후 그는 노련하게 사마르칸트에 있던 자신의 형을 주변으로 밀어냈다. 이스마일은 기존의 관행을 파격적으로 깼다. 친족이나 경쟁자를 죽이는 대신에 살아 있음에 감사하며 그 도시에 그대로 머물도록 허용한 것이다. 마찬가지로 다른 형제도 권력을 빼앗은 후에는 위엄 있게 대우해 주었다.

이스마일 사마니의 세력 기반은 인구수가 수십만 명이 넘었을 것으로 추정되는 부하라였다.[16] 그곳은 이제 호라산, 페르가나 계곡, 호라즘, 오늘날의 아프가니스탄 대부분을 포함하는 전 중앙아시아의 수도가 되었다. 칼리프는 더 이상 이 지역에 대한 통치권 행사를 할 수 있는 처지가 아니었기 때문에, 사만 왕조는 기꺼이 다양한 방식으로 바그다드를 향해 경의를 표했다. 그들은 겸허히 멋진 직함을 포기했고 칼리프가 새로 등극할 때마다 선물을 보냈으며, 심지어는 금요 예배 때 칼리프의 이름과 직함을 낭송하기까지 했다. 하지만 바그다드에 세금이나 공물을 바치는 것은 거부했다. 그리고 줄곧 사만 통치자들은 국권을 강화하기 위해 부지런히 일했다.

이는 행정 기능 체계의 수립을 의미했다. 사만 통치자들은 능력 있고 충

---

16) Barthold, *Turkestan Down to the Mongol Invasion*, 88은 50만 명이라는 높은 수치를 제시했다.

성스러운 주요 각료, 즉 대신들에게 공직 감독을 위임하던 고대 페르시아의 관행 — 최근 바그다드의 아바스인들도 이를 모방했다 — 을 따랐다. 이들 중 승진을 통해 출세한 재능 있는 현지인들이 가장 큰 영향력을 행사했다. 그중 한 사람으로 914년에서 918년까지 재상으로 재직한 아부 압달라 알 자이하니는 지금은 소실되었지만 세밀한 묘사로 높은 평가를 받았던 방대한 『길과 왕국의 서(書)』(Book of Roads and Kingdoms)를 쓴 기량 있는 지리학자였다. 또 다른 이로는 918년에서 938년까지 능수능란하면서도 세심한 재무 관리인으로 재직한 아불 파들 알 발라미(Abu'l-Fadl al-Balami)가 있다. 그의 아들도 같은 부서의 고위직에 임명되었다.[17] 정부의 각 부처럼 기능하는 약 10개의 기관이 대신의 지시를 받으며, 부하라의 유일한 광장 주변에 중앙사무소를 두고 모든 주에 지역 대리인을 파견했다.[18] 이들 부처는 종교를 제외한 도시생활의 면면을 모두 관리했다.

학식이 높고 세심한 기록 보존에 신경을 썼던 사만 왕조의 관료들은 잉크병을 자신들의 상징으로 삼았다. 이처럼 자긍심에 찬 전문가 중에는 정부의 급여 및 재정 거래를 기록하는 다양한 장부의 세목과 공공행정이나 재정 분야에서 자주 쓰이는 전문용어 해설을 담고 있는, 운영에 관한 연구논문까지 쓴 사람도 있었다.[19] 널리 인용되는 이 백과사전은 음악·시·역사·논리학·의학·천문학까지 다루고 있어서 그 인기가 배가되었다. 같은 시대에 사만 왕조 치하에서 살았던 또 다른 백과사전 편집자인 이븐 파리군(Ibn Farighun)은 오늘날 타지키스탄에 있는 차가니얀(Chaganiyan)의 지방 법정에서 일했다. 이븐 파리군의 책 역시 서기직과 관련된 학문(서

---

17) 자이하니의 『길과 왕국의 서』에 관해서는 V. Minorsky, "A False Jayhani", *Bulletin of the School of Oriental and African Studies* 12 (1947~1948): 889~96; Barthold, *Turkestan Down to the Mongol Invasion*, 12 참조.

18) Barthold, *Turkestan Down to the Mongol Invasion*, 227~32.

19) C. E. Bosworth, "A Pioneer Arabic Encyclopedia of the Sciences: Al-Khwarazmi's Keys to the Sciences", *Isis* 54, 1 (1963): 100.

예·수학·기하학)은 물론 철학·천문학·행정·윤리학·연금술도 포함하고 있었다.[20]

메르브와 니샤푸르에 기반을 두었던 이 지역 일대의 이전 정권처럼 사만 왕조도 농업을 통제하고 지방 영지나 도시의 저택에서 살던 토지 귀족이 지배층이 되었다. 그중 일부는 토지세 징수의 대가로 막대한 봉건 경작지를 받았다. 또 사만 왕조는 상인과 제조업자들도 대우했는데, 국가의 안정과 번영은 이들 무리의 안녕과 호의에 달려 있음을 잘 알고 있었기 때문이다. 따라서 적어도 초창기에는 적정 수준의 교역세를 체계적으로 징수하고 수출용 우량품 생산을 장려하며, 끊임없이 대상을 위협하는 튀르크족을 평정하고 간선도로를 따라 알맞은 간격으로 호텔, 즉 대상 숙소를 건설하고자 애썼다. 아울러 통화 안정에도 지속적인 관심을 보였다. 다시 말해, 사만 왕조는 오늘날 견실한 공공정책으로 여겨지는 사업의 대부분을 정부 정책으로 삼았다.

사만 왕조의 경제 수도는 사마르칸트였다. 그곳에 기반을 둔 상인들은 소그드인들이 중국, 비잔티움, 인도, 중동과 오래전부터 맺고 있던 관계를 계속 유지했다. 심지어는 육로를 이용해 상품을 이라크의 바스라로 보낸 후 그곳에서 선적하여 아라비아해와 인도양을 거쳐 극동 지역까지 운반하는 진취적인 사마르칸트 수출업자도 있었다.[21] 그럼에도 발흐는 인도, 티베트, 동남아시아와의 교역을 위한 주요 물산 집산지로서의 지위를 잃지 않았다.

사만 왕조 치하에서 장거리 중계무역은 운반이 쉬운 고가 상품과 수출용 완제품의 역내 생산과 연계되었다. 전자의 품목으로는 취발석과 납, 구리, 그리고 현지에서 채굴된 광석으로 만들어진 귀금속이 있었다. 깊은 갱

20) Z. Vesel, "Encyclopedias", in *History of Civilizations of Central Asia*, vol. 4, pt. 2, 363~65.
21) Gafurov, *Istoriia tadzhikskogo naroda*, 2: 173.

도로 바람을 주입하기 위해 사만 시대의 기술자들은 바람을 모아 내보내는 정교한 차폐기를 개발했으며, 강력한 풀무로 작동되는 용광로를 이용해 순도도 높였다.[22] 심지어 창유리를 생산하거나 정교한 단검을 벼릴 때, 또 우아한 도자기류를 굽고 비단이나 다른 섬세한 직물과 세계 최상급의 종이를 대규모로 생산할 때도 매우 정교한 기술이 사용되었다. 사만의 종이는 오랫동안 전 세계적으로 이 분야 최고의 표준이 되었다. 이러저러한 국내 제조업 덕에 사만 왕조는 성공적으로 수출 위주의 발전 전략을 세울 수 있었다.

중앙아시아 내에서 교역에 주로 쓰이던 주화는 왕국 전역의 조폐창에서 다양한 형태로 발행한 은화(dirham)이거나 또는 저잣거리에서 거래되던, 크기는 같지만 화폐 가치가 좀 더 떨어지는 주화나 작은 구리 동전이었다. 그럼에도 불구하고 국제적으로는 멋지게 디자인된 97퍼센트 순도의 사만 금화가 널리 유통되었고, 고대 로마의 은화 이래 가장 폭넓게 수용된 화폐 본위가 되었다.[23] 이를 간파한 해적 바이킹은 유럽과 중동 곳곳에서 습격으로 얻은 전리품을 이 귀중한 화폐로 서둘러 바꾸었는데, 오늘날 암흑가의 거물처럼 이를 동유럽과 발트해 국가, 심지어는 스웨덴의 고틀란드(Gottland)섬에 있는 거대한 창고에도 숨겨두었다. 스톡홀름의 아를란다(Arlanda) 공항 인근에서 발견된 전리품은 사만의 화폐가 9세기경에 국제적으로 높은 평판을 얻었음을 보여 준다.[24] 중세 초기 발트 지역 곳곳에서 사용되던 모든 화폐 중 1/3 이상이 타슈켄트, 부하라, 사마르칸트, 발흐의 조폐창에서 발행되어 바그다드나 사만 영토에서 온 것들이었다.[25] 동

---

22) Gafurov, *Central Asia: Pre-Historic to Pre-Modern Times* (Kolkata, 2005), 2: 75.

23) E. A. Davidovich, "Coinage and the Monetary System", in *History of Civilizations of Central Asia*, vol. 4, pt. 1, 392~93.

24) James Owen, "Huge Viking Horde Found in Sweden", *National Geographic News*, October 28, 2010.

시에 사만의 은화는 서쪽으로는 지중해와 북아프리카 시장에, 그리고 동쪽으로는 중국과 인도, 심지어는 스리랑카에서도 유통되었다.[26]

덕분에 사마르칸트와 부하라에서는 성대한 상업 활동이 전개될 수 있었다. 산출량이라는 측면에서는 제2의 도시였던 수도에만 최소 1,000곳의 상점이 있었다.[27] 당연히 이러한 전체 시스템은 높은 수준의 안정과 안보에 좌우되기 마련이었다. 따라서 사만 왕조는 대내적으로 정복했지만 직접 통치할 수 없었던 여러 지역 왕국과 기꺼이 거래해야 했다. 이와 같은 방법을 통해 그들은 시스탄과 동부 아프가니스탄의 일부를 자신들의 세력권 안에 둘 수 있었다. 또한 대외적으로는 그 주요 목적이 동쪽과 북쪽에서 위협해 오던 튀르크족을 저지하기 위함이었지만 사만 왕조는 효율적인 대군을 유지해야 했다. 대규모의 개종과 그보다 더 큰 규모의 노예 포획을 가능하게 했던 지하드 덕분에 10세기 중반까지 사만 왕조는 치안을 유지했다. 그러나 이는 국가 예산의 절반을 방위에 쏟아야 했음을 의미하기도 했다.[28] 루다키의 후원자이자 친구였던 나스르 2세의 치세가 끝난 943년경 사만 통치의 경제적 기반이 크게 취약해진 것은 당연한 귀결이었다.

사만 왕조가 직면한 또 다른 심각한 도전은 인구학적이면서도 문화적인 문제였다. 소그드어가 되었든 호라즘어, 호라산어, 파미르어, 박트리아어, 토하라어(Tokharian)*가 되었든 간에, 이란어를 사용하는 각종 집단만으로는 필요한 군대 규모를 유지하는 것이 불가능했다. 게다가 이란어를 쓰는

25) D. Austin and L. Alcock, eds., *From the Baltic to the Black Sea: Studies in Medieval Archaeology* (London, 1990), chap. 9.

26) 고틀란드섬에서 발견된 은화 더미에 관해서는 Stenberger, *Die Schatzfunde Gotlands der Wikingerzeit* (Stockholm, 1958) 참조. 스리랑카에서 사용되던 중세 '아랍' 동전 컬렉션은 코테의 중앙은행 스리랑카 화폐박물관에서 볼 수 있다.

27) Narshakhi, *The History of Bukhara*, 54.

28) Gafurov, *Central Asia*, 2: 98.

* 지금의 신장 타림 분지에서 쓰이던, 인도유럽어족의 언어이다.

주민은 제조업과 상업, 도시문화에 바빠지면서 시국이 요구하던 전투 능력을 상실했다. 그 결과 바그다드의 아바스 왕조처럼 사만 왕조도 자신들을 위해 싸워줄 튀르크 개종자들에게 의존해야 했다. 수년 동안 소대나 중대 수준에서 자신의 능력을 입증한 튀르크 하급 장교들이 진급하면서 나스르 2세 시기에는 장교단의 주류를 이루었다. 이제 몇 걸음이면 왕에게 조언하고 국사(國事)에서 핵심적인 역할을 하는 지위까지 오를 수 있었다.

이렇게 신분이 상승한 튀르크 장교들은 사병들과 공통된 언어와 문화를 공유한 덕분에 국사에서 정치적 영향력을 행사할 수 있었다. 사만인 치하에서 고위직에 오른 튀르크인들은 사만 왕조뿐만 아니라 이슬람 신앙에도 헌신적이었다. 그러나 전통에 얽매인 그들의 이슬람관은 매우 엄격해서 자유사상가와 세속주의자들은 물론이고 시아파 성향을 띤 자라면 누구든지 이교도로 경멸했다. 실세이자 사실상 지배자의 위치로 튀르크인들이 부상하던 전체적인 상황은 거스를 수 없는 추세였다. 사만 왕조에서 벌어진 그들의 신분상승 과정이 아프가니스탄의 가즈니에서도 그대로 반복되면서 결국 튀르크인들은 그곳에 자신들의 국가를 세우게 되었다.

사만 제국의 풍요로운 문화사를 그리면서 그곳에 만연했던 노예제와 노예무역에 주목하지 않는다면 태만한 처사가 아닐 수 없다. 노예제는 태곳적부터 이 지역 일대에 존재했고 아랍 칼리프 제국의 경제와 군생활에서도 빼놓을 수 없는 요소였다. 사만인들도 노예에 의존했는데 그들의 공적 역할은 시간이 흘러도 줄어들지 않았다. 893년 튀르크 스텝 지대로 떠난 노예 모집 원정대는 단번에 튀르크 족장의 부인을 포함해 1만~1만 5,000명의 포로를 잡는 개가를 올렸다.[29] 사만의 광산에서 발견된 족쇄는 전부는 아닐지라도 광부 대부분이 아마도 튀르크족이나 슬라브족 출신으로 추정되는 노예였음을 보여 준다.[30] 엘리트층은 모두 노예를 소유했고

---

29) Golden, *Central Asia in World History*, 64~66.
30) 사만 왕조에 관한 권위 있는 설명은 N. N. Negmatov, *Gosudarstvo Samanidov:*

이븐 시나도 두 명의 노예 하인을 데리고 여행을 다녔다.[31] 더 중요한 사실은 사만 왕조가 동쪽과 북쪽 국경에서 포획한 노예들을 팔아 막대한 이득을 올렸다는 점이다. 그 주요 고객은 서쪽의 아랍인들과 칼리프 자신이었다.

이렇게 이방(異邦)의 튀르크족과 슬라브족을 사고팔았음에도 불구하고, 사만 왕조는 무슬림 사회가 좁은 아랍적 기반에서 벗어나 좀 더 보편적인 방향으로 발전하는 하나의 획기적인 계기를 마련했다.[32] 이는 사실상 탈식민 국가에는 매우 흔치 않은 과정을 거쳐 발생했는데, 사만인들은 토착 페르시아어와 문화를 고양시키는 동시에 옛 식민 통치자들의 언어인 아랍어와 부하라인들이 긍정적으로 생각한 아랍 문화의 여러 측면도 보존했다.

사만 왕조의 관료들이 사용한 언어는 여전히 아랍어였지만, 모스크를 제외한 대부분의 문화적 환경과 부하라 궁전에서 사용되던 언어는 루다키가 개선하기 위해 크게 진력한 신생 페르시아어였다. 물론 사만인들이 아랍 정복 이후에 중앙아시아의 다양한 페르시아 문화를 집어삼긴 '침묵의 시대'를 단독으로 종식시켰다고 말하려는 것은 아니다.[33] 어쨌든 니샤푸르의 타히르 계승자들도 이러한 과정에 착수했고 구리 세공인 야쿱 또한 열정과 투지로 이를 장려했으니 말이다. 더욱이 바그다드에서 페르시아어를 사용하던 사람들도 자신들의 모국어를 진작시킬 수 있는 기회라면 절대 놓치지 않았다. 그러나 투스의 총독이었던 아부 만수르 압드 알 라자크를 통해 시인 페르도우시가 『샤나메』에 착수할 수 있는 환경을 조성한 이들은 바로 사만인들이었다. 같은 뜻을 가진 다른 도시의 공식적인 후원자들

Maverannakhr i Khorasan (Dushanbe, 1977), vols. 9~10. 요약은 N. N. Negmatov, "The Samanid State", in *History of Civilizations of Central Asia*, vol. 4, pt. 1, 83 참조.

31) Zavadovskii, *Abu Ali Ibn Sina*, 197.
32) 사만 역사에 관한 간략한 개요는 *The Cambridge History of Iran*, 4: 136~61 참조.
33) Bragistskii, *Abu Abdullakh Dzhafar Rudaki*, 4.

도 페르시아어로 시를 쓴 수많은 다른 신예 시인을 후원했으며, 그중 루다키가 가장 잘 알려졌을 뿐이다.[34]

그렇지만 이러한 일이 아랍어를 희생하며 발생하지는 않았다. 사만 왕조 치하에서만 최소한 중앙아시아 출신의 아랍어 시인 119명이 무대에 등장했다.[35] 일부는 이란계나 튀르크계 등 다양한 혈통의 출신이었지만 더 많은 이들이 아랍인 이주자들이었고, 그들 중 대다수는 시를 이용해 중앙아시아, 특히 부하라에 울분을 풀었다.[36] 마찬가지로 페르시아어 사용자들도 아랍 정복자들이 자신들에게 지운 힘겨운 삶을 고발하기 위해 독설로 가득한 운문으로 답했다.[37] 그사이 중앙아시아의 새로운 페르시아어(New Persian) 시가(詩歌)는 아랍 유목민들의 가잘(ghazal)* 같은 2부로 이루어진 소네트와 접하면서 풍성함을 더했다. 이는 페르시아어에 재기 넘치는 변이를 가져왔고, 그 결과 이번에는 아랍 시가 그로부터 영향을 받았다. 대부분의 중앙아시아 학자들은 이중 또는 삼중 언어 사용자였으며, 그들이 그리스어나 고대 페르시아어에서 기원한 새로운 많은 용어를 아랍어 저술 활동에 소개한 덕에 예전에는 베두인의 언어에 지나지 않았던 아랍어가 가장 불가사의한 철학적·과학적 개념까지도 논할 수 있는 예리한 수단으로 진화할 수 있었다.

중앙아시아에서 전개된 이러한 모든 발전이 결합해 아랍인들이 단독으로 만들어냈던 것과는 완전히 다른 새로운 문화 모델이 탄생했다. 바그다

---

34) Gafurov, *Central Asia*, 2: 115.

35) *Ibid.*

36) A. C. S. Peacock, *Medieval Islamic Historiography and Political Legitimacy* (London, 2007), 37.

37) Dzhalilov, *Iz istorii kulturnoi zhizni predkov tadzhikskogo naroda i tadzhikov v rannem srednevekove*, 79.

* 보통 7행 내지 14행으로 이루어진 아랍이나 페르시아의 서정시로, 사랑·삶·종교 등과 같은 주제를 다룬다. 이러한 시 형식은 4행시와 3행시가 결합되어 이루어진 유럽의 소네트 형식과 유사하다.

드에서 그랬던 것 이상으로 이제는 이슬람 문명이라고 해도 순수히 아랍적인 것은 존재하지 않았다. 『꾸란』에 의해 아랍어의 특권적인 위치가 고이 간직된 종교 영역에서만 옛 명성이 유지되었다. 심지어는 그 분야에서조차 종교에 관한 새로운 관념의 도전이 제기되었는데, 그중 많은 것이 중앙아시아의 페르시아인들과 튀르크인들의 도전이었다. 이후로 이 새로운 문화 모형은 일종의 에큐머니즘과 전면적인 세계시민주의를 그 특징으로 했다. 아랍 침략 이전부터 중앙아시아에는 만연했지만 중동이나 북아프리카, 에스파냐 같은 이슬람 생활의 다른 중심지에서는 그 정도로 꽃피우지 못했던 풍조였다. 틀림없이 무장한 소수 종교의 전달자로서 이집트, 북아프리카, 에스파냐의 초기 무슬림들은 군림하며 많은 기독교도와 유대교도, 다양한 종족의 사람들과 교류했을 것이다. 바그다드 역시 이와 같은 다원주의의 전형을 보여 주었지만, 적어도 '동풍'이 중앙아시아에서 불어오기 전까지는 어떤 언어와 문화가 우월한지 그 누구도 의심하지 않았다. 유일하게 범세계주의적인 사만의 시대에서만 언어 간에 상호작용이 일어났고 문화도 쌍방향으로 아무 문제 없이 중요한 영향을 주고받았다. 이 같은 긍정적인 새로운 문화 모형은 향후 수세기 동안 이슬람 문명 전체에 깊은 영향을 끼치게 될 터였다.

중앙아시아에 등장한 이전의 나라들처럼 사만 왕조도 사실상 독자적인 지역 통치자와 전통 엘리트층, 경제·문화적 특이성을 보유한 대도시 단지들의 복합체였다. 그러나 그중에서도 부하라가 정치적·지적·영적 중심지였음은 누구도 부인할 수 없다. 메르브나 발흐, 사마르칸트처럼 그 규모가 크거나 인구가 많지는 않았지만, 그럼에도 불구하고 이 오래된 상업과 종교의 중심지는 새로운 역할에 완벽하게 부합했다. 사만 치세가 끝날 때까지도 활기찬 불의 사원을 가진 조로아스터교 중심지로 오랫동안 기능한 부하라에는 이슬람 이전의 이란 영웅인 아프라시아브의 거대한 고분이 루다키 시대에도 여전히 우뚝 솟아 있었다.[38] 언급했듯이 이 도시는 매우 유명한 불교 중심지였고, 도시 이름도 한때 그곳에 존재했던 불교 승원의 산

스크리트어 이름인 '비하라'에서 유래했다.[39]

애초에 해수 소택지 한가운데에 위치한 고지대에 건설된 부하라는 이 일대의 도시와는 달랐다. 다른 곳에서는 보편적이었던 복합 지하 관개시설에 의존하지 않고 운하를 통해 도시 전체에 물을 공급했던 것이다.[40] 사만 왕조가 부상하기 한 세기 전에 도시가 들어선 오아시스는 250킬로미터의 긴 방어벽으로 둘러쳐졌다. 그런데 그것을 유지하는 데는 막대한 노동과 비용 지출이 요구되었다.[41] 900년경에 이 정도의 허세쯤은 괜찮다고 생각한 이스마일 사마니는 장벽이 더 이상 필요하지 않다고 공언했다. 왜냐하면 그의 새로운 정부가 유목민의 침략으로부터 국가 영토 전체를 안전하게 지켜줄 것이기 때문이었다.

넓은 포장도로가 없었던 것은 아니었지만 오늘날처럼 10세기의 부하라도 구불구불한 길과 골목으로 이루어진 토끼굴 같았다. 게다가 깨끗하지도 않았다. 이 도시를 방문한 거의 모든 중세 작가들은 관공서 지역 너머에 널려 있던 오물과 악취에 대해 한 마디씩 했다.[42]

그렇다고 부하라에 기품과 세련미가 결여되어 있었다고 말하려는 것은 아니다. 그곳에는 세 개의 거대한 회중 사원이 존재했다. 사만의 통치자들은 자신들을 위해 새로운 궁전을 지었고 도시 중심부 서쪽에는 넓은 정원을 조성했으며, 수백 명의 귀족은 주요 운하들을 따라 안락한 교외 주택을 지었다. 불행하게도 이러한 장관(壯觀) 중 그 어느 것도 현재 남아 있지 않

38) Davlat Davudi, "Zoroastrizm i Islam posle arabskogo zavoevaniia v epokhu samanidov", in *Samanidy: epokha i istoki kultury*, 35~43; Narshakhi, *The History of Bukhara*, 31.

39) Richard N. Frye, "Notes on the History of Transoxonia", *Harvard Journal of Asiatic Studies* 19, 1~2 (June 1956): 106~19.

40) 운하 체계에 관한 묘사는 Barthold, *Turkestan Down to the Mongol Invasion*, 103~07 참조.

41) Richard N. Frye, *Bukhara: The Medieval Achievement* (Norman, 1964), 10.

42) *Ibid.*, 93.

다. 이른바 이스마일 사마니의 무덤이라고 불리는 건축물과 사마르칸트 인근의 자라프샨 계곡을 내려다보고 있는 팀(Tim) 마을의 자그마한 아랍인의 조상 영묘(Mazar Arab-Ata)가 없었다면, 우리는 결코 절정에 달했던 세련된 부하라 건축의 진가를 알 수 없었을 것이다.

전자는 꼭대기에 돔을 얹은 소박한 정육면체로 각 면이 겨우 10미터밖에 되지 않는다. 10세기 초에 세워진 이 건축물은 루다키의 후원자였던 나스르 2세의 정원 영묘로 추정된다.[43] 이것이 보존될 수 있었던 것은 어느 시점에선가 모래 속에 완전히 묻혀 수세기 동안이나 그 상태로 보존되었기 때문이다. 이 놀라운 건축물의 네 가지 특색이 곧바로 보는 이의 뇌리를 강타한다. 첫째, 이 구조물은 좁은 공간 안에 웅대함을 구현하고자 각기 요소의 기하학적 구조와 비율을 세심하게 조율하여 정교하게 만든 보석상자와 같다. 이 목적을 위해 무명의 건축가는 정육면체의 폭을 조금씩 가늘게 만들어 관찰자의 시선이 회랑과 그 너머의 가늘고 길쭉한 돔 위쪽을 향하도록 만들었다. 둘째, 돔은 혁신적인 형태의 모서리 기둥, 즉 든 모홍예(squinch)에 얹혀 있으면서도 일대의 불교 건축물의 그것과 그다지 다르지 않다.[44] 셋째, 생뚱맞은 고전적인 모서리 벽기둥을 포함해 정육면체의 내외관 전체가 다채로운 기하학적 형태로 쌓아올린 구운 벽돌 덕에 매우 활기차 보인다. 고도로 율동적인 이 양식은 전체적으로 평온한 형태의 구조물과 극적인 대조를 이룬다. 그리고 넷째, 대칭을 이룬 네 개의 파사드(façad)와 움푹 들어간 직사각형 판 안에 자리한 아치 모양의 입구는 이슬람적인 미래보다는 이슬람 이전의 중앙아시아적 과거에 기대고 있다. 따라서 여러 저자들이 이 건축물의 원조를 마니교의 신전-관측소나 페르

---

43) Ettinghausen, Grabar, and Jenkins-Madina, *Islamic Art and Architecture, 650~1250*, 112.

44) 일례로서 바미안 동굴은 Klimburg-Salter, *The Kingdom of Bāmiyān*, fig. 62, 72 참조.

시아적인 모델 또는 소그드의 기념 건축물에서 찾았던 것은 그리 놀라운 일이 아니다.[45]

우즈베크의 학자 샴시딘 카몰리딘(Shamsiddin Kamoliddin)은 이러한 디자인의 불교적 기원을 입증하는 설득력 있는 논거를 제시했다. 그는 외부 벽돌의 패턴이 바락샤의 초기 디자인을 따라하고 있으며, 상부구조에는 불교의 만다라가 포함되어 있음에 주목했다. 그 후 이 건축물이 중국 당국에 반란을 일으키고 절(vihara)로 피신한 중국 출신의 불교 신자인 공주의 유해를 안장하기 위해 건설된 인근의 옛 무덤을 그대로 재생한 것이라는 그의 주장으로 인해 논란은 가중되었다.[46]

이스마일의 무덤이 과거를 지향하고 있다면, 팀의 영묘는 미래를 가리키고 있다. 977~978년에 세워진 이 작은 건축물 — 각 변의 길이가 겨우 5.6미터에 불과하다 — 은 부하라의 무덤보다 적어도 2세대 이후의 것인데, 새로운 가치가 얼마나 빨리 개입하는지를 잘 보여 준다.[47] 이 건축물의 분명한 목표는 관람자를 즐겁게 하기보다는 경외심을 갖도록 만드는 것이었다. 역시 익명인 건축가는 방문자들이 주변을 배회하는 것을 허용하지 않았다. 대신에 유일한 출입구 위로 연극 무대장치처럼 쌓아올린 과장되게 큰 아치 모양의 정문 입구, 즉 피슈타크(pishtaq)*를 정면으로 마주하는 한 지점에서 감탄하며 서 있도록 만들었다. 이러한 장치 덕분에 방문객들은 내부 무덤과 그 안에 묻힌 미지의 인물(아마도 성자일 것이다)에 효과적으로 집중할 수 있었다. 이러한 배치에는 고전적인 요소가 전혀 없었다. 매우 소

---

45) Shamsiddin Kamoliddin, "On the Origins of the Place-Name Bukhara", http://www.transoxiana.org/12/kamoliddin-buxara.php.

46) *Ibid.*

47) G. A. Pugachenkova, "Mazar Arab-Ata v Time", *Sovetskaia arkheologiia* 4 (1961): 198~211의 연구 이전에는 이 놀라운 건축물에 관해 알려진 바가 거의 없었다.

* 이슬람 건축양식에서 보이는 아치형 출입구.

박한 규모임에도 불구하고 이는 중앙아시아 전역과 실제로 이슬람 세계 전체에서 표준이 될, 갈수록 더 거대해지고 도도해지는 건축양식의 혁신적인 맛보기를 제공했다.

이스마일의 무덤이 방문객을 독립적이고 자신감에 찬 귀족으로 대우했다면, 팀의 영묘는 권위—이 경우 종교적 권위—앞에 겸허히 움츠러드는 초라한 신민의 지위로 강등시켰다. 국가와 연계된 부하라의 무덤은 속세를 찬양했고 그 가치는 지적이고 심미적이었다. 반면 팀의 영묘는 그곳에 묻힌 성자의 경건함과, 짐작건대 성자 자신도 그 일원이었을, 전통주의 종교 지도자들(울라마)의 우월한 권위를 기렸다. 두 시기(대략 944년과 977년) 사이에 사만 왕조의 실권과 루다키 시대의 지적이고 심미적인 자신감이 급격히 퇴락한 반면, 울라마의 목소리는 힘을 얻게 된 것이 과연 우연이었을까?

루다키의 후원자이자 사만 왕조의 통치자였던 나스르 2세는 까다로운 사람이었다. 어린 시절 병약했던 그는 아버지가 부패 사건에 연루되어 살해되자,[48] 아홉 살이라는 어린 나이에 왕위에 올랐다. 매우 어린 통치자는 재상이었던 자이하니에게 손쉽게 장악당했고 자기주장을 하는 법을 알아내기까지는 수년이 걸렸다. 이러한 상황은 나스르를 매우 충동적인 사람으로 만들었고, 그 결과 대신과 조신(朝臣)들은 최소 이틀이 지나기 전까지는 그의 요구 사항을 이행하지 않기로 방침을 정했다.

그런데 나스르 2세는 매우 이상적으로 문화를 후원한 왕이기도 했다. 지식에 대한 그의 관심은 진심이었고 그가 베푼 야연(夜宴, majilise)에 대해 전해지는 묘사에 따르면, 예리한 관심과 상당한 지성으로 토론에 참여했다. 성인이 된 나스르는 그의 재상이 길과 도시에 관한 훌륭한 저작을

---

48) Luke Treadwell, "Ibn Aafir Al-Azdi's Account of the Murder of Ahmad B. Ismail, Al-Salamani and the Succession of His Son Nasr", in *Studies in Honour of Clifford Edmund Bosworth*, 2: 411.

썼다는 사실에 더 이상 주눅들지 않게 되었다. 자이하니의 후임이자 학자였던 발라미에게 카스피해 출신의 역사가 타바리가 최근에 아랍어로 발표한 방대하고 영향력 있는 『예언자와 왕들의 역사』(*History of Prophets and Kings*)를 번역·요약하는 임무를 준 이도 바로 나스르였다.[49] 나스르는 자신의 가문에 유리하도록 적절하게 몇몇 수정을 거친 이 어마어마한 세계사의 번역·축약본이 사만 왕조의 적법성을 강화해 줄 수 있다는 것을 명징하게 이해했던 것이다.

사만인들이 풍성한 문자문화의 상속인이었다는 사실도 큰 도움이 되었다. 서광(書狂, graphomania)이 부하라에는 너무 흔했기 때문에 자이하니가 대사로 중국에 파견한 아부 둘라프(Abu Dulaf)가 그곳에서 본 모든 것을 기록한 장문의 필사본을 들고 돌아왔을 때 누구도 놀라지 않았다. 도시의 주요 세 모스크 중 하나의 인근 광장을 채운 수많은 서점은 품이 많이 드는 다양한 필사본을 여러 언어로 제공했다. 서점상 간의 경쟁은 가격 인하로 이어졌고 중개인을 정열적인 판매원으로 만들었다. 물건을 둘러보던 청년 이븐 시나는 우연히 한 가판대에서 발견한 책을 살 생각이 전혀 없었다. 왜냐하면 그 두꺼운 책의 취지가 신진 청년 지식인이 '이해 불가'라고 생각한 아리스토텔레스의 형이상학을 설명하기 위함이었기 때문이었다. 그러나 중개상이 길 아래까지 쫓아와 책값을 더 깎아주겠다고 제안하자 이븐 시나는 구매에 동의했다. 금화 세 닢을 치르고 우연히 구매하게 된 이 책은 파라비가 펴낸 아리스토텔레스의 『형이상학』(*Metaphysika*)에 대한 안내서였다. 패기에 찬 의사이자 철학자는 이 책을 읽고 인생이 바뀌는 경험을 하게 될 터였다.[50]

996년경 열여섯 살이 된 이븐 시나는 병든 통치자를 치료하는 데 실패

---

49) Peacock, *Medieval Islamic Historiography and Political Legitimacy*.

50) William E. Gohlman, *The Life of Ibn Sina: A Critical Edition and Annotated Translation* (Almaty, 1974), 33.

한 어의(御醫)와 상의하기 위해 궁으로 불려갔다. 그의 조언으로 통치자가 목숨을 건지자 젊은 의사는 대담하게도 왕실 도서관을 이용할 수 있도록 해달라고 요청했다. 감사하는 마음에 섭정(攝政)은 이를 승인해 주었고 덕분에 우리는 부하라가 보유하고 있던 '지혜의 보고(寶庫)'에 대한 다음과 같은 묘사를 이븐 시나의 글에서 읽을 수 있게 되었다.

나는 수많은 방으로 이루어진 건물로 들어섰다. 각 방마다 차곡차곡 쌓여 있는 책궤가 있었다. 어느 방에는 아랍어와 시에 관한, 그리고 또 다른 방에는 법학에 관한 책들이 있었다. 이처럼 각 방에는 하나의 학문에 관련된 (책들이 모아져 있었다.) 그래서 나는 옛 사람들이 쓴 책들의 목록을 검토하여 내가 필요로 하는 것은 무엇이든지 찾아낼 수 있었다. 많은 사람에게 알려지지 않았거나 예전에는 보지 못했던 또 그 이후에도 보지 못할 책들을 볼 수 있었다. 나는 이 책들을 읽었고 그 안에서 유용한 것들을 배웠으며, 각 학문 분야에 종사하는 사람들의 상황도 알게 되었다.[51]

칼리프 마문의 바그다드 왕실 도서관처럼 부하라의 도서관도 왕국 전역은 물론 나라 밖의 철학자와 과학자까지도 불러모으는, 인재들에게는 매우 매력적인 장소였다. 사만의 부하라를 빛낸 전문가 중에는 현지 철학자들과 다투었던 니샤푸르 출신의 그리스 사상 연구가 아부 하산 아미리가 있었고, 수많은 문헌학자를 비롯해 천문학자 이븐 아마주르 알 튀르키(Ibn Amajur al-Turki), 수학자 아불 와파 부즈자니(Abul-Wafa Buzjani), 아불 하산 알 나자미(Abul-Hasan al-Nazami)도 있었다. 라비 이븐 아흐마드 알 아카와이니 알 부하리(Rabi' ibn Ahmad al-Akhawayni al-Bukhari)나 하킴 마이사리(Hakim Maysari), 아부 사흘 마시히(Abu Sahl Masihi) 같은 의학자

---

51) *Ibid.*, 37.

들은 오늘날에는 유명하지 않을지 모르지만, 1,000년 전에는 이 분야의 선두에 있던 인물들이다.[52] 그사이 사만 왕국 전역에 흩어져 있던 역사학자들은 각 도시와 읍을 묘사하는 책들을 발표했다.[53]

부하라의 석학들은 모두가 그리스 고전 학문에 심취해 있었지만, 인도의 학문과 교류하는 데도 열성적이었다. 그들은 새로운 지식과 자연의 비밀을 풀고 우주 질서 속에서 인간의 위치를 설명하기 위한 최고의 도구로서 이성을 숭배하는 인문주의 문화를 향한 열정을 공유했다. 패기에 찬 언어학자이자 사전 편찬자인 니샤푸르의 아부 만수르 알 타알리비(Abu Mansur al-Thaalibi)는 아버지와 동행한 부하라에서 도시 석학들이 모인 토론 자리에 참석할 수 있는 행운을 얻었다. 그의 아버지는 열정적으로 이야기했다. "나의 아들아, 오늘은 기념할 만한 날이다. 이 시대 최고의 학자와 인재들의 모임에 관련된 획기적인 순간이야. 내가 없더라도 이를 기억해라. …… 왜냐하면 시간이 지나도 네가 이러한 모임을 다시 보게 될 것 같지 않기 때문이다."[54] 타알리비의 결론대로 사만의 부하라는 "영광의 집이었고 통치권의 카바(Ka'ba)였으며, 당대 최고의 저명인사들의 모임 장소이자 문단계 거물들의 지평선이었으며 당대 최고 학자들의 축제마당"이었다.

안팎에서 제기된 시아파의 도전

장황하게 늘어놓은 이야기에도 불구하고 타알리비는 한 가지 문제, 즉 종교에 대해서만은 침묵했다. 어쩌면 그는 '위대한 학자' 범주에 당연히 박식한 이슬람 재판관과 종교학자 계층에 속하는 다른 일원도 포함된다고

---

52) Negmatov, "The Samanid State", 88~89.
53) Barthold, *Turkestan Down to the Mongol Invasion*, 13.
54) Frye, *Bukhara*, 59~60에서 인용했으나 저자가 고어(古語)는 삭제했다.

생각했을지 모른다. 지배적인 고급문화의 세속적인 분위기를 알아채고 있었을 가능성이 더 크지만 말이다. 사만 왕조의 고급문화를 선도하던 자유사상들은 종교를 기껏해야 민중을 위해 고안된, 추론의 진리를 상징적으로 재현한 것 정도로 이해하는 경향이 있었기 때문이다. 아니면 타알리비는 이슬람 세계 전역에서, 특히 사만 제국 내에서 발생한 시아 무슬림과 수니 무슬림 간의 깊은 분열을 외면하고 싶었을지도 모른다.

기이하게도 무슬림 사이에서 점점 확산되고 있던 이러한 마찰은 이슬람이 이 지역에서 다수의 종교가 되자마자 생겨났다. 아랍인들에게 정복된 지역에서 많은 수의 타종교 신자가 개종하거나 이주했다. 어떤 이들은 용케 소외되었지만, 어떤 이들은 이슬람 질서와 타협했다. 이전에는 조로아스터교도와 불교도, 기독교도, 유대교도가 무슬림의 '타자'로 규정되었다면, 이제 그 역할은 무슬림이지만 자신과 의견이 다른 이들이 맡게 되었다.

바그다드의 칼리프 제국이 쇠약해지고 정신적으로 부패하자, 피통치자들의 오래된 분노와 새로운 욕망이 표면화했다. 이란인들은 7세기 아랍인들에 의한 사산 제국의 파괴로 야기된 자신들의 좁아진 입지를 결코 받아들일 수 없었다. 북부 이란의 부이(Buyah) 가문 출신의 삼형제는 좋은 기회가 오자 그대로 돌진했다. 934년에 칼리프의 튀르크 군대를 처음 격퇴한 그들은 그 후 이란의 대부분과 오만의 일부, 그리고 칼리프 제국을 장악했다. 그들의 정복은 사실상 칼리프 제국을 이란 제국으로 변화시켰다. 그들이 수도로 삼은 오늘날 테헤란의 바로 동쪽에 위치한 라이는 이슬람의 등장 이래 고사되었던 페르시아의 정치적 정체성을 회복시킨 중심지이자 진지한 지적 활동의 현장이 되었다. 이 모든 일이 사만 왕조의 성장기에 발생했다.

중요한 것은, 알려진 대로 칼리프 제국은 수니파였지만 부이 왕조는 시아파였다는 사실이다.[55] 그러나 부이 왕조는 칼리프가 수니파였음에도 명목상이나마 그의 권위를 존중할 수밖에 없었다. 이 무렵 뻔뻔하게 시아파임을 자처하던 적대적인 또 다른 칼리프 제국과 대치하고 있었기 때문이다.[56] 카이로에 수도를 정한 파티마 왕조는 시아파 중 이스마일 분파가 세운 나라였다. 이집트와 북아프리카를 지배하던 파티마 통치자들은 눈을 동쪽으로 돌리기 시작했다. 새로이 발생한 이러한 대치 상황은 이슬람 세계의 가장 큰 세력 중심지 중 두 곳이 이제 시아파의 수중에 있다는 사실을 여실히 보여 주었다. 많은 이들은 이슬람 세계가 시아파 패권의 시대로 접어들었다고 결론내렸다. 학자들은 시아파가 이슬람의 정치와 지적 주도권을 장악한 시기이자 대략 950~1050년으로 상정되는 때를 '시아파의 세기(世紀)'라고 말한다.[57]

하지만 이른바 새로운 종교적 패권의 현실은 '시아파의 세기'라는 문구가 암시하는 것만큼 그리 인상적이지 않았다. 파티마 왕조가 무역을 발전시켰고 다른 신앙에 대해서도 훌륭한 관용을 보여 주었다는 점은 칭찬할 만 하다. 부이 왕조나 사만 왕조처럼 그들도 관념의 세계에 대해 열려 있었으며 여러 종교학자를 아낌없이 후원했다. 그들이 카이로의 알 아즈하르(Al-Azhar) 사원에 세운 마드라사는 비록 1961년까지도 종교 과목만 가르쳤지만, 훗날 '세계 최초의 대학'이라는 명성을 얻게 되었다.

그런데 문제가 있었다. 합리주의와 신플라톤주의적 신비주의를 혼합한 이슬람인 이스마일파 식의 영성을 이해하는 이가 거의 없었다. 수니파였던 대부분의 무슬림은 난해한 이 시아 분파를 의심스러워하며 카이로의 칼리프를 정통이 아니라고 생각했으며, 이러한 견해를 시아파였던 이란의 부이 왕조도 공유했다. 게다가 파티마 왕조도 자신들의 안전을 전적으로 용

---

55) 부이 왕조에 대한 귀중한 자료는 John J. Donohue, *The Buwayhid Dynasty in Iraq, 334H./945 to 403H./1012. Shaping Institutions for the Future* (Leiden, 2003); Kennedy, *The Prophet and the Age of the Caliphates*, 212~49 참조.

56) 페르시아의 이 시아 분파에 관해서는 Farhad Daftary, "The Medieval Ismailis of the Iranian Lands", in *Studies in Honour of Clifford Edmund Bosworth*, 2: 43ff. 참조.

57) Marshall G. S. Hodgson, *The Venture of Islam*, 3 vols. (Chicago, 1974), 2: 36.

병 — 처음에는 북아프리카의 베르베르족, 그 후에는 북코카서스에서 온 체르케스(Cherkes) 튀르크인들 — 에게 의탁하였다. 이는 내전이라는 항시적인 위협을 제기했다.

그런데 부이 왕조는 이보다 더 취약한 상태였다. 그들은 실상 하나의 국가라기보다는 다른 이들의 영토는 물론이고 자신들의 영토조차도 제대로 통제할 수 없는 느슨한 왕조 연합체였다. 그 결과 그들은 자신들의 에너지의 대부분은 물론 휘하의 바그다드 칼리프 제국의 에너지까지도 내부적으로, 또는 서쪽의 경쟁자인 카이로의 칼리프 제국을 향해 쏟아부을 수밖에 없었다.

부이 왕조의 분열된 통치와 카이로의 칼리프 제국과의 대치 상황은 강한 의지와 그것을 관철할 수 있는 군대를 가진 자라면 누구에게나 정치적인 기회를 제공했다. 이러한 국면이 전개되고 있을 무렵 권력 기반을 다진 사만 왕조가 도전에 나섰다. 그들의 부상은 페르시아 세계에서 강력하고 자신감에 찬 수니파 왕조의 등장을 의미했다. 이제 그들은 정치화된 종교에 따라오기 마련인 교조주의로부터 상대적으로 자유로우면서도 라이와 카이로의 신진 시아파 세력에 맞선 평형추 역할도 하게 되었다. 실제로 10세기의 부하라는 모든 면에서 매우 관용적인 곳이었다. 무타질라파나 다른 비주류파를 우려의 눈으로 보면서도, 이른바 관용적이라고 알려진 에스파냐에서처럼 도서관에서 그들의 책을 없애거나 하는 일 따위는 발생하지 않았다.[58] 다시 말해, 사만의 통치자들은 밖으로부터의 시아파 압력에 성공적으로 맞서면서도 시종 상대적으로 열린 사회를 유지했다. 하지만 내부의 시아파를 다루는 데는 그리 성공적이지 못했다.

북아프리카에서 부하라로 서서히 흘러들어 온 이스마일파 선교사들은

---

58) Gafurov, *Istoriia tadzhikskogo naroda*, 2: 179; Hugh Kennedy, "Sicily and Al-Andalus under Muslim Rule", in *The New Cambridge Medieval History*, 3: 614.

처음에는 특별히 물의를 일으키지 않았다. 그들 중에는 뛰어난 신플라톤주의 철학자였던 동부 아프가니스탄 출신의 아부 야쿱 알 시지스타니(Abu Yaqub al-Sijistani)처럼 상당히 세련된 중앙아시아인도 있었다. 선교사들은 주로 상류층에 관심을 기울이며 비밀리에 작업을 했기 때문에 초기에는 갈등이 없었다.[59] 어쨌든 이 초창기 이스마일파 선교사들은 사만 왕조의 니샤푸르 총독과 서부 아프가니스탄의 많은 도시 지도자들을 회유하는 데 성공했으며, 부하라에서는 아미르(통치자)의 서기와 심지어 섭정 나스르 2세까지 개종시켰다.

이러한 과정이 은밀히 이루어졌다는 것은 많은 이스마일파 일원이 포함된 별개의 비밀 단체였던 순결형제단(Brethren of Purity)의 이름으로 개종이 이루어졌음을 시사한다. 형제단의 신봉자는 "학문을 기피하지 않고 책을 경멸하지 않으며 광신적으로 하나의 교리에만 매달리지 않을 것"[60]을 선서했다. 결국 그 모든 것이 "하나의 원리와 하나의 대의, 하나의 세계, 하나의 영혼에서 비롯된 것"이라고 그들은 판단했다. 특정 종교를 신봉하지 않겠다고 주창하는 가운데 형제단원들은 자신들은 완전히 독립적이며 이성의 활동이 이끄는 곳이라면 어디든지 자유롭게 갈 수 있다고 생각했다. 이러한 생각이 그들로 하여금 수학과 과학, 논리학, 철학에 귀를 기울이도록 만들었다.[61] 최고의 지식을 추구하며 당당하게 엘리트주의를 표방한 이 운동의 일원들은 또한 점성술, 신비주의, 수비학, 『꾸란』의 상징 해석을 비롯하여 예로부터 비밀리에 전수되어 온 지식에도 기대었다. 이성과 신비

---

59) Paul Ernest Walker, *Early Philosophical Shiism: The Ismaili Neoplatonism of Abu Ya'qub al-Sijistani* (Cambridge, 1993).

60) Fakhry, *A History of Islamic Philosophy*, 166; Peacock, *Medieval Islamic Historiography and Political Legitimacy*, 25ff; Corbin, *History of Islamic Philosophy*, 79ff.

61) Alessandro Bausani, "Scientific Elements in Isma'ili Thought: The Epistles of the Brethren of Purity", in *Isma'ili Contributions to Islamic Culture*, ed. Seyyed Hossein Nasr (Tehran, 1977), 123~37.

주의가 강력하게 결합된 이 운동은 이븐 시나의 사고 전반에 강력한 영향을 끼쳤다.

부하라의 수니파 종교계 지도자들은 정부 관료 일부가 이렇게 급진적인 시아파와 결탁한 것으로 밝혀지자 매우 큰 충격을 받았다. 튀르크 경비대 출신의 장교들과 손을 잡은 울라마들은 943년 반란을 일으켜 나스르를 타도하고, 이스마일파 선교사들과 그들을 후원한 고관을 참수한 후에 남은 추종자들도 모두 제압했다. 눈이 멀게 된 루다키도 부하라에서 추방당했다.

그러나 이야기는 여기서 끝나지 않는다. 투스에서 페르도우시의 방패막이가 되어주었던 학식 높은 라자크를 포함하여 여러 지방 총독이 여전히 열성적인 이스마일파로 활동했고, 다시 등장한 부하라 궁전의 이스마일파와 오늘날 아프가니스탄 헤라트의 또 다른 이스마일파가 이슬람에 관한 자신들의 견해를 활발히 선전했다. 정계에서 이스마일파가 숙청된 지 두 세대가 지났을 무렵, 청년기에 접어든 이븐 시나는 독실한 이스마일파 가정에서 성장하였고 이스마일파 학자들에게 가르침을 받았으며 평생 합리주의와 신비주의가 결합된 사고를 지녔다.

침묵하는 다수가 아니었던 전통주의자들

사만 왕조 부하라의 상류층이 합리주의와 자유사상, 이스마일파에 귀를 기울였다면, 도시는 전체적으로 전통주의 수니파 이슬람의 보루였다. 이란의 부이 왕조와 이집트의 파티마 왕조가 부상하기 전부터 부하라의 울라마와 중앙아시아 다른 지역의 학자들은 참된 (수니파) 신앙의 보호자임을 자처했다.

이념적인 영역 전반에서 사람들에게 큰 논란이 되었던 문제는 이슬람 세계의 권위와 법의 원천에 관한 것이었다. 632년 무함마드가 사망한 이

후 첫 수십 년 동안은 직접적인 안수(按手)가 존재했고 각 칼리프는 계보적 승계에 근거해 지명되었다. 하지만 한 세대도 지나지 않아 이러한 과정은 격렬한 반대에 직면했고, 결국 661년 무함마드의 사촌이자 사위였던 제4대 칼리프의 암살로 귀결되었다. 우리는 앞에서 이미 알리의 지지자들, 즉 후에 시아파로 알려질 이들이 법을 규정하고 해석하는 세습 이맘을 얼마나 고대했는지 보았다. 그들에 맞서 호라산에 뿌리를 둔, 무산층의 카와리지파는 신자들의 지도자는 세습에 의해서가 아니라 도덕적 순결에 근거해 선택되어야 한다고 주장했다. 그리고 그리스 고전에서 영감을 얻어 지혜와 비판적 사고 능력이 권력의 기초가 되어야 한다고 제안한 몇몇 지식인도 있었다.

전통주의자들이라고 불리게 될 이들은 이 모든 기류와 운동에 매우 간단한 공식으로 대응했다. 그들은 허용할 수 있는 법과 공민에 대한 지휘권의 유일한 원천은 『꾸란』과 예언자의 하디스라고 주장했다. 물론 『꾸란』은 신의 말씀이다. 하지만 교우(Companion)들과의 대화 속에서 신의 전령(Messenger, 예언자 무함마드)은 수많은 실용적이고 철학적인 가르침을 남겼다. 처음에는 교우들이 구전으로 이러한 말씀, 즉 하디스를 전달했다. 이후 몇 세기 동안 대중은 그것을 수집해 적어두기 시작했다. 초기 하디스 수집가 가운데 대부분이 중앙아시아 출신이었다.[62] 뒤따르던 모든 이들처럼 그들도 예언자의 말씀을 모두 모을 수만 있다면 법과 생활에 관련한 모든 문제에 대한 권위적인 가르침을 제공할 수 있으리라는 전통주의자들의 믿음을 고수했다.

칼리프 마문과 그 유명한 결정적인 대결을 벌이면서 메르브의 이븐 한발은 이 새로운 전통주의의 강건한 옹호자로 우뚝 서게 되었다. 종내 그는

---

62) A. Paket-Chy and C. Gilliot, "Works on Hadith and Its Codification, on Exegesis and Theology", in *History of Civilizations of Central Asia*, vol. 4, pt. 2, 91.

무타질라파와 합리주의자 모두에 맞서 세를 불리던 골수 전통주의자와 직역주의자 무리 ― 퍼트리샤 크론은 이들을 '하디스 당'(Hadith Party)이라고 명명했다 ― 의 수장이 되었다.[63] 한 세대도 지나지 않아 칼리프들도 자신의 지위를 이용하여 이 도그마를 사회에 부과하였다.

이븐 한발은 일전에 자신을 공개적으로 박해한 마문보다 오래 살았다. 그 심문이 있고 몇 년이 지났을 때 부하라 출신의 젊은 친구 무함마드 알 부하리가 16년 동안 수집한 예언자의 격언과 관례 전서의 필사본을 나이가 지긋한 이 독실한 전문가에게 바쳤다. 부하리가 꼼꼼하게 선별해 철저히 편집한 문서였다. 그리고 나서 대중에게 이 전서를 공표한 그는 중앙아시아 전역을 돌아다니며 수천 명의 청중 앞에서 그것을 정당화했다.

이러한 과정을 통해 부하리의 『예언자와 그의 언행, 그 시대에 속하는 문제에 관한, (전승의) 연결 고리가 있는 정통 하디스 요약 모음집』 ― 줄여서 『정통 하디스 모음집』이라고 한다 ― 이라는 제목의 역작은 이슬람 규범의 핵심적인 요소이자 오늘날까지도 여전히 유지하고 있는 위상인 『꾸란』 다음으로 가장 신성시되는 경전으로 누구에게나 수용되기에 이르렀다. 부하리가 부하라와 친밀한 유대를 가지고 있었기에 이 도시는 '이슬람의 지붕'(The Dome of Islam)이라는 명성을 다지게 되었다. 이스마일 이븐 아흐마드 사마니는 부하리가 사망한 870년에 스물한 살이었다. 도시 밖의 부하리 무덤은 이슬람 세계 전역에서 온 수많은 신자가 방문하는 주요 순례지가 되었다.[64]

무함마드는 자신이 받은 계시를 처음 전파하기 시작한 이후로도 20년을

---

63) Patricia Crone, *Medieval Islamic Political Thought* (Edinburgh, 2004), 130~41.

64) '이슬람의 지붕'이라는 관용구는 아부 바크르 나르샤키(Abu Bakr Narshakhi, 899~959)의 *History of Bukhara*, 56에서 유래한 것이다. Jonathan Brown, *The Canonization of Al-Bukhari and Muslim: The Formation and Function of the Sunni Hadith Canon* (Leiden, 2007)도 참조.

더 살았기 때문에 그의 것으로 여겨지는 하디스의 수는 어마어마했다. 게다가 그것들이 전달되는 과정을 거치면서 그 숫자는 기하급수적으로 증가했다. 그러다 보니 그것의 진위 및 정확성과 관련하여 심각한 문제가 발생했다. 말하는 이에 따라 각각의 하디스가 매우 다르게 기억되었다. 어린 시절의 전화기 게임처럼 하디스를 전하는 그 과정에서 메시지는 다르게 전달되었고 때로는 이해할 수 없을 정도까지 내용이 달라졌다. 또한 사람들은 자신의 필요에 따라 하디스를 왜곡하고 싶은 유혹도 떨치지 못했다. 가뜩이나 많은 사람이 논거는 예언자의 말씀을 인용하는 것만으로도 충분하다고 믿었기 때문에 사기의 유혹에 더 쉽게 빠졌다. 수천 개의 가짜 '무함마드의 격언'이 유포되었다. 다른 도시와 대비되는 어느 도시의 매력에 관한 이야기에서부터 어느 정도나 특정 종족 집단을 신뢰할 수 있는지 없는지에 관한 평가에 이르기까지 예언자의 말이라고 알려진 수많은 견해가 돌아다녔다.

많은 가짜 하디스가 만들어졌고, 특정한 신학적 또는 정치적 입장을 지지하기 위해 배포되었다.[65] 특히 칼리프의 권위를 반대하는 것으로 해석되거나 이성의 발휘에 제한을 두는 것처럼 보이는 하디스가 인기가 많았다. 9세기경이면 하디스 위조(僞造)는 일종의 산업이 되었고 종교적으로나 세속적으로나 수많은 전투가 벌어지는 무대가 되었다.

632년 무함마드가 사망하고 150년이 지나고 나서야 하디스와 구전을 모으는 과정이 실질적으로 활력을 띠게 되었다. 불확실성의 세계에서 확실성을 구하려는 희망이 오늘날 우리가 구술사 분야라고 칭하는 작업 현장으로 수천 명의 전문가와 비전문가들을 끌어들였다. 독일 출신의 이슬람법 전문가인 요제프 샤흐트(Joseph Schacht)는 전부는 아닐지라도 하디스

---

65) C. Gilliot, "Theology", in *History of Civilizations of Central Asia*, vol. 4, pt. 2, 123. 다채로운 예는 Kraemer, *Humanism in the Renaissance of Islam*, 35~36 참조.

대부분의 기원이 8세기보다 더 이른 시기로 거슬러 올라가지 않는다고 주장했다.[66] 이것이 사실이든 아니든 간에, 실제 수집가들은 구전의 진정성을 전혀 의심하지 않았다. 앞에서도 살펴보았듯이, 이러한 프로젝트는 특히 중앙아시아인들을 매료시켰다. 메르브에서 초기 편찬자 가운데 여럿이 배출되었으며, 발흐나 티르미즈, 그리고 다른 중심지 출신의 학자들도 활약했다.[67] 중앙아시아 출신의 하디스 수집가 중 최소 400명의 이름이 알려져 있는데,[68] 이는 나머지 페르시아 세계와 전 아랍 지역보다도 훨씬 많은 숫자이다. 오늘날 투르크메니스탄의 아무다리야강에 있는 아물(Amul)이라는 도시 한곳에서만도 열두 명에 가까운 하디스 전문가가 배출되었다.[69]

이와 같은 활기는 거의 1,000년 전부터 이 지역 출신의 조로아스터교 성직자나 불교 수도승, 기독교 및 유대교, 마니교 학자들이 각자의 종교 경전을 모으고 성문화하여 번역해 왔던 실상의 결과물이 아닐까 한다.

무함마드 알 부하리: 고아의 탐구

9세기 초 동쪽 이슬람 세계에서는 예언자 무함마드에게까지 그 기원이 거슬러 올라간다고 알려진 ─ 진짜든 가짜든 간에 ─ 하디스가 넘쳐났다.

66) Joseph Schacht, *Origins of Muhammedan Jurisprudence* (New York, 1950).

67) A. Paket-Chym, "The Contribution of Eastern Iranian and Central Asian Scholars to the Compilation of *Hadiths*", in *History of Civilizations of Central Asia*, vol. 4, pt. 2, 91.

68) M. M. Khairullaev, ed., *Iz istorii obshchestvenno-filosofskoi mysli iii volnodumiia v Srednei Asii* (Tashkent, 1991), 26. 한 아프가니스탄 학자는 1,200명이 넘는 하디스 학자에 관해 들은 적이 있다고 했다. Adam Mez, *The Renaissance Islam* (New Delhi, 1995), 247.

69) Alzhir Ahmet, "Amulyn Hadyscy Alymlary", *Miras* 35, 3 (2009): 87~92.

이븐 한발이 혼자서 모은 것만 2만 9,000개였고 부하리는 7만 개 이상을 듣고 외웠다고 주장했다.[70] 마찬가지로 신원이 확인되고 가능한 경우 간단히 신상이 소개된 전승자만도 약 7,000명이 넘었다. 하지만 수많은 증거가 앞뒤가 맞지 않았기 때문에 일종의 확인과정이 긴급히 요구되었다. 이번에도 이러한 작업은 대부분 중앙아시아 출신 학자들의 몫이었다. 이 작업이 끝나자 전 세계의 수니파 무슬림은 권위 있는 정본으로 단지 여섯 개의 중요 모음집만을 인정하였다. 이 중 다섯 개가 중앙아시아 전문가[71]의 작품이었고, 그 가운데에서도 무함마드 알 부하리의 것이 가장 뛰어나다는 인정을 받았다.

부하라 태생의 무함마드 알 부하리는 일찍이 고아가 되었다. 평생에 걸친 삶에 대한 준거와 지침을 향한 탐색은 부분적으로는 이러한 사실에서 기인한 것으로 추정된다. 삶에 대한 규범적 태도는 그로 하여금 일고여덟의 나이에 『꾸란』 전체를 암송하도록 했고, 그 뒤 1년이 지나고서부터는 하디스 수집에 나서도록 만들었다. 그의 아버지가 충분한 재산을 남겨놓은 덕에 열여섯 살이 되던 해에 부하리와 어머니, 형은 하즈(순례)를 할 수 있었다. 그 후에도 그는 이슬람 성지를 방문하고 메디나와 메카의 하디스 수집가들을 만나면서 아라비아에서 몇 년을 더 보냈다. 향후 16년 동안 돌아다니며 부하리는 하디스를 가르쳤고 수천 명의 전승자를 인터뷰하여 『정통 하디스 모음집』을 편찬했다. 생애 마지막 20년은 니샤푸르와 부하라에서 학생들과 보냈으며, 사실상 계속되던 북 투어(book tour)를 위해 자주 짧은 여행에 나서곤 했다. 중세의 한 전기작가의 추정에 따르면, 다양한 발표 모임에 온 총 참석자 수는 9만 명이 넘었다.[72]

---

70) Ghassan Abdul-Jabbar, *Bukhari* (London, 2007), 10, 109.

71) 니샤푸르의 압둘 후사인 무슬림, 티르미즈 출신의 아부 이사 무함마드 티르미지, 시스탄 출신의 아부 다우드(Abu Dawud), 호라산 나사 출신의 아흐마드 알 나사이(Ahmad al-Nasa'i) 그리고 부하리를 말한다.

72) Faisal Shafeek, *The Biography of Imam Bukhaaree* (Dar es Salaam, 2005), 48.

활쏘기에 쏟았던 열정 외에 부하리는 온전히 작업에만 집중했다. 결혼도 하지 않았고 관료들과도 전혀 접촉하지 않았다. 통치자가 부하리에게 『정통 하디스 모음집』의 사본(寫本)을 달라고 부탁하자, 자신은 세속 정부의 요구에 답할 의무가 없다며 이를 거절했다.[73] 그가 '약한 것'이라고 판단했던 하디스의 전승자를 비판하는 데 사용한 절제된 언어로 판단하건대, 부하리는 온화한 성품을 가졌음이 확실하다. 이를 고려했을 때, 니샤푸르와 부하라 지역에서 대부분의 그의 판단에 이의를 제기하며 그가 (하디스에) 포함시켰기 때문에, 또는 포함시키지 않았기 때문에 그를 비난한 다른 하디스 학자들과의 악의적인 논쟁에서 그가 헤어나오지 못했다는 사실은 매우 놀랍다. 훗날 부하리의 저작이 정본으로 승인되었음을 감안하면, 그와 동시대에 살았던 이들—그들 대부분도 그만큼이나 전문적이었다—로부터 사방에서 문제가 제기된 정황은 정말이지 오늘날 우리에게 기이하게 여겨진다.[74]

부하리에게 맞섰던 사람 가운데에는 우리가 니샤푸르에서 만난 바 있는, 논쟁을 좋아하던 하디스 수집가 알 하킴 알 나이사부리도 있었다. 나이사부리는 부하리가 하디스를 의심쩍은 전승자들로부터 전해들었다고 비난했다. 한술 더 떠서 훗날 여섯 개의 권위 있는 하디스 모음집 가운데 하나의 저자인, 부하리의 현지인 학생이자 제자인 압둘 후사인 무슬림에게도 이러한 비난을 퍼부었다. 불온하게도 나이사부리는 부하리가 『꾸란』의 창조성이라는 중요한 문제에서조차 갈피를 잡지 못한다고 비판했으며, 이러한 고발로 결국 부하리는 불명예스럽게 니샤푸르를 떠날 수밖에 없었다. 한동안 부하라의 집에서 시간을 보낸 부하리는 사마르칸트로 갔다. 하

---

73) *Ibid.*, 142~44, 178ff.; Aikhairualiev, ed., *Iz istorii obshchestvenno filosofskoi mysli i volnodumiia v srednoi Azii* (Tashkent, 1991), 28~29.

74) 조너선 A. C. 브라운(Jonathan A. C. Brown)은 자신의 뛰어난 저작인 *The Canonization of Al-Bukhari and Muslim*에서 이 과정의 모든 우여곡절을 상세히 열거했다.

지만 그곳에서도 수백 명의 전문가가 그의 저작의 결함이라고 지적된 수많은 문제를 두고 한 주 내내 그와 설전을 벌였다.[75]

부하리가 빼기로 결정한 수천수만 개의 하디스는 물론이고, 그의 모음집에 담긴 7,250개의 하디스를 두고도 비판가들은 물고 뜯을 것이 너무 많았다. 부하리가 수록하지 않은 것 중 일부는 널리 수용되고 있던 하디스와 관련이 있었기 때문에, 니샤푸르의 압둘 후사인 무슬림과 티르미즈(테르메즈)의 하킴 티르미지(Hakim Tirmidhi) 같은 부하리의 제자는 자신들이 준비한 전서를 발표하여 서둘러 스승을 옹호하고 나섰다. 두 사람 모두 부하리가 모음집을 축약하기로 선택하지 않았다면 자신들이 제시한 수천 개의 부가적인 하디스를 포함시켰을 것이라고 천명했다.[76]

구술사학

살아생전에 제기되었던 부하리의 방식을 둘러싼 심각한 논란이 그 후에도 수세기 동안 계속되었다. 예를 들면, 하디스 학자들은 그가 취재한 수많은 정보원의 신뢰를 두고 평가를 달리했고, 이 같은 이견을 해소하기 위한 과정에 대해서도 합의하지 못했다. 그러다 보니 메디나 사람들은 예언자의 무덤이 있는 메디나의 내력을 근거로 자신들의 도시에서 기원한 하

---

75) Abdul-Jabbar, *Bukhari*, 16.; 압둘 후사인 무슬림의 *Salih Muslim* 영역본은 http://www.usc.edu/schools/college/crcc/engagement/resources/texts/muslim/hadith/muslim/에서 이용할 수 있다.

76) 티르미지에 관해서는 U. Uvatov, "At-Termezi i ego tvorcheskoe nasledie", in *Iz istorii obshchestvenno-filosofskoi mysli i volnodumiia v Srednei Asii*, 31~33.; 압둘 후사인 무슬림에 관해서는 Brown, *The Canonization of Al-Bukhari and Muslim* 참조.
원서에는 아부 후사인 무슬림이라고 되어 있으나 압둘 후사인 무슬림의 오류인 듯하여 바로잡는다. ─ 옮긴이

디스는 유효하다고 주장했지만,[77] 다른 지역 주민들은 이에 동의하지 않았다. 또 다른 경우 모든 하디스 학자들은 예언자의 교우 가운데 한 명으로부터 타당한 전승의 연결 고리를 통해 전해진 하디스라면 무조건 유효하다고 생각했지만, 이는 특정 전승자가 불완전한 기억을 가지고 있거나, 그(그녀)가 들은 바를 전승할 당시 나이가 매우 많았을 가능성 등을 감안하지 않은 견해였다. 심지어는 교우의 권위가 의문시되기도 했다. 예를 들면, 예언자가 총애한 부인 아이샤(Aisha)는 무함마드와 결혼했을 당시 아홉 살 내지 열 살이었고, 예언자가 사망했을 때는 열아홉 살이었다. 그런데 그녀는 반세기가 지난 후에도 남편의 언행에 대한 새로운 기억을 계속해서 양산했다. 과연 그녀의 기억은 한 치의 오차도 없이 모두 정확했을까? 결국 나이사부리도, 자신이 기록한 것은 모두 정확하게 기억할 수 있다는 전문적인 하디스 학자의 주장은 믿을 수 없다고 지적하며, 이와 같은 인간 기억의 총체적인 문제를 인정했다.[78]

이러한 비판에 맞서 중세 학자들은 만약 하디스가 '널리 수용되었다면' 진실일 가능성이 크다고 주장하기도 했다.[79] 하지만 이 같은 기준은 이 모든 대사업이 기반하고 있는, 즉 하디스는 신뢰할 만한 전승자들을 통해 타당하게 연쇄적으로 전승되었다는 원칙에 위배되는 듯 보였다. 결국 이는 또다시 특정 전승자가 신뢰할 만한지를 판단할 수 있는 지표의 문제를 제기했다. 그(그녀)가 신실한 무슬림이자 좋은 덕성을 가진 자인지의 여부가 결정적인 기준이 되었다. 좋다, 하지만 근대 학자들은 물론이고 라지 또는 이븐 알 라완디처럼 회의론자조차[80] '좋은 무슬림'이란 무엇인지 그 정의

77) Brown, *The Canonization of Al-Bukhari and Muslim*, 67.
78) Paul L. Heck, "The Epistemological Problems of Writing in Islamic Civilization", *Studia Islamica* 94 (2002): 90.
79) Tarif Khalidi, *Arabic Historical Thought in the Classical Period* (Cambridge, 1996), 134~36 참조.
80) 이그나츠 골드치허(Ignaz Goldziher)는 *Muslim Studies*, 2 vols. (London,

를 묻지 않을 수 없었다. 왜냐하면 이 같은 기준은 완전히 정통적이지 않은 견해나 하디스를 전승한 자라면 얼마든지 배제할 수 있음을 암시하기 때문이다. 끝으로 무엇이 다수의 '신뢰할 만한' 일련의 전승을 비롯해 특정 하디스가 완전히 조작되었을 가능성을 배제하는가? 이러한 의구심을 가진 당대의 한 바그다드 학자는 역사적 전통에 관련한 모든 문제는 상당히 주관적인 견해에 달려 있다고 비평했다.[81]

만사(萬事)에 관한 법

이슬람 세계에서 수집·분석된 하디스 모음집의 간행은 구전문화에서 문자문화로의 전환점이 되었으며, 이전까지는 문자언어보다는 기억을 선호한 매체 위계에서도 근본적인 변화가 일어났음을 의미했다.[82] 이미 문자언어에 능숙했던 중앙아시아인들은 부지런히 자신들의 작업을 진척시켜 나갔다. 비록 자신들의 전서(全書)가 차후 최근 한 분석가가 '인증된 전승의 사슬'[83]이라고 칭했던 것으로부터 독자들을 단절하리라는 것을 너무도 잘 알고 있었음에도 말이다. 그들은 종교 법학자로서 오랫동안 이 과정을 주관해 왔고 그 과정이 끝나면 일자리를 잃게 될 처지였다. 그럼에도 그들은 이를 기꺼이 받아들였는데, 왜냐하면 그들의 전서가 더욱더 중요한 목표, 즉 법의 근간이자 종교적으로도 인가된 구체적이고 세부적인 수많은 행동 규범을 제공한다는 목표에 이르도록 하리라는 생각 때문이었다.

이슬람법, 즉 샤리아가 언제나 해석의 여지를 충분히 주었음은 사실이

1967~1971)에서 이 문제를 수차례 제기했다.
81) 타위디를 말한다. Kraemer, *Humanism in the Renaissance of Islam*, 43에서 인용.
82) Heck, "The Epistemological Problems of Writing in Islamic Civilization", 89.
83) *Ibid.*, 88n12.

다. 그러나 이는 하디스의 편찬자들이 원하던 바가 아니었다. 이제부터는 칼리프나 이맘, 이해하기 힘든 철학자나 이단자들이 아니라 성문화된 종교법이 개인과 사회적 행동을 규제해야 한다고 그들은 생각했다. 그러면 2세기 전 예언자의 죽음 이래 만연했던 혼란과 불확실성도 드디어 종식될 터였다. 예언자의 진짜 목소리라고 추정되는 말씀이 복원되면 『꾸란』의 가르침이 마침내 실행되고 인류를 위한 이상도 실현될 것이기 때문이다. 부하리를 비롯해 주요 하디스 수집가와 교정자들은 말 그대로 시성(諡聖)되었고,[84] 그들의 저작은 비판할 수 없는 위치를 점하게 되었다.

아무리 사소한 것이라 해도 법에 모두 포함되었다. 행동 지침서로 잘 기능할 수 있도록 부하리는 그의 전서를 주제별로 정리했다. 주요 제목에는 목욕, 기우제, 꿈, 월경 기간, 저당, 채무의 양도, 매너, 복장, 식(蝕)의 의미처럼 마구잡이식으로 보이는 주제가 포함되었다. 특정 하디스는 머릿니의 처치, 수염 자르는 법과 이 닦는 법, 관음증 환자, 서서 먹는 것, 심지어는 남자들은 서서 소변을 보아야 하는가 아니면 쭈그리고 앉아서 볼일을 보아야 하는가 등을 다루었다. 물론 계시, 지식, 창조, 결혼, 이혼, 배교자에 대한 조치, 노예해방, 신의 단일성에 관한 주제도 있었다.

전체적으로 보면 부하리의 대(大)전서는 초기 이슬람의 아라비아 세계와 일상생활 간에 가교를 제공했다. 그리고 비록 혹독한 처벌의 수많은 예를 제시하고 있음에도, 어떤 측면에서는 오히려 『꾸란』에 스며 있는 복종에 대한 엄격한 명령을 완화했다. 황금률의 반향을 불러일으키며 예언자는 한 하디스에서 "자신에게 바라는 바를 형제들을 위해 바라지 않는다면 진정한 신앙을 가지고 있지 않은 것이다"라고 주장했다.[85] 또한 수차례 『정통 하디스 모음집』은 독자들에게 행동 기저에 있는 의도를 고려하

---

84) 조너선 A. C. 브라운은 이러한 논지를 *The Canonization of al-Bukhari and Muslim*에서 전개했다.

85) Goodman, *Islamic Humanism*, 90~91.

고 가장 악의적으로 보이는 행동조차도 모든 인간 행동은 신이 정한 것이라는 것을 인지하라고 촉구했다.[86] 삶은 인간과 신 사이의 계약이다. 렌 E. 굿맨(Lenn E. Goodman)의 말에 따르면, "신은 이제 모든 일에 관여하고, 좋은 믿음이란 의도의 순수성과 양심을 의미하며, 의식(意識)도 신의 철저한 검토를 거친다."[87]

이렇게 부하리의 『정통 하디스 모음집』은 인사(人事)에서 선택의 영역을 심각하게 축소했다. 계시를 통해 알려진, 그리고 하디스에서 해석한 신의 뜻은 모든 인간 행동을 안내할 수 있으며 또한 그래야 함을 암시했으며, 이는 해석의 필요성을 급격히 감소시켰다. 이슬람 법학은 샤리아를 적용함에 있어 독자적인 판단을 내릴 수 있도록 울라마에게 허용된 '창'을 언제나 열어두었다. 부하리가 그 창을 닫지는 않았지만 닫힐 수도 있는 과정이 그로 인해 시작된 것이다.

부하리를 비롯해 그와 동시대에 활동한 다섯 학자들이 이룩한 하디스 대사업의 결과로 이제까지는 구전되어 온 당혹스러울 정도로 복잡한 규정들이 끝도 없는 세부 사항 덕분에 조직화·체계화되었다. 시작부터 끝까지 『정통 하디스 모음집』은 명령조의 언어로 가득했다.[88] 사만 왕조 시대가 끝나기도 전에 이미 다수의 무슬림들은 율법주의와 형식주의의 과잉에서 기인한 문제의 부정적인 효과를 체감하기 시작했다. 시간이 흐르면서 결국 많은 수의 독실한 신자들이 원칙에 점점 더 얽매이는 이슬람 직역주의와 전통주의 세계로부터 한걸음 물러나서 수피 선지자들이 주창한 새로운 신비주의를 포용하기에 이르렀다.

---

86) "분명히 행위는 의도에 의한 것이다. 따라서 모든 사람은 자신의 의도에 따라 얻을 것이다." Abdul-Jabbar, *Bukhari*, 25.

87) Goodman, *Islamic Humanism*, 89.

88) *Ibid.*, 86.

기세등등한 전통주의자들

어쨌든 단기적으로 부하리는 추론과 철학적 탐구를 추구하던 이들에게 타격을 주고 대신에 전통주의자들이 결속을 다지고 대담해지도록 만드는 데 크게 기여했다. 증거에 대한 추정에 문제가 많았던 하디스의 전 작업이, 파라비 같은 사람이 논리의 엄격한 규칙을 분석하고 정하던 바로 그 시기에 진행되었다는 사실은 둘 — 철학자와 전통주의자 — 사이의 간극이 얼마나 벌어졌는지를 잘 보여 준다. 이러한 정황을 이해한 전통주의자들이 선제공격에 나섰다. 사만 왕조의 문명이 정점에 달했던 바로 10세기 중반에 아부 만수르 무함마드 알 마투리디라는 사마르칸트 출신의 부하리 동조자가 무타질라파와 시아파 이단, 이스마일파, 보통 철학자라고 불리던 이들을 비난하는 과감한 일련의 '반박문'을 발표했다.[89] 중앙아시아 지역에서 성행한 모든 종교의 대가이자 막강한 법학자였던 그의 선언은 동아시아에서부터 북아프리카에 이르기까지 곳곳에서 독자들을 매료시켰다. 앞에서 만난 바 있는 마투리디는 심각하게 고려해야 할 중요한 인물이다.

사만 통치 시기의 말엽에 서서히 전통주의자들과 직역주의자들이 부하라에서 우위를 점하게 되었다. 부하라에서뿐만이 아니었다. 중앙아시아 전역에서 하디스 수집가들을 자랑스러워하는 사람들이 신앙을 전매특허를 낸 듯 행동했다. 아랍인들 못지않게 이제는 중앙아시아인들도 자신들을 이슬람의 주요 전수자이자 이슬람적인 것의 결정권자로 여겼다. 그들은 또한 이 일대를 경전을 가진 모든 종교들(Religions of the Book)의 중심지로 만들 대책도 강구했다. 믿음을 가진 독신자라면 누구든지 이제 페르가나 계곡의 자랄바드(Jalalbad) 마을 인근에 있는 욥(Job)의 유적지나 오늘날 남부 키르기스스탄에 있는 오쉬(Osh)라는 도시 인근 산에 위치한 솔로

---

89) A. Ali, "Maturidism", in *A History of Muslim Philosophy*, ed. M. M. Sharif (Wiesbaden, 1963), 1: 259~74.

몬의 유적지, 사마르칸트 인근의 다니엘 유적지, 그리고 발흐에 있는 예언자 에스켈의 유적지라고 생각되던 곳으로 순례를 떠날 수 있었다. 알려지지 않은 모종의 과정을 거쳐 성 마태(Matthew)의 유골이 오늘날 키르기스스탄의 이식쿨호(Lake Issyk Kul)에 위치한 수도원에 흘러들었다. 이곳은 기독교도와 무슬림 모두에게 순례지가 되었고 저 멀리 에스파냐까지 알려지게 되었다.[90] 이슬람 성인과 성자들의 영묘의 확산은 실질적으로 모든 읍과 마을에서 무슬림 순례자들이 성지를 발견할 수 있음을 의미했다. 타지키스탄의 이스피드-불란(Ispid-Bulan) 마을에 있는 성지 한곳에서만 최소 예언자의 교우 2,700명이 기려졌다.

사만 왕조 전성기에 신앙을 지지하면서도 이성과 논리를 옹호한 사람들은 직역주의의 확산과 전통으로의 도피 현상을 매우 심란하게 바라보았다. 확실히 오랫동안 사만 시대의 시가에는 염세적이고 암울한 분위기가 감돌았다. 예를 들면, 발흐 출신의 루다키의 친구는 다음과 같이 노래했다.

> 세상을 샅샅이 둘러보아라. 비탄에 젖지 않고 위트 넘치는 사람을 단 한 명도 발견하지 못할 것이다.[91]

이렇게 합리주의자와 자유사상가들은 뜻밖의 동맹관계를 맺은 전통주의적 성향의 울라마와 왕실 근위병 장교들에 의해 쫓겨나게 되었다. 장교들은 이슬람법 준수를 게을리할 뿐만 아니라 주독에 빠진 것으로도 소문이 자자했지만, 진정한 믿음이라는 미명 아래 특히 자신들의 이권이 쟁점이 될 때면 언제든지 출동하였다. 당시 두 집단은 부하라에 무신앙과 이단

90) A. Konyrbaev, V. Mokrynin, and V. Ploskikh, *Goroda veligogo puteshestvennika* (Bishkek, 1994), 50~51; Vladimir Ploskikh, "The Central Asian 'Atlantis': The Mystery of the Great Silk Way", n.d., 4~5.

91) Shaid Balkhi, in Browne, *Literary History of Persia*, 454.

이 만연해 있다는 확신에 차 있었다.

사실 더 큰 걱정거리는 정부의 전적인 관심과 가능한 모든 자원을 동원해야 할 만큼 큰 위협을 제기하며 동남부 국경 지역에 출몰한 새로운 튀르크 군대였다. 병사들에게 급여를 주기 위해 세금이 가파르게 인상되었고 무역량은 급감했다. 게다가 여전히 그 수가 많던 사만 가문의 반정부 인사들이 또다시 부하라의 일가 친족들에게 도전을 제기했다. 980년 사만 왕조와, 한 세기가 넘도록 지속되었던 사만의 풍요로운 문화는 위기를 맞았다.

아부 알리 알 후사인 이븐 시나

이와 같은 사건들이 전개되고 있는 가운데, 사만 왕조 시대의 가장 위대한 지성인이자 세계 어느 곳에서든 가장 영향력 있는 중세 사상가 가운데한 명으로 꼽히는 사람이 부하라에서 성년을 맞이하고 있었다. 루다키의황금 시대는 오래전 이야기가 되었고 사만 왕조의 문화도 저물고 있었지만, 의학과 철학에 대한 기여로 이슬람 세계 전역에는 물론 유럽과 아시아에도 심오한 영향을 끼친 이가 만들어지고 있었다.

이븐 시나는 유럽 의학의 초석이자 인도 의학의 변형 에너지였던 권위있는 『의학정전』으로 세계 과학사에 아주 잘 알려진 인물이다. 서구에 끼친 이븐 시나의 영향력은 매우 영속적이었다. 로버트 보일이 의학을 재정립하기 위해 애쓰던 17세기에도 그의 첫 번째 과제가 600년 전의 이 부하라 사람이 남긴 유산에 도전하고 종국에는 그것을 넘어서는 것이었을 정도로 말이다. 물론 이때에도 보일은 여전히 많은 점에서 이븐 시나에게 빚을 졌다.

철학에 기여한 이븐 시나의 공헌 또한 특기할 만하다. 마치 기름과 물을 섞듯이, 그는 상식에 기반한 아리스토텔레스적인 교리와 좀 더 난해하고 신비주의적인 신플라톤주의 개념을 통합하고자 애쓰는 동시에 인사(人事)에 관여하는 신의 역할을 보존하고자 했다. 이븐 시나가 세상을 떠나고 200년 후 이탈리아의 토마스 아퀴나스는 가톨릭교회가 자신에게 부여한 '천사(天使) 박사'(Doctor Angelicus)라는 칭호를 얻도록 해준 교리를 정당화하기 위해 이븐 시나의 글을 이용했다. 오늘날 이슬람 신학자들은 이븐 시나를 아리스토텔레스와 파라비에 이은 '세 번째 스승'으로 여긴다.

이븐 시나는 980년 부하라에서 북서쪽으로 112킬로미터 떨어진 소도시에서 태어났다. 그는 57년을 살면서 서른두 살까지는 중앙아시아에서 살았고 그 후에는 여생을 서부 페르시아에서 보냈는데, 이 도시에서 저 도시로 계속 도망을 다녀야 했다. 그는 스물두 살이 되어 부하라를 떠나기 전에 생애 첫 저작을 두 권이나 썼고 당대 최고의 지성인과 겨루었으며, 생애 내내 사고할 관념 및 작업 유형을 확립하고 차기작의 주요 방향을 그릴 만큼 놀랍도록 조숙했다.

말하자면, 그는 재능을 타고났다. 그러나 이외에도 이븐 시나는 그 폭이나 깊이에 있어 보기 드문 교육의 혜택을 받은 이였다. 그 결과 당대의 중요한 모든 지적·문화적 조류를 접할 수 있었다. 이븐 시나가 받은 초창기 교육에 대한 상세한 정보—실제 이슬람 중세 문화계의 다른 어떤 인물보다도 그 정보의 양이 많다—가 오늘날까지 전해져 내려오고 있다. 그가 받은 교육은 당대 최고의 전형을 보여 주기 때문에, 이 젊은이가 '세 번째 스승'이 되는 과정을 좀 더 면밀히 살펴보는 것으로 사만 시대에 대한 우리의 개관을 마무리하면 좋을 듯하다.

사만 왕조의 일원처럼 이븐 시나도 아프가니스탄 발흐에서 온 고관 집안의 후손이었다. 그의 아버지는 옛 박트리아 수도 바로 북쪽에 있는 소도시에서 사만 정부의 조세국을 총괄했고, 그 후에는 카르마이탄(Kharmaythan)과 부하라에서 멀지 않은 아프샤나(Afshana)에서 비슷한 직책을 맡았다.[92] 그의 업무는 서류를 뒤적이는 것 이상의 많은 일과 관련이 있었다. 새로 수입된 인도의 수 체계와 수학, 통계학, 콰리즈미의 실용대수학에 관한 확고한 지식을 필요로 하는 일이었다. 둘째 아들인 알 후사인 이븐 시나(al-Husayn Ibn Sina)가 태어난 후에 아버지는 부하라로 발령을 받았고 이제 그는 좀 더 체계적으로 아들의 교육에 신경을 쓸 수 있게 되었다. 이 무렵, 아니면 이보다 조금 더 일찍 아버지는 통치자인 누(Nuh)의 호의를 얻게 되었다. 아버지는 새로운 임무로 인해 곳곳을 돌아다녔는데 종종 아들들도 동반했다. 40년 후에 이븐 시나는 아무다리야 강변의 진흙 속에서 일상용품이 석화되는 속도를 보고 놀랐던 다섯 살 때의 기억을 회고했다.[93]

열 살이 될 때까지 이븐 시나는 『꾸란』을 공부하고 긴 문구를 암기하며 경전을 유창하게 읽는 기술을 습득했다. 모든 조숙한 무슬림 아이에게 그러하듯이, 그를 자랑스러워하던 어른들은 그가 경전 전체를 암기했다고 믿어 의심치 않았다. 이에 감동한 주변의 이웃들은 그의 나이보다 다섯 배는 많은 종교학자들에게 붙이곤 하던 셰이크(sheikh)라는 경칭으로 그를 부르며 대우해 주었다.[94] 이븐 시나는 경전에 대한 확고한 지식과 모국어인 페르시아어는 물론, 유창한 아랍어 실력으로도 학업에서 두각을 나타냈다.

다음 단계는 아버지의 행정 경력에 큰 도움이 되었던 실용적인 기술을 습득하는 것이었다. 사내아이를 교실에 앉아 있도록 하는 대신에 그의 아버지는 보통 인도인이라고 전해지는 지방의 한 채소상에게 이븐 시나를 보내 인도의 수 체계와 수학, 회계, 대수학을 가르쳐 달라고 부탁했다. 분명히 이 계획은 청년이 고관으로서의 길을 가도록 준비시키기 위한 것이었다. 동시에 이것은 상업 지향적인 사만 왕조에서 통상 세계에 대한 현장교육을 의미하기도 했다.

이븐 시나가 받은 교육의 다음 단계는 논리학, 신학, 법학을 포함한 '철

---

92) 이어지는 이야기는 이븐 시나의 자서전(Gohlman, *The Life of Ibn Sina*)에 기반한 것이다. Gotthard Strohmaier, *Avicenna*(Munich, 2006)와 특별히 세심하고 권위 있는 분석을 보여 준 Zavadovskii, *Abu Ali Ibn Sina*를 이용했다.

93) Zavadovskii, *Abu Ali Ibn Sina*, 49.

94) *Ibid.*, 53.

학'에 대한 체계적인 공부였다. 이와 같은 도전적인 분야를 열한 살의 그와 동생이 헤쳐 나가도록 돕기 위해 아버지는 호라즘 출신의 철학자 아부 압달라 알 나틸리(Abu Abdallah al-Natili)를 고용하여 집안에 들였다.[95] 나틸리는 그저 그런 현학자가 아니라 1세기 그리스의 식물학자이자 약리학자, 의료 전문가였던 디오스코리데스(Dioscorides)의 저작을 아랍어로 번역한 기량이 뛰어난 학자였다. 훗날 이븐 시나는 나틸리를 무시하는 오만함을 보이기도 했지만 이 학자와의 수련과정에서 의학에 대한 관심이 생겼다고 솔직히 인정했다. 디오스코리데스에 관한 나틸리의 번역을 잊지 않고 있던 이븐 시나는『의학정전』제4권에 그것의 상당 부분을 포함시켰다.

나틸리가 시아 이스마일파 신도들이 가담한 비밀결사 조직인 순결형제단의 추종자였고 부하라의 이스마일파 선교사들과 친밀했다는 사실 역시 지속적으로 영향을 끼쳤다. 이스마일파의 합리주의, 인문주의, 신비주의 교리에 끌렸던 사람 가운데에는 이븐 시나의 아버지도 있었다. 그의 시아적 신념은 시아파 최초의 순교자인 후사인과 알리를 본떠 아들들의 이름을 지은 데서도 잘 드러난다. 비록 부하라의 강성한 전통주의자들이 시아파 전체와, 그중에서도 특히 시아 이스마일파를 격렬히 반대했음에도, 사만 왕조 통치 아래에서는 관용이 계속 존중되었기에 아버지의 사회생활은 이로 인해 곤란을 겪지는 않았다.

젊은 이븐 시나는 순결형제단의『서한』(Epistles)에서 발췌한 '세계정신'과 '세계이성', 그 외의 난해한 주제에 관한 토론을 들으며 긴 저녁시간을 보냈다. 그의 동생 알리가 이스마일파에 가담했지만 이븐 시나 본인은 그러지 않았다.[96] 하지만 일생 동안 그는 다른 어떤 이슬람 교파보다도 이스마일

---

95) *Ibid.*, 59.
96) "그들의 대화를 경청하기는 했지만 나의 영혼은 그들의 말에 수긍하지 않았다"라는 이븐 시나의 진술은 많은 학술 저작에 등장한다(일례로서 Gohlman, *The Life of Ibn Sina*, 19 참조). 그러나 *Osori Muntakhab* (Dushanbe, 2005) 전서에서 발행한 그의 자서전 최신판은 이 진술을 후대에 덧붙인 것이라며 배격했다. 이 정보

파와 가깝게 지냈다. 이에 대한 증거는 그가 제시한 답변보다는 그가 던진 질문에서 찾을 수 있다. 생애를 마칠 때까지 그는 나틸리와 아버지가 그러했던 것처럼 '성스러운 신의 권능'에 의해 계도되는 이성의 철저한 발휘를 통해 무엇을 알 수 있는지 묻고 또 물었다.[97]

이븐 시나가 프톨레마이오스와 유클리드의 저작은 물론 그 외 다른 그리스 과학 및 철학의 고전도 매우 짧은 시간에 통달했다는 흔해 빠진 이야기는 이븐 시나와 관련한 전설 가운데 중요한 일부를 이룬다. 기본적으로 나틸리 ─ 어쩌면 이븐 시나의 다음 선생이었던 아부 만수르 알 쿰리 (Abu Mansur al-Qumri)라는 이스마일파 학자일지도 모른다 ─ 는 더 이상 가르칠 것이 없었기 때문에 이 청년에게 앞으로는 혼자서 학문에 정진하라고 말했다.[98] 나틸리가 호라즘으로 돌아가자, 의사이자 자유사상가였던 쿰리는 즉각 이 열두 살배기에게 의학에 대한 관심을 불어넣기 시작했다. 어떤 문제로 쩔쩔맬 때면 이븐 시나는 쿰리 ─ 이븐 시나는 그에게 배운 것보다 가르친 것이 더 많다고 주장했다 ─ 에게 의지하는 대신에 기도를 하기 위해 사원에 갔다. 흥미롭게도 훗날 갖게 될 무의식의 작용에 대한 그의 견해를 미리 보여 주기라도 하듯이, 이븐 시나는 해답이 통상 자연스럽게 심지어는 잠자는 동안에도 떠올랐다고 한다.[99] 그가 기도는 근본적으로 직관의 과정이라고 결론지은 것은 참으로 의미심장하다.[100]

어린 학생임에도 향후 4년 동안 혼자서 공부할 수 있도록 허락한 이븐

는 하킴 엘나자로프 덕분에 알게 되었다.

97) 따라서 그는 자신의 마지막 저작에서 "엎드려 절하고 금식함으로써 예배를 지속하는 숭배자"와 가장 내밀한 사고 속에서 진리의 빛에 대한 영속적인 깨달음을 추구하는 가운데 신의 엄숙한 권능을 통해 자신의 생각을 배치하려는 "인식자"를 병치시켰다. Shams Inati, *Ibn Sina and Mysticism* (London, 1996), 81.

98) Zavadovskii, *Abu Ali Ibn Sina*, 66.

99) *Ibid.*, 67.

100) Dimitri Gutas, *Avicenna and the Aristotelian Tradition* (Leiden, 1988), 181.

시나 아버지의 결정은 아버지다운 현명함뿐만 아니라 사만 왕조 말기 부하라의 활기찬 지적 풍조를 보여 주는 증거이기도 하다. 이븐 시나가 부하라의 서점에서 아리스토텔레스의 형이상학에 관한 파라비의 책을 우연히 발견한 것도 바로 이 무렵이었다. 또한 그는 법률논쟁에 가담했고 의학 공부도 계속했다. 공부하는 틈틈이 도시의 엘리트인 '상류층의 젊은이'들과 어울리기도 했다. 그는 음악에 대한 애정도 키웠는데, 이는 훗날 음악 이론에 관한 중요한 작품으로 표출되었다. 또 시에 대한 감상 능력도 쌓았다. 페르시아어로 쓴 많은 운문[101] 중 일부 구절만이 아랍 운문시인 카시다(qasida) — 보통 통치자를 찬양하기 위해 쓰이던 2부로 이루어진 소네트 형식의 아랍 시형(詩形) — 몇 편과 함께 전해질 뿐이지만, 이븐 시나는 카시다를 논리학과 (건강을 위한 일상적인 정보를 포함한) 의학, 그리고 영혼을 자세히 설명하는 데에도 활용했다.[102] 한편, 그는 자신의 생각과 글쓰기를 돕고 학생들과의 저녁을 유쾌하게 만들어주는 와인을 평생 즐겼다. 정통 이슬람에 관심이 거의 없었던 그는 『의학정전』에서 와인의 긍정적인 효과와 부정적인 효과를 모두 열거하며 절제를 권장했지만 결코 금하지는 않았다.[103]

열여섯 살 무렵 이븐 시나는 책에서 얻을 수 없는 것들을 직접 체험으로 배우는 과정 속에서 혼자 힘으로 환자들을 치료하기에 이르렀다. 호라산과 부하라 전역에 확산되어 있던 표준적인 의학 지식은 상당한 수준이었다. 라지가 서른 권이나 되는 『의학집성』(Comprehensive Work on Medicine)을 발간하기도 전에 이미 니샤푸르의 한 약사는 585가지 약물에 관한 상

---

101) M. Achena, "Avicenna's Persian Poems", in *Encyclopedia Iranica*, http://www.iranica.com/articles/Avicenna-xi.

102) T. N. Mardoni, "K istorii izuchenii poeticheskogo naslediia Abuali ibn Sina na arabskom iazyke", in *Ibn Sin-ova farhangi zamoniu* (Dushanbe, 2005), 220~22.

103) Zavadovskii, *Abu Ali Ibn Sina*, 66.

세한 설명을 담은 『약품의 기초와 진정한 본질에 관한 서(書)』(*Book on the Foundations and True Essence of Drugs and Medicines*)라는 책을 써서 중앙아시아 전역에 유통시켰다.[104] 이렇게 많은 자료를 손쉽게 접할 수 있는 상황이었기에 이븐 시나는 당연하다는 듯이 "의학은 어려운 학문이 아니다"라고 자신 있게 발언할 수 있었던 것이다.[105]

머지않아 고참 의사들이 그의 자문을 구하기 시작했다. 이 무렵 통치자 누가 병에 걸렸는데, 치료에 실패한 주치의들이 통치자를 치료할 수 있는 최선책에 대해 이븐 시나와 상의한 것이다. 그의 조언에 따라 치료를 받은 누는 곧 회복되었고, 이로 인해 이 젊은 의사는 영웅이 되었다. 그 후 2년 가까이 젊은 학자는 왕실 도서관의 책들을 샅샅이 탐독하고 메모했으며 그 내용을 문서로 정리했다. 통치자의 요구로 그는 중세 페르시아어로 된 조로아스터교에 관한 책을 번역하기도 했는데, 여기에는 훗날 『의학정전』에도 실리는 의학 자료가 포함되어 있었다. 장래의 이븐 시나의 제자 가운데 두 명이 조로아스터교도였다는 사실은 이미 앞에서 언급했다.[106]

그런데 997년에 발생한 두 사건이 이븐 시나의 이와 같은 삶의 국면에 종지부를 찍었다. 왕실 도서관을 파괴한 도시 화재와 이븐 시나의 후원자였던 섭정 누의 사망이 바로 그것이다. 이는 또한 그 깊이나 폭에 있어서 놀라웠던, 그리고 학생 이븐 시나가 과학과 인문학 분야에서 이루어진 고금의 가장 고귀한 업적에 완전히 정통할 수 있도록 만들어준 교육의 종말을 의미하기도 했다.

---

104) *Ibid.*
105) Gohlman, *The Life of Ibn Sina*, 25.
106) Zavadovskii, *Abu Ali Ibn Sina*, 82.

이븐 시나, 비루니, 그리고 우주

이븐 시나가 받은 교육에서 빠진 부분이 있다면 바로 품성과 관련된 것이었다. 997년 통치자 누의 사망으로 이븐 시나의 아버지는 후원자를 잃었지만, 왕실은 다양한 선물과 보조금으로 그의 재능 있는 아들을 돕고자 나섰다. 그 결과 겨우 열여덟 살이었지만 이븐 시나는 성공의 절정에 오르게 되었다. 어렸을 때부터 제멋대로인 데다가 잘난 척하기 좋아했던 그는 평생을 거만하게 살았다. 이븐 시나가 아니라면 그 누가 서른일곱 살의 나이에 자신을 추켜세우는 자서전을 받아쓰게 하고, 또 그것을 어린 시절의 원한을 갚는 데 이용할 수 있겠는가?[107] 말년에 그는 세월이 흐르면서 균형감은 얻었으나 겸손함은 배우지 못했음을 표현하고자 다음과 같은 구절을 인용했다.

> 훌륭한 사람이 되었음에도 나를 붙드는 나라가 없구려.
> 내 가치가 높아졌어도 나를 살 자가 없구려.[108]

자신을 꺾을 자가 없다는 확신은 이븐 시나로 하여금 범용하다고 판단되는 사람에게 쉽게 짜증내고 성질을 부리며 노골적으로 못되게 굴도록 만들었다.

이러한 괴팍함은 나틸리의 동문이었던 아불 파라지 이븐 알 타이브(Abu'l-Faraj ibn al-Tayyib)라는 사람과 젊은이 특유의 서신 교환을 하면서 더욱더 심해졌다. 라틴어와 그리스어가 유창했고 『사물들의 원인』(*The Cause of Things*)이라는 책을 쓴 그 또한 의사였다. 아불 파라지는 바그다드의 기독교 주교의 비서였다. 처음부터 이븐 시나는 아불 파라지의 철학 개

---

107) *Ibid.*, 128; Gohlman, *The Life of Ibn Sina*, introduction.

108) Gohlman, *The Life of Ibn Sina*, 43.

념에 대해 무자비한 공격을 퍼부었지만 그의 의학 관련 작업은 인정했다. 아불 파라지도 자신만의 비판으로 응수했다. 그러자 이븐 시나도 전면적인 비방으로 나아갔는데 심지어는 「대변 식이자의 질책에 관하여」(On the Reprimands of a Feces-Eater)라는 소론(小論)을 쓸 정도였다. 이러한 성격만 아니었으면 이븐 시나를 존경해마지 않았을 한 중세의 전기작가는 그를 "악마의 혀를 가진 독설과 잔인한 언변의 소유자"로 특징지었다.[109]

더욱 막강한 도전자인 아부 라이한 알 비루니가 곧 등장했다. 이븐 시나보다 열한 살이 연상인 그는 주장하건대, 중앙아시아와 이슬람 세계는 물론 심지어는 전 세계적으로도 이븐 시나와 지적으로 동등하다고 할 수 있는 유일한 사람이었다. 둘 다 젊었고 대중에게 칭송을 받았으며 스스로 모든 학문의 대가라고 생각했다.

비루니가 부하라에서 서북쪽으로 약 402킬로미터 떨어진 호라즘의 새로운 수도 구르간지로 갓 이사한 무렵이었다. 그는 당시 구르간지에 살고 있던, 이븐 시나의 훌륭한 스승인 나틸리에게서 부하라의 신동에 대해 듣게 되었다. 또한 비루니는 의심의 여지없이 자신만만하고 입이 거친 이 건방진 녀석에 대해 좋게 이야기했을 리 없는 아불 파라지와도 연락을 하고 지내는 사이였다. 당연히 비루니는 이 젊은 경쟁자의 지식을 시험해 보고 싶어졌다. 그는 이븐 시나에게 18개로 이루어진 첫 질문을 던졌다. 첫 질문과 그에 대한 이븐 시나의 답, 이븐 시나의 답에 대한 비루니의 응변, 이어진 또 다른 여러 개의 질문, 그리고 이븐 시나의 마지막 답변과 논박. 이 모든 것이 중앙아시아의 지적 생활의 내막 속으로 우리를 안내한다.[110]

---

109) *Ibid.*, 84~85.

110) 자바돕스키는 현존하는 편지가 극히 일부분에 지나지 않는다는, 비루니의 저작을 번역한 독일 학자 자차우(Sachau)의 의견에 동의했다. Zavadovskii, *Abu Ali Ibn Sina*, 89~91; A. Sharipov, "Maloizvestnye stranitsy perepiski mezhdu Biruni i Ibn Sina", *Nauki v Uzbekistane* 11 (Tashkent, 1955): 598~668. 탁월한 개요로는 Strohmaier, "Ein programmatischer Briefwechsel", in

제1장에서 이 서신에 대해 언급하기는 했지만 좀 더 상세하게 살펴볼 때가 왔다.

비루니와 이븐 시나가 벌인 논쟁과 같은 사례를 찾기란 힘들다. 998년에서 999년까지 2년에 걸친 서신 교환은 이 두 젊은 거물의 생각이 철학 및 과학과 관련한 몇몇 가장 기본적인 질문에서 대립하고 있음을 보여 준다.[111] 또한 그것은 사만의 통치 말기에 부하라와 중앙아시아의 지적 환경이 얼마나 활력에 차 있었는지도 보여 준다. 제기되는 주장처럼 이것이 이슬람 세계의 예리한 사상 교환 전통의 일부이든 아니든 간에, 이는 처음으로 알려진 사례이자 또 가장 신랄한 경우였다.[112] 그렇지만 이 서신 교환에는 별개의 주제에 대해 50개가 넘는 질문과 답변이 포함되어 있기에, 가장 흥미로운 몇몇 문제로 범위를 한정해 살펴볼 필요가 있다.

비루니가 아리스토텔레스의 『형이상학』과 새롭게 번역된 그의 우주론 논문인 「천체론」에 대한 노골적인 질문으로 포문을 열었다. 그는 조목조목 아리스토텔레스의 주장에 의문을 제기하며, 이븐 시나에게 그의 스승을 옹호하든지 아니면 그를 단념하든지 둘 중에 하나를 택하라고 강요했다. 대부분의 문제에서 이븐 시나는 충직하게 아리스토텔레스의 견해를 고수

Avicenna, 43~56 참조.

111) 서로 주고받은 편지는 부분적으로나마 독일어로 번역되었다. Gerhard Strohmaier, *Al Biruni, In den Gärten der Wissenschaft. Ausgewählte Texte aus den Werken des Muslimischen Universalgelehrten* (Leipzig, 1991), 49~65. 러시아어로 완역된 것은 *Biruni i Ibn Sina: perepiskia*, trans. Iu. N. Zavodovkii, ed. I. M. Mumin (Tashkent, 1973), 충분하지는 않지만 영어로 번역된 것은 "Ibn Sina-Al-Biruni Correspondence", trans. Mazaffar Iqbal and Rafik Berjak, *Islam and Science* 1 (Summer and Winter 2003); 2 (Summer and Winter 2004); 3 (Summer and Winter 2005); 4 (Winter 2006); 5 (Summer 2007) 참조.

112) 세예드 호세인 나스르는 자신이 번역한 편지 중 후반에 주고받은 편지의 사례를 들며 이와 같은 의견을 제시했다. *Al-Biruni and Ibn Sina*, ed. Seyed Hossein Nasr and Mahdi Mohaghegh (Tehran, 1972), 1. 권위 있는 이 아랍어판 서문에서 나스르는 주고받은 편지들에 관해 간명하면서도 개략적인 설명을 제공했다.

했다. 따라서 그는 천체는 질량도 무게도 갖지 않으며 지구에만 중력이 있다는 그리스 사상가의 관점을 옹호했다. 하지만 비루니의 생각은 달랐다. 이븐 시나의 우주가 정적이라면, 비루니의 것은 "모든 사물은 중심을 향하고자 분투한다"라는 확신으로 상호작용하는 중력에 의해 추동되는 역동적인 우주관을 제시했다. 이러한 의문은 두 사람 모두 변칙으로 보았던, 즉 열이 상승한다면 태양의 열기는 어떻게 지구에 도달하는가라는 문제에 초점을 맞추도록 만들었다.

이븐 시나는 진공이 자연에서 존재할 수 있다는 비루니의 주장에 주목했다. '관찰 가능한 증거'에 기반해 비루니는 이것이 가능하다고 주장한 반면, 좀 더 논리적이고 형이상학적인 사고를 가진 이븐 시나는 진공의 개념을 수용할 수 없다며 이의를 제기했다. 그러자 논쟁 막판에 비루니는 만약 열기가 사물을 팽창하게 하고 냉기가 수축하게 한다면 왜 가열하든 얼리든 밀폐된 물병은 깨지는지 물었다. 이에 이븐 시나는 얼은 물은 실제로 수축하지만 진공의 '불가능성'이 병을 깨지도록 만든다는 모호한 주장을 펼쳤다. 마찬가지로 그는 진공이 불가능하기 때문에 공기를 꼭 빼내어야 물을 병에 넣을 수 있다고 주장했다.

한편, 비루니는 이븐 시나에게 아리스토텔레스의 생각처럼 천체의 모든 운동은 직선이거나 원형이어야만 하는지, 아니면 타원형의 운동도 가능한지 물었다. 이러저러한 문제에서 비루니는 고대인들의 철학과 권위에 의지하고 있는 이븐 시나에게 도전하며 급진적인 혁신가의 모습을 보였다. 일말의 의뭉함도 없이, 그는 아리스토텔레스나 이븐 시나 같은 철학자들은 자신과 같은 수학적 천문학자만이 풀 수 있는 문제를 다룰 자격이 없다고 선언했다. 심지어는 우주에서의 타원형 운동과 타원형 궤도의 가능성을 생각해 넘으로써 비루니는 요하네스 케플러(Johannes Kepler, 1571~1630)가 17세기에 성큼 걸어 들어갈 문을 열어주었다. 반면 이 문제에서 이븐 시나는 자신의 고대 스승의 권위를 지키는 중세 스콜라 학자의 역할을 담당했다.

그렇지만 몇몇 다른 문제에서는 부하라인이 앞서 길을 개척했고 비루니가 꾸물거렸다. 이븐 시나는 사람의 시력이 눈에서 나오는 광선에 기인한다는 플라톤의 개념을 명쾌하게 거부하며 화상은 반대로 맺힌다고 주장했다. 이는 결국 이븐 시나가 왜 더 멀리 있는 사물이 더 작게 보이는지 설명하고, 마음이 느낌과 현실 간의 간극을 메우기 위해 크기에 대한 시각 정보를 조정하는 과정을 해명할 수 있게 해주었다. 양 사안에 있어서 이븐 시나는 플라톤의 개념에 기반한 비잔티움과 유럽의 사고보다 수세기는 앞서 있었다. 눈에서 나오는 시감(視感) 광선이라는 플라톤의 생각이 수세기 동안 비잔티움과 서구 회화의 역투시화법의 기저를 이루었다면, 이븐 시나의 명확한 해설은 5세기 후 '르네상스 원근법'이라 불리게 될 투시화법을 예견한 설명이었다.

논쟁에서 극적인 순간은 비루니가 우주에는 우리만 존재하는지, 아니면 다른 세계도 존재하는지 물었을 때였다. 이 문제에 대한 아리스토텔레스의 입장은 명확했다. 모든 물질은 이 세상에 집중되어 있다는 관점에 근거하여 그는 논문 「천체론」에서 "다수의 세계는 없으며, (과거에도) 없었고 (앞으로도) 있을 수 없다"라고 주장했다. 500년 후에도 이 개념을 고수한 대부분의 유럽 사상가들은 우주에는 살기 적합한 세계가 무한정 있다고 주장해 화형에 처해진 이탈리아의 도미니쿠스 수도회 수도사인 조르다노 브루노 같은 이단에 맞서 맹렬히 이러한 주장을 옹호했다. 그러나 편지를 교환하던 우리의 중앙아시아인들은 우주에 우리만 존재한다고 믿을 만한 합리적인 근거를 발견할 수 없었다. 비록 비루니와 이븐 시나 모두 고대의 대가들이 제시한 지구 중심적인 우주 구조론을 수정하는 데까지 나아가지는 못했지만 말이다.

대담한 첫 반격 이후 자신의 입장이 이슬람을 비롯해 다른 아브라함의 종교적 견해와는 매우 다르다는 것을 인지한 이븐 시나는 미세한 차이를 끼워넣어 자신이 신앙의 테두리를 벗어나지 않았음을 입증하고자 했다. 그는 다른 세계가 존재할 수는 있지만, 우리의 것과는 중요하지만 확실치 않은 방식으로 다를 것이 틀림없다고 주장했다. 이는 신에 의한 지구 및 인간 생명의 창조가 유일무이한 일이기 때문이다. 반면 비루니는 물질계에서의 문제는 결코 형이상학으로 해결할 수 없다고 덧붙이며 논쟁에 신학을 개입시키기를 단호히 거부했다.

학자로서 활동하는 내내 비루니는 관찰을 통해 얻어진 확고한 증거에 기반하여 사고했다. 이븐 시나와의 논쟁에서 그는 찬 물병에 굴절된 광선은 타오를 수 있지만 빈 병에 반사된 광선은 타오를 수 없다는 사실처럼 당혹스럽지만 입증 가능한 사실을 제시했다. 그리고 얼음의 구성성분이 물과 같다고 우리는 알고 있는데, 왜 얼음은 뜨는 것일까? 비루니는 훗날 비중의 개념을 발전시킨 최초의 사상가가 되었고, 그는 이 개념을 여러 물질 가운데 뜨거운 물과 찬물에 적용하는 데까지 나아갔다.

이븐 시나 또한 관찰의 중요성을 계속적으로 주장했고 『의학정전』과 같은 과학 저서의 기초로 삼았다. 그러나 그는 논리만을 활용해서 또는 계시를 통해서 얻을 수 있는 진리를 비루니보다 훨씬 더 중요하게 고려했다. 비루니도 형이상학의 영역을 인정하기는 했지만, 결코 관찰과 정량 분석을 통해 얻은 진리를 그것이 침해하도록 허용하지 않았다.

형이상학을 향한 비루니의 비판은 우주의 기원에 대한 좀 더 근본적인 논쟁으로 이어졌다. 창조론은 「창세기」를 통해 유대교 및 기독교와 마찬가지로 이슬람에도 뿌리 깊이 자리 잡고 있었다. 이 문제에 관한 한 아주 경미한 이탈의 기미도 니샤푸르에서 정통파로 공인받은 부하리조차도 겪었던 것처럼 이단이라는 비난으로 이어질 수 있었다. 우주의 '창조됨'이나 무한성에 대한 비루니의 노골적인 질문은 이븐 시나에게 빠져나갈 조금의 여지도 허용하지 않았다. 그럼에도 그는 매우 노련하게 잘 빠져나갔다. 그는 우선 지구와 우주는 영원하다는 비루니의 놀라운 주장에 동의했다. 하지만 이어 영원하다는 것은 지구와 우주에 관한 개념 또는 생각이지, 그것들의 물체성에 관한 것은 아니라고 주장하기 위해 신플라톤주의적인 개념을 끄집어냈다. 따라서 생각을 완전한 존재로 바꾸기 위해서는 신의 결단력이 요구된다는 것이었다.

그러나 회의론자였던 비루니에게 이러한 주장은 공허한 철학적 접근으로 보일 뿐이었다. 그는 화석과 지질 침전물을 관찰해 본 결과, 세상이 전부 그리고 완전하게 창조되지 않았음을 알게 되었고, 이븐 시나 역시 이를 알고 있을 것이라고 생각했다. 이러한 면에서 두 사람은 모두 극단적으로 이교적이었으며, 그들의 주장은 『꾸란』이나 성경보다는 진화론적 지질학이나 찰스 다윈(Charles Darwin)의 기본 원리와 더 많은 공통점을 가지고 있었다. 그러나 결국 이븐 시나는 복잡한 형이상학적인 설명이 어떻게 해서든 과학계와 종교계의 의견과 일치하기를 희망하면서 일보 뒤로 물러섰다.

비루니도 이븐 시나도 일반적으로 수용되던 아리스토텔레스의 자연관을 굳이 나서서 뒤집으려 하지 않았다. 관찰 결과를 바탕으로 회의론적인 성향을 더 강하게 보였던 비루니조차도 아리스토텔레스의 관점 자체가 아니라 아리스토텔레스가 그것들을 뒷받침하기 위해 동원한 추론과 증거에 의문을 제기하였다. 토머스 쿤의 『과학혁명의 구조』에 따르면, 그들은 모두 대우주론적인 또는 과학적 체계 그 자체가 아니라 변칙(이례)에 정면으로 초점을 맞추고 있었다. 따라서 캐묻기 좋아하던 비루니이지만 굳이 모든 천체운동은 원형이라는 아리스토텔레스의 개념에 도전하지는 않았다. 대신 그는 진공이 존재할 수 있다는 것을 관찰을 통해 알고 있었기 때문에, 타원형 운동이 진공을 만들어내며 따라서 그것이 불가능하다는 아리스토텔레스의 주장에 문제를 제기했다. 이로써 천체의 원형운동을 입증할 책임이 회의론자들로부터 원형성을 옹호했던 사람들에게로 사실상 넘어갔다.

이븐 시나와 비루니 간의 논쟁을 전체적으로 조명해 보면, 처음부터 비루니가 이븐 시나를 수세적인 상황으로 몰아갔었음이 확실하다. 예를 들면, 비루니는 이븐 시나가 우위를 점하고 있던 의학에 관해서는 어떤 질문도 하지 않았다. 두 논객 모두 자연을 기민하게 관찰했지만, 이븐 시나가 세상을 어느 정도 형이상학이라는 컬러 렌즈를 통해 인식했다면 비루니는 그렇지 않았다. 사실상 이 논쟁은 '철학과 과학 사이에 단층선'[113]이 만들어지는 (또는 인식되는) 출발점이 되었다. 비루니도 철학과 형이상학에 무심하지 않았지만, 그에게는 언제나 후순위였고 주요 관심사의 주변부를 차지할 뿐이었다.[114] 그는 아리스토텔레스가 아닌 플라톤에게서 도출해 낸, 즉 이상이라는 추상적 영역이 수학이나 구체성의 영역보다 더 우위에 있다는 이븐 시나의 전제를 단호히 거부했다.

이 젊은 두 논객은 자신들의 이견이 근본적이고 따라서 양립하기 힘들다는 것을 받아들이기보다는 상대편의 주장을 조롱하는 방식을 선택했다. 그 결과 진심 어린 학문논쟁으로 시작되었지만 곧 저속한 싸움으로 변질되었다. 처음부터 이븐 시나는 거만하면서도 업신여기는 어투로 대응했다. 한 번은 비루니의 질문보다 "더 우스꽝스러운 것은 없다"라고 비난했으며, 또 한 번은 "당신의 지력이 따라오지 못하는 문제를 계속 쫓는 것은 부적절"하며 "당신의 논리력은 정말 형편없다"라고 말하면서 비루니의 이의제기를 무시하기도 했다. 비루니 측에서도 마치 "어떻게 그렇게 생각할 수 있느냐?"라는 듯한 질문들을 던졌다. 참된 답은 '거짓을 고집하지 않은 사람'에게나 자명한 것이라고 그는 생각했다. 결국 이븐 시나는 더 중요한 할 일이 있다며 이 논쟁에서 물러났다. 그는 자기 입장이 담긴 편지들을 영리하지만 거만한 제자에게 넘겨주었는데, 그 제자는 오늘날의 대학 휴게실이었어도 눈에 확 띄었을 남을 얕잡아보는 시비조로 비루니의 날카로운 질문을 반박하며 아리스토텔레스를 옹호했다.

서신 교환을 공개한 이가 이븐 시나인지 비루니인지는 알 수 없지만, 이는 거의 순식간에 이루어졌다. 특히 편지들이 이븐 시나에게 불리했다는 사실은 비루니가 그 장본인이지 않을까 의심하게 만든다. 대중에 공개되자

---

113) Ahmad Dallal, *Islam, Science, and the Challenge of History* (New Haven, 2010), 79.

114) 이슬람적인 관점에서 비루니의 우주관을 설명한 Nasr, *An Introduction to Islamic Cosmological Doctrines*, pt. 2 참조.

마자 대소동이 잇따랐고 그 와중에 "부하라에서 철학을 논하는 것은 불가능해졌다."[115] 철학적인 언쟁에 관한 소문은 저 멀리 바그다드까지 전해졌고, 이븐 시나에게 매우 무례한 취급을 받았던 아불 파라지는 "남을 발로 찬 사람은 답례로 자신도 걷어차이는 법"이라며 극찬을 퍼부었다. 이븐 시나의 심기가 불편해진 것에 크게 기뻐하면서 그는 이븐 시나에게 싸움을 걸도록 비루니를 처음 부추긴 사람이 바로 자신이라고 시인했다. "비루니가 나를 위해 이를 실행에 옮겼다"라며 매우 흡족해했다.[116]

이 사건은 두 젊은 천재의 성격이 까다롭고 심지어는 냉혹하다는 것을 보여 주었다. 비루니는 훗날 이븐 시나보다 자신이 더 무례했음을 인정했다.[117] 논쟁에는 제한된 범위의 과학자나 철학자를 넘어서 다른 많은 이들에게도 중요한 당면문제가 포함되어 있었다. 기실, 질의응답은 극적으로 다른 두 지적 세계를 병치시켰다. 이븐 시나에 의해 대표된 첫 번째 집단은 이성에 중요한 역할을 부여했지만 근본적으로 계시에 도전할 정도의 위상을 부여하지는 않았다. 이러한 접근은 연구와 실험을 환영했지만 궁극에 가서는 무엇보다도 논리와 언어에 의존했다. 비루니가 대표했던 두 번째 집단은 삶의 대(大)문제에 답하기 위해 직관이나 계시보다는 관찰과 실험, 수학에 의존했다. 과학자와 철학자는 종교에 연루되어서는 안 되며 그 반대도 마찬가지라고 주장한 아프가니스탄 출신의 철학자 시지스타니처럼 비루니도 이성과 신앙의 영역을 분명하게 구분했으며, 그 자신도 종교에 거의 개의치 않았다.

1956년 영국의 과학자이자 소설가인 찰스 P. 스노(Charles P. Snow)는 '두 개의 문화'라는 제목의 강좌를 케임브리지에서 진행했고 뒤에 이를 책으로 발표했다.[118] 강의에서 그는 (수학을 포함한) 과학의 세계와 (철학과 형

---

115) Zavadovskii, *Abu Ali Ibn Sina*, 90.

116) *Ibid.*

117) *Ibid.*, 91.

이상학을 포함한) 인문학이 분기하고 있으며, 점점 커지고 있는 이러한 지적·
도덕적 균열은 근대 문명에 심각한 위협을 제기한다고 주장했다. 이븐 시
나와 비루니의 서신은 이미 1,000년 전에 이 같은 문제의 윤곽을 낱낱이
보여 주었다. 비루니가 다른 세계의 존재 여부에 관한 논쟁 중에 이븐 시
나에게 "철학자들이 물리이론의 근거로 삼은 형이상학적 공리는 수학적
천문학자에게 유효한 증거가 될 수 없다"라고 능청스럽게 말했을 때 이 간
극은 아주 선명하게 드러났다. 여기에서 처음으로 스노가 말한 두 문화,
즉 자신의 주장을 형이상학에 근거한 철학자와 수학에 기반한 과학자가
극명하게 병치되었다.

서신 교환이 끝난 후에 두 주인공은 각자의 길을 갔다. 비루니는 구르간
지에서 자신의 연구를 계속했고, 이븐 시나는 학식 있는 이웃의 요청으로
두 권의 연구서 집필을 서둘러 마쳤다. 하나는 수학을 제외한 모든 학문을
다룬 축약본 백과사전이었으며, 다른 하나는 거창하게 「허락된 것과 금지
된 것」(The Allowed and the Forbidden)이라는 제목의, 윤리학을 다룬 논문
이었다.[119] 향후 두 사람은 서로 지적으로 점점 더 멀어졌고 각자 가장 자
신 있는 분야—이븐 시나는 의학과 형이상학, 비루니는 천문학과 자연과
학 및 사회과학—에 집중했다.

부하라의 황혼기

특이하게도 사만 왕조의 마지막 통치자이자 문타시르(Muntasir)로 알려
진 아부 이브라힘 이스마일(Abu Ibrahim Ismail)은 시인이었다. 그는 자신

118) 원래는 *The New Statesman*, October 6, 1956에 게재되었으나, 후에 *The Two
Cultures* (Cambridge, 1960)라는 책의 형태로 확장되어 출간되었다.
119) Zavadovskii, *Abu Ali Ibn Sina*, 93.

에게 과거의 행복과 영광을 되돌려달라고 간청한 이들에게 다음과 같은 답을 보냈다.

> 그들은 나에게 "왜 즐거운 환호에 젖은 표정을 띠지 않는지, 그리고 희귀한 카펫으로 집을 꾸미고 다양한 색깔로 장식하지 않는지" 묻는다.
> 전사의 아우성이 들리는 가운데 내가 어찌 음유시인의 노래를 들을 수 있겠는가?
> 전장을 말로 채우면서 어떻게 장미나무 그늘의 달콤함을 선택할 수 있단 말인가?[120]

999년 부하라에서 쫓겨난 문타시르는 마지막 반전을 기하며 끝까지 싸웠지만 결국 1004년 패배하고 말았다. 그러는 사이 이븐 시나와 비루니 간의 편지 교환이 거의 끝나갈 무렵 이븐 시나의 아버지가 사망했고 아들들은 의지할 곳을 잃었다. 생계를 꾸려야만 했던 이븐 시나는 부하라에서 막 권력을 잡은 새로운 카라한 왕조의 휘하에서 관리로 일하기로 마음먹었다.[121] 새로운 임무 수행을 위해 구르간지로 이사한 그는 그곳에서 1005년 사망했다. 그가 부하라를 떠난 것은 사만 왕조의 황금기의 상징적인 종식을 의미했다.

류트와 고블릿을 든 유쾌하고 지혜로운 가수 루다키에게로 다시 가까이 돌아가 살펴보자. 반(反)이스마일파 숙청 당시 눈이 먼 채 부하라에서 쫓겨

---

120) Jackson, *Early Persian Poetry*, 55.

121) 11세기 호라산의 역사가 베이하키에 따르면, 이븐 시나는 "술탄에 고용되어" 행정직을 맡았다(Zavadovskii, *Abu Ali Ibn Sina*, 95). 가즈니의 마흐무드가 '술탄'이라는 칭호를 사용하기 시작한 것이 불과 3년 전이었기 때문에 이는 이븐 시나가 사실상 자신을 숭배하고 열렬히 지지했던 마흐무드에게 고용되었음을 암시한다. 하지만 베이하키가 살던 시절(995~1077)이면 이미 '술탄'이라는 칭호는 널리—특히 셀주크인들에 의해—사용되고 있었고, 따라서 역사가가 이 무렵 부하라를 장악하고 있던 카라한의 통치자에게 이 칭호를 잘못 썼을 개연성이 높다.

난 그는[122] 가난뱅이가 되어 고향 마을로 돌아와 그곳에서 사망했다. 이는 사만 왕조가 끝나기 수세대 전에 벌어진 일이었다. 하지만 그가 읊은 마지막 노래 중 하나는 이 시대 전체에 대한 비가(悲歌)로 들린다.

> 나의 검은 머리의 아름다운 여인이여, 당신은 오래전 나의 모습을
> 아마도 알 수 없을 것이오!
> 당신은 그 곱슬곱슬한 머리카락으로 연인을 쓰다듬을 수 있겠지만
> 결코 그의 머리채는 보지 못할 것이오.
> 그가 행복했던 시절, 기쁨은 가득하고 슬픔은 경미했던 시절은 가버렸소.
> 당신은 그가 이야기하곤 하던, 그리고 나이팅게일과 경쟁하듯 노래를 부르
> 던 때의
> 그를 결코 보지 못할 것이오.
> 나는 행복했고 나의 영혼은 기쁨으로 가득했으며
> 결코 슬픔을 모르는 …… 초원 같았소.
> 그러나 나는 더 이상 고귀한 이들의 친구가 아니라오.
> 군주들이 나를 총애했던 시절은 가버렸소.
> 세월은 변했고 나도 그렇소. 내게 지팡이를 가져다주오.
> 지팡이와 걸인의 주머니가 필요한 때요.[123]

---

122) 하킴 엘나자로프는 루다키의 실명과 부하라에서의 추방에 관한 이 같은 설명을 지지하는 (개인 편지) 아래의 타지크와 이란 저자들에 주목했다. Abusaid Shokhumorov, *Somoniyon va Junbishi Ismoiliya: Falsafa dar ahdi Somoniyon* (Dushanbe, 1999); Said Nafisi, *Muhiti zindagi va ahvolu ash'ori Rudaki* (Tehran, 1922); Hokim Qalandarov, *Rudaki va Ismoiliya* (Dushanbe, 2012).

123) Tabatabai, *Father of Persian Poetry*, 66~70에 저자가 약간의 수정을 가했다.

제9장

사막에서의 한때:
마문 휘하의 구르간지

호라즘: 기술에 기반한 사회

우리는 이븐 시나가 부하라에서 낙타로 12일이 넘게 걸리는 호라즘
의 수도 구르간지까지 새로운 업무를 수행하러 어떻게 갔는지 알지 못한
다. 그는 검은 사막(카라쿰)을 건너기 위해 카라반 행렬에 합류했을지 모
른다. 하지만 정서쪽으로 가서 아무다리야강을 따라 배를 탔을 가능성이
더 크다. 왜냐하면 아무다리야강의 한 지류가 구르간지를 지나 북서쪽으
로 595킬로미터를 더 흘러 아랄해와 카스피해에 다다랐기 때문이다. 오늘
날 우리는 호라즘과 아랄해 지역을 오지이자 금단(禁斷)의 사막으로 생각
한다. 하지만 1004년 이곳은 내륙 아시아 전체에서 가장 발달하고 최고의
연결망을 가진 지역으로 소문나 있었다. 중세 말까지는 아무다리야강이
카스피해로 흘러들었기 때문에 강의 하류를 따라 이 일대는 오늘날 우리
가 상상도 할 수 없는 방식으로 더 큰 세계와 연결되어 있었다.[1]

---

1) 아무다리야강과 카스피해가 아랄해를 통해 연결되어 있었다는 바르톨트의 주장
   은 "Svedeniia ob Aralskom more i nizovykh Amu-Dari s drevnei vremia do

구르간지는 중앙아시아의 주요 수송로 중 네 개의 기로에 서 있었다. 동쪽 도로는 옛 수도인 카트를 지나 종내 파라비의 고향인 오트라르와 그 너머의 차치(타슈켄트), 타라즈(탈라스), 발라사군으로 이어졌고, 그러고는 동투르키스탄(신장)을 지나 카슈가르, 그리고 끝으로 중국에까지 이르렀다. 남쪽 도로는 메르브, 부하라, 발흐, 카불을 거쳐 종국에는 인도로 이어졌고, 북으로 가는 카라반의 길은 볼가 계곡을 지나 루스인(Rus)들의 땅과 스칸디나비아로 향했다.[2]

대륙무역의 교차로에 위치한 덕에 호라즘의 도시들은 번영을 누렸다. 물론 유속이 빠른 아무다리야강의 물이 농지로 공급되는 조건 아래 말이다. 기원전 6세기에 이미 호라즘 사람들은 수력공학의 대가가 되어 있었다. 새로 수로를 파서 강 전체의 방향을 바꾸어 수십 킬로미터 떨어진 주요 중심지에 물을 공급했고, 이보다 더 먼 도시에 물을 대기 위해서는 강을 또다시 운하로 쪼개었다. 지구상에 이곳보다 관개기술이 고도로 발달한 곳은 없었다.[3] 심지어 오늘날에도 거대한 고대 운하 바닥의 흔적이 사막을 지나는 수킬로미터 내내 이어진다. 이러한 기술 덕택에 이븐 시나가 도착하기 1,000년 전부터 호라즘에는 번영하던 대도시와 성벽으로 둘러싸인 귀족의 성채들로 넘쳐났다.[4] 가로질러 25킬로미터도 되지 않는 하나의 오

---

xvii-ogo veka", in *Sochineniia*, 2: 109~45에서 찾아볼 수 있다.

2) 북쪽 노선에 관한 설명은 *Ibn Fadlan's Journey to Russia*, trans. Richard N. Frye (Princeton, 2005), 36ff. 참조.

3) V. Altman, "Ancient Khorezmian Civilization in the Light of the Latest Archaeological Discoveries (1937~1945)", *Journal of the American Oriental Society* 67, 2 (April~June 1947): 81.

4) 호라즘 도시들에 관한 최고의 자료는 Tolstov, *Drevnii Khoresm* (Moscow, 1948), Tolstov, *Po sledam drevnekhorezmiiskoi tsivilizatsii* (Moscow, 1948), pt. 2; Masson, *Strana tysiachi gorodov* (Moscow, 1966), 123~44; Barthold, *Turkestan Down to the Mongol Invasion*, 149; N. N. Negmatov, "States in North-Western Central Asia", in *History of Civilizations of Central Asia*, 2: 441, 446, 455 참조.

아시스 지대에서만 요새화된 다양한 크기의 성채 100개 이상이 확인되었다.[5] 중앙아시아의 대부분 지역과 마찬가지로 호라즘도 지진 활동이 활발한 지역(지금도 그렇다)이었기 때문에 건축가들은 지진에 버틸 수 있도록 섬세한 건축 기술을 고안해 냈다.[6]

이와 같은 도시 중심지는 유라시아 전역과 육·해상으로 직접적인 교류를 했다. 지역에서 제조된 검과 같은 제품을 인도[7]와 중동으로 수출했고, 북유럽의 목재를 비롯해 중국산 비단과 다른 상품을 실어 왔다. 돈은 정치권력을 만들어냈다. 독일과 러시아 학자들은 기원전 500년 전에 흑해에서 동쪽으로는 톈산산맥까지, 그리고 남으로는 아프가니스탄의 헤라트까지 아우르던 '대(大)호라즘 제국'이 존재했다고 추정한다.[8] 이런 나라가 존재했든 아니든 간에, 중앙아시아를 휩쓸었던 알렉산드로스 대왕은 지역의 통치자가 그와 협의하기 위해 대수행단을 이끌고 도착할 때까지도 호라즘을 탐욕의 눈길로 바라보았다. 대등하게 만난 그들은 타협을 보았고, 알렉산드로스는 회군하여 인도로 향했다.

오늘날에는 거의가 모르지만, 기원후 100년과 600년 사이의 호라즘 문명은 고도로 세련된 사회였다. 수도이자 주요 종교 중심지였던 토프락 칼라(Topraq Qala) — 지금의 우즈베키스탄 서부에 있다 — 는 폭 335미터에 길이 487미터의 직선으로 된, 성벽으로 둘러싸인 복합단지의 형태를 띠고 있었다. 세련되게 지어진 이곳은 웅장한 3층짜리 궁전과 쌍쌍이 또는 혼

5) Edgar Knobloch, *Archaeology, Art and Architecture of Central Asia* (London, 1972), 80.

6) 이러한 기술들은 이슬람 시대까지도 계속 사용되었다. N. M. Bachinskii, *Antiseismika v arkhitekturnykh pamiatnikikakh srednei Azii* (Moscow, 1949), 6ff. 참조.

7) D. R. Hill, "Physics and Mechanics, Civil and Hydraulic Engineering", in *History of Civilizations of Central Asia*, vol. 4, pt. 2, 270.

8) E. V. Rtveladze, ed., *Istoriia gosudarstevnnosti Uzbekistana*, 3 vols. (Tashkent, 2009), 1: 210에 이에 대한 간략한 논의가 실려 있다.

자서 활기차게 춤을 추는 쉰 명의 남녀 형상을 묘사한 프레스코화로 장식된, 격식을 갖춘 방이 있는 사원들로 이루어져 있었다. 주제에서나 형태에서나 이 생동감 넘치는 무용수는 인도의 영향을 보여 주었다. 다른 방들은 과거의 영웅을 기리거나 전쟁과 관련된 주제 묘사에 활용되었다. 또한 주요 신전의 성소 벽에는 특별히 의자가 내장되어 있었는데, 각각의 의자에는 실물보다 1/3 정도 큰 남자 조각상이 앉아 있었고 옆에는 실물 크기의 남녀 조각상이 서 있었다. 조금은 기괴한 이들 무리는 각각이 특정 날짜의 정신을 표상했다.[9]

조로아스터교 제도와 관련이 있는 호라즘의 태양력은 시간을 측정하는 데 대부분의 다른 고대 달력보다 뛰어났다고 주장한 비루니 덕분에 우리에게도 알려지게 되었다.[10] 신앙생활은 조로아스터교와 연계된 지역 의례에 중점을 두었고, 이 흔적은 오늘날에도 시골 지역의 우즈베크인들 사이에서 발견된다.[11] 조로아스터교 사원(fire temple)도 전역에 세워졌다.[12] 종

---

9) 호라즘 예술에 끼친 인도의 영향에 관해서는 Knobloch, *Beyond the Oxus, 77*; "Toprak-Kala: dvorets", in *Trudy Khorozemskoi arkheologo-etnograficheskoi ekspeditsii*, ed. Iu. A. Rapoport and E. E. Nerazik (Moscow, 1984), vol. 14 참조. 영어로 된 개요는 Iu. A. Rapoport, "The Palaces of Topraq-Qala", *Bulletin of the Asia Institute* 8 (1994): 161~85 참조.

10) 달력에 관해서는 G. Bulgakov, "Al-Biruni on Khwarazm", in *History of Civilizations of Central Asia*, 3: 222~24 참조.

11) G. Snezarev, *Remnants of Pre-Islamic Beliefs and Rituals among the Khwarazm Uzbeks* (from Russian original) (Berlin, 2003); C. E. Bosworth, "Al-Khwarazmi on Various Faiths and Sects, Chiefly Iranian", in *Iranica Varia: Papers in Honor of Professor Ehsan Yarshater, Acta Iranica* 30, 3rd ser., Textes et memoires (Leiden, 1990), 16: 10ff.; G. Bulgakov, "Al-Biruni on Khwarazm", in *History of Civilizations of Central Asia*, 3: 225~27.

12) Alison, V. G. Betts and Vadim N. Yagodin, "The Fire Temple at Tash-K'irman Tepe, Chorasmia", in *After Alexander*, 435~54.

* 451년에 칼케돈 공의회가 채택한 신앙의 정의를 승인한 이집트와 시리아의 기독교도를 말한다.

교적 융합을 활성화한 이들은 이란어를 사용하던 마니교도들과 고대 그리스-로마의 중심지였던 안티오크와 알렉산드리아, 예루살렘 출신의 멜키트 전례(Melkite)*를 따르는 기독교도들이었다. 호라즘의 언어는 최근에서야 판독되었는데, 매우 다양한 이란어족의 또 다른 일원으로서 아람 문자로 표기되었다.[13]

우리는 토프락 칼라에서 발견된 문서를 통해 노예들이 호라즘 노동력의 상당 부분을 차지하고 있었음을 알게 되었다.[14] 하지만 경제체제는 전체적으로 높은 수준의 기술을 요할 만큼 충분히 복잡했다. 예를 들면, 물 관리나 물 공급의 계절적 변동에 기반한 농업, 정교한 조세제도를 위한 기록 관리,[15] 안정적인 국가 통화 관리 등에 필요한 기술 말이다. 이들 기술은 수학 및 과학, 전문 지식[16]을 필요로 했기에 호라즘에서는 이들 분야, 그중에서도 특히 수학과 천문학이 고도로 발달했다. 우리는 앞에서 알 콰리즈미가 자신의 혁신적인 작업을 위해 이와 같은 분야에 축적된 지역의 전통을 어떻게 활용했는지 살펴보았다. 마찬가지로 다른 이들도 그가 이룬 성과를 활용했는데, 그중 가장 주목할 만한 사람이 호라즘의 위대한 석학 아부 라이한 알 비루니이다.

---

13) Henning, "The Khwarezmian Language", in W. B. *Henning Selected Papers*, 6: 485~500; D. N. Mackenzie, "Khwarezmian Language and Literature", in *The Cambridge History of Iran*, vol. 3, pt. 2, 1244ff.; A. Taffazoli, "Iranian Language", in *History of Civilizations of Central Asia*, 4: 326.

14) Rtveladze, *Civilizations, States, and Cultures of Central Asia*, 101, 166.

15) *Ibid.*, 101. 호라즘 샤 치세 동안의 전반적인 관리가 어떠했는지에 관해서는 알려진 바가 거의 없다. "Khorezmiiskoe gosudarstvo", in *Istoriia gosudarstvennosti Uzbekistana*, 1: 193~210; E. E. Nerazik, "History and Culture of Khwarazm", in *History of Civilizations of Central Asia*, 3: 207~10.

16) 통화에 관해서는 Joe Cribb, "Money as a Marker of Cultural Continuity and Change in Central Asia", *Proceedings of the British Academy* 133 (2007): 372~73; Bulgakov, *Zhizn i trudy Beruni* (Tashkent, 1972), 1: 20 참조.

아랍의 침략과 그 여파

7, 8세기 아랍의 지하드가 초래한 지역문화 파괴는 호라즘에서 가장 심각하게 이루어졌다. 침략 이전부터 호라즘 국가가 쇠퇴의 징후를 보였던 것은 사실이지만 이 사건이 결정타를 날렸다. 중앙아시아 통치자들이 아랍 공격에 맞설 계획을 수립하기 위해 모인 곳이 호라즘이었기 때문에 정복자들의 분노는 더욱 극에 달했다. 도서관과 문서고, 호라즘 언어로 된 모든 문서가 불태워졌고 과학자와 지역문명의 전수자들이 조직적으로 살해되었다. 비루니도 기록했듯이, 아랍 장군 쿠타이바는 "호라즘 문자를 쓰고 읽을 줄 아는 자, 나라의 역사를 아는 자, 학문을 하는 자들을 가능한 모든 방법을 동원해 없애고 파멸시켰다."[17] 훗날 비루니는 장편의 『호라즘 역사』(History of Khwarazm) ─ 지금은 소실되고 없다 ─ 를 편찬하면서 정복을 견뎌낸 몇몇 (문서) 파편에서 증거를 끌어모아야 했다.[18]

아랍의 일격에서 호라즘이 회복되는 데에는 750년부터 950년까지 무려 200년이 걸렸다. 하지만 깊이 뿌리를 내렸던 호라즘 문명은 1000년이 되기도 전에 다시 주요한 지적 요람으로 화려하게 부활했다. 실제로 980년부터 1017년까지 그 어느 도시도 과학자와 저자들의 명성에서 호라즘의 새로운 수도 구르간지를 능가하지 못했다. 이 시대의 위대한 거장인 비루니와 이븐 시나가 활동했던 곳도 바로 여기였다. 비록 유명세는 덜하지만 수학자 아부 나스르 만수르 이라크, 천문학자 아불 와파 부즈자니, 의학자 아부 사흘 마시히 같은 전문가들도 이곳에서 활동했다. 바그다드 출신의 네스토리우스파 기독교도였던 아부 하이르 함마르(Abu Khayr Khammar)

---

17) Biruni, *The Chronology of Ancient Nations*, 42.

18) 안타깝게도 유일하게 전해지는 호라즘 시대의 말기 역사는 박물관 시대를 다루지 않는다. Barthold, *Turkestan Down to the Mongol Invasion*, 17; Shir Muhammad Mirab Munis and Muhammad Reza Mirab Agahi, *Firdaws al-Iqbal: History of Khorezm*, trans. Yuri Bregel (Leiden, 1999).

도 이들 중 한 명이었는데, 그는 논리학자이자 고대 그리스 철학자들 — 테오프라스토스(Theophrastos)와 포르피리오스(Porphyrios) — 의 저서를 시리아어에서 아랍어로 옮긴 번역자로서의 대단한 재능뿐만 아니라 노인학이나 산과(產科), 본인도 고통받았음이 분명한 당뇨병이나 뇌전증 치료에 관한 연구로 표출된 의학 전문 지식도 겸비하였다.[19] 비극적이게도 이러한 활기는 갑자기 소멸되었지만, 이 같은 인재들 덕분에 구르간지는 문명사적으로 유명한 장소가 되었다. 중앙아시아에서 계몽 시대의 초기 국면의 또 다른 중심축으로서 구르간지는 메르브, 니샤푸르, 부하라와 어깨를 나란히 하였다.

4세기 이래로 호라즘의 샤가 이 일대를 통치했다. 세심한 관리를 통해 그들은 자신들의 형식적인 예속 상태를 사실상의 자치로 전환하며, 사산 왕조 페르시아 제국과 아랍 칼리프 제국, 사만 왕조에 맞서 독립을 지켜냈다. 상당한 거리 덕분에 그리고 노련한 정치 활동을 통해 그들은 개방적인 지적 풍토도 유지할 수 있었다. 명목상으로는 수니파였지만 심정적으로는 시아파에 호의적이었던 호라즘 사람들은 다른 지역에 퍼져 있던 강경한 종교적 정설이나 급진적인 이단을 모두 차단했다.

10세기경에 호라즘의 샤는 수도를 토프락 칼라에서 오늘날의 우즈베키스탄 누쿠스(Nukus) 인근 아무다리야강의 한 지류 근처에 건설된 활력 넘치는 상업 중심지 카트로 옮겼다. 10세기에도 아무다리야강은 결국엔 삼켜버릴 이 성벽도시를 조금씩 침식하고 있었다. 그러나 당분간 이 도시는 어수선함 속에서도 번영을 누렸다. 다음은 예루살렘 출신의 아랍 지리학자 알 마크디시가 이 도시의 대조적인 모습을 묘사한 설명이다.

이 도시는 학자와 문인, 풍요와 농산물, 상업을 갖춘 정말로 아름다운 곳이다. 이곳 건축가들은 조예가 깊고, 이 도시의 『꾸란』 낭송자 같은 이들을 이라

---

19) Al-Nadim, *The Fihrist of al-Nadim*, 2: 632~33.

크에서도 본 적이 없다. 성가는 완벽하고 낭송은 뛰어나며, 외관이나 명성에 있어서도 그러하다. …… (그런데) 이곳의 길가에는 사람들이 공공연하게 대변을 보는 수많은 수로가 있다. …… 어마어마한 배설물 때문에 동트기 전에 이 방인이 집밖에 나서는 것은 위험하다. 원주민들은 그 안을 걸어다니고 배설물을 발에 묻혀 마을로 옮기곤 한다. 사람들은 추한 기질을 타고났고 음식은 형편없으며 도시는 극도로 불결하다.[20]

박식가이자 교사였던 아불 와파 부즈자니

웅장함과 불결함이 혼재하던 이곳에서 위대한 수학자 아불 와파 부즈자니(940~998)가 거주했다.[21] 아프가니스탄 태생의 부즈자니는 바그다드에서 칼리프의 후원을 받았지만 후원자의 사망 후에는 호라즘 샤의 초청으로 카트로 자리를 옮겼다. 그는 자신의 투자 가치성을 입증해 보였다. 한 세기 전 콰리즈미가 타오르게 했던 실용수학의 길을 그대로 좇은 부즈자니는 상인과 문관들을 위해 토지세 산출을 비롯해 투자 운용에 관한 구체적인 조언을 담은 수학 실용서를 썼다. 또한 그는 장인을 대상으로 한 기하학 관련 책과 실용수학을 다룬 책도 썼다. 아직 상업에 인도의 수 체계가 도입되지 않았기 때문에 그는 간결한 산문체로, 또는 단지 자와 컴퍼스만 있으면 되는 충분한 방식으로 조언을 주었다.

---

20) Al-Mugaddasi, *The Best Divisions for Knowledge of the Regions*, trans. Basil Anthony Collins (Reading, 1994), 255.

21) 부즈자니에 관해서는 Ali Moussa, "Mathematical Methods in Abū al-Wafā's Almagest and the Qibla Determinations", *Arabic Sciences and Philosophy* 21, 1 (2011): 1~56; John J. O'Connor and Edmund F. Robertson, "Mohammad Abu'l-Wafa Al-Buzjani", MacTutor History of Mathematics Archive, University of St. Andrews, http://www.gap-system.org/~history/Biographies/Abu%27]-Wafa.html 참조.

오늘날 부즈자니는 기하학과 삼각법, 수학, 천문학에 관한 선구적인 연구 업적으로 기억된다. 기하학에서 그는 컴퍼스와 자로 방정식을 푸는 새로운 방법을 개발했고, 점들로 포물선을 그리거나 특정 형태의 다각형이나 다면체를 그리는 법도 알아냈다. 삼각법에서는 쿠잔디와 그의 제자 아부 나스르 만수르 이라크와 함께 사인법칙을 입증한 연구자 가운데 한 명으로 인정된다. 부즈자니의 사인과 탄젠트 표의 전개 방식은 프톨레마이오스의 것이 소수점 이하 셋째 자리까지였던 반면, 소수점 이하 여덟째 자리까지 정확한 결과를 도출해 냈다. 그리고 구면삼각형에 사인정리를 적용함으로써 부즈자니는 대양에서 항해할 수 있는 새로운 방법을 개척하는 길도 열었다. 현대 삼각법의 수많은 기본 원칙을 개발한 것 말고도 그는 인도인이나 중국인에게는 알려졌으나 그리스인들은 거부한 음수(陰數) 개념을 최초로 아랍어로 저술한 수학자이기도 하다. 그런데 흥미롭게도 이 개념이 등장한 곳은 이론서가 아니라 입문서인『산술학에서 필경사와 사업가에게 필요한 것은 무엇인가』(*Kitab fi ma yahtaj ilayh al-kuttab wa'l-ummal min ilm al-hisab*)의 채무 회계 관련 단락에서였다.

기량이 뛰어난 천문학자였던 부즈자니는 988년 바그다드의 궁전 정원에 6미터 크기의 사분의와 17미터 크기의 육분의를 갖춘 천문관측소를 세웠는데, 아마도 이 같은 측정 계측기를 카트에도 설치했을 것이다. 그는 특별히 달에 관심이 많았는데, 이슬람력이 태음월에 기반했기 때문에 어쩌면 이는 당연한 일이었다. 이와 연계하여 그는 사인과 코사인 표를 고안해 냈고, 이 둘은 달의 궤도를 정확히 계산하거나 별의 적위(赤緯)를 기록하기 위해 사용되었다. 그는 이 연구 결과의 상당 부분을 수리천문학에 관한 선구적인 작업으로 집대성했다.

말년에 부즈자니는, 마찬가지로 지역의 재능 있는 천문학자이자 수학자이고 삼각법 전문가이며 호라즘 왕가의 군주가 될 이를 가르치게 되었다. 아부 나스르 만수르 이라크는 결코 소일거리 삼아 연구 활동을 하던 사람이 아니었다. 이라크는 스승과 같은 방식으로 천문학과 삼각법을 연구하며 구면천문학의 복잡한 문제에 천착했다.[22] 그는 알렉산드리아의 메넬라오스(Menelaos of Alexandria, 70~140)의 『구면기하학』(Spherics)을 파고들었고 그 후에는 프톨레마이오스의 현을 이용한 삼각함수 계산법으로 넘어갔으며, 그러한 과정에서 삼각함수를 오늘날 우리에게 친숙한 모습으로 다듬었다. 그는 또한 부즈자니의 뒤를 이어 중앙아시아 천문학자인 하바쉬 알마르와지가 집대성한 데이터를 향상시키는 데 특히 주력하며 천문학표 및 삼각함수표를 개발했다. 그의 수학적 혁신 덕분에 정량적으로 구면천문학 문제에 대한 해답을 찾는 것이 매우 간소해졌다. 아스트롤라베에 관한 다수의 논문을 쓴 것 말고도 그는 아랍 천문학자들보다 훨씬 이른 시기에 하늘의 구형성에 관한 주요 연구를 편찬했다.[23] 이러한 생각은 근대 시기까지 가장 발달된 천문학 기구였던 구 모양의 아스트롤라베, 즉 혼천의의 개발과 정교화에 직접 반영되었다.

호라즘에서의 쿠데타

사만 왕조의 지배력이 약화되자 호라즘의 지배자들은 역대 통치자들과 이 지역 일대가 누린 과거의 영광을 되찾고 싶어졌다. 그런데 카트에서 벌

---

22) G. Matvievskaia and Kh. Talashev, "Sochineniia Abu Masra Ibn Iraka o sverike", in *Iz istorii srednevekovoi vostochnoi matematiki i astronomii*, ed. S. Kh. Sprazhdnikov (Tashkent, 1993), 82~151; Claus Jensen, "Abu Nasr Mansur's Approach to Spherical Astronomy as Developed in His Treatise *The Table of Minutes*", *Centaurus* 16, 1 (1971): 1~19; Julio Samso, "Mansūr Ibn 'Alī Ibn 'Irāq, Abū Nasr", in *Dictionary of Scientific Biography*, http://www.encyclopedia.com/doc/1G2-2830902803.html.

23) G. Matvievskaia and Kh. Talashev, "O nauchnom nasledii astronoma X~XI vv. Abu Nasra ibn Iraka", *Istoriko-astronomicheskie issledovaniia* 13 (1977): 219~32.

어진 왕위 계승 후보자 간의 경쟁으로 국력이 약해진 틈을 타 북서쪽으로 145킬로미터 떨어진 구르간지에 기반을 둔 경쟁 가문이 호라즘 왕실에 도전장을 내밀었다. 이와 동시에 또 다른 두 지망생이 무대에 등장했는데, 둘 다 튀르크계였으며 호라즘에서 생긴 힘의 공백을 채우겠다는 열의로 불타고 있었다. 그중 하나는 오늘날 키르기스스탄에서 온 카라한 씨족이었고, 또 다른 하나는 가즈니의 무함마드가 이끄는 아프가니스탄에서 기원한 무자비한 신생 왕조였다. 결국 무모한 허장성세로 드러날 테지만, 구르간지에서 왕위를 노리던 아부 알리 마문(Abu Ali Mamun)이 사만 왕조를 비롯해 이들 세력 모두와 일전을 벌였다. 992년에 터진 내전은 호라즘 샤의 군대가 대패하고 정부가 붕괴한 3년 후에나 종식되었다.[24] 몇몇 재빠른 조치로 아부 알리 마문은 두 튀르크 세력도 물리칠 수 있었지만 그 결과는 무시무시한 대가를 치르게 될 터였다. 패배를 모르던 가즈니의 마흐무드가 언젠가는 마문의 새로운 왕조를 박살내고 호라즘을 자신의 손안에 넣겠다고 맹세했기 때문이다.

무함마드 비루니의 어린 시절

다시 973년으로 되돌아가 보자. 그해 카트의 풍족한 집안에서 아부 라이한 알 비루니라는 사내아이가 태어났다. 그런데 그 아이는 곧 고아가 되었다. 가족과의 연고 덕에 호라즘 왕실의 한 왕자에게 입양된 어린 비루니는 그 무렵 열세 살 정도가 된 왕자의 아들 아부 나스르 만수르 이라크와 함께 성장했다.[25] 둘은 형제처럼 자라며 호라즘어로 교육을 받았다. 이미

---

24) Barthold, *Turkestan Down to the Mongol Invasion*, 233~34.
25) 이라크의 생년월일은 중요하다. 불가코프가 *Zhizn i trudy Beruni* (Tashkent, 1972), 1: 29에서 주장하는 것처럼, 그가 948년에 태어났다면 비루니를 입양한 이

부즈자니에게서 천문학과 수학을 배우고 있던 이라크를 좇아 비루니도 자연스럽게 그의 발자취를 따르게 되었는데, 어린 나이에 고아가 된 비루니가 특히 이들 분야에 강한 잠재력을 보였기에 더욱더 열심이었다. 비루니와 이라크 사이에 맺어진 친밀한 개인적·지적 유대관계는 평생 지속되었다. 향후 반세기 동안 각자는 서로에게 최소한 12개의 저작을 헌정했다.

열여섯 살에 비루니는 사만 왕조의 재상이었던 자이하니가 집필한 『지리학』(Geography)을 읽고 자신의 고향인 카트의 경도를 혼자 계산하는 데 착수했고 태양의 최고 높이를 이용해 그 값을 얻어냈다. 또한 기원후 150년경 클라우디오스 프톨레마이오스에게도 떠올랐던 생각인 자연지물을 포함한 지구본을 만들겠다는 대담한 구상도 품었다. 그가 아니었다면 1492년 지리학자 마르틴 폰 베하임(Martin von Behaim, 1459?~1507)이 포르투갈 왕에게 지구본을 가져갈 때까지 그것은 만들어지지 않았을 것이다.[26] 비루니가 만든 4.8미터의 지구본은 호라즘 내전 중에 파괴되었다.[27]

지구본과 카트의 경도 측정은 눈에 보이고 측정할 수 있는 것에 비루니가 상당한 촉각적 관심을 가졌음을 보여 준다. 중세 — 동양이든 서양이든 간에 — 의 다른 어떤 사상가보다도 비루니는 "만물의 근원은 수이다"[28]라는 기원전 6세기의 그리스 수학자 피타고라스(Pythagoras)의 격언을 내면화했고 그에 따라 행동했다. 또한 그는 천체를 보기 위해 '관측관(管)'이라고 할 만한 것을 발명한 수리공이기도 했다. 비록 이 기구에 렌즈는 없

는 그의 아버지가 아니라 이라크 자신이다. 그러나 일반적으로 주장하는 바와 같이, 이라크가 970년 또는 960년에 태어났다면 비루니를 입양한 사람은 그의 아버지일 것이다. 비루니와 이라크 간에 평생 지속된 우애로 보아 후자일 가능성이 높아 보인다.

26) 베하임의 '에르다펠'(Erdapfel, 지구본)은 미국지리학협회의 디지털 지도 컬렉션에서 볼 수 있다. http://collections.lib.uwm.edu/cdm4/document.php?CISOROOT=/agdm&CISOPTR=1228&CISOSHOW=1224.

27) Bulgakov, Zhizn i trudy Beruni, 1: 33.

28) C. M. Bowra, The Greek Experience (Cleveland, 1957), 166.

었지만 지정된 개체에 초점을 맞출 수 있었고 주변의 빛도 제거해 주었다. 17세기에 비루니가 만든 장치에 렌즈를 추가한 것이 오늘날의 망원경이 되었다. 그는 태음력과 태양력을 계산하기 위해 8개의 장치가 달린 기계를 발명하기도 했다. 비루니가 스무 살이 될 때까지 철학과 형이상학에 대한 교육을 받지 않았다는 사실은 참으로 흥미롭다.[29] 그는 추상적인 개념을 곱씹기보다는 자신의 주요 저서 가운데 하나가 될 『측지학』(Geodescis) 집필을 시작했다.

호라즘 내전은 비루니의 지구본 그 이상을 파괴했다. 이라크는 용케 싸움과는 거리를 두었지만 아마도 계속 호라즘에 머물렀던 듯하다. 반면 이제 스물세 살이 된 비루니는 페르시아의 라이에 세워진 부이 왕조의 수도로 피난을 갔다. 돈이 없었던 그는 이스파한 출신의 상인 가족과 함께 방을 구해, 할 수 있는 일이라면 무엇이든 닥치는 대로 했다. 그런데 마침 중앙아시아의 위대한 천문학자이자 수학자인 쿠잔디가 그 유명한 관측소를 라이에 막 설립한 데다가 이 열성적인 젊은 피난민을 제자로까지 받아주는 행운이 비루니에게 찾아왔다. 비루니는 벽 육분의에 관한 혁신적인 보고서를 썼을 뿐만 아니라 쿠잔디의 계산에서 발견된 오류의 원인을 육분의가 설치된 건물의 한 벽이 가라앉은 데서 찾아내기도 했다.[30]

라이에서 2년을 보낸 비루니는 카트로 돌아가도 안전하다는 소식을 듣게 되었다. 고향으로 돌아온 그는 최초로 지리적 거리와 시간이 모두 월식(月蝕)에 기반해 계산될 수 있음을 보여 주는 연구를 수행했다.[31] 그리고 이 방법을 이용해 카트와 바그다드 간의 시간적 거리 측정값을 수정했다. 호라즘의 수도가 구르간지로 천도되고 새로운 정권과 화해한 그의 친구 이라크도 새로운 수도로 옮아갔기 때문에 비루니도 그곳으로 거처를 옮겼

29) Bulgakov, *Zhizn i trudy Beruni*, 1: 20.
30) *Ibid.*, 1: 44, 54.
31) *Ibid.*, 1: 60~61.

다. 그가 앞에서 이야기한 '청년' 이븐 시나와 편지 교환을 시작한 것이 바로 이 무렵이었다. 그러나 구르간지에서는 비루니가 마땅히 할 일이 없었다. 이에 그는 또다시 호라즘을 떠나 카스피해 인근의 고르간(Gorgan)이라는 도시의 지역 통치자인 카부스(Qabus)의 궁전에서 5년을 일했다. 18년간의 망명생활에서 최근에야 돌아온 카부스는 자신의 위상을 지역 강자이자 문화 후원자로서 재정립하기를 간절히 원했다. 괴팍한 폭군이었지만 훌륭한 시인이자 문장가이기도 했던 그는 기꺼이 자신의 프로젝트 작업에 비루니를 끌어들였다. 이러한 후원 덕분에 비루니는 카트와 구르간지에서 열정을 쏟았던 야심작 『고대국가들의 연표』를 완성할 수 있었다.

비루니, 역사를 발명하다

비루니의 『고대국가들의 연표』는 중세에 쓰여진 가장 놀라운 저작 중 하나이며, 현대의 독자들에게는 매우 난해한 작품 중 하나이다. 이집트인, 그리스인, 유대인, 페르시아인, 무슬림, 이슬람 이전의 아랍인, 조로아스터교도, 호라즘인, '유사-예언자' 등 이들 각각을 논한 장(章)이 모여 두툼해진 『고대국가들의 연표』는 처음에는 각 나라에서 발생한 주요 역사적 사건을 하나하나 세심히 나열한, 이미 알려진 세계에 대한 포괄적인 역사서처럼 보인다. 하지만 그러고 나서 『고대국가들의 연표』는 전체 분량의 반절 이상을 각 민족의 역법 체계에 대한, 심지어는 연, 월, 일, 시를 세는 방법을 극도로 상세하게 설명하는 데 할애했다. 역사가로서의 비루니와 천문학자로서의 비루니는 기괴한 공동연구를 해야 했던 서로 다른 두 사람이었다는 결론이 매우 솔깃할 정도이다.

『고대국가들의 연표』는 저자의 풍부한 학식을 여실히 보여 준다. 역사적 측면에서 비루니는 모든 문화권의 연대기와 모든 종교의 경전을 섭렵했던 것 같다. 그는 각각의 국경일과 축제를 철저하게 조사하고 그것을 어떻게 경축하는지 설명한 후에 문화적 경계 및 연대기적 시간을 초월해 서로를 비교했다. 심지어 그는 각 종교와 문화의 금기까지 전하면서 이러한 금기의 합리적인 근거를 설명하고자 했다. 면담자로부터 얻은 식견뿐만 아니라 구전 전통에 대해서도 자주 언급함으로써 내용은 더욱 풍성해졌다.

비루니는 회의적인 눈으로 다양한 이 모든 자료를 다루었는데, 어느 곳에서나 사람들은 자신들의 편견에 맞춰 시간을 단축하거나 늘려 역사와 내력을 조작하는 경향이 있다고 주장했다. 그는 "거짓말이 모든 역사적 기록과 전통에는 섞여 있다"라고 썼다.[32] 명령의 과학적 근거가 부재할 때, 특히 시간의 경과에 따라 변화가 필요할 때에 왜 각 종교는 그토록 격렬히 자신들의 입장을 지키려 하는 것일까? 무슬림들은 처음에 메카가 아니라 예루살렘을 향해 기도를 드렸고, 반면 마니교도들은 북극을 향해 기도를 드렸다. 좌절감을 느낀 비루니는 "기도를 하는 사람에게 키블라(Kibla, 무슬림의 기도 방향을 나타내는 건축 벽감)는 전혀 필요하지 않다고 말하는 것 같다"라고 주장했다.[33]

천문학적인 측면에서 비루니는 천체에 관한 각 집단의 견해와 추정을 제시하고, 이것이 그들의 역법 체계에 구현되면서 시간 개념에 어떤 영향을 끼치는지를 보여 주었다. 이러한 분석을 수행하는 가운데 마찬가지로 모든 문화권의 과학적 세계관과 점성학적 체계에서 얻은 자료를 바탕으로 이전까지는 알려지지도 연구되지도 않았던 우주론적 구조에 천착했다. 다른 문화권에서는 자정이나 정오에 날이 시작한다고 주장하는데, 왜 이슬람 이전 아랍인들은 해가 뜨면 날이 시작된다고 생각했을까? '과학과 양립할 수 있는' 유일한 방법은 자정이든 정오이든 간에, 자오선을 기준으로 하는 것뿐이라고 그는 주장했다.[34] 왜 아랍인들은, 개중에는 분명히 오류가

---

32) Biruni, *The Chronology of Ancient Nations*, 214.

33) *Ibid.*, 326~29.

34) *Ibid.*, 7ff.

있는, 별들의 이름을 생각해 냈을까? 그는 무슬림들이 사막의 아랍인들이 가지고 있던 가장 무지한 우주론적 관념 중 일부를 이어받았다고 비판하며, "우리의 스승인 예언자 가문이 이러한 교리에 귀를 기울였다니 참으로 놀랍다"[35]라고 질타했다. 비루니는 유대인이나 기독교도들에게도 그다지 친절하지 않았는데, 중요한 문제에 관한 그들의 우주론은 '모호함 그 자체'라고 비판했다.[36]

비루니로부터 주목을 가장 많이 받은 천문학적 문제는 각각의 종교나 국가가 1년 주기의 아귀를 맞추기 위해서 한 해의 길이를 조정한 방식이었다. 이것이 없다면 1월 1일과 다른 모든 국경일은 해마다 조금씩 움직였을 것이기 때문이다. '윤달'이라고 불리는 이 방식은 비루니가 그 문화권의 지적 심오성을 측정하는 일종의 시금석이었다. 그는 초 단위까지 계산하여 정확하게 윤달을 삽입한 이집트인들을 칭찬했다. 하지만 유대인과 네스토리우스파 기독교도들에게는 덜 관대했다. 그들의 윤달 체계가 널리 복제되고 있었음에도 말이다. 이슬람 이전의 아랍인들은 원시적인 윤달 체계를 가지고 있었다고 기록하면서, 예언자 무함마드가 천문학적인 현실을 반영하기 위해서는 한 해의 조정이 필요하다는 제안을 단칼에 거절한 것이야말로 실수였다고 생각했다.[37] 또 다른 저자의 말을 방패 삼아 조심스럽게 비루니는 예언자 무함마드의 이러한 결정이 "사람들에게 큰 해를 끼쳤다"라고 결론지었다.[38]

이 지점에서 독자들은 비루니의 방대한 지식과 예외적인 솔직함에 깊은 인상을 받을지도 모르지만, 다른 한편으로는 이 모든 것이 도대체 어떤 대단한 목적에 소용이 있었는지 의아해할 것이다. 다양한 종교가 말하는 천

---

35) *Ibid.*, 79.
36) *Ibid.*, 178.
37) *Ibid.*, 14, 76.
38) *Ibid.*, 36.

지창조에 관한 몇몇 구절에서 비루니는 결국 속내를 드러냈다. 천지창조의 시기와 아담 및 이브의 시대에 관한 모든 성서의 주장을 세심하게 검토한 후에 비루니는 짓궂게도 하나의 표로 이를 정리했다. 그는 각 전승에서 말하는 주요 역사적 사건의 연대를 다룬 또 다른 일련의 표를 작성했고, 마지막에는 이들을 한데 모아 다양한 비교표로 만들었다. 결과는 우스꽝스러우면서도 대단히 충격적이었다. 다양한 연대표가 서로서로 양립할 수 없을 뿐만 아니라 대부분의 경우가 그야말로 터무니없었다. 그의 결론에 따르면, 천지창조나 아담과 이브, 출애굽, 그 외 선사 시대의 어떤 사건으로부터도 인간사의 연대를 추정하기란 불가능했다.[39] 설상가상으로 알렉산드로스 대왕의 탄생이나 자라투스트라의 일생, 로마의 몰락과 같이 최근에 발생한 사건의 날짜를 기록한 다양한 달력으로 인해 상황은 더 혼란스럽고 희망이 보이지 않았다. 쉽게 말해, 합리적인 사건 연대표로서의 역사는 존재하지 않았다.

그렇다면 모든 종교와 민족 신화가 자처하는 연대학적 정확성을 거부한 비루니는 역사적 사건은 어떤 토대에 근거해야 한다고 생각했을까? 이 핵심적인 문제에서 그는 아주 명료했다. 즉 역사는 추론에 기반해야 하며, 이는 천문학적 진리를 의미했다. 시간을 계산하는 합리적인 체계가 없다면 연대표는 존재할 수 없으며, 연대표가 없다면 과거에 대한 합리적인 이해는 불가능하다는 것이다. 이를 분명하게 이해한 유일한 이들이 고대 그리스인들이었다. 다른 종교 및 민족 신화와는 달리, 그리스인들은 "기하학과 천문학에 깊이 심취해 있었고 또한 매우 능숙했으며 논리적 주장을 철저하게 고수하였고, 그 결과 그들은 결코 종교적인 영감에 의존하지 않았다."[40]

이러한 주장을 펼치던 바로 이 지점에서 비루니는 서술적 묘사에서 처

---

39) *Ibid.*, 84ff., 115.
40) *Ibid.*, 61.

방으로 넘어가며, 종교와 민족 신화가 만들어낸 오래된 혼란을 교정하거나 적어도 완화할 수 있는 방법을 제안했다. 그의 방식은 한 (역법) 체계에서 다른 체계로 날짜를 변환하는 시스템 —오늘날 이런 시스템은 단순한 컴퓨터 프로그램으로도 구현된다 — 을 만드는 것이었다. 1,000년 전 비루니는 시대와 날짜, 구간을 포함한 체스판 형태의 기구를 내놓았다. '수학 초심자 이상[41]'이라면 누구나 한 (역법) 체계를 다른 것으로 변환하기 위해 체스판을 조작할 수 있었다. 이 방법이 역사학자나 천문학자에게도 역시 유용할 것이라고 그는 호언장담했다.[42]

비루니의 체스판이 즉각 해야 할 일은 역사와 관련하여, 즉 "가장 정확하고 영민한 방법으로 [왕의 치세] 기간을 확정하는 것"이었다.[43] 그는 다양한 사람 간의 상업적 교환이 그 일이 발생한 날짜를 기입하는 공통 체계를 요구하고,[44] 사람들 간의 모든 상호작용도 시간의 경과를 계산하는 어떤 공통된 체계를 요한다는 것을 잘 알고 있었다.

비루니의 『고대국가들의 연표』가 등장하기 전에는 만국사(萬國史)가 없었고 쓰일 수도 없었다. 왜냐하면 종교와 문명의 경계를 가로질러 이어지는 시간을 측정하기 위한 통합된 기반이 없었기 때문이다.[45] 비루니는 세계적인 역법 체계를 만들었고, 그 결과 통합된 세계사 구축을 위한 필수적인 도구도 마련되었다. 그는 분명히 자신이 만든 문명과 역법 체계의 표본에 중국이나 인도, 그 외의 다른 먼 민족들을 포함하지는 못했다. 그러나 그들을 배제한 이유는 합리적일 뿐만 아니라 명료했다. "나는 이러한 주제에 대해 명확한 지식을 가진 어떤 사람도 만나지 못했다. 따라서 나는 확

41) *Ibid.*, 132.
42) *Ibid.*, 147.
43) *Ibid.*, 84.
44) *Ibid.*, 73.
45) 초창기 이란의 시간 개념에 관해서는 E. Bickerman, "Time-Reckoning", in *The Cambridge History of Iran*, vol. 3, pt. 2, 778~91 참조.

실히 알 수 없는 것들은 배제했다."[46] 비루니는 인류 역사에 대한 개념을 천문학과 추론이라는 확고한 세계에 근거시킴으로써, 전 세계 모든 이에게 하나의 역법 체계로 날짜를 확정하는 간단한 방법을 제공했다. 최근 세기에 와서야 사상가들은 비루니의 『고대국가들의 연표』가 열어놓은 길에 만국사라는 개념을 적용하기에 이르렀다.

방대한 『고대국가들의 연표』는 고르간에서 비루니가 쓴 15권의 책과 논문 가운데 하나에 지나지 않았다. 여기에는 아스트롤라베에 관한 중요한 책인 『천문학의 요점들』(*Keys to Astronomy*)과 '기만술'인 점성술에 반대하는 4편의 소논문, 한 쌍의 역사 연구논문이 포함되어 있었다. 그의 점성술학 연구논문 중 하나에는 학문간 연구와 엄밀한 의미의 과학을 옹호한 너무나 멋진 글이 실려 있었다. 그동안 이슬람에서는 '과학을 위한 과학', 또는 '순수과학'의 개념이 존재하지 않는다고 주장되어 왔다.[47] 하지만 이야말로 비루니가 주창하던 바로 그것이었다.

과학을 시중드는 이는 비록 모든 분야를 통달하는 것이 쉽지 않을지라도 그 사이에 차별을 두지 말아야 한다. 종복은 참으로 과학이 그 지식의 내용을 떠나서 그 자체로 선하고 그 매력은 지속적이며 깨지지 않는다는 것을 알아야 한다. …… 또한 그(과학의 종복)는 논쟁에서 승리를 얻기 위해서보다는 과학 그 자체에 대한 열락으로 노력하는, 근면 성실한 이를 칭찬해야 한다.[48]

---

46) Biruni, *The Chronology of Ancient Nations*, 15.

47) Seyyed Hossein Nasr, "Al-Biruni as Philosopher", in *Millenary of Abu Raihan Muhammad Ibn Ahmad al-Biruni*, Conference Proceedings, November 26~December 12 (Karachi, 1973), 7.

48) Fuad I. Haddad, David Pingree, and Edward S. Kennedy, "Al-Biruni's Treatise on Astrological Lots", in *Astronomy and Astrology in the Medieval Islamic World*, 12에서 인용. 명확한 설명을 위해 삽입 어구가 추가되었다.

『고대국가들의 연표』에 관한 이 모든 작업을 위해 비루니는 호라즘에서 가져오거나 또는 그곳의 친구들, 즉 이라크와 마시히가 보내준 방대한 자료에 의지했다.[49] 그러나 비루니의 명성이 자자해질수록 그를 후원하는 왕의 요구도 점점 많아졌고, 심지어는 비루니의 시간을 독점하려고까지 했다. 비루니가 말을 듣지 않자 카부스는 육지에서 지구의 자오선 각도를 측정하기 위해 꾸며질 원정대에 대한 자금 지원 요청을 거절했다.[50] 이렇게 고르간에서 좌절을 맛본 비루니는 구르간지의 학계 분위기가 매우 좋아졌다는 말에 끌려 호라즘으로 돌아왔다.

마문 가문의 구르간지

1004년 비루니가 호라즘에 돌아왔을 무렵, 호라즘의 새로운 수도는 활기로 가득했다.[51] 새로이 건설된 거대한 편책댐 덕분에 아무다리야강 전체가 우회하여 도시의 성벽을 지나게 되면서 도시는 안락해졌고 교외의 방앗간과 시원한 정원에도 물이 공급되었다. 새로운 왕조를 경축하기 위해 설립자 아부 알리 마문은 한바탕 건설 사업에 뛰어들었고, 후계자들도 계속해 사업을 확장했다.[52] 향후 20년 동안 새로운 통치자들은 자신들이 거주할 거대한 궁전을 북문 인근에 지었고, 새로운 대사원과 그 옆에 거대한 '승리'의 미나렛도 세웠다.[53] 미나렛을 세운 이는 작은아들인 아부 아바

---

49) Bulgakov, *Zhizn i trudy Beruni*, 1: 85.

50) *Ibid.*, 1: 76.

51) 구르간지에 관한 가치 있는 중세 자료 모음집은 M. Aidfogdieva, ed., *Srednevekovye pismennye istochniki o drevnem Urgenche* (Ashgabat, 2000). Khemra Iusupov, *Serdtse drevnego khorezma* (Ashgabat, 1993), 26~50 참조.

52) 이러한 연대순 배열은 Muhammad Nazim, *Life and Times of Sultan Mahmud of Ghazna* (Cambridge, 1931), app. F에 근거한 것이다.

스 마문(Abu Abbas Mamun)이었지만, 아부 알리 마문 역시 충분히 (승리를) 자축할 만했다. 왜냐하면 그는 호라즘 샤의 영토와 지위를 손에 넣었고 정권에 가장 심각한 위협이었던 가즈니의 마흐무드를 포함해 외부 침략자들도 저지했기 때문이다. 그의 큰아들인 아부 하산 마문(Abu Hassan Mamun)은 가즈니의 마흐무드의 누이를 부인으로 맞음으로써 가즈니의 마흐무드의 접근을 차단했고, 아부 하산의 동생이자 계승자인 아부 아바스 마문도 또다른 마흐무드의 누이를 부인으로 맞았다. 이 모든 것이 평화를 유지하고자 하는 바람에서 이루어졌다. 하지만 마흐무드가 자신들과 쫓고 쫓기는 게임을 벌이고 있다는 것을 호라즘의 통치자들은 너무 늦게 깨달았다. 그 무렵 그는 공격할 만반의 준비를 이미 마친 상태였다.

새로운 왕조를 설립한 아부 알리 마문은 지역문화와 지적 환경을 활성화하는 일에 착수했다. 우선 문인과 사상가들을 모으는 데서부터 시작했다. 한 동시대인은 그가 학문의 세계, 특히 새로운 합리주의적 추세를 열성적으로 옹호했으며 그 결과 때때로 이슬람 신앙에서 벗어나기도 했다고 썼다.[54] 어쩌면 이것이 997년 그의 암살을 부른 한 요인이었을지도 모른다. 그렇지만 두 아들 역시 과학과 문예의 중심지로 호라즘의 위상을 회복·강화하기 위해 열정을 다해 일했다. 무엇보다도 가장 먼저 해야 할 일은 아랍인들이 250년 전 파괴한 호라즘 샤의 어마어마한 장서들을 재구축하고 확충하는 것이었다. 마문 가문 덕분에 한 중세 문인은 구르간지의 도서관은 "전에도 후에도 맞수를 찾을 수 없었다"라고 기록할 수 있었다.[55] 도서

---

53) '승리'의 미나렛이 세워진 시기보다 약간 후에 마흐무드가 도시를 정복하고 인근에 세운 미나렛과 혼동해서는 안 된다. 마문의 미나렛에 관해서는 Mukhammed Mamedov and Ruslan Muradov, *Gurganj* (Padua, n.d.), 46~48 참조.
54) 앗살라비(As-Sa'alibi)의 진술은 Zavadovskii, *Abu Ali Ibn Sina*, 101에서 인용.
55) B. A. Abdukhalimov, ed., *Khorazm Mamun Akademiiasi* (Tashkent, 2005), 104; G. Matvievskaya, "History of Medieval Islamic Mathematics: Research in Uzbekistan", *Historia Mathematica* 20 (1993): 241.

관의 풍부한 장서들과 번역가들의 작업을 후원한다는 사실 때문에 다양한 분야의 저자와 학자들이 이곳으로 몰려들었고 부하라의 사만 도서관에서 발생한 화재로 생긴 공백도 사실상 채워졌다.

마문 형제, 즉 하산과 아바스의 관심 덕분이기도 하지만 구르간지의 문화적 활기는 재상 아부 후사인 알 사흘리(Abu Husain al-Sakhli)가 열정적으로 선도하지 않았다면 그 정점에 이르지 못했을 것이다. 부유한 토호이자 문예와 예술의 열렬한 옹호자였던 사흘리는 「별들」(The Stars)이라는 4행시를 포함해 아랍어와 페르시아어로 지은 시를 남겼다. 당시 헌정 문제에 신중했던 이븐 시나도 사흘리에게만은 경의를 표하며 수많은 논문을 헌정했다.[56] 도시 북쪽에 자리 잡은 마문의 궁전에서 과학의 야연(夜宴)을 열자고 제안한 이도 사흘리였다. 시대에 맞지 않게 '마문 아카데미'로 언급되었던 이들 모임은 사실상 바그다드에서의 바르마크 가문의 회합이나 메르브, 발흐, 니샤푸르, 부하라 등지에서 열리던 지식인 야회와 성격이 같았다. 낭독 및 토론을 비롯해 다양한 종류의 논쟁과 경합을 특징으로 했고, 이 모든 것이 그 자리에 참석한 전문가들에게 선보일 목적으로 기획되었다. 다른 모임과 한 가지 차이점이 있다면, 마문 아카데미에서는 수많은 유명 시인이나 문필가, 과학자는 말할 것도 없고 중세 최고의 지성인으로 일컬어지는 두 사람, 즉 비루니와 이븐 시나가 참여했다는 점이다. 비록 짧은 시간 동안이었지만 마문 아카데미는 세계 학문의 중심지로서 그 존재감을 과시했다.

부지런한 우즈베키스탄 학자들 덕분에 마문 치하의 구르간지에서 활약한 사상가와 저자들의 명단이 세월의 어둠 속에서 그 모습을 드러냈다.[57] 부하라에서 지낸 적이 있었고 의학에 대한 이븐 시나의 관심을 처음으로

---

56) Zavadovskii, *Abu Ali Ibn Sina*, 102.

57) 이 부분은 *Khorazm Mamun Akademiiasi*에 실린 특정 학문 분야에 관한 뛰어난 연구로부터 도움을 받았다.

일깨웠다고 전해지는 아부 사흘 마시히도 구르간지에 거주했던 많은 사상가 중 하나였다. 그는 당시 방대하고 세심하게 구성된 의학 지식 전서인 『백 장(章)으로 된 서(書)』(al-ma'a fi-l-sana'a al-tabi'iyyah)을 집필 중이었다. 의심할 여지없이 이 책은 이븐 시나가 자신의 전서인 『의학정전』을 집필하는 계기가 되었다.[58] 마시히의 방대한 저작은 이론으로 가득했지만 치료법은 소략하게 다루었다. 아마도 이것이 그의 저작이 라틴어로 번역되지 않은 이유일 것이다. 그럼에도 체계화와 간소화를 향한 마시히의 열정 덕택에 이해하기 쉬운 이븐 시나의 저작이 탄생할 수 있었다. 한편, 비루니의 친구이자 수학자이고 천문학자였던 아부 나스르 만수르 이라크도 여전히 활발한 활동을 하고 있었다.[59] 비루니나 이라크 말고도 과학계를 대표하며 활동하던 여러 천문학자와 화학자, 수학자 핵심 그룹이 있었다. 수학자들 중에는 우리가 의학 연구자이자 번역가로 만났던 연로한 아부 하이르 함마르도 있었다. 그는 구면 사인법칙에 대한 저작과 이등변삼각형의 속성에 대한 정리를 내놓은 명망 있는 수학자였다.

마문의 궁정에 모인 박식한 사상가 중에는 비전문가들도 있었다. 이들 가운데에는 시인으로 알려진 외교관 아부 압둘라 무함마드 이븐 하미드(Abu Abdullah Muhammad ibn Hamid)와 낮에는 판사로 밤에는 상속재산 계산에 필요한 대수학 전문가로 활동한 아부 알리 하산 알 콰리즈미가 있다. 구르간지의 수많은 시인을 비롯해 대부분의 참여자들은 중앙아시아에서 모인 이들이었다.[60] 그 밖의 곳에서도 최고의 학자들이 몰려들 정도로

58) Ghada Karmi, "A Medieval Compendium of Arabic Medicine: Abu Sahl al-Masuihi's *Book of the Hundred*", *Journal of the History of Arabic Science* 2, 2 (1978): 270~90.

59) R. Bakhadirov, *Iz istorii klassifikatsii nauk na srednevekovom musulmanskom vostoke* (Tashkent, 2000), 37.

60) 시인과 산문작가들에 관해서는 I. Elmurodov, "Adabiet", in *Khorazm Mamun Akademiiasi*, 243 참조.

마문의 구르간지는 매력적이었다. 다양한 지식 분야에서 전개된 이 같은 엄청난 활동은 이 모든 것을 이해하고자 하는 시도로 이어졌다. 이러한 도전에 나선 사람 중 한 명이 중요한 합리적 체계에 따라 다양한 분야의 지식을 정리하고 분류하여 대작을 집필한 아부 압달라 알 콰리즈미였다.[61]

마문 아카데미의 사상가들은 그들이 고수하던 공통된 종교적·철학적 입장에 근거하여 선택되었을까? 호라즘 사람이라면 누구든 무타질라파라고 추정될 정도로—이러한 생각은 몽골 침략 때까지 지속되었다—극단적인 합리주의를 지향한 무타질라파가 호라즘에서 강력한 세를 형성하고 있었음은 사실이다. 유명한 무타질라파 『꾸란』 주해서의 저자인 마흐무드 알 자마크샤리(Mahmud al-Zamakshari, 1144년 사망)가 성공가도를 달렸던 곳도 호라즘이었다.[62] 그럼에도 불구하고 마문 아카데미의 사상가들이 지켜야만 했던 '기본 방침' 같은 것은 없었다. 전문가 중에는 무타질라파와 비무타질라파, 플라톤주의자와 아리스토텔레스주의자, 경건한 신자와 자유사상가 모두가 포함되어 있었다. 주요 참여자였던 아부 사흘 마시히와 아부 하이르 함마르는 기독교도였다. 다시 말해 마문 치하의 구르간지의 지적 풍토는 현저히 보편적·개방적이었으며, 이슬람 세계의 다른 지역에서는 이미 이 무렵 부상하던 편협한 전통주의나 주류의 정통주의적 입장을 표방하지 않았다. 이렇게 다양한 사람이 지닌 공통점이 하나 있었으니, 바로 이성을 구속하지 않고 발휘하기 위해 헌신했다는 것이다. 지구가 둥글다고 입증한 것은 이성이었고, 앞으로 모든 지식 분야에서 깨우침을 가져다줄 것도 바로 이성이었다.

61) Bakhadirov, *Iz istorii klassifikatsii nauk na srednevekovom musulmanskom vostoke*, 74~83.

62) "Mu'tazila" *Encyclopedia of Islam* (2nd ed.), http://referenceworks.brillonline. com/entries/encyclopaedia-of-islam-2/mutazila-COM_0822 참조.

별개의 궤도에 있던 슈퍼스타들, 1004~10

이것이 비루니가 1004년 타지에서 돌아와 뛰어든 세계의 모습이었다. 이제 서른한 살이 된, 『고대국가들의 연표』 덕에 모든 곳에서 환영받던 비루니는 수문학과 측지학, 광물학을 포함하여 다양한 분야에서 평온하지만 집중적인 작업에 돌입했다. 그의 체계적인 접근법은 광물학에서 두각을 나타냈고, 이 시기의 연구 결과들은 수십 년 후에 이 분야의 영향력 있는 저서에 실렸다. 천문학에서의 비루니의 작업은 태양의 자오선 통과를 측정하는 고리 모양의 커다란 신기구와 측지학 문제에 대한 도식해법을 제도하는 데 사용되던 지름 4.8미터의 반구체 덕에 용이해졌다.[63] 이와 같은 활동 가운데서도 그는 짬을 내어 콰리즈미의 대수학을 옹호하고 수학자 하바쉬를 비판하는 글을 썼으며, 호의 현을 측정하는 독창적인 방법도 제안했다.[64]

비루니가 구르간지로 돌아오고 1년이 안 되었을 무렵에 이븐 시나도 이곳에 도착했다. 그는 필요에 쫓겨 이곳에 왔고 수행해야 할 중요한 행정적 임무도 있었다. 당시 부하라를 지배하던 카라한 튀르크 왕조의 대리인으로 왔기에 그도 처음에는 의심의 눈초리를 받을 수밖에 없었다.[65] 그러나 이미 도착 전부터 명성이 자자했던 이븐 시나는 얼마 지나지 않아 마문 아카데미의 일원이 되었고 재상인 사흘리가 주최한 야연에도 참석했다. 이븐 시나와 비루니 간에 접촉이 있었다는 증거는 없다. 그러나 두 사람 모두 걸어서 30분이면 가로지를 수 있는 도시에 거주했기 때문에 틀림없이 만났을 것이다. 그들이 나눈 교류에 대한 설명이 부재하다는 사실은 그들의 관계가 특별할 것이 없었음을 암시한다. 이보다 더 중요한 사실은 이븐

63) Kennedy, "Al-Biruni", in *Dictionary of Scientific Biography*, 2: 149.
64) Bulgakov, *Zhizn i trudy Beruni*, 1: 128.
65) Zavadovskii, *Abu Ali Ibn Sina*, 103.

시나가 다시 환자를 치료할 수 있게 되었고 의학 연구에서 빠른 진전을 보였다는 것이다. 이븐 시나에게 이 휴식기간은 너무나도 생산적인 시간이었다. 그 결과 6년 만에 그는 자신의 걸작이 될 『의학정전』에 필요한 모든 자료를 수집할 수 있었다.

그러나 이처럼 평화로운 시기는 계속되지 못했다. 1009년에 아부 하산 마문의 죽음과 함께 호라즘의 샤가 세심하게 구축한 지성 세계를 끝내 파괴하고 왕조 패망과 구르간지 약탈로 이어진, 뿐만 아니라 이븐 시나와 비루니 모두의 인생도 혼란에 빠뜨린 사건이 정신없이 이어졌다. 이 드라마의 배후 세력은 교활하고 무자비한 가즈니의 마흐무드였는데, 그는 쥐들이 마문의 궁전에서 지적 유희를 벌이고 있는 동안 날카로운 발톱을 세우고 기회를 엿보는 고양이 같았다.

아부 아바스 마문이 1009년 형이 사망하자 호라즘의 샤 자리를 승계했다. 아버지나 형처럼 훌륭한 교육을 받은 아부 아바스도 문화를 후원했다. 그는 아카데미가 별다른 변화 없이 계속되도록 신경을 썼다. 비루니는 그를 "교양 있고 총명하며 국사(國事)에 한결같다"라고 칭찬했지만, 순진하고 자멸적인 정책 추구에 대해서는 비판을 했다.[66] 사실 아부 아바스는 왕국의 경제와 안보 강화를 위해서는 아무것도 하지 않으면서 돈을 거의 탕진해 버렸다. 그저 시간을 버는 것이 그의 주요 전략이었다.

이러한 정황이 그의 대관식 때부터 이미 보이기 시작했다. 아프가니스탄 저 멀리 가즈니에서 마흐무드는 축하를 보내면서 호라즘의 새 통치자에게 자신의 누이 중 또 다른 한 명을 부인으로 맞을 것을 제안했다. 아부 아바스는 이 제안을 5년이나 주머니에 넣어둔 채 미적거렸는데, 그의 망설임은 점점 심해지고 있던 우유부단함의 징후임이 확실했다. 한편, 대관식 소식에 바그다드의 칼리프는 아바스에게 '나라의 눈이며 신자들의 장신구[67]

---

66) Bulgakov, *Zhizn i trudy Beruni*, 1: 122; Zavadovskii, *Abu Ali Ibn Sina*, 106.

67) Barthold, *Turkestan Down to the Mongol Invasion*, 275; Nazim, *The Life and*

라는 존칭을 수여했다. 하지만 이러한 경칭 수락을 혹시나 마흐무드가 주권 행사로 해석하지 않을까 두려웠던 아부 아바스 마문은 사절단을 보내 칼리프의 대표단을 길에서 가로막은 채 조용히 서작(敍爵) 증서와 예복만을 받아 구르간지로 가져오게 했다. 이 민감한 외교 임무를 그는 비루니에게 맡겼다. 이렇게 나약한 모습을 보이는 아부 아바스를 지켜보면서 마흐무드는 틀림없이 미소를 지었을 것이다.

대관식이 거행되는 동안에, 아니면 대관식이 끝나자마자 마흐무드는 훨씬 더 불길한 세 번째 행동에 착수했다. 악의에 찬 상냥함이 넘치는 한 편지에서 마흐무드는 아바스에게 구르간지 궁전에 있는 영예로운 학자와 과학자들에 대해 들었다며, 이븐 시나 등을 가즈니로 파견하여 자신에게도 이 천재들과 함께할 수 있는 기회를 달라고 요청했다.[68] 마흐무드가 사교적인 단기 방문을 염두에 두고 있지 않았음은 분명했다. 사실상 그는 마문에게 아카데미를 폐쇄하고 전문가들을 아프가니스탄의 마흐무드 궁전으로 보내라고 요구한 것이었다.

거의 동시대에 살았던 사마르칸트 출신의 역사학자 니자미 아루디(Nizami Arudi)에 따르면, 아부 아바스는 학자들을 모두 불러놓고 이렇게 말했다. "마흐무드는 막강하오. 그는 많은 병사들을 가지고 있고 이미 호라산과 인도를 손에 넣었으며 이라크(바그다드)도 무시하고 있소. 짐은 그의 명령에 귀 기울이지 않을 수 없소. …… 어떻게 생각들 하시오?"[69] 이미 한 차례 튀르크 침략자들에 의해 고향에서 쫓겨난 바 있는 이븐 시나

Times of Sultan Mahmud of Ghazna, 56~60; Browne, *A Literary History of Persia from Firdawsi to Sa'di*, 96.

68) Nidhamu-i-Arudi-i-Samarqandi, *Chahar Maqala (The Four Discourses)*, trans. Edward G. Browne (London, 1921), 119; Zavadovskii, *Abu Ali Ibn Sina*, 97.

69) Nizami (Nidhami) Arudi, Dzhalilov, *Iz istorii kulturnoi zhizni predkov tadzhikskogo naroda i tadzhikov v rannem srednevekove*, 53에서 인용.

는 적의 아가리 속에서 보낼 자신의 일생을 예견했다. 그와 마시히는 딱 잘라 거절했다. 지체할 것도 없이 그들은 즉각 구르간지를 벗어나 카라반도 없이 홀몸으로 구르간지 서쪽 사막으로 향했다. 비루니와 다른 이들도 딱히 열의가 있었던 것은 아니었지만, 도망치는 대신에 구르간지에 남기로 했다. 호라즘의 샤는 그다지 유명하지 않은 몇몇 인사를 아프가니스탄으로 보내 마흐무드를 달래보려 했지만, 마흐무드는 전혀 흔들리지 않았다.

이븐 시나의 도주를 알게 된 마흐무드는 이 일대의 통치자들에게 편지를 보내 그의 체포를 명했고, 심지어는 그의 머리를 요구했다.[70] 다행히도 빠른 출발 덕분에 그는 추적자들을 피할 수 있었다. 참혹한 일련의 모험 — 중세 작가마다 이 주제에 대해 다르게 기록하고 있다 — 끝에 이븐 시나는 비루니가 생산적인 6년을 보냈던 바로 그곳, 즉 카스피해 인근의 도시 고르간에 이르렀다. 운 좋게도 이븐 시나의 방대한 메모와 문서도 고르간에 무사히 도착하여 그는 곧 권위 있는 의학 저서를 집필하는 데 전적으로 집중할 수 있었다. 그러나 그의 동료 마시히는 여행의 고단함을 견디지 못하고 데히스탄 사막의 모래 폭풍 속에서 죽음을 맞았다.

『의학정전』

이븐 시나의 『의학정전』은 난데없이 등장한 대작이 아니다. 물론 이슬람 의학의 최고봉으로 인정받게 될 터이지만 그 형식과 내용을 구체화한 중요한 이전 모델들이 있었다. 우리는 어떻게 바르마크 가문이 바그다드에서 의학 연구를 후원했는지 보았고, 메르브와 니샤푸르에 있던 훌륭한 의학 센터에도 주목했으며, 이븐 시나가 성장한 부하라에서 활동했던 수많

---

70) Zavadovskii, *Abu Ali Ibn Sina*, 118.

은 의사 무리도 보았다.[71] 많은 선도적인 의료 전문가들이 발흐와 사마르칸트, 구르간지에서 일하고 있었다.

이븐 시나 세대에 이르러 개인적인 처방과 치료에서 종합적인 의료 사업의 체계화로 초점이 옮아갔다. 이 같은 대규모 사업을 이끈 이가 오늘날 테헤란 인근에 그의 유적이 있는 라이 출신이자 메르브에서 훈련을 받은 의사 무함마드 이븐 자카리야 알 라지였다. 혈기왕성한 라지를 두고 동시대인들은 그가 소크라테스(Socrates)를 자신의 이맘으로 모신다고 수군댔다.[72] 그는 이성이 지식을 획득하는 최고의 도구라고 확신했으며, 이것이 그가 신앙을 포함해 모든 비합리적인 열정적 사고를 쫓아내기 위해 '영적인 약제'를 권고한 이유였다.[73] 그는 또한 "아무리 능숙한 의사라 할지라도 모든 질병을 치료할 수 없다는 사실에 관해서"나 "왜 사람들은 능숙한 의사보다 돌팔이나 사기꾼을 선호하는가"와 같은 화제를 다루는 논문으로 대중에게 공세를 퍼부었다.[74] 누구도 그의 요점을 놓치지 않도록 라지는 '죽음의 필연성'이라는 구절로 자신의 위대한 저작을 시작했다.

라지는 임상실험에 특히 주력했다. 천연두와 홍역에 관한 그의 연구서는 1475년에서 1866년 사이 유럽에서만 최소 40쇄를 찍었을 정도로 하나의 고전이 되었다. 또 그는 헌신적인 실험주의자였고 오늘날 우리가 당연하다고 생각하는 유형의, 즉 꼼꼼한 통제를 통해 연구 프로젝트를 준비한 세계 최초의 과학자였다. 라지가 단호한 합리주의자였음은 특히 기만적인 치료

71) Dzhalilov, *Iz istorii kulturnoi zhizni predkov tadzhikskogo naroda i tadzhikov v rannem srednevekove*, 53.

72) Lenn Evan Goodman, "The Epicurean Ethic of Muhammad Ibn Zakariya ar-Razi", *Studia Islamica* 34 (1971): 5.

73) Mehdi Mohaghegh, "Note on the *Spiritual Physic* of Al-Razi", *Studia Islamica* 26 (1967): 5ff.

74) Young, Latham, and Serjeant, *Learning, Religion and Science in the Abbasid Period*, 373~74.

에 관한 언급에서 명백히 드러난다. "사악한 많은 이들이 '약물'의 속성에 관해 거짓말을 하기 때문에 흩어져 있는 이러한 주장을 모두 모아 기록해 두는 것은 유용할 것이다. …… 검증되지 않은 '약물'의 경우에 그 속성을 믿어서는 안 된다."[75] 그는 심지어 자신의 몸을 실험 대상으로 삼아 자가 진단과 고열이나 부푼 고환 등의 치료법에 대한 세심한 지침을 마련했다.[76]

라지가 사망하자, 그의 제자들은 그가 남긴 방대한 지침을 『의학보고』(Al-Hawi)라고 불리는 백과사전으로 편찬했다. 이 방대한 전서는 갈레노스(Galenos, 129?~199?)*를 비롯해 다른 고대인들의 견해와 라지 자신의 임상실험과 연구에서 얻은 통찰 결과를 포함해 사실상 세상에 알려진 모든 의료 문제에 관한 항목을 담고 있었다. 500년 후(1486년)에야 『의학보고』의 일부가 서구 독자들에게 알려졌다. 이렇게 긴 간극이 있었음에도 유럽의 의료 전문가들은 이를 필독서로 삼았다. 그러나 스무 권이나 되는—그중 열 권만이 전해진다—라지의 거대한 전서는 그야말로 필사하기에 너무 많은 비용이 들었다. 이슬람 세계에서조차 겨우 몇 개의 사본만이 유통될 정도였다.[77] 실용적인 목적을 지향했음도 불구하고, 라지의 전서는 이렇게 접근하기가 어려웠기에 참고문헌으로서는 사용되지 못했다.

이는 이븐 시나에게 커다란 가능성을 열어주었다. 게다가 의학은 그의 경쟁자인 비루니가 특별한 전문 지식을 내세운 분야가 아니었기에 틀림없이 더욱더 매력적으로 다가왔을 것이다. 이렇게 이븐 시나는 1012년경 『의학정전』을 집필하기 시작해 10년 후에 완성했다. 이븐 시나의 『의학정전』

---

75) *Ibid.*, 377.
76) *Ibid.*, 373~74.
*   고대 그리스의 의학자.
77) Emilie Savage-Smith, "Medicine", in *Encyclopedia of the History of Arabic Science*, 917.

과 라지의 『의학보고』 사이에는 분명한 유사점이 있다. 예를 들면, 이렇다. 각 항목에는 갈레노스의 견해나 다른 고대 자료들이 요약되어 있고, 저자 자신의 임상적 관찰이 수록되어 있다. 또한 이븐 시나가 자주 인용한 문구를 빌려 말하면, "자연의 정상적인 기능을 방해하는 장애물을 제거하는 기술"로서 의술이 정의되어 있으며 합리주의에 대한 지배적인 믿음도 공통적으로 드러나 있다. 라지처럼 이븐 시나 역시 특정 문제에 대한 관련 연구를 함께 집필했는데, 그 가운데 하나가 『눈에 관한 열 개의 논고』(Ten Treatises on the Eye)이다. 이 책은 안과학에 대한 최초의 체계적인 교과서이자 안구운동의 생리를 설명한 최초의 저작으로, 수정체는 곡선이 아니라 평평함을 처음으로 지적했으며, 시신경의 기능도 처음으로 묘사했다. 또한 그는 심장 건강에 이롭다고 생각한 약물에 관한 중요한 별개의 논문도 썼다.

여러모로 놀라운 『의학정전』의 근대적인 면모를 열거하는 것은 매우 재미있다. 이븐 시나는 이 책에서 운동과 수면을 통한 건강 유지, 광천수의 의학적 가치, 안정된 결혼이 건강에 끼치는 긍정적인 영향, 기후와 환경이 건강에 끼치는 영향을 옹호했다. 또한 그는 암(癌)의 외과적인 조기 치료와 신약의 동물 실험, 소독제로서의 알코올의 사용 등도 주장했다.[78] 또 다른 단락에서는 습한 환경이나 바닷가, 고지대 등에서의 거주가 야기하는 공중위생의 문제를 직접 언급하기도 했다.[79] 별개의 장에서는 성적(性的)으로 전염되는 질병 문제를 다루었고, 또 다른 장에서는 고혈압의 원인과 그것을 완화할 수 있는 방법을 논의했다. 한편, 결핵의 전염성을 경고하면서 질병의 확산을 막기 위해 물을 끓여 마실 것을 권고하기도 했다.

---

78) Iu. Nuraliev, *Meditsinskaia sistema Ibn Siny (Avitsenny)* (Dushanbe, 2005), 236~39, 255ff.

79) O. Cameron Gruner, *A Treatise on The Canon of Medicine of Avicenna* (London, 1930), 205ff.

무엇보다도 『의학정전』의 강점은 약리학을 광범위하게 다루고 있다는 것이다. 최소 700개의 약과 약물 —그 대부분은 자연에서 얻은 것이었다— 이 지면에서 거론되었으며, 그 효과가 직접 체험 및 임상실험에 근거하여 평가되었다. 이 부문에서 이븐 시나가 다룬 내용의 상당수는 참신했다. 고금의 지중해 세계 전문가들에게 알려진 약물과 조제용 물질은 물론이거니와 인도와 중국에서 온 약물도 고찰했다. "효력이 있는가?"라는 간단한 질문을 넘어 이븐 시나는 각각의 약물이 얼마나 빨리 작용하는지, 어떤 조건 아래서 작용하는지, 그 효력의 강도는 어느 정도인지, 어떤 범주의 질병에 사용할 수 있는지를 알고자 했다.

17세기까지도 서양에서는 종교적·도덕적 우려로 해부(解剖)가 금지되었지만, 이븐 시나는 이에 굴하지 않았다.[80] 그는 다양한 장기의 기능을 이해하는 것이 반드시 필요하다고 생각했다. 따라서 그는 많은 해부에 직접 관여했던 것 같지는 않지만, 뇌에서 운동능력을 통제하는 소뇌충부(cerebellar vermis)의 발견과 뇌의 전두엽이 이성의 발휘를 통제한다는 결론을 포함해, 『의학정전』의 항목 대부분을 자신이 집도한 수술을 근거로 집필했다.

이븐 시나의 『의학정전』은 곧바로 아주 유용한 책으로 인정받았는데, 특히 그 적당한 분량 —5부로 구성된 두꺼운 한 권 분량의 책이었다— 이 접근성을 높였기 때문이었다. 개업의(開業醫)라면 누구든지 책에서 깨우침을 주는 분석과 유용한 조언을 찾을 수 있었다. 아랍어를 사용하는 독자들은 필사본을 주문했고 책에 소개된 합리적이고 분석적인 방법을 빠르게 소화해 냈다. 아랍어 원본을 읽을 수 없었던 중앙아시아 지역의 사람들도 곧 페르시아 번역본을 이용할 수 있게 되었다. 한 세대도 지나지 않아 『의학정전』은 동양 전역에서 의술을 가르치고 실행하는 데 필요한 가장

---

80) Emilie Savage-Smith, "Attitudes toward Dissection in Medieval Islam", *Journal of the History of Medicine and Allied Sciences* 50, 1 (1995): 67ff.

중요한 저서로 확고하게 자리 잡았다. 라이 출신의 알리 이븐 힌두(Ali Ibn Hindu)가 쓴 간결한 안내서 같은 다른 소중한 논고는 말 그대로 무시되었다. 니샤푸르 출신의 아부 하산 아미리와 구르간지 출신이자 이븐 시나의 동료였던 함마르의 훌륭한 가르침을 받은 알리 이븐 힌두는 속이 알찬 교재를 집필했지만,[81] 『의학정전』에 대한 관심에 떠밀려 거의 주목받지 못했다.

몇몇 의학 전문가는 이븐 시나의 저서의 흠을 잡았다. 에스파냐의 한 아랍인 의사는 이 이류급 책에 격분한 나머지 필사본의 여백을 잘라 처방전을 쓰는 종이로 사용했다.[82] 아랍어권의 다른 과학자들은 『의학정전』이 남겨놓은 공백을 참조하여 자신들의 연구 주제를 정하기도 했다. 이븐 시나에게 영감을 받아 심장으로 가는 동맥들을 정확하게 찾아내고 처음으로 폐순환 과정을 묘사한 다마스쿠스 출신의 아부 하산 알 나피스(Abu Hassan al-Nafis)가 그런 사람 중 한 명이다. 그는 자신의 연구 결과들을 정중하게 『이븐 시나의 『의학정전』 속 해부학 주해』(Commentary on Anatomy in Avicenna's Canon)라는 제목을 붙여 책으로 출간했다.[83]

『의학정전』이 유럽 독자들에게 이르기까지는 한 세기 반이 더 걸렸다. 하지만 콰리즈미와 파라비의 저서를 지칠 줄 모르고 번역했던 크레모나의 제라르두스의 라틴어 번역본이 1180년경 등장한 이후 유럽 대륙 전역의 대학들은 『의학정전』을 의학의 기본 교재로 채택했다. 대륙의 일부 (교육) 기관은 17세기까지도 이 책을 활용하여 가르쳤다. 제프리 초서의 『캔터베리 이야기』에 등장하는 닥터 피직(Doctour of Phisik)은 짐작건대 학생 시절에 이 책을 읽었다고 자랑했다. 단테는 『신곡』의 「지옥편」(Inferno)에서

---

81) M. Nasser and A Tibi, "Ibn Hindu and the Science of Medicine", *Journal of the Royal Society of Medicine* 100, 1 (2007): 55~56.

82) Savage-Smith, "Medicine", 925.

83) Albert Z. Iskandar, "Ibn al-Nafis" in *Dictionary of Scientific Biography*, 9: 602~06.

구원받을 가치가 있다고 생각되는 가장 고결한 비(非)기독교도들을 위해 진짜 지옥 밖에 따로 준비된 자비로운 대기실인 '림보'— 이곳에는 아리스토텔레스와 소크라테스, 유클리드뿐만 아니라 아마존의 여왕 펜테실레이아(Penthesileia)도 있었다 — 에 이븐 시나의 자리를 마련해 두었다. 수십 종의 『의학정전』 인쇄본 중 1473년에 출간된 라틴어판이 최초이다.

『의학정전』의 영향력은 중동과 유럽 저 너머까지 끼쳤다. 중국어 번역본이 14세기에 등장했는데, 이 무렵이면 인도인들이 이 책을 접한 지가 이미 200년이 지난 상태였다. 이븐 시나의 영향 아래, 인도 의사들은 '그리스식' 치료법이라는 총체적인 체계 — '그리스'를 뜻하는 힌디어 'Unani'라 불렸고, 이는 『의학정전』을 초석으로 삼았다 — 를 고안해 냈다. 시간이 흘러 우나니 의술이 갈레노스와 히포크라테스, 그리고 라지와 알 나피스의 저작들까지 직접 접하게 되면서 그 내용은 더욱더 풍성해졌으며, 이븐 시나가 그리스인들에게서 가져온 체액 분류법도 내내 보전되었다. 오늘날에도 인도에는 우나니 의학을 전문으로 하는 수많은 대학과 병원이 존재하며, 심지어 방갈로르(Bangalore)에는 정부가 후원하는 우나니 의학 국립 연구소도 있다.

『의학정전』 본연으로 다시 돌아와 이븐 시나의 대(大)프로젝트의 또 다른 특성인, 이해하기 쉽게 짜여진 전체적인 구조에도 주목할 필요가 있다. 이러한 특성은 의학 전반과 그것이 인간의 지식이라는 커다란 구조 속에서 차지하고 있는 위상에 대한 저자의 신념에서 파생된 것이었다. 그런데 바로 이 지점에서 매우 놀라운 일이 오늘날의 독자들을 기다린다. 라지가 의학을 고귀하고 자립적인 지식체로 생각했다면, 이븐 시나는 단순히 '파생적인 실용과학'으로 보았다. 그리고 라지가 의학을 인간 학문의 요체이자 정점으로 보았다면, 이븐 시나는 '이론과학의 명단에 포함시킬 가치가 없는' 것으로 간주했다.[84] 의학이 더 높이 도달할 수 있는 유일한 지점은 오늘날의 독자들이 보기에는 가장 '중세적'이라는 인상을 주는 『의학정전』의 체액과 기질 이론에 관련해서라고 이븐 시나는 주장했다.

라지에게는 이 같은 생각이 반(反)계몽적인 허튼소리로 들렸을 것이다. 이븐 시나와 달리, 그는 의학을 그 자체로 중요하고 고상한 일로 보았으며 그것이 만물의 질서 속에서 차지하는 위상 역시 의학의 독자적인 성취 덕분이지, 어떤 더 크고 순전히 가상적인 지식 구조에 관련한 위치에서 기인한다고 생각하지 않았다.

이븐 시나와 라지 모두 관찰과 실험에 근거하여 입증할 수 있는 의학적 진실만을 수용했다. 두 사람 모두 진단 작업은—이븐 시나의 체액과 기질에 대한 이야기와는 달리—주로 귀납적 논리에 근거해야 한다고 생각했을 것이다. 그러나 라지가 의기양양하게 귀납적 추론을 포용한 반면, 이븐 시나는 때때로 그것을 변명하려는 듯한 모습을 보이곤 했다. 『의학정전』의 한 대목에서 그는 '의사'와 '철학자'[85]의 견해를 대조하면서 후자가 복잡한 추론과 논증 체계로 말미암아 훨씬 고차원적인 수준에서 작용한다고 분명히 시사했다. 이븐 시나가 자신을 찾아온 환자들에게 열중했음에도 불구하고, 그의 가장 큰 관심은 특정 질병이나 치료가 아니라 모든 의학적 지식의 근간이 되는 본질적인 골조라고 설파한, 넓은 범주의 체액과 기질에 있었다.

이븐 시나의 전체적인 지식 구조는 위쪽을 지향했는데, 우선 모든 것을 아우르는 범주인 '물리학', 즉 자연과학을, 그러고 나서는 그것을 넘어 형이상학과 종교를 지향했다. 종교 회의론자이자 플라톤의 난해한 말에 적대적이었던 라지는 자신 앞의 모든 사례가 갖는 유일성을 즐겼다. 이와는 대조적으로 이븐 시나는 단일 사례가 유익할 수는 있으나, 개개의 현상을 초월한 모든 것을 아우르는 진리와는 달리 결국 그것들은 단명한다고 생각

---

84) Dimitri Gutas, "Medical Theory and Scientific Method in the Age of Avicenna", in *Before and After Avicenna*, ed. David C. Reisman (Leiden, 2003), 148.

85) Gruner, *A Treatise on The Canon of Medicine of Avicenna*, 96~97.

했다. 라지는 기분 좋게 기꺼이 의료인이 되려 했다면, 이븐 시나는 더 중요한 사람이 되고자 열망했으며 더 높은 영역의 사상계가 자신을 부르고 있다고 생각했다. 그러나 이 고상한 영역은 과학의 패러다임보다는 실존 그 자체와 관계가 있는 것이었다. 철학자 디미트리 구타스는 이븐 시나의 태도에서, 특수한 것을 무시하고 현실과 그에 관한 우리의 사고 기저에 있다고 추정되는, 영원하고 추상적인 양식을 끊임없이 추구하는 "신플라톤주의의 유해한 유산"을 보았다.[86] 물론 『의학정전』에 담긴 이븐 시나의 관점은 그렇지 않았다. 하지만 그의 주요 관심사가 의학에서 철학, 형이상학, 종교로 서서히 이동함에 따라 그는 이러한 사고를 하게 되었다.

구르간지의 몰락

이븐 시나가 고르간에서 조용히 작업을 하는 동안 구르간지의 상황은 갈수록 악화되어 갔다. 분명하게 마흐무드에 맞서 좀 더 적극적으로 대응할 것을 주창한 재상 아부 후사인 알 사흘리는 자신의 주군과 사이가 벌어져 1013년에 호라즘을 떠나 바그다드로 망명했다.[87] 이듬해에 또 다른 한 통의 편지가 가즈니의 마흐무드로부터 구르간지에 도착했다. 호라즘에 대한 자신의 통치권을 선언할 때가 왔다고 생각한 마흐무드가 아부 아바스 마문이나 칼리프의 이름이 아니라 자신의 이름을 호라즘의 모든 사원에서 매주 금요일마다 낭독할 것을 요구한 것이다.

아부 아바스는 세속 권력에 대한 이 같은 의례적 축성 — 아랍어로 후트바(khutbah)라 한다 — 이 마흐무드에게뿐만 아니라 민중에게도 엄청난 상징적 의미를 가진다는 것을 잘 알고 있었다. 자신의 백성보다는 저 멀리

---

86) Gutas, "Medical Theory and Scientific Method in the Age of Avicenna", 157.

87) Zavadovskii, *Abu Ali Ibn Sina*, 104.

의 적이 두려웠던 호라즘의 샤는 자신이 마흐무드의 요청을 기꺼이 받아들일 생각이라고 공표했다.[88] 그러나 이는 매우 치명적인 실수였다. 왜냐하면 군 지도부는 물론이고 모든 귀족 계층까지 분통을 터뜨렸기 때문이다. 임박한 반란의 낌새를 눈치챈 마흐무드는, 이번에는 최후통첩의 형태로, 만약 아바스가 귀족과 장교들이 말을 듣도록 하지 못한다면 자신이 직접 그를 위해 그렇게 하겠다고 알리는 또 다른 편지를 보냈다.

반란을 비롯해 최악의 상황에 직면한 아부 아바스는 반대파들을 달래기 위해 또다시 비루니에게 의존했다. 사자굴에 들어간 비루니는 한 동시대인이 '금과 은의 혀'[89]라고 부른 언변으로 분노한 반란자들과 대면했다. 그가 제안한 타협안은 구르간지와 카트를 제외하고 호라즘의 나머지 도시에서만 후트바(Khutbah)에 마흐무드의 이름을 넣는 방안이었다. 욕심 많기로 정평이 난 마흐무드였기에, 그는 또한 선의의 표시로 가즈니에 금화 8,000개를 보낼 것도 제안했다.

비루니는 그의 군주가 마흐무드의 올가미로부터 빠져나올 수 있도록 도와줄 수 있는 유일한 사람이었다. 이에 군주는 점점 더 그에게 의존했고 비루니는 어느덧 실질적인 재상(vizier)의 역할을 하게 되었다. 비루니의 해결책은 이 대결에 제3의 세력, 즉 동쪽 톈산 지역의 카라한 일족을 끌어들이는 것이었다. 이 신흥세력의 튀르크 지도자는 마흐무드와 친선관계를 유지해 왔는데, 딸을 마흐무드에게 시집보냄으로써 그 관계를 더욱 공고히 했다. 하지만 그 내막을 들여다보면 그와 마흐무드, 그리고 호라즘의 샤는 사만 왕조의 나머지 영토를 두고 3자 간에 다툼을 벌이고 있는 형국이었다. 이러한 경쟁 구도는 카라한인들이 내부 분열로 반목하고 각각의 문

---

88) 불가코프가 제시한 새로운 내용으로 인해 그의 설명이 바르톨트나 다른 사람의 몇몇 주장을 대체하게 되었다. 따라서 다음 구절 역시 Bulgakov, *Zhizn i trudy Beruni*, 1: 122~2에 기반한 것이다.

89) Barthold, *Turkestan Down to the Mongol Invasion*, 275~76.

중이 마흐무드와 뒷거래를 하면서 더욱 복잡해졌다. 이러한 정황으로 인해 카라한인과 호라즘인들은 마흐무드에 맞서 일종의 공동전선을 형성할 수 없었다.

영원한 수학자이자 체스 선수였던 비루니는 최소 네 개의 변수를 가진 방정식으로 이해한 문제를 풀기 위해 전략을 짰다. 그가 도출한 답은 우선, 카라한인들이 내부 문제를 해결하도록 돕고, 그러고 나서 카라한인들 전체와 평화조약을 맺은 후에 거기에 마흐무드도 참여시킨다는 것이었다. 이러한 방법을 통하면 카라한인과 호라즘인들은 마흐무드를 도발하지 않으면서도 공동전선을 형성할 수 있게 될 터이고, 그러면 마흐무드도 자유롭게 인도와 페르시아에서의 전쟁에 집중할 수 있게 될 터였다. 그러나 이같은 대담한 전략은 어중간하게 교활했다. 비루니는 마흐무드의 동의를 받아냈지만 그것으로 상황은 끝이었다. 마흐무드는 이 거래가 자신의 두 파트너의 절대 약점을 보여 주는 증거임을 정확하게 감지했다. 이에 그는 인도나 페르시아가 아니라 호라즘에 전력을 기울이게 되었다. 1017년 초에 전군을 가즈니에서 발흐로 이동시킨 그는 그곳에서부터 아무다리야강을 따라 구르간지까지 거침없이 빠르게 진군했다. 호라즘의 샤는 또다시 시간을 벌기 위해 필사적으로 전략을 짜기 시작했다.

이제 아부 아바스의 장교와 귀족들도 마흐무드에 맞서 저항하기를 포기한 그에게 총궐기로 대응했다. 그들이 보기에 비루니의 계획은 조건부 항복에 지나지 않았고, 마흐무드가 자신들의 문간까지 진군할 수 있는 길을 열어줄 뿐이었다. 자신들의 손으로 일을 해결하기로 결심한 그들은 1017년 3월 17일에 아부 아바스에 맞서 쿠데타를 일으켰고 그 과정에서 그는 살해되었다. 그 후 그들은 마흐무드에 맞서기 위한 최후의 방어를 준비했다. 이에 마흐무드는 반란자들로부터 매제의 정부를 '구하고' 자신의 누이를 구출하기 위해 즉각 구르간지 공격에 나섰다. 마흐무드는 신속히 모든 저항을 분쇄했다. 통제권을 손에 넣자마자, 그는 반란에 가담한 모든 귀족과 장교들을 광장에 모아놓고 군대의 코끼리들로 밟아 죽이라고 명령했다. 그러고는 자신의 병사들에게 자유롭게 도시를 약탈할 수 있게 해주었다.

수일 내로 마흐무드의 승전군은 수천 명의 호라즘인을 포로로 삼았고 30만 마리의 말에 실을 전리품을 챙겼다. 이들은 감시 아래 저 멀리 가즈니로 보내졌다. 한 저자는 포로의 수가 총 5,000명이었다고 기록했으며,[90] 마흐무드의 궁정사가는 목에 고삐를 찬 포로의 행렬이 발흐에서 오늘날 파키스탄의 라호르까지 이어졌다고 주장했다. 포로로 잡힌 호라즘인들 대부분은 인도에서 마흐무드의 군대와 함께 싸워야 하는 처지가 되었다.

비루니는 귀족과 장교들이 입은 화를 피하기 위해 진작 구르간지에서 도망친 상태였다. 하지만 호라즘의 학자들을 아프가니스탄에 있는 자신의 궁으로 끌어들이겠다는 계획을 결코 포기하지 않은 마흐무드를 피할 수는 없었다. 비루니는 그가 더 이상 이 운명을 피할 수 없음을 깨달았다. 그러나 그는 이러한 상황 속에서도 한 가닥 희망을 보았다. 선대(先代)의 콰리즈미처럼 그도 인도의 과학과 문화에 오래전부터 매료되어 있었다. 『고대 국가들의 연표』에서 그는 인도의 천문학과 역사에 대한 믿을 만한 정보의 출처를 찾을 수 없음을 유감스러워했다. 1017년 당시 마흐무드는 인더스 계곡 전체를 통치하는 인도에서 가장 강력한 지배자였다. 그렇기에 일처리만 잘한다면 비루니는 지식의 보물창고에 접근할 수 있는 모든 권한을 갖게 될 터였다. 게다가 과학과 문화의 중심지였던 구르간지는 사라졌고 모든 퇴로도 차단되었기에, 비루니는 필연적인 운명을 받아들이고 아프가니스탄에서 새로운 삶을 출발할 수밖에 없었다. 정복의 영예로운 전리품으로서 기록보관소의 책과 문서 전부를 가져오는 것이 그에게 허용되었다. 네스토리우스파 기독교도 수학자이자 의사였던 함마르와 그의 소중한 친구

---

90) Hakim Muhammad Said and Ansar Zahid Khan, *Al Biruni: His Times, Life, and Works* (Delhi, 1990), 71. 행렬이 라호르까지 이어졌다는 주장은 베이하키에게서 근거한 것이다. 그리고 5,000명이라는 숫자는 알 우트비가 제시한 것이다. *The Kitab-i-Yamani*, trans. James Reynolds (London, 1858), 447~49.

이자 수학자였던 아부 나스르 만수르 이라크도 동행했다.

이로써 구르간지가 호라즘의 마문 통치자들의 지배를 받던 사막에서의 경이로운 시기는 끝이 났다. 그 누구도 당시에는 이것이 중앙아시아에서의 이란 문화의 마지막 전성기가 될 것이라고 예상하지 못했다. 다양한 동부 이란어를 구사하는 여러 집단의 재능 있는 일원들은 중요한 작업을 계속할 수 있었다. 하지만 이제부터는 튀르크 지배자들의 통치 아래에서 연구를 수행해야 했다. 새로운 튀르크 패권자들은 깊은 뿌리를 가진 중앙아시아의 종교 및 과학과 아무 연고가 없었으며, 이슬람 세계의 과학이 꽃피는 데 영감을 주었던 고대 지중해 문명의 유산에도 대체로 무지했다. 물론 때가 되면 튀르크인들도 이 같은 지식을 완전히 익혀 일류 과학자로서 역할을 하게 될 것이다. 또한 계몽된 여러 튀르크 지도자는 매우 중요한 연구를 후원하기도 했다. 하지만 넓은 의미에서 구르간지의 몰락은 중앙아시아 문명에서 하나의 전환점이 되었다.

후주: 이븐 시나가 모든 지식을 종합하다

구르간지의 짧은 전성기에 관한 이야기를 마무리하기 위해서는 이븐 시나에 관해 좀 더 설명할 필요가 있다. 그가 갑작스럽게 도주한 1010년부터 사망한 1037년까지 이 철학자는 끊임없이 이곳저곳을 옮겨 다녀야 했다. 한 도시에서 다른 도시로의 이동은 바이러스처럼 중앙아시아 지역을 감염시킨 수많은 정치적 격변에 의해 촉발되었다. 이러한 혼란의 주요 동인은 가즈니의 마흐무드와 그의 군대가 부이 통치자들에게 가한 극심한 압박이었다. 이븐 시나는 마흐무드가 자신이 가즈니의 궁전에 합류하기를 원한다는—좀 더 정확히 말해 요구하고 있다는—것을 충분히 인지하고 있었다. 마흐무드를 피해 도망 다니는 자신은 결코 용서받지 못할 것이며, 따라서 붙잡힐 경우에 자비를 기대할 수 없다는 것도 너무 잘 알고 있었다. 이븐 시나는 잠깐씩 고르간, 라이, 카즈빈(Qazvin), 하마단, 이스파한 등에 머물렀을 뿐 쉬지 않고 이란 전역을 돌아다녔다. 이 다양한 도시-국가들의 유일한 공통점은 이들이 모두 시아파 이슬람을 고수했던 부이 가문의 통치를 받았다는 것이다.

마흐무드에 대한 두려움 말고도 이븐 시나가 여기저기 옮겨 다닐 수밖에 없었던 또 다른 이유는 그가 피난처로 찾은 여러 부이 왕실의 끊임없는 정치적 불안정 때문이었다. 능력 있는 행정가로서 명성이 자자했던 이븐 시나는 여러 정부에서 고위직─하마단에서는 재상까지 지냈다─에 올랐다. 하지만 통치자의 죽음이나 이븐 시나의 병치레, 국내 반란의 발생, 이웃 통치자로부터의 군사적 위협 등과 같은 일로 인해 그는 이곳저곳으로 도망쳐 다닐 수밖에 없었다. 한때 그는 성채에 감금되기도 했고, 또 언젠가는 고관직을 두루 역임하면서 그가 도입한 정책에 반대하는 민중봉기가 일어나 신분을 숨긴 채 사막으로 도망친 적도 있었다. 심지어 그곳에서 만난 도적떼에게 안장주머니에 보관한 많은 분량의 중요한 원고를 빼앗기기도 했다. 유일하게 평안을 준 피난처는 이스파한이었지만, 그 무렵이면 이미 그는 노년에 접어든 상태였다.

이븐 시나가 이러한 혼돈 속에서도 철학과 형이상학계에서 우뚝 서도록 도와준 20여 편의 중요한 논문과 주요 저서들을 구술할 시간을 냈다는 것은 정말이지 기적에 가깝다. 그는 으레 작은 궁전에서 일어나는 하찮은 음모나 갈등을 해결하는 데 꼬박 하루를 보낸 후, 한 줌의 학생과 필경사들과 함께한 저녁 시간 동안 주로 이러한 작업을 했다. 금욕주의자가 아니었던 그는 자주 이러한 모임에 와인을 곁들였고, 그의 제자의 말을 빌리면, 상당히 활발한 성생활도 즐겼다.[91]

『치유의 서(書)』(*Kitab al-Shifa*), 『구원의 서(書)』(*Kitab al-Najat*), 『지시와

---

91) Zavadovskii, *Abu Ali Ibn Sina*, 68, 145, chap. 8.

충고의 서(書)』(*Al-isharat wa al-tanbihat*)라는 제목의 이 시기의 주요 저작 세 편은 모두 라틴어로 번역되어 서구에서 강렬하고 긍정적인 반응을 이 끌어냈다.[92] 『치유의 서』와 『구원의 서』 모두 과학과 철학의 영역을 자유 롭게 넘나들었다. 물리 역학이나 지질학에 관한 단락 옆에 영혼에 관한 단 락이 등장하는 식으로 말이다. 이렇게 짧은 몇몇 단락은 그 자체로 주목 할 만하다. 예를 들면, 『치유의 서』에 나오는 산맥의 형성에 관한 유명한 한 구절에서 이븐 시나는 진화론적 지질학 원리를 다음과 같이 설명했다.

그것이 가령 강력한 지진 시에 발생하는 것과 같이, 지각변동의 결과이든 또는 새로운 길을 내고 어떤 것은 부드럽고 또 어떤 것은 딱딱한 여러 종류의 지층이 쌓인 계곡을 노출시키는 물의 효과이든지 간에, …… 이러한 변화가 모두 완성되기까지는 아주 오랜 시간이 요구되며, 그동안 산맥 자체는 크기가 약간 줄어들지도 모른다.[93]

그럼에도 그의 전작들과 비교해 보았을 때, 이븐 시나의 관심의 초점은 확실히 '기본 원리들'을 밝히는 문제, 즉 인간이 논리와 이성의 발휘를 통 해 궁극적인 실체에 대해 무엇을 알아낼 수 있는지의 문제로 이동했다. 이 중요한 저작들에서 이븐 시나는 『의학정전』에 영향을 끼쳤던 실용적인 관 심은 대개 제쳐두고, 대신에 무슬림 신자들 간에 깊은 분열을 낳고 있던, 그리고 한 세대도 지나지 않아 이데올로기적인 정면 충돌로 폭발할 종교· 철학·형이상학의 핵심적인 문제에 초점을 맞추었다.

이븐 시나가 만년의 작업에서 제시한 응축적이고 복잡한 주장을 간명하

92) Avicenna, *The Metaphysics of the Healing*, trans. Michael E. Marmura (Provo, 2005).

93) Stephen Toulmin and June Goodfield, *The Ancestry of Science: The Discovery of Time* (Chicago, 1965), 64ff.

게 요약하는 것은 불가능하다. 수십 권의 두툼한 학술서들이 주요 주제들을 하나하나씩 전문적으로 다루고 있기 때문이다. 따라서 몇몇 중간 이정표와 이것이 안내한 최종 지점에 대해서만 언급하도록 하자.

첫 논쟁 이후 이븐 시나와 비루니의 지적 삶은 완전히 다른 길을 좇았다. 두 사람 모두 아리스토텔레스의 『형이상학』 첫 줄에 등장하는 "모든 사람은 알고 싶은 욕망을 타고난다"라는 주장에서 출발했다. 하지만 이븐 시나와 비루니가 알고자 했던 것은 매우 달랐다. 비루니는 행성의 움직임, 광물의 성질, 인간문화의 다양성, 자신을 둘러싼 세계를 설명하는 다양한 방식 등을 포함해 관찰 가능한 자연의 물질에 매료당했다. 특히 그는 자신이 관찰한 현상을 수학적 용어로 설명할 수 있다는 사실에 매우 기뻐했다. 이븐 시나도 의학 연구에서는 같은 방향으로 출발했고 전대(前代)의 그 누구보다도 질병과 치료의 구체적인 내용에 깊이 천착했다. 그러나 이것들은 모두 어린 시절과 성년 초기의 관심사였을 뿐 갈수록 그는 존재 그 자체의 근본적인 성격을 이해하기를 원했다. 이는 그때나 지금이나 우주론과 형이상학의 영역이다.

10세기에 제기된 존재와 그것이 수반한 모든 것에 대한 질문 — 우리의 이해 정도, 가시적인 세계의 기원, 그 과정에 개입하는 일종의 신령(神靈)의 역할, 존재 그 자체의 성격 — 은 철학적 사유에 익숙하지 않은 이가 이해하기에는 어려운 역설을 내포하고 있었다. 두 거대한 지식인 집단이 이븐 시나가 이러한 문제를 고심하기 시작했을 무렵에 전성기를 구가하고 있었다. 한편에서는 막강한 고대 그리스 학문의 요체를 이루는, 특히 플라톤과 아리스토텔레스와 그들의 여러 제자들의 저작들이 군데샤푸르와 바그다드, 메르브 등의 중심지에서 이루어진 번역 덕분에 갑자기 쏟아져 나왔다. 그리스 사상가들은 그들 간의 이견에도 불구하고 이들 질문에 대한 답을 만들어내기 위해 합리적인 지성을 발휘했고 자신들이 우주의 비밀을 여는 데 필요한 도구를 가지고 있다고 확신했다. 후대 플라톤의 추종자들처럼 일부는 일종의 신비주의자가 되었지만, 그들조차도 인간이 처한 상황을 기록하기 위해 이성을 사용했다.

또 다른 한편에는 계시와 믿음을 통해서만 알 수 있는 신령의 작용에 궁극적으로 기반하여 매우 다른 답을 제시하고 있는 아브라함의 종교들 ─ 유대교, 기독교, 그리고 이제는 이슬람교 ─ 이 자리하고 있었다. 아브라함의 종교 중에서도 큰 승리를 거두고 최고의 절정에 있던 이슬람교는 우주의 기원과 그 안에서의 인간의 위치에 관한 질문에 명확한 답을 가지고 있었다. 이 모든 답은 계시에 의해서 발현되고 믿음을 통해 파악되는 신의 뜻에서 곧바로 찾을 수 있다는 것이었다.

시지스타니는 이성과 계시 간에 벽을 쌓고자 했다. 킨디와 파라비는 반대로 이성과 계시의 벽을 허무는 불가능에 도전했다. 파라비의 시도는 거의 성공할 뻔했지만 그럼에도 그의 주장은 합리주의적 접근법을 절대적으로 선호했다. 결국 초기 무슬림 사상가들은 대부분 논쟁을 날카롭고 더욱더 긴박하게 만들었을 뿐이었다. 영국의 철학자 버트런드 러셀(Bertrand Russell)이 이 일련의 문제들을 철학적 '무인지대'(No Man's Land)라고 부른 것은 적확했다.[94] 그런데 바로 그때 이븐 시나가 자신의 능력에 대한 무한한 자신감으로 이 문제에 뛰어든 것이다. 이성과 계시 간의 긴장 해소를 위해 그는 고대 후기의 신플라톤주의, 무타질라파, 시아 이스마일파, 주류 무슬림 신학자들로부터 끌어온 모든 지적 무기를 활용했고 그러면서도 늘 그랬듯이 각각에 대한 비판 또한 쏟아냈다.

마침내 이븐 시나는 중세인들에게 버금갈 만큼 과학과 계시종교를 조화시키는 데 성공했다. 무슬림이든 기독교도든 간에, 자신들이 열망한 대통합을 그가 성취해 냈다고 생각했다. 서구에서 이븐 시나의 공식은 토마스 아퀴나스뿐만 아니라 수세대에 걸쳐 그의 추종자들에게도 영감을 주었다.

---

94) Soheil N. Afnan, *Avicenna: His Life and Works* (London, 1958), 109에서 인용. 다음에 이어지는 설명은 이븐 시나의 논리학과 형이상학, 종교사상을 멋지게 다룬 아프난의 책 제3장과 제4장을 참조한 것이다.

하지만 중앙아시아에서는 파괴적인 반격이 한 세대도 지나지 않아 시작되었다.

논의를 시작하면서 이븐 시나는 독자들에게 이성 그 자체는 여러 다른 형태를 띠며, 그것은 궁극적인 문제를 처리하는 능력에 따라 서열이 매겨질 수 있음을 상기시켰다. 가장 일상적인 수준에서는 가시적인 세계와 이를 연구하는 데 전념하는 모든 실천과학이 있다. 하지만 그는 삼각형의 실체는 우리가 인식하고 우리의 감각으로 연구할 수 있는 특정한 삼각형의 물체 그 이상이라는 플라톤의 주장을 따랐다. 인간의 정신이 삼각형이라는 개념이나 본질을 다룰 수 있는 도구는 수학이고, 따라서 수학은 진리를 획득하는 도구로서 실천이성 위에 자리한다. 그런데 삼각형 또는 우리 세계의 다른 무언가에 대한 개념은 어디에서 오는 것인가? 이러한 개념은 항상 거기에 존재하는 것인가, 아니면 무언가가 그것들이 존재하도록 만드는 것인가? 실천이성도 수학도 이러한 문제를 다룰 수 없기에 이것이야말로 형이상학의 참된 분야이다. 선대의 파라비처럼, 그리고 파라비의 고대 스승인 아리스토텔레스처럼 이븐 시나도 형이상학의 문제들을 효과적으로 해결하려고 노력한 이성의 유일한 형태는 논리라고 주장했다. 그가 말한 '논리'는 우리가 일상에서 사용하는 문구처럼 "논법에 맞다"를 의미하지 않는다. 차라리 그는 아리스토텔레스가 정의하고 파라비가 상세히 설명한 엄격한 과정을 염두에 두었고, 이는 결론에 도달하기 위한 전제의 정의와 연역적 (또는 빈도가 덜 하지만 귀납적인) 추론을 포함했다. 이 과정의 핵심은 삼단논법 — 앞에서 제시한 두 명제에서 결론을 추론하는 과정 — 이었다. 이븐 시나는 이러한 논리적 추론은 과학이나 수학이 달성할 수 없었던 진리로 우리를 안내할 것이라고 주장했다.

이 같은 명징한 단계를 통해 이븐 시나는 선대의 플라톤 추종자들처럼 "세계는 어디에서 왔는가"라는 오래된 질문을 변형했다. 종교 예언자들은 세계가 신의 창조물이라고 선언하며 이에 답했고, 대부분의 철학자들은 세계는 영원하다고 주장했다. 그러나 논리라는 도구를 사용해 이븐 시나는 열여덟 살 때 비루니에 맞서 동원했던 것과 같은 주장, 즉 물질세계는 특정 시기에 존재하게 되었지만 한층 심오한 세계 개념은 영원하다는 견해를 제시했다. 창조 행위는 신학자들이 주장하듯이, 무(無)를 유(有)로 전환하는 과정이 아니라 '개념으로서의 존재'라는 선재(先在)하는 실체를 물질적 존재로 변환하는 것이라는 주장이었다. 개념이라는 생각을 이해할 수 없었던 실천과학자들이나 개념 또는 본질에 대한 단순한 인식 너머로 나아가지 못했던 수리과학자들은 신학자들만큼이나 갈팡질팡했다. 하지만 이븐 시나는 가장 심오한 층위에서는 그들의 견해가 사실상 양립 가능하다고 주장했다.

이러한 방향의 추론이 종교와 과학 간의 화해를 지향했음에도 불구하고, 이는 이 방향으로 가는 첫걸음에 지나지 않았다. 인간의 영혼과 신에 대한 질문이 해결되지 않았기 때문이다. 이븐 시나는 우선 개념, 즉 모든 존재의 근본적인 실체의 유래를 알아봄으로써 이 영역으로 나아갔다. 그는 영혼은 존재(being)를 의식하게 되는 우리 안의 무언가라고 썼다.[95] 이를 통해 그가 의미하고자 한 바는 공간과 물리적 시간 속의 특정 존재가 아니라 흔히 말하는 존재에 대한 의식이었다. 육체는 물질적인 것들을 인식할 수 있지만 무형의 실체를 이해할 수 있는 것은 영혼뿐이라는 것이다. 영혼의 성질에 대해서도 이븐 시나는 육체와 함께 소멸되는 동물적 영혼과 영원불변의 이성적 영혼을 구분했다.

그리고 나서 그는 논리와 삼단논법을 활용해 신의 존재에 대한 합리적인 증명으로 이어질 복잡한 길을 조심조심 따라갔다. 인과관계로는 끝도 없이 온 길을 되짚어 갈 수 없다고 그는 판단했다. 결국 '필연적 존재', '제

---

95) *Ibid.*, 108. 영혼에 관한 이븐 시나의 최종적인 생각은 수수께끼 같으면서도 흥미진진한『새의 서한』(*Epistle of the Birds*)에서 구체화되었다. 이 글에 관해서는 Peter Heath, "Disorientation and Reorientation in Ibn Sina's *Epistle of the Birds*: A Reading", in *Intellectual Studies in Islam. Essays in Honor of Martin B. Dickson* (Salt Lake City, 1990), chap. 10 참조.

일 존재' 또는 '형식의 부여자'의 개념에 도달하게 되는데, 이로부터 모든 존재 형식의 본질과 구체성이 발산되는 것이기 때문이다.[96]

이렇게 과학의 여왕인 논리 덕분에 이븐 시나는 소수의 철저한 유물론자나 무신론자를 제외하고는 동시대의 모든 과학자의 관점과 양립 가능한, 그리고 또한 예언자가 공표한 진리와도 공존할 수 있는 신에 대한 개념에 다다를 수 있었다.[97] 그런데 이 지점까지는 한 세기 전 파라비가 제기한 논법을 이븐 시나가 그저 되풀이한 것에 지나지 않았다. 그러고 나서 그는 논리를 제쳐두고 진실에 이르는 보다 고차원적인, 즉 직관의 발휘를 통한 방법을 소개했다. 이븐 시나에게 진리에 이르는 특별한 방법으로서 직관이 필요한 이유는 명백했다. 그는 난관에 봉착할 때면 종종 사원에 갔고 바로 그때 해결책이 자신에게 직관적으로 떠오르곤 했다고 설명했다.

이븐 시나는 예외적인 직관력을 가진 몇몇 소수의 사람을 예언자라고 암시하는 매우 대담한 표현을 쓰기도 했다. 예리한 직관력으로 예언자들은 과학과 신학 모두가 열망하는 바로 그 위대한 진리를 파악하고 이해하기 쉬운 언어로 알린다는 것이다. 이븐 시나에게는 기도 그 자체가 직관의 발휘였다.

범상치 않은 이와 같은 명제 때문에 결국 이븐 시나의 업적 — 이러한 공격은 이븐 시나가 사망하고 60년이 지났을 무렵 시작되었다 — 은 통렬한 공격을 받게 되었다. 독실한 신자 대부분에게 계시와 직관이 동일하거나 거의 그렇다는 주장은 터무니없는 것이었다. 그들은 이러한 주장이 계

---

96) Afnan, *Avicenna*, 130~34. 이븐 시나의 중요한 발산이론은 Herbert A. Davidson, *Alfarabi, Avicenna, and Averroes, on Intellect* (New York, 1992), 44ff. 참조.

97) 예언에 관한 이븐 시나의 생각은 Walzer, *Greek into Arabic*, 218~19, 예언에 관한 이븐 시나의 생각에 제기된 정치적 혐의점에 관해서는 James W. Morris, "The Philosopher-Prophet in Avicenna's Political Philosophy", in *The Political Aspects of Islamic Philosophy*, ed. Charles E. Butterworth (Cambridge, 1992), chap. 4 참조.

시의 총체적인 초점을 신에게서 인간으로 이동시킬 뿐만 아니라 신의 계시와 믿음 모두를 축소한다고 결연히 주장했다. 이븐 시나가 신의 메신저이자 샤리아의 창시자, 정의의 주창자로서 무함마드의 역할을 인정했다는 사실은 고려되지 않았다. 고대 그리스 철학자 프로타고라스(Protagoras, 기원전 490~기원전 420)처럼 이븐 시나도 (이성과 직관 덕분에) 인간은 만물의 척도라고 주장하는 듯 보였기 때문이다.

이븐 시나도 『치유의 서』와 그 외 다른 철학 저작을 쓰면서 자신이 극도로 모순적인 영역에 들어와 있음을 잘 알고 있었다. 그가 던진 질문과 도달한 답 모두 위험을 내포하고 있었다. 따라서 아리스토텔레스와 철학자들은 세계는 영원불변하다고 주장했으며, 반면 이슬람은 그 존재의 기원을 창조주의 행위로까지 곧장 거슬러 올라갔다. 이븐 시나는 이러저러한 중요한 문제에 대해 두 입장 간의 원만한 타협점을 찾아낼 수도 있었다. 그러나 그는 두 입장을 병합하는 대신에 다리를 놓아 어느 쪽과도 절충하지 않는 길을 선택했다. 그는 악의 문제에 대해서도 똑같이 대처했다. 악의 실체를 온전히 인정하는 듯 보이면서도 종국에는 상당히 낙천적으로 이 세상에는 선이 악보다 더 중요하며 악처럼 보이는 많은 것이 사실은 받아들여지지 않은 일부 선과의 관계에서만 그런 것이기에 인류가 선천적으로 타락했음을 의미하지는 않는다고 단언했다.[98]

서구의 스콜라 철학이 주목한 것은 바로 이 같은 위대한 화해(Great Reconciliation)였으며, 젊은 토마스 아퀴나스가 자신의 총체적인 형이상학을 이 중앙아시아인의 주장에 맞춘 것도 이 때문이었다.[99] 서양에서는 5세기의 아우구스티누스와 13세기의 토마스 아퀴나스, 19세기의 독일 철

---

98) Ibn Sina, "The Healing", in *An Anthology of Philosophy in Persia*, 1: 226~37.

99) 이븐 시나와 서양의 관계에 관해서는 G. Quadri, *La philosophie arabe dans l'Europe médiévale, des origines à Averroès* (Paris, 1960), 95~121; G. M. Wickens, ed., *Avicenna: Scientist and Philosopher* (London, 1952), chaps. 5, 6 참조.

학자 헤겔만이 철학과 종교의 모든 주요 문제를 하나의 사상 체계 틀 안에서 다루는 데 어느 정도 성공할 수 있었다.

하지만 이슬람 세계에서는 이 부하라인의 걸작을 긍정적인 관점으로 보지 않는 이들도 있었다. 두 세대도 지나지 않아 거의 모든 문제에 있어 이븐 시나에게 정면으로 도전한 또 다른 철학자가 등장했다. 이 사람이 바로 서구에서 '알가젤'로 알려진 아부 하미드 무함마드 알 가잘리이다. 가잘리 역시 호라산 투스 출신의 중앙아시아인이었다. 이븐 시나에 대한 그의 공격은 포괄적이고 섬세했으며 여러 측면에서 충격적이었다. 극적으로 변화한 정치적·문화적 환경 속에서 이러한 공격이 제기되었기 때문에, 이 시대의 성격을 결정한 사건을 살펴보기 전까지는 이에 대한 검토를 보류하고자 한다.

그사이, 이븐 시나와 비루니 간에 또 다른 접촉은 없었다. 그들이 구르간지의 마문 조정에서 공유한 생산적인 시간이 지나고 나자, 두 경쟁자는 문자 그대로, 그리고 비유적으로 정반대의 길을 갔다. 이븐 시나는 이란으로, 그리고 비루니는 아프가니스탄과 그 너머로 향했다. 이븐 시나가 자신의 위대한 철학 논문들을 쓰던 힘겨운 시기에 그의 경쟁자 비루니는 오늘날 파키스탄과 아프가니스탄 지역에서 조용히 피땀을 흘리며 천문학과 수학적 지식에 천착한 권위 있는 연구서인 『마수드 정전』(Al-Qanun al-Masudi)을 준비했다. 두 사람은 유목민처럼 떠돌아다녔지만 유랑하는 동안 오히려 창의성의 정점에 도달했다. 이븐 시나는 결국에는 장(腸)과 관련된 질병에 걸렸는데, 아마도 한 제자가 과도한 성생활 탓으로 돌렸던 대장암이었던 것 같다. 그의 자가 치료법에는 지속적인 관장과정이 포함되었는데, 이것이 실패하면서 이븐 시나는 1037년 쉰일곱 살의 나이로 세상을 떠났다.[100] 비루니는 11년을 더 살아 1048년에 평안히 잠들었다.

---

100) Zavadovskii, *Abu Ali Ibn Sina*, chap. 8.

중앙아시아의 고국에서 이 두 명의 위대한 지성인을 쫓아낸 격변은 강력한 튀르크 신흥 국가들의 갑작스러운 출현으로 야기되었다. 키르기스스탄 발라사군의 카라한 통치자와 아프가니스탄 가즈니의 마흐무드가 바로 그들이다. 이때부터 튀르크 신흥세력이 이 일대 전 지역의 정치적·문화적 삶을 규정하였기 때문에, 우리는 이제 그들에게 눈을 돌려야 한다.

제10장

튀르크인들이 무대에 등장하다: 카슈가르의 마흐무드와 발라사군의 유수프

마흐무드 알 카슈가리, 즉 카슈가르의 마흐무드는 하나의 사명—하나가 아니었지만—을 가지고 있었다. 그는 오늘날 중국의 최서단 지역인 신장의 카슈가르에서 성장했다. 20세기 내내 톈산, 즉 천산 지역 일대는 중국과 소련이라는 육상 제국 간의 단층선으로 여겨졌다. 하지만 11세기의 이곳은 이슬람, 불교, 유목민들의 정령신앙이 상충하던 지역이었다. 카슈가리는 신실한 무슬림이었고 이것이 1072년 극도로 약화된 칼리프 제국의 본거지인 바그다드를 그가 찾은 이유였다. 하지만 그는 튀르크인으로서 상당히 이 문제에 민감한 사람이기도 했다. 바로 이러한 상황에서 그는 첫 사명을 품게 되었다.

카슈가리가 바그다드에 온 지도 수년이 지났다. 아직까지는 칼리프가 권력을 행사하고 있었지만 칼리프 주변의 튀르크인들이 그의 권한을 제한하고 있다는 사실을 만천하가 알고 있었다. 이슬람 세계의 정치판에서 튀르크인들의 존재감이 확실해진 것은 늦어도 빈사 상태의 우마이야 칼리프 제국을 장악하기 위해 중앙아시아에서 새로운 아바스 통치자들이 엄습한 719년부터이다. 승전군의 다수는 물론이거니와 심지어는 지휘관 일부도 메르브와 니샤푸르 인근 교외 출신의 튀르크인들이었다.[1] 그 후로 칼리프들은 매년 부하라와 니샤푸르의 시장에서 구입한 튀르크 노예들로 군 병력을 충원했고 무엇보다 중요한, 항시 들끓고 있던 궁정의 음모나 반란, 내란으로부터 자신들을 보호해 줄 친위대도 그들로 채웠다. 그리고 적지 않은 튀르크인들이 —노예이든 자유민이든 —칼리프의 관리로 진출했다.[2] 900년대경이면 칼리프 본인은 아랍인이고 바그다드의 문화에 끼치는 중앙아시아와 페르시아 본토 출신의 페르시아계 사람들의 영향력은 갈수록 커졌을지 몰라도 실질 권력을 행사하는 이들은 중앙아시아 출신의 튀르크인들임이 자명해졌다.

이것이 대부분의 이슬람 세계 곳곳의 실상이었다. 저 멀리 서쪽에 자리한 이집트의 파티마 정부는 갈수록 튀르크 노예병인 맘루크의 통제 아래 놓이게 되었고 종국에는 맘루크들이 권력을 장악했다. 심지어는 독립심이 강했던 부하라의 통치자들도 군대에 병력을 제공한 튀르크 노예들에게 의존하게 되었다. 실제로 사만 왕조의 관료들은 하찮은 튀르크 노예일지라도 초라한 마부의 신분에서 위풍당당하게 페르시아어를 사용하는 국가 조정의 가장 높은 자리까지 오를 수 있는, 군직을 통한 출세 가도의 사다리를 고안해 냈다.[3] 이것은 고대 로마의 엘리트 코스(cursus honorum)와 같았는데, 이 출세 코스가 귀족을 위한 것이 아니라 노예를 위한 것이었다는 점이 다를 뿐이었다. 사만 왕조가 1002~04년에 무너진 것은 동쪽의 튀르크 신흥 국가가 야기한 대외적인 반목뿐만 아니라 이 같은 사람들이 만들어 놓은 대내적인 갈등 때문이기도 했다.

중앙아시아와 이슬람 세계 전역에서 다양한 튀르크 부족과 씨족이 행

---

1) Akhundova, *Tiurki v sisteme gosudarstvenngo upravleniia arabskogo khalifata*, 112, 128.

2) *Ibid.*, 165~68에 칼리프 마문(재위 813~833) 시절과 그 후에도 활약한 카라 부그리(Kara Bugry) 가문에 대한 언급이 실려 있다.

3) 의례화된 이 같은 과정에 대한 셀주크 재상 니잠 알 물크의 설명은 Barthold, *Turkestan Down to the Mongol Invasion*, 227에서 찾아볼 수 있다.

사한 막강한 권력을 고려해 보았을 때, 그들을 마땅히 환대했어야 할 사람들이 오히려 튀르크인들을 매우 추레하게 취급하는 상황은 틀림없이 더욱 더 치욕적으로 다가왔을 것이다. 바그다드에서 대부분의 튀르크인은 격리된 지역에서 거주했다. 도시 인구의 다수를 이루고 있던 페르시아인과 아랍인 등은 튀르크인들을 음해를 일삼는 위험한 사람들로 간주했으며, 종종 소요가 발생할 때면 튀르크 불평분자나 깡패들의 소행이라고 추정하곤 했다. 바그다드의 많은 이들이 폭도와 튀르크인을 동의어로 생각했다.

무엇보다도 가장 굴욕적이었던 것은 그 누구도 튀르크어를 배우려 애쓰지 않는다는 사실이었다. 물론 시장의 과일 장수들은 귀동냥으로 몇몇 단어쯤은 배웠을지도 모르지만, 확실히 엘리트 일원들은 그렇지 않았다. 페르시아어를 사용하는 이든 아랍어를 구사하는 이든 간에, 튀르크어는 거친 보병이나 도시 빈민의 언어이지, 과학자나 시인, 지혜를 추구하는 이에게는 쓸모없다고 생각했다. 그들은 마지못해 튀르크인들을 정치 건달로는 받아들였지만 그들의 문화적 역할은 조금도 인정하려 들지 않았다. 카슈가리는 이 모든 것을 가장 나쁜 유형의 문화적 편견이라 생각했고 이를 바꾸는 것이 자신의 개인적인 사명이라고 생각했다. 이 목표를 위해 그는 놀라울 정도로 혁신적이고 과감한 일련의 솜씨를 발휘했는데, 덕분에 그는 오늘날까지도 사람들에게 기억되는 인물이 되었다. 아마도 이러한 목표 뒤에는 두 번째 사명이 숨어 있었던 것 같다. '아마도'라고 말할 수밖에 없는 것은 그가 사명을 받아들이게 된 상황에 대해 하나의 힌트만을 남겨놓았기 때문이다. 카슈가리가 바그다드에 도착하기 전인, 그러니까 겨우 열일곱 살이었던 1055년에 대규모의 새로운 튀르크 군대가 중앙아시아 전역에서 압승을 거두고, 그러고 나서는 칼리프 제국을 정복해 지상의 신의 사령관(God's Captain on Earth)인 칼리프를 한낱 가신의 지위로 강등시켜 버렸다. 셀주크인들과 그들의 연맹 세력은 수세대 동안 그래왔던 것처럼 자신들이 신실한 무슬림이라 주장했고, 칼리프는 제국의 영토에서 시아파 지지자들을 축출하겠다는 그들의 의지 표명에 그저 갈채를 보낼 수밖에 없었다. 좋든 싫든 간에, 칼리프는 이제 새로운 셀주크 제국의 권력자들에게 경의를 표해야 했다. 칼리프는 순순히 자신의 딸을 튀르크 술탄과 결혼시키고 그를 '동과 서의 왕'으로 장엄하게 선포함으로써 이 거래를 성사시켰다. 무함마드의 세속 권력을 계승한 칼리프는 이렇게 고귀한 칭호와 함께 분명 신출내기이자 깡패라고 여겼을 사람에게 속세에 대한 지휘권을 양도해야 했다.[4]

이는 진행 중이던 칼리프 제국의 쇠퇴가 임계치에 도달했음을 보여 주는 사건이었지만, 주요 튀르크어는 물론 아랍어와 페르시아어 모두에 유창했던 카슈가리처럼 재능 있고 여행 경험이 풍부한 중년의 튀르크인에게는 정말 좋은 기회를 열어주었다. 속으로는 여전히 신자들의 사령관이라고 생각했을지 모르지만, 실상은 '지상의 왕의 대리인'(Deputy of the Lord of Worlds), 즉 자신처럼 튀르크 출신인 술탄의 가신의 지위로 격하된 칼리프에게 자신의 저작을 바치면서 이러한 가능성을 염두에 두었음을 카슈가리도 넌지시 비쳤다.

카슈가리의 목적은 칼리프와 그 외 모든 아랍인과 페르시아인에게 그들이 튀르크어를 배우고 튀르크 문화를 이해하기 시작할 때가 되었음을 인정하도록 만드는 것이었다. 분명 수년간 경험한 튀르크인에 대한 편견이 상처가 되어 그랬겠지만, 카슈가리의 방안은 거칠 것 없이 승리주의에 도취되어 있었다. 그렇다고 그가 단순하게 독자들을 위협만 한 것은 아니었다. 도리어 그는 튀르크어를 배우고 튀르크 문화와 친숙해질 수 있는 실용적인 방안을 제시했다. 단어와 문구뿐만 아니라 튀르크 세계 곳곳에서 유래한 속담, 격언, 시, 간결하나 함축적인 민중의 지혜도 담고 있는, 일종의 튀르크-아랍어 사전 편찬을 제안한 것이다. 우선은 항목들을 아랍 문자로 표기된 튀르크 원어로 제시한 후에 이해 가능한 아랍어로 번역하는 방식

---

4) Svat Souchek, *A History of Inner Asia* (Cambridge, 2000), 89의 논평이다.

으로 말이다. 더불어 카슈가리는 다양한 튀르크 부족과 그들의 관습에 관한 간략한 설명과 함께 각 집단이 거주하는 곳을 독자들이 찾아볼 수 있도록 지도도 게시할 것을 건의했다.

민족 선전원의 자질

사전 편찬은 무리한 계획이었고 확실한 전례나 카슈가리가 모방할 모델도 없었기 때문에 더더욱 힘든 일이었다. 아랍어로 글을 썼던, 이른바 고전파 지리학자들이 있었던 것은 사실이다. 이 가운데 최고는 카슈가리보다 150년 전에 살았고 처지가 비슷했던 중앙아시아 발흐 출신의 아부 자이드 알 발히였다.[5] 지금은 소실되었지만 그의 지리학 책은 무슬림 세계의 다양한 정치체제를 설명하고자 했던 아랍인들에게 널리 모방되었다. 또한 튀르크어로 된 것은 없었지만 다양한 종류의 사전도 있었다.

카슈가리는 예전 방식 그대로 본문에 첨부할 지도로 윤형(輪形) 형식을 선택했다. 여전히 유럽과 아랍 세계, 중국에서 널리 쓰이고는 있었지만 이러한 기하학적 도식화는 사실 낡은 방식이었으며, 콰리즈미와 그의 동시대인들이 2세기 전에 개발한 경도와 위도를 보여 주는 지도로 대체되는 중이었다.[6] 카슈가리의 지도 형식은 낡았을지 모르지만 그럼에도 그가 고집한 이유는 특정 민족과 언어 그룹의 상대적인 위치를 보여 주고, 그들의 언어와 방언사전을 덧붙여서 그들 최고의 시와 지혜의 본보기를 제시하고자 하는, 다시 말해 이 모든 것을 한 권의 책에 담으려는 신선한 의도에서

---

5) J. H. Kramers, "La question Balhi-Istahri - Ibn Hawkal et l'atlas de l'Islam", *Acta Orientalia* 10 (1932): 9~30.

6) Needham, on "The Role of the Arabs", in *Science and Civilization in China*, 3: 562~64.

였다.

『튀르크어 대사전』(*Diwan Lughat al-Turk*)의 전문가인 취리히의 안드레
아스 카플로니(Andreas Kaplony)의 지적에 따르면 카슈가리의 목적은 튀
르크 방언을 단순히 소개하는 것이 아니라 입문서에서 그 모두를 배울 수
있는 열쇠를 제공하는 것이었다. 그것은 마치 오늘날 한 명의 저자가 한 권
의 교재 안에 프랑스어나 에스파냐어뿐만 아니라 모든 로망어에 정통하는
데 필요한 모든 것을 제공하겠다고 주장하는 것과 같았다. 그는 자신의 모
국어인 하카니(Khaqani)어부터 시작했다. 카플로니의 설명처럼 "그는 다른
언어로 전환하는 데 필요한 음성학적·형태학적 적용법칙을 독자에게 제시
한 후 이러한 법칙의 예외, 즉 이런저런 부족에서 쓰이는 단어들을 인용했
다. 그는 모든 예시를 기억하고 모든 법칙을 적용할 수 있는 독자라면 어떤
튀르크어도 이해할 수 있다고 강조했다."[7]

카슈가리는 자신이, 그리고 자신만이 이 작업의 적임자라며 매우 뻔뻔
하게 책을 시작했다.

> 나는 [튀르크인들의] 도시와 스텝 곳곳을 여행했고 그들의 방언과 운문을
> 배웠다. …… 또한 나는 그들 중 가장 품위 있는 언어를 구사하고 웅변에도 가
> 장 능하다. 뿐만 아니라 최고의 교육을 받았고 가장 뿌리 깊은 혈통을 가졌
> 으며, 창 던지기 실력 또한 최고이다. 따라서 나는 각 부족의 방언을 완벽하게
> 습득하여 잘 짜인 체계에 따라 덧붙인 책에 그것들을 기록했다.[8]

---

7) Andreas Kaplony, "Comparing al-Kashgari's Map to His Text: On the
Visual Language, Purpose, and Transmission of Arabic-Islamic Maps", in
The Journey of Maps and Images on the Silk Road, 145.

8) Robert Dankoff and James Kelly, ed. and trans., *Mahmud al Kasgari*,
Compendium of the Turkic Dialects (Dīwān Lughat at-Turk), *Sources of Original
Languages and Literatures*, vol. 7, pt. 1 (1982), 70~71. A. 루스타모프(A.
Rustamov)도 이 작품을 러시아어로 번역 중이다. *Makhmud al-Kashgari*, *Divan
Lugat-at-Turk*, ed. I. V. Kormushin, *Pismennosti Vostoka*, vol. 128 (Moscow,

그러고 나서 그는 신께서 친히 '불후의 기념비이자 영원한 보고(寶庫)'가 될 것이 확실한 자신의 저작을 집필하는 데 연구 조교가 되어 도와주셨다고 털어놓았다. 현대 출판업자의 어떤 광고문안도 아마 1,000년 전 자비로 책을 낸 저자가 쓴 이 문구를 능가하지 못할 것이다.

카슈가리의 이러한 건강한 자아상은 타고난 것이었다. 그의 가족은 원래 오늘날 키르기스스탄에 있는 이식쿨호의 황량한 남쪽 기슭의 바르스한(Barskhan)이라는 소도시에 살았고[9] 카슈가리의 아버지는 그곳의 시 공무원이었다. 그런데 제티수 지역과 카슈가르 사이를 잇는 간선도로에 걸쳐 있던 바르스한이 발전하면서, 최근 이 일대에서 권력을 잡은 카라한 문중과 손을 잡게 된 그의 아버지가 카라한의 수도 카슈가르의 고위직에 임명되었다. 이것이 마흐무드 알 카슈가리가 카슈카르에서 태어나 성장하게 된 배경이다.

고대 도시인 카슈가르는 중앙아시아 전역에서 가장 멋지고 풍요로운 오아시스의 중심이었다. 중국에서 서쪽으로 가는 두 개의 대(大)무역로가 무시무시한 타클라마칸 사막을 둘러가기 위해 북쪽과 남쪽으로 갈라졌다가 이곳에서 다시 합류했다. 고대 중앙아시아 도시의 특징인 버드나무와 백양나무, 살구나무가 늘어선 구불구불한 길들이 고대 도시와 위성도시들을 연결했다. 이 중 하나인, 지금은 부파르(Wupar)라고 불리는 곳에 카슈가르의 마흐무드 무덤이 있다. 그의 무덤은 오늘날에도 여전히 참배되고 있다.

마흐무드의 아버지가 카슈가르로 이주한 이유는 불교와 네스토리우스파 기독교, 마니교, 유대교의 중심지였던 이 고대 도시가 무슬림이자 튀르

2010). 전 3권 중에서 제1권이 출간되었다.

9) 바르스한에 관해서는 V. Minorsky, "Tamim ibn Bahr's 'Journey to the Uyghurs'", *Bulletin of the School of Oriental and African Studies* 12, 2 (1948): 290~91, 297 참조.

크족 무리로 이루어진 새로운 연맹체의 수도 중 하나가 되었기 때문이었다. 이상한 이야기이지만 우리는 이 나라의 당시 이름을 알지 못한다. 그저 19세기 유럽 역사가들이 이 나라의 통치자들을 카라한('검은 [즉 '고귀한'] 군주')이라고 칭하면서 이 같은 이름이 붙게 되었다.[10]

놀라운 카라한인들

수백 년 전에 카라한인들과 여러 관련 튀르크 부족이 몽골-중국 국경지대에서 서진(西進)하여 오늘날 중국의 자치주인 신장 지역의 중심부로 이동했다.[11] 주요 분파였던 위구르인들은 오래전 이 지역에 정착한 네스토리우스파 기독교도 상인들에게 배운 고대 아람어 알파벳을 바탕으로 문자 언어를 개발했다. 반면 카라한 씨족들은 이동을 계속했고 800년대 중반경 사만 왕조의 동쪽 변경에 이르렀다. 또다시 불교와 이슬람교 간의 오래된 경계선―751년에 탈라스 전투 당시 형성된 경계선― 이 존재감을 과시했는데, 서쪽에는 무슬림 사만 왕조를, 동쪽으로는 불교도 카라한인들을 두고 톈산의 서쪽 측면을 따라 실질적인 경계선이 그어졌다. 과연 카라한 군대는 서진을 위해 계속 박차를 가할 것인가, 아니면 결의를 다진 사만인들에 의해 저지될 것인가?

그런데 불현듯 950년대에 카슈가르의 새로운 통치자가 이슬람으로의 개

---

10) 1899년에 스크린(Skrine)과 로스(Ross)는 러시아 역사학자 그리고리예프 (Grigoriev)가 이 명칭을 처음 사용했디고 주장했다. *The Heart of Asia* (London, 1899), 114n1.

11) 카라한인의 기원에 관한 다양한 학설을 간략하게 검토해 보고 싶다면 Peter B. Golden, *An Introduction to the History of the Turkic Peoples* (Wiesbaden, 1992), 214~16 참조. 최근에 나온 두 편의 연구 성과물로는 N. Necef, *Kaarahanlilar* (Selenge, 2005); Ömer Soner Hunkan, *Türk Hakanligi (Karahanlilar) (766~1212)* (Istanbul, 2007) 참조.

종을 공표했다. 공식적인 개종 이후 통치자들은 즉각 불교도를 우상숭배자라며 탄압했지만, 그 외 다른 종교는 수백 년 동안 그곳에서 계속 신앙생활을 유지했다. 거의 1,000년 동안 이 일대에 살던 다른 튀르크 부족들은 이슬람으로 개종하지 않았기 때문에 유독 왜 이들만이 갑자기 전통신앙을 버렸는지 의문이 든다. 카라한인들이 정착생활을 시작해 도시 거주민이 되었기 때문일 수도 있다. 어쩌면 그들은 이슬람을 불가피하지는 않을지라도 도시인을 위한 종교로서 가장 적합하다고 생각했을지도 모른다. 하지만 더 동쪽에 있던 위구르인들은 충분히 도시화되었음에도 한동안 불교도로 남아 있었다. 사만인들이 카라한 통치자에게 선교사를 보냈던 것도 사실이다. 끈질긴 러시아 학자 바르톨트 덕분에 우리는 심지어 이 무슬림 전도사 가운데 한 명의 이름도 알고 있다.[12]

그들의 동기가 무엇이든지 간에, 개종하기로 한 카라한인들의 결정은 외교적으로 기민한 행동이었다. 개종 전의 이미지대로라면 그들은 위태위태하던 사만인들에게 매나 늑대, 낙타 같은 이상하고 금지된 이름을 가진 이교도 침입자라는 인상을 주었을 것이 틀림없다. 하지만 이제 그들은 무슬림 동료이자 심지어 신앙의 수호자로서 자신들을 표상할 수 있게 되었다.[13] 990년대에 카라한 군대가 부하라의 성문 앞에 나타났을 때, 그들의 지도자 일렉 나스르(Ilek Nasr) — 튀르크 동지들 사이에서는 여전히 '사자'(Arslan)라는 존칭으로 불리고 있었다 — 는 자신이 사만인들의 친구이자 같은 종교의 신자이며 보호자로서 왔을 뿐이라고 선포했다. 999년 10월 23일, 카라한의 군대는 어떤 제지도 받지 않고 부하라에 입성하여

---

12) Abu'l-Hasan Kalamati. Barthold, *Turkestan Down to the Mongol Invasion*, 255.

13) 이슬람을 받아들인 최초의 튀르크 칸은 카슈카르의 사투크(Satuq)였다. *Ibid.*, 76ff. 좀 더 상세한 분석을 위해서는 Omeljan Pritsak, "Von der Karluk zu den Karachaniden", *Studies in Medieval Eurasian History* (London, 1981), 292~94 참조.

국고를 장악하고 남은 사만인들을 일망타진한 후 그들의 궁전에 아예 들어앉았다.[14]

이렇게 카라한 왕조가 사만 제국의 약화와 그에 이은 붕괴로 야기된 공백을 메꾸게 되었다. 최근에 발생한 이 튀르크-페르시아 대치 초기에는 사만인들도 반격에 나서 오늘날 카자흐스탄 남중부에 있는 이스피자브(사이람)를 장악하기도 했다. 그러나 이 중요한 상업 중심지의 상인들이 적과의 교역을 중단하라는 부하라의 요구를 무시하면서 이 조치는 무위로 돌아갔다.[15] 무역업자나 토호들의 이 같은 변절은 갈수록 일상화되었다. 새로운 1,000년이 시작될 무렵 옛 제국의 동부 영토 대부분은 튀르크인들의 손에 들어가 있었다.

대성공을 거두기도 전에 카라한인들 역시 사만 왕조를 약화한 분파적인 준동 때문에 시달림을 당했는데, 튀르크인들의 경우에는 이 분열 세력이 통치 가문 내부에서 나왔다. 유목민 출신답게 창립자의 모든 아들이 자신 몫의 유산을 요구했다. 이미 도시생활에 안착했으니 이는 각자가 수도와 그에 딸린 영토를 제몫으로 챙겼음을 의미했다. 마흐무드 카슈가리가 바그다드로 향했을 무렵 최소한 네 개의 카라한 수도가 있었는데, 가장 오래된 것이 카슈가르였고 두 번째 고대 도시는 사마르칸트였으며, 나머지 두 곳은 오늘날 키르기스스탄에 있는 우즈겐과 발라사군이었다. 시간이 흐르면서 이 마지막 두 도시가 가장 중요한 지역으로 부상했는데, 적어도 발라사군 칸국이 마흐무드 카슈가리 살아생전에 산맥을 넘어 카슈가르로 사령부를 옮길 때까지는 그랬다.

카라한 가문 내에서 지속적으로 나타난 분열 양상은 이후 다른 많은 튀르크 왕조처럼 이 첫 튀르크 무슬림 국가에도 치명적인 약점이 되었다. 사

---

14) Barthold, *Turkestan Down to the Mongol Invasion*, 268.

15) E. A. Davidovich, "The Karakhanids", in *History of Civilizations of Central Asia*, vol. 4, pt. 1, 120.

실 카라한 왕조는 국가라기보다는 혈연으로 맺어진 지배 가문들, 즉 종자(從者)의 헐거운 연합체였다. 하지만 이것이 이 이야기의 전부였다면 그들이나 또 다른 신생 튀르크 왕조인 셀주크인들을 위해 카슈가리가 그렇게 엄청난 노력을 기울일 필요는 없었을 것이다. 즉 이것이 전부가 아니었고, 특히 경제적 상황이 그러했다. 경제 분야에서 카라한 통치자들은 정치 영역에서보다 더 통합적이고 더 효율적인 모습을 보여 주었다.

예전 같았으면 사면초가의 스텝 지대에서 생존에 필요한 병력 유지를 위해 자신들이 가진 모든 에너지를 쏟아붓고 정착생활의 방식을 택한 이후에도 무역 같은 지루한 업무는 기꺼이 다른 이들에게 맡기려 했던 이 유목민 칸들이, 연합 경제를 빈틈없이 관리한 경영자였다는 사실에 누구나 놀라게 된다. 이 분야에서 그들은 실제로 자신들의 학습능력이 얼마나 빠른지 입증해 보였다. 이것이 많은 이슬람 공동체가 카라한인과의 교역을 선택하고 심지어는 정치적으로도 그들과 제휴한 이유이다.

카라한인들은 종전에 방치되었던 교역로를 활성화하기 위해 연도(沿道)에 대상(隊商) 숙소를 건설했다. 그 가운데 부하라와 사마르칸트를 잇는 교역로 위에 건설된 기념비적인 라바티 말리크(Rabati Malik)가 유명하다. 카라한의 샤인 샴스 알 물크 나스르(Shams al-Mulk Nasr)가 1078년에 지은 휘황찬란한 이 건물에는 세로로 홈이 새겨진 아도비 벽돌로 쌓은 벽과 돔이 여러 개 있는데, 여행하는 사업가를 위한 숙소라기보다는 한 나라의 궁전처럼 보인다. 또 다른 대상 숙소로는 수수께끼 같은 타시 라바트(Tash Rabat)가 있다. 이는 우즈겐과 카슈가르를 연결하는 길 위, 즉 텐산을 지나는 험한 고갯길 꼭대기의 굽어진 길에 지금도 외로이 서 있다. 이 건축물은 오랫동안 고고학자들을 혼란스럽게 만들었다. 일부 고고학자들은 이것이 원래는 기독교 수도원이었는데 후에 순회상인을 위해 사용된 것이라고 결론내리기도 했다.[16] 하지만 최근의 연구 결과는 이 건물이 상업 용도로 쓰였으며 그 시기를 카라한 시대라고 정확하게 못 박았다.

카라한 지도자들은 화폐 주조와 전반적인 재정정책에도 능했다. 화폐 연구가들은 적어도 30곳의 카라한 조폐창을 찾아냈는데, 대부분 시장 상인들이 사용하는 낮은 가치의 납이 함유된 구리 동전을 찍어내던 곳이었다.[17] 은화나 금화의 경우에는 국제시장에서 널리 알려져 있고 신용도가 높은 사만 왕조의 디르함이나 자신들이 직접 그것들을 복제해 만든 화폐에 의존하는 신중함을 보였다.[18] 200개가량의 주화 더미를 연구한 결과에 따르면, 정치적으로 분열된 영토 곳곳에서 낮은 액면가의 화폐가 주로 유통되었고 활발한 상거래가 이루어졌음을 알 수 있다. 대중 인기에 영합하는 통치자들의 경제정책이 이러한 교역을 용이하게 만들어주었다. 가격 인상을 허락해 달라는 정육업자들의 청원에 카라한 통치자는 마지못해 동의는 했지만 즉각 육류 소비를 금지했다. 최종적으로는 정육업자들의 간청을 수락하면서도 옛 가격으로 되돌리기 위해 통치자가 그들에게 대가를 치르게 한 것이다.[19]

마흐무드 카슈가리가 깃발을 들다

카라한 통치자들이 추구한 구체적인 정책이 무엇이었든지 간에, 카슈가리는 튀르크 유목민들의 문화와 가치가 '문명화된' 세계를 재규정할 운명이라는 사실을 조금도 의심하지 않았다. 그는 책 서문에 "[튀르크인들은]

---

16) 타시 라바트에 관한 문헌을 간편하게 살펴보고 싶다면 D. Imankulov, "Iz istorii izucheniia Tash-Rabata", in *Pamiatniki Kyrgyzstana* (Frunze, 1982), vol. 5 참조. 가장 최근의 발굴에 관해서는 D. Imankulov, "Novoe o Tashe-Rabate", in *Drevnii i srednevekovyi Kyrgyzstan* (Bishkek, 1996), 160~71 참조.

17) B. D. Kochnev, *Karakanidskie monety: Istornikovedcheskoe i istoricheskoe issledovanie* (Moscow, 1993).

18) Davidovich, "The Karakhanids", 129.

19) *Ibid.*, 128~29.

인류를 통치하도록 지명된 '시대의 제왕'이다. …… [신은] 그들과 제휴하는 이들과 그들을 위해 일하는 이들을 강하게 하신다"라고 썼다. 물론 카슈가리가 튀르크인들이라 했을 때, 그것은 격언과 민속시(民俗詩), 그리고 무엇보다도 튀르크어를 만들어 전달한 평범한 남녀를 포함한 모든 사람을 의미한 것이다. 이는 수평적으로 조직된 유목민들이라면 누구나 가지고 있는 인민주의적 사고였다.

튀르크어와 튀르크인들에 대한 자신의 변론을 확실히 해두기 위해 카슈가리는 신의 뜻을 원용했다. 이맘 부하리가 권위 있는 하디스 모음집을 출판한 지 이미 2세기가 지난 시점임에도, 카슈가리는 엄숙하게 부하라와 니샤푸르의 이맘들이 "튀르크어를 배우라. 왜냐하면 그들의 치세는 오래갈 것이기 때문이다"[20]라고 인류에게 촉구하는 신의 전령의 참된 말씀을 자신에게 털어놓았다고 공표했다. 다시 말해, 튀르크어를 배우고 튀르크 문화를 공부하는 것이야말로 종교적 의무라는 것이다. 그러고 나서 그는 "튀르크인들은 다른 어떤 존재보다도 우수하다"[21]라고 단언한, 무함마드의 하디스라고 알려진 또 다른 말씀도 인용했다. 카라한인이 되었든 셀주크인이 되었든 간에, 모두들 이 절묘한 홍보 솜씨를 한껏 즐겼을 것이 틀림없다.

서문을 이렇게 마무리한 카슈가리는 『튀르크어 대사전』의 본문 집필에 착수했다. 그는 집필을 시작한 날짜 ─ 1072년 1월 25일 ─ 를 세심하게 기록해 두었다. 편집과정을 포함해 그는 이러한 노고에 5년을 바쳤으며, 그의 작업은 1077년 1월 9일경에 끝났다.[22] 첫 페이지부터 마지막 페이지까지 그는 인민주의적이고 평등주의적인 메시지를 고수하면서 많은 튀르크

---

20) Dankoff and Kelly, *Mahmud al Kasgari, Compendium of the Turkic Dialects*, vol. 7, pt. 2 (1982), 76ff.

21) *Ibid.*, 274.

22) 뒤의 날짜는 *ibid.*, 7에 제시되어 있다.

어와 문화에 순위를 매기고자 하는 유혹을 떨쳤다. 요리나 친족, 민간요법과 같은 민족지학적이고 민간전승적인 고유 영역에 대한 그의 보고는 집요하리만치 열정적이면서도 결코 편협하지 않았다.

이러한 작업은 마흐무드 카슈가리가 튀르크인들에게 끼친 거의 모든 외인적인 영향을 자신의 책에서 배제했기 때문에 더 용이했다. 사실 그는 중앙아시아에서 전해져 내려오던 이른바 알렉산드로스 영웅 전설과 더불어 살아온 이였다. 하지만 그가 글을 쓸 당시에 이 사건은 이미 튀르크인들의 삶 속에 완전히 녹아들 만큼 충분히 오래전인, 즉 1,000년도 더 전에 발생한 일이었다. 이외에 카슈가리는 튀르크 부족들을 외부의 영향으로부터 자유로운 존재로 그렸는데, 이는 부정확하면서도 굉장히 놀라운 견해였다.

소박하면서도 유행을 타지 않는 튀르크 문화의 고갱이 속으로 기꺼이 뛰어들려는 카슈가리의 태도는 가장 중요한 혁신 중 하나였다. 그는 튀르크 원어로 된 장시(長詩)와 속담을 실었지만, 자신이 염두에 두고 있던 독자들을 고려해 본문은 아랍어로 썼다. 문체는 사전이나 언어 입문서에 걸맞게 체계적이고 진지했다. 그러나 그것은 마치 이국적인 장소에서 막 돌아와 채 흥분이 가시지 않은 인류학자가 교양 있는 순진한 비전문가 청중에게 처음으로 발표하는 보고서처럼 읽힌다. 카슈가리는 겸손하게 1인칭 사용을 피했다. 그러면서도 독자들로 하여금 이 모든 흥미로운 정보가 오로지 낯선 장소로 오지 여행을 하고 낯선 사람들과 수개월을 보낸, 탐구심에 불타는 사회 과학자이자 언어학자인 자신 덕분이라는 것을 결코 망각하지 않게 했다.

카슈가리는 '이국적인 것'과 '생경한 것'을 동일시하지 않았다. 수많은 속담과 민속시를 자신의 사전에 포함시키기로 한 것은 '세계화된' 독자들에게 일반적으로 인정되는 튀르크인들의 통찰력이 지혜라는 측면에서 다른 문화에 뒤지지 않음을 보여 주기 위해 치밀하게 내려진 결정이었다. 그는 자신의 논거에 힘을 보태기 위해 속담을 이용하여 인간의 완벽함에 대해 어떤 환상도 가지고 있지 않은 현명한 이들을 다음과 같이 묘사했다. "나

귀의 머리에 마구를 채운다고 말이 되지 않는다." 그렇지만 "타인에게 몹쓸 짓을 저지른 자는 자신에게도 반드시 위해를 가한다." 충족된 삶을 꾸리기 위해 조정(朝廷)에서 빛날 필요는 없다. 왜냐하면 세상도 많은 가능성을 제공하기 때문이다. "황소의 발이 되느니 송아지의 머리가 되는 게 더 낫다."

카슈가리의 튀르크인들은 투쟁 없이는 아무것도 이룰 수 없다는 것을 잘 알고 있었다. "꿀을 모으려는 자는 반드시 벌에 쏘일 각오를 해야 한다." 그들은 전사였지만 분쟁의 대가도 잘 알고 있었다. "낙타 두 마리가 싸우면 그 사이에 낀 파리가 죽는다." 결국 모든 사람은 자신의 행동에 책임을 져야 한다. 왜냐하면 "[푸주한]의 모든 양은 발치가 묶인 채 거꾸로 매달려 있기" 때문이다. 그리고 겸손은 매우 가치 있는 것이고 경중에 대한 현실감각도 그러하다. "토끼가 산에게 화를 내도 산은 그것을 알지 못한다."

유목민이었지만 튀르크인들은 앎 그 자체가 중요하다고 믿었다. "아는 자와 무지한 자는 같을 수 없다." 그들은 긴 안목을 갖고 비관론에 굴하지 않았다. 왜냐하면 "까마귀 한 마리가 겨울을 만들지는 않기 때문이다." 그리고 결국 노고는 결실을 맺는다. "일찍 결혼한 사람이 식구를 늘리고 일찍 일어난 사람이 더 멀리 간다."

카슈가리의 시대에도 소박한 어조의 이 같은 유용한 지식은 당대의 도시생활의 혼돈이나 끊임없는 변화와는 동떨어진, 시간의 흐름에도 변하지 않는 스텝 세계를 상기시켰을 것이다. 오늘날처럼 당시에도 이러한 통찰력은 큰 혼란을 겪던 도시인들과, 이 같이 원기 왕성한 토속문화를 보유한 바로 그 최고 권력자들의 지배 아래 놓이게 된 바그다드인들에게 특히 매력적으로 다가왔을 것이다.

이러한 맥락에서 카슈가리가 책에 첨부한 민족들의 '원형 지도'는 그 본연의 메시지를 전달했다. "당신은 이 튀르크인들이 누구인지 또는 그들이 어디에서 왔는지 모를 수 있지만, 사람들은 튀르크인들이 오래전부터 대양을 둘러싼 세계(World-Encircling Ocean)로 정의되는 땅의 거대한 일부분을 지배했다고 장담했다." 사람들이 사는 세계가 물로 둘러싸여 있다는 이러한 믿음의 기원은 아리스토텔레스에게까지 거슬러 올라간다. 카슈가리는 성서에 근거하여 헤치고 들어갈 수 없는 산 너머의 신비의 땅인 곡(Gog)과 마곡(Magog)에 대해서도 언급했다. 이러한 메시지를 전달하는 가운데 색깔로 표시된 지도는 이집트와 인도, 러시아, 중국, 그리고 그 사이의 광활한 땅에 주목했다. 가장 놀라운 것은 녹색 반원으로 두드러지게 강조된, 일본에 대한 묘사이다. 최초의 튀르크 지도라는 것 외에도 오늘날 카슈가리의 도해는 일본을 묘사한 세계에서 가장 오래된 지도로도 유명하다.[23]

마흐무드가 택한 특유의 구성 방식은 경도와 위도를 바탕으로 한 격자판보다 큰 이점이 있었는데, 중심이 있다는 점이 그랬다. 원의 한복판에 메카가 보이도록 그릴 수 있었기 때문에 아랍의 지도 제작자들은 원형 지도를 좋아했다. 명확하면서도 세심하게 카슈가리는 지도의 중심을 이동시켰다. 그의 의제는 이슬람 세계 — 메카와 바그다드 모두 등장하지 않는다 —도, 그렇다고 튀르크인들만의 세계도 아니었다. 카슈가리는 알려진 세계의 전부를 묘사하고, 그리고 그 모든 것이 당시 카라한 왕조의 가장 큰 수도였던 발라사군을 중심으로 공전하고 있음을 보여 주고자 했다. 이는 극도로 정치화된 문화적 수정주의였다.

카슈가리의 실용 정신과 예리한 통찰력에도 불구하고, 튀르크인들에 대한 그의 묘사는 모든 민족주의자가 드러내기 쉬운 일종의 자기기만에 가까운 강력한 낭만주의적 요소를 포함하고 있었다. 카슈가리가 튀르크어와 문화에 끼친 외부의 영향력을 고의적으로 인정하지 않았다는 사실에 다시 한 번 주목해 보자. 실제로 그는 튀르크인이 외부 세계(이 경우에는 페르

---

23) Sevim Tekeli, "Map of Japan Drawn by a Turk, Mahmud of Kashgar", *Turk Kulturunden Goruntuler* 7 (Ankara, 1986): 3~10.

시아를 말한다)와 가까워질 때면 언제나 고유의 언어적·문화적 정체성과 단절되기 시작했다고도 말했다.[24] 하지만 카슈가리 자신의 삶 자체가 바로 이러한 세계주의의 현현이 아니었던가? 그는 더 이상 고대 튀르크어로 기도하지 않았고 아랍어와 그와 연계된 문화를 완전히 내면화했으며, 사만 왕조의 풍성한 문화를 모두 소화하느라 바빴던 왕실과 가족 관계로 묶여 있었다. 하지만 모든 면에서 실용적이었던 이 사람조차도 말에 광포한 활력이 넘치고 단어 하나하나가 시이며 무한한 지혜가 넘쳐나던, 즉 잃어버린 튀르크 에덴동산 같은 무언가를 동경했던 듯하다.

갖은 극찬을 퍼부었지만 카슈가리는 내심 비관적이었던 것 같다. 페르도우시처럼 그도 곧 영원히 사라질지도 모른다는 두려움으로 이슬람 이전의 중요 유산을 요소요소 기록하고자 했다. 이와 같은 목적으로 그는 동물의 순환에 기반한 튀르크인들의 십이간지 달력에 관한 긴 이야기도 덧붙였다. 카라한과 셀주크가 최근 도입한 이슬람력은 옛 달력을 한물간 것으로 만들었지만, 그럼에도 구력은 1년 열두 달로 구성된 달력과 함께 널리 쓰였고 200년 후에도 몽골인들은 여전히 이를 사용하고 있었다.

카슈가리는 자신이 내부자이자 외부자임을 보여 주기 위해 분투했다. 그렇다. 그는 자신이 자랑스러운 튀르크인임을 독자들에게 계속 상기시켰다. 하지만 튀르크인에 대한 그의 묘사는 당대의 세계주의적 관점을 물씬 풍긴다. 그는 아랍 사전 편찬자나 페르도우시를 비롯해 페르시아 민속학자와 골동품 전문가들에게서 배운 기술을 적용하는 데 전혀 주저하지 않았다.

이렇게 봤을 때 카슈가리의 위대한 저작은 첫째, 이제 튀르크인들의 지배를 받게 되었다는 사실을 막 이해하기 시작한 페르시아와 아랍 독자들의 불안을 무마하기 위해 튀르크어로 쓰인 모든 것을 정략적으로 찬양한 책이다. 방대한 현장 연구와 자신의 문화유산에 기대어 카슈가리는 그들

---

24) *Ibid.*, 6.

에게 다 잘될 것이고 새로운 기회가 그들 앞에 열릴 것이라고 장담했다. 하지만 그들은 또한 새로운 현실에 대해 분명히 알아야 한다. 예언자께서 친히 튀르크 문화와 튀르크인들의 우수성을 명시하셨다. 아니 적어도 카슈가리는 그렇게 주장했다. 이에 이의를 제기하는 어리석은 자는 '[튀르크인들의] 화살의 표적'이 될 것이다.[25] 다시 말해, 이 책의 메시지를 거부하는 자는 반드시 죽으리라!

둘째, 카슈가리의 『튀르크어 대사전』은 자신의 삶을 통해 변화만이 영원하다는 것을 깨우친 한 사람이 튀르크 문화의 변치 않는 전통에 바치는 사랑스러운 헌사이다. 이 같은 이 책의 양면성에서 기인한 긴장이 도처에서 감지된다. 하지만 이러한 긴장은 불화의 원천이기는커녕 어느 획기적인 언어 교재나 사전, 어휘집, (선구적인) 문화인류학 저작보다 훨씬 더 높은 수준으로 이 작품을 끌어올리며 책에 영혼을 불어넣었다.

'문화적 쇠퇴'기(期)?

중앙아시아에 대한 권위 있는 연구 업적을 남긴 바르톨트는 카라한 왕조와 그들이 문화에 끼친 부정적인 영향이라고 생각한 것에 대해 경멸조로 글을 썼다. 실제로 바르톨트는 중앙아시아의 모든 위대한 문명은 압도적으로 도시화된 페르시아계 사람들에게서 기원했으며, 대다수가 유목민이었던 튀르크인들은 카라한인이든, 가즈니의 마흐무드이든, 셀주크인이든 간에, 군국주의와 교역 경제의 방치, 전반적인 문화 쇠퇴 외에는 이 지역에 아무것도 가져오지 않았다고 확신했다. 이러한 비난에는 나름 타당한 이유가 있다. 왜냐하면 동(東)투르키스탄의 대부분을 짓밟고 그곳에서 번성하

---

25) Souchek, *A History of Inner Asia*, 90에서 인용.

496 ● 잃어버린 계몽의 시대

던 고대의 불교문화를 제멋대로 파괴한 이들이 바로 카라한 군대였기 때문이다. 위대한 불교 승원(僧院)의 장서들이 카라한 군대 때문에 위험해지자, 사서(司書)는 그것들을 보호하고자 동굴에 밀봉해 버리기도 했다.[26] 그러나 바르톨트는 자신의 논지를 입증하는 데 이러한 사례를 인용하지 않았다. 대신 그는 페르시아어를 사용하던 무슬림 오아시스 문화에 끼친 튀르크인들의 영향에 초점을 맞추었다.

투르키스탄에 관한 연구논문 서문에서 바르톨트는 카라한 시대가 후세에 남긴 유일한 학술도서는 무함마드 빈 알리 알 카팁(Muhammad bin Ali al-Katib)이라는 사마르칸트의 한 문인이 쓴 『통치를 목적으로 한 외교의 사례들』(Examples of Diplomacy in the Aims of Government)뿐이라고 맹비난을 퍼부었다. 바르톨트가 지나가는 말로 같은 저자가 쓴 유명한 시(詩)인 「신드바드의 위대한 서(書)」(The Great Book of Sindbad)를 언급하기는 했지만 그것을 학문적 수준이 높거나 순수 예술작품으로 여기지 않았음은 분명하다. 추가로 그는 역사학자였던 카슈가르 출신의 또 다른 문인도 아는 척은 했지만 자신의 고향에 대한 그의 책이 근거 없는 전설이나 노골적인 실수투성이라며 업신여기듯 썼다.[27] 그는 「선행의 선물」(Gifts of Virtue)이라는 제목의 긴 운문 작품을 쓴 아흐메드 유그나키(Ahmed Yugnaki) 같은 다른 튀르크 작가도 굳이 주목하려 들지 않았다.[28]

이를 근거로 바르톨트는 "튀르크 카라한 왕조의 통치 시기는 의심의 여지없이 문화적 퇴행기였다. …… 개개 통치자의 선의에도 불구하고 왕국이 칸 가문의 개인 자산이라는 생각은 [필연적으로] 지적 문화 못지않게 농업과 상업, 산업의 부패도 초래했다"[29]라고 결론내렸다. 하지만 얼마 되

---

26) Rong, "The Nature of the Dunhuang Library Cave and the Reasons for Its Sealing", 247~75.

27) Barthold, *Turkestan Down to the Mongol Invasion*, 18.

28) Saidov et al., "The Ferghana Valley", 23.

지 않아 바르톨트는 자신의 결론을 수정하였다. 카라한 왕조 시기에 쓰인 역사적 대작은 없을지 모르지만, 바르톨트 스스로가 『투르키스탄의 역사』 (*History of Turkestan*)와 『튀르크 민족과 투르키스탄의 경이』(*Turkish Peoples and the Marvels of Turkestan*)라는 제목의 책을 거론한 것이다. 그리고 우리가 곧 살펴볼 발라사군의 유수프의 저작은 물론이고 마흐무드 카슈가리의 최고작은 또 어떠한가? 바르톨트 시대에는 두 저작이 모두 알려지지 않은 상태였다. 카슈가리의 저서는 이스탄불 문서국에서 발견된 필사본 한 부만이 전해지고 있으며, 그나마도 1917~19년에야 발간되었다. 바르톨트의 책이 인쇄된 바로 직후였다. 유수프의 경우에는 세 개의 사본이 존재했지만 작품에 대한 기초적인 학술서가 나오기까지는 한 세대를 더 기다려야 했다. 이렇게 귀중한 문헌을 알고 있었더라면 바르톨트의 시큰둥한 생각은 달라졌을까? 추측만이 가능할 뿐이다.

창조적으로 조성된 튀르크 거리

카라한 시대를 문화적 퇴행기로 보든 아니든 간에, 당시의 창조적인 삶의 성격과 질감을 탐구해 볼 가치는 있다. 위대한 천문학자나 수학자, 화학자, 의사가 카라한의 영토에서 탄생하지 않았고, 또한 통치자로부터 후원을 받지 못했던 것도 분명하다. 하지만 그것이 다른 분야에서도 중요한 업적이 나오지 않았음을 의미하지는 않는다.

한때 유목민이었던 카라한인들이 건축술 및 건축 예술의 열렬한 후원자였다는 것은 의외이지만 사실이다. 그러했기에 그들은 사마르칸트의 성채를 장악하자마자, 황갈색과 파랑, 하양, 초록 색깔이 칠해진 복잡하고 정교

---

29) *Ibid.*, 17.

한 식물 문양으로 장식된 정자를 여러 채 손쉽게 지을 수 있었다. 2002년에 우연히 이 정자들이 발견되면서 사람들은 카라한 시대의 수많은 프레스코화가 얼마나 더 소실되었을지 궁금해졌다.

좀 더 크고 튼튼한 건축물들이 다음 세기 내내 지어졌다. 카라한 시대의 민요에는 동부 페르가나 계곡의 우즈겐에 건설된 수도가 '우리 영혼의 도시'이자 '우리만의 특별한 도시'로 언급되어 있다.[30] 카라 다리야(Kara Darya) 위로 높이 솟은 절벽에 통치자들은 독립적이면서도 상호 연결된 세 개의 영묘 복합단지를 건설한 후, 그 각각에 아랍어와 페르시아어가 우아하게 새겨진 비문을 세웠다. 이는 성인이나 성자가 아니라 카라한 통치자들을 위한 것이었다.[31] 세 개의 영묘 모두에는 직사각형 모양으로 부하라에 있는 이스마일 사마니의 영묘를 떠올리게 하는 아주 잘 꾸며진 웅장한 정문이 세워져 있다. 그리고 사마니 영묘처럼 그 표면은 경이로울 정도로 복잡한 기하학 무늬의 내화벽돌로 장식되어 있다. 세심한 연구에 따르면, 정확한 기하학적 행렬은 위엄 있는 건축물의 입면과 파사드의 장엄한 장식을 위한 것이었다.[32]

이들 못지않게 정교한 건축물이 카라한의 주요 수도인 발라사군을 한때 장식했다고 생각할 만한 근거는 충분하다. 하지만 이러한 문제를 제기하기에 앞서 지난 한 세기 내내 성가신 질문이었던 이 도시의 실제 위치는 어디인가에 대한 질문에 우선 답해야 한다. 두 곳의 주요 후보지는 채 6.5킬로미터도 떨어져 있지 않지만, 그 가운데 한곳인 아크 베심(Ak Beshim)은

---

30) C. E. Bosworth, "Ozkend", in *Encyclopedia of Islam*, 2nd ed. (Brill online, 2013), reference 17, February 2013, http://www.encquran.brill.nl/entries/encyclopaedia-of-islam-2/ozkend-SIM_6053.

31) A. Iu. Iakubovskii, "Dve nadpisi na severnom mavzole 1152 g. v Uzgende", *Epigrafika vostoka* 1 (1947): 27~32.

32) D. Imankulov, *Monumentalnaia arkhitektura iuga Kyrgyzstana, Bishkek*, 2005, 80.

카자흐스탄의 국경 안에 있고 다른 하나인 부라나(Burana)는 키르기스스탄의 영토 내에 있다. 덕분에 튀르크 국가들 간에 선의의 경쟁이 유발되어 키르기스인들은 진지한 기술 보고서로 부라나가 발라사군이 세워졌던 지역이라고 주장하고 있는 반면, 카자크인들은 호화판 장서를 출판해 자신들의 주장에 활용하고 있다. 그중 가장 최근에 나온 책의 뒤표지를 장식하고 있는, 군복을 완장(完裝)하고 가슴 가득히 메달을 자랑스럽게 선보이고 있는 저자의 사진은 참으로 마음을 심란하게 한다.[33]

수십 명의 고고학자와 문헌학자의 조사 내용을 간추려 본 결과, 카라한 왕조의 중요 중심지가 키르기스스탄의 수도 비슈케크(Bishkek)에서 동쪽으로 약 80킬로미터 떨어진, 널따란 추(Chu)강 계곡의 부라나라고 불리는 지역에 있었음이 이제는 확실해졌다. 또 다른 후보지였던 아크 베심은 북서쪽으로 6킬로미터 떨어진 곳에 위치한다. 1961년 이곳은, 6세기에서 9세기까지 대호황을 누리다가 카라한 시대가 시작되기 바로 전에 사라진 대대적인 (외벽이 13제곱킬로미터를 아우른다) 제조 및 무역 중심지였던 고대 도시 수야브로 확인되었다.[34] 카라한의 군주들은 추강 계곡의 바로 이 지점이 톈산의 양면을 아우르는 새 국가의 수도로 완벽한 장소임을 이해했던 것이 분명하다. 고갈되어 아마도 쇠퇴했을 수야브의 상태를 감안해 그들은 대체 가능한 최고의 장소로 여겨지던 인근에 새로운 도시를 건설하기 시작했다.

그들이 선택한 장소는 정말이지 훌륭했다. 남북으로 눈 덮인 산들을 측

33) 부라나를 지지하는, 즉 키르기스인들의 주장을 설득력 있게 요약한 책으로는 V. D. Goriacheva, *Srednevekovye gorodskie tsentry i arkhitekturnye ansampli Kirgizii* (Frunze, 1983); M. E. Masson and V. D. Goriacheva, *Burana* (Frunze, 1985) 참조. 아크 베심(즉 악퇴베)을 지지하는 최근 책으로는 U. Kh. Shelekenov, *V~VIII Ghasyrlardaghy Balasaghun Qalasy* (Almaty, 2006) 참조.

34) Gerard Clauson, "Ak-Beshim-Suyab", *Journal of the Royal Asiatic Society*, New Seires, 93 (1961): 1~13.

면에 끼고 있는 이 넓은 계곡은 중앙아시아에서 동서 주요 간선도로 위에 있음을 가장 생생하게 실감할 수 있는 곳이었다. 서쪽에서 온 사람은 추강 계곡이 좁아지면서 결국 협곡으로 변하기 때문에 마치 지형이 자신을 중국이 있는 동쪽으로 잡아당기는 듯 느끼게 된다. 반면 동쪽 지역에서 발라사군에 도착한 중세 여행가들은 중앙아시아 전체가 자신 앞에 펼쳐지는 듯 느꼈을 것이다.

발라사군과 수야브 모두 오늘날이라면 다문화의 중심지라 부를 만한 곳이었다. 키르기스스탄과 카자흐스탄의 톈산 및 알라타우(Alatau)산맥 정(正)서쪽에 위치하고 인구가 밀집되어 있던 제티수 유역의 대부분 중세 도시처럼 두 도시에도 시리아 기독교도 신자들(수야브에는 교회가 두 곳이 있었다)이 살았고 수야브에는 두 채의 불교 사당과 한 채의 조로아스터교 신전이 있었다. 카라한 통치자들은 불교는 탄압했지만 기독교도나 마니교도들은 건드리지 않았는데, 그들은 모두 튀르크인들과는 달리 적극적으로 상업 활동에 종사했다. 이것이 이식쿨호의 그림 같은 북동쪽 기슭에 성삼위 수도원이 세워지고 수세기 동안 존재할 수 있었던 이유이다. 이 고대 시설은 복음서 저자인 성 마태의 유해라고 여기던 성물을 보관하고 있었기 때문에, 호수의 수면 상승으로 소실되기 전까지 수세기 동안 주요한 순례지였다.[35]

발라사군에는 직사각형 모양으로 50에이커 정도를 둘러싼 기저부 두께만 무려 19미터에 이르는 높은 성벽을 갖춘 밀집 도심 지역인 샤흐리스탄이 존재했다. 수도에는 성채가 없었는데, 중앙아시아에서는 흔치 않은 경우였다. 이는 튀르크인들이 농성(籠城)보다는 공성(攻城) 역할에 더 익숙했기 때문이었을까? 2.5킬로미터 밖에는 상업 지구, 즉 라바트(rabat)를 보호하는 두 번째 성벽이 있었고 아마도 그 너머에 세 번째 성벽이 있었을 것

---

35) Konurbaev, Mokrynin, and Ploskikh, *Gorod velikogo puteshestvennika*, 177ff.; Ploskikh, "The Central Asian 'Atlantis'."

이다. 이 외곽 지역에는 적어도 다섯 개의 준(準)도심 단지, 즉 수십 개의 방과 길이가 30미터에 이르는 넓은 중앙 복도가 있고 담장으로 둘러싸인 대규모 주택들이 있었다. 이 다층주택의 단지들은 오늘날의 기준으로도 매우 안락한 시설인 수도관과 목욕탕, 온돌 난방 등을 갖추고 있었다.

비록 오랜 경작과 대대적인 파괴로 평평한 부지가 되었지만, 주요 사원을 포함해 여전히 많은 것들이 발라사군에서 발견·발굴되고 있다. 확실히 알려진 것은 샤흐리스탄 중앙에 우즈겐에서와 마찬가지로 두 개의 영묘가 서 있고, 이 또한 카라한 통치자들을 위한 기념 건축물일 개연성이 매우 높다는 것이다. 그러나 발라사군의 영묘들은 돔이나 천막 지붕으로 된 원형 구조물이었다. 그것들 바로 옆에는 오늘날 바라나 탑(Barana Tower)으로 알려진 원통형의 탑, 즉 미나렛이 서 있다.[36] 유사한 탑이 우즈겐에도 있다. 원래 높이는 각각 39미터와 44미터였으나, 지금은 둘 다 높이가 많이 줄어들었다. 외벽은 위빙(짜임)을 연상시키는 가로띠로 분할되어 있는데, 그 결과 벽돌의 복잡한 장식 구간이 선명하게 부각되어 보인다. 이들 미나렛은 카라한 시대에 발현된 창의성의 중요한 단면을 잘 보여 준다.

튀르크 승전탑

전문가들은 이렇게 높은 원통형 탑, 즉 미나렛이 중앙아시아와 아프가니스탄에서 기원했으며, 이 탑들이 동쪽의 인도와 훗날 등장할 서쪽의 페르시아 및 오스만 제국으로 확산되었음을 이미 오래전부터 잘 알고 있었다. 이전에는 물라(mullah)가 기도 시간을 옥상(초창기 아라비아에서처럼)이나 로마 또는 비잔티움 모델에 기반한 탑(우마이야 통치자들이 다마스쿠스에

---

36) Goriacheva, *Srednevekovye gorodskie tsentry*, 33ff.; Imankulov, *Monumentalnaia arkhitektura*, 154ff.

서 그랬던 것처럼), 사원 외벽 안에 짜넣은 기도탑(역시 우마이야인이나 북아프리카인들처럼), 바그다드 북쪽 사마라에 세워진 아바스 수도의 특이한 경우처럼 고대 페르시아의 지구라트를 복제한 기괴한 나선형의 구조물에서 알렸더랬다.

미나렛 건설은 카라한 왕조 발흥 직전에 시작되어 그 치세기에 꽃을 피웠는데, 중앙아시아인들이 더욱 과감한 길을 가면서 단독으로 서 있는 가느다란 원주형의 형태를 띠게 되었다. 학자들은 중앙아시아 지역에서 이러한 건축물의 목록을 60개나 작성했다. 단연코 그중 가장 유명한 것은 위풍당당하면서도 묘한 부하라의 칼리안 미나렛(1127년 건설)이다. 또한 이것은 '죽음의 미나렛'으로도 알려져 있는데, 지방정부가 그 꼭대기에서 사형수를 던져 처형했기 때문이다.

그러나 초기에 지어진 이러한 건축물의 대부분이 카라한 시대에 등장했고, 다른 건축물 대부분도 카라한 왕조나 아프가니스탄 및 인도의 가즈니 통치자 또는 중앙아시아의 서쪽 지역 및 이란의 셀주크 왕조 같은 튀르크 정권의 후원을 받아 건설되었다는 사실은 충분히 인정받지 못했다.[37] 다른 많은 탑과 마찬가지로 부하라와 밥켄트(Vabkent), 우즈겐, 발라사군의 탑들이 카라한 시대에 만들어졌음은 확실하다. 카라한 왕조 이후에 곧 등장하게 될 다른 튀르크 왕조도 이러한 탑들을 열성적으로 계속 세웠다. 12세기에 튀르크 정권 아래 건설되지 않은 소수의 주요 원통형 탑 가운데 하나로 놀랍게도 그 높이가 65미터나 되는 얌(Jam) 미나렛이 있다. 아프가니스탄에 있는 이 탑은 웬일인지 1886년 전까지는 외부 세계의 주목을 받지 못했다. 탑 건설의 주역은 아프가니스탄 가즈니에서 침략한 튀르크 군대를 물리친 현지의 페르시아계의 고르 왕조였다. 그들은 미나렛을 건설

---

37) 이 문제에 대한 철두철미한 논의는 M. E. Masson, "Kratkaia istoricheskaia spravka o sredneaziatskikh minaretakh", *Materialy uzkostarosta* 2~3 (1933) 참조.

하던 가즈니인들에게 거둔 승리를 기념하기 위해 자신들의 손으로 거대한 탑을 세웠다.[38)]

미나렛 건설이 카라한 왕조나 얼마 후에 무대에 등장할 다른 튀르크 통치자들이 보여 준 독특한 현상이라고 결론내리기 전에, 혹시 이 같은 사업이 튀르크 지배자에 의해서가 아니라 지역 차원에서 계획되고 실행되었을 가능성은 없는지 생각해 볼 필요가 있다. 현지의 건축가들이 포함되었고 그들 중 일부는 이주한 페르시아(타지크)인들이었다는 사실이 우즈베키스탄 차만간(Chamangan)에 경이롭게 서 있는 자르쿠르간 첨탑에 의해 밝혀졌다. 풍성하게 장식된 여덟 개의 하부 기둥이 하나가 되어 만들어진 원주 형태의 이 탑은 중앙아시아의 계몽 시대가 남긴 멋진 건축물 중 하나이다. 건축가 사락스의 알리 빈 무함마드 — 이제 막 이란의 투르크메니스탄에서 국경을 넘어왔다 — 는 자신의 작품이 너무 마음에 든 나머지 구운 벽돌로 지은 탑에 서명을 남겼다. 그렇다면 이 기념비적인 탑의 건축가와 건설자 가운데 적어도 일부는 현지인 — 아마도 페르시아인(타지크인)이었을 것이다 — 이었다는 전제 아래 그것을 세울 계획을 가지고 건설 비용을 조달한 이는 과연 누구였을까?

키르기스스탄 출신의 명석한 연구가 D. 이만쿨로프(D. Imankulov)는 최근 이 문제에 대해 매우 혁신적인 의견을 내놓았다. 현대적인 기술을 이용해 그는 11세기부터 12세기까지 카라한 왕조의 영토에 있는 수많은 주요 미나렛의 높이를 측정했다. 그다음에는 기저부의 지름을 측정하여 그 비율이 1: 2,666임을 알아냈다.[39)] 이 비율은 놀랍게도 일관적으로 지켜졌는데, 이 시기의 거의 모든 중앙아시아 탑의 표준적인 형태라고 할 수 있을 정도였다. 이에 이만쿨로프는 지금은 끝이 잘린 우즈겐과 발라사군의 미

---

38) 얌 미나렛에 관해서는 J. Sourdel-Thomine, *Le minaret Ghouride de Jam. Un chef d'oeuvre du XIIIe siècle* (Paris, 2004) 참조.

39) Imankulov, *Monumentalnaia arkhitektura*, 163~66.

나렛에도 이 비율을 소급 적용하여 그 원래 높이값을 구했다.

건축가와 건설자들이 이처럼 닮은꼴의 탑 설립 계획안을 제안하거나 건축하며 11세기 이곳저곳을 돌아다녔을 수도 있다. 한 세기 후에 유럽의 일류 석공들이 고딕 성당과 관련된 일을 처리했던 방식대로 말이다. 하지만 대도심 한가운데에서 이와 같이 거창한 사업을 벌이는 데 필요한 권력과 재원은 유럽보다 중앙아시아에서 훨씬 더 일원화되어 있었다.

이러한 행로는 동쪽에서 연속적으로 밀려오는 유목민과 오아시스 정주민 간의 복잡한 상호작용이라는 중앙아시아의 근본적인 삶의 현실로 되돌아가게 한다. 좋은 시절에는 이러한 관계가 공생적이고 양측 모두 상대방으로부터 경제적 이익을 취하며 서로에게 득이 되었다. 하지만 새로운 유목민 군대가 정착도시 인근에 출몰할 때면 생활양식도 새롭게 설정될 수밖에 없었다. 카라한 이주민의 수는 많지 않았고 지도부는 분열되어 있었으며, 카라한 왕조의 통제력은 항상 미약했다. 따라서 그들은 '자신들의 깃발을 꽂기 위해' 특별 조치를 취해야 했다.

그들이 이의 일환으로 도심에 고인이 된 자신들의 통치자를 기리는 멋진 영묘를 건설했음을 앞에서 보았다. 하지만 도시와 인근 교외 지역을 제압하면서 카라한 왕조의 존재감과 힘을 모든 이에게 과시할 수 있는 미나렛 건립이 훨씬 느낌도 좋고 효과도 컸을 것이다. 아마도 이것이 카라한의 통치자들이 열정을 가지고 미나렛 건설에 매진한 주요 동기였을 것이다. 따라서 저명한 예술사가 리하르트 에팅하우젠(Richard Ettinghausen)과 올레그 그라바가 이 미나렛을 이른바 '승전탑'이라고 특징지은 것은 적확했다.[40] 그리고 그 결과로 탄생한 건축물의 표준적인 비율은 그들이 같은 계보에 속함을 보여 준다.

시간이 지나면서 원주형의 승전탑은 다른 시정 기능도 담당하게 되었다.

---

40) Ettinghausen, Grabar, and Jenkins-Madina, *Islamic Art and Architecture, 650~1250*, 152.

이들 역할을 기록한 독일의 역사학자 에른스트 디에츠(Ernst Dietz)에 따르면, 여행가들을 위한 이정표나 공식 법령이 선포되는 연단으로 이용되었고, 부하라와 다른 지역에서는 사형 집행을 위한 장소로도 사용되었다.[41] 그렇다고 이것이 일반적인 미나렛과 특히 이 지역의 몇몇 미나렛의 핵심적인 종교 역할을 부정하는 것은 아니다. 하지만 발라사군과 우즈겐, 그리고 다른 어느 곳에서도 카라한인들은 대(大)모스크를 건립하지 않았으며, 심지어 발라사군에서는 미나렛에 가장 가까이 서 있는 건축물이 예배 장소가 아니라 왕족의 묘였다는 사실은 주목할 만한 가치가 있다. 키르기스과학원의 V. D. 고리야체바(V. D. Goriacheva)는 모스크들이 나무로 지어졌거나 초기 아라비아에서 흔히 볼 수 있던 단순한 옥외 형태이지 않았을까 추정했다. 왜냐하면 이렇게 지어진 건축물이라면 지면에 뚜렷한 흔적을 남기지 않았을 수도 있기 때문이다. 하지만 이 이론은 개연성이 매우 낮아 보인다. 세상에 그 누가 거대한 탑을 세우는 엄청난 노고 끝에 아주 초라하고 영속적이지도 않을 사원과 굳이 그것을 연결하려 했겠는가 말이다.

이제 카라한 왕조의 승전탑의 원통 형태가 어디에서 기원했는지 살펴보는 문제만 남아 있다. 여러 흥미로운 가설이 제시되었다. 그것이 초기 튀르크인들이 지도자의 무덤 위에 세웠던 석조 기념 부두, 즉 발발(balbal)에서 기원했다고 주장하는 이들이 있다.[42] 조로아스터교 신자들이 사자를 뉘어 놓았던 탑에서 그 기원을 찾는 이들이 있는가 하면, 한때 아프가니스탄과 중앙아시아에서 아주 흔히 보였던 불교도들의 원주 기념비(stambkha)에서 그 가능성을 찾는 이들도 있다.[43] 한편, 아프가니스탄에 있는 가즈니의 마

41) Masson, "Kratkaia istoricheskaia spravka", as cited by Imankulov, *Monumentalnaia arkhitektura*, 154n111.

42) Goriacheva, *Srednevekovye gorodskie tsentry*, 33.

43) Masson, "Kratkaia istoricheskaia spravka."

흐무드의 승전탑이 별 모양으로 설계된 것에 주목한 학자들은 대략적으로 이슬람 이전 시기에서 그 기원을 찾기도 한다.[44] 또 다른 가능성도 제기할 수 있다. 스텝에 거주하던 유목민들은 수평적 세계에 살았기 때문에 그들은 항상 높이에 매료되어 있었다. 따라서 그들은 가능한 한 높게 사자들을 위한 봉분을 만들었는데, 그 원형은 오늘날 풍화된 상태보다 훨씬 더 높았다. 어떻게 이러한 사람들이 하늘까지 닿을 수 있는 벽돌탑의 건설 가능성에 영감을 받지 않을 수 있었겠는가?

승전탑 양식이 어디에서 왔든지 간에, 이 원주형 건축물의 외부는 반드시 풍성한 기하학적 무늬가 새겨진 벽돌로 장식되었다. 제1장에서 살펴보았듯이, 부하라의 칼리안 미나렛의 문양에 깊은 인상을 받은 한 무명의 중세 이탈리아 여행가는 그것을 모방해 베네치아 총독 궁전의 외부 벽돌을 장식했다. 이 문양 중 일부는 유목민의 직물 디자인에서 유래한 것이지만 나머지는 이전 세기의 위대한 사만 건축물의 장식에서 기원한 것이다. 말하자면, 이러한 장식은 카라한인들이 말에서 내려와 네 개의 수도에 정착한 순간 시작된 도시생활로의 동화(同化)과정을 보여 주는 증거이다.

카라한인들의 동화(同化)

많은 영역에서 튀르크 카라한인들은 페르시아/타지크 과목을 열성적으로 공부한 학생이었음을 보여 준다. 주택 디자인, 의복 재단, 밥상 도기 등 모든 것에 중앙아시아 오아시스 정착민들의 영향력이 미쳤다. 카라한인들의 커다란 족적으로 평가되는 대단히 중요한 튀르크화 과정이 오아시스 곳곳에서 전례 없는 속도로 전개되었지만 그와 동시에 카라한 엘리트 역

---

44) Ettinghausen, Grabar, and Jenkins-Madina, *Islamic Art and Architecture, 650~1250*, 152.

시 널리 확산되어 있던 오아시스 문화와 그들 자신도 이제는 그 일부분이 된 더 큰 이슬람 세계의 많은 양상을 수용했던 것이다.

카라한인들은 모스크와 영묘, 다양한 다른 기념물을 세웠고 더불어 전형적인 이슬람 재단인 와크프(waqf)도 자선 목적을 위해 설립했다.[45] 한 카라한 통치자는 사마르칸트에 대형 병원을 신설하고 의사 및 보조 인력의 급여뿐만 아니라 심지어는 주방과 난방, 조명 예산까지 고려해 종신 기부를 했다.[46] 또한 그는 경건한 젊은이들이 수니파 신앙의 전통주의적인 정통 교리를 교육받을 수 있도록 종교 학교, 즉 마드라사를 건립하고 그곳에서 일할 인력을 선발하는 데 필요한 재원을 종신 기부하기도 했다.

복잡한 정주도시 문화의 정교함을 카라한인들만큼 빨리 수용하고 익힌 신출내기의 다른 사례를 찾기는 쉽지 않다. 왕조의 수장이 모든 시설이 잘 갖추어진 도시보다는 발라사군의 성벽 밖 군대 야영지에 설치된 텐트에서 자신들의 선조처럼 지내는 것을 선호한 것까지는 어쩔 수 없었다.[47] 물론 유목생활의 전력이 있었음에도 엘리트 대부분은 그렇게 하지 않았지만 말이다. 그들은 결코 스텝 문화에 충실하라는 마흐무드 카슈가리의 호소를 외면하지 않았다. 하지만 동시에 자신들이 발견한 새로운 세계도 받아들였다. 이처럼 튀르크인들은 중앙아시아를 변형하면서도 자신들 역시 이제는 집이라고 이름 부르게 된 지역의 문명에 의해 변화하고 있었다.

『행운을 가져오는 지혜』(Kutadgu Bilig)[48]라는 제목의 통치자들을 위한 교훈서의 저자이자 카라한의 철학자, 시인, 정치가였던 유수프 발라사구

45) Muhammad Khadr, "Deux acteds de waqf d'un Qarahanide d'Asie Centrale", *Journal Asiatique* 255 (1967): 305~24; Yaacov Lev, "Politics, Education, and Medicine in Eleventh Century Samarkand: A Waqf Study", *Wiener Zeitschrift für die Kunde des Morgenlandes* 93 (2003): 127~43.

46) Davidovich, "The Karakhanids", 130.

47) *Ibid.*, 123.

48) Hajib, *Wisdom of Royal Glory*.

니, 즉 발라사군의 유수프만큼 양방향의 문화적 동화과정을 완벽히 체현한 사람은 없을 것이다. 그는 마흐무드 카슈가리가 『튀르크어 대사전』을 쓰기 시작하기 3년 전인 1069년경에 이 책의 집필을 마쳤다. 유수프 발라사구니의 위대한 업적은 생생하나 다루기 힘든 구어체 튀르크어를 유연한 문학적인 언어로 연마해 교양 있는 페르시아인이나 아랍인에게는 친숙했을 주제 — 군주를 위한 조언 — 로 200쪽이 넘는 압운시를 짓는데 이 튀르크어를 사용한 것이다. 이는 완벽에 가까운 문화적 병합을 의미했다.

『행운을 가져오는 지혜』

발라사구니의 이야기 줄거리는 쉽게 요약할 수 있다. 한 젊은이가 마침 새로운 재상(vizier)을 물색하고 있던 군주(khan)의 궁전에 도착한다. 청년은 재상직을 성공적으로 수행한다. 가정을 이루고 오랜 시간 군주와 철학적 토론을 벌이며 바쁜 나날을 보낸다. 그러던 그가 갑자기 사망한다. 이에 군주는 재상의 어린 아들을 책임지고 보살핀다. 이렇게 성장한 아들은 마침내 아버지가 맡았던 자리까지 오른다. 토론이 재개되어 군주에게는 실용적인 주제이든 철학적인 주제이든 관련한 조언이 제공된다. 이에 매우 만족한 군주는 막강한 권력을 이 새로운 재상에게 위임한다. 이 젊은 대리인에게 지원이 필요하다고 생각한 군주는 재상에게 차석 고문을 채용하라고 명한다. 재상은 도시를 버리고 종교적 은둔생활을 하고 있는 형에게 도움을 청한다. (친족 등용은 우려할 문제가 아니었던 것 같다.) 그러나 은둔자는 통치자에게서 온 편지를 두 차례나 묵살했고, 만남을 마치면 곧바로 산장으로 돌아오겠다는 그의 말이 받아들여지고 나서야 겨우 동행을 수락한다. 그런데 얼마 후에 은둔자가 갑자기 죽음을 맞이한다. 이에 재상은 형을 따라 자신도 종교적 금욕생활을 받아들일까 고민한다. 하지만 임종 자리에서 은둔자는 동생에게 군주에 대한 그의 의무를 상기시킨다. 그리하여 재상은 다시 자신의 공적인 책임을 수행하면서 다른 이들에게 선의를 베풀고자 더욱더 노력한다.

여기까지는 좋았다. 발라사구니의 책은 페르시아어와 아랍어로 '군주에게 귀감'을 주기 위해 쓰인 이야기와 비슷한 상당히 전형적인 내용을 담고 있다. 그러나 이야기는 저자가 우화적이고 윤리적이며 정치적이고 종교적인 풍성한 소재를 덧붙이기 위한 보강재에 지나지 않는다. 예를 들면 '떠오르는 태양'이라 불리는 군주는 정의를 상징한다. 왜냐하면 태양은 변함이 없고 한결같기 때문이다. '만월'(滿月)이라 불리는 첫 번째 재상은 쉽게 차고 이지러지는 변덕스러운 운을 표상한다. 실제로 재상은 갑작스럽게 권세를 얻고 이어 곧 요절한다. '극찬받는 자'인 두 번째 재상은 지성을 발휘하여 군주가 (궁중 연회에서) 술 따르는 자와 거지에 이르기까지 대중을 어떻게 다루어야 하는지에 관해 상세하게(종종 극히 평범하기도 하지만) 조언을 해주는 현명하고 실용적인 선도자이다. 그리고 은둔자는 "완전히 깨어 있는 자이다." 왜냐하면 이슬람 수피나 불교 수도승처럼 그는 영혼에게 죽음과 영겁을 일깨우기 때문이다.

발라사구니는 이러한 인간과 우화적인 인물 간의 복잡한 상호작용을 시로 이야기했다. 페르도우시의 『샤나메』에서 차용해 처음으로 튀르크어에 적용한 운율, 즉 동수(同數)의 음절로 이루어지고 각운이 맞는 2행 연구를 사용해서 말이다. 혁신가로서 발라사구니가 행한 역할은 초서가 영어로, 단테가 이탈리아어로, 마르틴 루터(Martin Luther)가 독일어로 한 일들의 예고편이었다.

빠르게 책을 읽다보면 책의 내용이 단 하나의 대립 구도를 중심으로 전개되고 있음을 알 수 있다. 그렇다면 서로 대척점에 있는 인물은 누구인가? 한쪽에는 군주가 서 있고, 다른 한쪽에는 그가 고용하거나 고용하고자 했던 다른 모든 인물이 서 있는 구도가 가능할 것이다. 이렇게 본다면, 이 작품은 인적 자원의 관리에 관한 11세기 안내서로 읽힐 것이다. 그러나 온전한 병치(倂置)는 단 두 인물, 즉 재상과 은둔자 간에만 확실하게 이루어졌다. 발라사구니와 카슈가리의 저작을 모두 완벽하게 번역한 로버트 댄코프는 이를 시민으로서의 의무와 개인의 양심 간의 충돌로 보았다.[49]

세계를 포용하고 수피적 대안을 거부한 발라사구니

발라사구니는 군주의 유일한 버팀목으로, 그리고 그러한 이유로 사회를 부양할 단 한 사람으로 재상을 묘사했다. 그렇다. 귀족과 군대, 종교법이 있지만 이 가운데 그 어느 것도 사회가 평화와 안정을 누리도록 보장해 주지 않는다. 단지 능력 있고 활동적인 재상의 존재만이 군주가 효율적으로 통치하고 사회가 발전하도록 만들 수 있다. '극찬받는 자'로 불리는 재상은 인류의 공동생활을 받쳐주는 주요 기둥이다.

이와는 반대로 은둔자(완전히 깨어 있는 자)는 사회 밖에서의 삶을 산다. 유수프 발라사구니는 세속을 벗어난 이 까다로운 인물을 긍정적인 관점에서 소개하고자 무던히 노력했다. 은둔자는 신성한 빛을 감지할 수 있도록 영혼을 정화하고자 하는 수피이다. 그러나 '완전히 깨어 있는 자'는 시와 노래로 빛을 감지하고자 애쓰는 무아지경의 수피이기는커녕, 모든 세속적인 기쁨을 엉터리라고 생각하는 암울한 허무주의자였다. "아이들은 적이다", "아버지는 불쌍한 사람이다. 왜냐하면 그의 음식은 독약이니까"라고 읊조렸다. "아담이 죄를 짓자 그 벌로 신은 이 세상을 감옥으로 만들었다." 이 모든 것에 맞서 그의 동생은 더할 나위 없이 합리적인 주장을 펼쳤다. 군주는 한발 더 나아가 금욕적인 삶을 추구하는 자들 — 수피들 — 은 그 행위에 대한 찬사를 구함으로써 자만이라는 죄를 저지른다고 비난하며 반

---

49) *Ibid.*, 1.

격에 나섰다.[50]

결국 '완전히 깨어 있는 자'의 역할은 대안적 삶의 전망을 변호하는 것이 아니라 그의 동생인 재상과 군주의 들러리를 서는 것이었다. '완전히 깨어 있는 자'에게 자극을 받은 재상은 다시 돌아와 혼란스러운 세상과의 적극적인 대결을 옹호하고, 다른 이들에게 선행을 베풀 수 있는 가능성을 긍정한다. 발라사구니의 표현에 따르면, "다음 세계는 이 세계를 통해 얻어지는 것이라고 '완전히 깨어 있는 자'는 말했다."[51] 매력적인 인물인 '극찬받는 자'는 그의 형이 그토록 비통해하며 비난했던 바로 그 지점에서 자신만의 기쁨을 찾아냈고 결국에는 승리를 거두었다. 부패한 도시적 삶에 맞선 반동으로 수피즘이 튀르크 세계를 휩쓸기 시작한 바로 그때에 『행운을 가져오는 지혜』는 은둔자의 동굴로의 유혹에 맞서 강력하게 도시를 긍정하는 도시 선언문을 제시한 것이다.[52] 그럼에도 불구하고 다른 어떤 논객도 완전한 열정과 격렬함에서 은둔자인 '완전히 깨어 있는 자'를 따라가지 못했다. 다른 사람들은 머리로 말했지만 은둔자의 목소리는 그의 뱃속에서 나왔다. 이러한 사실이 『행운을 가져오는 지혜』에 약간은 특이한 모호성을 더한다.

전투에서는 졌지만 전쟁에서는 승리한 은둔자

유수프는 『행운을 가져오는 지혜』에서 두 차례 흑막에서 걸어나와 직접 독자에게 말을 건다. 두 경우 모두 그의 목소리는 분명하고 단호했다. 첫

---

50) Hajib, *Wisdom of Royal Glory*, 146.
51) *Ibid.*, 159.
52) 로베르 데브뢰(Robert Devereux)는 소논문 "Yusuf Khass Hajib and the Kudadgu Bilig", *The Muslim World* 4 (1961): 303에서 비슷한 주장을 제기했다.

번째로 그는 서문에서 노년의 맹습에 대해 장구히 이야기했다. "오 노인이여! 이제 죽음에 대비하며 지나간 당신의 세월을 애도하시오."[53] 두 번째의 경우 유수프 발라사구니는 자신의 책에 두 편의 짧은 시를 덧붙였다. 첫 번째 시는 '노년과 젊음의 상실에 관한' 또 다른 반추였다. 하지만 두 번째 시인 「시간의 변질과 친구의 배신에 관하여」는 자신이 살고 있는 시대, 즉 '생각과 말이 위선적이고', '진정한 이웃'이 없으며 '친족이 이방인처럼 행동하고' '내가 내 눈처럼 가까이 대하는 사람은 누구든지 악마 같은 적임이 드러나는' 시절에 대한 맹렬한 비난이었다.

이것은 '완전히 깨어 있는 자' 본인의 씁쓸한 목소리였다. 은둔자처럼 발라사구니도 도시 세계와 동료들의 사회를 정면으로 공격했다. 같은 어조로 발라사구니는 다음과 같이 결론지었다.

> 이곳에서 나를 위한 최선은 사회를 떠나 사람들로부터 멀리 떨어져 사는 것이다. 사람들이 내 이름을 듣지도 내 모습을 보지도 못하게 하리라. 그리고 그들이 나를 찾는다면 나를 찾지 못하게 하리라. 그들은 전갈처럼 매달리고 파리 떼처럼 피를 빨고, 개처럼 으르렁댄다. 나는 가장 먼저 무엇을 쳐내야 할까? 어느덧 나는 파렴치한 사람들 한가운데에서 고통으로 몸부림치고 신음하고 있다. 배신의 압박이 나에게 이르지 않게, 그리고 이 사악하고 신의 없는 자들로부터 구원받게 하소서. 신이시여, 제게 버틸 수 있는 힘을 주옵소서! 저에게 친애하는 예언자와 그의 네 명의 교우의 얼굴을 보도록 해주소서.[54]

이러한 배후 사정을 고려했을 때 우리는 유수프 발라사구니의 책을 어떻게 평가해야 할까? 한편으로는 도시생활과 지성 및 지혜에 의해 인도되는 긍정적인 노력을 통해 달성할 수 있는 모든 것에 대한 열정적인 인사

---

53) Hajib, *Wisdom of Royal Glory*, 51~52.
54) *Ibid.*, 256~57.

로 다가온다. 하지만 다른 한편으로는 정반대의, 즉 사회의 공허함과 완전한 어리석음에 대한 깨달음으로 얻게 된 체념과 소극적인 은둔의 삶의 선포로 읽힌다. 발라사구니는 자신의 경우에 전자에서 후자로의 변화가 나이가 들면서 얻은 각성에서 기인했음을 분명히 했다. 그러나 그는 또한 사회가 더 이상 희망과 인간애의 광채로 빛나지 않으며, 진중한 이들은 도시 세계가 과연 삶에서의 성취를 가져다줄 수 있을지 의심하기 시작했다고 전했다. 튀르크인들이 중앙아시아 도시의 고급문화에 처음으로 가담한 바로 그 순간에 계몽의 시대는 스러지기 시작한 것일까? 그렇다고 할 수 있을 정도로 그의 이야기는 미래에 대한 불길한 암시 같았다.

카슈가르의 잔광

1070년 또는 그해 바로 얼마 후에 유수프 발라사구니는 자신의 필사본을 카슈가르 궁전의 카라한 군주에게 바쳤다. 그는 군주에게 그것을 읽어주었고 그로부터 왕실 시종이라는 직함과 고위직에 딸려오는 연금을 보상으로 받았다. 7년 후 마흐무드 카슈가리는 집필 중인 『튀르크어 대사전』을 마무리하고 수도로 돌아왔다. 그때 유수프의 나이가 쉰일곱 살에서 예순여섯 살 사이였고 마흐무드는 1102년(무려 아흔일곱 살!)에 사망했기 때문에 두 사람이 실제로 만났을 가능성은 매우 크다. 그들이 서로를 알았든 아니었든 간에, 카슈가리와 발라사구니 두 사람은 모두 존경과 찬사를 받았다. 그들이 사망하자 카슈가르 남쪽과 남서쪽에 있는 마을 각각에 그들의 무덤이 조성되었으며, 이곳은 방문과 순례의 장소가 되었다. 마흐무드의 무덤은 우파드(Upad) 마을에 여전히 남아 있지만, 타이납(Tainap) 마을에 있던 유수프의 무덤은 중국의 문화대혁명 당시 홍위병에 의해 파괴되었다.

불행히도 이 위대한 학자이자 시인들이 촉발한 튀르크어 및 문화적 전성기는 지속되지 못했다. 두 사람 모두를 후원한 지역의 칸은 이브라힘 탐가치 부그라(Ibrahim Tamghach Bughra, '낙타, 이브라힘 탐가치')라는 자였다. 강경한 통치자였던 그가 한 번은 지역 깡패들이 사마르칸트 성벽에 휘갈겨 쓴 낙서를 보게 되었다. 뽐내듯이 "우리는 양파와 같다. 자를수록 우리는 점점 더 커진다"라고 쓴 낙서에 그는 그다운 낙서로 답했다. "나 여기 정원사처럼 서 있노니, 너희가 크게 자라면 자라는 대로 나는 너희를 모두 뽑아버릴 것이다."[55]

단호한 지도자의 존재도 두 저자가 카슈가르로 돌아온 바로 그때에 카슈가르와 발라사군, 우즈겐 위로 몰려오던 검은 구름을 막을 수는 없었다. 자신들을 종주국으로 인정할 것을 강요하며 셀주크 제국이 이미 서쪽에서 카라한 왕조를 공격하고 있는 상황이었다. 그리고 유수프 발라사구니에게 영예를 베푼 지 딱 2년 후인 1072년에 이브라힘 탐가치가 사망했다. 그의 후계자들은 유약하고 무능했다.

다음 세대에는 카라키타이(Karakhitai, 西遼)족이라는 새로운 위협 세력이 등장했다. 불교와 샤머니즘을 신봉했던 그들은 튀르크계의 툰구즈(Tunguz)에 의해 중국에서 밀려난 후에 1125년부터 서진(西進)하기 시작했다.[56] 카슈가르의 카라한 군대는 그들과의 첫 대결에서 승리를 거두었다. 하지만 10년도 되지 않아 그들은 1만 명의 군세(軍勢)로 돌아와 카슈가르와 발라사군을 휩쓸고 중앙아시아의 중심으로 진출했다. 카라한 왕조의 날이 얼마 남지 않았다.

유수프 발라사구니는 한 글귀에서 국가는 검(劍)에 의해 성립되나 그 유지는 지혜로서 가능하다고 낙관했다. 하지만 겨우 몇 쪽 뒤에서는 아주 다

---

55) Barthold, *Turkestan Down to the Mongol Invasion*, 312.

56) 카라키타이족에 관해서는 Barthold, *Four Studies on the History of Central Asia*, 1: 100~09; D. Sinor, "The Kitan and the Kara Khitai", in *History of Civilizations of Central Asia*, vol. 4, pt. 1, 234~42 참조.

른 의견을 피력했다. "황금과 칼, 이 두 가지가 왕국을 뭉치게 한다."[57) 유수프 발라사구니와 마흐무드 카슈가리가 사망하고 한 세대도 지나지 않아 금, 검, 지혜 그 어느 것도 카라한 왕조를 운명으로부터 구하는 데는 역부족이었지만 말이다.

---

57) Hajib, *Wisdom of Royal Glory*, 129.

제11장

튀르크인 약탈자 치하에서의 문화:
가즈니의 마흐무드

새로운 형태의 통치자

우리는 매우 위태로운 순간에 아부 라이한 알 비루니를 남겨놓고 떠났었다. 그는 구르간지에서 농성하던 섭정에게 충성을 다했고, 마문이 살해된 후에는 조국을 위해 가능한 한 최고의 대우를 받아내고자 적장들과 협상했다. 그는 술탄 마흐무드가 아프가니스탄 가즈니에 있는 자신의 궁전을 꾸미기 위해 마문 아카데미의 주역들을 보내달라고 요구하며 호라즘의 샤, 아부 아바스 마문에게 보낸 편지를 잊지 않았다. 마흐무드와의 만남을 미루어왔던 그이지만 이제는 자신이 협상할 위치에 있지 않음을 잘 알고 있었다. 당시 마흔네 살이었던 비루니와 이제 기능이 정지된 호라즘 과학연구소의 주요 인물들은 서둘러 카라쿰 사막을 건너 아프가니스탄으로 향했다. 비루니는 여생을 가즈니의 마흐무드를 위해 일했고, 결국 마흐무드의 수도—오늘날에도 그의 무덤을 볼 수 있다—에서 생을 마감했다.

자신의 누이를 구르간지의 통치자와 결혼시키고도 갓 매부가 된 그에 맞서 폭도들을 사주하고, 마문 궁전의 영예였던 과학자들을 납치하여 1017년에 벌어진 추악한 사건의 대미를 장식한 술탄 가즈니의 마흐무드는 과연 어떤 사람이었을까?[1]

당시 마흔여섯 살이었던 마흐무드는 11세기 중앙아시아에 출현한 새로운 유형의 튀르크 통치자의 전형이었다. 그는 33년간의 재위 기간 (997~1030) 내내 노예 상비군의 수장으로서 끊임없이 정복전쟁을 수행했다. 물론 노예 병사는 오래전부터 존재해 왔다. 정복에 나선 아랍인들, 즉 칼리프 제국을 비롯해 그들에게서 파생된 고집 센 부하라의 사만 왕조와 카이로의 파티마 왕조 모두 권력 유지를 위해 노예 병사들에 의지했다. 그러나 이 모든 병력에는 아랍 부족민이든 페르시아인이든 간에, 일단의 비노예 병사들도 포함되어 있었다.[2] 카라한 왕조를 비롯해 당대 대부분의 튀르크 통치자들은 자신의 부족 출신의 자유민들을 중심으로 군대를 조직하기를 원했다. 그런데 마흐무드는 중앙아시아 무슬림 통치자로서는 처음으로[3] 자신의 군대를 노예 장교와 노예 병사들로 충원하고 이러한 성격의 군사 유지를 통치의 핵심으로 정했다. 이는 통치자 개인의 재산과는 다른 영속 국가로의 성장이라는 측면에서는 진일보한 것이 맞지만[4] 이 같은 군사화된 정복-국가의 설립은 엄청난 대가를 요구했다.

1) 가즈니의 마흐무드에 관한 연구서로는 C. E. Bosworth, *The Ghaznavids: Their Empire in Afghanistan and Eastern Iran 994~1040* (Edinburgh, 1963); Nazim, *The Life and Times of Sultan Mahmud of Ghazna*; C. E. Bosworth, "The Early Ghaznavids", in *The Cambridge History of Iran*, vol. 4, chap. 5 참조. 바르톨트의 참고문헌 목록은 *Turkestan Down to the Mongol Invasion* (London, 1928) 18~24 참조. 좀 더 오래된 참고문헌으로는 Nazim, *The Life and Times of Sultan Mahmud of Ghazna*, 1~15, 보스워스가 철저하게 작성한 참고문헌 목록은 "Early Sources for the History of the First Four Ghaznavid Sultan, 997~1041", *Islamic Quarterly* 7, 1~2 (1963): 3~22 참조.

2) Kennedy, *The Prophet and the Age of the Caliphates*, 206ff.

3) C. E. Bosworth, "Ghaznavid Military Organization", *Islam* 36 (1960): 37~77; Bosworth, *The Ghaznavids*, 126~27.

4) C. E. Bosworth, "The Imperial Policy of the Early Ghaznawids", in *The Medieval History of Iran, Afghanistan, and Central Asia*, chap. 11, 49ff.

999년에 발흐를 공격하기 위해 동원된 마흐무드의 군대는 기동력이 뛰어났고 그 수가 10만 명 미만으로 떨어진 적이 거의 없었다.[5] 노예 병사들을 모집하고 배치하는 데 마흐무드는 피부색이나 종족, 종교에 개의치 않았다. 예를 들면, 그는 이슬람 도시를 방어하던 튀르크나 페르시아, 인도의 군대에 맞서 힌두 병사들을 출병시키는 데 전혀 주저하지 않았다. 심지어는 가솔 대부분도 노예였다. 이슬람 신앙에 얽매이기는커녕, 마흐무드는 최고의 종교 권력자인 칼리프가 자신이 멋대로 행사하던 미심쩍은 모든 특권과 행동을 승인했다고 생각했다.

노예 태생이었던 마흐무드에게 이러한 상황은 결코 어색하지 않았다. 그의 외할아버지인 알프테긴(Alptegin)은 이스마일 사마니의 친위대원으로 부하라에서 출세한 튀르크인이었다. 때가 되어 군사령관 자리에 오른 그는 나라에서 가장 강력한 자였고,[6] 자신에게 세금을 내는 마을이 500개나 되는 최고의 갑부이기도 했다.[7] 니샤푸르에 주둔하던 사만 왕조의 군사령관으로 복무한 후에 알프테긴은 962년에 아프가니스탄의 가즈니 총독으로 지명되었다. 그는 즉각 자신을 위해 가즈니의 왕이라는 호칭을 요구했다. 그러면서도 시종일관 사만 왕조 통치자에 대한 불멸의 충성을 다짐했다. 역시 노예 출신이었던 마흐무드의 아버지인 수부크테긴(Subuktegin)의 고향은 마흐무드 카슈가리가 태어난 마을인 이식쿨호 인근의 바르스한이었다. 수부크테긴은 운 좋게도 알프테긴의 딸과 결혼했다.

가즈니 왕들은 지칠 줄 모르고 자신들의 지배방식이 정교하고 세련된 사만 왕조 모델에 기반하고 있음을 세상에 알리고자 애썼다. 하지만 마흐무드가 후원한 언어와 문화와 관련해서는 이렇게 말할 수 있어도 국가 자체의 구조나 기능은 사만 왕조와 전혀 달랐다. 사만 왕조와의 친연성을 강

---

5) Nazim, *The Life and Times of Sultan Mahmud of Ghazna*, 140.

6) Frye, *Bukhara*, 87.

7) Barthold, *Turkestan Down to the Mongol Conquest*, 239.

조하는 주장은, 마흐무드 왕조가 대부분이 노예로 구성된 튀르크 군대의 조력을 받는 페르시아화된 엘리트를 보유한 칼리프 제국을 모델 삼아 건설된 최후의 국가라는 또 다른 주장만큼이나 신뢰할 수 없다. 두 주장 모두 절반만 진실이기 때문이다. 마흐무드가 절정기에 올려놓은 나라는 사만 왕조나 칼리프 제국보다 훨씬 더 전제적 색채가 짙은 국가였다.

술탄의 튀르크 협력자들로 지배층의 대부분을 충원하고 튀르크 및 힌두 노예 병사들로부터 조력을 받던 마흐무드의 제국은 비록 길지는 않았지만 전성기 동안 칼리프의 상상 이상으로 자신들이 지배하던 지방을 강력히 통제하며 공납을 받아냈다. 마흐무드의 대신이 헤라트에서 필요한 만큼의 재산을 징발하는 데 실패하자, 그는 처음에는 이 정부요인에게 자비로 그 차액을 메우라고 명령했다. 그런데 그마저도 충분하지 않자 대신을 고문하여 죽음에 이르게 했다.[8] 이것이 마흐무드의 금화가 그 가치를 계속 유지할 수 있었던 비결이었다!

마흐무드 왕조는 비트포겔이 설명한,[9] 대규모의 관개시설을 관리하는 데 필요한 복잡한 조직적 관계망을 갖춘 '동양 전제주의' 국가가 아니었다. 그렇다고 대(大)중앙아시아의 표준이었던 교역에 기반한 전제군주국의 일종도 아니었다. 어쨌든 후자의 경우는 경제가 국가만이 아니라 제조업자와 농민, 무역업자의 생산성에서도 영향을 받는다는 단순한 이유로 인해 다원성과 포괄성이라는 중요한 요소를 포함할 수밖에 없었다. 그런데 이와는 달리, 마흐무드의 모든 시스템은 점령지와 피치민들로부터 부를 원시적으로 강탈하는 방식에 의존했다. 그리고 이런 방식의 특화는 그로 하여금 체제 유지에 필요한 사회집단을 간과하거나 심지어는 파괴하도록 만들었

---

8) Bosworth, *The Ghaznavids*, 71.

9) Karl August Wittfogel, *Oriental Despotism: a Comparative Study of Total Power* (New Haven, 1957); Nazim, *The Life and Times of Sultan Mahmud of Ghazna*, 24~27.

다.[10] 그 결과 사회 발전이 저해되고 정상적인 상업적·문화적 교류에서 고립되면서 가즈니 국가의 존속은 불가능해졌다.[11]

당시 갠지스강과 맞닿아 있는 페르시아의 서쪽 국경 지역 출신의 사람들은 가즈니의 마흐무드 하면 자연스럽게 끝이 보이지 않는 전쟁 내내 그의 군대가 초래한 파괴를 머릿속에 떠올렸다. 구르간지를 잔인하게 정복한 마흐무드는 다음으로 오늘날 테헤란 인근에 있는 라이라는 도시 공격에 나섰다. 시아파 부이 왕조는 저명한 윤리학자이자 역사학자인 신플라톤주의자 미스카와이흐를 비롯해 수많은 유명 사상가를 이곳으로 불러들였더랬다.[12] 그런데 마흐무드의 공격으로 이들은 모두 쫓겨났고 대형 도서관도 파괴되었다. 정복사업 초기에 발흐를 강타한 마흐무드는 가혹한 세금으로 주민들을 탄압했다. 마찬가지로 메르브와 시스탄, 중앙아시아의 다른 도시들도 잔인하게 다루었다. 1011년에 니샤푸르에서는 마흐무드의 가혹한 세금으로 인한 기근 때문에 10만 명에 달하는 주민이 기아로 죽었고 식인행위가 만연해지면서 무덤에서 파낸 시신을 먹기 시작했으며, 음식을 두고 길에서 니샤푸르 시민들끼리 서로를 죽이는 사태까지 벌어졌다.[13] 이 모든 일이 스무 차례나 있었던 인도에 대한 야만적인 공격 막간에 발생했다. 간다라와 물탄(Multan), 라호르, 카나우지(Kannauj), 아지메르(Ajmer), 괄리오르(Gwalior), 페샤와르(Peshawar), 심나가르(Shimnagar)가 모두 마흐무드

---

10) Bosworth, "The Imperial Policy of the Early Ghaznawids", 49ff.

11) 이러한 주장은 대런 아제모글루(Daren Acemoglu)와 제임스 로빈슨(James Robinson)이 다른 사회에 적용해 내린 결론과 유사하다. Acemoglu, Robinson, *Why Nations Fail.*

12) 부이 왕조의 통치 원리에 관해서는 Herbert Busse, "The Revival of Persian Kingship under the Buyids", in *Islamic Civilization, 950~1150*, ed. D. S. Richards, vol. 3 of *Papers on Islamic History* (Philadelphia, 1973) 참조.

13) Al-Utbi, *The Kitab-i-Yamani*, 366; C. E. Bosworth, "The Rise of the Karamiyyah in Khurasan", in *The Medieval History of Iran, Afghanistan, and Central Asia*, 10; Bosworth, *The Ghaznavids*, 145~205.

의 군대에 의해 초토화되었다.

유혈이 낭자했던 당시의 잣대로 보아도 마흐무드의 가혹한 야만 행위는 눈에 확 띈다. 광범위한 정복전쟁 속에서 마흐무드는 훗날 고르의 무함마드와 타메를란(티무르), 그리고 바부르와 악바르, 아우랑제브(Aurangzeb, 1618~1707) 같은 무굴 제국 통치자들이 따라할 새로운 모델을 만들어냈다. 마흐무드 이래 군사화된 정권의 궤적이 중앙아시아와 북서 인도 전역에서의 이슬람 문화생활의 쇠퇴와 병행한 것은 과연 우연이었을까?

이미 마흐무드 시대에도 그의 치세가 중앙아시아 문명의 급락의 시작을 알리는 전조일지 모른다고 걱정하던 문인들이 있었다. 하지만 이러한 가능성을 점치던 사람들은 곧 마흐무드가 야만적인 정복전쟁을 추구하면서도 당대의 위대한 지성인들, 특히 비루니와 페르도우시를 후원하는 불편한 사실에 직면해야 했다. 그는 보는 이들을 압도하는 기념 건축물을 세웠고 문인들을 지원하기도 했다. 이 문인 중 몇몇이 남긴 페르시아 시는 여전히 독자들을 즐겁게 하고 매료시킨다.

우리가 이러한 상황을 수수께끼로 생각하는 이유는 학문과 예술은 마땅히 공정한 정치와 사회질서로부터 나오며, 역으로 나쁜 정치는 어떻게든 심신(心神)의 삶에 독이 된다는 오늘날의 전제에 어긋나기 때문이다. 손쉬운 해결책은 가즈니 왕들의 치하에서 번창한 문화는 그들의 선도에도 불구하고 그 때문에 발전한 것은 아니라고 주장하는 것이다. 그러나 앞으로 보겠지만 이런 식의 결론은 가즈니의 마흐무드에 관한 중요한 사실을 놓치고 있다. 즉 그는 비록 사만 왕조와 호라산 군주들이 만들어놓은 많은 것을 파괴했지만, 어떤 면에서는 그들의 진정한 문화적 계승자였다.

마흐무드의 부상과 그를 지원한 정부

사만의 태수가 관할하던 평범한 가즈니를 떠오르는 제국으로 변신시키는 데 성공한 아버지 수부크테긴 덕분에 마흐무드의 성공은 아주 용이해졌다. 아프가니스탄, 호라산, 인도에서의 군사작전 와중에 10대의 두 아들에게 병법을 알려 준 이가 바로 수부크테긴이었다. 마흐무드가 부상하게 되는 결정적인 순간은 아버지가 팽창 국면의 제국을 스물세 살의 마흐무드가 아닌 그의 형 이스마일에게 물려주면서 찾아왔다. 마흐무드는 재빨리 이스마일을 찾아내 죽여버렸다.[14]

마흐무드가 수부크테긴이 남긴 유산을 손에 넣자마자 카라한의 군대가 북쪽에서 그를 공격해 왔다. 두 튀르크 부대가 놓고 싸운 경품은 저물어 가는 사만 제국의 남은 영토와 수도 부하라였다. 마흐무드가 부하라를 제압하는 데 성공하고 술탄의 왕관을 썼지만 양 군대 모두 상대방을 패퇴시키지는 못했다. 그리하여 마흐무드와 카라한 통치자는 협상을 벌여 전리품인 사만 왕조를 나누고 아무다리야강을 국경으로 정했다.

그 후 마흐무드는 앞으로 인도에서 치를 스무 차례의 전투 중 그 첫 번째 전투를 개시했다. 그런데 그의 부재를 틈타 1006년에 카라한인들이 호라산과 아프가니스탄의 가즈니 영토를 공격했다. 이 같은 배신행위에 당면한 마흐무드는 서둘러 돌아와 자신이 선택한 무기, 즉 500명의 병사를 태운 중무장한 전투 코끼리 부대의 힘을 빌려 침략한 카라한 부대를 궤멸시켰다.[15] 이렇게 압도적인 승리를 거둔 후에 마흐무드는 자신의 부재를 틈타 점령한 니샤푸르를 빼앗기지 않기 위해 끝까지 저항하던 사만인들로부터 도시를 재탈환했다.

1006년경 마흐무드는 끊임없는 전쟁의 일상에 완전히 매몰되어 있었다.

---

14) Nazim, *The Life and Times of Sultan Mahmud of Ghazna*, chap. 5.
15) Barthold, *Turkestan Down to the Mongol Invasion*, 273.

1030년 사망할 때까지 그는 계속 전투 중이었고, 여름 수도를 장엄한 건물로 장식하거나 자신과 측근들을 위한 겨울 수도이자 휴양지를 세우는 데 필요한 시간 동안만 전쟁을 중단했다. 이를 소화하기 위해서는 막대한 부를 관리하고 군대에 식량을 공급하며 반란의 싹을 제거할 믿을 만한 통치체제와 행정조직이 필요했다.

일반적인 견해에 따르면, 마흐무드는 두 가지 통치 모델에 의존해 행정체제를 완성했다. 첫 번째 모델은 무소불능의 재상에 의해 상의하달식의 통제가 행해지던 바그다드의 칼리프 제국이었고, 두 번째는 부하라의 사만 왕조가 발달시킨 좀 더 체계적인 행정 모델—사만인들은 지방 차원에서는 영향력 있는 대리인을 고용했고 바그다드의 칼리프에게는 자신들이 행사하고 있던 사실상의 자치권을 과시했다—이었다.[16) 하지만 이는 실상의 일부분을 보여 줄 뿐이다. 왜냐하면 마흐무드가 재상, 즉 와지르(wazir)를 두었던 것은 맞지만 예외 없이 재상을 임명한 순간부터 이 관료를 증오했기 때문이다.[17) 게다가 마흐무드는 사만 왕조의 옛 행정 모델을 따르면서도 칼리프 대신에 본인이 직접 이슬람 세계를 통치하겠다고 나서기 전까지는 칼리프의 지지를 받고자 진심으로 애썼다. 완전한 통제권을 행사하려는 시도는 빨라야 예전에는 알려지지 않았던 '술탄'이라는 직함을 마흐무드가 자신에게 부여한 998년에 시작되었다.[18)

술탄 본인 말고 마흐무드 체제에서 연속성을 보여 준 유일한 기관은 그가 가장 신뢰하던 시종으로 구성된 추밀원(council)이었다. 이는 일종의 자

---

16) Nazim, *The Life and Times of Sultan Mahmud of Ghazna*, chap. 10, 그리고 특히 Bosworth, *The Ghaznavids*, 48~96, 272~79 참조.

17) Barthold, *Turkestan Down to the Mongol Invasion*, 293.

18) Salahuddin Khuda Bakhsh, *The Renaissance of Islam* (New Delhi, 1995), 175. 술탄 및 다른 직함에 관해서는 C. E. Bosworth's learned analysis, "The Titulature of the Early Ghaznavids", in *The Medieval History of Iran, Afghanistan, and Central Asia*, 210~32 참조.

문조직이었지만 왕국 곳곳의 하급 대표자들과의 거래를 통해 마흐무드의 의지를 구현하는 주요 행정 당국이기도 했다. 거의 공공 통신에 가까웠던 효율적인 우편 체계와 중앙에서의 결정이 충실히 실행되는지를 감시하고 모든 과실을 처벌하던 정보원 조직망이 추밀원을 도왔다. 끝으로 지칠 줄 모르는 자신의 노력의 진가를 신민에게 알리기 위해, 마흐무드는 당일의 사건에 대한 술탄의 생각을 대중에게 공세적으로 알릴 공식 보도기자이 자 수석 선전원을 두었다.[19]

칼리프 제국이나 사만 왕조 이상으로 마흐무드 체제 역시 군대 유지를 위해 존재했다. 이는 전장에 있는 수만 명의 병사에게 보급품과 식량을 제공하고 보상해야 했으며, 또한 마흐무드의 가장 경이로운 무기인 전투 코끼리 부대를 먹이고 보살펴야 했기 때문이다. 이 강력한 후피동물들은 정교한 안장과 공격 창을 갖추었고 대부분이 인도의 힌두교도인 수많은 조련사의 감시를 받았다. 우리는 곧 마흐무드가 피지배 민족들로부터 돈을 뜯어내기 위해 고안한 제도에 주목해 볼 것이다. 지금은 이러한 제도 때문에 운송과 교역이 억제되었고 방대한 규모의 경작지에서 재배가 불가능해졌다는 것만 말해 두겠다. 그리고 이는 마흐무드 군대가 자행한 주거 지역의 대대적인 파괴 그 이상으로, 마흐무드와 그의 계승자들이 지배한 모든 곳에서의 지속적인 경제 쇠락을 초래했다.

'지상의 신의 그림자'

마흐무드의 군사조직이 소용에 닿고자 했던 목적은 무엇이었을까? 술탄은 이 점에 대해서는 그 어떤 의심도 하지 않았다. 자신을 '지상의 신의 그

---

19) Bosworth, *The Ghaznavids*, 91ff.; Nazim, *The Life and Times of Sultan Mahmud of Ghazna*, 145~47.

림자'[20]로 생각했던 그는 『꾸란』 전체를 암기했음을 주장했고 이슬람 법학(fiqh)[21]에 관한 책을 쓰거나 (또는 다른 누군가에게 쓰도록 위탁함으로써) 엄격한 수니 정통파의 이미지를 함양했다. 당대의 문인들은 그에 대한 이러한 이미지를 공유하며[22] 지상에서의 그의 천명은 국내외에서 수니 이슬람의 대의명분을 진작하고, 이를 방해하는 것은 무엇이든지 파괴하는 것이라고 썼다. 누군가는 이러한 행동을, 신앙의 문제에서는 대담하다 할 만큼 종종 자신감에 차 있던 페르시아인들의 평온한 오아시스 문화와는 대조되는, 새로 개종한 이들의 전형이자 스텝 튀르크인들의 불안정한 군국주의의 발현으로 보았다. 그러나 튀르크계의 카라한인들도 정통 수니 무슬림이었고 개종한 지 얼마 되지 않았지만, 그들의 신앙은 뜨겁고 편협한 마흐무드의 신앙과는 달리 차갑고 상대적으로 관용적이었다. 게다가 마흐무드 시대는 많은 무슬림 사상가가 이슬람과 죽음 중 하나를 선택해야 하는 성전, 즉 지하드의 도덕적 유효성에 대해 심각한 가책을 느끼기 시작했던 때이기도 했다.[23]

신앙을 위한 마흐무드의 분투를 극찬했던 문인 대부분은 그가 고용한 이들이었지만, 그의 종교적 사명에 대한 그들의 주장이 전혀 근거가 없지는 않다. 그는 최초로 이슬람을 인도 중심부에 소개했고 힌두 사원을 차례차례 약탈할 때도 이슬람의 이름으로 행하였다. 칼리프와 수니 교리에 진심으로 충성을 다했던 마흐무드는 이교도로 인식되던 모든 종파, 특히 시아파를 향해 검을 빼들었다. 그는 이란과 파키스탄의 시아 이스마일파를 맹렬히 추적하여 죽였고,[24] 한 세기 동안 칼리프를 조종했던 라이(Rayy)

---

20) Browne, *A Literary History of Persia from Firdawsi to Sa'di*, 104.

21) Nazim, *The Life and Times of Sultan Mahmud of Ghazna*, 35ff.

22) 이것은 시인 아불 카심 운수리(Abul Qasim Unsuri)가 거듭하던 시구(詩句)였다. Browne, *A Literary History of Persia from Firdawsi to Sa'di*, 120 참조.

23) Crone, *Medieval Islamic Political Thought*, 377ff.

24) Heinz Halm, "Fatimiden und Ghaznawiden", in *Studies in Honour of*

의 시아파 부이 왕조 세력도 말살했다. 마흐무드는 이와 같은 군사작전을 무자비하게 추진했고 코끼리 부대를 동원하여 종교적 이견을 가진 자들을 짓밟았으며, 종교 분파주의자들과 그들의 서고(書庫)를 불태워버렸다.[25] 심지어는 비루니조차 의혹을 받았는데, 조신(朝臣)들이 불확실해 보이는 그의 정설을 의문시했기 때문이다.

이 모든 것을 인정은 하되, 마흐무드의 행동이 매우 다른 동기에서 기인한 수많은 사례에도 주목해 볼 필요가 있다. 니샤푸르에서는 정통 수니파를 지원했던 그가 호라산에서는 칼리프와 부자들에 맞서 전면전을 선언한 카라미야 분파를 거리낌 없이 지지하기도 했다.[26] 마흐무드의 충직한 서기는 시를 써서 자신의 이익만 생각하는 이러한 책략을 일종의 정치행위로 표현했지만, 사람들은 모두 그것이 무엇 때문인지 잘 알고 있었다.[27] 하지만 마흐무드의 카라미야 꼭두각시들이 강탈과 여론조작용 공개재판, 숙청, 강요된 자백, 독살을 수반한 공포정치를 펼쳐 "사람들이 그[마흐무드]의 침은 치명적인 독이고 그의 숨은 폐허를 의미한다고 생각할"[28] 정도가 되자 마흐무드는 돌연 입장을 바꿔 주류인 수니파를 다시 지원하기 시작했다.

마흐무드는 이교도들만큼이나 같은 신앙을 가진 무슬림들의 피도 많이 흘리게 했다. 뿐만 아니라 인도에서는 조직적으로 힌두 사원을 파괴하는 작업에 무슬림 병력에 맞서 개종을 거부한 힌두교도 병사들을 예사로 동

Clifford Edmund Bosworth, ed. Ian Richard Netton (Leiden, 2000), 1: 209~20.

25) Nazim, *The Life and Times of Sultan Mahmud of Ghazna*, 159~60; Barthold, *Turkestan Down to the Mongol Conquest*, 80~81.

26) R. W. Bulliet, "The Political-Religious History of Nishapur in the Eleventh Century", in *Islamic Civilization, 950~1150*, 3: 74~77.

27) *Ibid.*, 76.

28) Bosworth, "The Rise of the Karamiyyah in Khurasan", 10.

원했다. 그러면서도 정복한 힌두교도들의 신의를 얻기 위해 그들에게 수도
전 구역을 내주고 일탈한 무슬림들에게는 결코 허용치 않았던 관용을 베
풀기도 했다.[29] 심지어 그는 자신에게 경의만 표한다면 정복한 인도 지방
을 개종하지 않은 힌두 통치자들에게 되돌려주기도 했다. 게다가 마흐무드
는 칼리프의 종교적 권위에 대한 충성을 맹세했음에도 불구하고, 치세 말
년에는 칼리프 제국 정벌에 돌입하기도 했다.[30]

그렇다면 마흐무드는 위선자였던 것일까? 원칙과 실천 간의 간극을 의
식하고 있는 자를 위선자라고 정의한다면 그는 위선자는 아니었을 것이다.
그러나 마흐무드에 관한 기록은 이슬람이 지속적인 안내자가 아니었고 그
의 행동을 구속하지도 않았음을 보여 준다. 필요할 때면 그는 경건함의 예
복을 몸에 걸쳤지만 자신을 진정한 지하디스트(jihadist)라고 확신하면서도
정복을 향한 단순한 욕망에서 움직일 때도 많았다.

완불하기

이러한 정황은 거듭 우리로 하여금 마흐무드가 어떻게 왕국의 재정을
조달했는지 의문을 갖도록 만든다. 전형적인 중앙아시아의 통치자였다면
운송과 교역, 상업을 고취해 과세할 수 있는 모든 기회를 이용했을 것이다.
하지만 마흐무드는 이런 식으로 접근하지 않았다. 실제로 마흐무드처럼 교
역과 상업을 완전히 외면한 중앙아시아의 통치자는 없었다. 대신 그는 군
대와 코끼리 부대에 자금을 조달하기 위해 우선적으로 비무슬림 신민들의
농지에 부과하는 전통적인 이슬람세(稅)인 하라즈(kharaj)에 의존했다. 이
세금은 경전 어디에서도 그 근거를 찾을 수 없었지만 수익성은 상당히 높

---

29) Nazim, *The Life and Times of Sultan Mahmud of Ghazna*, 163.
30) *Ibid.*, 165.

왔다. 그러나 마흐무드가 필요로 하는 엄청난 자금을 조달하기에는 역부족이었다. 이러한 간극을 메우기 위해 그는 주로 인도에서 약탈한 전리품에 의존했다.

986년 인더스 계곡을 처음으로 습격할 때부터 마흐무드의 목표는 힌두교도들의 개종이 아니라 부의 약탈이었다. 이런 점에서 그는 자신의 선조인 구리 세공인 야쿱과 더 오래전의 사산 왕조 페르시아인들의 뒤를 따랐다고 할 수 있을 것이다. 하지만 이 통치자들에게 약탈이 반가운 정복의 부산물이었다면, 마흐무드에게는 빛나는 목표 그 자체였다. 군사작전을 통해 그는 인도에서 가장 큰 요새 중 몇 곳을 포위해 손에 넣었다.[31] 당대의 전기작가들은 시종일관 매번 전투 때마다 5만 명의 민간인이 사망했다고 서술했는데, 이는 충분히 가능한 수치이다.[32] 또 그들은 사용할 수 있는 모든 최상급을 동원하여 마흐무드가 아프가니스탄으로 보낸 전리품들을 묘사했다.

의례적으로 등장하는 사망자 5만 명은 마흐무드가 1025년 힌두교도들이 가장 신성시하는 성지 중 하나인 구자라트(Gujarat) 남쪽 해안가 솜나트에 있는 달의 신 마하데바(Mahadeva)의 신전을 훼손하고 파괴했을 때도 인용된 숫자였다.[33] 마흐무드는 군을 이끌고 엄청난 인명 피해를 감수하며 황량하고 광활한 타르(Tar) 사막을 건너 그곳에 이르렀다. 힌두교도들은 단호히 맞서 자신들의 성지를 지키려 했지만 결국 무너지고 말았다. 마흐무드는 가즈니에 있는 금요 모스크에 설치할 금과 사원의 신성한 남근상을 대상단(隊商團)에 실어 보냈다. 그가 포획해 가즈니로 보낸 수십만 명

---

31) *Ibid.*, 17, 29.

32) 이 수치는 괄리오르와 좀 더 후에 솜나트 신전에서 발생한 사망자 수를 나타낸다. Catherine B. Asher and Cynthia Talbot, *India before Europe* (New York, 2006), 20; Nazim, *The Life and Times of Sultan Mahmud of Ghazna*, 118.

33) 이 군사작전에 대한 다양한 시각을 참고하려면 Romila Thapar, *Somanatha, the Many Voices of a History* (London, 2005) 참조.

의 힌두교도 노예 역시 그 가치가 컸다. 그가 고용한 전기작가는 인도에서 잡혀온 노예가 너무 많아서 "식수대와 가즈니 길가가 그들을 감당할 수 없었고, 흰 피부의 자유민은 그들 사이에서 길을 잃었다"라고 전했다. 이어 그는 마흐무드의 군사작전으로 중앙아시아 전역에 노예가 과잉 공급되어 노예노동의 가치가 하락했다고 무미건조하게 기록했다.[34] 마흐무드는 솜나트 약탈을 마치자마자 이곳을 힌두교도들에게 돌려주고 떠났는데, 그의 우선순위가 무엇이었는지 명백히 보여 주는 대목이다.

마흐무드 세계의 성격과 문화

이슬람의 검이 되겠다는 그의 발언에도 불구하고 마흐무드의 불안정한 삶의 추진력은 순전히 탐욕에서 나왔다. 왕실의 전기작가들이 나열한 위대한 승리는 모두 한결같이 가장 많은 약탈품을 안겨준 경우들이었다. 재물을 향한 그의 진정한 사랑은 아주 사소한 거래에서조차도 표면화되었다. 예를 들면, 니샤푸르를 정복한 후 그곳 최고의 부자에 관한 소문을 들은 마흐무드는 그를 가즈니로 소환해 증거가 없었음에도 그를 이교도로 고발했다. 가엾은 이 남자는 자신의 혐의를 완강하게 부정했고 오명을 씻는 데 필요하다면 무엇이든지 내놓겠다고 의사를 밝혔다. 마흐무드는 그의 전 재산을 빼앗았고 대신 그에 대한 모든 고발을 취하한다는 서류 한 장을 그에게 넘겨주었다.[35]

이 튀르크 술탄의 사생활은 와인을 마시고 조신들이 극도로 혐오한 한

---

34) Al-Utbi, *The Kitab-i-Yamani*, 462~63; C. E. Bosworth, "Mahmud of Ghazna in Contemporary Eyes and in Later Persian Literature", in *The Medieval History of Iran, Afghanistan, and Central Asia*, 28; Nazim, *The Life and Times of Sultan Mahmud of Ghazna*, 3.

35) Browne, *A Literary History of Persia from Firdawsi to Sa'di*, 118~19.

투르크멘 노예와 장기간 동성애적 관계를 가진 것을 제외하고는 매우 금욕적이었다.[36] 당연히 그는 고집불통이었고 성급했으며 자신의 말에 토를 다는 사람에게는 전혀 너그럽지 않았다. 그 외에도 말수가 적은 편이었고 일중독자로 소문이 나 있었다. 그는 숨막힐 정도로 딱딱한 전통주의 수니 이슬람을 천명했는데, 그의 아들조차 이에 대한 반발로 자신의 궁전 벽화를 벌거벗은 남자들의 그림이 그려진 인도 양식으로 꾸몄다고 한다.[37]

마흐무드는 극도로 소심하면서도 동시에 한심할 정도로 자만심이 강한 사람이었다.[38] 왜 그는 자신을 위해 술탄이라는 직함을 만들어냈고 그 후에도 자신의 경력을 장식할 수십 개의 다른 직함을 계속해서 새로이 만들어냈을까?[39] 또 그는 왜 가즈니로 개선할 때마다 근사하게 차려입은 4,000명의 전사를 소집해 긴 이열 종대로 서서 자신을 맞이하도록 했을까?[40] 그의 목표는 칼리프보다 더 높은 지위에 오르는 것이었을지도 모른다.[41] 하지만 이러한 목표를 추구함으로써 마흐무드는 오히려 자신이 노예 태생이라는 사실을 얼마나 의식하고 있었는지 보여 준 셈이었다.

마흐무드는 모순된 인간이었다. 아버지 덕에 학구적인 환경에서 성장한 그는 튀르크어는 물론 페르시아어와 아랍어도 읽고 쓸 줄 알았다.[42] 아버

---

36) Bosworth, *The Ghaznavids*, 90~92, 153; Alexander H. Krappe, "Shepherd and King in El Libro de Exemplos", *Hispanic Review* 14, 1 (January 1946): 61~62.

37) A. A. Hakimov, "Arts and Crafts in Transoxonia and Khurasan", in *History of Civilizations of Central Asia*, vol. 4, pt. 2, 444~45.

38) 마흐무드를 가차 없이 비판하면서 바르톨트는 그에 대해 이렇게 언급했다. *Central Asia Down to the Twelfth Century*, 271~93.

39) Bosworth, "The Titulature of the Ealry Ghaznavids", 215~23.

40) C. E. Bosworth, "An Embassy to Mahmud of Ghazna Recorded in Qadi ibn al Zubayr's Kitab adh-dhakha'ir wa't-tuhaf", *Journal of the American Oriental Society* 85, 3 (July~September 1965): 406.

41) Bosworth, *The Ghaznavids*, 211~12.

42) Nazim, *The Life and Times of Sultan Mahmud of Ghazna*, 40.

지처럼 그 역시 여태까지 출판된 책 중 가장 멋지고 기이하며 화려한 책들을 의뢰했을 정도로[43] 우아하고 예술적인 페르시아계 사만인들의 궁정생활을 흉내 냈다.[44] 하지만 그는 칼리프를 권좌에서 몰아내기 위한 전쟁을 시작하면서 아랍어를 채택했다. 우리는 그가 많은 장서를 보유하고 있었다는 사실을 안다. 하지만 지금은 소실된 이븐 시나의 주요 저작인 『동부인들』(The Easterners)의 사본을 가지고 있었다는 사실 외에는 어떤 책들이 그의 서재를 채우고 있었는지는 전혀 알 수 없다.[45] 그는 지역 곳곳에서 약탈한 책들로 자신의 서재를 가득 채웠지만, 이단적인 글들이 포함되어 있다고 의심이 들면 라이의 위대한 보고(寶庫)를 파괴했던 것처럼 다른이들의 서재도 제멋대로 부숴 버렸다.

문화에 대한 마흐무드의 접근방식에서 한 가지 일관된 점은 자신이 재능 있다고 판단한 이들의 작품을 탐욕스럽게 수집했다는 것이다. 우리는 마문이 구르간지의 궁전에 불러 모았던 비루니와 다른 뛰어난 과학자들을 거의 납치하다시피 했던 일화에서 이미 이를 목격한 바 있다.[46] 결국 비루니도 가까운 친구이자 한때 스승이었던 수학자 아부 나스르 이라크와 네스토리우스파 기독교도였던 의사 함마르에 이어 가즈니로 가는 길에 합류했다. 이미 노령에 접어든 함마르는 가즈니에서 이슬람으로 개종한 후 잠시 그곳에서 개업의로 일했으나 얼마 지나지 않아 사망했다.[47] 그사이 마흐무드는 이븐 시나의 체포 영장을 발부했다.[48] 아부 나스르 이라크가 화가로서도 재능이 있다는 사실을 알게 된 마흐무드는 그에게 이븐 시나를

43) Soucek, "The Development of Calligraphy", in *History of Civilizations of Central Asia*, vol. 4, pt. 2, 491~92.

44) *Ibid.*, 24~27; Bosworth, *The Ghaznavids*, 129~45.

45) Gutas, *Avicenna and the Aristotelian Tradition*, 117.

46) Browne, *A Literary History of Persia from Firdawsi to Sa'di*, 96.

47) Biruni, *Alberuni's India*, 1: ix.

48) *Ibid.*, 97; "Ibn Khammor", in *Istoriia tadzhikskoi filosofii*, 2: 586~87 참조.

꼭 빼닮은 초상화를 그리게 하여 그의 머리를 요구하는 독촉장과 함께 니사로 보냈다.[49] 하지만 이븐 시나는 이미 오래전에 마흐무드의 그물망을 빠져나가고 없었다.

비루니에 대해 말하자면, 한동안 터를 잡았던 가즈니에서 그는 궁정의 점성술사직에 선임되었던 것 같다. 그는 혀를 깨물며 이 주제에 대해 썼던 이전의 소논문들을 잊지 않으려고 노력하면서 10년 후에야 가까스로 완성하는 중요한 책인 『점성학 원리』(Kitab al-Tafhim)에 필요한 자료를 수집하기 시작했다. 표면적으로는 점성학의 주요 주제를 다루고 있는 듯 보이지만, 비루니의 섬세한 연구는 자신의 과학적 연구 결과에서 도출한 내용으로 가득했다. 천문학과 수학에서부터 역사 및 자신이 좋아하던 주제인 역법에 이르기까지 모든 것을 다루었다.[50] 그럼에도 비루니가 점성술에 대한 저술 작업을 지시받았기에 되도록이면 자신의 개인적인 과학적 연구성과를 조심스럽게 이용하고자 했음은 분명하다. 흥미롭게도 그는 『점성학 원리』를 라이하나(Rayhanah)라는 여성에게 헌정했다. 그가 그녀의 신원을 밝히지 않았기 때문에 그 외에는 알려진 바가 없다.

비루니는 가즈니에 도착하자마자 급조된 기구로 천문학 관측 작업을 시작했다. 3년이 채 안 되었을 때, 마흐무드는 '나라의 오른손'[51]이라는 자신의 직함을 따서 명명된 천문학 기구인 새로운 '야마니 링'(Yamani Ring)의 제작을 지원했다. 그의 다른 발명품들 — 평면 구형도, 직교 아스트롤라베, 갈릴레오 망원경의 선도자 격인 렌즈 없는 기구 — 과 함께 이는 비루니가 일상적인 빡빡한 작업 일정을 다시 시작했음을 의미했다. 얼마 후 지

49) Zavadovskii, *Abu Ali Ibn Sina*, 98.

50) Abu'l Rayhan Muhammad ibn Ahmad al-Biruni, *The Book of Instruction in the Elements of the Art of Astrology*, ed. and trans. R. Ramsay Wright et al. (London, 1934), ii~vii.

51) Kennedy, "Al-Biruni", in *Dictionary of Scientific Biography*, 2: 150; Said and Khan, *Al-Biruni*, 76.

금은 펀자브의 파키스탄령에 속하는 라호르로 서둘러 도망칠 테이지만 말이다.

마흐무드가 이븐 시나와 비루니 등 구르간지의 과학자들의 뒤를 집요하게 쫓은 것은 과학에 대한 진중한 관심보다는 그저 그의 수집 본능 때문이었다. 수세대 후에도 여전히 회자되던 한 이야기에 따르면, 마흐무드가 비루니에게 자신이 곧 어떤 행동을 할 것인지를 비롯해 미래를 예측하라고 주문했다. 그런데 그가 한 예언이 들어맞으면서, 비루니는 하마터면 목숨을 잃을 뻔했다. 마흐무드는 과학을 일종의 마법으로 생각했던 것이다.[52]

호라즘에서 가즈니로 강제 이주를 당한 이들은 마흐무드 왕국 전역에서 온 문인과 화가, 건축가, 필경사, 도금공, 역사가, 금세공업자 무리에 합류했다. 그중 일부는 강제로 끌려온 이들이었고, 높은 급여와 조정에서의 고위직 제안에 매료되어 가즈니로 이주한 사람들도 있었다. 하지만 알려진 세계의 대부분을 지배하고 상상도 할 수 없는 재원으로 애정 공세를 퍼붓던 문화를 후원할 능력을 갖춘 통치자를 위해 기꺼이 일하고자 하는 이들도 여전히 있었다. 이처럼 금과 고가(高價) 예술품, 노예들과 마찬가지로 가즈니에 넘쳐나던 불타는 탐욕이 우울한 수도를 당대 천하제일의 문화 중심지로 변모시켰다.

'속세의 광휘': 건설자 마흐무드

건축만큼 독재자의 마음을 끄는 예술 분야도 없다. 로마 황제가 건립한 개선문이든, 조공을 바치러 온 겸손한 외국 고관을 형상화한 프리즈로 장식된 페르세폴리스의 다리우스 궁전이든, 또는 상아로 만든 왕좌가 눈에

---

52) Browne, *A Literary History of Persia from Firdawsi to Sa'di*, 104~05.

띄는 영빈실을 갖춘 니사의 파르티아 왕궁이든 간에, 건축은 힘과 정복의 표지이다. 세계 최초의 술탄은 비록 노예 태생이었지만, 이전의 어느 통치자 못지않게 이 사실을 잘 이해하고 있었다.[53] 그렇다고 그가 다른 예술 분야를 무시한 것은 절대 아니었다. 마흐무드 치세에 나온 서적과 금속공예, 도자기류 모두가 중앙아시아 예술이 달성한 최고의 업적 가운데 하나였다고만 말해 두자. 그럼에도 인도에서 갈취해 온 거의 무제한적인 재원을 가진 마흐무드가 온전히 미쳐 있던 분야는 건축이었다. 그가 (구르간지의 승전탑에 새긴 시구에서) '속세의 광휘'[54]를 창출했다고 뽐낸 것도 당연했다. 마흐무드는 일찍이 건축을 시작했고 죽을 때까지 계속했다.

그는 보통 이 거대한 건축물의 유지비용을 내기지 않아 하는 지역민들에게 떠넘겼는데, 그 결과 곧 퇴락의 과정이 시작되었다. 발흐에 있던 그의 정형원(整形園)을 유지하기 위해 발흐 시민들이 부담해야 하는 비용이 상당하자 그는 우선 유대인 지역민들에게 그 비용을 떠넘기려 했다. 그러다가 곧 이곳에 대한 흥미를 잃어버렸다.[55] 여름 수도 가즈니와 겨울 수도 라슈카리 바자르(Lashkari Bazar)를 포함해 마흐무드의 사업 대부분은 앞으로 수세기 동안 교전 지역이 될 전략적인 지점에 위치했다. 그 결과 마흐무드 시대에 지어진 건축물은 거의 사라지고 없다. 따라서 우리는 문헌이나 고고학적 증거로부터 건축업자로서 그가 보여 준 활약을 재구성해야 한다.

마흐무드가 가즈니로 옮겨왔을 때 그곳은 여전히 조로아스터교의 중심지였다. 예전에는 불교도들이 수많은 승원과 사리탑을 건설한 곳이기도 했

---

53) A. H. Dani, "Southern Central Asia", in *History of Civilizations of Central Asia*, vol. 4, pt. 2, 559~63.

54) Pugachenkova, *Gurganj*, 78~80. 마흐무드의 건축에 관해서는 Robert Hillenbrand, "The Architecture of the Ghaznavids and Ghurids", in *Studies in Honor of Clifford Edmund Bosworth*, 2124~86 참조.

55) Barthold, *Turkestan Down to the Mongol Invasion*, 289.

다.[56] 마흐무드는 오늘날에도 도시 북쪽으로 25킬로미터 떨어진 곳에 서 있는 커다란 댐을 지카이(Jikhai)강에 건설하는 일부터 시작했다. 그러고 나서 그는 호화로운 새 궁전과 주요 보좌관들을 위한 거처, 6,000명을 수용할 수 있는 화려한 금요사원, 콘스탄티노플의 히포드롬 이야기에서 영감을 받아 지은 경기장, 정교하게 장식된 43미터 높이의 승전탑(미나렛),[57] 국립 도서관을 갖춘 대학(마드라사), 전투 코끼리와 조련사 군단의 숙박을 위한 담장으로 둘러처진 복합단지 등의 건설에 나섰다. 1.6킬로미터의 거리를 두고 그는 자신을 위해 두 부분으로 나뉜 거대한 무덤과 탑도 지었다. 그 탑은 세로판으로 구성된 수직 통로와 인상적인 테두리, 지금은 파괴되고 없는, 위쪽의 원통형 수갱으로 이루어졌다. 거대한 문에는 당시 카이로에 있던 파티마 왕조의 유명한 건축물에 새겨진 것보다 훨씬 뛰어난 명문이 우아한 쿠픽체로 새겨져 있었다.[58]

마흐무드를 표상하는 이 기념물은 적어도 여덟 개의 커다란 명문으로 덮여 있었다. 여기저기에서 술탄은 자신의 위대함을 극찬하기 위해 건축물을 이용했으며, 그 과정에서 건축물은 역사학자 로버트 힐렌브랜드(Robert Hillenbrand)가 칭한 바와 같이 "건물에 들어선 이들에게 다양한 메시지를 전하는 거대한 광고판"[59]으로 변신했다. 누구든지 요점을 놓치지 않도

---

56) Mauricio Taddei, "Some Structural Peculiarities in the Buildings at Tapi Sardar", in *Orient und Okzident im Spiegel der Kunst*, ed. Günter Burcher et al. (Graz, 1986), 389ff.; Mauricio Taddei, "Evidence of a Fire Cult at Tapa Sardar, Ghazni", in *South Asian Archaeology*, 1981 (Cambridge, 1984), 263~69. 만족스럽게 최근에 이들 유적을 기술한 글로는 Peter Levi, *The Light Garden of the Angel King: Journeys in Afghanistan* (London, 1972), 115ff. 참조.

57) Nazim, *The Life and Times of Sultan Mahmud of Ghazna*, 167. 가즈니에 세워진 두 번째 미나렛은 마흐무드의 아들인 마수드가 건설하였다.

58) J. M. Rogers, "The 11th Century: A Turning Point in the Architecture of the Mashriq", in *Islamic Civilization, 950~1150*, 237~39.

59) Hillenbrand, "The Architecture of the Ghaznavids and Ghorids", 173.

록 마흐무드의 서기이자 공보담당관이었던 우트비(Utbi)는 가즈니의 마흐무드 모스크가 설계나 규모 면에서는 물론 단순히 위용의 측면에서도 다마스쿠스의 대사원보다 뛰어나며 가즈니의 다른 기념물도 마찬가지로 이슬람 세계 어딘가에 있는 경쟁자를 능가한다고 확언했다.[60]

힌두교 조각상을 녹여 만든 금으로 씌운 문을 지나 궁전 안으로 들어가면 금과 청금석의 모자이크로 장식된, 그리고 인도산 흰 대리석을 정사각형과 육각형의 평판으로 포장한 복도가 나온다. 인더스 분지에서 가져온 커다란 목재는 지붕과 기둥에 사용되었다. 마지막으로 페르시아나 이집트의 것보다 '훨씬 훌륭하게' 도금된 왕좌가 유독 돋보이는, 돔 지붕의 술탄 알현실에 도달하게 된다. 발굴 결과에 따르면, 궁전과 사원 모두 마흐무드와 그의 후계자들 치세 아래 절정에 이른 고대 이란의 미술인 테라코타 조각으로 장식되어 있었다. 그곳에는 또한 마흐무드가 인도의 힌두교 사원에서 약탈해 아프가니스탄으로 힘겹게 가져온 전리품의 전시를 위한 널찍한 공간도 포함되어 있었다.[61] 비루니는 마흐무드가 솜나트에서 가져온 커다란 조각상의 일부를 가즈니 사원 출입구에 가져다 놓고 사람들이 들어가기 전에 발을 닦는 데 쓰도록 했다며 넌더리를 냈다.[62]

이 모든 것을 만들어낸 대규모 건설 현장의 인부 중에는 분명히 자유민인 장인도 있었을 테고 노예 신분의 장인도 있었을 것이다. 우트비는 그 순간 잠시 발동된 변덕 탓이었는지 아니면 그저 비꼬려는 의도에서였는지 장인들이 모두 '엄청난 급여와 완벽한 보상'을 받았다고 적었다. 그러나 술탄의 금고에서 돈으로 보상을 받은 일부를 제외하고 나머지 사람들, 즉 노예들은 "천국의 금고에서 약속어음"을 받았을 뿐이었다.[63]

---

60) Al-Utbi, *The Kitab-i-Yamani*, 465.

61) U. Scerato, "The First Two Excavation Campaigns at Ghazni, 1957 1958", *East and West* 10, 1~2 (1959): 39ff.

62) Biruni, *Alberuni's India*, 2: 103.

가즈니가 규모에서나 널찍한 광장과 웅장한 건물을 보유했다는 측면에서나 다른 도시를 능가했든 아니었든 간에, 과장하기 좋아하는 우트비의 주장처럼 그곳은 곧 국제적인 대(大)집산지가 되었다. 하지만 도시의 설계와 성격은 마흐무드가 대체로 무시한 상업에 의해서가 아니라 위풍당당한 건물과 장엄한 의식을 통해 자신의 힘을 과시하고 싶었던 한 술탄의 열망에 의해 규정되었다. 최근에 정복한 구르간지에 대승전탑을 세우려는 그의 결심 기저에도 이와 같은 동기가 자리하고 있었다. 다시 말해 마흐무드가 오늘날에도 서 있는 61미터 높이의 쿠틀루 티무르(Kutlug Timur) 미나렛을 구르간지에 건설하기 시작한 것은[64] 마문 왕조의 샤가 몰락하기 바로 몇 해 전에 인근에 승전탑을 세웠기 때문이었다.

가즈니 말고도 아프가니스탄 헬만드 계곡의 라슈카리 바자르에 건설된 왕궁 복합단지도 건축을 향한 마흐무드의 끝없는 탐닉을 잘 보여 준다. 이곳 현장으로 들어가는 들머리 인근의 보스트(Bost) 읍에 어마어마한 25미터 높이의 의례용 아치가 세워졌는데 ─ 비록 마흐무드 사후이지만 ─ 그 존재만으로도 마흐무드의 겨울 수도와 연계된 모든 것이 경이로운 규모로 지어졌음을 알 수 있다. 마흐무드의 건축 중심지는 보스트 외곽에 위치한, 현지에서는 '마흐무드의 도시'(Shahr-i Mahmud)로 알려진 곳이었다. 관개도 잘되고 쾌적한 이 지역은 헬만드강에 인접한 높은 평원을 따라 6.5킬로미터 이상 펼쳐져 있었다. 따라서 마흐무드와 그의 엘리트들이 궁전을 건설하고 많은 관공서와 모스크, 술탄의 경비대 및 코끼리 부대를 수용하는 데 필요한 병영을 짓기에도 충분했다.

주궁(主宮)은 강의 만곡부 너머로 0.5킬로미터가량 펼쳐져 있었다.

63) Al-Utbi, *The Kitab-i-Yamani*, 467.

64) 기존의 비문에 적힌 날짜가 후에 있었던 재건 일자임이 밝혀지고 벽돌 작업을 꼼꼼하게 분석한 결과, 정확하게 같은 시기(1027)에 카라한인들이 부하라에 건설한 칼리안 미나렛과 매우 유사함이 드러나면서 이 미나렛을 마흐무드가 세웠다는 주장에 제기된 모든 의혹은 해소되었다. Pugachenkova, *Gurganj*, 78~85.

1929년에서 1952년까지 진행된 프랑스 고고학자들의 발굴 결과에 따르면, 이는 두꺼운 벽이 네 개의 아치 모양의 정문, 즉 이완(iwan)을 측면에 둔 넓은 중정 주위를 둘러싸고 있었고, 그 주위로 수십 개의 방이 들어서 있는 널찍한 복합 주거지였다.[65] 이 중정은 네 개의 커다란 아치형 구조물을 특징으로 하는 초창기 안뜰 중 하나로, 무슬림 건축가들이 향후 500년 동안 세계 도처에서 모방할 본보기가 되었다.[66]

우아한 이형벽돌 안의 복잡한 장식판과 화려하게 조각된 치장벽토, 장미꽃잎 모양의 중앙 세면대를 갖춘 중앙 알현실은 굉장한 감동을 주었을 것이다. 모든 곳의 색깔이 오색영롱했으며, 천장은 과감한 원색으로 칠해졌고 바닥에는 밝은 색상의 대리석이 깔려 있었다. 알현실의 보석은 만개한 꽃과 뛰어노는 가젤, 과실수와 새들이 어우러진 전원 풍경을 묘사한 화려한 색감의 대형 벽화였다. 이 화려한 목가적인 풍경 속에 마흐무드의 왕실 경호원들이 서 있었다. 길고 무거운 양단으로 된 카프탄에 허리띠를 두르고 뾰족한 부츠와 수가 놓인 펠트로 된 상의를 걸친 모습의 이 인물들은 술탄이 없을 때조차 마흐무드의 권력을 손님들에게 상기시켰다.

지금은 카불 국립 박물관에 보관되어 있는 이 놀라운 벽화의 파편은 여유롭고 안전한 사냥의 전율에 빠져 있던 궁전문화를 떠올리게 한다. 궁정사가 베이하키는 마흐무드의 아들 마수드에 관한 글에서 술탄이 자신 앞으로 달려오는 600마리의 가젤을 향해 기쁨의 정자 벽에 서서 활을 쏘았다고 묘사했다. 또한 이 궁정사가는 헬만드 강가에서 여유롭게 나들이를 즐기는 술탄을 묘사하기도 했다. 비단 현수막으로 장식된 거룻배에 앉아 매 사냥꾼들과 함께 마수드가 사냥으로 시간을 보내는 동안 음악가들은

---

65) Daniel Schlumberger, Janine Sourdel-Thomine, and Jean Claude Gardin, *Lashkari Bazar: Une résidence royale ghaznévide et ghoride, Mémoires de la Délégation archéologique française en Afghanistan* (Paris, 1963~1978), vol. 18.

66) Hillenbrand, "The Architecture of the Ghaznavids and Ghorids", 147.

세레나데를 연주했다.[67]

오로지 건축학적인 측면만 고려한다면, 라슈카리 바자르는 중앙아시아의 황금 시대를 대표하는 가장 중요한 업적 중 하나이다. 마흐무드가 직접 고른 이 지역에는 몇 세기 후에 지어질 건축물을 예고하는 일련의 기념물이 세워졌다. 광활한 공간과 위풍당당한 중앙광장을 경계짓는 커다란 정문, 벽돌과 치장벽토로 꾸며진 웅장한 장식, 오색영롱한 색감 등 이 모든 특징이 라슈카리 바자르에서 동쪽으로는 인도 내륙까지, 그리고 서쪽으로는 페르시아를 지나 중동 지역까지 퍼져나갔다. 300년 후에는 이 기념물들이 타메를란(티무르)의 후계자들에게도 강력한 영향을 끼칠 터였다.

가즈니 치하에서의 역사학자들

마흐무드가 수니 정통파의 관대한 후원자였음은 확실하다. 그의 공식 전기작가였던 우트비는 자신의 주인이 가즈니 도서관을 위해 약탈한 희귀하고 귀중한 신학 관련 책들과 마흐무드가 가즈니에 세운 대학의 신학자들을 후원하기 위해 제공한 기부금의 규모, 교직원들이 받은 후한 급여 등을 전에 없이 잘 묘사하고 있다. 그럼에도 이러한 사실이 그를 진지한 학문의 후원자로 만들지는 않는다. 왜냐하면 이 기관이 매우 협소한 정통 종교 연구와 우트비가 '성가'라 칭했던 것이 아닌 분야를 후원했다는 어떤 암시도 주지 않기 때문이다.[68]

마흐무드가 문자언어에 한 기여를 평가하기 위해서는 우리는 다른 증거, 즉 역사서나 시를 살펴보아야 한다. 두 영역 모두에서 마흐무드는 비록 구

---

67) "Lashkari Bazar Palace Complex", *ArchNet*, http://archnet.org/library/sites/one.site.tel?site_id=11342에서 인용.

68) Al-Utbi, *The Kitab-i-Yamani*, 461~62.

제할 수 없는 자기도취적인 후원자이기는 했지만 적극적인 모습을 보였다. 마흐무드와 그의 아들 마수드에게 역사는 언어로 된 건축물이었고 자신들의 치적을 찬미하기 위한 이상적인 도구였다. 덕분에 재능 있는 역사가들은 이 두 통치자의 삶과 시대에 대한 아주 풍성한 글을 많이 남겨놓을 수 있었다.

이 이야기는 마흐무드의 서기이자 근면하고 충직했던 우트비가 쓴 마흐무드와 그의 아버지 수부크테긴 치세에 대한 대(大)회고록으로 시작된다.[69] 페르시아 라이 출신으로 아랍적 배경을 가진 우트비는 자신의 상관을 극찬하기 위해 글을 썼다고 솔직히 인정했다.[70] 그는 초창기 전투 때마다 마흐무드와 동행했고 직접 목격한 자만이 가질 수 있는 단순명쾌함으로 현장을 묘사했다. 마흐무드의 징세가 초래한 니샤푸르의 무시무시한 기근에 대한 그의 설명은 그 솔직함 덕에 굉장한 신뢰를 준다. 그러면서도 중간중간 마흐무드를 비판한 이들뿐만 아니라 자신의 적들도 헐뜯곤 했다.

우트비는 가즈니 왕조를 찬미하는 자신의 공식적인 역할과는 거의 또는 전혀 관계없는 즉흥 여담과 눈을 떼지 못하게 하는 상세한 설명, 그리고 재미있는 짤막한 농담으로 가득한 역사서를 비공식적인 서간체로 썼다. 그는 지적인 독자에게 다가가고자 하는 최고의 작가이자 문장가로서의 면모를 이런 식으로 보여 주었다. 분명한 것은 마흐무드 밑에서 일한다고 해서 이러한 상황에 우트비가 크게 구애받지 않았다는 사실이다. 여러 다른 역사학자 역시 영구적 가치가 있는 저작을 쓰면서 이러한 정황에 크게 개의치 않았다.[71]

---

69) 우트비 책의 정식 명칭은 *The Kitab-i-Yamani: Historical Memoirs of the Amir Sabaktagin and the Sultan Mahmud of Ghazna* (London, 1858)이다. 또한 Bosworth, "The First Four Ghaznavid Sultans", 5~8도 참조.

70) Barthold, *Turkestan Down to the Mongol Invasion*, 19.

71) 이 중 한 명이었던 가르디지(Gardizi)의 충실하면서도 날카로운 관찰 역시 주목

가즈니 왕조 당대의 역사가 중 단연코 가장 두각을 드러낸 이는 니샤
푸르 인근 소도시 출신으로, 처음에는 마흐무드의 아들 마수드에게 고용
되어 서신 부서에서 일하다가 종국에는 이 부서의 최고의 자리에까지 오
른 아볼파즐 베이하키이다.[72] 이 직책을 역임한 덕분에 베이하키는 왕실
의 내막에 접근할 수 있었다. 아첨꾼도 변절자도 아니었던 그는 종종 자
신의 일을 어렵다고 생각했음이 분명하다. 이는 그로 하여금 서기관으로
서 겪을 수밖에 없는 곤경에 관한 논문을 쓰도록 만들기까지 했다. 자립심
이 강한 대부분의 관료처럼 베이하키도 자신의 면전에서 벌어진 모든 일
을 상세하게 기록하여 보관했다. 아마 이외에도 몇몇 공식 서류는 감춰두
었을 것이다. 불행히도 대부분의 기록을 은퇴할 때 빼앗겼기 때문에 그는
기억과 구전 자료를 바탕으로 작업해야 했고[73] 집필 내내 이를 몹시도 불
만스러워했다. 그는 용케도 약 서른 권 정도 되는 방대한 작품을 완성했다.
본문 내용의 대부분은 마흐무드의 아들 마수드 치세에 초점을 맞추고 있
지만(베이하키는 책 제목을 『마수드의 역사』(History of Masud)라고 붙였다), 그중
몇 권은 마흐무드에게도 할애되었다. 안타깝게도 문학적인 이 역사 걸작은
전 권 중 겨우 세 권과 몇몇 부가적인 단편만이 전해지고 있다.[74]

할 만하다. C. E. Bosworth, "Mahmud of Ghazni in Contemporary Eyes", in
The Medieval History of Iran, Afghanistan, and Central Asia, 8ff.; Bosworth,
"Arabic, Persian, and Turkish Historiography in the Eastern Iranian World",
in *History of Civilizations of Central Asia*, vol. 4, pt. 2, 144 참조.

72) 베이하키에 관한 출전은 C. E. Bosworth, "Early Sources for the History of
the First Four Ghaznavid Sultans (977~1041)", *Islamic Quarterly* 7, 1~2
(1960): 10~14; Nazim, *The Life and Times of Sultan Mahmud of Ghazna*,
1~2 참조. 베이하키에 관한 2차 자료는 Marilyn R. Waldman, *Towards a
Theory Historical Narrative: A Case Study in Perso-Islamicate Historiography*
(Columbus, 1980), 77ff.; Barthold, *Turkestan Down to the Mongol Invasion*,
22~23 참조.

73) Barthold, *Turkestan Down to the Mongol Invasion*, 23.

74) 이 책의 최고의 현대 판본은 C. E. Bosworth, *The 'History' of Beyhaqi (The*

베이하키는 가즈니 왕조의 고관이었지만 쉰 살 무렵에 안전하게 은퇴할 때까지 역사를 단 한 자도 쓰지 않았다. 처음부터 그는 자칭 '위대한 기념비'를 기록하는 일에 자신이 관여하고 있음을 잘 인지하고 있었다.[75] 그의 『마수드의 역사』는 실제로 그 시대에 관한 가장 신뢰할 만한 자료인데, 그럴 수밖에 없는 이유가 있었다. 베이하키는 역사가의 소명에 대한 탁론을 지니고 있었다. 그는 "대부분의 사람이 부조리와 불가능을 선호하는 성향이 있고"[76] 이런 이유로 "진실을 구분하고 거짓을 거부할 수 있는 사람의 숫자가 매우 적음"을 한탄했다.[77] 따라서 아무리 그것이 어려울지라도 각 상황의 실체를 찾아내는 것이 역사가의 몫이라고 생각했다. 예를 들면, 베이하키는 구르간지와 호라즘의 아카데미를 마흐무드가 고의적으로 파괴한 일을 설명하면서 솔직하게 "이러한 단어를 쓰는 것이 내게도 편치 않지만 내가 무엇을 할 수 있겠는가? 역사를 쓸 때 편파성을 보여서는 안 된다"[78]라고 고백했다. 대단한 냉정함으로 그는 유명한 고관의 암살 사건을 비롯해 가즈니 통치자들이 보여 준 제멋대로의 허식과 쾌락적인 어리석은 행동 모두를 세세히 기록했다.

게다가 베이하키의 산문체는 또 얼마나 근사한지! 자만심이나 두려움에서 행동하는 통치자의 동기에 대한 간결하지만 명확한 그의 결론처럼, 저

History of Sultan Masud of Ghazna by Abu'l-l-Fazi Beyhaqi), commentary by Bosworth and Mohsen Ashtiany, 3 vols. (Cambridge, MA, 2011) 참조. 뛰어난 러시아어 판은 A. K. Arends, trans., *Abu-l-Fazi Baykhaki, Istoriia Masuda (1030~1041)*, 2nd ed. (Moscow, 1969) 참조.

75) C. Edmund Bosworth, "An Oriental Samuel Pepys? Abu'l Fadl Bayhaqi's Memoir of Court Life in Eastern Iran and Afghanistan, 1030~1041", *Journal of the Royal Asiatic Society* 14, 1 (April 2004): 15~16.

76) *Ibid.*, 17.

77) Bosworth, "Early Sources for the History of the First Four Ghaznavid Sultans", 13.

78) Bosworth, "An Oriental Samuel Pepys?", 16.

명한 관료들에 대한 그의 간략한 설명도 가히 위대한 소설가라 할 만하다. 그는 냉철한 보고를 통해 굳이 독자들에게 설교하지 않고도 스스로 결론을 도출하도록 유도함으로써, 매우 하찮은 관심일지라도 그것이 커다란 역사적 변화를 어떻게 초래하는지 솜씨 있게 보여 주었다. 베이하키의 언어는 풍성하고 표현력이 뛰어났으며 문장은 유려했다. 때로는 수다스럽고 격식에 얽매이지 않았던 베이하키를 클리퍼드 E. 보스워스는 '페르시아의 피프스(Pepys)'*라고 불렀다. 하지만 피프스와 달리, 베이하키는 자신에 대해서는 거의 아무것도 밝히지 않았다. 그럼에도 가즈니 궁의 문인이나 예술가들에 대한 험담은 물론 통치자의 행동에 대한 가차 없는 비판도 서슴지 않은 그는 충분히 이러한 호칭을 받을 만하다. 사실 베이하키는 가즈니의 피프스 그 이상의 존재이다. 1,000년 전 아프가니스탄에 존재했다가 잊힌 제국의 중심부에서 들려오는 진심 어린 목소리는 인간의 어리석음을 통렬하게 관찰하고 비도덕적인 사회에서 도덕적인 인간이 겪어야 하는 끝없는 곤궁을 완벽히 이해한, 독립적인 문인이자 사상가의 것이었기 때문이다.

궁정시인들

사마르칸트 출신의 12세기 작가 니자미 아루디는 "왕은, 자신의 이름을 후세에 남기고 자신의 명성을 시와 책으로 기록할 훌륭한 시인을 반드시 필요로 한다"라고 했다.[79] 마흐무드는 힌두교 신전의 우상을 수집한 것과

---

* 새뮤얼 피프스(Samuel Pepys, 1633~1703)는 영국의 정치가로, 그의 작품 일기는 1660년 1월 1일부터 1669년 5월 31일까지 당시 런던의 일상을 비롯해 궁정생활과 해군의 군정, 자신의 사생활 따위에 관한 인상을 기록한 것이다.

79) Tabatabai, *Father of Persian Poetry*, 23. 1155년과 1157년 사이에 나온 아루디의 재미있는 책은 여러 언어로 번역되어 있다. Nizami Arudi, *Chahar Maqala*

같은 방식대로 시인들도 끌어모았다. 그리고 그 동기 역시 마찬가지로 전장에서의 무공과 한 인간으로서 자신의 위대함을 보여 주겠다는 탐욕과 욕망이었다. 마흐무드의 '시인 조합'에는 보통 400명 정도의 시인이 있었다.[80] 비록 이 수치가 실제의 네 배에 이른다고 할지라도 여전히 이는 필적할 만한 사례가 없는 경우로, 문학계의 명사 사냥의 수준이 어느 정도였는지 잘 보여 준다. 칼리프직을 호시탐탐 노리던 마흐무드에 의해 몇몇 아랍어 작가도 고용되었지만,[81] 그럼에도 대부분의 시인은 페르시아어로 시를 썼다. 마흐무드는 튀르크인이었음에도 튀르크 문학에는 조금의 흥미도 보이지 않았다.

이 시인 무리의 신규 모집은 체계적으로 이루어지지 않았다. 그중 한명이었던 시스탄 출신의 아불 하산 이븐 줄루그 파루키(Abul Hasan ibn Julugh Farukhi)는 우연히 마흐무드의 한 지방 수령이 말에 낙인을 찍는 모습을 보고 감탄하여 지은 시로 출세하게 되었다. 이 관리가 현장에서 그를 고용해 곧 마흐무드에게로 보냈기 때문이다.[82] 또 경우에 따라 정복 지역, 즉 주로 발흐, 시스탄, 중앙아시아 인근 지역에서 강제로 차출된 시인도 있었다. 특히 마흐무드가 막 권좌에 올랐을 무렵에 부하라의 사만 왕조를 필두로 이 일대에서 가장 화려하게 빛났던 몇몇 왕실이 문호를 닫고 많은 시인과 소리꾼을 시장에 내팽개친 상황도 마흐무드에게는 큰 행운이었다. 그들 대부분이 가즈니로 향했다. 가즈니에서 실행된 이 모든 일의 원조 모델은, 마흐무드의 전임자들이 그토록 충성을 바쳤던 부하라의 사만 왕조였다. 그런데 사만의 통치자 나스르 2세가 단 한 명의 루다키와 함께하는 것

(London, 1907).

80) Rypka, *History of Iranian Literature*, 174.

81) 만년에 아랍어에 대한 이 같은 입장 변화는 주로 재상직에 영향을 끼쳤다. Rypka, *History of Iranian Literature*, 291.

82) Browne, *A Literary History of Persia from Firdawsi to Sa'di*, 125~26.

을 즐겼던 반면, 마흐무드는 무려 400명의 루다키를 곁에 두려 했다. 과연 그 이유는 무엇이었을까?

가즈니 궁정시인들은 대부분의 시간을 빈둥거리며 보냈음이 틀림없다. 이는 즉흥적으로 복잡한 수수께끼를 내고 그 해답을 운문으로 지어 답하며 한가로이 오후 시간을 보냈다는 글을 통해 확인된다.[83] 시인들은 그저 자신들의 가즈니 후원자를 찬양하는 시를 쓰면 됐다. 낭송을 위해 쓰이는 운문을 찬미시(讚美詩)라 불렀는데, 엄격한 관례를 따라야 했다.[84] 경직된 정형적인 문구와 지루한 최상급의 남발은 과하면서도 오늘날의 독자에게는 혐오스럽기까지 한 아첨으로 들린다.

메르브의 시인 아부 이스학(Abu Ishak) ─ '키사이'(Kisai)로 알려진 이다 ─ 을 예로 들어보자. 재능이 없지 않았던 키사이는 다음과 같이 하늘색 수련을 묘사했다.

> 찬란하게 빛나는 하늘빛깔의 너,
> 하지만 너의 꽃받침은 보름달빛처럼 샛노랗구나.
> 그럼에도 너의 푸른 빛깔은 일 년간의 금식으로 병색이 완연한 수도승 같구나,
> 이렇게 쌓인 공덕으로 온통 파란색 옷을 걸친 이, 누구란 말이더냐?[85]

그러나 마흐무드를 칭송할 때면 키사이는 노련한 아첨꾼으로 변신했다.

---

83) A. A. Seyed-Gohrab, "The Art of Riddling in Classical Persian Poetry", *Edebiyat* 12 (2001): 21~23.

84) Julie Scott Meisami, "The Persian Qasida to the End of the Twelfth Century", in *Qasida Poetry in Islamic Asia and Africa*, ed. Stefan Sperl and Christopher Shackle (Leiden, 1996), 1: 146~62; Rypka, *Persian Literature to the Beginning of the Twentieth Century*, 174~77.

85) 윌리엄 잭슨의 번역을 저자가 임의로 수정한 것이다. Jackson, *Early Persian Poetry*, 47.

오! 왕이시여, 우리는 기꺼이 그대의 손을 우리의 보석이라고 부르겠습니다.
왜냐하면 그 손에서 끊임없이 보석의 비가 내리기 때문이죠.
신께서 너그러움과 고귀함으로 그대의 영혼을 만들기는 했지만
영혼이 고단할 때에도 숨 쉴 여력이 어떻게 남아 있는지요?[86]

진부한 이 같은 표현들은 부하라와 바그다드에서 통치자들을 위해 비슷한 종류의 시를 쓰며 풍족한 생활을 영위한 키사이에게는 익숙한 것들이었다. 그는 아첨을 직업으로 삼은 수많은 사람 가운데 한 명일 뿐이었다. 달리 그가 무엇을 할 수 있었겠는가? 당시의 시인들에게 가난하지만 다락방 깊숙이 들어앉은 감성이 풍부한 예술가라는 이상은 상상하기도 힘들었을 뿐만 아니라 매력적으로 다가오지도 않았다. 가즈니의 시인 400명 중 대부분은 이러한 삶에 동의하지 않았을 것이다.

그래도 단 한 명쯤은 자신의 생각을 좀 더 솔직하게 쓴 시인이 있지 않았을까? 과거 사만 왕조 시절에 부하라의 한 문인은 후원자였던 재상 발라미가 제때에 돈을 주지 않자 분노로 다음과 같은 글을 썼다.

발라미는 재상직을 완전히 엉망진창으로 수행하고 있다.
폐허 더미에 딸린 자물쇠 같다.
그는 학자도, 귀족도, 서기도 존중하지 않는다.
가장 먼저 참수를 당해도 싸다.[87]

좀 더 관대한 분위기의 부하라에서 활동했던 라함(Lahham)이라는 풍자

---

86) *Ibid.*, 49에 인용된 C. J. 피커링(C. J. Pickering)의 번역을 저자가 임의로 고친 것이다. '경박한 쓰레기' 같은 키사이에 관해서는 Rypka, *History of Iranian Literature*, 145 참조.

87) Peacock, *Medieval Islamic Historiography and Political Legitimacy*, 33의 내용을 저자가 임의로 고친 것이다.

작가도 역경에 굴하지 않고 더욱 분발해 글을 썼다. 마흐무드 왕국에서 통치자를 비판한 유일한 시인은 페르도우시였지만, 그 역시 안전한 거리를 두고 그것도 은근하게 비판했다.

대량으로 생산된 찬미시만이 가즈니에서 탄생했다면 마흐무드는 별 볼일 없는 후원자로 무시당했을지 모른다. 하지만 통치자 자신이 직접 시─남아 있는 두 편의 시가 다른 이의 작품일 수도 있지만─를 썼다고 전해질 뿐만 아니라 그는 확실히 시를 이해하고 있었다. 마흐무드의 궁전에서 '시인들의 왕'(Malik-us Shu-ara)이라는 칭호를 향유한 아불 카심 운수리(Abul Quasim Unsuri)는 대략 3만 행 정도의 시를 썼는데, 그중 겨우 몇천 행만이 전해지고 있다. 발흐 출신이었던 운수리는 마흐무드가 그 도시를 정복한 이후 자신의 몫으로 요구했던 예술가 중 한 명이었다.[88] 가즈니에서 운수리가 성공할 수 있었던 것은 상당 부분 그의 재치 덕분이었다. 연회가 벌어지던 중 술에 취한 마흐무드가 자신의 남자 친구에게 풍성하게 늘어뜨린 머리채를 자르라고 명령했다. 다음 날 아침 눈을 뜬 그는 자신의 어리석은 행동에 어찌할지 몰랐다. 운수리는 다음과 같은 시를 지어 가까스로 궁지에서 벗어났다.

> 당신의 우상의 머리채가 깎인 것은 난처하지만,
> 그렇다고 깨어 애통한 적막함 속에 앉아 있을 이유가 있나요?
> 웃고 즐거워할 때입니다─와인을 재촉할 때죠!
> 사이프러스의 머리카락을 다듬는 것은 그저 꾸미기 위함이니까요.[89]

또 다른 궁정시인인 메르브의 아부 나자르 압둘 아스자디(Abu Nazar

---

88) Browne, *A Literary History of Persia from Firdawsi to Sa'di*, 117~22를 저자가 임의로 고친 것이다.

89) Jackson, *Early Persian Poetry*, 71을 저자가 임의로 고친 것이다.

Abdul Asjadi)도 숙취로 인한 극심한 고통 속에서도 회한에 대해 비슷한 생각을 보여 주는 시를 썼다.

> 와인을 마시고 와인을 칭송한 나를 후회하노니,
> 은빛 감도는 아름다운 턱선을 가진 사랑스러운 아가씨들에 대해서도.
> 주제 넘는 소리! 나의 마음은 여전히 죄를 갈구한다네.
> 오, 맙소사! 그대가 분노할 참회라니.[90]

후원자에게 아첨하는 찬사와 고도로 정제된 자연에 대한 묘사를 섞은 의무적인 찬미시 말고도 마흐무드의 계관시인은 우아하고 깊은 연민을 자아내는 수많은 연애 이야기도 썼다.[91] 이 장르에는 다른 사회적 환경에서 온 젊은이들이 사랑에 빠지면서 일어남 직한 문제를 노래한 마흐무드의 여러 다른 시인들도 동참했다. 아스자디는 숙취가 가시자 다음과 같은 감동적이고 음악적인 말을 남기고 눈물 흘리는 연인을 떠났다.

> 눈물이 내 눈에서 방울방울 떨어지네.
> 구름처럼 또 졸졸 흐르는 냇물처럼.
> 내 눈물은 뚝뚝 떨어지는 비가 저 멀리 서두르듯 흐르고
> 내 슬픈 마음의 속삭임처럼 속닥거리네.[92]

이러한 기세 속에서 이루어진 확장 작업을 통해 마흐무드의 궁정시인들은 이 시대의 가장 중요한 문학적 혁신이자 오늘날까지도 여러 언어권에서

---

90) *Ibid.*, 80.
91) C. E. Bosworth, "The Development of Persian Culture under the Early Ghaznavids", *Iran* 6 (1968): 41.
92) Jackson, *Early Persian Poetry*, 80을 저자가 임의로 고친 것이다.

필수적인 장르로 자리 잡은 낭만적인 서사 발전에 전대(前代)의 그 누구보다도 많은 기여를 했다.[93]

찬미시를 쓴 마흐무드의 시인 중 적어도 한 명 ― 파루키 ― 은 매우 높은 문학적 수준에 도달했다. 기량이 뛰어난 음악가이자 가수였던 파루키는 군주와 함께 전장이나 왕실 사냥에 동행했다. 「사냥 풍경」 같은 작품에서 그는 마흐무드를 향한 찬양 사이사이에 불멸의 격언과 자연의 아름다움을 노래하고 와인과 사랑의 기쁨을 암시하는 단아한 표현을 섞어 넣었다.[94] 마흐무드뿐만 아니라 그를 계승한 다른 두 명의 군주를 위해서도 일한 파루키는 명백한 쇠락의 징후와 절충(折衝)해야만 했다. 그래서 그는 정원이라는 상징적인 이미지를 중심으로 명쾌하지만 복잡한 시를 지었다. 마흐무드의 죽음을 애도한 그의 시는 페르시아어로 된 가장 섬세한 비가(悲歌) 중 하나이다.[95]

페르도우시: 투란의 노예

운수리와 아스자디, 파루키가 가즈니 궁정 시학의 평평한 지형 위에 솟은 갑(岬)이었다면, 비록 멀리 있었지만 페르도우시는 산 그 자체였다. 우리는 『샤나메』 작업에 매진하던 페르도우시를 투스의 가족 곁에 두고 왔더랬다. 페르시아어를 쓰던 부하라의 사만인들이 호라산을 장악했을 무렵, 페르도우시는 잠시 그들로부터 페르시아의 대서사시 작업을 후원받기도 했다. 그러나 993년 사만인들은 휘하의 튀르크 노예 병사에 의해 호라산에서 축출되었고, 그 노예 병사의 손자인 마흐무드가 중앙아시아 전역

---

93) Rypka, *History of Iranian Literature*, 177~79.

94) Meisami, "The Persian Qasida to the End of the Twelfth Century", 150~56.

95) Rypka, *History of Iranian Literature*, 176.

의 지배자를 자임하기에 이르렀다. 마흐무드의 부상은 페르도우시에게 난제를 던졌다.[96] 술탄이라고 자칭한 자는 튀르크인이었고, 따라서 그는 『샤나메』의 페르시아 영웅들이 맞서 싸웠던 투란의 힘을 상징했기 때문이다. 하지만 마흐무드는 사만 왕조의 페르시아 문화를 숭상했고 아랍어나 튀르크어가 아닌 페르시아어를 궁정에서 사용했다. 페르도우시는 옛 페르시아 문화를 소생시키겠다고 선포한 사만인들의 사명을 계속하기 위해 마흐무드에게 기대를 걸었을지도 모른다.

가난하고 부양해야 할 딸과 손녀가 있었던 페르도우시는 자존심을 누르고 가즈니를 향해 출발했다. 그의 방문 일화를 소개한 반(半)전설적인 이야기는 운수리와 다른 시인들이 모여 있던 정원에 그가 나타났다고 한다. 이 신입자의 능력이 의심스러웠던 운수리는 두 폭 제단화에 들어갈 2행시를 완성해 보라고 요구했다. 페르도우시는 이 시험을 가뿐히 통과했지만, 대부분의 시간을 수수께끼와 시를 짓는 놀이나 하며 보내는 이 아첨꾼들 사이에서 자신이 결코 환영받지 못할 것이라고 결론을 내렸다. 마흐무드로부터 넉넉한 지원을 약속받은 후에 그는 투스로 돌아와 최근에 쓴 『샤나메』 필사본 일부분을 자신이 쓴 몇몇 찬미시와 함께 가즈니에 보내는 일로 분주한 시간을 보냈다.

이어지는 이야기를 통해 우리는 마흐무드가 이것을 읽었음을 알 수 있다. 수니 정통파의 투사로 자임하던 술탄은 이븐 시나가 마흐무드의 손아귀에서 벗어나기 위해 부단히 애쓰는 가운데 잠시 머물렀던 시아파 도시 라이를 포위했다. 이 도시의 통치자는 마흐무드의 군대에 대해 푸념을 늘어놓으면서도 포로가 되어 마흐무드의 면전에 끌려나올 때까지 체스를 두며 방탕한 생활로 시간을 보냈다. "당신은 『샤나메』에 나오는 페르시아인의 역사와 무슬림 역사를 쓴 타바리의 연대기를 읽어보았소?" 이에 포로

---

96) *Ibid.*, 155~57에서 얀 립카가 내비친 견해이다. 이 부분의 내용은 당시 페르도우시의 행동을 분석한 립카의 글에 근거한다.

는 "그렇소"라고 대답했다. 마흐무드는 반박하며 "당신의 행동은 당신의 말과 모순되오. 그런데도 어떻게 상대편이 장군을 외치는지도 모를 수 있단 말이오?"[97]

30년이 넘는 노동으로 지친 페르도우시는 1010년 3월 8일에 서사시의 마지막 줄을 썼다.[98] 또다시 그는 자신의 완성작을 마흐무드에게 직접 전하기 위해 아프가니스탄을 가로지르는 고된 여행을 시작했다. 가즈니에 머무는 동안에 무슨 일이 벌어졌는지는 정확하게 알 수 없지만 결과는 재앙이었다. 어느덧 일흔 살이 넘은 페르도우시는 마흐무드가 자신에게 약속했다고 생각한 6만 금화 가운데 단 한 푼도 받지 못하고 빈손으로 고향으로 돌아와야 했다. 평생의 역작에 대한 축하를 받아야 마땅했으나 오히려 페르도우시뿐만 아니라 가족에게도 비극이 된 방문이었다.

왜 페르도우시는 가즈니를 빈손으로 떠났을까? 적어도 여섯 가지의 가능성을 고려할 수 있다. 첫째, 인색하기로 악명 높은 마흐무드가 단순히 예전에 한 약속 이행을 거부했을 수도 있다. 둘째, 운수리와 다른 가즈니의 시인들이 단순히 질투심으로 당시 책정된 수수료를 술탄에게 종용했을지도 모른다.[99] 셋째, 운수리와 파루키가 당대의 영웅(마흐무드로 읽힌다)이 가까이 있는데도 너무 먼 과거의 영웅을 이상화하는 데 페르도우시가 많은 지면을 할애했다고 주장했을지도 모른다.[100] 넷째, 마흐무드에 대한 기대를 접은 페르도우시가 이란의 시아파 군주에게 『샤나메』의 필사본 한 부를 바쳤고, 이 일로 수니파 가즈니에서 달갑지 않은 인물이 되었다는 근거 없는 주장이 있다. 다섯째, 페르도우시가 옛 조로아스터교도들을 너무

---

97) Zavadovskii, *Abu Ali Ibn Sina*, 138.

98) "Ferdowsi", in *Encyclopedia Iranica*, http://www.iranica.com/articles/ferdowsi-i.

99) Nazim, *The Life and Times of Sultan Mahmud of Ghazna*, 158.

100) Rypka, *History of Iranian Literature*, 162.

긍정적인 관점으로 그린 것에 마흐무드의 기분이 상했다는, 역시 설득력이 떨어지는 주장이 있다.

마지막으로 여섯째, 페르도우시가 그저 너무 친(親)페르시아적이었기 때문이라는 주장이 있다. 마흐무드가 페르도우시를 후원하겠다고 약속할 당시만 해도 그의 주적은 사만 영토에서 몰아내고자 했던 튀르크계의 카라한인들이었다. 따라서 페르도우시의 프로젝트는 카라한 가문에 맞서 중앙아시아의 페르시아계 주민들을 위해 싸운다는 마흐무드의 주장을 보강해주었다. 하지만 이제 마흐무드는 이란의 그 지긋지긋한 시아파 부이 정권을 몰아내고 시아파의 손아귀에서 바그다드를 해방한다면 자신이 칼리프 제국의 수장이 될 수도 있는 기회를 목전에 두고 있었다.[101] 이를 추진하는 과정에서 그는 궁정의 언어로 사용되던 페르시아어를 강등시키고 대신에 자신의 친아랍적인 역량을 증명하기 위해 분투 중이었다. 그는 당연히 페르시아인들이 마흐무드에게 저항하려는 결의를 다지기 위해 페르도우시의 『샤나메』를 이용할지도 모른다고 우려했을 것이다. 마지막 여섯 번째 주장은 논리적이지만 이를 뒷받침할 만한 구체적인 증거는 부족하다. 실제로 페르도우시에게 닥친 재앙의 유력한 원인을 제시하는 모든 설명이 그러하듯이 말이다.

페르도우시의 비극적인 결말은 전설에 둘러싸여 있다. 그는 가즈니를 떠나 즉시 투스로 향했고 헤라트 인근의 여인숙에서 하룻밤을 지냈다. 페르도우시가 원통해하며 가즈니를 떠났다는 소식을 들은 마흐무드는 늦게나마 시인에게 지불할 은화를 실은 코끼리 한 마리를 보냈다. 하지만 페르도우시가 약속받은 것은 은화가 아닌 6만 금화였다. 돈을 실은 코끼리가 목욕 후 즐길 샤베트를 사고 있던 바로 그때에 시인 앞에 나타났다. 격분한 페르도우시는 모멸에 찬 태도로 목욕 수행원과 샤베트 판매원, 코끼리 기

101) Nazim, *The Life and Times of Sultan Mahmud of Ghazna*, 165; Bosworth, "The Development of Persian Culture under the Early Ghaznavids", 40.

수에게 그 돈을 나누어주었다. 너무 화가 난 나머지 그는 마흐무드의 이중성과 인색함, 후안무치를 맹렬히 비난하는 독설로 가득 찬 문구를『샤나메』에 덧붙였다고 한다.[102]

물론 이제는 페르도우시가 했다고 알려진 이 같은 반(反)마흐무드적인 비판이 다른 이의 소행임은 주지의 사실이다. 하지만 굳이 이것이 아니어도 페르도우시는 마흐무드 같은 인간에 대한 극도의 경멸을『샤나메』에 분명히 서술하고 있다. 실제로 몇몇 단락에는 시인의 삶에 유령처럼 불쑥 나타난 술탄에 대한 공격이 간접적이나마 분명히 표현되어 있다. 예를 들면, 약화되어 가고 있던 페르시아의 왕좌를 찬탈한 패덕의 압제자가 "짐이 세상의 왕이다"라고 뽐내며, "사방으로 군대를 보냈다. 그런 부류의 악당이 그러하듯이, 그는 사악한 사람들을 육성했고 범죄자들을 모든 곳의 총독으로 임명했으며, 현인들은 그들에게 고개를 숙이고 복종해야 했다. 사방에서 진실은 굴욕을 당했고 거짓이 판을 쳤다"라고 페르도우시는 치를 떨며 독자들에게 상기시켰다.[103] 또한 페르도우시는 자신은 현재에 대해 말하고 있으며 그의 분노의 실제 대상이 마흐무드임을 확실히 밝혔다.

이 이야기는 여기서 끝나지 않는다. 오래된 전설은 페르도우시의 퇴짜에 일침을 맞은 마흐무드가 결국에는 어떻게 투스의 시인에게 6만 금화를 모두 실어 보냈는지에 대해 이야기한다. 그런데 마침 돈을 운반하는 대상단이 도착한 바로 그때에 한 장례 행렬이 성문을 나서고 있었으니, 페르도우시의 장례 행렬이었다.

페르도우시와 그의 후원자였던 가즈니의 마흐무드와의 관계에 관한 전모는 앞으로도 결코 알 수 없을 것이다. 확실한 것은 마흐무드가 세계에서

---

102) 에드워드 G. 브라운(Edward G. Browne)은 *A Literary History of Persia from Firdawsi to Sa'di*, 134~36에서 이 에피소드에 관한 다양한 이설(異說)을 검토했다.

103) Ferdowsi, *Shahnameh*, 851.

가장 위대한 작가 가운데 한 명을 자신의 보호 아래 둘 기회를 잡았다는 사실이다. 그런데 정치적·종교적 상황의 변화 때문이었는지, 아니면 궁정시인들의 질투 때문이었는지, 그것도 아니라면 단순히 인색함 때문이었는지 그와 시인과의 관계는 완전히 틀어졌다. 부하라와 니샤푸르의 사만 왕조나 발라사군과 카슈가르의 튀르크 카라한인들이었다면, 이러한 일은 결코 발생하지 않았을 것이다. 이 에피소드는 이미 사악하다고 알려진 마흐무드의 성격에 암운을 드리운다. 또한 마흐무드가 도입한 정복 주도의 군사화한 독특한 새로운 통치 양식도 여실히 보여 준다. 노예 출신이었던 그는 노예국가를 창출했고, 향후 이 체제는 예술과 문학에 큰 고통을 안겨 줄 터였다. 종내 페르도우시 역시 이 모든 것에 넌덜머리를 냈지만 때는 이미 늦었다.

마흐무드 치하에서의 자연과학과 사회과학

때때로 우리는 그것의 부재로 인해 그 존재의 의미를 좀 더 이해할 수 있게 된다. 수학과 천문학, 의학, 자연과학은 고대 이후로 중앙아시아인들의 호기심을 자극해 왔다. 인도를 비롯해 서구와의 항시적인 상호작용 속에서 타 문화와 오래전부터 교류해 온 이 지역 최고의 지식인들은 각 분야의 다양한 전통을 비교·대조하고, 각각의 학문이 불완전하나마 밝혀낸 심오한 진리를 추구할 수밖에 없었다. 또한 계몽 관료들은 이러한 사상가들을 후원함으로써 자신들의 명성에 빛을 더했다.

그런데 더욱 놀라운 사실은 이러한 환경에도 불구하고 가즈니의 마흐무드가 이 분야들을 거의 외면했다는 것이다. 사실 그도 호라즘의 마문 궁정에서 일하던 과학 혁신가들을 불러들이고자 노력은 했더랬다. 하지만 그들 대부분은 그를 피해 도망쳤고 가즈니에 왔던 세 명 가운데 두 명에 대해서는 다시 회자되지 않았다. 유일하게 위대한 석학 아부 라이한 알 비루니만이 계속해서 과학 연구에 정진했다.

마흐무드 치하에서 중앙아시아 계몽 시대의 지적 다양성은 줄어들기 시작했다. 호라즘 출신의 3인방 외에 그가 다른 자연과학자나 의학 전문가 또는 사회과학자를 후원했는지는 알려진 바가 없다. 그럼에도 마흐무드 왕국에 있던 31년 동안 비루니가 이룬 업적은 너무 훌륭한 나머지 이러한 공백을 모두 메우고도 남았다. 한 친구가 썼듯이, "그의 손에는 항상 펜이 들려 있었고 눈은 관찰하고 있었으며 머리로는 생각을 하고 있었다."[104] 비루니는 마흐무드의 1인 과학 아카데미였고, 알려진 그의 저작 180편 가운데 대부분이 마흐무드의 영토에 머무는 동안 쓰여졌다.

비루니는 자진하여 가즈니로 왔다. 그를 가장 크게 유혹한 것은 마흐무드가 정복과 약탈로 한 세대를 보낸 인도였다. 비루니는 구르간지 시절부터 바그다드나 메르브에서 번역된 아랍어본으로 공부한 적이 있는, 인도의 천문학자와 수학자의 저작을 오래전부터 숭앙해 왔다.[105] 이러한 경외심은 이븐 시나가 그토록 열정적으로 옹호했던 고대 그리스 과학자들에 대한 지독한 존경심에서 기인한 감정이었다.[106] 비루니는 『고대국가들의 연표』에서 자신에게 인도의 역법과 역사에 대해 알려 줄 사람을 찾을 수 없었다며 매우 아쉬워했다. 그런데 마흐무드가 마침 이렇게 풍성한 과학적 유산을 들여다볼 수 있는 창을 제공했고 이에 비루니는 간절한 마음으로 그 창을 열어젖혔다. 그는 가즈니를 거쳐 장차 13년을 보낼 인도로 향했다.[107]

---

104) 비루니의 『인도지』(Tarikh Al-Hind, 印度誌) 러시아어 판에 달린 주석으로 Ilias Nizamutdinov, *Iz istorii sredneaziatsko-indiiskikh otnoshenii, (IX~VIIIX vv)* (Tashkent, 1969), 12에서 인용.

105) 비루니의 아랍과 인도 자료 출처에 대한 조사는 Sachau's introduction to *Alberuni's India*, 1: xxi~xlii 참조.

106) Nasr, *An Introduction to Islamic Cosmological Doctrines*, 109.

107) 비루니와 마흐무드의 관계가 대단히 화기애애했다는 그럴듯한 주장은 Said and Khan, *Al-Biruni*, chap. 3 참조.

라호르에 자리잡은 비루니는 북쪽 지역으로의 단기 탐사를 비롯하여 신드로 장기간의 탐사여행을 두 차례 했던 것 같다.[108] 또한 그는 카슈미르를 소상히 알게 되면서 그곳에서 동료 과학자들을 위한 책을 쓰기도 했다. 여행하는 내내 비루니는 언제나 그랬던 것처럼 잡식성 지식인의 면모를 제대로 보여 주었다. 마차 한 대를 가득 채운 메모들과 과학 장비들을 가지고 돌아다녔을 그의 모습을 상상해 보라. 현장 연구에서 나온 160편의 논문과 20권의 책 가운데 전해지는 것은 거의 없지만, 우리는 그 제목으로부터 수문학, 수학, 천문학, 지리학, 의학, 신학, 기하학, 지질학, 광물학, 인류학, 측지학, 동물학, 약리학 등 다양한 분야를 아우르고 있었음을 짐작할수 있다. 그는 이들 분야 각각에서 선구적인 연구를 수행했고 그러한 과정에서 청각장애의 약물 치료, 지구의 반지름과 원주, 자분정의 유체정역학 같은 다양한 주제의 혁신적인 이론을 발전시켰다.

비루니는 모든 저작에서 마치 현대의 과학자들처럼 자연의 다양한 현상에 숫자와 측정값을 적용하고자 애썼다. 비루니가 아니라면 누가 다음과 같이 기록할 수 있었겠는가?

꽃의 특성 중 매우 놀라운 사실이 하나 있다. 잎이 벌어지기 시작했을 무렵 원을 만들기 시작하는 상단부, 즉 대부분의 경우 잎의 수가 기하학 법칙에 상응한다는 것이다. 뿐만 아니라 그것은 대부분 원뿔 곡선이 아니라 기하학 법칙에 의해 발견된 현*과 일치한다. 일곱 개 또는 아홉 개의 꽃잎을 가진 꽃을 찾기란 거의 불가능한데, 왜냐하면 이등변삼각형처럼 기하학 법칙에 따라 그것을 원형으로 만들 수 없기 때문이다.[109]

---

108) 이 문제를 조사한 M. S. Khan, "Al-Biruni and the Political History of India", *Orient* 26 (1976): 91n24 참조.
* 원주상의 두 점을 연결한 선분을 그 원의 현(chord)이라 한다.

또한 비루니가 아니라면 누가 "많은 석류나무 중 하나를 택해 그 씨앗의 수를 세어보면 모든 석류나무가 당신이 처음 세었던 것과 같은 수의 씨앗을 가지고 있음을 알게 될 것이다"라는 말을 내뱉을 수 있겠는가?[110]

비루니의 수많은 연구 결과를 요약하기란 불가능하다. 하지만 그중 몇몇 예는 흥미로운 사실을 보여 준다. 여행을 하는 동안 비루니는 오늘날 파키스탄에 있는 한 요새를 시작으로 자신이 방문한 수많은 도시의 경도와 위도를 정확하게 파악하기 위해 잠시 머물곤 했다. 또한 그가 가즈니의 정확한 좌표를 계산해 출판한 덕분에 문자 그대로 마흐무드의 수도가 세상에 알려지게 되었다.[111] 그는 호라즘의 낡은 방식을 변형하거나 인도인들 혹은 인도 수학에 관심을 가졌던 나스르 만수르 같은 아랍 수학자들로부터 배운 탄젠트와 사인 함수를 이용한 새로운 방식을 활용하여 정확한 계산을 해냈다. 여행을 하는 동안에 비루니는 지질층리(地質層理)와 화석도 관찰했는데, 이는 그로 하여금 인도의 대부분이 한때 바다였다는 결론을 내리도록 만들었다.[112] 물론 연구를 하면서 과연 신이 지구를 오늘날처럼 완전하고 온전하게 창조했을까 하는 의문을 갖게 된 것이 이번이 처음은 아니었지만, 그럼에도 이러한 관찰을 통해 지구 자체가 지속적인 진화를 겪고 있다는 신념을 굳히게 되었다. 하지만 이보다 중요한 비루니의 연구성과가 있었으니, 행성 주기에 관한 고찰을 비롯해 달과 행성의 크기 및 지구로부터의 거리를 놀라울 정도로 정확하게 추산하도록 이끌어준 관측이 바로 그것이다.[113]

나중에 생각난 것처럼 보이지만, 비루니는 오늘날 파키스탄에 있는 편

---

109) Nasr, *An Introduction to Islamic Cosmological Doctrines*, 127.

110) *Ibid.*

111) J. L. Berggren, "The Mathematical Sciences", in *History of Civilizations of Central Asia*, vol. 4, pt. 2, 190.

112) Biruni, *Alberuni's India*, 1: 198, 400.

113) *Ibid.*, 1: 57~70.

자브의 소도시 핀드 다단 칸(Pindh Dadan Khan) 인근의 난다나 요새(Nandana Fort)에서 며칠을 지체하게 된 김에 다시 한 번 지구의 지름과 둘레를 계산했다. 그런데 그 결과물이 종전에 호라즘에서 얻었던 수치보다 훨씬 정확했다.[114] 그가 계산한 지름은 오늘날 측정치보다 겨우 16.8킬로미터 부족할 뿐이었다. 그는 산 정상에서의 경사각을 찾아 그 값과 아스트롤라베의 도움으로 산출한 산의 높이에, 사인공식의 법칙을 적용해 이 측정값을 얻어냈다. 다른 천문학자도 자신들의 연구 분야에 사인법칙을 활용했지만, 비루니 이전에는 그 누구도 지구 크기를 측정하는 것은 물론이고 실용적인 문제를 해결하는 데 사인법칙을 적용하지 않았다. 이 방법은 평지에서의 두 거점을 이용하는 것보다 훨씬 간단할 뿐만 아니라 향후 600년 동안 다시는 나오지 않을 정확도를 보여 주었다.[115] 같은 연구 프로젝트에서 비루니가 얻어낸 자오선 1도의 측정값 역시 놀라울 정도로 정확했는데, 오늘날 측정치보다 겨우 620미터의 오차가 있을 뿐이었다.[116] 이 모든 연구는 훗날 가즈니에서 초안을 쓰게 될, 천문학을 다룬 대작 『마수드 정전』으로 결실을 맺었다.

이러한 연구 업적만으로도 비루니와, 더 나아가 그의 후원자는 천문학 연보에서 중요한 자리를 차지했을 것이다. 그러나 이에 필적할 뿐만 아니라 오히려 이를 능가하는 성과가 또 있었으니, 인도 그 자체를 탐구한 방대하

---

114) *Ibid.*, 2: 57~62; Khan, "Al-Biruni and the Political History of India", 110; E. S. Kennedy, "Al-Biruni", in *Dictionary of Scientific Biography*, 2: 150.

115) R. Mercier, "Geodesy", in *The History of Cartography*, vol. 1, *Traditional Islamic and South Asian Societies*, ed. J. B. Harly and D. Woodward (Chicago, 1992), 175~87; James S. Aber, "Abu Rayan al-Biruni", in *History of Geology*, http://www.academic.emporia.edu/aberkame/histogeol/biruni/biruni.htm. 나탄 카밀로 시돌리는 (사적인 편지에서) 비루니가 어떤 문제의 경우에는 다수의 전문가가 양질의 장비로 함께한 작업이었다는 이유로 일전에 마문 아카데미에서 얻은 연구 결과에 따랐다고 지적했다.

116) Bulgakov, *Zhizn i trudy Beruni*, 1: 143.

고 선구적인 비루니의 연구가 바로 그것이다. 고대에도, 중세에도 그 전례가 없었고 최근 세기에 와서야 필적할 만한 대상을 찾은 이 지적인 역작에서 비루니는 인도 문명의 원천에 대한 종합적인 지적·경제적·문화적 분석을 제시했다.

간단하게 『인도지』라는 제목으로 불리는 이 책은 사회과학과 국제지역학, 신학, 지성사, 과학사 등 학제 간 연구 분야에서 역사상 가장 위대한 업적 가운데 하나이다.

비루니의 인도

비루니의 지독한 서광(書狂)을 고려하면, 자신이 수년을 보낸 나라에 대해 책을 쓰지 않고는 배길 수 없었을 것이다. 11세기경이면 이미 이국 땅에 대한 여행기들이 아랍 독자들 사이에서 큰 인기를 끌고 있었다. 이 장르는 비루니 이후 350년이 지나 모로코 출신의 아랍인 이븐 바투타(Ibn Battuta, 1304~68)가 유럽과 아프리카의 일부, 동쪽으로는 중앙아시아, 중국, 남아시아까지 곳곳을 여행한 경험을 책으로 출판하면서 절정에 이르렀다. 마르코 폴로(Marco Polo, 1254~1324)의 여행기도 거의 같은 시기에 등장했다.

비루니의 인도 연구는 바투타나 폴로, 전근대에 국제적인 주제로 글을 쓴 그 어느 저자의 책보다도 훨씬 시기적으로 앞설 뿐만 아니라 그 깊이도 헤아릴 수 없을 만큼 심오했다. 저자 자신의 여행 경험에 기반해 쓴 이 책은 호기심이 왕성한 이들에게 흥미로운 많은 정보를 제공했다. 그리고 그 과정에서 오늘날에도 외국을 연구한 진지한 책들이 종종 다루는 주제, 즉 정치, 경제, 사회, 국제관계, 문화, 종교에 대한 비루니의 식견을 보여 주었다. 그러나 비루니에게 이 같은 주제들은 목표 그 자체가 아니라 목표를 위한 수단일 뿐이었다.

비루니는 이미 오래전에 인도의 학문이 그 어디에도 필적할 만한 상대가 없는 고대 그리스의 학문과 마찬가지로 높은 경지에 이르렀다고 결론내렸다. 따라서 『인도지』가 내면에 품고 있던 큰 뜻은 다양한 학문 분야에서 인도 사상이 이루어낸 최고의 성과를 밝혀내고 문화 속에서 그 성과들의 뿌리를 가장 깊은 근원까지 추적하는 것이었다. 이러한 탐구는 결국 그를 힌두교로 이끌었다. 그의 후원자인 마흐무드가 힌두 사원 및 성지에 대한 야만적인 성전(지하드)으로 이슬람 세계 전역에서 갈채를 받고 있던 바로 그때에 비루니는 뛰어난 통찰력과 공정함으로 힌두교를 분석하였다.

이 같은 엄청난 작업은 집중적인 언어 공부를 시작으로 수년간의 세심한 준비를 필요로 했다. 비루니는 힌두어와 산스크리트어 수업이 "매우 좋았다"라고 고백하면서 이러한 측면에서 "나는 이 시대에 매우 독보적인 존재이다"[117]라고 기록했다. 그러나 거의 쉰 살이 다 된 사람에게 이러한 상황은 버겁기도 했다. 특히 그를 괴롭힌 것은 같은 사물을 지칭하는 수많은 단어가 산스크리트어에 존재한다는 사실이었다. 결국 그는 『인도지』 곳곳에 수천 개가 넘는 산스크리트 용어를 번역해 옮길 수 있을 만큼 그 언어를 익혔다.[118] 동시에 그는 자신이 산스크리트어로 된 경전을 아랍어로 번역하지 못한 것에 대해 매우 유감스러워했다.

비루니는 집필을 시작하면서 의심 많은 아랍 독자들에게 인도 및 인도인들에 관한 책을 쓰기로 한 자신의 결정을 정당화할 필요성을 느꼈다. 공격을 미연에 방지하기 위해 그는 인도의 힌두교도들이 '우리의 적'일 뿐만 아니라 "그들은 모든 면에서 우리와 다르다"라고 인정했다. 실제로 그는

---

117) *Ibid.*, 1: 24. 또한 Kemal Ataman, "Re-Reading al-Biruni's *India*: A Case for Intercultural Understanding", *Islam and Islam-Christian Relations* 16, 2 (April 2005): 141~54도 참조.

118) 비루니가 프톨레마이오스의 『알마게스트』를 바탕으로 한 아랍어 편집본을 힌두어로 번역했는지는 확실하지 않지만 그럴 가능성은 낮아 보인다. Biruni, *Alberuni's India*, 1: 137.

"설사 그들의 관습 중 하나가 우리의 것과 닮았을지라도 그것은 완전히 다른 의미를 갖는다"라고 수긍했다.[119] 게다가 힌두교도들의 거만함이야말로 중앙아시아와 중동 전역에서 하나의 전설로 통하지 않던가?

비루니는 이러한 반감 하나하나에 신중히 답했다. 그렇다. 힌두교도들은 우리의 적이다. 그러나 그들이 우리를 두려워하고 우리에 관한 이야기로 아이들을 공포에 떨게 할 만한 타당한 이유가 있다. 게다가 그들을 이해하는 것은 여전히 유용하다. 대개의 인도인들이 거만하고 우쭐대는 것도 맞다. 하지만 인도 최고의 사상가 중 몇몇은 귀중한 문서와 여러 자료를 필자와 아낌없이 공유했다. 또한 무슬림들이 종교와 과학, 문학에 대해 명석한 대화를 나눌 수 있기 위해서는 인도 문화에 관한 모든 정보가 중요하지 않겠는가?

이렇게 사전 준비를 마친 비루니는 우선 아랍어로 쓰여진 인도 관련 전작(前作)을 간단히 다루었다. 그는 정중하게 최고작을 고른 후에, 나머지는 피상적인 연구이자 시답잖은 설명에 지나지 않으며 저자들의 편견을 끝없이 나열할 뿐이라며 맹렬히 비판했다.[120] "우리 문헌 속에 존재하는 인도와 관련한 모든 지식은 누군가가 다른 누군가의 것을 베낀 간접적인 정보이며 비판적 검토라는 체로 걸러진 적이 없는 뒤죽박죽된 자료일 뿐이다."[121] 반면 비루니는 논쟁을 피하고 "자칫하면 사람들로 하여금 진실에 눈이 멀게 만드는" 편견으로부터 벗어나 "비난하지 않고 그저 이야기를 들려주고자" 했다.[122] 이 같은 다짐을 지키고자 그는 수차례 독자에게 "우리 마음에 들지 않겠지만 ……"이라고 경고한 후에 무슬림 독자들을 경악

---

119) *Ibid.*, 1: 19~20, 179.
120) *Ibid.*, 1: 6; Khan, "Al-Biruni and the Political History of India", 112.
121) Khan, "Al-Biruni and the Political History of India", 112의 번역을 인용.
122) Ahmad Hasan Dani, "Al-Biruni's Indica: A Reevaluation", in *Al Biruni Commemorative Volume*, ed. Hakim Mohammad Said (Islamabad, 1973), 184.

시켰을 주제들을 꺼내곤 했다.

비루니는 방법론에 관한 놀라운 서술로 책을 시작했다. "우리의 프로젝트를 수행하기 위해서는 기하학적 방법론을 따를 수 없다." 다시 말해, 천문학이나 수학에 유효했던 과학적 방법론이 사회 연구에는 유효하지 않다는 것이다. 대신 그는 특정 사회의 기능을 규명하고 특정 사회가 그 기능을 다루는 방식을 살펴보는 비교 연구법을 제안·옹호했다. 이는 사회학과 종교, 과학사 등에서 전개될 활발한 비교 연구의 시작이었으며, 진정한 과학적인 사회과학 방법론에 대한 정의로 나아가는 중요한 발걸음이었다.

시작부터 비루니는 증거를 철저하게 검토할 것임을 예고했다. 당연히 현장에서 직접 관찰한 정보를 제시하겠지만, 또한 그 내용을 입증하는 일차 문헌 자료도 활용할 것임을 밝혔다. 마지막으로 그는 인도의 전통을 근거로 동원할 경우에 특히 신중하겠다고 공언했다. 그는 '타당한' 구전은 어떻게든 '부당한' 구전과 구별된다는 견해를 부정하면서 그것은 모두 '거짓을 지어낸 자들이 만들어낸 정보'[123]에 불과하다고 경멸하듯 일축했다. 심지어 기록으로 남아 있는 가장 오래된 전통도 그저 일종의 풍문일 뿐이라고 주장했다.

이런 식의 주장은 많은 무슬림 독자에게 심각한 신성모독으로 다가왔을 것이 틀림없다. 예언자의 하디스가 가진 절대적인 진정성은 오로지 구술의 역사를 기반으로 확립되었기 때문이다. 부하리와 다른 하디스 편찬자들은 구술 기록을 분석한 자신들의 방식을 '과학적'이라고 제시했다. 이슬람 종교지도자와 학자들 역시 이러한 주장을 수용했을 뿐만 아니라 이에 대한 문제 제기 자체를 허용하지 않았다. 그런데 비루니가 종교의 역사에 관한 구전 증거 대부분을 풍문이자 거짓말쟁이들의 작품이라고 비난하면서 거기에서 유추된 다수의 결론을 거부하고 나선 것이다.

---

123) 실제로 비루니는 허위 정보에 대해 상세하게 논의하는 것으로 자신의 저작을 시작했다. Biruni, *Alberuni's India*, 1: 2~6.

대안으로 그는 실제 텍스트에 대한 세밀한 분석과 비교방법론에 의거할 것을 제안했다. 여기서도 저자들의 결론을 조작하도록 만드는 다양한 요인을 분석할 정도로 그는 철저함을 보여 주었다.[124] 본문에 인용한 『바가바드 기타』(Bhagavad gita)* — 간단히 기타(신의 찬가) — 의 수많은 구절이나 그리스, 기독교, 이슬람 관행과의 셀 수 없는 비교 역시 비루니가 약속을 지켰음을 보여 주는 증거이다.

비루니의 철두철미한 과학적 기질은 인도 문학에 대한 논의에서도 생생하게 드러난다. 예를 들면, 그는 산스크리트어와 힌두어로 쓰인 다양한 형식의 시 목록을 작성하는 데 그저 만족하지 않고, 운율에 기반해 엄격한 유형 분류의 체계를 만들어 표 형태로 그 조사결과를 제시했다.[125] 그도 이러한 접근법이 문학이나 그 외 분야에서의 인도 업적에 관한 자신의 의구심을 해소해 주기는커녕, 독자들의 관심마저 붙잡지 못할 수 있음을 잘 알고 있었다. 따라서 그는 중간중간 반복적으로 인도 업적의 긍정적인 면을 강조하곤 했다. 가령 비루니는 인도인들이 물을 저장하기 위해 만든 석조 수조를 설명하다 말고 무슬림들은 돌을 깎아 이 같은 대작을 만들 수 없다고 썼다.[126] 하지만 그는 이러한 칭찬에 신중했고 독자들의 감성을 존중했다. 따라서 그는 불교도가 아니라 부처를 칭송했고, 힌두 철학자가 아니라 힌두 철학에 찬사를 보냈다. 이런 식으로 그는 공감으로 분석에 활기를 불어넣었고 신중함으로 공감을 누그러뜨렸다.

---

124) *Ibid.*, 1: 4.

* 성스러운 신에 대한 노래라는 뜻으로, 고대 인도의 힌두 경전이다.

125) *Ibid.*, 1: 147.

126) *Ibid.*, 2: 144.

인도 과학에 천착한 비루니

인도에 대한 비루니의 관심은 인도 과학에 대한 연구에서 기인했다. 따라서 그는 이 분야의 인도 학문을 철저히 개관(tour d'horizon)하면서 책을 시작했다. 그는 인도 과학의 선행 연구들을 충실하게 목록화한 후에 그 모두가 상당히 부적절하다고 천명했다. 일부 인도 학자들이 그저 순진한 이들을 속이는 데 지식을 이용했음을 확실히 자각한 그는 대중의 무지를 먹이 삼은 과학자들에 대해서도 꽤나 날카로운 비판을 가했다. 이제 본론으로 들어간 그는 가장 먼저 천문학에 주목하며 주제별로 이 분야에 대한 인도의 연구를 간추렸다.[127] 그는 분점(分點)*과 '지구의 둥근 지붕' 같은 문제들을 마치 천문학자로만 구성된 독자를 대상으로 글을 쓰듯이 굴하지 않고 상세하게 다루었다. 이 부분뿐만 아니라 책 전반에서도 비루니는 상당히 수준 높은 독자층을 염두에 두고 글을 썼다.

천문학적으로 정확한 달력의 발전이라는 주제만큼 비루니의 관심을 지속적으로 끈 문제는 없었다. 지속과 시간에 관한 인도의 개념을 철저히 논한 후에 그는 다양한 인도 역법을 분석하고, 그 각각을 중앙아시아 및 서구의 역법과 비교하여 인도 역법 가운데 최고의 것을 찾아냈다. 그의 논거의 초석은 자그마치 열두 번째 자리까지 계산한 데이터로 직접 인도 달력을 재작업한 결과를 정리한 일련의 길고 상세한 표에 있었다.[128] 컴퓨터가 없던 세상에서 이는 정말이지 대단한 성과였다.

이는 자연스럽게 인도의 무게와 측량에 관한, 하지만 사람의 진을 빼놓을 정도로 상세하다고 표현할 수밖에 없는 논문으로 정리되었다.[129] 늘 그

---

127) *Ibid.*, vol. 1, chap. 14.

* 춘분점과 추분점을 말한다.

128) *Ibid.*, chap. 35.

129) *Ibid.*, chap. 15. 시간에 관해서는 vol. 2, chap. 1, 3 참조.

랬듯이 이 논문에서도 비루니는 백과사전 편찬자로서 또다시 앞으로 나아갔다. 이제 파이(π)값에 대한 인도 연산을 다룬 별도의 논문을 비롯하여 인도 수학에 대한 추가적인 분석까지는 단 한걸음이 남아 있을 뿐이었다.

시간과 인간의 역사

시간을 정확하게 측정하려는 비루니의 열정은 놀라울 정도로 근대적이다. 이는 섬세하고 방대한 일군의 과학적 사고에서 출발한 핵심적인 화두 중 하나였기 때문이다. 커다란 천문학적 쟁점 속에는 인간의 역사와 관련된 시간의 문제가 있었다. 이 문제에 완전히 몰입한 비루니는 책상에 앉아 씩씩댔고, 심지어는 인도인들이 악의적으로 엉성하게 만든 것이 분명하다며 인간사(人間事) 연표에 격분했다. "불행히도 힌두교도들은 만물의 역사적 질서에 그다지 주목하지 않았고 …… 정보에 쪼들려 막막해져서야 그들은 이야기하기 시작한다"라고 투덜댔다. 그는 힌두교도들은 날짜에서는 '무능'했다고 결론지었다.[130] 『바가바드 기타』는 날짜들로 가득했지만 그 가운데 어느 것도 보편적인 시간 체계로 손쉽게 변환되지 않았다. 자연스러운 인간의 욕구라고 생각하던 일에 인도인들이 보인 무심함에 당황한 그는 중앙아시아와 그리스, 아랍 연대표에 가장 정통한 자로서, 신의 역사이든 인간의 역사이든 간에 인도의 역사를 전면적으로 재작업하는 엄청난 임무를 자신에게 부여했다. 소수점 열 자리까지 계산된 표로 장식된 그의 분석 결과는 수년이 걸린 또는 수많은 연구자의 노력의 결실이었음이 틀림없다.

---

130) *Ibid.*, 2: 10~11 (저자가 영어로 바꾼 것이다); Khan, "Al-Biruni and the Political History of India", 111.

문화로서의 종교

비루니는 인도 과학에 빠져들수록 현실에 대한 자신의 인식의 상당 부분을 규정하고 있는 그리스-로마적인 세계관과는 완전히 다른 무언가와 마주하고 있음을 깨닫게 되었다. 그의 명저의 가장 중요한 과제는 이러한 차이를 정확히 짚어내고 인도인들의 접근법을 그 뿌리까지 추적하는 것이었다. 인도 문명을 규정하고 있는 실체를 힌두교로 결론지은 그는 이 주제에 책의 가장 많은 부분을 할애했다.

비루니 이전까지는, 자신의 것과는 완전히 상충하는 종교색이 짙은 문화는 말할 것도 없고 타 문화의 심오한 원천을 탐색하고자 한 문인을 거의 찾아볼 수 없었다. 물론 비루니만큼 성공을 거둔 이도 없었다. 이 일은 엄청나게 세심함을 요하는 작업이었다. 천문학이나 수학의 경우와는 달리, 비루니는 독자들이 자신이 제공한 정보에 대해 최소한의 이해는 가지고 있을 것이라고 가정할 수 없었다. 설상가상으로 비루니는 자신이 다루고 있는 주제 자체가, 자신의 신앙만이 참된 유일한 종교이고 그 외 종교는 모두 다양한 정도의 무지와 오류, 배교(背敎)를 의미할 뿐이라고 생각하는 독자들의 신념과는 상극임을 너무도 잘 알고 있었다.

이는 교육학적으로도 만만치 않은 도전이었다. 어떻게든 그는 독자들이 이미 알고 있는 것 —그들이 알아야만 하는 것에 반대되는 의미로서 또는 그들이 알고 있다고 생각하는 것 — 에 기반해 설명해야 했다. 비루니는 이러한 도전에 치밀함으로 맞섰다. 그는 비교 연구법을 주로 사용했는데, 문화인류학자 또는 사회학자를 자임하던 여느 선행 연구자보다도 세심하게 이를 적용했다. 반복적으로 그는 힌두교 신앙과 관행을 독자들이 알고 있는 다른 종교와 비교했다. 예를 들면, 그는 여러 단계의 실존에 대한 힌두교의 개념을 어떻게 전달할 수 있었을까? 비루니는 차분하게 "여러분이 이러한 전통을 그리스인들 고유의 종교 전통과 비교한다면, 힌두교 질서가 기괴하다는 생각이 더 이상 들지 않을 것이다"라는 식으로 독자들에게 설

명했다.[131]

그는 집필과정에서 힌두교와, 정통 무슬림을 비롯해 이슬람 이전의 아랍인, 기독교인, 무슬림 수피, 유대인의 신앙 간에 놀라운 유사점이 있음을 종종 발견하곤 했다. 매우 드물지만 어떤 경우에는 주어진 교리가 낯설게 보일 수도 있지만 일련의 진지한 심사숙고를 거친다면 어쨌든 합리적으로 설명된다고 체념한 듯 쓰기도 했다. 그는 점성학이나 우주 현상에 관한 힌두교적 견해도 이런 식으로 처리했는데, 이 문제들이 타 지역의 독자들에게는 기이하게 보일 수도 있지만 어쨌든 '매우 상세하면서도 치밀한' 이론에 의해 뒷받침되고 있다고 공언했다.[132]

한편, 당시 만연해 있던 자신의 연구 주제에 대한 나름의 논리적인 편견도 직접 다룰 필요가 있었다. 이러한 편견 대부분은 선대의 문인들이 중앙아시아와 아랍 세계에 전파한 뱀을 부리는 사람이나 우상숭배, 사악한 미신과 같은 이국적인 이야기에서 기인했다. 중앙아시아 식자층의 최고봉이었던 비루니는 즉각 이러한 혹평을 거부했다. 물론 그도 이러한 관행이 존재함을 시인했지만, 다른 지역과 마찬가지로 인도에서도 지식인들의 종교적 신념과 무지한 대중의 종교적 신념은 구별되어야 한다고 주장했다.[133]

이런 점을 인정한 후 비루니는 애당초 이해 불가능했던 바로 그 많은 미신을 합리적으로 설명하는 일에 착수했다. 예를 들면, 그는 힌두교의 뱀 부리는 경이로운 사람들을 설명하기 위해 그들의 기이한 음악과 중앙아시아에서 아이벡스* 사냥에 앞서 불렀던 낯선 노래를 비교했다. 이 곡들이 새나 동물들이 만들어낸 소리를 듣는 데 익숙한 사람들에게서 나온 것임

---

131) Biruni, *Alberuni's India*, 1: 111.

132) *Ibid.*, 2: 211ff., 234.

133) Yohanan Friedmann, "Medieval Muslim Views of Indian Religions", *Journal of the American Oriental Society* 95, 2 (April~June 1975): 215의 논의 참조.

* 길게 굽은 뿔을 가진 산악 지방의 염소.

을 유념한다면, 양자 모두 이해 가능하다고 그는 말했다.[134]

비루니는 우상숭배 문제를 논할 때도 유사한 방식의 분석법을 채택했다. 인간 형상의 표현에 대한 이슬람의 금기를 고려하면 매우 예민한 문제였지만, 죽은 자를 소환하려는 산 자들의 욕망에서 그 기원을 찾으며 빠르게 치고 나갔다.[135] 이러한 예우의 과정이 후에 우상을 만든 이들에게까지, 또 그 이후에는 일종의 축약 형태의 상징 그 자체로까지 확장되었다는 것이다. 마지막으로 그는 힌두인들이 우상을 만드는 데 사용된 재료 때문이 아니라 그것을 만들도록 시킨 사람들 때문에 우상을 기리는 것이라고 주장했다.[136]

비루니는 힌두교 신들의 다수성 문제를 다룰 때에는 기존의 방침을 바꾸었다. 체계적으로 히브리어와 그리스어, 아랍어에서 '신'이라는 단어의 용례를 검토한 후에 그는 그들 간의 유사점을 찾아냈다. 이를 바탕으로 그는 힌두교도 실제로는 일종의 일신교이며, 그들의 수많은 신은 모든 종교가 인정하고 있는 신성의 다양한 현현(顯顯)의 표상 방식에 지나지 않는다고 주장했다.[137]

환생과 윤회에 관한 힌두교의 개념은 아브라함의 종교, 즉 유대교와 기독교, 이슬람교 신자들의 상식에 전면적으로 배치되기 때문에 더 골치 아픈 문제를 제기했다. 그것들과 직면하려는 노력 속에 비루니는 근대 이전에 존재한 인류와 자연에 관한 가장 대담한 사상으로 이어질 탐구에 몰두하게 되었다. 그의 첫 질문은 함축적이었지만 명시적이지는 않았다. 인구 증가와 시간의 경과에 따라 불멸의 영혼의 숫자가 증가하면 이들은 모두

---

134) Biruni, *Alberuni's India*, 1: 195.

135) *Ibid.*, chap. 11.

136) *Ibid.*, 1: 121.

137) *Ibid.*, 1: 32~39; W. Montgomery Watt, "Al Biruni and the Study of Non-Islamic Religions", in *Al-Biruni Commemorative Volume*, 416.

어떻게 되는가? 무슬림이나 기독교도들은 이 과정이 반드시 기하급수적인 증가로 이어질 것이라고 생각했다. 비루니도 의구심이 들었다. 그는 살아 있는 모든 유기체는 가능한 한 많이 번식하려 한다는 점에 주목했다. 그러면서도 그는 자연의 그 무엇도 영원히 증식할 수는 없다고 추론했다. 따라서 "인류의 생명은 뿌리고 번식하는 데 달려 있다. 두 과정은 시간이 흐름에 따라 증폭되고 이 세상은 유한한 반면에 증식은 그 끝이 없다."[138]

이 짧은 몇 문장으로 비루니는 800년 후 잉글랜드의 목사이자 경제학자인 토머스 맬서스(Thomas Malthus)가 자신의 획기적인 저작인 『인구론』 (*An Essay on the Principle of Population*)에서 제기한 것과 같은 질문을 던진 것이다. 비루니는 간결하고 대담한 답을 제시했다. 만약 어떤 선택과정이 일어나지 않는다면, 결국 계속적인 인구 증가는 지속 불가능할 것이다. 책의 다른 지면에서 그는 전염병과 자연재해가 끼치는 인구학적 영향을 논하기도 했다. 그는 전염병과 자연재해가 사람들을 대규모로 죽일 수 있고, 따라서 인구수를 통제할 수 있음을 잘 알고 있었다. 하지만 이러한 재앙은 모두에게 똑같이 영향을 끼치기 때문에, 종 전체를 약화시키는 누적적인 결과도 초래할 수 있다. 자체에 맡겨 둔다면 자연은 살아남을 자를 결정함에 있어서 어떤 차별도 하지 않는다. "자연은 …… '살아 있는 유기체 간에' 어떤 차별도 두지 않는다. 왜냐하면 자연의 행동은 어떤 경우에도 항상 동일하기 때문이다. 자연은 나무의 잎과 열매를 소멸함으로써 그것이 자연계 질서 속에서 양산하고자 했던 결과의 실현을 저지한다. 자연은 다른 것들을 위한 공간을 만들어주기 위해 그것들을 제거한 것이다."

위의 단락에서 알 수 있듯이. 비루니는 맬서스와 마찬가지로 자연을 종의 생존을 위해 적격자와 부적격자 모두를 처벌하는 맹목적이고 가혹한 주인으로 보았다. 여기까지의 설명에 의하면, 비루니가 보여 준 세계는 적

---

138) Biruni, *Alberuni's India*, 1: 400~01. 맬서스적인 견해는 Arvind Shama, *Studies in Alberuni's India* (Wiesbaden, 1983), 100~01 참조.

격자만이 살아남는 곳이 아니었다. 그런데 이렇게 냉혹한 실상을 인정했던 그가 일정한 형식의 합리적 선택이 일어나고 있는 듯 보이는 놀라운 반례를 제시했다. "농업 전문가는 곡물을 선택해 자신이 원하는 만큼만 자라게 놓아두고 나머지는 모두 솎아낸다. 수목 관리원도 튼튼한 가지들만 남겨놓고 다른 것들은 모두 잘라버린다."

이러한 행위는 합리적인 인간의 일로 쉽게 치부된다. 그러나 자연 역시 누가 살아남아야 하는지를 결정할 때 차별을 둔다. "벌들은 벌집에서 먹기만 할 뿐 일하지 않는 동족을 죽인다." 다시 말해, 선택은 언뜻 보이는 것처럼 무작위적이지 않다. 식물이나 동물 종이 위압하는 개체군을 무차별적으로 솎아냄으로써 발생할 수 있는 맬서스적인 괴멸을 막기 위해 선택이 개재된다. 그리고 인간이든 다른 형태의 생명체이든 간에, 각각의 유기체는 생존하기에 적합한지의 여부에 따라 선택된다. "만약 대지가 너무 많은 수의 서식자로 인해 황폐해지거나, 혹은 거의 그 일보 직전이라면 대지의 지배자 — 대지의 지배자가 존재하기 때문에 모두를 보듬는 그의 보살핌이 티끌 하나하나에까지 미치는 것이다 — 는 그 수를 줄이고 유해한 모든 것을 잘라내기 위해 전령을 보내신다."[139]

이렇게 자연선택은 자애롭고 합리적인 신의 항구적인 돌봄 속에서 작용한다. 비루니에게 '만물은 신성하기'[140]에 이 경우 자연은, 자연선택의 실행을 통해 모든 형태의 생명체 유지를 가능하게 하는 신이다. 실제로 우리가 이 모든 작동방식을 이해하든 못하든 간에, 자연선택은 살아 있는 모든 것을 규제하는 기본 원칙이다. 이 지점에 이르러 1,000년 전 아프가니스탄에서 글을 쓰던 비루니는 자연선택 과정에 관해 찰스 다윈이 내린 결론을 향해 성큼 다가섰다. 단지 차이가 있다면 비루니는 신이 마치 농부처럼 종합적인 계획에 따라 미리 결정한 기준에 근거해 사람과 종을 선택한

---

139) Biruni, *Alberuni's India*, 1: 400~01.
140) Sharma, *Studies in "Alberuni's India"*, 7에서 인용.

다고 생각한 반면, 다윈의 경우는 그 기준이 선택과정 그 자체에 의해 결정된다고 생각했다.[141]

비루니와 빅토리아 시대의 후임자 간의 또 다른 중요한 차이점은 비루니의 종(種)은 정태적이라는 것이다. 그의 관심사는 살아 있는 유기체의 보존과 건강한 지속을 설명하는 것이었지, 시간에 따른 진화가 아니었다. 살아 있는 종 가운데 어떤 대응체도 발견할 수 없었던 화석을 관찰한 바 있는 비루니도 진화를 모르지는 않았다. 사실 그는 오래전 시간 경과에 따른 심오한 변화를 설명하기 위해 지질학적 진화이론을 제시하기도 했다. 그렇지만 결과적으로 그는 살아 있는 유기체에는 이러한 추론을 적용하지 않았고 당대의 한 사람으로, 또는 19세기 중반 이전을 살았던 한 사람으로 남았다.

이 같은 혁명적인 생각을 독자에게 제시한 후 비루니는 환생이나 윤회의 개념이 인간 영혼에 적용된 일종의 생태 보호주의적 표현이기에 결코 터무니없는 생각이 아니라고 결론내렸다. 또한 그는 이러한 개념이 힌두교뿐만 아니라 독자들도 잘 알고 있을 무슬림 수피 사상에서도 나타난다고 언급하며 수식을 더했다.

힌두교 의식도 비루니의 이목을 끌었는데, 경전이나 후대의 힌두교 사상가의 저작에 의존하지 않고 설명하고자 했다. 대신에 그는 고대 그리스 종교와의 유사점을 지적하거나 그 실제적인 측면을 보여 줌으로써 그것을 이해시켰다. 따라서 그는 힌두교도들과 호메로스 시대의 그리스인들의 시신을 태우는 행위가 다르지 않다고 생각했으며, 양자의 기원을 창조의 통일성에 대한 믿음에서 찾았다.[142] 힌두교도들이 소고기를 금기 음식으로 삼는 것에 대해서도 "소는 짐을 나르고 밭을 갈고 씨를 뿌리며 우유를 제공

---

141) 이러한 통찰력을 제공해 준 와세다 대학의 나탄 카밀로 시돌리 박사에게 감사하는 바이다.

142) Biruni, *Alberuni's India*, 2: 167~68.

한다는" 측면에서 이것은 단순히 합리적인 경제 문제가 아니겠는가라고 물었다.[143]

금식과 자선, 성지순례에 관한 힌두교의 명령은 모두 이슬람의 관행과 유사했기 때문에 비루니는 이에 대해 신학적으로 설명할 필요성을 느끼지 않았다. 대신에 실제로 어떻게 작동하는지에 대해 좀 더 보편적인 평가로 넘어갔다. 세 가지 행위는 모두 건강과 공동 복지에 분명히 도움이 된다. 하지만 힌두교는 그 행위를 신성한 명령으로 여기기보다는 자발적인 의무로 남겨두기로 했다.[144] 다시 말해, 힌두교는 인간이 합리적으로 행동한다고 믿었다. 비루니가 군이 말로 표현하지는 않았지만, 이 세 가지 행위를 모두 의무화하고 법의 힘으로 강제한 이슬람과는 분명히 대비되었다.

힌두교, 이슬람, 마흐무드에 관한 비루니의 생각

비루니의 『인도지』에 등장하는 힌두교와 인도 문화에 관한 묘사는 복잡하면서도 미묘하고 진지하다. 그는 자신의 연구 대상에서 칭찬할 만한 많은 것을 발견했지만 옹호하지는 않았다. 그렇다고 낭만화된 '타자'를 찾고자 오리엔탈리즘적인 렌즈로 인도를 응시하지도 않았다. 그의 목적은 균형 잡힌 듯 보이기 위해 증거 왜곡까지 작정하는 공평성을 보여 주는 것이 아니라 분석에 있어 엄밀한 정확성을 띠는 것이었다. 『인도지』에서 우리는 매우 탐구심이 강한 대학자의 모습을 보게 된다. 그의 접근방식은 문화와 사회에 대한 과학적인 연구 방법에 중요한 진전을 가져왔다.

비루니는 처음부터 끝까지 공정성을 유지하며 독자에게 인도는 비록 그들만의 고유 방식이기는 하나 고대 그리스인과 아랍인, 중앙아시아인들

---

143) *Ibid.*, 2: 152. 원문을 저자가 다분히 압축했다.

144) *Ibid.*, 2: 149ff., 172ff.

이 몰두했던 바로 그 철학과 과학 문제를 검토한 매우 창의적인 문명이라고 설명했다. 따로 언명하지는 않았지만 그는 모든 지면에서 암시적으로나마 인류는 하나라고 가정했다. 자신의 견해를 부각하기 위해 사용한 때 말고는 비루니의 세계에서 '우리'와 '그들'은 없으며, 단지 모든 인류가 직면한 같은 난제에 대한 다른 문화적 해결책이 있을 뿐이었다. 이 점에서 그는 아리스토텔레스에게 공명했지만 주류 무슬림들과는 크게 상충했다. 비루니를 비판했던 사람들은 이른바 이슬람 르네상스에 진정한 인본주의가 존재하는지 의문을 제기하는 사람들에게 중요한 증거로 활용된다.[145] 그러나 비루니 그 자신이야말로 『인도지』 지면을 통해 바로 그 무슬림 인본주의자의 면모를 확실히 보여 주고 있다. 그는 독자들에게 인도 문화와 그 사상가들이 이질적이기는 하나 그들이 해결하고자 했던 문제를 통해 무슬림 독자들과 결부되어 있다고 말했다. 결국 그들도 똑같은 사람이었다.

하지만 이로 인해 그는 왜 인도의 힌두교도들이 무슬림들을 그토록 증오하는지에 대한 질문을 비켜갈 수 없게 되었다.[146] 이 질문에 비루니는 독자들에게 무슬림들이 힌두교도들에 맞서 벌였던 지하드 종교전쟁과 정복을 상기시켰다. 그는 극단적인 그 모든 잔악함과 그 결과로서 일어난 탐욕스러운 약탈에 관해 있는 그대로 상세히 전했다. 『꾸란』은 "이슬람에 강제란 없다"라고 말할지 모르지만 힌두교도들이 알고 있는 사실은 이와 달랐다.

이러한 사실을 자인한 후 비루니는 카스트 제도에 묶인 인도 민중이 이른바 이슬람의 특징인 평등주의의 수용을 거부한 이유를 물었다. 첫째, 그

---

145) 이 같은 인본주의의 존재를 의문시한 이들 중에는 B. Spuler, "Hellenistisches Denken im Islam", *Saeculum* 5 (1954): 154ff.; Gardet, *La cité musulmane, vie sociale et politique*, 273ff. 등이 있다. 좀 더 온건한 목소리를 내는 이로는 Joel L. Kraemer, "Humanism in the Renaissance of Islam: A Preliminary Study", *Journal of the American Oriental Society* 104, 1 (1984): 135 참조.

146) Biruni, *Alberuni's India*, 2: 104.

는 이것이 여느 무슬림이 다른 종교로 개종할 경우 벌어질 상황처럼 이슬람으로의 개종이 어쩌면 죽음이라는 형벌로 이어질지도 모른다는 공포에서 기인했을 것이라고 상정했다. 하지만 그는 힌두교 경전이 『꾸란』보다 배교의 문제에서 더 관대하다고 지적했다. 따라서 이러한 논거를 배제한 그는 이번에는 이슬람이 확산된 인도 지역에서 사실상 카스트 제도가 오히려 더 강고해졌다는 막강한 증거를 인용했다.[147] 그러고는 이슬람이 결과적으로 깨달음을 가져다주지 못했다고 덧붙였다. 도리어 그는 인도의 무슬림들은 종교가 과학을 왜곡하도록 방치했다고 주장했다. 이를 깨달은 인도의 위대한 지식인 가운데 많은 이들이 무슬림 통치 지역에서 달아났다.[148]

이러한 논의는 비루니로 하여금 자신의 후원자인 가즈니의 마흐무드의 역할과 직면하게 만들었다. 베이하키를 제외한 마흐무드의 궁정사가들은 인도에 대한 마흐무드의 공격을 이슬람의 이름으로 행해진 이타적인 투쟁이자 희생의 영웅담으로 묘사했다. 비루니는 결코 무모한 사람이 아니었지만 그렇다고 우화적인 표현으로 자신의 이야기를 굳이 은폐하려 애쓰지도 않았다. 있는 그대로의 솔직함으로 그는 최근에 있었던 무슬림(마흐무드 휘하의)의 정복전쟁이 모든 곳에서 황폐화를 초래했다고 보고했다.[149] "마흐무드는 나라의 번영을 철저히 파괴했고 그곳에서 어마어마한 위업을 성취하여 힌두교도들이 먼지 티끌처럼 사방으로 흩어지게 만들었다. ……당연히 흩어진 이들은 무슬림을 향해 뿌리 깊은 혐오감을 가지게 되었다."[150] 그들의 번영이 파괴되면서 카스트 제도는 더욱 강화되었고 최고의

---

147) Arvind Sharma, "Alberuni on Hindu Xenophobia", in *Studies in "Alberuni's India"*, 127~28.

148) Biruni, *Alberuni's India*, 1: 22.

149) *Ibid.*, 1: xi~xii.

150) *Ibid.*, 1: 22.

지성인들은 망명길에 올랐다. 어찌 힌두교도들이 무슬림들을 증오하지 않을 수 있겠는가?

마흐무드가 비루니의 후원자였다는 사실을 감안하면 이 학자가 마흐무드와 인도에서 벌인 지하드를 맹렬히 공격한 사실은 매우 놀랍다. 비록 그 자신도 일찍이 인도 대중은 무지하고 일부 지도자들은 훨씬 더 형편없다고 의견을 밝힌 바 있지만, 이 시점에서 그는 마흐무드의 칼 앞에 쓰러진 여러 힌두교 통치자를 칭송하고, 심지어는 체통과 용맹함의 모델로 그들을 내세우는 데 전혀 주저하지 않았다.[151]

하지만 의문은 계속되었다. 왜 힌두교도들은 패배했을까? 여기서 비루니는 현대 정치학자라면 누구나 납득할 만한 식견을 제시했다. 마흐무드는 철저히 중앙집권화된 명령 체계를 가지고 있던 반면, 인도의 정체(政體)는 고도의 지방분권화와 자치를 특징으로 하기 때문에 승리할 수 있었다는 것이다.[152] 평시에는 미덕이었던 것이 전시에는 골칫거리가 된 것이다.

비루니의 『인도지』는 전체적으로 보았을 때, 저자가 서문에서 품게 했던 기대감, 즉 인도 과학과 학문의 가장 위대한 업적을 나열하고 힌두교가 인도인들의 지적 삶과 문명에 끼친 핵심적 기여를 논하면서 이 작업을 '논객으로서가 아니라' 과학자로서 수행하리라는 기대감을 충족하고도 남았다.[153] 저자가 주어진 문제에 대해 '전혀 확신할 수 없음'을 시인—비루니는 자주 그러했다—하거나 솔직히 '모릅니다'라고 자신의 무지를 공언하기를 거부하는 이들을 혹평할 때,[154] 독자들은 자신들이 철저한 분석가이자 안목 있는 문화 임상의(臨床醫), 또는 오늘날 우리가 자신 있게 위대한 사회과학자라고 칭할 수 있는 사람을 상대하고 있음을 깨닫게 된다. 비

---

151) *Ibid.*, 2: 12~13.

152) Khan, "Al-Biruni and the Political History of India", 113.

153) Biruni, *Alberuni's India*, 1: 7.

154) *Ibid.*, 1: 77.

교 연구법과 국제적 관점이라는 측면 모두에서 『인도지』는 수세기나 시대를 앞선 진정한 대약진을 보여 주었다. 비루니의 한 전기작가는 이를 이슬람 학문 '최고의 기념비'라고 칭했는데, 이는 결코 과장이 아니었다.[155]

종결부

마흐무드가 사망하기 바로 직전에 그의 충직한 시인이었던 메르브의 우마라(Umarah)는 다음과 같이 심상치 않은 스탠자(stanza)*를 썼다.

> 세상이 당신을 위대한 인물로 떠받칠지라도 결코 자만하지 마시오.
> 세상이 순식간에 비천한 신분으로 몰락시킨 위대한 인물이 한둘이 아니오.
> 세상의 뱀 부리는 자는 모든 것을 자신의 손아귀에 넣으려 한다오.
> 하지만 뱀 부리는 자도 종종 뱀에게 치명적인 독침을 맞는 법.[156]

1030년에 가즈니의 마흐무드는 말라리아로 사망했다. 마지막까지도 탐욕스러웠던 그가 취한 최후의 행동은 자신의 보석을 화려하게 줄에 맞춰 자신 앞에 전시하라고 명을 내린 것이었다.[157] 그는 과연 인간 분투의 덧없는 속성과 삶의 허무함에 대한 시를 쓰기는 했던 것일까? 당대의 한 전기작가가 그렇다는 흥미로운 주장을 했지만,[158] 임종 당시 했다는 이 고백에 대해서는 알려진 바가 없다. 우리가 알고 있는 것은 마흐무드 사후 7년

---

155) 전기작가는 프랭크 피터스(Frank Peters)이다. Goodman, *Avicenna*, 23에서 인용.
* 4행 이상의 각운이 있는 시.
156) 잭슨의 번역을 저자가 수정한 것이다. Jackson, *Early Persian Poetry*, 54.
157) Nazim, *The Life and Times of Sultan Mahmud of Ghazna*, 124.
158) Browne, *A Literary History of Persia from Firdawsi to Sa'di*, 118.

이 채 지나지도 않아 그의 왕국 상당 부분이 또 다른 튀르크계 부족인 셀주크의 급부상으로 떨어져 나갔다는 사실이다. 가즈니 가문을 이은 마흐무드의 아들 마수드는 가즈니와 라슈카리 바자르에서 화려한 궁정생활을 계속했으며, 역사가인 우트비와 베이하키, 그리고 시인인 운수리와 시스타니를 후원하는 데 상속한 부를 사용했다.

마흐무드의 죽음에도 비루니는 대단히 생산적이었던 이 시기의 작업을 멈추지 않았다. 아버지의 기대를 저버린 전력이 있던 마수드는 여전히 주색(酒色)에 빠져 있었지만, 학문과 비루니의 열렬한 후원자임을 자처했다. 비루니는 새로운 군주를 도와 궁정 점성술사로서의 소임을 다했고 가즈니에서 기도할 때 정확하게 메카 쪽을 향할 수 있도록 키블라의 방향, 즉 기도 방향에 관한 중요한 논문도 썼다.[159] 이러한 임무를 수행하면서도 비루니는 중력에 관한 혁신적인 분석과 과학 개념에 관한 은밀한 비평, 성경과 『꾸란』 모두에 내재된 모순 등을 다룬 『측지학』이라는 평생의 과제를 마무리지었다.[160]

또한 그는 유년 시절로까지 거슬러 올라가는 연구·조사에 기반해 그림자의 물리적 속성과 빛과의 관계에 관한 연구 초안도 작성했다. 이어서 그는 측지학과 천문학 연구에 이 연구 결과를 활용하는 문제와 관련하여 혁신적인 제안을 내놓았다.[161] 여기서도 그는 그만의 독특한 방식으로 외견

---

159) David A. King, "Astronomy and Islamic Society: Qibla, Gnomonics and Timekeeping", in *Encyclopedia of the History of Arabic Science*, 1: 141ff. 비루니를 비롯한 과학자들은 깊은 신앙심 — 이를 뒷받침할 만한 증거를 찾을 수 없다 — 때문이 아니라 솜씨를 과시하고 자신들의 유용성을 입증하기 위해 이 문제에 뛰어들었다.

160) Bulgakov, *Zhizn i trudy Beruni*, 1: 143~86.

161) *Ibid.*, 1: 155~57. 이 작품은 케네디가 번역하여 출판한 20세기에 와서야 알려졌다. E. S. Kennedy, *The Exhaustive Treatise on Shadows*, 2 vols. (Aleppo, 1976); Mary-Louise Davidian, "Al-Biruni on the Time of Day from Shadow Lengths", *Journal of the American Oriental Society* 80, 4 (October~December 1960): 330~36; Glen van Brummelen, *The Mathematics of the Heavens and*

상 무관해 보이는 논의 중에 무심코 중요한 말들을 던지곤 했다. 예를 들면, 그는 단도직입적으로 극좌표 사용을 예측했으며, 가속도는 비(非)균일 운동을 수반한다고 주장하기도 했다. 그림자가 중앙아시아나 페르시아 그림에 나타나기 오래전에 정밀한 과학 연구의 주제였다는 점도 참으로 흥미롭다. 마지막으로 비루니는 이 모든 활동 가운데서도 마흐무드 시대의 역사를 다룬 방대한 작품 — 필사본이 하나도 남아 있지 않다 — 을 쓸 시간을 어떻게든 내었다.[162]

1031년과 1037년 사이에 비루니가 쓴 천문학과 수학적 지식에 관한 방대한 전서는 과학사에서 매우 중요한 가치가 있는 작품이다. 새로운 군주에게 헌정되었기 때문에 『마수드 정전』으로 알려진 이 권위 있는 저작은 이븐 시나의 『의학정전』이 의학을 다루었던 것과 같은 종합적이고 철저한 방식으로 천문학과 그와 관련한 수학 및 삼각법 영역을 다루었다. 사실 비루니는 오래된 경쟁자가 쓴 지 10년(1025)도 안 된 『의학정전』에 대한 응전으로 일부러 '정전'이라는 제목을 선택했다. 이 기념비적인 저작에 대한 보상으로 마수드는 저자에게 코끼리에 은화를 실어 보냈지만 비루니는 정중하게 거절했다.[163]

천문학과 관련 수학 분야의 백과사전이자 자신의 평생 연구를 요약한 비루니의 『마수드 정전』은 아랍어로 이루어진 중세 천문학 연구를 최고의 정점에 올려놓았다. 그 무렵 장기적인 쇠퇴도 시작되었는지, 또는 조지 살리바(George Saliba)의 주장처럼 수세기는 더 중요한 연구가 계속되었는지의 여부보다는 아프가니스탄에서 홀로 작업하던 비루니가 천문학을 중세의 정상으로 이끈 장본인이라는 사실이 훨씬 더 중요하다.[164]

---

the Earth (Princeton, 2009), 149~54.

162) Khan, "Al-Biruni and the Political History of India", 90.

163) Said and Khan, *Al-Biruni*, 95.

164) Biruni, *Alberuni's India*, 1: xliii. 아랍어로 연구한 중세 천문학의 모든 측면

『마수드 정전』은 전 11권으로 구성되어 있는데, 각각은 다른 민족의 역법과 그 천문학적 토대, 원의 성질, 황도상의 점으로 간주되는 태양과 항성의 수리천문학, 지구 경도와 위도에 관한 수학적 논의, 태양과 달의 운동 및 식(蝕), 다섯 개 행성의 운동을 다루고 있다.[165] 이 방대한 글을 쓰는 내내 비루니는 단 하나의 주제, 즉 프톨레마이오스와 그의 체계가 영구히 정리했다고 추정되던 영역에서 자신이 관찰한 수많은 변칙에 초점을 맞추었다. 그는 이 변칙들을 전 생애 동안 관찰(예상 밖의 편차를 보인 주제에 대해서는 검토를 여러 차례 반복했다)을 통해, 그리고 중앙아시아와 아랍 과학자들의 저작이나 다른 과학자 ─그중에서도 주로 인도인들 ─가 수집한 증거로부터 모았다. 한 주제에서 또 다른 주제로 계속 옮아가며 연구에 몰두하던 비루니에게서 우리는 토머스 쿤이 '정상과학'이라고 이름 붙인 과학혁명의 본질적인 동인인 '변칙'을 규명하고 냉정하게 분석하려는 심오함을 보게 된다.

이러한 과정이 다른 분야에서도 자명하게 드러나지만, 특히 프톨레마이오스의 지구중심설에 대한 비루니의 설명은 매우 놀랍다. 비루니는 지구가 정지해 있다는 것을 보여 줄 설득력 있는 증거뿐만 아니라 지구가 움직인다는 것을 증명할 증거 역시 없다고 주장하면서 이야기를 시작했다. "지구의 자전이론은 결코 천문학의 가치를 훼손하지 않는다. 왜냐하면 천문학적 성격의 모든 징후가 다른 이론(즉 지구는 움직이지 않는다)만큼이나 이 이론에 부합해서도 잘 설명되기 때문이다."[166] 이처럼 대담한 추정을 하게 된 계기는 오늘날 이란-아프가니스탄 국경 지역 출신의 천문학자이

을 고찰할 때는 반드시 살리바의 역사서를 참조해야 한다. George Saliba, *A History of Arabic Astronomy* (New York, 1994).

165) Abu Rayhan Muhammad b. Ahmad al-Biruni, *Al-Qanun al-Masudi (Canon Masudicus)*, ed. Ministry of Education, Government of India, 3 vols. (Hyderabad, 1955), 1: 3; Bulgakov, *Zhizn i trudy Beruni*, 2: 244ff.

166) *Ibid.*, 1: 5.

자 수학자, 수리공, 점성술학자였던 아부 사이드 알 시지(Abu Said al-Sizji, 945~1020년경)[167]와의 교류였다. 이곳저곳을 방랑했던 시지는 자신의 저서 대부분을 발흐의 군주에게 헌정했다. 비루니는 그와 서신을 주고받기 시작했고 마침내 지구가 회전한다는 가설 아래, 시지가 고안한 파격적인 새로운 아스트롤라베를 살펴볼 수 있게 되었다.

나는 배 모양의 아스트롤라베로 알려진 …… 아부 사이드 알 시지가 만든 단순한 형태의 아스트롤라베를 보게 되었다. 나는 그것이 매우 마음에 들었는데 왜냐하면 일부 사람들이 사실이라고 여기는, 즉 가시적인 동쪽으로의 절대운동이 천구의 '즉 태양의' 것이 아니라 지구의 것이라는 견해에서 발췌한 독자적인 원리에 기반해 만들어졌기 때문이다. 단언컨대, 이 이론은 분석하기도 해결하기도 어려운 불확실성을 가지고 있다. 선과 평면에 의존하는 기하학자나 천문학자에게는 이 '이론'을 반박할 방법이 없다. 그럼에도 이 동업자들은, 운동을 야기한 것이 지구이든 '태양'이든 간에 관계없이 절대 타협하지 않을 것이다.[168]

그는 물리학자들에게 이 이론을 부인하거나 수용하거나 둘 중의 하나를 선택하라고 촉구하며 마무리를 지었다. 그러면서 지나가는 말로 비루니는 형이상학적인 또는 신화적인 존재로서의 태양의 개념을 버리고 태양은 사실 명확한 지름과 지구로부터 상당한 거리를 가진 불로 된 물질이라고 단언했다.

---

167) 알 시지에 관해서는 Glen van Brummelen, "Sizji", in *The Biographical Encyclopedia of Astronomers*, ed. Thomas Hockey et al. (New York, 2009), 1059 참조.

168) Biruni, *Al-Qanun al-Masudi (Canon Masudicus)*, 1: xviii. 이 인용문은 고문서 원본을 새로 번역한 Dallal, *Islam, Science, and the Challenge of History*, 74에서 가져온 것이다.

다음으로 그는 우주에서의 지구의 운동에 대한 문제로 넘어갔다. 별다른 증거 없이 지구중심설을 전면적으로 부정한 라지와는 달리, 비루니는 태양중심설도 온전히 가능하다고 언급하면서 유의미한 가설로서 실험적으로 태양중심설을 수용했다. 1037년 당시 태양 중심의 태양계를 지구 중심의 그것만큼이나 개연성이 있다고 태연하게 말하고, 천문학자로서 자신은 두 관점 모두를 용납할 수 있다고 언명하면서 종국에는 물리학자들에게 그것을 입증하든지 부정하든지 하라고 재촉할 수 있는 이가 과연 비루니 말고 또 있었을까?[169] 비루니의 주요 관심사가 지구가 움직이는지 또는 고정되어 있는지를 증명하는 것이 아니라, 수학적 관점에서 보자면 둘 사이에는 아무런 차이가 없음을 보여 주는 것이었음을 다시 한 번 강조할 필요가 있다. 이는 고대로부터 계속되어 온 주장이다. 그럼에도 비루니는 물리학자들이 더 큰 문제를 고심하도록 살살 유도하기 위해『마수드 정전』에서 이 문제를 이런 식으로 다루었던 것이다.

이 일반 논의에서 파생된 또 다른 결과물이 있었으니, 바로 아래의 탄도학에 관한 비루니의 엉뚱한 메모이다.

사물이 높은 곳에서 떨어질 때는 수직으로 하강하지 않고 약간 기울어져 떨어진다. …… '떨어지는 물체'는 두 가지 운동을 한다. 하나는 지구의 자전에서 기인한 원운동이고, 다른 하나는 지구 중심을 '향해' 곧바로 떨어질 때 발생하는 직선운동이다.[170]

나머지 책들에 필요한 평면기하학과 삼각법의 기초를 제시한 후에, 비루니는 구면천문학에 즉시 적용 가능한 구면기하학의 혁신적이고 개량된 여러 원리도 소개했다. 예를 들면, 그는 이슬람 학자로서는 처음으로 삼각함

169) Biruni, *Al-Qanun al-Masudi (Canon Masudicus)*, 1: xviii.
170) *Ibid.*, 2: 248ff.

수표의 이차보간법을 소개했다.[171] 또 그는 행성의 가속도를 분석하기 위한 새로운 수식 모형도 제안했다.

이어서 비루니는 경도가 알려진 한 장소에서 그노몬(gnomon, 指時針)의 그림자와 시간을 활용해 위도를 결정하는 새로운 방법을 다시 한 번 소개했다. 그 자체만으로도 가치 있는 이러한 혁신은 더 큰 발견으로 나아가는 첫걸음이었다.

비루니, 아메리카를 발견하다

비루니는 『마수드 정전』에 난다나에서 수행했던 지구 원주와 관련한 연구 결과들을 모아 정리해 놓았다. 그러고 나서 그는 정확한 크기의 지구 구면 위에 알려진 모든 지리적 장소의 위치를 정하는 작업에 착수했다. 비루니가 이를 위해 다른 지구 모형을 만들었는지, 아니면 종이로 작업을 했는지는 알려진 바가 없다. 하지만 반드시 모형이 필요하지는 않았을 것이다. 왜냐하면 그 무렵이면 이미 그는 빠르게 발전하던 구면기하학 분야의 전문가였고 평면과 구면 간에 필요한 조정을 쉽게 할 수 있었기 때문이다. 경도와 위도에 관한 그의 수집 목록은 처음보다 상당히 늘어나 있었다. 여기에는 유라시아 전 대륙에 펼쳐져 있는 수천 개의 장소는 물론이고 인도에서만도 그 수가 70군데가 넘는 지역에 대한 정보가 담겨 있었다.[172]

지구 둘레가 좀 더 정확하게 측정된 지도 위로 이 자료들을 옮기면서 비루니는 즉시 아프리카 최서단 끝에서부터 중국의 최동단 해안까지 유라시

---

171) 이를 최초로 소개한 사람이 호라산 출신의 또 다른 과학자인 아부 자파르 무함마드 이븐 하산 카지니(Abu Jafar Muhammad ibn Hasan Khazini, 900~971)라고 주장하는 사람도 있다.

172) Biruni, *Al-Qanun al-Masudi (Canon Masudicus)*, 2: xxxiv.

아의 전체 폭이 대략 지구본의 2/5에 미치지 못함을 알아챘다. 이는 지구 표면의 3/5이 사라졌음을 의미했다.

이 거대한 공백을 처리하는 가장 확실한 방법은 고대부터 비루니가 살던 시대까지 모든 지리학자가 수용했던, 즉 유라시아 대륙이 '세계양(洋)'(World Ocean)으로 둘러싸여 있기 때문이라는 해명을 원용하는 것이었다. 아리스토텔레스에게 개인교습을 받았던 알렉산드로스 대왕은 이와 같은 안이한 가설을 염두에 두고 아프가니스탄 산맥을 벗어나 인더스 계곡 서쪽 측면으로 군대를 이끌고 들어갔다. 좋은 위치에서 세계양을 볼 수 있기를 고대하면서 말이다. 물론 그의 앞에는 끝없이 광활한 육지가 펼쳐져 있을 뿐이었다.

지구 둘레의 3/5 이상이 정말 물로만 이루어졌을까? 비루니도 이러한 가능성을 숙고하기는 했지만 결국 논리와 관찰에 근거해 이러한 주장을 거부했다. 그는 지구의 2/5에 해당하는 지역에 육지를 형성한 힘과 과정이 왜 나머지 3/5에는 영향을 끼치지 않았을까 골똘히 생각했다. 이런 식의 추론을 통해 비루니는 유럽과 아시아 사이의 광대한 대양 지역 어딘가에 반드시 지금까지 알려지지 않은 광활한 땅덩어리, 즉 대륙이 존재할 것이라고 결론지었다.

논리적인 단계를 밟아나가던 비루니에게 이번에는 미지의 이 대륙은 황무지일까 아니면 인간이 살고 있을까라는 의문이 떠올랐다. 이때까지는 난다나에서 수행한 지구 원주에 대한 연구를 비롯해 세계 도시의 경도와 알려진 지형에 대해 수집한 방대한 자료, 그리고 간단한 논리에 의존했지만 한걸음 더 나아가기 위해 이제 그는 위도에 관한 데이터도 참조하기 시작했다. 그러한 가운데 인간이 오늘날의 러시아에 해당하는 지역에서부터 인도 남부와 아프리카 중앙까지 뻗어 있는 남-북 광대역에 거주하고 있다는 사실에 주목하게 되었다. 이 대역이 지구의 거주 가능 지역을 의미한다고 추정한 그는 미지의 대륙 또는 대륙들도 이 대역의 남단과 북단 사이에 존재하지 않을까 하는 생각에 이르렀다.[173]

이에 대한 답을 구하기 위해 그가 의거할 수 있는 현장 관측 자료는 더 이상 없었지만 그에게는 논리라는 수단이 남아 있었다. 그는 유라시아 대륙이 대략 띠 모양을 한 채 지구 위에 펼쳐져 있고 남북 광역대에 걸쳐 있음에 주목했다. 그리고 이것이 다른 곳에서도 존재했을 것이 확실한 강력한 과정의 결과라는 가설을 세웠다. 지구가 남긴 흔적들은 미지의 대륙들이 최북단이나 최남단 지역에 쑤셔박혀 있다고 생각할 만한 그 어떤 근거도 되지 못했다. 유라시아와의 비교를 통한 추론과정에서 그는 이 미지의 땅덩어리들은 거주가 가능한 곳이며, 그리고 실제 사람이 살고 있다고 결론내렸다. 그가 『마수드 정전』에서 서술했듯이, "동쪽과 서쪽 지역에 사람이 사는 대륙이 존재하지 못할 이유는 없다. 폭염도 혹한도 장애가 되지 않는다. …… 따라서 추정되는 몇몇 지역이 사방이 물로 둘러싸인 세계의 '알려진' 지역 저 너머에 반드시 존재해야 한다."[174]

정말 아부 라이한 무함마드 알 비루니가 1030년대에 아메리카를 발견했던 것일까? 어떤 의미에서는 절대 아니다. 그는 자신이 말한 신대륙이나 대륙들을 보지 못했다. 반대로 고대 스칸디나비아 사람들(Norsemen)은 기원후 1000년이 되기 바로 직전에 실제로 북아메리카에 닿았다. 물론 그 기간은 매우 짧았고 자신들이 발견한 것이 무엇인지 실제로 이해하지 못한 채였지만 말이다. 레이뷔르 에이릭손(Leif Ericson)*은 숲으로 뒤덮인 이 해안에 전혀 관심이 없었기 때문에 굳이 다시 가보려고 하지 않았으며, 풍문으로 떠돌던 그의 여행 소식을 듣거나 훗날 고대 스칸디나비아어로 된 문서에서 이를 읽은 사람들 역시 그러한 시도를 하지 않았다. 그럼에도 더듬거리며 아무 생각 없이 했던 고대 스칸디나비아인들의 항해가

---

173) *Al-Biruni and Ibn Sina*, 8.

174) Said and Khan, *Al-Biruni*, 123~36.

* 11세기경의 스칸디나비아의 항해자로, 콜럼버스보다 500년 전에 아메리카 대륙을 발견했다고 전해진다.

'발견'의 범주에 들어간다면, 크리스토퍼 콜럼버스나 존 캐벗(John Cabot, 1450~99),* 잉글랜드 브리스톨 출신의 무명 선원들의 열렬한 지지자들이 자신들의 영웅을 위해 요구했던 상은 반드시 바이킹에게도 돌아가야 한다.

그렇다면 비루니 역시 발견의 영예를 누려야 한다. 그리고 이와 같은 결론에 이르기까지 그가 거친 누적적이고 분석적인 과정은 그 이상은 아닐지라도 적어도 고대 스칸디나비아 무역업자들만큼은 칭송받을 만하다. 그는 돛이나 근육질의 뱃사람들에 의해 움직이는 목선이 아니라 세심하게 통제된 관찰과 꼼꼼히 수집한 양적 자료, 그리고 엄격한 논리가 세련되게 결합된 도구를 활용했다. 향후 500년 동안 유럽이나 아시아 그 어디에도 세계 탐험에 이처럼 엄밀한 분석적 도구를 적용한 이는 등장하지 않았다.

물론 바이킹의 탐험도 몇몇 과감한 모험가가 앞서 있었던 여행 정보에 기반하여 즉석 추론을 했다는 측면에서는 누적적이다. 하지만 당대에 알려진 이 주제에 관한 모든 인간의 지식을 모으는 것에서부터 시작한 비루니는 이를 훨씬 능가했다. 고대 그리스와 인도의 지혜에 의거했으며, 또한 중세 아랍인들과 동료 중앙아시아인들의 작업에도 기반했다. 비루니는 방대하고 정확한 정보를 양산하기 위해 완전히 새로운 방법과 기술을 고안했고, 고전논리학의 소박한 방법론뿐만 아니라 수학과 삼각법, 구면기하학이라는 최신 도구도 동원했다. 그리고 그는 다른 연구자들이 자신의 연구 성과들을 검토하고 수정하리라는 전제 아래 가설 형태로 자신의 결론을 조심스럽게 제시했다. 이러한 일은 향후 500년 동안 일어나지 않았지만, 결국 유럽의 탐험가들에 의해 그의 가설이 사실임이 확인되었고 그의 과감한 제안의 정당성도 입증되었다.

---

* 북미 대륙을 발견한 이탈리아 제노바 출신의 탐험가.

태양에 관한 이해와 비중(比重)

미지의 대륙에 관한 설명에 이어 비루니는 긴 단락을 태양운동에 할애하면서 지정된 지점에서의 천정(天頂)과 위도를 연계하기 위한 간단한 공식을 제시했다. 여러 다른 장(章)에서는 태양의 원지점은 변하지 않는다는 고대의 주장을 비롯해 중요한 몇몇 문제에 관한 프톨레마이오스의 견해에 이의를 제기하기 위해 지난 3세기 동안 측정된 수치를 불러냈다. 그는 달의 크기와 지구로부터의 거리 측정값을 제시한 후에 수성과 금성의 운동에 관한 상세한 분석으로 넘어갔다. 『마수드 정전』은 순수한 천문학에서 기원한 신뢰할 만한 주장을 제외하고는 모두 허상이라고 일축하면서 서구와 인도의 점성학에 관한 논의로 끝을 맺었다.

『마수드 정전』의 다른 경우에서와 마찬가지로 이때에도 비루니는 처음으로 고대 그리스와 인도, 이슬람 천문학의 식견을 수집해 엄격한 수학적 분석에 적용했다. 그 과정에서 고전에 오류가 있다고 판단되면 그는 과감히 자신의 새로운 의견을 제시했다. 비루니의 『마수드 정전』이 제기한 문제들과 추구한 분석연구법, 그리고 내놓은 결론을 살펴보면, 비루니가 엄격하고 냉정한 분석과 놀라울 정도로 과감한 가설 제기를 얼마나 선호했는지 알 수 있다. 단언컨대, 천문학 분야에서 중세 최고의 저작이라 할 수 있는 『마수드 정전』의 아랍어 전문이 1954~56년까지도 출판되지 않았고 더 나아가 원전 비평 연구서 역시 없었다는 사실에 정말이지 놀라지 않을 수 없다. 심지어 오늘날에도 신뢰할 만한 권위 있는 영문 번역본은 물론이고 프랑스어나 독일어로 된 것도 존재하지 않는다.[175]

이 무렵 비루니는 최초로 광물학을 과학적으로 다루었다고 평가되는,

---

175) 한 이집트 학자는 하이데라바드(Hyderabad)에서 출판된 유일한 영문판 ─ 위의 인용문도 모두 여기에서 가져왔다 ─ 의 본문과 첨부한 표에서 200개의 오류를 찾아냈다. Bulgakov, *Zhizn i trudy Beruni*, 2: 277.

『광물학』(*Mineralogy*)으로 알려진 『보석들을 알아보기 위한 정보 모음집』 (*A Collection of Information for Recognizing Gems*)을 완성했다. 아르키메데스의 원리를 확장한 이 저작은 대부분의 비루니의 글보다는 덜 전문적이었고 동부 고대어에서 사용하던 광물 용어의 사전학적 정의에서부터 주요 매장지 및 채굴 방법에 관한 논평, 심지어는 각각의 보석과 귀금속에 헌정된 시 인용에 이르기까지 만사에 관한 긴 여담의 형식을 띠었다. 물론 중간중간에 화성화(火成化) 및 퇴적과정에 대한 이야기와 함께 결정학과 광물의 기원에 대한 논의도 빠뜨리지 않았다.

이 책에서 비루니는 처음으로 비중의 개념을 소개했다. 이 개념을 발견한 그는 더 나아가 그것을 수많은 광물과 금속에도 적용했다. 그의 측정값은 유럽인들이 18세기까지도 따라잡을 수 없을 만큼 매우 — 소수점 세 자리까지 — 정확했다.[176] 1963년에서야 아랍어에서 서양의 언어로 처음 번역된 비루니의 『광물학』은 아직까지도 과학사에서 자신의 자리를 찾지 못하고 있다.[177]

가즈니의 몰락

결국 마흐무드의 아들이자 후계자인 마수드는 밀어닥친 셀주크 제국인들에 의해 왕위에서 쫓겨났다. 그의 후계자들도 대부분 중앙아시아 지역에서 철수했고 대신에 아프가니스탄과 인더스 계곡에 주목했다. 그러나 12세기경 가즈니 왕조는 사방으로 공격에 노출되었다. 아프간의 외딴 도시인 고르에서 출현한 새로운 왕조가 마흐무드의 정복 방식을 꼼꼼하게

---

176) Aber, "Abu Rayhan al-Biruni."

177) Al-Biruni, *Sobranie svedenii dlia poznaniia dragotsennostei (Mineralogiia)*, trans. A. M. Belenitskii (Leningrad, 1963).

학습했다. 1146~47년 마흐무드가 한때 지배했던 인도 영토를 장악한 고르의 왕은 (오늘날 아프가니스탄 구르 주(州)에 있는) 얌(Jam)의 하리(Hari)강에 건설한 수도에 화려한 승전탑을 세워 이를 경축했다. 65미터 높이의 이 탑은 가즈니와 구르간지에 있는 마흐무드의 승전탑마저 왜소해 보이게 만들었다. 이에 어울리는 마무리답게 고르의 지배자는 마흐무드의 가즈니, 즉 '도시들의 신부'[178]를 철저하게 약탈했다. 진작에 이루어졌어야 할 이 일에 자극받은 사마르칸트 출신의 12세기 시인 니자미 아루디는 다음과 같이 통렬한 비문을 썼다.

> 위대한 마흐무드는 얼마나 많은 궁전을 세웠던가.
> 그가 세운 거대한 탑을 달이 응시하고 있네.
> 벽돌 한 장도 제자리에 남아 있지 않구나.[179]

1186년 가즈니의 마지막 통치자는 거의 빈사 상태에서 사망했다.

---

178) K. A. Nizami, "The Ghurids", in *History of the Civilizations of Central Asia*, vol. 4, pt. 1, 182.

179) Browne, *A Literary History of Persia from Firdawsi to Sa'di*, 120.

제12장

셀주크 통치 아래에서의 미진(微震)

가잘리의 위기

1095년 8월은 이슬람 세계에서 가장 영향력 있고 강력하며 부유한 지식인에게 고통스러운 달이었다. 아부 하미드 무함마드 알 가잘리(1058~1111)는 메카보다는 아테네나 알렉산드리아를 지향한 이슬람 철학자유사상가들을 공격하여 널리 숭상되던 여러 책의 저자였다. 그는 수니파 정통 교리를 엄격하게 고수할 새로운 세대의 이슬람 법학자를 양성할 목적으로 최근 설립된 바그다드의 그 유명한 니자미야(Nizamiyya) 마드라사(학교)에서도 의심할 여지 없이 가장 저명한 교수였다. 가잘리는 다른 사람을 위험하고 이교적이라고 비판하는 데에 매우 능한 형식논리학 전문가였다. 그를 숭상하는 300명의 학생이 강의실을 가득 메웠고 그들은 당대의 모든 지적 우상에 대한 격렬하지만 설득력 있는 그의 비판을 적극 수용했다. 게다가 고위 정부 관료들도 정기적으로 그에게 자문을 구했고 의례행사에 어울리는 연설을 했다는 이유로 후하게 사례금을 주곤 했다.

그런데 어느 날부터 갑자기, 허망해진 가잘리는 음식을 소화할 수 없었고 목이 마르고 조여왔으며, 말도 못하고 강단에 설 의욕까지 완전히 상실했다.[1] 자신감이 넘치던 당대 최고의 젊은 학자의 말문이 갑자기 막혀 버린 것이다. 가잘리의 고통스러운 위기 — 본인은 '병'이라고 칭했다 — 는 두 달 동안 계속되었다. 본인이 직접 인용한 증상으로 미루어보건대 직업적 또는 정신적 위기로 시작된 증상이 결국 신경쇠약으로 이어진 듯 보인다. 마침내 병이 호전되자 가잘리는 부인과 어린아이들을 부양하는 데 필요한 것만 남기고 나머지 재산은 모두 기부한 후에 수수한 순례자의 복장을 하고 혼자 걸어서 바그다드를 떠났다.

뼛속까지 중앙아시아인이었던 가잘리는 페르도우시가 일하며 살았던 투스에서 태어났다. 그는 니샤푸르 최고의 지성 아래서 수학했으며, 동향 출신의 신임 재상 니잠 알 물크의 주선으로 바그다드로 옮길 때까지 니샤푸르에서 학생들을 가르쳤다. 그런데 자신의 모든 경력이 위기에 처한 이때에 가잘리는 호라산과 중앙아시아로의 귀향이 아니라 하루 종일 첨탑 꼭대기에서 홀로 시간을 보낼 예루살렘과 메카, 다마스쿠스로 방향을 정했다. 10년이 지나고 돌아온 그는 자신이 신과의 직접적이고 신비한 교감을 쫓으며 종교 교리는 개의치 않는 '수피'로 거듭났다고 주장했다.

사회 초년생 시절에도 가잘리는 언제나 확실성을 추구했다. 파리드 자브르는 이 사상가를 연구한 대표적인 저서에서 바로 이러한 투지가 가잘리의 합리주의자들에 대한 공격과 그가 위기를 겪은 후 착수한 탐구에 영향을 끼쳤다고 썼다.[2] 이제 그는 진리에 이르는 길을 찾아냈다. 신자 스스로 신의 진리를 직접 깨닫도록 하는 이 길은 이질적이고 거짓된 것을 제거하는 자기정화 및 수련과정을 통해 가능하다고 그는 단언했다. 이렇게 새

1) Al-Ghazali, *The Faith and Practice of al-Ghazali*, ed. William Montgomery Watt (London, 1998), 60: Algazali, "Deliverance from Error", in *Philosophy in the Middle Ages: The Christian, Islamic, and Jewish Traditions*, ed. Arthur Hyman and James J. Walsh (New York, 1967), 275ff.

2) Farid Jabre, *La notion de certitude selon Ghazali: dans ses origins psychologiques et historiques* (Paris, 1958), chap. 2.

로운 사람이 된 그는 바그다드를 피해 고향인 니샤푸르로 돌아왔다. 그곳에서 그는 이슬람 세계뿐만 아니라 기독교에도 깊은 변화를 가져올 종교적·정신적 삶에 대한 새로운 접근법에 마무리 손질을 했다.

합리적인 지적 능력에 대한 가잘리의 가혹한 폄하가 300년 동안 중앙아시아 문명의 영예이자 영광이었던 자유로운 지적 탐구의 쇠퇴를 초래한 유일한 이유라고 말할 수는 없을 것이다. 궁극에 가서는 가잘리도 자신의 주장에 약간의 미묘한 어감의 차이를 보였고, 가잘리 말고도 많은 다른 요인이 이러한 변화를 야기하는 데 기여했기 때문이다. 더욱이 그는 중요한 점에서 이성에 대한 자신의 비판에 조심스럽게 단서를 달았다. 수학과 몇몇 다른 분야는 신과 구원의 대(大)문제와는 무관하다는 미심쩍은 근거를 대면서 합리적 탐구에 대한 전면적인 비판에서 제외한 것이다. 하지만 이러한 일시적 유예는 극히 편파적이었다. 왜냐하면 가잘리는 과학 그 자체가 회의론이나 무신론을 야기하는 일종의 합리주의를 양성한다고 주장했기 때문이다. 이성도 논리도 인류의 진정한 목적과는 무관하며, 과학적이고 철학적인 탐구 ─ 그야말로 사회는 새로운 지식 추구에 헌신해야 한다는 발상 그 자체 ─ 는 무엇이든지 간에 가잘리에게 그저 공허한 망상으로 생각되었다. 이븐 시나의 '직관'에 대해서도 가잘리는 이것이 이븐 시나에 관련한 것일 뿐 신에 관한 문제는 아니라고 생각했다.

반면 '신비주의 양식'은 인생 단계에서 성년이 아동기보다 우월한 것과 같이 이성보다 한 수 위인 탁월한 인지 형태를 의미했다. 그의 의도가 무엇이었든 간에, 가잘리의 글은 이슬람의 이름으로 감히 합리주의와 계몽을 옹호하는 이들을 침묵시키고 싶어 안달이 난 자들에게 강력한 지적 무기를 제공했다.

가잘리가 태어난 1058년에 이븐 시나는 중세 지성이 이룬 최고의 업적 가운데 하나인 철학 대작을 막 마무리한 참이었다. 파라비의 위대한 철학 작품은 200년 전에 쓰인 고전으로 모든 지역에서 숭상을 받았다. 그런데 가잘리는 고인이 된 두 사상가를 이단자로, 따라서 『꾸란』에 따르면 사형에 처해져야 할 자들로 낙인찍었다. 그에 따르면 비루니와 그의 추종자들도 완전히 도리에서 벗어난 자들이었다. 자유사상가 라지를 열렬히 지지한 비루니는 "과학은 인간의 필요에 의해 등장했으며 인간의 삶에 필수적이다"라고 했다.[3] 이것이야말로 가잘리가 그토록 완강히 부정한 발상이었다. 1111년에 가잘리가 사망하고 50년 동안 자유롭고 개방적인 탐구를 지향하던 이들은, 가잘리의 기치 아래 새로운 정통 주류를 형성한 교조적인 신봉자들의 매서운 공격으로 총퇴각할 수밖에 없었다.

유럽과 중앙아시아에서의 변화의 곡선

신을 알기 위한 합리적인 지적 능력의 사용을 매도한 가잘리의 공격은 중앙아시아와 이슬람 세계에서 11세기 말과 12세기에 발생한 커다란 문화적 변화의 원인이었을까, 아니면 그 결과였을까? 이러한 의문은 가잘리 인생의 맥락, 특히 그를 둘러싸고 발생한 정치적·문화적 대격동에 대한 조사를 필요로 한다. 즉 칼리프 제국의 중앙아시아와 그 밖의 지역에서 등장한 새로운 대(大)튀르크 제국 — 셀주크 튀르크 — 과 이 제국의 통치 아래 꽃피웠던 경제적·문화적 삶, 오래 곪아 절정에 달한 시아파와 수니파 간의 분립, 이러한 분열을 야기한 교리의 도그마로의 경화(硬化), 그리고 수많은 이들이 새로운 형태의 개인 종교에서 안식을 찾게 된 경위 등에 관한 연구가 요구된다. 이러한 맥락에 대한 분석 없이는 가잘리가 자처한 사명의 성격과 당대의 지적 생활에서 그것이 차지한 위상에 대해 이해할 수 없다.

이보다 더 큰 맥락도 중요한데, 정확하게 바로 이 시기 — 대략 1050년에

---

3) Bulgakov, *Zhizn i trudy Beruni*, 1: 161.

서 1160년까지 — 에 유라시아 세계의 다른 지역에서도 커다란 변화가 발생하고 있었기 때문이다. 봉건적 유대의 약화와 지중해 무역의 부활은 새로운 번영을 창출했다. 클뤼니(Cluny)나 다른 지역의 수도원들이 지적 요람으로 부상하고 콰리즈미나 파라비, 이븐 시나 등의 주요 저작이 라틴어로 번역되면서 곧 학계의 다양한 분야에 영향을 끼칠 활력이 생성되었다.

물론 여전히 바이킹의 침략이나 사라센을 비롯한 새로 등장한 미정의 마자르족과 슬라브족 군주국으로부터의 압박, 높은 문맹률 등의 문제가 유럽의 발전을 막고 있었다. 게다가 '이단'에 대한 가잘리의 공격이 있은 지 135년만에 교황 그레고리우스 9세(Gregorius IX)도 1231년에 '이단적 타락에 대한 심문'을 시작했다.[4] 그럼에도 불구하고 가잘리 살아생전에 유럽에서는 새로운 활기가 감지되었다.

중동의 일부 중심지뿐만 아니라 중앙아시아도 여전히 막강한 경제적·문화적·지적 자원을 뽐내고 있었다. 앞으로 보겠지만 셀주크의 지배는 경제 호황을 촉발했고 오늘날에도 볼 수 있는 번영을 기리는 기념비를 중앙아시아 교외 지역 곳곳에 흩뿌려 놓았다. 그렇다면 그 표면 아래에서는 무슨 일이 벌어지고 있었을까? 셀주크 지배는 지난 수세기 동안 형성된 저돌적인 지적 여세를 몰아쳤을까, 아니면 수그러들게 했을까?

분주한 셀주크와 투르크멘 부족들

셀주크 제국의 최대 영토는 지금의 이란 지역 전체를 아울렀고 오늘날의 터키와 코카서스 지역까지 뻗어 있었다. 그러나 제국은 중앙아시아에서 탄생했고 전성기에는 중앙아시아인이 통치했으며, 마지막 수도가 있던 곳

---

4) Cullen Murphy, *God's Jury: the Inquisition and the Making of the Modern World* (Boston, 2012), 9.

도, 최후를 맞게 된 곳도 중앙아시아였다.[5] 제국 최고의 정치가나 과학자, 사상가, 건축가, 시인들도 태반이 중앙아시아인이었다. 10세기까지 오구즈 튀르크인들(Oghuz Turks) — 대략 투르크멘과 아제르바이잔인, 오늘날 터키의 영토로 이동한 튀르크 침입자들과 같은 사람들이다 — 은 아랄해 북쪽 스텝 지대에서 유목생활을 했고, 때때로 사만 왕조 총독의 병사로 돈벌이를 나서곤 했다.[6] 종내 이들은 호라산으로 밀려나게 되었고 이렇게 중앙아시아 역사에 등장했다. 시간이 흐르면서 이들 통치자 가운데 한 명의 후손인 셀주크가 큰 부족연맹체의 수장이 되었다. 그는 전장에서 물리친 영세한 통치자들에게 공물을 요구하는 식으로 세력을 불려 나갔다.

리처드 W. 불리엣은 북쪽 스텝 지대에서 호라산 쪽으로, 그리고 나서는 중앙아시아에서 이란 북서부로 오구즈족이 이동한 것은 오랫동안 지속된 혹독한 겨울 추위 때문이었다고 주장했다.[7] 당대의 회고록과 뉴욕의 라몬트-도허티 실험실(Lamont-Doherty Laboratory)이 수행한 아시아 나무 나이테 분석에 근거해, 그는 중앙아시아가 11세기와 12세기 초에 장기적인 냉각기를 겪었다는 흥미로운 논지를 폈다. 예를 들면, 이로 인해 1011년 니샤푸르에서 10만 명가량의 주민이 죽음을 맞았다.[8]

분명치 않은 것은 왜 이 같은 '대혹한'이, 짐작건대 그곳 역시 추위가 혹독했을 남쪽이나 서쪽으로 셀주크족을 밀어냈는지이다. 확실히 이 문제는 앞으로 연구가 더 필요해 보인다. 지금으로서는 정치적인 설명이 좀 더 타당해 보이는데, 즉 셀주크족이 기울어가던 가즈니 왕조가 만든 권력 공백

5) Barthold, "The Oghuz (Turkmans) before the Formation of the Seljuq Empire", in *Four Studies on the History of Central Asia*, 3: 91~108.

6) A. Sevim, "The Origins of the Seljuqs and the Establishment of Seljuq Power in the Islamic Lands Up to 1055", in *History of the Civilizations of Central Asia*, vol. 4, pt. 1, 146.

7) Bulliet, *Cotton, Climate and Camels in Early Islamic History*, chap. 3.

8) *Ibid.*, 83. 우트비의 보고서에 기반한 수치이다.

을 메우기 위해 몰려들었다는 것이다.[9] 셀주크인들은 오래전부터 호라산을 지키기 위해 안간힘을 쓰고 있던 가즈니의 마흐무드의 아들 마수드에게 직접적인 도전을 제기해 왔다. 그러한 가운데 두 군대가 발흐 인근의 단다나칸(Dandanaqan)에서 1040년 5월에 한판 붙었다.

거대한 코끼리 암컷에 올라탄 마수드가 중무장한 5만 명의 보병을 이끌고 전장에 도착했다. 셀주크인들은 행군으로 이틀이면 닿는 곳에 짐을 풀었는데, 겨우 1만 6,000명의 경무장한 기병이 다였지만 대신에 기동성이 매우 뛰어났다. 가즈니 군대는 섬멸되었고 마수드는 끌고 온 이동식 왕좌를 전장에 버린 채 인도로 도망쳤다.[10] 셀주크 군의 수장인 토그릴(Toghril)은 즉시 그 왕좌에 앉아 자신을 전(全) 호라산의 아미르로 선포했다. 몇 개월 지나지 않아 니샤푸르와 메르브의 부유하고 강력한 도시들이 토그릴의 군대에 성문을 열었고 발흐와 헤라트도 그 뒤를 따랐다.[11] 이 도시들의 실질적인 통치자들은 토그릴과 그의 셀주크 군대를 유심히 지켜보았다. 그리고 그들이 가즈니 통치자들의 특징이었던 탐욕과 욕심을 거의 또는 전혀 가지고 있지 않음을 눈치챘다. 결국 셀주크인들은 마흐무드처럼 하지 않았기 때문에 승리를 거둘 수 있었다.

중앙아시아에서 신진 세력으로 부상한 이들을 지켜보던 바그다드의 칼리프도 이를 커다란 기회로 보았다. 그는 오랫동안 계몽되었지만 교조적인

---

9) *Ibid.* 이러한 국면에 대한 중요한 통찰력은 A. C. S. Peacock, *Early Seljuq History. A New Interpretation* (London, 2010)에서 얻을 수 있다.

10) 단다나칸 전투에 관한 설명은 *Tabakat-i-Nasiri: A General History of the Muhammadan Dynasties of Asia*, trans. H. G. Raferty (London, 1970), 1: 130~32; S. G. Agadzhanov, *Gosudarstvo seldzhukidov i sredniaia Asia v XI~XII vv.* (Moscow, 1991), 47~57 참조. 위르겐 파울(Jürgen Paul)은 니샤푸르가 당시 성벽이 없었기 때문에 선전(善戰)할 수 없었다고 지적했다. Jürgen Paul, "The Seljuq Conquest(s) of Nishapur: A Reappraisal", *Iranian Studies*, vol. 38, no. 4, December 2005, 582~85.

11) Arminius Vambery, *History of Bukhara* (London, 1873), 94.

페르시아계 부이 왕조의 시아파 통치자에게 신세를 지고 있었다. 가즈니의 마흐무드도 칼리프 제국을 '해방해' 주겠다고 제안했지만, 이를 위해서는 바그다드를 그의 잔악한 손아귀에 넘겨줘야 하는 대가를 치러야 했다. 그러던 와중에 토그릴이 더 낫겠다고 판단한 칼리프는 그에게 바그다드를 탈취하여 진정한 정통 수니파 신도들에게 돌려달라고 부탁했다. 셀주크 지도자는 기꺼이 이 필사적인 칼리프(심지어 이 튀르크인에게 딸과의 결혼도 제안했다)를 돕기 위해 1055년 바그다드로 진군했다.[12] 그사이 수천, 수만 명의 오구즈 부족민이 중앙아시아에서 페르시아로 쏟아져 들어왔다. 그들은 이스파한과 하마단을 접수한 후 코카서스의 기독교 왕국들로 향했다. 그들은 제국보다는 전리품에 관심이 더 많았지만, 셀주크의 수장 토그릴은 그들이 자신에게 넘겨준 부유한 도시와 왕국을 마다하지 않았다.[13]

무계획적인 이러한 팽창과정은 튀르크어로 '용맹한 사자'(Alp Arslan)라는 거창한 군 직함을 가진 토그릴의 조카가 통치하던 1071년에 절정에 달했다. 무리를 지어 동부 아나톨리아로 건너간 오구즈 침략자들은 점점 더 자신들의 세력권을 비잔티움 영토로 확장해 갔다. 마침내 알프 아슬란은 이집트의 시아파 파티마 왕조에 맞서 싸울 병사들을 결집하기 위해 비잔티움의 북서쪽 변경 지역을 합병하기로 결심했다.

1071년 8월 25일에 동부 아나톨리아의 만지케르트(Manzikert)에서 비잔티움 군대를 패퇴시킨 알프 아슬란은 현상 유지에 동의하며 재빨리 그리스인 황제 로마노스(Romanos)와 타협을 보았다. 콘스탄티노플 후방에서 벌어진 사건만 아니었다면 비잔티움 군대는 틀림없이 재결전에 나섰을 것이다. 하지만 수도에서 일어난 반란으로 로마노스가 타도되면서 재결전에

---

12) Skrine and Ross, *The Heart of Asia*, 130.
13) C. E. Bosworth, "The Political and Dynastic History of the Iranian World (AD 1000~1217)", in *The Cambridge History of Iran*, ed. J. A. Boyle (Cambridge, 1968) 5: 42~43.

598 ● 잃어버린 계몽의 시대

관한 모든 생각은 불식되었다.[14] 이렇게 셀주크의 군사적 기량보다는 비잔티움 내에서 벌어진 내부적 불화로 인해 아나톨리아 전역이 오구즈족에게 열리게 되었다.[15] 만지케르트에서의 튀르크 무슬림 세력의 팽창은 훗날 유럽 십자군의 직접적인 원인이 되었다.

셀주크가 성공을 거둘 수 있었던 요인은 무엇이었을까? 부분적으로는 오구즈 용병들의 맹렬한 활약 덕택이었다. 온화한 기후를 찾고자 하는 바람이 동기였든 아니든 간에, 그들은 대담하고 효율적으로 영토를 장악했다. 하지만 어느 정도 우호적인 요인도 작용했다. 앞서 탐욕스럽고 잔인한 가즈니 왕조의 통치를 받은 이들이 모두 새로운 정복자를 좀 더 관대한 대안으로 여기며 환영했던 것이다.[16] 중앙아시아와 이란의 수니파 통치자들은 무탈한 주류 수니파인 셀주크인들을 시아파 왕조를 떨쳐내고 이스마일파처럼 급진적인 분파에 맞설 세력으로 환영했다. 중앙아시아에서 서쪽으로 밀려들어 온 오구즈 부족민 대부분이 대도시나 도시의 경제는 고스란히 지역 엘리트의 수중에 맡겨둔 채, 자신들이 정복한 교외 지역에서 유목 생활을 계속했던 것도 중요한 이유 중 하나였다.[17]

셀주크 제국은 토그릴의 조카, 즉 그 유능한 알프 아슬란(재위 1063~73)과 그가 호라즘에서 살해된 뒤 왕위에 오른 그의 아들 말리크샤(Malikshah, 재위 1073~93)의 치세 동안 절정을 맞았다.[18] 바그다드에는 칼리프를 감시

---

14) 이는 폴 마컴(Paul Markham)의 논지이다. Paul Markham, "The *Battle of Manzikert*: Military Disaster or Political Failure?" (2005), www.deremilitari. org/resources/articles/markham.htm.

15) 이러한 견해는 수세기에 걸쳐 만들어진 튀르크 신화와는 상충한다. Carole Hildebrand, *Turkish Myth and Muslim Symbol. The Battle of Manzikert* (Edinburgh, 2007).

16) Bosworth, "The Political and Dynastic History of the Iranian World (AD 1000~1217)", 60.

17) Ann K. S. Lambton, "Aspects of Seljuq-Ghuzz Settlement in Persia", in *Islamic Civilization, 950~1150*, 105~25.

할 고등판무관만을 남겨놓은 채 그들은 처음에는 하마단에, 그다음에는 서부 이란의 이스파한에 수도를 정했다.[19] 말리크샤가 사망할 때까지 호라산 전역은 이 먼 곳으로부터 통치되었다. 중앙아시아의 나머지 지역은 발라사군과 부하라, 사마르칸트를 지배하던 카라한 왕조와 셀주크인들이 구르간지에 앉힌 새로운 가계의 호라즘 샤, 동부 아프가니스탄에 남아 있던 가즈니의 마흐무드 왕조의 잔당 세력, 키르기스스탄에 잔류한 카라한 왕조 사이에서 분할되었다.

이방인의 지배가 수천 년 동안 외부 통치자들이 부과한 세금을 피해 요리저리 빠져나가거나 통치자에게 자신들의 단호한 목소리를 그럭저럭 관철해 온 중앙아시아인들의 마음에 든 적은 단 한번도 없었다. 하지만 아랍인들 치하에서 중앙아시아인들은 아부 무슬림과 강력한 중앙아시아적 지향성을 가진 칼리프 마문이나 바르마크 가문 같은 아바스인들의 영향력이 어우러진 덕분에 두 전술을 동시에 동원할 수 있었다. 그런데 이번에는 셀주크 치하에서 또 다른 중앙아시아 투스 출신의 아부 알리 알 하산 (Abu Ali al-Hasan, 1018~92)이 노련하고 강력한 재상으로 1092년까지 앞으로 30년 동안 전 행정을 지배하고 통제하게 되었다. 말하자면 그가 실질적인 통치자였다. 그는 '왕국의 질서'를 의미하는 '니잠 알 물크'(Nizam al-Mulk)라는 영예로운 직함으로 알려졌다.

---

18) *Ibid.*, 55. 셀주크 통치에 대한 균형 잡힌 간결한 개관은 Hodgson, *The Venture of Islam*, 2: 42~55 참조.

19) Rudolph Schnyder, "Political Centres and Artistic Powers in Seljuq Iran: Problems of Transition", in *Islamic Civilization, 950~1150*, 201~09; Gaston Wiet, *Baghdad, Metropolis of the Abbasid Caliphate* (Norman, 1971), 105.

니잠 알 물크: 투스의 마키아벨리

니잠 알 물크의 임무는 결코 쉽지 않았다. 하지만 그에게는 유능하거나 유순한 통치자들을 모시는 운이 따랐다. 그가 모신 첫 셀주크 통치자인 알프 아슬란은 총명하고 강인했지만 기꺼이 니잠 알 물크의 조언에 귀를 기울였다. 그리고 아주 어린 나이에 왕위를 계승한 말리크샤는 그의 치세 19년 동안 니잠 알 물크에게 잡혀 지냈다. 니잠 알 물크가 직면한 가장 큰 난제는 통치자들의 인성이 아니라 셀주크 고유의 통치방식에서 기인했다. 카라한인들처럼 셀주크도 형제들과 사촌들이 모인 집단이었고, 그들 각각은 자신의 영토에서는 자신이 최고의 통치자라고 생각했다. 이러한 사고는 셀주크를 통일된 국가라기보다는 느슨한 연방체로 만들었다. 사만 왕조 치하에서 최고 수준의 행정 경험을 쌓았던 가즈니의 마흐무드 왕조와는 달리, 셀주크는 유목생활을 하다가 곧바로 권력을 잡게 되었다. 따라서 카라한이나 가즈니의 지배자들과는 달리 아부 알리 알 하산은 그 어떤 기능의 중앙 관료조직도 물려받지 못했다.

이러한 도전에 미래의 니잠 알 물크는 매우 특별한 개인적인 경험으로 맞섰다. 니샤푸르 인근의 베이하크(Beyhaq) 출신의 그의 아버지는 투스 부근 마을의 국세청 고위관리였다.[20] 그는 잘 알려진 법학자에게 종교법을 배우도록 니샤푸르로, 그다음에는 메르브로 아들을 보냈다.[21] 마수드가 1040년 단다나칸에서 굴욕적인 패배를 당하자, 그의 가족은 아프가니스

---

20) 니잠 알 물크의 배경과 교육에 관해서는 Nizam al-Mulk, *Book of Government or Rules for Kings*, trans. Huburt Darke (London, 1978), ix~xi 참조. 또한 철저한 조사를 바탕으로 한 K. E. Schabinger-Schowingen, "Zur Geschichte des Saldschuqen-Reichskanzlers Nisamu 'l-Mulk", in *Historische Jahrbücher* (1942~1949), 62~69: 250ff. 참조.

21) Bosworth, "The Political and Dynastic History of the Iranian World (AD 1000~1217)", 58.

탄으로 피신했다. 그곳에서 스물두 살의 아들은 관리로 일하면서 수년을 보냈다. 일단 호라산이 셀주크의 지배 아래에서 안정을 되찾자 아부 알리 알 하산은 다시 자신의 고향인 호라산으로 돌아왔다. 그런데 마침 미래의 술탄인 알프 아슬란이 그곳의 총독으로 와 있었다. 셀주크 가문 출신의 이 자제 아래에서 그는 빠르게 메르브의 고위 관료로 출세했다. 성공적인 업무 수행으로 재상직에 오른 아부 알리 알 하산은 드디어 오늘날에도 널리 알려진 바로 그 직함을 얻게 되었다.

중앙아시아나 페르시아, 아랍 지역의 어떤 정치가도 니잠 알 물크만큼 영향력을 행사하지 못했다. 그가 술탄의 군사작전의 재정을 책임지는 동시에 민간경제의 활성화와 안정적인 통화유지에도 성공했다고만 말해도 충분할 것이다. 니샤푸르와 메르브, 그 외 다른 중앙아시아의 조폐국에서 발행된 금화 디나르는 유라시아 전역에서 무역의 표준이 되었으며, 훗날 함량이 떨어지는 은화 발행으로 도래할 인플레이션 상승도 당분간은 피할 수 있었다.[22]

니잠 알 물크의 성공 비결은 군 장교들의 급여 지불 수단으로 아랍 전통의 토지 불하 제도(이크타, iqta)를 이용한 것이었다. 그는 국경 지역에 토지 불하를 집중시킴으로써 안정을 담보하였을 뿐만 아니라 페르시아와 중앙아시아에 위치한 셀주크의 경제 중심지가 아닌 변방 지역에 가장 무거운 세금 부담을 지게 했다.[23] 실제로 메르브나 니샤푸르, 이스파한과 같은 대(大)중심지가 내야 했던 세금은 니잠 알 물크 정권 아래에서 오히려 감소했다. 이러한 실용적인 정책 덕택에 제조업이 번성하고 대외 및 역내 무역이 호황을 맞았으며, 특히 중앙아시아 지역의 도시들이 팽창했다.[24] 이

---

22) Davidovich, "Coinage and the Monetary System", 402; D. Dawudi, "Seljuklaryn mawerannahrdaky zikgehhanalry", *Miras* 55 (2009): 66ff.

23) Agadzhanov, *Gosudarstvo seldzhukidov i sredniaia Asia v XI~XII vv.*, 107, 138.

24) *Ibid.*, 151~57.

시대를 규정하던 공격적인 상업 정신의 전형을 보여 주는, 오늘날 투르크메니스탄의 니사(Nisa)에서 제조된 '중국' 수출 도자기는 곧 서방의 시장에서 중국 진품을 몰아냈다.[25]

말리크샤 치세 말엽에 술탄은 재상인 니잠 알 물크에게 취약한 분야를 찾아내 그에 대한 대책을 천거하는, 셀주크 통치 전반에 대한 전략적인 평가서를 준비해 달라고 부탁했다. 오늘날 『통치의 서(書)』(Siyasatnama)[26]로 알려진 이 결과물은 이슬람 중세 시대의 실용적인 통치술에 대한 최고의 종합적인 설명서로 인정받고 있다.

『통치의 서』는 결점을 직설적으로 다루었다. 니잠 알 물크는 아주 사소한 흠에 대해서조차 가차 없는 비판을 가했다. 임무 수행 중인 노예와 하인은 반드시 차렷 자세로 서 있어야 한다. 관리들에게는 다중의 임무가 주어져서는 안 된다. 공적이든 사적이든 간에, 일단 공표된 알현은 취소되어서는 안 된다. 역참에는 언제나 변함없이 사료가 공급되어야만 한다. 좀 더 민감한 분야 역시 솔직하게 비판했다. 여자는 나랏일에서 완전히 배제되어야 한다. 군부대는 다양한 인종에서 차출되어야 한다. 결정은 성급히 이루어져서는 안 된다. 연회는 통치자의 휴식을 위해 필요하지만, 점잖게 공적인 얼굴을 유지하고 아랫사람들이 거들먹거리지 못하게 하는 선에서 준비되어야 한다. 그리고 나랏일에 관해 통치자는 반드시 재상, 즉 니잠 알 물크에게만 자문을 구해야 한다. 이러저러한 충고를 하는 데 있어 핵심 단어는 '해야 한다'였다. 이것이 의미하는 바는 당시의 술탄들이 이러한 원칙을

---

25) 투르크메니스탄의 아시가바트 국립 박물관.

26) 다르케(Darke)는 Nizam al-Mulk, *Book of Government or Rules for Kings*, xii 에서 니잠 알 물크가 이 저작에 붙인 제목은 『왕들의 정략』(*Siyar al-muluk*)이었다고 지적했다. A. K. S. Lambton, "The Dilemma of Government in Islamic Persia: The Siyasat-Nama of Nizam al-Mulk", *Journal of the British Institute of Persian Studies* 22 (1984): 55~66. 니잠 알 물크의 생애에 관해서는 S. A. A. Rizvi, *Nizam al-Mulk Tusi, His Contribution to Statecraft, Political Theory and the Art of Government* (Lahore, 1978) 참조.

준수하는 데 실패했다는 것이다.

흔히들 『통치의 서』는 고대 사산 왕조에 대한 니잠 알 물크의 동경심과 아랍 침략이 있기 전 500년 동안 매우 성공적으로 작동한 페르시아의 통치 관행을 부활시키고자 하는 그의 바람으로 가득 차 있다고 말한다.[27] 니잠 알 물크는 페르도우시의 고향인 투스 인근에서 시인이 죽기 2년 전에 태어났다. 이는 이 대재상이 『샤나메』에 묘사된 통치체제를 동경하게 된 배경을 해명해 준다. 하지만 이보다 더 중요한 모델이 가까이 있었으니, 바로 가즈니 마흐무드의 통치방식이다. 실제로 수년간 가즈니에서 일했을 뿐만 아니라 니잠 알 물크는 젊은 시절에 유일한 실무 경험을 가즈니 체제 아래에서 쌓은 관료들에게 둘러싸여 있었다. 그리고 훗날 이스파한으로 데려간 많은 참모도 이들 가운데에서 선출했다. 중앙아시아인들은 가즈니의 마흐무드를 혐오했을 것이다. 하지만 당시 그들이 가장 잘 알고 있는 통치 제도는 바로 마흐무드의 것이었다.

니잠 알 물크가 마흐무드의 행정 관행을 모방하려 했다는 것은 정보에 대한 그의 접근방식에서 가장 잘 드러난다. 반복적으로 그는 세금 징수원과 재판관, 치안대장, 시장의 업무에 대해, 그리고 심지어는 종교 문제와 종교법에 관해서도 정보가 불충분하다고 불평했다. 그렇다면 그의 해결책은 무엇이었을까? 마흐무드의 첩보원 체제를 도입하는 것이었다. "첩보원은 끊임없이 상인이나 여행자, 수피, 약 행상인, 탁발승으로 위장하고 왕국의 경계까지 가서 어떤 문제가 되었든 하나도 빠뜨리지 않고 들은 내용을 전부 보고해야 한다." 전문적인 첩보망이 활발히 작동할 때 통치자는 군 장교들이 반란을 모의하는지, 농촌의 농민들이 동요의 기미를 보이는지, 외국의 통치자가 공격 준비를 하는지 알아낼 수 있다. 따라서 정보가 많은 통치자만이 "전속력으로 즉각 채비하여 그들이 눈치채기 전에 들이닥쳐 그들의

---

27) Agadzhanov, *Gosudarstvo seldzhukidov i sredniaia Asia v XI~XII vv*, 99ff.

계획을 망가뜨릴" 수 있다.[28] 오직 통치자에게만 제공되는 효율적인 우편 체계에 의해 보강되는 이 같은 체제가 바로 마흐무드 왕조의 핵심이었다. 그리고 지금 니잠 알 물크가 배우자고 제안한 제도도 바로 이것이었다.

마흐무드의 제도를 도입하려는 니잠 알 물크의 노력은 결국 실패했는데, 이것이 『통치의 서』에서 그가 이 제도에 그토록 우호적인 관심을 보인 이유이다. 그럼에도 이 제도에 대한 세심한 분석과 매우 체계적인 변호 덕분에 이 책은 전 이슬람 세계의 정치학 분야에서 항구적인 입지를 차지하게 되었다. 니콜로 마키아벨리(Niccolò Machiavelli)가 피렌체에서 『군주론』 (*Il Principe*)을 쓰기 400년도 전에 『통치의 서』는 중앙아시아와 페르시아, 아랍 세계의 정치사상에 냉혹하고 체계적인 마키아벨리주의를 명시한 것이다.

다행히도 니잠 알 물크가 실행에 옮긴 정책은 매우 달랐는데, 특히 경제 관련 분야가 그러했다. 그가 성장한 메르브와 니샤푸르의 환경이 경제 운용에서의 상업과 교역의 역할, 그리고 그것을 부양하는 도구로서의 재정 역할에 대한 예리한 이해의 기반이 되었기 때문이다. 이와는 대조적으로 마흐무드와 그의 아들 마수드의 정책은 경제를 침체시켰고 교역을 약화시켰으며 도시 삶의 질을 저하시켰다. 이처럼 니잠 알 물크는 통치에 관한 보고서에서 옹호했던 일종의 경찰국가 구현에는 실패했지만, 『통치의 서』에서 거의 언급하지 않았던 경제 분야에서의 성공 덕분에 긍정적인 유산을 남길 수 있었다. 이 같은 역설로 인해 셀주크가 지배한 150년 동안 농업과 제조업, 상업이 번성하였고, 팽창하던 도시 중심지는 중앙아시아 문화의 마지막 전성기를 누렸다.

---

28) Nizam al-Mulk, *Book of Government or Rules for Kings*, 78.

셀주크 건축과 제조업

러시아 역사학자 바르톨트는 셀주크인들은 "모든 문화에 문외한이었다"라고 일축했다.[29] 하지만 중앙아시아를 휩쓸고 지나갈 당시 그들은 여전히 도시생활보다는 수세기간의 스텝 생활에서 기원한 문화를 가진 유목민들이었다고 말하는 것이 더 정확한 표현일 것이다. 서진(西進)한 오구즈 부족민 중 상당수가 유목생활을 계속했다. 그러나 그들의 지도자들은 선대의 카라한 왕조나 가즈니 왕조의 통치자들처럼 빠르게 도시생활에 필요한 기술을 터득했다. 따라서 셀주크인들은 "모든 문화에 문외한이었다"라고 일축하기보다는 어떻게 그들이 그렇게 빨리 이러한 신기술을 습득했는지, 그리고 풍성한 유목민 문화의 어떤 흔적을 새로운 도시생활에 남겼는지를 묻는 것이 훨씬 생산적일 것이다.

두 번째 질문에 대한 한 가지 답은 분명하다. 셀주크 시대의 건축과 미술, 공예는 그 다양성에도 불구하고 모두가 풍성한 표면 장식을 특징으로 했다. 이러한 경향은 점점 더 정교하게 새겨지고 채색되던 회반죽 발린 거의 모든 건물 벽과 청동기류 표면의 복잡한 문양, 당시의 '화장토' 도기류의 다채로운 문양과 색상에서 분명히 나타났다. 이 가운데 완전히 새로운 것은 없었다. 부하라의 이스마일 무덤 외관이 과하게 장식되어 있었던 것을 상기해 보라. 하지만 표면 장식이 이 시기에 대대적으로 유행하면서 셀주크 미술의 특징이 되었다. 그 기원은 셀주크 유목민 선조들의 직물 공예로까지 곧장 거슬러 올라간다.[30]

셀주크 건축의 가장 위대한 기념비는 정치보다는 상업 및 종교와 더 관

---

29) Barthold, *Turkestan Down to the Mongol Invasion*, 308.

30) 셀주크 건축의 연속성과 변화에 대해 알고 싶다면 후자의 측면을 강조한 Janine Sourdel-Thomine, "Renouvellement et tradition dans l'architecture saljuqide", in *Islamic Civilization, 950~1150*, 251~64 참조.

련이 있다. 실제로 타지키스탄의 쿠탈(Khuttal)에 있는 궁전처럼 지역 통치자들의 궁전은 아나톨리아와 이스파한에 있는 셀주크 궁전 유적지 못지않게 인상적이다. 그러나 교역의 편리를 위해 건설된 수많은 대상 숙소나 도처에 우후죽순처럼 세워진 새로운 형태의 기념비적 무덤과 모스크야말로 이 시대의 전형적인 건축물이다. 이 모두가 니잠 알 물크의 직접적인 후원 아래 세워졌는데, 이는 그가 중요시하던 것이 무엇이었는지를 잘 보여준다. 10세기 바그다드의 바르마크 가문처럼 중앙아시아 출신의 대재상은 셀주크 시대의 건축 미술을 사실상 규정했다.

셀주크 건축의 위대함을 확인하기 위해서는 그저 메르브와 사락스, 발흐, 니샤푸르로 이어지는 고도(古道) 위에 지어진 12개 대상 숙소 가운데 아무 곳이나 방문하면 된다.[31] 셀주크인들은 비단길 중 여행객들이 가장 많이 지나가는 지점에, 급증한 카라반 교통량을 감당하기 위해 이것들을 건설했다. 거대한 라바티 말리크(Rabat-i-Malik)처럼 이 여행 산장 중 일부는 튼튼한 요새였고 그 외 다른 것들도 너무 커서 성곽도시로 오해받을 정도였다. 이 모두는 니잠 알 물크의 주도 아래 상업과 예술이 수월하게 융합되었음을 보여 주는 증거이다.

커다란 돔과 기도 방향을 가리키는 반원형의 벽감 바로 앞에 측면이 개방된 홀을 둔 새로운 형태의 사원도 그의 직접적인 관할 아래 소개되었다. 니잠 알 물크가 기도하는 술탄을 보호하기 위해 이스파한에 건설한 금요 사원에 구현한 이러한 혁신은 차후 이슬람 세계 전역으로 퍼져나갔다.[32] 하지만 이스파한에 세워진 이 새로운 건축물은 보수적인 샤피이 법학파에 대한 그의 관대한 후원의 일환이었기 때문에 결국 폭동이 일어났다. 이에 그는 사원의 일부를 좀 더 온건한 하나피 법학파와 그들의 건축가들에게

31) Ettinghausen, and Grabar, Jenkins-Madina, *Islamic Art and Architecture, 650~1250*, 153~54.
32) *Ibid.*, 139~44, 368.

내줄 수밖에 없었다.[33]

한편, 니잠 알 물크의 치세 동안 유명 인사나 성인의 유해 위에 기념비적인 무덤을 만드는 것이 대유행하기도 했다. 이러한 관행의 기원은 아케메네스 왕조 페르시아 제국이 키루스 대왕을 위해 거대한 무덤을 조성한 기원전 7세기까지 거슬러 올라간다. 부하라의 이스마일 무덤이 이슬람 시대에 이러한 관습을 부활시키면서 팀(Tim)의 작은 능이나 수많은 사당이 성인의 유골을 모시기 위해 세워졌다. 어쨌든 셀주크 통치 아래 모든 도시와 읍이 크거나 멋진 건축물을 보유하기 위해 경쟁을 벌였다. 수피 성인(pir)의 급증으로 건축을 통해 기념할 만한 주요 인물이 무제한적으로 공급되었다. 상업적인 부가 이러한 광신을 부추겼는데, 같은 시기 지역 주민들이 자신들의 지역 성인을 기리기 위해 성당이나 성지 건설 비용을 지불한 서유럽에서도 비슷한 양상이 나타났다. 그러나 기독교 서방이든 이슬람 중동이든 간에 무덤, 즉 성묘(mazar) 건설을 향한 열정에서 중앙아시아를 능가할 수는 없었다. 그 결과 12세기부터는 성묘가 가장 널리 확산되고 가장 오래 지속된 이슬람 건축 유형이 되었다.[34] 특히 셀주크 시대의 유명한 본보기 가운데에는 메르브에 있는, 쿠다이-나자르-오블리야(Khudai-Nazar-Ovliya) 영묘와 무함마드 이븐 자이드(Muhammad ibn Zayd) 영묘, 그중에서도 두드러지는 셀주크 마지막 통치자인 산자르의 영묘가 있다. 이 모든 건축물은 고대 로마 건축가들이 그랬던 것처럼 철저하게 기하학에 의거해 건설되었다.[35] 또 많은 셀주크 건물이 첨두 '등변' 아치를 특징으

---

33) Pope, *Persian Architecture*, 956.

34) 자닌 수르델-토민은 예로부터 내려오는 연속적 요소를 강조했다. Janine Sourdel-Thomine, "Renouvellement et tradition dans l'architecture saljuqide", 251ff.; 반면 J. M. 로저스는 셀주크 동부에서의 변화 요소를 강조했다. J. M. Rogers, "The 11th Century - A Turning Point in the Architecture of the Mashriq?" in *Islamic Civilization, 950~1150*, 211~49.

35) G. A. Pugachenkova, "Puti razvitiia arkhitektury iuzhnogo Turkmenistana pory rabovladeniia i feodalizma", in *Trudy iuzhno-turkmenistanskoi*

로 했다. 이것이 그 무렵 유럽에서 등장한 고딕 아치의 원형이었는지의 여부에 대해서는 전문가들 사이에서 논의가 더 필요한 주제이다.

이 시기 중앙아시아와 셀주크 제국에서만 건축 혁신이 일어났던 것은 아니다. 서유럽에서도 정교논쟁이 해결된 이후 로마네스크 건축물은 벽이 아니라 계속 확산되던 아치에 의해 특징지어졌다. 이는 이윽고 벽이 창문과 빛의 홍수 속에서 사실상 사라진 대담하고 새로운 고딕 건축의 등장으로 이어졌다. 산자르의 거대한 무덤이 메르브의 모래 위에 세워진 바로 그 시기에 수도원장 쉬제르(Abbot Suger, 1081?~1151)는 공학적으로나 미학적으로나 한층 혁신적인 길을 개척하며, 파리 북쪽의 생드니 수도원에 선구자적인 바실리카풍의 성당을 짓고 있었다. 셀주크 건축은 위대한 업적이었지만 따지고 보면 새로운 방향의 시작이라기보다는 하나의 정점을 의미했다.

그렇다면 셀주크 문명 전반에 대해서도 이와 같이 말할 수 있을까? 니잠 알 물크의 신중한 경제정책이 가져온 번영은 미술과 공예 산업의 번창으로 이어졌다. 전해지는 몇몇 직물 조각은 이 분야의 오래된 기술이 계속 발전했음을 보여 준다. 금속공예와 도예의 수준 역시 높았다. 정교하게 만들어진 구리 그릇과 기름 램프, 은으로 상감한 조각들, 놋쇠나 은으로 상감 장식이 되어 있는 단강(鍛鋼) 무기나 정교한 도구들, 인간 형상을 정교하게 그리거나 영롱한 색감으로 마감칠을 다시 하여 생동감을 더한 우아한 꽃병이나 접시 모두 기예의 절정을 보여 준다. 이 모든 기술이 중앙아시아에서 발명되었다. 자긍심에 찬 장인들이 손수 만든 물건에 자주 서명을 남긴 것은 결코 놀랄 일이 아니다. 한 호라산 장인은 요리용 구리냄비에 '투스 출신의 호조(Khojo)'라고 자신의 이름을 새기기도 했다. 니샤푸르 출신의 압드 알 라자크 나이사부리(Abd al-Razzaq Naysaburi)라는 또 다른

---

arkheologicheskoi ekspeditsii (Moscow, 1958), 6: 314.

장인은 향수 뿌리개에 서명을 하고 그 위에 과감하게 '행복'이라는 단어를 새겨넣었다.[36) 이와 같은 삶의 환희는 분명히 판매량도 증대시켰을 것이다. 서명이 없는 한 메르브산(産) 셀주크 구리냄비에는 "맛있게 드세요"라는 쾌활한 문구가 새겨져 있었다.[37)

호조와 압드 알 라자크 나이사부리 모두 수출용 제품을 생산했다. 실제로 알 라자크 나이사부리의 정교한 작품 중 여럿은 제조지로부터 수천 킬로미터 떨어진 곳에서 발견되기도 했다.[38) 거의 모든 주요 공예 분야에서 헤라트와 니샤푸르, 메르브 같은 도시 출신의 예술가와 장인들이 당시 전 이슬람 세계의 선두자리를 지키고 있었다.[39)

셀주크 치하에서의 학문 세계

건축이나 공예 모두 지적인 공백 속에서도 얼마든지 융성할 수 있다. 그렇다면 셀주크 지배 아래에서의 과학 연구와 철학의 상황은 어떠했을까? 선대의 바르마크 가문이나 칼리프 마문, 구르간지의 호라즘 왕가에 필적할 만한 셀주크 후원자가 있었을까? 셀주크 시대의 인물 가운데 이처럼 높은 기준에 부합할 수 있던 사람은 이스파한의 술탄 말리크샤와 그의 재상 니잠 알 물크가 유일했다. 1079년 새로운 태양력의 도입으로 이어질 연구에 착수한 것도 바로 이들이었다. 중세 후기의 작가들 가운데 여럿의 주장에 따르면, 이 두 명의 고관은 이스파한의 천문대에 재정을 조달했고

---

36) E. Baer, "Abd-al-Razzauq b. Masuud Naysabuure", in *Encyclopedia Iranica*, http://www.iranica.com/newsite/articles/v1f2/v1f2a071.html.

37) 아시가바트 국립 박물관.

38) Baer, "Abd-al-Razzauq Naysabuure."

39) Allan, *Nishapur: Metalwork of the Early Islamic Period*, 18~20; Hakimov, "Arts and Crafts in Transoxonia and Khurasan", 423~30.

위대한 수학자 오마르 하이얌을 중앙아시아에서 데려와 이 기관의 수장직에 앉혔다. 춘분에 있는 국가적인 행사 노브루즈와 함께 태양 주기가 시작되도록 편리하게 조정한 니잠 알 물크가 핵심적인 역할을 한 것은 분명하다.[40] 하지만 말리크샤와 니잠 알 물크를 제외하면 이 시기 학문에 대한 공식적인 후원은 매우 미미했다. 학문에 진지한 관심을 가졌던 또 다른 셀주크 지도자는 점성학에 대한 책을 쓴 이스파한* 출신의 고관인 알 투그라이(al-Tughrai)가 유일했다.[41]

수세기 동안 중앙아시아에서 일상화되었던 사상가나 문인에 대한 국가적 후원이 셀주크 치하에서 위축되었다고 해서 지적 활동도 시들해졌다는 뜻은 아니다. 이 시기 유럽에서는 학문이 수도원을 넘어 궁정으로 옮아가기 시작했다. 이외에도 이 무렵 신흥도시와 대학의 설립은 훗날 꽃을 피울 완전히 새로운 형태의 문화적 후원을 위한 길을 준비했다.[42] 중앙아시아의 도시들도 셀주크 시대 내내 호황을 누렸으며, 그곳의 궁전 역시 유럽에서와 마찬가지로 자극적인 배움의 환경을 제공했다. 그중에서도 특히 두 곳, 즉 니샤푸르와 메르브가 돋보였다.

자긍심에 차 있던 니샤푸르는 셀주크 시대에 매우 생동감 넘치는 경제적·문화적 활기를 경험하면서 셀주크 세계의 지적 수도로 불리게 되었다.[43] 이러한 찬사가 단지 수학자이자 시인인 오마르 하이얌과 철학자 가잘리, 재상인 니잠 알 물크에 근거해 주어졌다 해도, 니샤푸르는 마땅히

40) E. S. Kennedy, "The Exact Sciences in Iran under the Saljuq and Mongols", in *The Cambridge History of Iran*, 5: 671~72.

* 원서에는 메르브로 되어 있으나, 알 투그라이는 이스파한 출신이므로 바로잡는다.

41) A. Abdurazakov and Ts. Khaidav, "Alchemy, Chemistry, Pharmacology and Pharmaceutics", in *Civilizations of Central Asia*, vol. 4, pt. 2, 230.

42) Charles Homer Haskins, *Renaissance of the Twelfth Century* (Cambridge, 1928), 64ff.

43) Bosworth, "The Political and Dynastic History of the Iranian World (AD 1000~1217)", 86.

그리 불릴 만했다. 하지만 이들보다는 덜 알려진 다수의 대가들도 그곳에서 활동을 했다. 시리아 사상가로부터 들어 알게 된 소수의 개념을 널리 유포시킨 수학자인 알리 이븐 아흐마드 알 나사위(Ali ibn Ahmad al-Nasawi)처럼 말이다.[44] 학문의 깊은 전통 말고도 니샤푸르는 가장 권위 있는 법학 교사들을 배출했다는 사실도 늘 자랑스러워했다. 또한 그곳은 전반적인 풍토에 지적 전율을 가미한 비순응주의적 사고와 명백한 회의주의라는 깊은 전통의 본향이기도 했다. 이러한 강점의 결합이 하이얌이나 가잘리, 니잠 알 물크가 자신들의 배움을 완성하기 위해 한결같이 그곳으로 향한 이유였다. 이슬람 세계의 그 어떤 도시도 당시 이곳보다 더 활기찬 지적 환경을 뽐내지 못했다.

하지만 이러한 분위기가 과열된 나머지 셀주크 시대 내내 니샤푸르는 경합하던 이슬람 법학파 간에, 그리고 대립하던 몇몇 종교 사상을 둘러싸고 벌어진 격렬한 논쟁으로 또다시 분열되었다. 지독한 직역주의 분파가 번창했고 그중 일부는 잠시 이 도시를 장악하여 공포정치를 실시하기도 했다.[45] 예전의 경우와 마찬가지로 이 모든 호전성은 민중에게로 전염되었다.[46] 11세기경 니샤푸르는 또다시 파벌 싸움이 길거리에서 늘 벌어지는 끊임없는 불화의 현장이 되었다. 활기찬 환경과 일상의 소동은 완전히 별개의 문제였다.

셀주크 시대 초기에 도시 폭력은 가즈니 군대와 셀주크 신흥 세력 사이에서 벌어진 격돌과 함께 니샤푸르와 호라산에 그들이 누리던 상업적 부

44) Q. Mushtaq and J. L. Berggren, "Mathematical Sciences", in *Civilizations of Central Asia*, vol. 4, pt. 2, 181.

45) Bosworth, "The Rise of the Karamiyyah in Khurasan", 7~14.

46) 이 무렵의 니샤푸르에 관한 최고의 자료는 Richard W. Bulliet, *The Social History of Nishapur in the Eleventh Century* (Cambridge, 1967); "The Political Religious History of Nishapur in the Eleventh Century", in *Islamic Civilization, 950~1150*, 71~91이다.

와는 어울리지 않는 불안정한 분위기를 조성했다. 이에 수많은 지식인이 떠나기로 결정했는데, 투스 출신의 뛰어난 시인 아부 만수르 알리 아사디(Abu Mansur Ali Asadi)도 그중 하나였다. 교육을 마치자마자 아제르바이잔의 산악지대로 향한 그는 그곳의 한 지역 궁정에 소속되어 「가르샤스프 서사시」(Garshaspnameh)를 지었다. 이 시는 페르시아 서사시로는 페르도우시의 『샤나메』에 버금가는 작품이었다.[47] 긴 여행에서 돌아온 철학자 가잘리도 만연한 이러한 혼돈을 피해 은둔의 삶으로 숨어버렸다.

반면에 메르브는 셀주크 통치 시기 마지막까지 평화를 누렸다. 전례가 없는 번영을 누리게 되면서 옛 도심 바로 서쪽에 급증한 주민과 제조업자, 상회(商會)를 수용하기 위해 완전히 새로운 도시가 형성될 정도였다. 하지만 겉보기와는 달리 메르브 역시 중국에서 중앙아시아로 밀려온 또 다른 유목민의 침략으로 인한 공포는 말할 것도 없고 사회적·종교적 갈등을 경험하고 있었다. 그럼에도 어느 정도는 내부 통로를 갖춘 15킬로미터의 성벽이 새로운 구역을 둘러싸고 있었기 때문에 전체적인 분위기는 안정적이었다. 벽돌로 새롭게 쌓은 높은 성벽 뒤에서 셀주크의 메르브 주민들은 성벽 바로 밖에 위치한 반구형 지붕을 얹은 수많은 대형 벽돌 얼음 저장소 덕택에 여름에는 냉음료를 실컷 마시는 풍족한 생활을 누렸다. 반면에 셀주크의 니샤푸르는 요새를 갖추지 않은 도시였다.

동쪽 이슬람 세계의 그 어떤 도시도 셀주크의 메르브만큼 많은 도서관을 뽐내지 못했다. 이에 사방에서 학자들이 모여들었다. 아랍의 지리학자 야쿠트는 3년의 시간을 메르브에 있는 12곳의 도서관에서 공부하며 보냈는데, 그중 한곳이 보유한 장서만도 1만 2,000권이나 되었다고 전했다.[48]

---

47) 서양의 번역본 중 최고는 두 편으로 나뉘어 프랑스어로 출판된 Asadi-Tusi, *Garšāsp-nāma*, ed. Cl. Huart (Paris, 1926); Asadi-Tusi, *Garšāsp-nāma*, ed. H. Massé (Paris, 1951)이다.

48) G. Patvievskaya, "History of Medieval Islamic Mathematics: Research in Uzbekistan", *Historia Mathematica* 20 (1993): 241.

메르브를 기반으로 활동했던 그 밖의 학자들은 광물학이나 언어학처럼 다양한 분야에 종사했다.[49] 또한 메르브는 역사 저술이 셀주크 시대에 사양길로 들어섰음에도 불구하고 여러 역사학자의 고향이기도 했다.[50]

메르브의 또 다른 명소는 수세기 전에 세워진 관측소였다. 그곳에 고용된 천문학자와 물리학자 가운데에는 인근의 사락스에서 온 아부 파즐리 사락시(Abu Fazli Sarakhsi)처럼 재능 있는 지역 인재들이 다수 포함되어 있었다.[51] 아부 알 라흐만 알 카지니(Abu al-Rahman al-Khazini, 1115~30)는 셀주크 군에게 포로로 잡혀 노예가 된 비잔티움의 그리스인이었다. 하지만 오마르 하이얌 문하에서 공부를 계속한 그는 과학계에 진출해 혼자의 힘으로 성공적인 업적을 쌓았다.[52] 천문학 외에도 카지니는 무게를 측정하는 학문, 즉 일종의 수량화 역학에 관심이 있었다. 메르브에서 집필한 그의 『지혜의 균형에 관한 서(書)』(Kitab Mizan al-Hikmah)는 "중세의 모든 문화권에서 출판된 [측량]에 관한 저작 중 가장 포괄적인 작품"이라는 평가를 받는다.[53] 매우 냉정하게 카지니는 무게와 질량, 힘을 구별하지 못한 고대 그리스인들의 오류를 지적했다. 그런 후에 아르키메데스의 부력(浮

---

49) Bosworth, "The Political and Dynastic History of the Iranian World (AD 1000~1217)", 86; Bosworth, "Legal and Political Sciences in the Eastern Iranian World and Central Asia in the Pre-Mongol Period", 147.

50) Dzhalilov, *Iz istorii kulturnoi zhizni predkov tadzhikskogo naroda i tadzhikov v rannem srednevekove*, 64. 반면 샤를 멜빌은 페르시아어로 쓰인 역사 저술의 양과 중요성 — 질적 측면에서는 아닐지라도 — 이 셀주크 시대에 사실상 증가했다고 주장했다. Charles Melville, "History: From the Saljuqs to the Aq Qoyunlu (ca. 1000~1500 C.E.)", *Iranian Studies* 31, 3~4 (Summer/Fall 1998): 474~76.

51) G. Hanmyradow, "Sarahs we gundogaryn medeni mirasy", *Miras* 3, 35 (2009): 60.

52) Robert E. Hall, "Al-Khazini", in *Dictionary of Scientific Biography*, 7: 335~51.

53) D. R. Hill, "Physics and Mechanics, Civil and Hydraulic Engineering, Industrial Processes, and Manufacturing, and Craft Activities", in *Civilizations of Central Asia*, vol. 4, pt. 2, 254~61. 다음 단락은 이 글을 바탕으로 했다.

力)의 원리가 어떻게 비중(比重)을 알아내는 데 이용될 수 있는지를 상세히 설명했다. 심지어는 액체의 비중을 알아내는 법까지 보여 주면서 최초로 공기도 무게를 가지고 있으며 고도에 따라 희박해진다는 것을 입증해 보였다. 카지니는 이 같은 문제를 다룬 비루니의 선행 연구에 대해서는 알지 못했던 것 같다.

카지니는 숙련된 기계공이기도 했다. 메르브에서 그와 그의 동료들은 일상적인 물건의 무게를 재고 비중을 알아내며 심지어는 합금의 구성성분도 검사할 수 있는, 세계에서 가장 정확한 기구를 고안해 냈다. 그의 상세한 묘사에 기반해 '종합 저울'이라는 별명을 붙인 그의 복잡한 기계장치를 재구성해 볼 수 있는데, 오늘날 연구에 따르면 그의 주장은 1: 60,000의 놀라운 정확도를 보여 준다.

카지니의 관심사에 야금학(冶金學)이 포함되어 있었다는 사실은, 고고학자들이 메르브에서 최초로 알려진 도가니강(鋼) 생산을 위한 용광로를 발견했음을 고려하면 그리 놀랄 일도 아니다. 인도인들이 몇 세기 후에 이 같은 기술을 독자적으로 알아냈던지 또는 차용했던지 간에, 그 과정은 중앙아시아인들의 것보다 훨씬 덜 정교했고 효율적이지도 않았다. 반면 유럽의 제강업자들은 메르브의 용광로에서 생산이 시작된 지 600년이 지날 때까지도 '합금'이라고 불리는 기술을 습득하지 못했다.[54]

셀주크 시대에 중앙아시아의 과학계를 비롯해 수학계의 무적의 천재는 오마르 하이얌이었다. 니샤푸르의 천막장이 가문(그는 자신이 "학문의 천막을 기웠다"라고 썼다)에서 태어난 하이얌은 서구에서는 수학자나 천문학자로서보다는 시인이자 『루바이야트』(Rubaiyat)의 저자로 널리 알려져 있다. 그러나 중앙아시아 지역의 수많은 위대한 지성처럼 그 역시 박식가였으며, 대수학이나 천문학에 관한 선구적인 작업 말고도 역학·철학·지리학·음악

---

54) Waldren Grutz, "Oasis of Turquoise and Ravens", *Aramco World* 49, 4 (1998): 21.

에 관한 논문들을 썼다.

출생에서뿐만 아니라 교육적으로도 하이얌은 진정 중앙아시아의 아들이었다. 최초의 교육은 발흐의 유명한 학자 문하에서 시작했으며, 그다음에는 니샤푸르에서 가장 인기 있는 교사에게서 배웠다. 아부 타히르(Abu Tahir)라는 저명하고 부유한 법학자의 후원 덕택에 스물두 살의 학자는 사마르칸트에서 사회생활을 시작할 수 있었으며, 전근대에 쓰인 이 분야 최고의 작품으로 꼽히는 획기적인 「대수학 문제 입증에 관한 논고」(Treatise on Demonstration of Problems of Algebra)도 그곳에서 썼다. 부하라에 잠시 머물다가 고향인 니샤푸르로 돌아온 그는 곧 자신보다 서른 살이나 연상인 니잠 알 물크의 관심과 후원을 받게 되었다. 동료 후라사니(Khurasani)의 지원 아래 하이얌은 셀주크 수도에 모인 과학자 집단을 이끌며 18년 동안 생산적인 시간을 보냈다. 그는 다소 성격이 침울한 편이었는데, 행사시(行事詩)에서 이를 다음과 같이 표현했다.

> 오늘은 나의 청춘의 시간이고,
> 나를 달래줄 와인을 마신다네.
> 뭐라 하지 마시게, 비록 쓰지만 기분은 좋다네.
> 와인이 쓴 것은 나의 삶이 그렇기 때문이지.[55]

그러나 이러한 성향이 여러 방식에 따른 혁신적인 연구는 물론이고, 앞으로 보겠지만 철학적인 질문에 대한 탐구에도 결코 장애물이 되지 않았다.

1092년 술탄 말리크샤의 사망은 가잘리에게 그랬던 것처럼 하이얌의 삶에도 위기를 가져왔다. 후원자를 잃은 하이얌은 종내 셀주크의 마지막

---

55) Peter Avery and John Heath-Stubbs, *The Ruba'iyat of Omar Kayyam* (London, 1981), no. 16, 50.

수도인 메르브로 옮겨 새로운 통치자인 술탄 산자르 밑에서 일했다. 생애 말년에 니샤푸르로 다시 돌아온 그는 그곳에서 80대에 세상을 떠났다.

이스파한에서 하이얌은 천문학에 몰두했다. 별의 지도를 작성했고 지구가 어떻게 자전하는지를 입증하기 위한 모형도 만들었다고 한다. 니잠 알물크 덕에 그는 앞에서 언급한, 그리고 1925년까지도 이란에서 계속 사용된 새로운 태양력 제정으로 이어진 천문학 연구에서 중요한 역할을 담당했다. 18세기 영국의 역사학자 에드워드 기번은 하이얌의 달력이 "율리우스(력)을 능가했으며 그레고리우스(력)의 정확도에 근접했다"라고 감탄하였다.[56] 하이얌은 천문학자답게(이는 비루니를 즉시 연상시킨다) 태양년을 소수점 이하 11번째 자리 ─365.24219858156일─까지 계산해 냈다. 이 수치와 오늘날의 추산 간에 발생한 근소한 차이는 하이얌 측의 실수가 아니라 전적으로 시간의 경과에 따라 발생하는 태양년의 경미한 단축에서 기인했다.

오마르 하이얌의 불후의 업적은 수학과 기하학에서 나왔는데, 이는 자신이 다루고자 하는 각각의 문제를 명확하고 정확하게 표현한 덕분이었다.[57] 10대에 그는 스스로 "수직선이 한 점에서 경계 반경의 한 점으로 낙하할 때, 수직선의 길이와 반경 길이의 비율은 수직선 최저부에 의해 결정되는 선분의 비율과 같다는 공식 아래 원의 사분면에서 한 점을 찾는" 도전에 나섰다. 그때 그는 자신이 이 문제를 풀 수 있다면 그를 안달나게 했던 두 번째 문제, 즉 "빗변은 한 변과 빗변의 높이를 더한 총합과 같은 속성을 가진 직각삼각형도 찾을" 수 있으리라는 것을 깨달았다. 한 단계씩

56) John J. O'Connor and Edmund F. Robertson, "Omar Khayyam", Mac-Tutor History of Mathematics Archive, http://www.history.mcs.st-andrews.ac.uk/Biographies/Khayyam.html에서 인용.

57) 다음 설명은 Kennedy, "The Exact Sciences in Iran under the Seljuqs and Mongols", 665ff.을 바탕으로 했다. O'Connor and Robertson, "Omar Khayyam."

나아가며 하이얌은 3차방정식 문제인 $x^3 + 200x = 20x^2 + 2,000$을 풀었고, 그러고 나서는 삼각함수표에서 보간법*을 통해 수치해법(數値解法)을 발견하는 데까지 나아갔다. 스코틀랜드 수학자인 오코너와 로버트슨은 "하이얌이 3차방정식 풀이에는 원뿔곡선법을 사용해야 하며 자나 컴퍼스 같은 도구로는 풀 수 없다 — 이 결론은 750년이 지난 후에야 판명되었다 —고 진술한" 사실에 매우 놀라워했다.[58]

사마르칸트에서 쓴 「대수학 문제 입증에 관한 논고」에서 하이얌은 원과 쌍곡선을 교차시킴으로써 발견한 기하학적 해법을 가진 3차방정식을 완벽하게 분류했다. 그리스나 아랍, 카지니 같은 다른 중앙아시아 수학자들을 압도한 그는 최초로 3차방정식에 관한 일반이론과 그 푸는 과정을 정확하게 구상하기도 했다. 여기에는 3차방정식이 두 개의 다른 답을 가질 수 있다는 깨달음도 담겨 있었다.

이와 같은 통찰을 통해 일부 과학사학자들은 하이얌이 이항식의 대수적 확장을 일정 거듭제곱까지 허용한 정리(定理)도 제시했을지 모른다는 설을 내놓았다. 하이얌이 이항정리라고 불리게 될 명제를 생각했든 그렇지 않았든 간에, 한참이 지난 후에야 스키피오네 델 페로(Scipione del Ferro, 1465~1526)나 조르다노 비탈레(Giordano Vitale, 1633~1711) 같은 이탈리아 수학자들은 하이얌을 넘어서 3차방정식은 세 개의 답을 가질 수 있다고 제안하는 데까지 나아갈 수 있었다. 하이얌의 기여는 "대수학에 관한 주요 저작에서 가능한 모든 유형의 3차방정식의 답을 구하기 위해 '자신이 제안한 기법'을 개발한" 것이라고 유명한 수학사가인 에드워드 케네디는 결론지었다.[59]

---

* 둘 이상의 변수값에 대한 함수값을 알고서 그것 사이의 임의의 변수값에 대한 함수값이나 그 근사값을 구하는 방법이다.

58) O'Connor and Robertson, "Omar Khayyam."

59) Kennedy, "The Exact Sciences in Iran under the Seljuqs and Mongols", 666.

하이얌의 기법은 문제 자체를 과감하고 개괄적으로 재구성해 즉시 쓸 수 있도록 문제에 접근하는 일종의 사고력이었다. 그렇게 그는 비록 기원전 4세기 기하학의 아버지인 유클리드의 헌신적인 추종자였지만, 평행선은 만날 수 없다는 유클리드 공리를 입증하려는 시도 속에서 그리스와 아랍 학자들이 내놓은 증거를 근거가 없다며 거부했다. 그는 자신의 논문 「유클리드 정의의 문제점에 관하여」(On the Difficulties of Euclid's Definitions)에서 유클리드의 것을 대체할 다른 공리를 제안하지는 않았지만, 평행선에 관한 비(非)유클리드 공리도 가능할 수 있다는 것을 최초로 감지했다. 유클리드 공리를 대체할 기하학을 고안하려는 노력 속에서 17세기 예수회 성직자 제로니모 사케리(Geronimo Saccheri, 1667~1733)도 일련의 같은 공리를 다루었지만 돌파구를 제시하지는 못했다. 한참 후인 1820년대에야 러시아의 니콜라이 로바쳅스키(Nikolai Lobachevskii, 1792~1856)가 하이얌이 처음으로 길을 열었던, 체계적인 비유클리드 기하학을 산출하는 데 성공했다.

안팎에서 분출된 위험한 사상들

적어도 종교 문제에 관한 한 셀주크 시대는 평온한 시기여야 했다. 이 무렵에는 대부분의 중앙아시아인들이 이슬람으로 개종한 상태였고,[60] 페르시아 북쪽 지역에서는 수니파 셀주크인들이 시아파 부이 왕조의 통치자들을 전부 왕위에서 몰아내 패퇴시켰기 때문이다. 게다가 양측 모두 수니파였던 술탄과 칼리프는 형식적이나마 모종의 합의도 이루었다. 하지만 이스마일파가 카이로에서 그들의 경쟁자인 파티마 칼리프 왕조를 여전히 떠받

---

60) Bosworth, "The Political and Dynastic History of the Iranian World (AD 1000~1217)", 195.

치고 있었다. 사실 파티마 왕조는 이미 영토의 상당 부분을 잃기 시작한 터였다. 그러다 보니 수니파 무슬림과 기독교도 모두에 대한 불관용의 시대가 열렸다. 게다가 유럽의 십자군이 밖에서 그들을 위협하던 바로 그때에 군을 지휘하던 베르베르족과 튀르크족 용병은 안에서 파티마 왕조를 위협했다. 설상가상으로 수니파 셀주크인들도 왕국 곳곳에서 이스마일파에 대한 대대적인 탄압에 나섰다.

그런데 일부 급진적인 성향의 파티마인들이 조용히 사라지기는커녕 정통 수니파와 그들을 보호하던 셀주크인들에 맞서 작정하고 과감한 역공에 나섰다. 빈틈없이 요새화된 성으로 철수한 그들은 국가 내에 분권화된 또하나의 국가를 만들었다. 바그다드가 그들에 대한 탄압을 강화하자, 이스마일파 내의 한 분파가 바그다드의 칼리프 제국과 셀주크 왕조의 주요 인사들에 대한 자살공격에 착수했다. 그들과 척을 진 무슬림들은 이스마일파 암살자들이 대담해지기 위해 하시시(hashish, 대마초)를 흡입한다고 주장했다. 이를 들은 십자군은 그들이 사용했다고 소문난 약물의 이름을 따서 그들을 '아사신'(Assassin, 암살교단)이라고 불렀다.[61]

그들이 어떤 물리적 위험을 야기했든지 간에, 그리고 역사학자들은 이를 두고 계속 논쟁 중이지만,[62] 이스마일파는 셀주크 통치자들과 그들에게 협력한 정통 수니파 기득권층에게 이러한 위험보다 훨씬 막강한 이념적 도전을 제기했다. 그들이 셀주크 조세제도 전체의 기반이 되던 이크타(iqta) 분봉(分封)을 정당화하기 위해 동원한 경전에 입각한 근거를 부정했기 때문이다. 그들은 당당하게 신학적 질문에 합리주의적 논리와 그리스철학을 적용했고 정통 종교학자들이 용납하지 않던 『꾸란』에 숨겨진 의미

---

(61) Farhad Daftary, *The Assassin Legends: Myths of the Ismailis* (London, 1995).

(62) 이 갈등에 대한 이스마일파의 견해를 알고 싶다면 Farhad Daftary, *Medieval Ismaili History and Thought* (Cambridge, 1996)에 실린 글을 참조. 다른 시각의 글도 이 책에 실려 있다. "The Power Struggle between the Saljuqs and the Ismailis of Aklamut, 487~518/1094~1124: The Saljuq Perspective", 205~20.

를 찾았으며, 심지어는 수니파 학자들과 이맘들이 무슬림 신자와 국가를 인도하기 위해 자신들의 주장의 근거로 삼던 『꾸란』의 논거마저 부정했다.

중앙아시아와 페르시아의 유명 사상가들이 이스마일파의 대의에 끌렸다는 사실이 문제를 더욱 악화시켰다. 실제로 이스마일파에 합류하지 않았던 사람들조차도 그들의 지성과 사고의 개방성, 심지어는 그들의 신플라톤주의적 신비주의를 예찬했다. 또한 이븐 시나처럼 종교 문제를 해결하기 위해 그리스 철학과 신앙 모두를 활용한 그들에게 매료당한 이들도 있었다.

나시르 쿠스라우(Nasir Khusraw, 1004~88)는 이스마일파가 셀주크 시대에 수니 정통파에 제기한 도전을 전형적으로 보여 주는 인물이다. 북부 아프가니스탄의 카보디욘(Qabodiyon)이라는 마을에서 태어난 쿠스라우는 과학과 의학, 파라비와 이븐 시나의 합리주의 철학에 관해 철저한 교육을 받았다. 하지만 마흔두 살이 될 때까지도 그는 결코 반체제적인 인사가 아니었다. 시아 무슬림이었지만 오히려 그는 메르브에 있던 셀주크 정부의 재무부에서 일하는 견실하고 조용한 관료의 삶을 선택했다. 또한 상당한 자부심으로 고도(古都)에 구입한 안락한 집과 정원을 자랑거리로 여겼다.

그런데 1046년 쿠스라우의 탄탄한 생계가 위험에 처하게 되었다. 그가 겪은 개인적인 위기의 실체를 우리는 알 수 없지만, 이로 인해 그는 갑자기 일을 그만두고 집을 팔아야 했다. 이렇게 그는 바그다드와 시리아에서 성지와 메카, 이집트로 이어지는 2만 킬로미터에 달하는 7년간의 여정을 시작하게 되었다. 방문지에 대한 그의 상세한 묘사는 유익한 중세 기행문으로 매우 품위 있게 쓰인 글이었다.[63] 쿠스라우가 파티마의 카이로에 이르

---

63) W. M. Thackston, Jr., trans. *Naser-e Khosrow's Book of Travels* (New York, 1986). 쿠스라우의 생애에 관해서는 Alice C. Hunsberger, *Nasir Khusraw, the Ruby of Badakhshan* (London, 2000); Daftary, "The Medieval Ismailis of the Iranian Lands", 59ff., 23ff. 참조. 이제는 좀 시대에 뒤처졌다고 할 수 있는 W. Ivanov, *Problems in Nasir-i Khusraw's Biography* (Bombay, 1956)도 참조.

렀을 무렵, 그곳은 이미 쇠락의 끝자락에 접어든 상태였지만 그에게 심대한 영향을 끼쳤다. 학문의 중심지인 알 아즈하르에서 만난 이스마일파 학자들로 인해 그는 그들의 가르침을 따르는 열렬한 추종자가 되었다. 이후 그의 삶의 유일한 목적은 자신의 고향인 중앙아시아 사람들에게 그들의 신앙을 전파하는 것이었다.

이는 쿠스라우가 셀주크 당국과의 충돌을 피할 수 없게 만들었다. 카이로에서 돌아오는 긴 여정 내내 그는 기회가 될 때마다 셀주크인들의 독단적인 통치와 관료들에 의한 자유사상 탄압을 비판하는 설교를 했다. 이에 셀주크 당국은 그를 사고뭉치로 취급하며 그에 상응하는 처벌을 내렸다. 하지만 쿠스라우는 기질상 연단의 연설가이기보다는 사려 깊은 시인이었다. 그의 새로운 선교사적 역할은 그로 하여금 감동적인 소박함과 때로는 뜻밖의 단순명쾌함으로 일상생활의 도덕적 문제를 따지는 페르시아어 시를 짓도록 고취했다. 심지어는 한때 자신의 피조물의 악행에 대해 책임을 지지 않는 신을 비난하는 시를 쓰기도 했다.[64]

이스마일파 교리를 따르던 쿠스라우는 합리주의 철학과 계시 간에 그어떤 모순도 발견하지 못했으며, 둘 다 진리에 이르는 유효한 길이라고 생각했다. 하지만 이 같은 교리를 전파함으로써 쿠스라우는 배교자는 아닐지라도 이단이라는 비난을 받게 되었다. 중앙아시아로 돌아온 순간부터 그는 모든 곳에서 불청객 취급을 받았고 이 도시 저 도시에서 정통 수니파 관료로부터 지속적인 괴롭힘을 당했다. 결국 그는 북동 아프가니스탄의 파미르고원에 은둔처를 마련할 수밖에 없었다. 오늘날에도 거의 발길이 닿지 않는 얌간(Yamgan)이라는 마을에서 그는 제자들을 가르치고 종교적 황홀경과 쓰라린 비통함 사이를 오가는 시를 쓰며 여생의 마지막 30년을 보냈다. 그의 서정시 가운데 하나는 봄에 대한 찬가로 시작해 분통을 터뜨

---

64) *Istoriia tadzhikskoi filosofii*, 2: 378~79에서 인용.

리며 끝을 맺는다.

> 쳇! 이 같은 터무니없는 소리는 이제 질렸어!
> 이런 말도 안 되는 소리는 나를 당황스럽게 할 뿐이라고!
> 봄은 나의 손님으로 예순 번이나 찾아왔지.
> 그리고 아마 내가 600년을 살아도 마찬가지일 거야.
> 소유한 장신구를 모두 빼앗길 운명을 타고난 이들은
> 손질된 정원 속에서도 기쁨을 만끽할 수 없어.
> 나에게 너의 사랑스러운 봄은 멋진 예복 밑에
> 고통을 숨기고 있는 백일몽일 뿐이고
> 설탕 속의 독이며 장미의 가시라고.[65]

그럼에도 불구하고 쿠스라우는 끝까지 앎을 긍정했다.

> 배움으로 방패를 만드시오, 왜냐하면
> 재앙에 맞서는 더 강한 방패는 없기 때문이오.
> 지식의 방패를 소유한 사람이라면 누구든
> 세월의 충격에도 고통받지 않을 것이오.[66]

그리고 끝까지 쿠스라우는 자신의 변치 않는 신앙심을 증언했다.

> 오 주여, 오 나의 고귀한 창조주여,

---

65) Peter Lamborn Wilson and Gholam Reza Aavani, *Nasir-i Khusraw, Forty Poems from the Divan* (Tehran, 1977), 72. 아네마리 시멜이 번역한 시들은 특기할 만하다. Annemarie Schimmel, *Make a Shield from Wisdom: Selected Verses from Nasir-i Khusraw's Divan* (London, 1993).

66) Schimmel, *Make a Shield from Wisdom*, 35.

당신의 가호에 감사합니다.

나이 들어 친구는 없지만 '당신에게 감사'할 수 있기 때문입니다.

경건함과 순종으로

당신에게 수백 번 감사함을 노래합니다.[67]

니잠 알 물크는 극심한 공포에 가까운 불안함을 느끼며 쿠스라우 같은 이스마일파와 그중에서도 특히 급진적인 이스마일파 신도들의 행동을 지켜보았다. 재상은 그들이 이슬람을 타락시키고 있고 셀주크인들이 수호하기로 맹세한 칼리프 제국을 약화시키고 있다고 확신했다. 사회적 오용에 대한 강경한 입장은 민중으로부터, 특히 호라산에서 많은 지지를 받았다. 이스마일파의 출현은 세상의 종말의 전조가 아닐까? 우울한 심정으로 재상은 이스마일파의 발흥을 추적하고, 여러 도시에서 그들이 저지른 범죄 행위를 폭로하면서 신의 이름으로 그들을 저주하는 장(章)을 열 편이나 더 써서 『통치의 서』에 추가했다.[68] 그는 이슬람과 셀주크 왕조가 무자비한 만큼이나 영리한, 무슬림의 적의 공격을 받고 있다고 확신했다.

니잠 알 물크의 반격: 니자미야 마드라사

니잠 알 물크는 니샤푸르와 그 외 중앙아시아 도시에서 상호 적대적인 무슬림 법학파 간에, 그리고 신학교들 간에 벌어지고 있던 격렬한 충돌이 매우 우려스러웠다. 특히 니샤푸르에서는 이러한 갈등이 순수한 신학적 문제이기를 멈춘 지 오래였고 불만에 가득 찬 하층 계급과 상인 엘리트 간의 무장충돌로 이어지면서 결국 이웃 간의 영역 다툼으로 변질되

---

67) *Ibid.*, 96.

68) Nizam al-Mulk, *Book of Government*, 213~45.

었다.[69)

  미묘한 차이를 보이는 다채로운 풍경을 과도하게 단순화하는 위험을 무릅쓰고 말하자면, 부상하던 보수적인 법률 전문가와 그 외 다른 사람들 간에는 근본적인 병치가 존재했다. 대부분이 이븐 한발의 추종자들이었던 전자(前者)는 이성과 철학, 논리를 궁극적인 진리의 원천으로 전혀 생각하지 않았다. 그중 일부는 이성의 일정한 역할을 인정하기는 했지만 예언자의 시대까지 거슬러 올라가는 구전의 주문(主文)을 훨씬 강조했다. 약간은 덜 제한적이었던 샤피이 법학자들의 영향력도 11세기 내내 높아졌다. 양 법학파를 모두 반대하던 이들이 하나피 법학자들이었다. 중앙아시아에 근거지를 둔 이들은 신앙 문제를 다룸에 있어 조금은 더 이성의 역할을 인정했다. 하지만 그들 역시 하디스의 권위를 온전히 수용했다. 다만 하디스를 좀 더 폭넓게 해석할 여지를 두었을 뿐이었다. 얼마 전에는 몇몇 저명한 하나피 전문가들 ─ 한 명은 오늘날 우즈베키스탄의 페르가나 계곡 출신이었고, 또 다른 한 명은 사락스 출신이었다 ─ 이 자신들의 주장을 날카롭게 펼쳤는데, 이에 골수 전통주의자들은 매우 격분했다.[70)

  철저한 전통주의적 관점을 고수하던, 그런 이유로 '해석'의 영역을 확장할 의지가 없던 니잠 알 물크는 논쟁 내내 셀주크 왕조의 안정을 해치는 위협을 목격했다. 속속들이 비관론자였던 그는 사방에서 솟구치던 법적·신학적 논쟁이 이슬람 문명의 종말의 전조가 아닐까 두려웠다. 이러한 위협에 대응하기 위해 니잠 알 물크는 샤피이 법학파와 아샤리 신학에 전적인 지지를 보냈다. 겉만 번지르르한 말만으로는 충분하지 않다는 것을 잘 알고 있던 니잠 알 물크는 아샤리 신학과 샤피이 법률 교리를 청년층 지도

---

69) 변화무쌍한 이 같은 애국적 언동에 관한 건실한 설명은 Bulliet, "The Political-Religious History of Nishapur in the Eleventh Century", 74~84 참조.

70) Burhan al-Din al-Farghani al-Marghinani, *Al Hidayah: The Guidance* (Bristol, 2006); and Rosenthal, *Ahmad b. t-Tayyib as-Sarahsi*.

자들에게 주입하고자 마드라사(이슬람 고등교육 시설)를 연이어 설립하기로 결심했다. 이러한 학교들은 설립자의 이름을 따서 니자미야로 불렀다.

이런 종류의 마드라사는 이전에도 얼마든지 있었다. 이슬람 경전을 공부하는 학교들은 수세기 동안, 특히 중앙아시아에서 일상화되었다. 10세기에 지어진 남부 타지키스탄의 콰자 마슈하드(Khwaja Mashhad) 마드라사는 반구형(半球形) 지붕을 얹은 두 개의 커다란 방 각각에 무덤과 사원을 두었다. 그런데 이웃한 커다란 뜰과 사만 왕조 시대에 학생들의 숙소로 이용되었던 주변 건물이 모두 향후 수세기 동안 표준이 될 마드라사 설계의 선행 모델이 되었다.[71] 시아파가 바그다드를 통제하고 있던 시기에 시아파역시 시아 무슬림을 위해 마드라사를 세웠다. 니잠 알 물크가 이런 사업을 주도하기 바로 직전에 경쟁자였던 하나피 관계자들도 자신들의 학교를 세우고 젊은 지지자들을 위한 숙소를 지었다.[72] 수십 년도 안 되어 동(東)바그다드의 한정된 지역에만 이러한 '대학'이 서른 곳이나 설립되었다.[73] 그리고 니잠 알 물크가 바로 이 전쟁터에 과감하게 뛰어들었다.

새로운 니자미야는 세 가지 특징을 띠었다. 첫째, 자유로운 질의과정으로서의 교육이 아니라 정통 수니파의 헤게모니에 도전하는 시아파, 이스마일파, 무타질라파, 그 외 단체의 주장에 맞서 순수한 교리 주입과 유지에 전념했다. 이러한 조직에는 직설적이었던 투스 출신의 시아파 아부 자파르(Abu Jafar)처럼 영향력 있는 논객이 몸담고 있었기 때문에 마드라사의 직

---

71) Sergej Chmelnizkij, "Architecture", in *Islam: Art and Architecture,* ed. Markus Hattstein and Peter Delius (Maspeth, 2008), 362~63.

72) 이들 기획을 상세히 논의한 George Makdisi, "Muslim Institutions of Learning in Eleventh-Century Baghdad", in *Bulletin of the School of Oriental and African Studies* 24 (1961) 참조.

73) Le Strange, *Baghdad during the Abbasid Caliphate*, 298. 이들 기관에 관해서는 George Makdisi, "Muslim Institutions of Learning in Eleventh-Century Baghdad", in *Religion, Law and Learning in Classical Islam* (London, 1991), 1~55 참조.

무는 한층 더 공세적일 수밖에 없었다. 둘째, 아샤리 학파가 이성의 사용에 엄격한 제한을 두고 다수의 주요 철학자를 비롯해 과학사상가들을 이단으로 규정했기 때문에 굳이 과학과 철학의 남용에 대한 가잘리의 비판이 없었어도 모든 형태의 과학적 연구에 대한 회의론적 입장이 커리큘럼의 일부가 되었다.[74] 셋째, 니자미야 마드라사는 셀주크 왕조가 도그마에 부여한 고도의 중요성을 반영하던 국가기관으로서 셀주크 술탄으로부터 자금을 지원받아 운영되었다.

니잠 알 물크는 1065년 당시 명성이 자자했던 서른세 살의 교사이자 학자인 가잘리에게 바그다드와 니샤푸르, (이란-아프가니스탄 국경지대에 위치한) 카르게르드(Khargerd)에 최초의 니자미야 마드라사 설립을 부탁했고, 그리고 얼마 지나지 않아 시라즈(Shiraz)에도 마드라사를 건립하였다. 1090년대에 3,000명씩의 학생을 보유한 니샤푸르와 바그다드의 니자미야는 당시 세계에서 가장 큰 교육기관이었다.[75] 이들 새로운 기관은 이슬람 교육의 목적과 형태를 본질적으로 재규정하고 이슬람 세계 곳곳에서 따르는 귀감이 되었다. 이들 기관은 교리적 갈등으로 국가가 멸망할지도 모른다고 우려한 셀주크 정부에 의해 탄생했다. 따라서 니잠 알 물크의 목적은 비표준적인 사상에 맞서 저항하고 제압하며, 올바른 사상을 창도하도록 젊은이들을 훈련할 지적으로 전투적인 기관을 만들어내는 것이었다. 다시 말해, 이는 분석에서 주입으로의, 지적 전선의 방어에서 공격으로의 전환을 의미했다.

바그다드의 니자미야가 문을 열기 바로 3년 전, 유럽에서 최초의 대학이 볼로냐(Bologna)에 세워졌고 다음 세기 내내 프랑스와 이탈리아, 잉글랜드에서도 수많은 대학의 설립이 그 뒤를 이었다. 그러나 니자미야 마드라사

74) A. Bausani, "Religion in the Saljuq Period", in *The Cambridge History of Iran*, 5: 283~87.

75) Asad Talas, *La Madrasa Nizamiyya et son histoire* (Paris, 1939).

들은 이들 기관보다 더 한정된 목표를 상정했는데, 이슬람 정통교리를 지키고 젊은이들이 그것을 고취하도록 예비하는 것이었다. 엄밀히 말해 니자미야 마드라사는 대학보다는 16세기 가톨릭 반종교개혁의 대의를 진척시키기 위해 이그나티우스 로욜라(Ignatius Loyola, 1491~1556)가 설립한 기관에 비견할 만하다. 그러나 시간이 지나면서 임무를 확대한 로욜라의 학교와는 달리, 새로운 유형의 마드라사는 그 설립 목적에 지속적으로 충실했다.

니자미야의 설립으로 중앙아시아의 학문이, 혹은 이슬람 학문 전체가 콰리즈미나 파라비, 비루니, 이븐 시나의 외부 지향적이고 과감한 지성으로부터 거리를 두고 등을 돌리기 시작했다고 보는 시각은 상당히 흥미롭다. 어느 정도 이는 사실이고 ── 신중한 사람들은 이 점에서 확연히 다른 의견을 가지고 있다 ── 이 시기야말로 이성의 모든 적을 학문에서 일소하려는 칼리프 마문의 잘못된 노력에 대한 반발로 시작된 과정의 정점을 상징했다.[76]

니자미야를 어떻게 보든지 간에, 교육에 대한 이 같은 새로운 접근법을 고안한 사람 ── 니잠 알 물크 ── 은 좋든 싫든 중앙아시아인이었고 그 이유가 중앙아시아, 특히 그의 고향인 호라산에 이설(異說)이 확산되는 것을 막기 위해서였음을 다시 한 번 짚고 넘어갈 가치가 있다. 게다가 성공적으로 이를 진척시킨 사람 역시 중앙아시아 출신의 가잘리였다. 그는 호라산의 수도 니샤푸르에 마드라사의 원형을 설립했고 바그다드의 마드라사도 총괄했다. 다시 말해, 위대한 계몽의 시대가 중앙아시아에서 출현해 이슬람 세계의 나머지 다른 지역으로 확산되었던 것과 마찬가지로 그에 맞선 가장 강력한 운동 역시 중앙아시아에서 시작해 다른 지역으로 퍼져나갔다.

---

76) Bosworth, "Legal and Political Sciences in the Eastern Iranian World and Central Aisa in the Pre-Mongol Period", 136.

철학자 하이얌

철학과 형이상학 문제를 거론하기에 이보다 더 열악한 때를 상상하기란 쉽지 않다. 그런데 오마르 하이얌이 이 문제를 들고 나온 때가 정확히 이 무렵이었다. 니잠 알 물크는 자신이 설립한 마드라사에서 철학을 금지했고[77] 가잘리는 학교 강연대에서 연일 철학자들의 오용을 맹렬히 비난했다. 이러한 집중포화 속에서도 하이얌은 자신을 괴롭힌 수많은 철학과 신학적 질문에 조용히 진력했다. 이와 관련한 그의 글들은 몇몇 이슬람 신학자나 학자들에게만 알려져 있을 뿐이다. 그럼에도 그것들은 이 시대에 대한 흥미로운 전망을 제시하고 하이얌 자신이 도전적인 새로운 시각을 가지고 있었음을 보여 준다.

하이얌의 심사숙고는 그의 핵심 분야인 수학에서 출발했다. 이 학문에 심취한 그는 숫자와 측량의 질서정연한 세계의 존재를 통렬히 자각했다. 마찬가지로 그는 추상적인 기하학적 공리의 중요성도 예리하게 인지했다. 그는 이와 같은 질서정연한 현상이 어디에서 기인하는지, 그리고 그것들이 관측된 자연계에 어떻게 그토록 정확하게 부합하는지 묻지 않을 수 없었다. 비(非)유클리드 기하학에 대한 그의 탐구는 이러한 질의에 대한 관심을 불러일으키는 동시에 강화했다.

하이얌이 찾은 답은 양자의 원인을 신으로까지 소급시켰다. 이러한 의미에서 그는 니잠 알 물크의 마드라사에서 끊임없이 공격의 대상이 된 바로 그 사상가, 즉 이븐 시나에게 의탁했고 신의 단일성을 칭송한 그의 『아

---

77) 하이얌의 철학을 논한 이 단락은 세예드 호세인 나스르의 선구적인 소론인 Seyyed Hossein Nasr, "The Poet-Scientist 'Umar Khayyam as Philosopher", in *Islamic Philosophy from its Origins to the Present* (Binghamton, 2006), 165~83를 바탕으로 한 것이다. 마찬가지로 Mehdi Aminrazavi, *The Wine of Wisdom: The Life, Poetry, and Philosophy of Omar Khayyam* (Oxford, 2005), chaps. 5~6도 설득력이 뛰어난 글이다.

름다운 설교』(*Splendid Sermon*)를 번역하여 주석을 달았다. 얼마 지나지 않아 하이얌은 이란 파르스 지방의 한 판사로부터 받은 몇몇 질문에 대한 답으로 「실존 영역과 인간의 책임에 관한 논고」(Treatise on the Realm of Existence and Human Responsibility)를 본격적으로 썼다. 이 논문에서도 그는 타인에 대한 책임감의 원천을 인간의 천성이자 우주만물에서 찾았는데, 이 둘은 모두 신의 작품이었다. 이로써 하이얌은 확실성을 추구함에 있어 예언의 역할과 수피들이 구하고자 한 신의 세계에 대한 일종의 직접적인 깨달음의 가능성 모두를 인정했다. 최종 변론에서 그는 놀랍게도 독자들에게 "신을 사랑하는 이들(그노시스주의자들)에게 직관력은 두서없는 생각이 아니라 지침임을 논구자들에게 알리라"고 권했다.[78]

하이얌은 이러저러한 글에서 가잘리가 연일 공격하던 바로 그런 유의 파일라수프, 즉 철학 전문가로서의 면모를 보여 주었다. 설상가상으로 직관력을 인간과 신을 연결하는 일종의 가교로 보는 대단히 중요한 관점을 표방하면서 그는 신앙 문제에 대한 이븐 시나의 해법을 전적으로 옹호했다. 더불어 하이얌은 계시를 인정하면서 수피들의 기본적인 탐구에도 공감을 표명했다.

어떻게 이 모든 것이 그의 후원자인 니잠 알 물크와 그의 친구인 가잘리의 생각과 어우러질 수 있었을까? 우리도 모른다. 단지 하이얌의 이러한 면들이 당시에는 거의 알려지지 않았고 또 그 후에는 대부분 잊혀졌다. 그렇다면 또 이러한 측면이 회의론적이고 쾌락주의적인 하이얌의 유명한 4행시와는 어떻게 어우러질 수 있었을까? 우리는 곧 이 흥미로운 질문으로 눈을 돌릴 것이다. 적어도 수학자이자 천문학자이면서 철학적 신학자이고 쾌락주의적 회의론자라는 이 세 얼굴의 하이얌이 중앙아시아의 계몽시대 동안 빠르게 확산되었던, 하지만 그 후 이 지역에서 극히 희귀해진

---

78) 저자가 문장을 다소 현대화했다. Nasr, "The Poet-Scientist 'Umar Khayyam as Philosopher", 175.

다면적이고 복잡한 성향의 소지자였던 것은 분명해 보인다.

마음속의 대안: 수피즘

철학자 헤겔에게 역사의 열쇠는 모든 인간 경험의 새로운 국면이 앞선 경험 가운데 출현하고 그다음에는 그것을 압도해 버리는, 거듭되는 변화의 변증법이었다. 이와 같은 일이 니잠 알 물크가 올바른 사상과 도그마 주입을 위한 새로운 기관을 계획하고 있을 무렵 중앙아시아와 이슬람 세계의 다수 지역에서 발생했다. 그의 이상이 이슬람법과 도그마에 대한 그럴듯한 존중과 종교학자 및 이맘에 의해 규정되고 통제되는 공동체적 연대였다면, 대항운동은 형식보다는 자기성찰을, 속세보다는 고행을, 울라마의 역할이 필요 없는 개개의 신자와 신 사이의 직접적인 교감을, 다시 말해 교리보다는 무아지경을 옹호했다.[79]

이른바 '수피즘'은 초기 무슬림 신비주의자들이 입었던 하얀 양털 망토에서 그 이름이 유래했다. 수피즘이 처음 아라비아와 이라크, 중앙아시아에 등장한 9세기에는 참된 이슬람의 실천인지, 아니면 그로부터 이탈한 것인지 분명하지 않았다. 엄청난 분투와 여러 순교자가 나온 후에야 수피즘은 셀주크 시대에 이슬람 세계의 심장부에서 그 모습을 드러냈다. 그것은 무엇보다도 중앙아시아에서 배양되었고 존경받는 대가들이 다수 배출되었으며, 니잠 알 물크의 후원을 받은 니샤푸르 출신의 아부 하미드 무함마드 알 가잘리 덕에 신학적 정당성을 얻었다.

우리는 이미 수피즘의 다양한 원천을 만나보았다. 기독교도 교사와 개

---

79) 수피즘에 관한 가치 있는 연구들이 최근 많이 발표되었지만 여전히 Franz Rosenthal, "Knowledge Is Light", in *Knowledge Triumphant: The Concept of Knowledge in Medieval Islam* (Leiden, 1970), 155~82이 간명하면서도 권위 있는 입문서 역할을 하고 있다.

종자들이 비잔티움 신비주의의 풍성한 전통과 신에 대한 사랑을 빚어 표현한 종교시(宗敎詩)를 가져왔음을 상기하는 것만으로도 충분할 것이다. 초창기 무슬림 수피인 티르미지가 주창한 '신과의 우정'이라는 교리는 자신이 태어난 도시 티르미즈(테르메즈)에서 발전한 기독교와 불교 신비주의 전통에 기반한 것이었다.[80] 9세기에 호라산 출신의 수피 아부 야지드 비스타미 — 신에게 '도취'된다는 개념을 제시한 그는 수피 대가이다 — 는 오늘날의 파키스탄에 있는 신드 출신의 힌두교도를 젊은 시절의 스승으로 삼았다. 이러한 감성은 시 속에 자연스럽게 녹아들었다. 초기 아랍 무슬림들은 시작(詩作)에 어떤 열의도 보이지 않았다. 그러나 수피즘은 드디어 두 명의 위대한, 그리고 세계적인 명성을 가진 시인이자 신비주의자인 루미(Rumi)와 자미(Jami)[81] — 두 사람 모두 중앙아시아 출신이다 — 를 배출했다. 물론 그들보다 유명하진 않지만 그들 못지않게 훌륭한 시인들도 있었다.[82]

신과의 직접적인 교감을 향한 강한 충동은 다양한 종교에서 발견되는데, 사회적 연대가 해이해질수록 더욱 그러하다. 그들 간에 차이가 있기는 하지만 비잔티움 기독교의 헤시카스트(hesychast)* 운동과 거기에서 갈라져 나온 러시아의 강력한 분파, 17세기 폴란드의 유대인들 사이에서 전개되었던 하시드(Hasid)** 운동, 17세기 잉글랜드의 초기 퀘이커(Quaker) 운동, 18세기 중부 유럽의 프로테스탄트 모라비아 형제단(Protestant Moravian

---

80) Mez, *The Renaissance of Islam*, 367.
81) 발히에 관해서는 Alexander Knysh, *Islamic Mysticism: A Short History* (Leiden, 2000), 32 참조.
82) 티르미지는 무함마드보다 그리스도를 더 높이 평가했을 수도 있다. 또한 신과의 '우정'이라는 개념도 기독교 교리에서 가져왔을지도 모른다. Knysh, *Islamic Mysticism*, 104ff.
* 14세기에 그리스 아토스(Athos) 산의 수도사들이 일으킨 신비주의의 한 교파를 말한다.
** 경건이라는 의미의 '하시드'는 유대교적 경건주의 운동을 말한다.

Brethren), 잉글랜드와 미국의 초기 감리교 모두 독신자들에게 내면의 정화와 정신적인 풍요로움을 위해 경직된 도그마를 버리라고 설교했다.[83]

궁극적으로 정규교육이나 교리는 이러한 운동에 전혀 중요하지 않았고 수피들에게도 아무런 영향을 끼치지 못했다. 대신 수피들은 신앙의 유일한 올바른 원천으로 영성과 직감의 신비만 받아들였다. 진리에 이르기 위해서는 모든 세속적인 집착으로부터 자신을 해방해야 하며, 그런 상태에 이르렀을 때 아름다움과 사랑, 신에 대한 이해에 열린 마음을 갖게 된다는 것이었다.[84] 아프가니스탄 헤라트 출신의 튀르크인 아부 알 하산 알 하라카니(Abu al-Hassan al-Kharaqani, 1033년에 사망)는 정규교육을 받지 못했지만 당대 가장 총명한 학생들을 이러한 영적 여행으로 이끈 카리스마 넘치는 수피 대가였다. 이 열정적인 신비주의자는 천국과 지옥에 대한 모든 근심을 거부하며, 그 대신 창조주에게 온전히 집중하라고 촉구했다. 당대인들은 그를 고금을 통틀어 가장 위대한 신비주의자로 생각했다.[85] 하라카니 같은 스승 덕분에 수피즘은 이란계 언어들이 쓰이던 중앙아시아 지역의 대중에게뿐만 아니라 최근에 (이슬람으로) 개종한 튀르크인들에게도 매력적으로 다가왔다. 튀르크인들은 자신들의 토착 샤머니즘과 관용적인 수피 의례 간의 공통점을 재빨리 간파했다.

기원후 1000년경 이미 중앙아시아는 종국에는 이슬람 세계를 휩쓸 수피 물결의 중심지로 부상해 있었다. 이 지역 출신의 저명한 수피 중 몇몇은 아랍 이주민의 후손이었지만 그 대부분은 현지인이었다. 수피 사상의

---

83) 서양에서의 종교적인 열광을 개관한 두 편의 유용한 자료로는 Gary Dickson, *Religious Enthusiasm in the Medieval West: Revivals, Crusades, Saints* (London, 2000); David S. Lovejoy, *Religious Enthusiasm and the Great Awakening* (Upper Saddle River, 1969)이 있다.

84) Seyyed Hossein Nasr, *The Garden of Truth: The Vision and Promise of Sufism Islam's Mystical Tradition* (San Francisco, 2007)의 서문은 매우 유용하다.

85) 하라카니에 관해서는 *ibid.*, 136 참조.

중심지로서 중앙아시아의 명성이 드높아지자, 곧 다른 지역에서 이주민들이 몰려왔다. 메르브와 부하라, 발흐, 니샤푸르의 많은 주요 신비주의자가 자신들의 새로운 신앙에 좀 더 알맞은 환경을 찾아 이곳으로 도피한 자들이었다. 이는 필연적으로 이슬람 세계에서 여러 다른 예배 방식과 수피 대가(pir)들이 경쟁을 벌이는 첫 수피 종파의 출현으로 이어졌다.[86] 전형적인 한 수피 종파는 자신들을 당당하게 '니샤푸르의 길'(the Nishapur path)[87]이라고 불렀다. 결국 이슬람 세계 전역으로 확산될 수피 교단, 즉 타리카(tariqa) 중 가장 크고 중요한 세 교단도 그 뿌리를 중앙아시아 땅에 두고 있었다.[88]

셀주크 시대까지는 수피즘의 부상이 느리고 점진적이었으나 11세기부터는 혁명적인 속도로 확산되었다. 대중적인 설교자들이 저잣거리에서 다중의 마음을 사로잡았다. 서민들은 이 새로운 유형의 무슬림들이 자신들에게 학술서를 읽히거나 도그마를 암기하도록 요구하지 않으면서도 인간의 약점을 즉각 인정하고, 정직한 구도자라면 누구나 접근 가능한 구원의 길을 제시한다는 점에 열광했다.

만연한 언쟁과 도시 불화에 맞서 수피 설교자들은 개개인의 신앙을 촉구하면서 모두가 이해 가능한 간단한 대안을 제시했다. 속세의 혼돈에 대처하기 위한 방법으로 사람들에게 신과의 직접적인 교감을 통해 한숨 돌릴 여유를 찾아 은둔생활로 물러나 볼 것을 권했던 것이다. 다음 세기가 되면 수피즘 역시 당대 정치투쟁의 한 구성원이 될 터이지만, 그럼에도 수

---

86) 호라산의 초창기 수피 단체들의 목록은 Bausani, "Religion in the Saljuq Period", 297~98 참조.

87) Sara Sviri, "The Early Mystical Schools of Baghdad and Nishapur: In Search of Ibn Munazil", *Jerusalem Studies in Arabic and Islam* 30 (2005): 457.

88) 낙쉬반디야, 치슈티야, 쿠브라위야 교단 각각이 오늘날의 우즈베키스탄, 아프가니스탄, 카자흐스탄에 설립되었다. 중앙아시아 출신의 주요 수피 성인에 관해서는 *The Cambridge History of Iran*, 5: 297~98 참조.

피즘의 이러한 매력은 결코 줄어들지 않았다.[89]

고대 전통에 충실했던 중앙아시아인들은 수피즘의 새로운 조류를 분류하고 주장과 관행에 따라 수피즘을 최초로 범주화했다. 그들은 이전에도 조로아스터교와 그리스 종교, 불교, 이슬람교를 이러한 분석에 회부한 바 있었고 마찬가지로 이제는 수피즘을 연구했다. 이 일에 애를 쓴 두 명의 선도자가 있었는데, 니샤푸르로 이주한 아랍인의 후손인 아부 압드 알 라흐만 알 술라미(Abu Abd al-Rahman al-Sulami, 1024년 사망)와 헤라트 출신의 압둘라 안사리(Abdullah Ansari, 1089년 사망)가 바로 그들이다.[90] 많은 저작을 남겼을 뿐만 아니라 품성이 어질었던 술라미는 수십 명의 저명한 수피에 관한 놀라운 전기를 썼고 그들의 가르침을 분석했다. 40년 동안 니샤푸르에 있던 그의 집과 서재는 무슬림 세계 도처에서 수피가 되려는 자들을 불러모으는 장소였다. 반면 안사리는 호라산 논쟁술의 위대한 전통 속에서 급진적인 무타질라파와 보수적인 아샤리 학파의 지적 허세를 수피즘의 이름으로 준엄하게 꾸짖었다.

1092~95년의 위기

술탄 말리크샤의 치세 마지막 5년은 번영의 시기였다. 무역은 호황을 누렸고 새로운 건물이 지역 곳곳에 들어섰다. 하지만 심각한 문제들이 일상의 표면 바로 아래에서 곪고 있었다. 유목민 부대가 동쪽과 북쪽에서 새로운 위협을 제기했다. 폭도들이 홍해의 바스라를 장악했고 이스마일파의 급

---

89) Christopher Melchert, "Sufis and Competing Movements in Nishapur", *Journal of Persian Studies* 39 (2001): 237~47; Margaret Malamud, "Sufi Organizations and Structures of Authority in Medieval Nsihapur", *International Journal of Middle East Studies* 26, 3 (August 1994): 427~42.

90) Knysh, *Islamic Mysticism*, 125~26, 136ff.

진적인 한 분파는 북부 페르시아의 산속에 요새를 구축했다. 셀주크 군인들은 마땅히 이러한 도전에 응전해야 했지만 술탄과 재상 못지않게 장군들의 정치적 야망을 위해서도 동원되는 일이 빈번해졌다.[91] 게다가 설상가상으로 술탄과 칼리프는 니자미야 마드라사를 비롯해 여러 다른 정책으로 종교적 권위를 행사하려는 니잠 알 물크와 불화를 겪고 있었다. 재상과 조심스럽게 관계를 구축한 종교학자와 이맘들은 이제 공개적으로 보수적이고 전투적인 한발리(Hanbali) 학파와 이슬람 샤피이 법학파를 지지하는 재상의 편을 들었고, 반면 칼리프와 손을 잡은 좀 더 온건한 하나피 법학파에는 반기를 들었다.

1090년대에 이러한 갈등은 결국 바그다드를 비롯한 다른 도시들에서의 거리 폭동으로 분출되었다. 한발리 학파의 폭도들이 카페와 매춘부들을 공격하고 체스판을 부숴버렸으며, 여자들을 집으로 내몰았다. 학자들을 포함해 시아파 지지자로 의심되는 자들이 주요 표적이 되었고, 이스마일파는 즉각 죽임을 당할 수도 있었다. 금요사원 인근 니자미야의 학생들이 젊은 하나피파 지지자들을 상대로 싸우기 위해 거리로 쏟아져 나왔다. 시당국은 그들을 저지하기 위해 아무것도 하지 않았다. 비슷한 충돌이 니샤푸르와 메르브에서도 발생했다. 한편, 부하라와 사마르칸트에서는 이제는 대물림되던 종교 권한을 행사하는 자들이 이슬람법 샤리아를 이행하는데 있어 과도하게 관대하다는 이유로 공격을 받았다.

니잠 알 물크의 정책이 야기한 불관용의 기운이 어찌나 심했던지 남아있던 조로아스터교도 중 다수가 이 지역을 떠나 구자라트와 인도의 북서해안으로 이주했으며, 그곳에서 그들은 파르시교도(Parsi)로 알려지게 되었다. 기독교도들과 유대인들도 상황이 나아지기를 기원하며 집에 숨어 지냈다.

---

91) Bosworth, "The Political and Dynastic History of the Iranian World (AD 1000~1217)", 138.

20년 동안 젊은 술탄 말리크샤는 지나치게 과민한 니잠 알 물크가 건네는 새로운 칙령이라면 무엇이 되었든 고분고분 서명을 했다. 그러나 니잠 알 물크는 오만하고 무례했으며 여기저기서 조롱거리로 전락했다. 1090년 대에 들어 이제 서른여덟 살이 된 술탄은 이 모든 것에 진절머리가 났다. 재상도 술탄을 싫어했는데, 왜냐하면 술탄이 니잠 알 물크의 피후견인을 해고하고 그런 다음에는 자신의 아들 여럿을 중요한 자리에 앉힌 것을 두고 재상을 비난하여 그를 극도로 화나게 만들었기 때문이다. 하지만 말리크샤가 니잠 알 물크를 파면할 만반의 태세를 막 갖추었을 무렵에 마침 이스마일파의 암살단이 선수를 쳤다. 1092년 10월 14일에 대재상을 암살한 것이다.[92] 당대인들은 이것이 술탄의 자작극일 것이라고 쑥덕거렸다. 그런데 이 사건 후 채 한 달도 지나지 않아 술탄 말리크샤도 사망했다.

뒤이어 벌어진 왕위계승 싸움으로 전 지역이 내전에 빠졌고 셀주크 제국은 산산조각이 났다. 새롭게 왕위에 오른 술탄의 삼촌인 아르슬란 아르군(Arslan Argun)*이 호라산에 대한 통치권을 주장하면서 메르브를 수도로 삼아 독자적으로 중앙아시아 전역을 통치할 뜻을 밝혔다. 애써 조카의 술탄위(位)를 인정하기는 했지만 삼촌의 반란은 새로 술탄이 된 베르크 야룩(Berk-Yaruk)으로 하여금 한층 가혹한 공포정치를 하도록 만들었고, 그러는 가운데 발흐 주민들이 바그다드의 침략군에 맞서 일제히 봉기했다.[93]

92) M. T. Houtsma, "The Death of Nizam al-Mulk and Its Consequences", *Journal of Indian History* 3 (1924): 147ff.

* 본문에는 산자르로 되어 있으나 술탄 베르크 야룩의 삼촌은 아르슬란 아르군이므로, 바로잡는다.

93) Bosworth, "The Political and Dynastic History of the Iranian World (AD 1000~1217)", 105~06.

가잘리의 신경쇠약을 다시 논하며

철학자이자 신학자였던 가잘리는 이 중대한 싸움의 진앙지에 있었다. 니자미야 마드라사의 총본산인 바그다드 학교의 총장으로서, 그는 순전히 지성의 힘으로 종교 문제에 관한 한 당대 최고의 권위를 누렸다. 물론 그가 누구에게나 맞설 수 있었던 것은 니잠 알 물크의 정치적 엄호 덕분이었다. 그런데 이 장(章) 초입부에서 설명한 그의 정신적 위기와 신경쇠약이 니잠 알 물크와 술탄 말리크샤가 사망하고 3년 후에야 발생했다니 매우 흥미롭지 않은가?

우리는 처음에 가잘리가 자신의 위기를 '병'이라 말하며 부질없이 의학적 도움을 받고자 했음에 주목했다. 그러나 놀라울 정도로 매우 솔직하게 쓴 자서전인 『오류로부터의 구제』(Deliverance from Error)에서 그는 더 직접적인 원인에 대해 다음과 같이 간단히 언급했다. "나는 나의 저작과 가르침에 담긴 동기를 검토했고 그리고 깨달았다. 신에 관한 것을 향한 순수한 갈망이 아니라 나를 움직인 충동은 …… 영향력 있는 자리와 대중의 인정에 대한 욕망이었다." 이제 그는 "유혹적인 세속적 욕망과 영원한 생명을 향한 충동 사이에" 던져졌다.[94] 그는 과연 무엇을 선택하려 했을까?

막상 가잘리에게는 선택의 여지가 없었고 자신도 그 사실을 잘 알고 있었다. 그의 후원자가 사망할 때까지 천하가 그의 발 아래 있었다. 서른여덟 살에 그는 세상에서 가장 강력한 교육기관을 이끌었고 바그다드에서 가장 인기가 많던 교수였다. 부유했고 권력의 최상층에 언제나 접근할 수 있었으며, 표면상 행복해 보이는 가족을 꾸린 그가 잘못될 리가 없었다. 니자미야에서의 그의 강연은 권력을 향한 허세에 찬 무례와 이상주의 사이에서 적절한 균형을 취하고 있었다.

---

94) Al-Ghazali, *The Faith and Practice of al-Ghazali*, 59, 60.

그의 주특기는 지금까지 이슬람 문명의 영광으로 여겨졌던 철학자와 사상가들을 공격하는 것이었다. 그는 그들의 작품들을 열심히 연구했고, 젊었을 때는 잘 알려진 니샤푸르의 자유사상가 밑에서 공부하기도 했다. 그러나 스승의 생각에 동조하지 않던 그는 친구들의 이목을 피하고자 이 회의론자와의 수업에 아침 일찍 나타났다고 한다. 이러한 위선이 역겨웠던 하이얌은 가잘리가 자유사상가의 집을 떠날 때마다 종을 쳤어야 했다고 말했다.[95] 가잘리의 이러한 행동은 그가 일찍부터 반합리주의적인 입장을 가지고 있었음을 보여 준다. 그 이래로 그는 많은 이들이 당대 최고의 진리라 생각한 이성을 공격할 기회를 절대 놓치지 않았다. 맞다, 사상가들은 영리한 수학적 공식과 천체를 측정하기 위해 구면기하학과 삼각법을 사용함으로써 많은 성과를 이루었다. 그리고 지질학·광물학·의학·약물학에 대한 그들의 연구가 사업가나 일반 대중에게 유용한 것도 맞다. 그러나 이러한 사상가들은 이런 식의 추론을 신과 종교의 영원불멸의 문제에까지 적용함으로써 그 도를 넘어섰다.

의도가 무엇이었든 간에, 가잘리는 이러저러한 어려운 학문을 외면할 수 있는 구실을 학생들에게 제공했다. 그러한 학문들은 단지 부차적인 중요성을 가질 뿐 실존에 관한 커다란 질문은 논하지도 못했고 논할 수도 없다는 이유로 말이다. 대신 구도자는 종교에만 온전히 집중하면 된다. 그런데 무엇이 참된 종교적 삶인가? 위기를 맞기 전까지 가잘리는 신랄한 비평가라는 쉬운 역할을 한껏 즐겼다. 하지만 그는 막상 청강생들을 막다른 골목으로 몰아넣기만 하고 그곳에서 빠져나올 어떤 분명한 길도 제시하지 않았다. 본인도 그것을 잘 알고 있었다. 이를 바꾼 것이 바로 그의 정신적 위기였다.

가잘리의 신경쇠약에 관한 일부 세부사항은 대체로 간과되어 왔다.[96]

---

95) Aminrazavi, *The Wine of Wisdom*, 23.
96) 둔스 블랙 맥도널드는 한 작품 안에서 가잘리가 교수직에서 물러난 것은 신임 술

말을 제대로 못하게 되기 바로 직전에 그는 시아 이스마일파와 그들의 신앙을 신랄하게 비판한 글을 썼는데, 이는 그가 이 무리들을 분석하고 공격하는 데 바친 네 개의 저작 중 하나였다.[97] 내용은 형편없었다. 저자는 이스마일파와 관련된 자료를 단 하나라도 참고하는 노력 없이, 그저 이 책한 권에 이스마일파를 겨냥한 모든 난잡한 혐의를 그러모아 놓았을 뿐이었다.[98]

가잘리가 그렇게까지 비열했다니 참으로 안타깝지만, 그가 제기한 많은 혐의에 대해 하나하나 반박하며 차분하게 맞선 이스마일파의 대응은 매우 바람직했다. 가잘리는 틀림없이 자신이 쓴 내용을 믿었을 테지만, 자신의 후원자이자 자신이 수장으로 있던 마드라사의 창립자인 니잠 알 물크—이스마일파에 대한 그의 맹목적인 분노는 끝이 없었다—의 명령을 이행하고 있었던 것도 분명하다. 가잘리의 장광설은, 훗날 고백했듯이 "나를 움직인 충동은 …… 영향력 있는 지위와 대중의 인정을 향한 욕망"이었음을 보여 주는 확실한 증거였다.

니잠 알 물크의 암살과 술탄의 죽음으로 가잘리는 후원자를 잃었고 출셋길이 막혔으며 정치적인 비호도 사라졌다. 가잘리는 자신의 특권적 지위를 유지하기 위해 새로운 지도자들과의 합의를 통해 위기를 모면하고자 했다. 실제로 그는 이 일을 해결하느라 2년 이상의 시간을 허비했다. 이 시기에 그가 어떤 책략을 동원했는지에 대해서는 알려진 것이 없다. 하지만 그가 새로운 통치자들 앞에서 자신의 권력과 돈, 특권은 당연히 자신의 것

탄의 노여움을 샀기 때문이라고 주장했다가 또 다른 곳에서는 순전히 종교적·철학적 위기 탓에 물러난 것이라고 썼다. Dunce Black MacDonald, "The Life of al-Ghazali, with Especial Reference to His Religious Experiences and Opinions", *Journal of the American Oriental Society* 20 (1989): 82~92. Eric Ormsby, *Ghazali: The Revival of Islam* (Oxford, 2008), chap. 1도 참조.

97) Farouk Mitha, *Al Ghazali and the Ismailis* (London, 2001), 19ff.

98) Henry Corbin, "The Ismaili Response to the Polemic of Ghazali", in *Isma'ili Contributions to Islamic Culture*, 76.

인 양 행동했으리라는 것을, 마찬가지로 이전 행정부의 반갑지 않은 유임자인 그를 그들 역시 무시했으리라는 것을 상상하기란 별로 어렵지 않다. 곧 가잘리를 포함해 구(舊)정권의 모든 잔재를 일소하고자 하는 신임 술탄의 의중이 명백해졌다. 니잠 알 물크의 수많은 적은 물론이거니와 괴팍하고 탐욕스러운 재상의 아들들도 이 거만한 젊은 학자를 구제하는 데는 전혀 관심이 없었다. 3년간의 고통스러운 투쟁 끝에 가잘리는 자신이 퇴출되었음을, 그리고 모든 재산을 잃었음을 인정하게 되었다.

이제 그는 어디로 향해야 할까? 그는 자신이 바그다드에서만큼이나 고향인 투스나 니샤푸르에서도 환영받지 못하리라는 것을 잘 알고 있었다. 다시는 고향으로 돌아갈 수 없음을 깨달은 가잘리는 완전히 새로운 삶을 생각할 수밖에 없었다. 그리고 그는 탁발수도승이 되기로 했다. 그는 자서전에서 가진 모든 부를 기부하고 새로운 삶을 시작했다고 주장했지만,[99] 재산은 이미 그의 후원자의 죽음과 함께 사라지고 없었다. 가족을 떠나 수피의 하얀 외투를 걸치고 성지로 향하겠다는 결심은, 단언컨대 자살 이외에 가잘리가 택할 수 있는 유일한 탈출구였다.

가잘리의 정신적·직업적·심리적 위기가 해명되었다고 해서 1095년에 겪은 몇 달간의 고통스러운 경험 후에 그가 쓴 심오한 글이 전부 설명되지는 않는다. 더구나 왜 가잘리의 종교에 관련한 글들이 이슬람 전 세계는 물론이고 심지어 기독교와 유대교에도 그렇게 막강한 영향력을 끼치게 되었는지도 설명하지 못한다. 이를 위해서는 그의 저작 그 자체를 더 깊이 파헤쳐 볼 필요가 있다.

---

99) Al-Ghazali, *The Faith and Practice of al-Ghazali*, 61.

『철학자들의 부조리』

가잘리는 니샤푸르에서의 학창 시절부터 어떤 사람의 공격에도 맞설 수 있는 진리를 찾고자 하는 깊은 욕망에 사로잡혀 있었다고 주장했다. 그의 말을 의심할 어떤 이유도 없다. 이는 자연스럽게 과학과 철학, 특히 그가 완전히 통달했다고 주장한 아리스토텔레스와 플라톤의 저작에 대한 연구로 이어졌다. 또한 그는 그들을 추종하는 이들이 최근에 쓴 저작들, 특히 파라비의 우주론과 이븐 시나의 이성과 신앙에 관한 담론도 공부했다. 이렇게 가잘리는 이 분야에 정통한 정보통이 되었고, 마침내 이 주제로 글을 쓰게 되었다. 그는 어떤 대가의 제자가 아니었기 때문에 그 어떤 구속도 받지 않았다. 덕분에 그는 니자미야 마드라사에서의 강연과 후에 발표한 『철학자들의 부조리』(*The Incoherence of the Philosophers*)라는 열정적인 책에서 혁명적인 결론을 제시할 수 있었다.

이 책 서문 첫 문단에서 그는 자신의 집필 목적을 불신앙을 공격하기 위함이라고 분명히 밝혔다.

> 나는 뛰어난 기지(機智)와 지성 덕분에 자신을 친구나 동료와는 다른 독특한 존재로 여기며, 예배 수행에 관한 이슬람의 의무를 저버리고 기도 직무를 비롯해 삼가해야 할 금기에 관한 종교적 명령을 무시하며, 신성한 법이 규정한 헌신과 법령을 하찮게 여기는 무리를 보았다. …… 심지어 그들은 종교의 고삐를 완전히 벗어던졌다.
>
> 그들의 불신앙은 '소크라테스', '히포크라테스', '플라톤', '아리스토텔레스' 같은 거창한 이름을 알게 된 것에서 기인한다. [이러한 저자들에 영향을 받아 그들은] 계시된 법과 신앙고백을 [부정하고] 종교적이고 종파적인 [가르침을] 인간이 만든 법이자 윤색된 속임수라고 믿으며 [거부한다.][100]

가잘리는 수학과 과학에 대해 악감정은 없다고 주장했다. 실제로 그는 훗날 자서전에서 그것들이 유용한 결과들을 가져올 수 있다고 기꺼이 인정했다. 하지만 수학과 아리스토텔레스 논리학은 결국 그 자체에 대해서만 언급하고 있기 때문에 계시종교와 신앙의 문제와는 전혀 관계가 없다. 철학자들이 실제 진리에 도달했다면, 왜 철학자와 과학자들은 예전이나 지금이나 그다지도 빈번하게 서로 의견의 일치를 보지 못한단 말인가?

신에 관해서 이 현자들이 찾아낸 최고의 관념은 제일 원인, 즉 창조주에 대한 생각이었다. 그러나 이 개념은, 무한 소급은 불가능하다는 명제만큼이나 물질적인 존재로 신을 못 박고 있다. 그렇다면 창조주로서 자신의 역할을 완수한 신에게 다음에 할 일은 무엇이 남아 있겠는가? 느끼고, 보고, 듣고, 또 상세한 것까지 모두 알고 있는 신에게는 이러한 철학이 무용하다. 게다가 『꾸란』은 "상천하지에 가장 작은 입자조차도" 신의 인지를 피할 수 있는 것은 없다고 분명하게 서술하고 있다(제34장 제3절).[101]

설상가상으로 이 같은 전문가 중 몇몇은 세상은 그 시작도 끝도 없이 영원하다고 주장하기에 이르렀는데, 그럴 경우 애당초 신의 개입은 필요 없었던 것이 되어버린다. 물론 파라비와 이븐 시나도 이러한 이론(異論)을 몰랐던 것은 아니지만 이것이 가잘리가 신의 직접적인 창조물로서가 아니라 신의 유출(emanation)로서 실재를 규정한 그들의 이해 불가능한 학설과 세상은 개념으로서는 영원하나 신이 그것을 물질적인(material) 실재로 만들기 위해 개입했다고 단박에 주장한 이븐 시나의 왜곡된 교리에 특히 중점을 둔 이유였다. 이렇게 멍청한 주장들로 인해 그 지지자들은, 세상은 창조되었고 아무리 미미할지라도 모든 행위는 신에게서 근원한다는 이슬람의 핵심 교리의 적이 되었다.

---

100) Al-Ghazali, *The Incoherence of the Philosophers*, trans. Michael E. Marmura (Provo, 1997), 5~6.

101) 이 논의는 마지드 파크리의 설명에 기반한 것이다. Majid Fakhry, *A History of Islamic Phiosophy*, 228.

중세의 과학자와 철학자들에게 가장 소중한 개념은 원인과 결과 사이의 직접적인 연관성이었다. 그들은 불이 면화를 태우는 원인(cause)이라고 명쾌하게 주장했다. 가잘리는 이러한 주장을 사기이자 가짜라고 비난했다. 사건 a와 b가 연속적으로 발생했다고 해서 그것이 a가 b의 원인이라는 뜻은 아니다. 불은 무생물이기에 무언가의 원인이 될 수 없다고 가잘리는 주장했다. 기껏해야 a 뒤에 b가 이어졌다고 말할 수 있을 뿐이라는 것이다. 신은 언제나 그것들을 연계하기 위해 간섭하지만, 우리는 기적을 통해 신이 매우 상이한 결과를 만들어내기 위해 간섭할 수도 있음을 안다. 예를 들면, 신은 사람이 참수당한 후에도 살아 있게 할 수 있다. 신은 인과관계에 의한 것이든 아니든 간에, 속세의 질서에 매여 있지 않다고 가잘리는 결론지었다. "으레 원인이라고 믿어지는 것과 상습적으로 결과라고 믿어지는 것 사이의 연관성이 꼭 필요한 것은 아니다."[102] 결국 신만이 특정한 규칙을 가지고 사물을 창조할 힘을 가지고 있고, 또한 마음대로 그들 간의 관계를 끊어낼 수도 있다.[103]

가잘리는 이러한 주장을 통해 과학자와 철학자들의 기만이자 부도덕, 즉 '끔찍한 부조리'라고 여겨지던 교리를 해체했고 그들의 이단적 본질을 폭로했다.[104] 신에 의한 세계 창조를 거부하거나 단서를 닮으로써, 그리고 기적과 육체적 부활의 가능성에 의문을 품음으로써 그들은 돌이킬 수 없는 선을 넘었다. 학생들은 최근에 한 철학자가 가잘리의 '회의론자 게임'이라고 칭한 이 놀이를 매우 즐겼을 것이 틀림없다. 더욱이 다른 선생들은 가잘리가 공격한 이븐 시나나 파라비, 당대의 다른 위대한 사상가의 어려

---

102) *Ibid.*, 170.

103) Ilai Alon, "Al-Ghazali on Causality", *Journal of the American Oriental Society* 109, 4 (October~December 1980): 399.

104) Leor Halevi, "The Theologian's Doubts: Natural Philosophy and the Skeptical Games of Ghazali", *Journal of the History of Ideas* 63, 1 (January 2002): 26.

운 저술들을 지쳐 쓰러질 때까지 애써 읽으라고 요구했을 테니 말이다. 가잘리의 강연은 과학과 철학이 꽃피웠던 땅을 황무지로 만들어버렸다. "세상은 정신적이거나 물질적인, 또는 당신이 그럴 뜻이 있다면 지각할 수 있거나 이해할 수 있는, 또는 당신이 바란다면 높거나 낮은 두 개의 세상으로 되어 있다. 그러나 결국 둘은 같다. 그 차이는 단지 용어의 차이일 뿐이다."[105] 만사(everything)는 영적인 것이고 이해 가능한 세계는 사람과 광물로 풍성한 만큼이나 천사들로도 가득하다고 그는 결론지었다.

가잘리는 결코 골방에 들어앉은 신학자가 아니었다. 활발한 논쟁의 전통을 가진 니샤푸르에서 성장한 그는 항상 어떤 사람이나 무리를 겨냥한 주장을 펼쳤다. 아리스토텔레스와 플라톤, 고대 신플라톤주의자 외에도 그의 분노의 특정 대상은 파라비와 이븐 시나, 이스마일파였다. 왜냐하면 이 고대인들을 받아들인 이들이 바로 그들이었기 때문이었다. 소송에서 그는 판사와 배심원의 역할을 모두 수행했고 그의 판결은 잔인하다고 할 정도로 가혹했다. 이 철학자들을 추종하는 이들은 이단일 뿐만 아니라 배교자(apostate)라고 단언했다. 『꾸란』은 분명히 배교자는 죽음으로 처벌되어야 한다고 언명하고 있다.

그런데 만약 배교자가 회개한다면? 가잘리는 펄펄 뛰며 절대 수긍하지 않았다.

> 배교자의 '회개'는 내면의 종교를 포기하는 것을 의미한다. [하지만] 비밀스러운 배교자(secret apostate)는 샤하다(shahada, 신앙고백)를 공언하면서도 내면의 고백을 포기하지 않는다. 따라서 불신앙을 고수하는 불신자라고 판단되면 그 [역시] 불신앙의 대가로 죽음에 처해질 수 있다.[106]

---

105) Richard M. Frank, *Creation and the Cosmic System: Al-Ghazali and Avicenna* (Heidelberg, 1992), 43. 가잘리의 형이상학에 관해서는 Sharif, *A History of Muslim Philosophy*, 1: 581~641 참조.

그는 대놓고 자신이 당대의 위대한 사상가들에 대해 이야기하고 있음을 명확히 했다. 독실한 무슬림들은 '개종'을 공언한 그들에게 절대 속아서는 안 된다. 그는 위협적인 목소리로 철학에 관여한 과학자와 아리스토텔레스 논리학에 근거해 논거를 펼친 철학자들, 그들을 받아들인 이스마일파 사상가들, 다시 말해 모든 파일라수프를 지목했다. "[자신들이 요구하는 바는] 종교법이 이룬 성과의 분쇄라고 주장하는 자들은 『꾸란』의 빛으로부터의 계도 가능성을 제한하고 예언자의 말씀에 따른 자신만의 도덕적 행위의 실현을 방해한다."[107]

가잘리는 단지 학문 활동에만 관여한 것이 아니었다. 고위 성직자가 누군가를 배교자나 이단으로 낙인찍었을 때, 그는 사실상 사형집행 영장을 발부한 것이나 다름없었다. 그리고 이것이 정확히 가잘리의 발언이 야기한 결과였다. 무슨 권리로 그가 이런 관여를 했는지, 또는 무슨 권리로 자신도 수십 년 동안 해왔던 일을 했다는 이유로 다른 사람을 비난했는지 묻는 것은 무의미하다. 가잘리는 자신이 신성한 진리를 알고 있다고 확신하면서 본인과 생각이 다른 이들을 재단했다.

이렇게 가잘리는 이맘의 고유 영역인 신앙의 문제를 다루는 시늉을 하는 철학자와 과학자들에게 최후의 일격을 가했다. 그렇다면 그는 이 거짓 예언자들을 대체할 수 있는 어떤 긍정적인 대안을 제시했는가? 위기를 겪기 전까지는 이슬람 샤피이 법학파의 엄격한 양생법 말고는 그 아무것도 내놓지 않았다.[108] 심지어 자신의 스승 가운데 한 명이 유명한 수피였음에도 불구하고, 1095년 위기를 맞을 때까지도 그는 수피적인 접근방식에

106) Frank Griffel, "Toleration and Exclusion: Al-Shafii and al-Ghazali on the Treatment of Apostates", *Bulletin of the School of African and Oriental Studies* 64, 3 (2001): 351.

107) *Ibid.*, 354.

108) George Makdisi, "Al-Ghazali, disciple de Shafti'i en droit et en theologie", in *Religion, Law and Learning in Classical Islam*, 3: 45~55.

어떤 공감도 표명하지 않았다. 하지만 그 이래로 열성을 바쳐 수피즘에 귀의한 그는 수피들의 식견을 주류 이슬람 신학에 통합하는 데에 헌신했다. 『오류로부터의 구제』란 자서전의 제목은 그가 이러한 사명을 추구하는 가운데 새로이 갖게 된 확신을 잘 보여 준다.

가잘리가 최고의 작품인 『종교 제학의 소생』(*The Revival of Religious Learning*)을 쓴 것도 바로 이 시기였다. 오늘날의 인쇄본으로 4권이나 되는 방대한 분량의 이 작품은 가잘리가 겪은 모든 경험이 이르게 한 긍정적인 전망을 담고 있다. 종래대로 과감하면서도 명료하게 가잘리는 지금까지 쓰여진 주류 수니 사상 중 가장 권위 있는 설명—오늘날에도 여전히 향유하고 있는 위상이다—을 제시했다. 그런데 기존의 관행과는 다르게 이 저작에서는 관용과 상호적인 이해를 호소했다. 신학에 덧붙여 일상생활에 대한 조언—신선할 정도로 대부분이 온건하다—도 제시했다. 그는 휴식을 위한 운동과 노래를 반겼고 『꾸란』 구절을 인용해 '신념과 행동에서 중도'를 지킬 것을 권했다. 그는 심지어 과학과 논리학, 의학을 커리큘럼—물론 철학자들이 탐닉한 과도한 이교적 요소는 없앴다—에 다시 포함하기를 원했다. 마지막으로 그는 『행복의 연금술』(*Alchemy of Happiness*)에서 자신의 중심 테마인 신자와 신 사이의 애정 어린 관계라는 문제로 다시 돌아왔다.[109]

가잘리의 충고, 정확히 이야기하면 강력한 경고는, 어디에서든 사람들은 철학자의 불안한 탐색과 과학자들의 끈질긴 호기심을 거부하고 대신에 수피 신비주의자의 정적주의적인 삶을 포용해야 한다는 것이었다. 자서전에서 가잘리는 다음과 같이 썼다.

　내 생각에, 경건한 삶과 헛된 욕망을 스스로 철회하지 않는다면 앞으로 세

---

109) Muhammad Al-Ghazali, *The Alchemy of Happiness*, trans. Henry A. Homes (Albany, 1873).

상의 행복에 대한 희망은 하나도 남아 있지 않을 것이다. 또 이 모든 것의 열쇠는 기만의 대저택을 뛰쳐나와 영겁의 집으로 돌아옴으로써 세속적인 것에 대한 미련을 버리고 전력을 다해 지극히 높으신 신을 향해 나아가는 것이다.[110]

이렇게 훌륭한 말들이 아주 어린 시절부터 온갖 종류의 세속적인 지식을 왕성하게 추구했고, 그리고 이와 같은 '기만의 대저택'에서 40년이나 살았으며, 사회적 성공과 대중의 찬사로 짜여진 정교한 틀이 무너지고 나서야 수피적 삶을 택한 한 남자의 입에서 나왔다. 다시 말해 가잘리는 다른 이들에게 자신이 자신의 삶을 끝낸 바로 그 지점에서부터 신에 대한 신비주의적 명상으로 자신들의 삶을 시작하라고 촉구했다.

가잘리의 '새로운 삶'은 자신의 예전 삶의 실패로 인한 것이다. 직업적으로 또는 개인적으로 위기를 겪은 사람들이 그렇듯이 그도 다시 회복되었을 때, 자신이 예전보다 더 강해지고 더 나아졌으며 과거 삶의 실패로 인해 어쩔 수 없이 떠밀려 들어간 새로운 삶이 사실은 최상의 길이었음을 세상의 모든 이들에게 결연히 보여 주고자 했다. 자신이 내세운 명분의 정당성에 대한 깊은 확신과 전향자의 열정으로 그는 뻔히 자기합리화로밖에 보이지 않는 활동으로 말년을 보냈다. 가잘리는 평정에 대해 정말 많은 것들을 이야기했지만 그것을 실천할 수는 없었다.

가잘리의 메시지가 무슬림 가운데서, 특히 종교학자와 율법학자(mullah) 사이에서 대환영을 받았던 세 가지 중요한 이유가 있다. 첫째, 그는 무슬림 신학자들의 권위에 감히 도전하는 성가신 철학자와 과학자들을 상대할 수 있는 파괴적인 무기를 제공했다. 둘째, 그는 수피즘과 그 추종자들 ― 대부분이 튀르크인들이었다 ― 이 무슬림들의 삶의 주변부에서 중심으로 이동할 수 있는 명확하면서도 타당한 이유를 제공했다. 셋째, 그

---

110)　Al-Ghazali, *The Faith and Practice of al-Ghazali*, 58.

는 신앙의 정통적인 개념을 옹호함으로써 점점 더 다양한 삶의 결정이 이성의 영역에서가 아니라 규범적인 샤리아라는 법의 영역에서 내려지도록 확실하고 견고한 근거를 제공했다. 이 모든 세 사안에서 그는 계몽의 시대 동안 누적된 근심을 해결했고 이성과 과학, 논리학을 반대하는 이들의 편에 확고히 섰다.

가잘리의 메시지는 무슬림들처럼 다수의 기독교도와 유대교도 사이에서도 따뜻한 환영을 받았다. '천사 박사'라 불렸던 토마스 아퀴나스는 나폴리 대학에서 수학하는 동안 가잘리의 저작을 접했다. 그는 고대 철학자들—가잘리는 그들을 거부했지만 토마스는 그들을 수용했다—에 대해서는 가잘리와 매우 다른 의견을 가지고 있었지만, 이성보다는 계시를 강조하고 신비주의적 신앙을 통해 신과의 직접적이고 다정한 교감을 촉구한 그의 주장은 토마스 자신이 옹호했던 새롭고 경건한 기독교와 완전히 일치했다.[111] 심지어 경제 문제에서 토마스 아퀴나스는 가잘리에 근거해 고리대금업과 사기, 가격책정, 사유재산 등을 상세히 설명했다.[112] 후대의 많은 유럽 저자들도 가잘리에게서 도움을 받았다. 프랑스의 수학자이자 가톨릭 사상가인 블레즈 파스칼(Blaise Pascal, 1623~62)은 형식적 이성에 반하는 것으로 직관력을 상정한 가잘리의 관점에 흥미를 보였으며, 스코틀랜드의 경제학자인 데이비드 흄(David Hume, 1711~76)은 가잘리의 인과관계 부정이 이 주제에 대한 자신의 생각과 유사하다고 생각했다.

가잘리의 주요 저작이 히브리어로 여러 차례 번역된 덕에 그는 다수의 유대인 독자층도 가지게 되었다. 가잘리로부터 직접적인 영감을 받은 이들 가운데 이베리아 출신의 위대한 사상가 모세스 마이모니데스가 있다. 토마

---

111) Binyyamin Abrahamov, *Divine Love in Islamic Mysticism: The Teachings of al-Ghazali and al-Dabbagh* (London, 2003), chap. 2.

112) S. M. Ghazanfar, "The Economic Thought of Abu Hamid Al-Ghazali and St. Thomas Aquinas: Some Comparative Parallels and Links", *History of Political Science* 32, 4 (2000): 869~79.

스 아퀴나스처럼 가잘리의 저서를 아랍어로 읽은 마이모니데스도 아리스토텔레스와 플라톤, 과학에 대한 그의 독설은 스치듯 지나갔지만, 신의 단일성과 예언, 부활, 신앙의 절대적 중요성에 관한 가잘리의 개념에는 전적으로 동의했다.

가잘리에 대한 전면적인 반박은 아랍 세계에서만 제기되었는데, 그것도 오로지 『철학자들의 부조리』에만 초점을 맞춘 비판이었다. 가잘리 이후 한 세기 만에 나온 책의 저자는 이베리아의 위대한 철학자이자 라틴어로 아베로에스(Averroës, 1126~98)로 알려진 이븐 루시드였다. 그는 짓궂게도 자신의 반론에 『부조리의 부조리』(The Incoherence of the Incoherence)라는 제목을 붙였다.[113] 이븐 루시드는 아리스토텔레스의 열렬한 지지자였기에, 자신의 우상에 대한 가잘리의 공격을 반박했을 뿐만 아니라 더불어 이븐 시나도 옹호했다. 그는 파괴적인 만큼이나 사람을 지치게 만드는 꼼꼼한 반론으로 가잘리의 공격을 너덜너덜하게 만들어버렸다.

그러나 이븐 루시드가 무언가를 하기에는 때가 너무 늦었다. 과학과 철학을 향한 가잘리의 젊은이다운 고발은 이미 오래전부터 아랍어를 읽을 수 있는 대중에게 베스트셀러가 되어 있었다. 공중에 숨어 있는 이단과 배교자라는 의혹에 구애받지 않는, 자유로운 과학적 탐색과 거리낌 없는 철학적 사유가 다시는 이슬람 세계에서 가능하지 않았다. 다행히도 적지 않은 경건한 무슬림 사상가들이 어쨌든 계속해서 나왔고, 세계문명에 가치 있는 기여를 했다. 그렇지만 이미 피해는 발생했다. 누군가는 아니라고 말하겠지만, 신앙과 도덕적 삶에 관한 가잘리의 위대한 통찰은 근대적 발전에 저항하는 비판이었다고 하지 않을 수 없다.

---

113) Ibn Rushd, *Tahafut al Tahafut: The Incoherence of the Incoherence*, trans. Simon van den Bergh, http://www.humanities.mq.edu.au/Ockham/x52t07. html.

셀주크의 종말: 술탄 산자르

셀주크 제국의 말기는 거의 60년간 제국을 다스린 아흐마드 산자르 (Ahmad Sanjar, 1085~1157)의 치세에 해당된다. 산자르는 술탄 말리크샤와 니잠 알 물크, 그리고 말리크샤를 계승한 산자르의 큰형이 사망한 1118년에 권력을 잡았다.[114] 그는 지체 없이 셀주크 제국의 수도를 다시 메르브로 옮겼다. 읽지도 쓰지도 못했다는 이유로 산자르를 지적인 삶이나 예술과는 무관한 사람으로 일축하는 주장은 그럴싸해 보인다. 하지만 그의 치세는 많은 면에서 영광스러운 시기였고 비극적 종말을 맞기 전에 중요한 문화적 성과도 달성했다.

산자르의 치세 동안 메르브와 다른 대도시들은 제조업과 장거리 교역이 부양한 경기 호황 덕택에 계속 성장했다. 이 시기에 중국은 중도하차했지만 인도 교역은 급성장했고 발트해 지역과 중동을 비롯해 유럽과의 교역도 발전했다. 영리한 상인과 화물 운송업자들은 부기(簿記)를 개선했으며, 『꾸란』이 고리대금업을 금하고 있음에도 이자를 받을 방법을 고안해냈다.[115] 번영은 언제나 새로운 가능성을 열어주었다. 그렇기에 이러한 번영에도 불구하고 중앙아시아의 지적·문화적 불꽃이 재점화되지 않았다는 사실은 매우 중요하다. 중요한 무언가가 빠져 있었다. 산자르의 치세는 그것이 무엇인지 파악할 수 있게 도와줄 것이다.

산자르는 문맹이었어도 바보는 아니었다. 그가 받아쓰게 한 편지들에 의하면, 그는 기민했고 대체적으로 온화한 통치자였다. 그는 예하의 통치자들에게 상벌을 주는 데 능숙했으며, 어마어마한 부자였지만 절대 탐욕스

---

114) 이 사건의 역사를 단출하게 정리한 Agadzhanov, *Gosudarstvo seldzhukidov i srednaia Asia v XI~XII vv.*, 112ff. 참조. 또한 Bosworth, "The Political and Dynastic History of the Iranian World (AD 1000~1217)", 135도 참조.

115) Agadzhanov, *Gosudarstvo seldzhukidov i srednaia Asia v XI~XII vv.*, 154~56.

럽지 않았다. 투쟁의 세계에서 단련된 그는 전심을 다해 자신의 권력을 구축하고 유지하고자 애썼다. 이로 인해 그는 일반 백성을 묵살했지만 무시하지는 않았다. 어쨌든 그는 이렇게 말했다.

왕의 언어를 알지 못하기에 통치자에게 동조하거나 반란을 일으킨다는 생각을 그들은 하지 못한다. 그들은 오직 한 가지 목적을 위해 모든 노력을 바친다. 생계수단을 획득하고 아내와 아이들을 부양하는 것. 분명한 것은 이 때문에 그들을 비난해서는 안 된다. 영구적인 평화를 향유하려는 [그들의 욕망]에 대해서도 마찬가지이다.[116]

니잠 알 물크는 찬양시를 멀리했지만 산자르는 자신을 칭송하는 시인들을 환영했다. 또한 그는 조폐창에서 만든 커다란 금화에 자신을 '평화와 종교에 영광을 돌리는, 위대한 술탄'으로 명시하는 것도 마다하지 않았다.[117] 산자르 시대의 번영은 신분 상승이라는 놀라운 몇몇 예를 만들어냈다. 과일과 향이 좋은 약초를 팔던 아부 바크르 아티크 알 잔자니(Abu Bakr Atiq al-Zanjani)라는 지역 판매상은 산자르의 관심을 끌 정도로 번창하여 결국 왕의 주요 자문역을 맡게 되었다. 그는 1만 2,000권 정도의 장서를 수집하는 데 돈을 썼는데, 어마어마한 두 개의 서고(書庫) 가운데 하나가 산자르를 위해 조성된 왕릉 인근의 중앙 사원에 귀속되었다. 아부 바크르 아티크 알 잔자니의 것과 같은 서고를 학자들은 관대한 조건으로 자유롭게 이용할 수 있었다. 앞에서도 언급한 바 있는 그리스-아랍 지리학자 야쿠트는 산자르의 사망 이후 수년 동안 작업을 했던 메르브의 도서관들을 세계 최고라고 평가했다. 그 가운데 하나였던 두마이리야(Dumayriyya) 마드라사 서고에서만도 아무 담보 없이 그는 200권의 책을 빌릴 수 있었다.

---

116) Barthold, *Turkestan Down to the Mongol Invasion*, 291.
117) Agadzhanov, *Gosudarstvo seldzhukidov i srednaia Asia v XI~XII vv.*, 170.

그는 메르브의 도서관들 때문에 아내와 아이들에게 소홀해졌다며 투덜거리면서도 그 안에 파묻혀 일하는 데 일생을 기꺼이 바쳤을 것이라고 단언했다.[118]

산자르는 불행하게도 지역적으로나 문화적으로 다양한 세력이 셀주크와 이슬람 세계를 잡아 뜯던 시기에 통치자가 되었다. 이슬람은 다수의 상호 적대적인 교리와 분파로 쪼개졌고 수니파와 시아파 신도들 간에 벌어진 논쟁과 갈등은 갈수록 첨예해졌다. 사회적 불화가 모여 이러저러한 차이를 만들어냈으며, 주요 도시에서는 계급 간에 또는 이웃 간에 유혈이 낭자한 충돌로 폭발했다. 이라크와 터키(룸), 서부 페르시아에 자리 잡은 왕실의 권력 핵심들이 저마다 제국 전체를 통치하고자 갈망하면서 셀주크 통치의 부족적 성격은 더욱 극명해졌다.

밖으로부터의 위협도 사방에서 일었다. 동쪽의 카라한인들이 세력 약화에도 불구하고 여전히 발라사군을 기반으로 셀주크 영토에 심각한 도전을 제기하고 있었다.[119] 서쪽에서는 유럽의 십자군들이 최근 셀주크와 다른 무슬림 세력의 수중에 떨어진 영토에 대한 권리를 주장하거나 반환을 요구하면서 처음으로 동지중해에 나타났다. 이외에도 북쪽에서 되살아난 호라즘 샤와 남서쪽의 맘루크 이집트도 위협을 제기했다. 이와 같은 대내외적인 위협으로 인해 쇠약해진 셀주크와 이슬람 세계는 점점 더 안으로 향하게 되었다. 수많은 교역 관계로 밖과 연결되어 있음에도 말이다.

이와는 반대로 이 무렵 서유럽은 오랜 시간의 내적인 성찰을 끝내고 세계로의 창을 열어젖히고 있었다. 기독교 유럽은 발트해와 폴란드 평원을 가로질러 동쪽으로 팽창했다. 이베리아반도에서는 카스티야 왕국이 수백 년 전 샤를마뉴 대제 때부터 시작된 재정복(Reconquista)을 밀어붙이고 있었고, 노르만인들은 1072년 시칠리아에 기독교 통치를 재건했다. 이 같은

---

118)   Yazberdiev, "The Ancient Merv and Its Libraries", 153.

119)   *Ibid.*, 185~94; *The Cambridge History of Iran*, 5: 139.

지정학적 팽창과 병행하여 이슬람 세계를 비롯해 외래의 영향을 유럽의 지식인들이 다시 받아들이면서 안에서도 유럽 문명이 활력을 되찾았다. 마땅히 이러한 발전은 후에 '12세기 르네상스'로 알려지게 되었다.[120]

건축가 산자르

술탄 산자르는 자신이 운용할 수 있는 모든 수단을 동원하여 앞으로 헤쳐 나아갔다. 셀주크 선조들이 시행한 행정 체제를 강화했으며,[121] 사마르칸트에서는 오랫동안 간과되어 왔던 세금을 부활시켰다.[122] 그런데 상인들이 이를 고율과세라고 주장하며 반란을 일으켰다. 증원된 그의 군대는 위협이 제기될 때마다 이라크나 아프가니스탄, 북쪽의 스텝 지대로 한걸음에 달려갔다. 그의 왕성한 활동 중 가장 눈에 띄었던 분야는 하나같이 최고의 규모를 자랑했던, 산자르가 발의한 수많은 건축 사업이었다.

상인을 위해 그는 거대한 대상 숙소를 세웠다. 니샤푸르와 이란의 메르브를 잇는 길 위에 지어진 리바트 이 샤리프(Ribat-i Sharif)가 그 전형이었는데 인상적인 정문, 즉 피슈타크와 높은 외벽으로 둘러싸인 거대한 정원, 방마다 지하 수조가 있는 미로 같은 내실(內室)을 그 특징으로 했다. 이들 특색은 모두 이곳이 수백 명의 여행객을 수용하기 위해 설계되었음을 보여 준다.[123] 남아 있는 또 다른 거대한 대상 숙소는 호라산 사막에 지어진

---

120) Haskins, *The Renaissance of the Twelfth Century.*

121) Carla L. Klausner, *The Seljuk Vizerate: A Study of Civil Administration 1055~1194* (Cambridge, 1973), chap. 1; Ann K. S. Lampton, "The Administration of Sanjar's Empire as Illustrated in the 'Atabat al-kataba'", *Bulletin of the School of Oriental and African Studies* 19 (1957): 367~88.

122) Agadzhanov, *Gosudarstvo seldzhukidov i srednaia Asia v XI~XII vv.*, 175.

123) Pope, *Persian Architecture*, 131.

리바트 이 말리크(Ribat-i Malik)이다. 여러 건축사학자들은 제방을 형성하며 일렬의 거대한 원통형 교각을 이슬람 시대를 통틀어 가장 인상적인 건축물 중 하나라고 평가해 왔다.[124] 구운 벽돌이나 돌로 만들어진, 20개에 이르는 우아한 아치를 가진 긴 다리 덕택에 간선도로를 이용한 운송이 더 빨라질 수 있었다.[125]

산자르가 수도로 삼은 메르브는 에르크 칼라 주변의 고대 중심지가 아니라 그의 선조들이 옛 수도 바로 옆에 건설하기 시작한 신도시였다. 터티우스 챈들러(Tertius Chandler, 1915~2000)는 『4,000년간의 도시 성장』(Four Thousand Years of Urban Growth)이라는 연구서에서 1150년경 메르브는 20만 명의 인구를 가진 세계에서 가장 큰 도시였다고 결론내렸다.[126] 셀주크 메르브의 한복판에는 신축된 쉰 개의 방이 딸린 산자르의 궁이 있었는데, 그곳에는 왕실의 장인이 열성적으로 예술을 연마하던 방도 포함되어 있었다. 새로운 회중 사원이 도시 곳곳에 세워졌고 커다란 시장과 정부청사, 목욕탕도 지어졌다. 산자르가 일흔두 살에 타계하기 오래전부터 세워지기 시작한 술탄의 거대한 영묘는 주요 사원 중 하나에 부속된 건물이었고 인근에는 공중목욕탕도 있었다.[127] 오늘날에도 여전히 서 있는 이 영묘는 중앙아시아 계몽 시대에 지어진 가장 인상적인 건축물이 틀림없다. 게다가 오늘날에도 여전히 큰 반향을 불러일으키고 있는 혁신적인 건축술을 내포하고 있기에 좀 더 자세히 고찰할 필요가 있다.

---

124) *Ibid.*, 154.

125) 이처럼 인상적인 건축물 중 대표적인 것으로는 마샤드와 헤라트를 잇는 도로 위에 오늘날에도 서 있는 여섯 개의 아치로 이루어진 교량이 있다. Hill, "Physics and Mechanics", 263에 실린 사진 참조.

126) Tertius Chandler, *Four Thousand Years of Urban Growth: An Historical Census* (Lewiston, 1987), 337.

127) 츠멜니키예(Chmelnizkij)는 "Architecture", 365에서 산자르의 능묘가 그의 사후에 숭배자들에 의해 건설되었다고 주장하지만 당시의 혼란한 상태를 고려했을 때 상당히 개연성이 떨어지는 주장이다.

비록 셀주크인들은 유목민 시절에 뾰족한 천막에서 거주했지만, 그들이 고용한 페르시아 건축가들은 천막 지붕보다는 전통적인 둥근 돔을 선호했다.[128] 셀주크 시대의 건축가들은 부하라의 이스마일 영묘처럼 이제는 골동품이 된 원형을 기꺼이 모방하려 했다. 하지만 상업의 번영이 가져온 경제적 여유는 그들로 하여금 가능한 한 폭이 넓고 높은 돔을 가진 큰 규모의 건축물을 짓도록 부추겼다. 이러한 과제를 해결하려는 모색 속에서 그들은 결국 획기적인 혁신, 즉 이중 돔을 고안해 냈다. 지진대에서 특히 취약한 무거운 하나의 돔 대신에 하나의 돔 안에 또 다른 돔을 포개는 간단한 방식으로 두 개의 더 가벼운 돔이 탄생하게 된 것이다. 그 결과 더 큰 공간을 아우를 수 있게 되었을 뿐만 아니라 건축과정도 매우 단순해졌다.

우리는 고대 로마인들이 로마의 하드리아누스 판테온을 위해 이중 돔을 고안했음을 주목한 바 있다. 이 같은 고도의 공학기술의 위업이 중앙아시아에 전수되었는지, 전수되었다면 어떤 식으로 전수되었는지 우리는 알지 못한다. 반증이 없기 때문에 어쩌면 독자적으로 고안한 것일지도 모른다. 상황이 어떠하든지 간에, 이 일대에서 — 혹은 이 건에 관한 한 로마 이외의 지역에서 — 알려진 가장 오래된 이중 돔은 11세기 말에 지어진 남부 타지키스탄의 아불 파들(Abu'l-Fadl) 영묘(靈廟)이다.[129] 완숙의 경지에 이른 기술이 대규모로는 처음으로 산자르의 영묘에 적용되었다. 많은 면에서 옛 수도였던 이스파한이나 하마단, 아나톨리아의 코니아보다는 메르브가 셀주크 제국의 정신적인 수도였다. 네 명의 전대 술탄 가운데 두 명이 이미 그곳에 묻혔다. 산자르가 자신을 위해 지은 기념비적인 건축물의 설계자는 오늘날 투르크메니스탄과 이란 사이의 국경 인근에 위치한 사락스 출신의 무함마드 이븐 아트시즈 알 사락시였다. 사락시는 중앙아시아 셀주크 시대

128) K. A. C. Creswell, "Persian Domes before 1400 AD", *Burlington Magazine for Connoisseurs* 26, 143 (February 1915): 208~13.
129) Chmelnizkij, "Architecture", 361.

의 건축을 대표하는 이 건축물을 거대하고 심지어는 육중한 규모로 구상했다. 정육면체 모양의 덩어리는 각 변의 길이가 26미터였고 높이는 39미터였다.[130] 구운 벽돌로 쌓은 19미터 폭의 이중 돔은 기존의 모든 기록을 갈아치웠다. 장식용 회랑이 정육면체 위에 얹어져 정육면체와 원통형의 돔 사이로 눈길을 사로잡는 전이가 이루어졌다.

산자르 영묘의 디자인을 모방해 셀주크의 소군주들도 이란의 서쪽에 큰 반구형의 수많은 무덤을 세웠는데, 이들 모두는 메르브의 산자르 무덤에 기념비적으로 적용되었던 바로 그 공학 개념에 기초했다.[131] 이 개념은 이 일대에서 코카서스로, 그다음에는 아나톨리아, 그리고 종국에는 지중해로 확산되었다. 1367년 피렌체의 시 행정 담당자들은 셀주크인들이 개척한 형태의 이중 돔을 포함한 대성당을 완성하기 위한 계획안을 선택했다. 1436년 브루넬레스키에 의해 완성된 이 돔은 고딕 양식의 건축에 등을 돌리고 향후 르네상스 양식에 이르는 결정적인 걸음의 전조였다. 19세기 초 프랑스 태생의 건축가 오귀스트 드 몽페랑(Auguste de Montferrand, 1786~1858)은 러시아 상트페테르부르크의 성 이사악 대성당(Cathedral of St. Isaacs)을 설계하면서 브루넬레스키의 돔에서 영감을 받았다. 단지 건축 자재를 벽돌에서 주철로 바꾸었을 뿐이었다. 1866년 미국의 건축가 토머스 월터(Thomas Walter)는 러시아의 몽페랑 돔을 기초로 워싱턴 D. C.에 있는 미국 국회의사당의 새로운 돔을 완성했다. 따라서 서구에서 가장 명성 있는 세 개의 건축물이 모두 중앙아시아의 산자르 영묘의 직계 후손이라고 말해도 무방할 것이다.

---

130) Pugachenkova, "Puti razvitiia arkhitektury iuzhnogo Turkmenistana pory rabovladeniia i feodalizma", 320; Pope, *Persian Architecture*, 131.

131) 예를 들면 이란의 술타니야(Sultaniyya)에 있는 올제이투(Oljeitu) 대(大)영묘 (1315~25)가 있다.

후원자로서의 산자르

그의 경건함을 찬양하는 흔해 빠진 정형화된 시(詩) 말고는 산자르가 특별히 종교적이었다고 할 근거는 없다. 그럼에도 미신을 믿었던 그는 해몽가들 — 메르브에 최소한 마흔 명은 있었다[132] — 에게 자주 자문을 구하곤 했다. 그가 도그마적인 순수성보다는 사회적인 평화를 훨씬 더 가치 있게 여겼음은 확실하다. 그는 셀주크 제국 전체를 지배하기 전부터 성지에서 돌아와, 이즈음 호라산에 머물던 가잘리에게 관심을 보였다. 하지만 산자르가 그를 초청한 것은 아버지 대에 가잘리가 세운 공로를 인정한 결과였지, 통치자가 특별히 경건했기 때문은 아니었다. 온갖 다짐에도 불구하고 가잘리는 이 제안을 받아들여 메르브로 출발했다. 그러나 마샤드에 도착할 즈음에 생각이 바뀐 그는 자신의 결정을 번복했다. 산자르에게 보낸 편지에서 가잘리는 급작스레 방향을 바꾸게 된 경위를 설명하고 여전히 제 자랑을 하며 자신이 저술한 70권의 책에 대한 언급도 잊지 않았다. 어쨌든 그는 통치자의 조정에 다시는 나가지 않을 것이며 종교적 논쟁을 야기할 수 있는 그 무엇도 하지 않겠다는, 예루살렘의 아브라함 묘지에서 한 맹세를 충실히 지켜야 한다고 결론지었다.[133] 그리고 가잘리는 집으로 다시 돌아왔다.

산자르가 과학과 학문의 후원자로서의 역할을 했는지에 관한 증거는 없다. 확실한 것은 메르브의 훌륭한 도서관들이 여전히 학자들을 끌어들이고 있었으며, 짐작건대 왕의 후원을 받은 오래된 천문관측소도 제 기능을 하고 있었다는 점이다. 유명한 이들 기관의 존재만으로도 셀주크 수도

---

132) Dzhamal al-Karshi, *Mulkhakat as-Surakh*, ed. and trans. Abdukakhkhora Saidova (Dushanbe, 2006), 31.

133) Abu Hamid al-Ghazali, "Letter to Sultan Sanjar Seljuki", http://en.wikisource.org/wiki/Al-Ghazali_letter_to_Sultan_Sanjar_Seljuki.

는 술탄의 관심 여부에 상관없이 풍요로운 지적 생활을 보장받을 수 있었다. 수학자이자 수피였던 아인 알 쿠다트 알 하마다니(Ayn al-Qudat al-Hamadani, 1098~1131)는 산자르 치세의 메르브에서 일하며 지냈던 것으로 알려져 있으며, 개종한 유대인이었던 하키미(Hakimi)라는 천문학자도 그러했다. 오마르 하이얌이 고향인 니샤푸르로 돌아가기 전에 메르브에서 수년 동안 살았다는 사실도 주목할 만하다.

산자르는 과학에 거의 관심을 보이지 않았지만 시인에 대한 후원은 아끼지 않았다. 위대한 시인 안바리는 메르브에서 활동했던 수많은 시인 중 가장 빛나고 눈에 띄는 산자르 궁정의 보석이었다.[134] 과학과 철학에 대한 교육을 훌륭하게 받은 안바리는 지나칠 정도로 박식했고 굳이 겸손한 척하지도 않았다.

> 나의 동시대인들에게 알려진 모든 과학에서,
> 순수과학이든 응용과학이든 간에 나는 능하다.
> 논리학, 음악, 천문학도 나는 잘 알고 있다 …….
> 또한 별들이 초래하는 결과나 영향에 대해서도 무지하지 않다.
> 나를 못 믿겠으면 와서 나를 시험해 보라. 난 준비가 되어 있다.[135]

안바리는 민중 시인이자 조신(朝臣)으로서의 삶을 선택했다. 이는 그의 활달한 성격과 딱 맞아떨어졌다. 그는 오늘날 투르크메니스탄과 이란의 국경에 위치한 고향 사락스를 떠나 메르브에 도착하기 전에 이미 상당한 유산을 탕진한 상태였다. 빈털터리에 무절제했던 그는 만부득이한 사정으로

---

134) 안바리는 테르메즈 출신의 시하브 알 딘 티르미지(Shihab al-Din Tirmidhi)가 자신보다 훨씬 뛰어난 시인이라고 생각했다. Rypka, "Poets and Prose Writers of the Late Saljuq and Mongol Periods", 563.

135) K. B. Nasim, *Hakim Auhad-ud-din Anwari* (Lahore, 1965), 41에서 인용한 E. G. 브라운의 번역을 수정한 것이다.

궁정시인이 되었다. 하지만 방종한 생활에 대한 그의 기호는 수도에서도 변하지 않았고 심지어 술에 취해 옥상에서 떨어진 적도 있었다.[136]

안바리는 산자르의 막역한 친구였지만 놀랍게도 자신의 고용주에게 바친 그 흔한 찬양시조차 없다. 그 대신 "폐하께서는 무료해질 것을 전혀 걱정하지 않으셔도 됩니다"라고 장담하며, 길고 서정적인 카시다와 그날의 사건에 대한 단시(短詩), 자연에 대한 섬세한 묘사, 실제든 가상이든 간에 종종 근사하면서도 저속한 외설을 담아 적들에게 화풀이를 하는 '짧은 단편'을 썼다.

천문학과 점성술에 자신이 얼마나 능한지 떠벌리던 안바리는 결국 그 입방정으로 인해 파국을 맞았다. 1185년 천문학적 데이터에 기반해 그는 자신 있게 대지진과 대화재를 예언했다. 메르브의 겁먹은 주민들은 숨을 지하공간을 팠다. 그런데 사원의 촛불조차 흔들리지 않고 예언의 그날이 지나가자 산자르는 지나치게 자신만만한 이 시인을 파면했고 시인은 발흐로 이사를 갔다. 그런데 마침 그가 도착했을 무렵은 서적상들이 발흐를 '불한당과 난봉꾼으로 가득한' 곳으로 모욕한 『당나귀들의 서(書)』(A Book of Asses)라는 제목의 작자 미상의 시 모음집을 막 배포하기 시작한 때였다. 안바리가 저자는 아니었지만 사람들은 모두 그렇게 생각했다. 여자 두건을 쓴 채 거리 곳곳을 끌려다녀야 했던 그는 간신히 목숨을 건질 수 있었다. 이러한 사태에 넌더리가 난 안바리는 더 이상 "시(詩) 오물더미를 바람에 날려 보내지" 않겠다고 맹세하며 은퇴했다.[137]

전문가들은 산자르 치세의 메르브에서 문화적·지적 생활의 깊이가 어느 정도였을지를 두고 여전히 논쟁 중이다. 페르시아 문학의 선구자인 영국의

---

136) J. Rypka, "Poets and Prose Writers of the Late Saljuq and Mongol Periods", 563ff. 안바리에 관한 대표적인 초기 저작으로는 Valentin Zhukovskii, *Ali Avhadu-d Din Anvari: materialy k biografii* (St. Petersburg, 1883) 참조.

137) Browne, *A Literary History of Persia from Firdawsi to Sa'di*, 297.

에드워드 G. 브라운은 산자르의 시대가 중앙아시아의 전후 그 어느 때 못 지않게 훌륭했다고 주장한다.[138] 반면 산자르가 반세기 넘게 통치했고 끝 없이 기념물을 건설할 정도로 충분한 돈이 있었기에 많은 수의 위대한 과 학자와 사상가들도 후원할 넉넉한 시간과 재원이 있었다고 말하는 사람도 있다. 그런데도 그가 이러한 역할을 제대로 하지 않았다는 사실은, 12세기 초가 되면 이미 학문 세계에 기여해야 한다는 특별한 중압감 없이도 지중 해에서 중국 국경까지, 페르시아만에서 지금의 우크라이나의 스텝 지대까 지 뻗어 있는 제국을 지배할 수 있었음을 암시한다. 아니면 산자르는 최선 을 다했지만 천재 신인들의 공급이 예전 같지 않아서였을까?

산자르의 억류와 죽음

인상적이었지만 부족함도 많았던 산자르의 통치는 셀주크인들 자신이 권력을 잡게 된 것과 같은 과정, 즉 광대하고 정교한 중앙아시아 도시의 세계로 유목민이 침입하면서 종말을 맞게 되었다. 대단원은 두 개의 무대 에서 상연되었다. 첫 번째 무대는 지금까지는 알려지지 않았지만 중국 통 치자에게 서쪽으로 떠밀려 중국 북부에서 이동해 온 거대한 유목민 무리 가 등장한 셀주크 동쪽의 국경지대였다.[139] 셀주크인들과는 달리 몽골어 를 쓰는 카라키타이(서요)인들은 샤머니즘을 신봉하거나 불교 신자였고 이 슬람으로의 개종에는 전혀 관심이 없었다.[140] 미지의 비무슬림들이 동쪽

---

138) *Ibid.*, 298.
139) Agadzhanov, *Gosudarstvo seldzhukidov i srednaia Asia v XI~XII vv.*, 176ff.; Barthold, *Turkestan Down to the Mongol Invasion*, 323ff.
140) *Tabakat-i-Nasiri*, 1: 146ff.; Soucek, *A History of Inner Asia*, 99; Bosworth, "The Political and Dynastic History of the Iranian World (AD 1000~1217)", 147~49.

에서 무슬림 셀주크를 공격하고 있다는 소식에 적지 않은 유럽인들이 터무니 없게도 '프레스터 존'(Prester John)*이라는 사람이 이끄는 신비에 싸인 기독교 왕국이 아시아에서 발흥했고 자신들을 구조하기 위해 오고 있다고 확신하기에 이르렀다. 말도 안 되는 전설이었지만 왕과 교황은 그것을 믿었다.[141]

그러는 사이 침략 초반부터 서요인들의 행동을 지켜본 중앙아시아인들은 이전의 많은 침략자들보다 그들이 덜 탐욕적이며 때가 되면 그들과의 공존도 가능할 수 있겠다는 확신을 갖게 되었다. 하지만 그때는 결코 오지 않았다. 산자르가 협상 제안을 거부하자 1141년 9월 9일에 사마르칸트의 북서쪽 황무지에서 서요 군대가 셀주크 전군을 완전히 궤멸시켰기 때문이다. 10만 명에 달하는 셀주크 병사들의 시신이 카타반(Katavan) 마을 인근 10킬로미터 지역을 뒤덮었다.[142]

그런데 이보다 더 나쁜 상황이 기다리고 있었다. 지난 몇 세대 동안 많은 오구즈(투르크멘) 유목민들이 아프가니스탄 발흐 인근 지역에 정착했다. 산자르는 그들과 거래를 하여 매해 2만 3,000마리의 양을 수라간에 제공하는 대가로 술탄의 친정(親政)을 허락했다. 거래가 성사되면서 오구즈족은 여러 분쟁에서 산자르를 충실히 보필했다. 그런데 발흐의 극성스러운 지역 관리들이 이러한 방식은 행정적으로 말도 되지 않는다고 주장하면서 오구즈족과 군주 사이에 끼어들었다. 이 같은 약속 위반에 극도로 화가 난 유목민들은 발흐의 셀주크 군에 대한 공격에 나섰다. 산자르는 남은 병력을 이끌고 현장으로 달려갔다. 하지만 불운한 술탄은 오구즈 군에게 붙잡

---

* 중세에 기독교 국가를 동방에 건설한 전설상의 왕.

141) 이 전설에 관한 매력적인 설명은 Charles E. Nowell, "The Historical Prester John", *Speculum* 28, 3 (July 1953): 435~45; L. N. Gumilev, *Searches for an Imaginary Kingdom: The Legend of the Kingdom of Prester John* (Cambridge, 1987) 참조.

142) Agadzhanov, *Gosudarstvo seldzhukidov i srednaia Asia v XI~XII vv.*, 179~81.

혀 3년이나 포로생활을 해야 했다. 그동안 오구즈인들은 반복적으로 메르브를 약탈하고 니샤푸르와 다른 주요 도시들을 강탈했다. 마침내 산자르는 풀려났지만 그의 심신은 이미 피폐해진 상태였다. 그는 1157년에 사망했고 그의 제국도 산산조각이 났다.

산자르가 억류되어 있는 동안 안바리도 전 중앙아시아를 통틀어 가장 세련된 문화의 중심지들이 오구즈 전사들에게 유린당하는 것을 경악하면서 지켜보아야 했다. 피해를 입지 않은 사마르칸트의 군주만이 유목민들을 응징할 수 있는 마지막 희망이었다. 비탄에 빠진 안바리는 그에게 매우 감동적인 시 한 편을 보냈다. 다음은 「호라산의 눈물」(The Tears of Khurasan)의 첫 구절이다.

> 오, 아침의 산들바람이여, 사마르칸트를 지나간다면
> 호라산 사람들의 이 편지를 군주에게 전해 주오.
> 그 편지의 시작은 육체의 비탄이며 영혼의 고통이고,
> 그 편지의 끝은 영혼의 슬픔이자 불타는 심장이며,
> 편지 행간에는 비참한 자들의 한숨이 선명히 새겨져 있고,
> 편지지의 접힌 부분에는 순교자의 피가 스며 있다네.
> 글씨 한 자 한 자는 억압당한 자의 가슴처럼 메말라 있지만,
> 주소 한 줄 한 줄은 애통한 자들의 눈물로 촉촉하다네.

안바리는 다음과 같이 끝을 맺었다.

> 시대의 위대한 자들 저 너머에 시답잖은 영주들이 있다네,
> 세상의 고귀한 자들 저편에는 비열한 족장들이 있다네.
> 명문가 출신은 비열한 자들의 문턱에서 당황한 채 슬피 서 있고,
> 덕망 있는 자들은 난봉꾼의 손에 포로로 묶여 있다네.
> 죽음의 문턱에 다다른 자를 제외하고 기뻐하는 자를 볼 수 없으며,

어머니의 자궁 속에 있는 여자아이 말고는 처녀 한 명을 찾을 수 없다네.[143]

오마르 하이얌의 최후의 심판

산자르는 메르브로 가잘리를 초청한 때와 거의 같은 시기에, 아버지 시절의 가장 유명한 과학자였던 오마르 하이얌도 수도로 초빙했다. 후원자 니잠 알 물크가 암살되고 술탄 말리크샤가 사망하기 이전부터 하이얌의 상황은 좋지 않았다. 이스파한의 천문관측소는 아득한 옛 추억이 되었고 그 자신도 빈털터리가 되었다. 그래서 그는 산자르의 초청을 기꺼이 수락했다. 메르브에서의 체류가 길지는 않았지만 그동안에 합금 비율을 알아내기 위해 금과 은의 알려진 무게를 활용하는 대수적(代數的) 해법을 비롯해 여러 추가적인 작업에 착수했다.[144] 하지만 기억력이 좋았던 산자르는 수년 전에 하이얌이 어릴 때 질병으로 요절할 것이라고 예언한 말을 상기해 냈고, 그들 사이는 곧 틀어졌다. 이에 하이얌은 모든 것을 접고 떠났다.

오마르 하이얌은 말년을 니샤푸르로 돌아와 보냈는데, 그의 영혼은 비탄과 술로 인해 너덜너덜해졌다. 과학은 포기한 채 오직 시에만 의존했다.

> 행복이라는 이름만 남은, 지금
> 떫은 포도주 말고는 마음 맞은 친구 하나 남아 있지 않네,
> 마음에 드는 손으로 와인병을 꽉 움켜쥐게,

---

143) 다소 현대화한 이 단락은 에드워드 G. 브라운이 *A Literary History of Persia from Firdawsi to Sa'di*, 384~90에서 직역한 번역문에서 발췌한 것이다.

144) A. Youschkevitch and B. A. Rosenfeld, "Al-Khayyami", in *Dictionary of Scientific Biography*, 7: 325. 또한 하이얌과 산자르에 관해서는 J. A. Boyle, "Umar Khayyam: Astronomer, Mathematician, and Poet", in *The Cambridge History of Iran*, 4: 660~61 참조.

손이 잡을 수 있는 것이라고는 병뿐인, 오늘.[145)]

일종의 우울증이 젊은 시절에도 단박에 지어내곤 하던 4행시 모음집인
『루바이야트』에서조차 분명하게 느껴졌다. 하이얌의 이런 우울증은 중년
기 내내 지속되었다.

아아! 젊음의 책이 끝나가는구나.
푸릇한 생명의 봄이 가고 겨울이 되었네.
사람들이 젊음이라고 부르는 그 상태는,
그 시작과 끝을 알 수가 없네.[146)]

수년 동안 개인적으로 당한 수많은 공격으로 큰 타격을 입은 그의 우울
증은 분노의 저항으로 바뀌었다.

내가 금지된 와인을 마셨다면, 정말 그런 것이다!
내가 불신자이거나 이교도, 우상숭배자이면, 실제 그런 것이다!
모든 종파가 나를 의심한다.
나는 나일 뿐인데.[147)]

그는 자신과 거의 동시대에 살았던 호라산 출신의 가잘리가 자신의 우

145) 여기에 인용된 모든 4행시는 Avery and Heath-Stubbs, *The Ruba'iyat of Omar
  Khayyam*, no. 21, 51에서 발췌한 것이다. 왜냐하면 영어, 프랑스어, 독일어 번역
  서 가운데 유일하게 그들만이 "읽기 쉽고 명료하면서도 페르시아어 원전을 직역
  하고자" 애썼기 때문이다. *Ibid.* 42.

146) *Ibid.*, no. 35, 55. 하이얌의 시에 대한 얀 립카의 평가는 *History of Iranian
  Literature*, 189~93 참조.

147) Avery and Heath-Stubbs, *The Ruba'iyat of Omar Khayyam*, no. 74, 65.

상인 이븐 시나와 그가 상징하는 모든 것을 공격하면서 보수적인 생각을 가진 바그다드의 연인이 되는 과정을 경악하며 지켜보았다. 특히 하이얌은 가잘리의 독선적이고 자신의 잇속만 챙기는 창조 옹호론을 혐오했다.

> 우리의 오고감을 포괄하는 순환은
> 그 시작과 끝이 분명하지 않다.
> 이 문제를 이해한 자는 아무도 없다 ―
> 우리가 어디에서 왔고, 어디로 가는지.[148]

가잘리와 그의 의기양양한 정통파 지지자들이 지상계의 비극과 천국의 기쁨을 선포하는 것까지는 좋다. 그런데 그는 묻는다.

> 바다 표면에 얼마나 오랫동안 벽돌을 쌓아야 하는가?
> 나는 우상숭배자들과 그들의 신전에 넌덜머리가 난다.
> 하이얌, 지옥이 있다고 누가 말했지?
> 누가 지옥에 가봤으며, 또 누가 천국에 가봤지?[149]

또 다른 시에서 하이얌은 노골적인 조소로 태도를 바꾸었다.

> 그들은 정부(情夫)와 술고래는 지옥에 간다고 이야기한다.
> 논란이 많은 격언은 받아들이기 쉽지 않다.
> 정부나 술고래가 지옥에 간다면,
> 내일 천국은 텅텅 빌 것이기 때문이다.[150]

---

148) *Ibid.*, no. 10, 49.
149) *Ibid.*, no. 6, 48.

그는 여러 다른 4행시에서도 자신만만하게 자신의 동료를 재단한 종교법
학자와 이맘들을 공격했다.

> 오! 종교 법학자들이여, 우리가 당신들보다 더 잘할 수 있소.
> 이렇게 취했어도 우리가 더 냉철하오.
> 당신들은 사람들의 피를 마시지만, 우리는 포도나무의 것을 마시지.
> 솔직해지시오. 우리 중 누가 더 피에 굶주렸는지?[151]

> 한 종교인이 매춘부에게 "너는 술에 취해,
> 매번 다른 덫에 걸려 있구나"라고 말했다지.
> 그러자 그녀가 답하길, "어머, 교주님, 당신이 말한 대로예요,
> 그러면 당신도 보이는 대로인가요?"[152]

그리고 한 스탠자에서는 유난히 더 분노에 차서 현지인인 한 불가지론
자를 변호했다.

> 나는 한 뙈기 땅에 앉아 있는 쓸모없는 자를 보았다.
> 믿는 자인지 믿지 않는 자인지, 세속인인지 종교인인지 아랑곳하지 않고—
> 어떤 신도, 어떤 진리도, 어떤 신법도, 어떤 확신도 없이.
> 세상 그 어디에 이 사람처럼 용기 있는 자가 있는지?[153]

이러한 단계를 거쳐 셀주크 시대의 가장 빛나는 수학자이자 천문학자이

---

150) *Ibid.*, no. 87, 68.
151) *Ibid.*, no. 85, 68.
152) *Ibid.*, no. 86, 68.
153) *Ibid.*, no. 104, 72.

고 지혜에 이르는 수피적 길과 계시를 아우른 중요한 철학적 저작의 저자인 오마르 하이얌은 회의론을 전면적으로 선언했고, 이는 최근 수세기 동안 최고의 지성인들이 자신들의 삶을 바친 위대한 철학적 탐구로까지 이어졌다.

> 지성과 미세한 차이의 포로들,
> 존재와 비존재에 관한 근심 그 자체는 아무것도 아니다.
> 소식을 들은 자여, 나가 포도즙을 구하시오,
> 소식을 못 들은 자들은 무르익기도 전에 시든다오.[154]

마치 그는 이러한 파산 선언에 그 자신도 포함된 것이 아니냐는 의혹을 모두 제거하려는 듯이 다음과 같이 덧붙였다.

> 내 지성은 결코 배움이 부족하지 않고,
> 어떤 미스터리도 밝히지 못한 적이 없다네.
> 나는 72년간 밤낮으로 명상했다네.
> 배운 것이 아무것도 없다는 것을 배우기 위해.[155]

20세기 말에 훌륭한 수많은 전문가가 하이얌을 옹호하기 위해(마치 그에게 변호가 필요하다는 듯이) 달려들었다. 세심한 텍스트 분석을 통해 그들은 자유사상가이자 회의론자로서 하이얌을 스타 반열에 오르게 한 암울한 4행시 중 전부는 아니지만 일부에 대해 의구심을 제기했다. 또한 그들은 우리에게 수피적 추구에 공감하고 신봉하는 모습을 보여 주는, 하지만 부당하게도 외면당해 온 하이얌의 초기 철학 작품도 상기시켰다. 그리고

---

154) *Ibid.*, no. 84, 67.
155) *Ibid.*, no. 91, 94.

그들은 많은 문제에서 하이얌의 관점이 불안정하다고 주장하는 이들을 다음과 같이 비난하기에 이르렀다. "하이얌을 근대 회의론자들의 문화적 영웅으로 만들어 뻔뻔한 위선자라고 비난하는 것이야말로 가장 나쁜 종류의 위선이다."[156]

그러나 이러한 주장은 도를 넘어선 것이다. 아무리 천재적인 사람일지라도 인간은 복잡하고 때로는 짜증이 날 정도로 비일관적이다. 80여 년을 살았던 하이얌은 시기에 따라, 그리고 환경에 따라 다른 입장을 받아들일 만큼 오래 살았다. 젊은 시절 파르스에서 화창한 오후 어느 판사에게 쓴 글이 나이가 들어 늦은 밤 촛불을 켜고 앉아 자신에게 써내려 간 글과 다른 것은 너무도 당연하다. 결정적으로 하이얌이 신실한 무슬림이었음을 옹호하려는 자들은 그의 4행시가 철학적 글에 내포된 경건성의 표현인 것만큼이나 그의 과학적 작업의 부식물이기도 하다는 사실을 외면한다. 하이얌이 당대의 화석화된 형식적인 이슬람에 대한 혐오감을 표현할 때는 아우성을 치고, 과학에서 자신이 쌓은 경력이 무용지물이 되었다고 암시할 때는 침묵하는 것이 과연 공정한 일인가?[157]

다수의 4행시가 하이얌의 일관성을 단언하고자 하는 이들의 주장을 강하게 뒷받침해 준다.

> 그것은 불신 상태에서 신앙으로 퍼뜩 지나가는 한 줄기 섬광이다.
> 의심과 확신 사이에는 겨우 한 음절이 있을 뿐이다.
> 값진 순간을 귀하게 여겨라.
> 그것은 우리 삶의 유일한 열매이다.[158]

156) Nasr, *Islamic Philosophy from Its Origins to the Present*, 168.
157) Swami Govinda Tirtha, *The Nectar of Grace: Omar Khayyam's Life and Works*, Allahabad, 1941, 173~288.
158) Avery and Heath-Stubbs, *The Ruba'iyat of Omar Khayyam*, no. 108, 73.

아마도 초기에 쓰여진 것으로 추정되는 이 4행시도 하이얌의 근원적인
신앙의 연속성을 보여 주는 데 인용되곤 한다.

당신은 나에게 고통을 안겨 줄 것이라고 말했다.
그러나 나는 이러한 경고를 두려워하지 않는다.
왜냐하면 당신이 있는 곳에는 어떤 고통도 있을 수 없기 때문이다.
그리고 당신이 존재하지 않는, 그런 곳이 어떻게 존재할 수 있겠는가?[159]

이 두 4행시가 진심 어린 것이라고 가정한다면(첫 번째 시의 진성성은 의문
시되고 있지만), 하이얌의 입장은 실제 무엇이었을까? 그의 영웅, 즉 이븐 시
나처럼 하이얌도 이성이 무엇을 뜻하는지 확인하기 위해 직관에 의존했을
것이다. 이븐 시나처럼 그의 신앙도 진부한 종교학자들이나 이런저런 법학
파 또는 어떤 종류의 도그마에 내줄 자리가 없었을 것이다. 그러나 수피즘
에 대한 그의 생각 ─ 그것이 그러한 것이었다면 ─ 은 가잘리가 이븐 시나
를 배교자로 낙인찍게 만든, 그런 유의 믿음을 정확하게 반영했다.[160] 그
러면서도 하이얌의 4행시들은 거침없이 회의론과 의구심을 표현했으며, 인
간 존재의 절대적인 공허함과 저 너머에서 아가리를 벌리고 있는 심연을
공언했다. 이러한 (비일관적인) 측면을 간과하는 행위는 이 사람을 폄하하고
그의 품위를 손상하는 것과 다를 바 없다.

그럼에도 불구하고 하이얌은 인생이 빛나는 찰나적 순간에 집착했다.
재능 있는 괴짜였던 에드워드 피츠제럴드*가 1859년에 근사하지만 매우
부정확하게 영역(英譯)한 가장 널리 인용되는 4행시에서 하이얌은 결국 합

159) Nasr, *Islamic Philosophy from Its Origins to the Present*, 178.
160) Frank, *Creation and the Cosmic System*, 12~21.
*   영국의 시인이자 번역가. 하이얌의 시를 영역해 『오마르 하이얌의 루바이야트』
     (*The Rubáiyát of Omar Khayyám*)라는 제목으로 출판했다.

리성과 화석화된 종교의 기만만이 남은 행복의 작은 섬은 차츰 사라졌다고 묘사한다. 다음은 피츠제럴드가 번역한 대표적인 하이얌의 시이다.

나뭇가지 밑의 시집 한 권과
와인 한 병, 빵 한 덩어리, 그리고 당신이,
황무지에서 노래하는 내 곁에 있네.
오, 이 황무지가 필시 천국이로구나.[161]

축자역(逐字譯)한 다음 시가 셀주크 지배가 약화되어 가던 시절에 있었던 모든 지적 모험에 대한 후기로 쓰일 수 있을 것이다.

이 세상에서 빵 반 덩어리와
거처할 집이 있는 자는
누군가의 주인도 노예도 아니다.
그에게 "항상 행복하세요"라고 말하라.
왜냐하면 그는 행복의 세계를 소유하고 있기 때문이다.[162]

---

161) Edward FitzGerald, *Rubáiyát of Omar Khayyám: A Critical Edition*, ed. Christopher Decker (Charlottesville, 1997), 69.

162) Avery and Heath-Stubbs, *The Ruba'iyat of Omar Khayyam*, no. 179, 91.

제13장

몽골의 세기

권력의 오만함: 호라즘 샤

1219년 가을, 칭기스칸이 이끄는 15만 명의 몽골 및 위구르 튀르크 군
대가 오늘날 카자흐스탄의 남쪽 국경 인근에 있는 시르다리야강 연안도
시인 오트라르(Otrar)의 높은 성벽 아래에 별안간 나타났다.[1] 포위에 맞서
5개월을 버티던 수비군은 몽골 군의 포위망을 뚫기 위해 급습을 단행했다.
작전은 실패로 돌아갔고 몽골 군은 병사 전원을 살해했다. 민간인 전원을
평원으로 쫓아낸 침략자들은 도시를 약탈한 후 불태워버렸으며, 10만 명
가량으로 추정되는 주민 전원도 칼로 베어 죽였다.[2] 향후 3년 동안 이와

---

1) Barthold, *Turkestan Down to the Mongol Invasion*, 404~05.
2) 몽골 침략에 관한 최고의 자료는 Ala-al-Din Ata-Malik Juvayni, *History of
   the World Conqueror*, trans. J. A. Boyle (Manchester, 1958)이다. 세 권 분량
   의 이 방대한 저작은 1913~37년에 런던에서 출간되었다. 몽골인들 자신은 중앙
   아시아에서의 군사작전에 대해 어떤 설명도 남기지 않았지만 대신에 대필된 것으
   로 추정되는 『몽골비사』(*The Secret History of the Mongols*), ed. and trans. Igor
   de Rachewiltz, 2nd ed. Leiden, 2006가 초기 자료로 전해진다. de Rachewiltz,
   "The Dating of the *Secret History of the Mongols*: A Reinterpretation", *Ural-*

같은 암울한 과정이 중앙아시아의 주요 도시 대부분과 페르시아, 중동, 그리고 오늘날의 우크라이나와 러시아를 가로질러 폴란드 국경에 이르기까지 여기저기에서 반복되었다. 경우에 따라서는 살려준 대가로 몽골인들을 위해 일하러 멀리 떠나야 했던 장인도 있었고 몇몇 여성과 어린 아이들은 노예가 되어 구제를 받기도 했다. 그 나머지는 몽골 군의 손에 의해 처리되었는데, 병사들 각각에게는 해치워야 할 일정 수의 사람들이 할당되었다.

1219~22년의 몽골 침략과 120년간 지속된 몽골의 중앙아시아 지배의 원인과 결과에 대해서는 상당히 많은 논란이 있어왔다. 당대인 다수는 도시의 금요사원을 파괴하고 『꾸란』의 책장들을 짓밟은 말들에 대해 이야기하면서 항복을 권했던 부하라의 학자의 말에 공감했다. "조용히 하시오. 신의 밤 바람이 불고 있소."[3] 하지만 오늘날 여러 나라의 평자들은 몽골의 침략을 불가피하고 저지할 수 없었던 사회적 회오리바람, 즉 아시아로부터의 최후의 유목민 대방출로 보는 경향이 있다. 중앙아시아 내에서는 이 지역의 자랑스러운 황금기의 결정적인 종말로 보는 이들이 많다. 하지만 중앙아시아 안팎의 또 다른 이들은 그렇게까지 비관론적이지 않다. 그들은 초기의 파괴의 물결이 지난 후에 몽골인들이 자유무역─마르코 폴로가 그 덕을 보았다─을 조성했고 다양한 분야에서 학문을 후원했다고 지적한다. 이러한 견해에 따르면, 몽골인들은 근대 세계의 건설자 중 하나였다.

전면적이고 상호 양립 불가능한 이와 같은 주장은 구체적인 답을 요한

Altaische Jahrbücher 22 (2008): 150~84도 참조. 이 작품의 저자에 관한 토론에 발전적인 기여를 한 C. 애트우드(C. Atwood)의 재치 있는 논문인 "Informants and Sources for the *Secret History of the Mongols*", *Mongolian Studies* 24 (2007): 27~39 참조.

3) Barthold, *Turkestan Down to the Mongol Invasion*, 410에서 인용한 학자 루큰 알딘 이맘-자다흐(Rukn al-Din Imam-Zadah)에 관해서는 주바이니(Juvayni)의 앞의 책 참조.

다. 또한 몽골 공격 직전의 중앙아시아에 대한 세밀한 관찰과 침략 본연의 원인과 결과에 대한 평가, 칭기스칸이 사망하고 고작 1세기가 지난 후 몽골 제국이 최종적으로 붕괴할 때까지의 지역경제와 문화적 조건에 대한 감정도 요구한다. 그리고 이러한 검토는 상당히 놀라운 결론에 이르게 한다.

이야기는 오트라르에서가 아니라 셀주크의 마지막 술탄인 산자르의 1157년 죽음으로 시작한다. 그의 사망으로 대(大)중앙아시아는 세 개의 왕조로 나뉘었다. 아프가니스탄과 호라산에서는 가즈니의 마흐무드 후손들이 1187년까지 버텼지만, 사실상 아프가니스탄의 고르에 기반을 둔 다른 왕조에 거의 전권을 양도한 상태였다. 동쪽의 서요 유목민들은 오늘날의 키르기스스탄과 동부 카자흐스탄, 신장의 대부분을 정복한 후에 옛 카라한의 수도였던 발라사군에 정착했다. 그곳의 많은 주민들이 샤머니즘 신자와 불교도, 기독교도로 이루어진 이 유목민들을 칭찬했는데, 이유는 그들이 종교 관행에 전혀 관여하지 않았기 때문이었다. 마지막으로 중앙아시아의 북쪽과 중앙지대 전역은 활기를 되찾은 구르간지를 수도 삼아 통치하던, 가장 최근에 등장한 튀르크계 왕조인 호라즘 샤의 수하에 있었다.

몽골 침략이 있기 바로 직전까지 수년 동안 호라즘의 통치자들은 경쟁자들을 모두 물리치고 인도에서부터 이란의 서쪽 국경까지 지배 영역을 확장했다. 심지어 1215년에는 쇠약해진 아바스 칼리프에게 자신들의 패권을 인정하라고 요구했다. 이로써 지중해 동쪽 이슬람 지역 거의 대부분을 단 한 명의 중앙아시아 통치자가 지배하게 되었다. 이해에 호라즘의 샤는 단연코 이슬람 세계에서 가장 큰 왕국을 통치하고 있었다.[4]

4) Rahula Sanktrityayana, *History of Central Asia* (Calcutta, 1964), 251;
   Barthold, *Turkestan Down to the Mongol Invasion*, 353~69.

호라즘 통치 아래에서의 지식인의 삶

구르간지를 방문한 아랍 지리학자 야쿠트는 호라즘의 수도를 지금까지 본 도시 가운데 가장 부유한 곳이라고 생각했다.[5] 1017년 가즈니의 마흐무드에 대한 공격 이후에 호라즘의 샤들은 도시를 복원하고 크게 확장했으나, 지난 마문의 통치기에 궁정이 누렸던 문화 및 지적인 풍요로움까지는 부활시키지 못했다. 이들 나라는 무엇보다도 용병으로 이루어진 군대와 주변의 유목민 부족과의 일련의 복잡한 협의에 기반한 군사국가였다. 옛 사만 왕조와 셀주크의 행정체제는 문화생활과 마찬가지로 그들의 경계 속에 퇴락했다.[6]

호라즘의 궁정작가였던 사마르칸트 출신의 니자미 아루디는 『네 가지 담론』(Four Discourses)이라는 소책자를 남겼는데, 이 책에서 그는 좋은 통치자의 지성의 마구간에는 네 부류의 현인, 즉 서기와 시인, 점성술사와 의사가 있어야 한다고 주장했다.[7] 시인과 서기는 통치자를 칭송하고 그의 말을 기록하며, 점성술사는 군주가 행동에 나설 최고의 때를 찾고, 의사는 그의 병을 치료할 수 있기 때문이다. 그런데 이채롭게도 필요한 현인 명단에 작가와 철학자, 역사가, 과학자가 부재하다.

몽골의 정복이 있기 전 2세기 동안 호라즘에서 공식적인 후원을 받은 가장 유명한 과학자는 어의(御醫)를 지낸 자인 알 딘 주르자니(Zayn al-Din Jurjani, 1040~1136)였다. 그는 방대한 의학 지식을 모아 『호라즘 샤의 보고』(Khwarazm Shah's Treasure)라는 전서를 집필했다.[8] 무함마드 이

---

5) Edgar Knobloch, *Monuments of Central Asia* (London, 2001), 83에서 인용.

6) *The Cambridge History of Iran*, 5: 140ff.; Barthold, *Turkestan Down to the Mongol Invasion*, 379~80.

7) Arudia-i-Samarqandi, *Chahar Maqala*.

8) M. A. Gaipov, "Dzhurdzhani i ego trud sokrovishche khorezmshakha", *Sovetsokoe zdravookhranenie* 9 (1978): 71~74.

븐 자카리야 알 라지와 이븐 시나의 저작을 바탕으로 주르자니는 특히 개업의에게 필요한 정보에 초점을 맞추었다. 그의 저작은 전반적으로 알차지만 독창적이지는 않았다. 파크르 알 딘 알 라지(Fakhr al-Din al-Razi, 1149~1209)가 구르간지에 머무는 동안 집필한, 자연과학과 인문학을 모두 포함해 약 57개의 다양한 분야를 다룬 『학문들의 적요』(Compendium of the Sciences) 역시 널리 읽혔지만 내용은 특별하지 않았다.[9]

공표된 시에 관한 기록도 평범하기는 매한가지이다. 12세기 발흐 출신의 시인인 라시드 알 딘 우마리(Rashid al-Din Umari, 1114~77)는 구르간지에서 샤의 위대함을 찬양하는 따분한 송사(頌辭) 작시를 전업으로 삼았으며 그에 대한 보수도 넉넉하게 받았다. 벗겨진 머리 때문에 적들에 의해 '박쥐(watwat) 라시드 알 딘'이라는 별명이 붙은 그는 철학자들을 매도했고 종교 광신자들을 옹호했다. 라시드는 감성적이거나 시적인 섬세함에 구애받지 않는 학구적인 형식을 선호했다.[10] 그의 막대한 재력이 폭넓은 지식 덕분이었는지 아니면 기회가 될 때마다 무타질라파나 이스마일파, 당시 대세를 이루던 주류 수니파의 적들을 향해 퍼붓던 공격에 대한 보상 때문이었지는 분명하지 않다.

몽골 정복이 있기 전 이 마지막 시기의 진정한 혁신가는 중앙아시아 전역에서 여전히 번창하던 수많은 지역 궁정을 위해 일한 장인과 건축가들이었다. 셀주크 시대 내내 호라즘의 여러 중심지에서 장인들은 자신들만의 독특한 형태를 갖춘 중국 청화백자를 개발했다. 서요 침략자들이 중국과의 교역을 막자 이 같은 중앙아시아의 모조품이 이슬람 세계 전역의 도자기 시장을 지배하게 되었다. 건축가들 역시 자신들의 기술을 필요로 하는 탈중앙화된 시장을 발견했다. 불행히도 몽골인들이 호라즘 샤 시대에

---

9) Georges C. Anawati, "Fakhr al Din al-Razi", in *Encyclopedia of Islam*, 2: 751~55.

10) Rypka, *History of Iranian Literature*, 200ff.

세워진 인상적인 건축물의 대부분을 곧 파괴할 테지만 말이다. 그 가운데 남은 하나가 니샤푸르 인근 주잔(Zuzan) 마을의 거대한 사원이다. 하지만 이 보물 외부에 능수능란한 솜씨로 새겨진 조각무늬는 구르간지로부터의 격려보다는 지역의 후원자들에게 힘입은 바가 더 컸다.[11]

수피 르네상스

중앙아시아인들은 호라즘인들의 대륙 제국을 모시면서 항시적인 전쟁 상태의 사회에서 살게 되었다. 전투 지역이 다른 곳으로 바뀌었을 때에도 중앙아시아인들은 부담스러운 세금과 강제 징집, 경제적 붕괴와 같은 형태로 매우 비싼 대가를 계속해 치러야 했다. 이러한 상황이 3세대 동안이나 계속되자, 정부에 대한 희망을 잃은 수많은 사람이 '내면의 마음 왕국'을 세우고자 주력했다.[12] 수피들에게 호기(好期)가 도래한 것이다.

수피들이 오랫동안 주창해 온 개인의 경건함은 강경한 수니파가 사회에 부과하고자 했던 사회적 규제나 샤리아에 기반한 순응과는 완전히 달랐다. 수피즘이 가장 인기가 많았던 곳은 중앙아시아 북쪽 변경에 살던 갓 개종한 튀르크족들 사이에서였다. 수피즘이 유목민들이나 한때 유목생활을 했던 이들의 개인주의 성향에 아주 잘 맞았을 뿐만 아니라 전통적인 샤머니즘의 여러 관행이나 창공의 신인 텡그리 숭배와도 딱 맞아떨어졌기 때문이다.[13] 몽골 정복 이전 한 세기 동안에 북부 중앙아시아 지역은 수

---

11) Sheila Blair, "The Madrasa at Zuzan: Islamic Architecture in Eastern Iran on the Eve of the Mongol Invasion", *Muqarnas* 3 (1985): 75~91.

12) Friedrich Heer, *The Medieval World, 1100~1350* (New York, 1962), 26.

13) 이러한 종교적 흐름을 주제로 쓴 Julian Baldick, *Animal and Shaman: Ancient Religious of Central Asia* (London, 2000); Barthold, *Four Studies on the History of Central Asia*, 3: 111~12 참조.

많은 수피 성인의 등장을 목격했으며, 그들의 가르침은 오늘날까지도 이어지는 이슬람 관행을 구체화했다.

이들 무리 중 으뜸은 오늘날 카자흐스탄 남쪽 국경에 위치한 침켄트(Chimkent) 동쪽의 이스피자브(사이람) 출신의 아흐마드 야사위(Ahmad Yasawi)였다. 그 지역의 성인이었던 아슬란 바바(Arslan Baba)는 겨우 여덟살배기의 야사위를 이스피자브 인근 길에서 마주치자마자, 이 어린 고아가 이슬람 신앙을 정화하고 소생시키는 사역을 위해 기적적으로 예언자 무함마드로부터 직접 기름 부음을 받았다고 판단했다. 아슬란 바바와 그리고 부하라의 저명한 수피들과의 학문 수양을 통해 야사위는 신성한 사명을 준비했다. 빵 한 조각으로 9만 9,000명의 사람을 먹이고 산 전체를 옮김(移山)으로써, 야사위는 예언된 자신의 사명의 진정성을 입증해 보였다.[14]

곧 자신을 따르는 수많은 추종자가 모여들자 그는 형제단, 즉 타리카를 만들었다. 야사위는 생계를 위해 나무숟가락을 깎으며 예순세 살까지 설교를 계속했다. 그러고는 무함마드가 바로 그 나이에 영면했다는 이유로 야시(Yassi, 오늘날 카자흐스탄의 투르키스탄) 마을에 직접 판 지하방으로 물러나 10년 후 사망할 때까지 그곳에서 은둔하며 지냈다.

야사위의 메시지의 핵심은 간명하고 정확했다. "신을 사랑하고 개인적인 기도와 명상을 통해 그분과 접속하시오." 그는 자신의 모국어인 튀르크어로 쓴 4행 연구시(聯句詩) 모음집에서 이와 같은 과정을 장려했다. 그는 『지혜의 적요』(Compendium of Wisdom)라는 시집에서 세상에 만연한 억압과 비극을 진심으로 한탄하면서도 신의 뜻과 양립할 수 있는 유일한 응답으로서 겸손과 수용의 삶을 권장했다. 지금도 여전히 튀르크 세계에서 명성이 자자한 이 시들과 금욕적이고 자기정화적이었던 야사위의 삶은 중앙아

---

14) I. Melikoff, "Ahmad Yesevi and Turkic Popular Islam", *Electronic Journal of Oriental Studies* 6, 8 (2003): 1~9; A. Kaymov, "Literature of the Turkic Peoples", in *Civilizations of Central Asia*, vol. 4, pt. 2, 381 참조.

시아 전역과 유라시아 스텝 지대의 유목민을 비롯해 다른 튀르크 민족 사이에 대중적인 신비주의가 확산되는 데 큰 역할을 했다.[15]

보다 급격한 회심(回心)을 보여 준 이는 역시 호라즘 출신인 나즈무딘 쿠브라(Najmuddin Kubra)였다. 그는 성인다운 삶의 표본이 되어 다음 세기 내내 수많은 추종자를 끌어모았다. 쿠브라는 이전의 어느 무슬림보다도, 평범한 사람일지라도 꿈과 환상을 통해 신에게 직접 다다를 수 있음을 강조했다.[16] 그도 쉽게 이 경지에 이르렀던 것은 아니다. 고향인 히바에서 신학을 공부한 쿠브라는 심층 연구를 위해 중동으로 떠났지만 결국은 이슬람의 전통적인 관행에 등을 돌리게 되었다. 그 과정에서 그는 가차 없는 논객이 되어 과감하면서도 새로운 신앙으로의 길을 치밀하게 논증된 일련의 저작으로 녹여 냈다. 『신의 보증인의 길』(The Path of God's Bondsman)을 비롯해 여러 논문에서 그는 사회질서의 해악을 바로잡는 일이 아니라 자기 고립과 의례, 명상을 통해 얻게 되는 내면의 깨달음에 주력했다. 목표는 신생아같이 되는 것이었다. 이로 인해 그의 제자 중 한 사람에게는 '유모'라는 별명이 붙게 되었다.[17] 비록 그는 『꾸란』을 근거로 자신의 접근법을 열심히 옹호했지만,[18] 명상과 기도의 물리적 차원을 강조한 쿠브라의 방식은 티베트 불교나 심지어는 요가와도 매우 닮은 구석이 있었다.

야사위는 수피가 전하는 메시지의 중심에 자리한 심오한 감정을 자아내기 위한 도구로서 시가 산문보다 월등하다는 것을 보여 주었다. 니샤푸르 출신의 위대한 수피 시인인 파리드 알 딘 아타르(Farid al-Din Attar,

---

15) Barthold, *Four Studies on the History of Central Asia*, 1: 54, 133.

16) Nile Green, "The Religious and Cultural Roles of Dreams and Visions in Islam", *Journal of the Royal Asiatic Society* 13, 3 (November 2003): 287~313.

17) Najm al-Dīn Dāya('유모')는 *The Path of God's Bondsmen: From Origin to Return* (North Haledon, 1980)의 저자이다.

18) Green, "The Religious and Cultural Roles of Dreams and Visions in Islam", 287ff.

1145~1221)는 매우 섬세하고 아름다운 긴 작품을 만들어내기 위해 이야기꾼 기법의 매력과 수피 신비주의를 결합했다.[19] 단연코 가장 널리 알려진 아타르의 시는 『새들의 회의』인데, 신화 속에 나오는 시무르그(Simurgh, 즉 진리)인 자신들의 왕을 찾기 위해 세상의 모든 새들이 날아갔다는 우화이다.[20] 여행은 힘들었다. 왜냐하면 그들은 목적지에 도달하기 전에 탐색, 사랑, 지식, 독립, 통일, 현혹, 소멸이라는 7개의 계곡을 지나가야만 했기 때문이다. 결국 서른 마리의 새만이 일곱 개의 모든 유혹을 견뎌냈다. 하지만 그들이 시무르그의 궁으로 들어갔을 때, 그는 그곳에 있지 않았다. 그제야 그들은 자신들이, 즉 '서른 마리의 새'(페르시아어로 'si murgh')가 시무르그임을, 그리고 목표가 자신들 밖에 있는 것이 아니라 자의식의 형태로 내면에 있음을 깨닫게 되었다.[21]

이렇게 시의 주요 내용만 건조하게 열거했음에도 작품에 스며 있는 드라마와 황홀감이 물씬 풍긴다. 아타르는 자신이 자아낸 무아지경에 빠져 있었다고 한다. 그의 『새들의 회의』가 전하는 메시지는 레프 톨스토이의 『신의 나라는 네 안에 있다』(*The Kingdom of God Is within You*)를 예고하는 듯하다. 다시 말해, 그것은 수피가 쓴 『천로역정』(*Pilgrim's Progress*)이었다. 많은 이들이 아타르의 작품 구석구석에 스며 있는 범신론(汎神論)을 지적한다. 이도 틀림없는 사실이지만, 이 작품에는 그 이상의 의미가 담겨 있다. 신을 향한 탐색 속에서 아타르는 무슬림의 뇌리를 떠나지 않는 신의 단일성 — 결국 다원성과 같은 것이다 — 과 이슬람의 정수인 복종, 그리

19) 단연코 아타르에 관한 유용한 자료는 Hellmut Ritter, "Philologika X: Faradaddin Attar", *Islam* 25 (1919): 134~73와 F. Meier, "Der Geistmensch bei dem persischen Dichter Attar", *Eranos-Jahrbuch* 13 (1945): 286ff.이다. 이어지는 설명은 이 두 저자에 기반한 것이지만 아타르의 성장과정을 시기별로 통찰한 리터의 견해는 제외했다.

20) Farid ud-Din Attar, *The Conference of the Birds*, trans. Afkham Darbandi and Dick Davis (London, 1984)은 감동적이면서도 단아하게 번역된 책이다.

21) Browne, *A Literature History of Persia from Firdawsi to Sa'di*, 513.

고 심지어는 내세 — 신은 영겁 너머에 존재하기에 — 에 대한 집착까지 모두 떨쳐냈다. 아타르는 "촛불에 관한 진리를 배우고자" 하던 나방에 대해 다음과 같이 글을 썼다.

> 나방은 내려갔다가 재빨리 솟구쳤다. 그리고 광란의 무아지경 속에서
> 그와 불이 춤으로 어우러졌다.
> 불꽃이 그의 날개 끝과 몸통 머리를 집어삼켰다.
> 그의 몸이 반투명한 붉은색으로 맹렬히 불타올랐다.
> 그리고 스승님이 번쩍이는 화염을 보았을 때
> 나방의 형상은 타오르는 빛 속으로 스러졌다.
> 스승님이 말씀하시길 "그는 안다. 우리가 찾는 진리를 안다.
> 우리가 말할 수 없는 숨겨진 진리를."
> 모든 지식을 능가한다는 것은
> 이해 불가한 것을 이해하는 것이다.
> 그렇기에 당신은 간절히 원하던 목표를 결코 이룰 수 없다.
> 당신이 우선 육체와 영혼보다 높이 날아오를 때까지는 말이다.[22]

아타르는 자신의 예술적 성취를 숨기지 않았다. 『꾸란』은 무함마드를 '예언자의 봉인(즉 마지막 사람)'이라고 선언했는데, 아타르는 세상에 자신을 '시인들의 봉인'이라고 소개했다. 그는 인생 말년에 수피즘과 시인이라는 자신의 천직을 받아들였다. 부유한 약사였던 그는 물려받은 니샤푸르의 약국을 서른 명의 직원을 두고 운영했다. 그의 이름 아타르는 향수이자 약품인 장미유(Attar of Roses)에서 유래한 것이다. 무슨 이유에서인지 그는 의학과 과학에 대한 관심을 완전히 접었으며, 중앙아시아 지식인들이 300년 동안

---

22) Attar, *The Conference of the Birds*, 206.

연마해 온 아리스토텔레스적 연구 전통에도 단호히 등을 돌렸다. 학습을 통해 얻어지는 배움을 통상적으로 거부하고 논리학이나 과학, 신학 또는 알려진 형태의 어느 기성종교도 개입되지 않은, 신으로부터 직접 전수되는 지혜를 얻을 수 있다고 믿었다는 점에서 아타르와 가잘리 사이에는 직접적인 관련이 있다.[23] 아타르는 어떤 형태이든 과하다고 느껴지는 추론에는 깊은 반감을 표명했으며, 정치적이고 지적인 혼돈에 빠진 세계로부터 자아를 구하라고 긴급히 촉구했다.

야사위와 쿠브라, 아타르는 중앙아시아를 탁월한 직관력의 황금 노다지로 만들었다. 그들 뒤에는 과학이나 인문학, 국가, 기성종교가 제공하는 그 이상의 무언가를 탐색하는 수백만 명의 사람이 기다리고 있었다. 사람들이 이를 인지하게 되면서 중앙아시아는 다른 지역에서 온 수피 전도사들의 표적이 되었다. 민심이 스승보다 개종한 현지인을 더 따르는 경우도 있었다. 한 시리아 수피의 제자이자 중앙아시아 토박이 출신의 수피 교사였던 타슈켄트의 셰이크 자이누딘 바바(Sheikh Zaynuddin Baba)의 인상적인 경력(그리고 거대한 사당)이 보여 주듯이 말이다.

몽골이 침략할 즈음, 수피즘은 중앙아시아에서 가장 강력한 사상운동이 되어 있었다. 수피즘은 신과의 신비한 재결합을 통해 고통과 절망으로부터 개인의 해방을 약속했으며, 전체 사회가 아니라 개인에 기반해 삶의 난제에 대한 해결책을 제시했다. 그렇기에 수피즘은 모든 계층에게 매력적으로 여겨졌다. 칭기스칸의 군대가 중앙아시아에 당도할 무렵 야사위와 쿠브라를 비롯해 다른 수피 지도자들도 이미 구원의 환상을 체험했고, 추종자들은 그 경험을 조직하고 체계화하는 과정을 시작했다. 숙련자와 추종자의 수가 빠르게 급증했다.[24] 종내 그들이 합리주의자나 법률을 엄격

---

23) 주요 연결고리는 가잘리의 "Treatise on Direct Knowledge from God", *al-Risala al-Laduniyya*에서 확인할 수 있다.

24) Devin A. de Weese, "Islamization in the Mongol Empire", in *The Cambridge*

히 따르는 보수적인 무슬림 성직자 또는 종교학자들의 대항에 직면했을지의 여부는 결코 알 수 없다. 왜냐하면 이러한 반동이 일어났을지도 모를 바로 그 순간에 몽골의 침략이 중앙아시아 전역을 혼란 속에 빠뜨렸기 때문이다.

재앙을 부르며

1210년경 호라즘의 샤, 쿠트브 알 딘 무함마드(Qutb al-Din Muhammad)는 극도로 자신감에 차 있었다. 별다른 어려움 없이, 그리고 상당히 운이 좋게도 그는 중앙아시아 전체와 아프가니스탄, 이란, 인도 여러 지역을 자신의 통치 아래 둘 수 있었다. 서요인들이 동쪽에서 그를 저지하고 있지 않았다면, 어쩌면 그는 수도 구르간지에서 중국으로 이어지는 대(大)북부 노선을 따라 교역 재개도 고려했을지 모른다.[25] 그런데 바로 그해에 어리둥절한 사건이 발생했다. 지금까지 알려지지 않은 한 유목민 부대가 이 지역을 일단 정찰한 후 돌아갔다가 신장에서 다시 건너와 톈산 일대를 휩쓸고 지나갔다. 그러더니 오늘날 키르기스스탄에 있는 수도 발라사군에서 서요인들을 제압해 버렸다.[26] 혹사를 당하던 일부 지역 무슬림들이 처음에는 이교도 몽골인들을 해방자로 환영했다.[27] 그 후 무슨 이유에서인지

History of Inner Asia: The Chinggisid Age, ed. Nicola Di Cosmo, Allen J. Frank, and Peter B. Golden (Cambridge, 2009), 120~34. 위르겐 파울은 견해를 달리했는데, 몽골 이전의 수피즘의 영향을 최소화했다. Jürgen Paul, "Islamizing Sufis in Pre-Mongol Central Asia", in *Islamization de l'Asie Centrale*, ed. Étienne de La Vaissière (Paris, 2008), 297~317.

25) Barthold, *Four Studies on the History of Central Asia*, 1: 114~18.

26) Barthold, *Turkestan Down to the Mongol Invasion*, 402.

27) J. J. Saunders, *The History of the Mongol Conquests* (Philadelphia, 1972), 55.

침략자들은 곧 중국 쪽으로 서둘러 다시 떠났다. 갑자기 동쪽으로 가는 길이 쿠트브 알 딘 무함마드에게 열린 것이다. 그런데 이 새로운 침략자들은 과연 누구였을까?

지난 20년 동안 칭기스칸이라는 천부적인 조직가이자 전략가가 북부 아시아 스텝 지대에 살던 다양한 몽골 부족을 그의 통제 아래 하나의 단위로 통합했다. 그의 일은 이 지역 일대의 일시적인 권력 공백으로 더욱 용이해졌다. 칭기스칸은 이를 기회 삼아 서둘러 움직였다.[28] 1206년 몽골 귀족들에 의해 통치자로 추대된 그는 몽골의 평균기온 하락으로 사료용 풀의 공급이 줄어들자 즉각 남쪽의 중국으로 눈을 돌렸다.[29] 첫 공격에 중국은 약점을 드러냈다. 그 후 칭기스칸은 서요인들에 맞서 작전을 개시하기 위해 철수했다. 그런데 중국에서 소요가 발생하자 그는 톈산을 가로지르는 발판을 버릴 수밖에 없었고, 이는 중앙아시아 전역에 두려움과 함께 희망의 분위기를 조성했다. 1215년 그는 베이징을 정복했다.

칭기스칸은 정착촌에 매우 파괴적인 일격을 가한 후에 그들이 조공을 바치겠다고 동의하면 철수하는 식의, 유목민들의 오래된 공식을 따랐다. 또 그는 군대를 10, 100, 1,000의 단위로 편성하는,[30] 이미 그 우수성이 입증된 스텝 지대의 관습도 따랐다. 그렇지만 그 외의 점에서 그는 결코 평범한 스텝 유목민이 아니었다. 그는 자신의 병사들에게 가장 엄격한 규율을 강제했고 어떤 이탈도 허용하지 않았다. 문서로 된 통신수단이 효율적인 행정을 위해 필수적이라고 생각한 그는 시리아 기독교도 무역업자들이

---

28) Owen Lattimore, "The Geography of Ghingis Khan", *Geographical Journal* 129, 1 (1963): 6~7.

29) Morris Rossabi, *Khubilai Khan: His Life and Times* (Berkeley, 1988), 4.

30) H. Göckenjan, "Zur Stammesstruktur und Heeresorganization altaischer Völker. Das Dezimalsystem", in *Europa Slavica-Europa Orientalis. Festschrift für Herbert Ludat zum 70. Geburtstag*, ed. K.-D. Grothusen and K. Zernack (Berlin, 1980), 51~86.

서쪽에서 가져온, 고대 아람어에 기반한 튀르크-위구르 문자를 채택했다. 이전의 유목민 전사들과는 달리, 그는 또 몽골 오르콘강(Orkhon River) 계곡 깊이 자리 잡은 카라코룸(Karakorum)을 정주할 수도로 삼을 준비도 했다.[31] 게다가 일찍이 화폐 주조의 중요성을 인식한 그는 정복지 전역의 화폐를 표준화했다. 하지만 현지에 기반한 제작은 그대로 유지했다.[32]

기회이기도 하지만 그에 따른 위험도 크다는 것을 직감한 쿠트브 알 딘 무함마드는 이처럼 빠르게 부상한 몽골 지배자를 알현할 상인 사절단을 파견했다. 칭기스칸은 우호적으로 이 사절단을 맞이했고, 자신이 동쪽의 통치자이듯 호라즘의 샤는 서쪽의 통치자라고 인정하기까지 했다. 화기애애한 분위기가 이어지던 가운데 사절단의 무슬림 상인들이 어리석게도 실제가보다 훨씬 높은 가격에 칭기스칸에게 가져온 상품을 보여 주었다. 칭기스칸은 차분하게, 그들이 정말로 몽골인들은 이전에 이와 같은 사치품을 본 적이 없고 그 가격에 대해 모를 것이라고 생각하는지 물었다. 그제서야 무슬림들은 그 물건들을 선물로 내놓았지만 칭기스칸은 그들이 제시한 가격을 지불하겠다고 고집했다.[33]

1218년 여름, 칭기스칸은 화답으로 몽골 사절단을 중앙아시아로 파견했다. 파견단에 참여할 외교관과 무역업자들을 정복한 신장의 무슬림 사회에서 추려냈다. 500마리의 낙타로 구성된 대상단은 부하라를 평화롭게 방문했고 물건도 사고팔았다. 그런데 돌아오는 도중 들른 오트라르에서 호

---

31) 칭기스칸이 성문법도 제정했다는 보편화된 설을 D. O. 모건(D. O. Morgan)은 맹비난했다. D. O. Morgan, "The Great Yasa of Chingis Khan and Mongol Law in the Ilkhanate", *Bulletin of the School of Oriental and African Studies* 49, 1 (1986). 163~76, 그러나 이고르 데 라케빌츠(Igor de Rachewiltz)는 'Jasagh'가 성문법이었음을 입증해 보였다. 최근에 발간된 전기로는 Ratchnevsky, *Genghis Khan, His Life and Legacy*, trans. T. N. Haining (Oxford, 1992)가 있다.

32) Barthold, *Four Studies on the History of Central Asia*, 1: 130.

33) Juvayni, *History of the World Conqueror*, 77~78; Sanktrityayana, *History of Central Asia*, 247; Barthold, *Turkestan Down to the Mongol Invasion*, 403~04.

라즘의 관료인 그 지역의 수장이 그들에게 첩자 혐의를 덧씌워 대뜸 외교
관들의 목을 베고 상인들을 모두 죽여버렸다.

이렇게 중대한 일을 저지른 관리는 이날축(Inalchuq)이라는 자였다. 그
는 인근의 킵차크(Kipchak) 유목민 부족 출신으로, 구르간지의 통치자들
은 이 부족에게서 많은 재능 있는 관료들을 차출해 갔다. 쿠트브 알 딘 무
함마드는 이날축에게 대상단의 물건을 압수하되 무역업자들은 죽이지 말
라고 명을 내렸더랬다. 이는 정말이지 형편없는 행동이었다. 낙타 몰이꾼
한 명이 간신히 살아남아 몽골 본부에 무슨 일이 일어났는지 보고했다. 이
소식을 들은 칭기스칸은 처음에는 놀라운 자제력을 발휘하며 쿠트브 알
딘 무함마드에게 자신의 관료들을 오트라르에서 내보내달라고만 요구했
다.[34] 하지만 호라즘의 샤가 고집을 부리며 이 요구를 거절하자 칭기스칸
은 이를 전쟁 명분으로 삼았고, 충분히 그럴 만했다.[35] 1218년 9월경, 그
는 15만 명의 몽골인과 위구르 튀르크인으로 구성된 부대를 이끌고 톈산
을 건넜다. 오트라르를 함락하고 주민 대부분을 죽인 그는, 녹인 인을 목
구멍에 퍼부어 탐욕스러운 이날축을 처형했다.

관용과 원색적인 잔인함이 결합된 이러한 낯선 특성이 중앙아시아에서
벌어진 칭기스칸의 모든 전투에서 나타났다. 동부의 위구르인들이 항복하
자, 그는 그들의 도시를 건드리지 않았다. 같은 일이 중앙아시아의 수많은
도시와 읍에서 일어났다. 그러나 저항하거나 더 심하게는 항복을 해놓고도
배신했을 경우에 그곳의 주민은 칭기스칸의 군대에 의해 몰살되었다.

---

34) Juvayni, *History of the World Conqueror*, 135.

35) Barthold, *Turkestan Down to the Mongol Invasion*, 398. 러시아어 본문이 이 문
   제를 좀 더 상세하게 다루고 있다. *Turkistan v epokhu mongolskogo nashestviia*,
   465.

몽골의 복수

오트라르를 폐허로 만든 몽골 군은 이번에는 부하라를 괴롭혔다. 지역 수비대는 요새로 물러나 맹렬히 싸웠지만, 이는 오히려 몽골 군이 주민의 대부분을 살해하고 도시를 완전히 파괴하도록 만들었다. 3만 명의 피난민이 이웃도시로 피하려 했지만 도중에 붙잡혀 모두 죽임을 당했다.[36] 같은 일이 사마르칸트에서도 벌어졌는데, 여느 때처럼 몽골인들은 그 지역에서 몽골로 보낼 장인과 일정 수의 여성을 비롯해 어린아이들을 노예로 지정했다. 그런데 이곳에서는 일단의 무슬림 성직자가 항복한 덕분에 몇몇 사원은 파괴를 면할 수 있었다.

여러 몽골 부대가 중앙아시아와 아프가니스탄을 가로질러 지나갔던 길들은 전리품을 기대하고 간 길이 아니라 쿠트브 알 딘 무함마드와 그의 아들 자랄 알 딘(Jalal al-Din)이 지나간 길들을 쫓아간 것이었다. 본대에 의해 카스피해에 있는 한 섬으로 쫓겨난 쿠트브 알 딘 무함마드는 그곳에서 사망했는데, 형편이 너무 곤궁해 수의조차 없이 매장되었다. 칭기스칸은 몸소 아프가니스탄을 가로질러 인더스 계곡의 물탄(Multan)까지 자랄 알 딘을 거침없이 추적했다. 그곳에서 호라즘의 왕위 계승자는 몽골 군에게 치명적인 일격을 가했지만 또다시 패주해야 했다.[37] 몽골의 정복을 동쪽에서 발생한 불가피한 허리케인이라고 본 이들의 생각과는 달리, 이와 같은 전투 장면은 오히려 정복이 호라즘의 샤와 그의 아들이자 계승자, 그리고 그들에게 충성한 이들을 겨냥한 계획적인 토벌로 시작되었음을 보여준다.[38]

---

36) Juvayni, *History of the World Conqueror*, 127~29, 135; Vambery, *History of Bukhara*, 123.

37) Barthold, *Turkestan Down to the Mongol Invasion*, 439~40. 자랄 알 딘의 격동의 생애에 관해서는 *Shikhab ad-din Mukhammad an-Nasavi. Sirat as-Sultan Dzhalil ad-din Mankburny*, trans. A. N. Buniiatov (Moscow, 1996) 참조.

이 두 통치자에 대한 복수를 마친 몽골 군은 훗날의 반격을 기약하며 굴복을 가장하는 가운데 항복이 아닌 싸움을 택한 중앙아시아인들과 대치하게 되었다. 이란어나 튀르크어를 사용하던 이 지역 주민들의 대응은 5세기 전 아랍인들에게 대적한 선조들의 행동을 연상시킨다. 몽골 군은 이에 박멸전으로 응수했고, 호젠트(Khojent), 티르미즈, 니사, 고르, 발흐, 바미안, 니샤푸르, 투스, 헤라트, 메르브, 구르간지에 대한 공격으로 그 절정에 이르렀다.[39] 그들은 빗발치듯 화살을 퍼부었고 측면 돌파 전술을 시도했으며, 널따란 평야에서 거짓 퇴각 작전을 구사했다. 또 공성 기구와 불타는 나프타 솥단지도 도시 공격에 사용했다. 한 동시대인에 따르면 그들은 "마치 사냥감을 쫓도록 훈련받은 야수처럼" 싸웠다.[40]

몽골 군에 맞서 싸운 티르미즈(테르메즈)와 호젠트는 완전히 초토화되었다. 티르미즈에서는 한 여인이 삼킨 보석을 내놓겠다고 약속하며 자비를 구했지만, 몽골 군은 오히려 그녀의 배를 갈라버렸다. 항복하는 척했다가 말을 바꾼 시 행정 담당자들 때문에 발흐와 메르브도 전멸당했다.[41] 메르브에서는 최후의 참화가 있기 전에 매우 모멸적인 상황이 전개되었다. 도시 주민들이 지역의 '셰이크 알 이슬람(Sheykh al-Islam)'*이 쓴 굴욕적인 항복 문서를 가로챘는데, 거기에는 새로운 통치자로부터 고관직을 받는 조건으로 투항을 거래하려는 지역 지도자들의 시도는 물론, 최후의 파괴가 있기 전 막간의 틈을 타 축하 술판까지 벌였다는 내용도 담겨 있었

---

38) Douglas S. Benson, *The Mongol Campaign in Asia* (Chicago, 1991), 145; Saunders, *The History of the Mongol Conquests*, 140ff.

39) 이 부분은 주로 Juvayni, *The History of the World-Conqueror*, 120ff.; Barthold, *Turkestan Down to the Mongol Invasion*, 429~33에 의거했다.

40) Juvayni, *The History of the World-Conqueror*, 127; Wittfogel, *Oriental Despotism*, 30.

41) Juvayni, *The History of the World-Conqueror*, 133~34.

* 이슬람 법학 권위자나 학문적으로 출중한 이를 가리킨다.

다.[42] 한편, 니샤푸르에서는 절망에 사로잡힌 지역 통치자들이 정반대의 전략 사이를 오가고 있었다. 도시를 요새화했다가 작전상 항복을 했고, 그러다가 또다시 싸웠으며(그 과정에서 몽골 장군을 죽였다) 결국에는 항복했다. 인근 투스에서는 몽골 군이 항복을 요구했지만 당시 지역의 한 대중 선동가의 부추김으로 주민들은 매우 모욕적인 답을 보냈다. 이는 결국 전 주민의 몰살로 귀결되었다.[43]

공격이 있을 때마다 대대적인 파괴의 흔적이 뒤따랐다. 1년 후 발흐를 지나가던 중국 출신의 한 도교 수도승은 사람이라곤 그림자도 보이지 않았고 "우리는 여전히 거리에서 개의 울음소리밖에 들을 수 없었다"라고 전했다.[44] 니샤푸르에서는 몽골 군의 파괴가 하나는 남자의, 다른 하나는 여자의 잘린 머리로 쌓은 두 개의 산이 완성될 때까지 계속되었다. 승리를 거둔 장군은 "그 땅에서 경작이 가능할 정도로" 도시를 파괴하라고 명했다. 이번에는 개와 고양이도 모두 죽임을 당했다. 구르간지에서는 건물 두 채만이 남았다. 몇 주 전만 해도 거대하고 부유했던 대도시가 '자칼의 집이자 올빼미와 솔개의 소굴'로 변한 것이다. 발흐와 메르브, 그리고 그 외 지역에서 간신히 폐허에 몸을 숨겨 목숨을 건진 수천 명의 주민도 살아남은 자들을 처치하기 위해 그 지역으로 파견된 몽골 군에 의해 결국 죽임을 당했다. 헤라트에서는 열여섯 명(한 향토사가에 의해 그들의 이름이 일일이 상세하게 기록되었다)이 인근 산꼭대기로 도망친 덕분에 살아남았다. 마을로

---

42) Barthold, *Four Studies on the History of Central Asia*, 1: 127ff.

43) Juvayni, *The History of the World-Conqueror*, 173. 최근 몇몇 학자가 주바이니를 자료 출처로 삼는 것에 의문을 제기하면서 심지어는 몽골인들이 메르브도 니샤푸르도 파괴하지 않았다고 주장했다. 하지만 이 가설을 입증할 확실한 증거가 없기 때문에 여기서는 좀 더 전통적인 견해를 따랐다. 파괴에 관한 이야기에 회의적인 시각을 보여 준 저작으로는 George Lane, *Genghis Khan and Mongol Rule* (Westport, 2004)이 있다.

44) John Andrew Boyle, *The Mongol World Empire*, 1206~1370 (London, 1977), 617.

돌아왔지만 초토화된 땅에서 먹을 것과 입을 것을 구할 수 없었던 그들은 인육을 먹을 수밖에 없었다. 그 외에 노예가 되거나 강제 추방된 몇몇을 제외하고는 주민 전원이 학살당했다.[45]

이 같은 수많은 저항의 사례들은 자신들의 군사적 기량에 대한 확신의 산물이었을까, 아니면 자신들이 항복할지라도 결코 파괴와 죽음을 면치 못할 것이라고 생각한 주민들의 판단에서 기인한 것일까? 부하라 북쪽의 누르(Nur)와 남부 우즈베키스탄의 카르시(Qarshi), 사락스를 포함해 많은 소도시와 대도시들이 항복을 선택했고 그 결과 살아남았다. 몽골이 차후에 투항한 지역들에 부과한 세금도 대체로 공정한 편이었다. 호라즘인들의 가혹한 착취와 굴욕에 분개한 많은 이들은 몽골인들이 꼭 더 나쁘란 법은 없지 않을까 생각하며 투항하기도 했다.[46] 몽골을 위해 일했다고 스스로 인정한 호라산 출신의 역사가 주바이니는 칭기스칸은 투항한 도시들은 건드리지 않았으며, "정복과정 중 도시들이 항복하면 그는 결코 그들을 괴롭히지 않았다"라고 단언했다.[47] 하지만 다른 도시가 겪은 끔찍한 운명에 대한 소문은 무조건 항복해도 목숨을 구할 수 없을지 모른다고 의심하던 자들에게 확신을 주었다. 중앙아시아인들이 싸우기로 결심한 데에는 여러 동기가 있었겠지만 순전히 자포자기하는 심정으로 싸운 이들도 분명히 있었다.

아랍인들이 그러했던 것처럼 몽골인들도 교묘하게 중앙아시아인들 간의 내부적 분열을 이용했다. 그래도 몽골인들은 통치자인 칭기스칸이 사망할 때까지는 적어도 아랍인들보다 훨씬 강한 결속력을 보여 주었다. 항복한 중앙아시아인 수만 명이 몽골 군에게 강제로 끌려가 동족을 공격하는 데 동원되었다. 그러자 교역을 두고 오랫동안 메르브와 경쟁했던 사락스의 주

45) Juvayni, *The History of the World-Conqueror*, 176, 127.

46) Barthold, *Turkestan Down to the Mongol Invasion*, 408, 341.

47) Juvayni, *The History of the World-Conqueror*, 98ff.

민들은 투항한 후 몽골 군에 합류해 인근의 메르브 주민들에게 몽골 군보다 더 잔악하게 굴었다.[48] 메르브는 최근 침입한 1만 명가량의 오구즈 튀르크인에게 심각한 피해를 입고 나서야 간신히 그들을 도시에서 몰아낼 수 있었다. 쫓겨난 튀르크인들은 성 밖에 진을 치고 몽골 군에게 협조를 요청했지만 오히려 몽골 군에게 모두 죽임을 당했다.[49]

이러한 전황에 반하는, 즉 수비군들이 보여 준 놀라운 용맹함과 의협심의 다양한 사례도 얼마든지 열거할 수 있다. 어리석은 행동으로 이 모든 충돌을 야기한 오트라르의 불운한 총독인 이날축은 칼을 놓칠 때까지 싸움을 멈추지 않았고, 그 후로도 몽골 군에게 붙잡히기 전까지 마을 여자들이 건네준 벽돌을 던지며 싸웠다.[50] 오늘날 타지키스탄의 시르다리야 강가에 있던 호젠트에서는 몽골 군이 날려 보내는 불타는 나프타 솥을 견딜 수 있는 내연성 소재로 만든 장갑 배를 타고 그곳의 왕실 사람들이 간신히 도망친 사례도 있었다. 그들은 그 후 수피 순례자로 변장한 채 시리아로 향했다.[51] 또한 호라즘의 왕위 계승자인 자랄 알 딘이 말을 타고 자진해 절벽에서 강 아래로 떨어지는 것을 지켜보던 칭기스칸은 이런 젊은 이를 아들로 두었다면 매우 뿌듯했을 것이라고 시인했다고 한다. 무엇보다도 항복이 아닌 투쟁을 선택한 모든 도시의 수많은 사례가 중앙아시아를 방어하던 이들의 단호함을 증명한다.

---

48) Boyle, *The Mongol World Empire, 1206~1370*, 618.

49) Barthold, *Four Studies on the History of Central Asia*, 1: 122~27.

50) Vambery, *History of Bukhara*, 123.

51) Juvayni, *The History of the World-Conqueror*, 91~94.

베이징(北京)에의 정착

1219~21년의 칭기스칸의 맹공격으로 중앙아시아 전역과 아프가니스탄, 이란이 몽골의 지배를 받게 되었다. 1227년 그의 죽음은 유목 사회 특유의, 일종의 계승경쟁을 촉발할 수도 있었다. 하지만 칭기스칸은 신중하게 자신의 후계자로 아들 오고타이(Ogotai, 1185?~1241)를 미리 지명해 놓았다. 그럼에도 불구하고 몽골인들이 서부 정복을 재개하는 데는 10년이나 걸렸다. 이번에는 오늘날의 우크라이나, 러시아, 동부 폴란드 지역에 주력했다. 그런데 얼마 후 계승 문제가 불거졌다.

1255년에 새로운 통치자는 동생인 훌라구(Hulagu, 1218~65)에게 이란과 지중해 사이에 존재하는 모든 이슬람 세력을 파괴하는 임무를 맡겼다. 훌라구는 대군을 모아 바그다드를 약탈하고 포로로 잡은 칼리프를 처형했다. 그런 후 시리아 전역을 정복하고 왕위계승 싸움에 가담하기 위해 황급히 몽골로 향했다. 그가 뒤를 부탁한 위구르 장군은 이집트 맘루크 군에게 1260년 갈릴리(Galilee)에서 끔찍한 패배를 당했다.[52] 그사이 몽골에서 벌어진 왕위를 차지하기 위한 치열한 경합 결과, 칭기스칸의 손자인 쿠빌라이(Khubilai, 1215~94)가 칸으로 지명되었다.[53]

쿠빌라이칸의 유례없는 남중국 정복으로 동(東)몽골 제국은 항구적인 변화를 경험하게 되었다. 쿠빌라이는 중국에서 영향력을 강화하는 데 모든 역량을 쏟았다. 베이징 인근에 직사각형 형태의 새로운 수도인 대도(Ta-tu, '위대한 도시')를 건설했으며, 새로운 행정체제도 정비했다.[54] 쿠빌라이는 고려(高麗)를 공격하고 바다를 통해 일본을 정복하고자 1274년과 1281년에

---

52) 레우벤 아미타이는 몽골과 맘루크 간의 충돌에 관해 설득력 있는 글을 썼다. Reuven Amitai, *Mongols and Mamluks: The Mamluk-Ilkhanid War, 1260~1281* (Cambridge, 1995), 214~35.

53) Rossabi, *Khubilai Khan: His Life and Times*, 53.

54) *Ibid.*, 131ff.

두 차례나 대규모의 원정 ─ '신성한 바람', 즉 카미카제(kamikaze)가 불어 몽골의 함대를 파괴하면서 결국 실패로 돌아갔다[55] ─ 을 시도했는데, 이는 그가 시종일관 동쪽을 지향했음을 보여 준다. 쿠빌라이칸이 이러한 사업에 힘쓰는 동안 이란과 러시아의 몽골 통치자들은 자신들만의 다른 관심사를 추구했다. 이란의 훌라구와 그의 후계자들은 수도를 타브리즈와 술타니야(Sultaniyya)로 정하고 일한국(汗國) 수립에 착수했다. 현지화 과정의 일부로서 훌라구의 계승자들은 이슬람교로 개종했다. 러시아 남부의 황금군단의 몽골인들은 중부 유럽으로 세력 확장을 꾀했지만 헝가리에서 저지당했다. 그 후 그들은 새로운 지역 국가를 수립하는 대신에 광활한 영토로부터 공물 차출에 주력했다.

이 같은 전반적인 몽골의 지방분권화 속에서 중앙아시아도 독자적인 길을 걸었지만, 중국이나 이란에 비해 그다지 우호적인 결과를 얻지 못했다. 급기야 중앙아시아는 몽골 제국의 중국과 이란 지역이 중요한 발전을 경험하는 150여 년 동안에 초라한 처지로 전락했다. 그 결과 이 무기력한 시대 뒤에 등장한 타메를란(티무르)의 어마어마한 군대와 도시 사업조차도 중앙아시아를 지속적인 발전의 길로 되돌리는 데 성공하지 못했다.

이런 불행한 사태 전환을 이해하기 위해서는 우선 몽골 통치가 성공한 두 사례를 제대로 파악해야 한다. 몽골 치하의 중국과 이란 양 지역에서 이루어진 발전은 상당 부분 새로운 지역 통치자들이 현지의 문화에 동화하기로 선택한 사실에서 기인했다. 그리고 이는 그들로 하여금 많은 분야에서 현지 기술과 전문 지식에 의존하게 만들었다. 반면 중앙아시아에서 나타난 몽골 통치의 퇴행적인 성격은 정착생활로의 이행과 도시문명의 수용을 거부하거나 실패한 데서 기인했다.

---

55) Stephen Turnbull, *The Mongol Invasions of Japan, 1274 and 1281* (Oxford, 2010). 쿠빌라이칸의 선단에서 활약했던 배들이 최근에 발견되었다. "Divers Find Thirteenth Century Wreck from Khubilai Khan's Invasion Fleet That Was Destroyed by a 'Divine' Typhoon", *Daily Mail*, October 26, 2011 참조.

중국의 몽골인들이 중국인들의 생활방식을 곧바로, 그리고 심도 있게 차용하게 된 것은 순전히 필요성 때문이었다. 유목생활을 해왔던 중국의 새로운 몽골 통치자들은 자신들이 다른 이들의 행정 기술에 의존할 수밖에 없음을 잘 알고 있었다. 하지만 중국인들의 충성심을 믿을 수 없었던 그들은 처음부터 대다수가 네스토리우스파 기독교도였던 튀르크 위구르인이나 중앙아시아의 무슬림들에게 도움을 청했다.

후자를 대표하는 사람 가운데 하나가 칭기스칸에게 항복하고 지방 행정가로 임명되었던 부하라 귀족 출신의 사이드 샴스 알 딘(Sayyid Shams al-Din)이다. 그의 놀라운 성공은 중요한 지방인 윈난(雲南)의 총독으로 지명되면서 절정에 이르렀다.[56] 쿠빌라이가 재상으로 임명한 또 다른 중앙아시아인은 타슈켄트 변방 출신의, 그저 '아흐마드'(Ahmad)로 기억되는 자였다. 곧 이 노련한 관리인이자 사기꾼은 중국을 지배하던 몽골 국가의 조세 및 재정 기구 전체를 장악하였고 자신의 아들까지 고위직에 앉히기 위해 이전투구를 벌였다. 사실상 20년 동안 아흐마드는 제국의 실질적인 통치자였고 셀주크의 니잠 알 물크―그저 그의 종교 프로그램이 없었을 뿐―의 최신판이었다. 중국에서 아흐마드의 영향력이 너무 막대하여 마르코 폴로는 이 타슈켄트 상인이 칸을 홀렸다고 생각했다. 아흐마드의 공금횡령과 주색잡기를 의혹의 눈초리로 보던 중국의 경쟁자들은 분개한 나머지 그를 '악랄한 3대 대신'으로 낙인찍고 결국에는 그를 죽여버렸다.[57]

이와 같은 수석 고문들 덕분인지, 아니면 이러한 이들에도 불구하고인지는 모르겠으나, 아무튼 쿠빌라이칸은 효율적인 행정 및 조세제도를 도입했다. 그 결과 수년 동안 중국어뿐만 아니라 위구르어 사용도 계속되었다. 또한 그가 서요인들에 의해 차단된 이래 닫혀 있었던 동-서 대상길을 재개한 것도 중요하다. 무역이 번성했고 대다수 중국의 도시들이 부유해졌

56) Rossabi, *Khubilai Khan*, 142.

57) *Ibid.*, 179~99.

다. 쿠빌라이의 치세가 시작되고 15년이 지나 베이징에 도착한 폴로는 몽골이 후원한 이러한 호황으로부터 이익을 얻기 위해 몰려든 수천 명의 해외 상인 가운데 한 명에 지나지 않았다. 중앙아시아 정복기에 잡혀온 다수의 무슬림 건축가와 장인들도 중국 곳곳에 배치되어 몽골의 행정 중심지를 건설하고 장식했다.

몽골 치하의 중국에서의 중앙아시아 문화

쿠빌라이칸이 도시에서의 정착생활을 받아들이면서 중앙아시아인들의 재능에 대한 그의 의존도는 더욱 높아졌다. 새로운 몽골 정복자들의 지적 지평은 넓지 않았는데, 사마르칸트 출신의 작가 니자미 아루디가 통치자들이 갖추어야 할 필수 요소로 정의한 네 가지 공리적 영역, 즉 천문학/점성학, 의학, 송시, 역사 서술에 주로 초점을 맞추었기 때문이었다. 이 가운데 몽골인들은 점성술과 의학에 특히 중요성을 부여했다.

쿠빌라이는 의사를 인도에 파견했는데, 그들 중 일부는 이미 이븐 시나의 『의학정전』을 통해 인도에 소개된 새로운 '그리스' 기술을 익히 알고 있는 전문의들이었다. 오늘날의 키르기스스탄과 카자흐스탄의 제티수 유역 출신의 네스토리우스파 기독교도 의사들도 고도로 발달한 중국의 약리학 분야에 영향을 끼쳤을 정도로 중요한 역할을 수행했다. 중앙아시아 출신의 바로 이 의사들이 중국인 동료들에게 이븐 시나의 『의학정전』을 소개했으며, 쿠빌라이는 이를 중국어로 번역하라고 명령했다.[58]

점성술과 천문학 분야에서는 몽골인들도 전문가들을 보유하고 있었다. 그러나 일식을 예언할 수는 있었지만 천문학에 관한 몽골 점성술사들

---

58) *Ibid.*, 145~51.

의 지식은 매우 한정적이었다. 따라서 자신들이 한 예언에 대한 자신감도 매우 부족했기 때문에 매번 근심스러운 북소리로 식(蝕)을 맞았고 그것이 끝나면 술판이 벌어졌다.[59] 이번에도 쿠빌라이는 밖으로 눈을 돌려야만 했다.

몽골 정복기에 사마르칸트의 관측소는 흥미롭게도 리(Li)라는 중국 천문학자가 총괄했다.[60] 이러한 예외가 있기는 하지만, 대개는 그 지역 출신의 인재가 중앙아시아 곳곳에서 이 분야를 지배했고 쿠빌라이칸의 천문학 연구팀에서 일할 인력도 제공했다. 그 후로 여러 세대 동안 중앙아시아인들이 베이징의 천문학 분야를 좌지우지했다. 베이징에 처음 끌려 왔던 이들이 포로 신세였다면, 그 뒤를 이은 이들은 쿠빌라이가 직접 궁으로 초빙한 전문가들이었다.

베이징에 초빙된 사람 가운데 가장 중요한 인사는 종래의 중국 부처와 나란히 운영될, 따라서 경쟁이 불가피했던 '이슬람 천문학 기관' 설립이라는 책임을 부여받은 부하라의 자말 알 딘(Jamal al-Din)이었다. 이미 몽골에서 일한 바 있던 그는 7개의 천문학 기구 — 중국 기술자들에게 제작을 의뢰하여 쿠빌라이칸에게 바쳤다 — 의 상세한 설계도를 가지고 쿠빌라이의 새로운 수도에 도착했다. 여기에는 진일보한 아스트롤라베와 정시 및 부정시 모두를 보여 주는 해시계, 구면체 아스트롤라베인 혼천의, 천구의, 지구의가 포함되어 있었다.

늦어도 1092년부터는 혼천의를 제작했고 천구의도 익히 알고 있었기에 중국의 천문학자들에게도 이들 모형이 낯설지는 않았다. 그러나 이때 그들은 지난 3세기 동안 비루니와 하이얌, 다른 일군의 중앙아시아 및 아랍 천

---

59) Peter Jackson and David Morgan, eds., *The Mission of Friar William of Rubruck*, trans. Peter Jackson (London, 1990), 240ff.

60) Thomas T. Allsen, *Culture and Conquest in Mongol Eurasia* (Cambridge, 1971), 161.

문학자들의 발견을 적용한 진일보한 아스트롤라베를 처음 보았다. 또한 두 개의 해시계 중 하나에 구현된 부정시의 개념도 이들에게는 매우 참신했다. 자말 알 딘의 지구본이 강과 대양, 심지어는 구간에 따른 거리까지 보여 주고 있다는 사실도 그들을 놀라게 했다. 물론 이 지구본은 2세기 전에 구르간지에서 젊은 비루니가 진행한 프로젝트에 직접 기반한 것이었다. 중국 천문학이 정교하기는 했지만, 이 기구는 중국의 천문학자들에게도 완전히 새로운 것이었다.[61]

자말 알 딘은 쿠빌라이를 위해 만년 후까지도 내다보는 새로운 역법 체계를 준비했다. 이를 위해 비루니나 하이얌 같은 중앙아시아 천문학자들이 수정한 프톨레마이오스의 표를 사용해 베이징의 위도에 맞게 조정했다. 자말 알 딘은 몽골의 수도 카라코룸 — 지금의 하르호린(Kharkhorin) — 에서 천문학자이자 점성술사로 일하면서 20년 전부터 이 작업을 시작했다. 하지만 이 작업을 혼자 감당하기에는 너무 벅차자, 그는 그 무렵 페르시아의 몽골인들을 위해 일하던 중앙아시아 천문학자들의 수장인 나시르 알 딘 알 투시(Nasir al-Din al-Tusi, 1201~74)를 합류시켰다. 이렇게 그는 이슬람 천문학 기관 및 그와 연계된 관측소의 도움으로 이 계획을 마무리 지을 수 있었다. 이외에도 중앙아시아 석학의 전형이었던 자말 알 딘은 원(元)나라 전역을 측량하는 막대한 조사도 시행했다. 지금은 그 서문만 남아 있지만 무려 755권에 달하는 장부가 작성되었다고 한다.[62]

그 후에도 거의 한 세기 동안 천문학 연구소와 산하의 관측소는 계속해서 중앙아시아의 전문가들을 베이징으로 유입시켰다. 이 관측소는 오늘날에도 여전히 남아 있다. 1360년대에는 아프가니스탄의 쿤두즈(Kunduz)에

---

61) M. C. Johnson, "Greek, Moslem, and Chinese Instrument Design in the Surviving Mongol Equatorials of 1279 AD", *Isis* 32, 1 (July 1940): 27~43; Needham, *Science and Civilization in China*, 5: 352~74.

62) Allsen, *Culture and Conquest in Mongol Eurasia*, 166~68.

서 샴스 알 딘의 번역가 중 여럿이 비루니의 『고대국가들의 연표』와 나시르 알 딘 알 투시의 최근 저작뿐만 아니라 유클리드와 프톨레마이오스를 비롯해 그리스 및 아랍 천문학 서적을 중국어로 번역하기 위해 고용되었다. 좀 더 후의 일이지만, 또 다른 사마르칸트 출신의 천문학자 아부 무함마드 호자 가지(Abu Muhammad Khwaja Ghazi)도 티베트의 몽골 총독을 위해 천문학표를 준비하고 식(蝕)을 예측하는 업무를 수행했다.[63]

몽골 치하의 이란에서의 중앙아시아 문화

몽골의 주류 세력이 중국에서의 지배를 강화하고 있는 사이 중심에서 떨어져 나간 세력은 새로이 장악한 영토 곳곳에서 서쪽으로 뻗어나갔다. 경합을 벌이던 칭기스칸의 후손들이 주요 지역에 대한, 경우에 따라서는 제국 자체에 대한 권리를 각기 주장하며 서로에게 칼을 겨누는 데는 한 세대도 걸리지 않았다. 그동안에 오늘날의 우크라이나와 러시아 지역의 정복으로 칭기스칸의 손자들인 바투(Batu)와 베르케(Berke)가 이끄는 한 분파는 북극의 영구 동토층까지 쭉 이어진 스텝 지대와 삼림지대를 지배하게 되었다. 이 '황금군단'이 후대 사회에 깊은 영향력을 주고도 남을 270년 동안이나 모스크바 공국을 통치했다.

그러는 사이 몽골인들은 칼리프 제국을 파괴하고 1258년에는 바그다드도 약탈했다. 이는 이 지역 전체의 역사에서 획기적인 사건이었다. 오늘날 서부 이란에 해당하는 아제르바이잔 지역의 타브리즈에 기반하는 또 다른 역동적인 몽골 정권을 창출한 이 정복에 이어 서부 이라크와 시리아에서도 성공적인 전투가 계속되었다.

---

63) *Ibid.*, 168~70; Kennedy, *Astronomy and Astrology in the Medieval Islamic World*, 59~74.

자신들의 전통적인 샤머니즘 신앙을 유지했던 황금군단의 몽골인들과는 달리, 페르시아의 몽골인들은 1290년대에 이슬람으로 개종하고 풍요로운 페르시아의 도시문화에 완전히 심취했다. 그런데 이미 이 시기 이전부터 이른바 부(副)칸국이라 불리던 일한국의 군대는 북쪽의 황금군단과 칭기스칸의 둘째 아들의 후손들이 중앙아시아에 세운, 하지만 상황이 좋지 않던 제3의 분파인 차가타이(Chaghatai) 왕조와 싸움 중이었다.

이와 같은 골치 아픈 몽골 내부 관계와 이로 인한 잦은 무력 충돌은 초기의 정복이 일단락되면서 유라시아 전역에 확산되었다고 하는 팍스 몽골리카(Pax Mongolica)라는 대중적인 개념을 폐기하게 만든다. 중국과의 교역이 재개되면서 이에 참여했던 도시들, 특히 타브리즈와 페르시아 일한국의 다른 상업 중심지가 잠시나마 부유해진 것은 확실하다. 그러나 몽골 유산을 이어받은 여러 국가 간의 경제적·종교적 차이를 갈수록 벌어지게 만들던 영토의 광활함 그 자체만으로도,[64] 그리고 모든 유목 사회를 괴롭히던 지방분권적인 세력으로 인해 몽골 제국은 형성기부터 이미 분열하기 시작했다.

상황이 이러했음에도 불구하고 페르시아의 몽골인들은 짧은 시기나마 문화적 활기를 마음껏 경험했다.[65] 산업과 농업에 대한 그들의 지원은 새로운 부를 창출했고, 페르시아의 영향을 받은 신도시 건설과 건축 사업 — 이들 대부분은 중앙아시아 모델의 영향을 많이 받았다 — 에 부를 아낌없이 쏟아부었다. 49미터 높이의 두 개의 둥근 지붕을 지탱하고 있는 팔각형의 기부로 구성된[66] 술타니야에 있는 화려한 반구형의 올제이

---

64) Grousset, *Empire of the Steppes*, chap. 9.

65) George Lane, *Early Mongol Rule in Thirteenth Century Iran: A Persian Renaissance* (London, 2003).

66) Andre Godard, "The Mausoleum of Öljeitü at Sultaniy", in *A Survey of Persian Art*, ed. Arthur Upham Pope and Phyllis Ackerman (Tehran, 1977), 1103~18.

투 — 올제이투 후다반다(Uljaytu Khudabanda) — 무덤은 메르브의 산자르 영묘와 같은 방식으로 지어졌다. 이렇게 예술가와 시인들은 전통적인 방식으로 새로운 통치자들에게 영광을 돌림으로써 후한 보상을 받았다.

몽골 통치자들의 치세가 야기한 한 가지 부정적인 측면은 일한국 페르시아가 서구보다는 동방에 더 촉각을 세웠다는 점이다. 그 결과 서유럽 문명이 이룬 최근의 성과를 접할 기회가 매우 적어졌다.[67] 이러한 방향 전환은 중앙아시아에도 영향을 끼쳤는데, 왜냐하면 유럽과의 만남이 주로 이란을 통해 이루어졌기 때문이다. 따라서 새로운 산들바람이 유럽의 학계와 문화계에서 불고 있던 바로 그 순간에 중앙아시아와 서구 간의 접촉은 점점 더 뜸해지게 되었다.

많은 측면에서 몽골 치하의 페르시아는 저 멀리 베이징과 유사하게 발전했다. 일한국 왕실 역시 실천이성과 미신을 결합하는 방식으로 점성술과 천문학을 장려했고, 한편으로는 의사들이 통치자의 건강을 돌보기 위해 수고를 아끼지 않았다. 일한국이 이슬람으로 개종하기 전후에 보여 준 유목민의 관용적인 전통은 다수의 기독교도와 유대인뿐만 아니라 수니파든 시아파든 간에, 모든 무슬림을 몽골의 서쪽 수도로 끌어들였다. 실제로 그곳에서 환영받지 못한 유일한 이들은 이스마일파 무슬림뿐이었는데, 그들을 정치적 위협으로 간주한 몽골인들이 나라 밖으로 쫓아냈기 때문이다. 베이징에서처럼 이 같은 분위기를 매력적으로 생각한 중앙아시아의 과학자와 예술가들은 그곳으로 대거 모여들었으며, 덕분에 몽골 세력의 독자적인 이 서쪽 보루는 중앙아시아에서 결정적인 역할을 할 수 있었다.

예를 들면 몽골의 성공적인 경제 전략을 고안해 실행한 사람은 호라산 출신의 재무대신 —그의 아버지는 전임 재무대신이었다 — 인 샴스 알 딘

---

67) Judith Kolbas, *The Mongols in Iran: Chinggis Khan to Uljaytu, 1220~39* (London, 2006), 375. 지중해 무슬림들이 유럽 문명을 제대로 수용하지 않은 것도 마찬가지로 문제를 야기했다고 주장할 수 있을 것이다.

이었다.[68] 샴스 알 딘의 동생이자 주바이니로 알려진 알라 알 딘(Ala al-Din)도 바그다드 약탈에 참여했고, 그 후 옛 아바스 수도의 총독이 되었다. 이 사람이 바로 몽골 정복에 관한 상세하고도 재미있는 자료인 어마어마한 『세계 정복자의 역사』(The History of the World-Conqueror)를 저술한 그 주바이니이다. 한때 몽골인들에게 사형선고를 받았으나, 같은 고향 사람의 중재로 간신히 목숨을 건진 주바이니는 매우 신중하게 역사를 서술했다.[69] 극악한 사건을 생생히 묘사하면서도 자신이 모시고 있는 몽골 군주에 대한 도리 역시 지키면서 주바이니는 극적인 클라이맥스와 폭발적이면서도 종종 뼈까지 시리게 만드는 줄거리, 그리고 일반적인 전제를 반박하기 위해 고안된 사려 깊은 여담까지 제공하며 멋지게 독자들을 사로잡았다. 하지만 종종 동일 사건을 두고 모순적인 두 가지 입장을 표명하는 그의 모습에서 불확실성이 엿보이기도 한다.[70]

몽골 통치자들을 송시(頌詩)로 즐겁게 하여 그 보답을 받던 작가 가운데에는 제각기 오늘날의 타지키스탄과 우즈베키스탄, 카자흐스탄에 있는 이스파라, 마르길란, 파르야브 출신의 시인들이 있었다. 페르가나 계곡 출신의 한층 흥미진진하고 독립적인 시인도 있었다. '아티르'(Athir)라는 필명으로 글을 쓰던 그는 자신에게 동의하지 않는 모든 이를 비판했고 표절자라는 의혹을 받고 있던 이를 '시의 카라반을 도적질한 자'라며 공격했다.[71]

이들 중 그 누구도 시라는 창공에서 빛나는 두 거성, 즉 시라즈 출신의

---

68) 샴스 알 딘을 비롯해 몽골의 관료로 일한 중앙아시아인들에 관해서는 Rossabi, *Khubilai Khan*, chap. 5, 7 참조.

69) Browne, *A Literary History of Persia from Firdawsi to Sa'di*, 486.

70) 바르톨트는 *Turkestan Down to the Mongol Invasion*, 343, 355~59에서 이 두 입장을 놓고 판정을 내렸다.

71) Rypka, "Poets and Prose Writers of the Late Saljuq and Mongol Periods", 5: 576~77. 송시의 부정적인 영향에 관해서는 A. Afsahzod, "Persian Literature", in *History of Civilizations of Central Asia*, vol. 4, pt. 2, 374 참조.

위대한 사디(Saadi)와 오늘날의 아제르바이잔 지역 출신의 니자미(Nizami)
와는 비교가 되지 않았다. 하지만 표현의 깊이와 폭만으로도, 그리고 오늘
날까지도 독자들을 사로잡는 어마어마한 매력이라는 측면에서도 이 두 거
장을 뛰어넘는 중앙아시아 시인이 있었다. 자랄룻딘(자랄 알 딘) 무함마드
발히(Jalaluddin(Jalal al-Din) Muhammad Balkhi, 1207년경~73)는 오늘날
'루미'(Rumi), 즉 '롬(Rome)에서 온 사람'으로 알려져 있다. 그는 40년 이
상을 일전에는 비잔티움의 아나톨리아 영토였던—이런 이유로 '롬' 또는
'루미'라 불렸다—중앙아시아 망명자들의 집단 거주지인 코니아(Konya)
에서 지냈기 때문에 이러한 이름을 얻게 되었다. 그러나 그는 중앙아시아
에서 태어났고 그와 가족이 몽골의 공격을 피해 서쪽으로 도망치기 전까
지 그곳에서 살았다. 발흐 출신이라고 말해지기도 하지만—그 덕에 아프
가니스탄에서는 '루미'가 아니라 '발히'로 알려져 있다—루미는 하나피
법학자이자 신비주의자였고 분투하는 설교자였던 그의 아버지가 일자리
를 찾고자 했으나 허사로 돌아간, 타지크 마을인 바흐슈(Vakhsh)에서 태어
났을 가능성이 훨씬 높다. 바흐슈에서 정착하지 못한 그의 가족은 호라즘
의 샤, 즉 쿠트브 알 딘 무함마드의 파괴적인 공격이 있던 바로 그때에 사
마르칸트에 도착했다. 그리고 7년이 지난 1220년 3월 칭기스칸의 군대가
쳐들어온다는 소식에 서둘러 사마르칸트를 빠져나왔다. 그들은 우선 발흐
로 갔다가 몽골 군이 이 도시로 접근해 오자 니샤푸르로 향했다. 전해오는
이야기에 의하면, 바로 이곳에서 이 청년은 수피 시인인 아타르를 만났다.
니샤푸르 주민들의 손에 칭기스칸의 사위가 사망하자, 아버지의 제자들과
함께 루미의 가족도 또다시 피난을 가야 했다. 이번에는 통치자의 친족을
살해한 도시를 징벌하는 데 혈안이 되어 있는 몽골 대군을 피하기 위해서
였다. 메카 순례를 마친 피난민들은 1225년경 아나톨리아의 코니아에 이
르렀다.

　루미는 과연 몇 살에 중앙아시아를 떠났을까? 에모리 대학의 프랭클린
D. 루이스(Franklin D. Lewis)가 주장하는, 전통적인 날짜 추정에 따르면

당시 그는 열네 살이었다. 그러나 독일 학자 안네마리 슘멜은 그가 적어도 열아홉 살에서 스무 살은 되었을 것이라고 주장한다. 어떤 주장이 맞든지 간에, 루미가 코니아가 아니라 중앙아시아의 열정과 근심이 가득한 분위기 속에서 성장했고 영향을 받았음은 분명하다. 그의 아버지는 가잘리의 동생 아흐마드에게서 영감을 받았는데, 아흐마드는 유명 인사였던 형보다 더 비타협적인 반합리주의자였다. 루미는 정규교육을 지적으로 격앙된 도시인 사마르칸트에서 받았기에 그곳에서 들끓던 수피즘의 영향에도 노출될 수밖에 없었다. 그리고 그의 인생관은 자신을 둘러싼 사회가 무너지던, 즉 밖으로의 탈출마저 한숨 돌릴 틈을 주지 않던 공포로 가득한 세계 속에서 형성되었다.[72]

루미의 현실 세계는 어느 현대 학자가 "지금까지 알려지지 않은 빛나는 영적 경지"라고 칭했던 것과는 반대로 완전히 암흑 그 자체였다.[73] 루미는 자신이 경험한 일상생활의 잔혹함과 삭막함에 전대의 어떤 시인도 따라올 수 없는 몰아적 재능으로 대응했다. 그는 세속적인 사랑과 아름다운 얼굴, 신의 불가해한 본질을 읊은 시와 그를 계승한 코니아 데르비시(수도승)의 상징이 된 회오리춤, 그리고 음악에 푹 빠져 살았다.

오, 음악은 사랑하는 모든 이의 고갱이,

음악은 영혼을 저 위의 왕국으로 끌어올린다네.

재가 타고, 숨은 불길이 번지듯이,

---

72) 1208~12년 사마르칸트에서 벌어진 사건에 관해서는 Barthold, *Turkestan Down to the Mongol Invasion*, 361~67와 루미의 출생지와 그 외 세부적인 신상에 관해서는 Franklin D. Lewis, *Rumi Past and Present, East and West* (Oxford, 2000), 42~56 참조. 루미의 생년월일을 1207년이라고 추정하는 전통적인 견해에 대한 논란은 Lewis and Annemarie Schimmel, *The Triumphal Sun: A Study of the Works of Jalaloddin Rumi* (New York, 1993), 12~14에서 찾아볼 수 있다.

73) Schimmel, *The Triumphal Sun*, 9.

우리는 음악을 들으며 기쁨과 평안으로 불타오른다네.[74]

함께 살았던 문맹의 금세공인에게 영감을 받아 쓴 많은 시 속에서 루미는 자신을 압박했던 혼란스러운 격동의 감정과는 극적인 대조를 이루는 정밀함과 섬세함으로 세속적인 사랑과 신의 사랑 사이를 오가며 노래했다.

> 사랑으로 떫던 것이 달콤해지고,
> 하찮은 구리가 금으로 변한다네.
> 사랑으로 찌꺼기가 사라지고,
> 고통이 치유되기 시작한다네.
> 사랑으로 죽은 자가 살아나고
> 왕이 노예가 된다네.
> 게다가 이와 같은 사랑은 지혜의 열매라네.
> 어리석은 자는 결코 사랑의 왕좌에 앉을 수 없다네.
> 아니지, 무지한 자도 사랑에 빠지긴 하지,
> 단 생명이 없는 것과.
> 그는 열망하는 것의 모습을 생명이 없는 무언가에서 본다고 생각한다네.
> 마치 연인의 휘파람소리를 들은 듯이.
> 지혜의 결핍은 느낄 수 없다네.
> 번쩍이는 번개를 태양으로 착각하지.
> 번개는 일시적이고 신의가 없거늘.
> 명석함이 없다면 결코
> 일시적인 것과 영원한 것을 구별할 수 없다네.[75]

---

74) Reynold A. Nicholson, *Rumi, Poet and Mystic* (Oxford, 1995), 32.
75) Kabir Helminksi, ed., *The Rumi Collection* (Boston, 2000), 45.

결국 모든 사랑의 대상은 신이다. 그러나 루미의 신은 주류의 수니파나 시아파 또는 어느 종파의 신이 아니었다.

종교적 맹목은 딜레마에 빠진다.
왜냐하면 어느 한쪽만을 옹호하는 자는
꿈쩍도 않고, 자신의 길에만 기뻐하기 때문이다.
사랑만이 그들의 싸움을 끝낼 수 있다.
당신이 그 주장에 맞서기 위해 도움을 요청하면
사랑만이 구하러 달려올 수 있다.

자, 나 자신도 잘 모르겠는 내가, 이제 신의 이름으로
무엇을 해야 할까?
나는 십자가도 초승달도 흠모하지 않는다.
나는 불신자(Kafir)도 유대인도 아니다.
나의 집은 동에도 서에도, 육지에도 바다에도 없다.
나는 천사나 땅속 요정과도 무관하다.[76]

목전에서 벌어진 모든 문명의 파괴와 창조라는 대격변으로 인해 표류하는 사람을 위해 루미는 수동적인 복종이 아니라 중앙아시아 수피 메시지의 핵심인 적극적인 사랑의 형태로 신앙의 위안을 건넸다.

이 세상은 올가미이고 욕망은 미끼라네.
올가미를 피해, 서둘러
당신의 얼굴을 신을 향해 돌리시게.[77]

---

76) *Ibid.*, 177.
77) *Ibid.*, 87.

잠시 소생한 위대한 전통: 나시르 알 딘 알 투시

1256년 11월 말에 이란 북서 지역의 산꼭대기에 위치한 알라무트
(Alamut) 성채의 폐허 속에서 상당히 중요한 대화가 오갔다. 수개월째 몽
골 군의 군사령관이자 칸인 훌라구가 시아 이스마일파의 근거지인 이곳
을 포위 중이었다. 이곳은 끔찍한 '아사신'의 발상지이고 그런 이유로 몽골
의 이란 장악에 방해가 될 것이라는 소문이 자자했기 때문이었다. 이 포
위가 있은 지 13년 후에 카타리파 또는 알비파로 불리는 기독교 이단 분
파가 피난해 있던 남부 프랑스의 몽세귀르(Montsegur) 요새에서도 교황의
군대에 의한 포위작전이 벌어졌다. 그리고 몽세귀르를 장악한 군인들에 의
해 분파주의자들은 대량학살을 당했다. 훌라구가 마침내 시아 이스마일파
의 마지막 저항을 무찌르고 요새 전체를 손에 넣었을 때도 비슷한 운명이
그들을 기다리고 있었다. 이 알라무트 포위에서 살아남은 몇 안 되는 사람
가운데 한 명이 몽골 군을 피해 그곳에 숨어 있던, 천문학자이자 철학자인
대학자 나시르 알 딘 알 투시였다.[78] 교양 있는 알라무트의 이스마일파 통
치자는 산꼭대기에 투시가 사용하도록 관측소를 세워주었다. 1990년대에
알라무트를 발굴하던 이란의 고고학자들에 의해 까맣게 타버린 이 건축
물의 잔해가 발견되었다.[79] 서른여덟 살의 나이에 잇따른 군사적 승리를
거둔 칭기스칸의 손자 훌라구는 이 모든 것이 천문학자와 점성술사들의
현명한 조언 덕분이라 생각했다. 당대에 가장 뛰어나다고 평가되던 천문학

---

78) 하미드 다바시는 투시가 강제로 알라무트에 붙들려 있었다는 종전의 이야기를 반
박했다. Hamid Dabashi, "Khwaja Nasir al-Din Tusi and the Ismailis", in
Medieval Ismaili History and Thought, ed. Farhad Daftary (Cambridge, 1996),
231ff.

79) 최근에 발굴된 관측소와 알라무트에 관해서는 "New Findings in Alamut
Excavations", http://previous.presstv.ir/detail.aspx?id=76699; "Medieval
Observatory Unearthed in Northern Iran", http://www.medievalarchives.
com/tag/iran 참조.

자를 사로잡은 그는 이때부터 종교적 사무를 비롯해 천문관측 일을 투시에게 일임했다.

오마르 하이얌의 사망 이후에 나시르 알 딘 알 투시는 중앙아시아와 이슬람 천문학자들의 수장 역할을 해왔고 이븐 시나의 철학과 비루니의 자연과학을 옹호하는 살아 있는 거목이었다. 그는 시인 페르도우시와 재상이자 정치학자 니잠 알 물크, 신학자 가잘리, 시인 아사디, 천문학자이자 수학자이며 나시르 알 딘의 스승의 스승인 샤라프 알 딘 알 투시(Sharaf al-Din al-Tusi)를 배출한 호라산의 도시, 즉 투스가 낳은 훌륭한 지식인이었다.[80] 나시르 알 딘은 이스마일파 가문 출신으로 다양한 종교교육을 받았다. 그러나 당시에 그는 종교와 과학은 두 개의 완전히 다른 영역을 구성하며 각각은 각 분야의 전문가에게 맡겨야 한다고 생각했다.[81] 니샤푸르에서 활동한 젊은 학자로서 그는 화학, 논리학, 수학, 심지어는 생물학과 같은 다양한 과학 분야에서 방대한 양의 성과를 산출했다[82]

투시의 관심의 폭이 얼마나 넓었는지는 인간이 어떻게 환경에 적응하는지에 관해 쓴 초기 논문을 보면 알 수 있다. 그는 '[적응의] 결과' 인간은 "다른 생명체보다 우위에 서게 된 것이다"라고 썼다.[83] 다윈을 예기하던 중앙아시아 사상가 대열에 합류한 그는 다음과 같이 말했다.

> [유인원 같은] 사람들이 서부 수단과 세계 저 먼 외딴 곳에 살고 있다. 그들은 습성과 행동, 거동으로 보았을 때 동물에 가깝다. …… [인류가 출현하기]]

---

80) 그의 니스바에도 불구하고 종종 투시가 오늘날의 테헤란 인근의 라이에서 태어났다고 주장하는 이들이 있다.

81) Dabashi, "Khwaja Nasir al-Din Tusi and the Ismailis", 239.

82) Bakhtyar Husain Siddiqi, "Nasir al-Din Tusi", in *A History of Islamic Philosophy*, ed. M. M. Sharif (Wiesbaden, 1963), 565ff.

83) Farid Alakbarov, "A 13th-Century Darwin? Tusi's Views on Evolution", *Azerbaijan International* 9 (Summer 2001): 48ff.

전에는, 유기체 간의 모든 차이가 자연발생적이었다. 다음 단계는 정신적인 완성과 의지, 관찰, 지식과 관련이 있을 것이다. …… 이 모든 사실은 인류가 진화 계단의 중간 단계에 있음을 보여 준다. 인간의 고유한 성질에 따르면, 인간은 하등한 존재와 관련이 있고 인간 의지의 도움이 있어야만 더 높은 단계의 발전으로 나아갈 수 있다.[84]

인간을 이렇게 행복한 상태에 이르게 하기 위해서는 플라톤이나 파라비, 이븐 시나와 마찬가지로 투시도 사회가 단 한 명의 현명하고 전능한 지도자에 의해 안내되어야 한다고 주장했다. 그가 이를 플라톤의 입법자로 보았는지, 또는 시아파의 이맘으로 생각했는지보다는 그가 철학적 이유로 어떤 형태의 자치도 거부했다는 사실이 중요하다. 안타깝게도 투시에게는 이 이론을 더 진척시킬 시간이 없었다.

칭기스칸의 군대가 니샤푸르에 근접하자, 투시는 이스마일파가 니잠 알물크의 군대로부터 자신들을 보호하기 위해 세운 요새 중 하나인 인근의 성채로 도망쳤다. 그곳에서 다시 알라무트로 옮아간 그는 훌라구의 군대가 도달하기 전까지 20년 이상을 그곳에서 살았다. 훌라구와의 첫 만남에서 투시는 이용 가능한 모든 천문학표가 훌라구의 새로운 수도 타브리즈의 위도와 경도에 맞춰 조정될 때까지는 훌라구가 그에게 일임한 천문학적 업무를 수행할 수 없다고 설명했다. 이에 훌라구는 이 일을 하는 데 필요한 설비 비용을 조달하는 데 동의했다. 그 결과 타브리즈에서 서쪽으로 72킬로미터 떨어진 마라가(Maragha)라는 지역의 높은 곳(串) 위에 지름 28미터의 4층 석조관측소가 설립되었다. 이 시설에는 알라무트에서 몽골군이 약탈한 4만 권의 책을 갖춘 도서관을 비롯해 직원과 100명의 학생을 위한 숙소도 포함되어 있었다.

---

84) *Ibid.*

마라가의 연구원들은 이슬람 세계 전역은 물론 비잔티움과 중국에서도 선발되었다. 처음부터 중앙아시아인들이 두각을 드러냈다. 이러한 전문가들 덕분에 마라가는 당시 세계 최고의 천문학 기관이 되었다. 투시 후에 마라가에서 일한 주요 천문학자로는 부하라 출신의 사드르 알 샤리아 부하리(Sadr al-Sharia Bukhari, 1347년 사망)가 있다. 그가 마라가에 왔을 때, 투시는 이미 사망한 후였다. 이 부하리가 바로 프톨레마이오스의 천동설을 다듬고 그 과정에서 그것을 넘어서려는, 수세기 동안의 모든 노력을 명쾌한 형태로 한자리에 모은 이다.[85]

투시와 그의 동료를 양산한 실제적인 과학 성과는 쿠빌라이가 베이징에 불러모은 부하라와 중국의 천문학자들의 수고를 훨씬 능가했다. 투시 혼자만도 천문학과는 별개로 구면삼각법을 처음 다룬 논문을 포함해 150편이 넘는 논문을 양산했다. 천문학과 수학에 대한 저작 외에도 그는 광물학과 의학에 공헌했으며 신학서와 시도 썼다.[86] 전임자들처럼 투시도 천동설을 출발점으로 삼았고 이 이론을 전복하기보다는 그 안에 내재된 모순과 결점을 해결하는 데 주력했다. 이러한 의도에서 그는 지구가 움직이지 않는다는 프톨레마이오스의 주장의 허점을 지적했다. 특히 그를 신경 쓰이게 한 것은 이것이 어떻게든 관측에 의해 규명될 수 있다는 주장이었다. 투시는 이러한 주장과는 달리 지구가 움직이지 않는다거나, 또는 자전한다는 것을 입증해 줄 어떤 관측도 나온 바 없다고 주장했다. 종교적 또는 세속적 권위에 근거해 지구는 움직이지 않는다고 주창해 온 아랍의 철학적 전통에 몸담고 있는 이들에 관해서도 투시는 그들의 입장이 순전히 도그마에 지나지 않는다며 거부했다. 투시는 이미 지구의 자전을 생각하고 있었지만 이를 공개적으로 주장하지는 않았다. 2세기 후에 코페르니쿠스가

---

85) Ahmad S. Dallal, *An Islamic Response to Greek Astronomy: Kitab Tadil Hayat Al-Aflak of Sadr Al-Sharia*, ed. D. Pingree (Leiden, 1997).

86) Van Brummelen, *The Mathematics of the Heavens and the Earth*, 186ff.

투시의 선례를 따라 지구가 사실은 자전한다고 주장함으로써 같은 결론에 이를 터였지만 말이다. 투시의 역할은 새로운 패러다임을 세우는 것이 아니라 낡은 것의 기반을 약화시키는 것이었으며, 그는 이것을 가장 효과적으로 해냄으로써 미래에 중요한 영향을 끼쳤다.

세상의 모든 운동은 직선 형태이거나 원형이라는 아리스토텔레스의 주장에 대한 투시의 문제 제기 뒤에는 수학적 가설과 경험적 관찰을 서로 조화시키려는 노력이 있었다.[87] 행성궤도를 설명하는 가운데 그와 그의 동료들은 이 문제에 직면했다. 투시는 명쾌하게 기하학 모델을 이용해 한 원이 다른 원의 원주 안에서 돈다면, 그리고 큰 원이 작은 원 크기의 두 배라면 작은 원의 한 점이 큰 원의 지름인 직선을 그리며 움직이도록 할 수 있음을 보여 주었다. 다시 말해, 그는 두 원의 운동의 합이 직선운동을 만들 수 있음을 입증해 보인 것이다.

'투시 연성이론'(Tusi Couple)으로 불리는 이 모델은 투시로 하여금 프톨레마이오스의 이퀀트(equant)*를 사용하지 않고도 행성의 경도를 예측할 수 있도록 만들어주었다. 2세기 후 코페르니쿠스는 수성의 편심성 궤도의 문제를 해결하기 위해 투시 연성이론을 참조했고, 또한 태양을 중심으로 한 태양계 모형을 구축하는 데도 이용했다.[88] 중앙아시아적 전통 속에 몸담고 있던 다른 천문학자처럼 투시 역시 아리스토텔레스가 자연의 논거로 삼은 순수 철학적 주장과 수학에 기반한 프톨레마이오스의 분석을 조화시키려고 분투했고 그 과정에서 이와 같은 획기적인 혁명이 시작되었다고 말하는 것이 온당할 것이다. 프톨레마이오스 자신은 아리스토텔레스의 이러한 이론화를 거부했지만, 투시와 그의 동료들은 양자 — 중세

---

87) F. Jamil Ragep, "Freeing Astronomy from Philosophy: An Aspect of Islamic Influence on Science", *Osiris* 16 (2001): 60.

* 행성운동의 변화를 설명하기 위해 프톨레마이오스가 고안한 고대의 기하학적 측정모형.

88) Kennedy, *Astronomy and Astrology in the Medieval Islamic World*, 287, 369~77.

중앙아시아인들에게 아리스토텔레스의 권위란 바로 이런 것이었다 — 를 모두 수용하고자 노력했다. 투시와 그의 동료들은 아리스토텔레스를 살짝 첨언하여 천문학에 대한 프톨레마이오스의 수학적 접근법을 향상시키고 자 했지만 결국 성공하지는 못했다.[89] 그럼에도 불구하고 그들의 '마라가 (Maragha)혁명'은 천문학이 자연철학에서 해방되어 수학과 관찰을 전폭적 으로 수용하게 만든 중요한 단계였다. 유럽에서는 과학혁명 동안에나 가능 해질 일이었다.

수학적 가설과 경험적 관찰, 자연철학 간의 관계에 대한 투시의 관심은 이븐 시나가 후기 작업에서 탐구한 바 있는 영역으로 그를 이끌었다. 투시 는 이븐 시나를 비판하는 자들에 맞서 체계적으로 그를 옹호했고, 그 과 정에서 이븐 시나에게 큰 영감을 준 저작을 쓴 고대 그리스 사상가들을 다시 검증했다.[90] 이러한 노력의 일환으로 그는 유클리드의 『기하학 원론』 과 프톨레마이오스의 『알마게스트』를 포함해 그리스 과학의 주요 저작을 개정했으며, 수세기 동안 모든 곳에서 표준이었던 고대 그리스어와 아랍 수학에 관한 저작도 썼다. 또한 그는 틈틈이 대대적인 논리학 연구논문을 비롯해 윤리학, 인과관계, 영혼에 관한 논문도 썼다.

89) E. S. Kennedy, "Late Medieval Planetary Theory", *Isis* 57, 3 (1966): 78. Kh. Talashev, "Ob arifmeticheskom tractate Nasir ad-Dina as-Tusi", in *Iz istorii tochnykh nauk na sredenvekovom blizhnem i srednem vostoke* (Moscow, 1972), 210~19; George Saliba, "The First Non-Ptolemaic Astronomy at the Maraghah School", *Isis* 70, 4 (1979): 571~76.

90) Nasr and Aminrazavi, eds., *An Anthology of Philosophy in Persia*, 2: 344ff.는 투시의 철학적 글을 모아놓은 선집(選集)이다.

중앙아시아의 황폐화

그렇다면 중국과 페르시아에서 몽골인들이 강력한 국가와 눈부시게 빛나는 문화생활을 구축하는 동안 중앙아시아에서는 무슨 일이 있었을까? 중앙아시아도 대륙을 가로지르는 몽골 교역 제국의 중심에 위치한 덕에 침략 이후 호황을 경험했을까? 박물관에 보존된 몽골의 여러 청동 야를릭 (yarlik), 즉 사증(visa)은 이와 같은 낙관적인 결론을 부추긴다. 소지자들에게 유라시아를 가로지르는 동안 안전한 통행을 보장했던 이러한 증표는 엄청난 수의 상인들이 몽골 시대 내내 종횡무진했을 것이라고 결론짓게 만든다. 또 1270년대에 베네치아에서 베이징까지 막힘없이 두 차례나 여행을 했던 마르코 폴로의 이야기도 이러한 결론에 이르게 한다. 하지만 폴로가 대부분의 중앙아시아 지역을 피해 발흐를 지나는 남쪽 노선을 택한 후에 북서쪽으로 와칸 회랑(Wakhan Corridor) 위를 지나 신장에 이르렀다는 사실에 주목할 필요가 있다. 1253~55년에 몽골 수도로 향했던 또 다른 서구의 여행가 빌렘 판 뤼브루크(Willem van Rubroeck)도 중앙아시아를 피해 북쪽 노선을 선택했다. 그는 "우리가 얼마나 굶주리고, 목이 마르고, 추위에 벌벌 떨며, 기진맥진했는지 도저히 헤아릴 수가 없다"라고 전했음에도 중앙아시아의 중심부를 지나는 가까운 노선보다는 이 길이 안전하다고 생각했음이 확실하다.[91] 중앙아시아가 몽골 제국의 양끝 사이에서 위험지대로 오랫동안 남아 있었다는 사실은 청동 사증을 소지한 채 이 지역을 횡단하던 상인의 숫자가 상당히 제한적이었을지도 모른다는 것을 암시한다.

뤼브루크와 폴로의 부정적인 평가는 충분히 그럴 만한 이유가 있었다. 훌라구의 서쪽 제국을 베이징으로부터 떼어놓은, 역시 거리로 인한 강력

---

91) Jackson and Morgan, eds., *The Mission of Friar William of Rubruck*, 141.

한 지방분권적인 힘과 문중 간의 차이, 혼란스러운 계승 문제, 특유의 분위기 등이 중앙아시아로 하여금 자기만의 길을 가도록 만들었다.[92] 게다가 페르시아와 중국을 통치했던 칭기스칸의 후예들과는 달리, 칭기스칸이 중앙아시아를 위탁했던 손자는 결코 유목생활 방식을 포기하지 않았고, 따라서 수도도 건설하지 않았다. 결과적으로 도시생활을 포용하고 경제적·문화적 부활을 촉발한 쿠빌라이칸도 훌라구도 중앙아시아에서는 나오지 않았다.

중앙아시아가 몽골 침략 이후에 장기적인 경제적·문화적 침체에 빠진 데에는 엄청나게 파괴적이었던 칭기스칸의 군사작전도 한몫을 했다. 그 정도는 살해당하거나 추방당한 주요 사상가들의 숫자로도 충분히 추정할 수 있다. 당연히 몇몇은 정복자와 협상을 함으로써 목숨을 부지할 수 있었다. 반면 수피 신학자 나즈무딘 쿠브라는 이를 거부하고 성루에서 죽었고, 시인 아타르는 몽골인이 책정한 가격이 너무 낮다며 불손하게 몸값 지불을 거절했다.[93] 다른 이들은 이름조차 남기지 못하고 비명횡사했다.

그리고 도피를 선택한 이들도 있었다. 우리는 앞에서 베이징에서 활동한 자말 알 딘, '아흐마드', 네스토리우스파 의사들, 아부 무함마드 호자 가지, 그리고 서쪽 몽골 영토와 그 외 지역에서 활동한 주바이니, 루미, 나시르 알 딘 알 투시를 살펴보았다. 또 몇몇은 다른 방향을 선택했는데, 발흐 출신의 민하즈 알 시라즈 주즈자니(Minhaj al-Siraj Juzjani)는 최종 목적지로 인도를 택했고 그곳에서 주요 역사서 집필을 마치고 나서야 정복자와 계약을 맺었다.[94] 인도로 피신한 중앙아시아인들의 명단에는 사실상 거의 모든 지식 분야의 전문가들이 포함되어 있었다.[95] 다른 지역으로 망명한

---

92) Morris Rossabi, "The Legacy of the Mongols", in *Central Asia in Historical Perspective*, ed. Beatrice F. Mainz (Boulder, 1998), 31~32.

93) Browne, *A Literary History of Persia from Firdawsi to Sa'di*, 492ff.

94) *Ibid.*, 470.

수많은 지식인의 처지도 곤궁하기는 마찬가지였다. 일단 고향을 떠나면 그들은 서로 돕기 위해 집단 거주지에 옹기종기 모여 살곤 했다. 중요한 것은 몽골의 공포를 피해 도망친 이들 중 그 누구도 중앙아시아로 돌아오지 않았다는 사실이다. 이렇게 재능 있는 이들이 떠나면서 중앙아시아는 문화적·지적 주도권을 상실했다.

그런데 돌아가려 했더라도 돌아갈 수 있는 곳이 있었을까? 발흐와 니샤푸르, 투스, 구르간지, 헤라트는 모두 사람이 살지 않는 사막으로 바뀌었다. 귀환자들은 거주지를 마련하기 위해 약탈당했거나 전소한 폐허 중 어딘가를 선택해야만 했을 것이다. 헤라트에서 그랬던 것처럼 비록 누군가가 귀환했을지라도 상인과 식량공급업자, 장인 전(全) 계층이 사망했거나 추방당했기 때문에 완전히 불가능하지는 않았겠지만 생존이 매우 어려웠을 것이다.

재건은 아주 느린 속도로 진행되었다. 부하라의 첫 몽골 총독은 도시의 재건을 명했지만 내부적인 불화와 숙련공의 부족으로 재건 작업은 한없이 지체되었다. 아랍 여행가 이븐 바투타는 몽골 침략이 있은 지 한 세기가 지난 후에 부하라를 방문했지만, 시장과 사원, 마드라사는 여전히 폐허 속에 방치되어 있었다.[96] 니샤푸르에서 총독이 재건을 명한 지 반세기가 지난 때였다. 사마르칸트에서의 재건 작업은 좀 더 일찍 시작되었지만 진전이 별로 없었다. 발흐에서의 재건 또한 한 세기가 더 지나서 시작되었다.[97] 헤라트에서는 현명한 지역 통치자가 자신을 임명한 몽골 총독의 훼방 속

---

95) Ilias Nizamutdinov, *Iz istorii sredneaziatsko-indiiskikh otnoshenii (IX~XVIII vv.)* (Tashkent, 1969), 17~23; Iqbal Ghani Khan, "Techincal Links between India and Uzbekistan (ca. 1200~1650 AD)", in *Historical and Cultural Links between India and Uzbekistan* (Patma, 1996), 342.

96) Ibn Battuta, Le Strange, *Lands of the Eastern Caliphate*, 463에서 인용.

97) B. Akhmedov, "Central Asia under the Rule of Chingis Khan's Successors", in *History of Civilizations of Central Asia*, vol. 4, pt. 1, 265.

에서도 결국에는 도시의 재생에 성공할 수 있었다. 하지만 이는 매우 드문 예외적인 경우였다.[98]

몽골 침략이 중앙아시아에 끼친 인구학적 영향은 어마어마했다. 페르시아나 러시아로의 침략과는 달리, 중앙아시아에 대한 몽골의 공격은 상당히 개인적이었으며 호라즘의 샤와 주민 전부가 불복종과 배신의 대가를 치르게 하고자 계획된 복수전이었다. 결과는 전멸전이었다. 사마르칸트에서의 사망자 수는 비교적 낮게 잡아도 인구의 3/4에 근접했던 것으로 추정된다.[99] 3만 명의 장인이 포로로 끌려갔고 수천 명의 여자가 노예로 붙잡혀 갔는데, 사망자 수는 여전히 7만 명에 달했다.[100] 니샤푸르 출신의 몽골 궁정사가인 주바이니는 메르브에서 살아남은 일단의 귀족이 밤낮으로 13일 동안 시신을 세었는데, 총 130만 명이 사망한 것으로 집계되었다고 전한다.[101] 좀 더 조심스럽게 수치를 내놓은 동시대인 역시 이 한 도시에서만 입은 인명 손실이 70만 명이라고 하면서, 이는 이제까지 세상에서 발생한 가장 큰 피해라고 주장했다.[102] 같은 자료에 따르면, 니샤푸르와 헤라트에서 학살된 사람들의 수치도 100만 명이 넘었다.[103] 완전히 폐허가 되어 심지어는 과장된 추정치조차 가지고 있지 않은 다른 중앙아시아 도시 일부 명단에는 파르야브(오트라르), 구르간지, 차치(타슈켄트), 발라사군, 우즈겐, 호젠트, 바미안, 카불, 티르미즈(테르메즈)가 포함되어 있었다.

---

98) Grousset, *Empire of the Steppes*, 352~53.

99) 주바이니는 *The History of the World-Conqueror*, 129~32에서 인구의 3/4이 사라졌다고 주장한 중국 방문객의 말을 인용했다. 가푸로프는 주민의 반이 사망했다고 추정했다. Gafruov, *Istoriia tadzhikskogo naroda*, 2: 220.

100) Barthold, *Turkestan Down to the Mongol Invasion*, 461.

101) Juvayni, *The History of the World-Conqueror*, 2: 618ff.

102) John Masson Smith, Jr., "Demographic Considerations in Mongol Siege Warfare", *Archivum Ottomanicum* 13 (1994): 329.

103) Boyle, *The Mongol World Empire, 1206~1370*, 621~22.

동시대 작가들의 과도한 과장을 감안한다고 하더라도, 비명횡사한 이들의 숫자가 어마어마했음은 확실하다. 신중하고 분별력 있는 학자임에도 데이비드 모건(David Morgan)은 이를 '미수에 그친 대량학살'이라고 부르는 데 주저하지 않았다.[104] 인구학자들은 흑사병으로 수세대 동안 발전이 저해되었고 1350년대에 유럽 인구의 1/3에서 2/3가 사망에 이르렀다고 추정한다.[105] 이에 비해 호라산에서만(메르브, 발흐, 니샤푸르 등을 포함해) 몽골의 침략으로 인해 발생한 인구학적 손실의 최대 추정치는 끔찍하게도 전체의 90퍼센트였다.[106] 누군가가 이러한 추정이 근거하고 있는 증거를 무시하고 그 수치를 절반으로 잡는다 할지라도, 중앙아시아에 끼친 몽골 침략의 인구학적 영향은 여전히 흑사병이 유럽에 초래한 비극을 훨씬 능가한다. 물론, 이 수치는 유럽에 도달하기에 앞서 중앙아시아를 한차례 휩쓸고 지나간 흑사병은 고려하지 않은 것이다. 따라서 몽골 침략과 흑사병이 중앙아시아를 '비워냈다'는 현대의 한 타지크 역사학자의 단언은 결코 틀린 이야기가 아니었다.[107]

인구 감소만으로는 몽골 침략 이후 중앙아시아의 회복이 느리고 멈칫했던 이유를 모두 해명할 수 없다. 재생을 위한 모든 노력이 중앙아시아 대도시의 생존에 필수적이었던 수력시설에 대한 몽골 군의 체계적인 파괴로 좌절되었기 때문이다.[108] 부하라와 구르간지에서 그들은 도시에 물을 공급하는 댐을 파괴했다. 그 결과 구르간지에서는 대도시권 전역에 홍수

---

104) David Morgan, *The Mongols* (London, 1986), 74.

105) J. Byrne, *The Black Death* (London, 2004), 58~62.

106) John Masson Smith, Jr., "Mongol Manpower and Persian Population", *Journal of Economic and Social History of the Orient* 18, 3 (October 1975): 291.

107) Gafurov, *Istoriia tadzhikskogo naroda*, 1: 305.

108) 중요한 이 문제를 강조한 역사가가 모건이다. Morgan, *The Mongols*, 80ff.

가 났다.[109] 역사학자들은 얼마 후에 몽골 군이 메르브 인근에 있는 무르가브강의 커다란 댐과 제방 모두를 파괴했고 마르카(Markha) 요새의 주요 관개용 댐도 부셨다고 전했다.[110] 이와 같은 집중 공격이 다른 도시 중심지에서도 수차례 반복되었다. 파괴된 기반 관개시설의 교체 비용은 몽골 이후 시대에 그 지역의 대거 감소된 인력과 물적 자원이 감당할 수 없는 막대한 액수였을 것이다.

몽골 정복이 초래한 비용 중 어마어마한 규모의 문명적 손실은 아예 측정 자체가 불가능하다. 도서관과 서점, 관측소, 자선기관, 문서고, 학교, 필사가들이 모든 분야의 최신 저작을 출간하던 필사실(scriptoria)의 파괴는 엄청난 손실을 가져왔다. 몽골이 최소한 도서관 하나 — 이스마일파가 알라무트에 세운 서고(書庫) — 는 보존했다는 사실도 이를 바꾸지 못했다. 그런데 이보다도 더 지적 생활에 심각한 손상을 준 것은 이들 기관을 부양하는 계층 사람들의 말살이었다. 이 같은 파괴 이후에 이븐 시나의 아버지처럼 자식의 교육을 위해 모든 것을 희생하고 이를 가능하게 해주었던 교양 있는 사람들과의 관계망을 향유할 수 있는 부모가 과연 몇이나 남아 있었겠는가? 청년 이븐 시나가 쓴 초기 저작 중 두 작품은 부하라의 이웃들을 위한 것이었다. 몽골의 정복 이후에 이러한 이웃은 얼마나 남아 있었겠는가? 그리고 자유 연구를 쫓는 총명한 젊은 이웃을 격려할 만큼 교양과 재원, 뜻을 가진 주민은 또 몇이나 되었을까? 중앙아시아 문명이라는 천에 뚫린 이 날카로운 구멍은 몽골의 급습이 남긴 가장 비극적인 유산이었다.

---

109) Juvayni, *The History of the World-Conqueror*, 127, 257. 바르톨트는 *Turkestan Down to the Mongol Invasion*, 437에서 증거도 없이 몽골의 수력시설 파괴로 카스피해로 흘러들어 가던 아무다리야강의 물줄기가 끊겼다고 주장했다.

110) Juvayni, *The History of the World-Conqueror*, 165; Hafiz Abru, Le Strange, *Lands of the Eastern Caliphate*, 402에서 인용.

몽골 치하의 중앙아시아

엄밀히 말하면 중앙아시아는 몽골의 지배를 받지 않았다. 그들에 의해 삼분할되었기 때문이다. 톈산의 서쪽 측면에서부터 위구르의 땅 신장을 가로질러 뻗어 있는 지역은 베이징에서 직접 통치했고,[111] 호라산의 서쪽 부분은 이란의 훌라구 계승자들의 통제 아래 있었다. 그리고 북쪽의 호라즘 스텝 지대에서부터 남쪽의 아프가니스탄 헬만드 계곡에 이르는 광대하고 길쭉한 나머지 땅은 칭기스칸이 이 지역 통치자로 지명한 차가타이 가문이 지배했다. 중앙아시아의 자투리땅을 통치하게 된 몽골 지배자들은 처음부터 베이징과 타브리즈로부터의 독립을 확고히 하고자 했다.

중앙아시아의 몽골인들은 건설자들이 아니었다. 칭기스칸은 40개의 목교(木橋)와 하루치 이동거리를 고려해 일정 간격을 두고 지은 숙소가 늘어선 도로를 톈산 산길을 따라 건설했다고 한다.[112] 그러나 설령 이 도로가 실제로 존재했더라도 지속적인 차원에서 상업 발전을 가져오지는 못했을 것이다.[113] 후대의 한 몽골 군주가 오늘날의 남부 우즈베키스탄에 있는 카르시에서 몇 킬로미터 떨어진 곳에 소박한 궁전을 지었고, 오늘날의 키르기스스탄에 있는 재건된 우즈겐을 때때로 본부로 이용했던 것도 사실이다. 그러나 이 이류도시들은 주로 행정적 역할을 수행했을 뿐 상업이나 문화의 주요 중심지는 되지 못했다.

몽골 지배자들은 정복 후 초기에는 중앙아시아의 행정을 호젠트에 살고 있던 호라산 출신의 교역업자 마흐무드 얄랴바치(Mahmud Yalavach)와 마수드 얄랴바치(Masud Yalavach)에게 맡겼다. 사실상 총독과 다름 없었던 이 형제는 수입에 비례하는 엄청난 새로운 세금을 도입했고 여기서 나온

---

111) Barthold, *Turkestan Down to the Mongol Invasion*, 480.

112) Mez, *The Renaissance of Islam*, 634.

113) Barthold, *Turkestan Down to the Mongol Invasion*, 427.

충분한 수익으로 주둔 및 행정 비용을 지불했다. 전형적인 세금 청부업자였던 이들은 심지어는 인구조사에도 신경 쓰지 않았다. 대신에 그들은 가져갈 수 있는 것은 무엇이든지 가져가 버렸다.[114] 이 같은 방식은 적절한 세금을 부과하던 일반적인 몽골의 관행과는 전면 배치되었음에도, 몽골 지배자들은 이에 만족해 하면서 얄랴바치 형제가 무슬림 동료들을 마음대로 억압하도록 방치했다.[115] 호라산의 통치자들도 재빨리 이 방식을 모방했다.

쿠빌라이칸의 사촌인 카이두(Khaidu)가 격전 끝에 이 일대 중심 지역의 몽골 수장으로 부상하자, 즉시 베이징과의 긴장이 재점화되었다. 카이두는 속속들이 스텝 유목민 그 자체였다. 그는 전통적인 천막생활을 고수했으며, 지상 목표를 현지를 통치하던 차가타이 가문과 중국의 쿠빌라이를 제치고 자신의 권력을 확장하는 것으로 상정했다.[116] 그의 사랑하는 딸 가운데 한 명은 자신과의 싸움에서 이길 수 있는 남자를 찾을 때까지 결혼하지 않겠다고 선언했다. 쿠빌라이 궁정에서 인기가 있던 중국 문화에 경악한 카이두는 동쪽에 치우친 쿠빌라이의 관심 덕에 유라시아 중심부에 남겨진 공백을 채울 수 있었다. 서둘러 10만 명의 기병 부대를 일으킨 그는 사마르칸트와 부하라를 공격한 후 곧바로 호라산 정복에 나섰다. 그러는 사이에 몽골과 쿠빌라이의 중국 영토를 침략하기 위한 계획도 세웠다.[117]

몽골의 오래된 가치에 대한 카이두의 완고한 집착은 중국과 서부 이란에서 진행 중이던 통합과 정상화의 과정과는 완전히 배치되는 것이었다. 카이두의 퇴영적인 체제 아래에서 무역은 쇠퇴했고 그가 주조한 통화가치

---

114) Michal Biran, *Qaidu and the Rise of the Independent Mongol State in Central Asia* (London, 1997), 97ff.

115) Gafurov, *Istoriia tadzhikskogo naroda*, 2: 298.

116) Biran, *Qaidu and the Rise of the Independent Mongol State in Central Asia*, chap. 1.

117) Souchek, *A History of Inner Asia*, 111.

도 떨어졌다. 이에 대한 조치로 그는 금박을 입힌 구리 동전을 발행하여 그것을 받지 않는 자영업자들을 처벌했다.[118] 그가 발행한 은화만이 믿고 거래되었다. 이와 같은 국가 재정상의 혼돈과 이 지역 일대에서 발생한 민중 반란들,[119] 그리고 도적떼들의 계속되는 위협에 직면한 대상은 아프가니스탄을 지나는 남쪽 노선과 호라즘을 가로지르는 옛 북쪽 노선으로 교역로를 바꾸었다.[120] 중앙아시아의 동쪽과 서쪽의 경제가 되살아나는 가운데 중간에 위치한 나머지 지역은 상대적인 빈곤의 섬으로 남겨졌다. 그럼에도 살아남은 지역 왕조들은 관성에 젖은 통치를 이어나갔다.

중앙아시아의 지적 생활은 이렇게 만연한 경기침체를 반영하였다. 목판 인쇄술과 활판 인쇄술 모두 1300년경 중국에서 동투르키스탄으로 전해졌다. 그 무렵이면 이미 투르판을 비롯해 그 외 지역의 위구르인들은 자신들의 모국어인 튀르크어로 최고의 책들을 발간하고 있었다. 그 후 오래지 않아 인쇄술은 일한국의 지배 아래 있던 몽골의 서쪽 지역에서도 등장했다. 페르시아에서 인쇄술은 다시 자취를 감추게 될 테지만 적어도 첫 발판은 마련할 수 있었다. 이와는 달리 호라산을 포함해 중앙아시아의 대부분 지역에서는 인쇄술이 보급되지 않았다.

몽골의 멍에 아래에서의 문화

카이두도 시인과 점성술사, 의사를 고용했던 것으로 알려져 있으나, 그

---

118) Gafurov, *Istoriia tadzhikskogo naroda*, 2: 302. 몽골 통화를 받지 않는 행위를 불법화한 조치에 관해서는 Davidovich, "Coinage and the Monetary System", 404 참조.

119) 1238년 타라비(Tarabi)가 일으킨 반란에 관해서는 Akhmedov, "Central Asia under the Rule of Chinggis Khan's Successors", 266~67 참조.

120) *Ibid.*, 99~110.

의 문화적 지평이 그 이상으로는 확장되지 않았던 것 같다. 쿠빌라이와 훌라구와는 달리, 그는 수도도 세우지 않았고 위대한 역사학자나 문인을 후원하지도 않았으며, 천문관측소도 설립하지 않았다. 동서의 대부분의 중세 통치자들처럼 그는 쾌락을 사냥과 음주에서 찾았다. 그의 몽골 동료 가운데 한 명의 기독교도 부인이 부하라의 마드라사를 후원한 것은 확실하지만, 주요 사상가를 고용한 적은 없었다. 무슬림 이맘과 법관들이 교리의 좋은 점을 논의했을지도 모르지만, 그것은 이미 수백 번도 더 질의되었던 문제들이었다.[121] 심지어는 허영심이 강한 통치자들의 마지막 도피처인 역사 집필도 헤라트의 독립작가 한 명을 제외하고는 자취를 감추었다.[122] 그나마 두 명의 시인이 흔적을 남겼다. 오늘날의 우즈베키스탄에 있는 소도시 카르시 출신의 시인이 선동적인 4행시를 썼으며, 부하라의 또 다른 시인은 시를 이용해 행정 및 종교 당국을 꾸짖었다. 하지만 두 사람 모두 이러한 반체제적인 성향과 재능을 결합하지는 못했다.[123] 이슬람이 더 이상 국교가 아니었기 때문에 기독교가 몽골의 지배 아래 잠시 부활했지만 특출난 사상가나 작가를 배출하지는 못했다. 칭기스칸은 "모든 문화에 이방인으로 남았다"라고 선언한 러시아 역사학자 바르톨트와 누군가는 언쟁을 벌일지도 모르지만, 결국 유목생활과 도시에 기반한 지적 문화 전통을 조화시키기란 불가능했다는 그의 판단에 동의하지 않을 수 없다.[124]

예외적인 인물이 한 명 있었는데, 바로 암울한 매력을 지닌 시인 니자리

---

121) Biran, *Qaidu and the Rise of the Independent Mongol State in Central Asia*, 94~97.
122) 바르톨트는 *Four Studies on the History of Central Asia*, 1: 121에서 몽골 치하에서는 역사 집필이 이루어지지 않았다며 Sif ibn Yaqub[Saifi], *History of Heart*는 매우 예외적인 경우라고 주장했다.
123) Rypka, *History of Iranian Literature*, 235, 254, 263.
124) Barthold, *Turkestan Down to the Mongol Invasion*, 461.

쿠히스타니(Nizari Quhistani, 1247~85)이다. 니샤푸르 남부 출신의 귀족이
었던 그의 집안은 몽골 습격 때 모든 것을 잃었다.[125] 완전히 무일푼이 된
니자리는 코카서스에서 순회하는 재무 관료로 몽골인들과 함께 일했는데,
이때 그는 자신의 존재에 대해 생각할 많은 시간을 갖게 되었다. 그 후에
는 고향으로 돌아가 궁정시인으로 일했다. 신실한 이스마일파 가문에서 성
장한 니자리는 적들의 음모로 인해 파면당하고 그동안 모은 돈마저 몰수
당하자 깊은 비통함에 빠졌다. 그는 자신의 고난을 암울한 『밤과 낮의 서
(書)』(Book of Day and Night)에 쏟아부은 후에 예상 밖의 결말로 글을 마무
리했다. 아마도 어린 아들을 위해 쓴 것으로 보이는 한 시집에서는 전통적
인 충언집을 패러디하면서 절제가 아니라 '대식가와 술고래'를 칭송하기도
했다. 또 다른 작품에서 니자리는 자신을 깊이 숭상하던 라지와 오마르
하이얌의 정신을 따르는 당당한 자유사상가이자 신성모독자라고 소개했
는데, 훗날 그의 시 가운데 다수가 라지와 하이얌의 작품으로 잘못 알려
지기도 했다. 니자리는 말년에 농사를 지으면서 예전의 신앙을 일부나마
되찾았다.[126]

　니자리의 삶과 저작들은 몽골인들이 초래한 문화적·지적 황폐화를 보
여 주는 암울한 전형이다. 또한 히위 알 발히나 이븐 알 라완디, 아부 바크
르 알 라지 같은 사람들로 4세기 전에 시작된, 호라산과 중앙아시아 전역
에서 펼쳐졌던 자유사상에 관한 이야기의 종장(終章)을 의미하기도 한다.

---

125)　오류가 많아 결함이 있지만 Ch. G. Baiburdi, *Zhizn i tvorchestvo Nizari-
　　 persidskogo poeta* (Leningrad, 1963)가 유일한 전기이다. 또한 Rypka, *History
　　 of Iranian Literature*, 255ff.도 참조.

126)　니자리의 이스마일파적 발언은 Nadia Eboo Jamal, *Surviving the Mongols:
　　 Nizami Quhistani and the Continuity of Ismaili Traditions in Persia* (London,
　　 2002)에서 충분히 검토되었다.

제13장 몽골의 세기　●　723

민중문화: 민간전승과 종교

카이두와 그의 후계자들은 중앙아시아에 상설 수도를 건설하는 대신에 오늘날 카자흐스탄과 키르기스스탄 국경에 있는 탈라스강 계곡의 한 지역을 주요 회합 장소로 사용했다. 낮은 산들로 둘러싸인 완만한 평원 한가운데 위치한 이곳에서 몽골 통치자들은 쿠릴타이(kuriltai), 즉 평의회를 열어 누가 누구를 계승할지를 두고 싸웠고 성공적이지는 않았지만 쇠락하던 제국의 통일성을 외관상으로나마 유지하기 위해 분투했다. 그런데 그들 말고도 계곡에서 활동한 이들이 있었다. 1334년에 이 일대의 키르기스 정착민들이 탈라스강 지류 제방 위에 영묘를 건립했다. 현지에서는 '마나스틴 쿰부지'(Manastin Kumbuzi), 즉 '마나스의 무덤'으로 알려진 이 건축물은 거의 4제곱미터를 넘지 않는 작은 규모이다.[127] 하지만 높은 방추형 돔을 얹은, 구운 점토로 지어진 이 소박한 건축물은 크기에 맞지 않게 매우 큰 중요성을 지니고 있다. 왜냐하면 키르기스족의 전설적인 민족영웅인 마나스(Manas)를 기리기 위해 지어졌다고 전해지기 때문이다. 지역 통치자(칸) 딸의 영묘라고 쓰여진 건물 벽의 명문은 신경 쓰지 마시길. 단지 도굴꾼의 관심을 다른 곳으로 돌리기 위한 계략일 뿐이란다.

1858년 이래, 마나스가 언제, 어디서, 심지어는 실제 존재했는지를 두고 열띤 토론이 벌어졌다. 이해에 제정 러시아의 군대에서 복무하던 한 카자흐 장교가 운문으로 된 방대한 이야기의 일부처럼 보이는 긴 구절을 읊고 있는 전통 '마나스 가인(歌人)', 즉 마나스치(Manaschi)를 우연히 마주치게 되었다. 그는 지체 없이 자신이 들은 것을 러시아어로 번역해 출간했다.[128]

---

127) 이 건축물과 문제의 명문에 관한 대표적인 연구로는 G. A. Pugachenkova, *Gumbez Manassa* (Moscow, 1950)가 있다. 그는 일반적으로 인정되고 있는, 이 건축물과 마나스를 연계하는 주장에 대해 의문을 제기했다. S. Peregudova, "Mausoleum of Manas", Kyrgyzstan Freenet Website, http://freenet. bishkek.su/kyrgyzstan/gumbez.html.

표도르 도스토옙스키(Fyodor Dostoevskii) 같은 러시아 친구들에게는 '발
리카노프'(Chokan Chingisovich Valikhanov)로 알려진 쇼칸 왈리크카눌리
(Shoqan Walikkhanuli, 1835~65)는 카자흐스탄에서 러시아가 기획하고 있
던 식민 프로젝트와 운명을 같이했다. 서구의 교육을 신뢰한 그는 이슬람
에 등을 돌렸다. 하지만 그는 세심한 민속학자이자 튀르크 민족을 잘 알고
있는 역사학자였다. 그래서 그는 마나스치가 읊은 시를 써내려 가면서 자
신이 우연히 발견한 것이 영웅 마나스와 그의 후손들의 삶을 다루고 있는
고대 키르기스 민족 서사시의 일부라고 결론내렸다. 이것이야말로 다름 아
닌 '스텝 지역의 일리아드(Iliad)'라고 발리카노프는 공표했다.

민속학자들이 곧 공책을 들고, 그리고 후에는 녹음기를 들고 마나스치
가 있을 만한 모든 키르기스 유르트(yurt)를 기웃거리며 돌아다니기 시작
했다. 20세기 말경이면 발리카노프가 써내려 간 짧은 악절은 60개의 다른
마나스 대서사시 판본에서 나온 50만 행의 시로 그 양이 급증해 있었다.
그러나 회의론자들도 많았다. 학자들은 마나스에 묘사된 많은 사건이 중
세 시대가 아니라 16, 17세기에 발생한 일이라는 것을 알게 되었다. 또 어
떤 이들은 마나스가 실존했다면, 키르기스스탄 지역이 아니라 북부 몽골
에서 발원해 북극해로 흘러가는 예니세이강의 수원(水源) 인근인 훨씬 동
쪽에서 살았을 것이라고 지적했다. 게다가 서사시의 대부분이 발리카노프
보다 겨우 한 세기 반 전에 쓰인 것이라고 주장하는 이들도 있었다. 하다
못해 한 회의론자는 이 모든 것이 18세기에 위조된 것이라고 생각했다.[129]

---

128) A. T. 하토가 발리카노프의 글을 번역했다. A. T. Hatto, *The Memorial Feast
for Kokotoy-Khan* (Oxford, 1977). 최근의 번역은 Walter May, trans., *Manas*
(Bishkek, 2004) 참조.
129) 이 논쟁을 철저하고 유용하게 소개한 책으로는 M. I. Bogdanov, A. A.
Petrosian, and V. M. Zhirmunskii, eds., *Kyrgyzskii geroicheskii epos Manas:
Voprosy izucheniia eposa narodov SSR* (Moscow, 1961)이 있다. 특히 치르문스
키(Zhirmunskii)의 개관(85~196) 참조. 위조의 혐의를 제기한 이는 로버트 오
티(Robert Auty)이다. Robert S. Auty and A. T. Hatto, *Traditions of Heroic*

그동안에 20세기 고고학자들도 마나스의 무덤이 마나스와 관계가 있는지에 관해 의문을 품게 되었다.[130]

이러한 문제에 직면한 러시아 역사학자 바르톨트는 마나스 전설은 그저 그게 전부일 뿐이라고 결론지으면서 키르기스 민족사를 쓸 때 이를 완전히 배제했다.[131]

하지만 이것은 분명 과잉반응이었다. 의심할 여지없이 다양한 키르기스족은 오래되고 고도로 발달한 영웅시의 전통을 가지고 있었으며, 이러한 서사 전통은 늦어도 14세기까지, 어쩌면 더 이른 시기까지 거슬러 올라간다. 마나스 서사시를 언급한 최초의 글은 14세기 말 또는 15세기에 쓰인 『역사 전서』(Compendium of Histories)이다.[132] 정규교육을 받지 않은 가인들이 운문으로 쓰인 이야기를 노래하는 이 같은 전통은 망각 속으로 사라지기는커녕 시간이 지날수록 더욱 강화되었다. 다시 말해 발리카노프는 생물 진화에 내재해 있는 온갖 정교함과 창작력, 즉흥성에 의해 풍성해진 살아 있는 전통과 조우했던 것이다.

여기서 우리의 흥미를 끄는 대목은 몽골 제국의 점진적인 분열이 키르기스나 다른 유목민들에게 새로운 영역을 열어주었다는 점이다. 다루기 힘든 적들을 압도하려는 분투는 수세기 동안 계속되었다. 이러한 환경은 서사시를 구성하는 일종의 영웅적 행위가 탄생할 수 있는 충분한 기회를 제공했다. 열중하는 청중을 향해 유르트에서 낭독되는 이러한 민요는 대가족과 부족의 가치를 확인해 주었고 동시에 도덕성과 윤리에 관한 간단치 않은 문제도 제기했다. 당연히 그것은 젊은이들에게 행동 규범도 제공했

---

and Epic Poetry, 2 vols. (London, 1980), 2: 234.

130) 이 문제를 철저하게 검토한 푸가첸코바(Pugachenkova)는 *Gumbez Manassa*에서 마나스와의 관련성이 비록 간접적이지만 실제로 있다고 결론을 내렸다.

131) V. V. Bartold, *Kyrgyzy: Istoricheskii ocherk* (Frunze, 1927).

132) R. Z. Kydyrbaeva, "The Kyrgyz Epic *Manas*", in *History of Civilizations of Central Asia*, vol. 4, pt. 2, 403.

다. 민중에게서 기원한 영웅 서사시의 메시지는 각계각층의 사람들을 통해 공유된 가치의 연속성을 확인하면서 칸과 부족 지도자들에게까지 전달되었다. 몽골 시기 중앙아시아 민간전승의 유산에 관해서는 알아야 할 것이 아직도 많이 남아 있다. 그러나 분명한 것은 훗날 마나스를 비롯해 중앙아시아 낭송시의 형태로 표현된 일종의 대중적 창의성이야말로, 이마저 없었다면 문화사의 암흑기로 남았을 이 시기가 낳은 가장 지속적인 유산 중 하나라는 사실이다.

몽골 시대의 또 다른 문화적 에너지는 종교 분야에서 분출되었다. 다시 말해 이 시기는 수피즘의 제2의 전성기였다. 민요와 서사시를 노래한 사람들처럼 이러한 운동의 선도자들도 정부로부터 아무런 도움을 받지 못한 민중과 직접적인 관계가 있는 이들이었다. 그리고 키르기스족의 서사시처럼 수피즘도 종국에는 다각도로 통치자들에게 직접적인 영향을 주었다.

중앙아시아 북부와 동부 국경지대에 가까이 살던 튀르크 민족에게 이슬람은 빠르게 확산되지 않았다. 셀주크 시대에 중요한 진전이 있었던 것은 사실이다. 그러나 14세기 몽골 통치기가 되어서야 중앙아시아 북부 국경지대에 살던 튀르크인들 다수가 자기들 방식대로 이슬람을 받아들였다. 중앙아시아에 정착한 몽골인들도 같은 시기에 그리고 마찬가지의 방식으로 개종했다.[133] 튀르크인들이든 몽골인들이든 간에, 그들은 이슬람을 구성하는 엄격한 원칙과 반복적 암기, 복종 등을 원치 않았다. 몽골 통치 초기의 이슬람은 더 이상 국교가 아니었기에 종교학자들이나 마드라사가 주장하는 정설을 외면하기가 수월했다. 이 새로운 무슬림에게 가치 있는 배움이란 자신들의 오래된 텡그리 신앙처럼 개인적이고, 내면에 귀를 기울이며 지성만큼이나 감정에도 다양한 이야기를 건네는 그런 것이었다. 그리고 아흐마드 야사위와 나즈무딘 쿠브라의 수피즘이 완벽하게 이러한 가치에 부

---

133) Hodgson, *The Venture of Islam*, 2: 426.

응했다.

빠른 확산과 절대적인 활력 측면에서 몽골 중앙아시아에서의 그 어떤 문화적·지적 운동도 수피즘을 능가할 수 없었다. 선량한 무슬림이 새로운 '본질의 이슬람'에 귀의할 수 있는 문을 가잘리가 연 이래 수백만 명이 몰려들었다. 모든 기초 작업은 몽골 정복 이전에 이미 끝났다. 즉시 내적 경건함의 물결이 유목민과 도시 거주민 모두의 대중운동으로 발전했다. 몽골 시대가 끝나갈 무렵 수피즘은 정통 이슬람 및 국가와 완전히 융합되었다.

다양한 유형의 수피즘이 모두 이러한 중요한 진전에 동참했다. 예를 들면, 쿠브라의 추종자였던 구르간지 출신의 셰이크 사이프 알 딘 바카르지(Sheikh Sayf al-Din Bakharzi)는 부하라로 이주한 후 몽골인들의 환심을 산 덕분에 수피즘 원칙에 기반하는 커다란 마드라사를 설립할 수 있었다.[134] 수피즘과 정통파, 국가 간의 이 같은 재통합을 보여 주는 탁월한 인물로는 부하라 인근 마을 출신의 바하웃딘 낙쉬반드 부하리가 있다. 영적인 삶에 끌리는 마음을 처음 내비쳤을 때, 바하웃딘 낙쉬반드의 할머니는 그를 인근 마을의 수피 선생에게 데려갔다. 그는 훗날 기적적인 사건을 다음과 같이 떠올렸다.

구도의 길을 걷던 초기에는 부하라 교외의 이곳저곳을 밤에 돌아다니곤 했다. 한밤중에, 특히 겨울에 사자(死者)로부터 교훈을 배우고자 홀로 묘지를 찾아가곤 했다. 어느 날 밤, 나는 셰이크 아흐마드 알 카슈가리의 무덤을 방문하여 그를 위해 개경장(Surat-al-Fatiha)을 낭송할 참이었다. 그런데 그곳에는 전에 만난 적이 없는 두 명의 남자가 말 한 마리와 함께 나를 기다리고 있었다. 그들은 나를 말에 태우고 내 허리띠에 두 개의 칼을 묶었다. 그들은 말을 셰이크 마즈다킨(Shaykh Mazdakhin)의 무덤으로 몰았다. 도착한

---

134) Souchek, *A History of Inner Asia*, 117~18.

우리는 모두 말에서 내려 셰이크의 무덤과 사원으로 들어갔다. 나는 키블라를 마주보고 앉아 명상하며 나의 마음을 셰이크의 마음에 닿고자 했다. 명상하는 동안 시야가 열리면서 키블라를 마주보고 있는 벽이 무너져 내리는 것을 보았다. 그리고 거대한 왕좌가 나타났다. 어떤 말로도 묘사할 수 없는 거대한 남자가 왕좌에 앉아 있었다. 그를 알고 있다는 느낌이 들었다. 내가 얼굴을 돌리는 곳마다 그 사람이 있었다. 그의 주위에는 거대한 군중이 모여 있었는데 그 안에는 나의 교주님들, 즉 셰이크 무함마드 바바 앗 사마시(Shaykh Muhammad Baba as-Samasi)와 사이드 아미르 쿠랄(Sayyid Amir Kulal)도 계셨다. 나는 그 거대한 사람이 두려우면서도 동시에 사랑을 느꼈다. 나는 그의 고귀한 존재가 두려우면서도 그의 아름다움과 매력에 애정을 느꼈다. 나는 혼잣말로 "저 위대한 사람은 누구지?"라고 물었고 무리에 있던 사람 중에 누군가가 말하는 것이 들렸다. "이 위대한 분은 너의 영적인 길 가운데 너를 보살피신 너의 셰이크이다. 그는 신성한 존재 속의 하나의 티끌에 지나지 않았을 때부터 너의 영혼을 보살피셨다. 너는 그의 가르침 아래 있어왔다. 그는 셰이크 압둘 칼리크 알 구즈다와니(Shaykh Abdul Khaliq al-Ghujdawani)이고 네가 본 군중은 그의 위대한 비의, 즉 황금 사슬(Golden Chain)의 비밀을 나르는 칼리프들이다."[135]

바하웃딘 낙쉬반드는 자신의 수피 스승에게 전적인 복종을 맹세했다. 시간이 흐르면서 스승은 자신의 존재를 신과 합일할 수 있는 길을 그에게 가르쳐주었다. 동시에 그는 이 젊은 구도자에게 샤리아의 모든 법적 구속을 꼼꼼하게 준수하라고 지시했다. 또다시 절대적 복종을 약속한 낙쉬반드는 이 명령을 따를 것임을 확약했다. 이러한 단계를 거쳐 낙쉬반드가 주창한 수피즘의 형식은 다시 엄격한 종교법으로 되돌아왔다. 하지만 그것

135) Shaykh Muhammad Hisham Kabbani, *The Naqshbandi Sufi Way: History and Guidebook of the Saints of the Golden Chain* (Chicago, 1995), 164~65.

은 아주 사소한 세부사항까지 포용하면서도 내면의 깨달음과 신과 직접 교감하는 세계 안에 종교법을 위치시켰다.

다시 말해, 낙쉬반드는 내면세계와 외부 세계, 그리고 신앙과 법, 개인과 사회 간의 통합을 이끌어냈다. 다른 형태의 수피즘과 마찬가지로 낙쉬반드의 미래상도 마음에, 그리고 신자와 신 간의 직접적인 교감에 기반했다. 하지만 낙쉬반드의 미래상은 종전의 수피보다 훨씬 더 묵종을 강조했다. 첫째는 수피 스승인 피르(pir)와 전대(前代)의 모든 계승자에게 복종해야 하고, 그다음으로는 행정 당국과 샤리아에, 그리고 마지막으로 신에게 복종해야 함을 역설했다. 종국에 낙쉬반드의 접근 방식이 중앙아시아 일대를 지배하게 되면서 종교생활뿐만 아니라 정치문화도 규정하기에 이르렀다. 수피즘은 이렇게 권력과, 그리고 현상(現狀)과 화해했다.[136]

이러한 화해는 낙쉬반드의 새로운 수피 교단인 낙쉬반디야(Naqshbandiyya)가 자신들의 메시지는 교단의 설립자들로부터 '황금사슬'이라는 비의의 직접적인 전수를 통해 나왔음을 보여 주고자 노력한 덕분에 수월해졌다. 야사위가 무함마드에게 직접 지명을 받았다고 전해지는 것과 마찬가지로, 낙쉬반디야도 교단의 설립자가 기적적으로 자신의 사명을 9세기 이맘인 하산 알 아스카리(Hasan al-Askari) — 이 인물은 수니파와 시아파 무슬림 모두가 인정하는 사람이다 — 로부터 직접 받았다고 주장했다. 새로운 수피 교단의 지도자들은 추론에 근거해 제기된 어떤 이의도 제압할 수 있는 안수(按手)의 기적을 기꺼이 이용했다.[137]

---

136) 낙쉬반드와 그의 교단에 관해서는 Ikschak Weismann, *The Naqshbandiyya: Orthodoxy and Activism in a Worldwide Sufi Tradition* (London, 2008) 참조. 또한 사려 깊은 글인 Hadrat Sharkh Muhammad Hisham Kabbani, *The Naqshbandi Sufi Way (History and Guidebook of the Saints of the Golden Chain)* (n.p., 1995)도 참조.

137) 사자(死者)로부터 직접 비의를 전승받는 의례가 어떻게 훗날 중앙아시아 수피즘의 특징이 되었는지에 관해서는 Julian Baldick, *Imaginary Muslims: The Uwaysi Sufis of Central Asia* (New York, 1993), 15~39 참조.

또한 혁신도 제압당했다. 이전에는 수피 스승들이 사회 각계각층에서 나왔다. 그들의 카리스마와 권위는 혈통이나 공적인 연줄이 아니라 경건한 그들의 삶과 가르침이 끼친 영향에서 기인했다. 그러나 몽골 시기 이후로 한 세대에서 다음 세대로 신성한 권위가 전달되는 문제는 집안일이 되었고, 존엄성은 카리스마가 아니라 혈통에서 기인하게 되었다. 마치 속세의 통치자가 왕권을 아들에게 넘겨주듯이 피르, 즉 성인은 그의 아버지도 피르였다. 혁신가는 환영받지 못했다.

바하웃딘 낙쉬반드 덕분에 금욕적이고 소극적인 저항운동으로 시작한 수피즘은 세속적인 삶을 수용하고 지배적인 정치질서와도 화해했다. 낙쉬반드가 1389년 사망하자 부하라의 통치자는 그의 학교와 사원 관리를 떠맡았고 종신 기부금도 내놓았다. 이러한 정황은 새로운 사태 전환을 분명히 보여 준다. 낙쉬반드의 이상은 곧 이슬람 세계 전역으로 확산되었다. 인도에서 마그레브(Magreb)에 이르기까지 수많은 추종자의 존재는 그의 이상이 오늘날까지도 지속적인 호소력을 지니고 있음을 보여 주는 증거이다.[138] 영적·지적 전통으로서 부하라에서 기원한 이러한 흐름은 이슬람 사상에 매우 심오하면서도 중요한 영향력을 행사했으며, 특히 20세기와 21세기에 그러할 터였다.

암흑 시대의 대차대조표

자기 성찰적인 종교운동은 사람들로 하여금 가장 힘든 시기를 견딜 수 있도록 만들어준다. 이러한 종교운동이 중앙아시아를 몽골이 통치하던 세

---

138) 낙쉬반드가 대외적으로 끼친 영향을 연구한 Arthur F. Buehler, *Sufi Heirs of the Prophet: The Indian Naqshbandiyya and the Rise of the Mediating Sufi Shaykh* (Columbia, 1998) 참조.

기에, 즉 중앙아시아의 지적·문화적 활동이 거의 고사 상태에 있을 때 발생하고 번창했다는 것은 장삼이사(張三李四)의 창의성과 지략의 증표이다. 수피즘은 뿌리째 뽑혀 거의 소멸할 뻔한 사회에 위안과 영적 향유(香油)를 제공했다. 덕분에 아름다운 시와 노래가 탄생하고 오늘날의 사람들에게도 여전히 매력적으로 생각되는 방식으로 내면세계가 윤택해졌다.

하지만 몽골 시기의 이러한 민중문화 유산에는 긍정적이지 못한 측면도 있었다. 체코 학자 얀 립카가 주목했듯이, 수피즘은 몽골 패권 시기뿐만 아니라 그 후에도 수세기 동안 삶의 전망에 대한 비관주의를 낳았고 소극적인 사고와 수용주의를 조장했다.[139] 그들이 쓴 수많은 사려 깊은 논문에도 불구하고, 수피들은 직관력을 옹호하면서 지성을 거부하고 경시했다. 가잘리처럼 그들도 온갖 유형의 합리성을 저급한 형태의 지식으로 간주했으며, 그런 유의 전문가들을 멸시했다. 영적 안내자와 도덕적 귀감을 찾으려는 그들의 감탄할 만한 노력은 중앙아시아 곳곳에서 성인숭배로 귀결되었고, 이는 곧 미신으로 퇴락했다.

결국 내적 완성에 대한 수피들의 탐색은 지적 생활을 억압하고 주변화하는 데 큰 역할을 했다. 수피즘이 낳은 음악과 시는 아름다웠지만, 그럼에도 수피즘은 신학을 비롯해 논리학과 수학, 과학, 철학, 합리적 연구를 적대시했다. 마찬가지로 그것은 종종 플라톤이나 아리스토텔레스 같은 고전 시대의 저자들이나 발라사군의 유수프나 파라비, 이븐 시나 같은 중앙아시아인들의 권고를 비롯해 시민적 격려도 적대시했다. 수피들은 다양한 철학을 참조해 판결을 내리기보다는 반(反)시민적인 자기본위를 옹호하며 모든 철학을 거부했다. 바하웃딘 낙쉬반드도 열린 시민적 사고에 기반해서가 아니라 샤리아의 상세한 처방을 수용하는 방식으로 수피즘과 국가 사이의 화합을 추진했다.

---

139) Rypka, *History of Iranian Literature*, 232~33.

몽골이 중앙아시아를 통치하는 동안에 유럽의 대학과 학문의 중심지들은 급성장했으며, 정치 및 종교 당국으로부터의 독립을 주장했다.[140] 아리스토텔레스의 교의가 13세기 파리에서 규탄된 것은 맞다. 하지만 이것은 국가적 결정이 아니었고 되풀이되지도 않았다. 한 세기 전에 자신만의 고유한 방식으로 가난에 기초한 영성을 옹호했던 아시시의 성 프란체스코(Francesco d'Assisi, 1182~1226)는 결국 세상으로 나아갔고 심지어는 수사들을 신진 대학에 교수로 파견하기도 했다. 몽골 정복이 도시의 경제와 문화생활의 대(大)전통을 심하게 훼손한 바로 그때에 중앙아시아 전역의 지적 생활도 크게 약화되었다고 결론짓지 않을 수 없다. 물론 위대한 전통의 일부가 그 후 소생하기도 했으나 결코 오래가지 않았고 예전의 지적 창의성과 번뜩임도 거의 발현되지 못했다.

이를 인정하기는 하되 몽골 침략이 있기 오래전부터 이미 중앙아시아의 지적 생활에는 퇴락의 명백한 징후가 나타나고 있었던 것도 사실이다. 통치자와 조정은 자신들에게 아첨하는 이들 말고는 사상가와 저자들에 대한 지원을 대폭 줄였다. 가잘리 등은 오래전에 열린 지적 탐구를 위한 심오한 근거를 훼손했고 패기 있는 과학자와 사상가들을 수세로 몰아넣었다. 그리고 법에 얽매인 주류 종교의 수호자들은 몽골 군이 나타나기 오래전부터 확고하게 통제력을 행사하고 있었다. 이러한 측면에서 몽골인들이 비난을 받는다면 훨씬 이전부터 시작된 문화의 파괴과정을 심화하고 완성했기 때문이지 그 과정에 착수했기 때문은 결코 아니다.

---

140) Jacques Verger, "The Universities", in *The New Cambridge Medieval History*, ed. Michael Jones (Cambridge, 2000), 6: 66~73.

제14장

타메를란(티무르)과 그의 후계자들

    중앙아시아에서의 문화적·지적 활동의 마지막 대폭발은 서구에서는 타메를란(Tamerlane, 1336~1405)으로 알려진 절름발이 티무르(Timur)에 의해 분출되었다. 가즈니의 마흐무드나 초기 셀주크인들, 그리고 칭기스칸이 문화적 활력을 촉발했던 것처럼 티무르도 아주 짧은 시기를 빼고는 전 생애 내내 계속되었던 맹렬한 정복과 함께 문예부흥(르네상스) —그렇게 부를 수 있다면— 에 착수했다. 티무르가 저항 세력을 모두 궤멸시킨 이후로, 그의 제국이 후손 간의 전쟁으로 결국 작은 나라들로 분열할 때까지는 소강상태가 이어졌다. 문화적 전성기는 바로 이 한 세기 동안의 중간 휴지기에 찾아왔다.

    오늘날의 남부 우즈베키스탄에 위치한 완만하게 경사진 구릉지대에서 출현한 티무르는 칭기스칸 가문에서 갈라져 나온 작은 몽골 일가와 지역의 튀르크족 간에 이루어진 한 세기 반 동안의 내혼으로 태어난, 변변치 않은 사람이었다.[1] 양가의 중앙아시아 선조들처럼 —그리고 중국이나 이

---

1) John E. Woods, "Timur's Genealogy", in *Essays Written in Honor of Martin B. Dickson* (Salt Lake City, 1990), 85ff.

란의 몽골 후손들과는 매우 대조적으로—티무르는 뼛속까지 유목민이자 전사로 살았다. 다리를 절뚝거리게 된 것도 어린 시절 말에서 떨어졌기 때문이었다. 티무르의 궁전을 방문한 에스파냐의 외교관 루이 곤살레스 데 클라비호(Ruy González de Clavijo)는 위대한 아미르, 즉 통치자가 양과 말을 훔쳐 약탈품을 무리 일원들과 나누는 일로 사회에 첫발을 내딛었다는 말을 들었다.[2] 물론 몽골식의 통치로 되돌아갈 생각이 없는 중앙아시아의 도시들을 정복하는 것보다 양을 훔치는 일이 훨씬 수월했다. 사마르칸트 한곳을 정복하기 위해 티무르는 18년 동안 아홉 차례의 전투를 치렀다.[3] 그럼에도 일련의 기민한 작전과 절대적인 끈기로 그와 동료들은 중앙아시아 전체를 손에 넣었다. 티무르는 1370년에 정식으로 발흐의 통치자 자리에 앉았다.

티무르가 제국 프로젝트를 선택한 시기로 이보다 더 좋을 수는 없었다. 흑사병으로 1350년대 초반에 페르시아와 코카서스 전역의 인구가 감소했다. 페르시아계 몽골 일한국도 거의 같은 시기에 붕괴하면서 중동과 페르시아에는 권력 공백이 생겼다. 게다가 러시아가 1380년에 황금군단의 몽골인(킵차크 칸국)들을 패퇴시켰다. 전리품에 끌려 모여든 신병들로 군대를 꾸린 티무르는 비어버린 이곳으로 진군했다. 그러고는 중동 쪽으로 이동하여 바그다드와 안티오크, 다마스쿠스를 성공적으로 포위 공격했다. 다마스쿠스 교외에서 그는 우마이야의 옛 수도를 약탈하지 말아줄 것을 간청하는 북아프리카의 위대한 역사가이자 학자인 이븐 할둔을 만났다. 티무르는 연로한 이 사상가에게 질문 공세를 퍼부었다. 이븐 할둔은 티무르의 가계가 네부카드네자르(Nebuchadnezzar, 기원전 630~기원전 562)까지 거슬러

---

2) Ruy Gonzáles de Clavijo, *Narrative of the Embassy of Ruy Gonzalez de Clavijo to the Court of Timour at Samarcand, AD 1403~06*, trans. Clements R. Markham (London, 1859), 126.

3) L. B. Baimatov, "Kamal Khujandi and His Time", in *To the 675 Anniversary of the Great Kamal Hujandy* (Dushanbe, 1996), 126.

올라간다며 아부성 발언으로 회답했다.[4] 그렇지만 티무르는 다마스쿠스를 약탈했다.

이어서 그는 쿠샨 왕조와 가즈니의 마흐무드, 칭기스칸이 개척한 오래된 길을 따라 인도 안으로 깊숙이 들어가 델리와 다른 도시들을 완전히 파괴했다. 다시 길을 되짚어 돌아온 티무르는 오스만 튀르크를 공격했고, 1402년에는 불운한 술탄 바예지드(Bayezid)를 생포했다. 의도치 않았으나 티무르 덕분에 반세기 동안 콘스탄티노플의 함락은 유예되었다. 이에 티무르가 주고받은 잉글랜드나 프랑스와의 외교적 접촉이나 에스파냐의 외교관 클라비호와 같은 이들의 예방을 통해 유럽인들은 감사하는 마음을 표현했다.[5]

수도 사마르칸트에서 겨우 몇 해를 보낸 후, 티무르는 중국마저 정복하려는 계획을 세웠다. 저 멀리 벵갈의 인도인들조차 이제 중국이 아닌 티무르에게 조공을 바쳤다. 그는 개탄스러운 이러한 상황을 바로잡고 싶었다. 1368년에서야 몽골을 물리친 새로운 명(明) 왕조는 여전히 세력 기반을 다지는 중이었기 때문에 성공 가능성은 충분했다. 그런데 1405년 중국 원정을 막 개시하려는 참에 오트라르에서 열병에 걸린 티무르가 사망했다.

티무르의 계속된 정복은 칭기스칸 못지않은 잔악함을 보여 주었다. 이스파한에서 그의 병사들은 약 7만 명의 수비군을 살해했으며, 델리에서는 병사들이 조직적으로 10만 명의 인도인을 죽였다고 한다. 다마스쿠스에서 티무르는 수천 명의 주민을 금요사원에 몰아넣고 불을 질렀다. 동지중해 연안의 이즈미르(Izmir)에서는 포로로 잡힌 오스만 수비군을 모두 참수한 후에 그 머리들을 투석기를 이용해 항구에서 도망치던 병사들의 배로 날

---

4) 이 만남에 관한 관련 자료들이 Walter J. Fischel, *Ibn Khaldun and Tamerlane: Their Historic Meeting in Damascus, 1401 AD (803 A.H.)* (Berkeley, 1959)에 정리되어 있다.

5) Peter Jackson, *The Mongols and the West, 1221~1410* (London, 2005), 243ff.

려보냈다. 알레포와 바그다드, 티크리트, 이스파한, 델리, 그 외 다른 정복
도시에서도 티무르는 패배한 주민들의 해골로 탑 —그는 이를 '미나렛'이
라고 불렀다 — 을 쌓으라고 명령했다.[6]

정복자로서 보여 준 잔악함에 비해 티무르는 정복 지역에 효율적이고
충성스러운 정부를 세우는 일에는 매우 소홀했다. 이를 두고 자신은 단순
히 지휘관에 불과하지 진짜 칸이 아니며 칭기스칸의 공식 지명을 받은 계
승자가 통치 업무를 수행해야 한다고 확신했기 때문이라고 말하는 이도
있다. 또한 정복 지역은 그곳 고유의 통치조직이 있으니, 그는 기꺼이 그것
을 있는 그대로 두고자 했다며 티무르를 옹호하는 이도 있다. 그러나 이러
한 주장 가운데 그 어느 것도 티무르가 종종 자신이 정복한 도시나 영토
를 재정복해야 했고, 그 결과 대대적인 파괴가 갑절이 되었다는 사실을 상
쇄하지 못한다.

티무르의 살기등등함만큼이나 그의 적이나 희생자 대부분이 무슬림이
었다는 사실도 매우 놀랍다. 심지어 그가 파괴한 인도 지역의 국가들도 무
슬림 정부였는데, 델리 술탄국이나 가즈니의 마흐무드 때부터 그 일대를
통치해 온 다른 지역 유력자들도 거기에 포함되었다. 티무르는 정통 수니
파든 시아파든 간에 똑같이 공격했다. 그가 제노바의 여러 교역 식민지의
기독교도들을 죽이거나 노예화했다고 해서 그에게 성전사의 자격을 줄 수
는 없다. 게다가 아흐마드 야사위의 무덤에 장엄한 영묘를 건설하기는 했
지만 수피즘에 대한 그의 태도 역시 성인에 대한 형식적인 경의 표시 그
이상도 그 이하도 아니었던 것 같다.

이상하게도 당시의 무슬림 설교사나 학자들은 티무르의 이슬람교도에
대한 대량학살에 대해 어떤 항의도 제기하지 않았다. 사실상 울라마들은
티무르 치세 내내 배후에서 침묵을 지켰다. 이러한 상황이 달라진 것은 눈

---

6) 이들 군사작전에 관한 분석적인 개요는 Jean Aubin, "Comment Tamerlan prenait les villes", *Studia Islamica* 9 (1963): 83~122 참조.

에 띄게 경건해지고 정통주의에 기반하여 세심한 통치를 펼쳤던 그의 아들과 손자들 때에 와서였다.

에드워드 기번에 따르면, 시리아의 대도시 알레포를 파괴한 후에 티무르는 "나는 냉혈한이 아니다"라고 주장했다고 한다.[7] 과연 진심이었을까? 역사는 자신의 잔악함을 깨닫지 못한 수많은 지도자의 예로 가득하다. 왜냐하면 그러한 행위가 새롭고, 짐작건대 더 나은 질서를 건설한다는 명분 아래 이루어졌기 때문일 것이다. 또한 특히나 14세기부터 16세기까지 유라시아 전역의 사람들이 대규모의 죽음에 익숙해져 있었다는 점도 인정해야 한다. 이러한 죽음의 일부는 티무르가 열 살이었을 때 중앙아시아 전역을 휩쓸고 지나간 흑사병처럼 자연적 원인의 산물이었다. 하지만 그 외 나머지는 대량학살을 통해 자신들의 목적을 달성하려는 러시아의 뇌제 이반 4세(Ivan the Terrible)나 왈라키아(루마니아)의 블라드 3세(Vlad III, 드라큘라, 즉 '가시 공작'), 신세계의 에르난 코르테스(Hernán Cortés)나 프란치스코 피사로(Francisco Pizarro) 같은 지도자들의 고의적인 행위의 결과였다. 반면에 또 어떤 경우는 3,000만 명의 죽음을 초래한,[8] 티무르 살아생전에 일어난 중국 원나라의 난(亂)처럼 엄청난 사회적·정치적 격변이 원인이 되기도 했다. 당대의 키르기스족 시인들이 자신들의 영웅 마나스를 노래하면서 "모자를 벗겨라" 하면 그가 목을 벨 것이오"라고 읊었을 때 그 누구도 놀라지 않았다.[9]

티무르가 오스만인들을 물리친 것에 감사하던 유럽인들은 그가 저지른 약탈을 가볍게 취급하거나 무시했으며, 대신에 강력한 내면의 열정에 추동된 좀 더 낯익은 군주의 배역에 그를 캐스팅했다. 영국 르네상스 시기의 극작가 크리스토퍼 말로(Christopher Marlowe)의 『탬벨레인 대왕』(Tamburlain

---

7) Gibbon, *The Decline and Fall of the Roman Empire*, 5: 665.

8) Dennis C. Twitchet and Herbert Franke, eds., *Alien Regimes and Border States, 907~1368, Cambridge History of China* (Cambridge, 1994), 6: 622.

9) R. Z. Kyrdyrbaeva, "The Kyrgyz Epic *Manas*", in *History of Civilizations of Central Asia*, vol. 4, pt. 2, 405에서 인용.

the Great)이나 프리드리히 헨델(Friedrich Händel)과 안토니오 비발디 (Antonio Vivaldi)가 티무르에게 헌정한 오페라 모두 그의 살인자로서의 이력이 아니라 바예지드의 딸을 향한 티무르의 가상적인 사랑에 의해 매개되는, 티무르와 그의 포로로 잡힌 술탄 바예지드 간의 관계에 초점을 맞추고 있다. 최근 들어서는 많은 중앙아시아인이 티무르의 정복으로 주요 수도에서 한 세기 동안 고도로 세련된 삶이 펼쳐졌다고 언급한다. 문화적 후원 덕분에 우즈베키스탄에서는 민족영웅으로 대접을 받고 있다.

권력의 뼈대

티무르의 친구이든 적이든 간에, 모든 분야의 장인을 그러모아 수도 사마르칸트로 보냈던 그의 근면성만은 인정한다.[10] 그럴 만도 했던 것이 칭기스칸과 그의 후계자들이 중앙아시아의 핵심적인 숙련 장인들을 죽이거나 수천 명씩 베이징이나 타브리즈로 강제 이주시킴으로써 그 수가 급격히 감소했기 때문이다. 수천 년간 구축되어 온 중앙아시아 기술 전통의 파괴로 인해 티무르는 어디서든 인재를 찾아내는 족족 모두 징발할 수밖에 없었다. 그는 수많은 지역과 전통 방식으로부터 최고의 기술을 가진 인적 자원을 끌어왔고, 이는 사실상 모든 분야의 예술과 공예 대가들의 화려한 모임이 되었다. 티무르의 궁전에서 이 예술가와 공예가들은 서로 교감할 수밖에 없었고, 그 결과 시간이 흐르면서 도자기, 조각, 회화, 목공, 금속공예, 유리 세공과 같은 다양한 분야에서 눈부신 새로운 통합이 이루어졌다. 새로운 양식과 그 기저에 깔린 기술은 티무르의 특징인 정복과 문화적 도

---

10) R. G. Mukminova, "Craftsmen and Guild Life in Samarkand", in *Timurid Art and Culture: Iran and Central Asia in the Fifteenth Century*, ed. Lisa Golombek and Maria Subtelny (Leiden, 1992), 29~35.

용이라는 상황과 불가분의 관계였다.

모든 정복지에서 장인을 끌어모은 티무르의 근면성실함을 고려하면, 그가 자신의 궁전으로 지식인들을 불러 모으는 데는 전혀 관심이 없었다는 사실은 더욱더 특기할 만하다. 가즈니의 마흐무드나 셀주크 치하의 지역 통치자들, 중국 및 이란의 몽골인들과는 완전히 대조적으로 티무르는 과학자와 학자, 문인, 심지어는 아첨하는 시인이나 음유시인을 찾거나 모집하는 데 아무런 노력도 기울이지 않았다. 이러한 면에서 이 마지막 '세계 정복자'는 사상보다는 사물에 더 관심이 있었다고 결론지어도 무방할 듯하다. 진정 어린 관심과 돈을 쏟아부은 한 분야, 즉 건축에 그가 그토록 열광한 이유는 자신이 구상하던 권력과 웅대함을 생생하게 표현해 줄 건축의 잠재력 때문이었다.

티무르는 표면에 화려하게 채색된 도자기를 붙인 구운 벽돌을 굽는 업자뿐만 아니라 건축가와 미장공, 목각사, 소목장이의 솜씨까지 모두 담아낸 건축물을 지을 것을 명령했는데, 이는 그가 남긴 최고의 불후의 유산이 될 터였다.[11] 우리는 아미르를 위해 일한 사람 가운데 이란과 그루지야 (Georgia), 아제르바이잔, 아나톨리아, 인도, 중동에서 차출된 특정 건축가들의 이름을 알고 있다. 그런데 티무르는 전대의 어떤 중앙아시아 통치자보다도 더 광범위하게 나서서 몸소 건축사업을 총괄했다.

이를 보여 주는 증거가 예전에는 케슈(Kesh)라 불렸으나 티무르의 재건축 이후 샤흐리사브즈(Shahrisabz), 즉 '초록도시'로 알려진 자신의 고향에 지은 휑뎅그렁한 궁전 입구에 우뚝 솟아 있는 아치이다.[12] 이 거대한 아치

---

11) 그의 건축사업에 관한 개관으로는 Pulat Zokhidov, *Temur Davrining Memorii Kakhkashoni / Arkhitekturnye sozvezdie epokhi Temura* (Tashkent, 1996) 참조.

12) 샤흐리사브즈에 지어진 티무르의 건축물에 관한 종합적인 설명은 M. E. Masson and G. A. Pugachenkova, "Shakhri Sabz pri Timure i Ulug-Beke", *Trudy Tsentroaziatskogo Gos. Universiteta* (1963): 17~96, trans. J. M. Rogers in Iran 18 (1978): 103~26; 20 (1980): 121~43 참조.

의 지름은 22미터로 40킬로미터 밖에서도 보일 정도이다.[13] 이를 떠받치고 있는 철탑은 원래 거의 50미터까지 치솟아 있었는데, 14층 빌딩에 해당하는 높이이다. 비록 티무르 시대에 지어지기 시작한 프랑스 아미앵 대성당의 신랑(身廊)이 바닥에서부터 그 높이가 67미터나 되었지만, 티무르 궁전의 높이 역시 매우 인상적이다.

티무르는 당시까지만 해도 소박했던 이 구릉도시를 고향이라 부르며 주로 반구형의 정육면체, 또는 다각형의 건축물로 꾸몄다. 그리고 통칭해 하얀 궁전, 즉 악 사라이(Ak Serai)라고 불린 티무르의 궁전 역시 이러한 형태의 수많은 건축물 중 하나였다. 아치들은 티무르가 샤흐리사브즈, 사마르칸트, 그 외 지역에 의뢰했던 커다란 아치나 돔 대부분이 그러했던 것처럼 건설 직후에 곧 붕괴되었다. 상투적인 원인 규명에 따르면, 유난히 강력했던 지진에 무너진 것이었다. 그러나 이러한 건축물의 붕괴를 뜻밖의 지진 탓으로 돌리기 전에, 지진 활동이 활성화된 지역의 건축가들은 오래전부터 지진으로부터 돔이나 아치, 미나렛을 보존하기 위한 방법을 발전시켜 왔다는 사실을 기억해야 한다.[14] 이 기술이 티무르의 주요 건축물에만 엄격하게 적용되지 않았던 것 같지는 않다. 그의 웅장한 건축물 중 극히 일부분만이 그의 사후까지 버틸 수 있었던 것은 무엇보다도 미친 듯이 서둘러 지어진 탓이 틀림없다.

그다음으로는 순전히 규모 자체의 요인도 있다. 전문가들은 티무르의 건축가들이 가져온 여러 분야의 혁신을 공들여 지적했다. 예를 들면, 건축가들은 투르키스탄의 아흐마드 야사위의 널따란 영묘에 전통적인 중앙아시아의 아치와 횡단 아치를 새로운 방식으로 결합하여 경외심을 자아내는 효과를 창출했다.[15] 또한 내부 공간을 트고 이랑 무늬의 돔을 복잡한 회

---

13) Lisa Golombek, "Tamerlane, Scourge of God", *Asian Art* 2, 2: 34.

14) 이 책 제10장 참조.

15) 이 구절은 Thomas W. Lentz and Glenn D. Lowry, "Timur and the Image

반죽 종유장식의 처마 돌림띠로 꾸미면서 눈부신 다채로운 색깔의 타일 공사로 외관을 장식하는 데에도 전임자들보다 훨씬 뛰어났다. 그럼에도 전체적으로 종합해 보면, 티무르의 건축물은 보수적이었고 어떤 구조적 혁신보다는 규모나 화려한 표면 장식으로 눈길을 끌었다.

가즈니의 마흐무드처럼 티무르도 자신의 건축물을 찾은 방문객들이 눈에 띄는 장소에 서 있는 벽에 박힌 적갈색 또는 에나멜을 입힌 커다란 벽돌 간판과 마주하도록 만들었다. 샤흐리사브즈의 악 사라이가 전하는 메시지는 특히 직설적이었다. 한 명문(銘文)은 "술탄은 신의 그림자이다"라고 선포하고 있고, 커다란 문자로 정문 꼭대기에 새겨진 또 다른 명문은 방문객들에게 "우리의 위엄이 의심스럽다면 와서 우리의 건축물을 보라"라고 충고하고 있다.[16] 건축은 힘이었고, 건축을 향한 티무르의 열광은 권력에 대한 탐닉의 연장이었다.

티무르의 계산법에 따르면, 큰 건물일수록 큰 권력을 의미했다. 티무르의 거대광증은 아버지의 무덤으로 고향에 콕 굼바즈(Kok Gumbaz)를 설계했을 때 최정점에 달했다. 이곳의 주요 아치는 놀랍게도 무려 46미터나 되었다. 그는 한술 더 떠 신도시 사마르칸트의 중심부에 비비 하눔 사원이라고 불리는 건축물도 건설했다. 가로 109미터, 세로 167미터인 이 복합단지의 전체 면적은 국제 축구경기장 크기의 두 배 반이다. 벽으로 둘러싸인 복합단지 측면에는 인도에서 포획된 아흔 마리의 코끼리가 그곳까지 끌고 온 480개의 높은 돌기둥이 세워졌다.[17] 하지만 이것들조차도 들것에 앉아 인

---

of Power", in *Timur and the Princely Vision: Persian Art and Culture in the Fifteenth Century* (Washington, DC, 1989), chap. 1을 참조했다. 또한 Sheila S. Blair and Jonathan M. Bloom, *The Arts and Architecture of Islam, 1250~1800* (New Haven, 1994), 34~54도 참조.

16) *Timur and the Princely Vision*에서 인용한 티무르 시대의 역사가인 압둘-라자크 사마르칸디(Abdul-Razzaq Samarqandi)의 글을 재인용. *Amir Timur in World History* (Tashkent, 2001), 123도 참조.

17) Clavijo, *Narrative of the Embassy of Ruy Gonzalez de Clavijo to the Court of*

부 무리를 괴롭히며 감시하던 티무르에게는 충분히 크다고 할 수 없었다. 카스티야 왕국의 외교관인 클라비호는 티무르가 여러 차례 완성된 아치를 부수라고 명령했으며, 더 높고 더 넓은 아치로 교체했다고 전했다. 이렇게 바쁜 와중에도 티무르는 최고의 권력 행사 기회가 될 중국 정복을 계획하고 있었다.

티무르 왕실을 위해 일한 최고의 시인 알리셰르 나바이(Alisher Navai)는 이 같은 대대적인 프로젝트의 목적을 완벽하게 이해하고 있었다.

> 건축물을 짓는 이는 누구든지 …… [그의] 이름이 그 위에 새겨질 것이고 그 건물이 영속하는 한 그 이름은 사람들의 입에 오르내릴 것이다.[18]

티무르에게는 불행한 일이지만, 비비 하눔의 아치와 그의 중국 정복 계획은 모두 곧 허물어졌다.

티무르 이후: 평화와 교역

1405년에 티무르가 사망하자 당시에는 중앙아시아의 규칙을 완전히 변화시킬 듯 보였던 계승 문제를 둘러싼 일종의 골육상잔이 벌어졌다. 결국 넷째이자 막내아들인 첩 소생의 샤루흐(Shahrukh)가 승리를 거두었다. 헤라트 총독으로 일했던 샤루흐는 사마르칸트와 샤흐리사브즈가 낯설게 느껴졌기 때문에 수도를 아프간 도시로 옮겼다. 샤루흐의 등장으로 종종 황금 시대라고 불리는 중앙아시아의 마지막 대전성기가 시작되었는데, 이는 15세기 말까지 계속되었다.

Timour at Samarcand, AD 1403~06, xlviii.

18) *Ibid.*, 43.

그렇다면 티무르 이후의 세기는 정말 창의적인 시대였을까? 혹시 이미 한 세기 전부터 퇴색해 가던 몇몇 오래된 성과를 최종적으로, 그리고 매우 불완전하게 반복하고 있었던 것은 아니었을까? 그것도 아니라면 과거보다는 미래를 내다보는, 하지만 앞선 1,000년 동안 존재했던 중앙아시아의 지적 생활과 문화의 가장 중요한 특징 중 일부가 결여된 완전히 새로운 문화적 이상의 시작을 알렸을까?

정치 및 경제 영역에서 셀주크나 몽골 같은 이전의 유목민 제국과 티무르의 후계자들 간의 근본적인 연속성을 포착하기란 어렵지 않다. 전임자들처럼 티무르도 교역의 가치를 잘 알고 있었기에 오랫동안 중앙아시아 부의 주요 원천이었던 대륙 대(大)수송로를 재개하기 위해 서둘렀다. 사마르칸트가 또다시 중국 무역을 장악했다. 하지만 발흐는 여전히 폐허 상태였기 때문에 그곳을 대신해 수도 헤라트가 재빨리 인도로 가는 주요 물산 집산지로 자리 잡았다. 이렇게 인도 및 중국과의 연계가 되살아나면서 그 영향은 중앙아시아와 중동 전역에서 즉시 감지되었다.

선대(先代)의 유목민처럼 티무르 가문의 사람들도 정규적인 조세제도의 중요성을 곧 간파했다.[19] 그들은 도시들을 쥐어짜는 것이 오히려 역효과를 초래한다는 것을 잘 알고 있었다. 셀주크 시대에 위축되었다가 이후 다시 활기를 찾은 노예제의 재출현으로 어느 정도 문제가 완화될 수 있었다.[20] 하지만 수십만 명의 노예 일꾼이 정부 비용 감축에는 도움이 되었을지 몰라도 수입(收入) 문제를 해결할 수는 없었다. 따라서 티무르의 관료들

---

19) 티무르와 그의 계승자의 통치에 관한 권위 있는 설명으로는 Beatrice Forbes Manz, *The Rise and Rule of Tamerlane* (Cambridge, 1989), chap. 6 and appendix, 167~75 참조. 정치제도에 관한 최근의 글을 검토한 S. Abidzhanova, "Izuchenie voprosov gosudarstvennogo ustroistva v maveraunnakhre v kontse xiv-nachale xv vekov v otechestvennoi i zarubezhnoi literature", in *Uzbekistan v srednie veka: istorii i kultura* (Tashkent, 2003), 60~69도 참조.

20) K. Z. Ashrafyan, "Central Asia under Timur From 1370 to the Early Fifteenth Century", in *History of Civilizations of Central Asia*, vol. 4, pt. 1, 337.

은 (토지) 수령인들에게 국고에 정기적인 납부를 할 것을 유일한 단서 조건으로 달며, 광대한 토지를 친인척이나 총신들에게 나누어주는 오래된 책략에 의지했다. 이러한 봉토제도는 항상 그래왔던 것처럼 중앙정부의 통제에서 한참 벗어난 부유하고 독립적인 새로운 명사 계층의 형성으로 이어졌다. 명사층 일부는 문화의 주요 후원자가 되기도 했지만 결국 티무르 제국의 분열로 이어질 지방분권적인 세력을 선동했다.

티무르가 사망한 지 한 세기도 지나지 않아 우위를 점한 이 지방분권 세력은 중앙아시아 전체를 종잡을 수 없는 적대적인 수장국(emirate)들로 분열시켰다. 게다가 교역에 고관세를 부과하면서도 이런 관세의 명분이던 치안은 제공하지 못함으로써 중앙아시아 일대를 산산조각 내기에 이르렀다. 지난 1,500년 동안 이 대수송로는 내부적인 일 때문이든 국제적인 문제 때문이든 간에, 수없이 폐쇄되어 왔다. 하지만 티무르 가문의 후계자들이 안에서 세운 무역장벽은 중앙아시아의 경제적 생존능력에 가장 파괴적인 영향을 끼쳤으며, 그 영향력도 가장 오래 지속되었다. 유럽과 아시아를 잇는 바닷길이 열리고, 러시아와 영국에 의해 이 지역이 궁극적으로 식민화되는 데 필요한 근본적인 전제조건을 만들어낸 이들이 바로 그들이었다.

티무르 손자들 시대의 문화

때 이른 몰락에 앞서 티무르 왕조는 일방적이기는 했지만 놀라운 문화적 활기를 가져왔다. 제국의 건설자들은 창립자로서 자신들이 가질 수밖에 없었던 커다란 열정을 아들들에게 넘겨주는 데 거의 성공하지 못했다. 오히려 대개의 후계자들은 안정과 번영 구축에 초점을 맞추곤 했다. 사회 전반은 물론이고 티무르의 아들과 손자들도 티무르의 끊임없는 전쟁에 너무 지쳐 있었기에 안정을 중요시했다. 티무르의 아들 샤루흐는 42년을 통치했다. 혼돈의 막간이 끝나고 상대적으로 평화로운 수십 년의 시간이 이어졌다. 그 결과 문화가 번성하기에 좋은 이상적인 조건이 만들어졌다.

티무르 사후 한 세기 동안에 문화를 가장 많이 후원한 세 사람 가운데 두 명이 왕실의 일원이었으며, 세 번째 인물은 통치자의 가까운 친척이었던 재상이었다. 첫 두 사람은 샤루흐의 아들들인 바이순구르 미르자(Baisunghur Mirza)와 울루그베그로 알려진 미르자 무함마드 타라가이(Mirza Muhammad Taraghay)였다. 샤루흐의 치세가 길었기 때문에 그들은 모두 수십 년 동안 옆에서 구경만 했다. 이 시기를 수도 헤라트에서 보냈던 바이순구르는 적극적으로 예술을 후원했고 심지어는 예술 활동도 했으나, 끝내 서른일곱 살의 나이에 과음으로 사망했다. 그의 형 울루그베그는 사마르칸트에서 이 시기를 보냈는데, 그는 곧 총독에서 아버지의 세력 기반이었던 호라산을 제외한 중앙아시아 전역의 지배자가 되었다. 형제는 군사 업무는 물론 정치에도 큰 관심이 없었다. 두 사람은 자신들의 취향에 잘 맞는 문화적 활동에 열중할 충분한 시간을 가질 수 있었다.

몽골의 파괴가 있기 수세기 전부터 헤라트는 북동쪽의 발흐나 북서쪽의 니샤푸르에 비해 빛이 바래 있었다. 그러나 샤루흐의 자애로운 통치 덕에 헤라트는 완전히 소생했다. 헤라트는 15세기 내내 중앙아시아와 이란, 중동의 대부분 지역, 인도의 정치 및 문화적 수도로서 타의 추종을 불허했다. 막강한 힘을 가지고 있던 샤루흐의 부인 고하르샤드(Goharshad)와 그의 아들 바이순구르는 헤라트를 이러한 역할에 걸맞도록 만들기 위해 노력한 완벽한 협력자들이었다.

역사 지구 바로 북쪽에 있는 광대한 지역에 그들은 마드라사와 모스크를 여럿 건설했다. 이것들은 샤루흐가 사회질서 유지에 반드시 필요하다고 생각한, 견고하나 지적으로는 편협한 수니 정통파를 상징하기 위해 지어졌다.[21] 이 복합단지의 보배는 고하르샤드가 자금을 대어 소녀들을 위해 지

---

21) Maria Eva Subtelny and Anas B. Khalidov, "The Curriculum of Islamic Higher Learning in Timurid Iran in the Light of the Sunni Revival under

은 거대한 마드라사인 무살라(Musalla)였다. 오늘날 이 장엄한 건축물의 흔적은 거의 사라지고 없지만 그나마 남아 있는 여섯 개의 미나렛이 15세기 헤라트의 잔해를 눈 한번 깜박이지 않고 지키는 파수꾼처럼 서 있다. 그중 하나는 찬란한 청록색의 별 문양으로 장식되어 있다. 인근에는 고하르샤드 본인의 위풍당당한 영묘가 있는데, 그 안에는 바이순구르 미르자의 무덤도 안치되어 있다.[22]

티무르 제국의 헤라트와 사마르칸트, 그 외 수도 주변에는 시골 정원이 자리 잡고 있었다. 이곳은 예외 없이 벽으로 둘러쳤고 정원 사이사이의 석곽수로에는 한가롭게 물이 흘렀다. 또한 보통 2층으로 된, 그리고 풍성한 초목을 내려다볼 수 있는 상부 옥외 테라스를 갖춘 정자들도 있었다. 이 테라스에서 왕실 연회나 환영회, 술자리들이 자주 열리곤 했다. 시간이 지나면서 무슬림 세계 전역에서 모방된 이 정원이 우리가 오늘날 알고 있는 '이슬람식' 정원이다.

바이순구르가 몽골 시대 이후 크고 호화로운 설비를 갖춘 최초의 신설 왕실 도서관을 중앙아시아에 건립했다는 사실도 중요하다. 도서관과 관련해 그는 필사한 서적을 서사(書寫)하고 장식하며 제본하는 일과 연관된 모든 기술을 위한 센터도 설립했다. 이 '책공방'(Kitabkhana)에서는 오래된 훌륭한 작품을 새로 펴낼 마흔 명의 필경사가 일했다. 왕실 공방 출신의 예술가들은 아랍어와 페르시아어를 표현할 우아하고 새로운 서체를 개발했고 데쿠파주(découpage) 기법도 발명했다. 책장에 삽화를 그려넣거나 장식하기 위해 눈을 가늘게 뜨고 세밀화를 들여다보는 이도 있었으며, 가죽 표지를 금으로 돋을새김하거나 면지에 목판화 장식을 적용할 수 있는 새

Shah-Rukh", *Journal of the American Oriental Society* 115, 2 (April~June 1995): 210~36.

22) 오늘날의 이곳과 다른 유적에 관한 유용한 개관으로는 Allchin and Hammond, *The Archaeology of Afghanistan*, 379~89 참조.

로운 방법을 찾아내는 이도 있었다. 바이순구르도 헌신적이고 재능 있는 서예가였다. 그의 공방에서 출간한 호화판에는 놀라운 세밀화가 특별히 포함되어 있었다. 그중 일부는 본문에 묘사된 사건을 그리고 있지만, 나머지는 보는 이에게 즐거움을 주는 것 말고는 그 어떤 목적도 없는 완전히 독립적인 예술작품이었다.[23]

바이순구르도 프랑스의 뒤 베리 공작(Duc Du Berry)이 『베리공의 기도서』(Très Riches Heures)를 의뢰했을 때와 거의 같은 시기에 예술단을 소집했다. 별개의 세계에서 두 사람은 제각각 15세기의 가장 중요한 채색필사본을 탄생시켰다. 티무르의 건축가처럼 바이순구르의 화가들도 티무르의 통치를 받게 된 모든 중심지에서 차출되었다. 실제로 술탄 샤루흐 치하에서 시작된 화법(畵法) 혁명은 그 예술적 뿌리가 서부 이란의 일한국 몽골 시대까지 거슬러 올라가는데, 바로 그곳에서 가장 탁월한 헤라트의 예술가 여럿이 뽑혀 왔다.[24] 새롭게 접하게 된 중국 화풍과 더불어 이러한 양식은 중앙아시아에서 이슬람이 출현하기 수세기 전부터 상당 기간 보이지 않았던 헤라트의 예술가들을 자극했다.[25]

티무르의 거대광증과 열광적으로 작은 세계를 묘사하고 축소모형을 만들려는 그의 후계자들의 행위는 극명한 대조를 이룬다. 이는 티무르에 대한 후손들의 총체적인 반발이었을까? 아니면 자그마한 그림 공간이나 건축물 표면조차 정교하게 장식되어 있는 헤라트와 사마르칸트, 타브리즈 궁전의 세련미는 궁전의 신하들이 안락하게 살 수 있는 세계를 만들기 위해

---

23)   책공방에 관해서는 Glen D. Lowry, "The Kitabkhana and the Dissemination of the Timurid Vision", in *Timur and the Princely Vision*, ed. Lentz and Lowry, 159~63 참조.

24)   O. Grabar, "The Visual Arts", in *The Cambridge History of Iran*, 5: 648~51.

25)   Yolande Crowe, "Some Timurid Designs and Their Far Eastern Connections", in *Timurid Art and Culture*, ed. Golombek and Subtelny, 168~78.

티무르가 동원한 에너지 폭등에 대한 무력한 혐오감에서 기인한 것이었을까?

헤라트에서 거장 예술가들의 핵심 그룹이 부상하면서 커다란 판형의 그림과 벽화도 제작되었다. 티무르는 몸소 여러 정원의 궁전 벽을 자신의 이력 가운데 영웅적이고 경외심을 불러일으키는 순간을 묘사한 커다란 프레스코화로 꾸밈으로써 이러한 새로운 운동을 발족시켰다.[26] 샤루흐는 이런 그림의 주제들을 확장하고 넓혔다. 이들 작품 가운데 겨우 몇몇 파편만이 전해지지만, 설명에 따르면 그것들이 이슬람 이전에 제작된 판지켄트, 사마르칸트, 발라릭테페, 토프락 칼라의 대(大)벽화 이후로 보이지 않았던 규모와 명성을 지니고 있었음은 확실하다. 문화적 연속성의 놀라운 예시로서 『샤나메』의 고대 영웅들이 다시 한 번 통치자나 예방한 외교사절, 그 외 고관대작에 대한 묘사와 함께 궁전이나 공공건물의 벽을 장식했다. 공식적인 후원자와 화가 모두 인간의 형상 묘사를 금하는 모든 이슬람적 금기를 태연스럽게 무시했다. 설교자와 종교학자들도 설령 이에 반대할지라도 겁에 질려 입을 다물었다.

교육기관과 도서관의 건립, 희귀본의 수집과 편집 그리고 대형 판형으로의 재간행에 대한 언급만으로도 흥미진진한 지적 환경을 떠올리게 된다. 하지만 바이순구르 역시 할아버지 티무르만큼이나 위대한 지성을 찾고 불러 모으는 데에는 열의를 보이지 않았다. 그가 주문 제작한 책들에도 불구하고, 바이순구르의 지적 관심은 권위 있는 판형으로 페르도우시의 『샤나메』를 발간하는 것 — 물론 이도 확실히 의미 있는 일이기는 하나 획기적인 작업은 아니었다 — 그 이상을 넘어서지 못했던 것 같다. 중앙아시아의 위대한 과학자들이 쓴 몇몇 책을 찾아 필사하게 했음에도 불구하고, 바이순구르의 관심은 주로 골동품 수집에 머물렀다. 결국 콰리즈미는 500년

---

26) Ahmad ibn Muhammad ibn Arabshah, *Tamerlane, or Timur the Great*, trans. J. H. Sanders (2008), 320.

이상을, 그리고 이븐 시나는 4세기를 더 사장(死藏)되어 있어야 했다.

여기서 문제는 바이순구르가 수집한 책들의 유구함이 아니라 그와 그의 측근들이 그 책들에서 긴박한 과제는커녕 어떤 진정한 지적 도전도 발견하지 못했다는 사실이다. 의심할 여지없이 티무르 사후의 문인들은 곤란한 문제를 다룬 용감한 사상가로서가 아니라 결정적인 해답 제공자로서 과거의 위대한 과학자나 사상가들을 존경했다. 그들은 콰리즈미나 파라비, 비루니, 가잘리가 인류에게 허용된 범위 내에서 가능한 자연과 인간 생명의 모든 비밀을 캐냈다고 확신했다. 이와 같은 대가들의 오래된 책들은 인간 투쟁의 살아 있는 예시로서가 아니라 각각의 주제에 대한 최종적인 발언으로서 존중받을 가치가 있었다. 이러한 태도는 가잘리 시대 이후 중앙아시아와 서쪽 이슬람 세계에 뿌리 내린, 이슬람을 지적인 면에서 매우 소극적이고 문자 그대로 해석하려는 경향에 의해 이식·강화되었다. 또한 이 같은 사고방식은 이론을 제기하는 기독교도나 힌두교도, 유학자가 아니라 배교자까지는 아닐지라도 신학적 이탈자로 의심되던 동료 무슬림들과 반목하도록 만들었다. 이처럼 헤라트에서 위세를 떨치던 세계관은 신앙 내의 분파주의를 공격적으로 경계하는 가운데 사상 영역의 허용 범위를 극도로 축소했다.

위협적이지 않은 미학 영역에서도 무언의 제약이 감지되었다. 아랍 과학자 알 하이삼(al Haytham, 965~1040)의 경우가 교훈적이다. 서구에서는 알하젠(Alhazen)으로 알려진 하이삼은 이븐 시나 및 비루니와 동시대인으로 물리학과 수학, 광학에서 선구적인 업적을 남겼다. 서구인들은 광학에 대한 그의 연구 성과를 뒤늦게 알게 되었지만, 르네상스 초기 마침내 알 하이삼의 저작을 읽게 되었을 때 400년 전의 그의 연구가 좀 더 정확한 방식으로 원근법을 제시하기 위해 자신들이 찾던 바를 이야기하고 있음을 즉시 깨달았다. 덕분에 하이삼은 '르네상스 원근법'이 발전하는 데 중요한 기여를 하게 되었다. 그러나 이슬람 세계에서 자랑할 만한 재능 있는 화가들을 보유하고 있던 헤라트에서는 물리적 공간의 기하학적·대수적 구조에 대한 관심을 몇몇이 표명하기는 했지만,[27] 정작 동방에서 대대로 내려오던 광학, 기하학, 삼각법이 완전히 외면당하고 있었다. 지난 500년 동안 중앙 아시아와 아랍 세계에서 축적되어 온 대부분의 학문의 상황도 마찬가지였다. 티무르 왕조가 권좌에 올랐을 무렵, 대부분의 과학과 철학 분야에서는 지배적인 사고의 틀이 이미 확고하게 자리 잡은 상태였다. 설명되지 않은 미해결 문제는 거의 남아 있지 않았고 중요해 보이지도 않았다. 불협화음을 내는 소리도 거의 들리지 않았다. 이른바 정체가 시작된 것이다.

티무르 시대를 살았던 대부분의 창의적인 사람들은 마치 자신들이 온전하고 완벽하게 마무리된 지식 체계를 물려받은 양 행동했다. 더 이상 그들의 관심이 요구되지 않았기 때문에 그들은 대신 자신들의 세계를 꾸미고 아름답게 만드는 데 집중했다. 물론 그렇다고 해서 바이순구르의 예술가나 장인, 건축가들이 남긴 미적 성취의 가치가 떨어지는 것은 아니다. 다만 그들의 위업은 과학적이거나 철학적이지 않고 미적이었을 뿐이다. 곧 살펴보게 될 유일하게 두드러진 한 경우를 제외하고는 티무르의 후계자들이 남긴 문명은 자연의 세계나 신과 인간의 관계, 그리고 우주에 관해 탐구하기보다는 미(美)에 더 많은 관심을 보였다. 이러한 면에서 그들의 운명은 지난 1,000년간 지속된 중앙아시아 문명의 본류와는 완전히 달랐다.

울루그베그: 왕위에 오른 과학자

의학에 관한 다양한 논문이 티무르의 후계자 시대에도 계속 등장했다는 사실은 이러한 판단에 의문을 갖게 만든다. 어쨌든 통치자와 그 측근들은 건강을 돌볼 의사들이 필요했다. 한편 의사 입장에서는 자신의 기량

---

27) Sarah Chapman, "Mathematics and Meaning in the Structure and Composition of Timurid Miniature Painting", *Persia* 29 (2003): 33~45.

의 증거로서 통치자의 건강을 들먹일 수 없었는데, 왜냐하면 통치자의 건강에 문제가 생길 경우 결국 자신이 비난받을 처지에 놓일 수 있기 때문이었다. 그래서 그들은 용인된 의학 지식을 종합해 무미건조한 개요서를 집필하는 방식으로 자신들의 전문 지식을 입증했다. 샤루흐의 치세 동안 『수술의 요건』(*The Requirements of Surgery*)이라는 제목의 의학 담화록이 헤라트에서 출판되었으며, 『병의 치유』(*The Curing of Diseases*)라는 책도 몇 년 후에 등장했다. 그사이에 사마르칸트에서는 샤루흐의 아들 울루그베그가 박학한 의사 부르한 알 딘 키르마니(Burhan al-Din Kirmani)를 고용했다. 그는 히포크라테스와 갈레노스의 저작을 이븐 시나 시대에도 진부하다고 여겨졌을 방식으로 재탕했고, 최근에 중앙아시아 의사들이 쓴 소소한 작품에는 해설을 보탰다. 아프가니스탄의 바다흐샨처럼 외딴 지방의 궁에서 조차 『세상의 지식에 관한 서(書)』(*A Book of Knowledge of the World*)같이 어마어마한 제목의 저작을 통해 자신의 전문 지식을 뽐내던 의사들을 고용했다.[28]

티무르와 그의 후계자들의 시대에 보이던 이 같은 전반적인 과학 지식의 침체에 반하는 유일한 예외 — 하지만 정말로 매우 가치 있는 예외였다 — 가 있었으니 티무르의 손자 울루그베그, 즉 '위대한 지도자'라는 별명을 가진 미르자 무함마드 타라가이가 바로 그 주인공이다. 중앙아시아인들의 지적 활동이 시들해진 지 오랜 후에야 우리는 이곳에서 자신의 조정으로 불러들인 학자들에게 의뢰한 과학 논문을 수령했을 뿐만 아니라 본인이 직접 논문을 쓰기도 한 현직 통치자를 발견하게 된다. 개요서 형태로 다른 이의 저작을 재탕했던 '의사들'과는 달리, 울루그베그는 자신이 직접 구상하고 준비하여 수행한 근본적인 연구를 바탕으로 천문학에 관련

---

28) L. Richter-Bernburg, "Medicine, Pharmacology and Veterinary Science in Islamic Eastern Iran and Central Asia", in *History of Civilizations of Central Asia*, vol. 4, pt. 2, 314.

한 글을 썼다. 다른 분야는 몰라도 적어도 천문학만큼은 티무르 시대에 그 절정에 올랐다.

샤루흐가 호라산만 빼고 중앙아시아 전체에 대한 통치권을 열여섯 살이 된 자신의 아들에게 맡겼다는 사실은 어린 미르자 무함마드 타라가이가 타고난 지도자의 기질을 일찍이 보여 주었음을 시사한다. 하지만 울루그베 그는 사마르칸트에서 새로운 생활을 시작할 무렵에 오트라르에서 발생한 반란을 제대로 진압하지 못했고, 결국 아버지의 도움을 받아야만 했다.[29] 30대 초반에는 오늘날의 키르기스스탄에 있는 이식쿨호 인근의 우즈베크 부족들에게 대승을 거두기도 했으나, 2년 후 호라즘에서 바로 그 우즈베크 인들에게 쓰라린 패배를 겪어야 했다. 이는 우즈베크인들이 신흥 세력으로 부상하고 있음을, 그리고 울루그베그와 티무르 직계 후손들의 말로가 시 작되었음을 의미했다. 울루그베그는 끈질기게 참고 견뎠지만, 야전 사령관 은 물론이고 심지어는 술탄조차 되고 싶은 마음이 없었다. 그는 아버지에 의해 막중한 책임의 짐을 지지 않아도 되었던, 그 결과 자유롭게 헤라트에 서 우아한 마드라사를 짓고 고대 서적을 수집하면서 예술가들을 모으고 술을 마실 수 있었던, 동생 바이순구르가 부러웠을 것이 틀림없다.

울루그베그는 군사작전의 방향이 바뀔 때마다 아버지 샤루흐와 이 궁 전에서 저 궁전으로 옮아다니며 할아버지 티무르의 그늘에서 성장했다.[30] 일한 몽골의 두 번째 수도였던 술리만니예(Sulimaniye)에서 태어난 그는 오 늘날 이란의 아제르바이잔 지역 곳곳을 돌아다녔다. 이러한 여정 속에서 젊은 울루그베그는 마라게(Maragheh)에 있는 나시르 알 딘 알 투시의 천 문관측소의 옛 터를 방문하게 되었다. 거의 2세기 동안 파괴된 채 버려져

---

29) A. A. Akhmedov, introduction to *Mukhammad Taragai Ulughbeg, Zidzh: Novye Guraganovy astronomicheskie tablitsy* (Tashkent, 1994), 10~11.

30) 바르톨트의 전기 연구가 여전히 울루그베그에 대한 귀중한 출전으로 남아 있다. Barthold, "Ulugh-Beg", in *Four Studies on the History of Central Asia*, 2: 1~183.

있어 황량했지만 어린 소년에게는 영감을 주는 유적지였다. 이 일을 계기로 울루그베그가 수학과 천문학을 공부하게 된 것은 필연적인 결과였다. 그는 헤라트에서 저명한 호라산 과학자들과 아나톨리아 출신의 이주민이었던 카지 자데 루미(Kazi Zade Rumi) —호라산 천문학자들의 명성에 끌려 자진해서 헤라트로 이주했다—로부터 수학과 천문학을 사사받았다.

울루그베그는 통치자 압달라가 수도 니샤푸르에서부터 광대한 호라산을 가로질러 대중교육을 보급하고자 애썼던 10세기 이래, 중앙아시아에 출현한 가장 진지한 교육자였음이 틀림없다. 한때 울루그베그는 12개 기관에서 수학하던 1만 명의 학생—그중에서 무려 500명의 학생이 수학을 전공했다—에게 재정적 도움을 제공하기도 했다.[31] 그는 수도에 가장 많은 공을 들였다. 오늘날 사마르칸트 중심지에 있는 장엄한 레기스탄 광장(Registan Square)에는 울루그베그가 1417년에 건립한 커다란 마드라사가 서 있다. 그를 열렬히 지지한 사람들조차 당황했을 것이 확실한 단호함과 솔직함으로 울루그베그는 9세기 학자 티르미지의 하디스 모음집에 쓰인 대로 무함마드의 말씀, 즉 "지식의 추구는 모든 무슬림의 의무이다"라는 문구[32]를 마드라사의 문에 새겨넣었다.[33] 불가능하지는 않았겠지만 이러한 권고를 아버지 술탄 샤루흐가 헤라트에 세운 새로운 마드라사에서 서서히 주입하고자 한, 그리고 티무르 왕조가 지배하는 모든 곳에서 맹위를 떨치던 숨 막히게 답답한 종교적 정설과 일치시키기란 쉽지 않았을 것이다.[34]

울루그베그가 설립한 마드라사의 교육과정은 과학, 그중에서도 특히 수학과 천문학에 초점을 맞추었다. 울루그베그는 음악뿐만 아니라 역사와 문

31) Mohammad Bagheri, "A Newly Found Letter of Al-Kashi on Scientific Life in Samarkand", *Historia Mathematica* 24 (1997): 243.

32) Tirmidhi, *Hadiths*, no. 218; Ibn Majah, *Hadiths*, 1, 224.

33) Sergej Chmelnizkij, "Timurid Architecture", in *Islam: Art and Architecture*, 423.

34) Hodgson, *The Venture of Islam*, 2: 439ff.

학에도 예리한 관심을 가지고 있었다. 따라서 교육과정에는 이러한 주제도 포함되어 있었을 것이다. 또한 대체하지는 않았을지라도 일상식과 다름없는 종교 연구도 축소했을 것이라고 충분히 짐작할 수 있다. 사마르칸트의 학식 있는 엘리트는 다시 이 모든 학문 분야에 접근할 수 있게 되었는데, 이는 비슷한 시기에 울루그베그가 건립한 도서관 — 몽골의 약탈 이후 이 도시에 등장한 최초의 서고였다 — 덕분이었다.[35]

교수진을 이끄는 자리에 울루그베그는 자신의 스승이었던 카지 자데 루미를 모셨다. 또한 교수진 가운데는 이스파한 인근의 이란 소도시에서 사마르칸트로 이주한 잠시드 알 카시(Jamshid al-Kashi, 1380~1429)라는 비범한 학자도 있었다. 최초의 학생 가운데는 울루그베그의 매를 부리는 관리의 아들이자 이미 인근에서 수학적 재능으로 명성이 자자했던 열다섯 살의 알리 쿠쉬지(Ali Qushji, 1402~74)도 있었다. 알 카시와 쿠쉬지는 천문학과 수학에 대단한 기여를 했다.

카시는 울루그베그가 세운 마드라사의 탐구 정신이 얼마나 활기 넘치고 건실했는지를 보여 주는 확실한 증거를 우리에게 남겼다. 사마르칸트에 도착하고 몇 달 후에 그는 아버지에게 장문의 편지 두 통을 썼는데, 놀랍게도 잘 보존되어 전해지고 있다.[36] 그는 개방적이면서도 경쟁이 극심한 지적 환경에 대해 전하면서 새로 함께 일하게 된 거만한 한 과학자가 자신이 이집트에서 가지고 온 지식을 자랑했는데, 두뇌싸움에서 처절하게 굴욕을 겪은 후 일을 그만두고 더 안전한 약학계로 도망쳤다고 썼다.[37]

---

35) Bagheri, "A newly Found Letter of Al-Kashi on Scientific Life in Samarkand", 250.

36) Edward S. Kennedy, "A Letter of Jamshid al-Kashi to His Father: Scientific Research and Personalities at a Fifteenth Century Court", *Orientalia* 29 (1960): 191~213; Bagheri, "A newly Found Letter of Al-Kashi on Scientific Life in Samarkand", 241~56.

37) Bagheri, "A newly Found Letter of Al-Kashi on Scientific Life in Samarkand", 249.

카시는 울루그베그에 관한 대목에서 통치자 자신이 이 모든 대규모 사업의 지적 원동력임을 분명히 밝혔다. 울루그베그는 매일 교실에 모습을 드러냈는데 강의를 하면서 질문을 던졌고 학생이든 교수이든 상관없이 이의를 제기했으며, 그들의 의견이 자신의 결론과 다를 때조차도 답을 찾는 데서 큰 기쁨을 얻었다.

카시가 발표한 저작들은 대부분 마드라사에서 보낸 12년 동안 출간되었는데, 마드라사의 지적 수준을 잘 보여 준다. 수학에서 그는 십진법을 이식한 콰리즈미에 의해 시작된 긴 과정을 계속하여 소수로 계산하는 체계적인 방법을 제시했다. 「현(弦)과 사인에 관한 논고」(A Treatise on the Chord and Sine)에서 카시는 3차방정식을 풀 수 있는 새로운 방법을 개발했고, 향후 2세기 동안 누구도 그 기록을 깨지 못할 정확도로 1도의 사인값을 계산해 냈다. 『산술의 열쇠』(Key to Arithmetic)에서는 그리스인이나 중국인이 계산했던 것보다 두 배, 그리고 앞으로 150년간 유럽인들이 계산해 낼 값보다 더 정확하게 파이값을 산출했다.

또 카시는 선형보간법, 즉 수리천문학의 모든 분야에서 대단히 유용하게 쓰일, 오로지 수학적 연산을 하기 위한 아주 독특한 기계장치 — 일종의 아날로그식 계산기이다 — 를 고안해 냈다. 한편, 언제 어떤 행성이 천구 내 어디에 있는지를 알아내기 위한 '행성정위의'(planetary equatorium)도 발명했다.[38] 이는 고대 수리공과 여러 중세 발명가들의 도전 의식을 자극한 과제이기도 했다. 잠시드 알 카시보다 50년 빨리, 영국의 시인 제프리 초서도 이런 도구를 만드는 작업에 관심을 보였더랬다. 하지만 이 가운데 카시의 발명품이 가장 뛰어났다. 왜냐하면 행성의 고도와 경도를 계산할 수 있는 방법이 포함된 유일한 장치였기 때문이다.[39]

---

38) E. S. Kennedy, "The Exact Sciences in Timurid Iran", in *The Cambridge History of Iran*, ed. Peter Jackson (Cambridge, 1986), 6: 575~78.
39) 에드워드 케네디는 일련의 선구적인 연구논문에서 이 장치들을 분석했다. "A

울루그베그의 개인적 관심과 그가 동원할 수 있던 재정적·인적 자원을 고려하면, 그가 사마르칸트에 옛 마라게 천문관측소의 복제품을 세운 것은 당연한 수순이었다. 그는 고대 도시인 아프라시아브에서 북동쪽으로 수 킬로미터 떨어진 낮고 둥근 언덕 위에 관측소를 세우기 시작했다. 그리고 가까이서 이 과정을 지켜보고자 건설 구역 인근에 자신이 기거할 별장을 지었다. 이렇게 150년 전에 세워진 투시의 관측소와 거의 같은 크기의 3층 건물이 탄생했다. 설비도 잘 갖추어져 있었는데, 카시의 획기적인 발명품과 그 자신이 천문 관측기구에 대한 논문을 썼다는 사실을 고려하면 그리 놀랄 일도 아니다. 카시는 능숙하게 천문관측소 과학 장비의 디자인과 조립과정을 감독·관리했다.

울루그베그 관측소 한복판에는 반경 30미터가 넘는 거대하고 세심하게 보정된 청동 육분의가 있었다. 언덕바위의 반원형 수로에 박혀 있던 이 거대한 기구의 일부가 정확한 눈금 표시를 완비한 채 지금도 잘 보존되어 있고, 현장에서 확인할 수도 있다. 하지만 마침내 완성된 이 거대한 기구는 통치자가 원래 계획했던 것과는 상당히 달랐다. 카시는 울루그베그가 마라게에서 사용되었던 장치의 중요한 상세 부분을 잘못 기억하고 있음이 틀림없다고 지적했다. 이에 울루그베그는 고압적인 술탄이 아니라 과학자로서 그의 비판을 받아들였고 잘못된 부분을 다시 짓도록 했다.

투시의 것처럼 울루그베그의 천문관측소도 큰 기구를 사용할수록 정확성도 높아진다는 명제를 보여 주는 건축물이었다.[40] 반면 배에서 사용하

Fifteenth-Century Planetary Computer: al-Kashi's 'Tabaq al-Manateq' I, Motion of the Sun and Moon in Longitude", *Isis* 41, 2 (1950): 180~83; "Al-Kashi's Plate of Conjunctions", *Isis* 38, 1~2 (1947): 56~59; "An Islamic Computer for Planetary Latitudes", *Journal of the American Oriental Society* 71, 1 (1951): 13~21; "A Fifteenth-Century Planetary Computer: al-Kashi's 'Tabaq al-Maneteq' II: Longitudes, Distances, and Equations of the Planets", *Isis* 43, 1 (1952): 42~50.

40)   Kennedy, "The Exact Sciences in Timurid Iran", 578ff.

기 위해 시계나 다른 도구들을 축소한 유럽인들은, 정확한 결과는 크기와 상관없이 정확하게 만들어진 기구에서 도출된다는 다른 시각을 점점 옹호하게 되었다. 그런데도 울루그베그의 커다란 육분의는 놀라울 정도로 정확한 결과를 산출해 냈다.

천문학자로서 울루그베그는 하늘의 모든 주요 항성의 정확한 위치를 밝히는 일에 가장 큰 열정을 보였다. 이는 거슬러 올라가면 10세기 라이(Rayy)의 아부 마흐무드 쿠잔디를 필두로 모든 중앙아시아의 천문학자는 말할 것도 없고 마라게의 투시 역시 관심을 가졌던 과제였다. 카시와 그가 불러 모은 다른 탁월한 동료들 덕분에 울루그베그는 이 과업에서 큰 성공을 거둘 수 있었다. 의심할 여지없이, 『지즈』(Zij)라고 불리는, 즉 천문학표를 모아놓은 자료 일람표는 각별히 카시도 관련된 공동작업의 산물이었다. 거의 300쪽에 달하는 도표와 정량적 데이터에 의해 992개 항성의 위치가 정확한 수치로 고정되었다. 『지즈』에 포함된 항성 목록은 이전의 그 어떤 목록보다도 포괄적이었고 정확했다. 실제 이 일람표는 2세기의 프톨레마이오스 이래 16세기 말의 튀코 브라헤(Tycho Brahe, 1546~1601)가 등장하기 전까지 천체에 관한 한 가장 권위 있는 안내서로 인정을 받았다. 감탄해 마지않던 옥스퍼드의 아랍어 연구자인 토머스 하이드(Thomas Hyde)는 1665년에 울루그베그의 항성 일람표를 번역해 발간했다.[41]

이 프로젝트에서 울루그베그가 지향한 목표는 철저히 전통에 따른 것이었다. 프톨레마이오스의 지구 중심적 우주관에 도전하기는커녕, 그는 자신이 프톨레마이오스의 패러다임을 확증하고 새로운 영역으로 확장하고 있다고 생각했다. 하지만 울루그베그의 연구에 내재된 특징은 향후 천문학의 진로를 바꾸어놓았다. 그 이전에는, 심지어 최고의 천문학자조차 관찰한 결과와 권위 있는 출처로 생각되던 — 주로 알렉산드리아의 프톨레마이

---

41) *Tabulae long. ac. lat. stellarum fixarum ex observatione Ulugh Beighi*, trans. Thomas Hyde (London, 1665).

오스 —자료들을 결합하곤 했다. 예를 들면, 비루니도 『마수드 정전』에서 이 방식을 따랐다.[42] 이는 고전적인 자료에 대한 중요한 수정과 개선을 가져왔지만 총체적인 검토로 이어지지는 않았다. 그런데 울루그베그의 프로젝트에서는 주요 초점이 새로운 관측정보를 양산하는 쪽으로 급격하게 이동하게 된 것이다.

물론 거의 1,000개에 달하는 항성에 대한 정확한 정보를 개발하는 작업은 방대한 재원을 필요로 했다. 천문학 장비의 구축 비용뿐만 아니라 연구원의 시간에 대한 보상도 요구되었다. 셀주크 술탄의 후원을 받았던 마라게의 투시 이후, 높은 관등(官等) 덕분에 울루그베그만이 이러한 자금을 동원할 수 있었다. 이렇게 숫자에 대한 그의 집념이 예전에는 천문학에 당연히 수반되었던 철학적 설명을 완전히 대체하게 되었다. 이런 측면에서 울루그베그는 비루니나 투시와 같은 방향으로 움직였다고 할 수 있다. 즉 천문학을 철학의 마지막 잔재에서 해방하는 과정을 진척시켰으며, 온전히 관찰과 견실한 데이터 수집에만 주력하는 쪽으로 말이다.

우주를 연구하는 사람들이 철학과의 마지막 유대의 끈을 놓자 사마르칸트의 울라마, 즉 진리의 결정권자인 울라마와 종교학자들은 동요하기 시작했다. 게다가 울루그베그가 아들의 할례를 경축하기 위해 공개적으로 와인 파티를 열자, "무함마드의 신앙을 파괴하고 이교도들의 관습을 들여왔다"라면서 그를 비난하며 분노를 터뜨렸다.[43] 울라마들은 때를 기다렸다. 하지만 1449년 울루그베그가 사망한 후에야 그들은 마드라사에서 이단적인 교수들과 교육과정을 축출하고 천문관측소 파괴에 나설 수 있었다. 1909년부터 1967년까지 천문관측소 현장을 발굴한 고고학자들은 관측소가 그 주춧돌까지 완전히 파괴되고 건축자재 대부분도 치워진 명백한

---

42) A. A. Akhmedov, introduction to *Mukhammad Taragai Ulughbeg, Zidzh: Novye Guraganovy astronomicheskie tablitsy* (Tashkent, 1994), 15.

43) Barthold, *Four Studies on the History of Central Asia*, 2: 125~26.

증거를 발견했다.

이 이야기는 여기서 끝나지 않는다. 샤루흐가 1447년에 사망했다. 짧은 시간이었지만 울루그베그가 술탄직을 수행하기 위해 결국 사마르칸트를 떠나야 했을 때, 알리 쿠쉬지는 앞으로도 살아갈 날이 창창한 마흔세 살에 불과했다. 2년 뒤 울루그베그는 자신의 아들에 의해 참수당했다. 울루그베그가 대표했던 모든 것에 역행하는 흐름이 밀려오는 것을 보면서 쿠쉬지는 우선 헤라트로 향했다. 울루그베그가 죽고 없는 수도 역시 사마르칸트만큼이나 과학적 학문을 반기지 않는다는 것을 알게 된 그는, 케르만과 타브리즈로 갔다가 결국에는 오스만 튀르크가 얼마 전 비잔티움과 싸워 획득한 콘스탄티노플에 정착했다. 쿠쉬지가 등장하기 전까지 오스만인들은 대체로 수학과 천문학을 무시해 왔다.[44] 그러나 쿠쉬지는 오스만 수도에 도착해 1474년 사망할 때까지 하기아 소피아(Hagia Sofia) 사원 옆에 사마르칸트의 울루그베그 마드라사를 본떠 만든 학교를 세우고 그곳에서 수학 연구에 몰두했다. 뿐만 아니라 의외의 방식으로 보수적 입장과 과감한 혁신을 결합한 천문학에 관한 소논문도 썼다.

어떤 면에서 『철학에 대한 천문학의 이른바 의존에 관하여』(Concerning the Supposed Dependence of Astronomy on Philosophy)는 아리스토텔레스와, 그를 따르던 킨디, 파라비, 그 밖의 파일라수프 같은 무슬림 추종자들의 영향력과 고군분투하던 정통파 무슬림들에 대한 일종의 양해였다. 하지만 쿠쉬지의 독립선언은 양쪽에 똑같이 적용되었는데, 왜냐하면 그것으로 천문학은 이슬람 철학의 간섭 범위를 넘어서게 되었기 때문이다.[45] 물론, 자연철학자들을 배제하고 단지 눈앞에 있는 자료에만 집중하겠다는 울루그

---

44) A. A. 아흐메도프(A. A. Akhmedov)가 터키의 과학사학자의 글에서 인용한 내용에 기반한 것이다. Zaki Salih and Akhmedov, *Mukhammad Taragai Ulughbeg*, 6.

45) F. Jamil Ragep, "Freeing Astronomy from Philosophy: An Aspect of Islamic Influence on Science", *Osiris*, 2nd Series, 16 (2001): 49~71.

베그의 결정으로 그 정점에 올랐을 뿐, 중앙아시아의 천문학은 수세기 동안 이러한 방향으로 움직이고 있었다. 하여튼 이렇게 자연철학과의 분리는 체계화되었고 완결되었다. 따라서 사변적 철학과 신학의 모든 제한으로부터 해방된 쿠쉬지는 비루니의 오래된 주장, 즉 지구가 가만히 있다는 추정만큼이나 움직인다는 추정도 가능하다는 주장을 다시 꺼내 들었다. 실제로 그는 비록 프톨레마이오스와 아리스토텔레스, 그리고 무슬림이든 기독교도이든 간에 그들을 따르는 자들의 생각과는 상반될지라도, 경험적 증거가 이러한 견해를 뒷받침하고 있다고 생각했다. 또한 그는 오마르 하이얌을 본받아 우주의 모든 운동이, 아리스토텔레스가 추정했듯이, 기하학적으로 정연하게 원형으로 이루어진다고 추론할 경험적 근거는 없다고 주장했다. 이러한 주장에 담긴 두 기본 원리는 쿠쉬지가 사마르칸트에서 울루그베그와 함께했던 시절에 알게 된 사실에서 직접 얻어낸 결론이었다.

나바이: 후원자이자 시인

통치권 이양은 언제나 어렵지만, 특히 유목민이거나 또는 한때 유목민이었던 집단의 경우에는 더욱 그러했다. 열성적이었던 샤루흐의 사망 이전부터 한 무리의 아들과 손자, 조카들이 최고의 자리를 두고 책략을 쓰기 시작했다.[46] 울루그베그가 아들에 의해 살해된 후에는 바이순구르의 야심 찬 후손이 울루그베그의 아들을 죽이고 권력을 잡았다. 이와 같은 일체의 혼란을 틈타 서부 이란의 이른바 '검은 양'(Kara Koyunlu)이라 불리던 투르크멘 부족이 밀려들어 와 영향력을 행사하면서 이란 전역을 티무르 왕조의 지배로부터 해방했다. 급기야 바이순구르의 아들은 호라산을 제외한

---

46) R. M. Savory, "The Struggle for Supremacy in Persia after the Death of Timur", *Der Islam* 40 (1964): 35~65.

중앙아시아의 나머지 지역을 울루그베그의 조카 아부 사이드(Abu Said, 1424~69)에게 넘겨주어야 했다.

이와 같이 한바탕 내전을 치른 끝에 기진맥진한 중앙아시아 전역은 다시 평화를 맞게 되었다. 진중하고 유능했던 아부 사이드는 관개시설과 농업 복구에 신경을 씀으로써 민중의 지지를 얻었다. 그러나 문화 영역에서는 낙쉬반디야 수피 교단을 강화하고 교단이 국가에 더 가까워지도록 만드는 데 모든 에너지를 쏟아부었다. 이는 의심할 여지없이 사회 안정에는 기여했지만 학문이나 문화 후원과는 아무 관련이 없었다. 사마르칸트의 낙쉬반디야 교단의 유명한 수피였던 호자 아흐라르(Khoja Ahrar)는 과학적 학문에 반대했고 그런 이유로 임종할 때까지 모든 의학적 치료를 거부했다.[47]

헤라트에서는 또다른 어수선한 과도기가 지나고 통치권이 티무르의 4대손인 후사인 바이카라(Husayn Bayqara, 1438~1506)에게 넘어갔는데, 관성에 젖은 채 그는 1470년부터 1506년까지 권력을 유지했다. 혼돈이 계속되었지만 최악의 상황은 수도에서 멀리 떨어진 곳에서 벌어졌다. 후사인의 치세는 티무르 시대 중 문화적 활기가 가장 활발했던 시기이자 그 마지막 무대였다.[48]

헤라트에서 이처럼 창조적인 삶의 마지막 분출을 가능하게 했던 기초는 울루그베그의 동생이 도서관을 세우고 채색사와 화가들을 모으던 때인 14세기 초반에 이미 구축되었다. 전반적인 발전이 여러 지역에서 기술 및 공업 생산이 지속적으로 번창할 수 있도록 보장해 주었다. 헤라트와 사마

---

47) Barthold, "Mir Ali-Shir", in *Four Studies on the History of Central Asia*, 3: 34. 호자 아흐라르의 편지 일부가 전해지고 있다. Jo-Ann Cross and Ason Urumbaev, ed. and trans., *The Letters of Khwaja 'Ubaydallah Ahrar and His Associates* (Leiden, 2002).

48) 이 시기의 정치사 개관은 H. R. Roemer, "The Successors of Timur", in *The Cambridge History of Iran*, 6: 121~25 참조.

르칸트로 최고의 직인과 장인이 중동과 중앙아시아, 인도에서 이주해 온 덕에 그들의 생산품은 세계 최고의 수준을 자랑했다.[49] 가장 중요한 것은 고관이나 총신에게 봉토를 후하게 분배함으로써, 무한해 보이는 부를 가진 수많은 후원자가 탄생했다는 사실이다.[50] 호라산의 오랜 전통에 따라 이 돈의 상당 부분은 문화와 지적 생활에 쓰였다.

'나바이'로 알려진 니잠 알 딘 알리셰르 하라위(Nizam al-Din Alisher Harawi, 1441~1501)는 중앙아시아에서 분출된 이 같은 창조성의 최후의 폭발을 가장 전형적으로 보여 준 작가이다. 그는 혼자서 자신의 모국어인 튀르크계(系) 차가타이어를 전통적인 시인들의 언어인 페르시아어 못지않은 수준으로 올려놓았으며, 그 결과 헤라트에서 저 멀리 보스포루스와 인도에 이르기까지 튀르크어 창작 활동이 폭발적으로 일어났다. 나바이는 티무르의 후손은 아니었지만 핵심적인 체제 내 인사였다. 여러 세대 동안 그의 선조들은 알리셰르가 딱히 운이 따르지 않더라도 무시할 수 없는 존재로 여겨질 만큼 영향력과 부를 축적했다.[51] 알리셰르의 아버지는 티무르 왕조 치하에서 지방 총독을 지냈다. 따라서 술탄은 알리셰르가 고아가 되자 직접 그를 입양해 장차 통치자가 될 어린 후사인 바이카라와 함께 교육을 받도록 했다. 그 후에도 알리셰르는 마슈하드, 헤라트, 사마르칸트에서 공부를 계속했다. 그사이 미래의 술탄은 10년의 세월을 처음에는 자유로운 영혼으로, 그 후에는 메르브의 총독으로 보냈다.[52] 그럼에도 둘

49) Blair and Bloom, *The Arts and Architecture of Islam, 1250~1800*, chap. 3.

50) Maria Eva Subtelny, "Socioeconomic Bases of Cultural Patronage under the Later Timurids", *International Journal of Middle East Studies* 20, 4 (November 1988): 379~505.

51) Barthold, "Mir Ali-Shir", in *Four Studies on the History of Central Asia*, 3: 17. 나바이 생애에 관한 대표적인 연구서로는 E. E. Bertels, *Navai: opyt tvorcheskoi biografii* (Moscow, 1948); Bertel, *Navai i Dzhami* (Moscow, 1965) 참조.

52) Barthold, "Mir Ali-Shir", 22.

의 우정은 계속되었다. 후사인은 왕위에 오르자 나바이를 옥새관으로 임명했고 그 후에는 술탄 출타 시에 헤라트의 아미르이자 총독의 권한을 갖는 자리에 지명했다. 이러한 단계를 거쳐 후사인 바이카라는 자신의 친구를 왕국에서 가장 강력한 2인자, 혹은 3인자의 자리에 올려놓았다.

나바이는 자신의 개인 자산을 헤라트를 비롯해 그 외 지역에 전통적인 마드라사를 짓거나 그곳에 돈을 기부하고[53] 음악과 예술, 특히 회화를 후원하는 데 썼다. 나바이의 지적인 후원이 지속되면서 인물 회화의 질과 인기도 급격히 상승했다. 나바이의 많은 예술가들은 전례가 없던 수준의 세련됨을 작품 속에 담아냈다. 최고의 영예는 전설적인 카말 알 딘 비흐자드에게 돌아갔는데, 그가 그린 책 삽화나 별개의 풍경화, 그리고 고관의 초상화들은 이슬람 세계 전역에서 예술적 이상을 재정의했다. 그는 의심할 여지없이 벽화나 다른 더 큰 작품들도 그렸을 테지만 전해지는 것은 없다. 비흐자드와 더불어 사마르칸트와 페르시아의 도시 시라즈에 살던 그의 동시대인들은 이슬람 세계 전대의 그 어느 예술가들보다도 더 많이 자연주의를 추구했고 자신들이 묘사한 인간적 특징에 더 조응했다. 동시에 그들은 고도의 율동적인 방식으로 풍성한 색채를 아낌없이 입히며 복잡한 그림을 구성했다. 그러나 그들은 아마도 장식에 대한 강박 때문이었는지 원급법의 문제는 고심하지 않았다.[54]

자신의 자산뿐만 아니라 나라의 재산을 쓰는 데에도 후했던 나바이는 헤라트에 알려진 그 누구보다도 가장 아낌없이 건축을 후원했다. 수도에

---

53) 이러한 기관에 대한 재정 지원은 Maria Eva Subtelny, "A Timurid Educational and Charitable Foundation: The Ilkhlasiyya Complex of Al Shir Navai in 15th Century Herat and Its Endowment", *Journal of the American Oriental Society* 111, 1 (January~March 1991): 38~61 참조.

54) 비흐자드(우즈베크어로는 Behzod)에 관해서는 Ebadollah Bahari, *Bihzad: Master of Persian Painting* (London, 1997); Eleanor Soms, Boris Il'ich Marshak, and Ernst J. Grube, *Peerless Images: Persian Painting and Its Sources* (New Haven, 2002), 60ff. 참조.

만도 그는 회중 사원과 마드라사, 수피 형제단을 위한 회관, 병원, 공중목욕탕을 지었다.[55] 장차 인도를 정복하고 무굴 왕조를 세울 바부르(Babur, 1483~1530)는 관광객으로서 행복한 40일을 그곳에서 보내면서 대부분이 나바이의 후원으로 지어진, 훌륭한 편의시설과 시 행정 및 종교기관의 부유함에 감탄했다.[56] 그는 수도 이외 지역에도 니샤푸르에 여전히 건재하는 시인 아타르를 위한 기념비뿐만 아니라 수많은 대상 숙소와 모스크도 건립했다. 이러저러한 수십 개의 프로젝트로 거의 파산지경에 이른 술탄은 나바이를 카스피해의 한 지방 총독으로 1년간 유배를 보냈다. 하지만 얼마 후에 재상으로 임명해 다시 곁으로 불러들였다.

1480년대에 이르러 경쟁적인 궁정 파벌 간의 충돌과 지방에서 일어난 티무르 방계 후손들의 소란스러운 행동으로 인해 꾸준히 국가는 약화되어 갔다. 술탄 후사인 바이카라는 술주정뱅이가 되었고 세기말경에는 망령까지 들었다. 그런데 그 무렵의 재상 역시 비슷한 상태였기 때문에 둘 다 들 것에 누운 채 1501년 마지막으로 만났을 당시 두 사람 간의 의사소통은 거의 불가능했다.

생애 내내 나바이는 시를 썼고, 그의 시는 그에게 토목공사 못지않게 명성을 안겨 주었다. 이 시기는 사회 각계각층의 사람들이 4행시나 카시다를 지으며 흥겨워하던 때였다. 사마르칸트 출신의 한 현학자는 최소 350명에 이르는 동시대 작시자들을 간단히 언급한 회고록을 만들기도 했다.[57] '극도로 가식적인'이라는 말은 오늘날 비평가들이 그들 작품 대부분을 묘사하기 위해 사용하는 좀 더 그럴듯한 형용사구일 뿐이다.[58] 그러나 나바이

---

55) Subtelny, "A Timurid Educational and Charitable Foundation", 45.

56) Zahir ud-din Muhammad Babur Padshsh Ghazi, *Babur-Nama* (Delhi, n.d., after edition of 1921), 304~06.

57) Dawlatshah, *The Tadhkiratush-Shuara*, *"Memoirs of the Poets" of Dawlatschah*, trans. E. G. Browne (Leiden, 1901).

58) Rypka, *History of Iranian Literature*, 283.

는 그들과 분명히 달랐고, 충분히 그럴 만한 이유가 있었다. 그는 바로 앞 세대에 속하는 매우 훌륭한 시인인 누라딘 자미(Nuradin Jami, 1414~92) 를 본보기로 삼았던 것이다.

나바이처럼 자미도 헤라트의 낙쉬반디야 수피 교단을 이끌던 공적인 인물이었다. 그는 헤라트 인근의 소도시에서 태어났지만 사마르칸트의 울루그베그 마드라사를 졸업했으며, 그 도시에 머물면서 낙쉬반디야 교단—타리카트(tariqat)—에 입단했다. 헤라트로 돌아와 교단 확장을 위해 일하던 자미는 입단을 희망하는 사람들 중에서 나바이를 만나게 되었다. 나바이는 낙쉬반디야에 입단하기는 했지만 계속해서 고위정치에 관여했고 아울러 모든 종류의 예술, 특히 음악과 서예에 몰두했으며 대개 어린 남자 노예들과 동성애적 관계를 맺었다.[59] 그사이에 자미는 영적 화두와 수피즘에 관한 방대한 저작은 물론이고 역사 및 관개기술처럼 다양한 주제에 대한 글도 썼다. 그는 사랑의 힘과 신의 자비, 인간사에서의 기적의 역할, 성인, 세상에서의 신의 편재성에 관한 이야기를 계속해서 되풀이했다.[60] 또한 그는 『동료의 숨결』(The Breaths of Fellowship)이라는 제목의 방대한 전서도 썼는데, 이는 900명이 넘는 위대한 수피 스승들—이들 대부분은 중앙아시아 출신이었다—의 전기 모음집으로 당시의 표본이었던 분명하고 읽기 쉬운 산문체로 쓰였다.

자미는 서사시에서부터 신비 우화에 이르기까지 모든 장르에서 성공을 거둔 대시인이었다. 상징주의가 농후한 그의 저작들은 어느 면에서는 얼마든지 접근이 가능했지만, 수피 의식처럼 또 다른 면에서는 독자들의 이해를 부정하고 곡해했다. 특히 인생의 단계를 묘사한 일련의 운문이 흥미롭다. 나바이는 이 주제에 관한 자미의 생각을 잘 알고 있었고, 그것이 구

59) Barthold, "Mir Ali-Shir", 3: 30; Ehsan Yarshater, "Persian Poetry in the Timurid and Safavid Periods", in *The Cambridge History of Iran*, 6: 973~74.

60) Rypka, *History of Iranian Literature*, 286~88.

현된 영적 각성으로의 길도 이해했다. 그는 자신의 필생의 작업을 네 개의 연작 디완(divan),* 즉 모음집으로 정리하면서 이러한 관념을 자신의 시에도 적용해 어린 시절부터 노년까지의 생의 주기의 이름을 따서 각각을 명명했다.

자미도 나바이도 다른 시에서 영감을 끌어내어 자신의 언어로 이야기를 재구성하는 데 결코 주저하지 않았다. 나바이는 겨우 일곱 살에 아타르의 장편 설화시 『새들의 회의』를 접했다. 그 작품을 너무 좋아한 나머지 훗날 직접 그것을 모방한 작품을 쓰기도 했다. 그러나 그만의 특장점이 있다면, 나바이가 유창하게 말하고 쓸 수 있었던 페르시아어가 아니라 모국어인 차가타이어로 작품을 썼다는 것이다.

나바이의 예술가로서의 이력 중에서 당대에 최고의 호평을 받았고 장래에도 가장 지속적인 영향을 끼친 활동은 바로 차가타이어로 문학작품을 쓴 것이었다. 튀르크계 위구르인이었던 나바이는 서부 유라시아의 문학과 행정문화에 성공적으로 적응한 차가타이 튀르크어를 말하며 성장했다. 하지만 어떤 중견작가도 서부적 양식의 시나 문학에 차가타이어를 사용하지 않았다. 나바이는 작품 활동을 하는 내내 효과적으로, 그리고 지속적으로 바로 이 일을 해냈다. 그는 다양한 양식과 장르의 시를 썼고, 거의 모든 작품을 궁정 밖의 독자들이 이해할 수 있는 언어로 썼다. 바로 이것이 튀르크 문학 역사에서 그가 중심적인 자리를 차지하고 우즈베크의 민족시인으로 추앙받게 된 배경이다.

말년에 나바이는 모국어인 차가타이어를 열정적으로 옹호하는 글을 썼는데, 대부분의 궁정생활에서 사용되던 페르시아어와 병치시켰다.[61] 그는

---

* 기록·시집·장부 등을 뜻하는 페르시아어로, 문학적으로는 시집 또는 문집을 말한다.

61) Mir Ali Shir, *Muhakamat Al-Lughatain*, trans. Robert Devereux (Leiden, 1966).

본문 곳곳에서 자신의 경험을 언급했는데, 이로 인해 해명서 같은 느낌이 들기도 한다. 또 어느 지점에서는 노골적으로 모호한 주장을 펼치기도 했다. 이를테면 튀르크어에는 안장과 오리에 관한 단어가 많지만 페르시아어에는 해당 단어가 한 개씩만 있다는 식으로 말이다. 하지만 이러한 사실이 시의 매개체로서 페르시아어의 가치를 감소시키지 않는다. 대출에 관한 단어가 페르시아어에 많다는 사실—실제 유연하고 표현력이 풍부한 언어로서 그 입지를 강화해 주었을지는 몰라도—역시 그러하다.

그럼에도 나바이가 튀르크어를 옹호하며 보여 준 순수한 열정과 집요함은 그의 주장에 힘을 보태 주었다. 카슈가르의 마흐무드 이래 그 누구도 이렇게까지 전면적으로 자기주장을 펼치지 않았으며, 발라사군의 유수프 이후 그 어느 튀르크 시인도 자신의 모국어를 이처럼 강력하게 지지하지 않았다. 게다가 카슈가리나 발라사구니와는 달리, 나바이는 자신이 설득하고자 했던 궁정사회의 주요 일원이었고, 이것이 그의 주장에 무게를 실어주었다. 나바이가 오늘날까지도 이어지는 긴 행렬의 터키 시인들의 시조이고 그의 이름이나 시가 튀르크어가 사용되는 곳이면 어디서든지 여전히 숭배되고 있다는 사실은 그리 놀라운 일이 아니다.

미학적 세기의 종말

중앙아시아의 티무르 왕조는 티무르 자신이 한때 이끌던 부류의 유목 기마부대—단지 이들의 수장은 튀르크계 우즈베크 부족 출신의 기수였다—에게 제압되어 1506년 종식되었다. 사마르칸트는 6년 전 우즈베크 통치자인 무함마드 시바니 칸 술탄(Muhammad Shibani Kan Sultan)의 수중에 떨어졌다. 이 우즈베크 정복자가 위대한 통치자 칭기스칸의 큰아들인 주치(Juchi, 1182~1227)의 후손이라는 것도 위안이 되지는 못했다. 이제는 늙은 술탄 후사인 바이카라가 과음과 닭싸움, 숫양 싸움으로 점철된 일상에 빠져 있던 헤라트도 저항하지 않았다. 후사인의 두 아들은 우즈베크의 정복이 있기 전에 모두 달아났다.

학살과 잔악함으로 세워진 티무르 왕조는 눈과 귀를 즐겁게 하는 온갖 아름다움이 작렬하는 가운데 종말을 맞았다. 음악과 회화, 시뿐만 아니라 방직공이나 금세공업자, 도예업자, 건축가의 작품 속에서도 분명히 나타났던 궁정 중진들의 정제된 취향은 동쪽 이슬람 세계 전역에 높은 기준을 정착시켰다. 페르시아와 튀르크 문화의 통합으로 지난 500년 동안 중앙아시아에서 진행되어 온 도시와 스텝, 농경과 유목, 교역과 정복의 융합이 완성되었다. 이는 빛나는 업적이었고 나름대로 영예로웠지만 일방적이기도 했다.

위대한 울루그베그의 프로젝트를 제외하고 과학과 학문은 지루한 일상으로 빠져들거나 또는 완전히 소멸했다. 재원이 풍부한 왕실 마드라사 내에서 제공되던 교육은 편협했고, 이성이 아니라 권위와 공개적으로 강요된 정설에 입각했다. 반면 마드라사 밖에서의 교육은 지력이 아니라 감각의, 객관이 아니라 주관의, 이성이 아니라 감정의 수양을 지향했다. 따라서 티무르 시대의 가장 위대한 성과는 진리가 아니라 미의 영역에서 나왔다.

티무르의 계승자들은 인도와 중국, 정도는 덜 했지만 유럽과도 교류했다. 그럼에도 불구하고 그들에게서 사고방식이나 국가의 안위에 위협이 될 만한 어떤 문제 제기도 찾아내지 못했다. 하지만 다른 지역에서의 15세기 말은 획기적인 변화의 시기였다. 유럽인들은 동쪽으로 가는, 그리고 서쪽의 신세계로 향하는 바닷길을 익혔다. 이교도였던 로마와 그리스 문명의 성과를 재발견한 것 역시 극적인 사건이었다. 기존의 관념에 정면으로 도전하는 이러한 과정은 여러 측면에서 9세기부터 12세기까지 아랍인과 중앙아시아인들이 겪었던 경험의 반복이었다.

중앙아시아인들은 이 시기에 자신들만의 르네상스를 만들어낼 수는 없었을까? 조로아스터교, 고대 그리스 종교, 불교, 기독교 신자였던 그들 선조의 업적을 새로운 시각으로 재발견하고 평가했다면, 또는 사라진 수많은 이슬람 유산 가닥 중 일부를 재검토했다면 가능했을지도 모른다. 하지만 이런 일은 일어나지 않았고 정통 신앙과 전통주의가 활개를 치던 분위기에서는 일어날 수도 없었다. 14세기 초반이면 동투르키스탄(신장)의 위구르 도시들은 이미 종교와 그 외 문서를 목판과 가동 활자(movable type)로 인쇄하고 있었다. 그러나 카라반 무역을 통해 거의 2,000년 동안 직접적이고 지속적인 접촉을 해왔던 그들의 서쪽 이웃들은 티무르의 마지막 계승자가 사망하고 한참이 지난 후에도 인쇄술을 받아들이지 않았다. 이러한 사실을 어떻게 설명할 수 있을까?

인쇄술이 티무르 살아생전에 유럽에 도달했으며, 스트라스부르와 마인츠에서 일하던 요하네스 구텐베르크(Johannes Gutenberg)가 울루그베그의 연구가 정점에 있던 바로 그 시기인 1439년에 활판 인쇄술을 사용했음을 떠올린다면 이러한 상황은 더욱더 당황스럽다. 구텐베르크는 헤라트와 사마르칸트의 장인들이 세계 최고의 수준을 자랑하던 두 분야의 기술을 익힌 방직공이자 금세공업자였다. 그럼에도 불구하고 문자를 복사하는 데 지금까지 세상에 알려진 방식 가운데 가장 효율적인 방법을 완성한 사람은 티무르 제국의 장인이 아니라 구텐베르크였다. 생(生)의 큰 문제는 오직 신앙을 통해서만 해결할 수 있다는 확신이 이와 같은 기발한 혁신에 대한 모든 관심 또는 필요성을 질식시킬 만큼 새로운 지식에 대한 탐색을 약화시켰던 것일까? 헤라트와 사마르칸트 문명은 그 평온한 아름다움과 영적 깊이에도 불구하고, 콰리즈미나 파라비, 이븐 시나, 비루니, 하이얌, 투시 같은 새로운 인재를 배출하는 데 실패했다.

티무르의 의붓자식들: 무굴, 사파비, 그리고 오스만

그럼에도 불구하고 티무르 왕조의 유산은 놀라울 정도로 풍성했다. 1506년에 종식되기는커녕 티무르 문화의 여러 양상은 지속되었으며, 향후

2세기 동안 절정을 달릴 위대한 세 이슬람 제국에서 새로운 터전을 찾았
다. 바로 무굴 인도와 사파비 이란, 오스만 튀르크가 그들이다. 세 제국 모
두 지역의 강대국이 되었고 광대한 영토에서 다양한 민족을 통치했다. 세
제국 모두 또는 오스만 튀르크와 사파비는 최소한 1630년대까지, 무굴은
1700년까지 놀라울 정도의 성공을 거두었다. 그러나 그 후로 세 제국은
장기적인 쇠퇴 국면으로 접어들었다.

가장 중요한 것은 세 제국이 헤라트와 사마르칸트, 티무르의 세 번째 수
도였던 타브리즈 문화의 강력한 영향을 받은 튀르크 왕조에 의해 지배되
었다는 사실이다. 무굴 제국의 창시자 바부르는 티무르의 직계 후손이었
고, 부상하던 우즈베크인들에 의해 중앙아시아에서 축출되지 않았다면 아
마도 그곳을 지배하게 되었을 것이다. 150년 후에도 그의 후손들은 여전히
무굴 제국과 중앙아시아를 통합하고 조상들의 고향으로 돌아갈 꿈을 꾸
고 있었다.[62] 사파비인들은 아마도 쿠르드족 출신으로 추정되는 튀르크화
된 이란인들이었다. 그리고 그들의 권력 기반은 북서 이란과 아나톨리아,
시리아 일부에 살던 튀르크 부족에 있었다. 튀르크어를 사용하던 사파비
왕조는 티무르 문화가 지배적이었던 이란의 타브리즈에, 그다음에는 이스
파한에 수도를 건설했다. 사파비인들은 시아 이슬람을 이란의 전 주민에게
강요했을 뿐만 아니라 서부 이란의 티무르 대(大)중심지의 문화도 빠르게
흡수했다. 그리고 튀르크계 오구즈족의 후손들인 오스만인들은 1402년
티무르에게 패배한 이래 그의 계승자들의 영향을 강하게 받았다. 이 세 제
국이 나란히 아프리카의 대서양 연안에서부터 남부 인도 마드라스까지 문
명의 요람 대부분을 지배했다.

이 위대한 제국들은 모두 본질적으로 군사산업체였다. 한 역사학자가
무굴 제국을 '전쟁국가'라고 칭했는데,[63] 이는 세 국가 모두에 해당되는 말

---

62) Richard C. Foltz, *Mughal India and Central Asia* (Karachi, 1998), 133ff.
63) John F. Richards, *The New Cambridge History of India* (Cambridge, 1993),

이기도 하다. 각 제국은 왕업을 군사적인 측면에서 바라보았고 튀르크 기병이라는 단단한 반석 위에 권력을 세웠다. 그러면서도 세 국가 모두 대포와 머스킷 총을 주조하는 데 필요한 기술을 재빨리 습득했다. 덕분에 이들은 종종 '화약국가'라고도 불린다.[64] 이들 모두 농업에 과세하여 막대한 부를 얻었고 주민들이 교역에 종사할 수 있는 분위기를 조성해 거기에서도 국가 세수를 끌어냈다. 그리고 세 국가 모두 이미 문화의 대중심지였던 도시들 — 델리, 이스파한, 콘스탄티노플 — 을 인수해 자신들이 원하는 모습으로 변형했다.

무굴과 사파비, 오스만은 점점 더 자신들이 지배하는 사람들의 상당히 이질적인 문화를 반영하게 되었다. 그러나 중요한 공통점에도 반드시 주목할 필요가 있는데, 왜냐하면 이것들이 티무르와 그의 계승자들이 남긴 유산에서 기원할 뿐만 아니라 더 중요하게는 오늘날 전반적으로 세계의 일반 대중은 물론이고 대부분의 무슬림도 가지고 있는 이슬람 문명에 대한 개념을 규정할 터이기 때문이다. 수많은 박물관 전시나 서적은 부지불식간에 이 세 제국의 주요 문화적 특징이 이슬람 문명 전체를 규정하고 있는 듯한 잘못된 인상을 주고 있다.

다른 어떤 영역보다도 건축 분야가 이 세 제국 간의 공통점을 가장 두드러지게 보여 준다. 뉴델리에 있는 무굴 왕조의 창립자 바부르의 아들인 후마윤(Humayun)의 커다란 영묘는 다음 세기에 등장할 인도의 모든 기념비적 건축물의 출발점이었다. 1562~72년에 지어진 이 무덤은 헤라트에서 온 두 명의 중앙아시아 건축가의 작품이었다. 무굴 건축의 전형인 아그라(Agra)의 타지마할도 사마르칸트의 티무르 영묘(Gur-e-Amir)와 아프가

282.

64) Gabor Agoston, "Early Modern Ottoman and European Gunpowder Technology", in *Multicultural Science in the Ottoman Empire*, ed. Ekmeleddin Ihsanoglu et al. (Turnhout, 2002), 13ff.

니스탄의 가즈니에 있는 울루그베그 및 압드 알 라자크(Abd al-Razzaq)의 영묘 같은 중앙아시아적 모델에서 직접적으로 유래한 것이었다.[65] 오스만인들에게 눈을 돌려보면, 치닐리 쾨슈크(Çinili Köşk)나 콘스탄티노플 정복 이후 곧 건설된 다른 건축물들은 이 시대를 연구한 한 독일 전문가가 중앙아시아적 원형과 "놀랍도록 유사하다"라고 칭한 모습을 갖추고 있다. 물론, 이 무렵 서구 영향의 첫 징조 또한 나타났지만 말이다.[66]

이외에도 이스파한과 카불, 아그라, 델리, 라호르의 고요한 정원은 모두 헤라트와 사마르칸트의 정원을 모델로 삼았다.[67] 사파비 페르시아에서 활동한 타브리즈와 그 외 다른 중심지 출신의 건축가들은 셀주크 술탄 산자르 시대에 시작된 중앙아시아 건축의 표현양식과 일한국 몽골 치하에서 이루어진 고유의 변형을 일찍이 터득한 이들이었다. 따라서 샤 아바스(Shah Abbas, 1571~1629) 시대에 지어진 이스파한 최고의 건축물은 중앙아시아적 모델 — 애당초 이 가운데 일부를 만들어내는 데 이란인들이 기여했지만 — 의 실현이라고 보아도 무방할 것이다.[68] 그리고 위대한 오스만 건축가이자 혁신가였던 미마르 시난(Mimar Sinan)의 출발점도 헤라트와 타브리즈에 있는 티무르 시대의 원형을 모방한 오스만 사원과 영묘였다.

책 삽화나 세밀화 형식으로 가장 잘 표현되었던 티무르 왕조의 심미적

---

65) John D. Hoag, "The Tomb of Ulugh Beg and Abdu Razzaq at Ghazni, a Model for the Taj Mahal", *Journal of the Society of Architectural Historians* 27, 4 (December 1968): 234~48.

66) Franz Babinger, *Mehmed the Conqueror and His Time*, trans. Ralph Manheim (Princeton, 1992), 466.

67) 매우 흥미로운 개관을 담고 있는 Attilio Petruccioli, ed., *Gardens in the Time of the Great Muslim Empires* (Leiden, 1997)의 글을 참조. 또한 Ebba Koch, "Mughal Palace Gardens from Babur to Shah Jahan, 1526~1648", in *Muqamas XIV*, ed. Gulru Necipoglu (Leiden, 1997), 143~65도 참조.

68) 이스파한에 관해서는 Stephen Blake, *Half the World: The Social Architecture of Safavid Isfahan, 1590~1722* (Costa Mesa, 1999); Roger Savory, *Iran under the Safavids* (Cambridge, 1980), chap. 7 참조.

충동이 빠르게 세 화약 제국으로 확산되었다. 오스만 왕실은 열정적으로 비흐자드와 그 외 다른 헤라트 예술가들의 작품을 수집했고 현지 화가들에게도 그것을 모방하도록 권장했으며, 이는 이스파한의 통치자들도 마찬가지였다. 무굴 제국의 술탄 악바르(Akbar, 1542~1605)는 심지어 바이순구르가 헤라트에 세운 책공방을 그대로 모방해 설립할 정도였다.[69] 사파비 시대의 페르시아 화가들은 개성에 대한 새로운 감수성을 발달시키면서 이슬람 예술에서는 전례가 없던 수준으로 자신들의 주제를 개별화하기 시작했다.

세 제국의 문예도 중앙아시아의 티무르 후손들에게 크게 빚을 졌다.[70] 바부르는 나바이에게 직접 영감을 받아 최초로 튀르크어로 쓰인 회고록인 자서전을 차가타이어로 썼다. 오스만 술탄도 나바이와 자미의 수많은 시를 수집하고 재발간했다. 인도 전역에서도 자미의 독자와 아류들이 나왔다. 또 중앙아시아 초기 시인들의 저작들도 ─ 특히 안바리 ─ 세 제국에서 널리 보급되었고 많은 필사본이 양산되었다.[71] 이는 세 왕조 모두가 티무르의 모델을 따라 페르시아어로 조정 업무를 처리했기 때문에 더욱 수월했다. 이렇게 호라산과 옛 일한국의 페르시아 문화의 지리적 범위는 크게 확장되었다.

69) Maurice S. Dimond, "Mughal Painting under Akbar the Great", *Metropolitan Museum of Art Bulletin*, New Series, 12, 2 (October 1953): 46~51. 무굴 회화에 관해서는 Milo Cleveland Beach, *Early Mughal Painting* (Cambridge, 1987); *The Imperial Image: Paintings for the Mughal Court* (Washington, DC, 1981) 참조. 종합적인 관계에 관해서는 Richard Foltz, "Cultural Contacts between Central Asia and Mughal India", *Central Asiatic Journal* 42, 1 (1998): 44~65 참조.

70) 흥미롭게도 페르시아 시문학이 사파비 시대에 사실상 위축되었다고 흔히들 생각한다. Rypka, *History of Iranian Literature*, 292. 무굴 인도에서의 페르시아어에 관해서는 Muzaffar Alam, "The Pursuit of Persian: Language Policy in Mughal Politics", *Modern Asian Studies* 32, 2 (May 1998): 317~49 참조.

71) Annemarie Schimmel and Stuart Cary Welch, Anvari's *Divan: A Pocket Book for Akbar* (New York, 1983).

그러나 세 제국 모두 철학이나 과학을 다루는 강력하고 동시대적인 학풍을 발전시키지는 못했다. 페르시아 철학자들이 최근 '이스파한 학파'라는 별명이 붙은 흐름을 주도했던 것은 맞다. 상당량의 훌륭한 글을 양산한 이들이 최근 들어 학자들의 주목을 받게 되었다. 하지만 그들이 던진 질문과 도달한 답은 당대가 아니라 이미 오래전에 지나간 중앙아시아의 계몽 시대에서 비롯된 것이었다.[72] 여기에는 16~17세기 서구에서 출현한 새로운 개념에 대한 체계적인 제시나 표준화한 지식에 내포된 함의에 관한 철저한 탐구가 부재했다. 즉 옛날식의 철학적 사유가 사라지지 않고 계속되었다.

우리는 이 세 제국이 청동을 주조해 신식무기를 만들어내는 데 필요한 기술을 결국에는 어떻게 통달했는지 살펴본 바 있다. 새로운 기술에 대한 그들의 개방성은 다른 영역으로도 확장되었으나 깊이가 없었다. 오스만 술탄 바예지드 2세는 레오나르도 다 빈치에게 콘스탄티노플의 금각만(金角灣, Golden Horn)에 설치할 기술적으로 과감한 디자인의 다리를 의뢰했지만 늘 그렇듯 결국에는 이 건설안을 포기했다. 오스만인과 무굴인 모두 능숙한 항해사였고, 선장은 현지의 지도 제작자들에게 상세한 정보를 제공했다. 그러나 이렇게 제작된 지도는 기술적인 면에서 서구보다 훨씬 뒤처져 있었다. 부분적인 예외가 있다면, 자신의 경험과 방대하게 수집한 유럽 지도들을 근간으로 중앙 및 남아메리카의 해안(1513)과 북아메리카(1528), 그리고 세계지도 제작에 나선 오스만의 제독이자 지도 제작자였던 하즈 아흐메드 무히딘 피리(Haci Ahmed Muhiddin Piri, 1470~1554)를 들 수 있다.[73] 사파비의 지도도 서구에서 만들어진 지도는 물론이고 500년 전 아

---

72) 앙리 코르뱅(Henry Corbin)과 세예드 호세인 나스르는 처음으로 이러한 학파의 존재를 주장했고, 나스르 자신은 훗날의 평가에서 이를 재고했다. "The School of Isfahan Revisited", in *Islamic Philosophy from Its Origins to the Present*, 209ff.

73) Svat Soucek, *Piri Reis and Turkish Mapmaking after Columbus: The Khalili Portolan Atlas, Studies in the Khalili Collection* (London, 1992), vol. 2.

랍이나 중앙아시아에서 제작된 지도보다도 수준이 낮았다.[74] 인도 황제 악바르는 톱니바퀴 장치나 에어컨, 권총 등을 가지고 놀았지만 기계에 대한 이 같은 호기심이 탄생시킨 것은 아무것도 없었다.[75] 또 렌즈 제작이나 시계 제조도 세 왕국에서는 발전하지 못했는데, 대신 소형화 기술을 가지고 있던 수도의 외국인 거류민들에게 의존했다.

이 세 제국과 티무르의 중앙아시아 문화 간의 유사점이 특히 두드러지게 나타나는 분야가 수학과 자연과학이다. 오스만인들은 울루그베그의 스승 카지 자데 루미를 자신들의 첫 과학자라고 재빠르게 주장했고, 그러고는 비록 콘스탄티노플에서 보낸 시간이 채 1년도 되지 않았지만 부하라 출신의 쿠쉬지를 자신들의 첫 천문학자로 일컬었다. 사실 천문학은 다마스쿠스 출신의 튀르크인으로 재능 있는 수학자이자 천문학자였던 타키 알 딘(Taqi al-Din)이 울루그베그를 본받아 천문대를 설립하는 데 재원을 지원해 달라고 술탄을 설득한 1576년까지도 콘스탄티노플에서 제대로 시작되지 못했다. 과학적으로 입증 가능한 사실보다는 가계와 전승을 강조하는 부하라와 중앙아시아 수피즘의 전통 속에서 타키 알 딘은 쿠쉬지의 손자를 찾아내어 함께 연구했다. 새로운 천문대에서 타키 알 딘은 4년 동안 유용한 연구를 수행했다. 그의 목표는 울루그베그의 지도제작 프로젝트를 계속 이어가는 것이었다.[76] 그러나 의심 많은 재상의 꼬드김에 넘어간 술탄은 천문대 건물 전체를 허물어버렸다. 콘스탄티노플에서 천문학은 그 후 수세기 동안 사장되었다. 이는 사건이 단순히 개인 간의 충돌 문제가 아니었음을 보여 준다. 태양계에 관한 니콜라우스 코페르니쿠스의 태양중심설

---

74) David A. King, "Two Iranian World Maps for Finding the Direction and Distance to Mecca", *Imago Mundi* 49 (1997): 62~82.

75) Irfan Habib, "Akbar and Technology", *Social Scientist* 20, 9/10 (September~October 1992): 3~15.

76) Ekmeleddin İhsanoğlu, *Science, Technology and Learning in the Ottoman Empire* (London, 2004), 19에서는 관측이 1573년에 시작되었다고 주장했다.

을 언급한 유럽의 서적 가운데, 그 어느 것도 이 폴란드 천문학자가 사망한 지 210년이 지난 1660년까지 튀르크어로 번역되지 않은 것은 어찌 보면 당연한 결과였다.

달력을 갱신하고 싶었던 무굴 제국의 통치자들도 울루그베그를 따라 천문대─그중 다섯 개가 남아 있다─를 건설했다. 그러나 이는 울루그베그 사후 3세기가 지나고서야 지어졌으며, 오늘날에도 델리와 자이푸르에서 볼 수 있는 매우 이국적인 몇몇 건축물을 제외하고는 어떤 영구적인 유산도 남겨놓지 못했다. 이란에서는 오스만이나 무굴 왕실에서와 마찬가지로 통치자의 건강을 지켜야 할 명백한 필요성으로 인해 의학이 계속 발전했다. 그리고 수술과 안과학에서 경탄할 만한 성과가 나왔다. 하지만 페르시아의 의료업은 대규모의 이주로 크게 위축되었다.[77]

세 튀르크 제국 시대에 이루어진 수학과 자연과학의 조용한 발전은 설명이 필요하다. 오랫동안 기병에 의존해 왔던 그들이지만 16세기경이면 그들도 화약 혁명의 대가가 되어 있었다. 사파비 왕조만 이러한 흐름에 뒤처져 있었는데, 그 대가는 1514년 오스만인들에게 당한 패배로 돌아왔다. 이후 이스파한의 페르시아 왕실도 이들을 따라잡고자 서둘렀다. 그렇다면 왜 탄도학이나 삼각법과 관련된 분야는 진작에 발달하지 못했을까? 전장에서의 성공이 중요한 원인이었을지도 모른다. 세 제국 모두 17세기 중반까지는 자신들의 주요 경쟁자보다 군사적 우위를 유지할 수 있었다. 델리와 이스파한, 콘스탄티노플에서 열린 거창한 궁중의례에서 충분히 표명되었던 자기만족이 새로운 지식 분야를 익히려는 의지와 외국어, 특히 하찮아 보이는 저 먼 유럽인들의 언어를 배우고자 하는 흥미조차 반감시켰을 것이다.

이외에도 세 제국 모두 학문의 세계가 정통파적 종교 신념에 의해 강력

---

77) Cyril Elgood, *Safavid Medical Practice* (London, 1970), 70~88.

히 규제되었던 사실도 고려해야 할 것이다. 무굴과 오스만은 모두 독실한 수니파였고, 종교계와 군부 간에는 밀접한 동맹이 형성되어 있었다. 독실한 시아파였던 사파비 왕조의 상황도 마찬가지였다. 이스파한의 시아파 정부는 사실상 신정국가와 다름없었으며,[78] 칼리프 지위를 양도받은 오스만 술탄 셀림이 1522년 콘스탄티노플로 그것을 옮아오기로 결정하면서 오스만 제국도 신정주의적인 외관을 가지게 되었다.

세 제국 모두 다양한 종교를 가진 수많은 신민을 지배했다. 오스만은 고도의 관용정책을 펼쳤다. 반면 시아파 사파비 왕조는 페르시아에서조차 수니파 주민들이 다수를 이룬 현실과 마주해야 했다.[79] 인도의 무굴 제국 영토에는 다수의 힌두교도들이 존재했는데, 이는 보기 드문 통치자였던 악바르로 하여금 이슬람교, 힌두교, 기독교를 고유의 방식으로 통합하도록 만들었다. 특이하면서도 불편부당했던 악바르는 이 새로운 종교가 기존 종교를 대체하여 문화적 충돌을 영원히 종식시키기를 바랐다.[80] 이를 계획하는 와중에 그는 파라비와 이븐 시나가 500년 전에 제기했던 이상적인 사회에 관한 대(大)질문을 다시 던졌다. 그는 자신을 새로운 종류의 수피 교단의 수장이자, 그런 이유로 비록 자애롭지만 새로운 유형의 신정주의자라고 생각했다.[81] 하지만 고집 세고 불관용적이었던 그의 증손 아

78) Roger Savory, *Iran Under the Safavids* (Cambridge, 1980), 27ff.; Said Amir Arjomand, "The Clerical Estate and the Emergence of a Shi'ite Heirocracy in Safavid Iran: A Study in Historical Sociology", *Journal of the Economic and Social History of the Orient* 28, 2 (1985): 169~219.

79) Rula Jurdi Abiusaad, *Converting Persia: Religion and Power in the Safavid Empire* (London, 2004), 61ff.; Vera Moreen, "The Status of Religious Minorities in Safavid Iran from 1617~61", *Journal of Near Eastern Studies* 40, 2 (April 1981): 119~34.

80) 예수회 소속의 그의 고문의 견해를 보려면 John Correia-Afonso, S. J., ed., *Letters from the Mughal Court* (St. Louis, 1981), 4ff. 참조.

81) Sri Ram Sharma, *The Religious Policies of the Mughal Emperors* (Bombay, 1962), chap. 3; Hodgson, *The Venture of Islam*, 3: 73.

우랑제브는 바부르 이래 만연해 있던 편협한 샤리아에 기반한 군사체제로 무굴 제국을 신속히 복귀시켰고, 라호르에 거대한 황실 사원을 개원함으로써 이러한 입장을 분명히 보여 주었다. 이처럼 페르시아와 인도의 종교적 다양성은 통치자로 하여금 위로부터 조성된 진부한 정설을 단언하도록 만들었다. 오스만은 이들에 비해 더 관용적이었지만 그렇다고 중요한 지적 교환이 촉발되지는 않았다.

세 제국의 마드라사들은 정통주의적 종교 신념을 소중히 모셨고 영속시켰다. 세 제국에 최초로 설립된 마드라사들은 모두 칼리프의 재상으로서 누리던 권력을 이용해 이설(異說)을 근절하고 엄격한 종교적 정설을 부과할 목적으로 교육기관을 세운 니잠 알 물크 시대에 건립된 것이다. 대학이 설립되기 전 세 제국의 이들 기관은 반대파 무슬림들로부터든 근대 과학 및 철학으로부터든 간에, 감지된 일탈에 맞서 단연 우세한 정설을 보호하고 영속시키는 자로서의 본원적인 역할을 수행했다. 무굴 황제 악바르가 자신의 영토에 있는 마드라사의 필수과목으로 수학을 지정한 것은 맞다. 하지만 이러한 혁신은 문화 영역에서의 악바르의 계획 대부분이 그러했듯이, 그의 사후까지 지속되지 못했다.[82]

달리 말하면, 티무르 시대 이후에 등장한 세 제국 가운데 그 어느 제국도 가잘리가 12세기에 제기한 이래 이슬람 정설의 기둥이 된 이성에 대한 제한을 문제 삼지 않았다. 신자 개인과 신과의 직접적인 교감의 가능성을 수용한 가잘리는 이성을 거부했다기보다는 주변화했으며, 그것을 실용적인 문제를 해결하기 위한 도구로는 받아들였으나 존재론적인 문제를 다루는 수단으로서는 거부했다. 이 세 위대한 튀르크 제국의 종교학자와 관료들은 신과 인간의 관계라는 긴박한 문제와는 아무 연관이 없는 부차적인 지위로 수학과 과학, 논리학을 격하시킨 가잘리의 견해를 받아들이는 데

---

82) Pran Nath Chopra, *Some Aspects of Society and Culture during the Mughal; Age, 1526~1707* (Agra, 1963), 155.

있어 의견일치를 보았던 것이다.

인쇄되지 않은 말

이러한 특징들은 모두 16~17세기 이 위대한 세 튀르크 제국의 지적 생활을 상당히 지체시켰던 또 다른 요인, 즉 활판 인쇄술을 수용하는 데 보여 준 극단적인 주저 때문에, 시간이 흘러도 계속 유지되었다. 실제로 세 제국에서 인쇄술이 직면한 운명은 놀랍도록 비슷했다.

1620년대 바티칸이 이스파한에 보낸 아랍어 활자가 탑재된 인쇄기 덕분에, 사파비인들은 아르메니아 기독교도들이 페르시아에서 최초의 활자본인 「시편」(Psalms)을 발행하기 전부터 인쇄술에 대해 잘 알고 있었다. 하지만 정작 페르시아인들은 이미 그 당시 200년이나 된 '새로운' 발명품을 사용하지 않았다. 페르시아어로 된 첫 활자본이 사파비 왕조 내에서 발행되는 데는 두 세대가 더 흘러야 했다.[83]

한편 1493년에 오스만은 세파르디(Sephardi) 유대인*들에게 유대 법전 한 권을 인쇄할 수 있도록 허용했지만 히브리어로만 인쇄한다는 단서가 붙었다. 콘스탄티노플 — 이 사안에서는 다른 지역에서도 마찬가지였다 — 에서 무슬림에 의해 출판된 최초의 활자본은 1729년에 등장했다. 출판인은 트란실바니아의 석학이자 전(前) 오스만 외교관이었던 이브라힘 뮤테페리카(Ibrahim Muteferrika)였는데, 그는 자신의 정치적 입지를 이용해 여러 서적을 발행할 수 있는 권한을 술탄으로부터 얻어냈다.[84] 그러나

---

83) Encyclopedia Iranica, http://www.iranicaonline.org/articles/cap-print-printing-a-persian-word-probably-derived-from-hindi-chapna-to-print-.

* 세파르디 유대인은 주로 포르투갈이나 에스파냐계 유대인들로 여겨지지만, 이란과 같은 중동의 유대인이나 북아프리카계 유대인이 포함되기도 한다.

84) William J. Watson, "Ibrahim Muteferrika and Turkish Incunabula", *Journal*

그 이후 오스만 영토에서 인쇄술은 여러 세대 동안 다시 자취를 감췄다.

인도에 활판 인쇄술을 들여온 이들은 예수회 사람들이었는데, 1556년 고아(Goa)에서 라틴어본으로 발행된 그리스도의 생애에 관한 책을 통해서였다. 한편 무굴 제국 내에서는 1575년경에 보통은 호기심이 많다고 알려진 황제 악바르가 페르시아어 서적을 인쇄할 수 있는 활자를 구경할 기회가 있었지만, 그는 전혀 관심을 보이지 않았다. 인도인들이 자체적으로 인쇄술을 실행하기 오래전부터 아르메니아인과 덴마크인, 영국인들은 인도에서 책을 인쇄하고 있었다. 하지만 18세기 말이 되어서야 페르시아어로 된 서적이 처음으로 인도에서 발행되었고 토착어로 된 서적은 좀 더 시간을 기다려야 했다.[85]

이 세 제국의 무슬림 통치자들이 인쇄술을 권장하기는커녕 오히려 허용하지 않음으로써 그들 사회에 끼친 영향은 어마어마했다. 외국의 혁신에 대한 자기만족적인 무관심은 완고한 적의로 변질되었고, 새로운 정보와 지식을 추구하고 습득하려는 대중의 범위를 심각하게 제한했다. 이는 새로운 화두가 떠오를 때마다 공적 담론을 크게 축소했으며, 결국 전체적으로 시민적 발달을 저해했다.

계승자들, 그리고 상실된 유산

이것이 당시 티무르 왕조의 몰락 이후에 번성한 튀르크인들이 이끌던 세 위대한 제국의 공통적 특징이다. 어떤 점에서는 세 제국 모두 그들에 앞섰던, 그리고 영감을 주었던 티무르 제국을 연상시킨다. 오스만과 무굴,

of the American Oriental Society 88, 3 (1968): 435~41.

85) 인도의 인쇄술이 인도 남부에서 시작되었다는 주장에 관해서는 B. S. Kesavan, *History of Printing and Publishing in India* (New Delhi, 1997) 참조.

사파비는 모두 튀르크-페르시아적인 전통에 기반한 군주국이었다. 그들 모두 군에 의거했고 지방분권적인 세력에 취약했으며, 기본적으로 도시적이면서 국내 교역과 국제 상업을 중요시했다. 신실한 무슬림으로서 통치자들은 하나같이 신앙 수호를 정권의 의무라고 생각했다. 그리고 모두 음악과 예술, 시, 공예를 통해 표출되는 인간의 창의성을 소중하게 여기면서 이를 후원하는 데에도 주저함이 없었다.

세 화약 제국이 티무르인들을 곧장 연상시키는 또 다른 점은 네 제국 모두가 한 가지 문제에 있어서는 계몽 시대 이전의 사회와는 매우 대조적인 모습을 보였다는 것이다. 즉 티무르 제국과 이를 계승한 세 제국의 엘리트 가운데 매우 소수의 재능 있는 사람만이 수학과 자연과학, 사회과학 또는 철학에서 이룬 업적을 통해 명성을 얻었다. 그리고 그들은 새로운 기술에 개방적이었지만 독자적으로 신기술을 개발하는 데는 태만했다. 이 모든 면에서 근대 초기의 세 위대한 제국과 선대의 티무르 제국의 사상가들은 부하라와 니샤푸르, 메르브, 구르간지, 투스, 가즈니, 사마르칸트, 발라사군의 선임자들보다 한참 뒤처져 있었다. 중앙아시아의 계몽 시대와 비교했을 때, 근대 초기의 이 방대한 세 제국은 지적인 면에서 빈약하고 후진적이었다.

8세기에서 12세기까지 중앙아시아의 사상가들은 문명화된 사람들이라면 굳이 양자택일을 하지 않더라도 진리와 미를 동시에 추구할 수 있음을, 그리고 양자는 얼마든지 신앙과 양립할 수 있음을 보여 주었다. 하지만 가잘리의 등장과 함께 점점 더 많은 중앙아시아인이 선택이 필요하다고 확신하게 되었다. 규제받지 않는 지성과 특정한 전통 요체를 통해 걸러진 신앙 중에서 하나를 말이다. 그들은 후자를 선택했다. 아니 그들을 위해 후자가 선택되었다. 이러한 결정은 티무르와 그를 이은 풍요로운 문명이 등장하기 오래전에 이미 내려졌다. 헤라트와 사마르칸트는 신앙과 풍부한 심미적 문화를 결합하는 데 기여했지만, 대신에 갈수록 지적 문화를 주변화하고 성장을 저해하는 대가를 치러야 했다. 이것이 티무르 제국이 무굴과 사파비, 오스만에게 전해 준 유산이었다. 또한 이것이 문제의 늦깎이들과 5세기 전 중앙아시아의 계몽 시대를 가장 분명하게 구별짓는 점이기도 하다.

제15장

회고하며: 모래와 굴

여러 사건이 이 연구의 출발점을 규정했다. 680년부터 740년까지 진행된 아랍에 의한 중앙아시아 정복과 중앙아시아인들이 핵심적 역할을 한 750년 아바스 혁명, 그리고 819년 칼리프 마문에 의한 바그다드 정복은 이미 그 역사가 유구한 문명이었던 중앙아시아의 삶에 새로운 국면을 가져왔다. 그 후 수백 년 동안 오늘날의 동부 이란과 중국 서부 사이에 위치한, 그리고 카자흐스탄에서 남쪽으로 아프가니스탄까지 뻗어 있는, 다시 말해 대(大)중앙아시아 지역은 세계의 중심이었다. 이곳에는 세계에서 가장 큰 교역 물자의 집산지와 가장 발전한 도시들이 집중되어 있었다. 과거로부터 전해진 풍부한 유산과 현세적인 문화 접촉, 사상가 및 예술가 무리들을 후원하기에 충분한 풍족함, 이 모든 것이 연구와 성찰을 위한 거의 이상에 가까운 환경을 만들어냈다. 탐구에 대한 열정과 혁신에 대한 개방성이 다양한 분야로 확장되며 놀라울 정도로 다양한 최초의 성과를 양산해 냈다. 아무리 생각해 봐도 이때야말로 인류의 상상력과 창의력이 빛나던 위대한 시기이자 진정한 계몽의 시대였다.

우리는 이 수세기 동안 중앙아시아의 과학자와 사상가들이 달성한 분명한 업적 중 적어도 일부는 다루었기 때문에 그것을 모두 다시 열거할 필요는 없을 것이다. 대신에 그들이 보여 준 공통적인 특징 몇 가지에 주목해 보자. 이 중 가장 놀라운 사실은 같은 사상가가 종종 셋이나 넷, 또는 그 이상의 분야에서 중대한 저작을 내놓았다는 점이다. 이는 특별한 경우가 아니라 오히려 일반적인 현상이었고, 그 영향으로 교양 있는 대중은 어떤 한 분야의 특이점이 아니라 말 그대로의 지식 그리고 그것을 성취해 가는 과정 — 즉 인식론 — 에 관심을 기울였다.

여기에서 중앙아시아인들은 위대한 두 가지 도구를 인정했는데, 첫째는 기하학과 수학이었고, 둘째는 아리스토텔레스가 제시한 모델에 기반한 형식논리학이었다. 진리에 도달하기 위해 동원된 이 두 도구는 콰리즈미부터 하이얌에 이르기까지, 그리고 그 후에는 파라비에서 이븐 시나와 가잘리에 이르기까지 중앙아시아 출신의 사상가 무리에 의해 밀착 분석되었고 꼼꼼하게 다듬어졌다. 자연 현상이나 철학에 관한 수많은 중요한 식견 말고도 이 사상가들은 인간이 자신이 안다는 것을 어떻게 알고 있는지에 대한 우리의 이해를 매우 명확하게 해주었고, 또한 확장해 주었다.

계몽의 시대 내내 거의 모든 중앙아시아 철학자와 과학자들은 어떤 형태의 종교이든 편안하게 생각했다. 대개는 비타협적인 일신교이자 창조주(First Cause)의 개념을 가진 이슬람이 과학과 철학의 진리를 긍정한다고 보았다. 실제로 그 수가 많지는 않았어도 불가지론자나 무신론자뿐만 아니라 회의론자도 존재했으며, 위대한 의사이자 과학자였던 라지 — 그의 회의론적 태도는 18세기의 프랑스에서조차 추문으로 간주되었을 것이다 — 가 보여 주었듯이 상당히 높은 수준의 관용적 태도가 견지되었다.

하지만 어떤 형태의 신앙이든 꽤 보편적이었음에도 종교가 이성과 어떻게 연계되는지에 관해서는 좀처럼 합의가 이루어지지 않았다. 오히려 시간이 흐를수록 양극화가 심화되었다. 양극단에 있던 과격주의자들 가운데 한쪽은 가잘리처럼 실용적인 일에서는 이성이 미미한 역할을 하지만 존재의 문제같이 커다란 쟁점과는 무관하다고 생각하는 이들이었다. 다른 한쪽은 비루니처럼 당면한 문제에 신이 관여한다면 어떤 역할을 하는지 끊임없이 묻는 이들이었다. 끝으로 시지스타니처럼 과학과 종교, 이성과 신앙 모두에 응분의 존경심을 표명하되 둘은 별개의 영역을 구성한다고 주장하면서, 둘 중 하나를 쫓는다면 반드시 다른 하나는 피해야 한다고 조언한 이들도 있었다.

중앙아시아 전역의 많은 중심지에서 지식의 창출을 통치 목적 중 하나로 삼은 지도자들이 등장했다. 그들 가운데에는 위험하다고 생각될 정도로 극단적으로 이성의 발휘를 중시하는 이들이 있었다. 권력 기반과 자신의 첫 수도를 중앙아시아에 두었던 칼리프 마문은 철두철미한 합리주의를 열렬히 후원했다. 하지만 무타질라파의 합리주의적 교리를 위협과 힘으로 강제하려 했던 그의 노력은 많은 신학자의 격렬한 저항을 야기했다. 그들 중 가장 먼저 저항에 나선 이가 중앙아시아 출신의 이븐 한발이었는데, 그는 『꾸란』과 무함마드의 하디스에 기록된 전승의 권위에 기반하지 않은 모든 가르침은 거부하라고 촉구했다. 부분적으로는 과학자·철학자와 신학자 양측에 보낸 이러한 경고 덕분에 두 영역을 분리하고 수세기 동안 공존할 수 있게 해준 타협이 임시변통으로나마 이루어졌다. 하지만 이와 같은 묵약(黙約)이 1200년경에 깨졌을 때, 계몽의 힘은 퇴보의 길로 들어섰다.

그들 간의 이론(異論)에도 불구하고 중앙아시아 계몽 시대의 과학자와 철학자들은 인간이 진리에 도달하는 데 필요한 재능을 타고났다는 데는 동의했다. 어떤 이들은 신의 계시와 신앙이면 충분하다고 믿었다. 하지만 또 다른 다수의 사람들은—그들 중 으뜸은 파라비이다—논리와 이성으로 계시종교의 진리를 확인할 수 있다고 주장하기까지 했다. 혹자들은—이번에도 파라비를 포함하여—단호하게 사회는 권력자가 지지하는 도그마나 일반 대중의 미신에 의해서가 아니라 이성에 의해 통치될 수 있으며 통치되어야 한다고 생각했다. 이성과 계시가 상호 이로운 방식으로 공존할 수 있는 방법이나 일종의 합의를 입안하려는 노력—이븐 시나 등이 이를 위해 애를 썼다—은 엄청나게 복잡한 논쟁을 야기했다. 단언컨대, 이러한 탐색에 참여하고 이성은 상황의 일부라고 주장한 이들은 모두 인문주의자들이었다. 물론, 이 용어가 피렌체에서 그리고 그 후 유럽 전역에서 널리 쓰이게 되기까지는 300~500년을 더 기다려야 했지만 말이다.

왜 발생했을까

중앙아시아 계몽 시대의 엄청난 규모에도 주목하지 않을 수 없다. 이곳 에는 러셀이 '철학의 문제'[1]라고 별명을 붙인, 인식론과 과학에 관계된 방 대한 범주의 문제를 숙고한 수천 권의 논문과 저작을 양산한 상당히 한정 된 지역 출신의 재능 있는 수십 명의 저자가 있었다. 이와 같은 일이 그 이 전에도, 그리고 그 이후에도 이 지역에서 일어나지 않았기 때문에, 우리가 서두에서 그랬던 것처럼 이러한 지적 활기의 발생 원인에 관한 질문은 다 시 한 번 더 던져볼 가치가 있다. 수세기 동안 벌어졌던 이야기들을 추적 하고 난 지금도 분명한 답을 찾기는 힘들지만 말이다.

예를 들면, 부(富)가 현실적인 책무로부터 자유로운 지식인 계층의 성장 을 위한 필요조건인 것은 확실하지만, 그렇다고 그것이 이러한 계층의 등 장을 반드시 보장하는 것은 아닐뿐더러 그 일원들이 뜻깊은 무언가를 양 산하도록 하지도 않는다. 중앙아시아 부의 원천이 부 그 자체만큼이나 중 요할지도 모른다. 왜냐하면 관개농업은 높은 수준의 정교한 기술과 쉽게 다른 활동으로 갈아탈 수 있는 확장·발전보다는 심화·발전을 일반적으로 더 선호했으며, 대륙무역은 문화 간의 접촉을 만들어냈기 때문이다. 그런 데 가즈니의 마흐무드를 시작으로 그 이후의 국가들이 주로 정복과 전리 품으로부터 부를 획득하게 되면서 그들은 오랫동안 전임자들의 생득권이 었던 폭넓은 국제적 시각과 실용적 능력을 상실하게 되었다.

---

1) Bertrand Russell, *The Problems of Philosophy* (London, 1912).

특정한 문화적 요인이 이러한 부가 사용되는 방식에도 영향을 끼쳤다. 이 수세기 동안 중앙아시아가 중심에 있던 페르시아 문화권 도처에서는 통치자의 부가 지식인의 삶과 예술을 후원하는 데 쓰이는 것이 당연시되었다. 과거 조로아스터교와 불교 시절에 출현해 더욱 성숙해진 이와 같은 신념은 이슬람 지배 아래에서도 유지되었다. 심지어 특정 통치자의 동기가 지극히 평범하고 이기적일 때조차도 이러한 후원은 당연한 것으로 여겨졌다. 이는 문화적 전성기에 필요한 조건을 창출하는 데 큰 보탬이 되었다.

종교의 역할 또한 중요했는데, 때때로 종교가 한 일보다는 하지 않았던 일 때문이기는 하지만 말이다. 이슬람의 일신론은 자연 현상과 지력을 필요로 하는 불가사의에 대한 보편적인 설명을 독려했다. 더욱이 창조나 천성, 인간의 자유와 같은 중요한 문제에 대한 이슬람의 분명하고 단호한 입장은 그것을 수용하고 확증하고 싶어 하던 이들에게나 그것을 의문시하는 이들에게나 똑같은 문제를 제기했다. 유대교와 기독교 같은 다른 성서의 종교 또는 이 문제에 관한 한 조로아스터교에 대해서도 거의 같은 식으로 이야기할 수 있을 것이다. 학문을 후원한 통치자 중 몇몇은 이슬람이나 어떤 다른 신앙의 진리를 입증하려는 바람에서 그랬다는 것을 인정해야 한다. 그럼에도 초기 수세기 동안 무슬림 통치자들은 작가나 사상가의 작업을 반대할 명분이 없고 지지할 이유가 많은 한, 철학과 과학에 도움이 되는 엄청난 일들을 했다.

또 다른 중요한 유발 요인은 중앙아시아 계몽 시대 말기까지도 만연해 있던 종교적 다원주의였다. 이러한 다원주의는 교회와 조로아스터교 신전, 사리탑이 그 기능을 계속했던 중앙아시아의 모든 도시에서 나타났다. 경건한 무슬림은 다른 신앙을 가진 사람들도 대개 자신들만큼이나 총명하고 박식하다는 것을, 그리고 다른 사람들의 견해도 그저 무시할 수 없음을 인정해야 했다. 수니파와 시아파 무슬림 간의 가장 날카로운 충돌이 고래의 다원주의가 모든 곳에서 퇴색하기 시작한 1000년 이후 발생한 것은 결코 우연히 아닐지 모른다.

중앙아시아인들이 이슬람 도래 이전에 세계의 주요 종교 중 여럿을 받아들였던 경험은 이슬람 메시지에 대한 수용 방식과 훗날 세상에서 잊혀졌던 고대 그리스 저자들의 책이 갑작스럽게 등장했을 때 그 처리 방식 등을 결정했다. 언제나 중앙아시아인들은 새로운 종교를 접하게 되면 그 종교의 성서나 또는 정통파 저자들의 다양한 논문을 편찬하는 일부터 시작했고, 경우에 따라서는 현지 언어로 번역하기도 했다. 이러한 관행은 그들에게 각 사상의 요체에 대한 깊은 지식과 이어 도입될 일련의 관념을 분석할 수 있는 독자적인 관점을 제공했다. 이 과정을 통해 중앙아시아인들은 새로운 종교와 사상을 수동적으로 받아들인(adopting) 것이 아니라 자신들의 삶에 맞게 각색(adapting)하는 일에 통달하게 되었다. 덕분에 불교나 이슬람교가 중앙아시아인들의 삶을 구체화했던 것만큼이나 중앙아시아도 이 세계 종교의 형상을 결정짓게 되었다.

새로운 종교는 각기 자신만의 언어를 동반했다. 조로아스터교는 고대 페르시아어를, 고대 그리스 종교는 그리스어를, 불교는 산스크리트어를, 기독교는 시리아어(아람어)를 가져왔다. 이슬람은 그 이전의 다른 어떤 언어보다도 국지적인 지적 담론의 주요 언어이자 국제적인 소통 수단이었던 아랍어를 수반했다. 페르시아어도 이 같은 역할을 얼마든지 수행할 수 있었다. 왜냐하면 이슬람이 부상하던 시기에 마침 페르시아어도 페르시아와 중앙아시아에서 일하며 수많은 고대 그리스 문헌을 페르시아어로 번역한 네스토리우스파 기독교도들과 사산 제국 덕분에 그러한 방향으로 움직이고 있었기 때문이다. 하지만 페르시아어는 아랍 정복 때문에 아랍어만큼 지리적으로 멀리까지 확산되지는 못했을 것이다. 아랍과 페르시아, 중앙아시아의 관료들이 위대한 저작을 아랍어로 번역하는 작업을 지원하기로 한 결정은 지도부가 보여 준 지극히 계몽적인 행동이었다.[2] 초기에는 시리아 기

---

2) 드미트리 구타스는 초기 이슬람 통치자들이 그리스 철학에 적대적이었다는 상투적인 비난에 맞서 제대로 그들을 변론했다. Dimitri Gutas, *Greek Thought, Arabic*

독교도들에 의해, 이후에는 많은 다른 이들에 의해 이루어진 번역 때문에 불가항력적으로 아랍어는 중앙아시아에 새로운 사상을 소개하는 매개체가 되었다. 그리고 이와 같은 역할 수행이 정지되자 지적인 활기도 소멸되었다.

종교적이든 세속적이든 간에, 새로운 문헌을 연구하고 편찬·편집하는 과정은 가치 있는 대규모 사업이지만 지적인 돌파구로 연결된 경우는 거의 없었다고 일축하고 싶어진다. 실제로 이에 근거해 이슬람 중세 과학 및 철학 연구자 여럿은 이 같은 과정이 변화를 자극하기는커녕 오히려 제동을 걸었다며 비판했다. 이러한 해석은 지극히 정상적이지만 중앙아시아의 과학자와 철학자, 신학자들이 수행한 문헌 연구 및 편찬·편집의 근본적인 특성은 놓치고 있다. 왜냐하면 결과적으로 혁신적인 사고와 과학적인 돌파구가 어디에서 기원하는지에 대해 전반적으로 오해하고 있기 때문이다.

스티븐 존슨은 『기발한 발상은 어디서 오는가』(*Where Good Ideas Come From*)에서 누군가가 자신 앞에 이미 있는 것을 그저 한 발 앞서 추구할 때 대개 혁신적인 발상이 나온다고 주장했다.[3] 이 같은 학문적 관심이 '근접한 가능성'으로 서서히 변화하는 과정은 매우 조심스럽게 진행될 뿐만 아니라 혁명적 사고에 대한 촉구는 물론이고 현황에 대한 이의제기조차 의도하지 않는다. 중앙아시아 과학자들의 경우도 아리스토텔레스나 갈레노스, 또는 다른 고전적인 권위자에게 도전하는 것이 아니라 그들의 글을 더 잘 이해하고, 그리하여 그들의 지혜의 진가를 알아보는 것을 목표로 했다.

첫 장에서 언급한 『과학혁명의 구조』에서 토머스 쿤도 같은 주장을 했다. 누군가가 널리 유행하는 과학적 패러다임 속에서 '변칙'을 발견한다면,

---

Culture, 167ff.

3) Steven Johnson, *Where Good Ideas Come From: The Natural History of Innovation* (New York, 2010), chap. 1.

그는 당연히 자신이 잘못 생각한 것이고 변칙은 실제보다 더 뚜렷해 보이는 법이라고 처음에는 생각할 것이다. 변칙의 무게는 쿤이 '정상과학'이라고 칭한 흐름을 수년간 쫓고 나서야 사람들이 새로운 패러다임을 모색하기 시작하는 지점에 도달한다.

이 책 초반부에서 중앙아시아 과학자들이 야기한 수많은 혁신을 열거한 바 있다. 더 많은 이들이 이 목록에 추가될 수도 있었다. 물론 목적은 오늘날 지구상에서 가장 후진적인 나라 가운데 하나인 아프가니스탄을 포함하고 있는 이 지역이 한때 주요 과학자와 사상가들을 양산했다는 사실을 미심쩍어 하는 독자들에게 확신을 심어주기 위함이었다. 중앙아시아 사상가들이 성취한 이러저러한 눈부신 발전의 가치를 폄하해서는 안 될 뿐만 아니라 그들이 500년 동안 '정상과학'과 '정상철학'을 현명하게 실천함으로써 세계문명에 기여한 방대한 공헌도 인정해야 한다. 서로의 저작을 읽은 수십 명의 연구자들이 관련된 집중적이고 상호적인 과정을 거쳐 주요 문제들이 규명되고 분석되었으며, 더 나은 분석과 해결을 위해 이 문제들이 다음 세대에 전달되었다. 세상 사람들 대부분이 중앙아시아 과학자와 사상가들에 의한 혁신을 알지 못하거나, 혹은 그들의 업적을 다른 이들의 성과로 생각한다. 하지만 전문가들 역시 500년 동안 중앙아시아에서 실천된 '정상과학'과 '정상철학'의 어마어마한 중요성을 극도로 과소평가해 왔다고 말해도 무방할 것이다. 16~17세기의 과학혁명 동안에 유럽인들은 그저 중앙아시아인과 그 밖의 사람들이 수행한 이전 연구의 논리적 결론을 따라감으로써 이른바 수많은 돌파구를 마련할 수 있었다. 다시 말해 17세기가 되어서야 유럽은 11세기에 중앙아시아에 존재했던 일종의 '정상과학'에 다다를 수 있었다.

모래알을 품은 굴

변칙이 존재함을 알아차렸더라도 그것이 즉각 새로운 패러다임으로 귀결되지 않는 한 변칙의 중요성을 알아보기란 결코 쉽지 않다. 그렇다면 변칙이 불편하거나 위협으로 인식되어 은폐되거나 억압되는 흔한 상황은 어떠한가? 불행히도 쿤은 이 문제에 천착하지 않았다. 그는 어떤 문화적·지적 조건이 형성되었을 때 누군가는 자신의 상황 인식에 부합하지 않는 것에 저항하는 반면, 또 누군가는 불편한 증거를 인지하고 그 답을 찾으려 하는지 설명하지 않았다.

중앙아시아 역사 전체를 살펴보면 아랍 침략이 있기 1,000년 전부터, 그리고 그 이후에도 적어도 400년간은 이 지역의 문화가 세속적 영역이든 종교적 영역이든 간에 가장 불편한 새로운 정보나 식견조차 사려 깊게 다룰 수 있었음이 확실하다. 이러한 측면에서 중앙아시아 문명은 변화에 친숙하고 그것을 다루는 데 능란했으며 자기 확신으로 가득 차 있었다. 물론 누군가는 아랍어나 페르시아어로 번역되지 않았던 고전 시대의 대작들, 즉 투키디데스의 『펠로폰네소스 전쟁사』나 헤로도토스의 『역사』, 플루타르코스의 『영웅전』, 그리스 비극 같은 작품에도 대처할 수 있었을지 혹은 어떻게 다루었을지 궁금해하기도 한다. 하지만 역사에 반하는 이 같은 가정이 이 지역 최고의 사상가들이 낯설고 불편한 개념에 놀라울 정도로 열려 있었고, 그것을 다룰 준비가 되어 있었다는 사실을 바꾸지는 못한다.

오랫동안 중앙아시아인들이 인도와 중동에서 수입해 온 진주는 쉽게 커지지 않았다. 대부분의 굴들은 진주의 핵이 될 모래알과 만나지 못한다. 모래알을 품은 굴이어도 대부분은 아무런 결과도 양산하지 못한다. 모래를 계속해서 거부하거나 그 과정에서 때때로 폐사하는 굴도 있다. 수세기 동안 이물질인 모래알을 순순히 받아들였고 진주 생산에 그것을 이용할 능력을 갖추고 있었던 중앙아시아 문화는 그 자체가 하나의 불가사의이다. 이는 중앙아시아가 외부 세계에 열려 있었음은 물론이고 새로운 것을 그저 받아들이는 것이 아니라 재작업해 조정할 수 있는 능력이 있는 건강한 사회적 유기체였음을 보여 준다. 이러한 분위기가 만연해 있는 동안에 중앙아시아는 전 세계적으로 지적 생활과 문화의 선두에 서 있었다. 하지만 낯선 것을 건설적으로 직시하고 그것을 진주로 변화시키는 능력을 상실했을 때, 중앙아시아 문명은 쇠락했다.

노벨상을 받은 유명한 파키스탄의 물리학자이자 최초의 무슬림 과학자인 압두스 살람(Abdus Salam, 1926~96)*은 이 문제를 매우 간단명료하게 진술했다. 그는 어떻게 이슬람 세계에서 과학 연구를 강화할 것인지에 관한 질문을 받을 때마다 국제연합의 한 위원으로부터 받은 질의에 이스라엘의 유명한 바이츠만 연구소(Weizmann Institute)의 책임자가 내놓은 답을 되풀이했다. "우리는 과학 성장을 위해 매우 간단한 방침을 세워놓고 있습니다. 활동적인 과학자는 항상 옳고, 젊을수록 더 그렇습니다."[4]

이 책은 열여덟 살의 이븐 시나와 스물여덟 살의 비루니 간에 주고받은 과학적 논쟁으로 시작한다. 두 사람 모두 삶의 가장 중요한 문제 가운데 일부를 다루고 있으며, 의미심장하게도 이에 답하는 데 필요한 모든 도구를 가까이에 두고 있다고 확신했다. 하지만 세 세대도 지나지 않아 가잘리는 이러한 주장을 맹렬히 비난했다. 그 과정에서 그는 대놓고 이븐 시나를 이단이라고 맹공격했다. 가장 중요한 진리는 이미 『꾸란』과 하디스를 통해 완전히 접근 가능하며 샤리아에 구체화되어 있다. 과학이나 치열한 사색이 아니라 신앙심이 그것을 드러내는 열쇠이다. 신앙심은 이성의 발휘와는 달리 자기정화라는 오랜 과정을 거친 후에야 생긴다. 따라서 그것은 평생을 지혜를 좇은 덕에 젊은이들을 가르칠 권리와 의무를 갖게 된 한 사회의 연

---

* 파키스탄의 이론물리학자. 1979년 약전자기 이론으로 S. L. 글래쇼, S. 와인버그와 공동으로 노벨 물리학상을 받았다.

4) Abdus Salam, *Ideas and Realities: Selected Essays of Abdus Salam* (Singapore, 1989), 147.

장자나 '흰 수염을 가진 자'(aksakal), 즉 수피 스승들 사이에서 나타나기가 가장 쉽다. 그러므로 그들은 지혜를 전하고 젊은이들은 귀 기울여야 한다고 가잘리는 결론지었다. 이맘과 수피 원로들이 제공하는 일종의 영적·지적 보석은 굴 속의 모래알이 아니라 복종을 요구했다.

무슨 일이 일어났는가

왜 계몽의 시대는 이지러졌을까, 그리고 언제 이런 일이 일어났을까? 이 책 초반부에 제기한 세 가지 질문 가운데 세 번째에 해당하는 이 질문은 초반부에서보다 14개의 장을 모두 마친 지금 답하기가 더 곤란하다. 그러나 우리가 임무 완수를 선언할 수 있는 한 가지 가설—유효하다면—이 있기는 하다. 이 문제를 다룬 일부 연구자들은 쇠퇴가 있었다는 사실을 간단히 부정한다. 믿을 만한 과학자와 사상가들이 중앙아시아에서 사라졌다고 추정되는 시기 이후에도 아랍 세계에는 여전히 존재했음을 주장하기 위해 14세기 모로코 역사학자 이븐 할둔을 끌어들인 모하마드 압달라(Mohamad Abdalla) 같은 학자가 전형적이다. 하지만 좀 더 자세히 읽어보면 이븐 할둔 본인은 정확히 정반대의 주장을 펼쳤다. 즉 과학과 사상이 아랍 세계에서는 쇠퇴하고 있지만 '제국의 동쪽 지역에서는', 다시 말해 중앙아시아에서는—사실은 그렇지 않았지만—계속 번영하고 있다고 주장했다.[5]

베를린의 학자 소냐 브렌티즈(Sonja Brentjes)는 이슬람 문명의 쇠퇴라는 개념은 '19세기의 발명품'이자 9·11 이후 테러와의 전쟁이 낳은 소산이라며 '가치판단적'이고 '부적절한' 범주라고 거침없이 비난했다.[6] 이렇게 독설

---

5) Mohamad Abdalla, "Ibn Khaldun on the Fate of Islamic Science After the 11th Century", *Islam and Science* 5, 1 (2007): 61~70.

을 펴부은 유능한 아랍학자 브렌티즈는 가잘리와 마드라사를 옹호하는 흥미로운 주장을 펼쳤는데, 가잘리의 공격은 영향력이 크지 않았으며 마드라사도 대부분의 저자들이 주장하는 것보다 합리주의와 과학에 덜 적대적이었다는 것이다.

중앙아시아에서 번성한 추론적이고 과학적인 사고가 심히 중앙아시아적 전통에 기반한 세 이슬람 제국, 즉 인도의 무굴 제국, 이란의 사파비, 터키의 오스만 제국에서 계속 존재했다는 주장은 아주 흔한 이야기이다. 의심할 여지없이 이들 제국은 전성기에 막대한 부를 축적했으며, 아그라, 델리, 라호르, 이스파한, 시라즈, 콘스탄티노플, 카이로에 거대한 수도를 건설했다. 세 제국 모두 언제나 외국 방문객들에게 깊은 인상을 남길 정도로 상당히 세련되었다. 그러나 우리는 이 세 제국에서 존재한 과학이 양적으로나 질적으로나 제한적이었고 철학도 독창적인 작품 활동보다는 주로 주해(註解)가 많았음에 주목한 바 있다. 결국 이 위대한 이슬람 제국의 가장 위대한 문화적 업적은 사상이 아니라 심미적 영역에 있었다.

세 제국의 예술은 사상의 자매가 아니라 그 대용품이었다. 미(美)가 위세를 떨쳤고 진리는 더 이상의 수정이나 정교화가 필요 없는, 그 자체로 완벽한 완전체로 취급되었다. 이러한 확신은 이들 제국의 지적 삶에 과거 지향적인 경향을 심어주었고 새로운 지식만이 제공할 수 있는 지속적인 자극을 거부하게 만들었다. 결과적으로 그들은 위대한 지적 유산을 소멸시켰으며, 심지어는 계몽 시대의 눈부신 필사본 대부분이 자연법칙에 따라 바스러지고 도서관이나 서고에서 사라질 때까지 방치했다. 계몽 시대의 서적이나 논문의 끔찍한 유실은 외부인들의 소행이 아니라 주로 이 문명의 계승자들이 가지고 있던 태도와 선택의 결과였고, 실상 현존하는 몇몇

6) Sonja Brentjes, "The Prison of Categories – 'Decline' and Its Company", in *Islamic Philosophy, Science, Culture, and Religion: Studies in Honor of Dimitri Gutas*, ed. Felicitas Opwis and David Reisman, *Islamic Philosophy, Theology, and Science* (Leiden, 2012), 83: 131~37.

필사본의 행방을 알아내서 보존하려는 노력에 착수한 이들은 유럽인들이 었음을 강조할 필요가 있다.

만년의 이 세 승계 제국은 모두 근대적인 대학 및 다른 학문 기관의 부 재와 비극적이게도 더뎠던 인쇄술의 도입, 활력이 넘치던 다른 지역의 사 상 중심지와의 상호 교류 부족으로 어려움을 겪었다.

자, 그럼 중앙아시아가 1100년 이후 어느 시점에선가 깊은 지적 퇴보 를 경험했음을 인정하자. 또한 이러한 퇴보가 실재하기는 했지만 불가피 하거나 문화적으로 결정된 것이 아니었으며, 특정 역사적 정황의 결과였 다는 베이루트의 역사학자 아흐마드 달랄(Ahmad Dallal)의 주장도 받아 들이자.[7] 그렇지만 분석가에 따라 이를 판단하기 위해 사용한 측정 기준 이 다르다는 이유만으로 퇴보의 시점에 대한 합의는 이루어지지 못하고 있다. 그래서 『중세 이슬람의 자유사상가들』(*Freethinkers of Medieval Islam*) 의 저자는 직설적인 회의론자와 불가지론자들이 자신의 견해를 공개적으 로 표현할 수 있었던 정도에 따라 엄격한 기준을 정했다. 이에 근거해 그녀 는 "10세기 이후 자유사상에 대한 직설적인 산문적 표현은 더 이상 가능 하지 않았던 것 같다. 당시 예언에 심취한 지식인들은 매우 다른 표현법을 찾았다. 이븐 시나의 것과 같은 철학적 우화가 …… 이러한 심취를 논할 수 있는 방식을 제공했다. 작가들은 이를 더 안전하고 지적으로도 더 보람 되다고 생각했던 것 같다"[8]라고 썼다. 한편 다른 연구자들은 이보다는 과 학과 철학에 대한 기초 연구의 양적 감소에 초점을 맞추었다. 연구 성과의 감소는 셀주크 말기에 이미 뚜렷해졌으며, 몽골 침략 한 세기 전부터 인지 된 사실이었다. 12세기 당시 강력하고 부유했던 호라즘 제국의 지적 생산 성의 하락은 이미 진행되던 놀라운 변화를 전형적으로 보여 준다. 쇠퇴는 양적으로뿐만 아니라 질적으로도 나타났는데, 독창적인 연구나 분석의 결

---

7) Dallal, *Islam, Science, and the Challenge of History*, 151ff.

8) Sarah Stroumsa, *Freethinkers of Medieval Islam* (Leiden, 1999), 241.

과가 실리는 논문을 대신해 많은 분야에서 개요서나 백과전서, 전집 등이 발행되었다. 나시르 알 딘 알 투시의 출현이나 울루그베그와 그의 동료들에 의한 짧지만 폭발적이었던 천문학 연구도 이 같은 부정적인 거대한 흐름을 바꿀 수는 없었다.

환경적 가설들

한 세기간의 마르크스적 사고의 영향으로 인해 사상가들이 활동했던 물리적 또는 경제적 환경의 '객관적인' 변화라는 측면에서 지적인 변화를 설명하려는 반사적인 경향이 생겨났다. 중앙아시아의 지적인 분출 시기는 높은 농업 생산성과 제조업의 성공, 장거리 무역 등으로 번영을 구가하던 위대한 시기와 확실히 일치하기 때문에 이 중 무언가의 약화가 원인일 것이라는 주장은 분명 매력적이다. 『문명의 붕괴: 사회의 몰락과 성공은 어떻게 선택되는가』라는 대중적인 연구서에서 재러드 다이아몬드는 한걸음 더 나아가 사회가 자신의 경제적·사회적 존재를 지속시키는 생태계를 부지불식간에 또는 심지어 알면서도 파괴할 수 있는 방법에 대해 우리의 주의를 환기시켰다.

제2장에서 우리는 중앙아시아의 전반적인 기후변화가 기원전 500년경 이래 거의 없었음을 보았다. 1550년경에 시작된 이른바 소(小)빙하기(Little Ice Age)는 우리가 살펴보고 있는 시기의 중앙아시아 경제 및 사회적 조건에 영향을 끼치기에는 시기가 너무 늦다. 앞으로의 조사가 이러한 그림을 바꿀 수도 있겠지만, 지금으로서는 인간에 의해 야기된 변화가 발생했을지도 모를 기후학적인 변화보다 더 중요해 보인다. 숲이나 산비탈 초목의 대대적인 파괴는 계절에 따른 하천 유량의 변화 폭을 상승시켰고, 건기(乾期)의 장기화와 사막화 등을 초래했다. 수백 년 전부터 오아시스 지역사회는 160킬로미터가 넘는 장벽을 세우며 잠식해 오는 사막의 도전에 맞서

왔다. 그들은 노동자 군단을 조직해 오아시스에 물을 대고 그곳을 파릇파릇한 대지로 변화시킬 수 있는 최신 기술로 무장시켰다. 하지만 몽골의 관개시설 파괴와 이러한 시설을 재건할 새로운 노동자 군단을 조직해 효율적으로 동원하지 못한 몽골 이후 사회의 무능으로 인해 사막화는 점점 더 진행되었다. 그 결과 농업 생산성이 하락했고 오아시스 경제는 쇠퇴하였으며, 가장 시급한 현실적인 문제 외에는 그 어떤 지적 관심사도 추구할 수 없는 비우호적인 환경이 조성되었다. 그러나 지적인 쇠락이 이 같은 환경 변화가 강력한 영향을 끼치기 이전에 이미 발생했음은 계속 언급된 바이다.

몽골 문제를 전술로 삼기

단연코 중앙아시아의 쇠퇴 요인에 관한 가장 인기 있는 설명 — 특히 이 지역 자체 내에서 — 은 그 책임을 몽골에 전가하는 것이다. 우리는 이 지역이 몽골의 예봉을 어떻게 느꼈는지, 그리고 인력과 자산, 지적 자원이라는 측면에서 끔찍한 대가를 어떻게 치렀는지를 보았다. 설상가상으로 중앙아시아를 정복한 칭기스칸의 후계자들은 자신들의 유목민적 생활방식을 고수하며 중국이나 이란의 몽골인들과는 달리 중앙아시아의 도시문화 수용을 거부했다. 그들은 최근 여러 저자가 지중해에서 중국까지 뻗어 있는 기적의 자유무역 지대라고 부정확하게 극찬한 지역의 한가운데에 저(低)무역 지대를 만들어냈다. 중국과의 교역이 몽골 정복 이후 호황을 누렸던 것은 확실하다. 하지만 그것은 대개 중앙아시아를 우회했는데, 이는 티무르가 부상할 때까지 계속된 중앙아시아 문명의 '잃어버린 한 세기'를 야기했다.

몽골에 의한 중앙아시아의 복잡하고 정교한 관개시설의 체계적인 파괴가 끼친 영향은 매우 오래갔다. 우리는 몽골이 떠난 이후 인구 손실과 현지 주민의 기술 및 조직관리 능력의 대대적인 후퇴가 중앙아시아인들이 관개시설을 이전의 규모로 복구하는 데 얼마나 방해가 되었는지 살펴보았다. 이는 몽골 침략으로 인한 경제적·문화적 비용을 크게 증가시켰다.

그러나 우리의 주요 관심사인 지적인 쇠퇴는 최초의 몽골 기병들이 말을 타고 오트라르 성벽에 다다르기 이전부터 이미 진행되고 있었다. 몽골군에 의한 파괴는 농업과 제조업, 무역에 기반한 경기회복을 더디게 만들었거나 저해했을 것이다. 또한 줄어든 지역의 지적 자원을 재건하려는 자가 있었다면, 그 일을 더욱 복잡하게 만들었을 것이다. 그러나 그것은 최소한 한 세기가량 앞서 발생한 지적 생활의 쇠퇴 원인이 아니었다. 따라서 시류에 따라 희생양 삼는 듯한 '몽골 카드'는 버려야 한다.

악당 바스코 다가마(Vasco da Gama)

좀 더 정교한 형태의 경제적 결정론은 중앙아시아의 지적 쇠퇴의 원인으로 카라반 무역의 쇠퇴와 유럽과 아시아를 연계하는 바닷길의 부상을 지적한다. 이러한 주장이 암시하는 바는 수단이 좋은 유럽인들이 교역의 붕괴를 초래했고, 그 결과 중앙아시아 지역이 빈곤해졌으며 지적·문화적 삶을 지원하는 데 사용할 자원을 급감시켰다는 것이다.[9]

이 같은 주장에는 두 가지 문제가 있다. 첫째, 원인과 결과의 혼동이다. 중앙아시아인들은 이러한 가설이 암시하는 것처럼 서구 책동의 순진한 희생자가 아니었다. 실제로 수세기 동안 그들은 교역에 필수적인 경제 및 안보 환경을 능수능란하게 통제해 왔다. 그러나 우리가 살펴본 시기 말엽에 중앙아시아인들은 옛 무역로에 대한 안전을 제공하는 데 실패했고, 설상

---

9) 바스코 다가마의 종교적·문명적 동기가 동쪽으로 향하는 더 안전하고 비용이 적게 드는 길을 찾던 유럽인들의 뻔한 현실을 바꾸지 못했다는 나이절 클리프의 설득력 있는 주장은 Nigel Cliff, *Holy War: How Vasco da Gama's Epic Voyages Turned the Tide in a Centuries-Old Clash of Civilizations* (New York, 2011) 참조.

가상으로 운반업자들이 다른 노선을 찾기 시작할 정도로 덥석 관세까지 올려버렸다. 티무르도 육상 무역로의 쇠퇴 원인을 검토하기보다는 극동까지 연결된 신흥 해상 무역로의 차단에 적극 나서며 그 영향력을 축소하기 위해 헛고생했을 뿐이었다.[10) 쇠퇴의 과정은 티무르의 영토가 적대적인 수장국(토후국)들로 분열되고 시아파의 페르시아가 부상하면서 더욱 가속화되었다. 따라서 중앙아시아인들 측의 어리석은 정책이 이미 병들어 있던 자유무역이라는 황금거위를 죽였고,[11) 바스코 다가마는 단지 그 결과에 대처했을 뿐이라고 말하는 것이 맞다.

게다가 이 가설은 중앙아시아의 장기적인 경제적 쇠퇴를 설명하는 데에는 도움이 될지 몰라도, 경제적 퇴락이 시작되기 1~2세기에 전에 일어난 지적 쇠퇴와는 무관하다. 실제로 셀주크인들은 중앙아시아에서 가장 크고 인상적인 대상 숙소 중 일부를 건설했고, 지적인 쇠퇴과정이 심화되고 있던 바로 그 시기에 호라즘의 샤는 교역을 통해 얻은 금으로 금고를 채우고 있었다. 종국에 오랜 대륙의 중계무역이 쇠퇴하면서 중앙아시아는 유라시아 대륙의 다른 곳에서 진척되던 지적 발전으로부터 소외되었다. 이는 이 지역을 빈곤하게 만들었고 순수 학문과 문화 연구를 후원하는 데 쓰일 수도 있었던 재원을 감소시켰다. 또한 결정적으로 중앙아시아가 경제적으로 반등할 수 있는 역량을 갖추는 데도 부정적인 영향을 끼쳤다. 이처럼 이 가설은 장기적인 경제적 낙후를 설명하는 데는 도움이 될지 모르지만 더 이른 시기부터 시작된 탐구 및 계몽문화의 쇠퇴를 설명하기에는 무리가 있다.

10) Iqbal Ghani Khan, *Historical and Cultural Links between India and Uzbekistan* (Patna, 1994), 337.

11) 정치적·경제적 요인을 균형 있게 다룬 Morris Rossabi, "The 'Decline' of the Central Asian Caravan Trade", in *The Rise of Merchant Empires*, ed. James D. Tracy (Cambridge, 1990), chap. 11 참조.

부유한 후원자들이 지갑을 닫았는가

이런 식의 주장을 제기한 이는 미국의 리처드 N. 프라이였다. 그에 따르면 지적 혁신의 쇠퇴는 다양한 문화적 활동을 지역에서 후원했고 자체적으로도 다수의 사상가를 배출한 토지 귀족 계층(dikhan)의 힘과 재원이 감퇴하면서 야기되었다.[12] 셀주크 시대까지 중앙아시아의 중앙과 서쪽 지역 곳곳에 지주 계층이 존재했으며, 그 일원들이 음악과 예술, 지적 생활에 대한 후원을 비롯해 세련된 삶의 방식을 일구었음은 분명하다. 또한 이러한 후원이 시간이 지나면서 줄어든 것도 사실이다. 프라이의 주장은 이슬람 상속법을 토지와 상속재산의 분할로 보는 최근의 연구자들로부터 지지를 받고 있다.[13] 이슬람 상속법은 이슬람 전역에서 부의 파편화와 투자를 위한 자본금의 위축을 야기한 원인으로 비난받아 왔다. 이러한 과정이 개인적인 후원의 영속화를 저해한 것은 확실하다.

그러나 이 같은 상속법이 수백 년간의 문화적 활력기에도 시행되고 있었음을 기억해야 한다. 심지어는 말기에도 문화를 후원하고 싶은 사람은 여전히 자신의 재산을 와크프에 신탁해 과학이나 철학 연구 후원에 사용되도록 지정할 수 있었다. 그러나 그렇게 하려는 사람이 거의 없었고 대신에 소정의 교육적 의제를 가진 마드라사 설립을 선호했다. 전반적으로 프라이는 부유한 디칸이 제공하던 후원을 과장하고 개인적인 기부자들이 과학과 철학을 외면하게 만든 변화를 과소평가했음이 확실하다.

---

12) Frye, "The Period from the Arab Invasion to the Saljuqs", 420. 앞서 같은 논지를 펼친 Barthold, *Turkestan Down to the Mongol Invasion*, 180 참조.

13) 티무르 쿠람은 이슬람 동업자법에 대한 반론뿐만 아니라 이러한 주장도 펼쳤다. Timur Kuram, *The Long Divergence: How Islamic Law Held Back the Middle East* (Princeton, 2011), chap. 5.

통치자들의 부조

중앙아시아에서의 지적 문화의 쇠퇴 원인을 후원의 성쇠에서 찾으려는 사람들은 대개 귀족이 아니라 지역 차원에서 존재한 궁정, 특히 발흐, 메르브, 사마르칸트, 바그다드, 부하라, 구르간지, 가즈니에 있던 주요 궁정에 기반해 주장을 편다. 그들의 풍부한 재원은 이곳저곳에서 최고의 지식인과 예술가들을 끌어들였고, 협약의 공식적인 규칙과 문화의 전통에 의해 아주 일부분만 완화되었을 뿐인 극심한 경쟁적 환경에 그들을 노출시켰다는 것이다.

한층 평등한 시대를 살고 있는 우리로서는, 가즈니의 마흐무드나 티무르 같은 폭군은 물론이거니와 각각의 통치자들이 문화 창달에서 수행한 역할을 최소화하고 싶어진다. 그럼에도 아무리 강력한 통치자일지라도 자신의 주변에 시인과 예술가, 사상가들을 모으고 그들 작업에 관심을 보인 통치자에게만 명예를 부여하던 뿌리 깊은 이슬람 이전 전통의 중요성을 부정하기란 불가능하다. 박트리아의 그리스인들과 쿠샨인, 사산인들 시대에 꽃핀 이 같은 후원의 전통은 가장 야만적인 전사들을 문화 창달자로 변화시켰다. 그들에게 바쳐진 찬사가 보수를 받는 시인이나 역사가, 선전원의 펜에서 나왔다는 것은 전혀 문제가 되지 않았다.

이러한 전통에도 불구하고 중앙아시아의 지적 생활이 쇠퇴한 것을 두고 이 지역에 존재한 제국과 황실 후원자들이 쇠락하고 작은 규모의 아미르나 수장국들이 그들을 대신했기 때문이라고 탓할 수는 없다. 이 지역에 기반을 둔 최후의 대제국 — 티무르 제국 — 이 그 이후의 부하라나 히바, 코칸트 한국(汗國)보다 문화와 예술에 훨씬 후하게 돈을 썼던 것은 사실이다. 하지만 티무르가 등장하기 오래전부터 대부분의 황실 후원자들은 수학이나 과학, 체계적인 철학, 그 외 핵심적인 학문 분야에 대한 후원을 거둔 상태였다. 예를 들면, 호라즘의 후대 통치자들은 막대한 재원을 장악하고 있었음에도 그것을 학문 후원에 쓰는 것은 적절치 않다고 생각했다. 의학·

천문학·점성술이 일부 지역에서 그나마 버티고 있었지만, 이 학문들이 통치자의 건강을 보호하고 미래를 예언한다는 단순한 이유 때문이었다. 다른 학문 분야는 시들해졌고 경우에 따라 완전히 고사한 분야도 있었다. 이 모든 일이 대제국이 여전히 번영하던 시기에 일어났다.

11세기에 저작 활동을 했던 비루니는 이러한 사태가 시작되었음을 알아챘다. 그는 "새로운 과학이나 어떤 종류의 새로운 연구가 오늘날 나오기란 거의 불가능하다. 우리가 가지고 있는 과학이라고 해봐야 지난 호시절이 남긴 얼마 안 되는 옛것이 전부이다"라고 개탄했다.[14] 왕실 후원자들은 과학 및 철학에서 건축과 회화, 음악, 공예 쪽으로 후원의 방향을 바꾸었다. 그 결과 심미적 문화는 화려하게 꽃피웠지만 지난 수백 년 동안 중앙아시아의 수많은 궁정에서 융성했던 탐구정신과 철저한 심사숙고의 습성은 부족해졌다.

비(非)사변적인 튀르크인들

중앙아시아에서의 과학과 철학의 쇠퇴에 관한 여러 가설 가운데 그 원인을 튀르크 문화의 탓으로 돌리는 가설이 가장 민감하다. 이러한 시각에 따르면, 중앙아시아의 지적 활기는 페르시아적 특징으로 가득했던 동부의 도시문명에서 대개 기인했는데, 향후 수세기 동안 튀르크인들이 이주해 오면서 지적 활기가 쇠락한 후 사라졌다는 것이다. 우리는 이러한 시각의 주요 옹호자였던 러시아 역사학자 바르톨트가 러시아혁명 전후로 발표한 중앙아시아에 관한 많은 저작 속에서 여러 차례 이 가설을 자세히 설명했음을 보았다. 바르톨트는 튀르크인들의 유목문화가 오아시스 정착 거주민들

---

14) Biruni, *Alberuni's India*, 1: xv.

의 철저한 논리와 수학적인 세련됨에 맞지 않았다고 생각했다. 하지만 바르톨트가 카슈가르의 마흐무드나 울루그베그, 알리 쿠쉬지, 나바이 같은 튀르크 학자들의 업적을 기꺼이 인정했다는 사실은 그가 문제 삼은 것이 튀르크 민족(ethnos) 그 자체가 아니라 오랫동안 튀르크인들의 가장 두드러진 전형으로 알려진 유목생활이었음을 시사한다.

설령 민족 쟁점을 제거한다고 해도 유목문화의 급습이 지적 쇠퇴를 야기했다는 주장은 성립할 수 없다. 어쨌든 계몽 시대에도 그 전후 못지않게 유목민이 많았고 오아시스 정착민 대부분도 한때는 유목생활을 했다. 시간이 흐르면서 변한 것은 도시에서 오랜 시간 번영했던 지적 문화를 보존하고 선별적으로 그것에 신참자들을 흡수하던 오아시스 거주민들의 능력이었다. 도시의 경제 및 정치생활이 서서히 잠식당하면서 당연히 도시의 문화적 역할 또한 약화되었다. 이는 도시의 문화적 우위성을 희석했고 유목민들과의 관계를 동등한 사람들 간의 교류로 만들었다. 다시 말해 이러한 상황은 튀르크 유목민들의 부상만큼이나 중앙아시아 도시의 쇠락 때문이기도 했다.

무슬림 대(對) 무슬림

이렇게 간략한 검토만으로도 중앙아시아의 지적 활력의 감소를 해명하는 널리 알려진 설명 일체에 심각한 의구심을 갖게 된다. 환경적 변화도, 몽골의 대대적인 파괴도, 아시아로 가는 바닷길의 부상도, 상류층의 후원 감소도, 제국들의 쇠락도, 덜 사변적이라고 알려진 튀르크 유목민들의 문화도 중앙아시아에서 과학적·철학적 삶이 왜 질적으로나 양적으로나 쇠퇴했는지를 설명하지 못한다. 그러므로 우리는 다른 데에서 원인을 찾아야 한다.

중앙아시아의 계몽 시대는 종교적으로나 지적으로나 평온한 때에 출현하지 않았다. 오히려 그 반대였다. 계몽의 시대는 아랍 유목민 병사들이 중앙아시아에 이슬람을 들여온 획기적인 사건과 함께 시작되었다. 이는 향후 수세기 동안 계속될 무슬림과 다른 종파 그룹 간의 복잡한 상호작용 과정을 촉발했다. 동시에 9, 10, 11세기 내내 고조되던 그룹 간의 긴장은 결국 이슬람의 수니파와 시아파 간의 반목으로 확고해졌다. 특히 10세기 말과 11세기 초에 시아파 사상가들은 중앙아시아 전역에 강력한 영향력을 발휘했는데, 심지어는 수니파였던 부하라의 사만 왕조에까지 영향을 끼쳤다. 그러나 수니파도 곧 시아파가 사용한 것과 같은 많은 지적 수단을 동원해 시아파에 대응했다. 무엇보다도 그들은 자신들이 믿는 것이 전통의 단호한 목소리임을 강조했다. 하지만 양 당파 안에는 다양한 시각이 존재했다.

가즈니의 마흐무드의 등장과 그에 이은 셀주크의 부상은 수니 주류파인 전통주의자들에게 커다란 활력을 불어넣었다. 하지만 시아파와의 정면충돌도 야기했다. 11세기경에 중앙아시아 전역의 종교적·지적 분위기는 이란 지역과 마찬가지로 논쟁으로 타들어갔다. 많은 점에서 합의를 이루었음에도 불구하고, 시아파는 예언자의 직계비속에 의해 축성받은 권위 있는 이맘이 『꾸란』과 그 외 신성한 문헌을 해석해야 한다고 계속 항변했다. 한편 수니파는 『꾸란』과 무함마드의 하디스, 종교법, 즉 샤리아에 상세하게 설명되어 있는 제약을 엄격하게 지킬 것을 끈질기게 요구했다. 시간이 흐르면서 이러한 분열은 모든 공동체와 국가, 제국을 갈기갈기 찢어놓았다. 대립이 너무 극심한 나머지 누군가가 다른 진영에 속한다는 의혹만 제기되어도 가장 가혹한 처벌과 배제의 대상이 되었다. 양측에 비타협적인 기류가 확산되면서 시아파 사이에서는 극단적인 합리주의를 지향하는 이스마일파가 수니파 가운데서는 반(反)합리주의의 영향으로, 심지어 평범한 인과관계까지 부정하는 아샤리 학파가 출현했다. 이는 기존의 극단적인 대립 상태를 반영하는 결과이자 더욱 심화시키는 원인이었다.

이 무렵 이슬람 세계에서 발생한 과학적이고 사변적인 사고의 퇴색은 무슬림들의 지배로부터 성지를 빼앗고자 지중해 동부 해안에 나타난 유럽 십자군과의 충돌에 대한 대응이었다고 생각된 적도 있었다. 하지만 이 싸움은 중앙아시아에서, 심지어는 이란에서도 멀리 떨어진 곳에서 벌어졌고 양쪽 지역의 지적 풍조와는 전혀 무관했다. 반면 수니-시아파 간의 분열은 사상을 다루는 사람이라면 누구든지 — 과학자, 수학자, 천문학자, 철학자, 역사가, 점성술사, 형이상학자, 시인이든 간에 — 호된 시련을 겪어야 했던 충돌에 큰 책임이 있다. 9세기 말에는 시아파가 우세했다. 그러나 수니파가 새롭게 부상한 셀주크 튀르크의 지원을 받으면서 양측 간의 힘의 균형은 수니파에게 유리하게 바뀌었다. 11세기 말경에 전면적인 문화전쟁이 벌어졌다. 수니파 종교 감시자들은 어떤 사상가도 전통의 엄격한 범주를 벗어날 수 없음을 확실히 했고 시아파 종교 감시자들도 같은 식으로 대응했다. 이렇게 자유 탐구를 추구하던 이들은 샌드위치 신세가 되었다.

이슬람 공동체, 즉 움마(ummah) 안에서의 갈등, 다시 말해 수니파 대(對) 시아파 간의 투쟁이 중앙아시아에서의 이슬람 지성의 종말에 가장 큰 책임이 있다고 해도 과언이 아니다. 니잠 알 물크의 맹렬한 비난과 젊은 가잘리의 공격 뒤에 숨어 있던 것도 바로 이것이다. 사상 검증이 갈수록 개개의 사상가나 그들이 쓴 특정 논문과 저서뿐만 아니라 종국에는 전 분야의 연구와 구체적인 사고방식에 대해서까지 이루어졌다. 주류 정통파가 경화될수록 이념적인 일탈의 대가도 커졌다. 처음에는 사상가들도 다양한 형태의 자기검열로 부응했지만 시간이 경과하면서 올바른 사고방식의 수호자들의 심기를 건드릴 만한 분야는 아예 포기해 버렸다. 그렇다고 주류 전통주의자들이 사려 깊고 상당히 도덕적인 사상가들을 독자적으로 배출했음을 부정하고 이 사람들의 글이 진실하지 않았음을 주장하려는 것은 결코 아니다. 그러나 그들은 더 이상 단호하고 공개적인 비판을 받지 않았기 때문에 전통에 구속된 주류파의 글조차 점점 느슨해지고 딱딱해지는 경향이 있었다.

악한 천재, 가잘리

이러한 전개과정은 으레 광범위하고 보편적인 용어로 이야기되는데, 그러다 보면 돌이킬 수 없는 지질학적 과정을 닮아가게 된다. 마치 서서히 자신의 방식대로 으깨고 부수는 빙하처럼 편협하고 전통에 얽매인 이슬람 정통파의 부상이 불가피한 과정처럼 보이게 된다. 어쩌면 이는 사실일지도 모른다. 하지만 아닐 수도 있다. 계몽의 시대가 등장해 쇠락해 가면서 무대에 등장한 강력하고 독특한 개인 각각은 전형적인 활약을 보여 주었다. 그들의 행동과 사고방식은 어떤 보편적인 힘이나 경향보다는 그들 특정 인생 경험에 의해 규정되었다.

우리는 훌륭하나 경솔했던 칼리프 마문이 '진보의 이름으로' 시작한 놀라운 '숙청'과정을 추적했고, 그 과정이 침착하면서도 단호했던 이븐 한발과의 마지막 결전으로 어떻게 이어졌는지도 살펴보았다. 이 같은 충돌 속에서 우리는 무타질라파의 자유의지 교리와 새로운 형태의 정명론 간의 가장 직접적인 병치를 목격하였다. 이븐 알 라완디와 히위, 라지가 놀랍게도 자유사상 운동에 관여한 것을 보았고, 예언자 무함마드의 진짜 말씀이라고 여겨지는 전승을 공들여 모아 만든 하디스를 『꾸란』과 함께 권위와 법의 유일한 합법적 출처로 정착시킨 부하리의 평생 작업도 지켜보았다. 또한 이븐 시나가 위대하나 결국에는 실패한 인식론과 신학의 체계화 같은 불가능한 일을 해내고자 얼마나 노력했는지, 그리고 왜 비루니가 이 끝없는 논쟁을 뒤로하고 대신에 자신의 학술 작업에 주력하게 되었는지도 살펴보았다. 마지막으로 우리는 오마르 하이얌이 도그마로부터 자유를 선언하는, 호소력 짙으면서도 수수께끼 같은 시를 쓰고도 그 시들이 널리 유통되는 것을 막고자 했던 모습도 보았다.

이러저러한 실제 인물이 없었다면, 그리고 그들의 특정 글이 없었다면, 또 그들이 보여 준 활기와 결단이 없었다면, 우리가 계몽 시대의 성쇠를 설명하고자 거론했던 보편적인 경향과 힘도 존재하지 않았을 것이다. 그렇다면 이러한 혁신 시대의 종말이 특정 개인 또는 개인의 행위에서 기인한 것은 아닌지 반드시 질문할 필요가 있다. 여러 후보자가 있지만 그들 중 가장 유명한 이는 투스 출신의 셀주크 재상 니잠 알 물크이다. 그는 총체적으로는 시아파 세력을, 특정하게는 이스마일파를 파괴하고 물리치는 것을 자신의 신성한 사명으로 여겼다. 어쨌든 보수적이고 전통주의적인 수니 이슬람의 대의를 진작하기 위해 셀주크 국력을 온전히 집중하고, 올바른 사고와 적절한 사상을 고취하기 위해 새로운 유형의 교육기관을 설립해 이슬람 세계 전역에 이들 기관의 확산을 촉진한 이가 바로 그였다.

하지만 그의 식객 노릇을 하던 철학자이자 신학자로 매우 활동적이고 전투적이면서도 심오한 사상가였던 무함마드 알 가잘리가 없었다면 우리가 과연 니잠 알 물크를 기억할지는 의문이다. 가잘리가 남긴 다양한 업적의 부정적인 측면과 긍정적인 측면 모두가 중앙아시아 계몽 시대의 쇠퇴와 직접적으로 관련이 있다. 『철학자들의 부조리』에서 보여 준 그의 성공적이나 대단히 파괴적인 공격으로 인해 그가 살았던 시대는 물론이고 그 후로도 수세기 동안 주체적인 사고를 하던 이들은 모두 방어적인 태도를 취하게 되었다. 실제로 그는 수학이 나아갈 수 있는 특정 영역을 상세히 설명했고 과학을 위해서는 실제적인 응용과 주로 관계가 있는 제한된 영역을 개척했다. 달리 말하면 가잘리는 철학자들과 우주론자, 인식론자, 수학자, 이론 과학자들을 주변화하는 데 성공했다. 향후 그들은 마치 천장이 낮은 건물에서 사는 것 같았다. 중앙아시아에서 옛 탐구정신이 되살아나기 시작한 것은 19세기 말 이른바 자디드(Jadid) 개혁가들이 근대 과학과 교육을 열성적으로 포용하면서부터였다. 그런데 비극적이게도 이번에는 새로운 소비에트 통치자들이 이 진정한 이슬람 개혁가들을 탄압하거나 죽여버렸다.

베이루트의 역사학자 아흐마드 달랄은 수피 신비주의의 부상과 과학적 사고의 쇠퇴를 상당히 노골적으로 연계했다. "과학 활동의 쇠퇴가 …… 종종 우주론에 대한 관심의 회귀와 결부되어 있음에 주목할 필요가 있다.

왜냐하면 그럴 때만 전통적인 철학적 우주론이 종교적·수피적 우주론으로 대체되었기 때문이다."15) 앞에서도 보았듯이, 가잘리가 중앙아시아 문화 및 12, 13세기의 역경에 깊은 뿌리를 내리고 있는 수피 신비주의의 부상을 야기하지는 않았다. 그러나 그는 그 누구보다도 이슬람 내에서 수피즘을 정당화하고 핵심적인 앎의 방식으로서 수피즘이 자리 잡도록 하는 데 많은 기여를 했다. 그렇게 함으로써 그는 이성과 논리를 밀쳐내는 데도 도움을 주었다. 당연히 종교에 관한 그의 글은 가장 인간적인 영역에 대한 중대한 연구이자 이슬람교만큼이나 기독교, 유대교와도 관련이 있는 것으로 평가된다. 그러나 가잘리는 명확한 위계를 제시했고, 그 안에서 합리적인 지식인은 신비주의적 직감과 전통을 통해 얻을 수 있는 지식에 도전할 수 없을뿐더러 도전이 허용되지도 않는 종속적인 지위로 전락했다.

더욱이 가잘리는 자신이 반대하는 모든 것에 대한 탄압도 강력히 지지했다.

대다수의 사람들은 자신의 능력과 기량을 높이 평가하고, 특히 참과 거짓, 참된 본보기와 거짓 제안을 구별할 수 있는 자신의 지성이 완벽하다고 생각하는 경향이 있다. 그러므로 위험과 기만이 내재된 부적절한 책을 …… 가능하면 일반 대중이 읽지 못하도록 할 필요가 있다고 생각한다. 헤엄칠 줄 모르는 자가 미끄러운 제방을 멀리해야 하는 것처럼 사람들이 이러한 책을 읽지 못하도록 해야 한다. 또 어린아이가 뱀을 만지지 못하도록 해야 하는 것처럼 사람들이 이러한 말을 듣지 못하도록 해야 한다.16)

누군가가 나서서 감히 가잘리를 반박하기까지는 한 세대가 걸렸다. 우리는 저 멀리 이슬람의 지배 아래 있던 에스파냐에서 재판관이자 철학자

15) Dallal, *Islam, Science, and the Challenge of History*, 154.
16) Algazali, "Deliverance from Error", 273~74.

로 활동한 이븐 루시드—서구에서는 아베로에스로 알려져 있다—가 짓
궂게도『부조리의 부조리』라는 제목을 붙인 저서에 결국 어떤 답을 담아
냈는지도 보았다. 여기에서 아베로에스는 가잘리의 공격에 맞서 이성과 논
리를 옹호하기 위해 파라비로부터 이어져 내려오는 중앙아시아 학문의 요
체를 추려냈다. 결과적으로 대부분의 무슬림들이 그의 저서를 외면했기에
그들을 설득하는 데는 성공하지 못했지만 말이다. 하지만 유럽에서는 아베
로에스의 답변이 히브리어 번역본에서 다시 라틴어로 옮겨지면서 공감하
는 독자들을 만날 수 있었다.

17세기 영국의 사상가 존 로크는 계시종교를 받아들이면서도 동시에 이
성이 자유롭게 발휘될 수 있는 영역을 보전해야 하는 비슷한 문제에 직면
하였다. 그는 '이성 위에' 존재하는 인지 영역을 인정한 후에 그 외 남겨진
방대한 영역—과학, 철학, 모든 사회적·경제적 생활을 아우르는—으로
뛰어듦으로써 이를 아주 교묘하게 해결했다. 하지만 중앙아시아와 이슬람
세계에서는 이성에 대한 가잘리의 단호한 공격과 그의 열성적인 추종자들
로 인해 사변적인 철학과 과학으로 가는 길이 닫힌 것 같았다. 또 다른 한
편에서는 신앙과 전통의 보호자들은 그리스적이고 이질적인 사고의 오류
로부터 해방된, 순수하게 이슬람적인 형태의 학문을 만들어내기 시작했
다.[17] 그러는 동안 점점 더 많은 생활의 측면이 이슬람법에 포섭되었고 엄
격한 율법주의가 지적 영역을 지배하게 되면서 혁신은 오명이 되었다.[18] 중
앙아시아에서의 계몽 시대의 쇠락은 미해결된 채 남아 있는 문제의 숫자
가 몇 개였는지, 그리고 그것을 탐구하고자 하는 지식인들의 의지가 얼마
나 되었는지를 통해 깔끔하게 측정할 수 있다.

설상가상으로 향후 수백 년 동안 중앙아시아 국가들이 신비주의적 진
리와 직관에 관한 가잘리의 관념을 수용하고 상세하면서도 상당히 구속적

---

17) Savage-Smith, "Medicine", 927.

18) Golden, *Central Asia in World History*, 115.

인 형태의 유력한 이슬람법과 결합하면서 지성의 자유로운 사용을 억누르는 완벽한 기제가 자리를 잡게 되었다. 그렇다고 그 결과가 엄격한 의미에서의 신정국가는 아니었는데, 왜냐하면 종교기관이 공식적으로는 정부로부터 독립되어 있었기 때문이다. 또한 가톨릭 교회와는 달리 이슬람 세력은 집중된 권력과 이러한 권력의지를 강제할 관료집단도 부족했다. 그럼에도 불구하고 샤리아가 민간 및 종교생활의 모든 영역으로 확대되면서 중앙아시아 국가들은 자신도 모르게 신정국가로 변해 갔다. 그들은 과학과 철학, 논리학의 주장을 판단하는 유일한 결정권자가 된 이슬람법을 따르도록 강제하기 위해 전력을 다했다. 설득력 있는 이 논제는 콜레주 드 프랑스(Collège de France) 취임기념 공개강연에서 프랑스의 아랍학자 에르네스트 르낭(Ernest Renan, 1823~92)에 의해 처음 체계적으로 제시되었고 러시아 역사학자 바르톨트에 의해 1902년에 한층 더 심화되었으며, 최근에는 뉴질랜드를 기반으로 활동하는 학자 존 조지프 손더스(John Joseph Saunders)의 지지를 받았다.[19]

칼리프 제도를 창시할 때부터 무슬림들은 세속과 종교 영역은 분리될 수 없다고 상정했다. 그런데 서서히 이 전제가 무너졌고 특히 아바스 초기에 그러했다. 하지만 쓸쓸한 역설은 칼리프 마문이 합리주의를 수용할 수 없었던 보수주의자와 전통주의자들을 숙청하는 일에 공권력을 동원하면서 종교와 국가를 결합했다는 것이다. 단기적으로는 마문이 승리했을지 모르지만, 이 충돌은 반대파에게 동력을 제공했고 그들은 적절한 때가 되

---

19) Ernest Renan, *An Essay on the Age and Antiquity of the Book of Nabithean Agriculture, to Which Is Appended a Lecture on "The Position of the Shemitic Nations in the History of Civilization"* (London, 1863), 131ff.; Bartold, "Teokraticheskaia ideia i svetskaia vlast v musulmanskom gosudarstve", *Otchet S. Peterburgskogo Universiteta za 1902 god.* (St. Petersburg, 1903), 1~26; J. J. Saunders, "The Problem of Islamic Decline and Decadence", in *Muslims and Mongols: Essays on Medieval Asia*, ed. G. W. Rice (Canterbury, 1977), 99~127.

자 중앙아시아 전역에서 권력을 잡았다. 칼리프 마문에 맞선 이븐 한발의 영웅적 태도와 이븐 시나 및 합리주의자들에 대한 가잘리의 결코 영웅적이지 않은 매도 간에는 이 같은 직접적인 연관이 있었다.[20]

미해결 문제의 범위가 협소해짐에 따라 한때 매개 수단이자 최신 연구 전파를 위한 강력한 동력이었던 아랍어는 주로 종교 영역에만 국한되어 사용되기에 이르렀다. 우리는 티무르 왕조를 계승한 세 대제국, 즉 인도의 무굴, 이란의 사파비, 터키의 오스만에 인쇄술이 얼마나 천천히 도입되었는지 살펴보았다. 아랍어에 대한 지식은 주로 물라(이슬람 율법학자)와 종교학자들에게만 한정되었다. 그런데도 중앙아시아와 세계의 가장 역동적인 사회를 연계해 주는 새로운 국제어는 등장하지 않았다. 또한 낯선 문화에 빠져 그들의 언어를 배우고 그들의 지혜를 얻고자 했던 비루니 같은 새로운 인물도 등장하지 않았다.

중요한 시기 선택

중앙아시아의 계몽 시대에 관한 이야기는 기원전 5세기경에 시작해 기원후 9세기부터 12세기까지 그 절정에 이르렀다. 다시 소환될 터이지만 가잘리는 1111년에, 오마르 하이얌은 1131년에 사망했다. 그때 이후로 전체적으로 중앙아시아는 호라즘의 통치 아래에서 지적으로 쇠퇴했지만 경제적인 침체는 겪지 않았고, 몽골인들 때문에 위기를 겪었으나 결국 티무르 왕조 치하에서 짧지만 다시 활기를 찾았다.

같은 시기에 서유럽은 매우 다른 그림을 보여 주었다. 농업 확장과 개량,

---

20) Ira M. Lapidus, "The Separation of State and Religion in the Development of Early Islamic Society", *International Journal of Near East Studies* 6, 4 (October 1975): 363~85.

그리고 도시의 발달은 저점에서 출발한 인구성장률을 대폭 상승시켰다. 비잔티움 경제의 마지막 호황기가 이탈리아 도시들을 부유하게 만들었고 유럽 대부분의 지역에서 상업 혁명을 촉발했다. 이탈리아에서 이는 새로운 인민의회나 시민생활을 규제하는 사법기관의 발전으로 이어졌다. 로마법이 이탈리아에서 시작해 프랑스로 확대되면서 부활했으며, 학자들은 오랫동안 잊고 있었던 법률 문서에 중앙아시아인들이 예전에 아리스토텔레스와 플라톤, 유클리드, 프톨레마이오스에 빠졌던 것과 같은 열정으로 천착했다. 곧 볼로냐와 그 밖의 지역의 법과대학들이 재능 있는 학생들을 끌어모았고 그 과정에서 유럽의 법을 완전히 바꾸어놓았다. 이때는 또한 영국의 관습법이 체계화된 시기이기도 하다.

비록 우리가 이 모든 것을 인정한다 할지라도, 12세기 말경의 유럽은 풍부한 지적 자원을 가진 중앙아시아의 크고 세련된 도시에 대적할 만한 그 어떤 것도 가지고 있지 않았다. 가잘리의 출판 저작물들이 아랍과 유럽 모두의 사상에 끼친 광범위한 영향은 1111년 그가 사망할 당시에 중앙아시아가 유럽, 그리고 마찬가지로 아랍 세계의 대부분 지역보다 훨씬 오랫동안 지적 우위를 점하고 있었음을 보여 주는 명백한 증거이다. 그러나 서유럽과 중앙아시아는 정반대의 궤도를 따라가고 있었다. 중앙아시아에 대한 몽골 침략이 없었을지라도, 그들의 성장을 기록한 궤적은 1300년경이면 교차했을 것이고 아마 그 후에는 반대 방향으로 나아갔을 것이다. 티무르의 후계자들 치하에서 갱신의 시기가 있었음은 확실하다. 하지만 이것은 정치적으로 지속 불가능했고 지적으로는 일방적이었으며, 늘 있던 왕실 분쟁과 쇠퇴로 이어졌다. 다시 말해, 지적인 영역과 경제 분야 모두에서 중앙아시아가 주도권을 상실한 시점은 12세기까지 거슬러 올라간다. 장기적인 안목에서, 시기 선택은 정말 중요하다.

설명할 필요가 있을까

중앙아시아의 계몽 시대의 쇠락에 관한 다양한 이론과 가설을 검토했으니, 이제 한걸음 물러나 더 큰 질문을 던질 때가 됐다. 계몽 시대의 쇠락은 정말로 설명을 필요로 하는가? 원인을 찾고자 하는 우리의 모색 뒤에 놓인 것은 이런저런 요인이 작동하지 않았다면 사상운동은 계속되었을 것이라는 가정이다. 하지만 집중적인 사고의 위대한 시기이자 탐구와 혁신의 시대는 4세기가 넘게 지속되었다. 아랍 침략 전의 수세기에 관한 더 많은 정보가 남아 있었다면, 우리는 확신을 가지고 전성기를 더 과거로 소급했을지도 모른다. 하지만 이를 더하지 않아도 계몽의 시대는 페리클레스 시대의 아테네의 수명보다 다섯 배가 길었고, 지성의 중심지였던 알렉산드리아가 건설되고 그 도서관이 파괴되기까지의 전체 역사보다 한 세기가 더 길었으며, 로마 공화국의 전체 수명보다 약간 짧았을 뿐이다. 또한 중국의 명(明)나라나 청(淸)나라보다도 그 수명이 더 길었고 한(漢)나라와는 거의 같았다. 그리고 도쿠가와(德川)막부의 창건부터 오늘날까지의 일본 역사, 그리고 셰익스피어 시대부터 오늘날까지의 잉글랜드 역사와도 그 길이가 거의 같다.

연극계에 비유해 말하면 장기 흥행을 한 셈이다. 탐구와 혁신에 대한 열정의 쇠락이나 이른바 창조적 에너지가 소진된 원인에 대해 말하는 것도 충분히 의미가 있다. 하지만 우리가 90대 노인의 사망 원인을 굳이 찾을 필요를 느끼지 않는 것처럼 이렇게 놀라운 시대의 쇠락의 원인을 황급히 물을 필요는 없다. 물론, 왜 중앙아시아 전체가 계몽의 시대가 종식된 후부터 최근에 이르기까지 낙후된 상태에 머물고 있는지를 묻는 것은 중요하다. 하지만 거기에는 지적 쇠퇴를 작동시킨 요인 말고도 많은 원인이 포함되어 있다. 이는 또 다른 책에서 다루어질 주제이다.

연관이 있고 더 긴급한 문제는 오늘날의 중앙아시아 지역과 계몽 시대와의 관련성에 관한 질문이다. 중앙아시아의 신생국가들은 자신들의 통치권이 독자생존할 수 있음을 입증해 보였다. 비록 속도는 달라도 번영이 확산되고 있다. 중앙아시아 전역에서 인상적인 교육을 받은 뛰어난 젊은이들이 더 큰 세계의 사상 및 사고방식과 지금까지 간과되어 온 자신들의 지적·문화적 유산을 접하게 되었다. 그리고 그 지적·문화적 유산의 핵심에는 바로 중앙아시아인들의 선조가 많은 연구 분야에서 세계를 이끌었던 계몽의 시대가 있다. 이러한 영웅 시대는 사라졌을지 모르지만 분명 오늘날 젊은이들에 의해 재발견되고 있다. 그와 더불어 옛 관례와 기억이 소생하고 시야는 저 멀리 지평선 너머로 넓어지고 있다.

한편, 세계의 나머지, 즉 동양과 서양은 누군가에 의해 고집스럽게 주변적이고 후진적인 지역으로 규정되어 온 중앙아시아가 수세기 동안 정치·경제 세계의 주축이자 유라시아 대륙에서 과학·철학·지적 생활의 중심지였다는 사실을 곰곰이 생각해 보는 것이 좋을 것이다. 그래야 이 위대한 문화 및 사상운동이 왜 발생했고 어떻게 그리 오래 지속될 수 있었는지를 묻는 것이 그 종말에만 편협하게 초점을 맞추는 것보다 훨씬 더 현명한 일임을 깨닫게 될 테니 말이다.

옮긴이의 말

이슬람 문명의 역사를 공부하고 강의하면서 늘 가슴에 품고 있던 의문이 하나 있다. 이른바 '황금기'(Golden Age)라고 칭해지는 9~10세기에 절정에 이른 이슬람 문명의 학문적·과학적 성취가 왜 지금은 잊힌 과거가되어 전 인류의 유산으로서 제대로 된 평가를 받지 못하고 있을까? 한때세계 지성의 메카로서 자긍심에 빛나던 이슬람 문명이 오늘날 테러와 폭압의 이미지로 우리에게 각인된 이유는 무엇일까? 19세기부터 오늘날까지이어지고 있는 서구 열강의 패권이 그 기억을 망각하도록 강요하고 왜곡한탓일까? 아니면 황금기 이후 이슬람 문명의 세계사적 기여와 의미의 유효성이 완전히 소멸했기 때문일까?

이 책은 이러한 옮긴이의 오래된 질문에 완벽하지는 않지만 그 답을 찾을 수 있는 여정을 함께 해준다. 이슬람 문명이, 아니 좀 더 정확히는 이슬람 문명의 요람이라 할 수 있는 중앙아시아 문명이 세계사적 문명으로 거듭날 수 있었던 지적 환경과 유구한 역사적 전통이 무엇이었는지, 그리고그러한 활력을 추동한 지식인들의 면면을 생생하게 보여 줌으로써 말이다.더불어 이러한 동력이 일거에, 하지만 예상보다 오랜 시간에 거쳐 사라지게 된 이유도 중앙아시아 지역에서 전개된 여러 역사적 정황을 통해 입체적으로 설명해 준다.

이슬람 문명의 황금기에 대한 언급에 이어 반드시 따라오기 마련인, '그렇다면 지금은 왜 그렇지 못한가'라는 질문은 이 분야의 연구자라면 누구나 갖게 되는 고민이자 해결해야 할 커다란 과제이다. 기후변화나 몽골 침략 등 내외부적인 요인을 열거하며 이슬람 사회의 쇠퇴과정을 연구한 학자들은 많다. 하지만 그 모든 대답이 조각 일부가 사라진 퍼즐처럼 아귀가 딱 들어맞지 않는다. 그렇기에 오히려 황금기라고 할 수 있는 때로 돌아가 그 시절이 종식된 이유보다는 그러한 시대가 가능했던 배경에 방점을 둔 이 책은 오랜 시간 이 문제로 골머리를 앓던 이들에게 사고의 전환을 요구한다.

우리는 이슬람 문명의 중심지로 흔히 아라비아반도와 고대 문명의 발상지인 메소포타미아, 오늘날의 이란 지역인 서부 페르시아 지역 정도를 뇌리에 떠올리곤 한다. 그런데 이 책은 오늘날 세계에서 가장 가난하고 테러가 빈번하며 아편 판매로 생계를 유지하는 등 무정부적인 정치 상황으로 알려진 북부 아프가니스탄 지역을 비롯해 우리에게는 여러모로 멀고도 생소한 중앙아시아 지역이야말로 이슬람 문명의 요람이었다고 말한다. 그러면서 발흐, 메르브, 니샤푸르, 투스, 시스탄, 부하라, 사마르칸트와 같은 도시들을 열거하며 중앙아시아적인, 즉 페르시아적이면서 도시적이고 일찍이 실용기술이 발달한 도시의 면면을 우리에게 알려 준다. 다시 말해 이 책은 이슬람 세계의 공간을 동쪽으로 확장해 이슬람 문명의 축을 새롭게 조명하고 있다.

중국 정부의 '일대일로'(一帶一路)이니 우리 정부의 '유라시아 이니셔티브'이니 하는 기획이 나오고 있는 요즘 기업 진출이 활발해지면서 중앙아시아에 대한 관심도 덩달아 고조되고 있다. 그런 측면에서 중앙아시아에 대한 입문서로서 더할 나위 없이 친절한 이 책은 그 시의성이 높다고 하겠다. 게다가 유라시아 및 러시아 지역 전문가이자 역사학자로서 저자는 아랍어와 페르시아어를 모르고 철학 전공자도 아니기에 주로 2차 문헌에 의존해 이 책을 저술했음을 서문에서 고백하고 있다. 따라서 지성사적 측면에서 심화된 정보를 얻기를 바란 독자라면 여러모로 아쉬움이 남겠지만, 오랜 시간 동안 페르시아 및 튀르크 세계를 유난히도 흥미로운 사람들이 살았던 세계로 기억하며 인연을 맺어온 저자의 이 책은 초기 이슬람 문명과 학문에 관한 입문서로서뿐만 아니라 대개 이슬람 역사 서술에서 간과되어 왔던 이란고원 너머의 동쪽 세계에 대한 소개서로서도 훌륭하다. 또한 최신의 참고문헌과 광범위한 색인이 상세하게 제시된 것도 이 책의 장점 중 하나이다.

이런 의도에 부합이라도 하려는 듯이 저자는 책의 제1~3장을 중앙아시아가 낯선 독자들에게 다방면의 정보를 제공하는 데 할애하고 있다. 오늘날의 동부 이란과 중국 서부 사이에 위치한, 그리고 카자흐스탄에서 남쪽으로 아프가니스탄까지 뻗어 있는 대(大)중앙아시아는 다양한 지리적 환경을 품은 매우 넓은 지역이다. 더불어 다양한 종족과 종교, 문화가 공존하는 유구한 역사를 지닌 곳이기도 하다. 중앙아시아는 여러 교역로를 통해 인도·동아시아·유럽과 서로 연결되어 있었고 유라시아 대륙 한복판에 위치한 지정학적 이유로 인해 오래전부터 사람과 물자, 문화의 이동로 역할을 해왔다. 이처럼 670년부터 740년까지 진행된 아랍에 의한 중앙아시아 정복이 있기 전부터 이미 그 역사가 유구한 문명이었던 중앙아시아는 그 후로도 수백 년 동안 세계에서 가장 큰 교역 물자의 집산지와 가장 발전한 도시들을 거느린 세계의 중심이었다.

저자는 중앙아시아의 '계몽의 시대'가 화려하게 꽃피웠던 황금기로서 기원후 1000년을 전후로 한 500여 년의 시간에 초점을 맞추고 있다. 이러한 접근은 마셜 호지슨(Marshall Hodgson)이 『이슬람의 모험』(The Venture of Islam)에서 이른바 이슬람의 '중간 시기'(The Middle Periods)에 주목함으로써 보여 준 발상의 전환을 떠올리게 한다. 아바스 왕조의 중앙집권화된 관료제적 제국이 쇠퇴하는 시기(945년경)부터 16세기 화약국가들이 성장하는 때까지를 의미하는 '중간 시기'에 초점을 맞춤으로써 호지슨은 945년 이후가 되면 이슬람 사회가 19세기가 되어서야 끝나는 긴 쇠퇴의 시기로 접어들었다는 기존의 정설에 정면으로 도전했다. 이슬람 문명에서 문화·과학·예술 부문에서 가장 유명한 인물들이 그 시점 이후에 살았고, 이슬람의 문화어는 아랍어만이 아니었으며 오히려 945년 이후로는 페르시아어와 튀르크어가 국제적 이슬람 문화를 표현하는 데 주도적인 역할을 하게 되었다고 주장했다. 이렇게 호지슨의 전통적인 시대 구분의 재검토를 통해 '중간 시기'는 이슬람 문명의 위대한 발전의 시기로 재평가를 받게 되었다.

저자는 이러한 호지슨의 주장에서 한발 더 나아가 진정 중앙아시아가 세계의 지적 허브로서 기원후 1000년을 전후로 400~500년 동안 문화적 전성기를 누리던 '계몽의 시대'(Age of Enlightenment)에 주목한다. 중앙아시아는 지리적으로뿐만 아니라 시간적으로도 교량 역할을 하며 고대와 근대 세계를 연결하는 위대한 고리였고, 인도와 중국, 중동, 유럽 모두와 교류하며 비범한 문화적·지적 활력을 전수했다. 언어와 인종, 민족, 지형의 차이에도 불구하고 중앙아시아의 주민들은 매우 다원적인 하나의 문화권에 속해 있었고 세속 및 종교 영역 모두에서 풍부하게 축적된 문화적·지적 경험을 가지고 황금기에 진입했다. 그 결과 중앙아시아의 사상가와 예술가들은 르네상스 시대보다 500년이나 앞서 개인을 발견하거나 재발견했고 미래에 도래할 과학혁명의 선각자가 되었다.

고대 그리스의 업적을 전수하고 종이 발명과 불상 제작 등 새로운 지식 창조에 기여한 중앙아시아는 다양한 사상적 조류와 종교에 열린 사회였다. 고대 그리스 학문이 동방으로 전파되기 시작한 것은 기원전 4세기 무렵부터였고 그 중심지는 페르시아인들이 활약하던 지역이었다. 가장 결정적인 계기는 비잔티움 제국의 철학에 대한 박해였다. 모든 이교 학파를 금지하고 그들이 세운 학교에 대한 폐쇄 명령이 내려지면서 서방에서는 그리스 철학이 자취를 감추고 암흑의 시대로 진입했다. 하지만 쫓겨난 철학자들이 새로운 안식처로 찾은 동방에서는 이와는 반대로 그리스 철학이 본격적으로 태동하게 되었다. 고대 그리스 학문이 아랍어로 번역되기 시작한 것은 우마이야 왕조의 통치기인 8세기 무렵이었다. 하지만 주로 의학과 연금술, 천문학 등과 같은 실용학문에 번역이 집중되어 있었기 때문에 철학에 대한 번역은 아직 본격화되지 않았다.

그리스 과학과 철학이 본격적으로 아랍어로 번역되어 이슬람 세계로 전파되기 시작한 것은 아바스 제국이 등장한 8세기 후반부터였다. 정부의 후원 아래 조직된 기관과 전문가들 덕에 알 마문이 통치하던 9세기 전반기에 고대 그리스 학문에 대한 번역과 수용은 최고 절정에 달했다. 그리스 문헌을 포함한 다양한 지역에서 기원한 고대 문헌의 번역은 이슬람 문명에 전례 없는 수준의 지적 충격과 변화를 가져왔고, 자발적으로 새로운 질문을 던지고 그 답을 추구하며 번역하고 연구하는 학문 공동체의 탄생으로 이어졌다. 이성과 추론에 의한 학문을 추구하고 토론과 반박이 가능한 학문적 풍토를 바탕으로 눈부신 학문적·과학적 성취가 이루어진 '계몽의 시대'는 이렇게 꽃피웠다. 즉 과거로부터 전해진 풍부한 문화적 자산과 현세적인 다방면의 문화 교류, 사상가 및 예술가들에 대한 후원을 당연시하는 사회적 풍토, 탐구에 대한 열정과 혁신에 대한 개방성이 인류의 상상력과 창의력이 빛나던 위대한 '계몽의 시대'를 가능하게 한 것이다.

이 책은 제4장에 가서야 아랍인이 등장할 정도로 많은 분량을 고대 중앙아시아의 역사와 문화에 할애하고 있다. 중앙아시아 중심의 접근을 통해 저자는 다음과 같은 세 가지 질문을 독자들에게 던진다. 첫째, 중앙아시아의 과학자와 철학자, 다른 사상가들은 이 시기에 어떤 업적을 이루었는가? 둘째, 이런 업적이 탄생할 수 있었던 배경은 무엇인가? 셋째, 이렇게 다산적이고 격동적이었던 사상운동은 결국 어떻게 되었는가? 중앙아시아와 연고를 가지는 위대한 사상가들 —알 라지, 알 파라비, 알 킨디, 알 콰리즈미, 이븐 시나, 알 비루니 등—을 다루는 제5~9장까지는 전체적으로 지성사에 가까운 내용으로 구성되어 있다. 하지만 시대마다 등장하는 인물들의 성장과정과 활약에 관한 이야기는 마치 한편의 단막극을 보는 듯 흥미진진한 사건들로 가득하여 지성사는 지루하고 어렵다는 편견을 일거에 날려 버린다. 차례차례 무대에 오르는 등장인물들을 따라가다 보면 당대의 분위기를 생생하게 느낄 수 있을 뿐만 아니라 그들이 마주해야 했던 난관과 온갖 어려움 속에서도 결코 포기하지 않았던 학문적 열정과 탐구정신은 읽는 이로 하여금 손에 땀을 쥐고 이 역사적 인물들을 응원하게 만든다. 이 분야의 전공자는 아니더라도 누구나 재미있게 읽을 수 있는 이러한 에피소드이야말로 이 책이 대중서로서 가지는 특장점 중 하나일 것이다.

그런데 이 책을 통해 새삼 깨달은 놀라운 사실 중 하나는 아바스 시대의 이른바 '아랍 르네상스'를 주도한 대다수의 선구자들이 실상은 아랍인이 아니라 주로 중앙아시아에서 온 이란계의 다양한 원주민이거나 다른 동부 지역민들이었다는 것이다. 칼리프 제국의 수도였던 바그다드 내에서 벌어진 끊임없는 내부 반목과 피로 얼룩진 쿠데타, 사회적인 갈등으로 인해 중앙아시아 도시들이 아랍 정복 후 몇 세대도 지나지 않아 철학과 과학, 예술 분야에서 지도자 역할을 맡게 되면서 다원적이나 매우 실용적이고 독특한 그들만의 정체성을 가진 다양한 이란계 및 튀르크계 지식인 집단이 창출되었기 때문이다.

수많은 침략에 시달리며 체제변화를 겪었음에도 오랜 역사적 부침 속에서 정복자를 다루는 기술을 습득한 중앙아시아는 정복자의 현지화를 유인하고 지방자치 세력의 부활을 이어감으로써 전통사회 내면에 깔려 있던 종교와 문화를 중앙아시아 사회의 지배적인 문화 요소로 계속 보존했다. 그리고 격변기에는 이러한 지배적인 문화 요소를 공유하는 지식인 집단들이 다시 부상해 사회의 변화를 주도하는 현상이 반복되었다. 또한 수세기에 걸친 경험으로부터 중앙아시아인들은 외부로부터 알게 된 것을 그대로 쓰기보다는 고쳐 쓰는 법을 배웠고 이 과정을 통해 새로운 종교와 사상을 수동적으로 받아들인 것이 아니라 자신들의 삶에 맞게 각색하는 일에 통달하게 되었다. 다시 말해 중앙아시아 특유의 이러한 개방성과 실용정신이 "탐구적인, 박식한, 수리적인, 세속적인, 자신감 있는" 사회를 만들어낸 것이다. 이러한 저력을 바탕으로 이슬람 문명의 요람인 동쪽(중앙아시아)에서 불어온 바람은 이슬람 세계의 서쪽 지역(우리가 흔히 중동이라고 칭하는 지역)은 물론이고 그 외 문화권에까지 큰 영향을 끼쳤다. 그리고 이것이 가능했던 이유는 중앙아시아가 문화의 교차로라기보다는 국제적인 관계에 의해 온전히 영향을 받으면서도 결국에는 수세기 동안 형성된 토착적인 힘이 더 크게 작용하는 가운데 특징지어진 '길목문명'(crossroads civilization)이었기 때문이다.

책 전반에서 강조된 이슬람 문명의 요람으로서 중앙아시아가 성취한 학문적·과학적 업적에 대한 수많은 사례는 이슬람이 이성과 과학 발전을 선도한 관용적이고 선진적인 종교라는 인상을 주기 위한 변명적 전략(apologetic strategy)으로 보일 수도 있다. 하지만 저자의 의도는 이슬람 세계의 동쪽 지역인 중앙아시아가 과학적·철학적 발견과 발전에 영향력을 끼친 배경과 과정을 추적함으로써 효율적인 관개시설 운용을 통한 도시의 발전과 대륙 중계무역을 통해 획득한 물질적 풍요, 새로운 사상 및 사고방식에 대한 열린 태도가 중앙아시아에서 학문과 과학 발전을 유발했고 이같은 관용정신과 개방성이 사라지고 그 자리를 독단과 불통이 대신했을 때 무슨 일이 벌어졌는지를 보여 주는 것이다. 또한 이는 왜 이 문명이 쇠퇴했는지보다는 중앙아시아 문명이 성취한 것들에 주목해야 한다고 저자가 역설한 이유이기도 하다.

중앙아시아 지식인들은 주로 도시 환경의 영향을 받았고 경력을 대도시에서 쌓았으며 자신의 부의 일부를 학문과 예술을 후원하는 데 기꺼이 지불한 재력과 권력을 겸비한 후원자들을 도처에서 만날 수 있었다. 덕분에 다양한 종교적·문화적 배경에 노출된 그들은 새로운 시각 수용에 언제나 유연한 태도를 보였고, 어떤 형태의 종교이든 편안하게 생각하며 상당히 높은 수준의 관용적 태도를 견지했다. 바로 이러한 환경이 중앙아시아에서 '계몽의 시대'를 가능하게 했고 다양한 사상과 태도가 유통되고 결이 풍성한 사회를 유지시켰다. 그 결과 중앙아시아 문명이 꽃피던 당시에는 지적이고 이데올로기적인 입장을 둘러싸고 명확하게 규정된 선이 그어지지 않았으며, 어떤 운동이나 신앙도 분명하게 지배적인 자리를 차지하지 못했다. 다시 말해 어떤 주어진 주제에 대해 매우 다양한 견해가 존재했으며 어떤 집단, 당파, 계급의 입장을 분리하여 정통이라거나 신앙 또는 이성을 대변한다고 말할 수 없었다.

그런데 지식인들 사이에서 좀처럼 합의가 이루어지지 않고 시간이 흐를수록 양극화가 심화되었던 주제가 하나 있었으니, 종교가 이성과 어떻게 연계되는지를 두고 벌어진 논란이 바로 그것이다. 철두철미한 합리주의를 열렬히 후원했던 마문 시대에 촉발된 신학논쟁이 궁극적으로 소신 간의 전쟁이자 세속 권력과 종교 권력 간의 싸움으로 비화되면서 다양한 견해가 존재하고 혁신에 대한 열정으로 가득한 사회는 더 이상 찾아보기 힘들게 되었다. 아이러니하게도 계몽 시대의 절정기에 발생한 신학적 충돌이 곧 노골적으로 힘을 겨루는 시험장으로 발전한 것이다. 철학, 인식론, 형이상학, 윤리학, 물리학, 신학 등 다양한 분야에서 논쟁이 벌어졌고 이는 가잘리가 합리주의자들의 주장을 초토화시키기 위해 싸웠던 3세기 후에나 막을 내렸다. 물론 이성과 계시가 상호 이로운 방식으로 공존할 수 있는 방법이나 일종의 합의를 입안하려는 노력이 없었던 것은 아니다. 하지만 이는 오히려 엄청나게 복잡한 논쟁을 야기했고, 변화에 친숙하고 그것을 다루는 데 능란했으며 자기 확신으로 가득 차 있던 중앙아시아 사회는 서서히 경색되기 시작했다.

제11장부터는 이러한 과정이 상세하게 서술되어 있다. 앞서 저자가 보여주고자 했던 것이 중앙아시아에서 계몽의 시대가 가능했던 이유와 그 결과물들이었다면, 제11장부터는 그 동력이 서서히 소멸되는 과정이 상술되어 있다. 그러면서 저자의 어조는 점점 해석적인 양상을 띠게 된다. 여러 지식인이 정치권력과 수니 이슬람의 억압적 균일성의 그늘 아래에 있는 것

으로 묘사되고 정통 수니파의 패권에 도전하는 이들의 싹을 잘라버리는 교육을 통해 분석이 주입으로, 지식 전선에서의 방어가 공격으로 전환되었다고 저자는 주장한다. 그러는 가운데 역사적 전개에 대한 저자의 목소리는 가치판단적이며 정치권력의 렌즈를 통해 표현되고 있는 듯한 뉘앙스를 강하게 풍긴다. 그래서인지 11세기 절정에 달한 다양성과 창의성으로 빛나던 계몽 시대에 대한 저자의 입담이 설득력 있고 솜씨 좋게 전달되었다면 그 이후의 이야기는 11세기부터 15/16세기까지의 단선적인 소멸, 쇠퇴의 이야기로만 읽힌다.

저자에 따르면, 중앙아시아 학자들이 형성한 두 개의 지적 세계는 점점 서로 대립하면서 지적·도덕적 균열을 초래했고 사고의 경직화와 형식주의의 과잉화로 표출되었다. 특수한 것을 무시하고 현실과 그에 관한 우리의 사고 기저에 있다고 추정되는 영원하고 추상적인 양식을 끊임없이 추구하는 경향이 나타나기 시작한 것이다. 물론 합리적인 지적 능력에 대한 가잘리의 매몰찬 폄하가 300년 동안 중앙아시아 문명의 영예이자 영광이었던 자유로운 지적 탐구의 쇠퇴를 초래한 유일한 이유라고 말할 수는 없을 것이다. 그럼에도 이성도 논리도 인류의 진정한 목적과는 무관하며, 과학적이고 철학적인 탐구는 무엇이든지 간에 그저 공허한 망상이라고 생각한 가잘리의 공격은 이슬람의 이름으로 감히 합리주의와 계몽을 옹호하는 이들을 침묵시키고 싶어 안달이 난 자들에게 강력한 지적 무기를 제공했다.

이처럼 저자는 이슬람 세계는 물론이고 심지어 기독교와 유대교에도 막강한 영향력을 끼친 가잘리에 대해 혹독할 정도로 비판적이다. 그의 주장이 과학과 철학이 꽃피웠던 땅을 황무지로 만들어버렸다는 것이다. 가잘리 이후 자유로운 과학적 탐색과 거리낌 없는 철학적 사유가 다시는 이슬람 세계에서 가능하지 않게 되었다. 신앙과 도덕적 삶에 대한 위대한 통찰을 통해 가잘리가 자처한 사명은 근대적 발전을 방해하고 지체시킨 비판이었다. 오래 곪아 절정에 달한 시아파와 수니파 간의 대립과 이러한 분열을 야기한 교리의 도그마로의 경화는 모든 공동체와 국가, 제국을 갈기

갈기 찢어놓았다. 양측 간의 비타협적인 기류가 점점 확산되자 결국 사람들은 새로운 형태의 개인 종교(수피즘)에서 안식을 찾게 되었다. 수피즘이 11세기부터 혁명적인 속도로 확산되었는데, 이는 수피즘이 정직한 구도자라면 누구나 접근 가능한 구원의 길을 제시하고 혼돈 속에서 뿌리째 뽑혀 거의 소멸할 뻔한 사회에 위안과 영적 향유를 제공했기 때문이다. 물론 시간이 흐르면서 삶의 전망에 대한 비관주의를 낳고 소극적 수용주의를 조장하는 등 부정적인 영향을 끼치기도 했지만 말이다.

위대한 계몽의 시대가 중앙아시아에서 출현해 이슬람 세계의 나머지 다른 지역으로 확산되었던 것과 마찬가지로 그에 맞선 운동(수피즘) 역시 중앙아시아에서 시작해 다른 지역으로 퍼져나갔다. 기원후 1000년경 중앙아시아는 종국에는 이슬람 세계를 휩쓸 수피 물결의 중심지로 부상했다. 이러한 흐름을 주도한 대표적인 지식인이 알 가잘리이다. 물론 가잘리가 중앙아시아 문화 및 12, 13세기의 역경에 깊은 뿌리를 내리고 있는 수피 신비주의의 부상을 직접적으로 야기하지는 않았다. 그러나 그는 그 누구보다도 이슬람 내에서 수피즘을 정당화하고 핵심적인 앎의 방식으로서 수피즘이 자리 잡도록 하는 데 기여를 했다. 이성과 논리를 밀쳐내고 합리주의를 지향하는 지식인들을 신비주의적 직감과 전통을 통해 얻을 수 있는 지식에 감히 도전할 수 없는 종속적인 지위로 전락시켰기 때문이다. 한편 사상 검증이 갈수록 개개의 사상가나 그들이 쓴 특정 논문과 저서뿐만 아니라 종국에는 전 분야의 연구와 구체적인 사고방식에 대해서까지 이루어졌다. 그 결과 생활의 더 많은 측면이 이슬람법에 포섭되었고 엄격한 율법주의가 지적 영역을 지배하게 되었다.

저자는 제10장부터 본격적으로 중앙아시아 무대에 등장한 튀르크인들을 다룬다. 9세기 이후 북방의 초원지대는 튀르크계 유목집단이 지배했고 유목민은 도시 정착민의 상품과 새로운 종교에 매료되어 이슬람으로 개종하기 시작했다. 튀르크족의 이슬람화는 카라한 왕조 때 급진전되었는데, 그들은 아랍-페르시아적 요소가 융합된 이슬람 문화를 수용했다. 튀르크어는 중앙아시아에서 페르시아어에 버금가는 문화 언어의 지위를 차지하게 되었고 정주화한 튀르크계 유목민과 원주민 간의 융합이 본격화되면서 원주민 사이에서도 튀르크어 사용이 보편화되었다. 이렇게 페르시아와 튀르크 문화의 통합으로 지난 500년 동안 중앙아시아에서 진행되어 온 도시와 스텝, 농경과 유목, 교역과 정복의 융합이 완성되었다.

하지만 튀르크인들의 패권 시대에 대한 저자의 평가는 대체적으로 부정적인 편이다. 아마도 그들에 대해 경멸조로 글을 썼던 바실리 바르톨트가 남긴 영향력의 잔재인 듯싶다. 물론 저자는 대다수가 유목민이었던 튀르크인들이 중앙아시아에 기여한 바는 전혀 없다고 한 바르톨트의 주장을 반박하며 그 한계점을 본문에서 지적하고 있다. 그럼에도 저자는 중앙아시아의 종교 및 과학과 아무 연고가 없으며, 이슬람 세계의 과학이 꽃피는 데 영감을 주었던 고대 지중해 문명의 유산에도 대체로 무지했던 튀르크인들이 위대한 지성인들을 쫓아내는 정치적 격변을 야기했고 이것이 중앙아시아의 지적 퇴보를 촉진시켰다고 주장한다. 또한 튀르크인들이 지배한 지역에서 존재한 과학은 양적으로나 질적으로나 제한적이었고 철학도 독창적인 작품 활동보다는 주로 주해가 많았으며, 그들의 자랑거리인 건축과 수공예 발달 역시 지적인 공백 속에서 성행했고 이는 오히려 창의성과 계몽 시대 소멸의 징후였다고 지적한다.

이처럼 중앙아시아의 자원과 창조성으로 계몽의 시대가 성립되었다면 유목민의 등장과 함께 서서히 이런 분위기가 사장되었고 그들에 의한 정치적 불안의 만성화와 도시 및 정착문명의 파괴가 지적 퇴행으로 이어졌다는 식의 글의 전개는 자칫 저자가 계몽 시대 쇠퇴의 주요 원인을 유목민의 탓으로 돌리고 있는 것은 아닌지 의구심을 자아낸다. 대도시 주민들 못지않게 유목민도 중앙아시아의 역사적 특성을 규정했음을 저자가 부정한 것은 아니다. 하지만 이 책의 연구 대상을 정착도시에서 양산된 공식적인 문서와 진중한 예술작품으로 한정하고 유목 사회에 대한 질문은 배제한다고 밝힌 저자는 스텝 지역에서 온 유목민들에게 그다지 큰 비중을 두지 않을뿐더러 오히려 그들을 싸움꾼이자 약탈자로 묘사하는 경향이 있다.

그러면서도 몽골 침략과 120년간 지속된 몽골의 중앙아시아 지배의 원인과 결과에 대해서는 이들의 침략을 중앙아시아의 자랑스러운 황금기의 결정적인 종말로 보는 대다수의 사람들과는 달리 유보적인 입장을 취한다. 몽골인들이 초래한 문화적·지적 황폐화는 4세기에 시작된, 호라산과 중앙아시아 전역에서 펼쳐졌던 자유사상에 관한 이야기의 종장으로 읽히곤 하지만 이러한 퇴락의 징후는 몽골 침략 이전부터 나타나기 시작했다. 따라서 몽골인들은 훨씬 이전부터 시작된 문화의 파괴과정을 심화시키고 완성했기 때문이라면 몰라도 그 과정을 촉발했다는 이유로 비난 받아서는 안된다는 것이다. 하지만 몽골 치하에 있던 중국과 이란 지역이 중요한 발전을 경험하는 150년 동안 중앙아시아가 초라한 처지로 전락한 채 퇴행을 경험한 이유가 정착생활로의 이행과 도시문명 수용을 거부하거나 실패했기 때문이라는 지적은 결국 유목생활과 도시에 기반을 둔 지적 문화 전통을 조화시키기란 불가능했다는 바르톨트의 판단에 저자가 상당히 동의하고 있음을 보여 준다.

몽골 침략과 그에 이은 티무르의 정복, 그 가운데 진행된 다원성의 소멸과정을 보여 준 제14장도 이러한 맥락의 연장선상에 있다고 할 수 있다. 몽골인 때문에 중앙아시아는 위기를 겪었으나 결국 티무르 왕조 치하에서 짧지만 다시 활기를 되찾았다. 하지만 한때의 번영은 정치적으로 지속 불가능했고 지적으로는 일방적이었으며 늘 있던 왕실 분쟁과 쇠퇴로 이어졌다. 언제부터인가 중앙아시아의 문인들은 곤란한 문제를 다룬 용감한 사상가로서가 아니라 결정적인 해답 제공자로서 과거의 위대한 과학자나 사상가를 존경했다. 이러한 태도는 가잘리 시대 이후 중앙아시아와 서쪽 이슬람 세계에 뿌리 내린, 이슬람을 지적인 면에서 매우 소극적이고 문자 그대로 해석하려는 경향에 의해 이식·강화되었다. 티무르 시대를 살았던 대부분의 창의적인 사람들은 마치 자신들이 온전하고 완벽하게 마무리된 지식체계를 물려받은 양 행동했다. 그들은 자신들의 세계를 꾸미고 아름답게 만드는 데 집중했다. 즉 티무르의 후계자들은 자연의 세계나 신과 인간의 관계, 그리고 우주에 관해 탐구하기보다는 미(美)에 더 많은 관심을 보였다. 이러한 면에서 그들의 문명은 지난 1,000년간 지속된 중앙아시아 문명의 본류와는 완전히 달랐다.

이 책의 말미를 장식하는 세 이슬람 제국, 즉 오스만·무굴·사파비는 모두 티무르의 세 번째 수도였던 타브리즈 문화의 강력한 자장 안에 있던 튀르크 왕조에 의해 지배되었다. 종종 '화약 제국'이라고 불리는 세 나라는 강력한 군사적 우위를 바탕으로 위세를 떨쳤지만 오히려 그러한 자기만족이 새로운 지식 분야를 개척하려는 의지를 반감시켰다. 뿐만 아니라 세 제국 모두 학문의 세계가 정통파적 종교 신념에 의해 강력히 규제됨으로써 다양한 종교를 가진 수많은 신민을 지배했지만 관용적인 측면이 점점 사라지고 신정국가적인 면모가 강해졌다. 달리 말해 세 제국 가운에 그 어느 제국도 가잘리가 12세기에 제기한 이래 이슬람 정설의 기둥이 된 논리적 사고에 대한 제한을 문제 삼지 않았다. 또한 세 제국의 무슬림 통치자들은 인쇄술을 권장하기는커녕 오히려 허용하지 않았으며, 외국의 혁신에 대한 자기만족적인 무관심은 완고한 적의로 변질되어 새로운 정보와 지식을 추구하고 습득하려는 사람들의 범위를 심각하게 제한했다. 즉 중앙아시아의 계몽 시대와 비교했을 때 근대 초기의 이 방대한 세 제국은 지적인 면에서는 빈약하고 후진적이었다는 것이 저자의 결론이다.

하지만 본문 말미에 스치듯 서술된 세 제국에 대한 저자의 이런 평가는 시대착오적이고 도식적인 해석이라고 이미 오래전에 학계에서 비판을 받은 낡은 주장이다. 게다가 계몽 시대의 종말을 알리는 암운이 드리우던 시기에 "유럽인들은 획기적인 변화를 경험"했고, "계몽 시대의 서적이나 논문의 끔찍한 유실은 외부인들의 소행이 아니라 주로 이 문명의 계승자들이 가지고 있던 태도와 선택의 결과였고, 실상 현존하는 몇몇 필사본의 행방을 알아내서 보존하려는 노력에 착수한 이들은 유럽인들이었음을 강조할 필요가 있다"라는 첨언은 상당히 유럽중심주의적이고 오리엔탈리즘적인 결론이 아닐까 하는 의구심마저 든다. 이슬람 문명의 쇠퇴라는 개념이 '19세기의 발명품'이자 9·11 이후 테러와의 전쟁이 낳은 소산이라며 '가치 판단적'이고 '부적절한' 범주라고 비판한 소냐 브렌티즈의 주장을 '독설'이 라고 치부한 저자야말로 이슬람 문명의 황금기를 '계몽의 시대'로 규정한 중세 시대로 박제하고 정주문명에 대한 찬양을 통해 유목민 문화를 폄훼 함으로써 근대 초의 이슬람 문명을 과거의 반복 그 이상도 이하도 아닌 것 으로 평가하고 있는 것은 아닌지 묻고 싶다.

저자는 수차례 이 책의 집필 목적을 누군가에 의해 고집스럽게 주변적 이고 후진적인 지역으로 규정되어 온 중앙아시아가 사실은 수세기 동안 정치와 경제 세계의 주축이었고, 유라시아 대륙에서 지적 생활의 중심지 였음을 알리고, 이는 개방성과 다양성을 특징으로 하는 중앙아시아의 유 구한 전통과 역사적 축적에서 기인했음을 보여 주기 위함이라고 역설했다. 그렇다면 중앙아시아 지역은 단순한 문명의 교차로가 아니라 "그 자체로 하나의 역사체"이고 그곳의 "초원 유목민들이 2,000년에 걸쳐 어떻게 살 아왔는지를 하나의 역사로 묶어내면 그들 역시 세계 역사를 주도한 또 하 나의 세력으로 이해될 수 있다"라는 어느 중앙아시아 역사학자의 말처럼 이 지역 연구를 통해 동서양의 이분법적 틀에서 벗어나고 진정한 의미의 세계사 이해를 위한 발판을 마련하기 위해서라도 유목민 문화에 대한 배 제가 아니라 좀 더 친절한 고려가 필요하지 않았을까?

더불어 "중앙아시아에서 체계적인 사상 영역에 중요한 유산을 남긴 여 성을 찾는 것은 헛된 일이다"라며 중앙아시아 여성의 존재를 단호하게(?) 지워버린 저자의 서술도 솔직히 많은 아쉬움으로 남는다. 무려 500년이나 지속된 계몽의 시대 동안 이 책 곳곳에서 등장하는 천재적인 남성 지식인 만큼은 아닐지라도 자신들 나름의 주체적인 참여와 기여로 이 시대를 빛 낸 여성들이 정말 단 한 명도 없었을까? 그런 흔적을 찾으려는 노력이 앞 으로 계속된다면 더욱 풍성해진 중앙아시아의 역사를 그려볼 날도 곧 오 지 않을까 하는 희망을 품어본다.

오늘날 많은 사람들은 여전히 이슬람 문화를 본질적으로 전근대적이고 공격적이며 맹목적이라고 단정짓는다. 하지만 이슬람 세계는 역사적으로 갈등과 반목보다는 다른 문화와의 조화를 강조했고 정복보다는 화합과 융합을 선호하며 다양한 문화를 존중하는 태도를 중요시했음을 기억해야 할 것이다. 그런 측면에서 이슬람 문명에 대한 오해와 편견, 그리고 중앙아시아 지역에 관한 우리의 무지와 무관심을 다시 한 번 돌아보게 하는 이 책은 여러모로 시의적절하다. 우리가 몰랐거나 무심했던 새로운 지적 세계의 잃어버린 시대로 모험을 떠날 준비가 된 독자들에게 일독을 권하는 바이다.

2020년 12월
옮긴이 이은정

사항 찾아보기

관영화(官營化) 99, 100
관용(寬容) 393, 413, 528, 647, 687, 786
관용정책(寬容政策) 779
광물학(鑛物學) 46, 453, 557, 587, 614, 639, 710
광학(光學) 58, 277, 751, 752
교구 애국주의(patriotisme de clocher) 130
교조주의(敎條主義) 394
구면기하학(球面機何學) 22, 60, 141, 582, 583, 586, 639
구면삼각법(球面三角法) 24, 56, 283, 289, 291, 710
구면천문학(球面天文學) 56, 58, 438, 582
구술사학(口述史學) 399
구전문화(口傳文化) 405
구전의학(口傳醫學) 279
국제무역(國際貿易) 87
군국주의(軍國主義) 496, 526
군사국가(軍事國家) 676
군사산업체(軍事産業體) 772
궁정사회(宮廷社會) 769
귀족정(貴族政) 319
그레고리우스력(曆) 617
그리스 고전 174, 226, 239, 391, 397
그리스 과학 141, 414, 712
그리스 문명 115, 227, 770
그리스 문자 143
그리스 문화 224
그리스 문헌 183, 243, 298, 790
그리스 박트리아(Greek Bactria) 왕국 22, 27, 118
그리스 비극 793
그리스 사상 168, 228, 239, 259, 298~300, 390
그리스 식민지 119, 155
그리스 신비주의 운동 157
그리스 신화 83, 243

그리스 양식 163
그리스 조각 156
그리스 종교 23, 152, 165, 572, 635, 770, 790
그리스 철학 162, 240, 620, 621, 790, 820
그리스도(Christ) 143, 171, 174, 222, 632, 782
그리스어(語) 20, 155, 157, 161, 162, 174, 175, 237, 238, 241, 242, 244, 252, 274, 275, 279, 282, 298, 318, 383, 417, 569, 712, 790
그리스-인도 양식 156
그리스-인도 제국 118
그리스정교 244
그리스-페르시아 양식 162
그리스-헬레니즘 양식 120
근거 없는 신화 74
금화(金貨) 117, 118, 122, 236, 389, 465, 490, 520, 552~54, 602, 652
기독교(基督敎) 17, 18, 23, 25, 26, 46, 62, 76, 78, 80, 107, 144, 145, 147, 149~52, 170~74, 179, 182~86, 193, 228, 238, 240, 243, 263, 265, 285, 300, 302, 335, 400, 417, 422, 472, 485, 489, 564, 569, 593, 598, 608, 632, 641, 649, 653, 662, 685, 707, 722, 770, 779, 789, 790, 810
기독교 공동체 171~73, 279
기마민족(騎馬民族) 123
기업가 정신 112
기하학(幾何學) 19, 58, 139, 241, 253, 255, 285, 288~90, 378, 436, 437, 445, 499, 557, 608, 617, 619, 711, 752, 786
기후변화(氣候變化) 798

인명 찾아보기

스트라본(Strabon) 85, 119, 120
시난, 미마르(Sinan, Mimar) 774
시멜, 아네마리(Schimmel, Annemarie) 623
시야부시(Siyavush) 147
신바드(Sinbad the Magi) 222, 325

| ㅇ |

아널드, 매슈(Arnold, Matthew) 347
아루디, 니자미(Arudi, Nizami) 21, 455, 544, 589, 676, 696
아르키메데스(Archimedes) 59, 253, 588, 614
아리스타르코스(Aristarchos) 241
아리스토텔레스(Aristoteles) 25, 47, 56, 62, 79, 139, 160, 174, 241, 243, 244, 298, 300~02, 306, 311, 312, 317~19, 335, 336, 342, 345, 389, 410, 411, 415, 419~21, 423, 424, 462, 471, 473, 476, 494, 574, 584, 642, 643, 645, 646, 650, 683, 711, 712, 732, 733, 761, 762, 786, 791, 814
아리스토파네스(Aristophanes) 159, 242
아므르 이븐 라이스(Amr ibn Laith) 349~51
아미리, 아부 하산(Amiri, Abu Hasan) 336, 390, 461
아민(Amin) 246, 247, 250, 294
아바스(Abbas, 무함마드의 막내 숙부) 215
아바스(Abbas, 시인) 246
아바스, 샤(Abbas, Shah) 774
아베로에스(Averroës) 650, 811 → 이븐 루시드
아벨라르, 피에르(Abélard, Pierre) 80
아부 둘라프(Abu Dulaf) 389

아부 마샤르 알 발히(Abu Mashar al-Balkhi) 75, 301, 302, 335, 336
아부 무슬림(Abu Muslim) 28, 215~24, 227, 230, 247, 249, 323, 325, 600
아부 사이드(Abu Said) 763
아부 이스학(Abu Ishak) 546 → 키사이
아부 타히르(Abu Tahir) 616
아부 하니파(Abu Hanifa) 184, 332
아부 하산(Abu Hasan) 30
아부 하심(Abu Hashim) 28, 215
아불 파라지 이븐 알 타이브(Abu'l-Faraj ibn al-Tayyib) 417, 418, 425
아브라함(Abraham) 339, 421, 472, 569, 658
아비센나(Avicenna) 29 → 이븐 시나, 아부 알리 알 후사인
아사디, 아부 만수르 알리(Asadi, Abu Mansur Ali) 21, 613, 708
아소카(Ashoka) 왕 141, 161, 162
아술리(Assuli) 181 → 이븐 야히아, 아부베크르 무함메드
아스자디, 아부 나자르 압둘(Asjadi, Abu Nazar Abdul) 65, 548~50
아슬란 바바(Arslan Baba) 679
아우구스티누스(Augustinus) 151, 476
아우랑제브(Aurangzeb) 522, 779
아이샤(Aisha) 404
아이스킬로스(Aeschylus) 242
아퀴나스, 토마스(Aquinas, Thomas) 80, 244, 307, 411, 472, 476, 649, 650
아타르, 파리드 알 딘(Attar, Farid al-Din) 21, 31, 680~83, 703, 714, 766, 768
아테나(Athena) 83
아티르(Athir) 702
아프로디테(Aphrodite) 156

야쿱 이븐 라이스(Yakub ibn Laith)
22, 349~52, 354, 360, 376,
382, 529

야히아 이븐 바르마크(Yahya ibn
Barmak) 234~39, 245, 296

얄랴바치, 마수드(Yalavach, Masud)
719

얄랴바치, 마흐무드(Yalavach, Mahmud)
719

에머슨, 랠프 월도(Emerson, Ralph
Waldo) 75

에스겔(Ezekiel) 409

에스판디야르(Esfandyar) 362

에우리피데스(Euripides) 159, 242

에우크라티데스(Eucratides) 118

에이릭손, 레이뷔르(Ericson, Leif) 585

에팅하우젠, 리하르트(Ettinghausen,
Richard) 505

에픽테토스(Epiktetos) 255

엘 시드(El Cid) 201

오고타이(Ogotai) 693

오리어리, 드 라시(O'Leary, De Lacy)
230, 248

오비디우스(Ovidius) 129

오스만(Ottoman) 33, 773, 779~81,
784

오코너, 존 J.(O'Connor, John J.) 288,
618

올제이투(Oljeitu) 657, 700 → 울제이
투 후다반다

와델, 헬렌(Waddell, Helen) 72

와티크(Wathiq) 296

왈리크카눌리, 쇼칸(Walikkhanuli,
Shoqan) 725 → 발리카노프

우드, 프랜시스(Wood, Frances) 112

우마라, 메르브의(Umarah of Merv)
577

우스만(Uthman) 207

우트비(Utbi) 537, 538, 540, 541, 578

운수리, 아불 카심(Unsuri, Abul Qasim)
22, 526, 548, 550~52, 578

울루그베그(Ulughbeg) 22, 24, 32, 33,
57, 747, 753~63, 767, 770, 771,
774, 777, 778, 798, 805 → 타
라가이, 미르자 무함마드

울제이투 후다반다(Uljaytu Khudabanda)
701 → 올제이투

월저, 리처드(Walzer, Richard) 312

월터, 토머스(Walter, Thomas) 657

유그나키, 아흐메드(Yugnaki, Ahmed)
497

유클리드(Euclid) 175, 241, 242, 414,
462, 619, 699, 712, 814

이날축(Inalchuq) 687, 692

이라크, 아부 나스르 만수르(Iraq, Abu
Nasr Mansur) 22, 29, 56, 434,
437, 439~41, 448, 451, 468,
532

이란샤흐리, 아부 알 아바스(Iranshahri,
Abu al-Abbas) 335, 336

이만쿨로프, D.(Imankulov, D.) 504

이반 4세(Ivan the Terrible) 739

이븐 루시드(Ibn Rushd) 80, 650, 811
→ 아베로에스

이븐 바투타(Ibn Battuta) 560, 715

이븐 사홀(Ibn Sahl) 58

이븐 시나, 아부 알리 알 후사인(Ibn
Sina, Abu Ali al-Husayn) 10,
15, 19, 23, 29~31, 46~50, 55,
59, 60, 62. 64. 65, 67, 72, 175,
178, 270, 279, 303, 305, 314,
319, 320, 382, 389, 390, 396,
410~27, 429, 430, 434, 442,
450, 451, 453~64, 468~77,
532~34, 551, 556, 579, 593,
595, 621, 628~30, 642~45,
650, 666, 670, 677, 696, 708,
709, 712, 718, 732, 751, 753,
771, 779, 786, 787, 794, 797,
808, 813 → 아비센나

지명 찾아보기